취업 성공을 위해
한경TESAT S급을 취득하여 자신감을 얻은 취업 준비생

바쁜 일상 속에서도
새로운 도전으로 1급 합격을 이룬 직장인

비전공자여서 망설였지만
두 달 만에 2급에 합격하여 학점을 취득한 편입 준비생

누구나 합격할 수 있습니다.
해내겠다는 '다짐' 하나면 충분합니다.

마지막 페이지를 덮으면,

에듀윌과 함께
한경TESAT 합격이 시작됩니다.

eduwill

회원 가입하고
100% 무료 혜택 제공

무료 혜택 1

초보 수험 가이드

학습플랜/샘플문제
&고득점 전략 TIP 제공

*PDF로 제공

무료 혜택 2

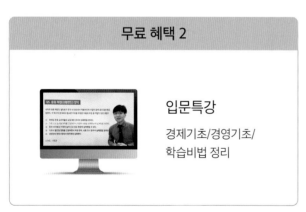

입문특강

경제기초/경영기초/
학습비법 정리

*무료 신청 1회, 수강일로부터 3일

무료 혜택 3

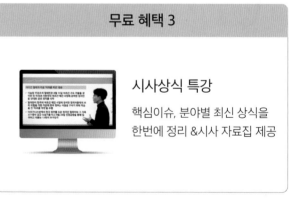

시사상식 특강

핵심이슈, 분야별 최신 상식을
한번에 정리 &시사 자료집 제공

*자료집 PDF로 제공

무료 혜택
바로 가기

2025 최신판

에듀윌 TESAT
실제 기출로 한권끝장

S등급을 위한 실전 최종 점검!

실제 기출 2회분
+쪽지시험

eduwill

2025 최신판

에듀윌 TESAT
실제 기출로 한권끝장

에듀윌 TESAT

실제 기출로 한권끝장

S등급을 위한 실전 최종 점검!

실제 기출
2회분

- 기출문제 79회
- 기출문제 78회

경제이론

01

기회비용을 가장 잘 설명한 것은?

① 구매하고 남은 돈의 총액
② 구매할 때 쓰는 돈의 총액
③ 구매를 결정할 때 쓰는 시간
④ 무엇인가를 얻기 위해 포기한 편익
⑤ 기회를 잡기 위해 들인 돈의 총액

02

중앙은행이 법정지급준비율을 올렸다고 하자. 이때 나타나는 현상으로 볼 수 없는 것은?

① 본원통화가 늘어난다.
② 콜금리가 상승 압력을 받는다.
③ 은행들의 신용창출 여력이 줄어든다.
④ 지급준비금이 부족한 은행은 중앙은행으로부터 차입을 늘린다.
⑤ 은행들은 지급준비금을 확보하기 위해 콜거래 시장에서 자금을 차입한다.

03

기업이 생산한 상품에 정부가 조세(물품세)를 부과할 때, 이와 관련한 설명 중 옳지 않은 것은?

① 판매가격이 높아지고 거래량은 줄어든다.
② 공급곡선이 세금 부과만큼 위쪽으로 이동한다.
③ 공급의 가격탄력성이 클수록 공급자의 세금 부담이 적다.
④ 수요의 가격탄력성이 클수록 공급자가 세금을 적게 부담한다.
⑤ 생산자와 소비자 간 세금 부담의 크기는 탄력성에 따라 달라진다.

04

경제성장을 위한 정책과 가장 거리가 먼 것은?

① 기술진보를 위하여 기업의 연구개발 활동을 장려하는 정책을 시행한다.
② 안정적인 경제활동을 위해 재산권에 대한 위협요소를 낮추는 정책을 실시한다.
③ 교육은 인적자본에 대한 투자이므로 수요자가 요구하는 교육 제도와 체계를 만든다.
④ 외국인 투자자본의 투자 이익은 국외로 유출되므로 해외자본의 유입을 제한하는 정책을 시행한다.
⑤ 다른 조건이 같다면, 건강한 근로자들이 상대적으로 생산성이 높으므로 국민 건강 증진을 위한 정책을 시행한다.

05

아래 내용을 가장 잘 설명할 수 있는 경제 개념은 무엇인가?

세계적인 자동차 제조사들은 이윤 극대화를 위해 같은 자동차에 대해 자국과 외국에서의 가격을 다르게 책정할 수 있다. 자동차의 수요에 대한 탄력성이 다르기 때문이다.

① 록인 효과
② 네트워크 효과
③ 범위의 경제
④ 파레토 효율
⑤ 가격차별

06

한국의 국내총생산(GDP)이 증가하는 경우를 〈보기〉에서 고르면?

─〈보기〉─
㉠ 미국 기업이 한국에 공장을 지어 자동차를 생산한다.
㉡ 미국인이 한국에 체류하면서 한국계 기업에서 근무한다.
㉢ 한국 기업이 미국에 공장을 지어 반도체를 생산한다.
㉣ 한국인이 미국에 체류하면서 한국계 기업의 지점에서 근무한다.

① ㉠, ㉡
② ㉠, ㉢
③ ㉡, ㉢
④ ㉡, ㉣
⑤ ㉢, ㉣

07

미시경제학(Microeconomics)은 개별 경제주체들의 행동을 분석하는 데 초점을 맞추고 있다. 이때 미시경제학의 분석 분야에 해당하지 않는 것은?

① 산업 구조
② 경기 변동
③ 기업 행동
④ 소비자 행동
⑤ 시장의 효율성

08

영국의 경제학자 케인스가 말하는 저축의 역설과 관련한 설명 중 옳지 않은 것은?

① 구성의 오류를 나타내는 사례이다.
② 박제가의 우물론과 같이 소비의 중요성을 설명한다.
③ 저축의 증가는 기업 투자를 늘려, 총수요곡선을 좌측으로 이동시킨다.
④ 저축의 증가는 소비지출의 감소를 의미하고 이는 총수요의 감소로 이어져 국민소득이 감소한다.
⑤ 각 개인이 저축을 늘리려고 시도하면 결과적으로는 사회 전체적으로 저축이 오히려 줄어들 수 있다.

09

〈표〉는 경합성과 배제성을 기준으로 재화를 A~D로 분류한 것이다. 이와 관련한 설명 중 옳지 않은 것은?

구분		경합성	
		있음	없음
배제성	있음	A	B
	없음	C	D

① A는 C와 달리 가격을 지불해야 소비할 수 있다.
② B의 사례로 막히지 않는 유료 도로가 있다.
③ 공공 목초지는 C에 해당한다.
④ A와 달리 D는 시장에서 과다공급되는 문제가 발생한다.
⑤ D는 무임승차 문제가 발생할 수 있다.

10

고전학파가 주장하는 화폐중립성이 성립한다고 할 때 일어날 수 있는 현상으로 가장 적절한 것은?

① 가계 부문의 저축률이 급격히 증가한다.
② 가계 부문의 신용카드 사용액이 증가한다.
③ 총소비의 비중 중 내구재의 소비가 늘어난다.
④ 기업이 금융자산에 비해 설비투자의 비중을 늘린다.
⑤ 명목변수만의 변화가 소비자들의 구매 결정에 큰 영향을 미치지 않는다.

11

시장경제 측면에서 공유지의 비극을 해소하기 위한 방안으로 가장 적절한 것은?

① 횡재세 부과　　　　② 재산권 부여
③ 자원 균등 분배　　　④ 리니언시 시행
⑤ 정부 행정력 동원

12

주유소, 이발소, 미용실, 커피전문점과 같은 시장 형태와 관련한 설명 중 옳지 <u>않은</u> 것은?

① 기업이 어느 정도의 시장 지배력을 가진다.
② 광고나 판매 조건 등 비가격경쟁이 치열하다.
③ 각 기업은 가격수용자(price taker)가 된다.
④ 상표나 품질, 디자인 등에서 차별화된 상품을 생산한다.
⑤ 진입과 퇴출이 자유로워 초과이윤이 발생하면 새로운 기업이 진입한다.

13

우리나라의 물가안정목표제와 관련한 설명 중 옳은 것은?

① 물가안정목표는 인플레이션 변동성을 낮추는 것이 목적이다.
② 우리나라 물가안정목표제의 대상지표는 근원인플레이션율이다.
③ 한국은행은 물가안정목표제의 운용목표변수로 통화량을 사용한다.
④ 물가안정목표는 정부가 단기에서 달성하고자 하는 물가상승률 목표를 말한다.
⑤ 물가안정목표는 목표를 달성할 때까지 변경하지 못하도록 법으로 명시되어 있다.

14

(A), (B)에서 설명한 실업의 종류를 알맞게 짝지으면?

> - (A) 실업: 난방 수요를 석탄 연료에서 가스 연료로 바꾸는 사람이 많아지면서 탄광에서 일하던 가영이는 일자리를 잃었다.
> - (B) 실업: IT기업에서 일하던 나영이는 사직서를 제출하고 조건이 더 좋은 다른 IT기업으로 이직하기 위해 구직활동 중이다.

	(A)	(B)
①	구조적	마찰적
②	구조적	계절적
③	자발적	경기적
④	자발적	계절적
⑤	마찰적	구조적

15

어떤 이가 피자를 소비하려 한다. 이 사람의 첫 번째 판에 대한 지불용의는 1만 원, 두 번째 판에 대한 지불용의는 7,000원, 세 번째 판에 대한 지불용의는 4,000원, 네 번째 판에 대한 지불용의는 2,000원이다. 피자 한 판의 가격이 5,000원이라고 할 때, 이 사람의 총 소비자 잉여는 얼마인가?

① 3,000원　　　　　　② 5,000원
③ 7,000원　　　　　　④ 9,000원
⑤ 11,000원

16

실물 투자에 가장 좋지 않은 명목이자율과 인플레이션율의 조합을 고르면?

	명목이자율	인플레이션율
①	3%	4%
②	1%	0%
③	2%	5%
④	1%	3%
⑤	0%	2%

17

아래 지문과 표와 관련한 〈보기〉의 설명 중 옳은 것을 고르면?

아래 표는 갑의 X재와 Y재에 있어 재화 1개를 추가로 소비함에 따른 만족감의 증가분을 나타낸다. 갑의 용돈은 9달러이고, X재와 Y재 가격은 모두 개당 3달러이다. (단, 갑은 용돈을 모두 사용하여 X재와 Y재를 소비한다.)

소비량	1개째	2개째	3개째
X재 1개 추가 소비에 따른 만족감의 증가분	200	150	100
Y재 1개 추가 소비에 따른 만족감의 증가분	180	160	140

─〈보기〉─
ⓐ X재만 구입할 때의 총만족감은 Y재만 구입할 때보다 크다.
ⓑ X재 1개를 추가 소비함에 따라 얻는 만족감의 증가분은 일정하다.
ⓒ X재 1개와 Y재 2개를 구입하는 것이 합리적이다.
ⓓ 갑의 용돈이 6달러로 감소한다면, X재 1개, Y재 1개를 구입하는 것이 합리적이다.

① ㉠, ㉡
② ㉠, ㉢
③ ㉡, ㉢
④ ㉡, ㉣
⑤ ㉢, ㉣

18

A씨는 자동차 사고에 대비해서 1억 원의 자동차 보험에 가입했다. 이후 A씨는 자동차 운전 시 이전보다 주의를 기울이지 않게 되었다. 이것을 설명할 수 있는 개념은?

① 도덕적 해이
② 플라시보 효과
③ 분수 효과
④ 테일러 준칙
⑤ 피터팬 증후군

19

경제주체 중 하나인 기업과 관련한 설명 중 옳지 않은 것은?

① 기업이 지속가능하기 위한 궁극적인 목표는 이윤 극대화이다.
② 기업의 손실은 소비자의 요구를 충족시키지 못한 결과로도 볼 수 있다.
③ 기업은 소비자를 만족시키는 양질의 재화를 공급해야 이윤을 얻을 수 있다.
④ 기업의 규모는 시장 거래의 한계비용과 내부 거래의 한계비용이 같아질 때까지 커질 수 있다.
⑤ 기업은 재화 생산에 필요한 모든 시장 거래를 기업 내에 내부화하는 것이 가장 효율적이다.

20

아래 필립스곡선과 관련한 설명 중 옳지 <u>않은</u> 것은?

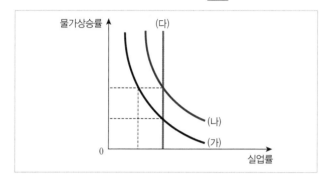

① (가)와 (나)는 단기 필립스곡선이다.
② (가)와 (나)는 인플레이션과 실업률 간의 상충 관계를 보여준다.
③ (다)는 장기 필립스곡선이며, 자연실업률 수준에서 수직이다.
④ (다)를 통해 통화량 증가는 장기적으로 물가 상승만을 초래한다는 점을 알 수 있다.
⑤ 필립스곡선이 (가)일 때 중앙은행이 통화량을 늘리면, 단기적으로 (나)로 바로 이동한다.

21

A국의 총인구가 5,000만 명, 비경제활동인구가 1,000만 명, 취업자가 2,400만 명, 실업자가 600만 명이라고 하자. 이때 경제활동참가율을 구하면?

① 60%   ② 65%
③ 70%   ④ 75%
⑤ 80%

22

시장에서 가격과 거래량이 결정되는 과정과 관련한 설명 중 옳지 <u>않은</u> 것은?

① 수요가 증가하면, 시장가격은 상승한다.
② 초과공급이 존재하면, 시장가격은 상승한다.
③ 공급이 감소하면, 거래량이 줄어들고 가격은 상승한다.
④ 일반적으로 소득이 증가하면, 정상재의 가격은 상승한다.
⑤ 상품의 수출이 증가하면, 수출 상품의 국내 시장가격은 상승한다.

23

기술진보가 있는 솔로우(Solow) 경제성장이론과 관련한 설명 중 옳지 <u>않은</u> 것은?

① 성장에 대한 자본 축적의 기여도는 점점 낮아진다.
② 경제성장 과정에서 GDP와 자본의 성장률은 동일하다.
③ 성장률의 점진적인 하락은 한계생산성의 체감 때문이다.
④ 1인당 GDP의 성장률은 시간이 지남에 따라 점점 낮아진다.
⑤ 지속 가능한 성장을 위해서는 결국 기술진보가 지속적으로 이루어져야 한다.

24

아래 그림과 같이 가격상한이 P_0로 설정되면 시장에서 초과수요 $(Q_D - Q_S)$가 발생한다. 가격상한에 의해 발생하는 자중손실의 크기는 무엇인가?

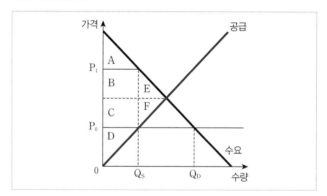

① A+D   ② C+F
③ E+F   ④ A+B+E
⑤ C+E+F

25

달러화 대비 원화 환율이 상승하는 요인을 고르면? (단, 다른 조건은 일정하다고 가정한다.)

① 한국은행의 기준금리 인상
② 국내 기업의 설비투자 축소
③ 내국인의 해외여행 수요 증가
④ 정부의 외환시장 개입으로 달러 매도
⑤ 외국인 주식투자 자금의 국내 유입 증가

26

경제문제가 발생하는 가장 근본적인 이유는?

① 임금이 급격하게 증가하기 때문이다.
② 인간의 행동은 이타적이기 때문이다.
③ 인간의 소비패턴이 일정하기 때문이다.
④ 인간의 욕구에 비해 자원이 희소하기 때문이다.
⑤ 식량의 증가 속도가 기술발전으로 매우 빠르기 때문이다.

27

아래 그림은 총수요와 총공급이 일치하지 않을 때 나타나는 경제현상과 이에 대한 경제정책을 나타낸 것이다. (가)~(라)에 들어갈 내용으로 옳지 않은 것은?

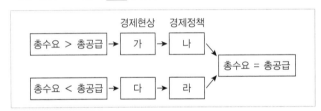

① (가): 재고 감소   ② (가): 물가 상승
③ (나): 기준금리 인상   ④ (다): 실업률 상승
⑤ (라): 정부 재정 흑자규모 확대

28

아래 지문이 설명하는 경제 개념은?

> 교환이 상대방과 함께하는 것처럼, 무역도 상대방과 함께하는 상호 작용이다. 개인이 서로 간 거래를 통해 이익을 얻는 것처럼, 두 나라가 무역을 통해 이익을 얻을 수 있다. 이것이 자유 무역을 하는 이유이다.

① 비교 우위   ② 매몰비용
③ 2080 법칙   ④ 피셔 효과
⑤ 코즈의 정리

29

한 나라의 총수요를 증가시키는 요인이 아닌 것은?

① 기업의 투자 증가
② 해외 직구 수입 증가
③ 정부의 재정지출 증가
④ 가계의 소비지출 증가
⑤ 중앙은행의 기준금리 인하

30

그림은 어떤 재화의 수요 곡선을 나타낸다. 이와 관련한 설명 중 옳은 것은?

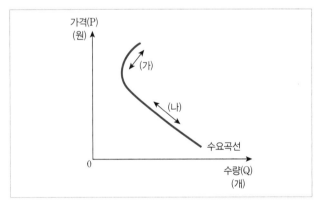

① (가) 구간에서도 수요의 법칙이 성립한다.
② (가) 구간에서 가격이 상승할 때 대체 효과에 따른 수요량의 변화는 양수(+)이다.
③ (가) 구간에서 가격이 상승할 때 절대값을 기준으로 소득 효과가 대체 효과보다 크다.
④ (나) 구간에서 가격이 상승할 때 대체 효과에 따른 수요량의 변화는 양수(+)이다.
⑤ (나) 구간에서 가격이 상승할 때 절대값을 기준으로 소득 효과가 대체 효과보다 크다.

시사경제 · 경영

31

1974년 석유 파동이 터지자 사우디아라비아와 미국 사이에 '이 것' 달러 시스템을 맺었다. 원유에 대한 결제는 달러화로만 한다 는 이 약속으로 미국 달러화의 기축통화 지위가 공고해졌다. '오 일 달러', '오일 머니'라고도 불리는 '이것' 달러를 무엇이라 하는 가?

① 페트로   ② 플라자
③ 브레튼   ④ 킹스턴
⑤ 루브르

32

주식시장에서 산타 랠리, 어닝 서프라이즈 이후 나타날 가장 관 련이 깊은 현상은 무엇인가?

① 환율 상승   ② 금리 하락
③ 파산 증가   ④ 주가 상승
⑤ 예금 상승

33

시중 유동성이 얼마나 잘 돌고 있는지를 볼 수 있는 지표로 가장 적합한 것은?

① 엥겔계수   ② CDS 프리미엄
③ 국민부담률   ④ 화폐유통속도
⑤ 재할인율

34

'이것'은 한 주의 주식만 가지고 있어도 주주총회에서 거부권을 행사할 수 있다. 경영권 방어 수단의 일종인 '이것'은?

① 황금주   ② 자사주
③ 가치주   ④ 테마주
⑤ 우선주

35

이 전시회는 매년 미국 라스베이거스에서 열리는 세계 최대 IT · 가전 전시회이다. 이때 글로벌 기업의 최신 기술이 공개되는데 이 전시회의 영어 약자는?

① IFA   ② CES
③ GMO   ④ FTA
⑤ MWC

36

자기 지역에 이익이 되지 않는 일을 강력히 반대하고 지역 이기 주의를 추구한다는 의미를 가진 용어를 고르면?

① 팡(FAANG)   ② 님비(NIMBY)
③ 딩크(DINK)   ④ 빅(BBIG)
⑤ 욜로(YOLO)

37

미국, 유럽 등의 해외 주식에 직접 투자하는 국내 개인 투자자들을 가리키는 용어는?

① 핫머니　　　　　　　② 서학개미
③ MSCI　　　　　　　④ 테마섹
⑤ 대주거래

38

기업들이 실제로 사업 인허가나 규제 완화를 요구하면 공무원의 관료주의 벽이 더 강해지는 사례가 많다. 이때 규제 완화를 명목으로 규제 업무를 담당하는 공무원을 오히려 늘리려는 '이것'이 재연되는 움직임도 감지된다. 이런 사례를 설명할 수 있는 '이것'은 무엇인가?

① 파킨슨 법칙　　　　② 플래시백
③ 피터의 원리　　　　④ 필리버스터
⑤ 파랑새 증후군

39

화폐의 액면가에서 제작비용을 뺀 것으로, 국가가 화폐 발행으로 얻게 되는 이득을 나타내는 용어는?

① 듀레이션　　　　　　② 캐시 카우
③ 스프레드　　　　　　④ 마일리지
⑤ 시뇨리지

40

아래 나열한 협의체 및 동맹이 나오게 된 공통적인 목적으로 알맞은 것은?

• 오커스	• 쿼드	• 칩4

① 자원 개발　　　　　　② 리쇼어링
③ 중국 견제　　　　　　④ 파운드리 강화
⑤ 개발도상국 지원

41

아래 나열한 내용이 지칭하는 나라의 이름은 무엇인가?

- 카타르 월드컵 우승국
- 수도 부에노스아이레스
- 페론주의 발상지

① 멕시코　　　　　　　② 콜롬비아
③ 우루과이　　　　　　④ 크로아티아
⑤ 아르헨티나

42

한 기업의 신제품이 기존의 자사 주력 제품이 가졌던 시장 점유율이나 수익성, 판매량 등을 하락시키는 현상을 뜻하는 용어는 무엇인가?

① 레드오션　　　　　　② 서비스사이언스
③ 리스트럭처링　　　　④ 넛지 마케팅
⑤ 카니발리제이션

43

미국 3대 주가지수를 〈보기〉에서 모두 고르면?

〈보기〉
㉠ S&P500 지수   ㉡ 항생 지수
㉢ 다우존스 지수   ㉣ 나스닥 지수
㉤ 닛케이225 지수   ㉥ FTSE100

① ㉠, ㉡, ㉢   ② ㉠, ㉢, ㉣
③ ㉡, ㉢, ㉤   ④ ㉡, ㉤, ㉥
⑤ ㉢, ㉣, ㉥

44

아래 나열한 제도들의 목적은 무엇인가?

• 예비타당성 조사   • 비용·편익 분석

① 국가 균형 발전   ② 투자 촉진
③ 고용창출   ④ 예산 낭비 방지
⑤ 물가 상승 억제

45

아래 그림은 금융상품 A, B의 일반적인 특징을 비교한 것이다. 이와 관련한 설명 중 옳지 <u>않은</u> 것은? (단, A, B는 각각 주식과 요구불예금 중의 하나이다.)

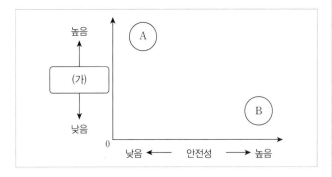

① (가)에는 수익성과 유동성 중 수익성이 들어간다.
② A는 예금자 보호를 받을 수 없다.
③ A와 달리 B는 배당금을 기대할 수 없다.
④ 위험을 선호하는 투자자는 B보다 A를 선호한다.
⑤ 일반적으로 B는 A보다 높은 수익률을 기대할 수 있다.

46

경제신문에서 종종 볼 수 있는 'R의 공포'에서 R이란 어떤 영어 단어의 첫 글자인가?

① recover   ② retirement
③ repeat   ④ revenue
⑤ recession

47

투기 자본이 경영권이 취약한 기업의 지분을 매집한 다음 대주주에게 자기 지분을 높은 가격에 되사줄 것을 요구하는 행위는?

① 그린워싱   ② 그린메일
③ 그린백   ④ 그린북
⑤ 그린택소노미

48

최저임금은 각종 임금의 기준이 된다. 2023년 시간당 최저임금은 얼마인가?

① 8,590원   ② 8,720원
③ 9,160원   ④ 9,350원
⑤ 9,620원

49

아래 나열한 내용을 설명할 수 있는 단어는?

- 나쓰노 다케시 게이오대 교수가 이 현상에 대해 설명
- 국제 표준과 세계시장의 흐름과 동떨어지는 현상

① 베르뜨랑　　　　　② 스톡홀름
③ 갈라파고스　　　　④ 스탕달
⑤ 아이젠멩거

50

아래는 기획재정부가 계획 중인 투자세액 공제율 개편안이다. 이를 통해 추구하고자 하는 가장 근본적인 정책 목표로 알맞은 것은?

정부의 투자세액 공제율 개편안 (단위: %)

	일반		신성장·원천기술		국가전략기술	
대기업	1 ➡ 3		3 ➡ 6		8 ➡ 15	
중견기업	5 ➡ 7		6 ➡ 10		8 ➡ 15	
중소기업	10 ➡ 12		12 ➡ 18		16 ➡ 25	

① 기업 투자 촉진　　　② 세금 수입 확대
③ 공공 부문 축소　　　④ 소득 분배 개선
⑤ 정부 부채 축소

51

탄소국경조정제도, 인플레이션 감축법은 국가 간 거래에서 무엇으로 작용하는가?

① 배당 촉진　　　　　② 무역 장벽
③ 카르텔 유지　　　　④ 거래비용 감소
⑤ 노동이동 촉진

52

정식 명칭은 '개인종합자산관리계좌'로 예금, 적금, 펀드 등을 하나로 모아서 관리할 수 있는 금융상품의 영어 약자는?

① DLS　　　　　　　② ETF
③ ISA　　　　　　　④ IRP
⑤ MMF

53

세계 유수의 금융회사와 다국적 기업이 밀집해 있어서 시너지 효과를 낼 수 있는 금융산업이 발달한 지역을 뜻하는 용어는?

① 레몬마켓　　　　　② 역외시장
③ 금융허브　　　　　④ 라이베리아
⑤ 월스트리트

54

기존에 통용되고 있는 화폐의 액면을 동일한 비율의 낮은 숫자로 변경하는 조치를 무엇이라 하는가?

① 디커플링　　　　　② 뱅크런
③ 리디노미네이션　　④ 판옵티콘
⑤ 오퍼레이션 트위스트

55

아래 지문에서 (A)에 들어갈 가장 적합한 용어는 무엇인가?

> 1608년 네덜란드 상인 아이작 르 마이어는 동인도 회사에서 쫓겨난 것에 앙심을 품고 주가를 떨어트릴 계획을 세웠다. 그는 다른 주주들과 동인도회사 주식을 빌려서 판 뒤 나중에 사서 갚아주기로 계약을 맺었다. 주식을 대거 내다 팔면서 영국 함대의 공격 소식 등 유언비어도 함께 유포했다. 주가가 급락하자 네덜란드 당국은 서둘러 (A) 규제에 나섰다. … (중략) … 한국에서는 1969년 2월 신용대주 제도가 도입되면서 (A)가 가능해졌다. 국내에서 (A)가 본격적으로 활성화된 것은 1996년 9월 코스피200 선물옵션시장 개설과 함께 기관투자가 간 주식 대차거래가 허용되면서부터이다.
>
> — ○○ 경제신문, 2021. 1. 25.

① 추격매수
② 공매수
③ 공매도
④ 손절매도
⑤ 선매

56

아래 신문기사를 읽고, (A)와 관련한 설명 중 옳지 <u>않은</u> 것은?

> 지난해 연간 경상수지는 상반기 실적 덕에 흑자가 예상되지만 흑자폭은 전년 대비 대폭 감소할 전망이다. 올해 흑자 기조가 이어지더라도 글로벌 경기 둔화에 따른 수입 감소에 기대는 (A)가 될 것이라는 게 전문가들의 관측이다.
>
> — ○○ 경제신문, 2023. 1. 11.

① 불황형 흑자라고 한다.
② 주로 불경기에 나타나는 현상이다.
③ 수출보다 수입이 더 감소할 때 발생한다.
④ 경제주체들의 소득이 증가하면, (A)가 더 심화되는 요인이다.
⑤ (A)는 수입도 감소하지만, 수출 감소도 동반하기 때문에 국내 수출기업의 경영실적에도 부정적이다.

57

지나가는 사람을 붙잡아 침대에 눕혀서 침대보다 키가 크면 남는 부분을 자르고, 침대보다 키가 작으면 키를 늘려 죽였다는 이야기를 보통 '이것'으로 부르는데 획일적인 기준을 남에게 강요하는 상황을 뜻하기도 한다. 그리스 신화에 나오는 악당인 인물의 이름을 붙여 만든 '이것'은 무엇인가?

① 다이달로스의 날개
② 트로이의 목마
③ 디오니소스 증후군
④ 프로크루스테스의 침대
⑤ 제논의 역설

58

아래 영문은 아르헨티나 대통령이 칠레 대통령에게 보낸 편지 내용 중 일부이다. 이 글의 핵심을 가장 잘 표현한 용어는 무엇인가?

> Give to the people, especially the workers, all that is possible. When it seems to you that already you are giving them too much, give them more. You will see the results. Everyone will try to scare you with the specter of an economic collapse. But all of this is a lie.

① populism
② Tobin's q
③ pay-go principle
④ Tax haven
⑤ No pain, no gain

59

아래는 중국 경제와 관련한 인터뷰 일부이다. 이를 바탕으로 가장 알맞은 신문기사 제목을 고르면?

- 중국 부상이 정점에 달했다는 분석이 나옵니다. 가장 큰 문제는 무엇인가요?

  중국의 노동 인구 교육이 문제입니다. 사람들은 이런 문제를 잘 알지 못하고, 그 중요성도 간과하고 있습니다. 역사적으로 노동 인구의 교육 수준이 낮은 국가가 선진국으로 발돋움한 적이 없습니다.

- 중국 노동 인구의 교육 수준은 어느 정도인가요?

  중국에선 15~64세에 해당하는 노동 인구의 70%가 고등학교 문턱도 밟아보지 못했습니다. 읽기 능력이 떨어지는 데다 수학, 과학을 잘 알지 못합니다. 이런 인구가 중국에 5억 명이나 됩니다.

- 그동안은 큰 문제가 되지 않았나요?

  지금까지는 노동 인구의 낮은 교육 수준이 문제가 되지 않았습니다. 가난한 국가에서 중간 소득 국가로 발전하는 과정에선 단순히 읽고 쓸 줄 알고, 규율을 지킬 수 있는 좋은 근로자만 있으면 됐기 때문입니다. 중국은 그동안 초등교육만으로 좋은 생산직 근로자를 많이 양성할 수 있었습니다. 하지만 고등교육을 받지 못한 사람들이 화이트칼라나 전문직이 될 수는 없습니다.

  – ○○ 경제신문, 2023. 1. 5.

① 중국, 노동의 한계생산성 점차 증가할 것으로 예상
② 생산가능인구과 잠재성장률 하락으로 위기에 빠진 중국
③ 중국, 화이트칼라와 블루칼라 직종 간 갈등 심해져
④ 노동 인구의 교육 수준 낮은 중국, 중진국 함정에 빠질 수도
⑤ 투키디데스 함정의 중국, 노동 인구 문맹률을 높여야

60

아래 (A)는 지난해 (B)를 인수하였다. 하지만 (B)에 대한 경영 방침 논란과 자신이 경영하는 전기자동차 기업인 (C)의 실적 부진과 맞물려 (C)의 주가가 폭락하는 등 현재 투자자들의 외면을 받고 있다. (A)~(C)에 들어갈 내용을 알맞게 짝지으면?

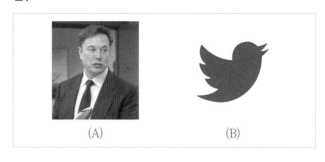

(A)   (B)

	(A)	(B)	(C)
①	일론 머스크	트위터	테슬라
②	일론 머스크	테슬라	트위터
③	일론 머스크	트위터	메타
④	마크 저커버그	메타	트위터
⑤	마크 저커버그	트위터	테슬라

상황 추론 · 판단

61

아래는 한국은행의 통화정책과 관련한 설명이다. (A)~(C)에 들어갈 내용을 알맞게 짝지으면?

한국은행의 통화정책이 지향하는 궁극적 목표는 (A)이다. 한국은행이 통화정책을 펼치는 방법 중에는 공개시장에서 (B)을(를) 사고파는 공개시장 조작이 있다. 한국은행은 시중의 이자율을 관찰하고 있다가 이자율이 적정 수준을 벗어나면 공개시장 조작을 실시한다. 예를 들어 이자율이 지나치게 높아서 소비 수요나 투자 수요가 위축되면 (B)을(를) (C)해서 이자율을 낮추는 정책을 펼친다.

	A	B	C
①	물가안정	채권	매도
②	경제성장	채권	매도
③	물가안정	채권	매입
④	경제성장	주식	매입
⑤	물가안정	주식	매도

62

아래는 전국경제인연합회에서 발표한 경제협력개발기구(OECD) 가입 37개국 기업가정신 지수 순위이다. 한국이 이 지수의 순위를 올리기 위한 적절한 정책을 〈보기〉에서 고르면?

OECD 회원국 기업가정신 지수 순위

1	스위스	10	독일
2	뉴질랜드		
3	룩셈부르크	23	리투아니아
4	미국	24	프랑스
5	노르웨이	25	벨기에
6	네덜란드	26	일본
7	아이슬란드	27	한국
8	오스트리아		
9	핀란드	37	멕시코

※ 2019년 기준 기업 활력 · 제도 환경 · 기업 인식을 종합해 산출
자료: 전국경제인연합회

〈보기〉
㉠ 스타트업 지원 강화　　㉡ 규모별 기업규제 완화
㉢ 규제 일몰 연장　　㉣ 수입품 보복관세 부과

① ㉠, ㉡　　　② ㉠, ㉢
③ ㉡, ㉢　　　④ ㉡, ㉣
⑤ ㉢, ㉣

63

5명의 학생이 외환시장에 대한 중앙은행의 개입과 관련한 대화를 하고 있다. 이와 관련하여 옳은 내용을 말한 학생을 모두 고르면? (단, 환율은 달러화 대비 원화 환율이다.)

- 가영: 외국인의 국내 주식시장에 대한 투자가 늘어나면서 외환공급이 늘어났어.
- 나영: 그래서 환율이 하락 압력을 받고 있지.
- 다영: 환율이 하락하면, 수입이 줄어들어 무역수지가 흑자를 기록할 거야.
- 라영: 그래서 중앙은행이 외환시장에서 달러를 매입하고 있는 거야.
- 마영: 그렇다면 국내 통화량이 줄어들 텐데.

① 가영, 나영, 다영　　② 가영, 나영, 라영
③ 나영, 다영, 라영　　④ 나영, 다영, 마영
⑤ 다영, 라영, 마영

64

아래 지문을 읽고, (A), (B)와 관련한 설명 중 옳지 <u>않은</u> 것은?

A국의 주요 시중은행의 총대출 대비 중소기업 대출 비중이 40%를 넘어섰다. 중소기업·자영업자들이 팬데믹의 충격을 받은 탓이다. 이자 비용도 벌지 못하는 (A) 좀비기업이 늘고 있는 가운데 앞으로 한계에 달한 중소기업들이 한꺼번에 부실화할 수 있다는 우려도 커지고 있다. … (중략) … 전문가들은 "무작정 유동성만 공급하면 경제주체들의 (B) 도덕적 해이를 유발할 수밖에 없다."고 했다. 또한, "세계적으로도 부실기업 대출이 대폭 늘었는데 지원 대상 범위를 좁혀 독자적으로 생존 가능한 기업에 지원을 집중할 필요가 있다."고 지적했다.

① 이자보상배율이 1 미만을 지속하면, 잠재적으로 (A)가 될 가능성이 높아진다.
② (A)에 대한 지원이 늘어나면, 정작 유동성 지원이 필요한 기업이 흑자 도산하는 경우가 나타난다.
③ (A)의 파산이 늘어나면, Y=C+I+G+(X−M)에서 I에 부정적인 영향을 준다.
④ (A)의 (B)가 발생하면, (A)는 빚을 갚지 않고 위험한 투자를 하는 등 방만한 경영을 하게 된다.
⑤ (B)를 해결하기 위해서는 신호발송(Signaling)과 선별(Screening)이 필요하다.

65

아래 지문을 통해 A국의 감자 시장의 가격과 거래량의 변화를 유추하면? (단, A국은 아래 지문 이외의 경제 상황에는 전혀 변화가 없다.)

A국의 감자 재배면적은 전년보다 9.4% 줄었다. 단위면적당 생산량 역시 전년보다 10.5% 줄어든 것으로 분석됐다. 자연히 생산도 줄어들었다.

	가격	거래량
①	상승	감소
②	상승	증가
③	하락	감소
④	하락	증가
⑤	알 수 없음	감소

66

수지는 머그잔을 만들어 시장에 팔고 있다. 머그잔 시장은 완전경쟁시장이고, 머그잔 한 개의 가격은 18,000원이다. 수지가 머그잔을 만드는 데 드는 총생산비용은 아래 표와 같다. 이와 관련한 설명 중 옳은 것은?

머그잔 생산량(개)	총생산비용(천 원)
0	120
1	131
2	143
3	157
4	174
5	195

① 수지가 머그잔을 5개 생산할 경우 머그잔 생산에 대한 수지의 평균가변비용은 39,000원이다.
② 수지는 단기에 머그잔 생산을 중단할 것이다.
③ 수지의 이윤을 극대화하는 생산량에서 수지는 음(−)의 이윤을 얻는다.
④ 수지가 머그잔을 1개 생산할 경우, 머그잔 생산에 대한 수지의 총가변비용은 한계비용보다 크다.
⑤ 머그잔 생산량이 늘어날수록 평균가변비용은 감소한다.

67

아래 신문기사를 읽고 제목을 붙인다고 하자. 이때 가장 적절한 제목을 고르면?

세계 최대 전기차 기업 ○○은 A국에서 신차 가격을 최대 20% 인하하면서 글로벌 자동차 시장이 혼돈으로 빠져들고 있다. ○○은 기존 소비자의 불만에도 '고가 전략'을 수정하면서 시장 지배력을 더 공고히 할 것이란 관측이 나온다. 반면, 낮은 수익률로 가격 인하 여력이 크지 않은 글로벌 완성차 기업엔 비상이 걸렸다. 완성차 기업들이 울며 겨자 먹기로 가격 인하 경쟁에 뛰어들 것이라는 전망이 나온다.

① ○○ 기업, 전기차 치킨게임 불붙였다.
② 담합으로 시장 지배력 강화하는 ○○ 기업
③ ○○ 기업의 가격차별 시험대에 올라
④ 베블런 효과 노리는 ○○ 기업의 가격정책
⑤ 가격 노마드족 된 전기차 소비자들

68

아래는 국제통화기금(IMF)에서 발표한 주요 선진국의 채무비율 증감 전망이다. 이에 따른 추론 및 설명 중 옳지 <u>않은</u> 것은?

주요 선진국의 채무비율 증감 전망 (단위: %포인트)

	2020년	2021년	2022년	2023년
한국	6.5(29)	3.8(4)	3.6(3)	3.5(1)
미국	22.5	2.5	0.9	0.7
일본	28.2	−2.2	−0.9	−0.3
영국	22.7	3.5	1.9	1.8

※ 괄호는 35개 선진국 중 한국의 증감폭 순위   자료:IMF

① 2020년의 한국은 다른 선진국에 비해 채무비율증가율이 상대적으로 낮다.
② 2020년은 코로나19 유행으로 각국 정부가 빚을 내 재정을 투입했기 때문에 채무비율이 증가한 것으로 추론된다.
③ 2021년부터는 한국의 채무비율 증감폭 순위가 상위권에 위치한다.
④ 채무비율 증감폭을 낮추기 위해서는 정부의 재정준칙을 법적으로 강화해야 한다.
⑤ 2021년부터는 한국은 미국, 일본, 영국에 비해 상대적으로 국가 재정 건전성을 적극적으로 관리할 것으로 전망된다.

69

〈표〉는 A국과 B국의 지니계수에 대한 연도별 자료이다. 이와 관련한 설명 중 옳지 <u>않은</u> 것은?

구분	2020년	2021년	2022년
A국	0.48	0.43	0.40
B국	0.40	0.45	0.39

① 2020년 A국은 B국보다 소득의 불평등 수준이 높다.
② 2021년 B국은 A국보다 로렌츠곡선이 대각선에 멀어진 상태이다.
③ 2022년 A국의 소득분배가 전년보다 개선됐다.
④ A국은 소득불평등을 완화하기 위한 복지정책을 펼쳤을 것으로 보인다.
⑤ B국은 소득불평등 수준이 계속 개선되었다.

70

아래 신문기사를 읽고 ㉠~㉤과 관련한 설명 중 옳지 <u>않은</u> 것은?

> 대한상의는 ㉠ 글로벌 최저한세 시행으로 한국 기업이 피해를 볼 수 있는 부분을 조사하고 있다. 일부 기업이 "㉡ 한국 기업만 피해를 볼 수 있다."고 민원을 제기했기 때문이다. 한국만 글로벌 최저한세를 도입하면 한국 기업이 다른 나라에서 각종 세제 감면으로 10%의 법인세율을 적용받아도 한국에서 5%만큼의 세금을 더 내야 한다. … (중략) … 경제계에서는 미국, EU 등 글로벌 최저한세 논의를 주도하는 국가의 움직임을 지켜본 뒤 법안을 처리해야 했는데, 한국 정부와 국회가 너무 성급했다는 지적이 나온다. 자칫하면 ㉢ 헝가리(9%), ㉣ 아일랜드(12.5%) 등 법인세율이 낮은 국가에 투자한 한국 기업만 15% 세율을 적용받는 상황이 벌어질 수 있다는 것이다. 업계 관계자는 "전 세계가 기업 투자를 유치하려고 ㉤ 법인세 혜택을 주는데 글로벌 최저한세 때문에 한국 기업만 세(稅)족쇄에 갇힐 수 있다."고 지적했다.
>
> – ○○ 경제신문, 2023. 1. 18.

① 전 세계적으로 ㉠이 시행되면 ㉢, ㉣과 같이 법인세 인하 경쟁을 하는 것이 무의미해진다.
② ㉡이 부담하는 현재 국내 법인세율은 ㉢보다 높다.
③ ㉢에 투자한 한국 기업은 ㉠이 시행되면, 한국에 차액인 2.5%만큼의 세금을 부담해야 한다.
④ ㉣에 ㉡이 투자하는 이유는 다양한 ㉤을 통해 경영비용을 감소하기 위해서이다.
⑤ ㉤을 시행하는 이유는 국내 투자를 늘려 일자리 창출과 지역경제 활성화 나아가 국가경제성장을 위함이다.

71

자동차 회사 A는 2021년 100대의 소형차를 생산하여 한 대 당 가격을 2,000만 원으로 책정하여 내놓았다. 그러나 2021년에 팔리지 않고 2022년 초에서야 모두 팔렸다. 이때 국내총생산(GDP)의 계산과 관련한 설명 중 옳은 것은?

① 2021년 GDP와 2022년 GDP가 각각 20억 원 증가한다.
② 2021년 GDP와 2022년 GDP가 각각 10억 원 증가한다.
③ 2021년 GDP는 20억 원 증가하고, 2022년 GDP는 20억 원 감소한다.
④ 2021년 GDP는 20억 원 증가하고, 2022년 GDP에는 아무런 영향이 없다.
⑤ 2021년 GDP에는 아무런 영향이 없고, 2022년 GDP는 20억 원 증가한다.

72

아래 글의 내용과 관련한 〈보기〉의 설명 중 옳은 것을 고르면?

A국에서는 (A) 매년 한 번씩 각 지역의 특산물을 국가에 공물로 내도록 하는 제도가 있었다. 공물 부과는 각 지역의 산물을 부과하는 게 원칙이었는데 실제로는 그렇지 않은 경우가 많았다. 한번 정해지면 바꾸기도 쉽지 않아 구하기 어려운 경우 공물로 내야 하는 생산물을 구입해서 납부하는 수밖에 없었다. 공물용 생산물을 전문적으로 판매하는 상인들이 나타났다. 시간이 흐르면서 국가의 관리들이 소수의 상인들에게 공물용 생산물 공급자라는 인증서를 발급했고, (B) 인증서를 발급받은 소수의 상인들로부터 구입한 생산물만 공물로 낼 수 있게 되었다. 그렇지 않으면 불량품이라고 공물로 받아주지 않았다. 이후 국가로부터 (C) 인증서를 받은 상인들은 생산물의 가격을 매우 높게 받아 폭리를 취하게 되었다.

〈보기〉
㉠ (A)에서 공물은 지금의 국세와 같다고 볼 수 있다.
㉡ (B)는 독과점의 사례로 볼 수 있다.
㉢ (B)가 사라지면, 공물로 바치는 생산물 거래가격이 높아질 것이다.
㉣ (C)는 완전경쟁시장 공급자들의 모습으로 볼 수 있다.

① ㉠, ㉡
② ㉠, ㉢
③ ㉡, ㉢
④ ㉡, ㉣
⑤ ㉢, ㉣

73

경제 동향 보고서의 밑줄 친 내용에 해당하는 변화를 추론한 〈보기〉의 설명 중 옳은 것을 고르면?

〈경제 동향 보고서〉
국제 원자재 X재의 공급이 크게 줄었다. 이에 따라 X재를 핵심 원료로 하는 Y재 시장에도 변화가 발생하여 관련 주가가 요동쳤다.

〈보기〉
㉠ 가격이 하락할 것이다.
㉡ 거래량이 증가할 것이다.
㉢ 소비자잉여가 감소할 것이다.
㉣ Y재 수요의 가격탄력성이 탄력적이라면, 소비자 총지출액이 감소할 것이다.

① ㉠, ㉡
② ㉠, ㉢
③ ㉡, ㉢
④ ㉡, ㉣
⑤ ㉢, ㉣

74

아래 글은 애덤 스미스의 『국부론』에 나오는 한 대목이다. 글이 주장하는 내용을 잘못 이해한 사람은 누구인가?

한 나라의 연간 생산물의 가치를 증대시키려면 오로지 생산적 노동자의 수를 늘리거나 이미 고용되어 있는 노동자들이 생산력을 향상시키는 것 이외에는 다른 방법이 없다. 그러나 생산적 노동자를 부양할 재원이 증가하지 않는다면, 즉 자본이 증가하지 않는다면 고용을 많이 할 수 없다는 사실은 자명하다. 동일한 노동 인원으로 노동력을 향상시키려면 작업을 간소화하여 보다 쉽게 만들 도구나 기계를 개발하거나 또는 노동자의 역할을 세분화하고 그들을 알맞게 배치해야만 한다. 그 어느 경우에도 대체로 추가 자본이 필요하다. 추가 자본이 있어야만 고용주는 더 좋은 기계를 제공하거나 노동자들을 좀 더 알맞게 배치할 수 있다.

① 가영: 흥청망청 다 써버리면 자본이 증가하지 않는다는 메시지가 담겨 있어.
② 나영: 선진국과 후진국을 가르는 차이는 자본축적 여부에 달려 있다고 설명할 수 있지.
③ 다영: 좋은 기계가 없더라도 노동자들의 힘이 세면 얼마든지 연간 생산물을 늘릴 수 있지.
④ 라영: 전문화, 분업화가 생산물 가치를 높이는 데 유리하다는 점을 저자는 지적하고 있어.
⑤ 마영: 사람 100명이 10시간 동안 할 수 있는 일을 기계를 활용하여 2시간만에 하는 것이 낫지.

75

경제체제와 관련한 아래의 지문과 관련한 설명 중 옳은 것은? (단, A와 B는 각각 시장경제체제와 계획경제체제 중 하나이다.)

경제체제는 자원의 배분 방식에 따라 A와 B로 구분할 수 있다. A는 B와 달리 정부의 명령과 통제에 따라 자원 배분이 이루어진다.

① A는 시장에 의한 자원 배분을 중시한다.
② A에서는 희소성에 의한 경제문제가 발생하지 않는다.
③ B는 원칙적으로 생산 수단의 사적 소유를 인정하지 않는다.
④ B는 A보다 시장에서의 경제적 유인을 강조한다.
⑤ B는 경제문제의 해결 기준으로 형평성을 중시한다.

76

아래 신문기사와 그림과 관련한 설명 중 옳지 않은 것은?

행정안전부는 '2022년 12월 기준 주민등록 인구통계'를 발표했다. 우선 지난해 국내 주민등록 총인구는 5,143만 9,038명으로 전년(5,163만 8,809명)보다 19만 9,771명 줄었다. 2020년 이후 3년 연속 감소세이다. … (중략) … 인구 고령 추세는 더 뚜렷해지고 있다. 65세 이상 고령 인구 비중은 지속적으로 높아져 작년 말 전체 인구의 18%(926만 7,290명)에 달했다. 전년(17.1%)에 비해선 0.9%포인트 높아졌다.

– ○○ 경제신문, 2023. 1. 16.

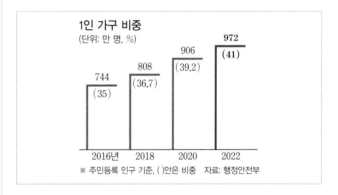

① 총인구의 감소는 인구 데드크로스가 발생했다는 의미이다.
② 2022년 말 한국은 통계상 초고령 사회에 진입했다.
③ 대형마트보다는 편의점, E-커머스 시장 점유율이 더 커질 것이다.
④ 원룸과 같은 오피스텔 시장의 수요곡선이 우측으로 이동할 것이다.
⑤ 1인 가구 비중의 증가는 일반적인 가족 구성인 3·4인 가구의 비중 축소를 의미한다.

77

아래 그래프는 금융시장의 기대수익과 위험 간의 관계를 나타낸다. 이와 관련한 설명 중 옳지 <u>않은</u> 것은?

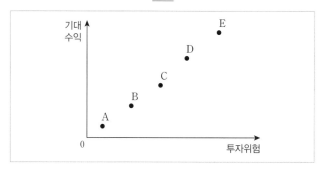

① 그래프는 금융상품의 안전성과 수익성의 상충관계를 나타낸다.
② 수익성이 같다면, 위험이 낮은 금융상품을 골라야 한다.
③ 고위험, 고수익이라는 투자 격언을 반영하고 있다.
④ ELS, ETN, 정크본드 등은 A에 속한다고 볼 수 있다.
⑤ A, B, C, D, E가 일직선 위에 있는 상품이라면 우월을 가릴 수 없다.

78

아래 신문기사의 사설을 읽고 ㉠~㉣과 관련한 설명 중 옳지 <u>않</u>은 것은?

> 올해 ㉠ 스태그플레이션을 우려하던 미국 경제를 두고 연초부터 갑작스럽게 골디락스라는 용어가 나온 것은 매달 초 발표되는 고용지표 때문이다. 작년 12월 실업률은 ㉡ 완전고용 수준인 3.5%이다. … (중략) … 올해 증시에서 골디락스 장세가 나타날 것인가에 대한 판단은 최근과 비슷한 상황이 닥친 1980년대 초 미국 중앙은행(Fed)이 어떻게 대처했는지부터 이해해야 한다. 당시 Fed에서는 우선순위를 "㉢ 물가안정에 둘 것인가", 아니면 "㉣ 경기부양에 둘 것인가"를 놓고 난상토론이 벌어졌다. 후일 이 설전은 '볼커 모멘텀'과 '역볼커 모멘텀' 간 대혈투로 비유된다.
> — ○○ 경제신문, 2023. 1. 16.

① 1980년대 초 미국 중앙은행(Fed) 의장이었던 폴볼커는 미국 경제가 ㉠에 빠지면서 ㉢을 최우선순위에 두었다.
② 실제 실업률이 ㉡보다 높으면, 경기가 과열되어 중앙은행은 기준금리를 인상한다.
③ ㉢ 입장인 통화정책위원들을 매파라고 한다.
④ 중앙은행이 ㉣ 입장이 강하면 기준금리 인하, 국공채 매입 등의 정책을 시행한다.
⑤ 단기에 ㉢과 ㉣의 상충관계를 설명한 것이 필립스곡선이다.

79

아래 신문기사와 그림을 바탕으로 한 설명 중 옳지 <u>않은</u> 것은? (연한 선이 동행종합지수, 진한 선이 선행종합지수이다.)

> 한국은행이 이날 발표한 '11월 무역지수 및 교역조건'을 보면 지난달 수출금액지수는 전년 동월 대비 11.3% 떨어졌다. … (중략) … 한은 관계자는 "반도체 등이 포함된 컴퓨터·전자·광학기기 제품(-25.4%)과 화학제품(-17%)을 중심으로 수출액이 감소했다."며, "수출 가격 하락세와 전방산업 수요 부진 등의 영향"이라고 설명했다.
>
> — ○○ 경제신문, 2022. 12. 30.

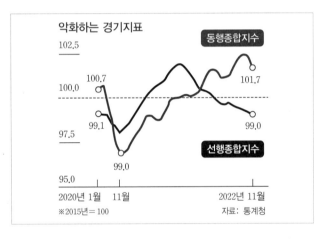

악화하는 경기지표

① 선행종합지수의 추이에 따르면, 앞으로 경기침체 국면으로 들어갈 가능성이 높다.
② 2020년 1월~11월 사이 동행종합지수의 하락은 코로나19의 유행이 큰 영향을 미쳤다.
③ 2020년 11월~2022년 11월 사이의 동행종합지수가 상승 추세인 것과 달리 선행종합지수는 이미 중간 지점에서 하락한 것은 선행종합지수가 미래의 경기침체를 경고한다는 의미이다.
④ 전방산업에 대한 수요가 부진한 영향으로 CSI와 BSI 지수는 하락하고, 총수요곡선은 우측으로 이동할 것이다.
⑤ 수출금액지수가 전년 동월 대비 악화했다는 것은 같은 수량을 팔아도 이전보다 판매수입이 감소했다는 의미이다.

80

아래는 신문사설의 내용 중 일부이다. 필자가 주장하는 바와 가장 거리가 먼 것은?

> 유엔무역개발회의(UNCTAD)가 한국의 지위를 개발도상국에서 선진국 그룹으로 변경했다. 1964년 UNCTAD가 설립된 이래 개도국 그룹에서 선진국 그룹으로 이동한 사례는 한국이 처음이다. UNCTAD 무역개발이사회는 한국의 선진국 진입을 만장일치로 합의해 무역과 투자를 통한 성장의 모범 사례라는 점을 확인했다. 한국이 개도국을 졸업해 선진국에 진입한 최초의 국가라고 유엔이 공인한 것이다. … (중략) … 지금의 한국이 있기까지는 여러 요인이 작용했다. 해방 후 50년간 600억 달러에 달했던 국제원조는 한강의 기적을 일구는 마중물 역할을 했고 여기에 정치적 리더십과 기업의 피땀 어린 노력이 어우러져 선진국을 만들어냈다. 무엇보다 한정된 국내 시장보다 세계를 겨냥해 수출주도형 중화학공업 육성 정책을 편 정치적 결단이 주효했고 여기에 기업이 화답하며 삼성전자, 현대자동차와 같은 글로벌 기업이 탄생할 수 있었다.
>
> — ○○ 경제신문, 2021. 7. 5.

① 한국은 해방 후 국제원조를 효율적으로 활용하여 경제성장의 바탕을 마련했다.
② 한국은 신토불이, 자급자족 등 내수를 중심으로 한 경제 모델로 성장했다.
③ 한국은 원조를 받는 나라에서 원조를 주는 나라로 성장했음을 국제적인 인정을 받았다.
④ 한국은 시장경제와 개방정책을 묶은 수출주도형 경제로 한강의 기적을 이뤘다.
⑤ 2차 세계대전 직후 독립한 나라 중 한국만큼 경제적으로 부강해진 나라를 찾아보기 힘들다.

끝이 좋아야 시작이 빛난다.

– 마리아노 리베라(Mariano Rivera)

경제이론

01

기회비용의 사례로 적절하지 <u>않은</u> 것은?

① 여행을 가는 바람에 집 청소를 하지 못했다.
② 입장료가 아까워서 재미없는 영화를 계속 보았다.
③ 올해는 배추를 심어서 당근을 심을 수 없게 되었다.
④ 오늘 축구경기를 시청해서 영어 공부를 하지 못했다.
⑤ 피자를 사 먹는 바람에 용돈이 부족해서 다이어리를 구매하지 못했다.

02

국내총생산(GDP)과 관련한 설명 중 옳은 것은?

① 수출이 증가할수록 GDP는 증가한다.
② 전업주부의 가사노동은 GDP에 포함된다.
③ 기준연도에서 실질GDP와 명목GDP는 일치하지 않는다.
④ 해외에서 근무하는 내국인 근로자가 생산한 가치는 GDP에 포함된다.
⑤ A년도에 생산한 제품이 다음 연도인 B년도에 판매되면, B년도 GDP에 포함된다.

03

정부 실패란 시장 실패에 대한 정부의 개입이 오히려 바람직하지 못한 결과를 초래하는 현상이다. 이 중 정부 실패의 원인으로 옳지 <u>않은</u> 것은?

① 정보의 부족
② 한계생산물체감의 법칙
③ 정부 정책 시차의 가변성
④ 관료들의 업무에 대한 보신주의
⑤ 정부 정책을 예견한 민간 부문 반응의 변화

04

인플레이션으로 발생하는 문제점과 관련한 설명 중 옳지 <u>않은</u> 것은?

① 기업은 메뉴비용이 발생한다.
② 실물자산보다는 현금을 보유하는 것이 유리하다.
③ 경제주체들이 미래소득 측정을 어렵게 하는 요인이다.
④ 재화와 서비스의 상대가격 변화로 자원의 효율적 배분을 저해한다.
⑤ 예상된 인플레이션은 채무자와 채권자 사이에 부의 재분배가 일어나지 않는다.

05

도덕적 해이의 사례로 옳지 <u>않은</u> 것은?

① 실비보험에 가입한 이후, 가입자의 병원 방문이 늘어났다.
② 정해진 급여를 지급한 후, 일부 직원들의 근무 태도가 불성실하다.
③ 팀 발표 준비 과정에서 구성원 중 일부가 발표 준비를 소홀히 한다.
④ 화재보험에 가입한 보험 가입자는 가입 이전보다 화재방지 노력을 덜 한다.
⑤ 보험시장에서 평균 보험료를 제시하면, 사고를 낼 확률이 높은 사람이 가입한다.

06

각 부문의 과다한 부채는 세계적 경제위기를 초래할 수 있는 중요한 문제라는 인식이 확산하고 있다. 이때 과다한 부채를 해소하기 위한 방법으로 가장 관련이 <u>적은</u> 것은?

① 테이퍼링
② 기준금리 인상
③ 흑자재정 달성
④ 공개시장 국공채 매입
⑤ 만기 도래 채권 상환

07

정부가 사과 생산자에게 보조금을 지급하면 나타나는 현상과 가장 거리가 <u>먼</u> 것은?

① 소비자잉여가 증가한다.
② 생산자잉여가 증가한다.
③ 사과의 시장 거래량이 감소한다.
④ 공급곡선이 우측으로 이동한다.
⑤ 전체적인 사회 후생은 증가하지 않는다.

08

음식점에서 가격을 인상하자 음식점의 수입도 함께 증가했다. 이 이유에 대한 설명 중 옳지 <u>않은</u> 것은?

① 예전보다 음식 맛이 매우 좋아졌다.
② 음식점을 이용하는 고객의 소득이 증가했다.
③ 음식점 이용자의 음식에 대한 수요의 가격탄력성이 매우 높다.
④ 음식점 주위에 신축 건물들이 증가해 유동 인구가 큰 폭으로 늘었다.
⑤ 이 음식점 주변에 있는 식당들의 음식 가격이 더 큰 폭으로 상승했다.

09

〈보기〉에서 전통적인 케인스 학파의 견해에 해당하는 것을 고르면?

┌─〈보기〉─────────────────────────
│ ㉠ 경기 변동의 원인은 총수요의 변화 때문이다.
│ ㉡ 재정정책보다 통화정책의 효과가 뛰어나다.
│ ㉢ 시장에서 가격은 즉각적으로 조정되지 않아 단기에 불균형이 발생한다.
│ ㉣ 정부의 개입은 경기 변동의 진폭을 오히려 더 크게 한다.
└─────────────────────────────────

① ㉠, ㉡   ② ㉠, ㉢
③ ㉡, ㉢   ④ ㉡, ㉣
⑤ ㉢, ㉣

10

아래 그래프는 금융 상품 A, B의 일반적인 특징을 비교한 것이다. 이에 대한 설명 중 옳지 <u>않은</u> 것은? (A, B는 각각 주식과 요구불예금 중의 하나이다.)

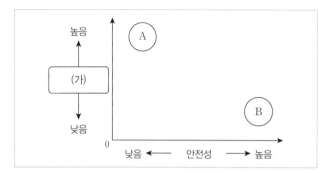

① (가)에는 유동성보다는 수익성이 적절하다.
② A는 예금자 보호를 받지 못한다.
③ A는 배당금을 기대할 수 있다.
④ B는 예금자 보호를 받을 수 있다.
⑤ 일반적으로 B는 A보다 높은 수익률을 기대할 수 있다.

11

어떤 나라에서 철이 구리보다 훨씬 더 많이 매장되어 있음에도 철의 가격이 구리의 가격보다 더 비싸다고 한다. 이러한 상황에 대한 설명으로 옳은 것은?

① 구리보다는 철의 수요가 상대적으로 크다.
② 이 나라에서 구리는 철보다 더 희소한 자원이다.
③ 이 나라에서 철은 구리보다 더 희귀한 자원이다.
④ 철의 가격이 높은 이유는 철이 구리보다 인체에 덜 해로운 자원이기 때문이다.
⑤ 철의 가격이 비싼 이유는 이 나라 국민은 비합리적인 선택을 하고 있기 때문이다.

12

근로자들이 이직하는 과정에서 발생하는 실업과 관련한 설명 중 옳지 <u>않은</u> 것은?

① 완전고용 상태에서도 이러한 실업은 존재한다.
② 이러한 실업은 경제의 윤활유 같은 역할을 한다.
③ 최저임금제, 노동조합으로 인해 이러한 실업이 발생한다.
④ 구직과 관련한 정보망 확충으로 이러한 실업을 줄일 수 있다.
⑤ 일반적으로 실업보험급여 지급 확대는 해당 유형의 실업을 늘리는 요인이다.

13

어떤 국가의 올해 지니계수가 작년보다 낮아졌다고 한다. 이를 가장 잘 설명한 것은?

① 파레토 효율이 달성되었다.
② 로렌츠곡선이 45°선에 가까워졌다.
③ 올해 국민소득이 작년보다 훨씬 작아졌다.
④ 올해 노동소득분배율이 점점 불균등해졌다.
⑤ 생산가능곡선이 왼쪽으로(안쪽으로) 이동했다.

14

자본이동이 자유로운 상태에서 소규모 경제가 통화정책과 재정정책을 수행하고 있다. 이와 관련한 설명 중 옳지 <u>않은</u> 것은?

① 통화정책과 재정정책의 효과는 환율제도에 따라 달라진다.
② 변동환율제에서 중앙은행은 독립적인 통화정책을 수행할 수 있다.
③ 변동환율제에서 정부가 재정지출을 늘리면, 원화의 가치가 상승한다.
④ 고정환율제에서 정부가 재정지출을 늘리면, 수출이 크게 늘어난다.
⑤ 고정환율제에서 정부가 재정지출을 늘리면, 통화량도 동시에 증가한다.

15

국제무역을 증가시키는 요인이 <u>아닌</u> 것은?

① 유가의 하락 안정
② 국제가치사슬 강화
③ 핀테크 기술의 발달
④ 관세와 수입쿼터 철폐
⑤ 무역상대국 인플레이션의 높은 변동성

16

아래 영수증에서 '㉠ 부가세'와 관련한 설명 중 옳지 <u>않은</u> 것은?

상품명	수량	금액
9007 6호 생크림 29,000	1개	29,000
	과세금액	26,363
	㉠ 부가세	2,637
총매출액		29,000
합계		29,000
받은돈		29,000
거스름돈		0
	현금 결제	29,000

① 한국의 세율은 10%이다.
② 국세에 속한다.
③ 누진세 구조이다.
④ 모든 재화나 용역의 소비 행위에 대하여 과세한다.
⑤ 세금 납부 의무자와 실제 부담자가 일치하지 않는다.

17

아래 그림은 외부(불)경제를 나타낸다. 이와 관련한 설명 중 옳은 것은?

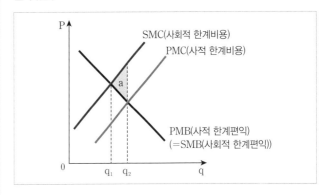

① 시장에서는 q_1에서 균형거래량이 결정된다.
② a에 대한 해결방안은 정부의 가격규제가 유일하다.
③ a는 과소생산의 사회적 후생의 감소분을 나타낸다.
④ 피구세는 균형거래량을 q_1으로 이동시킬 수도 있다.
⑤ 외부경제로 사회적 한계비용보다 사적 한계비용이 크다.

18

시장과 관련한 설명 중 가장 옳지 <u>않은</u> 것은?

① 시장은 자본주의 이전부터 존재해왔다.
② 시장은 사회적 분업을 더욱 촉진시켰다.
③ 시장에서 완전하고 공평한 분배가 가능하다.
④ 기계의 등장으로 시장은 더욱 발전하였다.
⑤ 산업혁명 이후로 시장의 규모는 더욱 폭발적으로 증가하였다.

19

미국 중앙은행(Fed)의 기준금리 인상이 미국 시장에 미칠 수 있는 영향이 <u>아닌</u> 것은?

① 달러화의 가치 하락
② 해외 자본의 유입 증가
③ 미국 상품의 수출 경쟁력 약화
④ 미국으로 수입되는 상품의 증가
⑤ 원자재 수입물가 하락으로 미국 내 물가 하락

20

현재가치와 미래가치와 관련한 설명 중 옳지 <u>않은</u> 것은? (단, 이자율 r>0)

① 미래 받을 돈의 현재가치는 이자율이 상승할수록 낮아진다.
② 미래 금액의 현재가치 환산은 이자율과 기간에 따라 달라진다.
③ 현재와 미래 사이의 기간이 길수록 미래 금액의 현재가치는 작아진다.
④ 이자율이 10%일 때, 1년 후 1,000원을 얻으면 현재가치는 1,100원이다.
⑤ 현재가치란 미래 일정 시점의 금액을 현재 시점의 가치로 환산한 금액이다.

21

기업의 생산기술이 규모에 대한 수익 체증이라고 하자. 이에 대한 설명 중 옳은 것은?

① 이 기업의 생산기술은 래퍼곡선으로 설명할 수 있다.
② 모든 생산요소의 투입을 두 배 늘려도 산출량은 변하지 않는다.
③ 모든 생산요소의 투입을 두 배 늘리면, 산출량이 두 배 이상 늘어난다.
④ 고정요소의 투입을 두 배 늘려도 산출량은 변하지 않는다.
⑤ 고정요소의 투입을 두 배 늘리면, 산출량이 두 배 미만으로 늘어난다.

22

필립스곡선과 관련한 설명 중 옳지 <u>않은</u> 것은?

① 단기 필립스곡선이 장기 필립스곡선보다 완만하다.
② 자연 실업률이 증가하면 필립스곡선은 오른쪽으로 이동한다.
③ 자연 실업률 가설에 따르면 장기 필립스곡선은 수직선이 된다.
④ 단기 필립스곡선은 실업률과 물가상승률 간의 양(+)의 관계를 보여준다.
⑤ 1970년대 스태그플레이션으로 실업률과 물가상승률 간의 상충관계가 불분명해졌다.

23

1급 가격차별이 시행되는 독점시장이 존재한다고 하자. 이와 관련한 설명 중 옳지 <u>않은</u> 것은?

① 소비자잉여는 양(+)의 값을 가진다.
② 한계수입곡선은 시장수요곡선과 동일하다.
③ 모든 소비자는 각각 다른 가격을 지불한다.
④ 완전경쟁시장과 동일한 수량이 시장에 공급된다.
⑤ 일반 독점시장과 비교해 사회적 후생이 더 크다.

24

〈보기〉에서 보호무역주의 정책을 모두 고르면?

┌─〈보기〉─────────────────
│ ㉠ WTO   ㉡ 범위의 경제
│ ㉢ 관세   ㉣ 수입 할당제
│ ㉤ 수출 보조금
└──────────────────────

① ㉠, ㉡, ㉢
② ㉠, ㉡, ㉣
③ ㉡, ㉢, ㉣
④ ㉡, ㉣, ㉤
⑤ ㉢, ㉣, ㉤

25

재화는 배제성과 경합성에 따라 4가지로 구분된다. 이와 관련한 설명 중 옳은 것은?

① 막히지 않는 도로는 배제성을 가지고 있는 재화이다.
② 경합성과 배제성을 모두 가지고 있는 재화를 사적재라고 한다.
③ 비배제성은 여러 사람이 재화를 동시에 사용할 수 있는 성질이다.
④ 무임승차는 재화가 배제성을 가지고 있기 때문에 나타나는 현상이다.
⑤ 공유지의 비극이 나타나는 이유는 비경합성을 가지고 있는 재화가 배제성도 가지고 있기 때문이다.

26

루카스 비판에 대한 설명 중 옳지 않은 것은?

① 계량모형을 사용할 때 경제주체의 기대 형성에 대한 가설을 포함하는 구조모형을 사용해야 한다.
② 정책 변화가 경제에 미치는 효과를 판단할 때는 새로운 정책에 따라 사람들의 기대가 어떻게 변화하는지를 고려해야 한다.
③ 정책이 바뀌면 경제활동에 관한 규칙이 바뀌고 그에 따라 사람들의 기대도 바뀌기 때문에 기존에 성립된 경제변수 간의 관계도 바뀐다.
④ 경제주체들의 합리적 기대 형성을 포함하지 않는 계량경제모형을 이용해 거시경제정책의 효과를 평가하는 방식은 오류를 유발할 수 있다.
⑤ 경제주체는 과거의 경험에 기초해 미래에 대한 기대를 형성하는 경향이 있으므로 과거 자료가 많을수록 미래에 대한 정확한 기대를 형성할 수 있으며 축적된 자료에 대한 면밀한 통계적 분석이 중요하다.

27

그림은 시장의 유형을 분류한 것이다. (가)~(라)에 대한 〈보기〉의 설명 중 옳지 않은 것을 고르면?

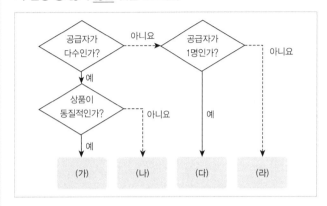

〈보기〉
㉠ (가)에서는 자원 배분이 효율적으로 이뤄진다.
㉡ (나) 시장의 기업들은 가격 수용자이다.
㉢ (다)에는 수도, 철도와 같이 초기 투입 비용이 매우 높은 산업이 포함된다.
㉣ (라)는 기업 간 경쟁이 심해 상호 의존성이 낮다.

① ㉠, ㉡   ② ㉠, ㉢
③ ㉡, ㉢   ④ ㉡, ㉣
⑤ ㉢, ㉣

28

X재와 Y재는 완전경쟁시장에서 거래되고 있다. X재의 핵심 부품 가격이 크게 감소할 때, Y재 시장에서 예상되는 영향을 〈보기〉에서 고르면?

〈보기〉
㉠ Y재가 X재의 대체재라면, 매출이 감소한다.
㉡ Y재가 X재의 대체재라면, 총잉여가 감소한다.
㉢ Y재가 X재의 보완재라면, 공급량이 감소한다.
㉣ Y재가 X재의 보완재라면, 생산자잉여가 감소한다.

① ㉠, ㉡   ② ㉠, ㉢
③ ㉡, ㉢   ④ ㉡, ㉣
⑤ ㉢, ㉣

29

한국의 수출액은 3,000억 달러이고 수입액은 2,500억 달러라고 하자. 한국인은 해외 자산을 700억 달러 매입하였고, 외국인은 한국에서 거래되는 자산을 800억 달러 매입하였다. 이때 한국의 외환보유액은 어떻게 변하는가?

① 600억 달러 증가
② 600억 달러 감소
③ 400억 달러 증가
④ 400억 달러 감소
⑤ 변화없음

30

단기에는 경제 내에 임금경직성이 존재하므로 총공급곡선은 우상향할 수 있다. 임금경직성이 발생하는 이유를 〈보기〉에서 모두 고르면?

〈보기〉
⊙ 명시된 계약임금은 경제여건이 변하더라도 계약기간 동안에는 바뀌지 않는다.
ⓒ 최저임금제가 시행되면, 고용자가 반드시 균형임금 수준보다 높은 최저임금을 지급해야 한다.
ⓒ 기업이 이윤을 극대화하기 위해 자발적으로 시장보다 높은 실질임금을 지급하는 기업이 있다.

① ⊙
② ⓒ
③ ⊙, ⓒ
④ ⓒ, ⓒ
⑤ ⊙, ⓒ, ⓒ

31

공항, 철도 등의 사례에서 자주 나타나는 지역이기주의의 일종이다. 수익성 있는 사업을 무조건 자기 지방에 유치하려 하는 현상을 일컫는 용어는?

① 핌피현상
② 넛지 효과
③ 베이크 아웃
④ 병목현상
⑤ 지렛대 효과

32

'이것'은 중앙은행이 경제상황을 평가해 선제적인 방향을 제시할 때 사용하는 용어이다. 보통 정책금리 또는 기준금리의 향방에 대한 시그널을 전달하기 위한 커뮤니케이션 수단인 '이것'은 무엇인가?

① 린치핀
② 포워드 가이던스
③ 베이시스
④ 프레너미
⑤ 오퍼레이션 트위스트

33

인터넷과 모바일 기술의 비약적 발전을 기반으로 탄생한 스타트업이나 벤처 가운데 기존 법·제도 체계로는 규정되지 않거나, 사각지대에서 사업이나 서비스를 영위하는 기업인 (A) 스타트업, 위험 가능성을 충분히 예상할 수 있었음에도 이를 간과하여 결국 큰 위험에 처하게 되는 상황을 가리켜 (A) 라이노라고 한다. (A)에 공통으로 들어갈 색깔을 영어로 표현하면?

① 레드
② 그레이
③ 브라운
④ 블루
⑤ 옐로우

34

국내 증시에서 어제 종가 1만 원을 기록한 ○○기업의 주가가 오늘은 증시 마감 시간에 가격제한폭까지 떨어져서 마감했다. 증권시장이 마감되었을 때의 ○○기업의 주가는 얼마인가?

① 5,000원　　　　　　② 6,000원
③ 7,000원　　　　　　④ 8,000원
⑤ 9,000원

35

회사의 적자가 쌓여 잉여금이 바닥나고, 납입자본금까지 까먹기 시작하면 '이것'에 이른다. 기업 부실화의 징후인 '이것'은?

① 기업공개　　　　　　② 무상증자
③ 백지신탁　　　　　　④ 출자전환
⑤ 자본잠식

36

2022년 노벨경제학상 공동 수상자 3명 중 한 사람으로 2008년 세계 금융위기 당시 미국 중앙은행(Fed) 의장을 지낸 인물은?

① 벤 버냉키　　　　　　② 재닛 옐런
③ 폴 볼커　　　　　　④ 앨런 그린스펀
⑤ 매리너 에클스

37

○○기업이 주당 액면가를 5,000원에서 100원으로 대폭 낮춰 1주를 50주로 주식분할을 했다. 주식분할에 따른 이론적인 효과로 알맞은 것은?

① 주식 수는 변하지 않는다.

② 기업 가치가 $\frac{1}{50}$ 로 낮아진다.

③ 주식 거래량은 변하지 않는다.

④ 기업 가치가 50배로 높아진다.

⑤ 주식 1주당 가치가 $\frac{1}{50}$ 로 낮아진다.

38

'이것'은 민간 자본을 통해 주거, 상업, 업무 등 다용도 융·복합 개발이 가능하도록 지정한 지역으로, 입지 규제 최소구역이라고도 불린다. 대표적 사례로 싱가포르의 마리나베이샌즈와 일본의 롯폰기 힐스가 있다. '이것'은 무엇인가?

① 퍼플존　　　　　　② 레드존
③ 블랙존　　　　　　④ 화이트존
⑤ 브라운존

39

자산시장에서 주가와 집값이 오르면 사람들은 돈을 빌려 투자에 나선다. 상승세가 길어질수록 대출 규모도 커진다. 그러나 자산 가격이 끝없이 오르지는 못한다. 가격이 꺾일 조짐을 보이면 투자자들은 대출을 갚기 위해 자산을 내다 판다. 이런 사이클에서 부채가 한계점에 도달해 투자자들이 자산을 팔기 시작하는 '이 시점'이 시작되면 자산시장의 불황과 위기가 찾아오는데 '이 시점'을 무엇이라 하는가?

① 숏커버링　　　　　　② 피터팬 증후군
③ 서킷브레이커　　　　④ 민스키 모멘트
⑤ 번아웃 신드롬

40

외부회계감사를 하는 공인회계사가 감사의견을 형성함에 있어서 필요한 합리적 감사증거를 얻지 못해 재무제표 전체에 대한 의견표명이 불가능한 것으로 판단할 경우 어떤 감사의견을 제시하는가?

① 적정의견
② 한정의견
③ 부적정의견
④ 부실의견
⑤ 의견거절

41

2022년 '이것'이 사상 처음으로 30%를 돌파한 것으로 나타났다. '이것'은 국민이 낸 세금과 국민연금, 산재보험, 건강보험 등 사회 보장성 기금을 합한 금액이 국내총생산(GDP)에서 차지하는 비율을 말한다. '이것'은 무엇인가?

① 조세부담률
② 재정부담률
③ 국민부담률
④ 사회보장부담률
⑤ 금융비용부담률

42

주당 가격이 1,000원이 안 되는 저렴한 주식에 붙는 별명으로 소형주가 많고 주가 변동성이 큰 경향을 보이는 '이것'은?

① 우선주
② 가치주
③ 동전주
④ 황제주
⑤ 자사주

43

아래 지문을 읽고, A에 속하는 것을 〈보기〉에서 모두 고르면?

국제 원유시장에서는 수백 종류의 원유가 거래되지만 관심을 가장 많이 받는 것은 늘 A 3대 원유이다. 거래시장이 잘 발달해 가격이 투명하게 정해진다는 공통점이 있다. 이들 세 유종은 세계 각 지역 원유 가격의 기준이 된다. 3대 원유 시세에 일정액을 더하거나 빼서 나머지 원유의 가격이 결정되는 구조이다.

〈보기〉
㉠ WTI
㉡ ISM
㉢ BDI
㉣ 브렌트유
㉤ 두바이유

① ㉠, ㉡, ㉢
② ㉠, ㉣, ㉤
③ ㉡, ㉢, ㉣
④ ㉡, ㉣, ㉤
⑤ ㉢, ㉣, ㉤

44

아래 나열한 내용이 지칭하는 나라는?

- 2022년 월드컵 개최국
- 수도 도하
- 천연가스 매장량 세계 3위

① 카타르
② 베트남
③ 싱가포르
④ 말레이시아
⑤ 아랍에미리트

45

'이것'은 은행과 비슷한 기능을 수행하지만, 은행과 달리 엄격한 규제를 받지 않는 금융권을 통칭한다. 중국이 '이것'의 규모가 커지며 금융 시스템의 안정성에 위협을 받을 수도 있다는 예측도 있었다. '이것'을 뜻하는 용어는?

① 브리지 론   ② 메자닌 금융
③ 마이크로 파이낸스   ④ 리파이낸싱
⑤ 그림자 금융

46

아래 나열한 중앙은행의 기준금리 인상 폭의 숫자를 더하면 얼마인가?

• 빅스텝	• 자이언트 스텝

① 1.25   ② 1.5
③ 1.75   ④ 2.0
⑤ 2.25

47

미국 경제는 두 분기 연속 역성장했다. 올해 1분기 '이것' 증가율이 −1.6%로 후퇴한 데 이어 2분기엔 −0.6%를 기록했다. 이는 기술적 의미의 경기 침체에 해당한다. 실질경제성장률을 계산할 때 많이 활용되는 경제지표인 '이것'의 영어 약자는?

① GDP   ② GDI
③ PPP   ④ PPI
⑤ GRI

48

기업이 차등의결권, 포이즌 필, 황금낙하산 제도를 활용하는 가장 큰 목적은 무엇인가?

① 집중투자   ② 경영권 방어
③ 노동생산성 향상   ④ 물류망 확충
⑤ 인수·합병(M&A) 촉진

49

미국 중앙은행(Fed)의 지속적인 금리 인상으로 경제 사정이 취약한 신흥국을 중심으로 (A)가 특별인출권인 (B)을(를) 지원하는 규모가 사상 최대라고 한다. (A)는 한국이 1997년 외환위기를 겪으면서 구제 금융을 받기도 한 '국제통화기금'이라는 국제기구이다. (A), (B)에 들어갈 영어 약자를 알맞게 짝지으면?

	(A)	(B)
①	IMF	NFT
②	IMF	SDR
③	IMF	MMF
④	WB	SDR
⑤	WB	MMF

50

주식시장에서 주가가 큰 폭으로 떨어지다가 일시적으로 반등하는 상황을 설명하는 용어는?

① 불 마켓   ② 캐시 카우
③ 데드크로스   ④ 더블딥
⑤ 데드 캣 바운스

51

아래 나열한 기업을 영어 약자로 무엇이라 하는가?

| 티웨이 진에어 에어부산 제주항공 에어서울 |

① LBO
② LTV
③ LCC
④ CDO
⑤ CMA

52

에어비앤비가 임대인과 임차인을 실시간으로 연결해주는 서비스를 제공하는 것처럼 플랫폼과 기술력을 가진 회사가 수요자의 요구에 즉각적으로 대응해 서비스와 제품을 제공하는 전략을 무엇이라 하는가?

① 온디맨드 경제
② 퍼스트 펭귄
③ 스필오버
④ 티핑 포인트
⑤ 팝콘 브레인

53

현재 국내 법정 최고금리는 연 몇 %인가?

① 15
② 18
③ 20
④ 22
⑤ 24

54

2022년 '이 나라'의 재무장관이 내년 4월부터 시행 예정이던 소득세 기본세율 인하 방안을 보류하는 등 감세 조치를 추가 철회한다는 내용을 연설했다. '이 나라'는 기축통화국 중 하나이며, 역사에서 해가 지지 않는 나라로 불렸다. 2022년 9월 말에 발표한 감세안으로 통화가치가 하락하는 등 혼란을 겪었던 '이 나라'는?

① 독일
② 프랑스
③ 헝가리
④ 영국
⑤ 러시아

55

아래 나열한 내용을 설명할 수 있는 용어를 고르면?

- 기축통화국의 구조적 모순을 설명
- 기축통화가 국제경제에 원활히 쓰이기 위해서는 대외거래에서의 적자가 발생해야만 하고 반대로 기축통화 발행국이 흑자를 보면 돈이 덜 풀려 국제경제가 원활하지 못하는 역설적인 상황

① 사이드카
② 아비트리지
③ 스미스의 역설
④ 하이퍼 로컬
⑤ 트리핀 딜레마

56

분산투자를 의미하는 금융 투자의 격언으로 가장 알맞은 것은?

① 같은 값이면 다홍치마
② 계란을 한 바구니에 담지 말라.
③ 무릎에서 사서 어깨에서 팔아라.
④ 인플레이션은 언제 어디서나 화폐적 현상이다.
⑤ 사하라 사막의 관리를 정부에 맡기면, 5년 안에 모래가 떨어진다.

57

아래 지문을 읽고 제목을 붙인다고 가정하자. 이와 관련한 적절한 제목을 고르면?

> A국 3대 클라우드 기업으로 꼽히는 ○○클라우드가 2,000억 원의 자금을 유치한다. ㈜ ○○으로부터 분사한 지 약 6개월 만에 몸값 1조 원을 넘어설 것으로 전망된다. 투자은행(IB)업계에 따르면 A국 사모펀드 운용사 2곳이 ○○클라우드의 제3자 배정 유상증자에 총 2,000억 원을 투자해 지분 약 18%를 확보할 예정이다. 신주 발행이 완료되면 ○○클라우드의 기업 가치는 1조 1,000억 원 수준까지 높아진다.

① '데스밸리' 맞이한 ○○클라우드
② ○○클라우드 'ESG 경영' 선언
③ '마이데이터' 사업 진출 … ○○클라우드
④ ○○클라우드 '유니콘' 등극하나
⑤ '승자의 저주'에 빠진 ○○클라우드

58

최근 2030세대 사이에서 저작권, 미술품, 상업용 빌딩 등 개인이 접근하기 어려웠던 자산에 여러 사람이 소액 투자하고 이익을 함께 나눠 갖는 '이것'이 주목받고 있다. '이것'은 무엇인가?

① 퀀트투자
② 재고투자
③ 선행투자
④ 조각투자
⑤ 소셜투자

59

아래 (A), (B)를 가장 잘 설명하는 알맞은 용어는?

> (A) A국 공무원 채용 인원은 2018년 1만 9,293명에서 올해 3만 3,000명으로 늘어났다. 내년 공무원 채용도 올해보다 증가할 전망이다. 한편에서는 국민의 세금 부담을 가중시키는 공무원보다 기업이 창출하는 일자리가 늘어나야 한다는 목소리가 크다.
>
> (B) 업무량 증가와 공무원 수의 증가는 서로 아무런 관련이 없으며, 공무원 수는 일의 분량과 관계없이 증가함을 통계학적으로 증명한 것이다. 이것은 관료화된 거대 조직의 비효율성을 비판한다. 즉, 일이 많아서 사람을 더 필요로 하는 것이 아니라 사람이 많아서 일자리가 더 필요해지는 상황이 된다.

① 로그롤링
② 오쿤의 법칙
③ 이카루스의 역설
④ 파킨슨 법칙
⑤ 게리맨더링

60

최근 홈쇼핑 업계는 해외 명품으로 눈을 돌리고 있다. 홈쇼핑 업계는 최고급 명품보다는 상대적으로 가격이 저렴한 고가 상품인 '이것'을 판매하고 있다. 쇼호스트가 자기 이름을 걸고 제품을 파는 홈쇼핑의 특성을 최대한 활용한 '이것' 판매는 유통시장의 대세인 e커머스와 차별화된 홈쇼핑 업체의 경영 전략을 보여준다. '이것'은 무엇인가?

① 메세나
② 트윈슈머
③ 매스티지
④ 체리피커
⑤ 앰부시 마케팅

61

물을 많이 마시면 체내의 미세먼지를 배출하는 데 효과적이라는 연구 결과가 발표되었다. 그리고 지하암반층으로부터 물을 끌어올려 가공하는 새로운 기술이 개발되었다고 하자. 이에 따른 생수시장 균형의 변화를 가장 잘 설명한 것은?

	균형가격	균형거래량
①	알 수 없음	증가
②	상승	알 수 없음
③	상승	증가
④	상승	불변
⑤	불변	증가

62

인플레이션 원인에 대한 해당 지문을 읽고, 이와 관련한 〈보기〉의 설명 중 옳은 것을 고르면?

인플레이션은 A 총수요가 증가하여 나타나는 인플레이션과 B 총공급이 감소하여 나타나는 인플레이션으로 구분할 수 있다. 두 현상의 특징과 대책에 대해 이야기해 보자.

〈보기〉
㉠ A의 상황에서 긴축 재정을 펼치면, 실업률이 높아질 수 있다.
㉡ A의 상황에서 정부 지출을 늘리면, 물가가 더욱 하락할 가능성이 높다.
㉢ B의 원인 중 하나로 국제 원자재 가격 상승이 있다.
㉣ B의 상황에서 통화량을 늘리면, 경기가 회복되고 물가가 안정된다.

① ㉠, ㉡   ② ㉠, ㉢   ③ ㉡, ㉢
④ ㉡, ㉣   ⑤ ㉢, ㉣

63

학생의 답변 중 (A), (B)에 들어갈 내용을 알맞게 짝지으면?

• 교수: 국제 원유 가격이 달러 기준으로 하락했는데도 우리나라의 □□기업은 원화 기준으로 원유 구입비를 더 많이 지급했어요. 왜 그럴까요?
• 학생: 원유 수요가 가격에 (A)이거나, 국제 원유 가격의 변동률보다 달러화 대비 원화 가치가 더 크게 (B)했다고 추론할 수 있어요.

	(A)	(B)
①	탄력적	하락
②	탄력적	상승
③	비탄력적	하락
④	비탄력적	상승
⑤	단위탄력적	하락

64

그림은 우리나라 1인당 국민총소득(GNI) 증가율과 경제성장률 추이를 나타낸다. 2021년의 통계 수치와 관련한 대화 중 옳지 않은 내용은?

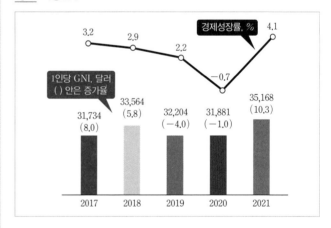

① 가영: 실질 GDP가 증가했을 거야.
② 나영: 원화 가치가 상승한 영향이 있을 거야.
③ 다영: 국외순수취 요소소득이 감소했기 때문일 거야.
④ 라영: 우리나라는 전년보다 국가 경제 규모가 늘어났을 거야.
⑤ 마영: 인구증가율이 국민총소득 증가율보다 낮아서일 거야.

65

아래의 해당 시장에 관한 특징을 〈보기〉에서 고르면?

학생들이 다니는 학원도 무수히 많이 존재하지만 학원이 제공하는 강의 수준이 다르기 때문에 학생들 각자의 기준에 따라 선택하고 소비한다. 즉, 해당 재화나 서비스에 대해 '단골'이 된다. 우리가 주변에 흔히 볼 수 있는 미용실의 경우도 소비자가 헤어 디자이너의 맞춤된 서비스, 거리, 광고, 가격 조건 등을 다른 미용실과 비교하여 하나의 단골집을 선택한다.

〈보기〉
㉠ 제품차별화 　　　 ㉡ 비가격 경쟁
㉢ 역선택 　　　　　 ㉣ 가격수용자

① ㉠, ㉡
② ㉠, ㉢
③ ㉡, ㉢
④ ㉡, ㉣
⑤ ㉢, ㉣

66

아래 신문기사를 읽고, ㉠~㉤에 대한 학생들의 설명 중 옳지 않은 것은?

국회에서 논의 중인 전기통신사업법 개정안은 유튜브, 넷플릭스 등 대규모 트래픽을 발생시키는 해외 ㉠콘텐츠 제공업자(CP)에게 ㉡망 사용료를 부과하는 내용을 골자로 한다. 콘텐츠 사용 증가로 늘어난 네트워크 투자 부담을 대형 CP도 함께 져야 한다는 논리이다. 네이버, 카카오 등이 망 사용료를 내는 것과 달리 구글, 넷플릭스는 망 사용료를 내고 있지 않다. ㉢통신 3사 관계자는 "글로벌 빅테크의 인터넷 ㉣무임승차를 방치하면 국내 인터넷 생태계에 ㉤공유지의 비극이 발생할 것"이라고 지적했다.
— ○○ 경제신문, 2022. 10. 13.

① 가영: ㉠이 등장하면서, 코로나19 시기 경제가 셧다운 되었어도 문화 소비 활동이 가능했지.
② 나영: ㉡은 망 중립성에 관한 ㉠과 ㉢의 갈등을 촉발시켰지.
③ 다영: ㉢을 인터넷 서비스 제공업자(ISP)라 부르지.
④ 라영: ㉢이 구축한 망에 해외 ㉠을 배제할 수 없기 때문에 ㉣이 나타나지.
⑤ 마영: ㉤을 해결하기 위해 일종의 재산권이라 할 수 있는 ㉡을 부과하자는 것이 ㉢의 입장이지.

67

아래 사례에서 설명하고 있는 해당 기업의 전략을 심화시키는 요인으로 적절하지 않은 것은?

독점적 위치를 차지하고 있는 전자상거래업체 A사의 유료회원인 B씨는 180만 원이 넘는 C사의 노트북을 사려다 분통 터지는 일을 겪었다. 같은 유료 회원인 옆자리 동료와 한 대씩 구매하려던 B씨는 카드 할인 방식이 다르다는 것을 발견했다. … (중략) … A사의 같은 상품을 두고 충성고객에게 더 비싼 가격을 물리는 데서 나아가 유료회원에게 카드 할인 혜택 노출마저 다르게 적용한다는 사실이 드러난 것이다.

① 멤버십 가입자 증가
② 높은 시장 진입 비용
③ 개별 수요에 대한 정보 증가
④ 소비자의 동질적인 유보가격
⑤ 소비자와 판매자 간 정보 비대칭성

68

아래 통계 자료의 빈칸 ㉠과 ㉡에 들어갈 금액의 합을 구하면?

〈갑국의 경제 통계 자료(2021년)〉
- 실질 국내총생산(GDP): 7,000억 달러
- 실질 국민총생산(GNP): 9,000억 달러
- 실질 국민총소득(GNI): 9,300억 달러
- 교역 조건 변화에 따른 실질 무역 이익: (㉠)
- 해외 수취 요소소득: 3,500억 달러
- 해외 지불 요소소득: (㉡) 달러

*실질GNI = 실질 국내총생산(GDP)+해외 순수취 요소소득+교역 조건 변화로 인한 실질 무역 이익

① 1,200억 달러
② 1,400억 달러
③ 1,600억 달러
④ 1,800억 달러
⑤ 2,000억 달러

69

㉠~㉢의 변화 방향을 알맞게 짝지으면? (여기서 투자는 기업의 설비투자 등을 의미함)

> A국 중앙은행은 채권 발행을 늘렸더니 ㉠ 통화량이 변화했고, 이어서 ㉡ 국내 금리(이자율)에 영향을 주었다. 이는 ㉢ 소비와 투자에 영향을 주어 경제가 안정화되었다.

	㉠	㉡	㉢
①	감소	하락	감소
②	감소	상승	감소
③	감소	상승	증가
④	증가	하락	감소
⑤	증가	상승	증가

70

아래처럼 기준금리와 빚이 지속적으로 증가한다고 가정하자. 이때 나타날 수 있는 경제 현상 중 옳지 않은 것은? (단, 다른 조건은 일정하다고 가정한다.)

> 한국은행이 기준금리 인상을 단행했다. 기준금리는 10년 만에 3%대로 올라섰다.

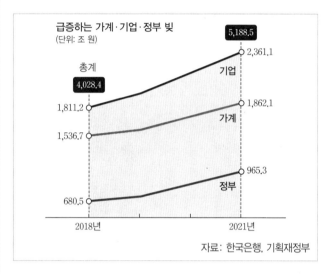

급증하는 가계·기업·정부 빚
(단위: 조 원)

총계 4,028.4 → 5,188.5

기업: 1,811.2 → 2,361.1
가계: 1,536.7 → 1,862.1
정부: 680.5 → 965.3

2018년 / 2021년

자료: 한국은행, 기획재정부

① 한국은행이 기준금리를 인상하면, 대출을 받은 경제주체의 이자 부담은 증가할 것이다.
② 경기선행지수는 지속적으로 하락할 가능성이 높다.
③ 인구 증가가 없다면, 국민 한 사람당 갚아야 할 정부 부채는 점점 늘어날 것이다.
④ 부채가 증가한 가계는 기준금리 인상으로 가처분소득이 감소할 것이다.
⑤ 한국은행이 기준금리를 인상하면, 코픽스(COFIX)는 내려갈 것이다.

71

찬호는 당첨 상품이 {자동차, 유럽 여행, 백화점 상품권, 꽝}인 경품 행사에 참가하려고 한다. 각각의 결과에 대한 찬호의 기대효용은 U(자동차) = 100, U(유럽여행) = 80, U(백화점 상품권) = 30, U(꽝) = 0이다. 이때 A안은 각각 당첨 상품이 나올 확률이 $\left\{ \frac{1}{2}, 0, 0, \frac{1}{2} \right\}$이고 B안은 $\left\{ \frac{1}{4}, \frac{1}{4}, \frac{1}{4}, \frac{1}{4} \right\}$이다. 찬호의 A안과 B안에 대한 기대효용은 얼마인가?

	A안 기대효용	B안 기대효용
①	51	55
②	50	52.5
③	50	47
④	52.5	50
⑤	50	50

72

지문에서 (가)~(다)에 들어갈 내용을 알맞게 짝지으면?

국제 신용평가회사인 스탠더드앤드푸어스(S&P)는 A국에 신용등급 전망을 부여하기 시작한 1991년 이후 처음으로 A국 국채의 신용등급 전망을 '안정적'에서 '(가)'으로 낮췄다. S&P는 성명을 통해 "A국이 같은 등급을 받고 있는 국가들과 비교할 때 막대한 정부의 (나)와 국가부채 급증에 대처하는 과정에서 예상되는 불확실성 등으로 장기 전망을 '안정적'에서 '(가)'으로 낮췄다."고 밝혔다. … (중략) … A국 신용전망 소식이 전해지면서 이날 개장한 A국 증시는 급락하고, A국 국채 수익률은 소폭 (다)하는 등 부정적 영향을 받고 있다.

	(가)	(나)	(다)
①	긍정적	영업적자	하락
②	긍정적	재정적자	상승
③	부정적	영업적자	하락
④	부정적	재정적자	상승
⑤	불분명	무역적자	하락

73

아래 현상을 유발할 수 있는 환율 변동 요인의 조합으로 가장 적절한 것은?

- 수출 호조로 무역수지 적자 폭 축소
- 수입 원자재 가격 상승에 따른 소비자 물가 상승
- 환차손을 우려한 외국인 투자자의 보유 주식 투매로 주가 급락

① 내국인의 해외 투자 증가, 외국인 관광객의 국내여행 감소
② 내국인의 해외 투자 감소, 외국인 관광객의 국내여행 증가
③ 내국인의 해외여행 증가, 외국인의 국내 투자 증가
④ 내국인의 해외여행 감소, 외국인의 국내 투자 감소
⑤ 내국인의 해외 투자 증가, 외국인의 국내 투자 증가

74

그림은 A국의 경기변동 추세를 나타낸다. 이와 관련한 〈보기〉의 설명 중 옳은 것을 고르면?

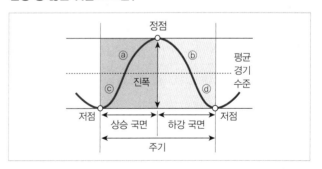

〈보기〉
㉠ ⓐ에서는 소득이 감소한다.
㉡ ⓑ에서는 경제 전반의 수요가 점진적으로 하락한다.
㉢ ⓒ에서는 투자가 감소하고 물가는 상승한다.
㉣ ⓓ에서는 생산과 고용이 감소한다.

① ㉠, ㉡
② ㉠, ㉢
③ ㉡, ㉢
④ ㉡, ㉣
⑤ ㉢, ㉣

75

아래 신문기사를 읽고, 새로운 사업을 막는 역사적 사례나 이론을 〈보기〉에서 고르면?

타다와 카카오택시는 기존 시장을 흔들었고 서서히 우세종(種)으로 자리를 잡아갔습니다. 환경에 잘 적응하는 좋은 번창하고, 적응하지 못하는 좋은 도태된다는 찰스 다윈의 '자연선택(natural selection)'과 유사합니다. 택시업계는 낯선 침입자들을 내쫓아야 했습니다. 타다는 고발됐고, 수사를 받았고, 결국 타다금지법이 생겨서 사업을 접었습니다.

– ○○ 경제신문, 2022.10.10.

〈보기〉

| ㉠ 코즈의 정리 | ㉡ 쿠즈네츠 파동 |
| ㉢ 철의 삼각 | ㉣ 붉은 깃발법 |

① ㉠, ㉡
② ㉠, ㉢
③ ㉡, ㉢
④ ㉡, ㉣
⑤ ㉢, ㉣

76

이동통신사 A는 모바일 서비스를 독점적으로 제공한다. 이 회사의 서비스를 사용하는 소비자 (가)~(마)의 지불용의는 아래 〈표〉와 같으며, 서비스 제공에 따른 한계비용 및 고정비용은 0이다. 이동통신사 A의 이윤 극대화 결과와 관련한 설명 중 옳지 않은 것은?

소비자	모바일
(가)	9
(나)	0
(다)	5
(라)	7
(마)	2

① 이동통신사 A의 이윤은 15이다.
② 이동통신사 A의 이윤은 수입과 같다.
③ 이동통신사 A는 모바일 서비스 가격을 7로 설정한다.
④ 이동통신사 A의 모바일 서비스를 구매하는 소비자는 총 3명이다.
⑤ 소비자 (마)는 이동통신사 A의 모바일 서비스를 구매하지 않는다.

77

〈표〉는 갑국의 고구마 수요와 공급을 나타낸 것이다. 갑국이 개당 고구마 가격을 1,000원으로 유지하고자 할 때, 고구마 수매에 필요한 금액과 이 정책의 명칭을 알맞게 짝지으면?

공급량(개)	가격(원)	수요량(개)
2,000	1,000	900
1,800	800	1,200
1,500	600	1,500
1,200	500	1,900
900	400	2,000

① 90만 원, 최저가격제
② 110만 원, 최저가격제
③ 90만 원, 최고가격제
④ 110만 원, 최고가격제
⑤ 90만 원, 균형가격제

78

아래 신문기사를 읽고, 한국이 세계국채지수에 편입되면 나타날 영향에 대한 설명 중 옳지 않은 것은? (단, 다른 조건은 일정하다고 가정한다.)

한국이 '선진국 국채클럽'으로 불리는 세계국채지수(WGBI)에 관찰대상국으로 이름을 올렸다. 지수 편입을 위한 마지막 단계로, 내년 편입이 이뤄지면 50조~60조 원에 달하는 외국인 국채투자 자금이 유입될 전망이다.

– ○○ 경제신문, 2022.10.1.

① 한국의 국고채 금리가 하락한다.
② 외국인의 한국 채권 투자가 증가한다.
③ 한국에 대한 CDS 프리미엄이 상승한다.
④ 달러화 대비 원화 환율이 하락하는 요인이다.
⑤ 한국 국채에 대한 신용등급이 상승하는 요인이다.

79

아래 신문기사를 읽고, ㉠~㉤과 관련한 설명 중 옳지 <u>않은</u> 것은?

> ㉠ 항공권 가격은 기본운임과 공항세, 유류할증료로 구성된다.
> ㉡ 항공권 가격은 일반적으로 수요·공급 논리에 좌우된다. 다만, 수익 극대화를 위한 항공사들의 '가격 마케팅'에 따라 항공권 가격은 천차만별이다. 재고가 없는 항공권 특성상 출발 전까지 빈 좌석을 얼마나 최소화하느냐에 따라 수익이 좌우되기 때문이다. ㉢ '좌석이 100개이면 가격도 100개이다.'는 말이 있을 정도이다. … (중략) … ㉣ 등급에 따라 마일리지가 얼마나 적립되는지, 좌석 승급이 가능한지, 예약 변경 및 취소가 가능한지, 수수료가 얼마인지 등이 달라진다. 가격이 싼 좌석일수록 부가 서비스 혜택이 작다. 항공사들이 마케팅 차원에서 파격적인 가격에 판매하는 '얼리버드' 항공권이 이런 유형이다. 환불 또는 좌석 승급이 일절 불가능하다. 일반적으로 항공사들은 초기엔 낮은 등급의 항공권을 판매하다가 ㉤ 출발 기한이 얼마 안 남은 상황에선 고가 항공권을 판매한다. 항공권을 일찍 예약하면 가격이 저렴하다고 알려진 것도 이 때문이다.
>
> — ○○ 경제신문, 2022.10.6.

① ㉠: 기업 활동을 위한 최소한의 비용으로 구성되어 있다.
② ㉡: 성수기에는 항공권 가격이 비싼 이유이다.
③ ㉢: 1급 가격차별이 연상된다.
④ ㉣: '공짜 점심은 없다'는 문구가 적절한 표현이다.
⑤ ㉤: 해당 항공권은 수요의 가격탄력성이 높기 때문이다.

80

아래는 「허상을 좇는 돈」이라는 책을 소개한 글의 내용 중 일부를 발췌한 것이다. 이와 관련한 설명 중 옳지 <u>않은</u> 것은?

> 신용화폐 제도가 본격 형성되기 시작했다. 외상이나 어음, 선물옵션 거래, 왕실의 차입은 오래전부터 존재했지만, 이 시기는 좀 더 특별했다. 잉글랜드은행이 발급한 귀금속 보관증서가 화폐를 대신하기 시작했다. 영국 의회가 왕실 재정 충당을 위한 차입에 보증을 서기 시작하면서 국왕의 채무는 국가 채무로 전환됐고 국채 시장이 탄생했다.
> 물론, 복지가 아니라 전쟁용이었다. 영국은 명예혁명 이후 1688~1697년 5,000만 파운드를 대(對)프랑스 전쟁 비용으로 썼는데, 이 중 1,600만 파운드가 차입이었고, 이 가운데 700만 파운드는 의회보증 국채로 조달한 것이었다. … (중략) … 남해회사는 주식 발행 대금 대부분을 국채 매입에 지출했다. 의회가 보증하는 안전한 공기업이라는 허상의 믿음을 바탕으로, 주가는 1720년 1월 100파운드에서 출발해 6월에 700파운드를 거쳐 1,000파운드까지 치고 올랐다. 당시 회사의 미래 예상수익을 근거로 주기적으로 주식의 적정 가치를 계산한 아치볼드 허치슨에 따르면, 연간 주당순이익이 200파운드가 돼야 700파운드 주가가 뒷받침됐는데, 이는 조폐국장 뉴턴의 5개월 치 월급이었다. 이쯤 되면 논리적 분석 따위는 의미가 없다. 그저 남들이 하니까 나도 하는 것이다. 그해 8월 하락세로 돌아선 이후 대파국은 말할 것이 없다.

① 남해회사의 당시 주가는 수익성에 비해 높게 형성되었다.
② 17세기 영국의 국채 발행은 전쟁비용을 충당하는 것이 주된 목적이다.
③ 남해회사의 주식은 손실 위험이 전혀 없는 위험도가 매우 낮은 투자 상품이었다.
④ 포모(FOMO)증후군이 현재뿐만 아니라 과거에도 일어났다는 것을 보여준다.
⑤ 남해회사는 스페인 식민지와의 무역권을 독점하는 무역회사였지만, 실질적으로 영국 정부의 자금 조달 창구였다.

에듀윌 TESAT

실제 기출로 한권끝장

S등급을 위한 실전 최종 점검!

실전 기출 2회분

정답 및 해설

경제이론

01	④	02	①	03	④	04	④	05	⑤
06	①	07	②	08	③	09	④	10	⑤
11	②	12	③	13	①	14	①	15	⑤
16	②	17	⑤	18	①	19	⑤	20	⑤
21	④	22	④	23	②	24	③	25	③
26	④	27	⑤	28	③	29	②	30	③

시사경제·경영

31	①	32	④	33	④	34	①	35	②
36	②	37	④	38	①	39	⑤	40	③
41	⑤	42	④	43	②	44	④	45	⑤
46	④	47	②	48	⑤	49	②	50	①
51	②	52	②	53	③	54	③	55	⑤
56	④	57	②	58	①	59	②	60	①

상황 추론·판단

61	③	62	①	63	②	64	⑤	65	①
66	③	67	④	68	⑤	69	⑤	70	②
71	④	72	①	73	⑤	74	③	75	④
76	①	77	④	78	②	79	④	80	②

경제이론

01 정답 ④

| 해설 | 기회비용이란 포기한 선택 중에 가장 큰 값을 갖는 가치로 정의된다. 무언가를 얻기 위해 포기한 편익이라는 설명이 선택과 포기 중심의 기회비용 개념을 가장 잘 설명한다.

| 오답피하기 | 다른 보기들은 유의미한 다른 경제개념으로 설명하기 어려운 내용이다. 기회비용의 개념을 위해서는 희소성과 선택, 포기의 개념에서 출발해야 함을 기억해야 한다.

02 정답 ①

| 해설 | 법정지급준비율은 신용창조 과정에서 예금액의 일부분을 반드시 대출하지 않고 남겨둬야 하는 금액의 비율을 의미한다. 본원통화는 중앙은행이 공급하는 통화량의 총 규모이다. 법정지급준비율을 높인다는 의미는 시중은행이 중앙은행에 더 많은 예금을 예치하도록 요구하는 것이지 중앙은행의 본원통화 자체를 증가시키는 것은 아니다.

| 오답피하기 | ②⑤ 법정지급준비율이 상승하면 은행들은 더 많은 자금을 중앙은행에 예치해야 한다. 따라서 시중에 사용 가능한 유동성이 줄어들어 은행들은 필요한 자금을 단기 자금 시장(콜 시장)에서 더 많이 조달하려 할 것이다. 그 결과 콜 금리가 상승할 수 있다.
③ 은행들은 예금액의 더 많은 비중을 대출하지 못하고 남겨둬야 하므로 신용창출 여력이 줄어들 수 있다.
④ 지급준비금이 부족한 은행은 중앙은행으로부터 차입을 통해 반드시 준수해야 한다.

03 정답 ④

| 해설 | 수요의 가격탄력성이 클수록 수요자가 더 많은 세금을 부담한다. 공급자의 세금 부담은 공급 탄력성에 따라 결정되며 수요 탄력성과는 무관하다.

| 오답피하기 | ① 기업 입장에서 생산에 세금이 부과되면 그만큼 생산비용이 높아진 것으로 인식할 수 있다. 이 경우 공급곡선이 좌측으로 이동해 공급량이 줄어들어 거래량이 감소하면서 가격이 높아질 수 있다.
② 다른 모든 조건이 일정할 때 공급곡선은 세금부과로 인해 생산비용이 상승해 공급을 줄일 수밖에 없으므로 세금부과만큼 위쪽으로 이동한다.
③⑤ 공급의 가격탄력성이 클수록 세금 부담으로 인한 생산량 감소가 크게 이뤄지기 때문에 세금 부담이 적어진다. 언제나 가격탄력성이 작은 쪽이 더 많은 세금 부담을 지게 된다. 가격변화에 민감하게 반응하지 못할 경우 세금 부담을 지게 되기 때문이다.

04 정답 ④

| 해설 | 경제성장은 잠재GDP가 증가하는 현상으로 설명할 수 있다. 경기 변동은 총수요 측면의 조절을 통해 가능하나, 경제성장은 총공급 측면의 증가가 있어야 가능하다. 외국인 투자의 이익은 국외로 유출되더라도 해당 자본을 활용해 국내에서 다양한 성장기반을 만들 수 있으므로 모두가 원원할 수 있는 방법이라는 점에서 바람직하다.

| 오답피하기 | ① 기술의 진보가 발생할 경우 동일한 생산요소에도 불구하고 경제가 성장할 수 있다.
② 재산권에 대한 제도적 정립은 제도 신뢰성 향상을 높이는 과정을 통해 총요소생산성을 높이는 과정으로 이해할 수 있다. 총요소생산성의 향상은 경제성장에 중요한 요인이다.
③ 교육은 인적자본에 대한 투자이며, 노동의 생산성 향상과 관련된 문제이므로 기업이 필요로 하는 인력 양성을 위한 제도적 노력과 투자는 중요하다.
⑤ 다른 조건이 같다면 건강한 근로자들이 높은 생산성을 유지할 수 있으므로 건강증진을 위한 정책은 매우 중요하다.

05 정답 ⑤

| 해설 | 수요의 가격탄력성에 따라 다른 가격을 책정할 수 있는 전략은 가격차별이다. 가격차별은 동일한 재화와 서비스에 서로 다른 가격을 책정하는 전략이다.

| 오답피하기 | ① 록인(Lock-in)효과는 네트워크 외부효과로 인해 수요자와 공급자 모두 동일 플랫폼을 벗어날 유인이 없어진 상태를 의미한다.
② 네트워크 효과는 수요자가 많아질수록 공급자가, 공급자가 많아질수록 수요자가 이득을 보는 현상을 의미한다.
③ 범위의 경제는 같은 재료를 사용하는 공정의 경우 각기 다른 기업이 생산하기보다 같은 기업이 생산할 경우 더 효율성이 높아지는 경우를 의미한다.
④ 파레토 효율은 어떤 경제주체의 효율성을 해치지 않고 다른 경제주체의 효율성을 높일 수 없는 상태를 의미한다.

06 정답 ①

| 해설 | 국내총생산은 한 국가 내에서 새롭게 생산한 재화와 서비스의 시장가치의 합으로 정의된다.
㉠ 미국 기업이 한국에 공장을 지을 경우 한국의 국내총생산이 증가한다.
㉡ 미국인이 한국에 체류하면서 한국계 기업에 근무할 경우 이들이 생산한 가치는 한국의 국내총생산 증가에 기여한다.

| 오답피하기 | ㉢ 한국 기업이 미국에 공장을 지으면 미국의 국내총생산 증가로 이어진다.
㉣ 한국인이 미국에 체류하면서 한국계 기업에 근무하더라도 미국 지역에서 이뤄진 가치창출은 미국의 국내총생산에 기여한다.

07 정답 ②

| 해설 | 미시경제학은 개별 시장의 효율성 및 균형에 관한 학문이다. 국가 전체를 분석의 대상으로 삼는 거시경제학과는 차이가 있다. 경기 변동은 거시경제학의 분석 분야 중 하나로, 거시경제학은 단기적인 경기 변동을 최소화하여 실업과 인플레이션을 통제하면서 장기적인 경제성장을 추구한다.

| 오답피하기 | ①③⑤ 산업 구조, 기업 행동, 시장의 효율성은 미시경제학의 연구 분야이다. 미시경제학은 가계와 기업 등의 개별 경제주체들간의 상호 영향과 행위 등에 의한 재화와 서비스, 가격, 거래량, 각 시장 구조의 균형점 등을 설명하고 연구하는 학문이다.
④ 소비자 행동은 일부는 미시경제학이면서 경영학의 한 분야이다.

08 정답 ③

| 해설 | 저축의 역설은 구성의 오류를 나타내는 하나의 사례로, 개별 경제주체에게는 합리적인 행위가 국가 전반에는 비합리적일 수 있음을 보여준다. 저축은 소비를 미래로 미뤄두는 행위로 개별 경제주체 입장에서는 합리적인 행위이지만, 모든 경제주체가 절약을 할 경우에는 국가 전체의 소비가 감소하여 생산이 감소하고 이는 실업과 소득 감소로 이어져 다시 소비가 줄어드는 악순환에 빠질 수 있다. 저축의 증가는 장기적으로는 기업 투자의 원천이 되어 총수요곡선을 우측으로 이동시킬 수 있다.

| 오답피하기 | ② 우물론은 우물은 퍼 쓸수록 마르지 않고 사용하지 않을수록 마른다는 의미로 소비의 중요성을 나타낸다.
④ 저축의 증가는 소비지출의 감소를 의미하고, 소비지출의 감소는 총수요의 감소로 이어져 국민소득의 감소로 이어진다.
⑤ 개인이 저축을 늘리려 할수록 소득이 감소해 저축이 오히려 감소한다는 것이 구성의 오류이다.

09 정답 ④

| 해설 | 재화는 배제성과 경합성을 기준으로 4가지로 나눌 수 있다. 경합성과 배제성이 모두 존재하는 경우 사적재(A), 경합성과 배제성이 모두 존재하지 않는 경우 공공재(D), 경합성만 존재하는 경우 공유자원(C), 배제성만 존재하는 경우를 클럽재(B)라고 한다. 공공재는 시장에 맡겨 둘 경우 무임승차의 문제로 과소생산의 문제가 발생한다.

| 오답피하기 | ① 사적재는 대가를 지불해야 하는 반면 공유자원은 배제성이 없어 누구나 이용이 가능하다.
② 막히지 않는 유료 도로는 배제성은 존재하나 경합성이 존재하지 않는다는 점에서 B에 해당한다.
③ 공공 목초지는 배제성은 없지만 경합성은 존재하므로 C에 해당한다.
⑤ 공공재는 배제성과 경합성이 존재하지 않아 대가는 지불하지 않고 편익을 누리려고 하는 무임승차 문제가 발생한다.

10 정답 ⑤

| 해설 | 화폐중립성은 명목변수가 실질변수에 영향을 미치지 않는다는 것으로, 고전학파의 주장이다. 통화량의 증가는 물가만 상승시킬 뿐 실질GDP 증가에 영향을 미칠 수 없다.

| 오답피하기 | ① 가계 부문의 저축률이 증가할수록 장기적으로는 투자의 증가로 이어진다. 이는 화폐중립성과 배치되는 내용이다.
② 신용카드 사용액의 증가는 실물 부문의 변화를 의미한다.
③ 총소비의 비중 가운데 내구재 소비 증가는 화폐의 중립성과 관련이 없다.
④ 설비투자 역시 실물 부문의 이야기로 화폐의 중립성과 관련이 없다.

11 정답 ②

| 해설 | 공유지의 비극은 배제성은 없으나 경합성이 존재하는 공유자원의 존재로 인해 발생한다. 공유자원 문제의 해결은 재산권을 부여하는 것이다. 배제성이 존재하는 구역을 설정할 경우 경합성 있는 자원을 아껴 쓸 유인이 존재하여 자원의 남용 문제가 발생하지 않는다.

| 오답피하기 | ① 횡재세는 일정 기준 이상의 이익을 얻은 법인이나 개인에 대하여 보통 소득세나 법인세 외로 추가 징수하는 세금이다. 초과이윤세라고도 한다.
③ 자원이 균등하게 분배되더라도 재산권이 명확히 설정되지 않아 배제성이 없고 경합성이 존재한다면 여전히 문제는 해결되지 않는다.
④ 리니언시(Leniency)는 담합을 적발하기 위한 제도적 장치로, 담합 대상자 중에 자수하는 주체에 대해서는 처벌을 면해주는 제도이다.
⑤ 정부의 행정력을 동원할 경우 어느 정도의 방지는 가능하지만, 시장에 존재하는 개별 경제주체의 자원 남용의 유인을 막을 수 없다.

12 정답 ③

| 해설 | 독점적 경쟁시장은 수많은 공급자가 조금씩 차별화된 상품을 판매하여 시장지배력을 갖지만, 장기에는 완전경쟁시장과 마찬가지로 장기무이윤 현상을 경험한다. 기업은 차별화된 상품을 생산함으로써 시장지배력을 갖고, 가격설정자로 행동한다.

| 오답피하기 | ① 독점적 경쟁시장의 기업들은 차별화된 상품을 판매함으로써 어느 정도의 시장지배력을 갖는다.
② 독점적 경쟁시장의 기업들은 가격경쟁을 하지 않는다. 차별화 포인트가 크지 않아 가격 차이가 크지 않을 뿐 아니라 가격경쟁으로 무이윤 현상이 가속화될 수 있기 때문이다.
④ 독점적 경쟁시장에서 기업들은 차별화된 상품을 생산하며 가격설정자로 행동한다.
⑤ 독점적 경쟁시장의 장기에는 진입과 퇴출이 자유로워 이윤이 사라질 때까지 기업의 진입과 퇴출이 계속된다.

13 정답 ①

| 해설 | 물가안정목표제는 인플레이션 변동성을 낮추는 통화정책 운용방식이다. 이를 통해 경제의 안정을 도모하고 성장의 기반을 마련하는 것이 목표이다.

| 오답피하기 | ② 물가안정제의 대상지표는 과거에는 근원인플레이션율이었으나 소비자 물가상승률로 변경되었다.
③ 물가안정목표제의 운용목표는 소비자 물가상승률을 2%로 설정하고 이를 맞추는 것이다.
④ 물가안정목표는 정부가 특정 기간에 달성하고자 하는 물가 목표치이며, 단기에 특정 범위를 벗어났다고 해서 이를 문제로 생각하지 않는다. 특정 기간 혹은 장기에 달성해야 할 목표를 의미한다.
⑤ 물가안정목표제는 특정 목표를 법으로 정하기보다 경제상황에 맞는 정책변수를 정하고 이를 달성하려는 것이다.

14 정답 ①

| 해설 | 실업의 종류에 관한 문제이다. 실업은 자발적 실업과 비자발적 실업으로 구분되고, 각각 마찰적 실업과 구조적 및 경기적 실업으로 구분된다.
(A) 석탄 연료를 가스 연료로 난방 수요를 바꾸는 과정에서 탄광에서 일하는 근로자가 일자리를 잃는 현상은 경제구조 변화로 인한 구조적 실업이다.
(B) 더 좋은 일자리를 찾기 위한 탐색기간에 발생하는 실업은 마찰적 실업이다. 마찰적 실업은 아무리 경기가 좋아도 존재하는 자발적 실업이다.

15 정답 ③

| 해설 | 소비자는 지불용의가 가격보다 높을 때만 소비를 결정한다. 그래야 소비자잉여가 발생하기 때문이다. 가격이 5,000원이므로 이보다 높은 지불용의를 가진 경우는 첫 번째 판과 두 번째 판까지이다. 따라서 첫 번째 판에서의 소비자잉여는 5,000원, 두 번째 판에서의 소비자잉여는 2,000원으로 총 소비자잉여는 7,000원이다.

16 정답 ②

| 해설 | 실물 투자는 실질이자율에 의해 결정되고, 명목이자율은 실질이자율에 인플레이션율을 더하여 결정된다. 따라서 실물투자에 가장 좋지 않은 조합은 명목이자율과 인플레이션율의 차가 가장 큰 경우이다.

17 정답 ⑤

| 해설 | 총소득은 9달러이고, 개당 3달러이므로 구입할 수 있는 조합은 (X재 2개, Y재 1개), (X재 1개, Y재 2개)이다. 혹은 X재만 3개, Y재만 3개도 구입가능하다. 각각의 만족의 총합은 다음과 같다.
• X재만 3개 구입할 때 만족은 처음 1개는 200, 2개째는 150, 3개째는 100이므로 총 450
• Y재만 3개 구입할 때는 처음 1개는 180, 2개째는 160, 3개째는 140이므로 총 480
• (X재 2개, Y재 1개) 조합의 경우 X재 2개 구입 시에는 만족분이 200와 150으로 350이며, Y재 1개 구입시에는 180의 만족을 느끼므로 총 530의 만족을 경험
• (X재 1개, Y재 2개)의 경우에는 X재 1개 구입에 따른 만족증가분 200과 Y재 2개일 때 180과 160을 느끼므로 총 540의 만족을 경험
ⓒ (X재 2개, Y재 1개), (X재 1개, Y재 2개)의 경우 총만족분을 살펴 비교해야 한다. (X재 2개, Y재 1개) 조합의 경우 총 530의 만족을, (X재 1개, Y재 2개)의 경우에는 총 540의 만족을 경험한다. 따라서 가능한 4개의 조합, 즉 (X재 2개, Y재 1개), (X재 1개, Y재 2개), X재만 3개, Y재만 3개를 비교했을 때 (X재 1개, Y재 2개)의 조합이 만족이 가장 크다.
ⓔ 용돈이 6달러로 감소할 경우 가능한 조합은 X재와 Y재를 각각 1개씩 구입하거나 X재 혹은 Y재만 2개 구입하는 경우이다. 각각 1개씩 구입할 경우 총 만족은 380이며, 각각 2개씩 구입하는 경우는 X재만 구입할 경우 350(=200+150), Y재만 구입할 경우 340(=180+160)이다. 따라서 각각 1개씩 구입하는 것이 가장 합리적이다.

| 오답피하기 | ㉠ X재만 3개 구입할 때 만족은 총 450인 반면, Y재 3개 구입할 때는 총 480으로 Y재만 구입할 때가 더 크다.
㉡ X재 1개 추가 소비에 따라 만족감은 200→150→100으로 감소한다.

18 정답 ①

| 해설 | 도덕적 해이는 거래 후에 정보를 더 많이 가진 측이 행동을 바꿔 효율적인 자원 배분에 실패하는 현상을 의미한다. 보험 가입 이후에 사고에 대한 주의를 덜 기울이는 현상은 도덕적 해이에 해당한다.

| 오답피하기 | ② 플라시보 효과는 환자가 실제로 치료 효과가 없는 가짜 약이나 치료를 받았음에도 불구하고, 심리적인 요인으로 인해 상태가 호전되는 현상을 의미한다.
③ 분수효과는 저소득층이나 중산층과 같은 사회의 하위 계층에 대한 경제적 지원과 소비 촉진이 경제 전체에 긍정적인 영향을 미치고, 장기적으로 상위 계층에게도 혜택이 돌아간다는 경제 이론이다.
④ 테일러 준칙은 존 테일러(John B. Taylor)가 제시한 통화정책 운영 방침으로, 중앙은행이 경제상황에 따라 기준금리(정책금리)를 어떻게 설정해야 하는지를 공식화한 규칙이다.
⑤ 피터팬 증후군은 중소·중견기업이 보조금 혜택이 사라지면 경영이 어려워지지 않을까 두려워 대기업으로 성장하지 않는 현상을 의미한다.

19 정답 ⑤

I 해설 I 기업은 재화 생산에 필요한 시장 거래 중 일부는 내부화하고, 일부는 외주화를 통해 기존 인력의 생산성 증가를 도모하는 편이 효율적이다.

I 오답피하기 I ① 기업의 목표는 이윤 극대화이다. 차입 혹은 투자를 통한 성장 모델이 존재하지만, 지속가능한 존립 및 성장을 위해서는 이윤 극대화가 반드시 필요하다.
②③ 기업의 손실은 다양한 이유에도 불구하고 소비자 선택을 받지 못한 결과라 할 수 있다.
④ 기업은 외부 거래 비용과 내부 조직화 비용을 비교해 비용이 비슷해지는 수준에서 규모를 결정하게 된다.

20 정답 ⑤

I 해설 I 필립스곡선은 실업률과 물가상승률 간에 상충관계를 보여주는 곡선이다. 필립스곡선의 이동은 총수요확대정책의 결과가 아니라 이로 인해 인플레이션에 대한 사람들의 기대가 변할 때 발생한다.

I 오답피하기 I ①② (가)와 (나)는 실업률과 물가상승률 간의 상충 관계를 나타내는 단기 필립스곡선이다. 즉, 실업률과 인플레이션율을 동시에 낮출 수 없음을 의미한다.
③ (다)는 장기 필립스곡선이다. 잠재GDP 수준에서의 실업률, 즉 물가상승을 가속화하지 않는 실업률이라는 의미의 자연실업률 수준에서 수직이다.
④ 수직의 필립스곡선이 의미하는 바는 장기에는 통화량의 확대를 통한 총수요 조절은 물가만 상승시킬 뿐 실업률 개선에 도움이 되지 않는다는 점이다.

21 정답 ④

I 해설 I 경제활동참가율은 한 국가의 노동시장이 얼마나 활발한지 보여주는 지표이다. 이는 경제활동인구 가운데 생산가능인구의 비중으로 도출한다. 한편, 생산가능인구는 일할 의사와 일할 능력이 존재하는지 여부에 따라 경제활동인구와 비경제활동인구로 구분된다. 그리고 경제활동인구는 다시 취업자와 실업자로 구분된다. 문제에서 경제활동인구는 3,000만 명(취업자 2,400만 명, 실업자 600만 명)이고, 비경제활동인구가 1,000만 명이므로 생산가능인구는 4,000만 명이다. 따라서 경제활동인구 3,000만 명을 생산가능인구 4,000만 명으로 나누고 100을 곱하면 경제활동참가율은 75%이다.

22 정답 ②

I 해설 I 초과공급은 수요보다 공급이 많은 상황으로, 해당 상품을 원하는 사람보다 상품이 더 많아 희소성이 크지 않은 상태임을 의미한다. 따라서 가격이 하락한다.

I 오답피하기 I ① 수요가 증가하면 수요곡선이 우측으로 이동하여 거래량과 가격 모두 상승한다.
③ 공급이 감소하면 공급곡선이 좌측으로 이동하여 거래량은 감소하고 가격은 상승한다.
④ 정상재는 소득이 증가할수록 소비가 늘어나는 재화이다. 따라서 소득의 증가는 정상재 소비를 자극하고, 이는 정상재 수요증가를 야기하여 정상재 가격을 상승시킨다.

⑤ 상품 수출의 증가는 해당 상품의 수요가 증가했음을 의미한다. 따라서 거래량과 가격이 증가한다.

23 정답 ②

I 해설 I 솔로우 모형(Solow Model)은 경제성장을 설명하는 대표적인 경제이론으로, 로버트 솔로우(Robert Solow)가 1956년에 제안한 모형이다. 솔로우 모형에서는 노동과 자본의 한계생산성이 체감한다는 점을 반영하므로 자본과 GDP 성장률이 동일할 수 없다.

I 오답피하기 I ① 솔로우 모형은 한계생산물체감의 법칙을 반영한다. 따라서 노동과 자본의 기여도는 점점 낮아진다.
③ 솔로우 모형에서는 기술 발전 없이는 자본의 한계생산물이 체감하는 탓에 성장률이 점진적인 하락이 발생할 수밖에 없다.
④ 솔로우 모형에서 일정 시점이 지난 후에 1인당 GDP가 감소하는 이유는 자본의 한계생산성이 점차 감소하기 때문이다. 하지만 점차 성장률이 둔화되다가 균제상태에 도달하면 추가적인 성장은 없으나 GDP가 계속 감소하지도 않는다.
⑤ 솔로우 모형에서 지속적인 성장을 가능하게 하는 유일한 요인은 기술발전이다.

24 정답 ③

I 해설 I 가격상한제는 시장에서 결정된 가격이 너무 높다고 판단하여 균형가격 이하에서 상한을 설정하고 이를 넘지 못하도록 강제하는 제도이다.
〈가격상한제 이전〉
• 소비자잉여: A + B + E
• 상산자잉여: C + D + F
• 총잉여: A + B + C + D + E + F
〈가격상한제 이후〉
• 소비자잉여: A + B + C
• 상산자잉여: D
• 총잉여: A + B + C + D
〈변화분〉
• 소비자잉여: C − E
• 상산자잉여: − C − F
• 총잉여: − E − F

25 정답 ③

I 해설 I 달러화 대비 원화 환율의 상승은 원화가치가 하락했음을 의미한다. 즉, 외환시장에서 해외로 외환이 빠져 나가고 있는 상황인 것이다. 내국인의 해외여행이 증가할 경우 우리나라 외환시장에서 외환이 해외로 빠져나간다. 그 결과 명목환율이 상승한다.

I 오답피하기 I ① 한국은행이 기준금리를 인상할 경우 글로벌 자본입장에서는 우리나라 시장의 수익률이 높아졌다고 인식해 우리나라 시장으로 외환이 유입된다. 그 결과 명목환율은 하락한다.
② 국내기업의 설비투자가 축소될 경우 투자가 감소해 총수요가 위축된다. 그 결과 실질GDP는 감소하고 물가도 하락한다. 따라서 통화가치가 상승하고, 이는 원화가치의 상승요인이다.
④ 정부가 외환시장에 개입해 달러를 매도할 경우 외환시장에 외환공급이 증가해 환율이 하락한다.

⑤ 외국인의 주식투자 자금이 국내로 유입될 경우 국내시장에 외환공급이 증가해 환율이 하락한다.

26 정답 ④

| 해설 | 경제문제가 발생하는 이유는 자원의 희소성 때문이다. 언제나 자원은 인간의 욕구에 비해 부족하기 때문에 선택의 문제에 직면하여 발생한다.

| 오답피하기 | 다른 보기들은 경제문제의 피상적인 면들을 다루고 있다. 경제문제는 본질적으로 희소성에 기여한다는 점과 무관한 보기들이다.
⑤ 맬서스의 논리가 성립하지 못한 이유이다. 맬서스는 인구의 증가는 기하급수적인데 식량의 증가는 산술급수적이어서 인류는 멸망한다고 생각했지만, 기술의 발전으로 맬서스의 우려는 현실이 되지 않았다.

27 정답 ⑤

| 해설 | 총수요가 총공급보다 큰 경우 경기 과열을 방지하는 총수요관리정책이 필요하고, 반대의 경우 경기확장을 위한 정책이 필요하다. 흑자재정은 재정수입이 지출보다 많은 상태이므로, 보다 적극적인 경기부양을 위해서는 재정지출이 수입보다 많은 적자재정이 필요하다.

| 오답피하기 | ① 총수요가 총공급보다 많게 되면 재고가 감소한다. 이는 생산을 자극하고 이 과정에서 실업이 감소하고 소득이 증가하는 경제의 선순환이 시작된다.
② 총수요가 증가하면 더 많은 소비가 이뤄지고 물가는 상승한다.
③ 과열된 경기를 관리하기 위해서는 기준금리 인상을 통해 소비와 투자를 억제할 필요가 있다.
④ 총공급이 총수요보다 많은 경우 재고의 증가로 실업률이 증가할 수 있다.

28 정답 ①

| 해설 | 무역의 이득을 가장 설득력 있게 설명하는 이론은 리카도의 비교 우위이다. 비교 우위란 기회비용을 고려한 개념으로 상대적으로 잘하는 상품 생산에 특화해 서로 교역을 한다면 양국 모두의 이익이 높아진다는 개념이다. 절대적인 생산비용이 낮은 상품에 특화하는 절대우위의 한계를 보완한 무역이론이다.

| 오답피하기 | ② 매몰비용은 한번 지출하면 다시 회수할 수 없는 비용이다.
③ 2080 법칙은 기업의 20%에 해당하는 사람들이 80%의 일을 하고, 전체 판매 상품 중 상위 20% 제품에서 80%의 수익을 올린다는 의미이다. 이는 전체 결과의 80%가 전체 원인의 20%에서 일어나는 현상을 의미한다.
④ 피셔 효과는 인플레이션율의 변동이 명목이자율의 변동으로 이어지는 현상을 설명하는데, 명목금리는 실질금리와 예상인플레이션의 합계와 같다는 내용이다.
⑤ 코즈의 정리는 외부효과 발생 시 소유권이 명확하고 협상에 거래비용이 거의 발생하지 않는다면 정부의 개입 없이 민간 경제주체 간의 협상으로 해결 가능함을 의미한다.

29 정답 ②

| 해설 | 한 나라의 총수요는 소비와 투자, 정부지출 그리고 순수출로 구성된다. 이는 지출 측면의 국내총생산으로 생산측면, 분배측면의 국내총생산과

그 값이 일치해야 한다. 해외 직구 수입이 증가하면 순수출은 감소하므로 총수요의 감소요인이다.

| 오답피하기 | ① 기업의 투자가 증가하면 총수요가 증가한다.
③ 재정지출의 증가는 총수요의 증가요인이다 정부지출이 총수요의 구성항목일뿐 아니라 정부지출로 인한 소비와 투자의 증가가 경제성장을 가속화한다.
④ 소비는 총수요에서 가장 큰 비중을 차지하는 요인이다. 가계의 소비지출 증가는 총수요의 증가를 가져오며 경기회복에 가장 직접적인 영향을 미치는 요인이다.
⑤ 중앙은행의 기준금리 인하는 투자를 확대하여 총수요를 높이고 이는 다시 소득과 소비를 자극해 경기회복에 영향을 미친다.

30 정답 ③

| 해설 | (가) 구간은 가격이 하락할수록 소비가 감소하는 구간이며, (나) 구간은 가격이 낮아질수록 소비가 증가하는 구간이다. (가) 구간에서는 가격이 상승하여 소득이 감소할 때 해당 소비가 오히려 증가하는 현상이 나타나므로 가격상승으로 인해 다른 상품으로 소비를 대체하는 대체 효과보다 소득 효과가 크다는 것을 알 수 있다.

| 오답피하기 | ① (가) 구간에서는 가격과 수요량이 반대로 나타나는 수요의 법칙이 성립하지 않는다.
② 대체 효과는 가격이 보다 저렴한 상품으로 소비를 대체하는 현상이다. (가) 구간은 가격이 저렴해졌음에도 소비를 줄이는 현상이 나타나고 있어 대체 효과에 따른 수요량 변화는 음(−)이다.
④ (나) 구간에서는 가격이 상승할 때 소비를 줄이므로 보다 저렴한 상품 소비로 대체하려는 현상이 강해 대체 효과에 따른 수요량의 변화는 음(−)이다.
⑤ (나) 구간에서는 가격상승으로 인해 실질소득이 감소하는 경우 소비를 줄이고, 대체 효과도 상품 소비를 줄이는 방향으로 작용한다.

시사경제 · 경영

31 정답 ①

| 해설 | 브렌튼우즈 체제는 제2차 세계대전 이후 달러화를 기축통화로 하는 금본위제를 기반으로 하는 국제통화체제이다. 브레튼우즈 체제가 붕괴 된 이후 오일 달러 시스템이 등장했으며, 미국 달러화가 기축통화로 자리 잡는 중요한 역할을 담당했다.

| 오답피하기 | ② '플라자'는 플라자 합의로, 1985년 미국과 일본을 비롯한 주요 경제 국가들(미국, 영국, 독일, 프랑스, 일본)이 통화가치를 조정하기 위해 뉴욕 플라자 호텔에서 맺은 합의를 의미한다.
④ 킹스턴 시스템은 1976년 국제통화기금(IMF)에서 브레튼우즈 체제를 대체하기 위해 도입된 국제통화제도이다. 미국 달러화를 기축통화로 하여 금 1온스를 35달러에 고정시켜 통화 가치 안정을 추구한 환율 체제이다.
⑤ 루브르 합의는 1985년 플라자 합의 이후 미국 달러화의 가치가 급속히

하락하는데, 달러화의 가치하락을 막기 위해 1987년 프랑스 파리에서 경제 선진 6개국(프랑스, 서독, 일본, 캐나다, 미국, 영국)이 체결한 합의를 의미한다.

32 정답 ④

| 해설 | 산타 랠리는 연말에 주식시장이 강세를 보이는 현상을 의미하고, 어닝 서프라이즈는 기업의 실적이 예상을 뛰어넘는 상황을 말한다. 이러한 경우 일반적으로 주가가 상승하는 경향이 있다.

33 정답 ④

| 해설 | 화폐유통속도는 시중에 화폐가 거래를 위해 얼마나 많이 거래되는지를 나타내는 지표로, 시중 유동성을 측정하는 중요한 역할을 한다.

| 오답피하기 | ① 엥겔계수는 가계 소비에서 식료품이 차지하는 비율을 나타내는 지표이다.
② CDS 프리미엄은 국가나 기업의 신용위험을 나타내는 지표로, 채권의 부도 위험을 제3자에게 넘기는 수수료를 의미한다. 해당 채권의 부도 확률이 높으면 비싸지고, 반대로 낮으면 싸진다.
③ 국민부담률은 국민이 부담하는 세금 및 사회보험료의 비율을 의미한다.
⑤ 재할인율은 중앙은행이 시중은행에 대해 대출을 해줄 때 적용하는 금리를 의미한다.

34 정답 ①

| 해설 | 황금주란 특정한 중요 의사결정에 대해 거부권을 행사할 수 있는 특별한 권리를 가진 주식으로, 주로 정부나 특정 기업이 전략적으로 보유하는 주식이다.

| 오답피하기 | ② 자사주는 기업이 자기 회사의 주식을 다시 매입한 주식을 의미한다. 경영권 방어나 배당을 위해 사용될 수 있으나, 거부권 행사와는 관련이 없다.
③ 가치주는 현재 기업의 가치에 비해 현재 가격이 저평가된 주식을 의미한다.
④ 테마주는 특정 테마나 이슈로 인해 주목 받는 주식을 의미한다.
⑤ 우선주는 일반주와는 달리 배당금을 우선적으로 받을 수 있는 주식이다.

35 정답 ②

| 해설 | CES(Consumer Electronics Show)는 국제전자제품박람회로 매년 미국 라스베이거스에서 열리는 세계 최대 IT 및 가전제품 전시회이다. 글로벌 기업들이 최신 기술을 공개하는 자리로 많은 주목을 받고 있다.

| 오답피하기 | ① IFA는 독일 베를린에서 열리는 가전제품 및 전자기기 관련 전시회이다.
② GMO는 유전자 변형 생물체(Genetically Modified Organism)를 뜻하는 용어이다.
④ FTA는 자유무역협정으로, 자유무역의 가장 초기단계로 양국 간의 자유무역을 의미한다.
⑤ MWC는 모바일 월드 콩그레스(Mobile World Congress)로, 매년 스페인 바르셀로나에서 열리는 이동통신 산업 전시회이다.

36 정답 ②

| 해설 | 자기 지역에 이익이 되지 않는 일을 강력히 반대하는 지역 이기주의를 추구하는 의미의 용어는 님비현상(NIMBY)이라고 한다. NIMBY는 'Not In My Backyard'의 약자이다.

| 오답피하기 | ① FAANG은 미국의 대형기술주를 가리키는 약어이다. 구체적으로 Facebook (Meta), Amazon, Apple, Netflix, Google의 약자를 의미한다.
③ DINK는 'Double Income, No kids'의 약자로 맞벌이를 하면서 자녀가 없는 부부를 의미한다.
④ BBIG은 주식시장에서 인기 있는 테마를 설명하는 용어이다. 바이오(B), 배터리(B), 인터넷(I), 게임(G)의 약자이다.
⑤ YOLO는 'You Only Live Once'의 약자로 인생은 한 번뿐이니 현재를 즐기자는 의미의 라이프 스타일을 지칭하는 용어이다.

37 정답 ②

| 해설 | 서학개미는 해외(특히 미국) 주식에 투자하는 한국 개인 투자자들을 지칭하는 용어이다. '서학'은 서양 주식을, '개미'는 개인 투자자를 뜻하는 은어이다.

| 오답피하기 | ① 핫머니는 국제 금융시장에서 빠르게 이동하는 단기 자금을 의미한다. 금융시장의 변동성에 민감하게 반응하며 단기 이익을 추구하는 자금을 설명하는 용어이다.
③ MSCI는 Morgan Stanley Capital International의 약자로, 글로벌 주식시장의 성과를 평가하기 위한 지수와 같은 금융 서비스를 제공하는 회사이다.
④ 테마섹은 싱가포르 국부펀드를 관리하는 투자회사로 싱가포르 정부의 재정부가 지분 100%를 소유하고 있다.
⑤ 대주거래는 주식거래에서 매도할 주식을 보유하지 않은 상태로 거래하는 방식으로, 증권사로부터 주식을 빌려서 파는 형태이다.

38 정답 ①

| 해설 | 파킨슨 법칙은 조직의 비효율성을 설명하는 법칙으로, 공무원들이 할 일이 많아지면 조직이 비대해지고, 일이 줄어들어도 조직은 계속 비대해진다는 것을 의미한다.

| 오답피하기 | ② 플래시백은 과거의 기억이 현재로 갑작스럽게 떠오르는 현상을 말하는 심리학 용어이다.
③ 피터의 원리는 계층적인 조직에서 직원들이 자신이 감당할 수 없는 직책까지 승진하는 현상을 설명하는 개념이다. 관료제나 공무원의 승진 체계에서 나타나는 비효율성을 설명하는 데 사용 가능하다.
④ 필리버스터는 의회에서 소수파가 법안의 통과를 저지하기 위해 장시간 발언을 통해 표결을 방해하는 행위이다.
⑤ 파랑새 증후군은 가까운 현실에 만족하지 못하고 비현실적인 계획이나 이상에서 만족을 찾는 현상을 말한다.

39 정답 ⑤

| 해설 | 시뇨리지는 화폐 발행으로 국가가 얻는 이득을 의미한다. 화폐의 액면가에서 제작비용을 제외한 이익으로, 국가가 화폐 발행을 통해 얻는 경제적 이득을 의미한다.

| 오답피하기 | ① 듀레이션은 채권의 가격 변동성이나 금리 변동에 따른 채권의 가격 민감도를 나타낸다.
② 캐시 카우는 안정적인 수익을 꾸준히 창출하는 사업이나 제품을 의미하는 용어이다.
③ 스프레드는 주로 매수와 매도 가격 간의 차이 또는 금리 차이를 의미한다.
④ 마일리지는 주로 항공사나 신용카드에서 고객에게 제공하는 보상 프로그램에서 사용되는 용어이다.

40 정답 ③

| 해설 | 오커스, 쿼드, 칩4 동맹의 주요 목적 중 하나는 중국의 경제적 및 군사적 영향력을 견제하는 것이다.

| 오답피하기 | ① 자원 개발은 천연 자원, 광물, 에너지 등을 탐사하고 채굴하는 활동을 의미한다.
② 리쇼어링은 기업들이 해외에 있던 생산시설을 다시 자국으로 돌려오는 현상을 의미한다.
④ 파운드리는 반도체 제조 공정을 대행하는 기업을 말하는데, 칩4 동맹은 반도체 분야에서 미국과 한국, 일본, 대만 간의 협력을 통해 공급망을 안정시키고 강화하는 것이 주된 목표이다.
⑤ 개발도상국 지원은 선진국이 개발도상국의 경제발전을 위해 원조하는 활동을 의미한다.

41 정답 ⑤

| 해설 | 아르헨티나는 2022년 카타르 월드컵 우승국이며, 수도는 부에노스아이레스이다. 또한 아르헨티나 노동자 계급의 권익을 중시하는 정치운동을 기반으로 한 페론주의의 발상지이다.

42 정답 ⑤

| 해설 | 카니발리제이션(Cannibalization)은 한 기업의 신제품이 자사 기존 제품의 시장을 잠식하는 현상을 의미한다. 즉, 신제품이 기존 제품의 판매를 감소시키는 상황을 설명한다.

| 오답피하기 | ① 레드오션은 경쟁이 치열하여 더 이상 성장하기 어려운 시장을 의미한다.
② 서비스 사이언스는 주로 서비스 관련 기술 혁신이나 관리 전략을 의미한다.
③ 리스트럭처링은 기업이 재정적 어려움을 해결하거나 효율성을 높이기 위해 조직을 개편하는 행위이다.
④ 넛지 마케팅은 고객이 자연스럽게 특정 행동을 하도록 유도하는 마케팅 전략을 의미한다.

43 정답 ②

| 해설 | 미국의 3대 주가지수는 S&P500, 다우존스, 나스닥 지수이다.
㉠ S&P500 지수는 미국을 대표하는 500개의 대형 상장 기업으로 구성된 주가지수이다.
㉢ 다우존스 지수는 미국을 대표하는 30개의 대형 기업으로 구성된 주가지수이다.
㉣ 나스닥 지수는 주로 기술주 중심으로 구성된 미국의 주가지수이다.

| 오답피하기 | ㉡ 항생 지수는 홍콩의 주가지수이다.
㉤ 닛케이225 지수는 일본을 대표하는 주가지수이다.
㉥ FTSE100은 영국을 대표하는 주가지수이다.

44 정답 ④

| 해설 | 예비타당성 조사는 총사업비 규모가 500억 원 이상이고 국가의 재정지원이 300억 원 이상인 신규사업에 대해서 예산편성 및 기금운용계획 수립을 위해 정책적 의의와 경제성을 판단하는 제도이다.

| 오답피하기 | ① 예비타당성 조사와 비용·편익 분석은 국가 전체의 균형 발전을 목적으로 하기보다는 특정 사업의 타당성을 검토하는 데 주로 사용된다.
② 예비타당성 조사와 비용·편익 분석은 대규모 투자의 타당성을 검토하여 공공 자원의 낭비를 막는 데 목적이 있지만, 직접적인 투자 촉진을 목표를 하지 않는다.
③⑤ 고용 창출과 물가 상승 억제는 예비타당성 제도와 관련이 없다.

45 정답 ⑤

| 해설 | 주식은 안전성은 낮고 수익성이 높은 금융상품이며, 요구불예금은 안전성은 높지만 수익성이 낮은 자산이다. 따라서 A는 주식, B는 요구불예금, (가)는 수익성이 된다. 요구불예금은 안전성이 높은 금융상품이므로 일반적으로 주식보다 높은 수익률을 기대할 수 없다.

| 오답피하기 | ① 일반적으로 금융상품은 위험성이 높을수록 수익성이 높기 때문에 두 요소는 같은 방향으로 움직인다. 따라서 (가)에 수익성 변수가 들어가는 것은 타당하다.
② 주식은 예금자 보호를 받을 수 ㄷ없고, 요구불예금은 예금자 보호를 받을 수 있다.
③ 요구불예금은 안전성이 높고 수익성이 낮으며 배당금은 없다.
④ 위험을 선호하는 투자자는 수익성이 높은 A를 선호한다.

46 정답 ⑤

| 해설 | R의 공포에서 R은 침체를 의미하는 'recession'의 약자이다. 경기침체 시 실업률이 증가하고 소비와 생산이 줄어드는 등 경제적 위기 상황에 직면하게 된다.

47 정답 ②

| 해설 | 그린메일은 적대적 인수 시도가 있는 기업의 대주주에게 지분을 매입한 후, 더 높은 가격에 되팔아 이익을 얻는 행위를 의미한다.

| 오답피하기 | ① 그린워싱은 기업이 친환경적이라는 이미지를 강조하면서 실제로는 그렇지 않은 경우를 말한다.
③ 그린백은 미국 달러의 다른 이름이다.

48 정답 ⑤

| 해설 | 2023년 시간당 최저임금은 9,620원이다. 한편 2024년에는 9,860

원이다. 이를 월급으로 환산하면 다음과 같다.

구분	시급	월급
2024년	9,860원	2,060,740원
2023년	9,620원	2,010,580원
2022년	9,160원	1,914,440원
2021년	8,720원	1,822,480원
2020년	8,590원	1,795,310원

49 정답 ③

| 해설 | 갈라파고스는 세상과 단절되어 독특한 동·식물 구성을 이룬 갈라파고스 제도처럼 변화하는 국제정세와 동떨어진 특정 지역에만 있는 규제를 의미하는 용어이다.

| 오답피하기 | ① 베르뜨랑 균형은 두 개 이상의 기업이 경쟁할 경우 완전경쟁시장과 마찬가지로 균형 가격이 한계비용과 같아지는 결과가 도출됨을 보여주는 균형을 의미한다.
② 스톡홀름 증후군은 공포심으로 인해 극한 상황을 유발한 대상에게 긍정적인 감정을 갖는 현상이다.
④ 스탕달 신드롬은 역사적으로 유명한 미술품이나 예술작품을 보았을 때 순간적으로 느끼는 각종 정신적 충동이나 분열 증상을 의미한다.

50 정답 ①

| 해설 | 투자세액 공제율 개편의 핵심은 중소·중견기업의 공제율을 높이고, 신성장원천기술 그리고 국가전략기술에 대한 공제율을 높이는 것이다. 투자세액 공제율을 올리는 목표는 기업투자 촉진이다. 기업의 세금 부담을 완화해줌으로써 더 많은 투자를 통해 기업이 스스로 더 큰 수익을 추구할 수 있도록 유인하기 위함이다.

51 정답 ②

| 해설 | 탄소국경조정제도나 인플레이션 감축법은 국가 간 거래에서 무역장벽으로 기능한다. 무역장벽은 특정 조건에 부합하는 경우에만 수출할 수 있도록 허용함으로써 수출을 제한하는 장치로 기능한다.

52 정답 ③

| 해설 | ISA는 개인종합자산관리계좌(Individual Savings Account)를 의미하며 다양한 금융상품을 한 계좌에서 관리할 수 있는 금융상품이다.

| 오답피하기 | ① DLS는 주가연계증권으로 특정 주식의 가격이나 주가지수의 수치에 연계된 매우 위험성이 높은 증권을 의미한다.
② ETF는 상장지수펀드로 기초지수의 성과를 추적하는 것이 목표인 인덱스펀드로 거래소에 상장되어 개별주식과 마찬가지로 기존의 주식계좌를 통해 거래할 수 있다.
④ IRP는 개인형 퇴직연금으로 근로자가 이직 또는 조기 퇴직 시 수령한 퇴직급여를 은퇴할 때까지 보관 운용할 수 있도록 한 제도이다.
⑤ MMF는 머니마켓펀드로 자산운용사가 고객의 돈을 모집해 펀드를 만들어 단기 금융상품에 투자해 수익을 얻는 초단기 금융상품이다.

53 정답 ③

| 해설 | 금융허브는 세계 유수의 금융회사와 다국적 기업이 밀집해 있어서 시너지 효과를 낼 수 있는 금융산업이 발달한 지역을 의미한다.

| 오답피하기 | ① 레몬마켓은 역선택이 만연해 나쁜 상품을 비싸게 구입할 수밖에 없는 시장을 의미한다.
② 역외시장은 비거주자 혹은 외국법인 등으로부터 자금을 조달해서 조세회피지역에 설립한 회사를 통해 국내외 증권에 투자하거나 대출해주는 시장이다.

54 정답 ③

| 해설 | 리디노미네이션은 화폐의 액면을 동일한 비율로 변경하는 조치로, 경제상황에 따라 기존 화폐의 가치를 재조정하는 조치를 의미한다.

| 오답피하기 | ① 디커플링은 한 국가의 경제상황이 타국 혹은 세계 경제 흐름과 다르게 독자적으로 움직이는 현상을 의미한다.
② 뱅크런은 은행 파산 현상을 의미한다. 부분지급제도 하에서 은행이 신뢰를 잃게 되면 한날 한시에 예금자들이 은행에 몰려와 인출을 요구하는데, 이때 은행은 모든 인출 수요에 대응할 수 없어 파산하게 된다.
⑤ 오퍼레이션 트위스트는 중앙은행이 장기 국채를 사고 단기 국채를 팔아 장기적으로 금리 인하를 유도하는 통화정책의 하나이다.

55 정답 ③

| 해설 | 우리나라의 공매도는 1996년 선물옵션시장이 개설되며 기관투자가의 공매도 유입이 시작되었고, 1998년부터 외국인 공매도를 허용하며 본격적인 공매도가 시작되었다.

| 오답피하기 | ① 추격매수는 자산 가치가 상승하는 시점에서 추가 상승을 예상하며 매수하는 행위를 의미한다.
② 공매수는 공매도의 반대이다. 신용거래에서 자금이 없거나 주권 인수 의사 없이 행사하는 매수주문으로 타인의 자금을 차입하여 매수주문하는 것을 의미한다.
④ 주가가 자산의 예상과 달리 떨어질 때 손해를 감수하고 주식을 매도하는 행위를 의미한다.

56 정답 ④

| 해설 | (A)는 불황형 흑자이다. 경제주체의 소득이 증가하면 수입품에 대한 수요도 함께 증가해 불황형 흑자 기조는 악화될 수 있다.

| 오답피하기 | ①③ 수출이 아닌 수입이 작아 발생하는 경상수지 흑자를 불황형 흑자라고 한다.
② 불황형 흑자는 주로 불경기에 나타나며, 수요와 생산이 위축되어 수입 원자재 및 수입품에 대한 수요가 감소해 발생한다.
⑤ 불황형 흑자는 수입과 수출 모두를 감소시키므로 수출기업에 부정적인 영향을 미친다.

57 정답 ④

I **해설** I 프로크루스테스의 침대 이야기다. 그리스 신화에 나오는 이야기로, 침대 길이에 맞춰 지나가는 사람들이 다리를 자르거나 몸을 늘린다. 이는 획일적인 기준을 남에게 강요하는 경우를 빗대어 자주 표현된다.

I **오답피하기** I ② 트로이의 목마는 상대방이 눈치채지 못하게 몰래 숨어든다는 것을 의미한다.
⑤ 제논의 역설은 움직이는 것은 사실 정지해 있는 것과 같다는 주장이다.

58 정답 ①

I **해설** I 편지의 내용은 가능한 모든 것을 국민 특히 노동자에게 주라는 내용을 담고 있다. 주는 것이 너무 많아 보여도 더 주라는 내용이다. 포퓰리즘은 대중의 인기를 얻기 위해 현실성보다 대중이 원하는 정책을 펼치는 정치적 행위를 의미한다.

I **오답피하기** I ② 토빈의 q는 기업의 시가총액을 기업이 보유하는 현재가치로 나눈 비율로, 해당 값이 높을수록 투자수익성과 경영효율성이 높다고 판단한다.
③ 페이고(PAY−GO) 원칙은 정부지출 증가를 수반하는 법안을 발의할 때 해당 법안 시행에 따른 세수 증가분으로 재원을 충분히 확보하도록 하는 제도로, 일종의 자동 예산 편성 장치로 볼 수 있다.
④ 조세피난처는 법인세 등이 면제되는 지역으로 바하마, 버뮤다제도 등이 대표적이다.

59 정답 ④

I **해설** I 지문에 제시된 인터뷰는 중국에서 인력에 대한 교육문제가 존재한다는 내용이다. 그동안은 교육수준이 낮더라도 중국 경제 성장에 문제가 없었으나, 중진국의 함정에서 벗어나 선진국으로 발돋움하기 위해서는 교육에 대한 중요성이 강조되어야 한다는 내용이다.

60 정답 ①

I **해설** I 일론 머스크는 SNS 기업인 트위터를 인수하고 이름을 X로 바꾸었다. 그는 테슬라의 실적 부진과 맞물려 주가가 폭락하는 위기를 맞은 바 있다.

상황 추론 · 판단

61 정답 ③

I **해설** I 통화정책에 관한 내용 중 통화정책의 수단에 대한 문제이다. 통화정책의 수단에는 공개시장조작과 재할인율 그리고 지급준비율 정책이 있다. 공개시장조작은 중앙은행이 물가안정채권을 사거나 판매함으로써 시중 통화량을 조절하는 정책이다. 이자율이 지나치게 높을 경우 시중에 풀린 채권을 매입하여 시중에 통화량을 늘리고, 이자율을 낮춘다.

62 정답 ①

I **해설** I OECD 국가 가운데 우리나라는 기업가정신 순위가 27위이다. 이 지수를 올리기 위해서는 위험을 감안하면서 수익을 높이려는 정책이 필요하다.
㉠ 스타트업은 차입 위주의 경영을 통해 리스크를 지면서 높은 성장을 달성하고자 한다. 따라서 스타트업 지원 강화는 기업가정신 순위를 높이기 위한 정책으로 적절하다.
㉡ 글로벌 기업 규제 완화 역시 경쟁을 촉진시켜 리스크는 높이면서도 더 큰 성장을 목표로 한다는 점에서 기업가정신 순위를 높이기 위한 정책으로 적절하다.

I **오답피하기** I ㉢㉣ 규제 일몰 연장과 보복관세는 기업가정신 순위를 올리기 위한 정책으로 적절하지 않다.

63 정답 ②

I **해설** I 중앙은행의 외환시장 개입에 관한 내용이다. 어떤 변화가 발생하는지에 대해 이해할 수 있어야 해결 가능한 문제유형이다.
가영: 외국인이 국내 주식에 많이 투자할수록 우리나라 시장에는 더 많은 외환이 유입된다. 따라서 한국 외환시장에 공급이 증가하게 된다.
나영: 외환시장에서 외환공급이 증가하면 명목환율은 하락한다.
라영: 무역수지 적자를 방지하기 위해서는 중앙은행은 외환시장에서 외환을 인위적으로 매입한다.

I **오답피하기** I 다영: 환율이 하락하면 수출이 감소하고 수입이 증가하여 무역수지는 적자가 예상된다.
마영: 외환을 매입하면 국내시장에 통화량은 증가한다. 외환을 구입하는 과정에서 중앙은행이 국내 통화를 지급하기 때문이다.

64 정답 ⑤

I **해설** I 좀비기업은 차입금의 이자도 내지 못할 정도로 침체되어 가는 기업을 의미하며, 도덕적 해이는 거래 이후에 행동을 바꿔 효율적인 자원배분이 실패하는 현상이다.
도덕적 해이를 해결하기 위해서는 지속적으로 감시하거나 인센티브 구조를 재설계해 행동 변화의 유인을 제거해 주어야 한다.

I **오답피하기** I ① 이자보상배율은 영업이익을 이자비용으로 나누어 계산한다. 이자배상비율이 낮으면 기업이 이자비용을 감당하는 데 어려움을 겪을 수 있음을 의미한다.
② 한정적인 정부재원을 성장가능성이 거의 없는 좀비기업 지원에 활용할 경우 가능성이 높지만 단기적으로 차입 제약에 직면한 우량 기업이 오히려 도산할 수 있다.
③ 좀비기업 파산이 증가하면 일차적으로 기업 투자가 감소할 수 있지만 장기적으로 자원배분의 효율성을 높여 경제의 선순환을 야기한다.
④ 좀비기업이 범할 수 있는 도덕적 해이의 사례는 차입 이후에 지나치게 위험한 투자를 큰 수익을 목표로 비합리적인 선택을 하여 방만한 경영을 하게 될 수 있다는 것이다.

65 정답 ①

|해설| 감자의 공급이 감소하면서 재배 면적과 단위면적당 생산량이 감소하였다. 공급이 감소하면 가격은 상승하고 거래량은 감소한다.

66 정답 ③

|해설| 다음의 표를 바탕으로 다음의 정보를 추가해 살펴볼 수 있다. 가격은 18,000원이다.

생산량	총수입	한계수입	총생산비용	한계비용	평균비용
0			120,000		
1	18,000	18,000	131,000	11,000	131,000
2	36,000	18,000	143,000	12,000	71,500
3	54,000	18,000	157,000	14,000	52,300
4	72,000	18,000	174,000	17,000	43,500
5	90,000	18,000	195,000	21,000	39,000

이윤 극대화 생산량은 한계비용과 한계수입이 일치하는 지점이다. 차선은 한계수입이 한계비용보다 높으면서 거의 동일한 지점이므로 이윤 극대화 생산량은 5개임을 알 수 있다. 해당 생산량에서 수입보다 비용이 높아 음의 이윤을 기록한다.

67 정답 ①

|해설| 문제의 기사는 과거 고가전략을 고수하던 기업이 가격 인하에 나섰다는 내용을 보여준다. 이는 비가격경쟁에서 가격경쟁으로 전략을 수정하였음을 의미한다. 일반적으로 독점적 경쟁 혹은 과점시장인 경우 기업들은 가격경쟁을 피한다. 가격경쟁으로 인한 결과는 치킨게임으로 시장을 확대하지 못하고 승자와 패자만 갈리는 상황을 초래하기 때문이다.

|오답피하기| ② 담합은 과점기업들이 서로 합의하여 하나의 독점기업처럼 경영해 시장에 영향을 미치는 전략이다.
③ 가격차별은 독점기업이 동일한 상품에 소비자의 지불용의, 수요의 가격탄력성을 고려해 서로 다른 가격을 책정하여 이윤을 극대화하려는 전략이다.
④ 베블런 효과는 과시형 소비를 의미하며, 가격이 높을수록 더 잘 팔리는 현상으로 대표된다.
⑤ 가격 노마드 소비자란 가격에 따라 이 브랜드 저 브랜드로 옮겨다니는 소비자를 의미한다.

68 정답 ⑤

|해설| 제시된 자료를 보면 2021년 이후에도 한국의 채무 증감 비율은 꾸준히 높은 순위에 있다. 따라서 국가 재정 건전성을 적극적으로 관리하지 않은 것으로 보인다.

|오답피하기| ① 2020년 한국의 채무비율은 6.5%p로 다른 국가에 비해 재무증가율이 상대적으로 낮다.
② 2020년 각국의 채무증가율이 급증한 것은 코로나19 팬데믹의 영향이라는 추론이 가능하다.
③ 2021년 우리나라의 채무비율 증가율 순위가 4위에서 3위, 1위로 상승하고 있다. 35개국 가운데 4위면 상위권이라 이야기할 수 있다.

④ 2020년 정부는 국가채무를 국내총생산의 60%까지 허용하기로 한 재정준칙을 정한 바 있다. 재정준칙을 강화함에 따라 채무비율 증감폭을 낮출 수 있다.

69 정답 ⑤

|해설| 지니계수는 경제 전체의 소득불평등도를 나타내는 지표로 그 값이 작을수록 평등한 소득분배 상태임을 나타낸다. A국은 매년 지니계수가 개선되는 반면 B국은 2021년 악화되었다가 다시 개선되는 모습을 보이고 있다. B국의 소득불평등은 2021년 악화되었다가 다시 개선되고 있다.

|오답피하기| ① 2020년 B국의 지니계수는 A국보다 낮아 소득불평등 정도가 A국보다 나음을 알 수 있다.
② 지니계수는 로렌츠곡선이 대각선에 가까울수록 작은 값을 갖는다. 2021년 B국의 지니계수가 A국보다 크기 때문에 B국의 로렌츠 곡선이 A국보다 대각선에서 멀리 떨어져 있음을 알 수 있다.
③ A국의 지니계수가 전년의 0.43보다 낮아졌으므로 소득분배가 개선되었음을 알 수 있다.
④ A국의 지니계수가 지속적으로 낮아지고 있으므로 A국에서 소득불평등을 완화하기 위한 복지정책이 시행되었음을 유추할 수 있다.

70 정답 ③

|해설| 글로벌 최저한세는 다국적기업이 법인세율이 낮은 국가에 자회사를 세워 세금을 적게 내는 것을 막기 위한 제도이다. 글로벌 최저한세는 15%를 기준으로 계산된다. 법인세율 9%인 헝가리에 공장을 지을 경우 6%의 세금을 한국 정부에 납부해야 한다.

|오답피하기| ① 글로벌 최저한세가 시행될 경우 헝가리나 아일랜드에 공장을 지어 비용을 절감하더라도 한국에 다시 세금을 내야 하기 때문에 각국의 법인세 인하 경쟁은 전략으로서의 의미를 상실한다.
② 한국 기업의 법인세율은 누진세로 운영되고 있으며 대기업의 경우 20%부터, 중소·중견기업의 경우 10%부터 누진구조가 시작된다. 따라서 헝가리보다 높다.
④ 한국 기업이 법인세가 낮은 지역에 진출하는 이유는 법인세 혜택을 통해 비용을 절감하기 위함이다.
⑤ 법인세 혜택은 해외 공장을 유치해 일자리를 창출하고 해당 지역의 경제 활성화를 도모하기 위함이다.

71 정답 ④

|해설| 2021년 100대의 소형차를 대당 2,000만 원에 생산했다면 2021년의 국내총생산에 20억 원이 반영된다. 한편 국내총생산은 생산된 해를 기준으로 측정되기 때문에 2021년에 생산된 20억 원은 2022년 국내총생산에 아무런 영향을 미치지 않는다. 팔리지 않은 자동차 20억 원은 2021년 GDP에는 투자 항목으로 계상되어 만약 그 해에 판매된다면 재고투자는 마이너스가 되고 소비지출이 플러스가 되어 상쇄된다. 하지만 해를 넘어가게 되면 재고여도 2022년 GDP에 반영되지 않는다.

72 정답 ①

l 해설 l ㉠ 과거의 공물은 오늘날의 세금이라 할 수 있다.
㉡ 인증서 발급을 받은 상품만 공물로 인정하고 있고 이는 소수의 상인들만 인증서를 발급할 수 있음으로 인위적인 독과점 사례라 할 수 있다.

l 오답피하기 l ㉢ 인위적인 인증이 사라지면 더 많은 상품이 공물로서 역할을 할 수 있다. 따라서 공물의 공급이 증가해 공물의 가격이 저렴해질 수 있다.
㉣ 인증서를 받은 상인들이 가격을 높여 폭리를 취하는 모습은 전형적인 독점기업의 횡포와 유사하다고 할 수 있다.

73 정답 ⑤

l 해설 l 원자재 X재의 공급이 크게 감소하고, X재를 핵심원료로 하는 Y재 시장에도 변화가 생겼다는 내용이다. 이 경우 X재와 Y재는 서로 보완관계라 할 수 있다. X재 공급의 감소는 X재 가격인상을 야기하고, X재 가격인상은 X재 수요 감소와 보완관계인 Y재 수요 감소로 이어진다.
㉢ Y재 가격인상과 거래량 감소가 나타나 소비자잉여는 감소한다.
㉣ Y재 수요가 가격에 민감하게 반응한다면 소비량을 크게 줄여 Y재 지출에 발생하는 비용이 감소할 것이다.

l 오답피하기 l ㉠ 보완관계에 놓인 X재 가격인상은 Y재 수요 감소로 이어져 Y재 가격이 상승한다.
㉡ Y재 수요 감소로 인해 거래량은 감소한다. 기하학적으로는 수요–공급 모형에서 Y재 수요곡선이 왼쪽으로 움직여 거래량과 가격 모두 감소한다.

74 정답 ③

l 해설 l 애덤 스미스는 국부론을 통해 자원 활용의 효율성, 즉 생산성에 대해 이야기하고 있다. 기계의 발명과 분업 모두 이러한 측면에서 언급되고 있다. 애덤 스미스는 논의를 단순화하기 위해 모든 노동과 자본의 질은 동일하다고 가정한다. 그래야 본질적인 요인에 의한 영향을 살펴볼 수 있기 때문이다. 따라서 좋은 기계라는 자본의 질과 힘 센 노동자라는 노동의 질을 바탕으로 한 다영의 이야기는 애덤 스미스의 논지를 제대로 이해하지 못했다고 평가할 수 있다.

l 오답피하기 l ① 자본의 축적이 뒷받침되어야 더 많은 노동자를 고용할 수 있다는 의미에서 가영은 내용을 옳게 이해하고 있다.
② 자본의 축적이 더 높은 생산성을 이끌어 낼 수 있다는 점에서 선진국과 후진국의 차이를 가르는 근본요인이라 할 수 있다.
④ 노동과 자본의 생산성을 높이는 방법 중에 하나로 분업을 이야기하고 있다.
⑤ 기계를 활용할 경우 동일한 양의 노동 투입이라도 더 많은 생산량을 달성할 수 있음을 이야기하고 있다.

75 정답 ④

l 해설 l 경제체제는 경제문제를 해결하는 방식이다. 즉 무엇을 어떻게 생산해 누구에게 분배할 것인가의 문제를 해결하는 방식이다. 시장경제체제는 이를 시장에 맡겨 해결하고, 사회주의 경제체제에서는 중앙당국이 해결한다. 문제에서 A는 사회주의, B는 자본주의라 할 수 있다. 자본주의 체제에서는 사회주의보다 시장에서의 개별 경제주체의 경제적 유인을 강조한다. 즉, 강요하는 것이 아니라 스스로 선택한 결과를 존중하는 것이다.

l 오답피하기 l ① 사회주의 경제체제에서 시장은 중요하지 않다. 중앙당국의 가치관과 목표가 자원배분의 기준이다.
② 계획경제체제에서도 희소성의 문제는 발생한다.
③ 시장경제체제에서는 원칙적으로 생산수단의 사적 소유를 인정한다.
⑤ 자본주의 체제는 경제문제 해결을 효율성에 초점을 맞춘다. 효율성 위주의 자원배분은 형평의 가치 측면에서 약점이 존재한다.

76 정답 ②

l 해설 l 인구는 감소하고, 인구 비중 가운데 고령화 비중은 높아지고 있다는 내용이다. 한편, 1인가구 비중도 지속적으로 상승하고 있음을 그래프를 통해 보여주고 있다. 문제에서 65세 이상 인구의 비중이 2021년 기준으로 제시되어 있을 뿐 2022년에 대한 정보가 존재하지 않아 초고령사회 진입 여부를 명확히 판단하기 어렵다.
① 총인구가 감소한다는 것은 죽는 사람이 태어나는 사람보다 많음을 의미한다. 이를 인구의 데드크로스라고 한다.
③ 1인 가구 비중의 증가로 인해 대량으로 저렴하게 판매하는 대형마트보다 소량 판매가 가능한 편의점의 점유율이 높아질 것이라는 추론이 가능하다.
④ 1인 가구 비중의 증가로 인해 원룸과 같은 1인가구용 주택수요가 증가할 것이다.
⑤ 비중은 전체 100 중에 차지하는 비율이므로 한 집단의 비중 증가는 다른 집단의 비중 감소를 의미한다.

77 정답 ④

l 해설 l 제시된 그래프는 투자위험이 높을수록 기대수익이 높은 모습을 보여주고 있다. ELS, ETN, 정크본드 등은 위험성이 높은 상품이므로 E에 가까운 상품이라 볼 수 있다.

l 오답피하기 l ①③ 그래프는 위험이 높을수록 수익이 높다는 점을 보여줌으로써 안전성과 수익성은 상충관계에 있음을 보여주고 있다.
② 수익성이 동일하다면 위험성이 낮은 금융상품이 유리하다.
⑤ 투자위험과 기대수익이 정비례한다면 사실상 동일한 가치를 가진 상품이라 할 수 있다. 위험에 비례할수록 수익이 기대되기 때문이다.

78 정답 ②

l 해설 l 완전고용 수준보다 실업률이 높을 경우 경기침체에 해당하므로 기준금리를 인하해야 한다.

l 오답피하기 l ① 미국은 1980년대 초 오일쇼크로 인해 스태그플레이션에 빠지면서 경기침체와 물가상승이 동시에 나타났을 때 물가안정에 최우선순위를 두었다.
③ 금융통화위원은 매파와 비둘기파로 구분한다. 매파는 물가안정을, 비둘기파는 경기 부양에 보다 초점을 맞춘다.
④ 중앙은행이 경기부양에 우선순위를 두게 되면 기준금리 인하와 국공채 매입을 통한 통화공급 등 확장적인 수요정책을 펼치게 된다.
⑤ 실업률로 표현되는 경기안정과 물가상승률 간의 단기적 상충관계를 보여주는 것이 필립스곡선이다.

79 정답 ④

| 해설 | 선행종합지수는 하락하는 반면 동행지수는 상승하고 있다. 모든 지표가 부정적인 방향을 나타내고 있고 수출마저 부진하여 총수요곡선이 우측으로 이동할 것이라고 볼 수 없다.

① 선행종합지수가 100 이하이므로 향후 경기가 침체될 것으로 예상하는 사람들이 많음을 알 수 있다.
② 해당 시기의 지수하락은 코로나19 팬데믹 상황과 무관할 수 없다.
③ 선행지수가 중간에 하락한 것은 미래의 경기침체를 예견하는 셈이다.
⑤ 수출금액지수는 수출입 전체 금액의 변동을 나타내는 것으로 수출입단가 지수와 수출입물량 지수를 곱한 것이다. 이는 같은 수량을 팔더라도 단가의 하락으로 판매수입이 감소함을 의미한다.

80 정답 ②

| 해설 | 한국은 1960년대 수입대체전략을 통해 내수 중심의 전략을 펼쳤으나. 이내 중화학공업으로 선회하여 수출 중심의 전략으로 외환을 벌어들이고, 이를 바탕으로 다시 해외 원자재를 구입하여 또 다른 상품 생산을 이어갈 수 있었다.

| 오답피하기 | ① 한국은 해방 이후 국제원조를 경제 기반 마련에 투자하여 경제성장의 밑바탕을 마련하였다.
③ 한국의 성장 및 전환은 모든 국가가 인정하는 사례이다.
④ 한국은 수출을 통한 단방향 개방에서 외환위기 이후 수입개방을 통한 양방향 개방으로 전환하면서 경쟁우위를 지속적으로 창출해왔다.
⑤ 전 세계적으로 한국과 같은 경제성장을 이룬 국가는 찾아보기 어렵다. 한국이 유일한 탓에 KSP 사업 등을 통한 한국의 경험을 공유하고 있다.

경제이론

01	②	02	①	03	②	04	②	05	⑤
06	④	07	③	08	③	09	②	10	⑤
11	①	12	③	13	②	14	④	15	⑤
16	③	17	①	18	③	19	①	20	④
21	③	22	④	23	①	24	⑤	25	②
26	⑤	27	③	28	①	29	①	30	④

시사경제·경영

31	①	32	②	33	②	34	③	35	⑤
36	②	37	⑤	38	④	39	④	40	②
41	③	42	②	43	②	44	①	45	⑤
46	④	47	①	48	②	49	②	50	⑤
51	②	52	①	53	②	54	②	55	⑤
56	②	57	④	58	④	59	④	60	③

상황 추론·판단

61	①	62	②	63	①	64	③	65	①
66	⑤	67	③	68	④	69	②	70	①
71	②	72	①	73	①	74	②	75	①
76	③	77	①	78	③	79	⑤	80	③

경제이론

01 정답 ②

| 해설 | 기회비용은 하나의 선택으로 인해 포기한 선택들 중 가장 높은 가치를 의미하고 매몰비용은 한번 투입하면 다시 회수할 수 없는 비용을 의미한다. 입장료는 한번 지불하면 회수할 수 없으므로 기회비용이 아닌 매몰비용이다.

02 정답 ①

| 해설 | 국내총생산은 일정 기간 동안 한 국가 내에서 새롭게 생산된 재화와 서비스의 시장가치 총합으로 정의된다. 국내총생산은 지출 측면에서 소비와 투자, 정부지출 그리고 순수출(수출-수입)로 구성되므로 수출의 증가는 GDP의 증가로 이어진다.

| 오답피하기 | ② 전업주부의 가사노동은 시장에서 거래되지 않으므로 국내총생산에 포함되지 않는다.
③ 명목GDP는 당해연도 물가를 기준으로, 실질 GDP는 기준연도 물가를 기준으로 산정한다. 당해연도에는 기준연도와 물가가 동일하기 때문에 두 지표는 같은 값을 갖는다.
④ 국내총생산은 국내 영토(Domestic) 개념이다. 따라서 해외에서 근무하는 내국인 근로자가 생산한 가치는 국내총생산(GDP)에 포함되지 않고, 국민총생산(GNP)에 포함된다.
⑤ A년도에 생산한 제품은 A년도 GDP에 포함된다.

03 정답 ②

| 해설 | 정부 실패는 시장 실패를 바로잡기 위한 목적으로 시장에 개입한 정부의 노력이 실패하는 현상으로 정부의 개입이 의도와 다르게 반영되거나 비효율성이 커지는 것을 의미한다. 한계생산물체감의 법칙은 노동 투입한 단위가 증가할수록 생산물의 증가분은 점차 감소한다는 법칙으로 정부 실패와 관련이 없다.

04 정답 ②

| 해설 | 인플레이션은 물가의 지속적인 상승 현상으로, 물가가 오를수록 화폐의 가치는 하락한다. 따라서 현금을 보유하기보다 실물자산을 보유하는 것이 유리하다.

| 오답피하기 | ① 인플레이션을 예상할 수 있는 경우 물가상승분만큼 가격에 반영해야 손해를 보지 않기 때문에 매번 가격표를 변경해야 하는 거래비용이 발생하게 되는데, 이를 메뉴비용이라 한다.
③ 인플레이션이 존재할 경우 미래의 실질적인 소득을 판단하기가 어렵다. 실질소득은 구매 가능한 물건의 양으로 측정되는 소득으로, 명목소득이 동일하다는 가정하에 상품 가격이 상승하면 실질소득은 감소한다.
④ 인플레이션이 발생하면 재화와 서비스의 상대가격이 변화하면서 자원의 효율적 배분을 저해시킬 수 있다.
⑤ 인플레이션을 예상할 수 있으면 돈을 빌려주는 과정에서 물가 상승분만큼을 이자로 반영할 수 있으므로 채무자와 채권자 사이에 부의 재분배가 발생하지 않는다.

05 정답 ⑤

| 해설 | 도덕적 해이란 거래 이후에 정보를 더 많이 가진 주체가 행동을 바꿔 효율적인 자원 배분에 실패하는 현상이다. 도덕적 해이를 해결하는 방법은 행동 변화를 방지하기 위해 지속적으로 감시하거나 인센티브 체계를 재설계하여 스스로 행동을 변화할 유인이 없도록 하는 것이다. 보험시장에서 평균보험료를 제시할 경우 사고확률이 높은 사람이 가입하는 현상은 정보의 부족으로 인해 보험회사가 원하지 않는 사람들만 가입하게 되는 역선택 현상이다.

06 정답 ④

l 해설 l 과다한 부채 문제 해소를 위해서는 소비나 투자, 정부지출의 감소를 유도하는 정책이 필요하다. 공개시장에서 국공채를 매입할 경우 시중에 통화량을 증가시켜, 이자율의 하락 압력으로 작용하여 투자와 소비가 증가하는 결과를 야기한다.

l 오답피하기 l ① 테이퍼링은 양적완화 기조를 점차 축소하는 정책을 의미한다. 즉, 중앙은행이 사들이는 국채의 양을 줄이는 것으로 은행에 의한 채권 구입이 줄어들면 정부지출이 감소되어 과열된 경기를 조절하는 역할이 가능하다.
② 기준금리 인상은 경기가 과열되었을 때 활용하는 대표적인 정책처방이다. 이자율 인상은 투자와 소비를 위축시켜 경기과열을 방지한다.

07 정답 ③

l 해설 l 사과 생산자에게 보조금을 지급하면 생산이 증가하고 가격 인하로 수요도 늘어나면서 사과의 시장거래량이 증가할 가능성이 높다.

l 오답피하기 l ①② 보조금 지급으로 사과 생산 비용이 낮아져 공급이 증가하면 가격이 하락하고, 소비자잉여가 증가하며, 소비자 수요 증가로 인해 추가적 수익이 발생하므로 생산자잉여도 증가할 수 있다.를 증가시킬 수 있다.
④ 생산자에 대한 보조금은 사과 생산비용을 낮추므로 다른 모든 조건이 일정할 때 보조금의 지급은 사과 공급곡선을 우측으로 이동시키게 된다.

08 정답 ③

l 해설 l 수요의 법칙에 의해 가격을 인상하면 수요량이 하락한다. 하지만 가격의 인상폭보다 수요량 하락폭이 작다면 결과적으로 가격과 수요량의 곱으로 구해지는 수입이 증가한다. 즉, 수요량이 가격변화에 민감하지 않게 반응한다면 가격상승에도 불구하고 판매수입이 증가할 수 있다.

l 오답피하기 l ①②④ 음식의 맛과 음식점 이용객의 소득 증가, 유동인구의 증가는 가격 이외의 요인으로 모두 수요의 증가를 야기한다. 이 경우 가격인상에도 불구하고 수요가 증가해 판매수입이 늘어날 수 있다.
⑤ 주변 식당의 음식가격이 더 크게 증가한다면 상대적으로 해당 식당의 가격이 낮아 수요가 집중되어 판매수입이 증가할 수 있다.

09 정답 ②

l 해설 l 케인스 학파는 실질GDP가 잠재GDP 수준에 미치지 못하는 상황에서는 정부의 인위적인 총수요 확장이 필요하다고 주장한다.
㉠ 케인스는 총수요의 부족이 경기 변동을 발생시키는 원인이라 보고, 정부에 의한 인위적인 총수요 증가를 요구한다.
㉢ 케인스는 현실의 시장에서 가격변화에 따라 즉각적인 균형회복이 이루어지지 않기 때문에 단기에 불균형이 발생한다고 주장한다.

l 오답피하기 l ㉡ 재정정책은 정책의 효과가 직접적인 반면 통화정책은 이자율의 변화를 통해 실물에 영향을 미치므로 그 효과가 나타나기까지 오랜 시간이 필요하다. 통화정책을 주장한 것은 통화주의학파이다.
㉣ 케인스는 경기 변동의 진폭을 줄이기 위해서는 정부가 시장에 개입하여 인위적으로 총수요를 높여야 한다고 주장한다.

10 정답 ⑤

l 해설 l 주식은 수익성이 높으나 안전성이 낮은 반면 요구불예금은 안전성이 높지만 수익성은 낮다. 따라서 A는 주식, B는 요구불예금이다.

l 오답피하기 l ① 주식은 요구불예금보다 수익성이 높고, 유동성이 낮다. 따라서 (가)에는 유동성보다 수익성이 적절하다.
②, ④ 주식은 예금보호제도의 대상이 아니다. 예금보호제도는 원금 5000만 원까지 국가가 보장해주는 제도로 요구불예금은 예금보호제도의 대상이 된다.
③ 주식은 배당금을 기대할 수 있다. 배당금이란 기업이 주식을 가지고 있는 비중만큼 기업이 이윤을 분배하는 제도이다.

11 정답 ①

l 해설 l 구리보다 철의 수요가 상대적으로 더 클 경우 부존량의 차이에도 불구하고 철의 가격이 더 높을 수 있다.

[오답피하기]
② 가격을 결정하는 핵심요인은 부존량이 아닌 희소성이다. 철이 구리보다 희소한 자원이라면 철의 가격이 더 높을 수 있다.
③ 구리가 철보다 희귀한 자원이다. 희소성이 높다 해서 희귀한 것은 아니다.

12 정답 ③

l 해설 l 근로자들이 이직하는 과정에서 발생하는 실업은 마찰적 실업이다. 최저임금제나 노동조합으로 인해 발생하는 실업은 비자발적 실업으로 마찰적 실업이 포함된 자발적 실업에 해당하지 않는다.

l 오답피하기 l ①② 마찰적 실업은 자발적 실업으로 더 나은 직장을 구하기 위해 자발적으로 실업 상태에 놓여있는 종류의 실업이다. 아무리 경기가 좋고, 완전고용상태여도 이러한 종류의 실업은 존재한다. 마찰적 실업이 보다 더 나은 직장을 찾는 개인의 욕망에 기인한다는 점에서 노동 자원의 효율적 배분을 나타내며, 경제를 보다 성장시키는 요인이라 할 수 있다.
④ 마찰적 실업의 해결책은 노동수요자와 공급자 사이에 존재하는 정보비대칭 완화를 통해 최대한 빠르게 원하는 일자리를 찾을 수 있도록 지원하는 것이다.
⑤ 실업 상태에 있는 사람에게 실업 보험급여를 확대할수록 실업상태에 놓였을 때 감내해야 하는 부담이 감소하므로 더 많은 자발적, 마찰적 실업이 발생할 수 있다.

13 정답 ②

l 해설 l 지니계수는 경제의 전반적인 불평등을 측정하는 지표이다. 1에 가까울수록 불평등한 상태를, 0에 가까울수록 평등한 상태를 의미한다. 로렌츠 곡선에서 45° 선은 완전평등선을 의미하는데, 지니계수가 작아졌다는 것은 로렌츠곡선이 45° 선에 가까워졌음을 의미한다.

l 오답피하기 l ① 파레토 효율은 누군가의 효율성을 해치지 않고서는 더 이상의 효율성 개선이 어려운 상황을 의미한다. 지니계수의 증감으로는 파레토 효율의 달성 여부를 판단할 수 없다.
③ 지니계수의 변동으로 국민소득의 증감을 추정할 수는 없다.

④ 지니계수가 작아졌다는 것은 소득분배가 보다 평등해졌음을 의미하므로 노동소득분배율이 개선되었다고 볼 수 있다.

⑤ 생산가능곡선은 한 국가가 주어진 자원을 정상적인 범위 내에서 최대한으로 활용했을 때 달성가능한 생산조합을 의미한다. 지니계수의 증감과 생산가능곡선의 이동은 관련이 없다.

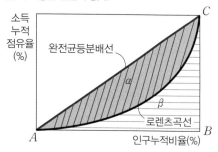

14 정답 ④

| 해설 | 고정환율제도에서 정부가 재정지출을 늘리더라도 환율은 상승하지 않으며 화폐가치 하락에 따른 수출 증가 효과는 발생하지 않는다.

| 오답피하기 | ①② 변동환율제하에서는 경기 변동 상황에 따라 정부와 중앙은행이 독립적으로 정책을 수행할 수 있으나, 고정환율제하에서는 환율이라는 제약이 추가되어 경기상황만을 고려한 정책 설계가 어렵다.
③⑤ 정부의 재정지출이 증가하면 총수요의 확장으로 물가가 상승한다. 물가의 상승은 자국 화폐가치를 낮추는 방향으로 작용한다. 또한 환율제도와 무관하게 통화량이 증가한다.

15 정답 ⑤

| 해설 | 무역상대국 물가의 불안전성은 소비자의 소비 규모를 위축시켜 국제무역을 저해하는 요인이다.

| 오답피하기 | ① 유가가 낮아지고, 안정될 경우 더 많은 생산이 가능해 국제무역 활성화의 요인으로 작용한다.
② 글로벌 공급망이 강화되고 확대될수록 안정적인 부품 수급 및 생산이 가능해 국제무역이 활성화될 수 있다.
③ 핀테크 기술의 발달은 장벽 없는 결제가 가능해지고, 보다 쉬운 자금조달로 이어져 소비 및 생산 증가에 기여해 국제무역이 활발해질 수 있다.
④ 무역장벽의 완화는 무역 과정에서 발생하는 직간접적인 비용을 낮추는 효과가 있어 국제무역을 증가시킬 수 있다.

16 정답 ③

| 해설 | 부가세는 간접세에 해당하며, 간접세는 소득과 무관하게 일정 비율로 부과된다. 간접세는 소득과 무관하게 모든 사람에게 부과되므로 소득불평등도를 확대하는 조세부담의 역진성을 갖는다.

| 오답피하기 | ④ 부가가치세는 재화와 서비스 모두의 거래 과정에서 발생하는 지출액 대비 일정 비율로 과세한다.
⑤ 간접세는 세금을 납부하는 주체(납세자)와 부담하는 주체(담세자)가 일치하지 않는다.

17 정답 ④

| 해설 | 외부 효과는 어떤 경제주체의 행동이 의도하지 않게 다른 경제주체에 피해 혹은 혜택을 주면서도 대가를 치르지도 대가를 받지도 않아 발생하는 시장 실패 현상이다. 의도하지 않은 피해를 주는 경우를 외부불경제, 혜택을 주는 경우를 외부경제라고 한다. 사회적으로 바람직한 수준이 q_1인데 반해 개인적으로 바람직한 수준이 이보다 높은 q_2 수준에서 결정되어 과다생산되고 있으므로 외부불경제를 나타낸다. 피구세 부과를 통해 사적 한계비용을 사회적 한계비용 수준으로 높여줌으로써 시장에서 거래되는 균형거래량을 q_2에서 q_1로 줄일 수 있다.

| 오답피하기 | ① 시장에서는 사적 한계비용과 사적 한계편익이 일치하는 지점 q_2에서 균형거래량이 결정된다.
② 외부 효과로 인해 발생하는 비효율성을 해결하기 위해서는 정부가 개입하는 방법뿐만 아니라 코즈의 정리처럼 시장의 주체들 간에 거래를 통해 해결하는 방안이 존재한다.
③ a 영역은 과다생산으로 인해 발생하는 사회적 후생 감소분이다.
⑤ 문제는 외부불경제상황으로 사회적 한계비용이 사적 한계비용보다 크다.

18 정답 ③

| 해설 | 시장은 효율성을 극대화하는데 효과적이지만, 공정한 분배와는 관련이 없다.. 시장은 효율성의 가치는 극대화할 수 있지만 형평성의 가치는 담아내지 못한다는 단점을 갖는다.

19 정답 ①

| 해설 | 기준금리를 인상할 경우 소비와 투자가 위축되어 물가의 하락압력이 작용한다. 물가의 하락은 통화가치 상승으로 이어져 달러 가치가 상승한다.

20 정답 ④

| 해설 | 현재가치는 미래에 얻게 될 가치를 현재의 환산한 값을 의미한다. 이자율이 10%, 미래가치가 1,000원일 경우 얻을 수 있는 현재가치는 1,000원보다 작다.

※ 현재가치는 $\dfrac{미래가치}{(1+r)^n}$로 표현된다.

21 정답 ③

| 해설 | 규모에 대한 수익체증은 생산요소의 투입을 두 배 늘릴 때 산출량이 두 배 이상 증가하는 것을 말한다.

| 오답피하기 | ① 규모에 대한 수익체증은 U자형의 그래프로 표현된다. 즉 레퍼곡선을 뒤집어 놓은 모양이다.
② 규모에 대한 수익체증은 생산요소의 투입을 두 배 늘릴 때 산출량이 두 배 이상 증가하는 현상이다.
④, ⑤ 규모에 대한 수익체증은 고정투입요소가 불변이라는 가정하에 가변투입요소의 투입을 증가시켰을 때 성립하는 단기의 개념이다.

22 정답 ④

| 해설 | 단기 필립스곡선은 실업률과 물가상승률 간의 음(−)의 상관관계를 보여준다. 이는 실업률과 물가상승률을 동시에 해결할 수 없음을 의미한다.

| 오답피하기 | ① 장기 필립스곡선이 수직의 형태이므로 단기 필립스곡선이 보다 완만하다.
② 「실업률 − 인플레이션율」 평면에서 자연 실업이 증가하면 필립스곡선은 오른쪽으로 이동한다.
③ 자연 실업률은 잠재GDP 수준에서의 실업률로 장기 필립스곡선은 자연 실업률 수준에서 수직이 된다.
⑤ 1970년대 스테그플레이션은 총공급곡선을 왼쪽으로 이동시켜 실질 GDP를 위축시키면서도 물가를 높인다. 이는 실업률과 물가상승률을 동시에 높여 단기의 상충관계가 불분명해지는 결과를 낳았다.

23 정답 ①

| 해설 | 가격차별이란 동일한 재화와 서비스에 서로 다른 가격을 책정하는 독점기업의 전략이다. 소비자의 가격탄력성을 알고 있을 때 가능한 가격차별은 3급, 가격탄력성을 모를 때 사용하는 가격차별은 2급, 모든 정보를 활용해 가격차별이 가능한 경우는 1급 가격차별이라고 한다. 1급 가격차별에서 사회적 잉여는 완전경쟁일 때와 차이가 없지만, 그 구성비가 소비자잉여는 0이고, 생산자잉여가 100이다.

| 오답피하기 | ②④ 1급 가격차별의 결과는 완전경쟁시장과 동일하다. 완전경쟁시장에서의 가격과 한계수입이 동일하므로 한계수입곡선과 시장수요곡선이 동일하다.
③ 1급 가격차별하에서 모든 소비자는 자신의 지불용의에 따라 다른 가격을 지불한다.
⑤ 사회적 후생은 완전경쟁시장과 동일하므로 일반 독점시장과 비교하면 더 크다.

24 정답 ⑤

| 해설 | 보호무역이란 산업정책의 일환으로 자국시장 내 외국 상품이 들어오지 못하도록 막거나 자국시장 내에서 경쟁에 불리하도록 만드는 제도를 의미한다.
ⓒ 관세란 무역과정에서 부과되는 세금으로 가장 일반적인 보호무역의 수단이다.
ⓔ 수입할당제란 수입 가능한 품목과 수량을 제한하는 조치를 의미한다. 시장이 아닌 제도에 의한 인위적인 조치로, 자국 상품을 보다 유리하게 만든다는 점에서 보호무역의 수단으로 활용된다.
ⓜ 수출보조금은 자국 상품이 수출시장에서 보다 유리할 수 있도록 지원해 주는 측면에서 보호무역의 수단으로 볼 수 있다.

| 오답피하기 | ⓐ WTO는 국제무역기구의 약자로 보호무역을 지양하고, 자유무역을 추구하는 목적을 갖는다.
ⓑ 범위의 경제는 동일한 재료를 활용하는 상품을 한 국가 혹은 기업이 만들 때 더 효율이 높아진다는 개념이다. 이는 자유무역이 효율적인 근거로 활용가능한 개념이다.

25 정답 ②

| 해설 | 재화는 배제성과 경합성에 따라 4가지로 구분된다. 배제성은 대가를 지급하지 않은 주체를 소비에서 배제할 수 있는 성격을 의미하며, 경합성은 어느 한 주체의 소비가 다른 주체의 소비 가능성을 제한하는 성격을 의미한다. 배제성과 경합성이 모두 존재하는 재화를 사적재, 모두 존재하지 않는 재화를 공공재라고 하면 배제성만 존재하는 경우를 공유자원, 경합성만 존재하는 경우를 클럽재라고 한다.

| 오답피하기 | ① 막히지 않는 도로는 경합성이 없는 재화이다.
③ 여러 사람이 동시에 사용할 수 있는 성질을 경합성이라고 한다.
④ 무임승차는 배제성이 존재하지 않기 때문에 나타나는 현상이다.
⑤ 공유지의 비극은 경합성이 존재하는 재화에 배제성이 존재하지 않아 자원의 남용이 발생하는 현상이다.

26 정답 ⑤

| 해설 | 루카스 비판은 사람들이 정책의 효과를 미리 예상하고, 이에 맞춘 의사결정을 통해 정책이 의도한 효과와는 다른 행동을 해 정책이 무력화된다는 주장이다. 따라서 과거 자료를 기반으로 한 기대형성을 예상한 정책은 효과가 없다는 것이다.

| 오답피하기 | ① 루카스는 정책효과의 오류 문제를 피하기 위해 기대형성에 대한 가설이 포함된 구조모형을 통해 오류를 최소화해야한다고 주장한다.
②③④ 루카스 비판은 새로운 정책에 대한 사람들의 기대를 반영한 정책 설계가 이뤄져야 한다는 것이다. 정책변화에 따른 사람들의 기대도 변화하기 때문에 기존에 성립된 경제변수 간의 관계도 모두 바뀌기 때문에 과거에 기반한 정책 설계는 무력하다는 것이 루카스 비판이다.

27 정답 ④

| 해설 | 공급자가 다수이면서 동질적인 상품을 판매하는 (가)는 완전경쟁시장, 상품만 동질적이지 않은 (나)는 독점적 경쟁시장이며, 공급자가 한 명인 (다)는 독점시장, (라)는 과점시장이다.
ⓛ 독점적 경쟁시장에서의 기업들은 차별화된 상품을 판매하므로 가격 설정력을 갖는다.
ⓔ 과점시장은 소수의 기업이 시장에서 상호 영향을 미치며 경쟁을 하고 있어 상호의존성이 매우 높다.

| 오답피하기 | ⓐ 완전경쟁시장은 자원 배분이 가장 효율적인 시장이다.
ⓒ 독점시장을 국가가 인위적으로 조성하는 이유 중에 하나는 인프라와 같은 초기투입비용이 높은 경우이다.

28 정답 ①

| 해설 | ⓐ Y재가 X재의 대체재라면, X재의 가격하락으로 Y재의 수요가 감소하므로 Y재의 매출은 감소한다.
ⓛ Y재가 X재의 대체재라면, X재의 가격하락으로 Y재의 수요가 감소하므로 Y재의 총잉여는 감소한다.

| 오답피하기 | ⓒ Y재가 X재의 보완재라면, X재의 가격하락으로 Y재의 수요가 증가하므로 Y재의 공급량은 증가한다.
ⓔ Y재가 X재의 보완재라면, X재의 가격하락으로 생산자잉여가 증가한다.

29 정답 ①

| 해설 | 수출액이 3,000억 달러, 수입액이 2,500억 달러이므로 외환보유액 증가분은 500억 달러이다. 외국인의 한국 자산 매입으로 800억 달러를 벌어들이고 한국인의 외국 자산 매입으로 700억 달러가 빠져나갔으므로 외환보유액 증가분은 100억 달러이다. 따라서 외환보유액은 총 600억 달러 증가하게 된다.

30 정답 ⑤

| 해설 | 단기의 총공급곡선은 우상향할 수 있는데, 물가변화에 대한 정보가 고용주와 노동자 사이에 불균등하기 때문이다. 이 때문에 명목임금과 실질임금의 차이가 발생해 물가가 상승할 경우 더 많은 고용을 통해 생산을 늘릴 수 있다.

㉠ 물가가 상승할 경우 명목임금은 그대로지만 실질임금은 감소하게 되고, 이는 고용주로 하여금 더 많은 근로자를 채용하여 생산을 늘릴 유인으로 작용한다. 그 결과 물가가 상승할수록 실질GDP가 증가하는 모습, 즉 단기 총공급곡선이 우상향하는 형태로 나타난다.

㉡ 최저임금제는 상황에 따른 균형변화를 어렵게 만드는 제약으로, 임금경직성의 한 요인이다.

㉢ 효율성 임금에 대한 내용이다. 균형을 회복하지 못한다는 점에서 임금이 경직적이라 할 수 있다.

시사경제 · 경영

31 정답 ①

| 해설 | 핌피현상(PYMFY)은 Please In My FrontYard의 약자로, 우리 지역에 필요한 시설은 우리 지역에 들어와야 한다는 의미로 이기주의적 행동을 설명하는 용어이다.

| 오답피하기 | ② 넛지 효과는 강제하기보다 의도한 대로 행동하도록 유도하는 방법을 의미한다.

⑤ 지렛대 효과는 레버리지 효과라고도 하며, 타인자본을 지렛대 삼아 자기 자본이익률을 높이는 효과를 의미한다.

32 정답 ②

| 해설 | 포워드 가이던스는 중앙은행이 향후 금리 방향에 대해 시장에 미리 신호를 주는 수단이다. 경제상황에 대한 평가를 토대로 미래의 통화정책 방향을 예고하는 새로운 통화정책 수단이다.

| 오답피하기 | ① 린치핀은 마차나 수레, 자동차의 바퀴가 빠지지 않도록 축에 꽂는 핀을 가리킨다.

③ 베이시스는 현물가격과 선물가격의 차이이다.

④ 프레너미는 친구(Friend)와 적(Enemy)의 합성어로 사랑과 미움이 오가며 유지되는 친구 관계를 의미한다.

⑤ 오퍼레이션 트위스트는 중앙은행이 장기 국채를 사고 단기 국채를 팔아 장기적으로 금리 인하를 유도하는 통화정책의 하나이다. 장단기 채권에 대해 각기 다른 대응을 취하는 것이 트위스트 춤과 닮았다는 점에서 유래한 용어이다.

33 정답 ②

| 해설 | 기존 법·제도 체계로는 규정되지 않거나 사각지대에서 사업 및 서비스를 영위하는 기업을 그레이 스타트업이라고 한다. 이들은 규제의 틈을 이용하지만 위험을 감수하고 사업을 이어가는 특징이 있다.

34 정답 ③

| 해설 | 우리나라 증시의 가격제한폭은 상하한으로 30%이다. 따라서 종가가 1만 원이었다면 가격제한폭까지 하락할 경우 7,000원이 된다.

35 정답 ⑤

| 해설 | 자본잠식은 순자산이 자본금보다 더 적은 상태를 의미한다. 기업의 적자 누적으로 인해 잉여금이 마이너스 금액이 되어 발생하며, 자본 총계가 마이너스 금액이 되었을 경우를 완전자본잠식이라고 한다.

| 오답피하기 | ① 기업공개는 기업이 외부투자자에게 처음으로 주식을 공개하고 이를 매도하는 과정으로 자신의 회사주를 주식시장에 등록하는 작업이다.

② 무상증자는 새로 발생하는 주식을 주주에게 공짜로 나누어주는 방식이다.

③ 공직자윤리법에 의해 재산 공개 대상인 공직자는 자신과 직계 존비속이 보유 중인 3,000만 원 초과 주식을 임명일로부터 한 달 이내에 매각하거나 금융회사에 백지신탁해야 한다.

④ 출자전환은 기업의 부채를 주식으로 전환하는 것을 의미한다. 금융기관이 기업에 대출하거나 보증을 선 돈을 회수하지 않고 기업의 주식과 맞바꾸는 것이다.

36 정답 ①

| 해설 | 2022년 노벨경제학상 수상자는 벤 버냉키 전 미국 연방준비제도 의장이다. 금융위기 상황에서 은행의 역할, 특히 은행 붕괴를 막는 것이 왜 중요한지에 대한 이해를 높였고, 코로나19 대유행 기간에도 중요한 역할을 했다고 수상 이유를 밝혔다.

37 정답 ⑤

| 해설 | 주식분할이란 자본금의 증가없이 기존 주식의 액면가를 떨어뜨려서 총 주식 수를 늘리는 것을 의미한다. 주식분할로 인해 다른 것은 변함이 없지만 주식 1주당 가치는 50분의 1로 낮아져 더 많은 사람들로부터 자금을 모을 수 있다.

| 오답피하기 | ① 자본금은 변화가 없지만 주식의 수는 증가한다.

②④ 주식분할은 주식 수에만 변화가 있을 뿐 기업 가치에는 변화가 없다.

③ 주식분할로 인해 주당 액면가가 50분의 1로 낮아졌다. 따라서 자금의 여유가 상대적으로 없는 사람들도 해당 주식을 구매할 수 있게 되면서 거래량이 늘어날 가능성이 높다.

38 정답 ④

| **해설** | 화이트존은 민간자본을 활용해 다양도 복합 개발이 가능하도록 지정한 지역으로 규제 최소지역의 의미를 갖는다. 일종의 규제프리존으로 다양한 시도가 가능해 사업성 확보 측면에서 유리하다.

39 정답 ④

| **해설** | 민스키 모멘트는 경기호황이 과도한 부채로 유지되었을 경우 채무자의 부채상환능력 악화로 건전한 자산까지 팔기 시작하면서 자산가치가 폭락하고 결국 금융위기가 시작되는 시기를 의미한다.

| **오답피하기** | ① 숏커버링이란 주식이나 선물, 외한, 채권 시장에서 약세장을 예상하고 진행했던 공매도 물량을 청산하는 행위를 의미한다.
② 피터팬 증후군은 중소·중견기업이 대기업이 되었을 때 직면하는 다양한 규제를 회피하기 위해 대기업으로 성장하지 않는 현상을 의미한다.
③ 서킷 브레이커는 주식시장이나 선물시장에서 주식이나 선물가격의 변동이 지나치게 심할 경우 시장참여자들이 냉정한 투자판단 시간을 가질 수 있도록 일시적으로 매매 거래를 중단하는 것을 의미한다.
⑤ 번아웃 신드롬은 일에 몰두하던 사람이 극도의 신체적·정신적 피로로 무기력증이나 자기혐오·직무거부 등에 빠지는 현상을 의미한다.

40 정답 ⑤

| **해설** | 의견거절은 감사의견을 형성하는 데 필요한 자료를 얻지 못하는 경우의 감사의견을 말한다. 독립성 부족, 감사범위 제한, 재무 열위로 기업 존속 의문 시, 재무항목 내 근거 확보 부족 등의 경우 의견거절이 가능하다.

| **오답피하기** | ① 적정의견은 대상 기업이 기업 회계기준을 잘 준수하는 경우에 해당한다.
② 한정의견은 감사의견을 형성하는 데 합리적인 증거를 얻지 못했다고 판단하는 경우 행해진다. 감사범위 제한, 기업회계기준 위배 등의 경우 한정의견이 이루어진다.
③ 부적정의견은 중요한 사안에 대해 기업회계 기준을 위배하여 재무제표를 작성한 경우 이뤄지며 계속기업 존속 의문 시, 재무제표 내 회계처리 과소 및 과대계상 시 이루어진다.
④ 감사의견의 종류 가운데 부실의견이라는 항목은 없다.

41 정답 ③

| **해설** | 국민부담률은 조세와 사회보장기여금이 국내총생산에서 차지하는 비중으로 정의된다. 2022년 기준 우리나라의 조세부담률은 23.8%이며, 국민부담률은 32%이며, OECE 회원국 38개국 평균 조세부담률 25.2%, 국민부담률 34.2%에 비해 낮은 편이다.

| **오답피하기** | ① 조세부담률은 1년간 한 나라 안에서 창출된 경제적 가치 즉 국내총생산 중에 조세수입 비중을 나타내는 수치이다.
② 재정부담률은 국내총생산 가운데 재정지출 규모의 비중을 나타내는 지표이다.
④ 사회보장부담률은 4대 연금 및 건강보험, 고용보험, 산재보상보험 징수액이 국내총생산에서 차지하는 비율을 의미한다.
⑤ 금융비용 부담률은 일정 기간 동안의 총금융비용을 총매출액으로 나눈 비율을 의미한다. 이는 자금차입에 따른 기업의 부담이 어느 정도인가를 나타내는 지표이다.

42 정답 ③

| **해설** | 동전주는 주가가 1,000원 미만인 상장 주식을 의미한다. 동전주와 대비되는 개념으로 1,000원 이상의 주식을 지폐주라고 부르기도 한다. 동전주는 소형주 중 주가가 낮은 주식들이기 때문에 보통 주가가 저평가되어 있는 종목이라 여기지만 액면가가 얼마인지에 따라 다르게 평가되어야 한다.

| **오답피하기** | ① 우선주는 보통주처럼 의견권은 없지만 보통주보다 이익 배당 우선순위가 높다.
② 가치주는 현재 주가가 기업의 잠재가치보다 저평가되어 있는 주식을 의미한다.
④ 황제주는 1주당 100만 원이 넘는 주식으로 너무 비싸 거래량이 많지 않다.
⑤ 자사주 매입은 법인이 회사자금으로 자기회사 주식을 사들이는 것을 의미한다.

43 정답 ②

| **해설** | 국제 원유시장에서 가장 관심을 많이 받는 3대 원유는 WTI, 브렌트유, 두바이유이다. WTI는 서부 텍사스산 원유, 브렌트유는 북해에서 생산되는 원유, 두바이유는 중동에서 거래되는 원유를 의미한다.

44 정답 ①

| **해설** | 카타르는 2022년 월드컵을 개최한 국가이자 천연가스 매장량 세계 3위의 국가이다.

45 정답 ⑤

| **해설** | 그림자 금융은 은행과 유사한 기능을 수행하면서도 엄격한 금융규제를 받지 않는 금융기관이다. 투자은행, 헤지펀드, 사모펀드, 특수목적법인 등의 금융회사가 대표적이다.

| **오답피하기** | ① 브리지 론은 일시적인 자금난에 대응하기 위해 일시적으로 자금을 연결하는 다리가 되는 대출이다.
② 메자닌은 이탈리아어로 1층과 2층 사이에 있는 중간층을 의미한다. 메자닌 금융은 자본과 부채의 중간적인 성격의 재원을 통칭한다. 주식과 채권 사이의 중간적 성격을 가진 금융상품으로 일반적인 채권과 주식의 특성을 모두 갖고 있어 유연한 자금조달이 가능하다.
③ 마이크로 파이낸스는 저소득층을 대상으로 하는 금융서비스를 소액규모로 제공하는 사업을 의미한다. 저소득층에게 목돈 마련이 기회를 제공하는 것이 목적이다.
④ 리파이낸싱은 대출금 상환을 목적으로 다시 자금을 조달하는 것을 의미한다.

46 정답 ①

| **해설** | 일반적으로 빅스텝은 0.5%p 인상을, 자이언트 스텝은 0.75%p 인상을 의미한다. 1%p 이상은 울트라 스텝이라고 한다. 빅스텝과 자이언트 스텝의 합은 1.25%p이다.

47 정답 ①

| **해설** | 경제상황을 측정할 때 활용하는 지표는 국내총생산이다. 흔히 이야기하는 경제성장률은 실질GDP의 성장률을 의미한다. GDP는 국내총생산의 약자로 일정 기간 동안 한 국가 내에서 새롭게 생산한 재화와 서비스의 시장 가치 합을 말한다.

| **오답피하기** | ② GDI는 국내총소득으로 실질GDP에 교역조건 변화에 따른 실질무역손익을 더해 구해진다.
③ PPP는 구매력평가의 약자로 환율과 물가상승률의 관계를 나타내는 개념이다. 절대적 구매력평가와 상대적 구매력평가로 구분된다.
④ PPI는 생산자물가지수로 제조업자가 판매한 상품의 가격변동을 측정한다.

48 정답 ②

| **해설** | 포이즌 필은 적대적 M&A 공격을 받는 기업이 경영권이전과 같은 일정한 조건 성립 시 헐값으로 다수의 주식을 매입할 수 있도록 만든 권리이다. 황금낙하산 제도는 적대적 M&A로 인해 경영진이 비자발적으로 해임할 경우 거액의 퇴직금을 지급하도록 하는 제도이다. 차등의결권, 포이즌 필, 황금낙하산 제도는 모두 인수합병 비용을 높여 경영권을 방어하기 위한 제도이다.

49 정답 ②

| **해설** | 특별인출권(SDR, Special Drawing Rights)은 국제통화기금(IMF) 가맹국이 국제수지 악화 때 담보 없이 필요한 만큼 외화를 인출할 수 있는 권리이다.

50 정답 ⑤

| **해설** | 데드 캣 바운스는 주가가 급락한 후 임시로 소폭 회복되는 현상이다. 전체 시장이 하락장인 상황에서 일시적인 소폭 상승에 속아 주식을 살 경우 손해를 보게 되는 현상을 의미하기도 한다.

| **오답피하기** | ① 불 마켓(Bull Market)은 장기간에 걸친 주가 상승 혹은 강세장을 의미한다.
② 캐시 카우(Cash Cow)는 BCG 메트릭스 상에서 미래 성장 가능성은 낮지만 꾸준히 수익을 내는 기업 혹은 제품을 의미한다.
③ 데드크로스(Deadcross)는 주식 용어로, 단기 이동평균선이 중장기 이동평균선을 위에서 아래로 뚫고 내려가는 현상이다.

51 정답 ③

| **해설** | 저가항공사를 의미하는 LCC에 대한 문제이다. 저비용항공사(Low Cost Carrie)의 약자로 기존 항공사보다 저렴한 항공권을 파는 항공사를 의미한다.

| **오답피하기** | ① 리보(LBO)금리는 런던 주요 은행 간 단기자금 조달 시 적용받는 이자율이다.
② LTV는 담보인정비율로 자산의 담보가치에 대한 대출 비율을 의미한다.

④ CDO는 부채담보부증권으로 여러 금융상품을 한데 묶어 유동화한 신용파생상품을 의미한다.
⑤ CMA는 자산관리계좌의 약자로 증권사가 투자자로부터 예탁금을 받아 안전성 높은 공공채나 양도성예금증서, 단기 회사채 등의 금융상품을 운용하여 수익을 내는 금융상품을 의미한다.

52 정답 ①

| **해설** | 온디맨드 경제는 수요자의 요구에 플랫폼을 활용하여 즉각적으로 서비스 및 제품을 제공하는 전략을 의미한다.

| **오답피하기** | ② 퍼스트 펭귄은 선구자 혹은 도전자의 의미로 사용되는 관용어로, 생존을 위해 천적에 대한 두려움을 떨치고 바다에 들어가는 펭귄에 빗댄 용어이다.
③ 스필오버란 어떤 요소의 생산성 혹은 다른 요소의 생산성이 경제 전체의 생산성으로 전이되는 현상을 의미한다.
④ 티핑 포인트란 갑자기 뒤집히는 점이라는 의미로 엄청난 변화가 작은 지점에서 발생할 수 있음을 의미하는 용어이다.
⑤ 팝콘 브레인은 감정적으로 즉각적이고 자극적인 영상에 노출될 경우 뇌의 전두엽이 반응할 때 내성이 생겨 일상 생활에 흥미를 잃는 현상이다. 팝콘 터지듯 더 큰 자극만을 추구하게 된다고 해서 붙여진 이름이다.

53 정답 ③

| **해설** | 법정 최고 금리는 금융업체가 폭리를 취하지 못하도록 법으로 정하고 있는 최고 금리로, '이자제한법'에 규정되어 있다. 우리나라의 법정 최고 금리는 현재 20% 이다.

54 정답 ④

| **해설** | 영국은 2023년 4월 소득세를 20%에서 19%로 낮추고 15만 파운드 이상 고소득자에게 적용되는 최고세율도 45%에서 40%로 내리기로 결정했다. 다만 이러한 대규모 감세안으로 파운드화 가치가 급락해 세계 금융시장에 혼란을 초래했다. 결국 리즈 트러스 영국 총리는 취임한지 44일만에 사임했다.

55 정답 ⑤

| **해설** | 제시된 내용들로 트리핀 딜레마를 설명할 수 있다. 기축통화국은 국제 유동성 유지를 위해 국제수지 적자를 볼 수밖에 없는데 이는 기축통화에 대한 신뢰도 하락으로 연결될 수 있다. 한편 신뢰도 유지를 위해 긴축정책을 펼치면 경기침체가 발생해 기축통화에 대한 신뢰가 더욱 떨어진다는 내용이다.

| **오답피하기** | ① 사이드카는 주식시장의 충격을 완화하기 위해 주식시장의 매매호가 효력을 5분간 정지하는 제도이다.
② 아비트리지는 차익거래를 의미한다. 동일상품이 두 시장에서 서로 다른 가격으로 판매될 경우에 저렴한 시장에서 매입한 후 비싼 시장에서 매도해 이익을 얻는 경우를 의미한다.
③ 스미스의 역설은 부존량과 가격이 관련 없이 움직이는 모습을 의미한다. 생활에 필수품인 물은 헐값에 팔리는데 거의 쓸모가 없는 다이아몬드는 비싼 가격에 팔리는 현상을 통해 사용가치와 교환가치가 다르다는 점을

설명한다.

④ 하이퍼 로컬은 아주 좁은 범위의 특정 지역에 맞춘 지역으로 슬리퍼와 같은 편한 복장으로 각종 편의시설을 이용할 수 있는 주거 권역을 의미한다.

56 정답 ②

| 해설 | 분산투자는 금융시장에서 변동성과 방향성이 다른 자산들에 각각 자금을 분산하는 행위이다. '계란을 한 바구니에 담지 말라.'는 표현이 분산투자를 빗대기에 적합하다.

57 정답 ④

| 해설 | 상장 전 기업의 가치가 1조 원이 넘는 기업을 '유니콘'이라 한다. ○○클라우드가 분사한 지 6개월 만에 몸값 1조원을 넘을 것으로 전망하고 있으므로 유니콘이라는 용어를 활용한 제목이 적절하다.

| 오답피하기 | ① 데스밸리는 기업의 존망을 결정짓는 핵심구간을 의미한다.
② 해당 기업은 ESG 경영과 연관지을 만한 정보가 주어진 정보에는 존재하지 않는다.
③ 마이데이터는 개인정보 자기결정권을 바탕으로 나의 정보를 이전할 기업은 스스로 결정할 수 있다는 권리에 바탕한 데이터 공유 정책이다.
⑤ '승자의 저주'는 경쟁에서 이겼지만, 그 과정에서 너무 많은 대가를 치러야 하는 상황을 의미한다.

58 정답 ④

| 해설 | 조각투자는 고가의 자산이나 투자 대상(예: 미술품, 부동산 등)을 여러 명이 소액으로 나누어서 투자하고, 수익을 나누는 방식이다.

| 오답피하기 | ① 퀀트투자는 통계학(데이터 분석)과 수학적 모델을 활용하여 정량적 투자 결정을 하는 방식이다.
② 재고투자는 재고품(총액)을 증가시키는 형태의 투자를 의미한다.
③ 선행투자는 생산 증가의 전제조건이 되는 다양한 기반사업에 먼저 투자하는 것을 의미한다.
⑤ 소셜투자는 임팩트 투자라고도 하며, 사회적 가치를 목표로 하는 투자를 의미한다.

59 정답 ④

| 해설 | 파킨슨 법칙은 영국의 행정학자 파킨슨이 주장한 법칙으로 공무원은 업무량과 무관하게 일정 비율로 증가한다는 것이다. 이는 공무원의 생리상 부하직원을 늘리려 하고, 공무원들이 서로를 위해 일을 만들어 내기 때문이라고 설명한다.

| 오답피하기 | ① 로그롤링은 이권이 결부된 몇 개의 법안을 관련 의원들이 협력해 통과시키는 행태를 의미한다. 통나무를 운반할 때 서로 협력해 굴리기를 한 데서 유래했다.
② 오쿤의 법칙은 실업률과 경제성장률 간의 관계를 밝혀낸 법칙이다. 오쿤 실업률이 1% 증가할 때 국민총생산은 2.5% 감소함을 실증적으로 밝혀냈다.

③ 이카루스의 역설은 성공요인이 되려 실패요인이 되는 현상을 의미한다.
⑤ 게리맨더링은 선거구를 확정하는 데 있어 특정 정당이나 정치인에게 유리하도록 정하는 것을 의미한다.

60 정답 ③

| 해설 | 매스티지는 Mass와 Prestige Product가 조합한 신조어로 비교적 값이 저렴하면서도 감성적 만족을 얻을 수 있는 고급품을 소비하는 경향을 의미한다.

| 오답피하기 | ① 메세나는 기업들이 문화예술에 적극 지원함으로써 사회공헌과 국가 경쟁력에 이바지하는 활동 전반을 의미한다.
② 트윈슈머는 인터넷 사용 후기를 기반으로 물건을 구매하는 소비자를 의미한다. 취향이나 반응, 소비 등의 성향이 유사한 소비자를 칭하는 용어이다.
④ 체리피커는 케익 위에 맛있는 체리만 골라 먹듯이 자신의 실속을 차리는 소비자를 의미한다.
⑤ 앰부시 마케팅은 매복을 의미하는 ambush를 활용한 용어로 교묘히 규제를 피해 가는 마케팅 기법을 의미한다.

상황 추론 · 판단

61 정답 ①

| 해설 | 물을 많이 마시면 체내의 미세먼지를 배출하는 데 효과적이라는 연구 결과는 생수에 대한 수요 증가 요인이고, 지하 암반층으로부터 물을 끌어올려 기용하는 새로운 기술의 개발은 생수에 대한 공급 증가 요인이다. 수요와 공급이 모두 증가하면 균형가격의 변화는 알 수 없고, 균형거래량은 증가한다.

62 정답 ②

| 해설 | A는 수요견인 인플레이션이고, B는 비용인상 인플레이션이다. 수요견인 인플레이션은 총수요곡선의 우측이동으로 인해 발생하며, 비용인상 인플레이션은 총공급곡선의 좌측이동으로 인해 발생한다.
㉠ 총수요곡선이 우측으로 이동한 상황에서 긴축재정을 펼치면 총수요곡선이 좌측으로 이동해 실질GDP가 감소하고 이는 실업률의 증가로 이어질 수 있다.
㉢ 비용인상인플레이션의 주된 요인은 국제 원자재 가격 상승이다. 원자재 가격 인상은 생산비용을 자극해 총공급곡선을 좌측으로 이동시킨다.

| 오답피하기 | ㉡ 총수요곡선이 우측으로 이동한 상황에서 정부 지출을 늘리면, 물가가 더욱 상승할 가능성이 높다.
㉣ 비용인상인플레이션이 발생했을 때 통화량을 늘리면 총수요곡선이 우측으로 이동해 실질GDP는 증가하지만 물가는 더욱 상승하게 된다.

63 정답 ①

| 해설 | 원유 수요가 가격에 대해 탄력적일 경우 국제 원유 가격이 하락하면 원유의 수요량이 크게 증가하여 원유 구입비가 증가한다. 국제 원유 가격이 달러화 기준으로 하락했는데, 원화 기준으로 원유 구입비가 증가한 것은 국제 원유 가격의 변동률보다 달러화 대비 원화 가치가 크게 하락했기 때문이다.

64 정답 ③

| 해설 | 국민총소득은 GDP에 해외순수취 요소소득을 반영한 값이다. GDP는 한 나라의 경제규모 파악하는 데 유용하고, 국민들의 생활수준을 이해하기 위해서 1인당 GNI를 활용한다. 2021년에는 GDP도 전년대비 상승하고, GNI도 상승한다. 따라서 국외순수취 요소소득이 감소했다고 판단할 근거는 없다.

| 오답피하기 | ① 경제성장률이 전년대비 4.1% 증가하고 있으므로 실질 GDP가 증가하였다..
② 원화가치가 상승할 경우 명목환율은 감소한다.
④ 경제성장률이 상승하고 있으므로 경제 규모가 확장되었음을 알 수 있다.
⑤ 1인당 GNI는 GNI를 인구수로 나누어 산정한다. 1인당 GNI가 증가하고 있으므로 분모의 인구가 분자의 GNI보다 증가율이 낮은 결과라는 추론은 타당하다.

65 정답 ①

| 해설 | 제시된 시장은 독점적 경쟁시장으로, 독점적 경쟁시장은 무수히 많은 공급자가 약간씩 차별화된 상품을 판매하는 시장이다. 독점시장처럼 시장지배력을 갖지만, 결과는 완전경쟁시장과 같다.
㉠ 독점적 경쟁시장에서는 제품차별화가 이루어진다. 다른 경쟁기업보다 조금씩 차별화된 제품을 판매한다.
㉡ 독점적 경쟁시장의 기업들은 가격경쟁은 지양한다. 가격경쟁이 심화될 경우 무이윤 현상이 가속화될 수 있기 때문이다.

| 오답피하기 | ㉢ 역선택은 독점적 경쟁시장에서의 단골 문제와 관련이 없다.
㉣ 독점적 경쟁시장의 기업들은 시장지배력을 가지므로 가격수용자가 아닌 가격설정자로 행동한다.

66 정답 ⑤

| 해설 | 제시된 기사는 콘텐츠 사업자의 통신망 무임승차와 관련한 신문기사이다. 콘텐츠 제공업자는 지금처럼 망 사용료를 내지 않고 현재처럼 무임승차하고 싶은 욕망이 있으므로 망 사용료를 부과하자는 것이 콘텐츠 제공업자의 입장으로 볼 수 없다.

67 정답 ④

| 해설 | 제시된 사례의 기업은 고객 충성도에 따라 차등적인 할인을 적용하는 전략을 사용하고 있다. 소비자의 동질적인 유보가격은 모든 소비자에게 동일한 가격이 제시된다는 의미이므로 해당 기업의 전략을 심화시키는 요인으로 적합하지 않다.

| 오답피하기 | ① 멤버십 가입자가 증가할수록 차등적인 할인 혜택을 받는 소비자들이 많아지므로 현 전략이 보다 강화될 수 있다.
③ 기업이 개별 수요에 대한 정보가 많아질수록 보다 세밀한 차등 전략을 수립할 수 있으므로 해당 기업의 전략을 심화시키는 요인으로 작용할 수 있다.
⑤ 소비자와 판매자 간 정보 비대칭성이 강화될수록 기업이 정보의 격차를 이용한 차등 전략을 보다 활발히 수립 가능하다.

68 정답 ④

| 해설 | 실질GNI는 9,300억 달러이고, 실질GDP는 7,000억 달러이며, 해외 순수취요소소득은 2,000억 달러(9,000억 달러−7,000억 달러)이다. 따라서 교역조건 변화로 인한 실질 무역 이익(㉠)은 300억 달러(9,300억 달러−7,000억 달러−2,000억 달러)이다. 해외순수취요소소득이 2,000억 달러이고, 해외수취요소소득이 3,500억 달러이므로 해외지불요소소득은 1,500억 달러(3,500억 달러−2,000억 달러)이다. 따라서 ㉠과 ㉡의 합은 1,800억 달러이다.

69 정답 ②

| 해설 | 채권공급의 증가는 채권구입을 위해 통화량이 중앙은행으로 흡수되므로 통화량은 감소한다. 한편, 채권공급의 증가는 채권가격 하락을 야기하고 이는 이자율을 상승시킨다. 그 결과 소비와 투자가 감소하는 결과가 초래될 수 있다.

70 정답 ⑤

| 해설 | 기준금리와 부채가 지속적으로 증가하고 있다. 한국은행이 기준금리를 인상할 경우 이를 기반으로 은행 간 거래시 적용되는 금리 등이 결정되기 때문에 기준금리가 인상된 상황에서 시장에서 결정되는 코픽스 금리가 내려가기 어렵다.

| 오답피하기 | ① 기준금리를 인상하면 대출금리 역시 함께 상승하여 대출자의 부담이 증가할 것이다.
② 기준금리 인상은 소비와 투자에 부정적 영향을 미치기 때문에 경기선행지수는 지속적으로 악화될 것이다.
③ 정부 부채가 지속적으로 높아지고, 1인당 감당해야 할 부채는 커질 수밖에 없다.
④ 가처분소득은 실질적으로 사용할 수 있는 소득을 의미한다. 부채가 증가할 경우 가처분소득이 줄어들 수밖에 없다.

71 정답 ②

| 해설 | A안의 당첨확률이 $\{\frac{1}{2}, 0, 0, \frac{1}{2}\}$이고, B안은 $\{\frac{1}{4}, \frac{1}{4}, \frac{1}{4}, \frac{1}{4}\}$이므로 기대효용은 다음과 같다.

• A안: U(자동차: 100)$\times \frac{1}{2}$=50 (나머지는 기대효용 혹은 확률이 0)

• B안: U(자동차: 100)$\times \frac{1}{2}$ + U(유럽여행: 80)$\times \frac{1}{4}$ + U(백화점 상품권: 30)$\times \frac{1}{4}$=52.5

72 정답 ④

| 해설 | 신용등급 전망을 안정적에서 부정적으로 낮출 경우 국채 수익률은 소폭 상승한다. 위험도가 높아질 경우 기본적인 채권 수익률에 이자율 프리미엄이 더해져야 시장에서 해당국 채권을 구입하기 때문이다. 한편, 이러한 신용평가회사의 전망은 국가의 재정적자와 국가부채 급증에 일반적으로 기인한다.

73 정답 ①

| 해설 | 제시된 현상은 환율 상승에 해당한다. 수출이 개선되고, 수입 원자재 가격이 상승하고 있다는 것은 원화 가치가 하락해 명목환율이 상승했음을 의미한다. 내국인들의 해외투자가 증가할 경우 외환시장에서 외환수요가 증가하고, 외국인 관광객이 국내 여행을 줄일 경우 우리나라로의 외환 공급이 감소한다. 외환수요가 증가하고 외환공급이 감소하면 환율은 상승한다.

| 오답피하기 | ② 내국인의 해외투자 감소와 외국인 관광객의 국내 유입이 많아지면 국내로의 외환유입이 많아져 명목 환율은 하락한다.
③ 내국인의 해외여행 증가는 외환공급의 감소요인이며, 외국인의 국내투자 증가는 외환공급의 증가요인이다. 둘 중 어떤 힘이 더 큰가에 의해 환율이 상승할 수도 감소할 수도 있다.
④ 내국인의 해외여행 및 외국인의 국내투자 감소는 외환공급의 증가요인이며, 이는 환율의 하락 압력으로 작용한다.
⑤ 내국인의 해외투자 증가는 외환의 감소요인이며 외국인의 국내투자 증가는 외환의 증가요인으로 어떤 힘이 더 큰가에 의해 환율이 상승할 수도 하락할 수도 있다.

74 정답 ④

| 해설 | ㉡ 침체구간으로 경기 전반에 수요가 감소한다는 추론이 가능하다.
㉣ 침체구간에서는 수요의 감소 생산과 고용이 감소한다.

| 오답피하기 | ㉠ 경기가 가장 좋은 구간이다. 따라서 소득이 증가한다.
㉢ 상승구간에서는 소비와 투자가 증가하고 물가가 상승한다.

75 정답 ⑤

| 해설 | 새로운 서비스에 대한 기존 주체에 대한 저항을 이야기하고 있다. 문제의 의도는 새로움을 받아들이지 않는 기존 세력으로 인해 경제에 비효율이 높아지고 있음을 보여주고 있다.
㉢ 철의 삼각이란 정책 측면에서 정부, 의회, 특정 이익집단이 서로 협력하고 결탁하여 정책을 형성하는 구조를 의미한다.
㉣ 붉은 깃발법은 19세기 영국에서 도로 교통 안전을 이유로 자동차의 속도를 도시에서 시속 3.2km/h, 도시 외에서 6.4km/h로 제한하여 자동차 산업의 발전을 크게 저하한 법을 의미한다.

| 오답피하기 | ㉠ 코즈의 정리란 정부의 개입 없이도 재산권이 명확하고 거래비용이 거의 존재하지 않는다면 민간주체 간의 협상에 의해 외부효과를 해결할 수 있다는 이론이다.
㉡ 쿠즈네츠 파동은 약 20년을 주기로 하는 경제성장률의 순환 주기를 의미한다.

76 정답 ③

| 해설 | 독점기업은 한계수입과 한계비용이 일치할 때 이윤 극대화 생산량이 결정되고 그때 소비자 지불용의를 살펴 독점 가격을 결정한다. 한계비용이 0이므로 소비자 지불용의를 보면서 가장 이윤이 높을 수 있는 가격을 선택하면 된다. 따라서 이윤 극대화 가격은 5가 된다. 7로 설정할 경우 (가)와 (라) 소비자만이 구입대상이 되어 이윤이 작아진다.

| 오답피하기 | ① 가격을 5로 설정하면 문제의 지불용의하에서 (가), (다), (라)만이 구매하게 된다. 한편, 한계비용도 고정비용도 0이므로 총비용도 0임을 알 수 있다.
② 문제에서 총비용이 0이므로 이윤과 수입이 일치한다.
④ 이윤 극대화를 위한 가격은 5이므로 지불용의를 고려했을 때 (가), (다), (라) 소비자 3명이다.
⑤ 소비자 (마)는 지불용의가 20이므로 가격이 5일 경우 구매하지 않는다.

77 정답 ②

| 해설 | 가격을 1,000원으로 유지하기 위해서는 1,100개의 초과공급(공급량 2,000개, 수요량 900개)이 발생한다. 이 상태를 유지하기 위해서는 최저가격을 유지하면서 수매를 위해 1,100개를 개당 1,000원씩 구매해야 한다. 따라서 110만 원에 최저가격제 유지가 필요하다.

78 정답 ③

| 해설 | 세계국채지수 편입과 관련한 내용이다. 편입 이후에 50~60조 원에 달하는 외국인 국채 투자 자금이 유입된다는 내용이다. 이는 막대한 외환자금이 우리나라 외환시장에 유입된다는 점, 채권 수요가 증가한다는 점을 살펴볼 수 있다. 한국 채권에 대한 신뢰도가 높아질 경우 부도 위험이 낮아지므로 리스크 프리미엄이 감소한다.

| 오답피하기 | ① 채권 수요가 증가할 경우 채권 가격이 상승하고 이는 국고채 금리 하락을 야기할 수 있다.
② 한국 채권에 대한 신뢰도가 높아져 외국인에 의한 우리나라 채권 수요가 증가할 수 있다.
④ 막대한 외환자금이 우리나라 외환시장에 유입되면서 명목환율이 하락할 수 있다.
⑤ 세계국채지수에 편입되면서 충족한 다양한 신뢰성이 우리나라 채권에 대한 신용등급 상승으로 이어질 수 있다.

79 정답 ⑤

| 해설 | 출발기한이 얼마 안 남은 상황에서 고가 항공권을 판매하는 것은 해당 항공권의 경우 수요가 가격에 비탄력적이기 때문이다.

| 오답피하기 | ① 가격은 생산을 위해 필요한 다양한 비용들을 반영해 결정된다. 항공서비스에는 기본운임과 공항세, 유류할증료가 반영되어 결정된다.
② 성수기에는 수요가 많아서 가격이 높아진다.
③ 다양한 정보를 활용해 소비자 지불용의에 맞는 가격책정을 하는 가격차별이 1급 가격차별이다.
④ 어떤 좌석을 선택하든 하나의 옵션을 선택하면 포기하는 옵션이 존재한다는 면에서 선택에는 반드시 포기하는 가치가 있다는 의미의 '공짜 점심은 없다'는 문구가 적절하다.

80 정답 ③

| **해설** | 남해회사의 주식이 급상승했다가 급하락했다는 사실만으로 손실 위험이 전혀 없는 위험도가 낮은 투자 상품이라는 것은 알 수 없다.

| **오답피하기** | ① 연간 주당순이익이 200파운드가 되어야 700파운드의 주가가 성립하는데 합리적 논거 없이 1,000파운드까지 상승했다고 알려져 있다. 이는 당시 주가가 수익성에 비해 과다하게 형성되어 있음을 알 수 있다.

② 당시의 국채 발행은 복지가 아니라 전쟁비용 충당을 위한 것이다.

④ 비이성적인 과열은 오늘날만의 현상이 아님을 알 수 있는 대목이다.

⑤ 남해회사는 영국정부의 남아메리카 지역 무역 전담을 위해 설립한 회사이다. 노예무역에 집중하던 남해회사는 스페인 전쟁 이후 금융으로 눈을 돌려 복권 형식의 채권을 판매하면서 금융회사로 변신했다.

에듀윌 TESAT

실제 기출로 한권끝장

개념 반복! 약첨 체크!

쪽지시험

OX문제 | 빈칸채우기

빈출테마 01 경제학의 기초

OX 문제

		O	X
01	경제학은 종합적인 사고를 도와주는 수단이다.	☐	☐
02	자원의 희소성은 자원의 부존량이 절대적으로 부족한 상태를 의미한다.	☐	☐
03	자유재와 경제재는 고정불변의 개념이다.	☐	☐
04	기회비용은 선택으로 인해 발생하는 비용이다.	☐	☐
05	합리적인 의사결정을 위해 매몰비용은 반드시 고려되어야 한다.	☐	☐

빈칸 채우기

정답

06 경제학이란 부의 생산과 분배, (　　　)에 관해 연구하는 학문이다.

07 (　　　)(이)란 자원의 부존량이 절대적으로 부족한 상태를 의미한다.

08 한정된 자원으로 인해 모든 욕망의 충족이 어렵기 때문에 욕망의 (　　　)을/를 고려해야 한다.

09 (　　　)은/는 희소하지 않은 재화를 의미한다.

10 (　　　)은/는 일단 지출하면 회수가 불가능한 비용을 의미한다.

빈출테마 02 생산가능곡선

OX 문제

		O	X
01	경제학이 모형을 활용하여 설명하는 이유는 단순화를 위해서이다.	☐	☐
02	생산가능곡선은 한 경제가 생산할 수 있는 최소한의 생산량을 나타낸다.	☐	☐
03	생산가능곡선 위의 점은 가장 효율적인 상태를 나타낸다.	☐	☐
04	생산가능곡선은 한 번 정해지면 어떠한 경우에도 이동하지 못한다.	☐	☐
05	기술진보가 있는 경우 생산가능곡선은 안쪽으로 이동한다.	☐	☐

빈칸 채우기

정답

06 (　　　)은/는 가계와 기업과 같은 개별 경제주체들의 경제행위와 상호작용을 다루는 학문이다.

07 (　　　)은/는 두 재화만을 생산하는 경제를 가정하여 만들어진 경제모형이다.

08 생산가능곡선이 바깥쪽으로 이동하여 더 많은 생산이 가능해진 상태를 (　　　)(이)라고 한다.

09 X재 한 단위 추가 생산의 기회비용이 증가하는 경우 생산가능곡선은 원점에 대해 (　　　)한 모양을 갖는다.

10 생산가능곡선에서 '모든 기회를 다 사용한 상태'를 (　　　) 상태라고 한다.

| 정답 |

01. ○　　　02. ✕　　　03. ✕　　　04. ○　　　05. ✕
06. 소비　　　07. 희귀성　　　08. 우선순위　　　09. 자유재　　　10. 매몰비용

| X해설 |

02. 희소성이란 자원의 양이 인간의 욕구에 비해 상대적으로 부족한 상태를 의미한다.
03. 자유재에서 경제재로, 경제재에서 자유재로 변화할 수 있다.
05. 손실을 최소화하거나 이득을 최대화하기 위해서는 매몰비용을 고려해서는 안 된다.

| 정답 |

01. ○　　　02. ✕　　　03. ○　　　04. ✕　　　05. ✕
06. 미시경제학　　07. 생산가능곡선　　08. 경제성장　　09. 오목　　10. 효율적

| X해설 |

02. 생산가능곡선은 경제 내에 존재하는 자원을 활용하여 생산할 수 있는 최대한의 생산물을 나타낸다.
04. 생산가능곡선은 안쪽 혹은 바깥쪽으로 이동할 수 있으며, 특히 바깥쪽으로 이동하는 경우를 경제성장이라고 한다.
05. 부존자원의 증가, 기술진보가 있는 경우 생산가능곡선은 바깥쪽으로 이동한다.

빈출 테마 03 경제순환도

OX 문제

		O	X
01	경제순환도를 통해 경제 전체의 움직임을 한 번에 살펴볼 수 있다.	☐	☐
02	가계는 자본을 조달하고 생산요소를 결합하여 새로운 부가가치를 창출한다.	☐	☐
03	재화와 서비스 시장은 생산요소가 거래되는 시장이다.	☐	☐
04	경제순환모형에서 실물과 화폐의 순환 방향은 동일하다.	☐	☐
05	생산요소시장에서는 분배가 이뤄진다.	☐	☐

빈칸 채우기

정답

06 (   )은/는 생산요소가 거래되는 시장으로서, 기업은 생산요소시장에서 생산요소의 수요자로, 가계는 생산요소시장에서 공급자로 행동한다.

07 (   )은/는 경제학에서 자본을 조달하고, 생산요소를 결합하여 새로운 부가가치를 갖는 재화와 용역을 생산하는 역할을 담당하는 주체이다.

08 전통적인 생산요소는 (   ), 자본, 토지이다.

09 생산요소에 대한 대가는 임금, 지대, (   )이다.

10 가계가 노동을 제공하고 받은 소득은 소비와 (   )의 원천이 된다.

빈출 테마 04 경제문제와 경제체제

OX 문제

		O	X
01	'어떻게 생산할 것인가?'는 생산되는 재화와 서비스의 종류를 선택하는 일이다.	☐	☐
02	경제학의 경제문제는 형평성에 초점을 맞추고 있다.	☐	☐
03	형평성이란 모든 경제주체들이 공감할 수 있는 정의가 존재한다.	☐	☐
04	경제체제는 경제문제를 해결하는 방식을 의미한다.	☐	☐
05	역사적으로 시장경제체제가 가장 많은 국가에서 채택되어 활용되고 있다.	☐	☐

빈칸 채우기

정답

06 경제학의 3대 문제는 무엇을, 어떻게 생산하여 (   )이다.

07 생산활동의 결과로 벌어들인 수입의 일부를 가계에 제공하는 것을 (   )(이)라고 한다.

08 (   )은/는 결과의 극대화와 비용의 최소화로 정의된다.

09 (   )은/는 동등한 자를 동등하게, 동등하지 않은 자를 동등하지 않게 취급하는 것을 의미한다.

10 시장경제체제의 특징은 (   )을/를 바탕으로 시장과 가격을 이용하여 사익을 추구하는 과정에서 경제문제를 해결하도록 유인한다는 점이다.

| 정답 |
01. ○   02. ×   03. ×   04. ×   05. ○
06. 생산요소시장   07. 기업   08. 노동   09. 이자   10. 저축

| X해설 |
02. 가계는 가족구성원들의 인적, 물적 자원을 생산과정에 제공하고 그 대가로 소득을 얻는다.
03. 재화와 서비스 시장은 생산자가 생산한 재화와 서비스를 판매하는 시장임과 동시에 소비자가 필요한 재화와 서비스를 구입하는 시장이다.
04. 화폐는 실물을 수요한 대가로서 지급되기 때문에 경제순환모형에서 화폐와 실물의 흐름은 반대로 나타난다.

| 정답 |
01. ×   02. ×   03. ×   04. ○   05. ○
06. 누구에게 분배할 것인가   07. 분배   08. 효율성   09. 형평성   10. 사유재산제도

| X해설 |
01. '어떻게 생산할 것인가?'는 생산요소의 결합 방법과 관련된 문제이다.
02. 경제학의 경제문제는 효율성에 초점을 맞추고 있다.
03. 형평성은 상황과 조건에 따라 정의 내용이 달라진다.

빈출 테마 **05** 가격과 수요

OX 문제

	O	X
01 가격은 시장에서 신호의 기능을 수행한다.	☐	☐
02 가격과 자원배분은 무관하다.	☐	☐
03 시장수요와 시장공급에 의해 균형가격이 도출된다.	☐	☐
04 수요란 소비하고자 하는 마음 속 상태로서 능력과는 무관하다.	☐	☐
05 수요법칙은 다른 모든 조건이 일정할 때 가격이 상승하는 재화의 생산을 늘리는 현상을 의미한다.	☐	☐

빈칸 채우기

정답

06 수요법칙을 반영하는 수요곡선은 가격－수요량 평면에서 (   )한다. ＿＿＿＿

07 대체재의 가격 상승으로 인해 수요는 (   )한다. ＿＿＿＿

08 미래가격에 대한 상승 예상으로 인해 수요는 (   )한다. ＿＿＿＿

09 시장수요곡선은 개별수요곡선을 (   )하여 도출된다. ＿＿＿＿

10 선호의 변화는 수요와 수요량 중 (   ) 변화를 야기한다. ＿＿＿＿

| 정답 |
01. ○   02. ×   03. ○   04. ×   05. ×
06. 우하향   07. 증가   08. 증가   09. 수평합   10. 수요

| X해설 |
02. 가격은 자원을 가장 필요로 하는 사람에게 배분되도록 한다. 가격이 높을수록 해당 재화나 서비스가 필요한 사람만이 구입을 할 수 있다.
04. 수요란 막연한 마음 상태에 그치는 것이 아니라 실제 구입할 수 있는 능력이 동반되어야 한다.
05. 수요법칙은 다른 모든 조건이 일정할 때, 가격이 상승하는 재화의 구입량을 줄이는 현상을 의미한다.

빈출 테마 **06** 공급과 균형

OX 문제

	O	X
01 공급은 실제 공급능력과 무관하게 연속된 가격 수준에서 얼마만큼을 공급하려는지를 나타낸다.	☐	☐
02 다른 조건이 일정할 때 재화의 가격이 상승하면 해당 재화의 생산량을 증가시키는 현상을 공급법칙이라고 한다.	☐	☐
03 투입요소의 가격 상승은 공급의 증가를 야기한다.	☐	☐
04 공급량의 변화는 공급곡선의 이동을 야기한다.	☐	☐
05 원자재 가격의 하락은 공급의 증가를 야기한다.	☐	☐

빈칸 채우기

정답

06 공급법칙으로 인해 공급곡선의 모양은 가격 － 공급량 평면에서 (   )한다. ＿＿＿＿

07 다른 조건이 일정할 때 가격의 변화로 인한 변화를 (   )(이)라고 한다. ＿＿＿＿

08 가격 이외의 요인으로 인해 발생하는 생산측면의 변화를 (   )(이)라고 한다. ＿＿＿＿

09 시장공급곡선은 개별공급곡선의 (   )(으)로 이루어진다. ＿＿＿＿

10 한 번 달성되고 나면 다른 상태로 변화할 유인이 없는 상태를 (   )(이)라고 한다. ＿＿＿＿

| 정답 |
01. ×   02. ○   03. ×   04. ×   05. ○
06. 우상향   07. 공급량의 변화   08. 공급의 변화   09. 수평합   10. 균형

| X해설 |
01. 공급은 수요와 마찬가지로 실제 공급할 능력이 수반되어야 하는 개념이다.
03. 투입요소의 가격 상승은 공급의 감소를 야기한다.
04. 공급량의 변화는 공급곡선상의 이동이며, 공급의 변화는 공급곡선 자체의 이동이다.

빈출테마 07 수요와 공급의 탄력성

OX 문제

		O	X
01	탄력성이란 종속변수가 변할 때 독립변수가 얼마나 변하는지를 나타내는 개념이다.	☐	☐
02	수요의 가격탄력성이 1보다 큰 경우는 가격 변화에 민감하지 않음을 의미한다.	☐	☐
03	어떤 재화의 소비가 전체 소득에서 차지하는 비중이 미미할수록 수요의 가격탄력성은 작다.	☐	☐
04	수요의 소득탄력성으로 정상재와 열등재로 구분할 수 있다.	☐	☐
05	교차탄력성은 언제나 음(−)의 값을 갖는다.	☐	☐

빈칸 채우기

정답

06 수요의 가격탄력성이 1인 경우를 (   )(이)라고 한다.

07 대체재가 많을수록 수요의 가격탄력성 크기가 (   ).

08 수요의 가격탄력성이 비탄력적인 경우 가격이 상승하면 총수입이 (   )한다.

09 소득이 증가할수록 소비가 감소하는 재화를 (   )(이)라고 한다.

10 X재와 Y재가 보완관계일 때 교차탄력성은 (   )의 값을 갖는다.

| 정답 |
01. ✕   02. ✕   03. ○   04. ○   05. ✕
06. 단위탄력적   07. 크다   08. 증가   09. 열등재   10. 음(−)

| X해설 |
01. 탄력성이란 독립변수가 변할 때 종속변수가 얼마나 변하는지를 나타내는 개념이다.
02. 수요의 가격탄력성이 클수록 가격 변화에 민감함을 의미한다.
05. 수요의 교차탄력성은 재화 간의 관계에 따라 음(−) 혹은 양(+)의 값을 갖는다.

빈출테마 08 소비자잉여와 생산자잉여

OX 문제

		O	X
01	소비자잉여는 재화와 서비스 판매를 통해 얻는 순이익의 크기를 보여 준다.	☐	☐
02	소비자잉여는 수요곡선과 지불용의와 밀접한 관련이 있다.	☐	☐
03	생산자잉여는 실제 수취금액과 최소 수취금액의 차이를 의미한다.	☐	☐
04	공급곡선의 높이는 생산자가 최대한 받고자 하는 금액을 의미한다.	☐	☐
05	사회적잉여가 극대화된다고 해서 경제가 효율적인 것은 아니다.	☐	☐

빈칸 채우기

정답

06 (   )은/는 최대 지불 의사 금액과 실제 지급한 금액의 차이로 구한다.

07 (   )(이)란 해당 재화를 수요하기 위해 지불할 의향이 있는 최대가격을 의미한다.

08 생산자잉여는 실제 수취한 금액에서 (   )을/를 차감하여 계산한다.

09 생산자잉여에서 공급곡선의 높이는 생산자들이 받고자 하는 (   ) 금액을 나타낸다.

10 사회적잉여는 수요가격에서 (   )을/를 차감한 값으로도 도출된다.

| 정답 |
01. ✕   02. ○   03. ○   04. ✕   05. ✕
06. 소비자잉여   07. 지불용의   08. 최소 수취금액   09. 최소
10. 공급가격

| X해설 |
01. 소비자잉여는 거래를 통해 소비자가 누리는 이득을 보여 준다.
04. 공급곡선의 높이는 생산자들이 받고자 하는 최소한의 금액을 나타낸다.
05. 사회적잉여는 생산자잉여와 소비자잉여의 합으로 구성되며, 사회적잉여가 극대화될 때 해당 시장이 효율적이라고 말한다.

빈출 테마 09 가격통제

OX 문제

	O	X
01 가격통제는 정부가 인위적으로 시장에 개입하여 재화와 서비스의 가격을 강제로 조정하는 것을 의미한다.	☐	☐
02 최고가격제는 정부가 시장에서 형성된 가격이 너무 낮다고 판단하여 개입하는 정책이다.	☐	☐
03 가격통제의 결과 사회 전체적으로 바람직한 결과가 달성된다.	☐	☐
04 최저가격제의 대표적인 예로는 최저임금제도가 있다.	☐	☐
05 최고가격제에서는 암시장이 발생하지만, 최저가격제에서는 암시장이 발생하지 않는다.	☐	☐

빈칸 채우기

정답

06 ( )(이)란 소비자를 보호할 목적으로 시행하는 가격통제제도이다.

07 ( )(이)란 사회적 잉여의 감소분을 의미한다.

08 ( )은/는 생산자를 보호할 목적으로 일정 가격 수준 이상의 가격을 책정하도록 하는 제도이다.

09 최고가격제하에서는 수요량이 공급량보다 큰 ( )이/가 발생한다.

10 최저가격제하에서는 공급량이 수요량보다 큰 ( )이/가 발생한다.

| 정답 |
01. ○   02. ×   03. ×   04. ○   05. ×
06. 최고가격제   07. 자중손실   08. 최저가격제   09. 초과수요   10. 초과공급

| X해설 |
02. 최고가격제란 정부가 시장에서 형성된 가격이 너무 높다고 판단하여 소비자를 보호할 목적으로 일정 수준 이상으로 가격을 올리지 못하도록 가격을 통제하는 제도이다.
03. 최고가격제와 최저가격제는 모두 자중손실이 발생하여 사회 전체적으로 바람직하지 않은 결과가 도출된다.
05. 최저가격제에서도 암시장이 발생한다.

빈출 테마 10 소비자이론 기초

OX 문제

	O	X
01 완비성은 상품묶음 간에 존재하는 선호관계의 일관성을 의미한다.	☐	☐
02 효용은 소비자가 느끼는 주관적인 만족도로서, 소비자이론에서는 이를 측정하기 어려운 대상으로 간주한다.	☐	☐
03 기수적 효용은 무차별곡선 이론의 전제가 된다.	☐	☐
04 효용함수는 소비자가 상품 소비로부터 얻는 만족을 하나의 실수로 나타내는 함수이다.	☐	☐
05 한계효용은 재화 소비량 1단위가 변할 때 총효용의 증감분을 의미한다.	☐	☐

빈칸 채우기

정답

06 ( )은/는 다다익선을 의미한다. 즉, 더 많은 상품을 가질수록 더 큰 만족을 느끼는 특징을 의미한다.

07 ( )은/는 극단적인 상품묶음보다 골고루 소비할 수 있는 상품묶음을 선호한다는 개념이다.

08 ( )은/는 효용의 상대적인 크기만을 비교할 수 있는 효용의 측정 방법이다.

09 ( )은/는 소비량이 증가함에 따라 소비자가 재화나 서비스를 한 단위 더 추가로 소비함으로써 얻는 만족이 감소한다는 것을 의미한다.

10 ( )은/는 1원당 한계효용이 같아지도록 소비할 때 소비자들의 효용이 극대화될 수 있다는 법칙이다.

| 정답 |
01. ×   02. ×   03. ×   04. ○   05. ○
06. 강단조성   07. 볼록성   08. 서수적 효용   09. 한계효용체감의 법칙
10. 한계효용균등의 법칙

| X해설 |
01. 완비성이란 소비자가 만족을 느끼는 모든 상품묶음은 어느 것이 더 선호되는지 혹은 똑같이 선호하는지를 정할 수 있는 특징을 의미한다.
02. 소비자이론에서는 주관적인 만족도인 효용을 측정가능한 대상으로 간주한다.
03. 무차별곡선 이론의 전제가 되는 효용의 측정은 서수적 효용이다.

빈출 테마 11 무차별곡선

OX 문제

		O	X
01	무차별곡선 위의 점들은 동일한 효용을 주는 상품묶음을 의미한다.	☐	☐
02	무차별곡선 이론에서는 서수적 효용을 가정한다.	☐	☐
03	무차별곡선이 교차하더라도 선호의 우선순위를 판단할 수 있다.	☐	☐
04	무차별곡선은 원점에서 가까울수록 더 높은 효용을 나타낸다.	☐	☐
05	원점에 대해 오목한 무차별곡선의 한계대체율은 X재 소비를 증가시킬수록 작아진다.	☐	☐

빈칸 채우기

정답

06 (   )은/는 무차별곡선 위에서 X재 한 단위를 더 소비하면서도 동일한 효용을 유지하기 위해 포기해야 하는 Y재의 수량을 의미한다.

07 (   )은/는 동일한 효용수준을 유지하면서 X재의 소비를 늘려감에 따라 포기해야 하는 Y재의 수량이 점점 감소하는 현상을 의미한다.

08 (   )은/는 주어진 소득을 모두 사용했을 때 구입할 수 있는 X재와 Y재의 상품묶음을 나타낸다.

09 예산선의 기울기가 나타내는 것은 두 재화의 (   ) 교환비율이다.

10 무차별곡선의 기울기가 나타내는 것은 두 재화의 (   ) 교환비율이다.

| 정답 |
01. ○   02. ○   03. ×   04. ×   05. ×
06. 한계대체율   07. 한계대체율체감의 법칙   08. 예산선
09. 객관적인   10. 주관적인

| X해설 |
03. 무차별곡선이 교차하는 경우 선호의 일관성이 달성되지 못한다. 즉, 이행성이 위배된다.
04. 무차별곡선은 원점에서 멀어질수록 더 높은 효용을 의미한다. 이는 강단조성을 반영한 특징이다.
05. 원점에 대해 오목한 모양의 무차별곡선의 한계대체율은 X재 소비를 증가시킬수록 증가한다.

빈출 테마 12 가격효과

OX 문제

		O	X
01	재화가격이 변하면 예산선이 수평이동한다.	☐	☐
02	예산선의 회전이동으로 공급곡선을 도출할 수 있다.	☐	☐
03	소득 변화에 따라 소비가 달라지고, 이로 인해 효용이 달라지는 효과를 소득 효과라고 한다.	☐	☐
04	기펜재의 경우 가격 하락 시 수요량이 증가한다.	☐	☐
05	정상재 및 열등재 여부와 무관하게 가격 하락 시 대체효과는 언제나 수요량을 증가시킨다.	☐	☐

빈칸 채우기

정답

06 가격의 변화에 따른 예산선의 회전이동 결과를 연결한 곡선을 (   )(이)라고 한다.

07 소득의 변화에 다른 예산선의 수평이동 결과를 연결한 곡선을 (   )(이)라고 한다.

08 소득의 변화로 인한 예산선 변화를 X재─소득 평면에 그리면 (   )을/를 도출할 수 있다.

09 상품가격이 하락하는 경우 (   )소득이 증가한다.

10 소득소비곡선의 균형점에서는 (   )이/가 일정하다.

| 정답 |
01. ×   02. ×   03. ○   04. ×   05. ○
06. 가격소비곡선   07. 소득소비곡선   08. 엥겔곡선   09. 실질
10. 상대가격

| X해설 |
01. 재화가격의 변화는 상대가격의 변화를 초래하여 예산선을 회전이동시킨다.
02. 예산선 변화에 따른 소비자 균형점 변화를 'X─Y 평면'이 아닌 '수요─가격 평면'에 그리면 수요법칙이 반영된 수요곡선이 도출된다.
04. 기펜재의 경우 가격 하락 시 소득효과가 대체효과보다 커 수요량이 감소한다.

빈출 테마 **13 불확실성하의 소비자선택이론**

OX 문제

		O	X
01	확실성하의 소비자 균형은 예산선과 무차별곡선이 만나는 접점에서 형성된다.	☐	☐
02	기대소득의 효용이 기대효용보다 큰 경제주체를 위험애호자라고 한다.	☐	☐
03	기댓값이란 가능한 모든 값에 대하여 해당 값이 갖게 될 확률을 산술평균한 것이다.	☐	☐
04	순기대소득이 0인 도박을 유리한 도박이라고 한다.	☐	☐
05	기대효용이란 미래의 결과가 불확실한 상황에서 느끼게 되는 총효용의 기댓값이다.	☐	☐

빈칸 채우기

정답

06 (　　　)은/는 위험의 존재로 인해 기댓값이 아닌 기대효용이 중요하다는 것을 보여 준다.

07 (　　　)(이)란 불확실한 상황에서 얻을 수 있는 순기대소득이 0인 도박을 의미한다.

08 (　　　)(이)란 미래의 결과가 불확실한 상황에서 느끼는 총효용의 기댓값을 의미한다.

09 (　　　)은/는 불확실한 상황에서 예상되는 기대효용과 동일한 소득을 주는 확실한 소득을 의미한다.

10 (　　　)은/는 기대소득과 확실성 등가의 차이를 의미한다.

| 정답 |
01. ○　　　02. ✕　　　03. ✕　　　04. ✕　　　05. ○
06. 성 피터스버그의 역설　　07. 공정한 도박　　08. 기대효용
09. 확실성 등가　　10. 위험 프리미엄

| ✕해설 |
02. 위험기피자는 기댓값의 효용이 기대효용보다 작은 사람을 의미한다.
03. 기댓값은 가능한 모든 값에 대해 그 값이 갖게 될 확률을 가중치로 하여 계산한 가중평균이다.
04. 불확실한 상황에서 얻을 수 있는 순기대소득이 0인 도박을 공정한 도박이라고 한다.

빈출 테마 **14 생산자이론 기초**

OX 문제

		O	X
01	생산함수는 기업이 실행가능한 가장 효율적인 생산을 보여 주며, 저량의 개념이다.	☐	☐
02	기업이란 수입 창출을 목적으로 재화와 서비스를 생산하는 주체이다.	☐	☐
03	단기에는 모든 생산요소가 가변생산요소로 구성된 기간이다.	☐	☐
04	한계생산물은 원점에서 총생산물 곡선까지 그은 직선의 기울기를 의미한다.	☐	☐
05	한계생산물이 0보다 큰 구간에서는 총생산물이 증가한다.	☐	☐

빈칸 채우기

정답

06 (　　　)(이)란 개별기업의 시각에서 생산시설 규모를 변경하기 어려운 기간이다.

07 (　　　)은/는 생산요소를 추가적으로 한 단위 더 투입할 때마다 총생산물의 증가분이 감소하는 현상을 의미한다.

08 (　　　)은/는 총생산물을 생산요소 투입량으로 나눈 값으로, 기하학적으로 원점과 총생산물곡선상의 한 점을 그은 직선의 기울기를 의미한다.

09 노동의 한계생산과 평균생산이 만나는 점이 평균생산의 (　　　)이다.

10 노동의 한계생산이 평균생산보다 큰 구간에서 평균생산은 (　　　)한다.

| 정답 |
01. ✕　　02. ○　　　　03. ✕　　04. ✕　　05. ○
06. 단기　07. 한계생산물체감의 법칙　　08. 평균생산물　09. 극대점　10. 증가

| ✕해설 |
01. 생산함수는 사용 가능한 생산요소와 기술을 가지고 생산할 수 있는 최대한의 생산량을 나타내며, 유량의 개념이다.
03. 단기에는 고정생산요소가 존재하는 기간을 의미한다.
04. 한계생산물의 기하학적인 의미는 총생산물 곡선의 접선의 기울기이다.

빈출 테마 15 장기의 생산결정

		O	X
01	장기 생산함수는 가변적인 생산요소의 결합으로 생산할 수 있는 최대한의 생산량을 나타낸다.	□	□
02	등량곡선은 서로 교차할 수 있다.	□	□
03	등량곡선의 형태가 우하향하는 것은 생산요소 간 대체가 가능하다는 것을 의미한다.	□	□
04	등량곡선이 원점에 대해 볼록한 형태를 갖는 경우 한계 기술 대체율이 점차 가파르다는 것을 의미한다.	□	□
05	등비용선 위의 점들은 자본과 노동의 조합이 동일하지만 다른 총비용을 나타낸다.	□	□

빈칸 채우기

정답

06 (   )은/는 동일한 수준의 생산량을 달성할 수 있는 생산요소의 조합을 보여주는 곡선이다.

07 등량곡선의 대상인 생산량은 객관적인 측정이 가능하므로 (   )(으)로 측정한다.

08 (   )(이)란 동일한 생산량을 유지하면서 노동을 한 단위 추가로 투입했을 때 포기해야 하는 자본량을 의미한다.

09 (   )(이)란 노동을 추가적으로 한 단위 더 투입할 때마다 대체되는 자본의 양이 감소하는 현상을 의미한다.

10 (   )(이)란 각 요소의 1원당 한계생산이 일치할 때 비용극소화가 달성된다는 것을 의미한다.

| 정답 |
01. ○   02. ×   03. ○   04. ×   05. ×
06. 등량곡선   07. 기수적   08. 한계기술대체율
09. 한계기술대체율체감의 법칙   10. 한계생산물균등의 법칙

| X해설 |
02. 등량곡선은 서로 교차하지 않는다. 등량곡선이 교차할 경우 생산요소 투입과 생산량 간의 모순이 발생한다.
04. 등량곡선이 원점에 대해 볼록한 형태를 갖는 것은 등량곡선을 따라 오른쪽으로 내려갈수록 등량곡선의 기울기가 완만해진다는 것을 의미한다.
05. 등비용선상의 점들은 모두 자본과 노동의 조합은 상이하지만 동일한 총비용을 나타낸다.

빈출 테마 16 생산비용

		O	X
01	기회비용은 명시적 비용과 암묵적 비용 모두를 포함하는 개념이다.	□	□
02	명시적 비용이란 자신이 소유한 생산요소에 대한 비용을 의미한다.	□	□
03	고정비용은 모두 매몰비용이다.	□	□
04	단기 총비용곡선의 경우 총가변비용곡선과 절편과 기울기가 동일하다.	□	□
05	한계비용의 기하학적 의미는 총비용곡선의 접선의 기울기이다.	□	□

빈칸 채우기

정답

06 (   )(이)란 어떤 경제적 대상을 얻기 위해 포기해야 하는 선택 중 가장 가치가 큰 것으로 정의된다.

07 (   )은/는 생산에 소요된 모든 비용을 기회비용의 관점에서 측정하는 것을 의미한다.

08 (   )은/는 총비용을 생산량으로 나눈 값으로 생산물 1단위당 얼마만큼의 비용이 발생하는지를 나타내는 개념이다.

09 장기에 같은 생산량을 최소의 비용으로 생산할 수 있는 장기균형점을 연결한 곡선을 (   )(이)라고 한다.

10 생산량이 증가함에 따라 장기평균비용이 감소하는 현상을 (   )(이)라고 한다.

| 정답 |
01. ○   02. ×   03. ×   04. ×   05. ○
06. 기회비용   07. 경제적 비용   08. 평균비용   09. 확장곡선   10. 규모의 경제

| X해설 |
02. 명시적 비용이란 다른 사람이 소유한 생산요소를 활용하기 위한 대가를 의미한다.
03. 고정비용이라 하더라도 회수 가능한 경우에는 매몰비용이 아니다.
04. 단기 총비용곡선의 경우 기울기는 총가변비용곡선과 동일하고, 절편은 고정비용곡선만큼 위쪽에서 형성된다.

빈출 테마 **17 완전경쟁시장 기초**

OX 문제

		O	X

01 시장은 공급자의 수와 기업들이 생산하는 상품의 질로 구분이 가능하다.

02 완전경쟁시장은 수많은 소비자와 생산자가 존재하고, 기업들이 완전히 동질적인 상품을 생산하여 동일한 가격에 판매하는 시장이다.

03 완전경쟁시장의 동질적인 상품 조건으로 인해 장기무이윤현상이 성립한다.

04 완전경쟁시장은 수많은 생산자와 소비자 그리고 동질적인 상품조건으로 인해 가격설정자로 행동한다.

05 이윤은 총수입에서 총비용을 차감한 값으로, 경제적 이윤은 언제나 회계적 이윤보다 크다.

빈칸 채우기

정답

06 (   )은/는 생산자가 시장에 물건을 공급하고 얻은 총매출을 의미한다.

07 (   )은/는 총수입에서 총비용을 차감한 값으로, 기업들은 이윤극대화를 위해 행동한다.

08 평균수입은 생산물 한 단위당 수입을 의미한다. 이는 (   )와/과 일치한다.

09 (   )은/는 생산물을 한 단위 추가적으로 판매할 때 얻을 수 있는 수입을 의미한다.

10 완전경쟁시장에서 한계수입은 (   )와/과 일치한다.

| 정답 |
01. ○   02. ○   03. ×   04. ×   05. ×
06. 총수입   07. 이윤   08. 가격   09. 한계수입   10. 가격(평균수입)

| X해설 |
03. 수많은 소비자와 생산자 그리고 자유로운 진입과 퇴출로 인해 장기무이윤현상이 성립한다.
04. 완전경쟁시장은 수많은 생산자와 소비자 그리고 동질적인 상품조건으로 인해 가격수용자로서 행동한다.
05. 기회비용을 고려하는 경제적 비용이 회계적 비용보다 언제나 크기 때문에 경제적 이윤 역시 언제나 회계적 이윤보다 작다.

빈출 테마 **18 완전경쟁시장의 균형**

OX 문제

		O	X

01 완전경쟁기업은 가격설정자이다.

02 완전경쟁기업이 직면하는 수요곡선은 우하향하지만, 시장 수요곡선은 수평이다.

03 완전경쟁시장에서 가격은 한계비용보다 낮게 책정된다.

04 완전경쟁시장의 이윤극대화는 한계수입과 한계비용이 일치할 때 발생한다.

05 완전경쟁기업은 장기적으로 초과이윤을 얻지 못한다.

빈칸 채우기

정답

06 이윤은 총수입에서 (   )을/를 차감한 값이다.

07 완전경쟁시장에서 (   )곡선은 실질적인 공급곡선으로 역할을 한다.

08 한계수입과 한계비용이 일치하지만 총비용이 총수입보다 큰 영역에서는 (   )이/가 극대화된다.

09 완전경쟁시장의 장기균형점에서는 장단기평균비용, 장기한계비용, (   )이/가 일치한다.

10 완전경쟁시장의 장기에 초과이윤이 존재하지 않는 이유는 기존 기업의 생산시설 확장, (   )의 두 가지이다.

| 정답 |
01. ×   02. ×   03. ×   04. ○   05. ○
06. 총비용   07. 한계비용   08. 손실   09. 가격   10. 새로운 기업의 진입

| X해설 |
01. 완전경쟁기업은 동질적인 재화를 사고팔기 때문에 가격수용자로 행동한다.
02. 완전히 동질적인 상품을 사고파는 수많은 경제주체들로 인해 완전경쟁기업이 직면하는 수요곡선은 수평이다.
03. 완전경쟁시장에서 가격은 한계비용과 일치한다.

빈출 테마 19 손익분기점과 조업중단점

OX 문제

		O	X
01	완전경쟁기업이 이윤극대화를 위해 조절할 수 있는 변수는 생산량뿐이다.	☐	☐
02	완전경쟁기업의 경우 한계비용곡선의 전 구간이 공급곡선으로 기능한다.	☐	☐
03	매출액이 총비용과 일치하는 경우 조업을 중단한다.	☐	☐
04	완전경쟁시장은 가장 효율적인 자원배분이 이루어지는 시장이다.	☐	☐
05	완전경쟁시장은 현실에서 자주 목격되며, 형평성에 대한 해답을 제공해 준다.	☐	☐

빈칸 채우기

정답

06 완전경쟁기업은 한계비용곡선 중 (   ) 위쪽 영역만 공급곡선으로 기능한다.

07 (   )은/는 한 기간의 매출액이 총비용과 일치하는 지점을 의미한다.

08 시장가격이 총평균비용의 (   )보다 큰 경우 이윤이 발생한다.

09 손실이 발생하는 경우라도 생산을 지속할 수밖에 없는 이유는 (   ) 때문이다.

10 손익분기점은 가격과 (   )의 최저점이 일치하는 지점이다.

| 정답 |
01. ○   02. ×   03. ×   04. ○   05. ×
06. 조업중단점 07. 손익분기 08. 최저점   09. 고정비용   10. 총평균비용

| X해설 |
02. 한계비용곡선 가운데 총가변비용곡선의 최저점 이상 구간에서만 공급곡선으로 기능한다.
03. 조업은 가격이 총가변비용의 최저점 이하로 형성될 때 중단한다.
05. 완전경쟁시장은 현실에서 거의 찾아볼 수 없는 이상적인 시장이며, 형평성에 대해 답을 주지 못한다는 한계가 있다.

빈출 테마 20 독점시장의 이윤극대화

OX 문제

		O	X
01	독점시장이란 하나의 생산자가 차별화되지 않은 상품을 생산하는 시장이다.	☐	☐
02	독점시장은 차별화되지 않은 상품을 판매하기 때문에 가격설정권이 없다.	☐	☐
03	독점은 진입장벽으로 인해 형성된다.	☐	☐
04	모든 종류의 독점은 옳지 않다.	☐	☐
05	독점기업이 인식하는 수요곡선은 시장가격 수준에서 수평이다.	☐	☐

빈칸 채우기

정답

06 시장가격에 영향력을 행사할 수 있는 힘을 (   )(이)라고 한다.

07 다른 기업들이 해당 시장에 들어오지 못하도록 막는 힘을 (   )(이)라고 한다.

08 규모의 경제로 인해 발생하는 독점을 (   )(이)라고 한다.

09 독점기업의 한계수입곡선의 기울기는 수요곡선의 (   )이다.

10 독점기업은 완전경쟁기업과 달리 가격을 (   )보다 높게 설정한다.

| 정답 |
01. ○   02. ×   03. ○   04. ×   05. ×
06. 시장지배력 07. 진입장벽 08. 자연독점 09. 2배   10. 한계비용

| X해설 |
02. 독점기업은 시장 내의 유일한 기업이기 때문에 직접 가격 설정에 관여하는 가격설정자로 행동한다.
04. 자연독점산업은 민간에 맡겨 놓을 경우 더 큰 비효율이 발생할 수 있다. 국가 주도의 자연독점을 형성하는 것은 나쁘지 않으므로 독점이 언제나 옳지 않다고 할 수 없다.
05. 독점기업은 시장 내의 유일한 생산자이므로 독점기업의 수요곡선과 시장수요곡선은 같으며 우하향한다.

빈출테마 21 독점시장의 가격차별

OX 문제

		O	X
01	가격차별은 독점기업 외에 완전경쟁시장의 기업들도 활용 가능한 전략이다.	☐	☐
02	가격차별은 재판매가 가능하더라도 효과를 볼 수 있다.	☐	☐
03	제3급 가격차별은 가장 강력한 형태의 가격차별이다.	☐	☐
04	완전가격차별은 사회전체의 후생변화를 야기하지 않는다.	☐	☐
05	독점시장은 경쟁의 부재로 인한 비효율성과 공평성의 문제가 발생할 수 있다.	☐	☐

빈칸 채우기

정답

06 (　　　)은/는 동일한 재화에 대해 다른 가격을 책정하는 전략을 의미한다.

07 가격차별의 성립조건은 (　　　), 고객 혹은 시장의 분리, 재판매 불가, 상이한 수요의 가격탄력성이다.

08 (　　　)은/는 사람이 아니라 상품을 구분하여 다른 가격을 부과하는 방법이다.

09 (　　　)은/는 상품과 사람 모두를 구분하여 서로 다른 가격을 책정하는 가격 차별방식이다.

10 독점의 후생 측면에서 살펴보면, 제3급 가격차별에서 제1급인 것으로 갈수록 (　　　)은/는 감소한다.

빈출테마 22 독점적 경쟁시장

OX 문제

		O	X
01	독점적 경쟁시장은 독점시장에 가까우면서 완전경쟁시장의 특징을 갖춘 시장 형태이다.	☐	☐
02	독점적 경쟁시장의 조건 중 자유로운 진입과 퇴출 조건은 장기무이윤현상의 원인이 된다.	☐	☐
03	독점적 경쟁시장의 기업들은 가격경쟁을 빈번하게 벌인다.	☐	☐
04	독점적 경쟁시장의 이윤 극대화 생산량은 한계수입이 한계비용보다 큰 지점에서 형성된다.	☐	☐
05	독점적 경쟁시장은 한계비용보다 높은 수준에서 가격을 설정한다.	☐	☐

빈칸 채우기

정답

06 독점적 경쟁시장이 자유롭게 진입과 퇴출을 할 수 있다는 점은 완전경쟁시장과 유사한 점이며, (　　　)은/는 독점기업과 유사한 특징이다.

07 독점적 경쟁시장의 경우 장기에는 (　　　)만을 경험한다.

08 (　　　)은/는 경쟁이 가격보다 제품의 품질이나 광고 등의 형태로 일어나는 것을 의미한다.

09 단기에 이윤을 보는 경우 새로운 기업의 시장 진입으로 기존 기업의 수요곡선은 (　　　)(으)로 이동한다.

10 단기에 손실을 보는 경우 기업들이 시장에서 벗어나려고 하고 그 결과 기존 기업이 느끼는 수요곡선은 (　　　)(으)로 이동한다.

| 정답 |
01. ✕　　02. ✕　　03. ✕　　04. ○　　05. ○
06. 가격차별　07. 시장지배력　08. 제2급 가격차별　09. 제1급 가격차별
10. 소비자잉여

| X해설 |
01. 가격차별은 동일한 재화에 대해 다른 가격을 책정하는 전략으로서 독점기업만이 수행 가능하다.
02. 가격차별은 재판매가 불가해야 시장 간의 가격 차이를 통한 이득을 볼 수 있다.
03. 제3급 가격차별은 소비자를 그룹별로 분리하여 서로 다른 가격을 책정하는 것으로, 가장 완화된 형태의 가격차별이다.

| 정답 |
01. ✕　　02. ○　　03. ✕　　04. ✕　　05. ○
06. 차별화된 제품 생산　07. 정상이윤　08. 비가격경쟁　09. 좌측　10. 우측

| X해설 |
01. 독점적 경쟁시장은 완전경쟁시장에 가까우면서도 독점의 특징을 지니고 있는 시장이다.
03. 독점적 경쟁기업은 가격 경쟁보다 제품의 품질이나 광고 등을 통한 비가격경쟁을 주로 수행한다.
04. 독점적 경쟁시장에서 이윤 극대화 생산량 조건은 한계수입과 한계비용이 일치하는 지점에서 발생한다.

빈출
테마 **23 과점시장**

OX 문제　　　　　　　　　　　　　　O｜X

01 과점시장이란 소수의 기업에 의해 지배되는 시장을 의미한다.

02 과점 내 기업들은 상호 독립적이라는 특징을 갖는다.

03 과점 내 기업들은 주로 가격경쟁을 벌인다.

04 과점시장의 진입장벽은 독점시장보다 약하고, 독점적 경쟁시장보다 강하다.

05 우월전략이란 상대방의 전략과 무관하게 자신의 보수를 항상 더 크게 만드는 전략을 의미한다.

빈칸 채우기　　　　　　　　　　　　　정답

06 과점의 특수한 경우로서 기업이 단 두 개만 존재하는 경우 (　　)(이)라고 한다.

07 과점의 특징은 시장 내 기업 간 밀접한 의존관계, 비가격경쟁, (　　), 진입 장벽을 거론할 수 있다.

08 (　　)(이)란 서로의 행동이 상대방에게 영향을 주는 전략적 상황에서의 의사결정 과정을 분석하는 이론이다.

09 경기자는 게임에 참여하는 경제주체를, (　　)은/는 경기자들이 자신의 이윤을 극대화할 수 있는 대안을 의미하며, 보수는 게임의 결과로 각 경기자가 얻게 되는 대가를 의미한다.

10 (　　)(이)란 상대방의 전략을 주어진 것으로 간주하고 해당 상황에서 자신에게 최적인 전략을 선택하는 전략이다.

| 정답 |
01. ○　　02. ×　　03. ×　　04. ○　　05. ○
06. 복점　07. 비경쟁행위(담합)　08. 게임이론　09. 전략　10. 내쉬전략

| X해설 |
02. 과점 시장 내 기업들은 매우 소수이기 때문에 한 기업의 생산량 변화는 다른 기업에 미치는 영향이 직접적이어서 밀접한 의존관계를 갖는다.
03. 과점 내 기업들은 소수이기 때문에 가격전쟁이 발생하면 모두 패자가 될 가능성이 높아 비가격적인 요소들을 활용한 경쟁이 이루어진다.

빈출
테마 **24 소득분배와 지대**

OX 문제　　　　　　　　　　　　　　O｜X

01 10분위분배율을 통해 경제 전체의 소득분배를 검토할 수 있다.

02 10분위분배율은 값이 클수록 불균등한 소득분배를 나타낸다.

03 로렌츠곡선은 인구누적점유율과 소득누적점유율을 통해 소득분배를 보여 주는 곡선이다.

04 로렌츠곡선을 통해 소득분배가 어느 정도로 평등한지 명확하게 알 수 있다.

05 지니계수는 로렌츠곡선이 나타내는 소득분배 상태를 하나의 숫자로 나타낸 지표이다.

빈칸 채우기　　　　　　　　　　　　　정답

06 (　　)(이)란 최하위 40%의 소득점유율과 최상위 20%의 소득점유율을 비교하는 지표이다.

07 로렌츠곡선의 대각선을 (　　)(이)라고 한다.

08 (　　)은/는 0과 1 사이의 값을 가지며, 값이 작을수록 균등한 분배를 나타낸다.

09 (　　)(이)란 공급이 완전히 고정된 생산요소가 얻게 되는 보수를 의미한다.

10 (　　)(이)란 기업의 입장에서 생산요소를 현재 용도로 사용하기 위해 지급해야 하는 최소비용을 의미한다.

| 정답 |
01. ×　　02. ×　　03. ○　　04. ×　　05. ○
06. 10분위분배율　07. 완전균등분배선　08. 지니계수　09. 지대　10. 전용수입

| X해설 |
01. 10분위분배율을 통해 최하위 40%와 최상위 20% 계층의 소득분배를 비교할 수 있다.
02. 10분위분배율은 0에서 2 사이의 값을 가지며, 값이 클수록 균등한 소득분배를 나타낸다.
04. 로렌츠곡선은 직관적인 그림으로 확인할 수 있어 단순명료하지만 어느 정도 평등한지를 말하기 어렵다.

빈출 테마 25 외부효과와 공공재

OX 문제

		O	X
01	시장 실패는 시장이 완전경쟁시장이 아니거나 시장이 올바르게 작용할 수 있는 여건이 마련되지 않은 경우에 발생한다.	☐	☐
02	외부경제로 인해 사회적 최적생산량보다 과다 생산된다.	☐	☐
03	외부경제의 경우 세금을 부과하여 최적생산량 수준을 달성할 수 있다.	☐	☐
04	코즈의 정리는 민간의 자율적인 협상을 통해 외부효과를 해결할 수 있다는 주장으로, 현실에서 활용 가능성이 매우 높다.	☐	☐
05	공공재는 경합성과 배제성이 존재하지 않아 시장에서 생산될 경우 과소생산된다.	☐	☐

빈칸 채우기

정답

06 (   )(이)란 어떤 경제주체의 경제활동으로 인해 제3자에게 의도하지 않은 혜택이나 손실을 입히면서도 어떠한 대가를 받지도, 주지도 않는 경우를 의미한다.

07 코즈의 정리는 재산권이 명확하게 설정되어 있고, (   )이/가 무시할 정도로 작다면 재산권이 누구에게 귀속되어 있는지와 무관하게 당사자 간 협상을 통해 효율적인 자원배분이 가능하다는 것이다.

08 (   )은/는 총량이 정해져 있어 한 사람의 소비가 다른 사람의 소비에 영향을 미치는 특성을 의미한다.

09 (   )은/는 어떤 재화의 소비로 이득을 누렸음에도 불구하고 이에 대한 대가의 지급을 회피하는 사람을 의미한다.

10 공공재의 시장수요곡선은 개별수요곡선을 (   )하여 도출한다.

| 정답 |
01. ○   02. ×   03. ×   04. ×   05. ○
06. 외부효과   07. 거래비용   08. 경합성   09. 무임승차자   10. 수직합

| X해설 |
02. 외부경제의 결과는 사회적 최적생산량보다 과소 생산된다.
03. 외부경제의 경우 보조금 지급을 통해 사회적 최적생산량 수준으로 생산을 증가시킬 수 있다.
04. 코즈의 정리는 정부의 개입 없는 외부효과의 해결을 주장하지만, 현실에서는 협상 비용이 높아 현실성이 낮다.

빈출 테마 26 감추어진 특성과 감추어진 행동

OX 문제

		O	X
01	정보의 비대칭이란 정보의 분포가 균일하지 않은 상황을 의미한다.	☐	☐
02	역선택은 거래 이후에 발생하는 정보의 비대칭 상황을 의미한다.	☐	☐
03	역선택의 해결책으로 신호의 발송, 선별 등이 있다.	☐	☐
04	공동보험제도는 역선택을 해결할 수 있는 방법 중 하나이다.	☐	☐
05	주인−대리인 문제는 역선택의 연장선상에서 고민할 수 있는 문제이다.	☐	☐

빈칸 채우기

정답

06 (   )은/는 어떤 특성과 관련된 정보가 비대칭적인 경우를 의미한다.

07 (   )은/는 어떤 행동과 관련된 정보가 비대칭적인 경우를 의미한다.

08 (   )은/는 감추어진 특성으로 인해 시장의 상황이 특정 경제주체에게 불리한 방향으로 전개되는 현상을 의미한다.

09 (   )은/는 정보를 갖지 못한 사람이 간접적으로 감추어진 특성에 대해 알아내기 위해 노력하는 것을 의미한다.

10 (   )은/는 어떤 일을 위임한 사람과 위임 받은 사람 간 정보의 비대칭으로 인해 발생하는 비효율을 의미한다.

| 정답 |
01. ○   02. ×   03. ○   04. ×   05. ×
06. 감추어진 특성   07. 감추어진 행동   08. 역선택   09. 선별
10. 주인−대리인 문제

| X해설 |
02. 역선택은 특성에 대한 정보가 비대칭적으로 존재하여 발생하는 현상으로 거래 전의 상황에 나타난다.
04. 공동보험제도는 도덕적 해이를 방지하기 위해 유인체계를 설정하는 방법 중 하나이다.
05. 주인−대리인 문제는 도덕적 해이의 대표적인 사례이다.

빈출 테마 27 거시경제 순환모형

OX 문제

	O	X
01 개별시장의 수요와 공급은 미시경제학에서, 국가 전체의 총수요와 총공급은 거시경제학에서 다룬다.	☐	☐
02 거시경제학의 필요성은 전체는 부분의 합보다 크다는 명제로 표현된다.	☐	☐
03 거시경제 순환모형에서 투자는 설비투자만을 의미한다.	☐	☐
04 거시경제 순환모형에서 저축은 투자와 일치할 수 없다.	☐	☐
05 수입은 국내에서 생산한 재화와 서비스가 외국에서 판매되는 것을 의미한다.	☐	☐

빈칸 채우기

정답

06 (   )(이)란 개인에게는 합리적인 행동이 경제 전체적으로는 합리적이지 않은 결과를 가져다주는 현상을 의미한다.

07 가계는 기업이 생산하여 시장에 공급한 재화와 서비스를 구입하는 (   )의 주체이다.

08 (   )은/는 소득에서 조세를 뺀 나머지 소득을 의미한다.

09 (   )은/는 정부가 제공하는 실업수당이나 저소득층의 사회보장 등과 같은 정부의 각종 보조금을 의미한다.

10 (   )은/는 정부가 조세 가운데 지출하지 않고 남겨두는 것을 의미한다.

| 정답 |
01. ○   02. ○   03. ×   04. ×   05. ×
06. 구성의 오류   07. 소비지출   08. 가처분소득   09. 이전지출   10. 정부저축

| X해설 |
03. 거시경제 순환모형에서 투자는 설비투자와 재고투자를 의미한다.
04. 거시경제 순환모형에서 저축은 투자의 원천이 되고 유입과 유출은 일치하기 때문에 저축과 투자는 일치한다.
05. 수출은 국내에서 생산한 재화와 서비스가 외국에서 판매되는 것을 의미하고, 수입은 해외에서 생산된 재화와 서비스를 우리 국민들이 소비하는 것을 의미한다.

빈출 테마 28 국가경제활동의 측정

OX 문제

	O	X
01 국내총생산은 일정 기간 동안 한 국민이 새롭게 생산한 모든 최종생산물의 시장가치의 합으로 정의된다.	☐	☐
02 국내총생산은 저량(stock)의 개념이다.	☐	☐
03 명목 GDP와 실질 GDP를 이용하여 물가변화를 측정할 수 있다.	☐	☐
04 GDP 디플레이터를 통해 수입품의 물가변화를 측정할 수 있다.	☐	☐
05 GDP갭이 음($-$)의 값인 경우 경기 침체 상태임을 나타낸다.	☐	☐

빈칸 채우기

정답

06 (   )은/는 생산된 재화와 서비스의 가치를 기준연도(시점)의 가격으로 계산한 GDP이다.

07 (   )은/는 물가변화의 정도를 측정하는 물가지표로, 명목 GDP와 실질 GDP의 개념 차이를 활용하여 물가변화 정도를 파악할 수 있다.

08 (   )은/는 한 경제가 모든 생산요소를 정상적으로 고용할 경우 달성할 수 있는 GDP와 현 시점에서 측정되는 GDP의 차이를 의미한다.

09 (   )은/는 일정 기간 동안 한 국가 안에서 생산요소를 정상적으로 이용할 경우 생산 가능한 최종생산물의 시장가치로서 한 국가 경제가 정상적으로 생산할 수 있는 최대 생산량을 의미한다.

10 (   )은/는 더 이상 다른 생산의 요소로 쓰이지 않고 그 자체로 소비되는 재화 및 서비스를 의미한다.

| 정답 |
01. ×   02. ×   03. ○   04. ×   05. ○
06. 실질 GDP 07. GDP 디플레이터   08. GDP갭
09. 잠재 GDP 10. 최종생산물

| X해설 |
01. 국내총생산은 일정 기간 동안 한 국가 내에서 새롭게 생산한 모든 최종생산물의 시장가치의 합으로 정의된다.
02. 국내총생산은 유량(flow)의 개념이다.
04. GDP에는 수입품이 포함되지 않으므로 GDP 디플레이터를 통해 수입품의 가격 변화는 살펴볼 수 없다.

빈출 테마 29 삼면등가의 원칙과 평가

OX 문제

O | X

01 GDP 삼면등가의 원칙은 생산, 지출, 분배 어느 측면에서 측정하더라도 동일한 값이 측정된다는 것을 의미한다.

□ □

02 생산측면의 GDP 계산은 최종 생산물의 가치만 고려하는 방법이 대표적이다.

□ □

03 분배측면의 GDP 계산은 중간투입물을 활용하여 새롭게 만들어 낸 가치로 계산된다.

□ □

04 자국민이 자국에서 생산한 최종생산물은 GDP에만 포함된다.

□ □

05 해외 부문이 존재하더라도 GDP와 GNI는 반드시 일치해야 한다.

□ □

빈칸 채우기

정답

06 (   )은/는 기업이 일정 기간 중간투입물을 활용하여 새롭게 만들어 낸 가치를 의미한다.

07 (   )은/는 일정 기간 동안 한 국가의 국민이 새롭게 생산한 재화와 서비스의 시장가치로 정의된다.

08 (   )은/는 일정 기간 우리나라 국민이 국내외에서 벌어들인 소득으로 정의된다.

09 (   )은/는 해외에서 우리 국민이 벌어들인 소득에서 외국인이 국내에서 벌어들인 소득을 차감한 값을 의미한다.

10 시장가치의 합으로 정의되는 국내총생산은 가사도우미의 활동은 포함되는 반면, 가정주부의 집안일은 GDP에 반영하지 못하는 (   ) 문제가 존재한다.

빈출 테마 30 고전학파의 균형국민소득 결정

OX 문제

O | X

01 고전학파는 총수요곡선을 총공급곡선보다 중요하게 생각하는 사람들이다.

□ □

02 고전학파의 주장은 '보이지 않는 손', 세이의 법칙으로 설명된다.

□ □

03 고전학파는 임금의 경직성으로 인해 노동시장의 불균형이 청산되지 않는다고 주장했다.

□ □

04 노동수요는 실질임금의 증가함수이고, 노동공급은 실질임금의 감소함수이다.

□ □

05 완전고용생산량에서의 실업률은 0%라고 할 수 없다.

□ □

빈칸 채우기

정답

06 (   )(이)란 자원의 배분을 시장에 맡길 경우 자율적인 조정능력에 의해 개인의 이익이 증진되며 이는 국가의 이익과도 조화를 이루게 된다는 주장이다.

07 (   )은/는 '공급이 스스로 수요를 창출한다.'는 것을 의미하는 것으로, 경제 순환의 시작은 생산이며, 생산이 소득을 발생시켜 지출을 가능하게 하고, 지출은 다시 생산의 기반으로 작용한다는 의미이다.

08 (   )은/는 시간의 변화에 따른 물가의 변동을 고려하여 가치를 조정하여 측정한 변수를 의미한다.

09 (   )은/는 노동시장에서 결정된 균형임금(w) 수준에서 일할 의사와 능력이 있는 사람은 모두 고용된 상태를 의미한다.

10 잠재 GDP를 의미하는 것으로, 일할 능력과 의사가 있는 모든 사람이 고용된 상태에서의 생산을 (   )이라고 한다.

빈출 31 케인스의 균형국민소득 결정

OX 문제

		O	X
01	케인스 경제학은 '보이지 않는 손'을 부정하면서 시작했다.	☐	☐
02	케인스 경제학은 세이의 법칙에 대해 인정하였다.	☐	☐
03	투자지출은 총수요 중 가장 많은 비중을 차지한다.	☐	☐
04	투자지출은 사전적으로 계획된 투자를 의미한다.	☐	☐
05	독립투자수요는 이자율 및 소득에 영향을 받지 않는 투자를 의미한다.	☐	☐

빈칸 채우기

정답

06 총수요는 소비, 투자, 정부지출, (   )(으)로 구성된다.

07 (   )은/는 소득과 무관하게 생존을 위해 반드시 필요한 소비를 의미한다.

08 (   )은/는 한 국가 국민이 국민소득 중 어느 정도를 평균적으로 소비하는지를 나타내는 개념이다.

09 (   )은/는 소득의 증가분 중 얼마만큼을 소비에 사용하는지를 나타내는 개념이다.

10 (   )은/는 이자율 및 소득에 영향을 받는 투자이다.

| 정답 |
01. ○   02. ×   03. ×   04. ×   05. ○
06. 순수출   07. 기초소비   08. 평균소비성향   09. 한계소비성향   10. 유발투자수요

| X해설 |
02. 케인스는 수요가 부족하여 경제가 침체되었다고 진단하며 공급이 수요를 창출한다는 세이의 법칙을 부정했다.
03. 가계 지출은 총수요 중 가장 큰 비중을 차지한다.
04. 투자지출은 사후적으로 실현된 투자를 의미한다.

빈출 32 총수요와 총수요곡선

OX 문제

		O	X
01	총수요곡선은 총생산물에 대한 실질총수요 간의 관계를 보여 주는 곡선이다.	☐	☐
02	자산효과는 경제 전체의 물가가 변할 때 소비자 혹은 기업이 보유한 화폐의 구매력에 영향을 미쳐 소비지출과 투자지출이 달라지는 현상을 의미한다.	☐	☐
03	물가의 변화는 총수요곡선의 이동을 야기한다.	☐	☐
04	미래 경제상황에 대한 낙관적인 기대는 총수요곡선의 우측 이동을 야기한다.	☐	☐
05	재정정책은 정부지출에 의해서만 수행되고, 조세의 조절을 통해서는 효과를 보기 어렵다.	☐	☐

빈칸 채우기

정답

06 (   )(이)란 경제 전체의 물가가 변할 때 소비자 혹은 기업이 보유한 화폐의 구매력에 영향을 미쳐 소비지출과 투자지출이 달라지는 현상을 의미한다.

07 (   )은/는 통화량과 이자율을 조절하여 경제를 안정화시키려는 정부의 노력을 의미한다.

08 (   )(이)란 물가와 가계, 기업, 정부, 해외 부문 등의 경제주체에 의한 총생산물에 대한 실질총수요 간의 관계를 보여 주는 곡선을 의미한다.

09 부동산 가격이 상승한 경우 총수요곡선은 (   )(으)로 이동한다.

10 조세가 증가하면 총수요곡선은 (   )(으)로 이동한다.

| 정답 |
01. ○   02. ×   03. ×   04. ○   05. ×
06. 이자율 효과   07. 통화정책   08. 총수요곡선   09. 우측   10. 좌측

| X해설 |
02. 자산효과는 경제 전체의 물가가 변할 때 자산의 가치가 변동하여 소비수요에 미치는 영향을 의미한다.
03. 내생변수는 곡선의 이동이 아닌 곡선상의 이동으로 나타난다.
05. 재정정책은 정부지출뿐만 아니라 조세의 조절을 통해서도 실시된다.

빈출 테마 **33 총공급과 총공급곡선**

OX 문제

		O	X
01	총공급은 일정 기간 동안 한 국가 경제에서 생산활동을 하는 기업들이 팔고자하는 총생산을 의미한다.	☐	☐
02	케인스는 총수요가 부족하기 때문에 완전고용국민소득을 달성하지 못한다고 주장한다.	☐	☐
03	케인스는 총공급곡선이 완전고용국민소득 수준에서 수직이라고 가정했다.	☐	☐
04	원자재 가격의 증가는 총공급곡선의 우측 이동을 야기한다.	☐	☐
05	명목임금의 증가는 총공급곡선의 우측 이동을 야기한다.	☐	☐

빈칸 채우기

		정답
06	물가의 하락은 실질임금의 상승을 야기하여 노동시장에서는 ( )이/가 발생한다.	_____
07	고전학파는 ( )의 총공급곡선을 가정한다.	_____
08	케인스는 ( )의 총공급곡선을 가정한다.	_____
09	실질 GDP − 물가 평면에서 단기의 총공급곡선의 형태는 ( )한다.	_____
10	( )의 변화는 총공급곡선의 이동으로 나타난다.	_____

빈출 테마 **34 단기와 장기의 거시경제균형**

OX 문제

		O	X
01	실질 GDP − 물가 평면에서 총수요와 총공급 곡선이 만나는 지점에서 거시 경제의 단기 균형이 형성된다.	☐	☐
02	소비의 변화는 총수요곡선상에서의 이동이 발생한다.	☐	☐
03	물가의 상승은 총수요곡선 위에서 곡선을 따라 상방으로 이동한다.	☐	☐
04	경기가 과열된 경우 총수요곡선의 우측 이동을 통해 경기를 진정시켜야 한다.	☐	☐
05	물가가 상승하고 경기가 침체되는 현상을 스태그플레이션이라고 한다.	☐	☐

빈칸 채우기

		정답
06	총수요곡선의 변화로 인한 균형의 변화를 ( )(이)라고 한다.	_____
07	양(+)의 공급충격은 총공급곡선을 우측으로 이동시켜 물가는 ( )하고, 총생산은 ( )한다.	_____
08	스태그플레이션은 인플레이션과 ( )의 합성어이다.	_____
09	음(−)의 수요충격은 총수요곡선을 좌측으로 이동시켜 물가는 ( )하고, 총생산은 ( )한다.	_____
10	장기 총공급곡선은 ( ) 수준에서 수직이다.	_____

| 정답 |

1. ○	02. ○	03. ×	04. ×	05. ×
06. 초과공급	07. 수직	08. 수평	09. 우상향	10. 외생변수

| X해설 |

03. 케인스는 총공급이 완전고용국민소득 형성에 영향을 미치지 못하므로 수평이라고 주장했다.

04. 원자재 가격의 증가는 총공급곡선의 좌측 이동을 야기한다.

05. 명목임금의 상승은 생산비용의 증가로 이어지고, 생산비용의 증가는 총공급곡선을 좌측으로 이동시킨다.

| 정답 |

01. ○	02. ×	03. ○	04. ×	05. ○
06. 수요측 충격	07. 하락, 증가	08. 스태그네이션(경기침체)		
09. 하락, 감소	10. 완전고용국민소득			

| X해설 |

02. 가격 외의 요인인 소비, 투자, 정부지출, 순수출의 변화는 총수요곡선의 이동을 야기한다.

04. 경기가 과열된 경우 총수요곡선의 좌측 이동을 통해 경기를 진정시켜야 한다.

빈출 테마 35 화폐와 국민경제 기초

OX 문제

		O	X
01	화폐란 교환과정에 사용할 수 있는 자산을 의미한다.	☐	☐
02	가치의 저장수단은 화폐가 재화나 서비스의 교환을 위해 사용하는 교환의 가치를 가진 자산으로서 의미를 갖는다.	☐	☐
03	협의통화는 통화지표 가운데 가장 유동성이 낮은 재화이다.	☐	☐
04	부분지급준비제도는 모든 예금자가 모든 예금액을 한 번에 찾지 않는다는 전제 하에 성립된다.	☐	☐
05	본원통화는 중앙은행의 화폐발행액을 의미한다.	☐	☐

빈칸 채우기

정답

06 (   )은/는 악화가 양화를 구축한다는 표현으로 많이 쓰인다.

07 (   )은/는 경제 내에 유통 중인 화폐를 측정하는 기준이다.

08 (   )은/는 저축자의 자금을 받아 필요로 하는 기업에게 공급하는 역할을 하는 기관을 의미한다.

09 (   )은/는 은행이 대출에 사용하지 않고 남겨둔 예금액을 의미한다.

10 (   )은/는 중앙은행 창구를 통해 밖으로 나온 현금으로, 화폐공급의 가장 기초가 되는 화폐이다.

| 정답 |

01. ○   02. ×   03. ×   04. ○   05. ×
06. 그레셤의 법칙   07. 통화지표   08. 금융중개기관   09. 지급준비금
10. 본원통화

| X해설 |

02. 가치의 저장수단은 안정적인 구매력으로 인해 다른 조건이 일정하다면 화폐를 얻은 시점과 활용한 시점 간에 가치의 누수가 발생하지 않는 특징이다.
03. 협의통화는 시중에 유통되는 현금과 예금취급기관의 결제성 예금을 합한 것으로 가장 유동성이 높은 통화이다.
05. 본원통화는 화폐발행액과 중앙은행 지급준비예치금의 합으로 이루어진다.

빈출 테마 36 고전학파의 화폐수요이론

OX 문제

		O	X
01	고전학파의 화폐수요이론을 화폐수량설이라고 한다.	☐	☐
02	교환방정식은 화폐수요의 이유를 명시적으로 언급했다.	☐	☐
03	고전학파는 거래유통속도가 불변이라고 가정했다.	☐	☐
04	교환방정식을 통해 강조하는 화폐의 기능은 교환의 매개기능이다.	☐	☐
05	현금잔고방정식은 가치의 척도로서의 화폐기능을 강조한다.	☐	☐

빈칸 채우기

정답

06 (   )은/는 물가가 통화량에 의해 결정된다는 화폐수요이론이다.

07 (   )은/는 교환의 매개수단으로서의 기능에 초점을 맞춘 방정식이다.

08 (   )은/는 화폐유통속도와 마찬가지로 사회의 거래 관습에 의해 결정되기 때문에 전쟁이나 천재지변이 일어나지 않는 한 크게 변하지 않아 일정하다고 간주했다.

09 현금잔고방정식은 화폐의 기능 중 (   )에 초점을 맞추고 있다.

10 현금잔고방정식에서 수익성 금융자산인 (   )을/를 구입하기 위해 화폐가 필요하다고 주장한다.

| 정답 |

01. ○   02. ×   03. ×   04. ○   05. ×
06. 화폐수량설   07. 교환방정식   08. 마샬의 k 09. 가치의 저장수단
10. 채권

| X해설 |

02. 교환방정식은 화폐수요의 이유를 암묵적으로 언급했다.
03. 고전학파는 거래유통속도가 불변이 아니라 금융기관의 발달정도, 화폐 사용 관습 등에 의해 결정되기 때문에 매우 안정적인 변수라고 가정했다.
05. 현금잔고방정식은 교환의 매개수단뿐만 아니라 가치의 저장수단으로서의 기능도 강조한다.

빈출 테마 **37 케인스의 화폐수요이론**

OX 문제

	O	X
01 케인스는 사람들이 유동성을 선호하기 때문에 화폐를 수요한다고 설명했다.	☐	☐
02 투기적 동기는 미리 예측하기 어려운 일에 대비하여 화폐를 보유하는 것을 의미한다.	☐	☐
03 채권가격이 낮으면 화폐수요가 증가하고, 채권가격이 높으면 화폐수요가 감소한다.	☐	☐
04 케인스는 화폐수요는 소득에 비례하고 이자율에 반비례한다고 주장했다.	☐	☐
05 신용카드 사용 증가는 화폐수요를 증가시켜 화폐수요곡선을 우측으로 이동시킨다.	☐	☐

빈칸 채우기

정답

06 (　　　)(이)란 자산의 손실 없이 얼마나 빨리 교환의 매개수단으로 교환될 수 있는지를 나타낸다.

07 (　　　)에 의한 화폐수요는 사람들이 소득을 얻는 시점과 지출시점의 시차를 보완하고 소득이 발생하지 않는 시점에서도 거래를 하기 위한 화폐수요 동기이다.

08 (　　　)(이)란 아무리 화폐공급을 늘려도 소비에 활용하지 않고 화폐를 수요하려고만 하는 현상을 의미한다.

09 케인스의 화폐수요는 (　　　)의 증가함수이자, (　　　)의 감소함수이다.

10 채권의 가격 상승은 이자율의 (　　　)(으)로 이어진다.

빈출 테마 **38 재정정책**

OX 문제

	O	X
01 재정정책은 정부가 세금이나 정부지출을 통해 경제 전체의 총수요를 변화시키는 정책이다.	☐	☐
02 확장적 재정정책은 정부지출을 증가시키거나 세율을 높이는 정책을 의미한다.	☐	☐
03 정부는 재정정책의 재원 마련을 위해 세금의 증가를 빈번하게 사용한다.	☐	☐
04 유동성 함정은 확장적 재정정책의 방해요인으로 작용한다.	☐	☐
05 승수효과로 인해 외생요인의 변화분보다 국민소득이 더 크게 변화한다.	☐	☐

빈칸 채우기

정답

06 (　　　)은/는 경제상황에 맞게 지출을 조절하는 단기 정책을 의미한다.

07 (　　　)은/는 정부가 수급자에게 일방적으로 지급하여 수입을 보전해 주는 지출을 의미한다.

08 (　　　)은/는 소득에서 세금을 제외하고 실질적으로 소비에 사용할 수 있는 소득을 의미한다.

09 (　　　)은/는 국민소득의 변화를 가져올 수 있는 외생적인 요인이 변했을 때 그 최초의 변화분을 상회하는 수준으로 국민소득이 변화되는 효과를 의미한다.

10 (　　　)은/는 소득수준과 무관하게 일정액을 징수하는 세금을 의미한다.

| 정답 |
01. ○　　　02. ×　　　03. ×　　　04. ○　　　05. ×
06. 유동성　　07. 거래적 동기　08. 유동성 함정　09. 소득, 이자율　10. 하락
| X해설 |
02. 투기적 동기는 수익성이 있는 채권을 구입하기 위해 화폐를 보유하는 것을 의미한다.
03. 채권가격과 이자율은 역의 상관관계이고, 이자율과 화폐수요는 역의 상관관계이다. 따라서 채권가격이 낮으면 화폐수요가 낮고, 채권가격이 높으면 화폐수요가 높다.
05. 신용카드 사용 증가는 화폐수요를 낮추는 요인이다.

| 정답 |
01. ○　　　　　02. ×　　　03. ×　　　04. ×　　　05. ○
06. 총수요관리정책　07. 이전지출　08. 가처분소득　09. 승수효과　10. 정액세
| X해설 |
02. 확장적 재정정책은 정부지출을 증가시키거나 세율을 낮추는 정책이다.
03. 확장적 재정정책의 재원을 세금으로 충당할 경우 국민반발이 심해질 수 있으므로 국채발행을 통한 재원 마련이 일반적이다.
04. 확장적 재정정책의 효과를 반감시키는 요인은 구축효과이다.

빈출 테마 39 통화정책

OX 문제

		O	X
01	통화정책은 단기에 통화량이나 이자율을 조절하여 총수요를 변화시키는 정책을 의미한다.	☐	☐
02	통화정책은 최종목표에 직접적인 영향을 미치게 된다.	☐	☐
03	공개시장에서 채권을 매입하면 시중의 통화량은 감소하게 된다.	☐	☐
04	재할인율 정책은 각국 정부에서 가장 많이 활용하는 통화정책 수단이다.	☐	☐
05	지급준비율의 인상은 신용창조 규모의 감소로 시중 통화량을 감소시킨다.	☐	☐

빈칸 채우기

정답

06 ( )은/는 최종목표와 밀접한 연관을 맺는 통화량, 환율, 물가상승률 등의 지표를 의미한다.

07 ( )은/는 단기 금융시장, 채권시장 등 구매의사와 구매력만 있으면 누구나 참여하여 상품과 서비스를 구입할 수 있는 시장을 의미한다.

08 ( )(이)란 금융기관이 고객의 지급요구에 부응하기 위해 남겨둔 금액을 의미한다.

09 ( )(이)란 예금은행이 자금을 대출하면서 기업으로부터 받은 상업어음을 은행에 제시하여 자금을 차입하는 것을 의미한다.

10 지급준비율 정책은 신용창조를 통해 큰 폭의 이자율 변화가 발생할 수 있어 ( )이/가 어렵다는 한계가 존재한다.

| 정답 |
01. ○   02. ×   03. ×   04. ×   05. ○
06. 중간목표   07. 공개시장   08. 지급준비금   09. 재할인   10. 미세조정

| X해설 |
02. 통화정책은 통화량과 이자율을 통해 투자를 변화시킬 수 있을 뿐 직접적으로 최종목표에 영향을 미치지 못한다.
03. 공개시장에서의 채권매입은 채권 매입의 대가로 중앙은행이 시중은행에 통화를 공급하므로 시중 통화량이 증가한다.
04. 각국에서 통화정책의 수단으로 많이 사용하는 수단은 공개시장조작이다.

빈출 테마 40 인플레이션

OX 문제

		O	X
01	인플레이션이란 물가의 지속적인 상승을 의미한다.	☐	☐
02	비용인상인플레이션은 수요측 요인에 의해 발생하는 인플레이션이다.	☐	☐
03	인플레이션은 화폐의 구매력 감소를 야기한다.	☐	☐
04	생산요소 비용의 감소는 비용인상 인플레이션을 야기한다.	☐	☐
05	예상하지 못한 인플레이션은 부의 재분배를 야기하지 않는다.	☐	☐

빈칸 채우기

정답

06 ( )은/는 총공급 측면의 인플레이션으로, 총공급곡선의 좌측 이동이 초래하는 인플레이션이다.

07 ( )은/는 총수요 요인과 총공급 요인이 모두 작용하여 발생하는 인플레이션이다.

08 ( )은/는 예상하지 못한 인플레이션이 발생하면 부를 소유한 사람은 인플레이션으로 인해 그 가치가 사라져버리는 현상을 의미한다.

09 인플레이션을 예상하는 경우 명목이자율은 실질이자율과 ( )의 합으로 나타난다.

10 인플레이션을 예상하는 경우 발생하는 거래비용은 ( )와/과 ( )이다.

| 정답 |
01. ○   02. ×   03. ○   04. ×   05. ×
06. 비용인상 인플레이션   07. 혼합형 인플레이션   08. 인플레이션 조세
09. 예상 인플레이션율   10. 구두창 비용, 메뉴 비용

| X해설 |
02. 수요견인 인플레이션은 총수요곡선의 우측 이동으로 인해 발생하는 인플레이션이다.
04. 생산비용의 증가는 비용인상 인플레이션을 야기시킨다.
05. 예상하지 못한 인플레이션은 채권자에서 채무자로의 부의 재분배가 발생한다.

^{빈출}_{테마} 41 실업

OX 문제

	O	X

01 우리나라의 실업자 조사는 경제활동인구를 통해 이루어진다.

02 생산가능인구는 15세 이상 인구 가운데 일할 의사가 없는 학생이나 주부 그리고 일할 능력이 없는 환자 등을 제외한 민간인을 의미한다.

03 무급가족종사자는 근로시간과 무관하게 모두 취업자로 구분된다.

04 구직단념자의 존재로 인해 실업률이 낮게 책정된다.

05 실업률은 고용의 질이 고려되는 실업 지표이다.

빈칸 채우기

정답

06 실업이란 (   )와/과 (   )이/가 있음에도 불구하고 일자리를 얻지 못하는 상태를 의미한다.

07 마찰적 실업은 더 나은 직장을 구하기 위해 스스로 실업 상태에 놓이는 (   )실업이다.

08 (   )은/는 경기 침체로 발생하는 실업이다.

09 (   )은/는 기술의 발전으로 특정 산업이 도태되면서 해당 산업의 종사자들이 실업 상태에 놓이게 되는 경우를 의미한다.

10 취업률은 취업자를 (   )(으)로 나누어 산출한다.

| 정답 |
01. ○   02. ×   03. ×   04. ○   05. ×
06. 일할 의사, 일할 능력   07. 자발적   08. 경기적 실업
09. 구조적 실업   10. 생산가능인구

| X해설 |
02. 생산가능인구는 15세 이상 64세 미만의 인구를 의미한다.
03. 동일가구 내 가족이 운영하는 농장이나 사업체의 수입을 위해 주당 18시간 이상 일한 무급가족종사자는 취업자로 구분된다.
05. 실업률은 고용의 질을 고려하지 못한다.

^{빈출}_{테마} 42 장·단기 필립스곡선

OX 문제

	O	X

01 필립스곡선은 인플레이션율과 실업률 간의 상충관계를 나타내는 곡선이다.

02 1970년대 오일쇼크에도 불구하고 필립스곡선의 상충관계는 안정적으로 유지되었다.

03 스태그플레이션은 총수요확장정책을 통해 해결할 수 있다.

04 장기 필립스곡선은 균형물가 수준에서 수평의 모양을 갖는다.

05 장기 필립스곡선은 고전학파 계통의 통화론자들이 주장했다.

빈칸 채우기

정답

06 (   )은/는 한 나라의 산출량과 실업 사이에 경험적으로 관찰되는 음(−)의 상관관계이다.

07 (   )은/는 경제 침체와 물가 상승이 동시에 일어나는 현상이다.

08 (   )은/는 일할 의사와 능력이 있는 모든 노동력이 고용된 상태에서의 실업률이다.

09 단기 필립스곡선은 실업률−(   ) 평면에서 우하향하는 형태로 나타난다.

10 스태그플레이션의 해결책 중 하나는 (   )의 증가를 통해 총공급곡선을 우측으로 이동시키는 것이다.

| 정답 |
01. ○   02. ×   03. ×   04. ×   05. ○
06. 오쿤의 법칙   07. 스태그플레이션   08. 자연실업률
09. 인플레이션율   10. R&D

| X해설 |
02. 오일쇼크로 인한 원유가격 상승은 총공급곡선을 좌측으로 이동시켜 인플레이션율과 실업률이 함께 증가하는 결과를 초래하여 필립스곡선의 상충관계를 약화시켰다.
03. 스태그플레이션 발생 시 총수요 확장정책을 사용할 경우 실업률은 낮출 수 있지만 물가가 증가한다.
04. 장기 필립스곡선은 완전고용실업률 수준에서 수직의 모양을 갖는다.

빈출테마 43 장·단기 필립스곡선의 균형 변화

OX 문제

		O	X
01	실질임금이 상승하면 노동 수요가 감소하고, 실질임금이 하락하면 노동 수요가 증가한다.	☐	☐
02	기업가는 예상 인플레이션율에 의해, 근로자는 실제 인플레이션율에 의해 노동의 수요 및 공급 규모를 결정한다.	☐	☐
03	예상 인플레이션율의 변화는 필립스곡선상에서의 이동으로 나타난다.	☐	☐
04	디스인플레이션은 물가상승률이 둔화되는 현상을 의미한다.	☐	☐
05	적응적 기대는 사람들이 미래에 대한 기대를 형성할 때 과거에 있었던 일이 미래에도 그대로 반복될 것으로 기대하는 것을 의미한다.	☐	☐

빈칸 채우기

정답

06 예상 인플레이션율의 변화는 노동시장에서 (   ) 수준에 영향을 미친다. _____

07 예상 인플레이션율이 실제 인플레이션율보다 (   )으면 기업주의 입장에서는 고용규모를 감소시킨다. _____

08 (   )은/는 인플레이션율을 낮추는 과정에서 발생하는 일시적인 경기 침체와 실업률의 증가를 측정하는 개념이다. _____

09 (   )은/는 사람들이 미래에 대한 기대를 형성할 때 사용할 수 있는 모든 정보를 활용하여 미래를 예측하는 것을 의미한다. _____

10 적응적 기대가 형성될 경우 실제 인플레이션율을 인식하는 과정에서 (   )이/가 반복적으로 발생한다. _____

| 정답 |
01. ○   02. ×   03. ×   04. ×   05. ○
06. 명목임금   07. 높   08. 희생률   09. 합리적 기대 10. 체계적 오차

| X해설 |
02. 근로자는 예상 인플레이션율에 의해, 기업가는 실제 인플레이션율에 의해 노동의 수요 및 공급 규모를 결정한다.
03. 예상 인플레이션율의 변화는 필립스곡선의 이동으로 나타난다.
04. 디스인플레이션은 짧은 기간에 인플레이션율을 크게 낮추는 것을 의미한다.

빈출테마 44 무역이론

OX 문제

		O	X
01	고전적 무역이론은 절대 우위론과 비교 우위론이 있다.	☐	☐
02	고전적 무역이론은 국가 간 동일한 생산기술을 가정한다.	☐	☐
03	절대 우위란 한 경제주체가 어떤 활동을 다른 경제주체보다 절대적으로 잘하는 것을 의미한다.	☐	☐
04	모든 산업에서 비교 열위에 놓이는 경우도 발생한다.	☐	☐
05	헥셔-오린 이론에서는 상이한 기술 수준을 가정한다.	☐	☐

빈칸 채우기

정답

06 고전적 무역이론은 모든 노동의 질이 동일하다는 (   )에 기반한다. _____

07 (   )(이)란 어떤 경제주체가 다른 경제주체보다 상대적으로 잘할 때를 의미한다. _____

08 (   )은/는 무역의 발생 원인은 국가 간 상이한 자원의 부존량에서 찾는 이론이다. _____

09 (   )은/는 각국이 상대적으로 풍부한 생산요소를 지닌 상품생산에 특화하여 생산을 한다고 설명한다. _____

10 (   )은/는 자본이 풍부한 국가에서 노동집약재를 수출하고, 노동이 풍부한 국가에서 자본집약재를 수출하는 현상을 의미한다. _____

| 정답 |
01. ○   02. ×   03. ○   04. ×   05. ×
06. 노동가치설   07. 비교 우위   08. 헥셔-오린 이론
09. 요소부존도 이론   10. 레온티에프 역설

| X해설 |
02. 고전적 무역이론은 생산요소는 노동만이 유일하며, 국가 간 상이한 생산기술을 가정한다.
04. 모든 산업에서 절대 열위에 놓여 있다 하더라도 반드시 하나 이상의 산업에서 비교 우위를 갖는다.
05. 헥셔-오린 이론에서는 동일한 기술수준을 가정하며 부존자원의 상이함을 무역의 발생원인으로 꼽는다.

빈출 테마 45 국제수지와 환율

OX 문제

		O	X
01	국제수지란 자국민과 외국의 거주자들 사이에 발생한 모든 금융거래를 집계한 것을 의미한다.	☐	☐
02	경상계정 중 여행에 따른 외화의 수취와 지급은 서비스수지와 관련 있다.	☐	☐
03	해외 주식 구입에 따른 배당수입은 자본·금융계정에 해당한다.	☐	☐
04	이전소득수지는 경상계정의 한 구성요인으로 경제적 거래에 해당한다.	☐	☐
05	평가절상은 자국통화가치의 상승으로서 환율의 상승으로 나타난다.	☐	☐

빈칸 채우기

정답

06 (   )은/는 거주자와 비거주자 간에 일어나는 재화와 서비스에 대한 수출과 수입을 기록한 계정이다.

07 (   )은/는 외국과의 서비스거래로 수취한 돈을 의미한다.

08 (   )은/는 자국 및 외국화폐의 교환비율로서, 외국화폐 단위로 표현된 자국 화폐의 가치를 나타낸다.

09 (   )은/는 명목환율의 상승으로 자국통화 가치의 하락을 의미한다.

10 외환의 수요곡선의 형태는 (   )하고, 공급곡선의 형태는 (   )한다.

| 정답 |
01. ○   02. ○   03. ×   04. ×   05. ×
06. 경상계정   07. 서비스 수입 08. 환율   09. 평가절하   10. 우하향, 우상향

| X해설 |
03. 해외 주식 구입에 따른 배당수입은 경상수지의 본원소득수지에 해당한다.
04. 이전소득수지는 대가없이 이루어지는 것으로, 엄격한 의미의 경제적 거래에 해당하지 않는다.
05. 평가절상이 이루어지면 우리나라 통화의 가치가 상승하므로 이는 명목환율의 하락으로 나타난다.

빈출 테마 46 대기업의 탄생

OX 문제

		O	X
01	합자회사는 사원 간 신뢰를 기반으로 형성되는 조직으로 조합적 성격을 갖는다.	☐	☐
02	합자회사의 기원은 중세 유럽의 육상운송과 관련되어 이루어진 소시에테이다.	☐	☐
03	합명회사의 기원은 중세유럽의 콤멘다이다.	☐	☐
04	미국 대기업은 철도회사로부터 시작했다.	☐	☐
05	기업은 자본의 제공자가 누구냐에 따라 사기업과 공기업으로 구분이 가능하다.	☐	☐

빈칸 채우기

정답

06 (   )은/는 정확하고 엄밀한 방식의 경영 혁명을 의미한다.

07 (   )(이)란 소요자본의 전부 또는 대부분은 한 개인이 출자하고, 그 자본 운영에 관한 책임을 출자자가 전적으로 지는 기업을 의미한다.

08 (   )은/는 두 명 이상의 무한책임사원만으로 구성되는 회사를 의미한다.

09 (   )은/는 무한책임사원과 유한책임사원으로 구성되는 복합적 조직의 회사이다.

10 (   )은/는 출자자 수를 2~50인으로 하고 유한책임을 지는 가족형에게 알맞은 기업이다.

| 정답 |
01. ○   02. ×   03. ×   04. ○   05. ○
06. 관리혁명   07. 개인기업   08. 합명회사   09. 합자회사   10. 유한회사

| X해설 |
02. 합명회사는 중세 유럽의 상업도시를 중심으로 육상운송과 관련되어 이루어진 '소시에테(societe)'에서 그 기원을 찾아볼 수 있다.
03. 합자회사는 중세 유럽의 해안상업도시를 중심으로 위험성이 높은 해상무역을 통해 발달한 '콤멘다(commenda)'에서 기원을 찾아볼 수 있다.

빈출테마 47 주식회사와 공기업

OX 문제

		O	X
01	주식회사의 등장으로 소유와 경영의 분리가 시작되었다.	☐	☐
02	주식회사는 해체가 용이하다.	☐	☐
03	주식회사는 시장변화에 유연하다.	☐	☐
04	주식회사는 소유권 이전이 용이하다.	☐	☐
05	공기업은 큰 투자액을 통해 높은 이익을 얻을 수 있는 사업 분야를 담당한다.	☐	☐

빈칸 채우기

정답

06 출자자가 자신의 출자액의 한도 내에서만 책임을 지는 것을 ( )(이)라고 한다.

07 ( )(이)란 주식의 발행으로 성립되는 회사이다.

08 소액으로도 기업에 출자할 수 있는 토대가 된 주식회사의 특징을 자본의 ( )(이)라고 한다.

09 ( )(이)란 국가 또는 지방공공단체의 자본에 의해 생산·유통 또는 서비스를 공급할 목적으로 운영되는 기업이다.

10 ( )은/는 국가 또는 공공단체의 행정조직에 편입되어 행정관청의 일부로서 운영되는 형태이다.

| 정답 |
01. ○   02. ×   03. ×   04. ○   05. ×
06. 유한책임   07. 주식회사   08. 증권화   09. 공기업   10. 국공영 기업

| X해설 |
02. 주식회사는 다양한 주주들로 구성되어 있어 해체가 어렵다.
03. 시장변화에의 비유연성은 주식회사의 단점이다.
05. 공기업은 투자액은 큰 반면 이익을 기대할 수 없는 분야를 담당한다.

빈출테마 48 보이지 않는 손과 보이는 손

OX 문제

		O	X
01	애덤 스미스는 강력한 정부의 역할을 주장했다.	☐	☐
02	과거 경제학자들의 관점에서 대기업은 비효율적인 자원배분의 원인이었다.	☐	☐
03	경제행위를 조정하는 방법은 정부의 명령과 시장의 조정이 있다.	☐	☐
04	기업의 대형화는 거래비용의 증가를 야기하였다.	☐	☐
05	교통, 통신의 발달은 기업의 대형화를 둔화시켰다.	☐	☐

빈칸 채우기

정답

06 시장에 의한 자원배분의 이면에는 개인의 이기심과 ( )이/가 존재한다.

07 애덤 스미스는 '보이지 않는 손'을, 알프레드 챈들러는 '( )'을/를 주장했다.

08 수요와 공급에 의해 초과수요와 초과공급이 청산되는 과정은 ( )에 의한 조정과정이다.

09 로널드 코스는 기업의 존재 이유를 ( )비용의 관점에서 설명했다.

10 ( ) 자본주의는 개인의 이기심과 경쟁에 기반한 경제시스템을 의미한다.

| 정답 |
01. ×   02. ○   03. ○   04. ×   05. ×
06. 경쟁   07. 보이는 손   08. 시장   09. 거래   10. 경쟁적

| X해설 |
01. 애덤 스미스는 정부는 개인의 자발적 교환의 심판자 역할 정도만을 수행해야 한다고 주장했다.
04. 기업이 대형화를 통해 효율적인 관리조직을 구축함으로써 시장을 통한 자원 배분에 의존하는 것보다 거래비용을 더 낮출 수 있었다.
05. 신기술의 등장과 교통 및 통신의 발달은 경제활동의 양적 팽창과 대기업 탄생을 가속화시켰다.

빈출 테마 49 기업지배구조와 기업의 목표

OX 문제

		O	X
01	기업지배구조는 주주자본주의와 이해관계자 자본주의로 구분된다.	☐	☐
02	사회적 목표는 애덤 스미스의 관점과 맥락을 같이 한다.	☐	☐
03	비용 최소화와 종업원 규모의 축소는 무관하다.	☐	☐
04	독일, 일본은 기업을 공동체구성원의 하나로 인식하는 사회적 목표가 일반적이다.	☐	☐
05	이해관계자 자본주의하에서는 이익극대화가 중요하므로, 수입은 극대화하고 비용은 최소화하는 것이 바람직한 전략이다.	☐	☐

빈칸 채우기

정답

06 (   )은/는 기업경영에 관한 이해관계자의 이익을 최소의 비용으로 극대화하기 위한 의사결정방식 등의 제도적 장치를 의미한다.

07 경제적 목표 추구의 구체적인 형태는 이익 극대화, 기업가치 극대화, (   ) 가치 극대화 등이다.

08 경제적 목표를 가장 우선시하는 관점을 (   )(이)라고 한다.

09 경제학자 슘페터는 한 쪽에서 일어나는 창조와 반대편에서 일어나는 다양한 파괴가 일어나는 모순적인 상황을 (   )(이)라고 표현했다.

10 기업이 사회적 목표를 기업 운영의 최우선 가치로 삼는 과정을 (   ) 자본주의라고 한다.

| 정답 |
01. ○   02. ×   03. ×   04. ○   05. ×
06. 기업지배구조 07. 주주   08. 주주 자본주의 09. 창조적 파괴 10. 이해관계자

| X해설 |
02. 경제적 목표는 주로 영미식 시장자유경쟁 이론을 신봉하는 관점이며, 애덤 스미스의 관점과 맥락을 같이 한다.
03. 회계기준상 종업원은 비용요소이기 때문에 이익극대화를 위해 종업원은 구조조정의 대상이며, 급여는 삭감하는 것이 기본 원칙이다.
05. 이해관계자 자본주의하에서 기업은 여러 이해관계자들의 니즈(needs)를 충족하기 위한 과정에서 사회적 책임을 수행한다.

빈출 테마 50 소유경영체제와 전문경영체제

OX 문제

		O	X
01	소유경영체제를 통한 기업운영을 유지하는 것은 한국식 경영방식의 특징이다.	☐	☐
02	전문경영체제의 단점은 대리인 문제이다.	☐	☐
03	주주는 배당 혹은 주식 매매 차액뿐만 아니라 경영 자체에도 관심이 많다.	☐	☐
04	소유경영체제는 전문경영체제에 비해 열등하다.	☐	☐
05	적대적 인수합병은 주인–대리인 문제와 무관하다.	☐	☐

빈칸 채우기

정답

06 (   )(이)란 소유권을 집중적으로 보유한 소유주가 기업경영의 중요한 의사결정권까지 지배·통제하는 경영체제로서 기업가가 출자기능과 경영기능을 동시에 담당하는 형태이다.

07 (   ) 문제란 고용자가 자신의 이해와 직결된 의사결정을 대리인 또는 피고용자에게 위임할 때 나타날 수 있는 다양한 문제들을 의미한다.

08 (   )은/는 미리 정한 가격으로 회사 주식을 구입할 수 있는 권리를 의미한다.

09 (   )은/는 소유와 경영의 분리를 통해 주주는 자본의 출자를 담당하고, 경영은 전문경영인에게 위임하는 경영방식을 의미한다.

10 (   )은/는 전문경영인을 감시하기 위한 대표적인 수단이다.

| 정답 |
01. ○   02. ○   03. ×   04. ×   05. ×
06. 소유경영체제   07. 주인–대리인   08. 주식매수선택권
09. 전문경영체제   10. 사외이사제도

| X해설 |
03. 오늘날 주주들은 내가 소유한 주식으로 인한 배당이나 주식 매매 차익에만 관심이 있을 뿐 경영 자체에 참여할 의사는 없다.
04. 소유경영체제와 전문경영체제 중 어느 경영방식이 더 우월하다는 연구결과는 존재하지 않는다. 다만, 각각의 제도는 장점과 단점이 존재한다.
05. 적대적 인수합병의 대상이 되지 않기 위해 전문경영인들은 기업가치 증대를 위해 노력해야 한다.

빈출 테마 51 회계기초

OX 문제

		O	X
01	관리회계의 정보이용자는 투자자와 채권자이다.	☐	☐
02	국제회계기준 IFRS를 통해 원칙중심 회계에서 규칙중심 회계원칙으로 변경되었다.	☐	☐
03	종전의 기준이 개별재무제표 중심의 공시체계였다면 IFRS는 연결재무제표 중심의 공시체계를 중심으로 한다.	☐	☐
04	IFRS를 통해 회계문제에 대한 정부 및 압력집단의 간섭이 심해졌다.	☐	☐
05	K-IFRS에서는 기존의 GAAP의 대차대조표가 재무상태표로 명칭이 변경되었으며, 주재무제표에 포함되었던 이익잉여금처분계산서가 주재무제표에서 제외되었다.	☐	☐

빈칸 채우기

정답

06 (   )은/는 회계정보이용자가 합리적 판단이나 의사결정을 할 수 있도록 특정 기업과 관련하여 발생한 경제적 사건을 식별하고, 기록하여 보고하는 과정이다. _____

07 회계는 대표적으로 재무회계와 (   )(으)로 구분된다. _____

08 (   )은/는 회계정보가 올바르게 작성되었는지 알 수가 없기 때문에 이에 대한 제도적 장치이다. _____

09 회계정보 작성을 위한 일정한 기준을 (   )(이)라고 한다. _____

10 회계를 통해 생성된 정보를 (   )(이)라고 한다. _____

| 정답 |
01. ×   02. ×   03. ○   04. ×   05. ○
06. 회계   07. 관리회계   08. 회계감사   09. GAAP   10. 회계정보

| X해설 |
01. 관리회계는 내부의 경영자를 위한 회계이다.
02. 재무제표 작성의 세부지침까지 마련되어 있던 규칙중심 회계원칙에서 원칙중심의 회계원칙으로 변경되었다.
04. IFRS를 통해 회계문제에 대한 정부 및 압력집단의 간섭이 감소하였다.

빈출 테마 52 재무회계

OX 문제

		O	X
01	특정 수익을 획득하는 데 직접 관련되어 발생한 비용항목은 당해 수익을 인식할 때 대응적으로 함께 인식한다.	☐	☐
02	수익은 과거 사건의 결과로 기업이 통제하고 있고, 미래의 경제적 효익이 기업에 유입될 것으로 기대되는 자원을 의미한다.	☐	☐
03	비용은 자산의 유출이나 소멸 또는 부채의 증가에 따라 자본의 감소를 초래하는 특정 회계기간 동안에 발생한 경제적 효익의 감소를 의미한다.	☐	☐
04	측정이란 재무제표에 특정 항목을 반영하는 과정을 의미한다.	☐	☐
05	현행원가는 자산이 동일하거나 동등한 자산을 현재 시점에서 취득할 경우 그 대가로 지불해야 할 현금이나 현금성 자산의 금액으로 평가하는 방식이다.	☐	☐

빈칸 채우기

정답

06 (   )은/는 현금유출입과 관계없이 수익 및 비용을 인식하는 회계절차이다. _____

07 (   )은/는 현금수입이 있을 때 수익을 인식하고 현금지출이 있을 때 비용을 인식하는 회계절차이다. _____

08 기업이 자산을 사용함으로써 발생한 비용항목은 회계기간 동안 사용한 금액을 비용으로 인식하는 기준을 (   )원칙이라고 한다. _____

09 재무제표는 일반적으로 기업이 (   )이며 예상 가능한 기간 동안 영업을 계속할 것이라는 가정하에 작성된다. _____

10 (   )은/는 기업의 자산에서 모든 부채를 차감한 잔여지분을 의미한다. _____

| 정답 |
01. ○   02. ×   03. ○   04. ×   05. ○
06. 발생주의 회계   07. 현금기준회계   08. 수익-비용 대응
09. 계속기업   10. 자본

| X해설 |
02. 수익은 자산의 유입이나 증가 또는 부채의 감소에 따라 자본의 증가를 초래하는 특정 회계기간 동안에 발생한 경제적 효익의 증가를 의미한다.
04. 측정이란 재무제표에 인식되고 평가되어야 할 요소의 화폐금액을 결정하는 과정이다.

빈출 테마 **53 재무제표**

OX 문제

	O	X
01 포괄손익계산서의 수익 및 비용항목은 자본에 영향을 미치지 않는다.	☐	☐
02 총포괄손익은 당기순이익과 기타포괄손익의 합으로 구성된다.	☐	☐
03 우리나라의 경우, 회계기간을 1월 1일~12월 31일로 설정하는 경우가 많다. 이때 회계기간 말은 12월 31일이 된다.	☐	☐
04 재무상태표의 구성요소는 자산, 부채, 비용, 자본이다.	☐	☐
05 재무상태표는 일정 기간의 경영성과를 나타낸다.	☐	☐

빈칸 채우기

정답

06 (   )(이)란 기업경영에 수반되는 재무상황을 기록·계산·정리하여 경리내용을 명확히 하고 이해관계자들에게 보고하기 위해 기업이 작성하는 각종 계산표를 의미한다.

07 재무제표는 재무상태표, 포괄손익계산서, (   ), 자본변동표, 주석으로 구성된다.

08 자산의 총액은 항상 부채 총액과 자본 총액의 합과 일치해야 하는데, 이를 (   )(이)라고 한다.

09 (   )은/는 일정 기간 동안 자본의 각 항목들이 어떻게 변동하였는지를 보여주는 재무제표이다.

10 이익은 (   )에서 비용을 차감한 개념이고, (   )은/는 자본의 증가를 초래하므로 자본은 이익만큼 증가한다.

| 정답 |
01. ×   02. ○   03. ○   04. ×   05. ×
06. 재무제표   07. 현금흐름표   08. 회계등식   09. 자본변동표   10. 수익, 수익

| X해설 |
01. '수익-비용=이익'이므로 자본은 이익만큼 증가한다.
04. 재무상태표의 구성요소는 자산, 부채, 자본이다.
05. 재무상태표는 일정 시점의 재무 상태를 나타내는 표이다.

빈출 테마 **54 안정성 비율과 수익성 비율**

OX 문제

	O	X
01 유동성 분석의 기준은 2년 이내에 만기가 도래하는 유동부채의 상환가능 여부이다.	☐	☐
02 유동비율은 당좌비율보다 보수적인 개념이다.	☐	☐
03 부채비율이 낮을수록 채권자들의 채권보전 안전도는 떨어진다.	☐	☐
04 이자보상비율은 이자지급능력을 나타내는 비율로, 이자비용 및 법인세 차감전순이익(EBIT)을 이자비용으로 나누어 계산한다.	☐	☐
05 총자산이익률(ROA: Return On Assets)은 회계이익(영업이익, 당기순이익)을 총자산으로 나눈 비율이다.	☐	☐

빈칸 채우기

정답

06 (   )(이)란 기업이 보고한 재무제표를 분석하여 기업의 현재 및 과거의 경영성과 및 재무 상태의 좋고 나쁨을 판단하고 미래의 성과를 예측하는 방법이다.

07 (   )은/는 재무제표상에 표기된 관련 항목들을 서로 대응시켜 산정된 비율이다.

08 (   )은/는 기업의 채무상환능력을 나타내는 비율이다.

09 (   )(이)란 1년 이내 현금화가 가능한 유동자산을 1년 이내에 만기가 도래하는 유동부채로 나눈 값이다.

10 (   )은/는 투입된 자본 대비 얼마의 이익을 냈는지, 매출액 대비 얼마의 이익을 낼 수 있는지에 관한 정보를 제공해 준다.

| 정답 |
01. ×   02. ×   03. ×   04. ○   05. ○
06. 재무제표 분석   07. 재무비율   08. 안정성비율   09. 유동비율   10. 수익성비율

| X해설 |
01. 유동성에 대한 구체적인 분석은 재무상태표 작성일 기준으로 1년 이내에 만기가 도래하는 유동부채를 갚을 수 있는 능력이 되는지를 살펴보는 데 있다.
02. 당좌비율(quick ratio)은 재고자산의 처분을 고려하지 않은 상태에서 단기채무지급능력을 측정하는 비율로서 유동비율보다 더 보수적인 비율이다.
03. 부채비율이 높을수록 채권자들의 채권보전 안전도는 떨어진다.

빈출 테마 55 성장성 비율과 시장가치 비율

OX 문제

01 순이익성장률과 주가형성은 무관하다.

02 배당성향이 높아질 경우 재무구조의 개선요인이 된다.

03 시장가치 비율이란 주식시장에서 형성된 주가와 재무제표 항목을 대응하여 산출된 비율을 의미한다.

04 주가수익률이 낮게 나타난다는 것은 투자자의 입장에서는 좋은 투자기회라고 해석할 수 있다.

05 재무비율분석은 기업의 재무적 성과만을 바탕으로 분석을 수행하기 때문에 비재무적인 요인들은 고려되지 않는다.

	O	X

빈칸 채우기

06 (   )은/는 전년도 대비 당기 매출액이 얼마나 빠른 속도로 증가하였는지를 보여 주는 개념이다.

07 (   )은/는 당기순이익이 전기순이익에 비해 얼마나 빠른 속도로 증가했는지를 나타내는 지표이다.

08 (   )은/는 현재의 주당 주식가격(주가)을 주당순이익으로 나눈 지표이다.

09 (   )은/는 기업의 당기순이익을 유통보통주식수로 나눈 지표로서 기업의 주당 수익력을 나타낸다.

10 (   )은/는 순자산을 유통보통주식수로 나눈 값으로 기업이 발행하는 주식 한 주당 얼마만큼의 순자산을 보유하고 있는지를 나타내는 지표이다.

정답

정답

| 정답 |

01. ×   02. ×   03. ○   04. ○   05. ○
06. 매출액성장률   07. 순이익성장률   08. 주가수익률(PER)
09. 주당순이익(EPS)   10. 주당순자산(BPS)

| X해설 |

01. 순이익성장률은 주가형성에 직접적인 영향을 미친다.
02. 배당성향이 높아지면 이익 중 배당금이 차지하는 비율이 높아지므로 자본과 자산이 동시에 감소하여 재무구조의 악화요인이 된다.

끝이 좋아야 시작이 빛난다.

– 마리아노 리베라(Mariano Rivera)

실제 기출 2회분
+쪽지시험

eduwill

2025 최신판

에듀윌 TESAT
실제 기출로 한권끝장

고객의 꿈, 직원의 꿈, 지역사회의 꿈을 실현한다

에듀윌 도서몰
book.eduwill.net

- 부가학습자료 및 정오표: 에듀윌 도서몰 > 도서자료실
- 교재 문의: 에듀윌 도서몰 > 문의하기 > 교재(내용, 출간) / 주문 및 배송

단기 고득점 특별 지원!
교재 구매자 무료 혜택

고퀄리티 무료특강

한권끝장
- 기출해설특강 6강
- 경제기초특강 3강
- 콕! 짚어주는 핵심특강 21강

8회분 기출문제집
- 기출해설특강 24강

* 수강 경로
에듀윌 도서몰(book.eduwill.net)
▶ 동영상강의실

단기 합격 필수 자료

한권끝장
- [부록] 쪽지시험
(OX문제/빈칸채우기)

영역별 600제
- [부록] 빈출핵심 이론수첩

* 자료 경로
각 교재 내 수록

보너스 기출·모의고사

한권끝장
- [PDF] 정시/특시 맞춤형 모의고사
총 2회분

영역별 600제
- [PDF] 보너스 기출문제 2회분

* 자료 경로
에듀윌 도서몰(book.eduwill.net)
▶ 도서자료실 ▶ 부가학습자료

eduwill

에듀윌 한경TESAT 합격 스토리

에듀윌 합격 커리큘럼으로 S급 달성했어요!

황O욱 합격생

에듀윌 인강으로 TESAT 공부를 시작했습니다. 전공이 상경계열이라 쉽게 이해되는 부분도 있었지만, 배운 지 오래된 내용들은 잘 기억이 나지 않았기에 에듀윌 인강이 많은 도움이 되었습니다. 특히 이론에 실제 기사 내용을 접목시켜서 설명해 주신 것이 이해하는 데 큰 도움이 되었습니다. 교재는 한권끝장을 1회독 후 600제 문제집으로 부족한 부분의 문제를 풀었습니다. 맞힌 문제와 틀린 문제 모두 오답 정리를 꼼꼼히 한 덕분에 최고 등급의 성적을 받을 수 있었던 것 같습니다. 다른 수험생 분들도 에듀윌 인강으로 개념을 익힌 후 충분히 복습하신다면 좋은 성적을 받으실 것 같습니다.

기출문제가 있어 합격이 쉬웠어요!

정O진 합격생

단기간에 TESAT을 준비해야 했던 저는 에듀윌 한권끝장 교재를 중심으로 인강을 수강했습니다. 경제이론은 책과 강의 내용을 충분히 이해하는 것이 중요합니다. TESAT은 기출문제가 굉장히 중요한데, 에듀윌 교재에는 실제 기출문제가 함께 수록되어 있었습니다. 거의 동일한 문제가 출제되는 등 실제 시험에 적중률이 높아 이를 풀어보고 시험에 응시한 점이 '1급'을 획득할 수 있었던 포인트였던 것 같습니다. 이론 뒤에 수록된 기출동형 연습문제도 실제 시험과 매우 유사하기 때문에 시간이 된다면 문제를 모두 풀어보는 것을 추천합니다.

비전공자도 고등급 취득 가능해요!

이O진 합격생

저는 편입을 준비하고 있어 학점을 취득하기 위해 TESAT을 공부했어야 했습니다. 하지만 저는 경제 관련 전공자가 아니고, 다른 일과 병행했기에 시간이 많이 없었습니다. 그래서 독학보다는 인강을 듣는 게 더 효율적이라고 보았습니다. 저는 에듀윌 이종학 교수님의 강의를 수강했는데요. 비전공자임에도 불구하고 교수님의 알기 쉬운 설명과 재치 있는 입담으로 지루하지 않게 들을 수 있었습니다. 에듀윌에서 만든 TESAT 한권끝장 교재도 이름이 왜 한권끝장인지 알 수 있는 알찬 구성이었습니다. 강의와 교재로 공부한 결과, 3급이 목표였는데 결과는 '2급'으로 기분 좋게 초과 달성했습니다!

다음 합격의 주인공은 당신입니다!

더 많은
합격 스토리

추천 대상
- 상세한 이론, 다양한 기출 학습을 통해 목표 등급을 달성하고 싶은 수험생
- 비전공자, 입문자, 단기 준비생 등

| 학습기간 ___월___일 ~ ___월___일 | 나의 목표 등급 ___급 |

에듀윌 TESAT 한권끝장

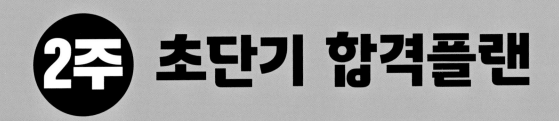

추천 대상
- 핵심 이론과 기출문제만 공략하여 단기간 고득점을 희망하는 수험생
- 전공자, 관련 자격증 소지자, 관련 경력자 등

| 학습기간 ___월___일 ~ ___월___일 | 나의 목표 등급 ___급 |

[이론편] 경제기초/핵심이론 특강 + 기출동형 연습문제

일차	구분	내용	페이지	날짜
1일	미시경제	01 경제학의 기초	p.18	__월__일
2일		02 수요 및 공급이론	p.44	__월__일
3일		03 소비자이론	p.88	__월__일
4일		04 생산자이론	p.116	__월__일
5일		05 시장이론	p.140	__월__일
6일		06 소득분배	p.174	__월__일
7일		07 시장 실패와 정부 실패	p.190	__월__일
8일		08 정보경제	p.208	__월__일
9일	거시경제	01 거시경제학 개관	p.224	__월__일
10일		02 거시경제의 측정	p.238	__월__일
11일		03 균형국민소득의 결정	p.258	__월__일
12일		04 총수요·총공급과 균형의 결정	p.280	__월__일
13일		05 화폐시장과 이자율의 결정	p.298	__월__일
14일		06 재정정책과 통화정책	p.313	__월__일
15일		07 물가와 인플레이션	p.335	__월__일
16일	거시경제	08 실업	p.352	__월__일
17일		09 필립스곡선	p.364	__월__일
18일		10 경기변동, 경제성장, 경기지수	p.378	__월__일
19일	국제경제	01 무역이론과 제도	p.398	__월__일
20일		02 국제수지와 국제금융	p.418	__월__일
21일	금융·경영·시사	01 금융상식	p.442	__월__일
22일		02 경영상식	p.470	__월__일
23일		03 시사상식	p.488	__월__일
24일		이론편 총 복습		__월__일

[문제편] 쪽지시험 + 모의고사 + 기출해설 특강

일차	내용	페이지	날짜
25일	쪽지시험(OX문제/빈칸채우기)	부록	__월__일
26일	정시/특시 모의고사 + 오답문제 복습	PDF	__월__일
27일	79회, 78회 기출문제 + 오답문제 복습	부록	__월__일
28일	총 복습		__월__일

※학습 시작 전 또는 학습 후, '__월 __일'에 날짜를 작성하세요.

※선택한 기간의 플래너를 오린 뒤, 휴대하거나 벽에 부착하여 사용하세요.

[이론편] 핵심이론 특강 + 기출동형 연습문제

일차	구분	내용	페이지	날짜
1일	미시경제	01 경제학의 기초 ~ 02 수요 및 공급이론	p.18	__월__일
2일		03 소비자이론 ~ 04 생산자이론	p.88	__월__일
3일		05 시장이론 ~ 06 소득분배	p.140	__월__일
4일		07 시장 실패와 정부 실패 ~ 08 정보경제	p.190	__월__일
5일	거시경제	01 거시경제학 개관 ~ 02 거시경제의 측정	p.224	__월__일
6일		03 균형국민소득의 결정 ~ 04 총수요·총공급과 균형의 결정	p.258	__월__일
7일		05 화폐시장과 이자율의 결정 ~ 06 재정정책과 통화정책	p.298	__월__일
8일		07 물가와 인플레이션 ~ 08 실업	p.335	__월__일
9일		09 필립스곡선 ~ 10 경기변동, 경제성장, 경기지수	p.364	__월__일
10일	국제경제	01 무역이론과 제도 ~ 02 국제수지와 국제금융	p.398	__월__일
11일	금융·경영·시사	01 금융상식 ~ 03 시사상식	p.442	__월__일

[문제편] 쪽지시험 + 모의고사 + 기출해설 특강

일차	내용	페이지	날짜
12일	쪽지시험(OX문제/빈칸채우기) + 총 복습	부록	__월__일
13일	정시/특시 모의고사 + 오답문제 복습	PDF	__월__일
14일	79회, 78회 기출문제 + 오답문제 복습	부록	__월__일

※학습 시작 전 또는 학습 후, '__월 __일'에 날짜를 작성하세요.

※선택한 기간의 플래너를 오린 뒤, 휴대하거나 벽에 부착하여 사용하세요.

시작하는 방법은
말을 멈추고
즉시 행동하는 것이다.

– 월트 디즈니(Walt Disney)

에듀윌 TESAT
실제 기출로 한권끝장

머리말

"이름 그대로의 책입니다."

드디어 〈2025년 에듀윌 TESAT 한권끝장〉이 출간되었습니다. 매년 꾸준히 많은 수험생들에게 사랑을 받아온 교재이기 때문에 매해 개정 시 무거운 책임감을 느낍니다. 더 나아져야한다는 부담감은 더 많은 애정과 노력을 쏟아부을 수 있는 원동력이 됩니다. 올 한 해도 본 교재가 수험생들의 어려움을 조금이나마 덜어주는 동반자 역할이 되었으면 하는 바람입니다.

〈2025년 에듀윌 TESAT 한권끝장〉에는 기존 책의 강점이었던 직관적인 설명과 예시, 기출동형 연습문제를 그대로 유지하면서 실제 기출문제를 넣어 마무리 구성을 강화했습니다. 그뿐만 아니라 모든 문제에 자세한 해설을 수록해 학습한 이론이 문제에 어떻게 적용되는지 정확히 설명하고자 노력했습니다. 경제학의 특성상 여타의 과목과는 달리 지나친 개론 및 요약 내용의 암기로는 정확한 이해가 어렵습니다. 수식 위주의 접근도 큰 도움이 되지 않습니다. TESAT 문제를 풀어내고, 비즈니스 현장에서 맞닥뜨리는 문제를 실질적으로 해결하기 위해서는 정확한 이해가 바탕이 되어야 하고, 개념 간의 유기적 관계를 잘 파악해야 합니다.

본 교재는 정기시험과 특별시험을 모두 대비할 수 있습니다. 기존 경제학 교과서가 설명해주지 않는 개념을 쉽게 풀어놓은 일종의 설명서 역할을 하기 때문입니다. 본 교재가 딱딱해보일 수 있는 타 경제학 교과서와는 결이 다른 이유입니다. 더 나아가 TESAT 전용 수험서에 국한되지 않고, 취업 대비는 물론 경제 전공자가 아니더라도 실제 비즈니스 현장에서 의사결정의 행간을 이해할 힘을 기를 수 있도록 도와줍니다.

기출문제를 공개하지 않는 한국경제신문이 올해도 역시 에듀윌에는 기출문제를 공개하기로 하였습니다. 이 책으로 공부를 하시는 수험생은 더 믿을 수 있는 문제로 실전을 대비할 수 있습니다. 수록된 기출문제들을 통해 학습한 개념이 문제 해결에 어떻게 활용되는지 꼭 확인해 보시길 바랍니다. 모든 시험의 시작과 끝은 기출문제여야만 합니다.

시사경제에 대한 문의는 해가 지날수록 더욱 많아지는데, 이는 사회가 복잡해짐과 동시에 경제 이슈에 대한 중요성이 갈수록 높아진 탓입니다. 하지만 결국 시사경제 문제의 해결도 이론에 대한 이해가 전제되어야 합니다. 시사를 소재로 활용했을 뿐, 결국 묻고자 하는 핵심은 경제이론이기 때문입니다. 시사 자체에 대한 이해는 필요하지만, 아주 특수한 사례는 시험의 소재로 활용되지 않습니다. 매 시험 직전 한국경제신문에서 제공하는 TESAT 관련 칼럼들을 살펴보면서 실질적인 도움을 받으시길 바랍니다.

마지막으로 이전 기본서와 강의를 통해 공부하고 질문을 주신 많은 분들께 감사의 마음을 전합니다. 이에 더해 특히 수강자분들께는 에듀윌 홈페이지에 마련된 [1:1 학습질문] 페이지를 최대한 활용하시는 것을 적극 추천합니다.

올 한 해도 보다 많은 수험생들이 본 교재를 통해 더 좋은 기회를 얻으실 수 있기를 진심으로 바랍니다.

저자 David Kim

TESAT의 모든 것

TESAT이란?

TESAT이란 'Test of Economic Sense And Thinking'의 약어로 시장경제에 대한 지식과 이해도를 측정하는 경제 지력 · 사고력 테스트이다. 단편적인 경제지식을 묻는 퀴즈식 시험이 아니라 복잡한 경제현상을 얼마나 잘 이해하고 있는가를 객관적으로 평가하는 종합 경제시험이다. 한국경제신문이 주최하며 2010년 11월 정부로부터 '국가공인' 자격시험으로 인정받았다.

시험일정 및 시간

☑ 시험일정

※ 정확한 일정은 [tesat.or.kr]–[시험일정]에서 확인하시기 바랍니다.
※ 아래 일정은 2025년 정기시험에 해당하며, 특별시험은 응시수요를 파악하여 진행될 예정입니다.

회차	시험일자	접수기간	성적발표일
94회	2024년 12월 28일(토)	2024년 11월 26일~2024년 12월 16일	2025월 01월 03일
95회	2025년 02월 15일(토)	2025년 01월 02일~2025년 02월 05일	2025년 02월 21일
96회	2025년 03월 22일(토)	2025년 02월 18일~2025년 03월 12일	2025년 03월 28일
97회	2025년 05월 17일(토)	2025년 03월 25일~2025년 05월 07일	2025년 05월 23일
98회	2025년 06월 28일(토)	2025년 05월 20일~2025년 06월 18일	2025년 07월 04일
99회	2025년 08월 09일(토)	2025년 07월 01일~2025년 07월 30일	2025년 08월 14일
100회	2025년 09월 20일(토)	2025년 08월 12일~2025년 09월 10일	2025년 09월 26일
101회	2025년 11월 15일(토)	2025년 09월 23일~2025년 11월 05일	2025년 11월 21일
102회	2025년 12월 27일(토)	2025년 11월 18일~2025년 12월 17일	2026월 01월 02일

☑ 시험시간

입실	오전 9시 30분까지	고사장	서울, 인천, 수원, 부산, 대구, 대전, 광주, 전주, 창원, 제주, 강원
시험시간	100분 (오전 10시 ~ 11시 40분)		

출제기준 및 배점

☑ 출제기준

▶ **경제이론**

경제정보를 이해하는 데 필요한 주요 경제이론지식을 테스트한다. 경제기초, 미시, 거시, 금융, 국제 등
경제학 전 분야에서 골고루 출제된다.

▶ **시사경제(경영)**

경제 · 경영과 관련된 뉴스를 이해하는 데 필요한 배경지식을 테스트한다. 새로운 경제정책과 산업, 기업
관련 뉴스 이해에 필요한 경제 · 경영상식을 검증한다.

▶ **응용복합(상황판단)**

경제, 경영, 시사상식을 결합한 심화 영역으로 경제상황을 분석 · 추론 · 판단할 수 있는 종합 사고력을
테스트한다. 자료(통계)해석형, 이슈분석형, 의사결정형의 문항으로 출제한다. 여러 변수를 고려해야 하
는 경제이해력의 특성을 감안해 마련한 영역이다.

☑ 배점

영역	출제 범위	지식이해 (3점)	적용 (4점)	분석추론 종합 판단 (5점)	합계
경제이론	기초일반, 미시, 거시, 금융, 국제	20문항 60점	10문항 40점	–	30문항 100점
시사경제 (경영)	정책(통계), 상식(용어), 경영(회사법, 회계, 재무)	20문항 60점	10문항 40점	–	30문항 100점
응용복합 (상황판단)	자료해석, 이슈분석, 의사결정(비용편익분석)	–	–	20문항	20문항 100점

TESAT의 모든 것

☑ 점수에 따른 등급

총점을 기준으로 경제이해력 정도를 나타내는 S(최고 등급), 1~5의 등급을 부여하며, 백분율 석차도 함께 표시하고 있다.

> *** TESAT이 검증하는 경제이해력** : 국내외에서 발생하는 각종 경제 정보를 제대로 이해하고 이를 바탕으로 주어진 경제 상황에서 합리적인 판단을 내리거나 주요 경제 이슈에 대해 독자적으로 의견을 제시할 수 있는 능력이다.

S급
(270~300점)
경제이해력 최고 수준
경제현상 독자적 분석 가능
현장에서 어떤 업무에도 투입 가능한 정도의 수준

1급
(240~269점)
경제이해력 매우 뛰어남
경제학과, 경영학과 졸업생 수준

2급
(210~239점)
경제이해력 우수
대학졸업생 중상위권 수준

3급
(180~209점)
경제이해력 보통
대학졸업생 중위권 수준

4급
(150~179점)
경제이해력 부족
고교졸업생 수준, 노력이 필요함

5급
(120~149점)
경제이해력 매우 부족
많은 노력이 필요함

* 120점 미만은 등급 외

☑ 성적 유효기간

성적 유효기간은 응시일로부터 2년이다. 2년 후에는 성적표의 재발급이나 성적 확인이 불가능하다.

TESAT의 활용 현황

※ 활용 관련 사항은 변동될 수 있습니다. 각 단체별 세부사항을 다시 한 번 확인하시기 바랍니다.

☑ 대졸 신입사원 채용 시 활용

☑ 대입(학생부종합전형 기재) 시 사용

소관 부처	자격종목	등급	자격관리자
기획재정부	국제금융역	–	(사)한국금융연수원
	외환전문역	Ⅰ · Ⅱ종	(사)한국금융연수원
	경제이해력검증시험(TESAT)	S급, 1 · 2 · 3급	한국경제신문사
	경제경영이해력인증시험 매경TEST	최우수, 우수	매일경제신문사
	원가분석사	–	(사)한국원가관리협회

☑ 학점은행제 인정 학점으로 사용

분류	자격명	인정학점		표준교육과정 해당 전공	
		기존	변경 (18.04.01)	전문학사	학사
경영/경제	경제이해력검증시험(TESAT) S급	20	20	경영	경영학, 경제학
	경제이해력검증시험(TESAT) 1급	18	19		
	경제이해력검증시험(TESAT) 2급	16	18		
	경제이해력검증시험(TESAT) 3급	14	17		

☑ 임직원 승진 인사에 활용하는 기업

1 | 이론부터 기출까지 한권으로 끝장!

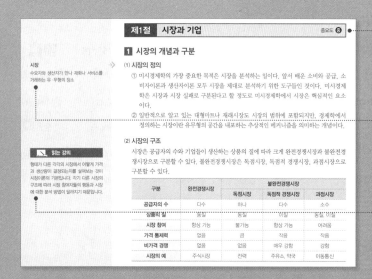

학습 중요도
최신 출제빈도·기준을 바탕으로 절별 중요도를 상/중/하로 제시하였습니다.

용어설명
생소한 경제용어라도 바로 확인할 수 있도록, 해당 용어의 뜻을 자세하게 설명하였습니다.

읽는 강의
저자의 강의를 글로 옮겨 실제 강의를 듣는 것처럼 빠르게 이해할 수 있습니다.

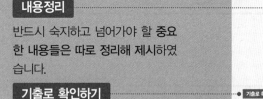

내용정리
반드시 숙지하고 넘어가야 할 중요한 내용들은 따로 정리해 제시하였습니다.

기출로 확인하기
이론의 중간중간에 제시된 기출변형문제를 통해 실전에서 문제가 어떤 형식으로 출제되는지 파악할 수 있습니다.

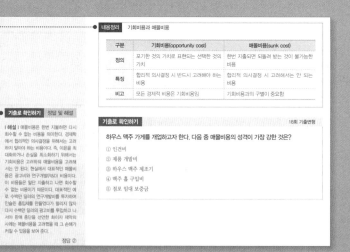

경제기초특강
book.eduwill.net

콕! 짚어주는 핵심특강
book.eduwill.net

기출동형 연습문제

각 CHAPTER마다 실제 기출과 동일한
유형을 제시하여 앞서 학습한 이론이 실전
에서 어떤 다양한 모습으로 출제되는지
확인할 수 있도록 하였습니다.

기출문제 2회분

실제 기출문제 2회분과 저자 직강의 해설
특강으로 완벽하게 마무리하여 실전에
대비할 수 있도록 구성하였습니다. 또한
정시와 특시 각 1회분씩 모의고사 2회
분을 PDF로 추가 제공하여 충분히 실전
연습을 할 수 있도록 하였습니다.

기출해설특강
book.eduwill.net

2 | 핫이슈, 시사용어 반영!

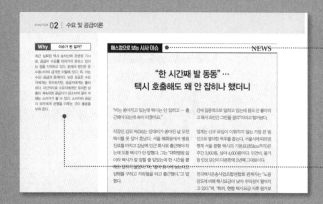

매스컴으로 보는 시사 이슈

기사, 칼럼 등의 매스컴 내용을 통해 최근에 나타나고 있는 이슈들까지 함께 학습할 수 있습니다.

Why 이슈가 된 걸까?

응용복합 문제를 푸는 데 도움이 될 수 있도록 학습한 이론이 어떤 형태로 이슈화되고 있는지를 자세하고 재미있게 설명하였습니다.

금융·경영·시사상식

시사경제 영역에서 나올만한 최신 시사상식용어들을 주제별로 엄선하여 제시하였습니다.

회독체크

한 번 읽을 때마다 체크할 수 있는 3개의 회독 박스를 제시하여 시사상식용어를 확실하게 복습할 수 있도록 하였습니다.

CHAPTER 01 금융상식

☑ 회독체크

1 5%룰(5% Rule)

개인이나 기관 중 상장기업 주식을 5% 이상 보유할 시, 지분 변동이 1% 이상 일어날 때 보유상황과 변동내역, 보유목적 등을 금융감독원에 5일 이내에 보고해야 하는 제도이다. 상장기업의 경영권 안정과 공정성을 위해 2005년 개정된 「증권거래법」 제200조 제2항에 명시되어 있다.

2 BIS(Bank for International Settlements)

국제결제은행이라고 불리며, 1930년 1월 헤이그협정에 의거하여 설립된 중앙은행 간 협력기구로 현존하는 국제금융기구 중 가장 오래된 기구이다. 1988년에는 바젤합의를 통해 은행 시스템의 건전성 확보와 국제적 감독 기준 마련을 목적으로 하는 'BIS 기준'이라는 자기자본규제안을 발표하였다.

3 BIS 자기자본비율(BIS Capital Adequacy Ratio)

국제결제은행(BIS)이 정하는 은행의 자기자본비율이다. BIS 자기자본비율은 위험가중자산에 대한 자기자본비율을 의미한다.

무료 시사상식 특강
www.eduwill.net

PDF
시사 자료집

교수님이 알려주는 합격비법 BEST 4

1
시험의 의도를 생각해 볼 것!

지피지기면 백전백승이라고 했다. 어떤 시험이든 좋은 점수를 얻기 위해서는 시험의 의도가 무엇인지를 먼저 생각해 봐야 한다. 시험의 의도를 파악해야 비로소 어떤 범위에서 어떤 내용이 출제될지 가늠해 볼 수 있기 때문이다. TESAT은 이론 위주의 시험이 아니라 실제 경제현상을 경제지식으로 바라볼 수 있는 소양을 갖추었는지를 확인하는 시험이다. 특정 개념이 반복되어 출제되는 이유가 바로 여기에 있다. 실제 경제환경을 해석하기 위해 필요한 지식은 결코 어렵고 복잡한 개념이 아니기 때문이다.

2
빠르게 여러 번 반복 학습할 것!

경제학은 경제개념으로 사회를 분석하는 학문이라 다양한 요인들이 유기적으로 얽혀 있다. 이와 같이 TESAT 시험도 각 개념이 촘촘하게 연결되어 있는 탓에 전체를 파악하지 못하면 정확한 이해가 어렵다. 하나의 개념을 완벽하게 이해하고 넘어가기 보다는 빠르게 여러 번 전체를 반복하여 학습하는 것이 효율적이다. 이렇게 반복하다 보면 이해의 공백이 줄어드는 것을 느낄 수 있을 것이다. 어렵다고 포기하지 말고, 모르면 넘어가자. 3장에서 이해가 되지 않던 개념이 9장을 공부하다가 저절로 이해가 되는 신기한 체험을 할 수 있을 것이다.

3
기출문제와 출제 예상문제를 통해 학습한 이론을 적용할 것!

구슬이 서 말이어도 꿰어야 보배이다. TESAT의 핵심 개념들을 습득했다 하더라도 문제풀이에 접목하는 연습을 게을리 하면 효과적인 학습이라 할 수 없다. 반드시 출제 예상문제와 기출문제로 실제 시험에 대비하여야 한다. 특히, 기출문제는 TESAT 학습의 처음이자 끝이다. 최대한 기출과 흡사하게 구성된 최신 문제집을 골라 대략적인 출제 경향을 확인하고 어느 정도 학습이 이루어진 이후에는 최근 3~5회의 문제를 통해 학습한 내용들을 확인해야 한다.

4
시사 이슈에 관심을 가질 것!

경제 혹은 경영학의 개념들로 채울 수 없는 부분은 시사적인 부분이다. 시사 이슈는 책 속의 내용이 아닌 현실의 경제현상이 어떤 배경에서 움직이고 있는지를 보여 주는 중요한 내용이다. 시사적인 이슈를 경제·경영학의 개념들로 해석해 낼 수 있을 때 TESAT 고득점은 물론이거니와 사회가 필요로 하는 인재의 소양을 갖추게 됨을 기억하자.

차례

PART

01

미시경제

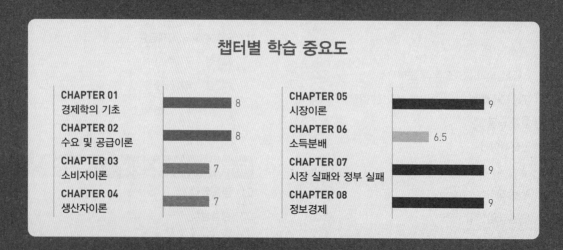

챕터별 학습 중요도

최근 5회분 기출 데이터

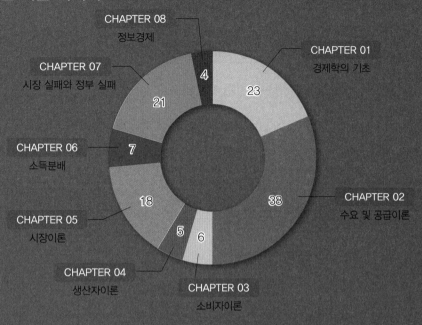

CHAPTER 08
정보경제
4

CHAPTER 07
시장 실패와 정부 실패
21

CHAPTER 06
소득분배
7

CHAPTER 05
시장이론
18

CHAPTER 04
생산자이론
5

CHAPTER 03
소비자이론
6

CHAPTER 01
경제학의 기초
23

CHAPTER 02
수요 및 공급이론
38

BEST 출제 키워드

구분	BEST 출제 키워드	구분	BEST 출제 키워드
CHAPTER 01 경제학의 기초	• 희소성, 자유재와 경제재, 기회비용, 매몰비용 • 생산가능곡선, 경제 순환도 • 경제문제와 경제체제, 효율성과 형평성 • 변수의 이해(독립 및 종속·내생 및 외생·유량 및 저량변수)	**CHAPTER 05** 시장이론	• 시장의 개념과 구분 • 시장의 유형, 단·장기 균형 • 가격차별, 게임이론
CHAPTER 02 수요 및 공급이론	• 수요(공급)와 수요(공급)곡선 • 수요와 공급의 탄력성 • 소비자잉여, 생산자잉여, 총잉여 • 최고 가격제와 최저 가격제	**CHAPTER 06** 소득분배	• 10분위분배율, 로렌츠곡선, 지니계수, 앳킨슨지수 • 지대와 경제적 지대
CHAPTER 03 소비자이론	• 효용의 측정 방법, 한계효용균등의 법칙 • 무차별곡선, 예산선 • 가격효과(정상재, 열등재) • 확실성·불확실성하의 소비자선택이론	**CHAPTER 07** 시장 실패와 정부 실패	• 시장 실패, 외부 효과 • 정부 실패
CHAPTER 04 생산자이론	• 생산자이론의 기초 • 단기·장기 생산함수, 비용함수	**CHAPTER 08** 정보경제	• 역선택의 정의와 해결책 • 도덕적 해이 및 주인−대리인 문제

※ 학습 중요도와 BEST 출제 키워드는 출제빈도 분석과 출제기준 자료를 바탕으로 수록했습니다.

경제학의 기초

제1절 경제학이란 무엇인가 중요도 중

1 다양한 경제학의 정의

알프레드 마샬
영국의 경제학자이자 캠브리지 대학에 경제학과를 처음으로 만들었던 교수

폴 크루그먼
미국의 경제학자이자 2008년 노벨경제학상 수상자

경제학에 대한 정의는 매우 다양하다. 대표적으로 알프레드 마샬과 폴 크루그먼은 다음과 같이 정의하였다.

알프레드 마샬(Alfred Marshall)	경제학은 '일상을 연구하는 학문'이다.
폴 크루그먼(Paul Krugman)	경제학은 '개인과 사회의 두 수준에서 총체적으로 경제를 연구하는 학문'이다.

어떤 표현을 사용했든 경제학은 경제를 연구하는 학문임에는 틀림없다. 연구의 대상인 '경제'가 시대에 따라, 학자에 따라 다양하게 표현될 뿐이다.

2 애덤 스미스의 「국부론」

다양한 경제학의 정의 가운데 경제학을 처음 공부하는 사람들에게 가장 도움이 되는 정의는 바로 경제학의 아버지라 할 수 있는 애덤 스미스(Adam Smith)의 정의이다. 애덤 스미스는 그의 책 『국부론(The Wealth of Nations)』에서 '경제학이란 여러 나라 국민의 부(富)에 관하여 연구하는 학문'이라고 정의하였다. 이를 풀어 설명하면 '경제학이란 부의 생산과 분배, 소비에 관해 연구하는 학문이다.'라고 표현할 수 있다. 이는 우리가 앞으로 배워야 할 내용들을 한 문장으로 요약해 놓은 정의라고 할 수 있다.

제2절 왜 경제학을 공부해야 하는가 중요도 중

1 경제학 ─ 종합적인 사고를 도와주는 수단

(1) 현대인 ─ 수요자이자 공급자

현대 사회를 살아 가는 사람들은 모두가 수요자이자 공급자이다. 마트에서 상품을 구입할 때에는 소비자로서 행동하지만, 회사에서는 노동의 공급자로서 행동한다. 하지만 우리는 종종 우리 자신을 소비자로만 혹은 공급자로만 판단하는 잘못을 범한다. 예를 들어 보자. 명절이면 평소에 즐겨 먹던 사과의 가격이 평소의 두 배 가까이 상승한다. 이를 두고 사람들은 명절을 노려 바가지를 씌운다고 말한다. 하지만 이는 철저히 수요자 입장에서의 이야기이다. 사실 명절 때에는 사과 가격이 오르지 않아도 사과를 구입하기가 어려웠을 것이다. 명절에는 너도나도 선물용 사과를 구입하길 원해 사과의 수요가 공급보다 많기 때문이다. 이 상황에서 사과의 생산자는 두 배가 아니라 세 배, 네 배의 가격을 받고자 했을지도 모른다.

(2) 종합적 사고로서의 경제학

우리에게 종합적인 사고가 필요한 이유는 수요자로서의 역할과 공급자로서의 역할이 밀접하게 연결되어 있기 때문이다. 마트에서 수요자로 행동하기 위해서는 일터에서 노동의 공급자로 일하면서 소득을 얻어야 한다. 경제학과 무관한 공대 혹은 법대를 졸업했다고 해서 이러한 관계로부터 자유로울 수 있는 것은 아니다. 현대를 살아가는 모든 사람들은 경제적 관점에서의 종합적인 사고가 필요하다.

2 무한한 욕망, 희소한 자원

인간의 욕망은 무한하다. 한참을 굶은 사람은 빵 한 조각이면 세상을 다 가진 듯한 기분을 느낄 것이다. 하지만 빵 한 조각이 충족되면, 이제는 딸기잼도 곁들여 먹고 싶은 욕망이 생긴다. 그마저도 충족이 되면 유기농 밀가루로 만든 빵이 먹고 싶어진다. 이처럼 인간의 욕망은 끝이 없다. 하지만 인간의 욕망을 충족시켜 줄 자원은 무한하지 않다. 이 때문에 욕망을 충족하기가 어려운데, 이를 '희소성의 문제'라고 한다.

3 합리적 의사결정이 필요한 이유 — 희소성

욕구는 무한한 반면 이를 충족시켜 줄 자원이 부족하다면 자원을 효율적으로 활용해야 한다. 더 넓은 집도 사고 싶고, 차도 사고 싶지만 소득은 한정되어 있기 마련이다. 이럴 때에는 자신의 상황을 파악하여 우선적으로 충족시켜야 하는 욕구들을 골라야 한다. 한정된 자원으로 인해 욕구의 우선순위를 따져볼 필요가 있는 것이다. 이때 자신의 현재와 미래 상황, 내가 가진 자원의 종류, 어떻게 하면 한정된 자원으로 더 큰 만족을 얻을 수 있는지를 종합적으로 고려하는 과정이 필요한데, 이를 '합리적 의사결정'이라고 한다. 이는 회사에서도 마찬가지이다. 회사라는 조직에서의 모든 업무는 한정된 예산과 시간을 활용하여 최대한의 결과를 이끌어내는 합리적인 의사결정이 필수적이기 때문이다. 많은 기업들이 일정 이상의 TESAT 등급에 가산점을 주는 이유도 경제학의 다양한 개념들이 바로 합리적인 의사결정에 도움을 주는 수단들이기 때문이다.

(1) 희소성 여부에 따른 재화의 구분 — 자유재, 경제재

① 자유재(Free goods)
사람들의 욕구를 충족시켜줄 만큼 충분하기 때문에, 즉 희소하지 않기 때문에 비용을 지불하지 않고 누구나 얻을 수 있는 재화를 의미한다.
예 공기와 햇빛

② 경제재(Economic goods)
사람들의 욕구에 비해 그 양이 부족하기 때문에, 즉 희소하기 때문에 대가를 지불해야 얻을 수 있는 재화를 의미한다.
예 대가를 치르고 구입하는 재화와 서비스

희소성(Scarcity)
자원의 양이 절대적으로 적은 상태를 의미하는 것이 아니라, 인간의 욕구를 충족시키기 위해 필요한 양보다 부족한 상태

읽는 강의

희소성은 상대적인 개념입니다. 알래스카에 에어컨이 5대만 있는 경우 이를 두고 희소하다고 하지 않습니다. 희소성은 '욕구'의 상대적인 개념으로 정의되기 때문에 알래스카에 있는 에어컨 5대의 경우 절대적인 부존량은 적지만 희소하다고 하지 않는 것입니다. 하지만 사막에 에어컨 5대만 있는 경우는 욕구에 비해 자원이 부족한 것이므로 희소하다고 할 수 있습니다.

(2) 희소성으로 인해 발생하는 비용 — 기회비용, 매몰비용

① 기회비용(Opportunity Cost)

아무리 부자라 하더라도 자신의 모든 욕망을 채우기 위한 돈과 시간이 부족할 수 있다. 주어진 돈과 시간 안에서 어떠한 선택을 한다는 것은 다른 선택의 기회를 놓치게 된다는 것을 의미한다. 즉, 내가 선택한 비용은 내가 포기한 다른 선택의 기회가 되는 것이다. 어떤 선택으로 인해 포기하게 되는 많은 선택 가능성 중에 가장 가치 있는 것이 보유하고 있는 가치를 기회비용이라고 한다. 경제학에서 기회비용이란 어떤 것을 얻기 위해 포기해야 하는 것들로 정의된다. 단, 기회비용은 단지 화폐적인 가치만을 의미하는 것은 아니다.

📖 대학 진학과 취업 가운데 대학 진학을 선택했다면 기회비용은 취직을 통해 얻을 수 있는 수입이 된다.

② 매몰비용(Sunk Cost)

매몰비용이란 일단 지출하게 되면 회수가 불가능한 비용을 의미한다. 즉, 어떤 경우에도 환불이 불가능한 비용이다. 이러한 매몰비용은 앞으로 전개될 상황에 아무런 영향을 미치지 않는다. 되돌려 받을 수 없기 때문에 의사결정을 내릴 때 매몰비용을 고려한 선택은 합리적인 의사결정이라고 할 수 없다. 이익을 극대화하거나 손실을 최소화하려면 매몰비용이 고려된 의사결정이어서는 안 된다.

📖 사랑하는 사람과 사귀는 동안 들였던 돈과 시간

내용정리 기회비용과 매몰비용

구분	기회비용(Opportunity Cost)	매몰비용(Sunk Cost)
정의	포기한 것의 가치로 표현되는 선택한 것의 가치	한번 지출되면 되돌려 받는 것이 불가능한 비용
특징	합리적 의사결정 시 반드시 고려해야 하는 비용	합리적 의사결정 시 고려해서는 안 되는 비용
비고	모든 경제적 비용은 기회비용임	기회비용과의 구별이 중요함

기출로 확인하기

18회 기출변형

하우스 맥주 가게를 개업하고자 한다. 다음 중 매몰비용의 성격이 가장 강한 것은?

① 인건비

② 제품 개발비

③ 하우스 맥주 제조기

④ 맥주 홉 구입비

⑤ 점포 임대 보증금

NEWS

정부 주도서 시장 중심으로 …
세금 깎고 규제 풀어 '복합 위기' 넘는다

새 정부가 발표한 '새 정부 경제정책 방향'의 핵심은 시장 중심, 민간 중심 경제 운용이다. 이전 정부의 '소득 주도 성장'이나 '관(官) 주도'의 경제 운용 방향을 시장 친화적으로 바꾸겠다는 것이다. 경제 운용의 틀을 바꿔 고물가·고환율·고금리·저성장 등이 한꺼번에 닥친 '복합 위기'를 돌파하겠다는 구상도 담고 있다.

정부는 25%인 법인세 최고세율을 이전 정부 출범 전 수준인 22%로 되돌리겠다고 밝혔다. 한국의 법인세 최고세율은 경제협력개발기구(OECD) 평균인 약 21.5%보다 높아 국내 기업의 경쟁력에 부담이 되고 있다는 지적이 많았다. 정부는 법인세 최고세율 인하와 함께 과표 구간도 현행 4단계에서 2~3단계로 줄이기로 했다.

정부는 경제계에서 반대해온 투자·상생협력촉진세제도 폐지하기로 했다. 과거 기업 소득 환류 세제로 불렸던 투자·상생협력촉진세는 기업들이 당기 소득의 일정 비율(70%)을 투자, 근로자 임금 확대, 상생 지원에 사용하지 않으면 미달액의 20%를 법인세로 추가 납부하도록 한 제도이다. 회계상 개념에 불과한 '사내유보금'에 과세하기 때문에 징벌적 성격이 크다는 지적이 많았다.

정부는 가업 승계 관련 세금도 낮춰줄 방침이다. 가업을 승계한 상속인이 일정 요건을 갖출 경우 상속세 납부를 유예할 수 있는 납부유예 제도를 신설하기로 했다. 사전 가업 승계 증여세 특례 제도 대상도 늘린다. 대상 기업의 매출 기준을 4,000억 원에서 1조 원으로 높이고, 사후관리 기간은 7년에서 5년으로 줄이기로 했다.

정부는 국내 기업이 해외 자회사로부터 받는 배당금에 대해서는 아예 과세하지 않기로 했다. 지금까지는 해외 자회사의 배당금을 국내 모기업의 소득에 산입해 법인세를 물린 뒤, 외국에서 납부한 세액을 공제해줬다. 그러다 보니 기업들이 해외 자회사가 벌어들인 돈을 국내에 옮겨오지 않는 문제가 발생하고 있다는 게 정부의 판단이다.

기업인에 대한 과도한 법적 규제도 없애기로 했다. 중대재해처벌법은 시행령을 개정해 부작용을 최소화하기로 했다. 경영책임자가 져야 하는 의무를 확실하게 규정해 기업인의 우려를 줄여줄 방침이다.

고강도 규제 개혁도 추진한다. 규제 1개를 신설하거나 강화하면 그 규제 비용의 두 배에 해당하는 기존 규제를 폐지하거나 완화하는 '원인 투아웃' 제도를 도입하기로 했다.

공공 소프트웨어 사업에 대기업의 참여를 제한하는 규제 등 기업 규모가 크다고 불이익을 주는 관행적인 규제도 없애기로 했다. 대기업이 반도체, 백신, 배터리 등 국가전략기술에 시설 투자할 때 세액공제율은 6~10%에서 8~12%로 높이기로 했다.

새 정부의 경제정책 방향은 시장 중심으로 경제를 이끄는 것이다. 이는 무엇을, 어떻게 생산하고 누구에게 분배할 것인가의 문제를 시장에 맡기겠다는 의미이다. 보다 구체적으로는 각 분야의 유인 구조를 설계하여 모든 경제주체가 활발히 자신의 이득을 위해 일할 수 있도록 유도하겠다는 것이다. 이를 위한 첫 번째 과제로 법인세 완화와 과도한 법적 규제 완화를 꺼내들었다. 정부가 경제 문제를 해결하던 기존 방식에서 벗어나겠다는 의지를 보인 것이다. 물론 어떤 사회도 시장만으로 혹은 정부만의 노력으로 문제가 해결되지 않는다. 시장 중심으로 정부 역할의 재정립이 이루어질 때 경제 활력을 되찾을 수 있다.

제3절 | 경제학의 모형들 중요도 **상**

1 현실을 설명하는 도구

경제학은 다양한 모형들을 만들어서 현실을 설명하고자 한다. 이러한 여러 모형들이 합쳐져 하나의 개념을 형성한 것이 바로 경제이론이다. 이처럼 경제학이 모형을 통해 현실을 설명하려는 가장 큰 이유는 단순화이다. 경제모형을 이용하여 현실을 단순화하면 보다 쉽게 경제문제를 다루어 볼 수 있어 경제학에서는 경제 모형을 만들어 현실을 설명하려는 시도를 한다.

2 모형을 통한 미래 변화 예측

(1) 의미

경제학이 현실을 요약하고 단순화한 모형을 만드는 또 하나의 이유는 미래의 변화를 예측하기 위해서이다. 단순화된 모형을 통해 현실을 설명하고, 이를 통해 미래의 변화를 예측하여 대응하려는 것이다.

(2) 예측을 위한 기본 가정 – 세테리스 파리부스(Ceteris paribus)

미래의 변화를 예측하기 위해 모형을 사용할 때에는 '다른 여타의 조건들은 일정하다.'라는 가정이 필요하다. 경제현상에 영향을 주는 요인들은 무수히 많기 때문에 이를 모두 고려하면 미래에 대한 예측과 대응이 거의 불가능해진다. 따라서 한 가지 요인이 변할 때 결과가 어떻게 되는지를 살펴보는 동안에는 다른 원인들은 사실상 변하지 않는다고 가정하는데, 이를 세테리스 파리부스(Ceteris paribus)라고 한다. 이 용어는 라틴어로서 '다른 조건들이 일정할 때(other things being equal)'를 의미한다. 앞으로 경제학 각종 경제모형을 이해하거나 문제를 풀 때 이 원칙을 반드시 기억해야 한다.

3 생산가능곡선과 경제 순환도

(1) 생산가능곡선(PPC: Production Possibility Curve)

① 정의

생산가능곡선은 두 재화를 생산하는 경제를 가정하여 만들어진 경제모형이다. 즉, 경제 내에 존재하는 자원과 기술 등 생산에 필요한 자원들이 모두 주어진 상황에서 생산할 수 있는 생산물의 조합을 그래프로 나타낸 것을 말한다.

② 생산가능곡선의 가정

㉠ 경제 내에 사용 가능한 모든 인적·물적 자원을 활용하고 있다.

㉡ 활용 가능한 자원의 양과 질은 고정되어 있다.

㉢ 기술 수준은 단기간에 급속도로 진보할 수 없다.

㉣ 경제는 A재와 B재 두 개의 재화만을 생산한다.

③ 생산가능곡선과 효율성

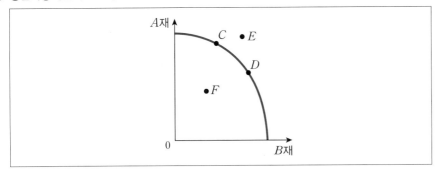

- ㉠ 생산가능곡선상의 점(C, D점): 생산가능곡선이 설명하고자 하는 개념은 효율성이다. 경제에서 효율적인 상태라는 것은 다양하게 정의가 가능하지만, 그중에서 '모든 기회를 다 사용한 상태'라는 정의가 생산가능곡선과 가장 어울리는 효율성의 정의이다. 이는 모든 인적·물적 자원을 사용하고 있다는 생산가능곡선의 첫 번째 가정에 이미 반영되어 있는 내용이다. 이처럼 모든 기회를 사용하여 A재와 B재를 생산하기 때문에 동일한 생산가능곡선 위에 위치하면서 B재를 한 단위 더 생산하기 위해서는 A재의 생산을 줄여야 한다. 이러한 움직임은 C점에서 D점으로의 이동으로 나타난다. 따라서 여전히 경제는 효율적인 상태에 머무르게 된다. C점과 D점은 생산된 A재와 B재의 수량만 다를 뿐 주어진 기회를 모두 사용하였다는 점에서는 동일하기 때문이다. 따라서 생산가능곡선상에서 생산이 이루어지면 해당 경제가 효율적인 생산을 하고 있다고 표현한다.
- ㉡ 생산가능곡선 안의 점(F점): F점의 경우 생산 가능한 자원을 모두 사용하지 않았기 때문에 생산가능곡선에 미치지 못한 지점에서 생산이 이루어지고 있다. 따라서 모든 기회를 다 사용하지 못한 상태이므로 F점은 비효율적인 생산이 이루어지고 있는 상태이다.
- ㉢ 생산가능곡선 밖의 점(E점): 생산가능곡선 밖에 위치한 점은 해당 경제가 달성할 수 없는 지점이다. 경제에 존재하는 사용 가능한 자원을 모두 사용하여 최대로 생산할 수 있는 A재와 B재의 조합은 생산가능곡선까지이다. '모든 기회를 다 사용한 상태'를 뛰어넘는 생산은 불가능하다.

④ 생산가능곡선과 기회비용

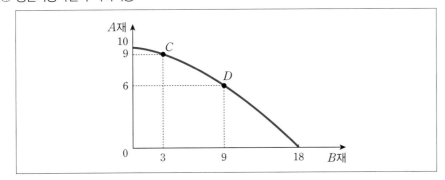

생산가능곡선상에 있는 C점과 D점을 살펴보자. 모두 효율적인 점들이며, C점에서 D점으로 이동하기 위해서는 A재의 생산을 줄여 B재의 생산을 늘려야 한다. C점에서 A재와 B재의 생산량이 각각 9개, 3개이고, D점에서 A재와 B재의 생산량이 각각 6개, 9개라고 하자. C점에서 D점으로 이동하면 B재를 6개 더 생산할 수 있지만, 그 대가로 A재 3개의 생산을 포기해야 한다. 따라서 B재 6개 생산의 기회비용은 A재 3개인 것이다. 이는 B재 1개가 0.5개(3/6개)의 A재라는 기회비용을 갖는다는 것을 의미한다.

⑤ **생산가능곡선과 기회비용, 그리고 원점에 대해 오목한 모양**

　㉠ **생산가능곡선이 원점에 대해 오목한 이유**: 생산가능곡선이 앞의 그림과 같은 모양을 갖는 이유도 기회비용과 관련 있다. B재의 생산을 늘릴수록 포기해야 하는 기회비용이 커지기 때문이다. 예를 들어, 가용한 모든 자원을 A재의 생산에만 사용했을 경우의 생산량을 A재 10개, B재 0개라고 하자. 이때 B재 9개를 더 생산하기 위해 D점으로 이동하기 위해서는 A재 4개를 포기해야 한다. 이 경우 B재 1개 생산의 기회비용은 약 0.4개(4/9개)의 A재가 된다.

　㉡ **기회비용 체증**: 가용한 모든 자원을 B재의 생산에만 사용했을 경우의 생산량을 A재 0개, B재 18개라고 하자. D점에서 B재 9개를 더 생산하기 위해서는 A재 6개를 포기해야 된다. 즉, D점에서 모두 B재만 생산하는 상태로 이동할 때 B재 1개 생산의 기회비용은 약 0.7개(6/9개)의 A재가 되는 것이다. 이를 통해 B재의 생산량을 0개에서 9개로 늘릴 때와 9개에서 18개로 늘릴 때, 동일한 개수로 생산량이 증가하지만 처음과 나중의 기회비용이 다르다는 것을 알 수 있다. 즉, B재의 생산량이 늘어날수록 포기해야 하는 A재가 커지는 '기회비용 체증' 현상이 발생하고 있는 것이다. 그 결과 생산가능곡선은 원점에 대해 오목한 모양을 갖게 된다.

⑥ **생산가능곡선과 경제성장**

경제학에서 이야기하는 경제성장(Economic growth)이란 한 국가의 생산능력이 향상되는 것을 의미한다. 즉, 이전보다 더 많은 재화와 서비스를 생산할 수 있게 된 상태를 말한다. 이러한 경제성장은 경제 내의 생산요소가 많아지거나 기술이 발전한 경우에 나타날 수 있으며, 생산가능곡선의 바깥쪽 이동으로 표현된다.

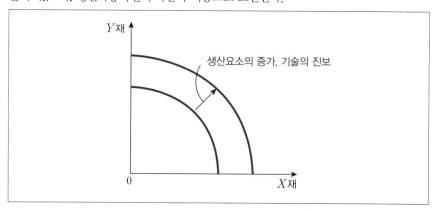

⊙ 생산요소의 증가: 경제학에서는 생산에 필요한 자원을 가리켜 '생산요소(Factors of Production)'라고 한다. 전통적인 생산요소에는 노동, 자본, 토지가 있다. 생산가능곡선은 이러한 생산요소들이 모두 사용된 상태를 가정하고 그려지기 때문에 생산가능곡선을 벗어나는 점에서 생산이 이루어지는 것은 불가능하다. 하지만 생산에 필요한 생산요소가 증가하면 생산가능곡선은 바깥으로 이동한다. 예를 들어, 외국인 노동자들이 대거 우리나라에 유입된 경우 생산에 투입할 수 있는 노동자원이 증가하므로 더 많은 생산이 가능하다.

⊙ 기술의 진보: 생산요소의 증가 없이도 생산량을 증가시킬 수 있어 경제성장에 기여할 수 있는 요인이다. 동일한 종류와 양의 생산요소라 하더라도 기술의 정도에 따라 더 많은 생산을 이루어낼 수 있다. 그 결과 생산가능곡선이 바깥쪽으로 이동한다.

PART 01
미시경제

기출로 확인하기   51회 기출

X, Y재 두 재화만을 생산하는 어떤 국가의 생산가능곡선이 (가)에서 (나)로 변하였다. 〈보기〉에서 옳은 설명을 모두 고르시오.

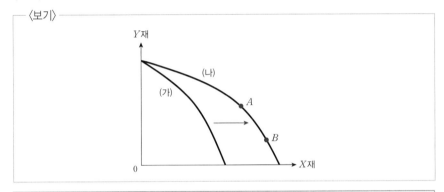

가. 실질 GDP가 증가하였다.
나. A점에서의 생산이 B점에서보다 효율적이다.
다. X재 생산의 기술이 발달하여 Y재 생산량도 증가하였다.
라. Y재를 한 단위 생산하는 기회비용은 A점에서보다 B점에서 크다.

① 가, 나   ② 가, 다   ③ 나, 다
④ 나, 라   ⑤ 다, 라

기출로 확인하기   정답 및 해설

| 해설 | 가. 생산가능곡선의 우측 이동은 잠재 GDP의 증가를 의미한다. 잠재 GDP는 실질 GDP의 수준을 의미한다. 한 국가가 생산 자원의 정상적인 범위에서 최대한으로 활용하여 달성할 수 있는 실질 GDP이기 때문이다.
다. X재 생산 기술의 발달로 부존자원을 Y재에 더 투입할 수 있게 되면 Y재의 생산량도 증가한다.
나. A점과 B점은 동일한 생산가능곡선상에 위치하므로 모두 효율적인 점이다.
라. 생산가능곡선의 접선의 기울기 크기는 X재 한 단위 생산을 위해 포기해야 하는 Y재의 생산량을 의미한다. X재의 한 단위 생산의 기회비용은 A점보다 B점에서 크므로, Y재 한 단위 생산의 기회비용은 B점보다 A점에서 크다.

정답 ②

(2) 경제 순환도

① 정의

경제 순환도는 경제 전체의 움직임을 한눈에 알아보기 쉽게 만든 것이다. 경제 안에서는 수많은 생산자와 소비자들의 상호작용이 존재한다. 그리고 우리는 모두 경제 내에서 생산자이자 소비자로서의 역할을 동시에 수행하고 있다. 이러한 과정을 일목요연하게 모형으로 나타낸 것이 경제 순환도이다.

② 경제 순환도의 구성 요인

⊙ 가계(Household): 가계는 경제생활의 단위로서, 인적·물적 자원을 생산 과정에 제공하고 그 대가로 소득을 받으며, 이를 저축과 소비활동에 사용한다.

경제학을 처음 공부할 때 '생산요소시장'이라는 용어가 생소하게 느껴질 수 있습니다. 생산요소시장을 보다 현실감 있게 이해하는 방법은 노동시장을 떠올려 보는 것입니다. 노동력이야말로 우리와 가장 밀접한 생산요소이기 때문입니다. 노동은 가계에서 생산요소시장으로 공급되고, 기업은 이렇게 공급된 노동을 생산요소시장에서 수요하게 됩니다. 우리가 기업에 지원서를 제출하고, 기업이 심사하여 채용을 결정하는 과정이라고 할 수 있습니다. 기업은 이렇게 채용한 노동력을 생산 과정에 투입하여 수익을 창출합니다. 이렇게 벌어들인 수익은 기업주 혼자만 갖는 것이 아니라 수익 가운데 일부는 생산요소를 제공한 사람들에게 그 기여분만큼 나누어 주게 되는데, 우리는 이를 '임금'이라고 부릅니다. 노동 제공에 대한 대가가 임금이라면, 자본 제공에 대한 대가는 '이자'라고 하고, 토지 제공에 대한 대가는 '지대'라고 합니다. 이렇게 생산에 투입된 생산요소 활용에 대한 대가를 모두 지급하고 남은 나머지가 기업주에게 돌아가는 이윤이 되는 것입니다. 따라서 생산요소시장은 생산요소의 수요·공급이 이루어지는 공간일 뿐만 아니라 경제 내의 소득이 분배되는 곳이라 할 수 있습니다.

ⓒ 기업(Firm): 기업은 자본을 조달하고, 생산요소를 결합하여 새로운 부가가치를 갖는 재화와 용역을 생산하는 역할을 담당하는 경제주체이다.

ⓒ 생산물시장(Markets for goods and services): 생산물시장은 생산자 입장에서는 생산한 재화와 서비스를 판매하는 시장이며, 소비자 입장에서는 필요한 재화와 서비스를 구입하는 시장이다.

ⓔ 생산요소시장(Factor Market): 생산요소시장은 생산요소가 거래되는 시장을 의미한다. 전통적인 생산요소에는 노동, 자본, 토지가 있으며, 기업은 생산요소시장에서 생산요소를 구입하여 생산에 투입한다.

③ 경제 순환도의 모형

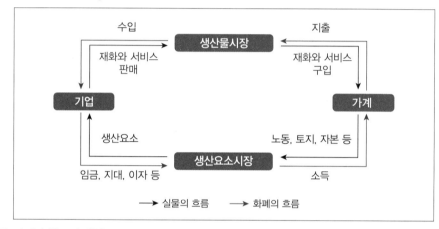

④ 경제 순환도의 해석

㉠ 실물의 흐름: 가계는 보유하고 있는 노동, 토지, 자본 등을 생산요소시장에 공급하여 기업이 생산에 활용할 수 있도록 한다. 기업은 생산요소시장에서 얻은 생산요소를 생산 과정에 투입하여 재화와 서비스를 만들어 생산물시장에 공급한다. 가계는 이 가운데 필요한 재화와 서비스를 소비하는 경제활동을 통해 기업이 생산한 재화와 서비스는 가계로 들어가게 된다.

㉡ 화폐의 흐름: 현대의 거의 모든 경제적 거래는 화폐를 매개로 이루어진다. 물건 구입에 대한 대가를 지불할 때에도, 노동력 제공에 대한 대가를 지불할 때에도 화폐가 지불수단이 된다. 따라서 경제 순환 모형에서는 실물의 흐름과 반대 방향으로 화폐의 흐름이 나타난다. 가계가 노동, 토지, 자본과 같은 생산요소를 생산요소시장에 공급하면 기업은 이를 활용하여 생산한다. 이때 기업은 생산요소 사용에 대한 대가를 생산요소 제공자들에게 지불한다. 노동에 대한 대가는 임금, 토지 사용에 대한 대가는 지대, 자본 사용에 대한 대가는 이자의 형태로 지급된다. 이는 생산요소를 제공한 가계의 입장에서는 소득이 된다. 노동자가 매달 받는 월급이 바로 노동력이라는 생산요소 제공의 대가인 것이다. 즉, 가계로부터 공급받은 생산요소를 활용하여 생산된 재화와 서비스를 기업은 시장에 판매하여 수입을 얻고, 수입 중 일부는 생산요소를 제공한 가계에 임금, 지대, 이자 등으로 배분되는 것이다.

제4절　경제문제와 경제체제　　　중요도 🔵

1 경제학의 3대 문제

애덤 스미스의 정의에서 살펴본 바와 같이 경제학이란 부의 생산과 분배, 소비에 관해 연구하는 학문이다. 생산, 분배, 소비가 바로 경제학이 해결해야 할 경제문제라고 할 수 있다. 경제학에서는 이를 '경제학의 3대 문제'라고 명명한다. 이러한 경제문제는 효율성, 형평성과 밀접하게 관련되어 있기 때문에 국가경제를 위해 정책을 수립하는 공무원뿐만 아니라 기업에서 재화와 서비스를 만들어 부가가치를 창출하는 사람들 역시도 직면하고 해결해야만 하는 문제이다.

(1) 경제문제 Ⅰ – 무엇을, 얼마나 생산할 것인가?

무엇을, 얼마나 생산할 것인지를 정하는 일은 우리가 직면하는 첫 번째 경제문제이다. 이는 어떤 재화를 얼마나 생산할지에 대한 결정을 의미한다. 이 결정은 우리의 삶의 만족도와 직접적인 연관을 맺는다. 우리가 필요로 하는 물건이 생산되지 않아 국내에서 구할 수 없다면 수입에 의존해야 하고, 그렇게 된다면 비싼 가격을 지불해야 필요한 물건을 구할 수 있을 것이다. 또한 사치품에 대한 생산은 활발하지만 생필품에 대한 생산이 더디다면 실제 국민들의 삶의 질은 현저히 낮아질 것이다. 그리고 생필품을 우선적으로 생산하기로 결정하더라도 그것이 너무 많이 생산되면 낭비되기 마련이고, 반대로 너무 적게 생산되면 기본적인 생활에 어려움이 발생하게 된다. 따라서 무엇을, 얼마나 생산할 것인가는 경제활동을 하는 우리들이 직면하는 첫 번째 경제문제이다.

(2) 경제문제 Ⅱ – 어떻게 생산할 것인가?

무엇을, 얼마나 생산할지에 대한 사회적 합의가 달성된다면 이제 생산하기로 결정된 재화나 서비스를 어떻게 생산할 것인지에 대한 결정이 뒤따라야 한다. 재화나 서비스를 생산하기 위해서는 생산요소가 필요하고, 이를 어떻게 조달하여 어떠한 방식으로 생산할 것인지를 결정해야 한다. 동일한 상품이라 하더라도 노동력을 통해 생산할 것인지 혹은 기계를 통한 자동공정으로 생산할 것인지에 따라 생산비용이 달라지기 때문이다. 같은 생산요소를 활용했다 하더라도 보다 진보된 생산기술을 적용하여 생산한다면 동일한 생산요소의 질과 양으로도 더 많은 재화나 서비스를 생산해 낼 수 있다.

(3) 경제문제 Ⅲ – 누구에게 분배할 것인가?

무엇을, 얼마나, 어떻게 생산할지에 대한 문제를 합의하여 재화나 서비스를 생산했다면 이제 누가 소유하고 사용하게 할 것인지에 대한 사회적 합의가 필요하다. 생산된 재화나 서비스는 돈이 많은 사람 순으로 소유하고 사용하게 할 수 있으며, 이와 무관하게 국가가 강제적으로 모든 사람에게 같은 양을 나누어 줄 수도 있다. 중세시대와 같이 신분에 따라 차등적으로 지급할 수도 있다. 이러한 배분방식이 중요한 이유는 앞서 살펴본 경제 순환도에서 찾아볼 수 있다. 기업의 생산은 생산요소를 바탕으로 하고, 이러한 생산요소는 가계로부터 공급된다. 이 과정에서 기업은 생산한 재화나 서비스를 판매하여 얻은 소득의 일부를 생산요소 공급자들에게 제공한다. 결국 누구에게 분배할 것인가의 문제는 재화와 서비스의 판매로 인해 발생한 소득을 누구에게 어떻게 분배할 것인가의 문제로 볼 수 있으며, 그 방식에 따라 장기적으로는 국가 전체의 생산량이 늘어날 수도 혹은 줄어들 수도 있을 것이다.

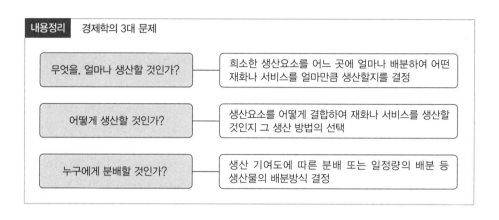

2 효율성과 형평성

앞서 살펴본 경제학의 3대 문제는 경제주체라면 누구나 직면하는 문제들이다. 그리고 이를 합리적인 의사결정을 통해 해결할 때 사회 전체적인 만족감이 극대화될 수 있다. 이때 경제문제를 합리적으로 해결했는지를 판단할 수 있도록 도와주는 기준이 바로 효율성과 형평성이다.

(1) 효율성(Efficiency)

효율성은 결과의 극대화와 비용의 최소화로 정의된다. 한정된 자원을 활용하여 최대한의 재화와 서비스를 생산했는지 혹은 동일한 재화와 서비스를 생산하는 데 있어 최소한의 자원만이 사용되었는지로 평가되는 개념이 바로 효율성이다. 투입 대비 산출물로 평가되기 때문에 효율성 달성 여부에 대한 판단은 비교적 명확하게 이루어질 수 있다.

(2) 형평성(Equity)

형평성이란 일반적으로 동등한 자를 동등하게, 동등하지 않은 자를 동등하지 않게 취급하는 것을 의미한다. 형평성에 대한 논의는 효율성만큼 활발하지 않은데, 이는 형평성에 대한 구체적인 정의가 불명확하기 때문이다. 나에게는 형평성에 맞는 일이 다른 누군가에게는 그렇지 않을 수 있기 때문이다. 형평성은 효율성과 상충되는 면이 있다. 형평성을 강조하다 보면 어느 정도의 비효율성이 수반된다.

3 경제체제

경제체제는 무엇을 얼마나 어떻게 생산하여 누구에게 분배할 것인가의 경제문제를 해결하는 방식을 의미한다. 경제체제는 크게 전통경제체제, 시장경제체제, 계획경제체제로 구분할 수 있다.

(1) 전통경제체제(Traditional Economy)

전통경제체제는 경제문제의 해결방식을 사회적 관습이나 전통, 신분에서 찾는 경제체제를 의미한다. 근세 이전의 경제체제는 모두 전통경제체제라고 할 수 있다. 수렵생활을 하던 원시시대를 거쳐 정착생활이 시작되면서 무엇을 얼마나 어떻게 생산하여 누구에게 분배할 것인가의 문제는 마을 원로들에 의해 결정되었다. 그 후 보다 사회가 발전하면서 계급이 생겼을 때에는 신분이 높은 사람들, 즉 노예의 주인이나 봉건영주에 의해 결정되었다.

(2) 시장경제체제(Market Economy)

시장경제체제는 시장과 가격을 활용하여 경제문제를 해결하는 경제체제를 의미한다. 시장경제체제의 특징은 사유재산제도를 바탕으로 경제문제의 해결에 시장과 가격을 활용하며, 경제활동의 주체들은 모두가 사익(self-interest)을 추구한다는 점이다. 이를 '자본주의 경제'라고도 한다. 이러한 시장경제체제의 특징을 자세히 살펴보면 다음과 같다.

① 사유재산권의 인정

시장경제체제에서 생산요소를 소유하는 것은 중앙의 정부가 아니라 개인이다. 시장경제체제를 자본주의라고 부르는 이유도 자본을 개인이 사적으로 소유한다는 것에서 비롯된다. 이러한 사유재산을 국가가 인정해 줌으로써 개인이 자신에게 가치 있다고 생각하는 재화 및 서비스를 얻기 위한 교환 활동, 즉 경제적 거래가 가능해진다. 시장경제체제에서는 상대방이 가지고 있는 물건을 얻기 위해 상대방이 가치 있다고 여기는 물건을 제시하여 교환해야 하기 때문에 사람들 사이에 협동이 이루어진다. 이렇게 성사된 거래는 본인뿐만 아니라 상대방도 이득을 얻게 되어 경제 전체가 발전하고 성장할 수 있다.

> **사유재산권**
> 사유재산권은 개인 혹은 기업이 생산요소의 보유 및 사용 그리고 처분에 있어 자율권을 갖는 권리

② 사익의 추구

시장경제체제에서는 모든 경제활동의 참가자들이 상대방의 이익이 아니라 자신의 이익을 위해 행동한다. 기업은 물건을 가장 비싼 가격에 팔아 이윤은 극대화하고 손실은 최소화하고자 하며, 소비자는 자신이 원하는 상품을 가장 싼 가격에 구입하여 자신의 만족을 극대화하려고 한다. 시장경제체제에서는 이처럼 모든 경제활동 참가자들이 자신의 이익을 위해 행동하는 가운데 균형을 이룸으로써 경제 전체의 효율성을 달성하게 된다.

③ 시장과 가격

시장과 가격은 시장경제체제의 구성원들이 사익을 추구하면서도 경제 전체가 혼란에 빠지지 않고 균형을 유지할 수 있도록 하는 요인이다.

ㄱ 시장(Market): 시장은 수요자와 공급자가 만나는 유무형의 장소이다. 시장에서 수요자들은 필요한 물건을 구입하고, 생산자는 소비자에게 팔려는 물건을 만든다. 만약 수요자들은 스마트폰을 구입하고 싶은데, 생산자는 이를 외면하고 구형 폴더폰만을 만든다면 해당 기업은 시장에 더 이상 머무르지 못한다. 그 자리에는 수요자들이 원하는 스마트폰을 만드는 새로운 기업이 들어오게 될 것이다. 여기서 스마트폰을 만들기로 한 기업의 의사결정은 소비자를 위한 것이 아니다. 생산자 스스로가 소비자에게 팔리는 제품을 만들어 이윤을 얻기 위한 행동인 것이다. 즉, 소비자와 생산자 모두가 자신의 이득만을 위해 행동한 결과 시장의 균형이 유지된다.

ㄴ 가격(Price): 가격은 수요자와 공급자 각자의 의사결정에 의해 결정된다. 시장에서 생산자가 스마트폰을 너무 비싼 가격에 판매한다면 이를 구입할 수 있는 소비자는 극소수일 것이다. 반면, 아주 싼 가격에 판매한다면 많은 소비자가 구매하려 할 것이다. 생산자가 너무 비싸게 판매할 경우에는 구입할 수 있는 사람이 적어 매출이 낮은 반면, 너무 싸게 판매할 경우에는 구입하는 사람은 많음에도 불구하고 실제 매출은 그리 높지 않을 수 있다. 따라서 수요자의 반응을 고려하면서 너무 높지도 낮지도 않은 적정한 가격을 찾게 되는데, 결국 수요자와 공급자 모두가 만족하는 균형가격을 찾게 된다. 즉, 소비자와 생산자는 자신의 이득을 위해 행동한 결과 모두가 만족하는 균형가격에 도달할 수 있게 된다.

(3) 계획경제체제(Planned Economy)

① 특징

계획경제체제는 사유재산권이 인정되지 않고 정부가 거의 모든 물적 생산요소를 소유한다. 따라서 중앙 정부가 기업의 생산목표와 이를 달성하는 데 필요한 생산요소의 양을 구체적으로 정해 준다. 이렇게 만들어진 생산물을 어느 산업에 어떻게 사용할 것인지, 혹은 일반 국민이 사용하도록 제공할 것인지도 중앙 정부가 정한다. 즉, 무엇을 얼마나 어떻게 생산하여 누구에게 분배할 것인가의 경제문제를 중앙 정부가 모두 결정한다. 이처럼 중앙 계획에 전적으로 의존하여 경제문제를 해결하는 경제체제를 계획경제체제라고 한다.

② 계획경제체제가 사라지는 이유

㉠ 완벽한 통제 불가능: 계획경제체제에서는 모든 경제문제를 중앙 정부의 계획하에 해결한다. 하지만 아무리 잘 짜인 계획경제체제라 하더라도 다양한 사람들이 모여 형성하는 경제는 다양한 변수도 존재하므로 모든 것을 중앙 정부가 예측하고 계획할 수 없다. 모든 생산요소를 정부가 독점하고 이를 분배하여 생산을 결정하기 때문에 정부가 미리 파악하지 못한 문제가 발생하는 경우 계획 전반에 왜곡이 발생할 수 있다.

㉡ 경제적 유인의 부재: 계획경제체제에서는 시장경제체제와 같은 시장이 형성되지 않기 때문에 중앙 정부의 당국자가 제대로 파악하지 못한다면 수요자가 필요로 하는 물건과 생산자가 생산하는 물건이 일치하지 않을 수도 있다. 즉, 수요자는 스마트폰을 필요로 하는데 중앙 정부의 당국자가 이를 알지 못한다면 기업에 계속해서 폴더폰을 생산하도록 하여 낭비가 발생한다. 또한 계획경제체제에서는 실제 생산한 물건이 판매되는지와 무관하게 정부가 제시한 목표를 달성했는지 여부에 의해 대가가 주어지기 때문에 생산자는 실제 소비자가 원하는 것을 생산할 이유가 없어진다. 이에 따라 자원은 계속해서 낭비되고 새로운 물건을 만들고자 하는 혁신의 유인이 없기 때문에 경제는 발전 속도가 매우 더뎌진다.

내용정리	시장경제체제와 계획경제체제	
구분	**시장경제체제**	**계획경제체제**
특징	• 사유재산의 인정 • 시장과 가격을 통한 자원배분 • 경쟁이 존재함	• 사유재산을 인정하지 않음 • 중앙 정부의 계획에 의한 자원배분 • 경쟁이 존재하지 않음
장점	• 사유재산권을 바탕으로 한 시장과 가격 메커니즘에 의해 경제활동 참여자들의 다양한 욕구가 충족됨 • 자원배분의 효율성 달성이 가능함	• 정부 주도의 경제로 소득분배의 형평성 달성이 용이함 • 시장 실패 문제 해결이 용이함
단점	• 효율성에 비해 형평성 달성이 어려워 빈부 격차가 발생할 수 있음 • 경제 확장과 침체가 반복되는 불안정함이 발생할 수 있음	• 중앙 당국의 계획이 치밀하지 않을 경우 자원배분의 비효율성이 발생함 • 경제적 유인이 존재하지 않아 생산성이 낮음

다음은 A국의 경제체제를 파악할 수 있는 자료이다. A국의 경제체제에 대해 잘못 이해한 사람을 〈보기〉에서 모두 고른 것은?

> A국은 자원배분을 국가가 주도하지 못하며, 시장에서 형성된 가격을 인위적으로 낮추거나 높이는 정책을 활용하지 못한다. 한편, 개인의 이윤 추구를 제한 없이 허용하며, 생산수단의 사적 소유가 광범위하게 인정되는 경제 특징을 갖고 있다.

〈보기〉
갑: 분권적인 의사결정에 우호적이지 않겠어.
을: 국가가 개인의 재산권 보호를 위해 최대한 노력하겠군.
병: 개인 간의 자유로운 계약에 대해 국가가 간섭하는 일이 별로 없을 거 같아.
정: 개인의 이익 추구가 전체의 부를 증대시킨다는 원리에 기반하고 있는 국가네.

① 갑
② 갑, 정
③ 을, 병
④ 갑, 병, 정
⑤ 을, 병, 정

| 해설 | A국의 경제체제는 시장경제체제이다. 시장경제체제는 사유재산의 인정을 근간으로 하며, 시장과 가격을 통한 자원배분이 이루어지고 경쟁이 존재하는 경제체제이다. 시장경제체제에서는 경제주체들이 각자의 이해관계를 위해 의사결정이 이루어지기 때문에 분권적인 의사결정이 중요하다.

정답 ①

제5절 경제 기초 개념 정리 ·중요도 하

1 경제학의 구분

'제1절 경제학은 무엇인가'에서 살펴본 바와 같이 경제학에 대한 다양한 정의가 존재한다. 이처럼 다양한 표현으로 경제학이 정의될 수 있는 것은 각기 다른 기준으로 경제학이라는 학문을 설명할 수 있기 때문이다. 경제학의 구분도 이와 같다. 다양한 모습을 갖고 있는 경제학은 그 기준을 달리함에 따라 다양하게 분류할 수 있는데, 우리가 알아야 할 경제학의 구분에는 다음과 같은 것들이 있다.

(1) 미시경제학과 거시경제학

① 미시경제학(Microeconomics)

미시경제학은 가계, 기업과 같은 개별 경제주체들의 경제행위와 그 상호작용을 다루는 학문이다. 여기서 말하는 상호작용이 일어나는 공간이 시장이다. 경제주체의 상호작용으로 인해 가격이 형성되고 가격은 다시 개별 경제주체에게 영향을 미치게 된다. 이러한 일련의 개별 경제주체와 시장, 그리고 가격을 다루는 학문을 미시경제학이라고 한다.

② 거시경제학(Macroeconomics)

거시경제학은 가계, 기업이 아닌 국민경제 전반을 다루는 학문이다. 따라서 미시경제학에서 다루던 시장은 국가로, 가격은 물가로 바뀌게 된다. 즉, 개별적인 개념들이 아닌 총량의 개념을 다루는 학문인 것이다. 이들 각각의 특징과 상호작용이 국가 경제에 어떤 영향을 미치며, 어떤 경제정책을 사용해야 하는지를 다루는 학문이 거시경제학이다.

📖 읽는 강의

경제학은 일반적으로 미시경제학과 거시경제학으로 구분합니다. 최초의 경제학은 미시경제학이었습니다. 1930년 미국의 대공황을 겪으면서 케인스를 중심으로 국가 전체를 분석의 대상으로 삼는 거시경제학이 탄생했습니다. 얼핏 생각할 때 그저 미시경제학의 논리를 국가 전체에 활용하면 되기 때문에 굳이 거시경제학이 필요하지 않아 보입니다. 물론 국가 경제 전체는 경제 내에 존재하는 개별 경제주체(가계, 기업, 정부)로 구성됩니다. 부분들이 전체의 구성요소가 되지만, 경제 전체는 이들의 단순 합이 아니라 이들의 상호작용의 산물입니다. 따라서 개별 경제주체를 이해하는 관점과 전체를 이해하는 관점이 서로 다를 수밖에 없습니다. 나무 하나하나를 각각 살펴본다고 해서 숲 전체를 파악할 수 있는 것은 아닌 것처럼 말입니다.

(2) 실증경제학과 규범경제학

① 실증경제학(Positive Economics)

실증경제학은 실제로 경제가 움직이는 원리를 설명하고 분석하는 경제학의 분야이다. 예를 들어, '우리나라의 2025년 조세 수입이 얼마나 될 것인가?' 혹은 '간접세율을 1%p 인상시키면 조세 수입은 얼마나 증가하는가?'에 대한 답은 일정한 수치가 나오고 실제 2025년이 되거나 간접세율을 인상시켜 보면 그 예측이 맞았는지 틀렸는지를 알 수 있다. 이처럼 실증경제학은 옳고 그름을 판단할 수 있으며 경제가 돌아가는 원리에 대한 답을 구하는 학문을 의미한다. 예측도 실증경제학의 영역에 포함된다.

② 규범경제학(Normative Economics)

규범경제학은 경제가 어떻게 움직여야 바람직한지에 대해 탐구하는 경제학의 분야이다. 앞선 예를 이용한다면 '간접세율 인상은 정부의 재정 수입 확충에는 도움이 되지만 서민들의 세부담을 가중시킬 수 있다. 그럼에도 간접세율을 올려야 하는가?'에 대한 대답을 찾는 분야가 규범경제학이다. 이러한 질문에는 가치 판단이 개입되어 있어서 답을 찾는 것이 쉽지 않지만, 규범경제학은 가치 판단이 개입된 다양한 선택지 가운데 명백히 경제적으로 유리한 것을 이야기할 때 유용하게 사용된다. 이렇게 도출된 결론은 실제 경제정책으로 연결되기도 하지만 경제학자들 사이에서도 합의점을 찾지 못해 정책으로 이어지지 않기도 한다.

2 경제학의 표현 방법

(1) 문장을 통한 표현

경제학뿐만 아니라 많은 학문에서 많이 사용하는 표현 방법이 바로 문장을 통한 표현이다. 경제학의 정의를 설명하거나, 생산가능곡선을 설명하거나, 세테리스 파리부스(Ceteris paribus)를 이해시키고자 할 때 사용했던 방식이 바로 문장을 통한 표현이다. 경제학의 이론들을 문장으로만 설명하기 위해서는 탁월한 직관이 필요한데, 모든 이론에 이러한 직관을 투영시키기란 쉽지 않은 일이다. 이러한 문장이 갖는 한계를 수식과 모형이 보완해 준다.

(2) 수식을 통한 표현

① 수식의 이해

수식을 통한 표현은 경제이론을 단순명료하게 보여 줄 수 있다. 일반적으로 다른 모든 조건이 일정하다면 상품의 가격이 상승하는 경우 수요자는 해당 제품의 구매를 줄이게 된다. 이 경우를 다음과 같이 수식으로 간단하게 표현할 수 있다.

$$\frac{\Delta Q_d}{\Delta P} < 0 \ (Q_d: \text{수요량}, \ P: \text{가격})$$

② 변수의 이해 − I

수식을 통한 표현을 이해하기 위해서는 변수에 대한 이해가 동반되어야 한다. 변수는 그 크기가 변할 수 있는 수를 의미하며, 독립변수(independent variable)와 종속변수(dependent variable), 그리고 내생변수(endogenous variable)와 외생변수(exogenous variable)로 구성된다.

　　㉠ 독립변수와 종속변수: 두 변수 x와 y 사이에 $y=f(x)$가 성립할 때 x를 독립변수, y를 종속변수라고 한다. 즉, 종속변수는 독립변수의 변화에 따라 달라지는 변수를 의미한다. 소비(C) 규모가 소득(Y)의 변화에 따라 달라진다면 소득(Y)은 독립변수, 소비(C)는 종속변수가 된다. 이는 $C=f(Y)$로 표현할 수 있다.

　　㉡ 내생변수와 외생변수: 내생변수는 그 값이 모형 안에서 결정되는 변수를 의미하고, 외생변수는 모형 밖에서 특정 값이 주어지는 변수를 의미한다. 즉, 내생변수는 모형 내에서 결과에 직접적인 영향을 주는 변수로서 모형 밖에서 결정되는 외생변수가 주어지면 그에 따라 변화하는 변수이다. 예를 들어, 다른 모든 조건이 일정한 상황에서 가격이 오르면 수요량이 감소하는 모형이 있다고 하자. 이때 가격은 내생변수이다. 모형 내에서 결과인 수요량에 직접적인 영향을 미치는 요인이기 때문이다. 하지만 가격이 변하지 않았는데 해당 재화에 대한 선호가 증가하여 수요가 증가했다면 이때의 선호 증가는 외생변수라고 할 수 있다. 그리고 수요가 증가하면 내생변수인 가격은 상승한다. 이처럼 내생변수는 모형 내부에서 결과에 직접적인 영향을 미치는 변수를, 외생변수는 모형과 무관하게 외부에서 주어지는 변수를 의미한다.

③ 변수의 이해 – Ⅱ

수식을 이해하기 위해 변수를 알아야 하는 것과 함께 변수의 성격을 이해하는 것도 중요하다. 변수 고유의 성격을 알지 못할 경우 변수 사이의 관계를 잘못 해석하여 전반적인 맥락을 잘못 이해할 수 있기 때문이다. 변수는 그 성격에 따라 유량변수와 저량변수로 구분된다.

　　㉠ 유량변수: 경제학의 변수 중에는 1개월, 1년과 같이 기간을 기준으로 집계되는 변수들이 있다. 이처럼 일정 기간을 명시해야 그 의미가 명확히 전달되는 변수를 유량(flow)변수라고 한다. GDP, 소비, 국제수지 등이 대표적인 유량변수이다. 이러한 경제지표를 이해할 때에는 얼마만큼의 기간을 대상으로 했는지를 파악해야 옳은 해석이 가능하다.

　　㉡ 저량변수: 경제학의 변수 중에는 일정 기간이 아닌 특정 시점이 중요한 변수들이 있다. 지금 시중에 얼마만큼의 통화량이 존재하는지, 현재 환율이 얼마인지 등이 대표적인 예이다. 이처럼 특정 시점을 명시해야 그 의미가 명확히 전달되는 변수를 저량(stock)변수라고 한다. 따라서 저량변수를 이해할 때에는 어느 시점을 가리키는지를 파악해야 옳은 해석이 가능하다.

내용정리	유량변수와 저량변수
유량(flow)변수	일정 기간을 명시해야 하는 변수 예 GDP, 소비, 투자, 수요, 공급, 국제수지 등
저량(stock)변수	특정 시점을 명시해야 하는 변수 예 통화량, 노동량, 환율, 외환보유고 등

기출로 확인하기 27회 기출변형

다음 경제변수 중 저량변수인 것은?

① 수요량   ② 국민소득
③ 공급량   ④ 국부
⑤ 국제수지

(3) 모형을 통한 표현

생산가능곡선과 경제 순환도에서 살펴본 바와 같이 모형을 사용하면 복잡한 현실을 단순화하여 설명할 수 있으므로 현상을 파악하고 문제를 예측하여 해결하는 데 용이하다. 수요곡선 및 공급곡선, 무차별곡선, 등비용선 등 다양한 모형을 활용한 설명을 확인할 수 있다.

3 경제학의 방법론

(1) 귀납법 vs 연역법

① 귀납법(Induction)

귀납법은 개별 사례로부터 일반적인 원리나 법칙을 도출해 내는 방법을 의미한다. 귀납법을 사용할 때에는 모든 요인들을 살펴봐야 하지만 이는 현실적으로 불가능하기 때문에 중요하다고 판단되는 요인들을 제외하고는 모든 조건이 일정하다고 가정한다.

> **예** 소크라테스도 죽었다. 공자도 죽었다. 석가도 죽었다.
> 소크라테스, 공자, 석가는 사람이다.
> 그러므로 모든 사람은 죽는다.

② 연역법(Deduction)

연역법은 일반적으로 알려진 사실이나 법칙으로부터 다른 구체적인 법칙을 이끌어 내는 방법을 의미한다. 따라서 연역법을 통해 발견된 것은 새로운 내용은 아니며 이미 대전제의 개념 속에 포함되어 있던 내용이다.

> **예** 모든 사람은 죽는다(대전제).
> 소크라테스는 사람이다(소전제).
> 그러므로 소크라테스는 죽는다(결론).

(2) 인과의 오류 vs 구성의 오류

① 인과의 오류(post hoc fallacy)

인과의 오류는 선후관계를 인과관계로 착각하는 오류이다. 귀납법을 사용할 때 인과의 오류가 발생하기 쉽다. 귀납법은 개별 사례로부터 법칙을 도출해 내기 때문에 경제주체가 미래를 예측하여 먼저 반응을 보인 사례를 특정 경제상황이 유발되는 원인으로 간주하게 되는 것이다.

> **예** 에어컨 판매량이 증가하면 여름이 온다는 식의 판단

② 구성의 오류(fallacy of composition)

구성의 오류는 부분에서는 성립하던 것이 전체로 확장하면 성립하지 않는 경우를 의미한다. 연역법을 사용할 때 구성의 오류에 빠지기 쉽다. 예를 들어, 영화관에서 영화를 관람할 때 서서 보면 영화를 더 잘 볼 수 있다는 명제가 참이라고 하자. 이 명제가 참이라

고 해서 모든 사람들이 영화를 관람할 때 서서 보면 더 잘 보인다는 명제가 참이 되는 것은 아니다. 모든 사람이 일어나게 되면 영화는 잘 보이지 않기 때문이다. 절약의 역설, 미시경제학과 거시경제학을 구분하는 이유 모두 구성의 오류로 설명할 수 있는 내용들이다.

(3) 상관관계 vs 인과관계

경제현상을 분석하기 위해서는 다양한 경제변수들을 사용한다. 이때 사용하는 변수들 간에 일정한 관계가 존재하는지를 살펴봐야 하는데, 자주 사용되는 개념이 상관관계와 인과관계이다.

① 상관관계(correlation)

상관관계는 두 변수 사이에 어떤 관계가 있는 경우를 의미한다. 두 변수 x와 y 사이에 x의 값이 커짐에 따라 y의 값이 대체로 커지는 관계에 있는 경우를 '양(+)의 상관관계'라고 하며, 반대로 x의 값이 커짐에 따라 y의 값이 대체로 작아지는 관계에 있는 경우를 '음(−)의 상관관계'라고 한다. 한편, x의 값이 커짐에 따라 y의 값이 커지는지 작아지는지가 불분명한 경우에는 '상관관계가 없다.'라고 한다.

② 인과관계(causality)

인과관계는 두 변수 사이에 원인과 결과의 관계가 성립하는 경우를 의미한다. 두 변수 x와 y 사이에서 x가 y의 원인이 되는 것이 명백한 경우가 인과관계인 것이다. 예를 들어, 열을 가했더니 물이 끓었다면 열을 가한 것은 원인, 물이 끓은 것은 결과가 되므로 이 두 변수 사이에는 인과관계가 성립한다.

기출로 확인하기 〔28회 기출변형〕

구성의 오류와 인과의 오류를 〈보기〉의 사례와 옳게 연결한 것은?

──〈보기〉──
사례 A: 저축은 미래를 위해 현재의 소비를 줄이는 행위이므로 모든 사람들이 저축하는 행위는 경제에 매우 이롭다.
사례 B: 값비싼 명품 옷일수록 오히려 판매가 늘어난다.
사례 C: 교회가 많은 동네에 범죄율이 높다.
사례 D: 박사학위 소지자가 소득이 높아지는 경향을 보이고 있기 때문에 높은 연봉을 받으려면 박사학위를 받는 것이 좋다.

	구성의 오류		인과의 오류
①	사례 A	–	사례 C
②	사례 A	–	사례 B
③	사례 B	–	사례 C
④	사례 B	–	사례 D
⑤	사례 C	–	사례 D

기출로 확인하기 정답 및 해설

| 해설 | 구성의 오류는 부분에서 성립하던 논리가 전체로 확장하면 성립하지 않는 경우를 의미하고, 인과의 오류는 두 변수 사이에 존재하는 상관관계를 인과관계로 혼동하는 오류를 의미한다. 상관관계란 두 변수 사이에 어떤 관계가 있는 경우를 의미하고, 인과관계란 두 변수 사이에 원인과 결과의 관계가 성립하는 경우를 의미한다.
(사례 A) 저축은 개인에게는 바람직한 행위이지만, 모든 사람이 저축할 경우 경제 전체의 총소비가 감소하여 총수요를 위축시킬 수 있어 바람직하지 않을 수 있다.
(사례 C) 교회의 수와 범죄율 간의 관계는 상관관계일 뿐 원인과 결과 관계로 판단할 근거가 존재하지 않는다.

정답 ①

기출동형 연습문제

01 난이도 ■□□

물이나 휴지와 같이 생활에 반드시 필요한 생필품의 경우 명품 가방과 같은 사치재보다 가격이 저렴하다. 이러한 현상을 통해 내릴 수 있는 결론으로 가장 적절한 것은?

① 생필품일수록 희소하다.
② 유용한 재화일수록 희소하다.
③ 모든 자원이 희소한 것은 아니다.
④ 필수적인 재화일수록 가격이 높다.
⑤ 재화의 가격은 자원의 희소성과 밀접하다.

| **해설** | 희소성은 인간의 욕구에 비해 자원의 부존량이 부족한 현상을 의미한다. 희소한 재화를 갖기 원하는 사람들은 다른 사람보다 더 높은 대가를 지급할 수밖에 없다. 생필품은 없으면 곤란한 재화이지만 부존량이 풍부하여 많은 사람들이 욕구를 충족시킬 수 있다. 하지만 명품가방의 경우 더 높은 가격을 제시하여 해당 재화를 갖고자 하는 사람들이 존재하므로 희소성이 크다.

| **오답피하기** | ① 생필품의 경우 모두가 필요로 하므로 욕구가 높으나 부존량이 많아 희소성이 작다.
② 희소성과 유용성은 생필품과 사치재의 가격 차이를 설명하기에 적절하지 않다.
③ 모든 자원이 희소한 것은 아니지만, 생필품과 사치재의 가격 차이를 설명하기에는 적절하지 않다.
④ 가격은 유용성이 아닌 희소성과 관련 있다.

02 난이도 ■□□ [제61회 기출]

경제학자들은 '공짜 점심은 없다.'는 말을 자주 한다. 모든 편익에는 비용이 따른다는 뜻이다. 다음 중 이 말에 해당하는 가장 적합한 사례는?

① 국가 간 교역은 항상 제로섬(Zero-sum) 게임이며, 아무런 편익이 없다.
② 정부가 복지 정책을 시행하더라도 채권을 발행하여 재정을 채울 수 있기 때문에 미래 세대의 부담은 전혀 증가하지 않는다.
③ 경기를 살리기 위해 중앙은행이 통화를 공급하면 자칫 물가가 오를 수 있다.
④ 복권에 당첨되었다.
⑤ 친구와 무료 시식코너에서 점심을 배부르게 먹었다.

| **해설** | 경기 침체 시 중앙은행이 확대 통화정책을 실시하면 경기가 활성화될 수 있지만, 반대 급부로 총수요 증가로 인한 물가 상승이라는 대가를 치를 수 있다.

| **오답피하기** | ① 국가 간 교역이 항상 제로섬 게임이며 편익이 없다는 표현은 상품과 서비스를 주고받는 선택에 아무런 대가가 없다는 의미로, '공짜 점심은 없다'는 의도와 맞지 않는다.
② 채권은 오늘 빌린 돈을 미래에 이자를 더해 상환하겠다는 약속증서이다. 채권 발행이라는 선택의 대가가 없다는 것은 모든 편익에 비용이 따른다는 경제학의 설명과 맞지 않는다.
④ 복권에 당첨되었다는 사실만으로는 편익과 비용의 관계를 알 수 없다.
⑤ 무료 시식코너에서 점심을 배부르게 먹었다는 사실만으로는 편익과 비용의 관계를 알 수 없다.

정답 01 ⑤ | 02 ③

03 난이도 ■■□□

선근이는 만기가 도래한 적금 1,000만 원을 주식에 투자해야 할지, 이자율 10%의 예금에 저축해야 할지 고민하다가 1,000만 원을 주식에 투자하기로 결정하였다. 주식 투자의 기대수익률이 20%라고 할 때 선근이의 선택에 따른 연간 기회비용은?

① 0원
② 100만 원
③ 200만 원
④ 1,000만 원
⑤ 1,200만 원

| 해설 | 기회비용은 희소성으로 인해 발생한다. 모든 것을 선택할 수 없기 때문에 하나를 선택하면 포기해야 하는 다양한 선택이 있는데, 기회비용은 이 가운데 가장 큰 가치로 계산된다. 1,000만 원을 주식에 투자할 때의 기대수익률은 20%이므로 200만 원의 수익이 기대되는 반면, 이를 위해서는 이자 수익 100만 원을 포기해야 한다. 따라서 기회비용은 100만 원이다.

04 난이도 ■■□□

합리적 선택을 위한 경제주체의 행동으로 옳지 않은 것은?

① 기회비용이 동일하다면 편익이 큰 것을 선택해야 한다.
② 매몰비용은 합리적 의사결정을 위해 반드시 고려해야 하는 비용이다.
③ 기회비용을 최소화하고 편익을 최대화하는 선택이 합리적 선택이다.
④ 동일한 편익을 주는 경우라면 기회비용이 작은 쪽을 선택할 때 합리적이다.
⑤ 눈에 보이는 비용뿐만 아니라 선택으로 인해 포기하게 된 비용도 고려해야 한다.

| 해설 | 합리적 선택이란 포기하는 것의 가치보다 선택하는 가치가 크도록 하는 의사결정을 의미한다. 이를 위해서는 기회비용을 고려해야 하지만, 매몰비용은 고려해서는 안 된다. 합리적 의사결정을 위해 반드시 고려해야 하는 비용은 기회비용이다.

| **오답피하기** | ① 기회비용이 동일하다면 얻는 것의 가치가 크도록 선택해야 한다.
③ 포기하는 것의 가치를 최소화하고, 얻는 것의 가치를 최대화하도록 선택해야 한다.
④ 동일한 편익이라면 적은 대가를 치르는 선택을 하는 것이 합리적이다.
⑤ 기회비용은 명시적 비용과 암묵적 비용의 합이다.

05 난이도 ■■□□

경제활동이 활발해지면 자원의 소비량이 많아지므로 자원 고갈이 발생할 수 있다. 시장경제체제에서 발생할 수 있는 자원 문제에 대해 A ~ D의 설명에 대한 응답을 바르게 연결한 것은?

> A: 시장경제는 자원을 많이 낭비한다.
> B: 시장경제체제가 주도하는 경제성장은 조만간 한계에 다다를 것이다.
> C: 시장경제는 자원 고갈 문제를 해결할 수 있는 유인을 제공할 것이다.
> D: 시장경제의 번영은 후손들이 누려야 할 자원까지 당겨쓰는 번영일 뿐이다.

* (○: 옳다, ×: 옳지 않다)

	A	B	C	D
①	×	×	×	×
②	○	○	○	○
③	○	×	○	×
④	×	○	×	×
⑤	×	×	○	×

| 해설 | 시장경제체제는 무엇을 얼마나 생산하고, 어떻게 생산하며, 어떻게 분배할지에 대한 판단을 시장에서 결정되는 균형에 의해 해결하는 경제체제이다. 자원 고갈이 발생할 경우 자원에 대한 초과수요가 발생하여 자원 가격이 상승하여 자원의 낭비가 감소할 것이고, 자원이 필요한 곳에서는 대체 자원을 개발하려는 노력을 기울일 것이다. 자원 고갈로 인해 가격이 높아진 자원을 사용하기 어려운 점은 자원 문제 해결의 유인이 된다.

| **오답피하기** | B. 자원의 고갈과 시장경제체제의 한계를 직접적으로 연결할 수 있는 근거는 없다. 모든 다른 조건이 일정한 상황에서 자원만 고갈된다면 시장경제체제뿐만 아니라 모든 형태의 경제체제가 존재할 수 없다.
D. 시장경제의 번영은 현재 부존량을 사용하기만 하는 것이 아니라 새로운 자원의 개발 노력도 병행하기 때문에 미래 후손이 누려야 할 무언가를 현 세대가 당겨쓰는 것이라고 단정하기 어렵다.

관련 이론 짚어보기

경제체제: 경제학의 3대 문제를 해결하는 방식을 의미한다. 3대 문제를 시장과 가격기구에 맡기는 경제체제를 시장경제체제라고 하고, 중앙 정부에 의해 해결하는 경제체제를 계획경제체제라고 한다.

정답 03 ② | 04 ② | 05 ⑤

06 난이도 ■□□

다음은 경제학에서 범하기 쉬운 오류를 나열한 것이다. A, B에 해당하는 내용을 바르게 연결한 것은?

> A: 부자들이 강남에 많이 살기 때문에 강남에 가면 부자가 될 수 있다고 생각한다.
> B: 개인이 잘 살기 위해 절약을 하듯, 이번 금융위기를 극복하기 위해 세계 각국은 재정을 아껴 써야 한다.

	A	B
①	인과의 오류	구성의 오류
②	인과의 오류	강조의 오류
③	구성의 오류	구성의 오류
④	구성의 오류	인과의 오류
⑤	강조의 오류	구성의 오류

| 해설 | A. 부자들이 강남에 많이 살기 때문에 강남에 가면 부자가 될 수 있다는 생각은 인과의 오류에 해당한다. 즉, 부자와 강남 주민은 상관관계가 있을 뿐 두 요인을 원인과 결과의 관계로 볼 수 없음에도 이를 인과관계로 해석하는 오류를 범하는 것이다.

B. 절약은 개인에게는 바람직한 행위이지만, 모든 국가가 절약해야 한다는 주장은 구성의 오류를 범하는 내용이다. 즉, 부분에서는 성립하지만 전체적으로는 성립하지 않는 논리이다.

07 난이도 ■■□

다음 두 사례를 종합하여 내린 결론으로 가장 적절한 것은?

> • 중국, 베트남 등 사회주의 국가 대부분이 사유재산 및 이윤 추구를 부분적으로 인정하는 정책을 시행하고 있다.
> • 서유럽을 비롯한 대부분의 자본주의 국가들은 공기업을 운영하고 공공사업을 시행하며 복지 제도를 갖추고 있다.

① 사유재산을 인정하는 것은 형평성을 저해한다.
② 시장기능의 확대는 소득분배 개선에 기여한다.
③ 정부의 경제활동이 확대되면 민간경제는 위축된다.
④ 사회주의와 자본주의는 상호 보완책을 모색하고 있다.
⑤ 자율적인 의사결정은 자원의 평등한 배분을 보장한다.

| 해설 | 첫 번째 사례는 계획경제체제를 중심으로 시장경제체제 요소를 보완하여 운영하는 모습을 보여 주고 있고, 두 번째 사례는 시장경제체제를 중심으로 계획경제체제 요소를 보완하여 운영하는 모습을 보여 주고 있다. 이를 통해 어떤 경제제도 완벽하지 않기 때문에 복잡한 이해관계가 얽힌 현실에서는 각 제도의 장점이 서로의 단점을 보완해 주며 경제문제를 해결하고 있음을 알 수 있다.

| 오답피하기 | ① 사유재산을 인정하는 것이 형평성을 저해한다고 볼 수 없다.
② 시장기능의 확대는 효율성 개선에 기여한다.
③ 제시된 사례와 관련 없는 내용이다.
⑤ 자원의 평등한 배분을 보장하는 가치는 효율성이다.

정답 06 ① | 07 ④

08 난이도 ■■□□

다음 경제학의 3대 문제 A～C와 관련 있는 내용을 〈보기〉에서 골라 바르게 연결한 것은?

A: 무엇을, 얼마나 생산할 것인가?
B: 어떻게 생산할 것인가?
C: 누구에게 분배할 것인가?

〈보기〉
㉠ 생산물의 종류와 수량을 결정하는 문제이다.
㉡ 생산요소의 선택과 결합 방법의 문제이다.
㉢ 소득세의 누진세율 적용, 사회복지제도와 관련 있다.

	A	B	C
①	㉠	㉡	㉢
②	㉠	㉢	㉡
③	㉡	㉠	㉢
④	㉢	㉠	㉡
⑤	㉢	㉡	㉠

| 해설 | 경제학의 3대 문제란 무엇을 얼마나 어떻게 생산하여 누구에게 분배할 것인가의 문제를 의미한다. 무엇을 얼마나 생산할 것인지의 문제는 생산물의 종류와 수량을 결정하는 문제이고, 어떻게 생산할 것인가는 생산요소의 선택과 결합 방법의 문제이며, 누진세율 적용 및 사회복지제도는 분배 방식의 문제와 관련 있다.

09 난이도 ■■□□

다음 학생들의 질문에 대한 교사의 대답으로 가장 적절한 것은?

인경: 선생님, 돼지 한 마리를 잡을 경우 삼겹살이 목살보다 많이 나온다고 합니다. 그런데 왜 식당에 가면 삼겹살이 목살보다 더 비싸죠?
세희: 저희 사촌들은 각각 알래스카와 호주로 이민을 갔는데요. 두 곳 모두 놀러가 봤는데, 호주에는 에어컨을 정말 많이 파는데도 에어컨이 비싸게 팔리는데요. 알래스카에서는 에어컨을 찾아보기 힘들지만, 상대적으로 싸게 파는 것을 본 적이 있습니다. 왜 이런 현상이 생기는 거죠?
지환: 피처폰은 이제 주변에서 정말 찾아보기 어려운데 스마트폰은 주변에서 흔히 볼 수 있습니다. 그런데도 왜 스마트폰이 더 비쌀까요?

① 재화의 존재량이 재화의 가격을 결정하기 때문이죠.
② 재화의 효용은 재화의 다양성에 의해 결정되기 때문이죠.
③ 재화의 선택 기준은 재화의 수량에 의해 결정되기 때문이죠.
④ 재화의 가격은 재화의 상대적인 희소성에 의해 결정되기 때문이죠.
⑤ 재화에 대한 사람들의 욕구는 재화의 수량에 반비례하기 때문이죠.

| 해설 | 희소성이란 상대적인 개념으로서, 욕구에 비해 자원의 부존량이 부족한 경우를 의미한다. 누구나 갖기를 원하지만 부존량의 부족으로 누군가는 갖지 못하게 된다. 따라서 갖기를 원하는 사람들은 그 재화를 갖는 대가를 지불해야 하는데, 이러한 재화를 경제재라고 한다. 희소성이 클수록 더 높은 대가를 지불해야 한다. 이처럼 재화의 가격은 희소성에 의해 결정된다.

| 오답피하기 | ① 재화의 절대적인 부존량은 가격과 관련 없다.
② 재화의 다양성과 희소성은 관련 없다.
③ 재화의 수량이 선택 기준이 될 수 없다. 재화에 대한 욕구로 인해 재화를 선택한다.
⑤ 재화에 대한 사람들의 욕구는 재화의 수량과 관련 없다.

정답 08 ① | 09 ④

10 난이도 ■■□

다음 밑줄 친 ㉠에 나타난 선택의 원리와 ㉡에 대한 답을 바르게 짝지은 것은?

> ㉠ 일부 운동선수들은 대학에 진학하지 않고 고등학교 졸업 후 곧바로 프로로 진출한다. 프로 운동선수는 우리에게 즐거움을 주지만 생활에 없어서는 안 될 중요한 존재라고는 보기 힘들다. 반면, 경찰관, 학교 선생님, 청소부 아저씨, 군인 등은 우리의 안녕과 복지를 위해 반드시 필요한 존재임에도 불구하고 유명 운동선수보다 적은 급여를 받고 있다. ㉡ 왜 이러한 연봉의 차이가 발생하는가?

	㉠	㉡
①	공짜 점심은 없다.	효율성의 차이
②	비교 우위가 있는 쪽을 선택한다.	효율성의 차이
③	기회비용을 고려한 선택이다.	희소성의 차이
④	매몰비용은 고려할 필요가 없다.	희소성의 차이
⑤	교환은 거래당사자들의 이익을 증진시킨다.	형평성의 차이

| 해설 | 일부 운동선수는 대학에 진학하지 않고 프로로 진출하는 선택을 한다. 이는 대학을 포기하는 것의 기회비용이 프로를 포기하는 것보다 작다고 판단하기 때문이다. 즉, 선택을 위해 포기해야 하는 것의 가치인 기회비용을 고려한 선택인 것이다. 하지만 모든 사람들이 이와 같은 선택을 할 수 있는 것은 아니다. 일반적인 사람들의 경우 대학 교육 없이 프로로 진출하기 어려울 뿐만 아니라, 가능하다 하더라도 낮은 연봉을 받을 수밖에 없기 때문이다. 이는 내가 가진 능력이 얼마나 희소한지와 관련 있다. 희소한 능력을 가진 사람일수록 많은 기업과 팀에서 채용하고 싶어 하고, 이를 위해 높은 대가를 지급하기 때문이다.

11 난이도 ■□□

다음은 한 국가가 보유한 생산요소를 모두 활용하여 생산할 수 있는 포도와 딸기의 조합이다. 이에 대한 설명으로 옳지 않은 것은?

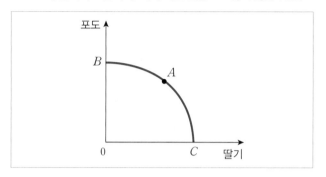

① A점은 효율적인 생산량을 의미한다.
② A점에서 포도 생산을 늘리려면 딸기 생산을 줄여야 한다.
③ 포도와 딸기 모두 A점보다 적은 지점에서 생산가능하다.
④ 딸기를 많이 생산할수록 포기해야 하는 포도의 생산량이 줄어든다.
⑤ 기술 진보가 나타나면 포도와 딸기는 모두 A점에서보다 많이 생산할 수 있다.

| 해설 | 생산가능곡선은 한 국가가 보유한 생산요소를 활용하여 생산할 수 있는 최대한의 생산조합을 나타낸다. 따라서 한 재화의 생산량을 늘리기 위해서는 다른 재화의 생산을 줄여야 한다. 모든 생산요소를 활용하여 포도만 생산하고 있을 때 딸기 한 단위를 더 생산할 경우와 A점에서 딸기 한 단위를 더 생산할 경우 포기해야 하는 포도의 생산량은 다르다. 이는 딸기 생산의 기회비용이 달라진다는 의미로, 원점에 대해 오목한 생산가능곡선의 경우 딸기 생산을 증가시킬수록 포기해야 하는 포도의 생산량은 증가한다.

12 난이도 ■□□

다음 글을 통해 알 수 있는 내용을 〈보기〉에서 고르면?

> 각 개인은 공공의 이익을 증진시킬 의도도 없고, 자신이 얼마나 공익을 증진시키고 있는지도 모른다. 각 개인은 자신들의 사적 이익만을 추구하고 있고, 이 과정에서 그들이 의도하지 않은 어떤 목적을 달성하도록, 다른 많은 경우에서처럼 '보이지 않는 손'에 의해 인도되고 있다. … 〈중략〉 … 각 개인은 자신들이 의도적으로 공익을 증진시키려고 하는 경우보다, 자신들의 사익을 추구하는 과정에서 공익을 효과적으로 증진시키는 경우가 많다.
>
> – 애덤 스미스, 「국부론」

〈보기〉
- ㉠ 조세는 자원배분에 부정적인 영향을 미칠 수 있다.
- ㉡ 임대료 규제는 사회 전체에 이득이 된다.
- ㉢ 시장기구는 자원을 효율적으로 배분한다.
- ㉣ 경제적 성과는 균등하게 분배된다.

① ㉠, ㉡   ② ㉠, ㉢
③ ㉠, ㉣   ④ ㉡, ㉣
⑤ ㉢, ㉣

| 해설 | 애덤 스미스의 「국부론」에서 설명하는 '보이지 않는 손'이란 그 어떤 외부적인 간섭도 없이 전적으로 시장의 힘에 의해 의사결정이 이루어지는 것을 의미한다(㉢). '보이지 않는 손'에 의할 경우 조세, 임대료 규제 등의 외부적인 요인은 시장 효율성에 부정적인 영향을 미치게 된다(㉠).

13 난이도 ■□□

경제문제에 관한 설명으로 옳은 것을 〈보기〉에서 고르면?

〈보기〉
- ㉠ 경제문제는 자원의 희소성으로 인해 발생한다.
- ㉡ 자원의 희귀성은 경제문제를 발생시킨다.
- ㉢ 경제체제는 경제문제의 해결방식을 의미한다.
- ㉣ 효율성과 형평성은 경제문제와 무관하다.

① ㉠, ㉡   ② ㉠, ㉢
③ ㉠, ㉣   ④ ㉡, ㉣
⑤ ㉢, ㉣

| 해설 | 경제문제는 자원의 희소성으로 인해 발생한다(㉠). 경제체제는 경제문제를 해결하는 방식이다(㉢). 시장의 가격기구를 통해 문제를 해결하는 경제체제는 시장경제체제이고, 중앙 정부의 통제를 통해 문제를 해결하는 경제체제는 계획경제체제이다.

| 오답피하기 | ㉡ 자원의 희소성이 경제문제를 발생시킨다.
㉣ 효율성과 형평성은 경제문제의 해결을 판단할 수 있는 기준이 된다.

14 난이도 ■□□   [제77회 기출]

아래의 지문에서 나타난 중고차와 신차의 관계를 가장 잘 설명할 수 있는 개념은 무엇인가?

> 대학생 중 자차를 소유한 사람의 비율은 높지 않다. 하지만 대학 졸업 후 취업을 하여 소득이 생기면 차를 구입하는 경우가 많은데, 처음에는 주로 중고차를 구입한다. 하지만 시간이 흘러 경제적 여유가 생기면 중고차를 처분하고 신차를 구입하는 경우가 많다.

① 재화와 비재화   ② 공유재와 공공재
③ 정상재와 열등재   ④ 매몰비용과 기회비용
⑤ 명시적 비용과 암묵적 비용

| 해설 | 소득이 증가할수록 신차에 대한 수요는 증가하고, 중고차에 대한 수요는 감소한다. 이를 통해 신차는 정상재에, 중고차는 열등재에 해당함을 알 수 있다.

| 오답피하기 | ② 공유재는 배제성은 없으나 경합성이 존재하는 재화이며, 공공재는 배제성과 경합성이 모두 없는 재화이다.
④ 매몰비용은 한 번 지출하고 나면 회수할 수 없는 비용이며, 기회비용은 포기한 가치 중 가장 큰 값으로 정의된다.
⑤ 명시적 비용은 회계적 비용으로 다른 사람이 가진 생산요소를 활용한 대가이며, 암묵적 비용은 내가 가진 생산요소를 활용한 대가를 의미한다.

정답 **12** ② | **13** ② | **14** ③

15 _{난이도} ■□□□   [제61회 기출]

다음 자료에 대한 설명으로 옳은 것은?

> 그림은 민간 부문의 경제 순환을 나타낸 것이다. A는 이윤 극대화를 추구하는 경제주체이다.
>
>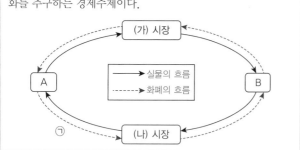

① A는 소비의 주체이다.
② B는 사회적 후생의 극대화를 추구한다.
③ (가) 시장에서 A는 수요자, B는 공급자이다.
④ (나) 시장에서는 생산요소가 거래된다.
⑤ 학생이 학용품을 구입하고 돈을 지불하는 것은 ㉠에 해당한다.

| 해설 | 이윤 극대화를 추구하는 경제주체는 기업이다. 따라서 A는 기업, B는 가계, (가)는 생산물시장, (나)는 생산요소시장이다.
④ 생산요소시장에서는 노동, 자본, 토지 등의 생산요소가 거래된다.

| 오답피하기 | ① 기업은 생산의 주체이다.
② 가계는 효용 극대화를 추구한다.
③ 생산물시장에서 기업은 공급자, 가계는 수요자이다.
⑤ 학생이 학용품을 구입하고 돈을 지불하는 것은 생산물시장에서 나타나므로 이는 생산물시장에서 기업으로의 화폐 흐름으로 나타난다.

16 _{난이도} ■■□

S전자는 200억 원의 수입을 기대하고 신제품 개발에 현재까지 30억 원을 지출한 상황이다. 그런데 경쟁업체 L전자가 동일한 제품을 먼저 개발하여 시장에 출시함에 따라, 예상 수입이 40억 원으로 줄어들었다고 한다. 제품 개발을 완료하려면 앞으로 15억 원의 추가 비용이 필요하다고 한다. 이 프로젝트 매니저인 당신의 결정 또는 결정에 필요한 자료로 옳은 것은?

① 현시점에서 연구개발과 관련된 매몰비용은 45억 원이다.
② 예상 수입이 총연구개발비보다 적으므로 연구개발을 중단해야 한다.
③ 연구개발비를 추가로 지출하여 제품 개발을 완료하는 것은 무의미하다.
④ 예상 수입과 총연구개발비를 비교하여 연구개발의 지속 여부를 결정해야 한다.
⑤ 추가비용과 그 비용을 지출하였을 때의 추가적인 수입을 비교하여 연구개발의 지속 여부를 결정해야 한다.

| 해설 | 제시된 상황에서 지출된 비용 가운데 회수할 수 없는 성격의 비용은 신제품 개발비 30억 원이다. 당시 예상 수입은 200억 원이었으나, 상황 변화로 인해 예상 수입이 40억 원으로 감소했고, 완성을 위해서는 향후 15억 원이 추가로 필요하다. 이미 지출한 30억 원은 회수할 수 없는 매몰비용이기 때문에 15억 원 추가 지출을 결정하는 과정에서는 고려할 필요가 없다. 추가 비용과 그 비용을 지출하였을 때 추가로 벌어들일 수 있는 수입을 비교하여 연구개발의 지속 여부를 결정해야 한다.

| 오답피하기 | ① 매몰비용은 회수할 수 없는 비용을 의미한다. 현재 신제품 개발을 위해 지출한 30억 원은 회수할 수 없는 비용이다. 따라서 매몰비용은 30억 원이다.
②④ 합리적 선택을 위해서는 총연구개발비가 아니라 앞으로 추가될 비용을 고려해야 한다.
③ 예상 수입 40억 원을 얻기 위해 추가 비용 15억 원을 투입하는 것이므로 연구개발비를 추가로 지출하여 제품 개발을 완료하는 것이 합리적이다.

17 난이도 ■■□

다음 (가)~(마)는 자본주의 경제의 발전 과정에서 나타난 현상이다. 이에 대한 설명으로 옳지 않은 것은?

> (가) 장원의 농민과 달리, 신분적으로 자유로운 상공업자들을 시민으로 하는 자치조직으로서 도시가 성장하였다.
> (나) 상인이 수공업자에게 도구를 미리 빌려 주어 생산하게 하고, 삯을 치르고 생산된 상품을 회수하여 판매하였다.
> (다) 방적기의 발명과 증기기관의 도입 등 기술 혁신이 나타나고, 공장제 기계공업이 발달하기 시작하였다.
> (라) 최대한의 이윤을 확보하기 위해 기업들이 연합 또는 합동의 방식으로 규모를 크게 하여 시장을 독점하기 시작하였다.
> (마) 정부가 경제활동에 적극적으로 개입하여, 국가의 성격이 소극국가에서 적극국가로 바뀌었다.

① 자본주의 경제는 (가) → (나) → (다) → (라) → (마)의 순으로 발전하였다.
② (가)의 도시는 성립 초에 봉건 영주의 지배와 보호를 받았다.
③ (나)는 농촌 공업을 배경으로 발달하였으며, 상업 자본이 수공업 생산을 지배하였음을 의미한다.
④ (다)의 결과 공업이 경제활동의 중심이 되고, (라)의 단계에서 노동 문제가 심각한 사회 문제로 대두되었다.
⑤ (마)에서 자본주의는 제국주의적 식민정책을 촉진하여 국제 관계를 긴장시킴으로써 제1차 세계대전을 유발하였다.

| 해설 | 정부의 역할이 적극적으로 바뀐 이유는 모든 자원배분을 시장에만 맡길 경우 문제들이 나타났기 때문이다. 정부는 시장에 개입하여 시장의 한계를 보완하기 시작하였다. 이러한 정부의 역할 변화로 인해 제국주의적 식민정책이 촉진되었다고 보기 어렵다.

| 오답피하기 | ① 자본주의 경제는 상업자본주의 → 산업자본주의 → 독점자본주의 → 수정자본주의 순으로 발달해 왔다.
② 상업자본주의는 봉건 영주와 관계를 맺으며 운영되었고, 거래되는 물건의 대다수는 수공예품이었다.
③④ 산업혁명 이후 기계를 활용한 공장 생산이 크게 증가했으며, 소수의 기업이 시장을 독점하는 현상이 발생했다. 이 시기 노동자들의 의식도 함께 성장하여 노동 문제가 사회 문제로 대두되었다.

📈 S등급 고난도 문제

다음 기존 시장에서 철수한 ○○자동차에 대한 학생들의 진술로 적절하지 않은 것은?

> "세계 시장에서 수익을 낼 수 있을까를 물어봐야 한다. 특정 시장에서 승리할 수 있을까. 그럴 수 없다면 그 시장을 떠나거나 비즈니스 모델을 바꿀 것이다." 메리 바라 최고경영자(CEO)가 2015년 11월 미국 언론 인터뷰에서 강조한 말이다. 금융위기로 인한 구제금융을 받은 이후였던 2014년 ○○자동차의 지휘봉을 거머쥔 그는 지난 3년여 동안 한때 판매량이 260만 대에 달했던 5개국 시장에서 철수했고 13개 공장 문을 닫았다. 판매량 1위는 폭스바겐과 도요타자동차에 넘겨 줬지만 이자 및 세금 전 이익(EBIT)은 두 배로 늘었다. 그렇게 번 돈은 자율주행차와 차량공유기술, 전기차 개발 등에 필요한 신기술 확보에 쏟아 붓고 있다. 바라 CEO는 2020년까지 각 시장에서 EBIT 기준 영업이익률 10%를 달성하겠다는 목표를 세워 치밀하게 움직이고 있다.

① 영인: 선택과 집중 전략이라고도 할 수 있겠네.
② 성신: 미래 경쟁력을 위해 치밀하게 준비하고 있음을 알 수 있어.
③ 강선: 기업은 이윤 극대화를 목표로 하는데, 매출을 극대화할 수도 있구나.
④ 청연: 역시 금융위기와 같은 외생적 충격은 기업 전략의 큰 변화를 가져오는구나.
⑤ 인혜: 이 기업은 우리나라에도 진출해 있기 때문에 정부는 이러한 기업 전략을 고려해서 행동해야겠어.

| 해설 | ○○자동차는 판매량보다 수익성을 우선하는 전략을 실행하고 있다. 즉, 판매량이 아니라 세금과 비용 일체를 감안한 수익성을 판단의 기준으로 삼겠다는 것이다. 매출만을 기준으로 하지 않고 다양한 비용을 함께 고려하는 것을 통해 매출 극대화를 추구하는 전략이 아님을 알 수 있다. 한편, 금융위기 이후 구제금융을 받았던 ○○자동차가 미래에도 지속가능한 경쟁력 유지를 위해 전략적 변화를 단행했음을 엿볼 수 있다.

수요 및 공급이론

제1절 | 시장과 가격 중요도 **하**

1 가격의 역할

(1) 신호의 기능

시장에서 가격은 소비자들에게는 무엇을 소비해야 하고, 생산자들에게는 무엇을 생산해야 하는지를 알려주는 신호(signal)의 역할을 한다. 예를 들어, 많은 사람들이 스마트폰을 구입하려고 하면 공급보다 수요가 많아지기 때문에 스마트폰의 판매가격은 상승한다. 이렇게 상승한 가격은 스마트폰 제조회사들에게는 다른 제품보다 스마트폰을 더 많이 생산해야 이익을 얻을 수 있다는 신호로 작용한다. 한편, 스마트폰의 가격 상승은 스마트폰의 부속물을 만드는 부품회사에도 스마트폰 부품을 더 많이 만들어야 한다는 신호로 작용한다.

(2) 인센티브 제공의 기능

스마트폰의 가격 상승은 생산자로 하여금 더 많은 스마트폰을 생산하도록 하는 유인으로 작용한다. 가격 상승으로 인해 스마트폰 한 개당 더 많은 이득을 얻을 수 있기 때문이다. 한편, 스마트폰의 생산으로 한 기업이 이익을 얻는 모습은 다른 기업으로 하여금 스마트폰 시장에 진입하도록 하는 유인으로 작용한다.

(3) 자원배분의 기능

가격은 자원이 자율적으로 가장 필요한 사람에게 배분되도록 하는 기능을 담당한다. 신형 스마트폰이 100개가 생산되었는데, 이를 반드시 필요로 하는 사람이 200명이라고 한다면 그들은 아무리 비싼 가격을 지불하고서라도 신형 스마트폰을 구입하고자 할 것이다. 이처럼 수요가 공급보다 많으면 경쟁에 의해 신형 스마트폰 가격은 계속해서 상승한다. 한편, 너무 높은 가격을 지불하면서까지 신형 스마트폰을 사용할 필요가 없다고 생각하는 사람들은 신형 스마트폰 구입을 포기하고 구형 스마트폰을 사용할 것이다. 이처럼 가격으로 인해 자원은 꼭 필요한 사람에게 분배될 수 있다.

2 가격의 특징

가격은 각 경제주체들에게 다양한 정보를 전달한다. 그런데 시장 안에서 경제활동을 하는 경제주체들 중 그 어떤 개별 주체도 가격에 의해 전달되는 정보의 전체를 알 수는 없다. 모든 사람들은 가격이 전달하는 정보 중 자신과 연관된 정보만을 알고 있을 뿐이다. 그럼에도 불구하고 시장경제체제는 개별 경제주체들이 상호작용을 하여 가격이 전하는 전체 정보를 전달하고, 다양한 경제주체들의 행동에 영향을 준다. 이러한 특징을 갖는 가격이 어떻게 작동하는지를 설명하는 이론이 바로 수요·공급 이론이다.

3 수요와 수요곡선

(1) 수요와 수요량

① 수요

수요란 각각의 가격 수준에서 소비자가 재화와 서비스를 얼마나 구입하려 하는지를 나타낸다. 더 구체적으로 수요는 일정 기간 동안 경제주체가 재화나 서비스를 구입하려는 마음 상태를 의미한다.

② 수요량

재화나 서비스를 구입하고자 하는 구체적인 수량을 말한다.

📝 읽는 강의

수요는 막연한 마음 상태에 그치는 것이 아니라 실제 구입할 수 있는 능력이 동반되어야 합니다. 즉, 다양한 가격 수준에서 재화나 서비스를 구입하기를 원하면서 구입 능력이 있는 것을 수요라고 합니다.

(2) 수요 법칙(law of demand)

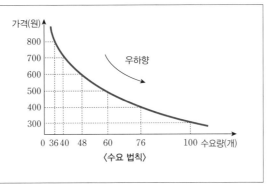

초콜릿의 가격	초콜릿의 수량
800원	36개
700원	40개
600원	48개
500원	60개
400원	76개
300원	100개

〈수요 법칙〉

위의 자료는 각각의 가격 수준에서 구입하고자 하는 초콜릿의 수량을 보여 준다. 이를 통해 초콜릿의 가격이 낮아질수록 구입하고자 하는 초콜릿의 수량이 증가함을 알 수 있다. 우리가 일상생활에서 구입하는 대부분의 재화나 서비스는 가격이 상승하면 그 구입량을 줄이고, 반대로 가격이 하락하면 구입량을 늘린다. 즉, 다른 조건이 모두 일정할 때 가격이 상승하는 재화의 구입량을 줄이게 되는데, 이를 '수요 법칙'이라고 한다. 수요 법칙으로 인해 수요곡선은 우하향의 모양을 갖는다.

(3) 수요량과 수요의 변화

수요의 변화와 수요량의 변화를 구분하는 것은 'CHAPTER 01. 경제학의 기초'에서 살펴본 내용 중 내생변수와 외생변수를 활용한 개념이다.

내생변수	모형 안에서 그 값이 결정되는 변수로서, 모형 내에서 결과에 직접적인 영향을 주는 변수
외생변수	모형 밖에서 특정 값이 주어지는 변수로서, 모형 외부에서 값이 결정되면 그에 따라 결과가 변하는 변수

① 수요량의 변화 ─ 곡선 '위에서' 이동

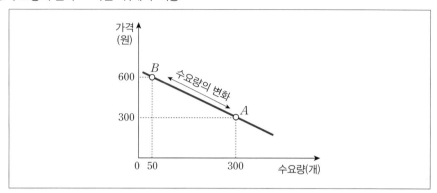

가격은 얼마나 수요할지를 직접적으로 결정하는 내생변수이다. '수요량의 변화'는 가격이 변화하여 수요량이 변화하는 것을 의미한다. 위의 그래프와 같이 300원일 때 300개를 수요하다가(A), 가격이 600원으로 오르면 수요량이 50개로 감소하는 것(B)이 수요량의 변화이다. 즉, 다른 모든 조건이 일정할 때 가격의 변화에 따라 수요량이 변하는 경우를 '수요량의 변화'라고 한다. 이처럼 외생변수가 일정하고 내생변수의 변화에 따라 결과가 변동하는 것은 수요곡선 위의 이동으로 나타난다.

② 수요의 변화 ─ 곡선 '자체의' 이동

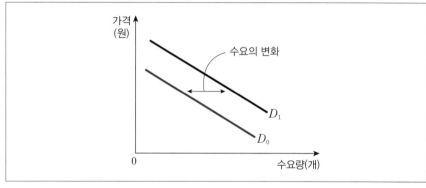

수요의 변화는 가격 이외의 요인들과 연관되어 있다. 수요─가격 모형에서 가격은 내생변수인 반면, 가격 외의 요인들은 외생변수이다. 다음과 같은 외부 요인들이 달라지는 경우 가격이 변하지 않았음에도 불구하고 수요는 변하게 된다. 그리고 외부 요인들의 변화로 인한 수요의 변화는 곡선 자체를 이동시킨다.

㉠ 관련재의 가격 변화: 관련재란 대체재(substitution goods)와 보완재(complement goods)를 의미한다.

• 대체재의 가격 상승: 같은 만족을 주는 재화의 가격이 상승하면 굳이 비싸진 대체재를 구입할 필요가 없으므로 해당 재화의 수요가 증가한다.

    예 홍차 가격이 상승하면 녹차에 대한 수요가 증가하는 경우

• 보완재의 가격 상승: 보완재는 함께 사용할 때 만족감이 높아지므로 보완재의 가격이 상승하면 해당 재화의 수요가 감소한다.

    예 커피에 프림을 타서 먹는 것을 좋아하는 사람인 경우, 프림 가격이 상승하면 커피 수요가 감소함

대체재

해당 재화를 대신하여 다른 재화를 소비하더라도 같은 만족을 얻을 수 있는 재화
예 홍차와 녹차, 콜라와 사이다 등

보완재

함께 사용할 때 만족감이 높아지는 재화
예 프림과 커피, 자동차와 바퀴 등

ⓛ **소득의 변화**: 소득이 변화할 때 수요가 달라지는 것은 소득이 소비와 밀접한 연관을 맺고 있기 때문이다. 다만, 소비하는 재화의 성격에 따라 소득과 수요의 방향이 달라질 수 있다. 재화는 그 성격에 따라 **정상재**(normal goods)와 **열등재**(inferior goods)로 구분된다. 소득이 증가하면 명품 브랜드의 옷에 대한 수요는 증가하는 반면, 저렴한 브랜드의 옷에 대한 수요는 감소할 것이다. 여기서 명품 브랜드의 옷은 정상재, 저렴한 브랜드의 옷은 열등재가 된다. 따라서 소득이 증가한 경우 정상재라면 수요가 증가하고, 열등재라면 수요가 감소한다.

ⓒ **미래 가격에 대한 예상 변화**: 앞으로 가격이 어떻게 변화할지에 대한 예측은 현재 소비에 영향을 미친다. 해당 재화의 가격이 1주일 뒤 큰 폭으로 상승한다면 해당 재화를 미리 구입하기 위해 현재 소비는 증가할 것이다. 반면, 가격 하락이 예상된다면 가격이 하락한 이후로 구입을 미루기 때문에 현재 소비는 감소할 것이다.

ⓔ **선호의 변화**: 해당 재화에 대한 선호는 수요에 영향을 미친다. 꿀이 건강에 좋다는 연구 결과가 발표되면, 다른 조건들이 전혀 달라지지 않았음에도 불구하고 꿀에 대한 수요가 증가한다. 햄이 암을 유발할 수 있다는 기사가 보도되자 햄에 대한 수요가 감소하는 것은 선호의 변화가 수요에 영향을 미친 사례이다.

ⓜ **소비자 수의 변화**: 소비를 담당하는 경제주체인 소비자의 규모는 수요에 영향을 미치는 요인이다. 우리나라는 인구가 약 5천만 명에 불과하여 소비자 규모가 작아 수요가 작은 반면, 중국의 경우 14억 명이 넘는 인구로 인해 대규모 소비를 갖고 있기 때문에 이 자체만으로도 우리나라보다 큰 수요가 존재한다. 중국이 내수시장 활성화 정책에 집중하는 반면, 우리나라가 수출 정책에 집중하는 이유도 여기에 있다.

정상재
다른 조건이 변하지 않을 때 소득이 증가하면 수요가 증가하는 재화

열등재
소득이 증가하면 오히려 수요가 감소하는 재화

내용정리 외부 요인의 변화로 인한 수요의 변화		
수요의 변화 / 외부 요인	수요 증가 (수요곡선의 우측 이동)	수요 감소 (수요곡선의 좌측 이동)
관련재의 가격 변화	대체재의 가격 상승	대체재의 가격 하락
	보완재의 가격 하락	보완재의 가격 상승
소득의 변화	정상재의 소득 증가	정상재의 소득 감소
	열등재의 소득 감소	열등재의 소득 증가
미래 가격에 대한 예상 변화	가격 상승 예상	가격 하락 예상
선호의 변화	선호의 증가	선호의 감소
소비자 수의 변화	소비자 수의 증가	소비자 수의 감소

(4) 개별 수요곡선과 시장 수요곡선

① 개별 수요와 시장 수요

개별 소비자가 많으면 시장 전체의 수요자가 많아진다. 시장 전체의 수요는 개별 소비들이 모여 이루어지는데, 경제학에서는 소비자 한 명 한 명의 수요를 '개별 수요(individual demand)'라고 하고, 이러한 개별 수요가 모인 전체 수요를 '시장 수요(market demand)'라고 한다.

② 개별 수요곡선과 시장 수요곡선

수요곡선은 소비자 한 명 한 명의 수요를 나타내는 개별 수요곡선이다. 이 개별 수요곡선들이 모여 시장 수요곡선이 도출되는 것인데, 개별 수요곡선으로부터 시장 수요곡선을 도출하기 위해서는 모든 개별 수요곡선을 수평으로 합해야 한다. 수평으로 합한다는 것은 가격을 기준으로 개별 수요량을 더한다는 것을 의미한다.

내용정리 개별 수요와 시장 수요의 예시

초콜릿 가격	개별 수요량		시장 전체 수요량
	Mr.A 수요량	Mr.B 수요량	
800원	36개	56개	92개
700원	40개	60개	100개
600원	48개	68개	116개
500원	60개	80개	140개
400원	76개	96개	172개
300원	100개	120개	220개

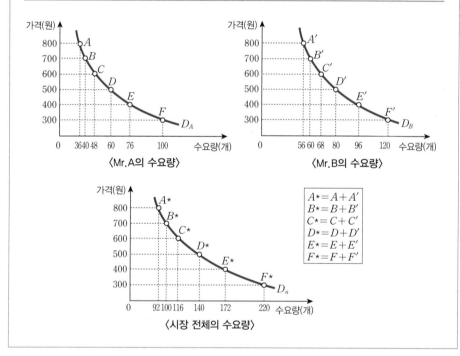

〈Mr.A의 수요량〉 〈Mr.B의 수요량〉 〈시장 전체의 수요량〉

$$A\star=A+A'$$
$$B\star=B+B'$$
$$C\star=C+C'$$
$$D\star=D+D'$$
$$E\star=E+E'$$
$$F\star=F+F'$$

4 공급과 공급곡선

(1) 공급과 공급곡선

① 공급

각각의 가격 수준에서 생산자가 재화와 서비스를 얼마나 공급하려 하는지를 나타낸다. 보다 구체적으로는 일정 기간 동안 생산자가 재화나 서비스를 제공하기를 원하는 마음 상태를 의미한다.

② 공급량

재화나 서비스를 얼마만큼 생산하고자 하는지를 나타내는 구체적인 수량을 말한다.

읽는 강의

공급도 수요와 마찬가지로 실제 공급할 능력이 동반되어야 합니다. 즉, 다양한 가격 수준에서 재화나 서비스를 공급하기를 원하면서 실제 공급 능력이 있는 것을 공급이라고 합니다.

(2) 공급 법칙(law of supply)

초콜릿의 가격	초콜릿의 수량
800원	840개
700원	780개
600원	700개
500원	600개
400원	480개
300원	340개

〈공급 법칙〉

위의 자료를 통해 초콜릿의 가격이 상승할수록 공급하고자 하는 초콜릿의 수량이 증가함을 알 수 있다. 생산자에게 있어 상품 한 단위의 가격은 상품 한 개를 판매했을 때 얻을 수 있는 수입이다. 따라서 상품 한 단위의 가격이 상승하면 생산자들은 더 많은 물건을 공급하여 더 많은 수입을 얻고자 할 것이다. 이처럼 일반적으로 생산자들은 가격이 상승하면 공급을 늘리고자 하며, 이를 '공급 법칙'이라고 한다. 공급 법칙으로 인해 공급곡선은 우상향의 모습을 갖는다.

(3) 공급량과 공급의 변화

공급과 공급량의 변화를 살펴보는 것도 수요와 수요량의 변화를 살펴보는 과정과 같다. 즉, 가격을 내생변수로 할 때의 공급량의 변화와 외생변수인 가격 이외의 요인들을 고려할 때의 공급의 변화를 살펴보는 것이다.

① 공급량의 변화 — 곡선 '위에서' 이동

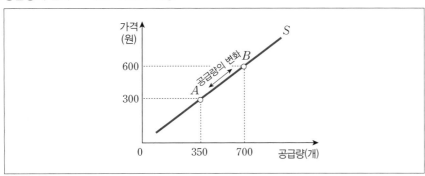

공급 역시 가격이라는 변수와 직접적으로 연관되어 있다. 따라서 공급의 규모를 결정함에 있어 가격은 내생변수인 것이다. 수요량의 변화에서 살펴본 바와 마찬가지로 다른 모든 조건이 일정할 때 가격의 변화에 따라 공급량이 변하는 경우를 '공급량의 변화'라고 한다. 초콜릿이 300원일 때 350개였던 공급량이 가격이 600원으로 오르자 700개로 증가하는 것이 공급량의 변화를 나타내는 것이다. 이처럼 외생변수가 일정한 경우 내생변수의 변화로 인한 결과의 변동은 공급곡선 위의 이동으로 나타난다.

② 공급의 변화 — 곡선 '자체의' 이동

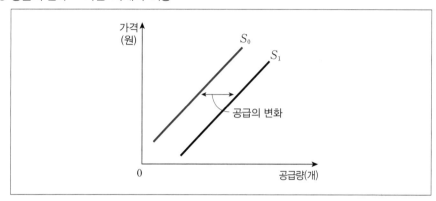

공급의 변화는 가격 이외의 요인들과 연관되어 있다. 수요-가격 모형에서 가격은 내생변수인 반면, 가격 외의 요인들은 외부에서 특정 값이 정해지는 외생변수이다. 다음과 같은 외부 요인들이 달라지는 경우, 가격이 변하지 않았음에도 불구하고 공급은 변하게 된다. 그리고 외부 요인들의 변화로 인한 공급의 변화는 곡선 자체를 이동시킨다.

㉠ 투입(생산)요소의 가격 변화: 빵을 만들기 위해서는 밀가루가 필요하듯이 생산을 위해서는 재료가 필요하다. 이러한 재료를 '투입요소(input)'라고 한다. 재화의 가격은 이 투입요소의 가격과 밀접하게 연관되어 있다. 밀가루가 비싸면 빵이 비싼 것처럼 말이다. 따라서 투입요소의 가격이 상승하면 재화를 생산하는 데 투입되는 비용이 증가하므로 생산자는 해당 재화의 공급을 줄이고, 투입요소의 가격이 하락하면 재화의 생산비용이 감소하므로 해당 재화의 공급을 늘린다.

㉡ 조세와 보조금의 변화

• **조세의 변화**: 한 국가 내에서 기업 활동을 전개하기 위해서는 국가에 세금을 내야 하는데, 이는 일종의 생산비용으로 인식된다. 따라서 세금이 높으면 이는 생산비용의 증가로 이어지고, 기업은 공급을 줄인다.

• **보조금의 변화**: 국가는 산업경쟁력 확보를 위해 보호하는 산업의 경우나 중소기업을 보호하기 위해 보조금을 지급한다. 보조금은 기업의 입장에서는 생산비용의 하락과 같으므로 보조금이 증가하는 경우 기업은 더 많은 공급을 할 수 있다. 보조금은 조세와 달리 생산비용을 감소시키므로 보조금을 '음(-)의 조세'라고도 한다.

📖 읽는 강의

생산요소와 관련된 수요는 '파생수요'라고 합니다. 이는 생산요소에 대한 수요를 의미합니다. 고구마 전분을 만드는 기업에게 고구마는 가루를 만들기 위한 생산요소이므로, 이때 고구마에 대한 수요가 파생수요가 됩니다. 고구마 가루를 구입해 고구마 과자를 만드는 기업에게는 고구마 가루에 대한 수요가 파생수요인 것입니다. 즉, 최종재에 대한 직접적인 수요의 결과로 생겨나는 간접적인 수요가 파생수요입니다. 한편, 최종재에 대한 직접적인 수요는 '직접수요'라고 합니다. 일반적으로 이야기하는 '수요'는 파생수요와 직접수요 모두가 포함된 개념입니다.

ⓒ **미래 가격에 대한 예상 변화**: 생산자가 자신이 만드는 상품의 향후 가격을 어떻게 예상하느냐에 따라 현재의 공급에 미치는 영향이 달라진다. 식음료 제품 혹은 유제품의 경우 생산과 소비 시점에 큰 차이가 나지 않지만, 대부분의 제품은 생산 후 창고에 보관된다. 이러한 상황에서 향후 생산하는 재화의 가격이 하락할 것으로 예상된다면 생산자는 창고에 제품을 보관하기보다 조금이라도 더 많은 수입을 얻을 수 있을 때 시장에 공급하여 팔고자 할 것이다. 반면, 생산하는 재화의 가격이 앞으로 더 상승할 것으로 예상된다면 생산자는 일단은 창고에 보관해 두었다가 더 많은 수입을 얻을 수 있는 시점에 공급하고자 할 것이다. 따라서 미래 가격이 하락할 것이라고 예상하는 경우에는 현재의 공급을 늘리고, 미래 가격이 상승할 것이라고 예상하는 경우에는 공급을 줄인다.

ⓔ **생산자 수의 변화**: 소비자의 수가 수요를 변화시키는 것과 마찬가지로 공급도 생산자 수의 영향을 받는다. 스마트폰의 생산자가 하나만 존재하는 경우보다 많은 생산 기업이 존재하는 경우 더 많은 양의 스마트폰을 공급할 수 있다.

ⓜ **기술 수준의 변화**: 기술 수준에 따라 공급은 영향을 받는다. 기술 수준이 향상되면 공급은 증가한다.

내용정리	공급량의 변화와 공급의 변화	

가격 외 변화 요인	공급 증가 (공급곡선의 우측 이동)	공급 감소 (공급곡선의 좌측 이동)
투입(생산)요소의 가격 변화	투입(생산)요소의 가격 하락	투입(생산)요소의 가격 상승
조세와 보조금의 변화	조세 감소 또는 보조금 증가	조세 증가 또는 보조금 감소
미래 가격에 대한 예상 변화	가격 하락 예상	가격 상승 예상
생산자 수의 변화	생산자 수의 증가	생산자 수의 감소
기술 수준의 변화	기술 수준 상태에 따라 공급이 영향을 받음	

(4) 개별 공급곡선과 시장 공급곡선

수요와 마찬가지로 공급도 생산자 한 명 한 명의 공급이 모여 시장 전체의 공급이 된다. 이때 생산자 한 사람의 공급을 '개별 공급(individual supply)'이라고 하고, 시장 전체의 공급을 '시장 공급(market supply)'이라고 한다. 공급과 공급량의 변화에서 살펴본 그래프는 개별 공급을 나타내는 개별 공급곡선이다. 이 개별 공급곡선이 모여 전체의 시장 공급곡선을 도출하는 것이다. 시장 전체의 공급곡선을 도출하기 위해서는 수요곡선과 마찬가지로 개별 공급곡선을 수평으로 합하게 된다.

내용정리 개별 공급과 시장 공급의 예시

초콜릿 가격	개별 공급량		시장 전체 공급량
	Mr.C 공급량	Mr.D 공급량	
800원	840개	1,040개	1,880개
700원	780개	980개	1,760개
600원	700개	900개	1,600개
500원	600개	800개	1,400개
400원	480개	680개	1,160개
300원	340개	540개	880개

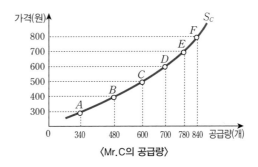

〈Mr.C의 공급량〉

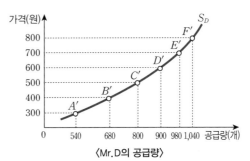

〈Mr.D의 공급량〉

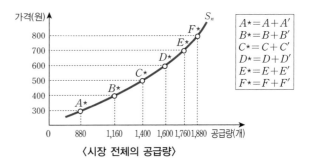

〈시장 전체의 공급량〉

$A \star = A + A'$
$B \star = B + B'$
$C \star = C + C'$
$D \star = D + D'$
$E \star = E + E'$
$F \star = F + F'$

다음 신문기사 내용을 바탕으로 당시 관련 시장의 변화를 추론할 때, 핫도그 가격 상승의 효과로 옳은 것은? (단, 관련 시장은 경쟁시장이고, 토마토 케첩과 핫도그는 정상재이며 보완재이다.)

> 빵의 주재료인 밀가루 가격이 고공행진하며 빵 만들기에도 어려움을 겪고 있다. 지난달 관세청이 발표한 농·축·수산물 수입 가격에 따르면 밀가루와 설탕 가격은 지난해 설 기간보다 각각 30.7%, 29.6% 올랐다. 빵집을 운영하는 장모 씨는 "밀가루와 설탕뿐 아니라 팥과 버터 등 부재료까지 매년 가격이 치솟고 있어 제품 가격 맞추기도 힘들다."라고 말했다.

① 토마토 케첩의 균형가격 상승
② 핫도그의 균형거래량 증가
③ 토마토 케첩의 균형거래량 증가
④ 핫도그의 공급 증가
⑤ 토마토 케첩의 수요 감소

| 해설 | 밀가루는 핫도그의 주원료로서, 밀가루의 가격 인상으로 인해 핫도그의 공급이 감소한다. 이에 따라 핫도그의 공급곡선은 왼쪽으로 이동하여 핫도그 가격이 상승하고 거래량은 감소한다. 핫도그의 가격 상승으로 인해 보완재인 토마토 케첩의 수요가 감소한다. 이에 따라 토마토 케첩의 수요곡선은 왼쪽으로 이동하여 토마토 케첩의 가격은 하락하고 거래량은 감소한다.

정답 ⑤

5 시장 균형의 결정과 변동

(1) 시장 균형의 형성

시장에서 균형은 수요와 공급이 일치하는 지점에서 형성된다. 균형(equilibrium)은 매우 안정된 상태로, 한 번 달성하면 다른 상태로 변할 유인이 없는 상태를 의미한다. 시장에서는 수요와 공급이 일치하는 지점에서 가격과 거래량이 형성되는데, 이때의 가격을 '균형가격(equilibrium price)', 거래량을 '균형거래량(equilibrium quantity)'이라고 한다. 다음과 같이 시장 수요량과 공급량이 주어져 있을 때 500원의 가격에서 1,400개가 거래되는 균형이 달성된다.

초콜릿 가격	수요량	공급량
800원	980개	1,880개
700원	1,130개	1,760개
600원	1,250개	1,600개
500원	1,400개	1,400개
400원	1,480개	1,160개
300원	1,520개	880개
200원	1,690개	650개

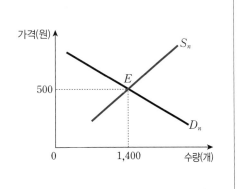

(2) 균형 형성의 이유

시장에서 수요자와 공급자가 균형을 달성할 수 있는 이유는 두 경제주체의 이해관계가 균형가격과 균형거래량에서 맞아 떨어지기 때문이다. 즉, 균형점에서 수요자들은 500원의 가격에 1,400개의 초콜릿을 구입하기를 원하며, 생산자들은 500원의 가격에 1,400개의 초콜릿을 팔고자 하여 500원의 가격에서 이해관계가 일치하는 것이다.

① 초과공급

균형가격보다 높은 가격 수준에서는 공급량이 수요량보다 많아 초과공급량이 발생한다. 가격이 높아지면 공급자들은 하나라도 더 팔아서 수입을 늘리고자 하는 반면, 수요자들은 수요량을 줄이기 때문이다.

초콜릿 가격	수요량(A)	공급량(B)	초과공급량(B − A)
800원	980개	1,880개	900개
700원	1,130개	1,760개	630개
600원	1,250개	1,600개	350개
500원	1,400개	1,400개	−
400원	1,480개	1,160개	
300원	1,520개	880개	
200원	1,690개	650개	

② 초과수요

균형가격보다 낮은 가격 수준에서는 수요량이 공급량보다 많아 초과수요량이 발생한다. 가격이 낮아지면 수요자들은 더 많이 구매하고자 하는 반면, 공급자들은 공급량을 줄이려 하기 때문이다.

초콜릿 가격	수요량(A)	공급량(B)	초과수요량(A − B)
800원	980개	1,880개	
700원	1,130개	1,760개	
600원	1,250개	1,600개	
500원	1,400개	1,400개	−
400원	1,480개	1,160개	320개
300원	1,520개	880개	640개
200원	1,690개	650개	1,040개

③ 균형의 달성(초과공급과 초과수요의 해소)

균형은 초과공급과 초과수요를 해소하며 달성된다. 초과공급이 존재하는 경우에는 가격을 낮춤으로써, 초과수요가 존재하는 경우에는 가격을 높임으로써 균형을 달성할 수 있다. 균형가격이 달성될 때 초과공급과 초과수요가 해소되기 때문에 균형가격을 '청산가격(market-clearing price)'이라고도 한다.

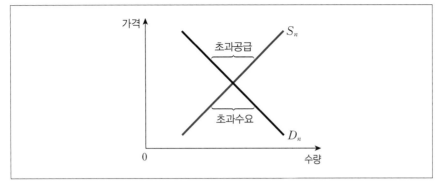

ⓐ **초과공급의 해소**: 초과공급이 존재하여 공급량이 수요량보다 많으면 가격이 하락한
다. 상품을 원하는 사람보다 상품의 수가 많기 때문에 이 상태로 두면 팔리지 않고 재
고로 남는 상품이 많아진다. 따라서 가격을 낮춰 더 많은 수요를 이끌어내야 한다. 가
격을 낮추려는 기업의 노력은 균형가격 수준이 될 때까지 계속된다. 예를 들어, 800
원의 가격 수준에서 초과공급이 발생하여 가격을 700원으로 낮추면 980개였던 수요
량이 1,130개로 증가하고, 가격을 600원으로 낮추면 수요량은 1,250개로 증가하지
만 여전히 공급량이 수요량보다 많은 상태이다. 따라서 균형가격인 500원이 되어야
수요량과 공급량이 일치하는 균형거래량이 달성된다.

ⓑ **초과수요의 해소**: 초과수요가 존재하여 수요량이 공급량보다 많으면 가격이 상승한
다. 상품의 수보다 상품을 원하는 사람이 많기 때문에 상품이 필요한 사람은 웃돈을
지불하더라도 수요하고자 한다. 이러한 상황에서 기업은 가격을 높여 더 높은 수입을
얻고자 한다. 이러한 기업의 행동은 가격이 균형가격 수준이 될 때까지 계속된다. 예
를 들어, 200원의 가격 수준에서 초과수요가 발생하여 가격을 300원으로 올리면 초
과수요를 줄일 수 있다. 가격을 높이면 수요량이 감소하고 공급량이 늘어나기 때문이
다. 그러나 여전히 초과수요가 존재하기 때문에 기업은 계속해서 가격을 높인다. 이
러한 가격 상승은 초콜릿의 가격이 500원이 될 때까지 계속되고, 균형가격인 500원
이 되어야 수요량과 공급량이 일치하는 균형거래량이 달성된다.

(3) 가격 이외의 요인에 의한 균형의 변동

① 수요의 변화로 인한 균형의 변동

ⓐ **수요의 변화 요인**: 관련재 가격의 변화, 소득의 변화, 미래 가격에 대한 예상 변화, 선
호의 변화, 소비자 수의 변화 등이 있다.

ⓑ **균형의 변동**: 수요를 변화시키는 요인이 있는 경우 수요곡선 자체가 움직이게 된다.
예를 들어, 해당 재화에 대한 선호가 증가하여 수요곡선이 우측으로 이동한 경우를
생각해 보자(왼쪽 그래프). 수요곡선이 우측으로 이동하면 원래의 가격 수준에서는
초과수요가 발생한다($A \rightarrow B$). 해당 상품에 대한 선호가 증가함에 따라 가격은 변화
가 없지만 수요가 증가하여 수요량이 공급량보다 많아졌기 때문이다. 앞서 균형의 형
성 과정에서 살펴본 바와 같이 시장에서는 초과수요가 발생하면 가격이 상승하여 새
로운 균형이 형성된다($B \rightarrow C$). 그 결과 가격은 P_0에서 P_1으로 상승하고, 거래량은
Q_0에서 Q_1으로 증가한다. 반대로 해당 재화에 대한 선호가 감소하여 수요곡선이 좌
측으로 이동하는 경우도 같은 논리로 따져볼 수 있다(오른쪽 그래프).

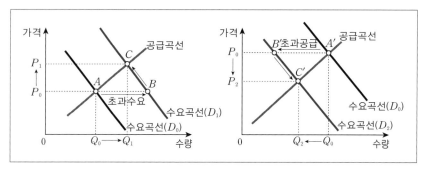

② 공급의 변화로 인한 균형의 변동

　㉠ **공급의 변화 요인**: 생산요소의 가격 변화, 조세와 보조금의 변화, 미래 가격에 대한 예상 변화, 생산자 수의 변화, 기술 수준의 변화 등이 있다.

　㉡ **균형의 변동**: 공급이 변화하는 일은 수요가 변화하는 경우보다 자주 발생하지는 않지만 얼마든지 현실에서 경험할 수 있는 상황이다. 셰일가스의 영향으로 원유의 가격이 하락한 상황을 생각해 보자. 이 경우 생산요소의 가격이 하락하여 공급곡선이 우측으로 이동한다(왼쪽 그래프). 공급곡선이 우측으로 이동하면 원래의 가격 수준에서는 초과공급이 발생한다($A \to B$). 초과공급이 발생하면 가격이 하락하여 새로운 균형이 형성된다($B \to C$). 그 결과 가격은 P_0에서 P_1으로 하락하고, 거래량은 Q_0에서 Q_1으로 증가한다.

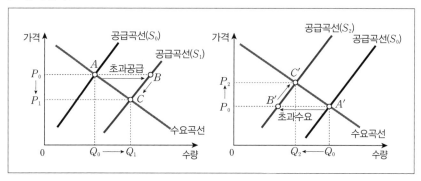

③ 수요와 공급의 동시 변화로 인한 균형의 변동

　㉠ **수요곡선과 공급곡선이 같은 방향으로 움직이는 경우**

　　• **수요와 공급이 모두 증가하는 경우**: 균형거래량은 증가하지만, 균형가격의 변화는 수요곡선과 공급곡선의 이동 폭에 따라 달라진다. 수요의 증가분이 공급의 증가분보다 큰 경우에는 균형가격이 상승하고, 공급의 증가분이 수요의 증가분보다 큰 경우에는 균형가격이 하락한다.

　　• **수요와 공급이 모두 감소하는 경우**: 균형거래량은 감소하지만, 균형가격의 변화는 수요곡선과 공급곡선의 이동 폭에 따라 달라진다. 수요의 감소분이 공급의 감소분보다 큰 경우에는 균형가격이 하락하고, 공급의 감소분이 수요의 감소분보다 큰 경우에는 균형가격이 상승한다.

📖 읽는 강의

현실에서는 수요와 공급이 동시에 변하는 경우도 발생합니다. 즉, 수요곡선과 공급곡선이 동시에 움직이는 것입니다. 그리고 수요와 공급이 모두 같은 방향으로 움직일 수도 있지만 반대 방향으로 움직이기도 합니다. 따라서 이 두 경우를 나누어 살펴봐야 합니다.

ⓒ 수요곡선과 공급곡선이 반대 방향으로 움직이는 경우
- 수요는 증가, 공급은 감소하는 경우: 균형가격은 상승하지만, 균형거래량은 수요곡선과 공급곡선의 이동 폭에 따라 달라진다. 수요의 증가분이 공급의 감소분보다 큰 경우에는 균형거래량이 증가하고, 공급의 감소분이 수요의 증가분보다 큰 경우에는 균형거래량이 감소한다.
- 수요는 감소, 공급은 증가하는 경우: 균형가격은 하락하지만, 균형거래량은 수요곡선과 공급곡선의 이동 폭에 따라 달라진다. 수요의 감소분이 공급의 증가분보다 큰 경우에는 균형거래량이 감소하고, 공급의 증가분이 수요의 감소분보다 큰 경우에는 균형거래량이 증가한다.

내용정리 수요와 공급의 동시 변화로 인한 균형의 변동

수요	공급	크기	균형가격	균형거래량
증가	증가	Δ수요 > Δ공급	상승	증가
		Δ수요 < Δ공급	하락	
		Δ수요 = Δ공급	변화 없음	
감소	감소	Δ수요 > Δ공급	하락	감소
		Δ수요 < Δ공급	상승	
		Δ수요 = Δ공급	변화 없음	
증가	감소	Δ수요 > Δ공급	상승	증가
		Δ수요 < Δ공급		감소
		Δ수요 = Δ공급		변화 없음
감소	증가	Δ수요 > Δ공급	하락	감소
		Δ수요 < Δ공급		증가
		Δ수요 = Δ공급		변화 없음

제2절 수요와 공급의 탄력성 중요도 **중**

1 탄력성의 의미

탄력성이란 독립변수가 변할 때 종속변수가 얼마나 변하는지를 나타내는 개념이다. 앞서 수요와 공급의 증가 방향을 살펴보면서 균형가격과 균형거래량이 어떤 방향으로 움직이는지에 대해 알아보았다. 이번에는 가격 변화와 같은 외부의 충격이 있을 때 균형가격과 균형거래량이 '얼마나' 변화하는지에 대해 살펴본다. 탄력성의 경우 수요 측면에서는 가격탄력성·소득탄력성·교차탄력성을, 공급 측면에서는 가격탄력성을 살펴볼 수 있다.

2 탄력성의 종류

(1) 수요의 가격탄력성(price elasticity of demand)

① 정의

수요의 가격탄력성은 가격이 변할 때 수요가 얼마만큼 변하는지를 나타내는 개념이다. 수요의 가격탄력성은 다음과 같이 구할 수 있다.

$$\varepsilon_p = \left| \frac{\text{수요량 변화율}}{\text{가격 변화율}} \right| = \left| \frac{\frac{\Delta Q}{Q}}{\frac{\Delta P}{P}} \right| = \left| \frac{\Delta Q}{\Delta P} \times \frac{P}{Q} \right|$$

② 해석

㉠ **부호**: 가격과 수요량이 반대 방향으로 움직이는 수요의 법칙으로 인해 음(−)의 값이 나타나므로 수요의 가격탄력성을 구할 때에는 절댓값을 사용한다.

㉡ **의미**: 수요의 가격탄력성이 클수록 가격의 변화에 대해 수요량이 민감하게 반응한다는 것을 의미한다. 수요의 가격탄력성이 큰 경우를 '탄력적'이라고 하고, 작은 경우를 '비탄력적'이라고 한다.

- **단위 탄력적 수요($\varepsilon_p = 1$)**: 가격 변화율과 수요량 변화율이 동일한 상태를 의미한다.
- **탄력적 수요($\varepsilon_p > 1$)**: 가격 변화율보다 수요량 변화율이 큰 경우를 의미한다. 즉, 가격이 조금만 변해도 수요량이 크게 변하는 상품이 이에 해당한다.
  - 예 귀금속과 같은 사치품
- **비탄력적 수요($0 < \varepsilon_p < 1$)**: 가격 변화율보다 수요량 변화율이 작은 경우를 의미한다. 즉, 가격이 큰 폭으로 변해도 수요량이 작게 변하는 상품이 이에 해당한다.
  - 예 소금, 약과 같은 생필품
- **완전 탄력적 수요($\varepsilon_p = \infty$)**: 아주 미세한 가격의 변화에도 불구하고 수요량이 큰 값으로 변하는 경우를 의미한다. 가격의 변화가 아주 작아 가격의 변화율이 0에 가깝다면 수요량의 변화율을 0으로 나누는 것이 되므로 탄력성은 무한대(∞)가 된다.
- **완전 비탄력적 수요($\varepsilon_p = 0$)**: 가격이 아무리 변해도 수요량이 변하지 않는 경우를 의미한다. 수요량 변화율이 0이므로 아무리 큰 값으로 0을 나누어도 그 값은 0이 된다.

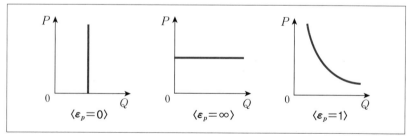

③ 수요의 가격탄력성 결정 요인

㉠ **대체재의 정도 — 많을수록 탄력적, 적을수록 비탄력적**: 대체재는 비슷한 재화로서 대신하여 사용해도 동일한 만족을 주는 재화를 의미한다. 대체재가 많을수록 해당 재화의 가격이 조금만 올라도 다른 재화로 해당 재화의 소비를 대체하여 동일한 만족을 얻을 수 있으므로 가격의 변화에 민감해진다. 따라서 대체재가 많을수록 수요의 가격탄력성은 탄력적이고, 적을수록 비탄력적이다.

© 지출에서 차지하는 비중 — 소득 대비 지출 비중이 클수록 탄력적, 작을수록 비탄력적: 전체 소득에서 차지하는 비중이 작은 상품일수록 해당 재화의 가격 변화에 둔감해진 다. 반면, 전체 소득에서 차지하는 비중이 큰 상품일수록 해당 재화의 가격 변화에 민 감할 가능성이 크다.

© 재화의 성격 — 사치재일수록 탄력적, 필수재일수록 비탄력적: 생필품의 경우 가격이 상승했다고 해서 수요량을 쉽게 줄일 수 없기 때문에 수요의 가격 탄력성이 비탄력적 이다. 반면, 보석이나 명품 가방과 같은 사치품들은 가격이 조금만 변해도 수요량이 더 큰 폭으로 변화하므로 수요의 가격 탄력성이 탄력적이다.

② 측정 기간 — 장기일수록 탄력적, 단기일수록 비탄력적: 현실에서는 재화의 가격이 상승 하더라도 수요량을 쉽게 바꿀 수 없는 경우가 많다. 지금 당장 필요한 상품인 경우 가 격이 상승했다고 해서 바로 수요량을 줄이기가 어렵기 때문이다. 하지만 시간이 지나 면 해당 상품을 사용하지 않고도 생활하는 방법이나 생활 습관을 찾기 마련이다. 일 반적으로 수요의 가격탄력성은 장기의 경우가 단기의 경우보다 탄력적이다.

④ 수요곡선상에서의 점 탄력성

얼핏 생각하기에 같은 수요곡선 위의 점에서는 모두 수요의 가격탄력성이 동일할 것 같 지만, 같은 수요곡선상이라고 하더라도 어느 지점에 위치하느냐에 따라 수요의 가격탄 력성이 달라질 수 있다. 가격이 10이고 수요량이 0인 지점에서 시작하여 이후의 각 점들 에서의 수요의 가격탄력성을 구하면 다음과 같다. 따라서 $A \sim D$점에서의 수요의 가격 탄력성은 탄력적, E점에서의 수요의 가격탄력성은 단위 탄력적, $F \sim I$점에서의 수요의 가격탄력성은 비탄력적임을 알 수 있다. 이처럼 같은 수요곡선이라 하더라도 지점에 따 라 수요의 가격탄력성이 다르다.

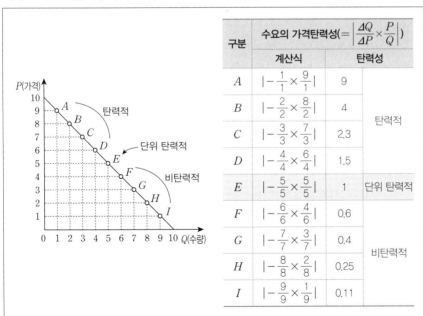

구분	수요의 가격탄력성($= \left\| \dfrac{\Delta Q}{\Delta P} \times \dfrac{P}{Q} \right\|$)		탄력성
	계산식	탄력성	
A	$\left\| -\dfrac{1}{1} \times \dfrac{9}{1} \right\|$	9	
B	$\left\| -\dfrac{2}{2} \times \dfrac{8}{2} \right\|$	4	
C	$\left\| -\dfrac{3}{3} \times \dfrac{7}{3} \right\|$	2.3	탄력적
D	$\left\| -\dfrac{4}{4} \times \dfrac{6}{4} \right\|$	1.5	
E	$\left\| -\dfrac{5}{5} \times \dfrac{5}{5} \right\|$	1	단위 탄력적
F	$\left\| -\dfrac{6}{6} \times \dfrac{4}{6} \right\|$	0.6	
G	$\left\| -\dfrac{7}{7} \times \dfrac{3}{7} \right\|$	0.4	
H	$\left\| -\dfrac{8}{8} \times \dfrac{2}{8} \right\|$	0.25	비탄력적
I	$\left\| -\dfrac{9}{9} \times \dfrac{1}{9} \right\|$	0.11	

⑤ 수요의 가격탄력성과 기업 매출(총수입)의 관계

어떤 상품의 수요의 가격탄력성에 따라 기업의 가격 책정 전략이 달라진다.

⊙ 수요의 가격탄력성이 비탄력적인 경우
  • 가격 인상: 수요의 가격탄력성이 비탄력적인 상품의 경우 가격을 인상시키면 수요 량 변화율이 가격 변화율보다 작으므로 '가격×판매량'으로 계산되는 기업의 매출 이 증가한다.
  • 가격 인하: 수요의 가격탄력성이 비탄력적인 상품의 경우 가격을 인하시키면 가격 변화율이 수요량 변화율보다 크므로 기업의 매출이 감소한다.
ⓒ 수요의 가격탄력성이 탄력적인 경우
  • 가격 인상: 수요의 가격탄력성이 탄력적인 상품의 경우 가격 변화에 민감하게 반응 하므로 수요량 변화율이 가격 변화율보다 크다. 따라서 기업의 매출이 감소한다.
  • 가격 인하: 수요의 가격탄력성이 탄력적인 상품의 경우 수요량 변화율이 가격 변화 율보다 크다. 따라서 기업의 매출이 증가한다.

기출로 확인하기 **정답 및 해설**

| 해설 | 대체재가 많다는 것은 가격이 오 른 재화를 대신할 재화가 많다는 것을 의 미하므로 가격 변화에 수요량이 민감하게 반응한다. 따라서 수요의 가격탄력성이 커 진다.
② 공급이 적을수록 공급의 가격탄력성은 작아진다.
③ 직선의 수요곡선은 해당 가격 수준에서 수요량이 무한대임을 나타낸다. 단위 탄력적인 수요곡선은 수요의 가격탄력 성이 1로, 우하향하는 직각쌍곡선의 형 태이다.
④ 수요량을 예측하는 기간이 짧을수록 수 요의 가격탄력성은 작아진다.
⑤ 소득이 증가할수록 수요의 가격탄력성 은 작아진다.

정답 ①

기출로 확인하기　　　　　　　　54회 기출

다음 수요의 가격탄력성에 대한 설명 중 옳은 것은?

① 해당 재화의 대체재가 많을수록 수요의 가격탄력성은 커진다.
② 해당 상품의 공급이 적을수록 수요의 가격탄력성은 작아진다.
③ 수요곡선이 직선인 경우는 단위 탄력적 수요곡선을 의미한다.
④ 수요량을 예측하는 기간이 짧을수록 수요의 가격탄력성은 커진다.
⑤ 소득이 증가할수록 수요의 가격탄력성은 커진다.

(2) 수요의 소득탄력성(income elasticity of demand)

① 정의
수요의 소득탄력성은 소득이 변화했을 때 수요가 얼마나 변화하는지를 나타낸다. 수요 의 소득탄력성은 다음과 같이 구할 수 있다.

$$\varepsilon_I = \frac{\text{수요량 변화율}}{\text{소득 변화율}} = \frac{\dfrac{\Delta Q}{Q}}{\dfrac{\Delta I}{I}} = \frac{\Delta Q}{\Delta I} \times \frac{I}{Q}$$

② 해석
⊙ 부호: 재화의 성질에 따라 소득이 증가할수록 수요가 증가하기도 하고 감소하기도 하 므로 수요의 소득탄력성은 양(+)의 값이거나 혹은 음(−)의 값을 갖는다.
ⓒ 의미: 수요의 소득탄력성은 소득이 변화함에 따라 수요량이 얼마나 변하는지를 나타 낸다. 이때 소득이 증가함에 따라 수요가 증가하는 재화를 '정상재', 수요가 감소하는 재화를 '열등재'라고 한다. 한편, 필수재와 사치재도 소득탄력성으로 표현할 수 있다.

정상재($\varepsilon_M > 0$)	소득이 증가함에 따라 수요가 증가하는 재화
열등재($\varepsilon_M < 0$)	소득이 증가함에 따라 수요가 감소하는 재화
필수재($0 < \varepsilon_M < 1$)	소득 변화에 수요가 둔감하게 반응하는 재화
사치재($\varepsilon_M > 1$)	소득 변화에 수요가 민감하게 반응하는 재화

※ 소득의 변화에 따라 수요가 전혀 바뀌지 않을 경우 0도 가능함

읽는 강의

같은 상품을 두고서 개인의 선호나 상황에 따라 정상재와 열등재는 달라질 수 있습니 다. 대표적인 예는 대중교통입니다. 소득이 적은 고등학생, 대학생들은 약속 장소까지 이동하기 위해 버스를 자주 이용하죠. 하 지만 직장인이 되어 소득이 높아지면 불편 한 버스 대신 편하고 빠른 택시를 이용하 거나 아니면 자가용을 구입하여 타게 됩니 다. 소득이 높아지자 버스 이용이 오히려 감소한 것입니다. 즉, 과거에는 버스가 정 상재였지만, 직장인이 되자 버스가 열등재 가 된 것입니다. 이처럼 같은 상품이라 하 더라도 정상재와 열등재는 상황에 따라 달 라질 수 있습니다.

(3) 수요의 교차탄력성(cross elasticity of demand)

① 정의

수요의 교차탄력성은 해당 상품의 수요량이 연관재의 가격 변화에 얼마나 민감하게 반응하는지를 나타내는 개념이다. 즉, 수요의 교차탄력성은 보완재 혹은 대체재의 가격 변화로 인해 해당 재화의 수요량이 얼마나 변하는지를 나타내는 개념이라고 할 수 있다. 수요의 교차탄력성은 다음과 같이 구할 수 있다.

$$\varepsilon_{XY} = \frac{X재\ 수요량\ 변화율}{Y재\ 가격\ 변화율} = \frac{\dfrac{\Delta Q_X}{Q_X}}{\dfrac{\Delta P_Y}{P_Y}} = \frac{\Delta Q_X}{\Delta P_Y} \times \frac{P_Y}{Q_X}$$

② 해석

㉠ 부호: 수요의 교차탄력성은 X재와 Y재가 대체 관계인지 보완 관계인지에 따라 Y재 가격 변화율과 X재 수요량 변화율이 움직이는 방향이 같거나 달라지므로 부호는 양(+)의 값과 음(−)의 값을 모두 갖는다.

㉡ 의미: 수요의 교차탄력성을 통해 두 재화가 대체 관계인지 보완 관계인지 알 수 있다. 대체 관계란 한 재화(X재)의 소비를 다른 재화(Y재)로 대체해도 동일한 만족을 얻을 수 있는 관계를 의미한다. 즉, 서로 경쟁 관계에 있으므로 대체 관계의 다른 재화의 가격이 상승하면 해당 재화의 수요가 증가하여 수요량이 증가한다. 따라서 수요의 교차탄력성은 양(+)의 값을 갖는다. 한편, 보완 관계란 두 재화를 함께 사용해야 만족감이 높아지는 관계를 의미한다. 보완 관계의 다른 재화의 가격이 상승하면 해당 재화의 수요가 감소하여 수요량이 감소한다. 따라서 수요의 교차탄력성은 음(−)의 값을 갖는다.

대체재($\varepsilon_{XY} > 0$)	• X재와 Y재가 경쟁 관계임 • Y재의 가격 변화와 X재의 수요량 변화의 방향이 같음 예 커피와 홍차
보완재($\varepsilon_{XY} < 0$)	• X재와 Y재를 함께 사용해야 만족감이 커지는 관계임 • Y재의 가격 변화와 X재의 수요량 변화의 방향이 반대임 예 커피와 설탕
독립재($\varepsilon_{XY} = 0$)	• X재와 Y재가 서로 영향을 미치지 않는 관계임 • Y재의 가격 변화와 X재의 수요량 변화 사이에 아무런 상관관계가 없는 재화임

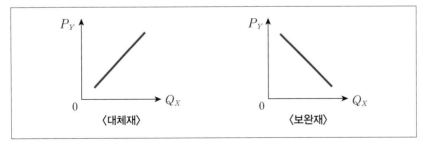

| 해설 | 양배추 가격이 상승하자 샐러드 드레싱의 판매량이 감소했다. 양배추 가격의 변화가 샐러드드레싱 수요량에 미치는 영향을 파악할 수 있는 지표는 수요의 교차탄력성이다. 양배추의 가격은 3,000원에서 4,000원으로 상승했으므로 변화율은 약 33%이고, 샐러드드레싱의 수요량은 20개에서 15개로 감소했으므로 변화율은 −25%이다.

교차탄력성($\frac{X재\ 수요량\ 변화율}{Y재\ 가격\ 변화율} = \frac{-25\%}{33\%}$)은 음(−)의 값이므로 양배추와 샐러드드레싱은 보완재 관계이다.

정답 ⑤

기출로 확인하기   53회 기출

아래 지문에서 (A)와 (B)에 들어갈 단어를 순서대로 바르게 나열한 것은?

> 양배추 1개의 가격이 3,000원에서 4,000원으로 증가하였더니 하루에 팔리던 샐러드드레싱의 수가 20개에서 15개로 감소하였다. 양배추 가격이 1% 변했을 때 샐러드드레싱의 수요가 몇 % 변했는지 의미하는 탄력성의 이름은 수요의 (A)이고, 이 탄력성의 값을 고려하였을 때 양배추와 샐러드드레싱은 서로 (B)(이)라 할 수 있다.

① (A) 가격탄력성   (B) 대체재
② (A) 가격탄력성   (B) 보완재
③ (A) 가격탄력성   (B) 정상재
④ (A) 교차탄력성   (B) 대체재
⑤ (A) 교차탄력성   (B) 보완재

⑷ 공급의 가격탄력성(price elasticity of supply)

① 정의

공급의 가격탄력성이란 가격의 변화에 공급량이 얼마나 민감하게 반응하는지를 나타내는 개념이다. 즉, 공급 법칙이 반영된 탄력성 개념으로서 다음과 같이 구할 수 있다.

$$\varepsilon_s = \frac{공급량\ 변화율}{가격\ 변화율} = \frac{\frac{\varDelta Q}{Q}}{\frac{\varDelta P}{P}} = \frac{\varDelta Q}{\varDelta P} \times \frac{P}{Q}$$

② 해석

ㄱ **부호**: 공급의 가격탄력성은 공급 법칙을 반영하므로 가격 변화율과 공급량 변화율이 항상 같은 방향이다. 따라서 공급의 가격탄력성은 항상 양(+)의 값을 갖는다.

ㄴ **의미**: 공급의 가격탄력성이 클수록 가격의 변화에 공급량이 민감하게 반응한다는 것을 의미한다. 공급의 가격탄력성이 큰 경우를 '탄력적'이라고 하고, 작은 경우를 '비탄력적'이라고 한다.

- **단위 탄력적 공급($\varepsilon_s = 1$)**: 가격 변화율과 공급량 변화율이 동일한 상태를 의미한다.
- **탄력적 공급($\varepsilon_s > 1$)**: 가격 변화율보다 공급량 변화율이 큰 경우를 의미한다. 즉, 가격이 조금만 변해도 공급량이 크게 변하는 상품이 이에 해당한다.
- **비탄력적 공급($0 < \varepsilon_s < 1$)**: 가격 변화율보다 공급량 변화율이 작은 경우를 의미한다. 즉, 가격이 큰 폭으로 변해도 공급량이 작게 변하는 상품이 이에 해당한다.
- **완전 탄력적 공급($\varepsilon_s = \infty$)**: 아주 미세한 가격의 변화에도 불구하고 공급량이 큰 값으로 변하는 경우를 의미한다.
- **완전 비탄력적 공급($\varepsilon_s = 0$)**: 가격이 아무리 변해도 공급량이 변하지 않는 경우를 의미한다. 공급량의 변화율이 0이므로 아무리 큰 값으로 0을 나누어도 그 값은 0이 된다.

완전 탄력적인 공급과 완전 비탄력적인 공급의 예를 알면, 그 중간에 놓인 공급을 이해하기가 용이합니다. 완전 탄력적인 공급은 아주 약간의 가격 상승에도 공급이 폭발적으로 늘어나는 경우를 의미합니다.
시장에서 유기농 빵을 만드는 데 3,000원의 비용이 들어가는데, 이 시장은 약간의 이익만 발생해도 무수히 많은 유기농 베이커리들이 생겨나는 특징이 있다고 가정해 봅시다. 빵 제조업자들은 3,000원보다 낮은 가격에서는 빵을 생산하지 않을 것이고 시장에서 빵 공급은 0이 됩니다. 반면, 3,000원보다 높은 가격에서는 시장에 공급되는 빵이 폭발적으로 증가하게 됩니다. 3,000원보다 아주 약간만 높은 가격이 형성되더라도 수익이 발생하게 되어 엄청나게 많은 생산자들이 유기농 빵 시장에 진입하기 때문입니다. 이런 경우가 공급의 가격탄력성이 무한대가 되는 경우입니다.
반면, 프로야구 한국시리즈가 열리는 잠실 야구장은 완전 비탄력적 공급입니다. 가격의 높고 낮음과 무관하게 공급이 변하지 않기 때문입니다. 아무리 높은 암표 가격이 형성되더라도 공급할 수 있는 좌석은 경기장에 마련된 2만 5천 석이 전부입니다. 이런 경우를 완전 비탄력적인 공급이라고 합니다.

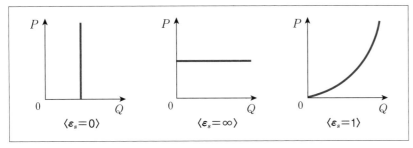

③ 공급의 가격탄력성 결정 요인

　㉠ 생산요소의 사용: 생산요소를 구하기 쉽거나 낮은 가격에 사용할 수 있는 경우 상황 변화에 따라 생산이 용이하고 가격 변화에 대응하여 공급량을 조절할 수 있으므로 공급의 가격탄력성이 크다. 반면, 생산요소를 구하기 어렵거나 생산요소의 가격이 높은 경우에는 상황 변화에 따른 유연한 대응이 어렵기 때문에 공급의 가격탄력성이 작다.

　㉡ 대응 기간: 대응할 수 있는 기간이 길수록 가격 변화에 대응할 수 있는 여력이 많기 때문에 공급의 가격탄력성이 커진다. 반면에 대응할 수 있는 기간이 짧을수록 공급의 가격탄력성은 작아진다. 단기의 공급 가격탄력성과 장기의 공급 가격탄력성을 구분해 보면 대부분의 산업에서 장기의 공급 가격탄력성이 단기의 공급 가격탄력성보다 크다.

제3절　소비자잉여와 생산자잉여　중요도 중

1 개념

소비자잉여와 생산자잉여는 재화와 서비스를 수요하는 사람과 공급하는 사람이 시장 거래를 통해 얻는 이득이 얼마나 큰지를 보여 주는 개념이다. 생산자가 시장에 물건을 내놓고 이 물건을 수요자가 구입하는 이유는 이들 모두 거래를 통해 이득을 얻기 때문이다. 따라서 이들이 시장 거래를 통해 얼마만큼의 이득을 누리게 되는지를 구체적으로 살펴볼 수 있다면 시장 거래에 참여하기 위한 의사결정을 보다 합리적으로 내릴 수 있을 것이다.

2 소비자잉여(consumer's surplus)

(1) 정의

소비자잉여는 거래를 통해 소비자가 누리는 이득을 나타내는 개념이다. 소비자는 재화나 서비스를 수요함으로써 만족을 얻는데, 소비자잉여를 통해 소비자가 누리는 이익을 확인해 볼 수 있다. 즉, 소비자잉여는 어떤 상품을 소비하기 위해 최대한 지불해도 좋다고 생각하는 금액과 실제 지불한 금액의 차이를 의미한다. 소비자잉여를 제대로 이해하기 위해서는 수요곡선이 의미하는 바를 올바르게 이해해야 한다.

(2) 수요곡선과 지불용의 금액

수요란 각각의 가격에서 재화나 서비스를 얼마나 수요할지를 나타내는 구매력이 동반된 마음 상태이다. 소비자잉여를 이해하기 위해서는 이러한 마음 상태를 조금 더 구체적으로 살펴봐야 하는데, 이때 필요한 개념이 바로 '지불용의'이다. 예를 들어, 생크림 케이크에 대한 지불용의 금액이 다음과 같다고 하자. 1번 소비자는 케이크 구입을 위해 최대 19,200원까지 지불할 의사가 있는 반면, 5번 소비자는 3,200원까지 지불할 의사가 있다. 이를 반영하여 수요곡선을 도출할 수 있다. 예시에서는 5명만을 예로 들었기 때문에 수요곡선이 계단형이지만, 수많은 소비자의 지불용의 금액을 그려보면 직선 형태의 수요곡선이 도출된다. 즉, 각 수량에서 수요곡선까지의 높이는 소비자가 해당 재화를 수요하기 위해 지불하고자 하는 최대 가격인 지불용의 금액을 의미한다.

가격	소비자	수요량 (개)
19,500원 이상	없음	0
15,000원 이상 19,500원 미만	1번	1
12,000원 이상 15,000원 미만	1, 2번	2
9,000원 이상 12,000원 미만	1, 2, 3번	3
6,000원 이상 9,000원 미만	1, 2, 3, 4번	4
3,000원 이상 6,000원 미만	1, 2, 3, 4, 5번	5

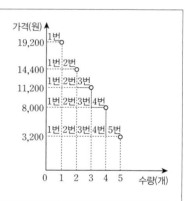

(3) 수요곡선과 소비자잉여

지불용의 금액과 수요곡선 간의 관계를 통해 소비자잉여를 도출할 수 있다. 소비자잉여는 지불용의 금액과 실제 지불한 금액의 차이이기 때문에 실제 재화 소비에 얼마를 지불했는지를 살펴보면 도출할 수 있다. 실제 케이크의 가격이 9,600원이라면 9,600원 이상의 지불용의가 있는 소비자만 소비자잉여를 얻을 수 있다. 따라서 4번, 5번 소비자는 소비자잉여가 존재하지 않는다. 이를 전체 소비자로 확장하면 다음과 같다.

소비자	지불용의 금액	실제 가격	소비자잉여
1번 소비자	19,200원		9,600원
2번 소비자	14,400원		4,800원
3번 소비자	11,200원	9,600원	1,600원
4번 소비자	8,000원		–
5번 소비자	3,200원		–

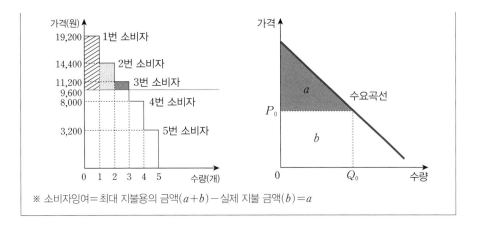

※ 소비자잉여＝최대 지불용의 금액($a+b$)－실제 지불 금액(b)＝a

읽는 강의

소비자잉여는 거래를 통해 소비자가 얻는 이득으로, 가격선 위쪽의 영역이면서 수요곡선 아래의 영역으로 정의됩니다. 따라서 일반적인 우하향의 수요곡선에서는 가격선 위쪽의 삼각형 영역이 소비자잉여로 표시됩니다.

3 생산자잉여(producer's surplus)

(1) 정의

생산자잉여는 생산자가 공급을 통해 얻게 되는 이득을 나타내는 개념이다. 즉, 생산자가 시장에 재화나 서비스를 공급하여 받고자 하는 최소 금액과 실제 받은 금액의 차이로 정의된다. 생산자는 생산 과정에서 비용이 발생하므로 최소한 받아야 하는 금액이 존재한다. 이 최소 금액을 초과하여 수취한 금액이 생산자잉여이다.

(2) 공급곡선과 최소 요구

공급곡선의 높이는 생산자들이 받고자 하는 최소한의 금액을 나타낸다. 예를 들어, 핸드폰 케이스를 생산하는 경우 1번 생산자는 최소한 1,700원을 받고자 하고, 5번 생산자는 최소한 15,300원을 받고자 한다. 이를 반영하여 공급곡선을 도출할 수 있다. 즉, 공급곡선의 높이는 생산자들이 최소한 받고자 하는 금액을 의미한다. 수많은 생산자의 최소 요구 금액을 그려보면 직선 형태의 공급곡선이 도출된다.

가격	생산자	공급량 (개)
1,000원 미만	없음	0
1,000원 이상 4,000원 미만	1번	1
3,000원 이상 7,000원 미만	1, 2번	2
6,000원 이상 10,000원 미만	1, 2, 3번	3
9,000원 이상 13,000원 미만	1, 2, 3, 4번	4
12,000원 이상 16,000원 미만	1, 2, 3, 4, 5번	5

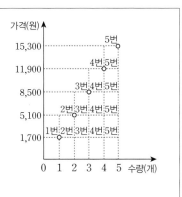

(3) 공급곡선과 생산자잉여

생산자잉여는 생산자가 최소한 받고자 하는 금액과 실제 받은 금액의 차이로 계산되므로 실제 받은 금액을 알면 생산자잉여를 구할 수 있다. 여기서 실제 받은 금액이 바로 시장가격이다. 다음의 예를 통해 생산자잉여를 확인할 수 있다. 시장에서 핸드폰 케이스의 가격이 10,200원이라면 이보다 최소 요구 금액이 높은 4번과 5번 생산자는 생산자잉여를 얻을 수 없다. 이를 시장 전체에 존재하는 수많은 생산자를 대상으로 확장하면 다음과 같다.

생산자	최소 요구 금액	판매 가격	생산자잉여
1번 생산자	1,700원		8,500원
2번 생산자	5,100원		5,100원
3번 생산자	8,500원	10,200원	1,700원
4번 생산자	11,900원		–
5번 생산자	15,300원		–

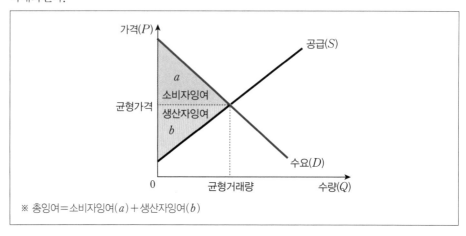

※ 생산자잉여＝실제 수취 금액$(a+b)$－최소 요구 금액$(b)＝a$

4 총잉여(total surplus)

총잉여란 시장 거래를 통해 사회 전체적으로 얼마만큼의 이득을 얻었는지를 나타내는 개념이다. 총잉여는 소비자잉여와 생산자잉여의 합으로 구할 수 있다. 시장의 균형점에서 총잉여가 극대화된다.

※ 총잉여＝소비자잉여(a)＋생산자잉여(b)

제4절 정부의 가격통제 중요도 ⑤

1 가격통제(price control)

가격통제란 정부가 인위적으로 시장에 개입하여 재화나 서비스의 가격을 강제로 조정하는 것을 의미한다. 시장경제체제에서는 모든 재화나 서비스의 가격이 시장에서의 수요와 공급에 의해 결정되어야 가장 효율적이지만, 정부가 어떤 특정한 목적을 달성하기 위해 인위적으로 가격을 조정하는 경우가 있다. 가격통제 방법에는 시장에서 형성된 가격이 너무 높다고 판단하는 경우 시행하는 최고 가격제와 시장가격이 너무 낮다고 판단하는 경우 시행하는 최저 가격제가 있다.

2 최고 가격제(maximum price)

(1) 정의

최고 가격제란 정부가 시장에서 형성된 가격이 너무 높다고 판단하여 소비자를 보호할 목적으로 일정 수준 이상으로 가격을 올리지 못하도록 가격을 통제하는 제도를 의미한다. 최고 가격제는 아파트 분양가, 금리, 임대료, 유가 등의 통제에 주로 사용된다.

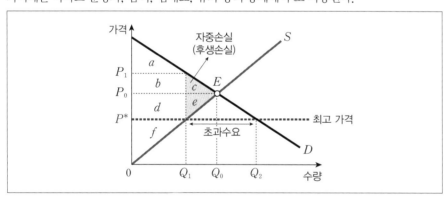

(2) 해석

① 초과수요의 발생

최고 가격은 균형가격보다 낮은 수준에서 형성된다. 이로 인해 공급자들은 공급량을 줄이려고 하는 반면, 수요자들은 수요량을 늘리고자 하기 때문에 초과수요가 발생한다.

② 자중손실의 발생

자중손실(deadweight loss)이란 총잉여의 감소분을 의미한다. 최고 가격제를 실시하면 가격통제 이전보다 총잉여가 감소한다. 최고 가격제의 실시로 인한 총잉여의 감소는 소비자잉여와 생산자잉여의 측면에서 살펴볼 수 있다. 가격통제 이전의 균형점은 E점이고, 이때 균형가격은 P_0, 균형거래량은 Q_0이다.

㉠ 소비자잉여의 변화
- 가격통제 전의 소비자잉여: $a+b+c$
- 가격통제 후의 소비자잉여: $a+b+d$
- 소비자잉여의 변화분: $(a+b+d)-(a+b+c)=d-c$

ⓛ 생산자잉여의 변화
- 가격통제 전의 생산자잉여: $d+e+f$
- 가격통제 후의 생산자잉여: f
- 생산자잉여의 변화분: $f-(d+e+f)=-d-e$

ⓒ 총잉여의 변화
- 소비자잉여의 변화분: $d-c$
- 생산자잉여의 변화분: $-d-e$
- 총잉여의 변화분: $(d-c)+(-d-e)=-(c+e)$(자중손실)

③ 암시장의 발생

새로운 가격하에서는 초과수요가 발생하기 때문에 원하는 재화와 서비스를 구하지 못하는 수요자가 존재한다. 이때 새로운 가격 수준에서 공급자는 Q_1만큼 공급하려 하는데, 수요자는 Q_1만큼 수요할 수 있다면 P_1까지의 가격을 지불할 의사가 존재한다. 따라서 시장에서는 규제 가격보다 높은 수준에서 재화와 서비스가 거래되는 암시장(black market)이 발생할 수 있다.

3 최저 가격제(minimum price)

(1) 정의

최저 가격제란 정부가 시장에서 형성된 가격이 너무 낮다고 판단하여 공급자를 보호할 목적으로 일정 가격 수준 이상으로 가격을 책정하도록 강제하는 제도를 의미한다. 최저 가격제에는 최저 임금제, 농산물 가격지지제도 등이 있다.

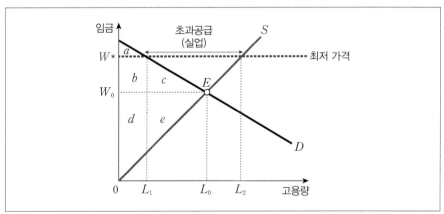

(2) 해석

① 초과공급의 발생

최저 가격은 균형가격보다 높은 수준에서 형성된다. 이로 인해 수요자들은 수요량을 줄이려고 하는 반면, 공급자들은 공급량을 늘리고자 하기 때문에 초과공급이 발생한다. 최저 가격제는 주로 최저 임금 제도에 적용되는데, 노동 시장에서의 초과공급은 실업을 의미한다.

② 자중손실의 발생

최고 가격제와 마찬가지로 최저 가격제에서도 소비자잉여와 생산자잉여의 변화가 나타나 총잉여가 감소한다. 가격통제 이전의 균형점은 E점이고, 이때 임금은 W_0, 노동 고용량은 L_0이다.

ㄱ 소비자잉여의 변화
- 가격통제 전의 소비자잉여: $a+b+c$
- 가격통제 후의 소비자잉여: a
- 소비자잉여의 변화분: $a-(a+b+c)=-b-c$

ㄴ 생산자잉여의 변화
- 가격통제 전의 생산자잉여: $d+e$
- 가격통제 후의 생산자잉여: $b+d$
- 생산자잉여의 변화분: $(b+d)-(d+e)=b-e$

ㄷ 총잉여의 변화
- 소비자잉여의 변화분: $-b-c$
- 생산자잉여의 변화분: $b-e$
- 총잉여의 변화분: $(-b-c)+(b-e)=-(c+e)$(자중손실)

③ 암시장의 발생

새로운 임금하에서는 초과공급이 발생하기 때문에 실업이 발생한다. 이때 새로운 임금수준에서 수요자는 L_1만큼 수요하려 하는데, 공급자는 L_2만큼 공급할 수 있다면 W_0보다도 낮은 임금을 받을 의사가 존재한다. 따라서 시장에서는 규제 가격보다 낮은 수준에서 노동이 거래되는 암시장이 발생할 수 있다.

기출로 확인하기   51회 기출

아래 그림과 같이 가격상한이 P_0로 설정되면 시장에서 초과수요 (Q_D-Q_S)가 발생한다. 가격상한에 의해 발생하는 자중손실의 크기는 무엇인가?

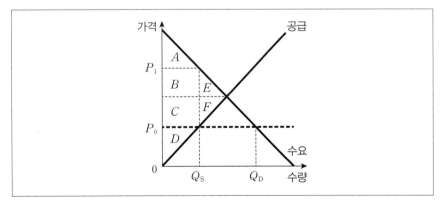

① $B+E$ ② $C+F$
③ $B+C$ ④ $E+F$
⑤ $B+C+E+F$

기출로 확인하기   **정답 및 해설**

| 해설 | 가격상한제란 시장에서 결정된 가격이 너무 높다고 판단되어 정부가 균형가격 아래로 최고가격을 설정하고 그 이상 가격을 책정하지 못하도록 강제하는 제도이다. 균형가격에서의 소비자잉여는 $A+B+E$이고, 생산자잉여는 $C+D+F$이다. P_0에서 가격상한이 설정되었을 때 소비자잉여는 $A+B+C$이고, 생산자 잉여는 D이다. 따라서 소비자잉여의 변화는 $C-E$, 생산자잉여의 변화는 $-C-F$이므로 총잉여의 변화는 $-E-F$이다.

정답 ④

1 조세의 의미

(1) 세금의 의미

세금이란 국가나 지방자치단체가 정부 또는 지방 정부를 운영하기 위해 법에 따라 국민으로부터 걷은 돈을 의미한다. 세금 납부는 국민의 의무 가운데 하나이다. 국민은 국가의 주인으로서 납세의 의무를 다하며 자격을 얻고, 누릴 수 있는 권리를 얻는다.

(2) 세금 부과의 원칙, 능력 원칙과 편익의 원칙

공공의 이익을 위해 사용되는 세금은 국민의 능력(능력 원칙)이나 편익을 누리는 정도(편익 원칙)에 따라 부과된다. 하지만 이것이 자신이 납부한 세금의 크기에 비례해서 국가로부터 혜택을 받는다는 것을 의미하지는 않는다. 세금은 법률에 규정된 요건에 맞는 사람이라면 누구나 납부해야 한다. 세금은 공익을 위한 것으로 한 개인이 국방, 치안 등 국가가 제공하는 각종 서비스를 원하지 않는다는 이유로 세금 납부를 거부할 수 없다.

2 세금의 구분

(1) 부과 주체에 따른 구분

① 국세

중앙 정부가 국가 전체의 살림에 필요한 비용을 마련하기 위해 징수하는 세금이다. 국세는 내국세와 관세로 다시 구분된다.

㉠ 내국세: 나라 안에서 이루어지는 거래에 대해 부과하는 세금이다.

• 보통세: 일반적인 나라 살림을 위해 걷는 세금으로 특별한 용도가 지정되지 않는다.

• 목적세: 목적세는 사용할 용도를 미리 정해 놓고 걷는 세금으로 지정된 목적 외에는 사용할 수 없다.

㉡ 관세: 국경을 통과하는 물품에 부과하는 세금이다.

② 지방세

지방자치단체가 지역 살림을 위해 걷는 세금이다. 지방세는 행정구역을 기준으로 도세와 시·군세로 구분된다.

㉠ 도세: 특별시·광역시·도 등에서 걷는 세금이다.

㉡ 시·군세: 시·군·구 등에서 부과하는 세금이다.

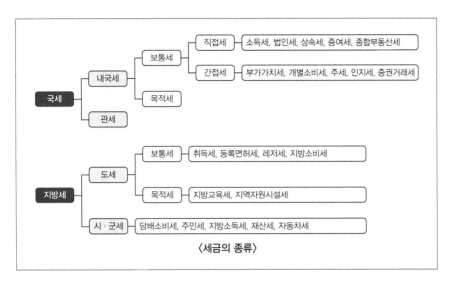

〈세금의 종류〉

(2) 조세부담의 전가 여부에 따른 구분

① 직접세

법률상의 납세의무자와 실제의 조세부담자가 일치하는 조세로서, 조세부담의 전가가 전혀 발생하지 않는 세금이다. 직접세에는 소득세, 법인세, 재산세, 상속세 등이 포함된다.

② 간접세

법률상의 납세의무자와 실제의 조세부담자가 다르고, 조세부담의 전가가 예상되는 세금이다. 간접세는 주세, 부가가치세, 인지세 등이 대표적이다.

③ 조세부담의 역진성

세금은 공익을 위한 목적으로 징수되고 사용되지만, 소득불평등을 완화하는 장치가 되기도 한다. 즉, 고소득자에게 많은 세금을, 저소득자에게는 세금을 감면하는 방식으로 부의 재분배를 담당하는 것이다. 하지만 이러한 부의 재분배가 실패하는 현상이 있다. 간접세에서 나타나는 현상으로, 간접세의 대표적인 항목인 부가가치세는 소득과 무관하게 모든 사람에게 10%가 부과된다. 이는 소득이 낮은 사람에게도, 높은 사람에게도 동일하게 적용되기 때문에 실질적으로 소득이 낮은 사람에게 더 큰 부담으로 작용하는 것이다. 이를 '조세부담의 역진성'이라고 한다.

(3) 부과 방식에 따른 구분

세금은 부과 방식에 따라 누진세와 비례세로 구분할 수 있다. 실질적으로 세금을 부담할 능력에 따른 과세율이 증가하는지 혹은 일정한지의 여부로 누진세와 비례세가 결정된다.

① 누진세

세금 부담 능력이 높은 계층에는 높은 세율을 적용하고, 부담 능력이 낮은 계층에는 낮은 세율을 적용시킴으로써 과세의 공정을 실현하고 동시에 부의 재분배를 실현하기 위해 적용하는 세제이다. 소득세와 법인세는 대표적인 누진세이다.

② 비례세

소득 수준에 관계없이 누구나 같은 비율로 세율을 적용하는 세금이다. 즉, 비례세는 과세 대상의 크고 작음과 관계없이 동률의 세금을 적용한다.

3 조세와 수요, 공급의 변화

(1) 소비세의 부과(생산자에게 부과)

소비세란 재화나 서비스에 대한 판매에 부과되는 세금으로 가장 단순한 형태의 세금이다. 소비세가 부과되었을 때 수요와 공급이 어떻게 달라지는지 살펴보면 보다 복잡한 다른 세금에도 이를 적용할 수 있다. 정부가 모든 호텔에 하룻밤에 4만 원의 소비세를 부과했다고 가정하자. 소비세가 부과되기 전 호텔의 균형가격은 하룻밤에 8만 원이었고 이때의 균형거래량은 10,000였다. 소비세가 부과되면 고객이 8만 원의 방값을 치르더라도 이 가운데 4만 원은 세금이므로 호텔은 4만 원만 벌 수 있다. 이는 받을 수 있는 가격이 낮아진 상황이므로 호텔은 방을 덜 공급하게 된다.

(2) 세전과 세후의 유인(생산자에게 부과)

① 세금이 부과되기 전 수요와 공급

세금이 부과되기 전 호텔의 균형가격은 8만 원이고, 이때 거래량은 10,000개이다. 이를 그림으로 나타내면 호텔은 다음과 같은 공급곡선을 갖는다. 조세가 부과되기 전 호텔은 5,000개의 방을 제공할 때 6만 원에 공급할 의사를 갖는다. 하지만 방당 4만 원의 세금이 부과되면 세금 부과 이후에도 똑같이 6만 원을 받을 수 있어야 동일하게 5,000개의 방을 공급하려 할 것이다. 따라서 방당 가격은 세금만큼 상승된 10만 원이 된다. 이는 세금이 부과되기 전에 비해 공급곡선이 조세징수액만큼 위쪽으로 이동했음을 의미한다. 즉, 모든 공급량에 대해 가격이 4만 원만큼 증가한 것이다.

② 세금 부과된 후 수요와 공급

세금이 부과된 이후의 공급곡선은 4만 원만큼 위로 이동한다. S_1은 세전 공급곡선이고, S_2는 세후 공급곡선이다. 시장균형은 E에서 E'로 이동하게 된다. 즉, 균형가격은 10만 원에 균형거래량이 5,000개가 된다. 하지만 실제로 4만 원의 세금을 납부했다는 점을 고려하면 호텔은 여전히 세금이 없었을 때와 동일한 6만 원을 받고 있는 것이다. 호텔의 입장에서는 원래의 공급곡선상에서 공급량에 관한 의사결정을 한 것과 마찬가지이다.

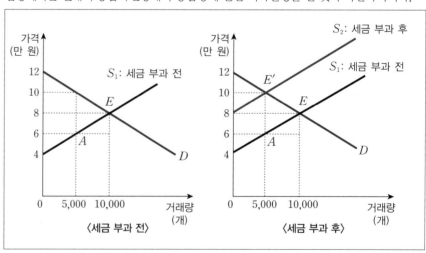

③ 해석

소비세 부과의 결과 소비자들은 더 높은 가격(8만 원 → 10만 원)을 지불하고, 공급자들은 더 적은 가격(8만 원 → 6만 원)을 받는다. 또한 세금의 부과는 지불용의가 낮은 사람들이 호텔을 이용하지 못하는 결과를 초래한다. 세금 부과 후에도 호텔의 공급량은 여전히 5,000개이지만, 하룻밤에 8만 원을 지불할 의사는 있으나 10만 원을 지불할 의사가 없는 사람들은 호텔 이용을 포기하게 된다. 소비세의 부과로 인해 상호 이익이 되는 거래 기회를 박탈하여 비효율성이 초래되는 것이다. 한편, 소비세는 공급자인 호텔에 부과되었는데, 실질적으로는 소비자와 생산자가 절반씩 부담하고 있다. 조세를 제외하면 생산자들이 받는 가격은 조세징수액의 절반인 2만 원만큼 감소했고, 소비자들이 지불하는 가격은 2만 원만큼 증가했다. 이는 실질적으로 세금의 절반은 소비자들에 의해 부과되고 있음을 의미한다.

(3) 세전과 세후의 유인(소비자에게 부과)

① 세금 부과 전후의 수요와 공급

정부가 소비세를 생산자가 아닌 소비자에게 부과할 경우, 수요자의 입장에서 세금 부과 전과 세금 부과 후의 소비량이 동일하기 위해서는 방값으로 치르는 대가가 4만 원만큼 감소해야 한다. 즉, 세금만큼 호텔 방값이 저렴해져야 동일한 양의 호텔방이 수요된다. 따라서 수요곡선은 조세징수액만큼 아래로 이동하게 된다($D_1 \rightarrow D_2$). 그 결과 균형점은 E에서 A로 이동한다. 실질적으로 수요자들은 조세를 포함한 10만 원을 지불하게 된다. 이는 수요자의 입장에서 마치 원래 E'에 있는 것과 같은 마찬가지가 된다.

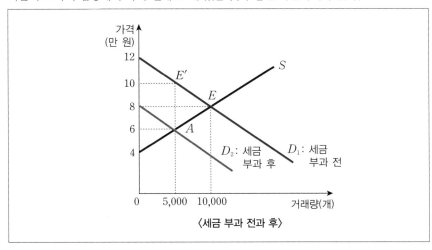

〈세금 부과 전과 후〉

② 해석

세금을 소비자들에게 부과하더라도 소비자들은 사실상 10만 원의 가격을 지불하고, 생산자는 6만 원의 가격을 받으며 5,000개의 호텔방이 거래된다. 정부가 소비자에게 부과한 4만 원의 조세는 소비자들이 지불하는 가격이 2만 원만큼 증가하고, 생산자들이 받는 가격이 2만 원만큼 감소하는 결과를 초래했다. 결국 조세를 생산자와 소비자 누구에게 부과하는지와 무관하게 균형점의 결과는 동일하다. 즉, 조세는 소비자와 생산자 사이에서 동등하게 분배된 것이다.

4 가격탄력성과 조세 귀착

조세의 귀착이란 실제 세금을 누가 지불했는지를 의미한다. 앞선 예에서는 조세가 소비자에게 부과되든, 생산자에게 부과되든 동등하게 부담되는 것을 확인했다. 하지만 현실에서 세금은 소비자와 생산자가 동등하게 나눠지지 않는다. 어느 한 그룹이 더 많은 부담을 지게 되는데, 이를 결정하는 요인은 공급과 수요의 가격탄력성이다.

(1) 소비자들이 더 많이 부담하는 경우(수요의 가격탄력성 < 공급의 가격탄력성)

① 조세 귀착

수요의 가격탄력성이 작다는 것은 가격 변화에 대해 수요량 변화가 매우 작다는 것을 의미하고, 공급의 가격탄력성이 크다는 것은 가격 변화에 대해 공급량 변화가 매우 크다는 것을 의미한다. 이는 수직선에 가까운 수요곡선과 수평선에 가까운 공급곡선으로 나타난다. 이런 상황에서 소비세의 부과 대상이 누구인지와는 무관하게 소비세의 대부분은 소비자가 떠안게 된다. 세금이 부과되지 않았을 때 2만 원에 팔리는 어떤 재화에 한 단위당 1만 원의 세금이 부과되면 생산자가 받는 금액은 1천 원만큼 감소하고, 소비자가 부담하는 가격은 2만 9천 원으로 크게 오른다. 이는 소비세 1만 원 중 생산자가 1천 원을, 소비자가 9천 원을 부담한다는 것을 의미한다.

② 해석

수요의 가격탄력성이 공급의 가격탄력성에 비해 작은 경우 소비자들이 더 큰 세금 부담을 떠안는다. 이는 소비자들은 해당 재화에 대한 대체재가 없지만, 공급자들은 많은 대체수요자를 갖고 있기 때문이다. 즉, 소비자들은 소비세의 대부분을 떠안더라도 해당 재화를 다른 재화로 대체할 수 없지만, 생산자들은 소비세의 많은 부분을 떠안게 된다면 공급을 거절하고 다른 소비자에게 해당 재화를 판매할 수 있다는 것을 의미한다. 이 경우 대안이 없는 소비자가 소비세의 대부분을 떠안게 된다.

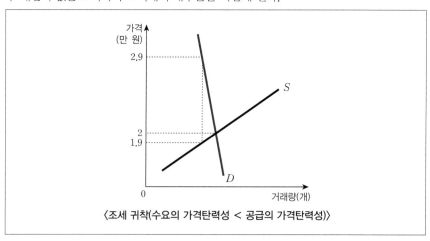

〈조세 귀착(수요의 가격탄력성 < 공급의 가격탄력성)〉

(2) 생산자들이 더 많이 부담하는 경우(수요의 가격탄력성 > 공급의 가격탄력성)

① 조세 귀착

수요의 가격탄력성이 큰 경우 수요곡선은 수평선에 가깝고, 공급의 가격탄력성이 작은 경우 공급곡선은 수직선에 가깝다. 이런 상황에서 소비세의 부과 대상이 누구인지와는 무관하게 소비세의 대부분은 공급자가 떠안게 된다. 세금이 부과되지 않았을 때 6만 원에 팔리는 어떤 재화에 한 단위당 3만 원의 세금이 부과되면 소비자가 내는 금액은 5천 원만큼 증가하고, 생산자가 받는 가격은 3만 5천 원으로 크게 감소한다. 이는 소비세 3만 원 중 소비자가 5천 원을, 생산자가 2만 5천 원을 부담한다는 것을 의미한다.

② 해석

이번에도 가격에 민감하지 않은 주체가 세금의 많은 부분을 떠안는다. 가격에 둔감한 이유는 다른 대안이 없기 때문이다. 즉, 가격이 세금만큼 올라도 다른 선택지가 없어 그대로 받아들여야 하는 상황인 것이다. 반면, 대안이 많은 주체는 가격에 민감하다. 따라서 세금의 많은 부분이 전가되면 다른 선택을 할 수 있기 때문에 세금의 적은 부분이 전가되고 가격에 민감하지 않은 주체에게 세금의 대부분이 전가된다.

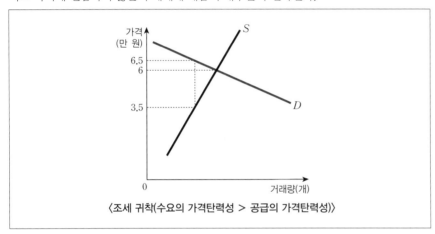

⟨조세 귀착(수요의 가격탄력성 > 공급의 가격탄력성)⟩

5 조세 부과의 비용, 자중손실

(1) 조세의 비효율성

조세는 공공의 목적으로 이루어진다. 즉, 소비자와 생산자로부터 거두어들인 세금은 어떤 형태로든 이들을 위해 사용된다. 이는 세금을 납부하고 다시 돌려받기 때문에 마치 아무런 비용이 발생하지 않는 것처럼 보이지만, 앞서 살펴보았듯이 조세의 부과로 소비자들이 지불해야 할 가격이 올라가면 지불용의가 작은 사람들은 소비를 포기하는 결과가 나타나기도 한다. 조세가 부과되기 전 8만 원에 호텔을 이용할 수 있었던 사람이 조세 부과로 호텔 가격이 10만 원이 되면 지불용의 금액을 벗어나 호텔을 이용할 수 없게 되는 현상이 발생하는 것이다. 조세의 부과로 효율적인 자원배분을 방해하는 비효율이 발생한다는 것을 알 수 있다.

(2) 조세와 자중손실

① 균형점의 변화

경제학에서 거래의 비효율은 자중손실로 나타난다. 즉, 소비자잉여와 생산자잉여가 감소한다는 것이다. 조세가 없는 경우 균형은 P^*, Q^*에서 형성된다. 소비세는 세금의 크기만큼 소비자 지불 가격을 올리고 생산자가 받는 가격을 낮추기 때문에 세금 부과 시 거래량은 Q_T만큼 감소한다. 이때 줄어든 거래량 수준에서 소비자 가격은 P_D로 오르고, 생산자 가격은 P_S로 하락한다. 두 가격의 차이는 소비세와 동일하다.

② 자중손실의 발생

조세의 부과로 소비자잉여와 생산자잉여는 감소한다. 반면, 정부는 소비자와 생산자로부터 조세 수입을 얻는다. 즉, 정부는 소비세의 형태로 소비자들과 생산자들의 손실 중 일부를 얻게 된다.

  ㉠ **소비자잉여의 감소**: 조세 부과 전의 소비자잉여는 $A+B+C$ 영역이다. 반면, 조세 부과 후에는 가격이 P_D로 상승하여 소비자잉여는 A가 된다. 즉, $-B-C$만큼 소비자잉여의 손실이 발생한다.

  ㉡ **생산자잉여의 감소**: 조세 부과 전의 생산자잉여는 $D+E+F$ 영역이다. 반면, 조세 부과 후에는 가격이 P_S로 하락하여 생산자잉여는 F가 된다. 즉, $-D-E$만큼 생산자잉여의 손실이 발생한다.

  ㉢ **정부의 조세 수입**: 그림에서 조세 수입은 판매 단위당 부과된 세금 T에 판매량 Q_T를 곱한 것과 같다. 따라서 $B+D$만큼이 정부의 조세 수입이 된다. 이는 소비자들과 생산자들의 손실 중 일부가 정부의 조세 수입으로 귀속됨을 의미한다.

  ㉣ **자중손실의 발생**: 조세 부과 전의 총잉여는 소비자잉여와 생산자잉여의 합인 $A+B+C+D+E+F$ 영역이었다. 하지만 조세 부과 후에는 총잉여가 $A+B+D+F$가 된다. 그 결과 $-C-E$만큼의 자중손실이 발생한다. 자중손실의 크기는 밑변이 조세(T)만큼이고 높이가 조세의 부과로 인해 줄어든 거래량(Q^*-Q_T)인 삼각형의 면적과 같다. 따라서 조세의 크기가 클수록, 조세로 인해 줄어든 거래량의 클수록 조세의 비효율성은 커지게 된다.

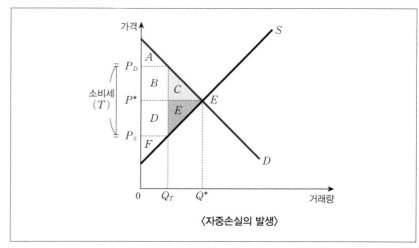

〈자중손실의 발생〉

(3) 탄력성과 조세의 자중손실

① 수요와 공급의 탄력성과 자중손실 간의 관계

소비세는 소비자가 치르는 가격을 높이고, 생산자가 받는 가격을 낮춘다. 이는 소비자와 생산자 모두에게 이익이 되는 거래를 방해함으로써 자중손실을 발생시킨다. 이때 자중손실의 크기는 조세의 크기와 조세로 인해 감소한 거래량의 크기에 따라 결정된다. 한편, 조세는 수요나 공급 가운데 탄력적인 측면의 거래량을 크게 감소시킨다. 이를 종합하면 탄력적인 측면에서 발생하는 자중손실의 크기가 커진다는 것을 알 수 있다. 반면, 비탄력적일 경우 해당 재화에 부과된 조세는 상대적으로 거래량을 적게 감소시켜 적은 자중손실을 가져오게 된다. 어떤 재화에 대한 수요와 공급의 가격탄력성과 조세 부과로 인해 발생하는 자중손실의 크기는 다음의 네 가지 유형으로 정리할 수 있다.

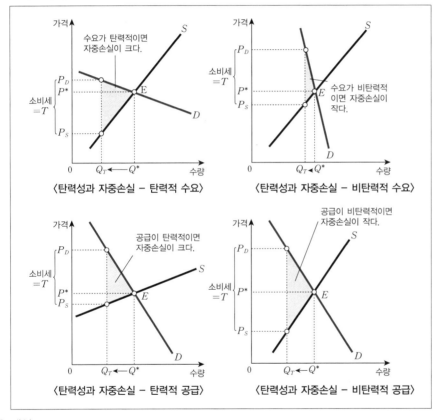

〈탄력성과 자중손실 - 탄력적 수요〉

〈탄력성과 자중손실 - 비탄력적 수요〉

〈탄력성과 자중손실 - 탄력적 공급〉

〈탄력성과 자중손실 - 비탄력적 공급〉

② 해석

자중손실의 크기는 수요 혹은 공급의 가격탄력성에 따라 달라진다. 수요가 상대적으로 탄력적일 때 조세의 부과는 거래량 감소가 커지므로 자중손실의 크기가 커진다. 반면, 동일한 공급곡선하에서 수요의 탄력성이 비탄력적이면 조세 부과로 인한 거래량 감소가 작아 자중손실의 크기는 작아진다. 동일한 수요곡선하에서 공급곡선의 가격탄력성도 같은 결과를 초래한다. 이를 통해 수요나 공급 중 상대적으로 비탄력적인 재화에 대해서만 세금을 부과하면 조세 부과로 인한 손실을 최소화할 수 있다는 것을 알 수 있다. 예를 들어, 극단적으로 수요가 완전 비탄력적인 경우라면 수요에만 조세를 부과하면 된다. 반대로 공급이 완전 비탄력적인 경우라면 공급에만 조세를 부과하면 자중손실은 0이 된다.

Why 이슈가 된 걸까?

최근 심화된 택시 승차난에 관련된 기사로, 공급이 수요를 따라가지 못하고 있다는 점을 지적하고 있다. 문제의 원인은 운수종사자의 급격한 이탈에 있다. 즉, 이는 수요-공급의 문제이다. 낮은 요금은 수요자에게는 유리하지만, 공급자에게는 불리하다. 극단적으로 수요자에게만 유리한 상황이 계속되면 공급자가 감소하여 결국 피해는 소비자가 볼 수 있다. 소비자와 공급자 모두에게 균형을 이루는 것이 좋음을 보여 준다.

"한 시간째 발 동동"…
택시 호출해도 왜 안 잡히나 했더니

"비는 쏟아지고 있는데 택시는 안 잡히고 … 출근해야 되는데 속이 터졌어요."

직장인 김모 씨(34)는 장대비가 쏟아진 날 오전 택시를 못 잡아 혼났다. 서울 혜화동에서 병원 진료를 마치고 강남역 인근 회사로 출근해야 하는데 도통 택시가 안 잡혔다. 그는 "대학병원 앞이라 택시가 잘 잡힐 줄 알았는데 한 시간을 콜해도 잡히지 않았다."며, "결국 회사에 늦는다고 양해를 구하고 지하철을 타고 출근했다."고 말했다.

'택시 대란'이 일고 있다. 신종 코로나바이러스 감염증(코로나19) 사회적 거리두기 해제 조치로 승객 수요는 급증했지만, 택시 '공급'이 부족해 출근길부터 심야시간까지 택시를 잡지 못해 발만 동동거리는 사례가 늘고 있다.

이처럼 택시난이 심각해진 것은 코로나19를 거치며 심각한 공급 절벽에 시달리고 있기 때문이다. 택시기사 수는 코로나19로 인한 거리두기 강화 등의 조치로 수요가 급감하면서 확 줄기 시작했다. 반면, 택시 호출량은 급증하고 있다. 사회적 거리두기 해제로 모임과 회식이 잦아진 영향이다.

기사들이 택시 운전대를 놓는 이유가 있다. 코로나19를 통과하면서 생계난에 허덕이던 택시 기사들이 대거 배달·택배업으로 업종을 전환했다. 서울에서 10년째 개인 택시를 운영하는 조모 씨는 "코로나 때문에 손님도 없고 기름값까지 올라 돈이 안 된다."며, "출퇴근 시간대나 심야시

간에 집중적으로 일하고 있는데 몸도 안 좋아지고 해서 조만간 그만둘 생각"이라고 털어놨다.

업계는 신규 유입이 이뤄지지 않는 가장 큰 원인으로 열악한 처우를 꼽는다. 전국택시운송사업조합연합회 관계자는 "노동강도에 비해 택시 요금이 낮아 수익성이 떨어지고 있다."며, "특히, 현행 택시요금 사후 원가보장 체계로는 기사 임금이 억제돼 있어 구조적 문제 해결이 시급하다."고 지적했다.

기출동형 연습문제

01 난이도 ■□□

[제61회 기출]

다음 제시문을 읽고 A사가 처한 상황을 가장 잘 설명한 것을 고르시오.

> A사는 국내에서 유일하게 마스크를 공급하고 있다. 하지만 A사가 높은 이익을 가짐에 따라 여러 업체들이 시장 진입을 고려하고 있다. 그 결과 마스크를 생산하는 소수의 업체가 시장에 참가하게 되었다.

① A사의 생산라인으로부터 얻는 이익이 증가한다.
② A사 마스크의 수요 가격탄력성이 증가한다.
③ A사 마스크의 교차 가격탄력성이 감소한다.
④ A사 마스크의 수요 가격탄력성에는 변화가 없다.
⑤ A사 마스크의 소득탄력성이 증가한다.

| 해설 | 대체재가 많아질수록 수요의 가격탄력성은 높아진다. 따라서 독점이었을 당시보다 과점이었을 때 A사 마스크에 대한 수요의 가격탄력성은 커질 것이다.

| 오답피하기 | ① 대체재가 많아질 경우 선택이 분산되고, 시장가격이 낮아지므로 이익은 감소한다.
③ 교차 가격탄력성은 대체재의 경우 증가하고, 보완재의 경우 감소한다. 제시문의 상황에서 대체재가 증가하고 있으므로 교차 가격탄력성은 증가한다.
④ 대체재가 많을수록 소비자의 선택지가 많아져 가격에 민감하게 반응한다.
⑤ 제시문에서 소득탄력성을 정확하게 읽어낼 수 있는 장치가 부족하다. 따라서 소득탄력성의 변화 여부는 알 수 없다.

02 난이도 ■■□

최근 수도권 지역의 부동산 가격이 급등하고 있다는 신문기사를 통해 추론할 수 있는 내용으로 옳지 않은 것은?

① 부동산에 대한 초과수요가 존재하고 있을 것이다.
② 부동산에 대한 초과공급이 존재하고 있을 것이다.
③ 부동산 가격 급등은 일부 투기 세력의 존재에서 비롯된 측면도 있다.
④ 정부는 조만간 부동산 가격 안정화 정책을 마련할 것으로 판단된다.
⑤ 부동산 가격 급등에 따라 내 집 마련의 기간이 이전보다 길어질 것이다.

| 해설 | 공급이 수요보다 많은 초과공급의 경우 가격이 하락한다. 원하는 사람에 비해 재화나 서비스의 양이 더 많아 희소성이 감소하기 때문이다.

| 오답피하기 | ① 시장에서 가격이 오르는 이유는 수요가 공급보다 많기 때문이다. 원하는 사람은 많은데 그 욕구를 충족시켜 줄 수 없기 때문에 더 높은 대가의 지급을 약속하는 사람이 해당 재화를 얻을 수 있다.
③ 수요를 조장하여 단기간에 수요가 급등하는 경우가 있는데, 투기 세력이 시장에 수요자로 활동하는 경우가 대표적이다.
④ 부동산 가격이 급격히 상승할 경우 정부는 시장 안정을 위해 부동산 안정화 정책을 수행할 수 있다.

정답 01 ② | 02 ②

03 난이도 ■□□ [제74회 특별 기출]

지문이 설명하는 개념은 무엇인가?

> 경제주체들이 자신의 이익을 위해 비생산적인 활동에 경쟁적으로 자원을 낭비하는 현상, 즉 로비·약탈·방어 등 경제력 낭비 현상을 지칭하는 말이다. 예를 들어 특정 경제주체가 면허 취득(개인택시기사, 의사 및 변호사) 등을 통해 독과점적 지위를 얻으면 별다른 노력 없이 초과소득을 얻을 수 있다.

① 보존 행위
② 재량 행위
③ 자구 행위
④ 불요식 행위
⑤ 지대추구 행위

| 해설 | 지대추구란 인위적으로 공급을 통제하는 행위를 통해 경제적 이득을 누리는 행위를 의미한다. 즉, 지대추구는 진입장벽을 인위적으로 구축하여 경쟁을 막아 자원의 효율적 배분을 저해한다. 로비, 약탈, 방어 등의 행위가 이루어진다.

04 난이도 ■■□ [제61회 기출]

수요·공급의 법칙이 성립하는 완전경쟁시장에서 거래되는 세 개의 재화 A, B, C는 그림과 같은 관계에 있다. 각 재화의 공급 변화에 따른 영향으로 옳은 것을 〈보기〉에서 고르면?

〈보기〉
㉠ A재 공급이 증가하면 B재 수요가 증가한다.
㉡ B재 공급이 증가하면 A재 가격이 증가한다.
㉢ B재 공급이 감소하면 C재 수요가 증가한다.
㉣ C재 공급이 감소하면 A재 가격이 하락한다.

① ㉠, ㉡
② ㉠, ㉢
③ ㉡, ㉢
④ ㉡, ㉣
⑤ ㉢, ㉣

| 해설 | 교차탄력성이 양수인 경우 대체관계를, 음수인 경우 보완관계를 의미한다. 따라서 A와 B재는 대체관계, A와 C재는 보완관계이다.
㉢ B재 공급의 감소는 B재 가격 상승으로 이어지고, 이는 대체관계인 A재의 수요 증가로 이어진다. A재의 수요 증가는 보완관계인 C재의 수요 증가로 이어진다.
㉣ C재 공급의 감소는 C재 가격 상승과 수요 감소로 이어지고, 이는 보완관계인 A재의 수요 감소를 야기한다. 그 결과 A재의 가격이 하락한다.

| 오답피하기 | ㉠ A재 공급의 증가는 A재 가격 하락으로 이어져 A재 수요가 증가한다. 이는 대체재인 B재의 수요 감소를 야기한다.
㉡ B재 공급의 증가는 B재 가격 하락 및 수요 증가로 이어지고, 이는 대체관계인 A재 수요 감소를 야기해 A재 가격이 하락한다.

05 난이도 ■■□

탄력성에 대한 옳은 설명을 〈보기〉에서 고르면?

─〈보기〉─

㉠ 생활필수품의 경우 수요의 소득탄력성이 1보다 크다.
㉡ 상품의 가격 변동에 대한 소비자의 대응 기간이 길면 수요의 가격탄력성이 크게 나타난다.
㉢ 생산 기간이 긴 상품은 공급의 가격탄력성이 작다.
㉣ 보완 관계에 있는 두 재화는 한 재화의 사용이 증가하면 다른 재화의 사용이 증가하므로 수요의 교차탄력성이 0보다 크다.

① ㉠, ㉢
② ㉠, ㉣
③ ㉡, ㉢
④ ㉡, ㉣
⑤ ㉢, ㉣

| **해설** | ㉡ 상품의 가격 변동에 대한 소비자의 대응 기간이 길면 소비 습관 조정 등을 통한 대응이 용이하므로 수요의 가격탄력성이 크게 나타난다.
㉢ 생산 기간이 긴 상품은 가격이 변동할 때 공급량의 조절이 어려우므로 공급의 가격탄력성이 작게 나타난다.

| **오답피하기** | ㉠ 생활필수품은 수요의 가격탄력성이 비탄력적이므로 0과 1 사이의 값을 갖는다. 수요의 소득탄력성을 통해 정상재와 열등재를 구분할 수 있지만 필수재라는 정보만으로 이를 구분할 수 없다.
㉣ 보완 관계란 함께 사용할 때 더 큰 만족을 얻을 수 있는 재화 간의 관계를 의미한다. 보완 관계는 가격 변화와 수요 변화가 반대로 나타나기 때문에 수요의 교차탄력성은 0보다 작다.

06 난이도 ■■□

슬기는 아파트 상가에서 제과점을 경영하고 있지만, 수입이 신통하지 않아 고민이 많다. 고민 끝에 슬기는 빵 가격을 인상하기로 결정하였다. 빵 가격 인상 후 제과점의 수입이 증대되었다. 이와 같은 결과를 가져올 수 있는 설명에 대한 응답을 바르게 연결한 것은?

A: 아파트 주민들에게 빵과 밥의 대체성이 크다.
B: 아파트 주민의 대부분이 빵을 주식으로 하고 있다.
C: 아파트 주민의 빵에 대한 지출이 소득에서 차지하는 비중이 크다.
D: 빵 수요의 가격탄력성이 1보다 작다.

* (○ : 옳다, × : 옳지 않다)

	A	B	C	D
①	○	×	×	○
②	×	○	×	○
③	×	○	○	×
④	○	○	×	×
⑤	×	×	○	○

| **해설** | 일반적으로 수요의 가격탄력성이 큰 경우 가격이 오르면 가격 인상에 따른 수요량 감소폭이 크기 때문에 총수입이 감소한다. 반면, 수요의 가격탄력성이 작은 경우 가격을 인상해도 그에 따른 수요량 감소폭이 작기 때문에 총수입이 증가한다. 슬기네 제과점은 빵에 대한 수요의 가격탄력성이 작은 상황임을 알 수 있다(D). 가격탄력성의 크기는 다양한 요인에 의해 결정된다. 생필품의 경우 수요의 가격탄력성이 작으므로 빵을 주식으로 삼는 경우 수요의 가격탄력성이 작다(B).

| **오답피하기** | A. 빵과 밥의 대체성이 클 경우 가격 변화에 민감해진다. 빵을 통해 얻는 만족을 밥을 통해 얻을 수 있기 때문에 빵 가격이 조금만 인상되어도 빵 소비를 밥 소비로 대체할 것이기 때문이다.
C. 소득에서 차지하는 비중이 큰 경우 가격 변화에 민감하다.

관련 이론 짚어보기

수요의 가격탄력성: 대체재가 많을수록, 소득에서 차지하는 지출 비중이 클수록, 사치재일수록, 측정 기간이 장기일수록 탄력적이다.

07 난이도 ■■□

최고 가격제와 최저 가격제에 대한 설명으로 옳은 것을 〈보기〉에서 모두 고르면?

─〈보기〉─
㉠ 최고 가격을 균형가격 이하로 책정하면 상품의 배분이 비효율적으로 이루어진다.
㉡ 최고 가격을 균형가격 이하로 책정하면 초과수요가 발생하고 암시장이 나타날 수 있다.
㉢ 최저 가격을 균형가격보다 높게 책정하면 초과공급이 나타나므로 암시장은 발생하지 않는다.
㉣ 최고 가격을 균형가격보다 낮게 책정하면 시장 수급에는 영향이 없다.
㉤ 최저 임금제는 미숙련노동자의 취업을 용이하게 만든다.

① ㉠, ㉡
② ㉠, ㉢
③ ㉣, ㉤
④ ㉠, ㉡, ㉣
⑤ ㉠, ㉢, ㉣

| 해설 | ㉠ 최고 가격과 최저 가격은 모두 시장의 왜곡을 불러일으켜 비효율적인 자원배분을 야기한다.
㉡ 균형가격이 너무 높아 소비자를 보호할 목적에서 시행되는 최고 가격제는 일정 수준 이상으로 가격을 책정하지 못하도록 강제하기 때문에 초과수요가 발생하고, 이로 인해 정부에서 정한 가격보다 높은 가격을 지불하고 해당 재화를 수요하고자 하는 사람들이 생겨난다. 즉, 불법적인 거래가 행해지는 암시장의 발생을 유도한다.

| 오답피하기 | ㉢ 최저 가격제는 생산자를 보호할 목적으로 시행되는 제도이다. 따라서 일정 가격 이하로 가격을 책정할 수 없도록 강제하므로 초과공급이 발생한다. 이 경우 정부가 정한 수준보다 낮은 가격에서 불법적인 판매를 하고자 하는 유인이 생겨난다. 즉, 암시장이 발생한다.
㉣ 최고 가격제를 실시하면 초과수요가 발생한다. 즉, 재화를 원하는 사람이 해당 재화보다 많아져 재화를 구하지 못하는 사람들이 가격통제 이전보다 많아진다. 즉, 시장 수급에 문제가 발생한다.
㉤ 최저 임금제는 임금의 하한을 설정하여 그 이하로 임금 책정이 불가능하도록 만드는 제도이다. 이러한 제도로 인해 시장에서는 노동의 초과공급, 즉 실업이 발생한다. 실업은 최저 임금의 영향을 받는 미숙련 노동자들에게 직접적인 영향을 미친다. 단기적으로는 이들을 도와주려는 제도가 이들의 일자리를 없애 취업을 어렵게 만드는 것이다.

08 난이도 ■■□

조세(세금)의 특징으로 옳지 않은 것은?

① 국가는 강제력을 발동하여 세금을 징수할 수 있다.
② 조세는 공공서비스의 재원으로 쓰이기 때문에 공익성을 지닌다.
③ 부가가치세와 법인세는 모두 조세부담을 타인에게 전가하는 간접세이다.
④ 조세는 부과징수의 주체가 국가이면 국세, 지방자치단체이면 지방세로 나뉜다.
⑤ 납세자는 국가에 세금을 납부하지만 국가로부터 직접적인 대가를 받지 못한다.

| 해설 | 조세는 담세자와 납세자가 동일한지 여부에 따라 간접세와 직접세로 구분된다. 담세자란 실질적으로 세금을 부담하는 주체를 의미한다. 담세자와 납세자가 다른 세금을 간접세, 동일한 세금을 직접세라고 한다. 부가가치세는 간접세에 해당하며, 소득세와 법인세는 직접세에 해당한다.

| 오답피하기 | ① 모든 국민은 세금 납부의 의무를 갖는다. 세금을 납부하지 않으려는 국민이 있는 경우 국가는 강제력을 동원하여 세금을 징수할 수 있다.
② 국민이 납부한 세금은 국가의 운영과 유지를 위한 공익적 목적으로 사용된다.
④ 조세는 징수 주체에 따라 국세와 지방세로 구분된다. 중앙 정부가 징수하는 세금은 국세, 지방자치단체가 징수하는 세금은 지방세이다.
⑤ 세금을 납부한 주체는 직접적인 혜택을 받기보다는 사회 전반에 필요한 우선순위에 따라 세금이 배분되어 간접적인 혜택을 받는다.

정답 **07** ① | **08** ③

09 난이도 ■■■

다음 자료에 나타난 경제정책을 실시할 경우 예상되는 경제현상으로 적절한 것은?

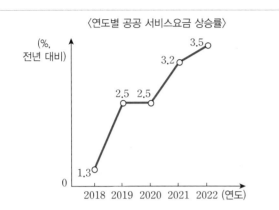

〈연도별 공공 서비스요금 상승률〉

(%, 전년 대비)

3.5
3.2
2.5 2.5
1.3

0   2018 2019 2020 2021 2022 (연도)

공공 서비스요금이 상승함에 따라 철도, 전기, 고속버스 등 중앙 공공요금에 프라이스 캡을 적용하는 방안이 추진된다. 프라이스 캡은 공공의 이익을 위해 특정 재화의 가격을 일정 수준에 고정시키고자 할 때 사용하는 것이다.

① 생산자의 이익이 증대될 것이다.
② 공공재의 생산이 증가할 것이다.
③ 공급되는 상품의 질이 향상될 것이다.
④ 초과수요 발생으로 암시장이 형성될 수 있다.
⑤ 장기적으로 자원의 효율적 배분을 가져올 수 있다.

┃**해설**┃ 공공 서비스요금이 지나치게 높아 프라이스 캡이라는 제도로 일정 가격 이상 책정하지 못하도록 하는 최고 가격제를 설정하고자 한다. 이 경우 시장에서는 초과수요가 발생하여 암시장이 형성될 수 있다.

┃**오답피하기**┃ ①② 최고 가격제를 실시하면 생산자의 이익은 감소한다. 이전보다 적은 양을 시장에 공급하기 때문이다.
③⑤ 아무리 좋은 질의 상품을 만든다 하더라도 판매할 수 있는 양이 한정되어 있으므로 공급되는 상품의 질 역시 향상될 유인이 없다. 이러한 통제는 장기적으로 자원의 효율적 배분을 해칠 가능성이 높다.

10 난이도 ■■■

정부가 최저 임금제를 80만 원으로 설정하여 실시하고자 한다. 이에 대한 옳은 분석을 〈보기〉에서 모두 고르면? (단, 노동시장에서 임금은 노동의 수요와 공급에 의해서만 결정된다.)

임금(만 원)	50	60	70	80	90
노동수요량(명)	600	500	400	300	200
노동공급량(명)	200	300	400	500	600

〈보기〉
㉠ 200명의 실업자가 발생할 것이다.
㉡ 최저 임금제가 실시되기 전 노동시장의 균형임금은 70만 원이다.
㉢ 단기적으로 취업자의 평균임금이 상승할 것이다.
㉣ 임금 결정에서는 수요 법칙과 공급 법칙이 적용되지 않는다.

① ㉠, ㉡   ② ㉡, ㉣
③ ㉢, ㉣   ④ ㉠, ㉡, ㉢
⑤ ㉠, ㉢, ㉣

┃**해설**┃ 노동시장에서의 균형가격은 70만 원이다. 하지만 시장에서 설정된 가격이 너무 낮다고 판단한 정부가 최저 임금을 80만 원으로 책정하는 최저 임금제를 실시하고자 한다.
㉠ 80만 원 수준에서는 200명의 초과공급이 발생한다. 즉, 200명의 실업자가 발생한다.
㉡ 70만 원에서 노동수요량과 노동공급량이 일치하므로 노동시장의 균형임금은 70만 원이다.
㉢ 평균임금은 총임금/총노동량으로 구할 수 있다. 최저 임금제 실시 전 평균 임금은 (28,000만 원/400명)이고, 실시 이후 평균임금은 (24,000만 원/300명)이다. 따라서 평균임금은 상승한다.

┃**오답피하기**┃ ㉣ 임금은 노동의 수요와 공급에 의해 결정된다. 노동수요와 노동공급이 균형을 이루는 지점이 균형임금 수준이며, 최저 임금제는 인위적으로 시장의 왜곡을 발생시켜 단기적으로 실업을 발생시킨다.

11 난이도 ■■■

다음 자료에 대한 분석으로 옳은 것은?

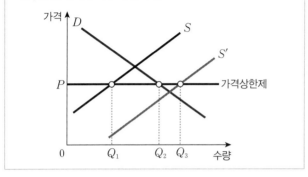

그림은 가격상한이 적용되고 있는 밀가루 시장이다. S와 S'는 각각 밀의 가격이 하락하기 전과 하락한 후의 밀가루 공급곡선 이고, D는 밀가루 수요곡선이다.

① 최저 임금제와 같은 상황이 나타난다.
② 밀 가격 하락 후, 밀가루의 암시장 거래량은 증가한다.
③ 밀 가격 하락 후, 밀가루 시장의 균형거래량은 Q_3이다.
④ 밀 가격의 변화와 상관없이 밀가루는 가격 P에서 거래된다.
⑤ 밀 가격 하락 전, 밀가루의 초과수요가 $Q_1 \sim Q_2$만큼 존재한다.

| 해설 | 제시된 그림은 밀가루 시장에 가격상한제가 실시되고 있는 상황에서 밀의 가격 하락으로 밀가루 공급곡선이 우측으로 이동하여 시장에서 형성된 가격이 가격상한제 설정 가격 이하로 떨어진 상황을 보여 준다. 가격상한제는 수요자를 보호하기 위해 일정 가격 이상의 가격을 설정하지 못하도록 한 제도인데, 시장균형가격이 이보다 낮아지면 시장에 초과수요가 모두 사라진다. 즉, 가격상한제 실시 이전에 $Q_1 \sim Q_2$까지 존재하던 초과수요가 모두 사라진다.

| 오답피하기 | ② 밀의 가격 하락으로 밀가루 공급이 증가하자 가격상한제의 효과가 사라져 밀가루의 암시장 거래량은 없어진다.
③ 균형거래량은 수요곡선(D)과 공급곡선(S')이 만나는 점에서 형성되어 가격상한제 설정 가격 이하에서 균형가격이 형성된다.

12 난이도 ■■□

[제54회 기출]

한 지역의 노동수요곡선과 노동공급곡선이 아래와 같을 때, 최저임금제가 시간당 8,500원으로 시행되었을 경우 다음 보기 중 옳은 것을 고르면?

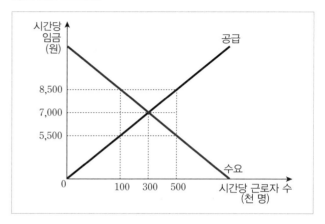

① 20만 명의 근로자가 일자리를 잃게 된다.
② 30만 명의 근로자는 시간당 8,500원을 벌게 된다.
③ 근로자 전체가 받는 총근로소득은 증가한다.
④ 근로자잉여는 늘어날 것이다.
⑤ 경제적 총잉여는 늘어날지 줄어들지 알 수 없다.

| 해설 | 최저임금제가 시행되었을 경우 노동수요는 감소하고, 노동공급은 증가하여 노동시장에서 초과공급, 즉 비자발적 실업이 발생한다. 최저임금제 시행 이전에 30만 명을 고용했던 규모는 최저임금제 시행으로 10만 명으로 감소하므로 최저임금제 시행으로 20만 명이 일자리를 잃게 되었다.

| 오답피하기 | ② 10만 명의 근로자가 시간당 8,500원을 받게 된다.
③ 최저임금제 시행 이전에는 30만 명의 근로자가 시간당 7,000원의 임금을 받아 21억 원의 총근로소득을 얻었지만, 최저임금제 시행 이후에는 10만 명의 근로자가 시간당 8,500원의 임금을 받아 8억 5천만 원의 총근로소득을 얻는다.
④ 최저임금제 시행 이전 근로자잉여(생산자잉여)는 10억 5천만 원(7,000원×30만 명×1/2)이고, 최저임금제 시행 이후 근로자잉여는 5억 7,500만 원((3,000원×10만 명)+(5,500원×10만 명×1/2))으로 감소한다.
⑤ 최저임금제 시행으로 경제적 총잉여는 감소한다.

13 <small>난이도 ■□□</small>

감자튀김에 대한 수요가 소득이 증가함에 따라 감소한다고 한다. 이때 소득의 변화에 따른 현상을 적절하게 설명한 것은?

① 소득의 증가는 감자튀김의 공급량을 증가시킨다.
② 소득의 감소는 감자튀김의 균형가격을 하락시킨다.
③ 소득의 증가는 감자튀김의 수요곡선을 오른쪽으로 이동시킨다.
④ 소득의 증가는 감자튀김의 보완재인 토마토 케첩의 수요를 감소시킨다.
⑤ 소득의 감소는 감자튀김 판매점의 수입을 감소시킨다.

| 해설 | 소득이 증가할수록 수요가 증가하는 재화를 정상재, 수요가 감소하는 재화를 열등재라고 한다. 감자튀김은 소득이 증가함에 따라 수요가 감소하므로 열등재이다. 감자튀김과 토마토 케첩은 보완 관계이므로 소득 증가에 따라 감자튀김 수요가 감소하면 토마토 케첩의 수요도 감소한다.

| 오답피하기 | ① 소득의 증가는 감자튀김 수요를 감소시키므로 감자튀김 공급량은 증가하지 않는다.
② 소득의 감소는 감자튀김 수요를 증가시키므로 수요곡선이 오른쪽으로 이동하여 균형가격이 상승한다.
③ 소득의 증가는 감자튀김 수요의 감소로 이어지므로 수요곡선이 좌측으로 이동한다.
⑤ 소득의 감소는 감자튀김 수요 증가로 이어져 판매점의 수입은 증가한다.

14 <small>난이도 ■□□</small>

다음 고속도로 서비스에 대한 수요의 가격탄력성은?

> 국토교통부는 내년 3월부터 고속도로 요금이 전체적으로 4.5% 인상되면, 연간 통행료 수입이 2조 4,244억 원으로 기존 2조 3,200억 원보다 4.5% 늘어날 것이라고 발표했다.

① 0이다.
② 0보다 크고 1보다 작다.
③ 1이다.
④ 1보다 크고 무한대보다 작다.
⑤ 무한대이다.

| 해설 | 요금이 4.5% 인상되자 통행료 수입도 4.5% 증가했다. 이는 가격 변동과 상관없이 수요량이 일정하기 때문이다. 즉, 수요의 가격탄력성은 완전 비탄력적이므로 0이다.

| 오답피하기 | ② 수요의 가격탄력성이 0보다 크고 1보다 작은 것은 비탄력적인 경우이다. 이는 가격 변화율보다 수요량 변화율이 작은 경우를 의미한다. 이 경우 가격이 상승하면 판매수입은 증가한다.
③ 수요의 가격탄력성이 1인 경우는 단위 탄력적인 경우로, 가격 변화율과 수요량 변화율이 동일한 경우이다. 이 경우 가격이 상승해도 판매수입은 변하지 않는다.
④ 수요의 가격탄력성이 1보다 크고 무한대보다 작은 경우는 탄력적인 경우이다. 가격 변화에 수요량 변화가 민감하게 반응하는 것이다. 이 경우 가격이 상승하면 판매수입은 감소한다.
⑤ 수요의 가격탄력성이 무한대인 경우는 완전 탄력적인 경우로, 가격이 아주 미세하게 증가해도 수요량이 무한히 변동하는 경우이다.

정답 **13** ④ | **14** ①

15 난이도 ■□□　　　　　　　　　　[제51회 기출]

정부가 세금을 부과하는 데 유의해야 할 점이 많다. 아래 조세 부담에 대한 설명 중 올바르게 설명한 것을 고르시오.

① 소비자의 가격탄력성이 공급자의 가격탄력성에 비해 높을 경우 소비자가 세금을 덜 부담한다.
② 누가 세금을 실제로 부담하는가는 누구에게 세금을 부과하는가와 밀접한 관련이 있다.
③ 세금 수입을 늘리려면 세율을 가급적 많이 인상하면 된다.
④ 소비자의 가격탄력성이 무한대라면 세금은 소비자가 다 부담한다.
⑤ 완전경쟁시장에서 거래되는 재화에 세금을 부과하면 사회의 총잉여는 감소하지 않는다.

| **해설** | 조세는 누구에게 부과하는지와 무관하게 가격탄력성이 큰 사람으로부터 작은 사람에게 전가된다. 수요의 가격탄력성이 탄력적인 경우 소비자 부담이 줄어들고, 공급의 가격탄력성이 탄력적인 경우 공급자 부담이 줄어든다.

| **오답피하기** | ② 실제 세금의 부담은 탄력성에 의해 결정된다.
③ 세율이 지나치게 높아지면 조세저항이 발생하여 오히려 조세 수입이 감소할 수 있다.
④ 소비자의 가격탄력성이 무한대라면 세금은 모두 공급자가 부담한다.
⑤ 완전경쟁시장에서 거래되는 재화에 세금을 부과하면 자중손실이 발생한다.

16 난이도 ■■□　　　　　　　　　　[제74회 특별 기출]

재화 X의 공급곡선이 완전비탄력적, 수요곡선은 완전탄력적이라고 가정하자. 정부가 종량세 200원을 부과했을 때 조세 귀착은?

① 소비자가 200원을 부담한다.
② 생산자가 200원을 부담한다.
③ 생산자와 소비자 모두가 부담한다.
④ 생산자와 소비자 아무도 부담하지 않는다.
⑤ 알 수 없다.

| **해설** | 공급곡선이 완전비탄력적, 수요곡선이 완전탄력적일 때 공급은 가격 변화에 민감하지 않고, 수요량은 가격이 조금만 변하여도 크게 변화한다. 공급곡선은 특정 수량에서 수직이고, 수요곡선은 특정 가격 수준에서 수평이다. 정부가 종량세 200원을 부과하면, 수요량은 0이 되는 반면 공급량은 전혀 달라지지 않으므로 생산자가 200원을 모두 부담한다.

📊 S등급 고난도 문제

다음은 교차탄력성과 재화의 관계를 나타낸 것이다. 이에 대한 분석으로 옳은 것은?

A재와 다른 재화의 교차탄력성					
B재	C재	D재	E재	F재	G재
0.9	1.3	−0.7	0	−1.3	2.1

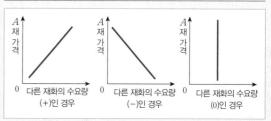

① A재와 교차탄력성이 양(+)의 값인 재화는 보완 관계에 있다.
② A재 가격이 오를 때 D재의 수요량은 증가한다.
③ A재 가격이 내릴 때 수요량 변화는 B재가 C재보다 크다.
④ A재 가격이 변화할 때 수요량 변화가 가장 큰 것은 E재이다.
⑤ 두 재화 간의 대체 관계가 클수록 교차탄력성은 클 것이다.

| **해설** | 교차탄력성이 양(+)의 값이면 대체재, 음(−)의 값이면 보완재이다. B, C, G재는 대체재, D, F재는 보완재이다. 이를 통해 교차탄력성의 양(+)의 값이 클수록 대체 관계가 크다는 것을 나타낸다.

| **오답피하기** | ① A재와 교차탄력성이 양(+)의 값인 경우는 대체 관계에 있다.
② A재와 D재는 보완 관계이므로 A재의 가격이 오르면 D재의 수요량은 감소한다.
③ A재와 B, C는 대체 관계이고, B재는 비탄력적인 반면, C재는 탄력적이다. 따라서 A재 가격 변화에 대해 C재가 더 민감하게 반응한다.
④ E재는 독립재로서 A재 가격 변화와 E재 수요량 변화는 관련이 없다.

정답 **15** ① | **16** ② | 고난도 정답 ⑤

목표에 대한 신념이 투철하고
이에 상응한 노력만 쏟아 부으면
그 누구라도 무슨 일이든 다 할 수 있다.

– 정주영

소비자이론

제1절 합리적인 소비자의 선택 중요도 중

1 소비자선택이론

(1) 정의

소비자선택이론이란 소비자의 소득과 상품의 가격이 정해져 있을 때 어떤 선택을 해야 소비자가 가장 크게 만족할 수 있는지를 살펴보는 이론이다. 같은 만족을 주는 상품이라면 가장 싸게 구입하는 것이 경제적으로 최대의 만족을 달성하는 방법일 것이다. 소비자선택이론에서는 소비자가 자신에게 주어진 소득 범위 내에서 최대의 만족을 달성하는 방법을 살펴본다.

(2) 대표적인 방법

한계효용을 이용하는 방법(한계효용이론)과 무차별곡선을 이용하는 방법(무차별곡선이론)이 있다.

2 합리적인 선호 체계의 공리

(1) 공리의 정의

공리(axiom)는 일반적으로 널리 통하는 진리나 도리를 의미한다. 즉, 직관적으로 너무나 자명한 명제이다.

(2) 종류

경제학에서는 합리적인 소비자라면 다음의 다섯 가지를 받아들이고 행동하는 것을 당연하게 인식한다.

① 완비성(completeness)

완비성은 소비자가 만족을 느끼는 모든 상품묶음은 어느 것이 더 선호되는지 혹은 똑같이 선호하는지를 정할 수 있다. 즉, 만족을 주는 상품묶음들 가운데 선호 여부를 판단할 수 없는 경우는 없음을 의미한다.

② 이행성(transitivity)

이행성은 상품묶음 간에 존재하는 선호 관계의 일관성을 의미한다. 즉, 선호 관계가 역전되지 않는다는 것인데, 상품묶음 A, B, C가 존재하는 경우 A≥B, B≥C이면 반드시 A≥C가 성립함을 의미한다.

③ 연속성(continuity)

연속성은 단절되지 않는 선호 체계를 가져야 한다는 것으로, 상품묶음의 구성이 조금씩 변화하는 경우 상품묶음으로부터 느끼는 만족도 조금씩 증감하는 것을 의미한다.

📐 읽는 강의

완비성은 소비자들이 느끼는 만족감의 우선순위를 설정할 수 있다는 공리로서, 상품묶음 A를 B보다 선호하는 경우, 상품묶음 B를 A보다 선호하는 경우, 동일하게 선호하는 경우로 구분하여 표현됩니다. 그리고 각각은 다음과 같이 표현됩니다.

• 상품묶음 A를 B보다 더 선호하는 경우: A>B
• 상품묶음 B를 A보다 더 선호하는 경우: B>A
• 상품묶음 A와 B를 동일하게 선호하는 경우: A=B

④ 강단조성(strong monotonicity)

강단조성은 다다익선(the more, the better)을 의미한다. 이는 소비자가 더 많은 상품을 가질수록 더 큰 만족을 느낌을 의미한다.

⑤ 볼록성(convexity)

볼록성은 소비자는 극단적인 상품묶음보다 골고루 소비할 수 있는 상품묶음을 더 선호함을 나타내는 개념이다. 예를 들면, 옷 1개와 신발 9개의 상품묶음보다 옷 5개와 신발 5개의 상품묶음을 더 선호함을 의미한다.

3 효용

(1) 효용(utility)

① 정의와 기본 가정

㉠ 정의: 효용이란 소비자가 느끼는 주관적인 만족도를 의미한다.

㉡ 기본 가정: 욕구의 많은 부분이 재화와 서비스의 소비로부터 충족이 되는데, 만족이라는 것은 사람마다 그리고 상황마다 그 크기가 다르다. 경제학에서는 소비자의 합리적 소비 행위를 연구하기 위해 이러한 만족을 객관적으로 측정할 수 있다고 가정한다.

② 측정 방법

㉠ 기수적 효용(cardinal utility): 기수적 방법에 의해 측정되는 효용은 모든 효용을 양적으로 측정할 수 있음을 전제로 한다. 빵 한 개를 먹는 데 2의 효용(만족도)을, 우유 한 잔을 마시는 데 6의 효용을 느낀다면, 우유 한 잔이 빵 한 개보다 효용이 3배 크다고 판단하는 것이 기수적 방법에 의한 효용의 측정이다. 한계효용이론에서는 효용을 기수적으로 측정할 수 있다고 가정한다.

㉡ 서수적 효용(ordinal utility): 서수적 방법에 의해 측정되는 효용은 상대적인 크기만을 확인할 수 있다. 우유가 빵보다 높은 효용을 준다는 것만 판단할 수 있을 뿐 우유를 마심으로써 빵보다 효용을 3배 느낀다고 판단하지는 못하는 것이다. 이를 서수적 방법에 의한 효용이라고 한다. 무차별곡선이론에서는 효용을 서수적으로 측정할 수 있다고 가정한다.

(2) 총효용과 효용함수, 한계효용

① 정의

㉠ 총효용(total utility)

- 일정 기간 동안 일정량의 상품을 소비함으로써 얻는 주관적인 만족도를 의미한다.
- 총효용은 어느 정도까지는 상품의 소비가 늘어날수록 증가한다.

㉡ 효용함수(utility function): 재화나 서비스의 양과 그 효용과의 대응 관계를 나타낸 함수를 말한다.

$$U = U(X, Y)$$

- X: X재 소비량　　　- Y: Y재 소비량　　　- U: 총효용

㉢ 한계효용(MU: Marginal Utility)

- 재화의 소비량 1단위가 변할 때 총효용의 증감분을 의미한다.
- 한계효용은 총효용의 증감분을 소비량의 변화분으로 나누어 구할 수 있다.

읽는 강의

볼록성에는 소비자가 다양성을 좋아한다는 것이 전제되어 있습니다. 치즈 케이크 9조각과 당근 케이크 1조각을 먹었다면, 일반적인 소비자의 경우 다음에는 당근 케이크를 먹으려고 노력한다는 것입니다. 즉, 당근 케이크를 먹기 위해 더 높은 가격을 지불한다거나 치즈 케이크만 시장에서 구할 수 있는 경우 직접 당근 케이크를 만드는 등의 노력을 기울인다는 것입니다. 즉, 다양성을 선호한다는 것은 어떤 특정 재화를 덜 갖게 되면 부족한 재화를 더 얻기 위해 포기해야 하는 다른 재화의 양이 커진다는 것을 의미합니다.

기수

하나, 둘, 셋처럼 개수를 세거나 집합의 크기를 나타내는 수

서수

첫째, 둘째, 셋째처럼 순서를 매길 때 사용하는 수

읽는 강의

미시경제학을 공부하는 과정에서 '한계(marginal)'의 개념은 매우 중요합니다. 한계란 '추가적으로 한 단위 더'의 개념입니다. 한계효용이란 추가적으로 한 단위 더 소비했을 때 소비자가 얻는 총효용의 증가분을 의미합니다. 경제이론에서 한계를 사용한 개념은 자주 등장합니다. 한계비용(MC: Marginal Cost), 한계수입(MR: Marginal Revenue) 등이 대표적입니다.

$$MU_X = \frac{\Delta U}{\Delta X}, \ MU_Y = \frac{\Delta U}{\Delta Y}$$

② 그래프 분석

한계효용은 재화 소비가 한 단위 증가했을 때 총효용이 얼마만큼 증가했는지를 나타내는 개념이므로, 재화 소비에 따른 총효용이 주어져 있으면 한계효용을 도출할 수 있다. 다음은 샌드위치를 소비했을 때 느끼는 총효용과 한계효용이다.

㉠ 총효용의 변화: 샌드위치를 6개까지 소비할 때까지 총효용은 증가하고 있으나, 7개의 소비에서는 총효용이 증가하지 않고, 8개를 소비할 때에는 총효용이 감소하고 있다.

㉡ 한계효용의 변화: 한계효용은 샌드위치 소비를 추가적으로 1개씩 증가시켰을 때 총효용의 증가분을 의미한다. 샌드위치 1개 소비할 때에는 18의 효용을 느끼지만 샌드위치 소비량을 늘릴수록 한계효용은 감소하고 있다. 샌드위치를 7개 소비할 때에는 한계효용이 0으로 어떠한 만족감도 느끼지 못하고, 8개를 소비할 때에는 한계효용이 음(−)의 값으로 만족이 아닌 고통을 느끼고 있다.

㉢ 총효용과 한계효용의 관계
• 한계효용(MU) > 0: 총효용 증가
• 한계효용(MU) = 0: 총효용 극대
• 한계효용(MU) < 0: 총효용 감소

소비량	총효용	한계효용
0개	0	−
1개	18	18
2개	33	15
3개	45	12
4개	54	9
5개	60	6
6개	63	3
7개	63	0
8개	60	−3

③ 한계효용체감의 법칙(principle of diminishing marginal utility)

한계효용체감의 법칙은 소비자가 재화나 서비스를 한 단위 추가적으로 소비함으로써 얻는 만족은 소비량이 증가함에 따라 감소한다는 것을 의미한다. 이는 재화나 서비스의 소비량이 많아질수록 추가적인 소비로 인해 총효용이 증가하지 못하는 포화 상태에 가까워진다는 것과 같은 의미이다.

(3) 한계효용균등의 법칙(law of equimarginal utility)

한계효용이 0이 될 때 총효용이 극대가 되므로 한계효용이 0이 될 때까지 소비하면 된다. 문제는 소비를 할 수 있는 소득이 무한대로 주어지지 않는다는 점이다. 따라서 우리는 주어진 예산 안에서 최대의 만족을 얻을 수 있는 소비량을 찾아야 한다. 이를 알려주는 것이 바로 '한계효용균등의 법칙'이다.

① 정의

한계효용균등의 법칙은 1원당 한계효용이 같아지도록 소비할 때 소비자들의 효용이 극대화될 수 있다는 것을 말한다. 주어진 소득으로 소비자가 두 상품 X재와 Y재만을 구입한다고 하면 한계효용균등의 법칙은 다음과 같이 나타낼 수 있다.

$$\frac{MU_X}{P_X} = \frac{MU_Y}{P_Y}$$

- MU: 한계효용   · P: 가격

② 해석

㉠ 1원당 한계효용이 일치하는 경우: 한계효용균등의 법칙의 좌변$\left(\dfrac{MU_X}{P_X}\right)$은 X재의 한계효용을 X재의 가격으로 나눈 것이고, 우변$\left(\dfrac{MU_Y}{P_Y}\right)$은 Y재의 한계효용을 Y재의 가격으로 나눈 것이다. 따라서 1원당 한계효용이 일치함을 보여 준다.

㉡ 1원당 한계효용이 일치하지 않는 경우

- 1원당 한계효용이 일치하지 않는 경우, 즉 효용이 극대화되지 않는 이유는 아직 효용의 개선 여지가 남아 있기 때문이다.

- $\dfrac{MU_X}{P_X} > \dfrac{MU_Y}{P_Y}$일 경우: X재의 1원당 한계효용이 더 큰 경우 소비자는 X재의 소비를 늘리고 Y재의 소비를 줄인다. 1원당 한계효용, 즉 1원의 지출로 추가적으로 얻는 효용이 X재가 더 크기 때문이다. X재의 소비를 늘리는 과정은 X재와 Y재의 1원당 한계효용이 일치할 때까지 계속된다. X재의 소비를 늘리면 한계효용 체감의 법칙에 따라 X재의 한계효용(MU_X)이 감소하여 좌변과 우변이 점차 같아진다.

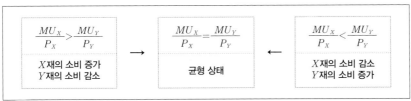

제2절 **무차별곡선과 예산선**　　　　　　　중요도 **중**

1 무차별곡선(indifferent curve)

(1) 정의

무차별(indifferent)하다는 것은 다양한 상품묶음들로부터 동일한 효용을 얻을 때를 의미하고, 무차별곡선은 무차별한, 즉 동일한 효용을 주는 상품묶음을 이은 곡선이다. 따라서 같은 무차별곡선 위에 위치한 A, B, C점은 모두 동일한 효용을 주는 상품묶음들이다.

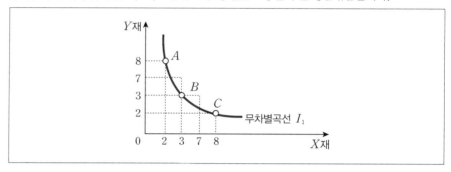

(2) 무차별곡선에서의 효용의 측정

무차별곡선에서는 한계효용이론과는 다르게 효용이 측정된다고 가정한다. 즉, 한계효용이론에서는 모든 상품묶음이 주는 효용이 기수적으로 측정할 수 있다고 보지만, 무차별곡선 이론에서는 효용이 서수적으로 측정되어 선호의 우선순위만을 판단할 수 있다고 가정한다. 즉, 소비자는 상품묶음이 주는 효용을 측정하여 선호의 우선순위만을 알 수 있을 뿐이지 구체적으로 얼마나 더 선호되는지는 알 수 없다.

(3) 무차별곡선의 성질

무차별곡선의 성질은 합리적인 선호 체계의 공리를 반영한다. 무차별곡선의 성질과 선호 체계의 공리를 대응해 보면 다음과 같다.

① 무차별곡선은 서로 교차하지 않는다(이행성).

무차별곡선 I_1에 있는 A점과 B점은 동일한 효용을 가지고, 무차별곡선 I_2에 있는 A점과 C점은 동일한 효용을 갖는다. 하지만 B점은 C점보다 적은 양의 X재와 Y재를 소비하고 있으므로 모순이 발생한다. 이처럼 무차별곡선이 교차하면 선호의 일관성이 달성되지 않는다. 하나의 상품묶음에 대응되는 총효용 수준은 유일하며 일관적이어야 한다.

② 원점에서 멀어질수록 더 높은 효용을 나타낸다(강단조성).

무차별곡선은 재화의 소비량이 많을수록 높은 총효용을 누린다는 강단조성의 가정을 반영한다. 무차별곡선이 원점에서 멀어져 바깥으로 나갈수록 상품묶음을 구성하는 X재와 Y재의 재화의 양이 많아진다.

③ 무차별곡선은 우하향한다(대체가능성).

소비자는 수요하는 상품이 많을수록 더 높은 총효용을 느끼는데, 총효용을 동일하게 유지하면서 X재의 소비를 늘리는 방법은 Y재의 소비를 줄여야 한다.

④ 원점에 대해 볼록한 모양을 갖는다(볼록성).

원점에 대해 볼록한 모양을 갖는다는 것은 무차별곡선을 따라 오른쪽으로 내려갈수록 무차별곡선의 기울기가 완만해진다는 것을 의미한다.

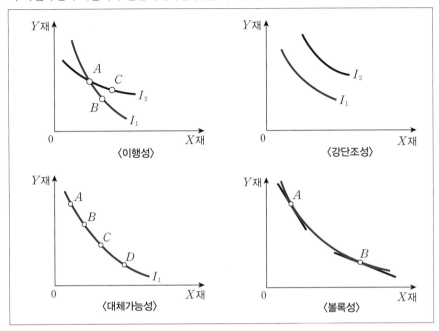

(4) 한계대체율(MRS: Marginal Rate of Substitution)

① 정의

한계대체율은 무차별곡선 위에서 X재 한 단위를 더 소비하면서도 동일한 효용을 유지하기 위해 포기해야 하는 Y재의 수량이 얼마만큼인지를 의미한다. 즉, 총효용은 같은 수준으로 유지하면서 X재와 Y재의 구성을 변화시키려 할 때 두 재화 간의 주관적인 교환 비율을 의미한다. 한계대체율은 무차별곡선의 기울기를 의미하는데, 다음과 같이 나타낼 수 있다.

$$MRS_{XY} = -\frac{\Delta Y}{\Delta X} = \frac{MU_X}{MU_Y}$$

📐 읽는 강의

한계대체율은 동일한 만족을 유지하면서 X재 한 단위를 더 소비하려면 얼마만큼의 Y재 소비를 포기해야 하는지를 나타내는 개념입니다. 이는 곧 X재 한 단위의 가치를 Y재의 가치로 표현한 것이라고 할 수 있습니다. 즉, MRS가 3이라면 이는 $X-Y$ 평면에서 나타낸 무차별곡선상에서 X재 한 단위를 추가적으로 얻기 위해 Y재 3단위를 포기할 수 있음을 나타냅니다.

② 한계대체율체감의 법칙(law of diminishing marginal rate of substitution)

한계대체율체감의 법칙은 동일한 효용 수준을 유지하면서 X재의 소비를 늘려감에 따라 포기해야 하는 Y재의 수량이 점점 감소한다는 것을 의미한다. 즉, X재 소비를 늘려감에 따라 한계대체율이 점차 감소한다는 의미이다. 한계대체율체감의 이유는 X재의 소비를 늘려감에 따라 X재로부터 얻는 만족은 감소하는 반면, 포기한 Y재로부터 얻는 만족은 증가하기 때문이다.

(5) 무차별곡선의 다양한 형태

① 일반적인 무차별곡선의 특징

한계대체율체감의 법칙이 성립하는 일반재의 경우 무차별곡선은 서로 대체하기가 쉬울수록 원점에 대해 '덜 볼록한' 모양을 갖게 되고, 대체가 어려울수록 '더 볼록한' 모양을 갖게 된다. 그러나 완전히 대체가 쉽거나 불가능한 재화 사이에는 한계대체율체감의 법칙이 성립하지 않는다.

② 완전 대체재의 경우 — 직선의 무차별곡선

X재와 Y재가 서로 완전 대체재 관계라면 한계대체율은 직선이 된다. 즉, 한계대체율은 1의 값을 갖는다. 완전 대체재는 X재와 Y재로부터 얻는 만족이 완전히 동일하여 대체 가능하기 때문이다. 그러나 완전 대체재의 무차별곡선의 기울기가 항상 1인 것은 아니다. 500원(X재) 2개와 1,000원(Y재) 지폐 1장의 경우 완전 대체재 관계이지만, 기울기는 $\frac{1}{2}$이다.

③ 완전 보완재의 경우 — L자형의 무차별곡선

완전 보완재는 두 재화가 같이 사용되지 않을 경우 두 재화 모두 없는 것과 마찬가지인 재화를 의미한다. 젓가락이나 신발 등이 완전 보완재의 대표적인 예이다. 둘 중에 하나만 있으면 이로부터 얻을 수 있는 효용은 0이고, 오른쪽 신발만 2개가 있다고 해서 효용이 증가하는 것이 아니므로 X재와 Y재가 일대일로 대응되지 않는 경우에도 효용은 0이다. 이를 무차별곡선으로 나타내면 L자의 모양을 갖는다.

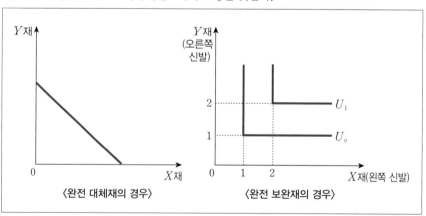

〈완전 대체재의 경우〉　　　　〈완전 보완재의 경우〉

두 재화 X, Y에 대해 한계대체율이 체감하는 무차별곡선에 대한 설명으로 옳은 것을 〈보기〉에서 모두 고르면?

┌─〈보기〉───
│ 가. 원점에 대해 볼록한 형태를 띤다.
│ 나. 동일 무차별곡선상에서 두 재화의 한계효용이 항상 같다.
│ 다. X와 Y의 합이 일정할 때, 극단적인 상품조합보다 X와 Y가 골고루 들어간 상품조합을 더
│   선호한다.
│ 라. 동일 무차별곡선상에서 한 재화가 적어질수록 다른 재화로 나타낸 그 재화의 주관적 가치가
│   커진다.
└───

① 가, 나   ② 가, 다
③ 나, 다, 라   ④ 가, 다, 라
⑤ 가, 나, 다, 라

| 해설 | 한계대체율은 무차별곡선 접선의 기울기로 나타난다. 한계대체율이 체감한다는 것은 우하향의 무차별곡선을 의미한다.

가. 원점에 대해 볼록한 형태의 무차별곡선은 일반적인 형태의 우하향하는 무차별곡선이다.

다. 볼록성에 대한 내용이다. 소비자이론에서 볼록성, 즉 극단적인 상품 묶음보다 골고루 섞인 상품 묶음을 더 선호한다는 것은 증명할 필요가 없는 공리이다.

라. 만족(효용)은 주관적 개념이다. 한계효용으로 정의되는 한계대체율이 체감한다는 것은 소비가 증가한 재화의 만족은 작아지고, 이로 인해 포기한 재화에 대한 만족은 증가한다는 것을 의미한다.

나. 동일한 무차별곡선상의 점이라 하더라도 위치에 따라 접선의 기울기 값이 다르고, 한계대체율은 두 재화의 한계효용($\frac{MU_x}{MU_y}$)으로 정의되므로 한계효용이 항상 같을 수 없다.

정답 ④

2 예산선(budget line)

(1) 정의

예산선은 주어진 소득을 모두 사용했을 때 구입할 수 있는 X재와 Y재의 상품묶음을 나타낸 선이다. 무차별곡선은 X재와 Y재에 대한 소비자 마음 속에 있는 주관적인 만족도(선호)를 나타낸 것이지만, 현실에서 중요한 것은 이를 실현할 수 있는 구매력이다. 예산선은 다음과 같은 수식으로 정의된다.

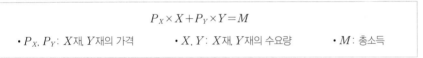

$$P_X \times X + P_Y \times Y = M$$

• P_X, P_Y: X재, Y재의 가격   • X, Y: X재, Y재의 수요량   • M: 총소득

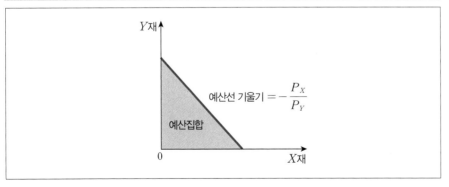

예산선의 기울기

시장에서 교환되는 X재와 Y재의 객관적 교환비율

$$-\frac{P_X}{P_Y}$$

무차별곡선의 기울기

소비자가 느끼는 X재와 Y재의 주관적 교환비율

$$-\frac{\Delta Y}{\Delta X}=\frac{MU_X}{MU_Y}$$

(2) 예산선의 기울기

예산선의 기울기는 X재와 Y재 가격의 상대적인 비율을 의미한다. 두 상품의 가격비를 '상대가격(relative price)'이라고 한다. 예산선의 기울기는 무차별곡선의 기울기와 대비되는 개념이다. 무차별곡선의 기울기, 즉 한계대체율이 두 재화의 주관적인 교환비율이라면, 예산선의 기울기는 두 재화의 객관적인 교환비율이다. 예를 들어, P_X가 1,000원, P_Y가 500원인 경우 예산선의 기울기를 통해 X재 1개와 교환되는 Y재의 수량이 2개임을 알 수 있다.

(3) 예산선의 변화

예산선은 소득 내에서 구입할 수 있는 X재와 Y재의 수량을 나타낸다. 이를 Y에 대해 정리해 보면 예산선은 두 재화의 가격이 변하거나(기울기의 변화) 혹은 소득이 변하는 경우(예산선의 이동)에 변동함을 알 수 있다.

$$\text{(예산선) } P_X \times X + P_Y \times Y = M$$
$$\rightarrow P_Y \times Y = -P_X \times X + M$$
$$\rightarrow Y = -\frac{P_X}{P_Y} \times X + \frac{M}{P_Y} \text{(기울기: } -\frac{P_X}{P_Y}, \text{ 절편: } \frac{M}{P_Y} \text{인 직선)}$$

① 재화 가격의 변화

P_X 혹은 P_Y가 변하면 예산선의 기울기$\left(-\frac{P_X}{P_Y}\right)$가 달라진다. X재의 가격이 상승하는 경우 Y절편을 축으로 예산선이 가파르게 되고, Y재의 가격이 상승하는 경우 X절편을 축으로 예산선이 완만해진다.

② 소득의 변화

소득이 변화하면 $\frac{M}{P_Y}$이 변동하여 예산선은 평행 이동한다. 소득이 증가하면 바깥쪽으로, 소득이 감소하면 안쪽으로 이전과 동일한 기울기를 유지한 채로 이동한다.

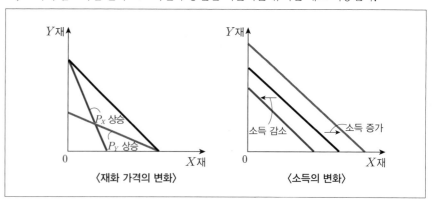

3 소비자 균형의 달성

소비자 균형은 소비자가 주어진 소득으로 최대의 만족을 얻을 수 있는 재화의 조합에서 달성된다. '주어진 소득'에 대한 정보는 예산선에 나타나 있고, '최대의 만족'에 대한 정보는 무차별곡선에 나타나 있다. 따라서 예산선과 무차별곡선을 결합하면 소비자 균형점을 찾을 수 있다.

(1) 소비자 균형

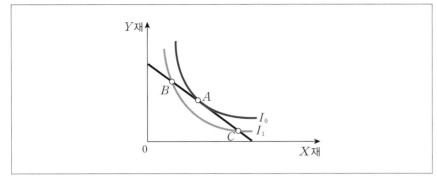

① A점
소비자 균형은 무차별곡선과 예산선이 만나는 지점에서 형성된다. A점에서는 무차별곡선의 기울기(절댓값)와 예산선의 기울기(절댓값)가 일치한다.

② B점과 C점
B점과 C점에서는 주어진 소득 내에서 X재 혹은 Y재의 소비를 늘림으로써 만족을 높일 수 있으므로 B점과 C점은 소비자가 선택하지 않는 점이다. 한편, B점과 C점을 선택하지 않는 이유는 한계대체율과 예산선의 기울기를 이용하여 설명할 수도 있다.

⊙ B점: $MRS_{XY} > \dfrac{P_X}{P_Y}$

B점은 무차별곡선의 기울기가 예산선의 기울기보다 크다. $MRS_{XY}=5$, $\dfrac{P_X}{P_Y}=3$인 경우를 생각해 보면, 한계대체율이 5라는 것은 동일한 효용을 유지하면서 X재 1개 소비를 증가시키려면 Y재 5개를 포기할 마음이 있음을 나타낸다. 하지만 실질적으로는 X재 1개를 더 구입하기 위해서는 Y재 3개만 포기하면 된다. 즉, X재의 주관적 가치보다 객관적 가치가 낮다. 이 경우 소비자가 느끼는 효용보다 대가가 작기 때문에 소비자는 X재의 소비를 늘려 효용을 높이고자 한다.

⊙ C점: $MRS_{XY} < \dfrac{P_X}{P_Y}$

C점은 예산선의 기울기가 무차별곡선의 기울기보다 크다. $MRS_{XY}=3$, $\dfrac{P_X}{P_Y}=5$인 경우를 생각해 보면, 한계대체율이 3이라는 것은 동일한 효용을 유지하면서 X재 1개 소비를 증가시키려면 Y재 3개를 포기할 마음이 있음을 나타낸다. 하지만 실질적으로 X재 1개를 더 구입하기 위해서는 Y재 5개를 포기해야 한다. 즉, X재의 주관적 가치보다 객관적 가치가 크다. 이 경우 X재를 통해 효용을 높이기에는 대가가 크기 때문에 소비자는 X재의 소비를 줄이고 Y재의 소비를 늘려 효용을 높이고자 한다.

(2) 소비자 균형의 변화
소비자 균형은 주관적인 교환비율과 객관적인 교환비율이 일치할 때, 즉 무차별곡선과 예산선이 일치할 때 달성할 수 있다. 이렇게 형성된 균형은 예산선이 변경될 때 변화가 나타난다.

① 가격의 변화

X재 혹은 Y재의 가격이 변화하면 예산선의 기울기가 변한다. 이에 따라 소비자의 균형도 달라진다. 다음은 X재의 가격이 변화한 경우로, X재의 가격을 제외한 모든 요인들은 변하지 않는다고 가정한 것이다.

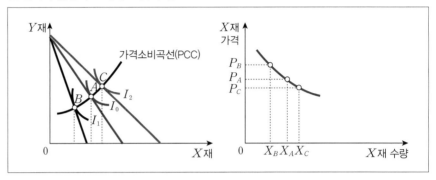

○ 균형의 변화 ─ 가격소비곡선(PCC: Price Consumption Curve): X재의 가격(P_X)이 상승하거나 하락하면 예산선의 기울기가 변한다. P_X가 상승하면 예산선의 기울기가 가파르게 되고, 하락하면 완만해진다. 예산선이 변화될 때마다 소비자 균형점이 달라지는데, A점, B점, C점이 이에 해당한다. 이러한 균형점을 연결한 곡선을 '가격소비곡선'이라고 한다.

○ 수요곡선의 도출: 예산선의 변화에 따른 소비자 균형을 $X-Y$ 평면이 아니라 X재–가격 평면에 그리면 수요곡선이 도출된다. 즉, 가격이 하락함에 따라 수요량이 늘어나는 것을 알 수 있다.

② 소득의 변화

다른 모든 요인들이 일정할 때 소득이 변화하면 예산선은 평행 이동하고, 그 결과 소비자 균형점이 달라진다. 다음은 개인의 소득 변화에 따른 소비자의 균형점 변화를 나타낸 것이다.

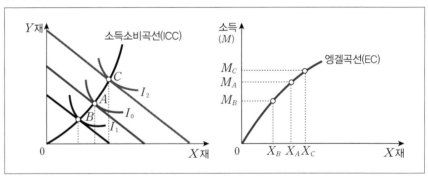

○ 균형의 변화 ─ 소득소비곡선(ICC: Income Consumption Curve): 소득이 감소하면 예산선이 좌측으로 이동하여 소비자 균형은 B점으로 나타난다. 반면, 소득이 증가하면 예산선은 우측으로 이동하여 소비자 균형은 C점으로 나타난다. 이처럼 소득이 감소하면 소비가 감소하여 효용이 감소하고, 소득이 증가하면 소비가 증가하여 효용이 증가한다. 이를 '소득효과(income effect)'라고 한다. 소비자 균형점들을 연결한 곡선을 '소득소비곡선'이라고 하며, 이는 소득효과를 반영한다.

ⓛ 엥겔곡선(EC: Engel Curve): 소득의 변화로 인한 예산선의 변화를 X재−소득 평면에 그려 보면 엥겔곡선을 도출할 수 있다. 엥겔곡선은 재화의 상대가격이 일정할 때 소득과 재화 소비량의 관계를 나타내는 곡선이다.

ⓒ 엥겔곡선과 소득소비곡선의 특징
  • 소득효과를 반영한다.
  • 반드시 원점에서 출발한다.
  • 소득소비곡선상의 균형점들은 상대가격이 일정하다. 따라서 소득소비곡선과 접하는 무차별곡선의 기울기도 일정하다.

4 네트워크 효과

네트워크 효과(network effect)는 사람들의 수요가 다른 이들의 수요에 영향을 미치는 현상이다. 네트워크 효과의 구체적 사례는 다음과 같다.

(1) 밴드왜건 효과

밴드왜건(bandwagon effect)이란 어느 한 집단의 사람들이 유행을 이끌고, 다른 사람들은 이를 따라 소비하는 현상을 의미한다. 퍼레이드 맨 앞에 음악을 연주하는 악대차(band-wagon)를 사람들이 따라다니는 현상에 빗댄 용어이다.

(2) 베블런 효과

가격이 오르는 데도 일부 계층의 과시욕이나 허영심 등으로 인해 수요가 줄어들지 않는 과시현상을 '베블런 효과(veblen effect)'라고 한다.

(3) 속물효과(스놉효과)

어떤 상품을 소비하는 사람들이 많아질수록 오히려 그 상품에 대한 수요가 감소하는 현상을 속물효과(snob effect)라고 한다. 자신을 다른 사람과 구별 지으려는 태도가 마치 속물과 같다고 해서 속물효과라고 부른다.

제3절 가격효과 중요도 하

1 가격효과(price effect)

(1) 정의

가격효과란 한 상품의 가격 변화로 인해 균형소비량이 변하는 현상을 의미한다.

(2) 구성

① 대체효과(substitution effect)

대체효과란 가격이 상승한 재화를 상대적으로 저렴한 재화의 소비로 대체하는 것을 의미한다. 대체효과에 의하면 X재의 가격이 상승하는 경우 X재의 소비량은 감소하고, Y재의 소비량은 증가한다.

② 소득효과(income effect)

소득소비곡선을 통해 개인 소득이 변할 때 예산선이 평행 이동하여 균형 소비량이 변함을 확인하였는데, 이렇게 소득 변화로 인해 소비량이 변하는 것이 소득효과이다. 하지만 소득이 아닌 상품 가격이 변화해도 소득효과가 발생한다. 소득이 일정한 경우 상품 가격이 하락하면 실질소득 면에서 풍요롭게 느껴지므로 소비가 증가한다. 즉, 소득 증가와 상품 가격 하락의 경우 모두 소비가 증가하므로 같은 소득효과의 영향이 나타난다.

(3) **그래프 분석**

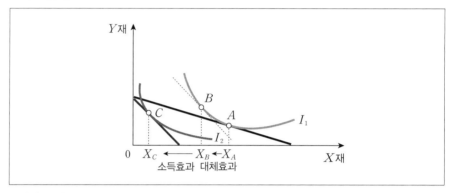

소비자 균형은 A점에서 달성되고 있는데, X재의 가격이 상승하면 소비자 균형은 C점으로 변동한다.

① 대체효과

X재의 가격이 상승하면 동일한 효용(I_1)을 유지하면서 X재의 소비를 줄이고 Y재의 소비를 늘리고자 한다. X재 한 단위를 더 소비하기 위해 포기해야 하는 Y의 가치가 커졌기 때문이다. 따라서 균형점은 A점에서 B점으로 이동한다. 즉, X재 소비량이 X_A에서 X_B로 감소한다. 이는 대체효과에 의한 수요량 감소분이다.

② 소득효과

X재의 가격 상승은 소득 변화가 없음에도 불구하고 실질소득 면에서 소비할 수 있는 수량이 줄어든 것이므로 소비를 감소시킨다. 따라서 예산선은 안쪽으로 이동하고, 그 결과 새로운 균형은 무차별곡선(I_2) 위의 C점에서 형성되어 수요량은 X_B에서 X_C로 감소한다.

2 정상재와 열등재의 가격효과

(1) 대체효과와 소득효과

대체효과는 재화의 종류와 상관없이 가격의 움직임과 수요량의 움직임이 반대로 나타난다. 대체효과에 의해 재화의 가격이 상승하면 수요량이 감소하고, 재화의 가격이 하락하면 수요량이 증가한다. 하지만 소득효과는 재화의 종류가 정상재인지, 열등재인지에 따라 움직임의 방향이 다르게 나타난다.

(2) 정상재의 가격효과(X재의 가격 하락)

① 정상재의 경우 소득과 소비량이 양(+)의 관계에 있다. 즉, 소득이 증가하면 해당 재화의 소비량이 증가하고, 소득이 감소하면 해당 재화의 소비량이 감소한다.

② X재의 가격 하락은 대체효과에 의해 X재 소비량을 증가시키고, 소득효과에 의해 X재 소비량을 증가시키므로 전체적인 가격효과에 의해 X재의 소비량이 증가한다.

(3) 열등재의 가격효과(X재의 가격 하락)

① 열등재란 소득이 증가하면 소비가 감소하는 재화를 의미한다. 열등재의 가격 하락은 대체효과에 의해 열등재 소비량을 증가시키는 반면, 소득효과에 의해 소비량을 감소시킨다.

② X재 가격 하락은 대체효과($+$)에 의해 X재 소비량을 증가시키는 반면, 소득효과($-$)에 의해 X재 소비량을 감소시키므로 전체적인 가격효과에 의해 X재 소비의 증감 여부는 알 수 없다. 대체효과가 소득효과보다 커(대체효과>소득효과) 전반적으로 X재 소비량이 증가하는 경우 X재는 열등재이다. 소득효과가 대체효과보다 큰 경우(대체효과<소득효과) X재는 열등재의 특수한 경우인 기펜재(giffen goods)에 해당한다.

구분	대체효과	소득효과	가격효과
정상재		($+$)	($+$)
열등재	($+$)	($-$)	($+$)
기펜재		($-$)	($-$)

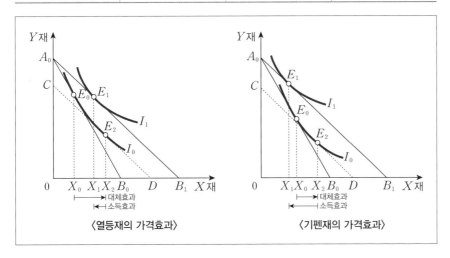

〈열등재의 가격효과〉　　　　〈기펜재의 가격효과〉

제4절　확실성·불확실성하의 소비자선택이론　중요도 하

1 확실성하의 소비자선택이론

무차별곡선과 예산선이 만나는 접점에서 소비자 균형이 형성되는 과정은 확실성하에서의 합리적인 소비자의 선택이다. 즉, 주관적인 두 재화 간의 교환비율인 한계대체율(MRS)과 객관적인 두 재화 간의 교환비율인 상대가격이 일치할 때 소비자 균형이 달성되고, 소득이 변하거나 재화의 상대가격이 변할 때 새로운 균형이 생성된다. 소득의 변화로 인한 균형점의 변화를 연결한 것은 소득소비곡선, 상대가격의 변화로 인한 균형점의 변화를 연결한 것은 가격소비곡선이다. 한편, 상대가격의 변화로 인한 소비량의 변화를 '가격효과'라고 하는데, 가격효과는 대체효과와 소득효과를 합한 것이다.

$$MaxU = U(X, Y), \text{ s.t. } P_X \times X + P_Y \times Y = M$$

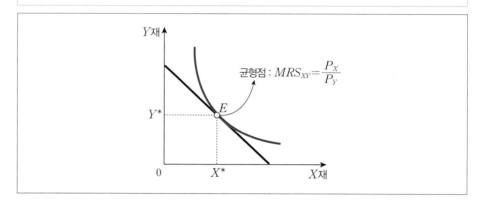

2 불확실성하의 소비자선택이론

현실에서는 모든 상황이 확실한 상황에서 선택을 할 수 있는 것이 아니다. 나이가 들어 병에 걸려 아플지, 집에 불이 날지 등이 확실하지 않은 상황에서 우리는 건강보험에, 화재보험에 가입한다. 그리고 로또에 당첨될 수 있을지 여부를 확실히 알지 못하면서도 매주 복권을 구입하기도 한다. 모든 것이 불확실한 상황에서 행해지는 이러한 의사결정들이 마치 비합리적으로 보이지만, 경제학에서는 이를 비합리적이라고 하지 않는다. 다만, 위험에 대한 태도가 다르기 때문에 발생하는 의사결정이라고 생각한다. 경제학에서는 경제주체를 위험에 대한 태도에 따라 위험기피자, 위험중립자, 위험애호자의 세 가지 유형으로 분류한다. 이들의 특성에 대해 이해하기 위해서는 먼저 기초적인 몇 가지 개념을 함께 이해해야 한다.

(1) 기본 개념

① 확률변수의 기댓값

확률변수(RV: Random Variable)란 불확실한 값을 갖는 변수를 의미한다. 보다 구체적으로는 사건을 통해 나올 수 있는 결과를 숫자로 표현한 것이다. 현실에서는 많은 것들이 확률변수의 성격을 갖는다. 한편, 기댓값(EV: Expected Value)은 가능한 모든 값에 대해 그 값이 갖게 될 확률을 가중치로 하여 계산한 가중평균이다. 예를 들어, 내년에 의료비 지출이 얼마일지를 계산해 볼 때 몸이 아파 병원에 갈 확률이 50%, 의료비 지출이 없을 확률이 50%이고, 병원비가 1,000만 원이라면 내년도 의료비 지출은 확률변수이다. 의료비 지출의 기댓값이 병원에 갈 확률에 따라 결정되는 값이기 때문이다. 이때의 의료비 지출의 기댓값은 500만 원이다. 즉, 의료비가 0원이 될 확률과 의료비가 1,000만 원이 될 확률을 가중평균하면, (0.5 × 0원) + (0.5 × 1,000만 원) = 500만 원이 된다.

$$EV = (P_1 \times S_1) + (P_2 \times S_2) + \cdots + (P_n \times S_n) = \sum_{i=1}^{n}(P_i \times S_i)$$

② 공정한 도박(fair gamble)

공정한 도박이란 불확실한 상황에서 얻을 수 있는 순기대소득이 0인 도박을 의미한다. 동전을 던져서 앞면이 나오면 10,000원을 얻고, 뒷면이 나오면 10,000원을 잃는 도박은 공정한 도박이 된다. 기댓값이 0원$[(0.5 \times 10,000원) + (0.5 \times -10,000원) = 0]$이기 때문이다. 한편, 순기대소득이 0보다 큰 도박을 유리한 도박이라고 하고, 순기대소득이 0보다 작은 도박을 불리한 도박이라고 한다.

③ 기대효용(EU: Expected Utility)

㉠ 정의: 기대효용이란 미래의 결과가 불확실한 상황에서 느끼는 총효용의 기댓값을 의미한다. 기대효용은 효용의 기댓값으로서 기댓값의 공식에서 S 대신 총효용이 들어간다. 1년에 5,000만 원을 버는 사람이 의료비로 1,000만 원을 사용하고 4,000만 원이 남았다고 가정하자. 소득이 5,000만 원일 때의 총효용은 1,500이고, 4,000만 원의 소득이 남았을 때의 총효용은 1,200이라면 이 사람의 기대효용은 $(0.5 \times 1,500) + (0.5 \times 1,200) = 1,350$이다.

$$EU = (P_1 \times U_1) + (P_2 \times U_2) + \cdots + (P_n \times U_n) = \sum_{i=1}^{n}(P_i \times U_i)$$

㉡ 불확실성하의 소비자선택과 기대효용: 불확실성하의 소비자선택이론에서는 기댓값이 아닌 기대효용이 중요하다. 예를 들어, n번째 동전을 던져서 처음 앞면이 나오면 2^n원의 상금을 지급하며 종료되는 게임이 있다. 게임의 참가비는 10,000원이고, 이 게임에서 n번째에 처음 앞면이 나올 확률은 $\frac{1}{2^n}$이며, 이때의 상금은 2^n원이다. 즉, 이 게임의 기댓값은 무한대가 된다$[\sum_{i=1}^{n}(\frac{1}{2^n} \times 2^n)]$. 이는 게임을 통해 얻을 수 있는 소득이 무한대로 크다는 것을 의미하므로 모든 사람이 게임에 참여해야 한다. 하지만 실제 이 게임에 참여하는 사람은 극히 드물었다. 이처럼 기댓값이 높아 게임 참가자들에게 유리함에도 불구하고 거의 게임에 참여하지 않는 역설적인 상황을 '**성 피터스버그의 역설**(St. Petersburg paradox)'이라고 한다. 사람들이 게임에 참여하지 않는 이유는 바로 위험 때문이었다. 기댓값이 아무리 커도 내재된 불확실성이 큰 경우 사람들은 기댓값에만 의존하여 의사결정을 하는 것이 아니라 위험도 함께 판단한다는 것이다. 따라서 불확실성하의 소비자선택에서 중요한 것은 기댓값이 아니라 기대효용이다.

④ 위험에 대한 태도

㉠ 위험기피자: 위험기피자는 상황의 기댓값이 동일하다면 위험이 적은 것을 선호하는 경제주체이다. 위험기피자는 기댓값이 기대효용보다 크고, 이들의 총효용곡선은 아래로 오목하다.

㉡ 위험중립자: 위험중립자는 상황의 기댓값이 동일하다면 위험 여부와 관계없이 두 상황에 대한 선호가 무차별한 경제주체이다. 위험중립가는 기댓값과 기대효용이 동일하고, 이들의 총효용곡선은 직선이다.

㉢ 위험애호자: 위험애호자는 상황의 기댓값이 동일하다면 위험이 높은 쪽을 선호하는 경제주체이다. 위험애호자는 기댓값보다 기대효용이 크다.

성 피터스버그의 역설

기댓값을 기준으로 할 때 게임에 참가하는 것이 유리함에도 불구하고 참여하지 않는 역설적인 상황을 이르는 용어로서, 불확실성하의 소비자선택에서 중요한 것은 기댓값이 아니라 기대효용임을 표현한다.

(2) 기대효용이론

기대효용이론에서는 기댓값과 기대효용을 활용하여 위험에 대한 성향을 구분하고, 그에 따른 소비자의 균형점을 확인할 수 있다. 위험에 대한 성향은 위험기피, 위험중립, 위험애호의 세 가지로 나누어지지만, 하나의 경우를 살펴보면 동일한 논리로 선호에도 적용할 수 있다. 대부분의 일반 사람들이 위험기피자에 해당하기 때문에 여기에서는 위험기피자를 가정하여 논의를 진행한다.

① 위험기피자의 총효용과 한계효용, 기대효용

몸이 아파 병원에 갈 확률과 그렇지 않을 확률이 각각 50%이며, 병원을 갈 때 병원비가 2,000만 원이 들고, 연봉이 5,000만 원이라면 이 사람의 의료비 지출의 기댓값은 1,000만 원[(0.5×0원)+(0.5×2,000만 원)]이다.

㉠ 총효용: 일반적으로 소득이 커질수록 만족이 증가하므로 총효용은 증가한다. 따라서 가용소득이 높아질수록 총효용은 증가한다.

㉡ 한계효용: 소득이 커질수록 총효용은 커지지만, 소득 한 단위가 증가할 때마다 느껴지는 효용의 증가분은 감소한다. 가난한 시절에 추가되는 소득 한 단위로부터 얻는 만족과 어느 정도 돈을 벌었을 때 추가되는 소득 한 단위로부터 얻는 만족은 다르기 때문이다. 즉, 소득에도 한계효용체감의 법칙이 적용된다.

소득	총효용	한계효용
3,000만 원	1,340	–
3,200만 원	1,365	25
3,400만 원	1,388	23
3,600만 원	1,409	21
3,800만 원	1,428	19
4,000만 원	1,445	17
4,200만 원	1,460	15
4,400만 원	1,473	13
4,600만 원	1,484	11
4,800만 원	1,493	9
5,000만 원	1,500	7

㉢ 기대효용: 연봉이 5,000만 원인 사람이 50%의 확률로 병원비 지출 2,000만 원이 발생하여 가용소득이 3,000만 원이 되면 이때 총효용은 1,340이고, 50%의 확률로 병원비가 발생하지 않아 가용소득이 5,000만 원이 되면 이때 총효용은 1,500이다. 따라서 위험기피자의 기대효용은 1,420[(0.5×1,340)+(0.5×1,500)]이다.

② 적정 보험료의 산정과 공정한 보험

연봉이 5,000만 원인 사람이 연간 1,000만 원인 보험료를 내면 모든 병원비를 보험회사가 부담해 준다고 가정하자. 이때의 가용소득은 4,000만 원, 기대효용[EU(4,000만 원)]은 1,445가 된다. 보험에 가입하지 않을 때와 보험에 가입할 때 모두 기댓값은 동일하지만, 기대효용은 보험에 가입했을 때가 높다. 이는 보험에 가입하여 불확실성이 사라지자 이로부터 느끼는 불안감이 사라졌기 때문이다. 이때 보험료 1,000만 원은 적정한 보험료가 된다. 1,000만 원의 보험료 수준에서는 기댓값이 같더라도 더 높은 기대효용을 누릴 수 있기 때문이다. 이처럼 기댓값을 변화시키지 않으면서 위험을 제거해 주는 보험을 '공정한 보험(fair insurance)'이라고 한다.

③ 확실성 등가와 위험프리미엄

50%의 성공 확률로 100만 원을 받을 수 있는 복권이 있다면 이 복권의 기댓값과 기대효용은 다음과 같다.

㉠ 기댓값: 50만 원[(0.5×100만 원)+(0.5×0원)]

㉡ 기대효용

- $EU=0.5×U$(100만 원)$+0.5×U$(0)
- 기대효용은 U(100만 원)과 U(0)의 평균임을 알 수 있다.
- 상금이 100만 원일 때의 총효용은 A점, 상금이 0원일 때의 총효용은 원점이므로 그림에서 기대효용은 A점과 원점을 잇는 가운뎃점인 D점이다.

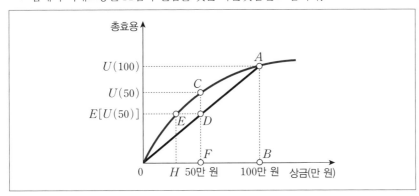

㉢ 해석

- 복권을 구입할 때의 기대소득은 50만 원이고, 이때의 기대효용은 DF이다.
- 복권 구입 없이 누군가가 확실하게 50만 원을 줄 때의 총효용은 CF이다.
- 따라서 복권의 가격이 50만 원이라면 복권을 구입하지 않는다.(위험기피자는 불확실한 상황에서 얻을 수 있는 상금으로 인해 느낄 수 있는 효용이 확실한 상황에서 얻을 수 있는 상금의 효용보다 작을 경우 복권을 구입하지 않는다.)

㉣ 확실성 등가와 위험프리미엄

- 확실성 등가(certainty equivalent): 불확실한 상황에서 예상되는 기대효용과 동일한 효용을 주는 확실한 소득을 의미한다. 그림에서 확실성 등가는 H에 해당하는 금액이다.
- 위험프리미엄(risk premium): 기대소득과 확실성 등가의 차이를 의미한다. 그림에서는 50만 원$-H$가 된다. 위험기피자의 경우 확실성 등가는 기대소득보다 항상 작기 때문에 위험프리미엄은 언제나 0보다 크다.

Why 이슈가 된 걸까?

네이버 및 카카오, 쿠팡페이와 같은 서비스에도 기존 레거시 결제수단과 동일한 규제를 적용하겠다는 금융위원회의 계획을 보여 준다. 서비스 선택의 폭이 넓지 않은 결제서비스 시장에서 소비자 효용을 높여주며 많은 공감을 받은 서비스이지만, 소비자 보호 제도가 갖춰지지 않은 탓에 소비자 피해가 발생할 수 있다는 우려에서이다. 문제의 발단은 토스뱅크이다. 다양한 소비자 혜택을 제공하며 많은 소비자를 모았지만, 이후 카드 혜택을 축소하며 빈축을 샀다. 아무리 소비자 효용을 높여주며 호응을 얻었더라도, 지속가능하지 않으면 결국 더 큰 퇴보를 겪게 될 수 있다.

매스컴으로 보는 시사 이슈   **NEWS**

체크카드 · 페이도 신용카드처럼 규제 … 업계 '소비자 편익 줄어들 것' 반발

금융위원회가 체크카드와 네이버·카카오·쿠팡페이 같은 직불·선불 지급수단도 신용카드와 마찬가지로 부가서비스를 엄격하게 규제하겠다고 예고하면서 업계의 불만이 커지고 있다. 금융위원회는 일부에서 이미 논란이 된 '미끼 마케팅'을 방지하고 소비자 보호를 강화하겠다는 취지지만, 업계에서는 "오히려 소비자 효용이 줄어들 수 있다."고 반발한다. 금융규제의 새 판을 짜겠다던 금융위가 옛 규제로 회귀하고 있다는 지적도 나온다.

금융위원회는 금융소비자보호법 시행령·감독규정 일부 개정안을 입법예고하고 의견을 수렴하고 있다. 개정안은 체크카드와 〇〇페이 같은 선불·직불 지급수단(전자지급수단 포함)도 신용카드와 똑같이 연계·제휴서비스 규제를 적용하도록 했다. 연계서비스를 정당한 이유 없이 소비자에게 불리하게 바꾸는 것을 금지하고, 변경할 때에는 6개월 전에 고지하도록 하는 게 핵심이다.

금융위원회는 "(선·직불 지급수단은) 신용카드와 기능상 비슷한데도 규제 차익이 있다."며, "동일 기능 동일 규제 관점에서 소비자를 보호하려는 것"이라고 개정 이유를 밝혔다. 개정안이 통과되면 카드(겸영)업자 22개사와 전자지급수단 발행업자 88개사 모두 규제를 받게 된다.

이번 규제의 발단은 토스뱅크의 체크카드 혜택 축소라는 게 업계의 중론이다. 토스뱅크는 파격적인 캐시백 혜택을 내건 체크카드로 가입자 360만 명을 끌어모았는데, 올해 1, 7월 연달아 카드 혜택을 축소·변경하며 소비자의 원성을 샀다. 기존 카드사들도 형평성에 어긋난다며 반발했다. 그동안 정상적으로 서비스해 온 체크카드와 간편결제(페이) 서비스도 이번 '일괄 규제'에 묶이게 됐다. 한 핀테크업체 관계자는 "페이 서비스는 신용카드와 달리 연회비나 유효기간, 유료 부가서비스 등이 없다."며, "동일 기능 동일 규제 자체가 성립할 수 없다."고 주장했다. 한 인터넷은행 관계자는 "그때그때 소비자 수요와 소비 패턴 등에 맞춰 제공하는 일회성 프로모션까지 규제하면 소비자 편익이 오히려 줄어들 것"이라고 지적했다.

금융위원회 관계자는 "말은 기간제라면서 실질은 비슷한 혜택을 연장하는 경우라면 사실상 서비스 변경으로 보고 소비자 보호를 강화하겠다는 취지"라며, "단기·일시 프로모션은 앞으로도 규제하지 않겠다."고 했다. 금융위원회가 규제 차익을 해소하겠다며 옛 규제를 확대 적용하는 방법을 택한 데 대해서도 비판이 나온다. 기존 금융회사와 빅테크 간 차별적 규제에 대해 "한쪽을 못하게 하는 하향 평준화보다는 규제를 풀어주는 상향 평준화가 바람직하다"던 과거 입장보다 후퇴한 것이기 때문이다.

CHAPTER 03 | 소비자이론
기출동형 연습문제

01 난이도 ■■□

재호는 무더위에 지쳐 아이스크림 가게에서 소프트 아이스크림 하나를 사서 맛있게 먹었다. 이러한 선택을 정말 잘한 선택이라고 생각한 재호는 하나 더 먹고 나면 더위가 완전히 가셔 더 행복할 거라 생각하고, 하나 더 사서 먹었다. 그런데 맛이 이전 같지 않아 재호는 괜히 하나 더 먹었다는 생각을 갖게 되었다. 이러한 재호의 생각을 반영한 경제학의 개념으로 적절한 것은?

① 한계효용체감의 법칙
② 규모수익불변의 법칙
③ 최고 가격제
④ 기회비용
⑤ 지니계수

| **해설** | 한계효용체감의 법칙은 수요량을 한 단위 증가했을 때 느끼는 총효용의 증가분을 의미하는 것으로, 한계효용은 체감한다. 즉, 재화나 서비스 소비가 포화 상태에 달하게 되면 총효용이 더 이상 증가하지 않는다. 총효용이 가장 높은 상태가 되었을 때 한계효용은 0이 된다.

| **오답피하기** | ② 규모수익불변의 원칙은 생산요소의 투입을 *a*배 증가시켰을 때 산출량도 *a*배만큼 증가하는 현상을 의미한다. 이는 모든 생산요소의 투입량을 생산물의 규모에 따라 변화시킬 수 있는 장기에 나타나는 현상이다.
⑤ 지니계수는 소득분배 정도를 나타내는 분배지표이다. 로렌츠곡선이 보여주는 소득분배 상태를 하나의 숫자로 나타낸다는 것이다.

관련 이론 짚어보기

한계효용과 총효용: 한계효용의 크기에 따라 총효용의 변화 상태를 살펴볼 수 있다. 한계효용이 0보다 클 때 총효용은 증가하고, 0일 때 총효용이 극대 상태이며, 0보다 작을 때 총효용은 감소한다.

02 난이도 ■■□   [제60회 기출]

다음 자료에 대한 추론으로 옳은 것을 〈보기〉에서 고르면?

> 어떤 모임에서 콩쥐는 무료로 제공되는 과자가 맛있어서 연속해서 5개를 먹었다. 팥쥐가 과자 1개를 더 권했지만 콩쥐는 더 이상 안 먹기로 했다.

— 〈보기〉 —
㉠ 과자 5개째의 한계효용은 양(+)이다.
㉡ 6개째 과자의 한계효용은 총효용보다 크다.
㉢ 콩쥐가 6개째 과자를 먹으면 총효용이 증가하지 않는다.
㉣ 콩쥐가 6개째 과자를 먹으면 총효용이 음(−)이 된다.

① ㉠, ㉡   ② ㉠, ㉢
③ ㉡, ㉢   ④ ㉡, ㉣
⑤ ㉢, ㉣

| **해설** | ㉠ 과자를 5개까지는 먹었으므로 5개째의 한계효용은 0보다 크다.
㉢ 과자 6개째부터 한계효용이 0보다 낮아지므로 총효용이 감소하는 구간에 해당한다.

| **오답피하기** | ㉡ 6개째부터는 과자를 먹지 않았으므로 한계효용이 0보다 작음을 알 수 있다. 이때 총효용은 최대가 되므로 총효용은 한계효용보다 크다.
㉣ 한계효용은 0보다 작지만, 총효용은 지속적으로 양(+)의 값을 갖는다.

03 난이도 ■■■

혜인이의 명목소득이 10%, 재화 X의 가격이 6%, 재화 Y의 가격이 9% 증가할 경우 예산선의 변화를 바르게 표현한 것은?

① 변화가 없다.
② 바깥으로 수평이동한다.
③ 안쪽으로 수평이동한다.
④ 바깥으로 이동하고 기울기가 변한다.
⑤ 안쪽으로 이동하고 기울기가 변한다.

| 해설 | 예산선은 X재와 Y재가 소득제약 내에서 소비해야 함을 보여 준다. 다음의 예산선 수식은 이를 반영한 것이다.

$$P_X X + P_Y Y = M \rightarrow Y = -\frac{P_X}{P_Y}X + \frac{M}{P_Y}$$

명목소득(M)이 증가했으므로 예산선은 바깥쪽으로 이동한다. 하지만 기울기($\frac{P_X}{P_Y}$)가 변했으므로 그 이동이 단순한 수평이동은 아니다. P_Y가 P_X보다 큰 폭으로 변했으므로 기울기는 이전보다 완만해지면서 바깥쪽으로 이동한다.

관련 이론 짚어보기

한계대체율: 소비자의 효용이 극대화되는 X재와 Y재의 최적 소비량은 예산선의 기울기와 한계대체율이 일치하는 점에서 형성된다. 한계대체율은 무차별곡선의 접선의 기울기로서, 동일한 무차별곡선 위에 위치하면 X재 한 단위를 더 소비하면서 동일한 효용을 유지하기 위해 포기해야 하는 Y재의 수량을 의미한다.

04 난이도 ■■■

무차별곡선은 경제주체에게 동일한 만족을 주는 재화 묶음을 연결한 곡선이다. X축을 왼쪽 장갑, Y축을 오른쪽 장갑이라고 할 때, 이러한 재화의 특성을 반영한 무차별곡선으로 적절한 것은?

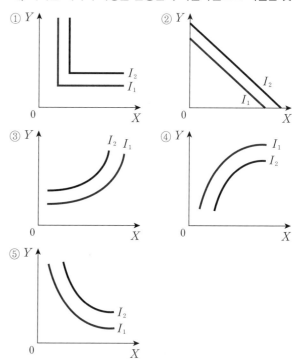

| 해설 | 장갑과 신발, 양말, 젓가락 등과 같은 재화들은 한쪽만 존재하는 경우 본연의 기능을 수행하지 못한다. 즉, 반드시 쌍으로 존재해야 의미가 있는 재화들이다. 따라서 (X재 1개와 Y재 1개), (X재 1개와 Y재 2개), (X재 1개와 Y재 3개) 등은 모두 효용이 동일하다. (X재 1개와 Y재 1개), (X재 2개와 Y재 1개), (X재 3개와 Y재 1개) 등도 마찬가지이다. 이 경우 무차별곡선은 L자형의 모양을 갖게 된다. 이를 완전 보완재의 무차별곡선이라고 한다.

| 오답피하기 | ② 완전 대체재의 무차별곡선 형태이다. X재로부터 얻을 수 있는 만족을 Y재로 대체할 수 있기 때문에 한계대체율이 일정하다.

정답 **03** ④ | **04** ①

05 난이도 ■■□

다음은 ○○ 대학 경제원론 시간에 한 학생이 발표한 내용이다. (A)~(D) 중 옳은 진술을 모두 고른 것은?

합리적인 소비자가 효용 극대화를 이루기 위해서는 (A) 주어진 예산하에서 효용을 극대화하는 점을 찾아야 한다. (B) 효용 극대화는 결국 재화에 대한 객관적 교환비율인 한계대체율과 (C) 시장의 주관적 교환비율인 상대가격비율이 일치하여 더 이상 개선이 불가능할 때 이루어진다. (D) 이는 주어진 소득과 시장에서 결정된 재화 가격 수준에서 더 이상 효용의 증가가 불가능한 상태를 의미한다.

① (A), (D)
② (C), (D)
③ (A), (B), (D)
④ (A), (C), (D)
⑤ (B), (C), (D)

| 해설 | 무차별곡선이론은 효용의 상대적인 수준만을 파악할 수 있다고 가정(서수적 효용)하는 반면, 한계효용이론은 절대적인 수준까지 파악이 가능하다고 가정(기수적 효용)한다. 한편, 무차별곡선이론에서 효용의 극대화는 예산선과 무차별곡선이 접하는 점에서 찾을 수 있다. 즉, 예산선과 무차별곡선의 접점의 기울기가 일치할 때 효용 극대화가 달성된다. 이때 예산선의 기울기는 시장에서 결정되는 X재와 Y재의 상대가격으로서 객관적인 교환비율을 의미하며, 무차별곡선의 기울기는 X재와 Y재 소비에 대한 주관적인 교환비율을 의미한다.

| 오답피하기 | (B) 한계대체율은 주관적 교환비율이다.
(C) 상대가격비율은 객관적 교환비율이다.

06 난이도 ■■□

노사 간 합의로 근로자의 임금이 상승하였을 때, 임금 상승이 근로자의 노동공급에 미치는 영향에 대한 응답을 바르게 연결한 것은?

A: 여가가 정상재인 경우 대체효과는 노동공급을 늘리게 된다.
B: 여가가 열등재인 경우 대체효과는 노동공급을 줄이게 된다.
C: 여가가 정상재인 경우 소득효과는 노동공급을 줄이게 된다.
D: 여가가 열등재인 경우 소득효과는 노동공급을 줄이게 된다.

＊(○: 옳다, ×: 옳지 않다)

	A	B	C	D
①	○	○	×	×
②	○	×	×	○
③	○	×	○	×
④	×	○	○	×
⑤	×	○	×	×

| 해설 | 노동의 대가인 임금이 상승했을 때 노동과 여가의 소비는 달라진다.
A. 여가가 정상재라면 여가를 누리는 대가가 커졌을 때, 즉 여가의 기회비용이 높아졌을 때 여가의 소비를 줄이는 방향으로 나타난다. 따라서 여가가 정상재라면 노동공급이 늘어나게 된다.
C. 여가가 정상재라면 임금의 상승으로 실질소득이 증가했을 때 여가의 소비는 증가한다. 그 결과 노동공급은 줄어들게 된다.

| 오답피하기 | B. 대체효과는 정상재 및 열등재의 구분 없이 비싸진 재화의 소비를 줄이고, 값싸진 재화의 소비를 늘리는 방향으로 작용한다. 임금의 상승으로 여가를 누리는 대가, 즉 여가의 기회비용이 높아졌으므로 대체효과는 여가를 줄이는 방향으로 작용한다. 이에 따라 노동공급은 늘어난다.
D. 소득효과는 정상재와 열등재에 각각 다르게 작용한다. 임금의 상승으로 소득이 증가한 경우 여가가 열등재라면 소득효과는 여가의 소비를 줄이는 방향으로 작용하여 노동공급이 늘어난다.

정답 05 ① | 06 ③

07
난이도 ■■□

다음 왕의 행위와 관련 있는 소비현상을 〈보기〉에서 고르면?

옛날 어느 나라에 화려한 옷을 좋아하는 왕이 있었다. 왕은 "세상에서 가장 화려한 옷인데, 마음씨가 나쁜 사람의 눈에는 보이지 않는다."는 재단사의 말에 속아 있지도 않은 옷을 사는 데 많은 돈을 지불하였다. 벌거벗은 채로 행차를 나선 왕은 아무 옷도 입지 않은 까닭에 추워서 벌벌 떨면서도 참고 버텼다. 왜냐하면, 자신의 마음씨가 나빠 세상에서 가장 아름다운 옷을 보지 못한다는 비난을 받지 않기 위해서였다. 신하들은 물론 행차를 지켜보는 백성들 또한 마음씨 나쁜 사람으로 손가락질을 받을까 두려워 그냥 모른 척했다.

〈보기〉

㉠ 다른 사람들이 많이 찾는 상품을 구입한다.
㉡ 편익보다 비용을 우선 고려하는 소비를 한다.
㉢ 과시하기 위해 가격이 비쌀수록 더 구매하려고 한다.
㉣ 남과 같아지는 것을 꺼려 나만을 위해 명품을 고집한다.

① ㉠, ㉡   ② ㉠, ㉢
③ ㉡, ㉢   ④ ㉡, ㉣
⑤ ㉢, ㉣

| 해설 | 현실에서는 다양한 이유로 비합리적 소비현상이 나타난다. 대표적인 비합리적 소비행태가 다른 사람의 소비에 영향을 받아 이루어지는 소비현상이다. 명품 제품의 경우 가격이 비쌀수록 더 많이 팔리는 현상(㉢)이나 다른 사람과 같아지는 것을 꺼려 비싼 제품들을 구입하는 경우(㉣)는 비합리적 소비현상이라고 할 수 있다.

| 오답피하기 | ㉠ 다른 사람들이 많이 찾는 제품을 나도 구입하는 현상은 비합리적 소비행태로, '밴드왜건 효과'라고 한다.
㉡ 편익보다 비용을 우선적으로 고려하는 소비는 합리적인 소비라고 할 수 없다. 합리적 소비를 위해서는 효용 극대화 원칙에 입각한 소비가 이루어져야 하는데, 이는 비용의 제약 속에서 편익을 고려할 때 달성된다.

08
난이도 ■□□

다음은 불확실성하의 소비자 선택에 대해 학생들이 나눈 대화의 일부이다. 틀린 진술을 한 사람은?

혜인: 불확실성을 경제학적으로 분석하기 위해서는 결과의 확률분포를 알아야 해.
형기: 맞아! 불확실성 중에서도 결과의 확률분포를 알 수 있는 것을 위험이라고 해.
준성: 확률분포를 알 수 있다면, 기대치라는 수학 도구를 이용할 수 있겠네.
현주: 그래서 불확실성하의 소득을 기대소득이라고 하는구나.
정미: 그렇다면, 불확실성하의 소비자는 기대소득 극대화를 추구하겠네.

① 혜인   ② 형기
③ 준성   ④ 현주
⑤ 정미

| 해설 | 경제학에서의 불확실성이란 확률분포가 존재하는 상황을 의미한다. 그리고 경제학적인 불확실성을 '위험(Risk)'이라고 표현한다. 불확실성하의 소득을 기대소득이라고 하며, 불확실성하의 소비자는 기대효용의 극대화를 추구한다. 불확실한 상황에서의 의사결정이 비합리적으로 보일 수 있지만, 경제학에서는 이러한 상황에서의 의사결정이 확률에 기반하기 때문에 비합리적이라고 하지 않는다. 불확실성하의 소비자는 기댓값이 아닌 기대효용이 중요하다. 기댓값이 아무리 높아도 불확실성이 큰 경우 의미가 없어지기 때문에 불확실한 상황에서는 기대효용을 따져 판단하게 된다.

관련 이론 짚어보기

- **기댓값**: 가능한 모든 값에 대해 그 값이 갖게 될 확률을 가중치로 계산한 가중평균이다.
- **기대효용**: 미래의 결과가 불확실한 상황에서 얻게 되는 총효용의 기댓값을 의미한다.

09 난이도 ■□□

[제77회 기출]

아래 나열한 내용을 지칭하는 소비 행태는 무엇인가?

- 친구 따라 강남 간다.
- 남들이 구매하는 제품은 나도 구매해야 한다.

① 기저 효과
② 파레토 법칙
③ 파랑새 증후군
④ 밴드왜건 효과
⑤ 피터팬 증후군

| **해설** | 밴드왜건 효과는 악대차 효과라고도 한다. 악기를 연주하는 마차가 지나가면 사람들이 이를 따라다니는 모습에 빗댄 것으로 한 사람의 소비가 다른 사람의 소비를 자극하는 현상을 의미한다.

| **오답피하기** | ① 기저효과는 경제지표 변화를 파악할 때 어떤 기간을 비교하느냐에 따라 결과가 달라지는 현상이다.
② 파레토 법칙은 전체 결과의 80%가 전체 원인의 20%에서 비롯된다는 의미로, 상위 20%가 전체 생산의 80%를 담당하는 의미로 활용된다.
⑤ 피터팬 증후군은 중소기업의 혜택을 누리기 위해 대기업으로 성장하지 않는 현상을 의미한다.

10 난이도 ■■□

어떤 사람이 자신의 총소득 20,000원으로 다음 표와 같이 김밥과 라면을 소비한다고 한다. 효용 극대화를 위해 이 사람이 취해야 할 행동으로 적절한 것은?

구분	김밥	라면
가격	1,000원	500원
구매량	14	12
총효용	500	1,000
한계효용	30	20

① 김밥과 라면 모두를 더 소비해야 한다.
② 김밥을 덜 소비하고 라면을 더 소비해야 한다.
③ 김밥을 더 소비하고 라면을 덜 소비해야 한다.
④ 김밥을 더 소비하고 라면을 현재와 같이 소비해야 한다.
⑤ 현재 효용이 극대화되고 있으므로 소비를 변화시킬 필요가 없다.

| **해설** | 한계효용균등의 법칙에 따르면 1원당 한계효용이 일치할 때까지 각 재화를 소비할 때의 효용이 극대화된다. 1원당 한계효용은 김밥의 경우 $0.03(\frac{30}{1,000})$이고, 라면의 경우 $0.04(\frac{20}{500})$로, 라면의 한계효용이 더 크다. 따라서 효용 극대화를 위해 라면의 소비를 늘리고, 김밥의 소비를 줄여 한계효용을 일치시켜야 한다.

관련 이론 짚어보기

- **한계효용균등의 법칙**: 효용 극대화를 위한 최적의 소비량을 결정하기 위해서는 재화 1원당 한계효용이 일치할 때까지 소비해야 한다는 이론이다.
- **한계효용체감의 법칙**: 더 많이 소비할수록 소비를 통해 얻는 한계효용을 체감한다는 법칙이다. 이 법칙은 한계효용균등의 법칙을 계산하는 과정에서 필요하다. 라면의 1원당 한계효용이 더 높기 때문에 라면의 소비량을 늘린 것도 한계효용체감의 법칙이 반영된 결과이다. 라면의 소비를 늘리면 라면의 한계효용이 감소하여 1원당 한계효용이 감소하고, 김밥의 소비를 줄이면 김밥의 한계효용이 증가하여 1원당 한계효용이 증가하기 때문이다. 이러한 움직임으로 인해 결국 두 재화의 1원당 한계효용은 일치하게 된다.

정답 **09** ④ | **10** ②

11 난이도 ■■■

다음 사례에 대한 설명으로 옳은 것은? (단, 주원이와 승연이는 합리적 소비자이다.)

> 초등학교에 다니는 주원이는 용돈 3,000원으로 아이스크림 2개와 쥐포 3개를 사먹었다. 아이스크림 1개의 가격은 500원이며, 쥐포 1개의 가격도 500원이다. 남은 돈 500원으로 주원이는 지우개를 1개 사기로 했다.

① 주원이가 아이스크림을 먹을 때마다 한계효용은 증가한다.
② 주원이가 두 번째로 사먹은 아이스크림은 주원이에게 500원보다 작은 만족을 추가적으로 준다.
③ 주원이가 아이스크림을 1개째 먹을 때와 쥐포를 4개째 먹을 때에 느끼는 한계효용은 같을 것이다.
④ 주원이의 친구인 승연이가 용돈 3,000원을 받았을 경우 승연이는 주원이와 같은 선택을 할 수밖에 없다.
⑤ 주원이가 네 번째의 쥐포를 먹을 때 느끼는 만족감은 지우개를 한 개 살 때 느끼는 만족감보다 작을 것이다.

| 해설 | $P_{ice} = 500$, $P_{쥐포} = 500$, $Q_{ice} = 2$, $Q_{쥐포} = 3$, $M = 3,000$이다. 총 2,500원을 소비했으므로 500원이 남는다. 남은 돈으로 지우개를 구입했다. 합리적인 소비가 되기 위해서는 한 단위 추가 소비에 따른 만족감이 이를 위해 지불하는 대가보다 커야 한다. 즉, 한계효용이 지불하고자 하는 가격보다 높아야 한다는 것이다. 남은 돈 500원으로 아이스크림이나 쥐포를 사지 않고 지우개를 구입했다는 것은 현재 상황에서 추가로 아이스크림이나 쥐포의 소비가 주는 만족감이 지우개가 주는 만족감보다 작다는 것을 의미한다.

| 오답피하기 | ① 한계효용은 일반적으로 체감한다. 다만, 한계효용이 0이 되기 전까지 총효용은 증가한다.
② 아이스크림 2개를 사먹었으므로 아이스크림 2개까지는 주원이가 얻는 만족감이 아이스크림 가격인 500원보다 크다.
③ 아이스크림 2개를 구입했다는 것은 2개째 구입할 때에도 아이스크림이 주는 만족이 500원 이상이라는 것을 의미한다. 한편, 쥐포 소비를 3개에서 멈췄다는 것은 4개째부터 쥐포가 주는 만족이 500원보다 작다는 것을 의미한다. 따라서 아이스크림 1개의 만족이 쥐포 4개보다 크다는 것을 알 수 있다.
④ 효용은 주관적인 개념이므로 재화 소비로부터 얻는 만족은 사람마다 다르다.

12 난이도 ■■□

다음 사례에 대한 설명으로 옳은 것은?

> 오성과 한음은 현재 각각 감 10개, 인절미 10개씩을 가지고 있다. 현재 상황에서 오성과 한음의 선호는 다음과 같다.
> • 오성은 인절미 1개를 더 먹는 대신 감 2개를 덜 먹어도 좋다고 여긴다.
> • 한음은 감 1개를 더 먹는 대신 인절미 2개를 덜 먹어도 좋다고 여긴다.

① 오성과 한음의 선호는 동일하다.
② 오성은 한음보다 감을 더 좋아한다.
③ 한음은 오성보다 인절미를 더 좋아한다.
④ 오성과 한음의 현재 배분상황은 가장 만족스러운 상태에 있다.
⑤ 오성의 감과 한음의 인절미를 조금씩 교환할 때 둘의 만족이 모두 커질 수 있다.

| 해설 | 오성과 한음이 감과 인절미에 대해 갖는 선호는 각각 다르다. 따라서 오성과 한음이 각자 덜 좋아하는 상품을 서로 맞바꿔 소비한다면 둘의 선호를 모두 높일 수 있다. 오성의 선호는 '인절미 1개 = 감 2개'이고, 한음의 선호는 '감 1개 = 인절미 2개'이다. 즉, 오성은 인절미를 감보다 좋아하고, 한음은 감을 인절미보다 좋아한다. 그리고 오성은 한음보다 인절미를 더 좋아하고, 한음은 오성보다 감을 더 좋아한다.

| 오답피하기 | ① 오성과 한음의 선호는 동일하지 않다. 오성은 인절미를 감보다 좋아하고, 한음은 감을 인절미보다 좋아한다.
② 오성은 한음보다 인절미를 더 좋아한다. 오성에게 인절미의 가치를 감으로 표현하면 감 2개이지만, 한음의 경우는 감 1/2개이다.
③ 한음은 오성보다 감을 더 좋아한다. 감의 가치를 인절미로 표현하면 한음에게 감의 가치는 인절미 2개이고, 오성에게 감의 가치는 인절미 1/2개이다.
④ 오성과 한음은 교환을 통해 서로의 만족을 더 높일 수 있다. 따라서 현재의 배분 상태가 가장 만족스럽다고 단정할 수 없다.

13 난이도 ■■■

종찬이는 '별다방' 커피와 '콩다방' 커피를 완전 대체재로 여기는데, 별다방 커피 2잔당 콩다방 커피 3잔의 비율로 맞바꿔도 좋다는 생각을 갖고 있다. 별다방 커피의 가격은 1잔에 4,000원이고, 콩다방 커피의 가격은 1잔에 2,000원이다. 종찬이의 합리적 선택으로 적절한 것은?

① 별다방 커피만 소비한다.
② 콩다방 커피만 소비한다.
③ 별다방 커피와 콩다방 커피를 1 : 1의 비율로 소비한다.
④ 별다방 커피와 콩다방 커피를 1 : 2의 비율로 소비한다.
⑤ 별다방 커피와 콩다방 커피를 3 : 2의 비율로 소비한다.

| 해설 | 완전 대체재란 바꿔서 소비하더라도 완전히 동일한 효용을 얻을 수 있는 재화를 의미한다. 종찬이에게 별다방 커피 2잔과 콩다방 커피 3잔은 동일한 만족을 준다. 이를 가격으로 환산해 보면 별다방 커피 8,000원 어치와 콩다방 커피 6,000원 어치가 동일한 만족을 주는 것이다. 따라서 합리적 소비자라면 콩다방 커피만 소비하게 된다. 더 적은 비용으로 동일한 만족을 얻을 수 있기 때문이다.

14 난이도 ■■□

500원짜리 동전과 100원짜리 동전에 대한 소비자의 선호를 나타낸 무차별곡선으로 옳은 것은?

① L자형
② 직각쌍곡선
③ 우하향하는 직선
④ 원점에 대하여 오목한 곡선
⑤ 원점에 대하여 볼록한 곡선

| 해설 | 500원과 100원짜리 동전은 5 : 1의 비율로 가능한 완전 대체재이다. 완전 대체재의 경우 그 교환비율만 유지한다면 항상 동일한 만족을 얻을 수 있기 때문에 같은 무차별곡선상에 위치한다. 어느 지점에서나 동일한 비율이 유지되는 무차별곡선의 형태는 우하향하는 직선 형태이다.

| 오답피하기 | ① 완전 보완재의 무차별곡선은 L자형이다. 완전 보완재란 반드시 일정 비율로 함께 사용되어야 효용이 극대화되는 재화이다. 젓가락, 양말, 장갑 등이 대표적이다.

15 난이도 ■■□

A는 사과주스 한 잔과 당근주스 한 잔을 바꾸어 마셔도 동일한 만족을 얻는 반면, B는 사과주스와 당근주스를 반드시 1 : 1로 섞어 마셔야 만족한다. 이에 대한 설명으로 옳은 것은?

① A의 무차별곡선은 수평선이다.
② A에게 사과주스와 당근주스는 완전 보완재이다.
③ A에게 사과주스와 당근주스의 한계대체율은 1이다.
④ B의 무차별곡선은 수평선이다.
⑤ B에게 사과주스와 당근주스의 한계대체율은 −1이다.

| 해설 | A는 사과주스 한 잔과 당근주스 한 잔 가운데 어떤 것을 마셔도 동일한 만족을 얻으므로 A에게 사과주스 한 잔과 당근주스 한 잔은 완전 대체재이다. 완전 대체재의 무차별곡선은 우하향의 직선으로 표현된다. 이때 무차별곡선의 기울기인 한계대체율의 크기는 1이다. 반면, B는 사과주스와 당근주스를 1 : 1로 함께 마셔야 만족감을 얻으므로 B에게 사과주스 한 잔과 당근주스 한 잔은 완전 보완재이다.

| 오답피하기 | ① 완전대체재의 무차별곡선은 우하향의 직선이다.
② A에게 사과주스와 당근주스는 어느 것을 마셔도 무차별한 완전 대체재이다.
④ 완전 보완재의 무차별곡선은 L자형의 모양을 갖는다.
⑤ 완전 보완재의 한계대체율은 정의되지 않는다.

16 난이도 ■■□

표는 X 재와 Y 재를 소비하는 甲의 소비량에 따른 한계효용을 나타낸다. X 재의 가격이 10, Y 재의 가격이 20일 때 효용극대화 조건이 충족되는 甲의 소비묶음으로 적절한 것은?

소비량(개)	1	2	3	4	5	6
X 재의 한계효용	10	9	8	7	6	5
Y 재의 한계효용	10	8	6	5	3	2

① $X=1$, $Y=4$ ② $X=2$, $Y=3$
③ $X=3$, $Y=2$ ④ $X=5$, $Y=3$
⑤ $X=6$, $Y=1$

| 해설 | 한계효용균등의 법칙은 재화 1원당 한계효용이 동일할 때까지 소비할 때 한계효용이 극대가 된다는 법칙이다. X 재의 가격이 10, Y 재의 가격이 20으로 Y 재의 가격이 X 재 가격의 2배이므로 한계효용은 Y 재가 X 재보다 2배 더 큰 소비지점을 찾으면 1원당 한계효용이 일치한다.

정답 **13** ② | **14** ③ | **15** ③ | **16** ⑤

17 난이도 ■□□

다음 그림에 대한 설명으로 옳지 않은 것은?

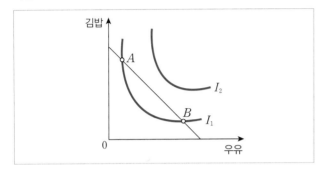

① 김밥으로 표시한 우유의 한계대체율이 B점보다 A점에서 크다.
② A점에서 우유 1원당 한계효용은 김밥의 1원당 한계효용보다 작다.
③ 무차별곡선 I_1에서의 상품묶음이 I_2에서의 어떤 상품묶음보다도 효용이 작다.
④ 소비자가 A점에서 얻는 총효용의 크기와 B점에서 얻는 총효용의 크기는 같다.
⑤ B점에서 소비하는 경우, 효용 극대화를 위해서는 우유 소비를 감소시키고 김밥의 소비를 증가시킨다.

| 해설 | 무차별곡선이론에서 효용의 극대화는 무차별곡선과 예산선이 일치하는 지점에서 결정된다. 이는 무차별곡선의 접점의 기울기와 예산선의 기울기가 같을 때 달성된다는 것을 의미한다. A점은 무차별곡선의 기울기가 예산선 기울기보다 크고, B점은 무차별곡선의 기울기가 예산선 기울기보다 작다. 즉, A점은 $MRS_{우유, 김밥} > \dfrac{P_{우유}}{P_{김밥}}$이므로 $MRS_{우유, 김밥} = \dfrac{MU_{우유}}{MU_{김밥}} > \dfrac{P_{우유}}{P_{김밥}}$ 가 되어 우유의 1원당 한계효용은 김밥의 1원당 한계효용보다 크다.

| 오답피하기 | ① 우유 한 단위 생산에 따라 포기해야 하는 김밥의 가치는 무차별곡선의 기울기로 나타난다. 무차별곡선의 접점의 기울기는 A점이 B점보다 크다.
③④ 무차별곡선은 같은 무차별곡선상에 있는 경우 동일한 효용을 나타내며, 원점에서 멀수록 더 높은 효용을 나타낸다.
⑤ B점에서는 김밥의 1원당 한계효용이 우유의 1원당 한계효용보다 크기 때문에 우유 소비를 줄이고 김밥의 소비를 늘려야 한다.

18 난이도 ■■□

소득이 증가함에 따라 원두 커피의 소비는 늘어나는 반면 인스턴트 커피의 소비는 줄어든다고 할 때, 이에 대한 설명으로 옳지 않은 것은? (단, 원두 커피시장과 인스턴트 커피시장의 공급곡선은 모두 우상향한다.)

① 인스턴트 커피 가격 상승의 소득효과는 인스턴트 커피 소비량을 증가시키는 방향으로 작용한다.
② 소득이 증가할 때 인스턴트 커피 가격은 하락하고, 인스턴트 커피 소비량은 증가한다.
③ 인스턴트 커피 가격 변화의 소득효과와 대체효과는 반대 방향으로 나타난다.
④ 인스턴트 커피 가격이 상승할 때 인스턴트 커피 소비량은 증가할 수도 있다.
⑤ 소득이 증가할 때 원두 커피 가격은 상승한다.

| 해설 | 소득이 증가함에 따라 원두 커피의 소비가 증가하고, 인스턴트 커피 소비가 감소하므로 원두 커피는 정상재, 인스턴트 커피는 열등재이다. 두 시장 모두 우상향의 공급곡선을 가지고 있으므로 가격이 증가할 때 공급량이 증가하는 재화이다. 소득이 증가하면 원두 커피의 소비가 증가하므로 원두 커피의 가격이 상승한다. 반면, 인스턴트 커피 소비는 감소하므로 인스턴트 커피 가격은 하락하고, 소비량도 줄어든다.

| 오답피하기 | ① 인스턴트 커피 가격의 상승으로 인해 발생하는 대체효과는 인스턴트 커피 수요를 감소시키고, 이로 인한 실질소득의 감소는 열등재인 인스턴트 커피 수요를 증가시킨다.
③ 열등재의 대체효과와 소득효과는 반대 방향으로 나타난다. 가격 상승 시 대체효과는 수요를 줄이는 방향으로, 소득효과는 수요를 늘리는 방향으로 작용한다. 가격 하락 시 대체효과는 수요를 늘이는 방향으로, 소득효과는 수요를 줄이는 방향으로 작용한다.
④ 일반적인 열등재의 경우 대체효과가 소득효과보다 더 크지만, 열등재의 특수한 경우인 기펜재의 경우 소득효과가 대체효과보다 더 크다. 열등재인 인스턴트 가격이 상승할 때 대체효과는 소비를 줄이는 방향으로, 소득효과는 소비를 늘리는 방향으로 작용하지만, 기펜재 여부에 따라 그 결과가 달라질 수 있다.
⑤ 원두 커피는 정상재이다. 소득이 증가할 때 원두 커피의 소비가 증가하여 가격이 상승한다.

19 난이도 ■■□

갑에게는 초콜릿과 사탕이 완전 대체재이고, 그의 무차별곡선의 기울기는 −1이다. 갑이 초콜릿 4개와 사탕 4개를 구매했을 때, 이에 대한 설명으로 옳은 것은? (단, 초콜릿과 사탕의 크기는 같다.)

① 사탕이 초콜릿보다 비싸다.
② 초콜릿이 사탕보다 비싸다.
③ 갑은 사탕보다 초콜릿을 좋아한다.
④ 갑은 초콜릿보다 사탕을 좋아한다.
⑤ 초콜릿과 사탕의 가격은 동일하다.

| 해설 | 완전 대체재의 경우 무엇을 소비하더라도 동일한 만족을 누릴 수 있기 때문에 가격이 다르다면 소비자는 둘 중 더 저렴한 재화를 구입한다. 무차별곡선의 기울기가 −1이므로 초콜릿과 사탕의 교환 비율이 1:1이고 초콜릿 4개와 사탕 4개를 구매했으므로 초콜릿과 사탕의 가격이 동일하다는 것을 알 수 있다. 무차별곡선의 기울기인 한계대체율은 다음과 같이 구할 수 있다.

$$MRS_{초콜릿, 사탕} = \frac{MU_{초콜릿}}{MU_{사탕}}$$

📊 S등급 고난도 문제

표는 미정이가 투자한 시간에 따라 각 시험과목에서 얻은 점수를 나타낸다. 미정이는 총점 극대화를 위해 3과목을 공부하는 데 15시간을 적절히 배분했는데, 엄마의 심부름을 하는 데 3시간을 사용해야 한다. 이제 미정이는 어느 과목의 공부를 몇 시간씩 줄여야 하는가? (단, 과목당 단위 수는 동일하다.)

구분	경제	영어	수학
6시간	97	87	84
5시간	95	85	83
4시간	85	80	80
3시간	73	70	75
2시간	60	58	65
1시간	45	46	55
0시간	25	30	40

① 경제 1시간, 영어 1시간, 수학 1시간
② 경제 1시간, 수학 2시간
③ 경제 1시간, 영어 2시간
④ 영어 1시간, 수학 2시간
⑤ 영어 2시간, 수학 1시간

| 해설 | 총 15시간을 3과목에 전부 활용할 수 있다면 각 과목별로 5시간씩 배분했을 것이다. 심부름으로 인해 3시간의 시간을 사용하지 못하므로 3시간만큼의 공부시간을 빼야 한다. 이를 위해서는 1시간씩 줄였을 때 점수 감소폭이 적은 과목부터 줄여야 한다. 첫 1시간을 줄이면 과목별 점수 감소폭은 경제 10점, 영어 5점, 수학 3점이므로, 수학을 줄여야 한다. 두 번째 1시간을 줄이면 경제, 영어는 이전과 동일하고 수학이 5점이 된다. 따라서 영어나 수학을 줄여야 한다. 영어 1시간을 줄였다면, 세 번째 공부시간에 따른 점수 감소폭은 경제 10점, 영어 10점, 수학 5점이 되어 수학을 1시간 줄이게 된다. 수학 1시간을 줄였다면, 세 번째 공부시간에 따른 점수 감소폭은 경제 10점, 영어 5점, 수학 10점이 되어 영어를 1시간 줄이게 된다. 따라서 영어 1시간, 수학 2시간을 줄여야 한다.

정답 **19** ⑤ | 고난도 정답 ④

CHAPTER ０４

생산자이론

제1절 생산자이론의 기초

1 기업

(1) 기업과 생산

① 기업(firm)

재화와 서비스를 판매하여 이윤 창출을 목적으로 하는 주체이다.

② 생산(production)

생산요소를 투입하여 인간에게 유용한 재화와 서비스를 창출하는 과정이다.

(2) 기업의 목표

① 이윤 극대화 가설

기업의 목표가 단지 이윤을 추구하는 것에 그치지 않고, 이윤을 극대화하는 데 있다는 주장이다. 이에 대해 현실에서는 만족화 가설, 판매수입극대화 가설 등이 존재하지만, 경제학에서는 기업의 목표가 이윤을 극대화하는 데 있다는 가정으로 이후의 논의를 진행한다.

② 만족화 가설

기업은 최대의 이윤을 추구하기보다는 어느 정도의 이윤을 얻게 되면 만족을 느끼게 되는데, 기업의 목표가 이러한 만족에 있다는 주장이다. 만족화 가설은 만족의 수준을 객관적으로 정할 수 없다는 비판을 받는다. 또한 만족하여 보다 더 큰 이윤을 얻을 수 있음에도 불구하고 이윤 창출의 노력을 멈추게 되면 시장 경쟁에서 뒤처져 기업이 도태될 수 있다는 비판도 존재한다.

③ 판매수입극대화 가설

기업의 목표가 이윤을 최대화하는 것이 아니라 판매수입을 극대화하여 시장점유율을 확보하는 데 있다는 주장이다.

2 생산함수(production function)

(1) 정의

생산함수란 일정 기간 동안 생산요소(노동(L)과 자본(K)) 투입량과 재화와 서비스의 최대 산출량 간의 기술적인 관계를 보여 주는 함수이다. 생산함수의 정의에 '기술적인 관계'라는 표현이 들어간 것은 같은 생산요소라 하더라도 이 재료들을 요리하는 방법에 따라, 즉 기술에 따라 생산량이 달라지기 때문이다. 생산함수는 다음과 같이 나타낼 수 있다.

$$Q = F(L, K)$$
- Q: 생산량   • L: 노동   • K: 자본

(2) 특징

생산함수는 일정 기간을 기준으로 하는 유량(flow)의 개념으로 기업이 할 수 있는 가장 효율적인 생산을 보여 준다. 즉, 사용 가능한 생산요소와 기술을 가지고 만들어 낼 수 있는 최대한의 생산량을 나타내는 개념이다.

3 단기와 장기

생산자이론에서 단기와 장기를 구분하는 것은 중요하다. 일반적으로 생각하는 바와 같이 단기와 장기가 단지 시간의 길이만을 나타내는 개념이 아니기 때문이다. 경제학에서 단기와 장기를 구분하는 기준은 시간의 길이가 아니라 생산요소의 가변성 여부이다.

(1) 단기(short-run)

단기란 개별 기업의 입장에서 생산시설규모를 변경시키기 어려운 기간으로서 고정생산요소 (fixed factor of production)가 존재하는 기간이다. 산업 전체로 볼 때에는 기존 기업이 이탈하거나 새로운 기업이 해당 산업에 진입하기 어려운 기간을 의미한다.

> **고정생산요소**
> 생산량과 무관하게 투입되는 생산요소로서, 주로 한번 설치하면 쉽게 변경할 수 없는 성격의 생산요소를 의미함(생산시설, 공장건물 등)

(2) 장기(long-run)

장기란 개별 기업의 입장에서 생산시설규모를 변경시킬 수 있을 만큼 충분히 긴 기간으로서 고정생산요소가 존재하지 않고 모든 생산요소가 가변생산요소(variable factor of production)로 구성되는 기간이다. 산업 전체로 볼 때에는 기존 기업이 모든 산업으로 자유롭게 이동할 수 있을 정도로 긴 기간을 의미한다.

> **가변생산요소**
> 생산량의 규모에 따라 투입량이 달라지는 생산요소로서, 투입량이 쉽게 변동할 수 있는 성격의 생산요소를 의미함(노동, 각종 재료 등)

제2절 | 단기와 장기의 생산함수   중요도 하

1 단기 생산함수

(1) 정의

단기 생산함수란 고정생산요소와 가변생산요소 투입량과 산출량 간의 기술적인 관계를 나타내는 함수이다. 단기 생산함수는 다음과 같이 표현된다.

$$Q = F(L, \overline{K})$$
- Q: 생산량 ・L: 노동 ・$\overline{K}$: 자본

> $\overline{K}$는 고정되어 있다는 의미로 자본 위에 바(bar)를 표시함

(2) 총생산물(TP: Total Product)

소비자이론의 기본 개념이 '효용'이라면 생산자이론에서는 '생산물'이 있다. 소비자는 재화나 서비스의 소비를 통해 효용을 느끼고, 생산자는 생산요소를 투입하여 생산물을 얻기 때문이다. 생산함수의 Q는 생산물을 나타내며, 해당 기업이 사용 가능한 생산요소를 투입해 생산할 수 있는 최대 생산물을 의미한다. 따라서 $Q = F(L, \overline{K})$에서 Q는 총생산량(total product)을 나타낸다.

(3) 한계생산물(MP: Marginal Product)

한계생산물이란 생산요소를 한 단위 추가적으로 투입했을 때 생산물의 증가분을 의미한다. 한계생산물은 총생산물곡선의 접선의 기울기이다.

① 노동의 한계생산물(MP_L)

단기에는 자본이 고정생산요소이고, 노동만이 가변생산요소이기 때문에 노동의 한계생산물만이 고려된다. 노동의 한계생산물(marginal product of labor)은 생산요소인 노동이 한 단위 더 투입되었을 때 늘어나는 총생산물을 의미한다. 노동의 한계생산물은 다음과 같이 나타낼 수 있다.

$$MP_L = \frac{\Delta Q}{\Delta L} = F(L+1, \ \overline{K}) - F(L, \ \overline{K})$$

㉠ 한계생산물 > 0: 총생산물 증가
㉡ 한계생산물 = 0: 총생산물 일정, 총생산물 최대
㉢ 한계생산물 < 0: 총생산물 감소

② 한계생산물체감의 법칙(수확체감의 법칙)

소비자이론에서 한계효용체감의 법칙이 있다면 생산자이론에는 한계생산물체감의 법칙(수확체감의 법칙)이 존재한다. 한계생산물체감의 법칙은 생산요소를 추가적으로 한 단위 투입할 때마다 총생산물의 증가분이 감소한다는 것이다. 즉, 생산요소의 투입이 고정된 상태에서 가변투입요소를 증가시킬 때 그 가변생산요소의 한계생산물이 점차 감소하는 현상을 의미한다. 한계생산물체감의 법칙은 고정생산요소가 존재하는 단기에만 나타난다.

(4) 평균생산물(AP: Average Product)

평균생산물은 총생산물을 생산요소 투입량으로 나눈 값이다. 단기에는 자본이 고정생산요소이므로 가변생산요소인 노동의 평균생산물이 고려된다. 평균생산물은 한계생산물과 마찬가지로 일정 수준이 지나면 감소한다. 한편, 기하학적으로는 평균생산물은 원점과 총생산물 곡선상의 한 점을 그은 직선의 기울기를 의미한다. 평균생산물은 다음과 같이 나타낼 수 있다.

$$AP_L = \frac{Q}{L}$$

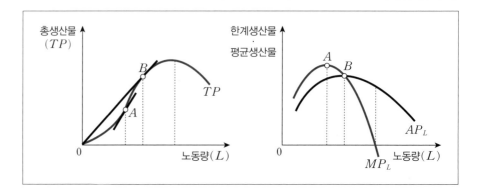

읽는 강의

단기에는 노동만이 가변생산요소이고, 가변생산요소인 노동의 한계생산물과 평균생산물의 상대적 크기에 따라 노동의 평균생산물 추이가 달라집니다. 노동의 평균생산물의 추이를 표현할 때 자주 출제되는 내용이므로 그래프와 함께 잘 알아 두어야 합니다.

• 노동의 한계생산물이 평균생산물보다 큰 구간에서는 노동의 평균생산물이 증가한다.
• 노동의 한계생산물이 평균생산물과 같은 구간에서는 노동의 평균생산물이 최고점에 달한다.
• 노동의 한계생산물이 평균생산물보다 작은 구간에서는 노동의 평균생산물이 감소한다.

다음 빈칸에 들어갈 내용으로 적절하지 않은 것은? (단, 이 기업의 경우 노동이 유일한 생산요소이다.)

노동투입량	총생산물	한계생산물	평균생산물
1	㉠	100	100
2	㉡	80	㉢
㉣	240	㉤	80

① ㉠ - 100
② ㉡ - 180
③ ㉢ - 90
④ ㉣ - 3
⑤ ㉤ - 40

| 해설 | 한계생산물은 총생산물을 노동투입량으로 미분하여 도출이 가능하고, 평균생산물은 총생산물을 노동투입량으로 나누어서 도출된다. 노동투입량이 1명일 때 평균생산물과 한계생산물이 모두 100이므로 총생산물은 100(㉠)이다. 노동투입량이 2명일 때 한계생산물이 80이므로 총생산물은 100에서 80만큼 늘어난 180(㉡)이며, 이를 노동투입량인 2명으로 나눈 90(㉢)이 평균생산물이다. 한편, 총생산물은 180에서 240으로 증가했으므로 한계생산물은 60(㉤)이 되며, 이때 노동투입량은 총생산물과 평균생산물의 관계를 고려했을 때 3(㉣)이 된다.

정답 ⑤

2 장기 생산함수

장기에는 고정생산요소가 존재하지 않으므로 모든 생산요소가 가변생산요소이다. 따라서 생산요소를 결합하는 생산에는 단기 때와는 비교할 수 없이 많은 선택이 존재한다. 장기 생산함수란 가변적인 모든 생산요소의 결합으로 생산할 수 있는 최대한의 생산량을 나타낸다. 따라서 장기에 기업은 어떻게 생산요소를 조합하여 최대의 생산량을 달성할 것인가의 문제에 직면한다. 즉, 소비자이론에서 X재의 소비를 늘리고 Y재의 소비를 줄일 것인지 결정하는 것과 유사하게 노동과 자본 가운데 어떤 생산요소의 투입을 늘리고 어떤 생산요소의 투입을 줄일 것인지의 선택에 직면한다. 소비자이론에서는 소비자 균형점을 찾기 위해 예산선과 무차별곡선이 존재하고, 생산자이론에서는 노동과 자본의 투입 조합을 찾기 위해 등비용곡선과 등량곡선이 존재한다. 한편, 장기 생산함수에서는 노동의 한계생산(MP_L)과 평균생산(AP_L), 그리고 자본의 한계생산(MP_K)과 평균생산(AP_K)이 모두 정의될 수 있다.

(1) 등량곡선(isoquant curve)

① 정의

등량곡선은 '등량(等量)'이라는 명칭에서도 알 수 있듯이 동일한 수준의 생산량을 달성할 수 있는 생산요소의 조합을 보여 주는 곡선이다. 무차별곡선이 동일한 효용을 주는 상품 묶음이었음을 상기해 보면 보다 이해가 쉽다. 등량곡선은 다음과 같이 나타낼 수 있다.

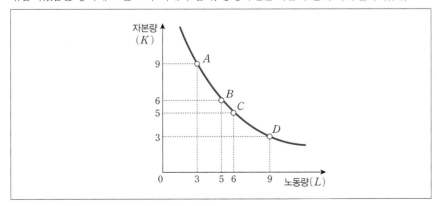

② 특징

ⓐ 노동 – 자본 평면상의 모든 점들은 그것을 지나는 하나의 등량곡선을 갖는다.

노동 – 자본 평면상에 존재하는 어떤 점이라 하더라도 그 점을 지나는 등량곡선이 존재한다. 이는 노동과 자본의 어떠한 조합에서도 생산이 가능하다는 것을 의미한다.

ⓑ 원점에서 멀리 떨어진 등량곡선일수록 더 많은 생산량을 나타낸다.

소비자이론에서의 무차별곡선과 마찬가지로 등량곡선 역시 원점에서 멀어질수록 더 많은 생산량을 의미한다. 하지만 무차별곡선의 경우 객관적으로 측정하기 어려운 효용을 다루기 때문에 효용의 크기를 서수적으로 측정했지만, 등량곡선이 다루는 생산량은 객관적으로 측정이 가능하기 때문에 생산량의 크기를 기수적으로 측정한다는 차이점이 있다.

ⓒ 등량곡선은 서로 교차하지 않는다.

무차별곡선이 교차할 경우 선호의 이행성이 깨지는 것과 마찬가지로 등량곡선에서도 동일한 현상이 발생한다. 등량곡선이 교차하면 생산량과 투입요소 간에 모순이 발생한다.

ⓓ 우하향의 형태를 갖는다.

장기에는 노동과 자본, 모든 생산요소의 투입량을 변화시킬 수 있다. 즉, 동일한 생산량을 생산하기 위해 노동과 자본 투입 모두를 변화시키는 조합을 선택하는 것이 가능하다. 즉, 생산을 위해 투입되는 생산요소 간에 대체가 가능해지면서 우하향 형태의 등량곡선이 도출된다.

ⓔ 등량곡선은 원점에 대해 볼록한 형태를 갖는다.

등량곡선이 원점에 대해 볼록한 형태를 갖는다는 것은 등량곡선을 따라 오른쪽으로 내려갈수록 등량곡선의 기울기가 완만해진다는 것을 의미한다.

③ 한계기술대체율(MRTS: Marginal Rate of Technical Substitution)

ⓐ 정의: 한계기술대체율이란 동일한 생산 수준을 유지하면서 노동을 한 단위 추가로 투입했을 때 포기해야 하는 자본량을 의미한다. 즉, 동일한 등량곡선 위의 한 점에서 다른 점으로 옮겨갈 때 노동량의 증가를 얼마만큼의 자본량 감소로 대체해야 하는지를 나타내는 개념으로, 이는 등량곡선 위의 접선의 기울기를 의미한다. 한계기술대체율은 다음과 같이 나타낼 수 있다.

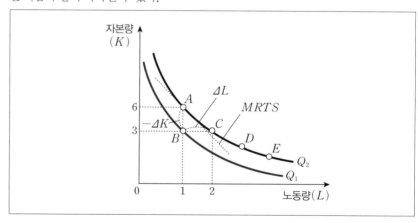

ⓛ 해석: 장기에는 자본과 노동, 모든 생산요소가 가변생산요소이므로 두 생산요소의 투입조합을 고려하면 A점에서 C점으로의 이동은 '$(A \rightarrow B) + (B \rightarrow C)$'라고 할 수 있다. 즉, 노동의 투입을 고정시켜 놓은 상태에서 자본의 투입량을 감소시켰을 때의 생산량 변화와 자본의 투입을 고정시켜 놓은 상태에서 노동의 투입량을 감소시켰을 때의 생산량 변화가 합쳐진 결과라는 의미이다. 각각의 생산요소 투입량을 다르게 했을 때 생산량이 어떻게 변하는지를 알아보기 위해서는 '생산요소 투입량 변화분×생산요소의 한계생산량'의 값을 확인하면 된다.

$A \rightarrow B$	$\Delta K \times MP_K$(자본 투입량 ΔK의 감소는 $\Delta K \times MP_K$의 생산량을 감소시킴)
$B \rightarrow C$	$\Delta L \times MP_L$(노동 투입량 ΔL의 증가는 $\Delta L \times MP_L$의 생산량을 증가시킴)
$A \rightarrow C$	$\Delta K \times MP_K + \Delta L \times MP_L = 0 \Longleftrightarrow -\Delta K \times MP_K = \Delta L \times MP_L$

즉, 동일한 생산량을 유지하면서 노동을 한 단위 추가적으로 투입하기 위해서는 자본의 투입을 포기해야 하며, 노동 투입 증가로 인한 생산량의 증가분과 자본 투입 감소로 인한 생산량의 감소분은 정확히 상쇄된다.

$$\Delta K \times MP_K + \Delta L \times MP_L = 0 \Longleftrightarrow -\Delta K \times MP_K = \Delta L \times MP_L$$

$$\Longleftrightarrow -\frac{\Delta K}{\Delta L}|_Q = \frac{MP_L}{MP_K} = MRTS_{L,K}$$

ⓒ 한계기술대체율체감의 법칙: 한계기술대체율체감의 법칙(low of diminishing marginal rate of technical substitution)은 노동을 추가적으로 한 단위 투입할 때마다 대체되는 자본의 양이 감소하는 현상을 의미한다. 한계기술대체율체감이 일어나는 이유는 수확체감의 법칙 때문이다. 한계기술대체율을 계산할 때 노동의 투입요소를 고정시켜 놓은 채 자본 투입 감소로 인한 생산량 감소를 살펴보았고, 자본의 투입요소를 고정시켜 놓은 채 노동 투입 감소로 인한 생산량 감소를 살펴보았다. 이처럼 하나의 생산요소를 고정시켜 놓고 다른 생산요소의 투입을 증가시킬 때 한계기술대체율이 감소하는데, 이는 투입이 증가되는 생산요소의 한계생산물이 감소하기 때문이다$(MRTS_{L,K} = \frac{MP_L}{MP_K})$. 그 결과 등량곡선은 원점에 대해 볼록한 모양을 갖게 된다.

④ 다양한 형태의 등량곡선

ⓐ 레온티에프형 생산함수의 등량곡선: 레온티에프형 생산함수는 노동과 자본이 대체되지 않는 경우의 생산함수이다. 기계(자본) 1대의 조작을 위해 노동자 2명이 필요한 경우 자본의 투입을 고정시켜 놓은 채 노동의 투입을 3명, 4명으로 증가시켜도 생산량은 동일하다. 기계 1대에는 2명의 노동자만 필요하기 때문에 더 많은 노동력이 투입되어도 생산량이 증가하지 않는다. 기계를 2대로, 노동자를 4명으로 증가시키면 생산량이 증가한다. 이러한 생산함수의 등량곡선은 L자형이다.

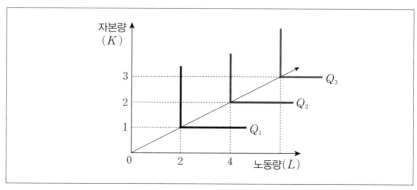

ⓛ **직선의 등량곡선**: 직선의 등량곡선은 노동과 자본이 완전히 대체되는 경우의 생산함수이다. 기계(자본) 1대는 사람 2명으로 완전히 대체된다고 하자. 기계 1대를 줄이고 사람 2명을 더 투입시키면 생산량에는 아무런 변화가 없다. 이는 기계 1대와 사람 2명이나 기계 0대와 사람 4명이나 같은 생산량을 달성할 수 있음을 의미한다. 이 경우 등량곡선은 직선이며, 직선에서 접선의 기울기는 항상 일정하다. 즉, 한계기술대체율이 항상 일정해진다.

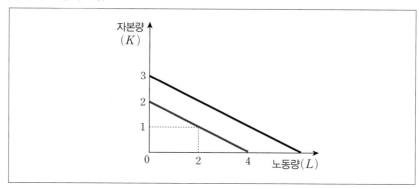

(2) 규모수익의 문제

① **개념**

장기에는 모든 생산요소가 가변생산요소가 되므로 하나의 생산요소를 고정한 상태에서 다른 생산요소 투입으로 인한 총생산량의 증가를 살펴보는 한계생산물은 장기에는 적합하지 않다. 장기에서 이를 대신할 수 있는 개념은 '규모에 대한 수익'이다. 규모에 대한 수익(return to scale)이란 모든 생산요소를 동일한 비율로 증가시켰을 때 생산량의 변화를 나타내는 것이다.

② **종류**

㉠ **규모에 대한 수익 체증(IRS: Increasing Return to Scale)**: 모든 생산요소의 투입량을 a배로 증가시켰을 때 생산량이 a배보다 크게 증가하는 경우를 의미한다. 이 경우 생산량이 증가할수록 등량곡선의 간격이 좁아진다.

㉡ **규모에 대한 수익 불변(CRS: Constant Return to Scale)**: 모든 생산요소의 투입량을 a배로 증가시켰을 때 생산량도 a배 증가하는 경우를 의미한다. 이 경우 생산량이 증가할수록 등량곡선의 간격이 일정하다.

ⓒ 규모에 대한 수익 체감(DRS: Decreasing Return to Scale): 모든 생산요소의 투입량을 a배로 증가시켰을 때 생산량은 a배보다 작게 증가하는 경우를 의미한다. 이 경우 생산량이 증가할수록 등량곡선의 간격이 넓어진다.

제3절   비용함수   중요도 **중**

1 기초 개념

생산자가 합리적 의사결정에서 고려하는 비용은 기회비용으로 '경제적 비용'이라고 한다. 경제적 비용은 현금 지출이 수반되는 '명시적 비용'과 현금 지출이 수반되지 않는 '암묵적 비용(정상이윤, 잠재적 기회비용 등)'으로 구성된다. 경제적 이윤은 수입에서 경제적 비용을 차감하여 계산하고, 회계적 이윤은 수입에서 명시적 비용만을 차감하여 계산한다. 따라서 경제적 이윤이 0이어도 회계적 이윤은 양수이다.

(1) 기회비용

기회비용이란 어떤 경제적 대상을 얻기 위해 포기해야 하는 다른 어떤 것을 말한다. 기업의 생산비용에는 재화와 서비스를 생산하는 데 따르는 명시적 비용과 암묵적 비용을 모두 포함한다.

(2) 명시적 비용과 암묵적 비용

① 명시적 비용

기업의 생산활동 과정에서 실제로 지출된 금액으로, 현금 지출이 수반되는 비용을 말한다.

② 암묵적 비용

현금 지출이 수반되지 않는 비용을 의미한다. 암묵적 비용은 자신이 소유한 생산요소에 대한 비용으로 명시적 비용에 포함되지 않는 비용으로 설명할 수도 있다.

(3) 회계적 비용과 경제적 비용

① 회계적 비용

기업의 생산 과정에서 실제로 지출된 금액으로, 명시적 비용을 의미한다.

② 경제적 비용

생산에 소요된 모든 비용을 기회비용의 관점에서 측정한 비용이다. 경제적 비용은 암묵적 비용을 포함하므로 경제적 이윤(총수입−경제적 비용)이 0보다 클 때 초과이윤이 발생한다고 한다.

> 경제적 비용＝명시적 비용(회계적 비용)＋암묵적 비용

(4) 고정비용(fixed cost)과 가변비용(variable cost)

① 고정비용

기업의 산출물과 무관하게 생산활동을 할 때 발생하는 비용이다. 생산을 하기 위해 실제 생산규모와 관계없이 공장 설비를 갖춰야 하는 것이 고정비용의 예이다.

② 가변비용

기업의 생산규모에 따라 달라지는 비용으로, 재료, 인건비 등과 같이 생산의 규모에 의존하는 비용이다.

(5) 매몰비용(sunk cost)

한번 지출하면 다시 회수할 수 없는 비용을 말한다. 매몰비용은 고정비용과 혼동하여 사용하는데, 고정비용이라고 해서 모두 매몰비용이 되는 것은 아니다. 예를 들어, 공장설비 가운데에서도 조업을 중단하였을 때 되팔 수 있는 설비가 있는 반면, 어디에도 활용할 수 없는 설비가 있다. 되팔 수 있는 설비에 투입된 고정비용은 매몰비용이라고 할 수 없다.

2 단기 비용함수

생산에는 반드시 비용이 발생하기 때문에 생산과 비용은 그림자 같은 관계이다. 따라서 비용함수에서도 단기와 장기의 개념은 그대로 적용된다. 즉, 단기에는 고정생산요소와 가변생산요소가 존재하기 때문에 단기 비용함수는 고정비용과 가변비용으로 구분되고, 장기에는 모든 비용이 가변비용으로만 구성된다.

(1) 총비용(TC: Total Cost)

총비용은 각 생산량 수준에서 발생하는 최소의 전체 비용을 의미한다. 단기의 총비용은 총고정비용과 총가변비용으로 구성된다.

$$TC=TFC+TVC$$
$$=r\overline{K}+wL$$

① 총고정비용(TFC: Total Fixed Cost)

총고정비용은 공장 설비와 같이 생산물의 규모와 관계없이 발생하는 비용이다. 일반적으로 생산함수에서 자본과 노동을 생산요소로 간주하는데, 여기서 고정비용은 자본의 투입비용에 해당한다. 총고정비용은 자본의 가격인 이자(r)와 자본 투입량($\overline{K}$)으로 계산된다. 자본의 가격이 이자인 이유는 기업은 막대한 자본 비용을 충당하기 위해 은행 차입에 의존하기 때문이다.

$$TFC=r\times\overline{K}$$

② 총가변비용(TVC: Total Variable Cost)

총가변비용은 인건비와 같이 생산물의 규모와 밀접한 관련을 갖는 비용이다. 생산함수에서 노동에 투입되는 비용이 가변비용에 해당한다. 총가변비용은 노동의 가격인 임금(ω)과 노동 투입량(L)으로 계산한다.

$$TVC=\omega\times L$$

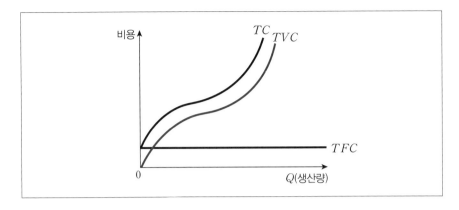

(2) 평균비용(AC: Average Cost)

평균비용은 총비용을 생산량으로 나눈 값으로, 생산물 1단위당 얼마만큼의 비용이 발생하는지를 나타내는 개념이다. 평균비용은 원점과 총비용곡선상의 점을 이은 직선의 기울기이다. 단기의 총비용은 총고정비용과 총가변비용으로 구성되므로 평균비용은 다음과 같이 나타낼 수 있다.

$$AC = \frac{TC}{Q} = \frac{TFC + TVC}{Q} = AFC(\text{평균고정비용}) + AVC(\text{평균가변비용})$$

(3) 한계비용(MC: Marginal Cost)

한계비용은 생산량이 추가적으로 한 단위 변화할 때마다 발생하는 총비용의 변화분을 의미한다. 한계비용은 총비용곡선의 접선의 기울기이다. 단기의 총비용이 총고정비용과 총가변비용으로 구성되므로 한계비용은 다음과 같이 나타낼 수 있다.

$$MC = \frac{\Delta TC}{\Delta Q} = \frac{\Delta TFC + \Delta TVC}{\Delta Q} = \frac{\Delta TVC}{\Delta Q}$$

(4) 각 비용곡선 간의 관계

① 평균가변비용곡선은 항상 평균곡선 아래에 위치한다.

평균비용(AC)은 평균고정비용(AFC)과 평균가변비용(AVC)으로 구성되므로 언제나 평균고정비용의 크기만큼 크다.

② 평균가변비용의 최저점은 평균비용의 최저점보다 왼쪽에 위치한다.

생산량이 증가할수록 평균가변비용(AVC)은 감소하다가 증가하지만, 평균고정비용(AFC)은 계속해서 감소하기 때문에 평균비용은 평균가변비용이 증가하더라도 평균고정비용이 이를 상쇄하여 최저점이 더 늦게 나타난다.

③ 한계비용곡선과 평균비용곡선

평균비용 하락 시	한계비용곡선 < 평균비용곡선
평균비용 상승 시	한계비용곡선 > 평균비용곡선
평균비용 최소 시	한계비용곡선 = 평균비용곡선

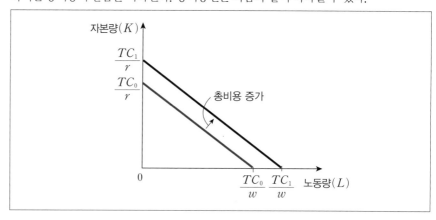

3 장기 비용함수

장기에는 모든 생산요소가 가변적이다. 따라서 장기의 비용함수는 고정비용이 존재하지 않고 모두 가변비용으로만 구성되어 있다. 고정생산요소가 존재하지 않는다는 것은 기업이 장기에 생산시설을 자유롭게 변경시킬 수 있다는 의미이다. 즉, 공장 건설 여부를 자유롭게 선택할 수 있고, 건설하기로 한 공장을 얼마나 크게 만들지도 선택할 수 있으며, 공장에 투입할 노동력의 양도 동시에 선택할 수 있다. 장기 기업은 다양한 생산요소들의 조합을 고민해야 하기 때문에 어떻게 선택할 경우 최소의 비용으로 최대의 효과를 달성할 수 있는지를 살펴봐야 한다. 이를 위해 필요한 것이 등량곡선과 등비용선이다.

(1) 등비용선(isocost line)

① 정의

등비용선은 소비자이론에서의 예산선과 같은 개념이다. 기업이 생산에 필요한 생산요소를 구입하기 위해서는 지출이 필요한데, 등비용선은 기업이 구입할 수 있는 자본과 노동의 조합을 나타낸 직선이다. 같은 등비용선상의 점들은 모두 자본과 노동의 조합이 상이하지만 총비용이 같음을 나타낸다. 등비용선은 다음과 같이 나타낼 수 있다.

$$TC = TVC = rK + wL \iff K = -\frac{w}{r}L + \frac{TC}{r}$$

읽는 강의

소비자이론에 예산선이 있다면, 생산자이론에는 등비용선이 있습니다. 예산선과 마찬가지로 변화 요인에 따라 등비용선이 이동하거나 그 기울기가 변화합니다. 등비용선이 이동하는 경우는 총비용이 변화하는 경우입니다. 총비용이 증가할 경우 등비용선이 바깥쪽으로 이동하고, 총비용이 감소할 경우 안쪽으로 이동합니다. 총비용에 영향을 미치는 요인 중 하나는 '기술'입니다. 기술의 진보가 나타날 경우 보다 적은 생산요소의 투입으로 동일한 생산량을 달성할 수 있으므로, 이전보다 적은 총비용으로 동일한 생산량을 달성할 수 있습니다. 이 경우 등비용선은 안쪽으로 이동합니다. 등비용선의 기울기 변화는 생산요소의 상대가격이 변했을 때 발생합니다. 등비용선의 기울기는 생산요소의 상대가격($\frac{w}{r}$)을 의미하고, 상대가격이 변할 경우 상대적으로 값이 비싸진 생산요소의 투입은 줄이고, 값이 저렴해진 생산요소의 투입은 늘리게 됩니다. 한편, 생산요소의 상대 가격 변화에도 불구하고 그 이전의 생산량을 달성하고자 한다면 등비용곡선은 평행 이동하게 됩니다.

② 등비용선의 이동

등비용선의 기울기는 $-\frac{w}{r}$이며, 이는 생산요소 간의 상대가격을 의미한다. 즉, 자본에 대한 노동의 상대가격이 된다. 총비용이 TC_0일 때 모든 지출을 자본의 구입에만 사용한다면 $\frac{TC_0}{r}$만큼의 자본을 임대할 수 있고, 모든 지출을 노동의 고용에만 사용한다면 $\frac{TC_0}{w}$만큼의 노동을 고용할 수 있다. 총비용이 증가($TC_0 \rightarrow TC_1$)하면 등비용선은 바깥쪽으로 이동하는데, 등비용선이 원점에서 멀어질수록 더 높은 총비용 수준을 의미한다.

(2) 최적 조합의 선택 — 비용 극소화와 최대 생산량

① 생산의 쌍대성(duality of production)

최적 조합의 선택은 총비용을 극소화하는 방법과 주어진 금액 내에서 최대한의 생산을 달성하는 방법이 존재한다. 주어진 비용으로 생산을 최대화하는 것과 주어진 생산량을 최소의 비용으로 생산하는 것은 동전의 앞, 뒷면과도 같은 이야기이다. 이를 '생산의 쌍대성'이라고 한다.

② 최적 조합의 선택

㉠ 최적 조합의 조건(한계생산물균등의 법칙): 생산자이론에서 생산요소 간 최적 조합은 등량곡선과 등비용선이 일치($MRTS_{L,K} = \frac{w}{r}$)하는 지점에서 형성된다. 최적 조합의 조건은 다음과 같이 변형이 가능하며, 이는 각 생산요소의 1원당 한계생산이 일치할 때 비용 극소화가 달성됨을 보여 준다.

$$MRTS_{L,K} = \frac{w}{r} \iff \frac{MP_L}{w} = \frac{MP_K}{r}$$

㉡ 최적 조합의 선택 I — 비용 극소화: 이는 달성해야 하는 생산량 정보가 담긴 등량곡선을 중심에 두고 이에 적합한 등비용선을 찾는 과정이다. 주어진 생산량을 최소의 비용으로 생산하기 위한 방법을 찾는 과정인 것이다.

㉢ 최적 조합의 선택 II — 최대 생산량: 이는 주어진 금액 내에서 생산가능한 최대 생산량을 찾는 과정이다. 등비용선을 중심에 두고 이에 적합한 등량곡선을 찾는 과정이다.

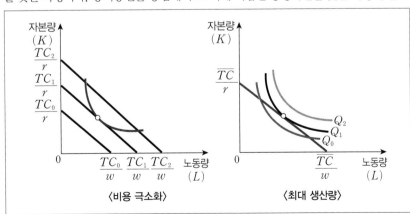

〈비용 극소화〉　　　〈최대 생산량〉

| 해설 | 비용 극소화는 생산요소 1원당 한계생산물이 동일해질 때 투입량을 결정하면 달성이 가능하다. 노동의 1원당 한계생산물은 $\frac{3}{5}$이고, 자본의 1원당 한계생산물은 $\frac{1}{15}$이다. 노동의 1원당 한계생산물이 큰 상황이므로 두 생산요소의 1원당 한계생산물이 동일해질 때까지 노동의 투입을 늘리고, 자본의 투입을 줄인다. 투입이 많아진 노동의 한계생산물은 체감하고, 투입이 적어 희소해진 자본의 한계생산물은 증가하여 균형이 형성된다.

정답 ①

노동 한 단위의 가격이 5원이고, 자본 한 단위의 가격은 15원이다. 기업 A의 MP_L은 3이고, MP_K가 1일 때 비용 극소화를 위해서는 노동과 자본의 투입량을 어떻게 변화시켜야 하는가? (단, 모든 시장은 완전 경쟁시장이며, 노동과 자본의 한계생산은 체감한다.)

① 노동의 투입량을 늘리고, 자본의 투입량을 줄인다.
② 노동의 투입량을 줄이고, 자본의 투입량을 늘린다.
③ 노동과 자본 모두 투입량을 늘린다.
④ 노동과 자본 모두 투입량을 줄인다.
⑤ 노동과 자본의 투입량을 그대로 유지한다.

(3) 장기 비용함수와 장기 비용곡선

① 확장경로와 장기 총비용곡선

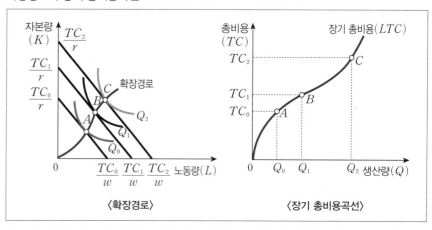

〈확장경로〉   〈장기 총비용곡선〉

단기에 기업은 주어진 시설규모에서 산출량만을 조절할 수 있었다. 하지만 장기에는 시설 규모 자체의 조절이 가능해지면서 같은 양의 생산물을 최소의 비용으로 생산할 수 있는 규모를 선택할 수 있다. 위의 그림에서 A, B, C는 각각 생산량 Q_0, Q_1, Q_2를 최소의 비용으로 달성할 수 있는 장기균형점이다. 이를 생산량–총비용 평면에 나타내면 장기 총비용곡선이 도출된다. 장기 총비용곡선은 원점에서 출발하는데, 이는 장기의 경우 고정비용이 존재하지 않고 모든 비용이 가변비용이기 때문에 생산량이 0일 경우 총비용도 0이 되어 원점에서 출발하는 곡선의 형태를 갖는다. 장기균형점 A, B, C를 연결한 선을 '확장곡선(expansion path)'이라고 한다.

② 장기 총비용곡선, 장기 평균비용곡선, 장기 한계비용곡선

ⓐ 곡선의 형태: 단기와 마찬가지로 장기 평균비용과 한계비용은 장기 총비용곡선으로부터 도출된다. 고정비용이 존재하지 않아 원점에서 출발한다는 차이점을 제외하면 장기 총비용곡선과 단기 총비용곡선은 모양이 동일하기 때문에 이로부터 도출되는 장기 평균비용곡선과 한계비용곡선의 형태도 단기와 동일하다. 장기 총비용곡선으로부터 도출되는 장기 평균비용곡선과 한계비용곡선은 다음과 같다.

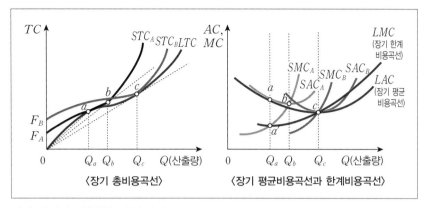

〈장기 총비용곡선〉　　　　〈장기 평균비용곡선과 한계비용곡선〉

ⓒ 장기 및 단기 비용함수 간의 관계
- 장기와 단기의 평균비용곡선은 모두 U자형으로 동일하다.
- 단기 평균비용곡선은 수확체감의 법칙으로 인해 U자형의 모양을 갖는다.
- 장기 평균비용곡선은 규모에 대한 수익으로 인해 U자형의 모양을 갖는다. 처음에는 생산시설규모를 증가시킬수록 규모에 대한 수익 증가가 나타난다. 하지만 생산량이 증가할수록 규모에 대한 수익 불변이 나타나다가, 이후에는 규모에 대한 수익 감소가 일어나 U자형의 모양을 갖는다.
- 규모에 대한 수익과 무관하게 단기 총비용곡선은 장기 총비용곡선보다 위에 위치한다.
- 장기 총비용곡선과 단기 총비용곡선이 접하는 점에서 장기 평균비용곡선과 단기 평균비용곡선이 접하고, 장기 한계비용곡선과 단기 한계비용곡선도 접한다.
- 장기 평균비용곡선은 단기 평균비용곡선을 감싸고 있는 포락선의 형태이다.
- 장기 한계비용곡선은 단기 한계비용곡선을 감싸는 포락선의 형태가 아니다.
- 장기 평균비용곡선에서 최저가 되는 점을 최적 시설규모라고 한다.

⑷ 규모의 경제와 규모의 불경제

① 규모의 경제(economies of scale)

장기에 모든 생산요소의 투입량을 a배 했을 때 생산물이 a배 이상으로 산출되는 경우를 '규모에 대한 수익 체증(IRS)'이라고 한다. 이는 장기에 생산요소의 상대가격이 일정하다면 장기 평균비용이 감소함을 의미한다. 생산요소 투입량을 a배로 증가시킬 때 생산물이 $2a$배로 증가하는 경우의 장기 평균비용은 다음과 같다. 이처럼 생산량이 증가함에 따라 장기 평균비용이 감소하는 현상을 '규모의 경제'라고도 한다.

$$AC_{new} = \frac{aTC}{2aQ} = \frac{1}{2}\frac{TC}{Q} = \frac{1}{2}AC$$

② 규모의 불경제(diseconomies of scale)

장기에 모든 생산요소의 투입량을 a배 했을 때 생산물이 a배보다 작게 산출되는 경우를 '규모에 대한 수익 체감(DRS)'이라고 한다. 이는 장기에 생산요소의 상대가격이 일정하다면 장기 평균비용이 증가함을 의미한다. 생산요소 투입량을 $2a$배로 증가시킬 때 생산물이 a배로 증가하는 경우의 장기 평균비용은 다음과 같다. 이처럼 생산량이 증가함에 따라 장기 평균비용이 증가하는 현상을 '규모의 불경제'라고도 한다.

$$AC_{new} = \frac{2aTC}{aQ} = 2\frac{TC}{Q} = 2AC$$

(5) 범위의 경제

범위의 경제는 특정 재화들을 한 회사에서 생산할 때 투여되는 총비용이 해당 재화들을 여러 회사들이 구분하여 생산할 때 투여되는 총비용보다 작은 경우를 말한다. 즉, 두 재화를 한 회사에서 생산할 때 투여된 비용이 두 재화를 각각 다른 회사에서 생산할 때 투여된 비용보다 작을 경우 범위의 경제가 유발되었다고 한다. 규모의 경제는 하나의 재화를 생산할 때 많은 양을 생산할 경우 이로 인해 평균생산비용이 감소하는 현상을 설명하는 것이라면, 범위의 경제는 여러 재화를 한 회사에서 생산할 경우 평균생산비용이 더 감소하는 것을 말한다. 규모의 경제가 하나의 재화에 대한 내용이라면, 범위의 경제는 둘 이상의 재화에 대한 내용이다.

기출로 확인하기 · 정답 및 해설

| 해설 | 가. 생산량이 증가할수록 평균고정비용은 감소하고, 평균가변비용은 감소하다가 증가한다.
나. 한계비용은 평균비용의 최저점을 아래에서 위로 통과한다.
다. 한계비용은 평균가변비용의 최저점을 통과한다. 따라서 평균가변비용이 최소일 때 한계비용과 평균가변비용이 일치한다.
라. 단기에 한계비용곡선이 상승하는 이유는 수확체감의 법칙이 작용하기 때문이다.

정답 ①

기출로 확인하기   52회 기출

기업의 비용곡선에 대한 옳은 설명을 〈보기〉에서 고르면?

─〈보기〉─
가. 평균고정비용이 감소할 때 평균가변비용은 증가하거나 감소한다.
나. 평균총비용이 최소일 때 한계비용과 평균총비용은 일치한다.
다. 한계비용이 최소일 때 한계비용과 평균가변비용은 일치한다.
라. 단기에서 한계비용 곡선이 궁극적으로 상승하는 이유는 규모의 불경제 때문이다.

① 가, 나   ② 가, 다   ③ 나, 다
④ 나, 라   ⑤ 다, 라

NEWS

작정하고 반도체팹 짓는 중국 …
"이러다 다 뺏길 수도" 경고

중국 내 반도체 신규 공장(팹) 건설 규모가 미국과 대만을 제치고 세계 최대인 것으로 나타났다. 미국이 중국을 배제한 한·미·일·대만 4개국 반도체 공급망 동맹인 이른바 '칩4'를 추진하는 상황에서 중국의 이같은 반도체 자립 정책이 성공할지 관심이 쏠린다.

SEMI 집계에 따르면 중국은 2021~2024년 4년 동안 주요 반도체 팹 31곳을 건설한다. 이는 같은 기간 대만 19곳, 미국 12곳을 앞서는 세계 최대 규모이다. SEMI는 세계적으로 반도체 공급 부족이 이어지는 가운데 중국이 반도체 생산 시설을 빠르게 확장하고 있다고 설명했다.

눈여겨볼 대목은 중국이 7나노미터(nm·10억분의 1m) 미만의 최첨단 공정 기술이 아니라 구형 중저가형 반도체 생산 역량 확장에 집중한다는 점. 첨단 반도체 칩 제조 기술은 한국, 대만, 미국 등에 크게 뒤진 만큼 중하위 기술 역량을 키워 물량으로 관련 수요를 장악한다는 전략이다. 자동차 전장 계통을 제어하는 핵심 반도체인 마이크로컨트롤러유닛(MCU), 자동차·스마트폰·기타 전자제품에 널리 쓰이는 전력 공급 장치 반도체 등이 중국이 노리는 품목이다.

WSJ은 "한국, 미국, 대만 등 국가들과의 기술경쟁에서 밀린 중국이 첨단 칩 대신 저가 칩 생산 프로젝트에 집중하도록 접근 방식을 재조정했다."며, "이런 저가형 칩은 자동차와 스마트폰을 비롯한 전자제품에 널리 사용된다."고 전했다. 글로벌 시장조사기관 옴디아의 임원 후이허는

"대량 전자제품에는 고급 칩이 필요하지 않다."고 짚었다.

중국의 전략은 세계 최대 파운드리(반도체 위탁생산) 기업인 대만 TSMC 등 글로벌 반도체 기업들이 최첨단 공정에 집중하면서 중저가형 반도체 생산에 많이 투자하지 않는 점과 관련이 깊다. 실제로 TSMC는 최근 7나노 이하 공정의 최첨단 반도체 제품이 2분기 매출의 절반 이상을 차지했다면서 앞으로도 첨단 반도체 판매에 집중할 것이라고 밝혔다.

중국 정부는 500억 달러(약 65조 4,800억 원) 이상을 확보한 2개의 국가차원 관련 기금을 포함해 엄청난 자원을 투입하고, 지방정부 차원에서도 비슷한 기금을 속속 마련했다. 이밖에 반도체 업체들은 최대 10년까지 법인세를 면제 받는 혜택도 제공하고 있다.

2021년 중국 최대 반도체 업체 SMIC는 상하이 남동부 지방에 28나노 칩을 만드는 반도체 공장 건설을 위해 89억 달러(약 11조 6,000억 원)를 투자했다. 아울러 연간 40만 장의 웨이퍼 생산을 목표로 한 윙텍 테크놀로지(원타 기술회사)의 자동차용 반도체 공장이 올해 가동에 들어간다. 뿐만 아니라 SMIC는 미국 반도체 장비회사 어플라이드머티리얼 등으로부터 145억 달러 규모의 장비를 구입하기도 했다.

Why 이슈가 된 걸까?

중국이 중저가 반도체 시장 석권을 위해 반도체 공장을 짓고 있다는 내용이다. 메모리 반도체는 대표적인 규모의 경제로 자연독점이 형성되는 분야이다. 즉, 생산량을 늘릴수록 반도체 가격을 낮출 수 있어 경쟁자를 따돌릴 수 있는 시장인 것이다. 중국 정부도 법인세 면제 혜택을 제공하며 이러한 전략의 효과가 극대화되도록 지원하고 있다. 유독 메모리 반도체 분야에서 뒤쳐진 중국의 반도체 전략은 계속되고 있다. 규모의 경제는 디지털 시대에도 여전히 기하급수적인 수익을 창출할 수 있는 전략이다.

01 난이도 ■■□

생산비용과 관련된 설명으로 옳지 않은 것은?

① 평균고정비용곡선은 직각쌍곡선의 형태로 보인다.

② 평균비용이 증가하면 한계비용은 평균비용보다 크다.

③ 장기 평균비용곡선은 단기 평균비용곡선들의 포락선이다.

④ 단기적으로 한계비용이 체증하는 것은 노동의 한계생산성이 체감하기 때문이다.

⑤ 장기 평균비용곡선이 우하향하는 구간에서는 규모에 대한 보수가 체증하며, 이때 수확체감의 법칙은 적용되지 않는다.

| 해설 | 규모에 대한 보수는 모든 생산요소의 투입을 증가시켰을 때 생산량의 변화를 살펴보는 장기의 개념이며, 수확체감의 법칙은 하나의 생산요소만 변화시켰을 때 총생산의 변화를 분석하는 단기의 개념이다. 규모에 대한 보수가 체증한다고 해서 수확체감의 법칙이 적용되지 않는 것은 아니다. 장기적으로 나타나는 현상 이면에 단기의 현상들이 놓여 있을 수 있다.

| 오답피하기 | ① 고정비용은 생산량과 무관하게 일정한 값을 갖는 상수이며, 이를 생산량으로 나눈 평균고정비용은 직각쌍곡선의 형태를 갖는다.
② 한계비용은 평균비용의 최저점을 아래에서 위로 뚫고 올라가기 때문에 평균비용이 상승하는 구간에서는 한계비용이 평균비용보다 크다.
③ 장기 평균비용은 단기 평균비용을 감싸는 포락선의 형태이다.
④ 노동과 자본만이 생산요소로 투입되는 경우 단기에는 자본은 고정생산요소이고, 노동은 가변생산요소이다. 이 경우 노동투입이 증가하면 고정된 생산요소의 사용범위 제한으로 노동력이 비효율적으로 사용될 수밖에 없고 그 결과 한계비용이 증가한다.

관련 이론 짚어보기

- **규모에 대한 수익 체증**: 모든 생산요소의 투입을 n배 했을 때 산출량이 n배 이상 증가하는 것을 의미한다.
- **수확체감의 법칙**: 단기에 가변생산요소 1단위를 추가 투입했을 때 총생산량의 증가분이 점차 감소하는 현상을 의미한다.

02 난이도 ■■□

기업의 총비용함수(TC)가 $TC = Q^2 - 3Q + 15$로 주어져 있다. 이에 대한 설명으로 옳은 것은?

① 이 비용함수는 장기 총비용함수이다.

② 생산량(Q)이 5일 때, 총비용은 20이다.

③ 평균비용함수는 $Q + \dfrac{15}{Q} - 3$이다.

④ 생산량(Q)이 5일 때, 한계비용은 5이다.

⑤ 이 기업의 생산은 규모의 경제를 보인다.

| 해설 | 제시된 총비용함수를 통해 평균비용함수를 도출하면 다음과 같다. 평균비용함수는 총생산함수를 생산량(Q)으로 나누어 도출된다.

$$AC = Q - 3 + \frac{15}{Q}$$

| 오답피하기 | ① 단기에는 고정생산요소가 존재한다. 총비용함수에서 생산량과 무관한 비용인 고정비용 15가 있으므로 단기의 함수임을 알 수 있다.
② 생산량 Q에 5를 대입하면 총비용은 25임을 알 수 있다.
④ 한계비용은 총비용함수를 Q로 미분하여 도출된다. 생산량이 5일 때 한계비용은 7이다.

$$MC = 2Q - 3$$

⑤ 규모의 경제는 장기의 개념이다. 단기의 생산함수를 통해 규모의 경제 여부는 확인할 수 없다.

관련 이론 짚어보기

규모의 경제: 생산량이 증가할수록 장기 평균비용이 감소하는 현상을 의미한다.

정답 01 ⑤ | 02 ③

03 난이도 ■■□ [제60회 기출]

다음 표는 많은 업체와 경쟁하고 있는 어느 카페의 생산함수이며, 커피 한 잔의 가격은 4달러이다. 노동자 임금이 주당 400달러에서 700달러로 상승할 때 이 카페 주인이 고용할 노동자 수의 변화로 옳은 것은?

노동자 수(명)	커피 생산량(잔/주)
0	0
1	200
2	350
3	450
4	500

① 1명 고용에서 변동없음
② 3명에서 2명으로
③ 3명에서 1명으로
④ 4명에서 2명으로
⑤ 4명에서 1명으로

| 해설 | 한계비용과 한계수입이 일치할 때 이윤이 극대화된다. 제시된 자료를 바탕으로 노동자 수에 따른 수입과 비용을 나타내면 다음과 같다.

노동자 수	생산량	가격	총수입	총비용 (400 달러)	총비용 (700 달러)	한계 수입	한계 비용 (400 달러)	한계 비용 (700 달러)
0	0		0	0	0	–	–	–
1	200		800	400	700	800	400	700
2	350	4	1,400	800	1,400	600	400	700
3	450		1,800	1,200	2,100	400	400	700
4	500		2,000	1,600	2,800	200	400	700

노동자 임금이 주당 400달러일 때 카페 주인은 노동자 3명을 고용하는 것이 합리적이고, 노동자 임금이 주당 700달러로 상승하면 카페 주인은 노동자 1명을 고용하는 것이 합리적이다.

04 난이도 ■■□

다음은 장·단기 비용함수에 관한 대화이다. 옳게 진술한 사람을 모두 고르면?

> 동욱: 기업은 단기에 주어진 시설규모에서 산출량만 조정할 수 있습니다.
> 유진: 장기에는 시설규모의 조정이 가능하므로 동일한 생산량을 최소한의 비용으로 생산할 수 있는 규모와 생산량을 동시에 결정할 수 있어, 장기비용은 단기비용보다 높을 수 없습니다.
> 신기: 장기 총비용곡선은 단기 총비용곡선의 포락선이 됩니다.
> 정욱: 장기 총비용곡선뿐만 아니라 장기 한계비용곡선도 단기 한계비용곡선의 포락선이 됩니다.

① 동욱, 정욱
② 신기, 정욱
③ 동욱, 유진, 신기
④ 유진, 신기, 정욱
⑤ 동욱, 유진, 신기, 정욱

| 해설 | 동욱. 단기의 경우 고정생산요소가 존재하고, 주로 자본이 고정생산요소이다. 따라서 기업은 단기에 시설규모를 변동할 수 없고, 주어진 시설규모에서 산출량만 조정할 수 있다.
유진. 장기에는 고정생산요소가 존재하지 않기 때문에 시설규모 자체에 대한 변경이 가능하다. 즉, 생산규모와 생산량을 동시에 결정할 수 있어 보다 효율적인 생산이 가능해진다.
신기. 장기 총비용곡선은 단기 총비용곡선들의 포락선의 형태를 갖는다. 즉, 장기 총비용곡선이 단기 총비용곡선들을 감싸는 형태이다.

| 오답피하기 | 정욱. 한계비용곡선은 단기와 장기 모두 평균비용곡선의 최저점을 아래에서 위로 뚫고 지나가는 형태이다. 따라서 장기 한계비용곡선이 단기 한계비용곡선을 감싸는 형태가 되지 않는다.

관련 이론 짚어보기

최적 시설규모(optimal scale of production): 장기 평균비용곡선에서 최저가 되는 지점을 말한다. 규모에 대한 수익과 무관하게 단기 총비용곡선은 장기 총비용곡선보다 위에 위치한다.

정답 03 ③ | 04 ③

05 난이도 ■■□

S전자는 두 생산요소 노동(L)과 자본(K)을 투입하여 이윤 극대화를 도모하고 있다. 노동의 가격과 한계생산성은 각각 200만원과 40단위이며, 자본의 가격과 한계생산성은 100만 원과 40단위이다. 이 기업의 행동으로 적절한 것은?

① 두 생산요소 모두 늘린다.
② 두 생산요소 모두 줄인다.
③ 현재가 최적화된 투입 수준이다.
④ 노동 고용을 줄이고, 자본 투입을 늘린다.
⑤ 노동 고용을 늘리고, 자본 투입을 줄인다.

| 해설 | 생산자는 비용의 극소화를 추구한다. 모든 생산요소가 가변생산요소일 때 비용 극소화는 생산요소 투입 1원당 한계생산물이 일치할 때 달성된다. $MP_L = 40$, $MP_K = 40$, $w = 200$, $r = 100$이므로 1원당 한계생산물은 다음과 같다.

$$\frac{MP_L}{w} = \frac{40}{200} < \frac{MP_K}{r} = \frac{40}{100}$$

따라서 1원당 한계생산물이 일치할 때까지 자본 투입량을 늘리고, 노동 고용량을 줄여야 한다.

관련 이론 짚어보기

한계생산물균등의 법칙: 1원당 한계생산물이 일치할 때 비용 극소화가 달성된다는 것을 의미한다.

06 난이도 ■■□

회계적 이윤과 경제적 이윤의 계산 방법으로 옳은 것은?

① 회계적 이윤=총수입−암묵적 비용
② 회계적 이윤=총수입−명시적 비용−암묵적 비용
③ 경제적 이윤=총수입−명시적 비용
④ 경제적 이윤=총수입−암묵적 비용
⑤ 경제적 이윤=총수입−명시적 비용−암묵적 비용

| 해설 | 회계적 비용은 명시적 비용으로, 당장의 지출로 확인할 수 있는 것을 의미한다. 반면, 경제적 비용은 기회비용이 반영된 비용으로, 해당 행위를 함으로써 포기해야 하는 것의 가치가 반영된 비용이다. 회계적 이윤은 '총수입 − 명시적 비용'으로 계산되고, 경제적 이윤은 '총수입 − (명시적 비용 + 암묵적 비용)'으로 계산된다.

07 난이도 ■□□

창업을 고민하던 진희 씨는 직장에서 급여를 올려주겠다는 제안을 거부하고 창업했다. 기존 월급은 200만 원이었으며, 사장은 300만 원으로 급여 인상을 제안했었다. 한편, 창업한 진희 씨의 한 달 수입은 2,000만 원이었다. 임대료가 월 300만 원, 종업원 인건비가 한 사람당 월 200만 원이고 두 명의 직원이 있으며, 기타 재료비는 월 400만 원이다. 이 경우 진희 씨의 경제적 이윤은?

① 300만 원
② 400만 원
③ 500만 원
④ 600만 원
⑤ 700만 원

| 해설 | 경제적 이윤은 총수입에서 경제적 비용을 제하여 계산한다. 경제적 비용은 기회비용을 고려한 비용이다. 진희 씨가 창업했을 때의 명시적 비용은 임대료, 인건비, 재료비로, 이는 1,100만 원(300만 원+400만 원+400만 원)이고, 기회비용, 즉 창업을 위해 포기한 가치는 300만 원으로, 총 1,400만 원의 경제적 비용이 발생했다. 총수입이 2,000만 원이므로 경제적 이윤은 600만 원이다.

08 난이도 ■■□

월 임대료가 100만 원인 약국건물을 소유한 은주는 약사로 자신의 약국에서 일을 한다. 이 약국의 월 매상액은 500만 원이고, 총 회계적 비용은 월 200만 원이다. 은주는 다른 약국에 고용되어 일을 한다면 월 150만 원의 보수를 받을 수 있다고 한다. 이 때 은주가 자신의 약국에서 약사로 일을 하며 약국을 경영할 때 벌어들일 수 있는 경제적 이윤은 월 얼마인가? (단, 총회계적 비용에 대한 은행이자는 고려하지 않는다.)

① 30만 원
② 50만 원
③ 150만 원
④ 200만 원
⑤ 300만 원

| 해설 | 회계적 비용은 200만 원이고, 암묵적 비용은 다른 약국에 고용되었을 때 받을 수 있는 보수 150만 원과 임대료 100만 원이다. 따라서 경제적 비용은 100만 원+150만 원+200만 원으로 총 450만 원이다. 총수입 500만 원에서 경제적 비용인 450만 원을 뺀 50만 원이 경제적 이윤이 된다.

정답 05 ④ | 06 ⑤ | 07 ④ | 08 ②

09 난이도 ■■■

다음 밑줄 친 ㉠ ~ ㉣에 대한 설명으로 옳지 않은 것은?

> 최근 들어 종래의 생산요소인 노동, 토지, 자본보다 기술과 같은 새로운 생산요소가 매우 중시되고 있다. 연구개발활동의 결과로 나타나는 기술혁신에는 ㉠ 긍정적인 측면과 ㉡ 부정적인 측면이 내재되어 있다. 아울러 ㉢ 위험과 불확실성까지 존재한다. 그리고 ㉣ 경제체제가 보장해 주는 인센티브의 크기에 따라 기술혁신의 수준이 달리 나타나기도 한다.

① ㉠의 사례로 생산성 향상과 상품의 품질개선을 들 수 있다.

② ㉡의 사례로 인간소외와 인간존엄성에 대한 경시현상을 들수 있다.

③ ㉢의 사례로 연구개발활동에 내재된 실패 가능성을 들 수있다.

④ ㉢은 정부가 민간기업의 기술혁신을 지원하는 이유 중 하나이다.

⑤ ㉣은 일반적으로 기술혁신이 시장경제체제보다 계획경제체제에서 더 활발하게 이루어질 수 있음을 시사한다.

l 해설 l 기술혁신은 한정된 자원으로 더 많은 생산을 가능하게 만드는 기반이 된다. 하지만 기술혁신은 저절로 이루어지지 않는다. 다양한 요소들이 뒷받침되어야 하는데, 무엇보다 경제체제가 보장하는 인센티브에 의해 촉진된다. 인센티브는 계획경제체제가 아닌 시장경제체제에서 보장된다.

l 오답피하기 l ① 기술이란 생산요소를 조합하는 방식을 의미한다. 기술혁신이란 이러한 방식의 개선으로 보다 적은 노력으로 생산요소를 조합할 수 있어 이전과 동일한 노력으로 더 많은 생산량을 창출할 수 있음을 의미한다. 이는 생산성 향상과 품질개선으로 나타난다.
② 기술의 발전은 기술의 노동대체를 통한 인간소외나 극단적인 효율성 강조로 인간존엄성에 대한 경시현상이 나타날 수 있다.
③ 연구개발활동은 확실성이 담보되어 있지 않고, 막대한 자금이 투입된다. 이러한 위험으로 인해 실패할 수 있다.
④ 연구개발활동의 불확실성으로 인해 민간의 참여가 불투명할 수 있다. 이는 기술경쟁력의 저하로 이어지므로 국가가 이를 보조하거나 지원하는 경우가 많다.

10 난이도 ■□□

[제60회 기출]

규모의 경제를 잘못 설명하고 있는 것은 무엇인가?

① 자연독점을 발생시키는 요인이다.

② 분업에 따른 전문화로 생길 수 있는 현상이다.

③ 규모가 커질수록 생산단가가 낮아진다.

④ 생산물의 품종이 다양할수록 비용이 낮아진다.

⑤ 산출량이 증가함에 따라 장기평균비용이 감소한다.

l 해설 l 생산품종의 다양화가 비용을 낮추는 것은 범위의 경제에 해당한다.

l 오답피하기 l ① 규모의 경제가 존재할 경우 생산량이 많아질수록 평균비용이 하락하므로 더 낮은 가격을 책정할 수 있다. 이는 자연스럽게 경쟁자의 진입을 막아 독점이 형성된다. 이러한 독점을 자연독점이라고 한다.
② 분업에 따른 전문화로 자원활용의 효율성이 높아지면서 규모의 경제가 발생할 수 있다.
③⑤ 규모의 경제란 생산량이 많아질수록 평균비용, 즉 단가가 낮아지는 현상이다.

11 난이도 ■■□

다음은 어떤 생산요소의 중요성을 함축한 내용이다. 이 생산요소를 가장 바르게 설명한 것은?

> 한 아름다운 여인이 파리의 어느 카페에 앉아 있던 파블로 피카소에게 다가와 자신을 그려 달라고 부탁했다. 물론 그림값을 적절하게 지불하겠다는 약속을 했다. 피카소는 단 몇 분 만에 이 여인의 모습을 스케치해 주었다. 그러고는 50만 프랑(8,000만 원)을 요구했다.
> "아니, 당신은 이 그림을 그리는 데 고작 몇 분밖에 안 쓰셨잖아요."라고 여인은 항의하였다.
> 피카소는 말했다. "천만에요. 40년이나 걸렸습니다."라고 대답했다.

① 전통적인 생산요소의 하나이다.
② 선진국보다 후진국이 더 앞선다.
③ 교육을 많이 받을수록 낮아진다.
④ 이자율의 영향을 가장 크게 받는다.
⑤ 현대 사회에서 중요성이 크게 부각되고 있다.

| 해설 | 제시된 내용에서 강조하고자 하는 생산요소는 기술이다. 기술은 시간과 수량의 제한을 극복할 수 있는 기반이 되는 생산요소이다. 일반적으로 교육과 훈련을 통해 길러지는 기술은 시대를 막론하고 중요한 요소로, 오늘날 그 중요성이 보다 커지고 있다.

| 오답피하기 | ① 전통적인 생산요소는 노동, 토지, 자본이다.
② 기술은 주로 선진국이 후진국보다 앞서 있다.
③ 교육의 수준과 규모가 커질수록 기술 수준은 높아진다.
④ 이자율의 영향을 많이 받는 요소는 투자이다.

12 난이도 ■■■

다음 사례의 기업활동에 대한 옳은 분석을 〈보기〉에서 모두 고르면?

> 어느 가구회사는 조립식 가구의 개념을 도입해 가구 조립에 들어가는 인건비를 고객들에게 되돌려 주고, 직접 집안을 꾸미는 재미를 제공함으로써 매출액을 크게 신장시켰다. 그리고 매장에 휴식 공간과 어린이 놀이시설을 갖추어 가족 단위의 고객들에게 큰 호응을 얻었다. 이외에도 생산설비를 확충하여 조립식 가구를 대량생산함으로써 단가를 낮추었다.

〈보기〉
㉠ 규모의 경제를 활용하였다.
㉡ 판매서비스의 차별화를 시도하였다.
㉢ 저임금을 통해 제품가격을 낮추었다.
㉣ 신상품의 개발을 통한 혁신을 추구하였다.

① ㉠, ㉡   ② ㉢, ㉣
③ ㉠, ㉡, ㉢   ④ ㉠, ㉡, ㉣
⑤ ㉡, ㉢, ㉣

| 해설 | ㉠ 생산설비 확충을 통한 조립식 가구의 대량생산은 규모의 경제를 누릴 수 있도록 한 조치이다.
㉡ 가구 매장에 휴식 공간과 어린이 놀이시설을 갖춘 것은 기존에 없던 차별화된 서비스를 고객들에게 제공한 것으로 판매서비스의 차별화로 볼 수 있다.
㉣ 조립식 가구의 개념을 도입한 신상품의 개발은 일종의 혁신이라 볼 수 있다. 이는 이전에 아무도 실시하지 않았던 제품을 만들어 소비자의 수요를 창출한 것이다.

| 오답피하기 | ㉢ 저임금으로 인한 제품가격 인하는 파악할 수 없다.

13 난이도 ■□□　　　　　　　　　[제74회 기출]

기업의 생산기술이 규모에 대한 수익체증이라고 할 때, 이에 대한 설명으로 옳은 것을 고르면?

① 이 기업의 생산기술은 쿠즈네츠 순환이 작용한다.
② 모든 생산요소의 투입을 두 배 늘려도 산출량은 변하지 않는다.
③ 고정요소의 투입을 두 배 늘리면 산출량이 두 배 늘어난다.
④ 모든 생산요소의 투입을 두 배 늘리면 산출량이 두 배 이상 늘어난다.
⑤ 고정요소의 투입을 두 배 늘리면 산출량이 두 배 미만으로 늘어난다.

| 해설 | 규모에 대한 수익체증은 생산요소의 투입을 a배 증가할 때 생산량은 a배 이상 증가하는 현상으로, 장기평균비용이 감소하는 현상을 의미한다.

| 오답피하기 | ① 쿠즈네츠 순환은 약 20년 주기로 경기가 순환하는 현상을 의미한다.
②⑤ 모든 생산요소의 투입을 a배 증가했을 때 산출량이 그 이하로 증가하는 현상은 규모수익 체감이라고 한다.
③ 규모 수익은 장기의 개념이다. 따라서 모든 생산요소가 함께 변동한다.

14 난이도 ■■□

생산자의 단기 생산활동에 대한 설명으로 옳은 것을 〈보기〉에서 모두 고르면?

〈보기〉
ㄱ 가변요소의 투입량이 증가하면, 평균생산성은 증가하다가 감소한다.
ㄴ 가변요소의 투입량이 증가하면, 한계생산성은 증가하다가 감소한다.
ㄷ 수확체감의 법칙은 한계생산성이 감소하는 구간에서 성립한다.
ㄹ 평균생산성이 상승하는 구간에서 한계생산성은 평균생산성보다 크다.

① ㄱ, ㄷ　　　　　　　② ㄱ, ㄹ
③ ㄴ, ㄹ　　　　　　　④ ㄴ, ㄷ, ㄹ
⑤ ㄱ, ㄴ, ㄷ, ㄹ

| 해설 | ㄱㄴ 가변요소의 투입량이 증가할수록 총생산이 체증적으로 증가하다 체감하므로 평균생산성과 한계생산성은 증가하다가 감소한다.
ㄷ 수확체감의 법칙은 고정생산요소의 존재로 인해 가변생산요소의 한계생산물(MP_L)이 체감하는 것을 의미하므로 한계생산성이 감소하는 구간에서 성립한다.
ㄹ 평균생산성이 상승하는 구간에서는 한계생산성이 평균생산성보다 크고, 평균생산성이 하락하는 구간에서는 한계생산성이 평균생산성보다 작다.

15 난이도 ■■□

[제54회 기출]

A기업이 상품을 생산하는 데 있어 규모의 경제를 누리고 있다고 한다. A기업에 대한 설명으로 옳은 것은?

① 기업의 장기 평균비용곡선이 우하향한다.
② 기업의 장기 총비용함수는 직선이 된다.
③ 공장의 크기를 2배로 하면 생산량이 2배가 된다.
④ 모든 투입요소를 2배로 늘리는 경우 생산량도 2배 증가한다.
⑤ 노동의 투입량을 한 단위 증가시킬 때마다 추가로 생산되는 상품의 양이 증가한다.

| 해설 | 생산량이 증가할수록 장기 평균비용이 감소하는 것은 생산량-평균비용 평면에서 생산량이 증가할수록 장기 평균비용곡선이 우하향하는 구간으로 나타난다.

| 오답피하기 | ② 규모의 경제를 누리는 기업의 장기 총비용곡선은 생산량이 증가할수록 총비용이 증가하는 모습으로 나타난다. 원점에서 장기총비용곡선에 그은 직선의 기울기 값이 장기 평균비용이므로 완만하게 증가하는 장기 총비용곡선은 우하향하는 장기 평균비용곡선을 의미한다.
③④ 규모의 경제는 규모수익체증의 특성을 갖는다. 즉, 생산요소 투입을 a배 증가시키면 생산량은 a배를 상회한다. 즉, 평균비용이 감소한다.
⑤ 노동투입 한 단위 추가에 따른 상품 생산의 증가분을 측정하기 위해서는 다른 생산요소의 투입이 고정되어 있다는 가정이 추가되어야 한다. 즉, 이는 단기의 개념이다. 다른 생산요소의 투입이 고정되어 있는 상황에서 생산요소 한 단위 추가 투입에 따른 생산량 증가를 수확체감의 법칙이라고 표현한다. 규모의 경제는 모든 생산요소의 투입이 가변적인 장기의 개념이다. 따라서 노동 투입 한 단위 증가에 따른 추가 생산의 증가분의 크기는 알 수 없다.

16 난이도 ■□□

단기에 노동의 평균생산물과 노동의 한계생산물, 각 비용 간의 관계에 대한 설명으로 옳은 것은?

① 평균비용이 일정한 경우 한계비용은 일정하다.
② 평균고정비용은 생산량의 변화와 무관하게 일정하다.
③ 한계비용이 생산량과 관계없이 일정하면 평균총비용도 일정하다.
④ 노동의 평균생산물이 노동의 한계생산물보다 크면 노동의 평균생산물은 계속 증가한다.
⑤ 노동의 평균생산물이 증가하면서 노동의 한계생산물보다 커지면 기업의 이윤은 증가한다.

| 오답피하기 | ② 고정비용은 생산량과 무관하게 일정하지만, 이를 생산량으로 나눈 평균고정비용은 생산량 증가에 따라 감소한다.
③ 평균총비용이 일정하지 않더라도 한계비용은 일정할 수 있다. 평균총비용을 생산량에 대해 미분한 값이 한계비용이기 때문이다.
④ 노동의 평균생산물이 노동의 한계생산물보다 큰 구간에서 노동의 평균생산물은 계속 감소한다.
⑤ 한계생산물이 평균생산물곡선의 최고점을 위에서 아래로 통과하므로 노동의 평균생산물이 증가하는 구간에서 노동의 한계생산물보다 큰 구간은 없다.

정답 **15** ① | **16** ①

17 난이도 ▪▪▪

E 기업은 기존 자격증 과목을 폐지하고 새로운 과목을 신설하고자 한다. 새로운 과목의 시장조사를 위해 설문조사 업체에 이미 500만 원을 지급하였다. 그리고 해당 과목의 동영상 강의 촬영을 위해 임대 건물로 사용했던 건물의 계약을 해지하고 E 기업이 직접 사용하고자 한다. 월 임대료는 100만 원이었다. 한편, 새로운 과목을 신설하기 위해서는 각종 비용이 발생하는데, 연 3,600만 원의 경비 지출이 예상된다. E 기업이 기존 자격증 과목을 폐지하고 새로운 과목을 신설한 것이 합리적이라면 첫해 최소 얼마 이상의 매출을 올려야 하는가? (단, E 기업은 신규 사업 발굴에 사용할 목적으로 1억 원의 펀드를 운영 중인데 현재 연 2%의 수익이 발생했다. 이를 새로운 과목 신설 자금으로 사용할 예정이며, 기존 자격증 과목의 수입은 연 5,000만 원이다.)

① 3,600만 원 ② 5,000만 원
③ 6,400만 원 ④ 1억 원
⑤ 1억 5천만 원

| **해설** | 제시된 상황을 정리하면 다음과 같다.

경제적 비용		매몰비용
명시적 비용	암묵적 비용	
기타 경비 3,600만 원	기존 자격증 과목의 수입 5,000만 원 + 임대료 1,200만 원 + 펀드 수익 200만 원 = 6,400만 원	설문조사비 500만 원

매출이 최소 1억 원이 되어야 경제적 이윤이 0원이 되어 새로운 자격증 과목으로 변경하는 이유가 타당해진다.

📊 S등급 고난도 문제

생산요소의 투입량과 생산량 간의 관계가 다음과 같을 때, 이를 통해 알 수 있는 것은?

구분	노동=1	노동=2	노동=3
자본=1	60	90	110
자본=2	80	120	150
자본=3	90	140	180

① 규모에 대한 수확 체감, 한계생산성 체감
② 규모에 대한 수확 체감, 한계생산성 불변
③ 규모에 대한 수확 불변, 한계생산성 체감
④ 규모에 대한 수확 불변, 한계생산성 불변
⑤ 규모에 대한 수확 체증, 한계생산성 체감

| **해설** | 제시된 상황은 모든 생산요소의 투입량이 변하는 장기의 상황이다. 단기라면 하나의 생산요소는 생산물의 규모와 무관하게 고정되었을 것이다. 한편, 규모에 대한 수확은 장기의 개념이고, 한계생산성 체감은 단기의 개념이다. 즉, 한계생산성 체감은 하나의 생산요소가 고정된 상황에서 다른 생산요소의 추가 투입이 총생산성의 증가분을 감소시키는 현상을 나타낸다. 제시된 표에서 자본 혹은 노동 중 하나의 생산요소가 고정되었다고 가정하고 다른 생산요소의 투입을 증가시켜 보면 그 추가 증가분이 계속해서 감소한다. 예를 들어, 자본 투입은 2이고, 노동의 투입이 한 단위씩 증가될 때 총생산물은 40에서 30으로 감소한다. 즉, 한계생산성이 체감하고 있는 것이다. 한편, 모든 생산요소의 투입을 2배, 3배 증가시켰을 때 총생산물의 변화를 보면 2배와 3배 증가하는 것을 확인할 수 있다. (노동 1단위, 자본 1단위) 투입 시 총생산물은 60이고, (노동 2단위, 자본 2단위) 투입 시 총생산물은 120이며, (노동 3단위, 자본 3단위) 투입 시 총생산물은 180이다. 즉, 규모에 대한 수확 불변이 성립하는 것이다.

정답 **17** ④ | 고난도 정답 ③

시장
수요자와 생산자가 만나 재화나 서비스를 거래하는 유·무형의 장소

제1절 | 시장과 기업 중요도 **중**

1 시장의 개념과 구분

(1) 시장의 정의

① 미시경제학의 가장 중요한 목적은 시장을 분석하는 일이다. 앞서 배운 소비와 공급, 소비자이론과 생산자이론 모두 시장을 제대로 분석하기 위한 도구들인 것이다. 미시경제학은 시장과 시장 실패로 구분된다고 할 정도로 미시경제학에서 시장은 핵심적인 요소이다.

② 일반적으로 알고 있는 대형마트나 재래시장도 시장의 범위에 포함되지만, 경제학에서 정의하는 시장이란 유무형의 공간을 내포하는 추상적인 메커니즘을 의미하는 개념이다.

읽는 강의

형태가 다른 각각의 시장에서 어떻게 가격과 생산량이 결정되는지를 살펴보는 것이 시장이론의 기본입니다. 각기 다른 시장의 구조에 따라 시장 참여자들의 행동과 시장에 대한 분석 방법이 달라지기 때문입니다.

(2) 시장의 구조

시장은 공급자의 수와 기업들이 생산하는 상품의 질에 따라 크게 완전경쟁시장과 불완전경쟁시장으로 구분할 수 있다. 불완전경쟁시장은 독점시장, 독점적 경쟁시장, 과점시장으로 구분할 수 있다.

구분	완전경쟁시장	불완전경쟁시장		
		독점시장	독점적 경쟁시장	과점시장
공급자의 수	다수	하나	다수	소수
상품의 질	동질	동질	이질	동질, 이질
시장 참여	항상 가능	불가능	항상 가능	어려움
가격 통제력	없음	큼	작음	작음
비가격 경쟁	없음	없음	매우 강함	강함
시장의 예	주식시장	전력	주유소, 약국	이동통신

2 기업의 목표에 대한 다양한 의견

이윤 극대화 가설	• 기업의 유일한 목표는 이윤 극대화이며, 기업의 모든 의사결정은 이윤 극대화의 관점에서 이루어진다는 가설이다. • 현실을 지나치게 단순화했다는 비판을 받지만, 경제학에서 가장 일반적으로 받아들여지고 있는 기업 행동 원리이다.
장기이윤 극대화 가설	기업은 매 시점이 아닌 장기간을 설정해 놓고 해당 기간에 전체의 이윤 극대화를 추구한다는 가설이다.
제약된 이윤 극대화 가설	일정한 제약하에 이윤 극대화를 추구한다는 가설이다. **예** 시장점유율을 유지하는 가운데 이윤 극대화를 추구하는 전략
판매수입극대화 가설	기업은 총수입에서 총비용을 제한 이윤의 극대화를 목표로 두지 않고 총수입의 극대화를 목표로 한다는 가설이다.

만족이윤 가설	• 기업이 완전히 합리적이라는 경제학의 기본 가정을 받아들이지 않는 가설이다. • 제한된 합리성하에서 기업 목표를 적절한 선에서 만족하는 것으로 설정한다는 가설이다.
경영자 재량 가설	소유와 경영이 분리된 상태에서 경영자들은 주주의 이윤 극대화보다는 자신의 효용 극대화를 위해 재량권을 행사한다는 가설이다.
기업가의 효용 극대화 가설	기업의 소유와 경영이 분리되지 않은 상태에서 기업가는 효용 극대화를 추구한다는 가설이다.

제2절 　완전경쟁시장　　　　　중요도 ❸

1 완전경쟁시장의 정의와 특징

(1) 정의

완전경쟁시장(perfectly competitive market)은 수많은 소비자와 생산자가 존재하고, 기업들은 완전히 동질적인 상품을 생산하여 동일한 가격에 사고파는 시장을 의미한다. 완전경쟁시장에 부합하는 시장은 현실에서 찾아보기 힘들다. 그러나 완전경쟁시장이 중요한 이유는 다른 시장을 이해하는 기준이 되기 때문이다. 'CHAPTER 01. 경제학의 기초'에서 살펴본 바와 같이 경제학은 복잡한 현실을 설명하기 위해 현실을 단순화한 모형을 만들어 사용한다. 완전경쟁시장도 이와 같다. 현실의 시장을 설명하기 위해서는 일정 정도의 단순화가 필요한 것이다. 현실에 존재하지 않을 것 같아 보이는 완전경쟁시장이 시장이론에서 차지하는 의미는 매우 크다.

(2) 특징

완전경쟁시장의 자원배분은 효율적이다. 이는 다음과 같은 특징을 갖기 때문이다.

① 완전경쟁시장의 특징

　㉠ 수많은 소비자와 생산자: 완전경쟁시장에는 수많은 소비자와 생산자가 존재한다. 소비자 한 명 한 명의 수요 변화는 상품 가격에 영향을 미칠 수 없다. 시장 내에 소비자가 너무 많아 개별 소비자 수요의 변화는 상품 가격에 반영되지 않기 때문이다. 생산자 역시 한 기업이 공급량에 변화를 주었다 하더라도 상품 가격은 변하지 않는다. 수많은 공급자들이 존재하는 시장에 개별 공급자의 공급량 변화는 상품 가격에 반영되지 않기 때문이다.

　㉡ 동질적인 상품: 완전경쟁시장에서는 상품과 관련된 모든 것이 질적으로 동일하다. 소비자는 어떤 기업으로부터 물건을 구입하더라도 동일한 상품을 구입하게 된다. 따라서 어떤 기업도 상품의 시장가격 결정에 영향력을 행사할 수 없다.

　㉢ 완전한 정보: 시장에 존재하는 소비자와 생산자는 아무런 비용을 들이지 않고도 손쉽게 시장 현황에 관한 완전한 정보(perfect information)를 얻을 수 있다. 상품의 가격이 하락했을 때 상품 가격에 대한 정보가 모든 소비자와 생산자에게 전달되어 시장 내에서는 비싼 가격에 물건을 구입하는 사람이 존재하지 않는다.

ⓔ **자유로운 진입과 퇴출**: 완전경쟁시장 내의 기업들은 산업에 자유롭게 진입하고 퇴출할 수 있다. 즉, 진입장벽이 존재하지 않는다. 자유롭게 진입과 퇴출이 가능하므로 시장가격에 영향을 미치는 일이 발생하지 않는다.

② **해석**

㉠ **가격수용자로서의 수요자와 생산자**: 완전경쟁시장에서 소비자와 생산자는 시장가격 형성에 어떠한 영향을 미칠 수 없으며, 시장에서 결정된 가격을 받아들여야만 한다. 즉, 완전경쟁시장의 수요자와 공급자는 '가격수용자(price taker)'로 행동하며, 이들이 조절할 수 있는 것은 수요량 혹은 생산량이다.

㉡ **하나의 상품에는 하나의 가격만이 존재**: 시장에서 형성된 가격을 받아들여야만 하고, 가격 변화에 대한 완전한 정보를 갖고 있다면 시장 내에 존재하는 모든 상품의 가격은 하나만 존재할 수밖에 없다.

(3) 산업에서의 단기와 장기

① 개별 기업 입장에서 단기와 장기는 시간의 길이가 아닌 고정생산요소의 존재 여부로 구분된다. 단기에는 고정생산요소가 존재하는 반면, 장기에는 모든 생산요소가 가변생산요소로 구성된다.

② 산업의 측면에서 단기와 장기는 의미가 조금 다르다. 산업의 측면에서 단기와 장기는 시장에 진입과 이탈이 자유로운지의 여부에 따라 구분한다. 시장의 진입과 이탈이 이루어지지 않는 시기는 단기이며, 자유로운 진입과 이탈이 가능한 시기는 장기이다.

2 완전경쟁시장의 단기균형

시장의 균형을 도출하기 위해서는 시장수요곡선과 시장공급곡선이 필요하다. 시장수요곡선은 'CHAPTER 03. 소비자이론'에서 살펴본 바와 같이 소비자의 최적화로 인해 개별수요곡선이 도출되고, 이를 수평으로 합하여 시장수요곡선이 도출된다. 문제는 공급곡선이다. 생산자이론의 내용은 정확하게는 공급곡선의 이면일 뿐이지, 비용과 생산함수만으로 공급곡선을 도출할 수 없다. 기업들은 시장의 구조에 따라 공급을 달리하기 때문이다. 따라서 완전경쟁시장의 공급곡선을 살펴봐야 비로소 단기균형을 도출할 수 있다.

(1) 기초 개념

① **총수입(TR: Total Revenue)**

총수입은 생산자가 시장에 물건을 공급하고 얻은 총매출을 의미한다. 즉, 가격과 판매량의 곱으로 계산된다. 완전경쟁시장에서는 가격이 시장에서 정해지므로 총수입은 판매량에 비례한다.

$$TR = P \times Q$$
- P: 가격   - Q: 판매량

② **이윤**

이윤은 총수입에서 총비용을 차감한 값이다. 완전경쟁시장의 기업들은 이윤을 극대화하고자 한다.

$$\pi = TR - TC$$

　・TR: 총수입 　　　　　・TC: 총비용

③ 평균수입(AR: Average Revenue)

평균수입은 생산물 한 단위당 수입을 의미한다. 평균수입은 시장가격(P)과 동일하며 다음과 같이 구할 수 있다.

$$AR = \frac{TR}{Q} \iff \frac{P \times Q}{Q} = P$$

④ 한계수입(MR: Marginal Revenue)

한계수입은 생산물을 한 단위 추가적으로 판매할 때 얻을 수 있는 수입이다. 완전경쟁시장에서 모든 상품의 가격은 P로 일정하므로 한계수입은 시장가격(P)과 동일하다.

$$MR = \frac{\varDelta TR}{\varDelta Q} \iff \frac{P \times \varDelta Q}{\varDelta Q} = P$$

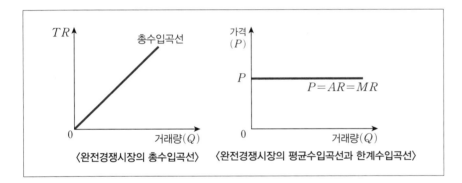

〈완전경쟁시장의 총수입곡선〉　〈완전경쟁시장의 평균수입곡선과 한계수입곡선〉

📐 **읽는 강의**

완전경쟁시장에서 생산자가 직면하는 수요곡선은 시장가격 수준에서 수평입니다. 이로 인해 완전경쟁시장에서는 가격(P)과 한계수입(MR), 평균수입(AR)이 일치합니다. 평균수입은 원점과 총수입곡선상의 한 점을 연결한 직선의 기울기이며, 한계수입은 총수입곡선의 접선의 기울기를 의미합니다. 따라서 완전경쟁시장에서 원점과 총수입곡선상의 한 점을 연결한 직선의 기울기와 접선의 기울기 모두 가격(P)과 동일해집니다.

(2) 완전경쟁기업과 수요자의 수요곡선

① 완전경쟁시장에 존재하는 기업들은 시장에서 결정된 가격을 받아들이는 가격수용자로 행동한다. 따라서 시장에서 결정된 가격 이외의 가격으로는 판매할 수 없다. 수많은 생산자가 존재하는 상황에서 시장가격보다 높게 가격을 설정하면 아무도 상품을 구입하지 않을 것이기 때문이다.

② 완전경쟁시장의 기업들의 입장에서 생각하는 수요곡선은 시장가격 수준에서 수평이 된다. 모든 기업은 동일한 상품을 생산하면서 같은 가격을 책정할 수밖에 없고, 소비자는 해당 제품을 구입할 때 그 수요량과 관계없이 같은 가격을 지불해야 하기 때문이다.

③ 수요자들이 생각하는 수요곡선은 언제나 우하향의 수요곡선이다. 앞에 나온 직선의 수요곡선은 기업의 입장에서 수요곡선을 생각해 볼 때를 이야기한 것이지, 수요자가 느끼는 수요곡선을 이야기하는 것은 아니다.

(3) 완전경쟁기업의 최적 산출량(이윤 극대화 조건)

① 총수입과 총비용의 활용

완전경쟁시장의 기업들은 시장에서 정해진 가격을 받아들일 수밖에 없으므로 이윤을 극대화하기 위해 산출량을 조절한다. 따라서 생산을 얼마나 해야 이윤이 최대가 되는지를 구해야 하는데, 이는 이윤의 개념이 '총수입-총비용'임을 생각하면 쉽게 구할 수 있다.

② 한계수입과 한계비용의 활용

총수입과 총비용을 알면 한계수입과 한계비용을 구할 수 있다. 한계수입이 한계비용보다 크다면($MR > MC$), 이는 상품 한 단위를 추가적으로 판매하여 얻을 수 있는 수입이 추가적으로 생산하는 데 투입되는 비용보다 크다는 의미이므로 추가로 생산하여 이윤을 증가시킬 수 있다. 이때 생산량은 한계수입과 한계비용이 일치할 때까지 증가시킨다. 반면, 한계수입이 한계비용보다 작다면($MR < MC$), 이는 상품 한 단위를 추가적으로 생산하는 데 투입되는 비용이 상품 한 단위를 추가적으로 판매해 얻을 수 있는 수입보다 크다는 의미이므로 생산량을 줄이게 된다. 이때 생산량은 한계수입과 한계비용이 일치할 때까지 감소시킨다.

③ 이윤 극대화 조건

한계수입과 한계비용이 일치할 때 이윤이 극대화된다. 이는 다음과 같이 나타낼 수 있다.

$$MR = MC \iff MR = P = MC \iff P = MC$$

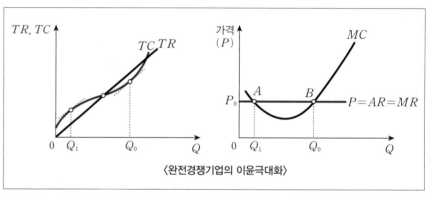

〈완전경쟁기업의 이윤극대화〉

㉠ $MR = MC$가 성립하는 두 점: A와 B점에서 결정되는 생산량 Q_0와 Q_1은 모두 한계수입과 한계비용이 일치하는 생산량 수준이지만, Q_1은 총비용 > 총수입으로 손실이 극대화되는 점이고, Q_0는 총수입 > 총비용으로 이윤이 극대화되는 점이다.

㉡ 이윤 극대화 생산량은 $MR = MC$를 만족하는 두 점(A와 B) 가운데 MC곡선이 상승하는 구간에서 만나는 B점에서 결정된다.

(4) 완전경쟁기업의 공급곡선

① 한계비용(MC)을 고려한 생산량 결정

완전경쟁시장에서 기업은 시장에서 정해진 가격을 그대로 받아들여 $P(=MR) = MC$인 지점에서 이윤 극대화 생산량을 결정한다. 기업의 단기 공급곡선(short-run supply curve)은 각각의 시장가격에서 이윤을 극대화할 수 있는 생산량이 어떻게 결정되는지를 보여 준다. 따라서 완전경쟁시장에서는 가격이 P로 주어져 있는 상황에서 생산량 한 단위를 추가적으로 생산할 때 발생하는 비용, 즉 MC를 고려하여 생산량을 결정하기 때문에 한계비용곡선이 곧 완전경쟁기업의 공급곡선이라고 할 수 있다.

② 한계비용곡선의 일부 구간이 공급곡선으로 기능

완전경쟁시장에서는 한계비용곡선이 공급곡선의 역할을 하지만, 한계비용곡선의 모든 구간이 공급곡선이 되는 것은 아니다.

⊙ 단기의 기업 이윤과 손실

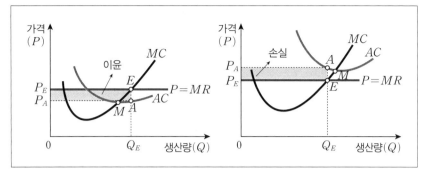

- 일반적으로 기업이 생산을 통해 이익을 낼 수 있는지의 여부는 시장가격과 총평균비용(AC)의 최저점을 비교해 보면 된다. 총평균비용은 총비용곡선으로부터 얻을 수 있고, 총평균비용과 총한계비용이 일치할 때가 총평균비용의 최저점(M)이다. 따라서 시장가격과 총평균비용의 최저점을 비교해 보면 기업이 이익을 얻고 있는지의 여부를 알 수 있다.
- 총평균비용의 최저점(M)을 '손익분기점(break-even point)'이라고 하는데, 이때 이윤은 0이다. 손익분기점에 해당하는 가격, 즉 시장가격이 손익분기가격이라면 기업의 경제적 이윤은 0이다.
- **시장가격(P) > 총평균비용의 최저점(M):** 이윤 발생(□$P_A P_E E A$)
- **시장가격(P) = 총평균비용의 최저점(M):** 균형
- **시장가격(P) < 총평균비용의 최저점(M):** 손실 발생(□$P_E P_A A E$)

ⓒ 조업중단과 단기의 공급곡선: 총평균비용의 최저점이 시장가격보다 높아 손실이 발생하더라도 단기에 존재하는 고정비용 때문에 기업은 조업을 중단할 수 없다. 손실이 발생한다고 해서 바로 조업을 중단하면 생산량과 무관하게 발생하는 고정비용만큼을 고스란히 손실을 입어야 한다. 하지만 어떤 경우에는 손실이 발생함에도 불구하고 계속해서 생산을 하면 이 고정비용의 일부를 상쇄할 수 있다. 즉, 손실이 발생하더라도 이를 최소화하기 위해 생산하는 구간이 존재하는 것이다. 다음의 경우를 살펴보도록 하자.

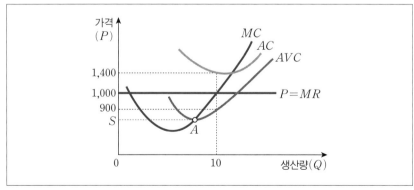

- **시장가격(P):** 1,000원, **총평균비용(AC):** 1,400원, **총평균가변비용(AVC):** 900원
- **총평균고정비용(AFC):** 500원(1,400원－900원)
- **10개 판매 시 손실액:** 4,000원(1,000원×10개－1,400원×10개)
- **조업중단 시 손실액:** 5,000원(500원×10개)

- 시장가격이 총평균비용의 최저점보다 낮아 손실이 발생하여 조업을 중단하면 고정비용 5,000원만큼이 고스란히 손실액이 되지만, 손실에도 불구하고 사업을 계속하면 손실액이 4,000원으로 감소한다. 따라서 단기의 기업은 손실에도 불구하고 손실을 최소화하기 위해 사업을 계속 유지하는 것이 좋다.
- 사업을 하지 않는 것과 손실액이 같아질 때 조업을 중단하게 되는데, 그 지점이 바로 A점이다. 즉, 가격이 총평균가변비용(AVC)의 최저점과 같아질 때에는 조업을 계속할 때의 손실액과 중단했을 때의 손실액이 같아져 조업을 중단하게 된다. A점을 '조업중단점(shut-down point)'이라고 하고, 이에 대응되는 가격을 '조업중단가격(shut-down price)'이라고 한다.
- 결국 기업이 고려해야 하는 구간은 한계비용곡선상에서 조업중단점(A점) 위의 영역이다. A점 이하의 영역에서는 생산량이 0으로 떨어지기 때문이다. 따라서 A점 이하에서의 원점부터 조업중단가격까지($\overline{OS}$)의 구간과 A점 이후의 구간이 완전경쟁기업의 단기 공급곡선이고, 이렇게 도출된 개별공급곡선을 수평으로 합하여 완전경쟁시장의 단기 공급곡선이 도출된다.

기출로 확인하기

성희가 운영하는 사탕 가게의 월간 총비용은 50,000원이고, 고정비용이 10,000원이며, 성희는 매월 50개의 사탕을 판매한다. 성희는 단기적으로 가게를 운영하지만, 장기적으로는 폐업할 예정이다. 이때 사탕 1개의 가격 범위로 적절한 것은? (단, 사탕시장은 완전경쟁이다.)

① 600원 이상 700원 미만   ② 800원 이상 1,000원 미만
③ 1,100원 이상 1,200원 미만   ④ 1,300원 이상 1,400원 미만
⑤ 1,500원 이상

(5) 완전경쟁시장의 단기균형

① 시장수요곡선과 시장공급곡선 — 시장가격 결정

개별 공급곡선은 한계비용곡선 가운데 총평균가변비용의 최저점 위쪽 영역으로 도출되고, 이를 수평으로 합하여 우상향의 시장공급곡선이 도출된다. 이러한 시장수요곡선과 시장공급곡선을 통해 균형을 도출하여 균형생산량과 균형가격이 결정된다.

② 완전경쟁시장의 단기균형

완전경쟁시장의 기업들은 시장가격을 그대로 받아들이고 의사결정을 한다. 즉, 완전경쟁시장의 기업들은 가격수용자로 행동하기 때문에 시장가격과 한계비용이 일치하는 지점($P=MC$)에서 개별 기업의 생산량을 결정한다. 이렇게 결정된 개별 기업들의 생산량을 모두 합하면 시장 전체의 공급량이 된다.

3 완전경쟁시장의 장기균형

(1) 장기의 기업의 의사결정 — 초과이윤

장기는 기업의 입장에서는 고정비용이 발생하지 않는 기간이며, 산업의 입장에서는 시장으로의 진입과 퇴출이 자유로운 기간이다. 특히, 장기에 시장으로의 진입과 퇴출을 결정하는

것은 초과이윤의 존재 여부이다. 단기에 초과이윤이 존재하는 경우 기업들은 장기적으로 생산량을 늘리고자 하고, 시장 밖에 있던 기업들은 해당 시장에 진입하고자 한다.

① 생산시설의 확장

완전경쟁시장의 기업이 단기에 초과이윤을 얻고 있다면, 이 기업은 생산시설을 확장하여 생산량을 늘릴 경제적 유인을 갖는다. 장기에는 주어진 생산시설에서 생산규모만을 선택할 수 있는 것이 아니라 생산시설도 선택하여 보다 낮은 비용으로 생산량을 증가시킬 수 있기 때문이다. 그 결과 시장 전체의 생산량은 증가하고, 공급곡선이 우측으로 이동하여 생산량은 증가하고 가격은 하락한다.

② 새로운 기업의 진입

완전경쟁시장의 기업들이 단기에 초과이윤을 누린다면 시장 밖에 있던 기업들이 진입하여 해당 시장에서는 생산량이 증가한다.

③ 생산설비의 확장과 진입 — 생산량 증가(균형점 변화: $e_0 \rightarrow e_1$)

초과이윤이 존재하는 경우 기업들은 생산설비를 증축하고, 시장에 새로운 기업들이 진입하면서 장기에 시장 전체의 생산량이 증가하여 시장가격이 하락한다. 시장가격이 장기 총평균비용보다 아래로 하락할 경우 장기의 완전경쟁시장의 기업들은 퇴출되어 생산량이 감소하고 그 결과 다시 가격은 상승한다. 이러한 과정을 거쳐 장기의 균형은 장기 총평균비용의 최저점에서 이루어진다.

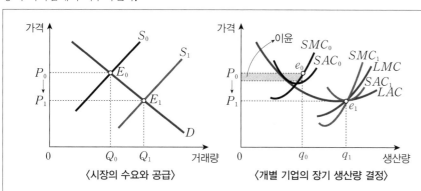

〈시장의 수요와 공급〉　　〈개별 기업의 장기 생산량 결정〉

(2) 완전경쟁시장의 장기균형 해석

① 장기 시장균형점(e_1)

e_0점과 e_1점 모두 단기 시장의 균형점이지만, e_1점에서는 기존 시장에 있는 기업이 퇴출하지도, 새로운 기업이 시장으로 진입하지도 않는다. 이는 장기 시장균형이 형성되는 q_1의 생산량에서는 초과이윤도 손실도 존재하지 않고 정상이윤만을 얻고 있는 상태임을 의미한다. 따라서 e_1점을 '장기 시장균형점(long-run market equilibrium)'이라고 한다.

② 완전경쟁기업의 장기 균형 조건

장기 시장균형이 이루어지는 e_1점에서는 단기 한계비용곡선, 단기 평균비용곡선, 장기 한계비용곡선, 장기 평균비용곡선, 시장가격이 모두 일치한다. 따라서 다음의 등식이 성립한다.

$$SMC = SAC = LMC = LAC = P(=MR)$$

4 완전경쟁시장의 평가

(1) 완전경쟁시장 평가

완전경쟁시장은 가장 효율적인 자원배분이 이루어지는 시장이다. 이는 한계수입과 한계비용이 일치($MR=MC$)하는 지점에서 생산량이 결정되는 점에서 확인할 수 있다. 즉, 소비자가 한 단위 더 소비하기 위해 지불하고자 하는 금액과 기업이 한 단위를 더 생산하기 위해 투입해야 하는 비용이 일치하도록 생산량을 정함으로써 어떠한 자원의 낭비도 발생하지 않는 것이다.

(2) 장점

장기의 균형은 초과이윤의 존재 여부에 따라 진입과 퇴출을 반복하면서 $P=LMC=LAC$의 조건을 만족하도록 생산량의 수준을 결정한다. 기업 간의 무한경쟁에서 살아남기 위해 기업은 주어진 생산량을 달성할 수 있는 가장 최적의 생산시설과 규모를 선택하는 것이다.

(3) 단점

완전경쟁시장은 현실에서 존재하지 않고, 형평성에 있어 어떠한 답을 주지 못한다는 단점을 갖는다.

기출로 확인하기 　29회 기출변형

완전경쟁시장에서 기업의 이윤 극대화 행동으로 옳지 않은 것은?

① 장기적으로 초과이윤을 얻기 때문에 새로운 기업들이 해당 시장으로 진입한다.
② 장기에 손실이 발생하면 생산을 중단한다.
③ 이윤 극대화 생산량은 한계비용과 한계수입이 일치하는 지점에서 결정된다.
④ 가격이 평균가변비용 미만으로 설정되면 장·단기 구분 없이 조업을 중단하는 것이 유리하다.
⑤ 단기에는 손해를 보더라도 조업을 계속하는 것이 유리할 수 있다.

제3절　**독점시장**　중요도 **상**

1 독점시장의 정의와 특징

(1) 정의

① 독점시장(monopoly market)이란 하나의 생산자가 하나의 차별화되지 않은 상품을 생산하는 시장이다. 이러한 시장에서 대체재가 없는 유일한 재화를 생산하는 기업을 독점기업(monopolist)이라고 한다. 독점시장의 예로는 전력산업, 우편산업 등이 있다.
② 독점시장은 완전경쟁시장과는 완전히 반대되는 성격의 시장이다.

(2) 특징

① 독점기업의 공급량이 곧 시장공급량
독점시장 내에 기업은 독점기업 하나밖에 존재하지 않으므로 독점기업이 결정한 생산량

은 곧 시장 전체의 생산량이 된다. 따라서 독점기업이 생산량을 감소시키면 시장가격이 상승하고, 생산량을 증가시키면 시장가격이 하락한다.

② 시장지배력(market power)

독점기업은 시장 내의 유일한 기업이기 때문에 완전경쟁시장의 기업처럼 시장에서 결정된 가격을 받아들이는 가격수용자가 아니라 직접 시장가격 설정에 관여하는 '가격설정자(price setter)'로 행동한다. 따라서 독점기업은 생산량은 줄이면서 가격은 완전경쟁시장보다 높은 수준으로 설정하여 이윤을 증가시킨다.

시장지배력

시장가격에 영향력을 행사할 수 있는 힘

2 독점의 원인

기업들이 시장에서 초과이윤을 누리면 시장 밖의 기업들은 시장에 진입하여 시장 내의 기업들만 초과이윤을 누리는 상황을 방해하고자 한다. 이 과정이 바로 경쟁이다. 하지만 독점시장에는 경쟁이 존재하지 않는데, 이는 독점기업이 다른 기업들을 시장 내로 진입하지 못하게 막기 때문이다. 이를 '진입장벽(barriers to entry)'이라고 한다. 독점시장의 진입장벽은 다음의 이유로 발생한다.

(1) 생산요소의 독점

한 기업이 생산에 필요한 핵심 생산요소를 모두 독점하면 다른 기업은 동일한 상품을 생산할 수 없다.

例 다이아몬드 광산의 80%를 소유하여 다이아몬드 시장을 독점했던 드비어스 사

(2) 규모의 경제

① 규모의 경제는 산출량이 증가할수록 총평균비용이 하락하는 현상을 의미한다. 규모의 경제가 존재하면 산출량을 늘릴수록 총평균비용이 감소하므로 이윤이 증가하고, 이로 인해 규모의 경제를 누리지 못하는 기업들은 시장에서 밀려난다. 이처럼 생산비용 측면에서 다른 기업을 압도하는 경우 이 자체가 진입장벽으로 작용한다.

② 규모의 경제로 인해 발생하는 독점을 '자연독점(natural monopoly)'이라고 하며, 주로 막대한 고정비용이 발생하는 산업에서 발생한다.

例 전력 · 수도 · 가스 · 전기 · 전화 등의 자연독점산업

(3) 특허 및 저작권

특허 및 저작권에 의해 발생하는 독점은 정부가 만든 합법적인 독점이다. 새로운 발명품 개발에 대한 유인을 제공하기 위해 발명이나 창작 후 일정 기간 그 권리를 보호할 필요가 있다. 특허 및 저작권은 법에 의해 경쟁으로부터 보호하고 독점을 인정하는 대표적인 예이다.

특허권(patent)

기술적 사상의 창작물(발명)을 일정 기간 독점적 · 배타적으로 소유 또는 이용할 수 있는 권리. 우리나라의 경우 출원일로부터 20년간 보호받도록 규정

저작권(copyright)

인간의 사상 또는 감정을 표현한 창작물인 저작물에 대한 배타적 · 독점적 권리

3 독점기업의 이윤 극대화

독점기업의 이윤 극대화를 살펴보기 위해서는 독점기업의 수요곡선과 한계수입곡선에 대해 이해해야 한다. 독점기업의 경우 공급곡선이 존재하지 않는다. 독점기업은 시장 내에 유일한 기업이므로 공급량에 대한 사전적 계획이 필요하지 않다. 그저 직면하는 수요곡선상에서 독점기업 자신에게 가장 유리한 생산량을 선택하면 될 뿐이다.

(1) 독점기업의 수요곡선

독점시장 내에 기업은 독점기업 하나이기 때문에 시장수요곡선은 곧 독점기업이 인식하는 수요곡선이 된다. 즉, 더 많은 독점물품을 팔기 위해서는 가격을 낮추어야 하며, 가격을 높이기 위해서는 공급량을 줄여야 한다.

(2) 독점기업의 한계수입

① 생산량 증가 효과와 가격 하락 효과

    ⊙ 완전경쟁시장의 기업과 같이 가격수용자로서 행동하는 경우에는 가격이 곧 한계수입이었다. 즉, 상품을 추가적으로 한 단위 더 판매할 때마다 가격에 해당하는 금액만큼을 벌어들일 수 있었던 것이다.

    ⓒ 가격설정자로서 행동하는 경우는 이와 다르다. 이들이 직면하고 있는 수요곡선이 우하향하기 때문에 상품 한 단위를 더 판매할 때 얻는 수입은 가격과 같지 않다. 생산량이 증가할수록 가격이 감소하기 때문이다(A점 → B점).

    ⓒ 생산량을 한 단위씩 늘릴 때마다 얻게 되는 한계수입은 생산량 증가로 인해 추가적으로 벌어들이는 수입과 가격의 하락으로 인해 감소하는 수입의 합으로 구해진다.

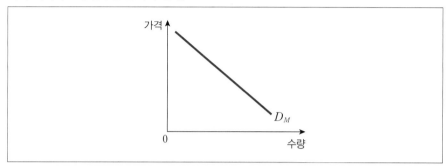

(단위: 개, 원)

수량	가격	총수입 $(TR=P\times Q)$	한계수입 $(MR=\dfrac{\Delta TR}{\Delta Q})$
0	6	0	−
1	5	5	$5(\dfrac{5}{1})$
2	4	8	$3(\dfrac{3}{1})$
3	3	9	$1(\dfrac{1}{1})$
4	2	8	$-1(\dfrac{-1}{1})$
5	1	5	$-3(\dfrac{-3}{1})$

② 수식을 통한 접근

　　㉠ 독점기업이 직면하는 수요곡선은 우하향의 시장수요곡선이므로 생산량을 증가시킬
　　　수록 가격이 하락하여 한계수입곡선(MR)은 항상 수요곡선보다 아래에 위치한다.

　　㉡ 수식

> • D(수요곡선): $P = a - bQ$
> • TR(총수입): $TR = P \times Q = (a - bQ) \times Q = aQ - bQ^2$
> • MR(한계수입): $MR = \dfrac{\varDelta TR}{\varDelta Q} = \dfrac{\varDelta(aQ - bQ^2)}{\varDelta Q} = a - 2bQ$

　　㉢ 수식의 해석: 수요곡선이 $P = a - bQ$이고, 한계수입곡선은 $a - 2bQ$로 나타나기 때
　　　문에 한계수입곡선의 기울기는 수요곡선 기울기의 2배이다. 한계수입곡선은 수요곡
　　　선과 X축 사이의 거리를 절반으로 나눈 지점을 통과한다.

(3) 독점기업의 이윤 극대화

① MR(한계수입) $= MC$(한계비용)

　독점기업은 한계수입과 한계비용이 일치하는 지점에서 생산량을 결정한다. 한계수입이
한계비용보다 높으면 생산량을 증가시켜 이윤을 증가시킬 수 있고, 한계수입이 한계비
용보다 낮으면 생산량을 감소시켜 손실을 감소시킬 수 있다. 따라서 독점기업의 이윤 극
대화 조건은 한계수입과 한계비용이 일치하는 지점이다.

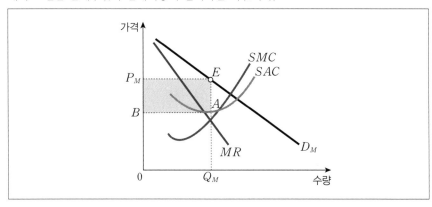

② 해석

　　㉠ 한계수입곡선(MR)을 도출: 수요곡선과 수직 절편은 같고 기울기가 수요곡선의 2배
　　　인 한계수입곡선을 도출한다.

　　㉡ 한계수입(MR)과 한계비용(MC)이 같아지는 지점에서 생산량 수준을 결정: 생산량
　　　Q_M이 이윤 극대화를 할 수 있는 생산량이다.

　　㉢ 이윤 극대화 생산량 수준에서의 수요곡선상의 점을 찾아 이윤 극대화 가격 책정
　　　• Q_M에서 수요곡선까지 올라가서(E점) 수직축으로부터 가격 확인(P_M)
　　　• P_M이 독점기업의 이윤 극대화 가격
　　　• 완전경쟁시장의 기업과 달리 한계비용(MC)보다 높은 가격을 설정

　　㉣ 이윤의 크기: $\square P_M EAB$

4 독점의 후생평가

(1) 생산자잉여와 소비자잉여

일반적으로 독점시장은 시장경제체제에서 좋지 않은 것으로 간주된다. 이는 완전경쟁시장에 비해 자원배분이 비효율적이다. 독점시장에서의 생산량은 완전경쟁시장에서보다 작고, 독점시장에서의 가격은 완전경쟁시장보다 높게 책정된다. 그 결과 생산자잉여는 증가하지만, 소비자잉여가 감소하여 총잉여는 감소한다.

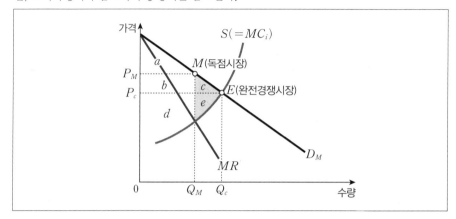

(2) 해석

① 독점시장의 거래량(Q_M)이 완전경쟁시장의 거래량(Q_C)보다 작다.

② 독점시장의 가격(P_M)은 완전경쟁시장의 가격(P_C)보다 높다.

③ 독점의 경우 생산자잉여는 증가($b-e$)하고, 소비자잉여는 감소($-b-c$)한다.

    ㉠ 소비자잉여의 변화분: $a-(a+b+c)=-b-c$

    ㉡ 생산자잉여의 변화분: $(b+d)-(d+e)=b-e$

    ㉢ 자중손실(㉠+㉡): $-(c+e)$

5 독점기업의 가격차별(price discrimination)

독점기업은 생산량을 늘릴수록 총수입이 늘지만 가격이 낮아지면 총수입이 감소한다. 가격을 설정할 수 있는 독점기업의 입장에서는 가격 하락으로 인한 총수입의 감소를 최소화하고 싶어 하는데, 그 방법이 바로 '가격차별'이다.

(1) 가격차별의 정의

동일한 재화에 대해 다른 가격을 책정하는 것을 의미한다. 출장을 위해 비행기 좌석을 구입하는 사람들은 비행기표 가격에 덜 민감한 반면, 여행을 하는 사람들은 비행기표 가격에 민감하게 반응하듯이 같은 제품이라도 수요의 가격탄력성은 사람마다 다르다. 따라서 가격설정자로서 행동할 수 있는 독점기업은 이들에게 각각 다른 가격을 부과함으로써 이들의 소비자잉여를 모두 생산자잉여로 흡수한다. 이윤을 극대화하기 위한 가격차별은 상대적으로 수요의 가격탄력성이 낮은 시장에 더 높은 가격을 설정하는 것이다.

(2) 가격차별의 성립 조건

시장지배력	생산자가 가격을 설정할 수 있는 힘이 있으면 동일한 제품에 다른 가격을 부과할 수 있다.
고객 혹은 시장의 분리	가격에 대해 서로 다른 성향을 갖는 사람들과 시장을 큰 비용을 들이지 않고 쉽게 분리할 수 있어야 한다. 즉, 시장 분리에 들어가는 비용보다 분리를 통해 얻는 수입이 커야 한다.
재판매 불가	분리된 소비자 혹은 시장 간에 재판매가 어려워야 한다. 재판매가 가능해진다면 가격차별로 인한 판매 수익을 얻으려는 사람들이 생겨나고 결국에는 시장 간에 가격 차이가 사라지기 때문이다.
시장 간 상이한 수요의 가격탄력성	각 시장에 대한 수요의 가격탄력성이 서로 달라야 한다. 가격탄력성이 같으면 시장이나 고객을 분리하는 것이 의미가 없다.

(3) 가격차별의 종류

① 제3급 가격차별

ㄱ 정의: 소비자를 그룹별로 분류하여 서로 다른 가격을 책정하는 가격차별이다.

　　예 수험생 할인, 여성 할인 등

ㄴ 특징: 소비자잉여의 일부를 독점이윤으로 흡수하는 가격차별로서 가장 완화된 형태이다. 일반적인 가격차별은 제3급 가격차별을 의미한다.

② 제2급 가격차별

ㄱ 정의: 사람이 아니라 상품을 구분하여 다른 가격을 부과하는 방법이다.

　　예 열차 좌석 등급이나 대량구매 시 할인 등

ㄴ 특징: 고객의 유형을 정확히 알지 못해 고객의 가격민감도를 구분할 수 없을 때 사용한다. '간접가격차별(indirect price discrimination)'이라고도 한다. 제2급 가격차별을 통해 상당히 많은 소비자잉여가 독점이윤으로 흡수된다.

③ 제1급 가격차별

ㄱ 정의: 상품과 사람 모두를 구분하여 서로 다른 가격을 책정하는 가격차별 방식으로, 가격차별의 종류 중 가장 강력한 가격차별이다. 모든 소비자잉여가 독점이윤으로 귀속되기 때문에 이를 '완전가격차별(perfect price discrimination)'이라고도 한다.

ㄴ 특징: 모든 상품에 대해 소비자가 갖고 있는 최대 지불용의만큼의 가격을 부과하여 모든 소비자잉여를 독점이윤으로 귀속시킬 수 있다.

(4) 후생 수준 비교

한계비용이 일정하다고 가정할 때 완전가격차별 시 모든 소비자잉여가 생산자잉여로 귀속되고 사회 전체적인 후생손실은 없다.

구분	완전경쟁시장	독점시장	완전가격차별
소비자잉여(ⓐ)	$a+b+c$	a	0
생산자잉여(ⓑ)	0	b	$a+b+c$
총잉여(ⓐ+ⓑ)	$a+b+c$	$a+b$	$a+b+c$

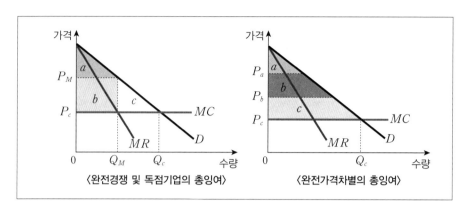

〈완전경쟁 및 독점기업의 총잉여〉　　　〈완전가격차별의 총잉여〉

| 해설 | 가격차별이란 동일한 재화와 서비스에 서로 다른 가격을 설정하는 가격전략을 의미한다. 가격차별은 소비자의 특성을 직접적으로 파악할 수 있는 경우 3급 가격차별이라고 하고 간접적으로 소비자의 탄력성 정보를 읽어낼 수 있는 경우 2급 가격차별이라고 하며, 모든 정보를 파악할 수 있는 경우 소비자잉여는 모두 생산자 잉여로 귀속되어 소비자잉여가 사라지는데, 이를 1급 가격차별이라고 한다.

A. 2급 가격차별은 수량에 따라 가격을 다르게 책정하는 형태로 나타난다. 수량할인을 통해 소비의 인센티브가 있는 경제주체를 수요의 가격탄력성이 높은 소비자로 파악 가능한 것이다.

BC. 모든 정보를 활용하여 소비자 각각의 최대 지불용의만큼 가격을 책정하는 가격차별을 1급 가격차별(완전가격차별)이라고 한다. 이때 소비자잉여 전부가 생산자잉여로 귀속되어 사회 전체적으로는 완전경쟁시장의 효율적인 자원배분과 동일해진다.

정답 ②

기출로 확인하기 　　　　　　　　　　　50회 기출

다음 지문을 읽고 괄호 A, B, C에 들어갈 용어를 순서대로 옳게 연결한 것은?

> 가격차별이란 동일한 제품과 서비스에 대해 소비자마다 가격을 다르게 책정하는 것을 의미한다. 가격차별의 대표적인 예로는 학생할인, 영화관의 조조할인 등이 있다. 가격차별의 종류에는 구매하는 재화나 서비스의 수량에 따라 가격을 다르게 책정하는 (A) 가격차별, 그리고 각각의 소비자에게 소비자의 최대 지불용의(maximum willingness to pay)만큼을 가격으로 선정하는 (B) 가격차별이 있다. (B) 가격차별의 경우 (C)이라고 불리기도 한다. (A) 가격차별과 (B) 가격차별의 차이는 독점기업이 소비자의 효용함수에 대해 정확하게 알고 있는지 여부에 달려 있다.

① 1급 – 2급 – 완전가격차별
② 2급 – 1급 – 완전가격차별
③ 2급 – 1급 – 불완전가격차별
④ 3급 – 2급 – 불완전가격차별
⑤ 3급 – 2급 – 완전가격차별

6 독점시장의 평가 및 규제

(1) 독점시장에 대한 평가

① 독점시장은 완전경쟁시장에 비해 생산량이 감소하고, 가격이 상승($P > MR = MC$)하여 사회적 후생손실이 발생한다. 또한 유휴설비가 존재하여 자원의 낭비가 초래된다.

② 총잉여의 구성 측면에서도 소비자잉여가 생산자잉여로 귀속되기 때문에 소득분배 측면에서도 문제가 발생한다.

③ 경쟁의 부재라는 측면에서 비효율성(X-비효율성)이 발생할 수 있으며, 소비자 선택의 자유가 제한되고 사회적 공평성의 문제가 발생할 수 있다.

유휴설비

가동되지 않고 있는 생산시설. 유휴설비가 존재할 경우 고정비 부담, 매출 수익 감소로 이어져 도산의 원인이 될 수 있음

X-비효율성

경쟁의 부재나, 조직 구성원의 활동이 나태해지거나 방만해짐으로써 발생하는 비효율

(2) 독점시장에 대한 규제

① 독점으로 인한 폐해를 방지 및 시정하기 위한 방법으로는 독점기업이 생산하는 재화에 대한 가격 규제, 독점기업에 대한 조세 부과, 새로운 기업의 진입을 유도하여 시장 구조를 경쟁체제로 바꾸는 방법 등이 있다.

② 각국에서 독과점에 대한 정부의 규제가 일반화되어 있어도 규제에 따른 사회적 비용이 크다. 정부의 독과점 규제가 정당성을 얻기 위해서는 규제로 인해 발생하는 비용보다 규제로 인한 사회적 이득이 더 커야 한다.

구분	가격 규제	조세 부과	
		종량세	정액세(이윤세)
규제 방법	일정 가격 이상의 가격 설정 금지	단위당 t원 (가변비용 증가와 동일 효과)	매기당 t원 혹은 이윤에 t% (고정비용 증가와 동일 효과)
비용곡선의 이동	이동 없음	• AC 위쪽으로 이동 • MC 위쪽으로 이동	• AC 위쪽으로 이동 • MC 이동 없음
효과	가격 하락, 생산량 증가	가격 상승, 생산량 감소	가격 불변, 생산량 불변
문제점	제품의 질 저하	생산량 감소 초래	혁신 활동 저하

Why 이슈가 된 걸까?

시장 중심의 문제 해결을 추구하는 새 정부는 온라인 플랫폼 기업에 대해 규제 일변도의 방식보다 혁신은 강화하면서도 문제는 자율적으로 보완할 수 있는 방향을 설정하고 있다. 한편, 권한의 독점도 견제 기능을 마련할 예정이다. 공정거래위원회가 독점적으로 갖던 권한을 다른 기관도 행사할 수 있도록 제도를 보완할 예정이다. 독점시장에 대한 해법을 경쟁의 회복이라는 시장 중심의 방법을 취하고 있음을 엿볼 수 있다.

매스컴으로 보는 시사 이슈

NEWS

공정위, 인수위에 업무보고 …
온플법은 완화, 전속고발권은 유지될 듯

네이버, 카카오 등 대형 플랫폼 업체에 대한 규제를 강화해온 공정거래위원회가 대통령직인수위원회에 업무보고를 했다. 인수위 및 정부 관계자들에 따르면 이번 업무보고에서는 온라인 플랫폼 업체에 대한 규제를 강화하는 것이 적절한지 여부가 주된 의제로 논의됐다.

윤석열 대통령은 대통령 후보자 시절 기업에 대한 규제를 완화하겠다고 수차례 강조해왔다. 온라인 플랫폼 업체에 대해서도 플랫폼 특유의 혁신이 저해되지 않도록 자율규제를 원칙으로 하되 필요할 때 최소한의 규제만 해야 한다고 밝힌 바 있다.

이에 따라 온라인 플랫폼에 대한 규제를 강화하기 위해 만들어진 '온라인 플랫폼 중개거래의 공정화에 관한 법률(온플법)' 제정안은 수정이 불가피할 전망이다. 공정위 주도로 제정돼 국회에 계류 중인 온플법은 플랫폼의 상품 노출 순서, 기준 등을 공개하도록 하는 내용을 담고 있어 플랫폼 업계의 반발을 사고 있다. 온플법에 의한 규제 대상 플랫폼은 중개거래 금액이 1조 원 이상이거나 중개수익이 1,000억 원 이상인 업체로 당정 협의가 이뤄졌는데, 향후 이 기준이 상향 조정될 가능성이 높게 점쳐지고 있다.

전속고발권 폐지 이슈는 업무보고에서 짧게 언급되는 데 그친 것으로 전해졌다. 윤석열 대통령이 전속고발권 폐지를 공약으로 내세우지 않은 데다 "다른 부처가 보유한 의무고발요청제도와 조화로운 운용이 필요하다."고 강조한 만큼 현행 제도를 크게 고칠 이유가 없기 때문이다.

의무고발요청제도는 공정위가 공정거래법 위반 행위에 대한 독점적 고발 권한을 보유함으로써 발생할 수 있는 부작용을 막기 위해 검찰총장, 감사원장, 중소벤처기업부 장관, 조달청장이 공정위에 고발을 요청할 수 있도록 한 제도다. 네 기관장으로부터 고발 요청을 받은 공정위는 반드시 검찰총장에 고발을 해야 한다.

제4절 | 독점적 경쟁시장   중요도 **상**

1 독점적 경쟁시장의 정의와 특징

(1) 정의

① 독점적 경쟁시장(monopolistically competitive market)은 완전경쟁시장에 가까우면서도 독점의 특징을 지니고 있는 시장이다.

② 완전경쟁시장과의 유사점은 산업 안에 수많은 기업이 존재하고 이들이 자유롭게 진입과 퇴출을 할 수 있다는 점이다.

③ 독점적 경쟁시장의 기업은 차별화된 제품을 생산하여 독점기업과 같은 시장지배력을 갖는다. 시장 구조 가운데 가장 현실적인 시장이라고 할 수 있다.

    에 음식점, 출판사, 세탁소, PC방 등

(2) 특징

① **다수의 생산자**

독점적 경쟁시장에는 완전경쟁시장과 같이 경쟁하는 많은 기업들이 존재한다. 하지만 그 수가 완전경쟁시장만큼 많은 것은 아니다.

② **차별화된 제품**

독점적 경쟁시장 내의 수많은 기업들은 비슷한 상품을 생산하지만 모두 조금씩 차별화된 제품을 생산하고 있다. 출판사의 경우 책이라는 같은 상품을 생산하지만, 출판사마다 인문학, 소설 등 차별화된 상품을 제공하고 있다. 이러한 차별성으로 인해 독점적 경쟁시장의 기업들은 시장지배력을 갖는다. 따라서 독점적 경쟁시장의 기업들은 한계비용보다 높은 가격을 책정한다. 하지만 독점기업만큼 높게 설정하지는 못한다. 제품이 완전히 유일무이한 것은 아니기 때문에 가격이 지나치게 높을 경우 다른 경쟁자에게 소비자를 뺏길 수 있다. 독점적 경쟁시장의 기업은 독점기업과 마찬가지로 우하향의 수요곡선을 갖지만, 수요의 가격탄력성이 크기 때문에 그 기울기가 독점기업보다 완만하다.

③ **자유로운 진입과 퇴출**

독점적 경쟁시장에는 완전경쟁시장과 같이 기업들이 시장에 자유롭게 진입하고 퇴출할 수 있다. 즉, 독점기업과 같은 진입장벽이 존재하지 않는다. 이는 완전경쟁시장과 마찬가지로 장기에 초과이윤을 얻지 못한다는 것을 의미한다. 단기에 초과이윤이 존재하는 경우 시장 밖의 기업들이 시장에 진입한다. 이는 시장 전체의 생산량 증가로 이어져 장기에 초과이윤은 모두 사라지게 되고, 시장 내의 기업들은 정상이윤만을 얻을 수 있다.

④ **비가격경쟁(non-price competition)**

독점적 경쟁시장의 기업이 생산하는 제품은 서로 완전하게 차별화된 것이 아니므로 각 기업은 자기 제품의 차별성을 홍보하고 강조해야 다른 기업과의 경쟁에서 이길 수 있다. 이처럼 가격보다 제품의 품질이나 광고 등으로 경쟁하는 것을 '비가격경쟁'이라고 한다.

2 독점적 경쟁시장의 균형

(1) 단기균형 ─ 독점기업의 특성(이윤 극대화 조건)

독점적 경쟁시장에서 기업의 단기균형은 독점기업과 비슷하다. 즉, 우하향하는 수요곡선과 총평균비용곡선의 위치에 따라 단기적으로 이윤을 얻을 수도 있고, 손실을 볼 수도 있다 ($MR=MC$).

(2) 조정과정

① 이윤을 얻는 경우

독점적 경쟁시장의 기업이 단기에 이윤을 얻는 경우 새로운 기업들이 시장에 진입한다. 이로 인해 시장 안에 공급되는 재화의 종류는 증가하고 기존에 이윤을 얻었던 기업의 재화에 대한 수요가 감소하여 기존 기업이 느끼는 수요곡선은 좌측으로 이동한다. 그 결과 기존 기업의 이윤은 감소한다.

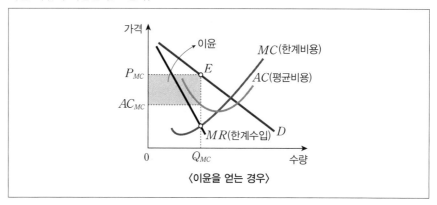

〈이윤을 얻는 경우〉

② 손실을 보는 경우

독점적 경쟁시장의 기업이 단기에 손실을 보는 경우 기존의 기업들은 시장을 이탈한다. 이로 인해 시장 안에 공급되는 재화의 종류가 감소하여 기존 기업이 느끼는 수요곡선은 우측으로 이동한다. 그 결과 기존 기업의 이윤 손실은 감소한다.

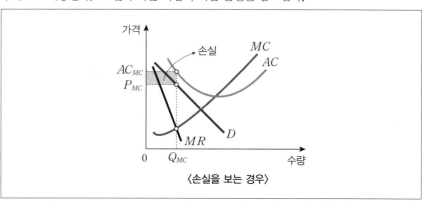

〈손실을 보는 경우〉

(3) 장기균형 ─ 완전경쟁시장의 기업의 특성(장기 무이윤 조건)

독점적 경쟁시장은 기업의 진입과 퇴출이 자유롭기 때문에 장기에 기업이 이윤 혹은 손실을 경험하고 있으면 균형이라고 할 수 없다. 이윤을 경험하고 있으면 다른 기업들은 이윤이 사라질 때까지 시장에 진입하고, 손실을 경험하고 있으면 기존의 기업들은 손실이 사라질 때까지 시장에서 퇴출한다. 따라서 독점적 경쟁시장의 장기균형은 진입이나 퇴출이 없을 때 달성될 수 있으며, 이는 독점적 경쟁시장 내의 모든 기업의 이윤이 0일 때 가능하다. 독점이윤이 존재하지 않는 독점기업과 같은 모습이 된다($P=AR=LAC$).

3 독점적 경쟁시장의 평가

(1) 사회적 순손실의 발생
완전경쟁시장에서는 가격과 한계비용이 일치하지만, 독점적 경쟁시장에서는 한계비용보다 높은 수준에서 가격이 결정된다. 따라서 독점적 경쟁시장에서는 과소 생산으로 인한 사회적 순손실(자중손실)이 발생한다.

(2) 유휴설비의 존재
유휴설비란 평균비용이 최소가 되는 산출량과 현재 산출량의 차이를 의미한다. 완전경쟁시장의 경우 유휴설비가 존재하지 않지만, 독점적 경쟁시장의 경우 독점시장처럼 유휴설비가 존재한다.

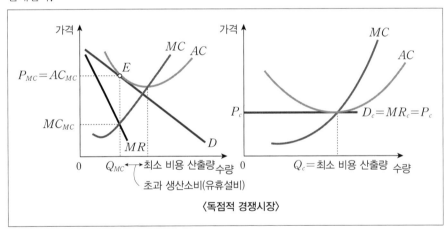

〈독점적 경쟁시장〉

53회 기출

기출로 확인하기

독점적 경쟁기업이 완전경쟁기업과 공통적으로 지니는 특징을 〈보기〉에서 고른 것은?

〈보기〉
가. 장기적으로 이윤이 0이다.
나. 개별기업은 시장에서 가격 결정에 영향을 미치지 못한다.
다. 한계비용과 한계수입이 일치하는 곳에서 생산한다.
라. 장기적으로 총평균비용곡선의 최저점에서 생산한다.

① 가, 나   ② 가, 다   ③ 나, 다
④ 나, 라   ⑤ 다, 라

기출로 확인하기 정답 및 해설

| 해설 | 가. 독점적 경쟁시장과 완전경쟁시장은 무수히 많은 공급자가 존재하면서 진입과 퇴출이 자유로워 장기 무이윤 현상이 나타난다.
다. 이윤 극대화 생산량은 한계비용과 한계수입이 일치하는 지점에서 형성된다.
나. 독점적 경쟁시장 내의 기업들은 서로 조금씩 차별화된 제품을 판매하므로 가격 설정이 가능하지만, 완전경쟁시장 내의 기업들은 완전히 동질적인 제품을 판매하므로 가격수용자로 행동하여 가격 결정에 영향을 미치지 못한다.
라. 완전경쟁시장에서는 장기적으로 총비용곡선의 최저점에서 생산되지만, 독점적 경쟁시장은 우하향의 수요곡선을 가지고 있어 총비용곡선의 최저점보다 왼쪽에서 생산한다.

정답 ②

제5절 과점시장 중요도 **상**

1 과점시장의 정의와 특징

(1) 정의

① 과점(oligopoly)이란 독점시장에 가까우면서 완전경쟁시장의 요인들을 일부 갖고 있는 시장으로서, 소수의 기업에 의해 지배되는 시장을 의미한다.

② 과점의 특수한 경우로서 기업이 두 개만 존재하는 과점시장의 경우를 복점(duopoly)이라고 한다.

(2) 특징

① 시장 내 기업 간의 밀접한 의존 관계

시장 내에 존재하는 다른 기업과 밀접한 상호의존 관계를 맺고 있다는 것은 시장 구조 가운데 과점시장의 기업만이 지니는 특성이다. 과점시장 안의 기업들은 매우 소수이므로 한 기업의 생산량 변화는 다른 기업에 직접적으로 영향을 미친다. 따라서 가격이나 생산량을 변화시킬 때에는 다른 기업이 어떻게 반응할지에 대해 고려해야 한다. 이때 사용되는 분석 방법이 바로 뒤에서 배울게 될 게임이론이다.

② 비가격경쟁과 가격의 경직성

과점시장 내 기업의 수가 소수이므로 한 기업이 가격 인하를 통해 다른 기업의 수요를 뺏을 경우 가격 전쟁이 발생하여 모두 패자가 될 가능성이 높다. 따라서 가격을 통한 경쟁보다 광고나 품질 개선과 같은 비가격적인 요소들을 활용하여 경쟁을 한다. 그 결과 가격이 경직적인 특성을 보인다.

③ 담합 등의 비경쟁 행위

과점시장 내의 기업들은 서로 가격경쟁을 벌일 경우 유리하지 않다는 점을 알고 있으므로 담합이나 카르텔과 같은 비경쟁 행위를 하고자 한다. 과점시장 내의 기업들이 담합을 형성할 경우 시장은 마치 거대한 독점기업에 의해 지배받는 것과 같은 결과를 낳는다.

④ 진입장벽의 존재

독점시장의 경우보다 약하지만, 과점시장 또한 강력한 진입장벽을 갖는다. 진입장벽은 독점보다 약하고 독점적 경쟁시장보다 강하다. 이러한 진입장벽으로 인해 과점 상태가 유지된다. 진입장벽이 발생하는 이유는 독점과 유사하다(규모의 경제, 일부 기업에 의한 생산요소 독점, 정부의 인허가 등).

2 과점이론의 구분

(1) 과점시장 내 기업이 상호 협조적인 경우

① 담합과 카르텔 형성

과점시장 내 기업들이 상호 협조적인 경우에는 담합이나 카르텔을 형성한다. 담합(collusion)은 기업 간에 은밀하게 이루어지는 합의를 의미하며, 카르텔(cartel)은 공개적으로 이루어지는 합의를 의미한다. 과점시장에서 담합과 카르텔의 차이는 존재하지 않는다. 과점시장 내 기업들이 성공적으로 담합할 수 있다면 시장의 균형은 독점시장의 균형과 동일하다.

② 불안정한 담합과 카르텔

담합에 성공하여 과점시장의 기업들이 동일한 생산량을 산출하여 동일한 가격에 판매할 경우, 각각의 기업들은 배신의 유인을 갖는다. A기업과 B기업 모두 5개씩 생산하여 산업 전체의 공급량을 10개로 제한하고 가격을 250원에 판매하기로 했다고 가정하면 A기업과 B기업은 같은 제품을 판매하기 때문에 똑같이 100원의 한계비용을 갖는다. 이때 A기업과 B기업의 수익은 다음과 같다. 이처럼 담합은 배신할 경우 더 큰 수익을 얻을 수 있기 때문에 유지되기가 어렵다. 이러한 배신의 유인 이외에도 담합은 법적으로 처벌받을 수 있는 행위이기 때문에 그 형성이 쉽지 않다.

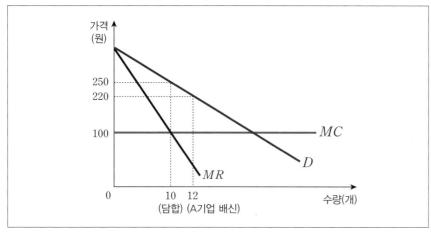

구분	산업 전체 수익	A기업 수익	B기업 수익
(A) 담합 유지 시	1,500원 (250원×10개)−(100원×10개)	750원 (250원−100원)×10개/2	750원 (250원−100원)×10개/2
(B) A기업 배신 (생산량 2단위 증가 → 가격 220원으로 하락)	1,440원 (220원×12개)−(100원×12개)	840원 (220원−100원)×7개	600원 (220원−100원)×5개
(A)와 (B) 차이	60원 감소	90원 증가	150원 감소

(2) 과점시장 내 기업이 상호 경쟁적인 경우

담합은 배신의 유인이 크기 때문에 실제 과점시장 내의 기업들은 협조적인 관계보다 상호 경쟁적인 관계를 맺는 경우가 많다. 이런 경우의 과점을 설명하는 모형에는 쿠르노 모형과 베르트랑 모형이 있다.

① 쿠르노 모형(Cournot model)

　㉠ 쿠르노 모형은 과점시장의 기업들이 단시간 내에 생산량을 변화시키기 어려울 때 지나친 경쟁을 하기보다 시장을 나누어 가짐으로써 가격을 한계비용 이상으로 유지할 수 있음을 보여 준다.

ⓒ 과점시장의 기업이 항공기를 만드는 기업이라면 항공기는 갑자기 만들어 낼 수 있는 상품이 아니므로 상대방의 생산능력을 파악하고 나면 갑자기 이보다 큰 규모의 생산을 할 수 없다고 확신하게 된다. 예를 들어, A기업의 항공기 생산능력이 1년에 100대라면 B기업은 A기업의 항공기 생산능력이 갑자기 증가될 수 없으므로 이를 그저 받아들이고 자신의 생산규모를 결정하게 된다. 이때 B기업도 1년에 100대 생산량 목표를 세우게 되면 시장을 A기업과 B기업이 반반씩 나누어 가질 수 있음을 예상할 수 있다. 그 결과 전체 생산량은 완전경쟁시장의 생산량보다 적고 가격은 한계비용보다 높아 이윤을 얻을 수 있다. 이 경우 서로 담합을 합의한 것은 아니지만 결과적으로 담합과 같은 결과를 얻게 된다.

② 베르트랑 모형(Bertrand model)

　ⓐ 베르트랑 모형은 기업들이 생산량을 쉽게 변경시킬 수 있고, 서로가 완전 대체재일 때 각 기업들은 가격이 한계비용과 같아질 때까지 가격경쟁에 돌입하게 된다는 것이다.

　ⓑ 생산량을 증가시키기 쉬운 똑같은 제품을 A기업과 B기업이 생산한다면 시장에서 수요가 증가할 경우 A기업과 B기업은 모두 한계비용 이상의 가격 설정이 가능하지만, 수요가 감소하는 경우 A기업과 B기업은 수요를 끌어오기 위해 가격을 인하할 수밖에 없다. A기업과 B기업의 제품이 완전히 같은 제품이기 때문이다. 따라서 A기업이 가격을 내리면 B기업은 그보다 더 내리는 전략을 사용하고, 다시 A기업은 B기업보다 가격을 내리는 전략을 사용할 것이다. 이는 가격이 한계비용과 같아질 때까지 계속된다. 결국 이윤이 0이 되는 상황에 직면하게 된다.

제6절 　게임이론　　　　　　　　　　　　　　중요도 ❸

1 게임이론의 기초

(1) 기초 개념

① 게임이론의 정의

서로의 행동이 상대방에게 영향을 주는 상황인 전략적 상황에서 의사결정 과정을 분석하는 이론을 말한다. 게임이론은 전략적 상황에 놓여 있는 과점시장의 분석틀로 많이 사용된다.

② 게임의 구성요소

경기자	게임에 참여하는 경제주체
전략	각 경기자들이 이윤(효용) 극대화를 위해 선택할 수 있는 대안
보수	임의의 결과로 각 경기자들이 얻게 되는 것

③ 균형

외부의 충격이나 교란이 없는 한 모든 경기자들의 전략이 계속 유지되는 상태를 말한다. 모든 경기자들이 현재의 결과에 만족하여 더 이상 자신의 전략을 바꿀 유인이 없는 상태를 '게임의 균형'이라고 한다.

④ 혼합전략

여러 전략을 확률에 따라 무작위로 선택하는 전략을 '혼합전략'이라고 하고, 이러한 전략의 짝을 '혼합전략균형'이라고 한다. 혼합전략하에서는 각 순수전략을 선택하는 확률이 전략이 된다.

(2) 우월전략과 우월전략균형

① 우월전략은 각 경기자가 상대의 전략에 관계없이 항상 자신의 보수를 더 크게 하는 전략을 말하고, 우월전략균형은 각 경기자의 우월전략으로 이루어진 쌍을 말한다.

② 우월전략균형은 존재한다는 보장은 없지만 존재한다면 유일하며 안정적이다. 다만, 우월전략균형이 존재하더라도 효율적이라는 보장은 없다. 현실적으로는 우월전략이 나타나는 경우가 흔하지 않기 때문에 전략적인 상황을 설명하는 개념으로 유용하지 않을 수 있다.

③ 예시

전략 $a2$와 $b2$는 각각 상대방의 모든 선택에 대해 최선이 되는 우월전략이며, $(a2, b2)$의 짝이 우월전략균형이 된다. (,)의 앞은 기업 A의 보수, 뒤는 기업 B의 보수이다.

기업 A \ 기업 B	전략 $b1$	전략 $b2$
전략 $a1$	(7, 7)	(2, 9)
전략 $a2$	(9, 2)	(3, 3)

(3) 내쉬전략과 내쉬균형

① 내쉬전략은 각 경기자가 상대의 전략에 따라 자신의 보수를 더 크게 하는 전략을 말하고, 내쉬전략균형은 각 경기자의 내쉬전략으로 이루어진 쌍을 말한다.

② 내쉬균형에서는 상대방이 먼저 전략을 변화시키지 않는 한, 내가 먼저 전략을 변화시킬 유인이 없다.

③ 예시

$(a1, b1)$, $(a2, b2)$의 2개의 내쉬균형이 존재한다.

기업 A \ 기업 B	전략 $b1$	전략 $b2$
전략 $a1$	(8, 7)	(4, 4)
전략 $a2$	(4, 4)	(7, 8)

2 게임이론의 적용

(1) 용의자의 딜레마(죄수의 딜레마)

경기자는 용의자 A와 B이며, 전략은 자백과 부인이고, (,)의 앞은 용의자 A의 보수이고, 뒤는 용의자 B의 보수이다.

용의자 A \ 용의자 B	자백	부인
자백	(징역 5년, 징역 5년)	(징역 2년, 징역 8년)
부인	(징역 8년, 징역 2년)	(징역 0년, 징역 0년)

① 용의자 A는 용의자 B의 자백 전략에 따라 자백 전략을 선택하고, 용의자 B의 부인 전략에 따라 부인 전략을 선택한다. 용의자 B도 마찬가지이다. 따라서 용의자 A와 B 모두의 자백 전략과 부인 전략의 쌍은 내쉬균형이다.

② 모두가 자백하는 내쉬균형에서 어떤 용의자가 부인하면 그 용의자의 징역이 늘어나고, 모두가 부인하는 내쉬균형에서 어떤 용의자가 자백하면 그 용의자의 징역이 늘어난다. 따라서 어떤 경기자도 전략을 변화시킬 유인이 없으므로 내쉬균형은 안정적이다. 우월전략균형은 내쉬균형에 포함되며, 내쉬균형이 파레토 효율성을 보장하지는 않는다.

(2) 시장선점전략

게임이론은 시장에서 선점 효과를 거두는 방법에 대한 시사점을 제시해 준다. 다음의 상황은 상대 회사의 전략에 따라 어떠한 보수 체계를 갖게 되는지를 보여 준다.

회사 A \ 회사 B	진입	포기
진입	(−20, −20)	(40, 0)
포기	(0, 40)	(0, 0)

① 먼저 A회사가 진입을 선택할 경우 B회사는 포기를 선택하는 것이 유리하다. 반대로 A회사가 포기를 선택할 경우 B회사는 진입을 선택하는 것이 유리하다. 반대로 B회사가 진입을 선택할 경우 A회사는 포기를 선택하는 것이 유리하고, B회사가 포기를 선택할 경우 A회사는 진입을 선택하는 것이 유리하다. 이러한 상황을 통해 내쉬균형이 (진입, 포기), (포기, 진입) 두 가지로 귀결됨을 알 수 있다.

② 두 가지 내쉬균형 중 어느 균형으로 최종 귀결되는지는 두 기업 중 어느 기업이 먼저 진입을 선택했느냐에 달려 있다. 먼저 진입을 선택한 기업은 흔히 '앞선 자의 이득'이라고 하여 자신에게 더욱 유리한 고지를 점하게 된다.

파레토 효율성

어떤 경제주체가 경제적 거래를 통해 효용의 증가를 경험하기 위해서는 반드시 다른 경제주체의 효용이 감소해야만 하는 자원 배분 상태. 즉, 어느 누구의 효용 감소분이 존재하지 않을 경우 나의 효용이 증가하지 못하는 상태를 의미함

기출로 확인하기 | 정답 및 해설

| 해설 | 죄수의 딜레마 게임은 두 게임 참여자 모두에게 우월한 전략이 존재한다. 모두 자백하는 전략이다. 이러한 게임은 참여자 간에 협조가 불가능한 상황을 만드는 것이 핵심이다. 그리고 유한반복되면 보복의 가능성이 존재하여 딜레마가 사라지지 않는다. 무한반복될 경우 참가자들의 협조가 쉬워져 게임 결과는 달라지게 된다. 이러한 죄수의 딜레마는 과점시장에서의 기업들의 전략을 설명하는 데 적합하다.

정답 ③

기출로 확인하기   30회 기출변형

'죄수의 딜레마(prisoner's dilemma)' 모형에 대한 설명으로 옳지 않은 것은?

① 두 게임 참여자 모두에게 각각 우월한 전략이 존재한다.
② 죄수의 딜레마 게임이 유한반복되면 딜레마가 해결되지 않는다.
③ 독점적 경쟁시장에서 기업 간 관계를 설명할 수 있다.
④ 게임 참가자 간의 협조가 이루어지면 게임 결과는 달라질 것이다.
⑤ 카르텔에 적용해 보면, 카르텔 협정을 위반하는 것이 우월전략이다.

기출동형 연습문제

01 난이도 ■■□

다음은 완전경쟁시장에 대한 학생들의 발표 내용이다. 옳지 않게 발표한 학생은?

> 정호: 완전경쟁시장은 수많은 수요자와 공급자가 모여 있는 시장입니다.
> 남혁: 개별 기업은 가격수용자로서 시장가격에 영향을 주지 못합니다.
> 종영: 시장 참여자들에게는 완전한 정보가 주어집니다.
> 동욱: 공급자들은 동질적인 제품뿐만 아니라 이질적인 제품도 시장에 공급합니다.
> 지현: 효율적인 자원배분이 이루어지는 이상적인 시장입니다.

① 정호　　　　　　② 남혁
③ 종영　　　　　　④ 동욱
⑤ 지현

| 해설 | 완전경쟁시장에서는 이질적인 제품이 공급되지 못한다. 완전경쟁시장에서는 각기 다른 생산자가 만든 완전하게 동일한 제품이 생산 및 교환되기 때문에 기업은 가격을 설정하지 못한다.

| 오답피하기 | 완전경쟁시장은 수많은 소비자와 생산자가 모여 완전히 동질적인 상품을 생산하고 거래하는 시장이다. 모든 경제주체에게 완전한 정보가 주어지면, 기업은 시장에서 결정된 가격을 받아들이는 가격수용자로 행동한다.

관련 이론 짚어보기

완전경쟁시장의 특징: 수많은 소비자와 생산자, 동질적인 상품, 완전한 정보, 자유로운 진입과 퇴출

02 난이도 ■■□

표는 건전지시장에서의 수요량과 공급량을 나타낸다. 건전지시장이 완전경쟁시장이라면, 균형에서 개별 기업의 한계수입은?

(단위: 만 원, 개)

가격	수요량	공급량
0	20	2
1	18	4
2	16	6
3	14	9
4	12	12
5	10	15

① 1만 원　　　　　② 2만 원
③ 3만 원　　　　　④ 4만 원
⑤ 5만 원

| 해설 | 완전경쟁시장의 기업들은 가격수용자로 행동한다. 즉, 가격을 설정하지 못하고 시장에서 주어진 가격을 그대로 받아들인다. 이로 인해 기업이 직면하는 수요곡선은 시장균형가격 수준에서 수평의 형태이다. 한계수입은 한 단위 더 판매했을 때 얻는 총수입의 증가분을 의미한다. 완전경쟁시장의 기업들은 수평의 수요곡선에 직면하기 때문에 판매량과 무관하게 같은 가격을 인식하므로 한계수입은 수요곡선과 일치한다. 건전지시장이 완전경쟁시장이라면 균형가격은 4만 원이고, 균형거래량은 12개이므로 균형가격 4만 원이 한계수입이 된다.

03 난이도 ■■□

독점기업에 대한 설명으로 옳지 않은 것은?

① 단기와 장기에 항상 초과이윤을 누린다.

② 제품공급량을 동시에 자기가 원하는 수준으로 결정할 수 있다.

③ 독점기업의 가격차별로 인해 개별 소비자잉여는 증가할 수 있다.

④ 한계비용과 한계수입이 일치하는 지점에서 생산이 이루어진다.

⑤ 가격차별이 실시될 때 일부 소비자는 그렇지 않은 상태의 독점가격보다 낮은 가격에서 구입할 수도 있다.

| **해설** | 독점기업이 언제나 이득을 누리는 것은 아니다. 시장에서 생산자가 하나이므로 이득을 누릴 가능성이 높지만, 고정비용이 존재하여 단기에 손실을 볼 수 있다.

| **오답피하기** | ② 독점기업은 가격과 생산규모를 설정할 수 있으며, 시장수요곡선이 곧 독점기업이 인식하는 수요곡선이 된다.

③⑤ 독점기업은 가격차별을 실시할 수 있다. 가격차별로 인해 전체 소비자잉여는 감소하지만, 1급 가격차별이 아니라면 개별 소비자잉여는 증가할수도 있다. 일괄된 가격을 책정하지 않기 때문에 과거에는 소비에서 배제되었던 사람들도 소비를 할 수 있기 때문이다. 소비자마다 상이한 가격탄력성을 기준으로, 소비자를 구분하여 다른 가격을 제시함으로써 소비자잉여의 일부 혹은 전부를 생산자잉여로 전환시킬 수 있다.

④ 독점기업은 한계비용과 한계수입이 일치하는 지점에서 생산량을 정하고, 해당 생산규모에서 소비자들이 지불할 용의의 최대가 얼마인지를 살펴 가격을 설정한다.

04 난이도 ■■□

다음은 가격차별이 성립하기 위한 조건들이다. A ~ E 조건들의 참과 거짓을 바르게 나열한 것은?

> A: 시장공급자(기업)가 시장지배력이 있어야 한다.
> B: 시장의 분리가 가능해야 한다.
> C: 각 시장에서 수요의 가격탄력성이 서로 같아야 한다.
> D: 시장 간 상품의 재판매가 불가능해야 한다.
> E: 시장분리에 소요되는 비용보다 시장분리를 함으로써 얻게 되는 수입증가분이 더 커야 한다.

*(○: 옳다, ×: 옳지 않다)

	A	B	C	D	E
①	○	○	○	○	○
②	○	×	○	×	×
③	○	○	×	○	○
④	×	×	○	×	○
⑤	×	×	×	○	○

| **해설** | 가격차별은 수요자를 그룹별로 구분하여 동일한 상품에 각기 다른 가격을 책정하는 전략이다. 가격차별이 가능하기 위해서는 시장의 분리가 가능해야 하고, 분리된 시장 간 재화 및 서비스의 재판매가 불가능해야 하며, 시장을 분리할 때 발생하는 비용이 시장분리로 인한 이득보다 작아야 한다.

| **오답피하기** | C. 시장마다 수요의 가격탄력성이 동일하다면 가격차별을 실시할 이유가 없다. 소비자마다 각기 다른 수요의 가격탄력성에 맞춘 가격을 제시하여, 소비자잉여를 생산자잉여로 가져오는 것이 가격차별의 목적인데, 시장마다 수요의 가격탄력성이 동일하다면 독점기업은 가격차별을 실시하지 않을 것이다.

정답 **03** ① | **04** ③

166 PART 01 · 미시경제

05 난이도 ■■■

표는 태희와 성국이가 커피와 토스트에 대해 지불할 용의가 있는 가격을 나타낸다. 이를 바탕으로 토스트 가게를 운영하는 제인이가 이윤 극대화를 위해 논리적 판단을 한 것으로 옳지 않은 것은?

구분	커피	토스트
태희	3,000원	600원
성국	2,000원	1,000원

㉠ 단일가격하에서 최대 매출액은 커피 가격을 3,000원, 토스트 가격을 1,000원으로 책정하는 경우 얻을 수 있겠군. 그렇다면 묶어팔기 전략을 쓴다면 얼마의 매출액이 발생할까? ㉡ 두 친구의 성향을 고려할 때 커피와 토스트 가격의 총합은 3,000원을 넘을 수 없겠군. ㉢ 3,000원을 넘게 되면 성국이가 사지 않을 테니까. ㉣ 그렇다면 3,000원의 가격으로 커피와 토스트를 묶어팔면 6,000원의 매출액을 달성할 수 있겠군.

① ㉠   ② ㉡

③ ㉢   ④ ㉣

⑤ 없음

l 해설 l 단일 가격하에서 최대 매출액은 커피 2,000원, 토스트 600원일 때이다. 이때 태희와 성국은 커피와 토스트 모두를 구입하여 5,200원의 매출을 올릴 수 있다. 만약 커피 가격이 3,000원, 토스트 가격이 1,000원이면 커피는 태희만, 토스트는 성국이만 구입하게 되어 4,000원의 매출을 올릴 수 있다.

l 오답피하기 l 묶어팔기란 두 개 이상의 제품을 함께 판매하는 것을 의미한다. 커피와 토스트를 합한 제품에 대한 태희의 지불용의는 3,600원이고, 성국이는 3,000원이다. 3,000원에 커피와 토스트를 판매하면 태희와 성국이 모두 구매하지만, 3,000원을 넘으면 태희만 구매하게 된다. 따라서 3,000원에 묶어팔기 전략을 수행하는 것이 좋다.

관련 이론 짚어보기

- **순수 묶어팔기**: 묶어팔기 가운데 제품을 묶음으로만 판매하는 경우를 말한다.
- **혼합 묶어팔기**: 제품을 별개로도 판매하고 묶음으로도 판매하는 경우이다.
- **끼워팔기**: 소비자가 한 제품을 구입할 때 다른 제품을 구입하도록 강제하는 판매방식이다. 정의상 순수 묶어팔기는 끼워팔기의 한 종류로 볼 수 있다.

06 난이도 ■■□

다음은 시장형태에 따른 특징을 설명한 것이다. A ~ D에 해당하는 시장형태를 바르게 나열한 것은?

A: 전형적인 예로 주유소, 미용실, 식당 등을 들 수 있다.
B: 모든 기업은 완전히 동질적인 재화를 생산한다.
C: 기업 간 상호의존성이 매우 높다.
D: 직접적인 경쟁 압력을 받지 않는다.

	A	B	C	D
①	독점적 경쟁시장	완전 경쟁시장	과점시장	독점시장
②	독점적 경쟁시장	과점시장	독점시장	완전 경쟁시장
③	과점시장	독점시장	독점적 경쟁시장	완전 경쟁시장
④	완전 경쟁시장	독점시장	과점시장	독점적 경쟁시장
⑤	독점시장	독점적 경쟁시장	완전 경쟁시장	과점시장

l 해설 l A 독점적 경쟁시장은 약간의 제품 차별화가 이루어지는 시장으로, 주유소, 미용실, 식당 등이 이에 해당한다.
B. 완전 동질적인 재화를 생산하는 시장은 완전경쟁시장이다.
C. 과점시장은 시장 내 소수의 기업만이 존재하므로 기업 간 상호의존성이 매우 높다.
D. 독점시장은 시장에 존재하는 유일한 기업이므로 직접적인 경쟁 압력을 받지 않는다.

관련 이론 짚어보기

독점적 경쟁시장: 완전경쟁시장의 요소와 독점시장의 요소 모두를 갖는 시장형태이다. 현실의 시장과 가장 유사하다. 완전경쟁시장의 요소로는 시장진입과 퇴출이 자유롭고 장기에 경제적 이윤이 0인 것을 들 수 있고, 독점시장의 요소는 제품 차별화가 가능하여 가격설정력이 존재한다는 점이다. 독점적 경쟁시장에서는 가격경쟁 이외의 홍보, 광고 등의 비가격경쟁이 활발하다.

정답 05 ① | 06 ①

07 난이도 ■■□ [제60회 기출]

각 시장구조와 관련된 다음 설명 중 옳은 것을 〈보기〉에서 모두 고르시오.

─〈보기〉─
㉠ 완전경쟁시장에서 시장수요곡선은 균형가격에서 수평으로 나타난다.
㉡ 완전경쟁시장의 한 기업이 현재 손실을 보고 있다면 단기에 항상 생산을 중단해야 한다.
㉢ 독점적 경쟁시장의 기업들은 우하향하는 수요곡선에 직면하기 때문에 가격이 한계비용보다 높지만, 진입과 퇴출이 자유롭기 때문에 장기적으로 0의 경제적 이윤을 얻는다.
㉣ 과점시장에서 기업들이 협조하지 않고 각자 생산량을 결정한다면 시장생산량은 완전경쟁시장에 비해 적고, 독점시장에 비해 많다.

① ㉠, ㉡
② ㉠, ㉣
③ ㉡, ㉢
④ ㉡, ㉣
⑤ ㉢, ㉣

| 해설 | ㉢ 독점적 경쟁시장에서는 수많은 공급자가 조금씩 차별화된 상품을 생산하기 때문에 생산한 상품의 가격을 설정할 수 있다. 이는 수요곡선이 우하향하는 형태임을 의미한다. 따라서 독점기업과 같이 한계비용보다 높은 가격 설정이 가능하지만, 진입과 퇴출이 자유로운 장기에는 완전경쟁시장에서와 마찬가지로 경제적 이윤이 0인 장기무이윤 현상이 나타난다.
㉣ 과점시장에서 기업들이 협조하지 않고 각자 생산량을 결정한다면 생산량은 독점기업보다 많고 완전경쟁시장보다 적은 수준에서 결정된다.

| 오답피하기 | ㉠ 완전경쟁시장에서는 수많은 공급자가 동질적인 상품을 판매하므로 생산한 상품의 가격을 설정할 수 없으며, 시장에서 결정된 가격을 받아들이는 가격설정자로 행동한다. 따라서 이들이 직면하는 수요곡선은 시장가격 수준에서 수평이다. 하지만 해당 상품에 대한 시장의 수요곡선은 일반적인 우하향의 형태를 갖는다.
㉡ 완전경쟁시장의 기업들이 단기에 손실을 보더라도 가격 수준이 평균가변비용의 최저점보다 높은 상황이라면 조업을 이어가는 것이 유리하다. 이는 조업을 중단하더라도 발생한 고정비용보다 손해의 크기가 작기 때문이다.

08 난이도 ■■□

다음 대화에 대한 설명으로 옳지 않은 것은?

용석: 할인마트 입구에서 신기한 쿠폰을 봤어.
익수: 무슨 쿠폰?
용석: 쿠폰에 적혀 있는 물건을 살 때, 쿠폰을 같이 제출하면 할인해 준다더라.
익수: 나도 그런 쿠폰 많이 봤어. 신문광고에도 비슷한 것이 있더라고.
용석: 나도 이제 그런 쿠폰 이용해 봐야겠어.

① 장애물을 이용한 가격차별과 관련 있다.
② 쿠폰을 실제 이용하는지 여부에 따라 소비자의 유형을 구분하는 방법이다.
③ 일반적으로 가격차별이 성립하기 위해서는 시장의 분리가 가능해야 한다.
④ 이러한 방식을 활용하기 위해서는 사전에 소비자들의 유형을 잘 알 수 있어야 한다.
⑤ 가격차별을 활용하기 위해서는 가격차별의 실행비용보다 가격차별을 통해 얻는 이득이 더 커야 한다.

| 해설 | 제시된 대화는 2급 가격차별에 대한 내용이다. 2급 가격차별은 소비자의 가격탄력성을 정확히 알지 못하는 경우 간접적으로 파악하여 가격차별을 하는 경우를 의미한다. 쿠폰을 제시한 사람에게 가격을 낮춰 주거나 많이 구입하는 사람에게 가격을 할인해 주는 경우가 이에 해당한다. 사전에 소비자들의 가격탄력성이 파악 가능한 경우에 사용하는 가격차별은 3급 가격차별이다.

관련 이론 짚어보기

가격차별: 독점기업의 가격 설정 전략 가운데 하나로서, 소비자를 기준으로 구분하는 제3급 가격차별, 상품을 기준으로 구분하는 제2급 가격차별, 그리고 모든 기준을 활용하여 시장을 구분하는 제1급 가격차별로 구분된다.

09 난이도 ■■□

한 산업 내 제품들이 서로 다양하게 차별화되어 있고 각 제품들은 한 기업에 의해서만 공급되는 시장을 독점적 경쟁시장이라고 한다. 독점적 경쟁시장에 관한 설명으로 옳지 않은 것은?

① 독점적 경쟁시장의 장기균형에서는 경제적 이윤이 0이 된다.
② 독점적 경쟁시장에서는 생산비 이외에 과다한 홍보경쟁으로 과다한 광고비 지출이 이루어질 수 있다.
③ 장기적으로 각 기업들은 단위 생산원가를 최저 수준으로 하는 최적 생산규모에 비해 생산을 더 적게 한다.
④ 독점적 경쟁시장이 비용 면에서는 부정적이지만 소비자 수요의 다양성을 충족시킨다는 면에서는 긍정적이다.
⑤ 시장진입과 탈퇴가 자유롭게 이루어지는 장기에서는 각 기업들은 가격과 한계비용이 일치하도록 생산하고 이윤도 제로(0)가 된다.

I 해설 I 독점적 경쟁시장의 장기에서는 시장의 진입과 탈퇴가 자유롭기 때문에 손실이 발생하면 기업들이 시장에서 퇴출한다. 그리고 이러한 퇴출은 독점적 경쟁기업의 경제적 이윤이 0이 될 때까지 계속된다. 하지만 독점적 경쟁기업의 경우 직면하는 수요곡선이 우하향하기 때문에 장기균형이라 하더라도 가격이 한계비용보다 높다.

I 오답피하기 I ③ 독점적 경쟁시장은 완전경쟁시장의 특징을 가지고 있지만 독점시장의 특징도 갖는다. 우하향하는 수요곡선에 직면하는 점이 대표적이다. 이로 인해 장기에서는 한계비용보다 높은 지점에서 가격이 설정되고, 이는 단위 생산원가를 최저 수준으로 하는 최적 생산규모에 비해 생산을 적게 한다.

10 난이도 ■□□

독점이 형성되는 경우로 적절한 것은?

① 최소 효율 규모의 수준이 매우 큰 경우
② 생산량에 비례하여 평균비용이 증가하는 경우
③ 생산량과 무관한 생산비용의 크기가 작은 경우
④ 규모의 경제가 상대적으로 작게 나타나는 경우
⑤ 산업 내 경쟁자가 많아질수록 평균생산비용이 감소하는 경우

I 해설 I 자연독점(natural monopoly)은 시장 전체 수요를 여러 생산자보다 한 생산자가 더 적은 비용으로 생산, 공급할 수 있는 시장이다. 최소 효율 규모는 평균비용곡선상에서 평균비용이 가장 낮은 생산 수준을 나타내는 점을 의미한다. 자연독점은 최소 효율 규모의 수준 자체가 매우 크거나 생산량이 증가할수록 평균총비용이 감소하는 규모의 경제가 나타날 경우에 발생한다. 막대한 고정비용이 투입되는 산업에서 주로 볼 수 있다. 상수도 공급을 예로 들 수 있다. 배수관 시설 등 막대한 고정비용을 지출해야 하는 수도사업은 하나의 공급자가 존재할 때 평균비용이 가장 낮다. 자연독점은 그 자체로 시장의 진입장벽으로 기능한다. 다른 기업들이 기존의 자연독점 기업보다 많은 양을 생산하지 않는 한 평균총생산비용은 더 높을 수밖에 없기 때문이다.

11 난이도 ■■□ [제74회 기출]

그림은 시장의 유형을 분류한 것이다. (가)~(라)에 대한 〈보기〉의 설명 중 옳은 것을 모두 고르면?

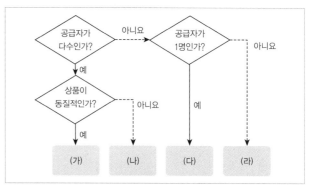

〈보기〉
ㄱ. (가)에서는 자원 배분이 효율적으로 이루어진다.
ㄴ. (나) 시장에서는 기업 간 담합과 리니언시에 관한 논쟁이 나타날 수 있다.
ㄷ. (다)는 다른 기업의 진입이 불가능한 진입장벽이 존재한다.
ㄹ. (라)는 기업의 경쟁이 심해 상호 의존성이 낮다.

① ㄱ, ㄴ   ② ㄱ, ㄷ   ③ ㄴ, ㄹ
④ ㄱ, ㄴ, ㄷ   ⑤ ㄴ, ㄷ, ㄹ

I 해설 I (가)는 완전경쟁시장, (나)는 독점적경쟁시장, (다)는 독점시장, 소수인 (라)는 과점시장이다.
ㄱ. 완전경쟁시장에서는 자원배분이 가장 효율적이다.
ㄷ. 진입장벽을 통해 경쟁을 제한하는 시장은 독점시장이다.

I 오답피하기 I ㄴ. 담합과 리니언시 논쟁이 나타날 수 있는 시장은 과점시장이다. 리니언시는 담합을 도모한 기업 중 자수하는 기업에 대해 처벌을 면해주는 제도이다.
ㄹ. 과점시장은 소수의 기업이 서로에게 직접적인 영향을 미치므로 상호의존성이 높아 전략적 의사결정이 필요하다.

정답 09 ⑤ I 10 ① I 11 ②

12 난이도 ■■□

다음 신문기사와 관련된 경제 용어로 적절한 것은?

> 공정거래위원회와 업계에 따르면, ○○○는 2005~2014년 자사 대리점 23곳과 함께 정부 사업 입찰에 참여해 135억 원대 짬짜미를 해 적발됐다. 공정위는 ○○○ 본사에 2억 1,100만 원, 납품 대리점 23곳에 총 3억 9,400만 원의 과징금을 부과했다. 하지만, ○○○는 짬짜미 사실을 최초 신고하는 등 리니언시 제도를 이용하여 실제로는 과징금을 한 푼도 물지 않는다. 반면, 본사 권유로 짬짜미에 참여한 대리점들은 과징금을 고스란히 물게 됐다.

① 역선택
② 전염 효과
③ 도덕적 해이
④ 죄수의 딜레마
⑤ J-Curve 효과

| 해설 | 리니언시 제도는 죄수의 딜레마를 이용한 제도이다. 2명의 용의자가 모두 부인하면 무죄를 받지만, 한 명이라도 자백하면 부인한 사람은 엄청난 형벌을 받는다. 따라서 상대보다 불리한 형벌을 받지 않기 위해 스스로 범행 사실을 털어 놓도록 만든 제도이다.

| 오답피하기 | ① 역선택: 특성에 대한 정보가 비대칭적으로 존재하여 발생한다. 중고차 시장에서 딜러 말에 속아 나쁜 차를 비싼 가격에 구입하는 경우를 예로 들 수 있다.
② 전염 효과: 한 나라의 통화 위기가 다른 나라로 급속히 확산되는 경우를 이르는 용어이다.
③ 도덕적 해이: 거래 전후의 행동이 달라지는 경우를 의미한다. 행동에 대한 정보가 비대칭적으로 존재하여 발생한다.
⑤ J-Curve 효과: 환율 상승 이후 예상과 달리 국제수지 흑자가 오히려 줄어들다가 상당한 시간이 지나서야 국제수지 흑자가 증가하기 시작하는 현상을 의미한다.

13 난이도 ■□□

다음은 독점기업들의 가격책정 사례이다. 이에 대한 설명으로 옳지 않은 것은?

> • H자동차 회사는 해외에서 국내보다 더 낮은 가격으로 동일 자동차를 판매하고 있다.
> • S마트는 인터넷 회원가입 시 제시되는 쿠폰을 제시하면 구매 금액의 10%를 할인해 주는 정책을 시행하고 있다.
> • B수영장은 동일한 강사와 수업내용이지만, 새벽반의 경우 강습료를 할인해 주고 있다.

① 생산자잉여를 증대시키는 것이 목적이다.
② 소비자 후생이 감소하여 자중손실이 발생한다.
③ 구분된 소비자 간에 재거래가 불가능해야 한다.
④ 일정 수준의 시장지배력이 있어야 가능한 가격책정 전략이다.
⑤ 기업이 소비자를 지불용의에 따라 구분 가능해야 사용할 수 있는 가격책정 방식이다.

| 해설 | 가격차별은 동일한 상품에 대해 구입자 또는 구입량에 따라 다른 가격을 받는 행위이다. 시장지배력이 있는 독점기업이라면 같은 상품이라도 소비자의 지불용의에 따라 각기 다른 가격을 부여하여 자신의 독점이윤을 극대화할 수 있다. 일반적으로 가격차별을 하면 기존에 소비를 하지 못하던 수요자층까지 소비를 할 수 있도록 하므로 산출량이 증가하고 사회 후생이 증가하는 경향이 있다.

| 오답피하기 | ① 독점기업이 가격차별을 실시하는 이유는 생산자잉여를 극대화하기 위해서이다.
③ 가격차별이 가능하기 위해서는 구분된 소비자 간 재거래가 불가능해야 한다. 한 집단은 싼 가격을, 다른 집단은 비싼 가격을 책정한 경우 두 그룹 간에 재거래가 가능하면 독점기업의 입장에서는 가격차별이 무의미해진다.
④ 동일한 재화나 서비스에 다른 가격을 책정하기 위해서는 가격설정력이 있는 독점기업만이 효과적으로 가격차별을 할 수 있다.
⑤ 가격차별이 가능하기 위해서는 소비자를 지불용의에 따라 구분할 수 있어야 하고, 구분에 따른 이득이 구분에 투입되는 비용보다 커야 한다.

정답 **12** ④ | **13** ②

14 ■■■□ 난이도

[제60회 기출]

어떤 재화에 대한 시장이 독점적 경쟁시장일 때, 〈보기〉에서 옳은 설명을 고르면?

─〈보기〉─
- ㉠ 장기조정 과정이 이루어진 후에 기업이 얻는 경제적 이윤은 0보다 크다.
- ㉡ 장기조정 과정이 이루어진 후에 기업이 얻는 회계적 이윤은 0이 아니다.
- ㉢ 자신이 생산 판매하는 재화에 대해 시장지배력을 행사할 수 있다.

① ㉠   ② ㉠, ㉡
③ ㉠, ㉢   ④ ㉡, ㉢
⑤ ㉠, ㉡, ㉢

| **해설** | ㉡ 경제적 이윤이 0이라는 것은 해당 사업을 영위하지 않고 다른 일을 했더라면 벌 수 있었던 만큼의 회계적 이윤을 얻고 있음을 의미한다. 따라서 회계적 이윤이 0임을 의미하는 것이 아니다.
㉢ 시장지배력은 가격을 설정할 수 있는 능력이다. 그리고 이러한 가격설정력은 제품차별화 정도에서 비롯된다. 독점적 경쟁시장의 기업들은 무수히 많지만 차별화된 제품을 생산하기 때문에 시장가격을 그대로 받아들이지 않고 가격을 설정할 수 있다.

| **오답피하기** | ㉠ 독점적 경쟁시장은 장기에 진입과 퇴출이 자유로워 경제적 이윤이 0인 장기무이윤 현상이 나타난다. 이는 완전경쟁시장과 동일한 특성이다.

15 ■■■□ 난이도

S전자와 L전자는 제품의 광고 여부를 결정하려 한다. 표는 두 기업의 광고게임을 나타낸다. 내쉬균형에서 S전자의 이윤은?

L전자 S전자	광고를 함	광고를 하지 않음
광고를 함	(65, 50)	(275, 25)
광고를 하지 않음	(35, 250)	(135, 85)

① 35   ② 65
③ 100   ④ 135
⑤ 275

| **해설** | 내쉬전략은 각 경기자가 상대의 전략에 따라 자신의 보수를 더 크게 하는 전략을, 내쉬전략균형은 내쉬전략으로 이루어진 쌍을 의미한다. 내쉬균형에서는 상대방이 먼저 전략을 변화시키지 않는 한 내가 먼저 전략을 변화시킬 유인이 없다. 제시된 보수표에서 두 기업 모두 광고를 하는 것이 더 큰 보수를 얻을 수 있다. 따라서 (광고를 함, 광고를 함) 전략균형이 내쉬균형이 된다.

16 난이도 ■■■

컴퓨터 제조기업인 A와 B는 사무실 정보화를 위한 네트워크 시스템의 판매를 계획하고 있다. 각 기업은 빠른 고성능 시스템(H)이나, 저성능 시스템(L)을 모두 개발할 수 있다. 시장조사를 한 결과, 각 선택에서 각 기업이 얻을 수 있는 이윤은 (A기업 이윤, B기업 이윤) 순으로 다음 표에 나타났다. 다음 중 옳은 것은?

A기업 \ B기업	고성능(H)	저성능(L)
고성능(H)	(45, 40)	(15, 60)
저성능(L)	(55, 20)	(20, 25)

① 이 게임에서 내쉬균형은 2개이다.
② A기업은 B기업이 고성능 시스템(H)을 개발할 때, 저성능 시스템(L)을 개발해야 한다.
③ B기업의 우월전략은 A기업의 전략에 관계없이 고성능 시스템(H)을 개발하는 것이다.
④ (저성능, 저성능)은 내쉬균형이 아니다.
⑤ 내쉬균형은 A, B기업 모두 고성능 시스템(H)을 개발하는 것이다.

| 해설 | A기업이 고성능 시스템을 개발할 경우 B기업은 저성능 시스템을 개발할 때 60의 이윤을 얻을 수 있으므로 최선이다. A기업이 저성능 시스템을 개발할 경우에도 B기업은 저성능 시스템을 개발할 때 25의 이윤을 얻을 수 있으므로 최선이다. B기업이 고성능 시스템을 개발할 경우 A기업은 저성능 시스템을 개발할 때 55의 이윤을 얻을 수 있으므로 최선이다. B기업이 저성능 시스템을 개발할 경우 A기업은 저성능 시스템을 개발할 때 20의 이윤을 얻을 수 있으므로 최선이다. 따라서 (저성능, 저성능)에서 균형이 형성되고, 어떤 경우에도 저성능 시스템 개발이 가장 유리하므로 우월전략균형이 된다. 즉, A기업과 B기업은 각자가 어떤 선택을 하는지와 상관없이 저성능 시스템을 개발하는 선택이 최선이다.

| 오답피하기 | ①④⑤ 내쉬균형은 (저성능, 저성능) 1개이다.
③ A기업과 B기업 모두 저성능 시스템 개발이 우월전략이다.

📈 S등급 고난도 문제

다음 밑줄 친 부분의 근거로 가장 적절한 것은?

> 어느 나라에서 A음료 시장점유율이 1위인 회사가 B음료 시장점유율 1위인 회사를 인수·합병하겠다는 계획을 발표하였다. 소비자단체는 이러한 인수·합병이 <u>독과점을 형성할 것</u>이라고 주장하고 있다.

① A음료는 여름에, B음료는 겨울에 잘 팔린다.
② A음료의 맛과 향은 B음료와 큰 차이가 있다.
③ A음료의 가격이 오른 시기에는 B음료가 잘 팔렸다.
④ A음료는 청년층이, B음료는 장년층이 선호한다.
⑤ A음료와 B음료를 반반씩 섞어 먹는 사람들이 늘어나고 있다.

| 해설 | 시장점유율 1위 음료를 각각 생산하는 두 회사의 인수합병이 독과점 형성의 요인이 될 것이라는 주장을 다루고 있다. 독과점이 형성되기 위해서는 기업이 하나 혹은 소수로 서로 경쟁하지 않는 상황이 전개되어야 한다. 만약 시장점유율에도 불구하고 A음료는 여름에, B음료는 겨울에 잘 팔리거나, 확연히 구분되는 특징이 있거나, 수요층이 상이하거나 보완재인 경우라면 합병을 통해 하나의 기업이 두 상품을 판매하더라도 독점이라고 보기 어렵다. 하지만 두 상품이 이전부터 대체 관계였다면 이들 두 기업의 합병은 경쟁이 없는 체제를 만들어 냄으로써 독과점이 형성된다고 볼 수 있다. A음료의 가격이 오른 시기에 B음료가 잘 팔렸다는 것은 두 재화가 대체 관계에 있음을 의미한다.

정답 **16** ② **| 고난도 정답** ③

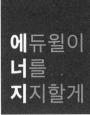

ENERGY

인생은 흘러가고 사라지는 것이 아니다.
성실로써 이루고 쌓아가는 것이다.

– 존 러스킨(John Ruskin)

제1절 소득분배 중요도 하

1 소득분배 관련 지표

(1) 계층별 소득분배

① 계층별 소득분배는 가난한 계층과 부유한 계층 간의 소득분배를 연구하는 분야로, 사회적으로 볼 때 분배 정의의 실현, 빈곤층 문제 등과 연관되어 있어 매우 중요한 분야이다.

② 능력 등과 같은 개인적인 요인과 신분제도 등과 같은 사회적 요인 및 경제 구조 변화 등의 기타 요인이 복합적으로 작용하여 계층 간 상이한 소득분배가 나타난다.

(2) 10분위분배율

① 10분위분배율이란 소득분배의 불균등 정도를 측정하는 방법이다. 한 나라의 모든 가구를 소득에 따라 10등분하여 최하위 40% 계층의 소득점유율을 최상위 20% 계층의 소득점유율로 나눈 값이다.

$$10분위분배율 = \frac{\text{최하위 } 40\% \text{ 계층의 소득점유율}}{\text{최상위 } 20\% \text{ 계층의 소득점유율}}$$

② 10분위분배율의 값은 0과 2 사이에서 형성되며, 그 값이 클수록 소득분배가 평등하다고 할 수 있다.

③ 10분위분배율은 측정이 간단하여 실제 소득분배를 연구할 때 많이 이용된다. 다만, 사회 구성원 전체의 소득분배 상태를 보여 주지 못한다는 한계가 있다.

(3) 로렌츠곡선

① 저소득자로부터 고소득자에 이르기까지 인구누적점유율과 소득누적점유율 간의 관계를 나타낸 곡선이다.

② 소득분배가 완전균등하면 인구누적점유율과 소득누적점유율 간에 정비례가 성립하여 로렌츠곡선은 대각선(완전균등분배선)이 된다. 로렌츠곡선이 완전균등분배선에 가까울수록 소득분배는 균등하다. 그러나 국가 간 또는 시기 간 로렌츠곡선의 비교에서 로렌츠곡선이 교차하면 소득분배의 비교가 어렵다.

③ 하위 20%의 인구가 전체 소득의 7%를 점유하고 있다고 할 때 로렌츠곡선을 나타내면 다음과 같다.

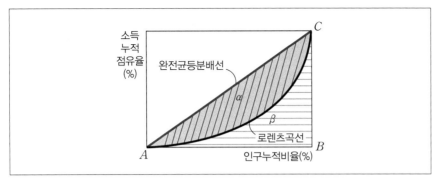

④ 소득분배가 균등할수록 로렌츠곡선은 대각선에 가까워진다. 로렌츠곡선은 그림으로 나타낼 수 있어 단순명료하지만, 대각선에 가까워질수록 소득분배가 어느 정도 평등한지는 정확하게 알 수 없고, 서로 다른 두 국가의 로렌츠곡선이 교차할 경우에는 소득분배 상태를 비교할 수 없다는 한계가 있다.

(4) 지니계수

① 지니계수는 로렌츠곡선이 나타내는 소득분배 상태를 하나의 숫자로 나타낸 것으로, 다음과 같이 나타낼 수 있다.

$$\text{지니계수} = \frac{\alpha}{\alpha + \beta} = \frac{\text{불평등면적}}{\triangle ABC}$$

② 완전균등분배선과 로렌츠곡선 사이에 해당하는 면적(불평등면적)을 완전균등분배선 아래의 삼각형 면적($\triangle ABC$)으로 나눈 소득분배지수이다.

③ 지니계수는 0과 1 사이의 값이며, 그 값이 작을수록 소득분배가 평등하다.

④ 지니계수는 전 계층의 소득분배를 하나의 숫자로 나타내므로 특정 소득 계층의 소득분배 상태를 나타내지 못한다는 한계가 있다. 또한 특정 두 국가의 지니계수가 동일하다 하더라도 각 소득 구간별 소득 격차의 차이가 모두 동일한 것은 아니므로 전반적인 소득분배의 상황만을 짐작할 수 있다.

기출로 확인하기   54회 기출

소득분배에 대한 다음 설명 중 옳은 것은?

① 10분위분배율은 저소득층과 고소득층 간의 소득분배를 나타내는 지표이다.

② 소득분배가 평등할수록 로렌츠곡선은 대각선에서 멀어진다.

③ 지니계수가 1이면 완전 평등하다.

④ 소득분배가 완전히 불평등하다면 지니계수는 0이 된다.

⑤ 10분위분배율과 지니계수 및 5분위분배율 모두 평등지표로서 값이 커질수록 평등하다.

기출로 확인하기 정답 및 해설

| 해설 | 10분위분배율은 한 나라의 모든 가구를 소득 크기에 따라 10등분하여 최하위 40% 계층과 최상위 20% 계층의 소득점유율을 비교한 값으로, 저소득층과 고소득층 간의 소득분배를 나타내는 지표로 볼 수 있다.

② 로렌츠곡선은 소득분배가 평등할수록 대각선에 가깝고, 대각선에서 멀어질수록 소득분배가 악화됨을 보여 준다.

③④ 지니계수는 로렌츠곡선이 보여 주는 소득분배의 균등도를 숫자로 표현한 지수이다. 0에 가까울수록 평등한 소득분배를, 1에 가까울수록 불평등한 소득분배를 나타낸다.

⑤ 5분위분배율은 한 국가의 모든 가구를 소득 크기에 따라 5등분하여 상위 20%의 소득과 하위 20%의 소득을 비교한다. 값이 작을수록 소득이 균등하게 분배된 상태를, 클수록 불평등한 상태를 의미한다.

정답 ①

(5) 앳킨슨지수

① 앳킨슨지수는 현재의 평균소득과 균등분배대등소득을 이용하여 다음과 같이 소득분배
상태를 측정한다. 균등분배대등소득이란 현재와 동일한 사회후생을 얻을 수 있는 완전
평등한 소득분배 상태에서의 평균소득을 의미한다. 모든 사회 구성원에게 똑같은 금액
을 나누어 주면 현재와 동일한 사회후생이 가능하다고 할 때, 이때의 동일한 금액이 바
로 균등분배대등소득이 된다.

$$A=1-\frac{Y_e}{\overline{Y}}$$

• Y_e : 균등분배대등소득   • $\overline{Y}$: 현재의 평균소득

② 앳킨슨지수는 0과 1 사이의 값을 갖는다. 앳킨슨지수와 소득분배의 균등도는 반비례한
다. 즉, 1에 가까울수록 불평등하고, 0에 가까울수록 평등한 상태를 나타낸다.

③ 앳킨슨지수는 소득분배불균등에 대한 주관적 가치를 반영한다. 사회 구성원들이 공정성
을 중시할수록 균등분배대등소득이 낮아져 앳킨슨지수는 높아진다.

② 소득재분배를 위한 정책 수단

(1) 누진세제

소득이 증가할수록 점점 높은 세율로 과세하는 누진세제는 고소득층과 저소득층 간의 소득
격차를 줄이는 기능이 있다. 그러나 저소득층에게 직접적으로 어떤 도움을 주는 것이 아니
므로 빈곤 문제 해소에는 큰 도움이 되지 못한다.

(2) 부의 소득세제

부의 소득세제는 일정 소득 이상의 소득자에 대해서는 정상적으로 과세하지만, 일정 소득
에 미달한 소득자에 대해서는 부(−)의 세율을 적용하여 계산한 금액을 지원하는 제도이다.
즉, 부의 소득세제는 소득세와 보조금 제도를 결합한 제도이다. 부의 소득세제를 실시하
는 경우 노동자의 근로의욕을 저해할 수 있다는 단점이 있다.

(3) 사회보장제도

사회보장제도에는 국민연금, 의료보험 등과 같이 보험 원리에 따라 운영되는 사회보험과
빈곤층에 대해 직접적인 보조금을 지급하는 공공부조가 있다. 사회보험은 보험 원리에 따
라 운용되기 때문에 소득재분배 효과가 그리 크지 않으나, 공공부조는 직접 저소득층에게
생계비 등을 지원하므로 소득재분배 효과가 크다.

(4) 최저 임금제

최저 임금제
국가가 임금의 최저 수준을 정하여 저임금
근로자를 보호하는 제도

최저 임금제가 도입되면 최저 수준보다 낮은 임금을 받았던 근로자들은 최저 수준 이상의
소득을 얻을 수 있게 되지만, 기업들은 임금의 상승에 부담을 느껴 고용량이 감소하는 문제
가 발생한다. 따라서 최저 임금제로 더 높은 소득을 얻게 된 노동자의 생활 수준은 개선될
수 있으나, 실업자들은 오히려 불리해질 수 있다.

NEWS

'고소득자끼리 결혼이 소득 불평등 키웠다' … 연구 결과 발표

고소득자 간 결혼이 소득 불평등 격차를 키우는 주요 요인으로 작용하고 있다는 연구 결과가 나왔다.

박정수 서강대 경제학과 교수는 한국개발연구원(KDI)과 미국 브루킹스연구소가 공동 출간한 '패러다임 변화: 디지털 경제의 성장, 금융, 일자리 및 불평등'의 마지막 챕터를 맡아 20년(1996~2016년)간 한국 사회에서 악화된 소득 불평등 현상을 분석했다.

조사 기간 한국의 지니계수는 가계를 기준으로 1996년 0.270, 2006년 0.312, 2016년 0.323으로 상승했다. 지니계수는 0과 1 사이에서 수치가 높을수록 소득 분배의 불평등 정도가 심하다는 뜻이다. 박 교수는 우선 같은 기간 가계 경제를 책임지는 가장의 근로소득이나 자산소득에서 격차가 벌어졌는지를 따져봤다. 가장의 소득을 기준으로 한 지니계수는 1996년 0.120에서 2006년 0.187로 높아졌다가 2016년에는 0.177로 오히려 불평등 수준이 완화됐다. 근로소득을 제외한 소득 격차도 1996년 0.046, 2006년 0.040, 2016년 0.045로 큰 차이가 없었다.

확대된 가계소득 불평등의 원인은 배우자에게 있었다. 배우자 소득의 지니계수는 1996년 0.032에서 2006년 0.046을 거쳐 2016년 0.065로 뛰었다. 20년 사이 배우자의 소득 격차가 두 배로 벌어지며 전체 지니계수에서 차지하는 비중도 11.8%에서 20.3%로 올랐다.

이런 경향은 다른 연구에서도 확인된다. 2016년 한국보건사회연구원의 '생애주기별 소득, 재산의 통합 분석 및 함의' 보고서에 따르면, 전체 가구 평균이 100일 때 청년 독신 가구의 가처분소득은 2003년 71.6에서 2011년 67.6으로 떨어졌다. 하지만 같은 연령대 부부 가구의 가처분소득은 108.2에서 132.3으로 크게 늘었다. 대기업 사내커플 등과 같은 고소득자 간 혼인이 최근 불평등 확대의 원인이라는 설명이다.

박 교수는 "여성의 사회생활 증가로 맞벌이 가구가 늘어나며 외벌이 가구와 비교해 배우자의 수입 격차가 커졌다."며, "여성의 경제 참여 확대는 사회 발전에 따라 필연적인만큼 소득 불평등 확대에는 불가피한 요인이 작용한다는 점을 정책 당국자들도 인정해야 한다."고 지적했다.

Why 이슈가 된 걸까?

가계소득 불평등의 원인을 배우자 소득에서 찾은 연구를 보여 준다. 우리나라의 지니계수는 1996년부터 계속 커지고 있다. 즉, 소득분배의 불평등이 커지고 있다는 것이다. 같은 기간 배우자의 소득 격차가 두 배로 벌어지면서 지니계수의 상승을 견인했다는 분석이다. 여성의 사회생활이 증가하면서 맞벌이 가구가 늘어나 외벌이 가구와 비교할 때 수입격차가 커졌다는 것이다. 모든 일에는 대가가 있다. 여성의 사회 참여는 긍정적인 측면이 크지만, 이러한 긍정적인 결과를 얻기 위해 치러야 하는 대가도 있다는 점을 확인할 수 있는 사례이다.

제2절 지대 중요도 중

1 지대의 출현 배경

지대의 개념은 토지의 사용 대가를 얼마만큼 지불해야 하는지에 대해 고민하면서부터 시작되었다. 임대료의 수준은 해당 토지의 가치와 연관이 있다. 토지의 가치 수준이 얼마만큼인지를 확인해야 적정 임대 수준을 결정할 수 있다. 이에 초기 경제학자들은 다른 생산요소처럼 토지 또한 기회비용을 통해 적정 이용료를 산출하려는 시도를 하였다. 노동력이나 자본의 경우에는 해당 생산요소를 다른 용도로 사용할 때 거둘 수 있는 수익을 포기한 것이므로 이에 근거하여 적정 이용료를 산출할 수 있었지만 토지는 다르다. 빈 땅의 경우에는 다른 용도로 대체하여 사용하지 않았기 때문에 기회비용이 0이다. 이러한 관점에서 전용수입이라는 개념을 이해할 수 있다.

2 전용수입(transfer earnings)

전용수입이란 어떤 생산요소가 현재의 용도에서 다른 용도로 사용되지 않게 하기 위해 지급해야 하는 최소비용을 의미한다. 이는 생산요소 공급자의 입장에서는 생산요소를 현재의 고용 상태에 제공하는 데 발생하는 기회비용을 의미한다.

3 경제적 지대(economic rent)

앞서 살펴본 많은 개념들은 모든 기업들이 동일한 생산자원을 사용하여 생산한다고 가정하였다. 하지만 현실에서는 어떤 기업들은 생산성에 큰 영향을 미칠 수 있는 좋은 생산요소를 사용하여 생산하는 반면, 어떤 기업들은 그렇지 못하다. 즉, 모든 기업들이 생산을 위해 질적으로 같은 생산요소를 사용하고 있는 것이 아니다. 더 좋은 기술자를 고용하면 더 생산적일 수 있기 때문이다. 이러한 현실을 반영하여 도출된 개념이 바로 '경제적 지대'이다.

(1) **정의**
　① 경제적 지대는 공급이 제한되어 있는 특별한 생산적인 요소에서 발생하는 경제적 잉여를 측정하는 개념이다. 이는 '공급이 제한되어 있는 특별한 생산요소에 대해 기업이 지불하고자 하는 최대 금액'과 '해당 생산요소의 전용수입'의 차이를 의미한다.
　② 전용수입이란 해당 생산요소를 다른 곳에 사용했더라면 얻을 수 있는 수익이다. 결국 경제적 지대란 해당 생산요소를 사용하여 생산할 경우 전용수입을 초과하여 얻을 수 있는 수익을 의미한다.

(2) **예시**
　초밥 시장에 굉장히 빠른 속도로 초밥을 만드는 장인을 고용하기 위해 지급할 의사가 있는 최대 금액은 1억 2천만 원이다. 한편, 이 초밥 장인이 빠른 손을 가지고 다른 일을 할 경우 연봉 8천만 원을 받을 수 있다. 이 경우 경제적 지대는 4천만 원(1억 2천만 원−8천만 원)이 된다.

(3) 경제적 이윤과 경제적 지대

① 가정

  ㉠ 초밥 시장은 초밥 가게 2개로 이루어져 있고, 각 초밥 가게에 초밥을 만드는 사람은 한 명만 필요하다.

  ㉡ 초밥 만드는 사람은 장인과 같이 뛰어난 기술을 가진 사람과 그렇지 않은 평범한 사람으로 구성되어 있다.

  ㉢ 초밥 장인과 같은 뛰어난 기술을 가진 사람의 수는 매우 소수인 반면, 보통의 초밥 요리사는 얼마든지 구할 수 있다.

  ㉣ 초밥 장인의 전용수입은 8천만 원이다.

  ㉤ 모든 초밥 요리사에게는 동일한 연봉이 지급된다.

② 생산량 비교

  초밥 장인은 일반 요리사보다 더 낮은 한계비용으로 초밥을 만드는 것이 가능하다. 그리고 모든 요리사에게 동일한 연봉이 지급되는 경우 초밥 장인은 더 낮은 평균비용으로 초밥을 만들 수 있다. 일반 요리사의 한계비용($MC_{일반}$)과 평균비용($AC_{일반}$)을 보면 평균비용의 최저점에서 가격이 결정된다. 즉, 일반 요리사는 3,500원의 가격에 초밥 3만 개를 만들 수 있다. 반면, 초밥 장인은 더 낮은 한계비용($MC_{장인}$)과 평균비용($AC_{장인}$)에서 생산이 가능하기 때문에 3,500원의 가격에 초밥 4만 개를 만드는 것이 가능하다.

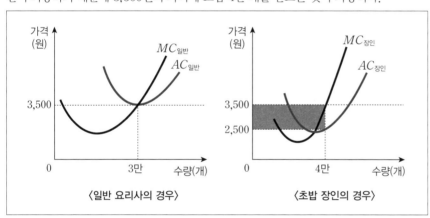

〈일반 요리사의 경우〉　　　　〈초밥 장인의 경우〉

③ 경제적 이윤과 경제적 지대의 관계

  ㉠ 경제적 지대는 위의 그림에서 음영 부분으로 그 면적의 크기는 4천만 원{(3,500원－2,500원)×4만 개}이다. 이는 초밥 장인을 고용함으로써 얻은 경제적 지대이고, 이 초밥 가게의 경제적 이윤도 4천만 원이다.

  ㉡ 문제는 초밥 장인을 모시기 위한 업체 간의 경쟁이 발생할 때이다. 현재 초밥 장인의 연봉은 8천만 원으로 다른 일반 요리사와 같은 수준이다. 초밥 가게의 입장에서는 초밥 장인을 고용하면 4천만 원의 경제적 이윤을 누릴 수 있으므로 초밥 장인을 고용하려는 경쟁이 발생한다.

ⓒ 어떤 가게는 초밥 장인에게 9천만 원의 연봉을 제시하고, 또 어떤 가게는 1억 원의 연봉을 제시한다. 이러한 연봉 상승은 초밥 가게가 지급하고자 하는 최대 금액인 1억 2천만 원까지 상승하게 되는데, 초밥 장인에게 제시하는 연봉이 높아질수록 경제적 이윤은 줄어든다. 즉, 처음에는 경제적 이윤이 4천만 원이었다가, 연봉을 1천만 원 올린 9천만 원을 지급할 경우 경제적 이윤은 3천만 원으로, 1억 원을 지급할 경우 경제적 이윤은 2천만 원으로, 1억 2천만 원을 지급할 경우 경제적 이윤은 0원이 된다.

ⓔ 이 모든 경우에 있어 경제적 지대는 4천만 원으로 동일하지만, 경제적 이윤은 경제적 지대가 어떻게 배분되느냐에 따라 그 크기가 달라진다.

4 지대추구 행위

(1) 정의

경제적 지대를 얻거나 유지하기 위해 행하는 노력을 의미한다. 경제적 지대는 공급이 한정될수록 그 규모가 크다. 따라서 경제적 지대를 누리는 사람들은 자원의 공급을 인위적으로 제한시켜서 경제적 지대를 계속해서 유지하거나 그 규모를 키우고자 하는데, 이를 '지대추구 행위(rent-seeking behavior)'라고 한다.

(2) 이윤추구 행위와 지대추구 행위

① 시장경제에서 이득을 취하는 방법에는 이윤을 추구하는 방법과 지대를 추구하는 방법이 있다.

② 이윤추구 행위는 교환을 통해 이득을 추구하는 행위를 의미한다. 즉, 시장에서의 거래를 통해 공급자와 수요자 모두가 만족하는 방법을 추구하는 것이다.

③ 지대추구 행위는 대가 없는 이득을 추구하는 것을 의미한다. 로비를 통해 다른 경쟁자의 시장 진입을 막는다거나, 시험 합격 인원을 조절하여 전문가의 수를 인위적으로 한정시키는 일 등이 이에 해당한다. 노동조합이 경제적 지대를 누리기 위해 노동 공급을 제한하는 행위도 지대추구 행위에 해당한다.

(3) 지대추구 행위의 문제점

① 지대추구 행위가 문제가 되는 것은 지대추구 행위를 통해 사회 전체적으로 이득이 늘어나는 것이 아니라 사회 전체의 이득은 그대로인 채 다른 집단의 이득을 빼앗아오기 때문이다.

② 최근 들어 새로운 상품이나 서비스를 개발하려는 노력보다 정부를 대상으로 한 로비를 통해 규제를 만들고, 강제성 있는 법규를 만들어 지대를 추구하는 행위가 만연해지는 듯하다. 이는 정부의 강제력으로 타인의 소득을 자신에게 이전하도록 만드는 것으로 이윤을 추구하기 위한 노력보다 훨씬 손쉽기 때문이다. 이러한 지대추구 행위가 만연할수록 경제 전체의 발전을 위한 유인이 사라질 수 있다.

5 준지대(quasi-rent)

준지대란 단기에 고정되어 있는 생산요소로 인해 얻게 되는 지대를 의미한다. 장기에는 모든 생산요소가 가변생산요소이기 때문에 가변비용으로만 구성이 되지만 단기에는 고정생산요소가 존재한다. 따라서 준지대란 단기에 자본재와 같은 고정생산요소로 인해 얻게 되는 지대라고 볼 수 있다. 더 성능이 좋은 기계를 이용하여 생산하는 경우 그렇지 못한 경우보다 더 많은 수익을 얻게 되는데, 이를 일종의 지대라고 보아 '준지대'라고 부르는 것이다. 준지대는 다음과 같이 구할 수 있다. 다음 그림에서 준지대는 a와 b 영역을 합친 영역을 의미하며, a는 경제적 이윤을, b는 고정생산요소의 전용수입을 의미한다.

준지대(quasi-rent)＝총수입－총가변비용＝총고정비용＋초과이윤(또는 손실)

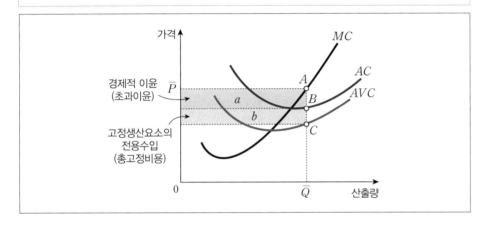

01 난이도 ■■□

다음 빈칸 ㉠ ~ ㉢에 들어갈 용어로 알맞은 것은?

1971년 노벨경제학상 수상자인 쿠즈네츠는 실증연구를 통해 대체로 경제발전과정에서 초기에 소득분배가 악화되었다가 점차 개선되는 결과를 가져온다는 결과를 얻어냈다. 따라서 세로축에 (㉠), 가로축에 (㉡)를 나타내면 (㉢)자의 모양이 되기 때문에 '(㉢)자 가설'이라고 한다.

	㉠	㉡	㉢
①	경제발전단계	소득분배의 균등도	U
②	경제발전단계	소득분배의 균등도	V
③	소득분배의 균등도	경제발전단계	U
④	소득분배의 균등도	경제발전단계	N
⑤	소득분배의 균등도	경제발전단계	V

| 해설 | 쿠즈네츠가 실증연구를 통해 밝혀낸 점은 세로축은 소득분배의 균등도, 가로축은 경제발전단계를 나타내면 경제발전 초기에는 소득분배가 악화되다가 점차 개선되는 U자형의 모습을 보인다는 것이다. 이를 'U자 가설'이라고 한다.

02 난이도 ■■□

다음에서 설명하는 개념의 특징으로 알맞은 것은?

In economics, it is a graphical representation of the cumulative distribution function of the empirical probability distribution of wealth; it is a graph showing the proportion of the distribution assumed by the bottom $y\%$ of the values. It is often used to represent income distribution, where it shows for the bottom $x\%$ of households, what percentage $y\%$ of the total income they have. The percentage of households is plotted on the x-axis, the percentage of income on the y-axis. It can also be used to show distribution of assets. In such use, many economists consider it to be a measure of social inequality.

① 소득분배가 균등할수록 대각선에 가까워진다.
② 0과 1 사이의 값이며, 그 값이 작을수록 소득분배가 평등하다.
③ 어떤 경우라도 서로 다른 국가의 소득분배 상태를 비교할 수 있다.
④ 0과 2 사이에서 값이 형성되며, 그 값이 클수록 소득분배가 평등하다.
⑤ 불평등에 대한 암묵적인 가치판단을 명시적으로 고려하여 객관적으로 비교할 수 있도록 만든 지수이다.

| 해설 | 제시문에서 설명하는 개념은 로렌츠곡선이다. 로렌츠곡선은 인구누적점유율과 소득누적점유율 간의 관계를 나타낸 곡선이다. 소득분배가 완전히 균등하면 인구누적점유율과 소득누적점유율 간에 정비례관계가 성립하여 로렌츠곡선은 대각선이 된다. 이 대각선을 완전균등분배선이라고 한다.

| 오답피하기 | ③ 로렌츠곡선이 교차하는 경우 국가 간의 소득분배 상태를 비교하기 어렵다.
⑤ 불평등에 대한 암묵적인 가치판단을 명시적으로 고려하여 객관적으로 비교할 수 있도록 만든 지수는 앳킨슨지수이다.

관련 이론 짚어보기

지니계수: 완전균등분배선과 로렌츠곡선 사이에 해당하는 면적을 완전균등분배선 아래의 삼각형 면적으로 나눈 소득분배지수이다.

정답 01 ③ | 02 ①

03 난이도 ■■□□

소득의 불평등도 측정에 관한 설명으로 옳지 않은 것은?

① 지니계수는 클수록 평등한 소득분배를 의미한다.
② 앳킨슨지수는 작을수록 평등한 소득분배를 의미한다.
③ 10분위분배율은 클수록 평등한 소득분배를 의미한다.
④ 로렌츠곡선은 서로 교차할 경우 소득분배 상태를 비교할 수 없다.
⑤ 계층별 소득분포자료에서 인구의 누적점유율과 소득의 누적점유율 사이의 대응관계를 그림으로 나타낸 것을 로렌츠곡선이라고 한다.

| **해설** | 지니계수는 0과 1 사이의 값을 가지며, 그 값이 작을수록 평등한 소득분배를 나타낸다. 지니계수는 전 계층의 소득분배를 하나의 숫자로 나타내므로 특정 소득계층의 소득분배 상태를 나타내지 못하는 한계를 갖는다.

| **오답피하기** | ② 앳킨슨지수는 값이 작을수록 평등한 소득분배를 나타낸다.
③ 10분위분배율은 클수록 평등한 소득분배를 나타낸다.

관련 이론 짚어보기

앳킨슨지수: 균등분배대등소득을 활용하여 소득분배 상태를 측정한 지수이다. 균등분배대등소득이란 현재와 동일한 사회후생을 얻을 수 있는 완전평등한 소득분배 상태에서의 평균소득을 의미한다.

04 난이도 ■■□□

다음 신문기사 내용 중 빈칸에 들어갈 용어로 적절한 것은?

> (   )이(가) 13.9%로 2000년 이후 최고치가 됐다. 한 가정에서 쓸 돈이 100만 원이라면 이 가운데 식료품을 구입하는 데 쓰는 돈이 13만 9,000원이라는 뜻이다. 소득은 크게 늘지 않은 반면, 밥상 물가가 가파르게 오르고 있는 데 따른 것이다. 게다가 유기농, 기호식품 등 소비 트렌드 변화가 (   )의 상승을 부추기고 있다. (   )는 2007년 11.8%까지 떨어졌지만, 2008년 12%로 오른 뒤 지난해 14%에 육박하는 수준으로 상승 추세이다. 실제 2014년 4분기 이후 식음료 물가 상승률이 전체 소비자물가 상승률을 웃도는 현상이 지속되고 있다. 반면, 소득 증가율은 최근 2년간 0 ~ 1%대 수준에 그치고 있다.

① 지니계수   ② 엥겔지수
③ 앳킨슨지수   ④ 5분위분배율
⑤ 10분위분배율

| **해설** | 엥겔지수는 19세기 독일의 통계학자 엥겔이 만든 지수로서, 가계의 소비지출에서 차지하는 식료품 지출의 비중을 의미한다. 일반적으로 소득이 높을수록 엥겔지수는 낮아진다. 필수품인 식료품은 소득 수준에 관계없이 어느 가계에서나 일정한 소비 수준을 유지하기 때문이다.

| **오답피하기** | ① 지니계수: 계층 간 소득분배의 불평등도를 나타내는 수치로서, 로렌츠곡선으로부터 도출한다. 지니계수의 값이 작을수록 평등한 소득분배를 나타낸다.
③ 앳킨슨지수: 사회 전체의 소득분배가 균등하다는 전제하에서 지금의 사회후생 수준을 가져다 줄 수 있는 평균소득이 얼마인지를 나타낸다. 평가자가 소득분배가 불평등하다고 판단할수록 앳킨슨지수는 커진다.
④ 5분위분배율: 전체 소득 계층을 5단계로 나눠 5분위 계층(최상위 20%)의 평균소득을 1분위 계층(최하위 20%)의 평균소득으로 나눈 값을 의미한다.
⑤ 10분위분배율: 상위 20% 계층의 소득 대비 하위 40% 계층의 소득 비중을 의미한다. 값이 클수록 소득분배가 평등함을 나타낸다.

05 난이도 ■■□

아래는 A국과 B국의 로렌츠 곡선이다. 이와 관련한 설명 중 옳지 않은 것은?

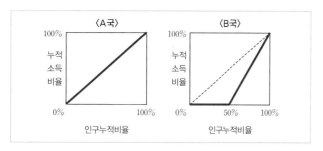

① A국 지니계수는 0이다.

② B국은 A국보다 지니계수가 높다.

③ A국이 B국보다 소득분배를 위한 누진세제 도입이 시급하다.

④ B국 로렌츠 곡선을 통해 하위 50% 계층은 소득이 없음을 알 수 있다.

⑤ A국의 소득분배가 B국의 소득분배보다 더 균등하다.

┃해설┃ 로렌츠 곡선의 대각선은 완전평등선으로 모든 사람들이 동일한 소득을 보유하고 있는 상태를 의미한다. A국은 소득분배가 가장 이상적인 형태의 국가이다. 누진세제는 소득이 많아질수록 누적적으로 세금 비율을 적용받는 조세제도로 A국보다 B국이 시급하다.

┃오답피하기┃ ① 지니계수는 작을수록 평등한 소득분배를 의미한다. A국은 가장 소득이 평등한 상태이므로 지니계수는 0이다.
② 지니계수는 클수록 불균등한 소득분배를 나타내므로 B국이 A국보다 지니계수가 크다.
④ 로렌츠 곡선에서 X축은 완전불평등선이다. B국에서 50% 이하의 계층은 소득이 존재하지 않음을 알 수 있다.
⑤ A국은 가장 이상적인 소득분배를 보여준다.

06 난이도 ■■■

A, B는 갑국의 조세 수입 비중 변화와 소득분배 지표 변화를 나타낸 것이다. 이에 대한 옳은 설명을 〈보기〉에서 고른 것은?

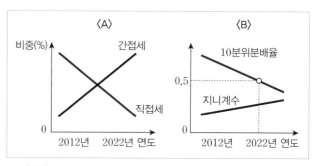

─〈보기〉─

㉠ 조세 부담의 역진성은 2012년보다 2022년에 완화되었다.

㉡ 소득불평등 상태는 2012년에 비해 2022년에 완화되었다.

㉢ 2022년에는 상위 20% 계층의 소득이 하위 40% 계층 소득의 2배이다.

㉣ A의 변화가 B의 변화를 초래하는 하나의 원인으로 작용했을 것이다.

① ㉠, ㉡   ② ㉠, ㉢

③ ㉡, ㉢   ④ ㉡, ㉣

⑤ ㉢, ㉣

┃해설┃ 지니계수는 계속해서 상승하고 있고, 10분위분배율은 하락하고 있으므로 소득분배가 악화되고 있음을 알 수 있다. 또한 간접세의 비중이 증가하고 직접세의 비중이 감소하여 조세 부담의 형평성이 악화되고 있음을 알 수 있다.
㉢ 2022년 10분위분배율이 0.5이므로 상위 20% 계층 소득(분모)이 하위 40% 계층 소득(분자)의 2배임을 알 수 있다.
㉣ 조세 부담이 저소득층에서 더 높아져 공평부담의 원칙에 어긋나는 현상을 '조세 부담의 역진성'이라고 한다. 조세 부담의 역진성은 갑국의 소득분배를 악화시키는 요인으로 작용했을 가능성이 높다.

┃오답피하기┃ ㉠ 간접세 비율이 높을 경우 조세 부담의 역진성이 강화된다.
㉡ 지니계수는 낮을수록, 10분위분배율은 높을수록 평등한 소득분배를 의미한다. 따라서 2012년에 비해 2022년에 소득불평등이 보다 악화되었음을 알 수 있다.

07 난이도 ■■□

소득분배의 불평등도를 측정하는 수단에 대한 설명으로 옳은 것은?

① 앳킨슨지수는 소득불평도를 나타내는 지표이다.
② 지니계수는 그 값이 클수록 소득분배는 평등하다.
③ 로렌츠곡선은 소득분배 상태를 기수적으로 나타낸다.
④ 로렌츠곡선에서 불평등면적이 0이면 지니계수는 1이 된다.
⑤ 10분위분배율은 그 값이 높을수록 불평등한 분배를 의미한다.

| **오답피하기** | ② 지니계수는 0~1 사이의 값을 가지며, 값이 작을수록 평등한 소득분배를 나타낸다.
③ 로렌츠곡선은 소득분배 상태를 하나의 수치로 나타내지 못해 단지 서수적으로 우위만 살펴볼 수 있다.
④ 지니계수는 로렌츠곡선의 완전균등분배선과 로렌츠곡선 사이에 해당하는 면적을 완전균등분배선 아래의 삼각형 면적으로 나눈 소득분배지수이다. 로렌츠곡선이 완전평등한 소득분배를 나타낸다면 지니계수는 0이 된다.
⑤ 10분위분배율은 그 값이 높을수록 평등한 분배를 나타낸다.

08 난이도 ■■□

소득분배 불평등도를 측정하는 방법이 아닌 것은?

① 지니계수
② 엥겔지수
③ 앳킨슨지수
④ 로렌츠곡선
⑤ 10분위분배율

| **해설** | 엥겔지수는 소득 가운데 식료품비 지출이 차지하는 비중을 나타내는 지표로, 소득분배의 불평등도를 측정하는 지표에 해당하지 않는다.

| **오답피하기** | ① 지니계수: 로렌츠곡선이 보여 주는 소득분배를 하나의 숫자로 나타내는 지표이다.
③ 앳킨슨지수: 사회구성원들의 소득불평등도에 대한 인식을 담은 소득분배 지표이다.
④ 로렌츠곡선: 한 국가 경제의 소득불평등도를 그림으로 직관적으로 보여 주는 곡선이다.
⑤ 10분위분배율: 소득 상위 20% 계층과 하위 40% 계층의 상대적 소득불평등도를 측정할 수 있는 지표이다.

09 난이도 ■■□

다음 소득재분배 수단에 대한 발표 내용으로 틀린 내용을 발표한 학생은?

> 태희: 일반적으로 누진소득세는 최저 소득계층을 지원하는 효과가 거의 없고 자원배분의 왜곡을 초래한다는 문제가 있다.
> 소희: 정부의 이전지출에 의한 소득재분배는 강력하기는 하지만 실행에 많은 행정비용이 들고, 복지병 등 자원배분을 왜곡하는 현상을 수반할 수 있다.
> 선아: 소비세를 재원으로 한 이전지출은 소득재분배수단의 효과가 누진소득세에 비해 작다.
> 유리: 부의 소득세제는 일종의 누진세제이면서 최저 소득계층을 직접적으로 지원하는 장치를 가지고 있으나, 저소득계층의 근로의욕을 저해하는 특성을 가지고 있다.
> 태연: 이전지출 중에서 소득재분배 효과가 가장 높은 항목은 절대빈곤층을 대상으로 하는 공적 부조 프로그램이다.

① 태희
② 소희
③ 선아
④ 유리
⑤ 태연

| **해설** | 일반적으로 누진소득세제는 부의 재분배 효과에 기여한다.

| **오답피하기** | ② 이전지출에 의한 소득재분배는 직접적인 행정비용이 수반되고, 대가 없이 지급된다는 점에서 복지병의 우려가 있다.
③ 소비세는 일반적으로 세부담 구조가 역진적이므로 소비세를 재원으로 한 이전지출은 소득재분배수단의 효과가 작다.
④ 부의 소득세제는 소득이 적은 사람에게 세금이 아닌 보조금을 지급하는 제도로서, 근로의욕을 감소시킬 수 있다.
⑤ 절대빈곤층을 대상으로 한 이전지출은 소득재분배 효과가 크다.

정답 07 ① | 08 ② | 09 ①

10 난이도 ■■□

다음 밑줄 친 '대책'에 대한 설명으로 옳지 않은 것은?

> 정부가 건강보험 보장성강화대책을 발표했다. 미용과 성형 등을 제외한 대부분의 의료에 건강보험을 적용하는 것을 골자로 하는 이 대책은 국민 의료비 부담을 줄이는 것이 최대 목표라고 한다. 이는 비급여 해소 및 완전차단, 개인 의료비 부담 상한액 적정 관리, 긴급 위기 상황 지원 강화 등을 목표로 한다.

① 실현될 경우 도덕적 해이가 근절될 수 있다.
② 사회의 불평등이 심화되고 있다는 인식에 바탕을 둔다.
③ 보편적 복지로서 정책의 실현 여부는 재원 마련과 관련 있다.
④ 득표극대화를 추구하기 위해 투표자에게 가장 유리한 정책을 입안하는 전략의 하나로 볼 수 있다.
⑤ 유권자들이 보편적 복지에 대한 편익만 인식하고 비용을 인식하지 못할 경우 복지 프로그램이 과다 제공될 수 있다.

| 해설 | 건강보험 보장성강화대책은 보편적 복지로, 개인에게 돌아갈 의료비 부담을 최소화하는 것을 목표로 한다. 보편적 복지가 실현될 경우 실손보험의존도가 높아지고 이로 인한 의료 과잉의 도덕적 해이가 발생할 수 있다.

| 오답피하기 | ② 다양한 문제점 제기에도 불구하고 보편적 복지에 대한 정책이 계속해서 등장하는 것은 사회 전반에 불평등이 심화되고 있음을 보여 준다.
③ 정책의 실현을 위해서는 막대한 예산이 필요하다.
⑤ 유권자들의 입장에서는 이로 인한 득실을 정확히 따져 정책의 실행과 투표 과정에 반영해야 실질적으로 도움이 되는 정책이 구현될 수 있다.

11 난이도 ■■□

다음 어떤 생산요소의 판매에서 얻는 소득 중 경제적 지대가 차지하는 비율이 가장 큰 경우로 옳은 것은? (단, 수요곡선은 우하향하는 기울기를 가지는 일반적인 형태이다.)

① 공급곡선이 비탄력적일 때
② 공급곡선이 단위 탄력적일 때
③ 공급곡선이 완전 탄력적일 때
④ 공급곡선이 완전 비탄력적일 때
⑤ 공급곡선의 탄력도만 가지고서는 알 수 없다.

| 해설 | 경제적 지대란 공급이 제한되어 있는 특별히 생산적인 요소에 발생하는 경제적 잉여로서, 생산요소로 인해 실제로 얻는 보수 가운데 전용수입을 초과하는 부분을 의미한다. 즉, 경제적 지대는 공급이 탄력적이지 않아야 크다. 공급의 가격 탄력성과 경제적 지대는 반비례한다. 극단적으로 공급의 가격탄력성이 0이면, 공급곡선은 수직이며 경제적 지대는 최대가 된다.

관련 이론 짚어보기

> **전용수입**: 기업의 입장에서 생산요소를 현재 용도로 사용하기 위해 지급해야 하는 최소 비용을 의미한다. 공급자의 입장에서는 생산요소 제공에 따른 기회비용이 된다.

12 난이도 ■■■

생산물시장에서 완전경쟁기업은 단기에 준지대를 얻을 수 있다. 다음의 조건에서 준지대의 크기는?

> 이윤 극대화 산출량은 100단위이며, 이 산출량 수준에서 한계비용은 20, 평균비용은 15, 평균가변비용은 13이다.

① 200
② 500
③ 700
④ 1,300
⑤ 2,000

| **해설** | 준지대는 고정비용과 이윤의 합계로 계산된다. 완전경쟁시장에서 이윤 극대화 산출량은 한계수입과 한계비용이 일치하는 점에서 결정되며, 한계수입은 가격과 일치한다. 따라서 가격과 한계비용이 일치할 때의 생산량이 이윤 극대화 생산량이 된다. 즉, 이윤 극대화 생산량 수준에서의 가격은 20이다. 한편, 고정비용은 '(평균비용 – 평균가변비용)×산출량'이므로 (15 – 13)×100이며, 이윤은 '(가격 – 평균비용)×산출량'으로 계산되므로 (20 – 15)×100이다. 따라서 준지대는 700이다.

관련 이론 짚어보기

준지대: 단기에 고정되어 있는 생산요소로 인해 얻게 되는 지대로서, 단기에는 고정투입요소가 존재하므로 결국 고정투입요소로 인해 얻게 되는 지대를 의미한다. 따라서 준지대는 다음과 같이 계산된다.

> 준지대 = 총수입 – 총가변비용 = 총고정비용 + 초과이윤

13 난이도 ■■■□

소득분배에 대한 설명으로 옳은 것을 〈보기〉에서 모두 고르면?

> 〈보기〉
> ㉠ 생산물시장 및 생산요소시장이 완전경쟁일 때 기업이 고용하는 노동의 한계생산물가치는 임금과 일치한다.
> ㉡ 생산요소가 노동과 자본뿐이라고 할 때 요소의 대체탄력도가 1보다 작다면, 노동의 상대가격 상승은 자본의 분배비율을 크게 만든다.
> ㉢ 10분위분배율의 크기가 크면 클수록 또는 지니계수의 크기가 작을수록 소득은 더욱 균등하게 분배되었다고 본다.

① ㉠
② ㉡
③ ㉢
④ ㉠, ㉢
⑤ ㉡, ㉢

| **해설** | ㉠ 생산물시장이 완전경쟁적이면 시장가격은 한계수입과 같고 ($P = MR$), 생산요소시장이 완전경쟁적이면 임금은 한계요소비용과 같다 ($w = MFC$). 최적요소고용조건은 한계수입생산과 한계요소비용의 일치인데, 생산물시장이 완전경쟁적이면 한계수입생산은 한계생산가치와 일치한다. 따라서 생산물시장과 생산요소시장이 완전경쟁적이면 노동의 한계생산가치는 임금과 같다.

㉢ 10분위분배율의 경우 그 값이 클수록 소득분배균등도가 높고, 지니계수는 그 값이 작을수록 소득분배균등도가 높다.

| **오답피하기** | ㉡ 생산요소 간 대체탄력도가 비탄력적이면 상대요소가격의 인상률에 비해 요소집약도의 증가율이 작다. 따라서 노동의 상대가격이 상승하면 노동의 감소율과 자본의 증가율이 작아 노동소득이 커지고, 자본소득이 작아져 자본의 분배비율을 작게 만든다.

정답 **12** ③ | **13** ④

14 난이도 ■□□

[제61회 기출]

다음은 갑국과 을국의 2017 ~ 2019년 사이의 지니계수 추이를 나타낸 것이다. 이에 대한 설명이나 추론으로 적절하지 않은 것은?

구분	2017	2018	2019
갑국	0.35	0.37	0.40
을국	0.41	0.37	0.35

① 갑국과 을국의 지니계수는 1을 초과하는 값을 가질 수 없다.
② 갑국은 소득불평등도가 줄어드는 반면 을국은 소득불평등도가 늘어나고 있다.
③ 갑국의 지니계수 추이를 개선하려면 누진세제를 도입할 필요가 있다.
④ 을국의 로렌츠곡선은 45° 대각선에서 점차 가까워지는 모습일 것이다.
⑤ 두 국가 모두 누진세를 도입했을 경우 근로의욕이 저하되는 문제점이 나타날 수 있다.

| 해설 | 갑국은 지니계수가 커지고 있으므로 소득불평등도가 증가하고 있고, 을국은 지니계수가 작아지고 있으므로 소득불평등도가 감소하고 있다.

| 오답피하기 | ① 지니계수는 0~1 사이의 값으로 나타나며, 클수록 소득분배가 악화됨을 의미한다.
③ 누진세제는 소득이 높을수록 더 많은 세율이 적용되므로 소득분배 개선에 기여할 수 있다.
④ 지니계수는 로렌츠곡선에서 측정된다. 대각선의 로렌츠곡선은 완전균등선으로 가장 이상적인 소득분배를 나타낸다. 따라서 로렌츠곡선이 대각선에 가까워질수록 소득분배가 개선됨을 의미한다. 을국의 소득분배는 시간이 갈수록 대각선에 가까워질 것이다.
⑤ 소득분배의 개선과 무관하게 소득이 높아질수록 더 많은 세금이 적용된다면, 근로의욕이 낮아지는 부작용이 나타날 수 있다.

15 난이도 ■□□

한 나라 국민의 50%에 해당하는 사람들은 소득이 전혀 없고, 나머지 50%에 해당하는 사람들에게는 모두 200만 원씩의 소득이 있다면 지니계수의 값은?

① 0.2
② 0.3
③ 0.4
④ 0.5
⑤ 0.8

| 해설 | 한 나라 국민의 50%에 해당하는 사람들은 소득이 전혀 없고 나머지 50%는 모두 200만 원씩의 소득이 있다면 이는 다음과 같은 로렌츠곡선으로 그려진다. 제시된 상황에서 지니계수는 $= \dfrac{\alpha}{\alpha + \beta} = \dfrac{1}{2}$이 도출된다.

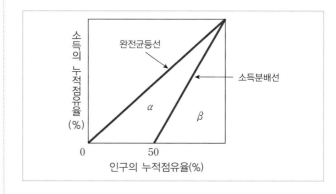

16 난이도 ■■□

소득분배에 대한 설명으로 옳은 것은?

① 지니계수의 크기는 0과 0.5 사이에 있다.

② 간접세 비중이 높아지면 지니계수가 낮아진다.

③ 누진세제를 강화하면 10분위분배율이 낮아진다.

④ 지니계수의 크기는 로렌츠곡선으로부터 도출할 수 있다.

⑤ 종합소득세제를 도입하면 로렌츠곡선이 대각선에서 멀어진다.

| 해설 | 지니계수는 로렌츠곡선으로부터 도출된다. 기수적으로 소득분배를 비교할 수밖에 없던 로렌츠곡선의 한계를 지니계수는 하나의 값으로 보여 주며, 국가 간 비교가 용이하다.

| 오답피하기 | ① 지니계수는 0에서 1 사이의 값을 갖는다.
② 간접세는 소득 수준과 무관하게 모든 사람에게 적용되므로 소득이 적은 사람들에게는 그 부담이 더 크게 느껴지는데, 이를 '조세 부담의 역진성'이라고 한다. 간접세 비중이 높을수록 소득분배 개선에 기여하지 못하여 지니계수는 높아진다.
③ 누진세제를 강화하면 고소득자가 더 많은 세금을 내야 하므로 상위 20% 계층의 소득이 줄어들어 10분위분배율이 높아진다.
⑤ 종합소득세제를 도입하면 소득분배에 기여하므로 로렌츠곡선은 완전균등선인 대각선에 가까워진다.

📈 S등급 고난도 문제

다음 표에 대한 옳은 설명을 〈보기〉에서 고르면?

구분	2008년	2009년	2010년	2011년	2012년
지니계수	0.306	0.312	0.314	0.314	0.310
소득5분위배율	5.38	5.60	5.71	5.75	5.66

구분	2013년	2014년	2015년	2016년	2017년	2018년
지니계수	0.311	0.307	0.302	0.302	0.295	0.304
소득5분위배율	5.73	5.51	5.43	5.41	5.11	5.45

─〈보기〉─

㉠ 소득5분위배율은 모든 소득 계층의 소득분배 상태를 하나의 숫자로 보여 준다.

㉡ 지니계수와 소득5분위배율은 소득분배 상태를 나타내는 상호보완적인 지표들이다.

㉢ 2017년이 가장 균등한 소득분배를 보여 준다.

㉣ 하위소득 계층의 분배 상태는 전반적으로 개선되고 있다.

① ㉠, ㉡ 　　② ㉠, ㉢

③ ㉡, ㉢ 　　④ ㉡, ㉣

⑤ ㉢, ㉣

| 해설 | ㉡ 지니계수와 소득5분위배율은 각각의 한계를 서로 보완해 준다.
㉢ 지니계수와 소득5분위배율은 2013년 이후 전반적으로 개선되고 있으나 2017년에 가장 좋은 소득분배를 보여 준 이후 2018년에 악화되었다.

| 오답피하기 | ㉠㉣ 소득5분위배율은 하나의 숫자로 소득분배를 나타내지만 상위 20% 계층의 소득과 하위 20% 계층의 소득을 비교할 뿐 경제 전체의 모든 소득 계층의 소득분배를 대표하지 못한다. 또한 하위 계층 안에서의 소득분배가 어떻게 개선되고 있는지 두 지표만으로는 알 수 없다.

정답 **16** ④ | 고난도 정답 ③

시장 실패와 정부 실패

제1절 시장 실패 중요도 상

1 시장 실패의 의미와 원인

(1) 의미

시장이 자원배분을 효율적으로 하지 못하는 경우, 이를 '시장 실패(market failure)'라고 한다. 즉, 경제활동을 시장에 맡긴 경우 효율적인 자원배분 혹은 공평한 소득분배를 달성하지 못하는 상황을 의미한다.

(2) 원인

시장 실패가 발생하는 이유는 크게 두 가지이다. 시장이 완전경쟁 상태가 아니거나(불완전성), 시장이 올바르게 작동할 수 있는 여건이 마련되어 있지 않은 경우(불완비성)이다. 시장이 완전경쟁 상태가 아닌 경우는 독점이나 과점인 상태를 생각해 볼 수 있으며, 시장의 기능이 올바르게 작동할 수 없는 여건으로는 외부 효과나 공공재의 존재 혹은 정보가 비대칭한 경우 등이 있다.

2 외부 효과(externality)

외부 효과란 어떤 경제주체의 경제활동으로 인해 제3자에게 의도하지 않은 혜택을 주거나 손실을 입히면서도 이에 대한 어떠한 대가를 받지도, 주지도 않는 경우를 의미한다. 외부 효과는 긍정적 외부 효과와 부정적 외부 효과로 구분된다.

(1) 긍정적 외부 효과(외부 경제)

긍정적 외부 효과(positive externality)는 어떤 경제주체의 경제활동으로 인해 제3자에게 의도하지 않은 혜택을 주는 경우이다. 이를 '외부 경제(external economies)'라고도 한다.

예 발명가에 의해 세상에 나온 새로운 제품이나 서비스가 발명가 본인은 물론, 다른 생산자와 소비자들에게도 편익을 주는 경우

(2) 부정적 외부 효과(외부 불경제)

부정적 외부 효과(negative externality)는 어떤 경제주체의 경제활동으로 인해 제3자가 의도하지 않은 손해를 입는 경우이다. 이를 '외부 불경제(external diseconomies)'라고도 한다.

예 공장의 매연이나 소음으로 인해 다른 이들이 피해를 보는 경우

(3) 외부 효과와 사회 적정 생산량

외부 효과가 존재할 때 자원이 효율적으로 분배되지 않는 이유는 사회적 관점에서 계산된 사회적 비용과 개인적 관점에서 계산된 비용이 다르기 때문이다. 타이어를 만드는 과정에서 매연이 발생하여 사회적으로는 환경 오염이라는 비용이 발생하지만, 타이어 기업의 한계비용을 계산할 때에는 환경 오염 비용이 고려되지는 않는다. 이처럼 사회적 비용과 개인적 비용의 괴리로 인해 자원은 효율적으로 배분되지 않는다.

① 기초 개념

개인의 한계비용 (PMC: Private Marginal Cost)	개별 기업이 상품 한 단위를 추가적으로 생산하기 위해 발생하는 비용으로, 일반적인 한계비용이다.
외부 비용 (EC: External Cost)	외부 불경제로 인해 손해를 입는 사람들이 느끼는 불쾌감 등의 각종 외부 비용이다.
사회의 한계비용 (SMC: Social Marginal Cost)	상품 한 단위를 추가적으로 생산할 때 개별 기업을 포함한 사회 전체가 부담하는 비용이다.
개인의 한계효용 (PMU: Private Marginal Utility)	상품 한 단위를 추가적으로 소비할 때 개별 기업(소비자)이 얻는 효용이다.
외부 효용 (EU: External Utility)	외부 경제로 인해 혜택을 보는 사람들이 느끼는 효용이다.
사회의 한계효용 (SMU: Social Marginal Utility)	상품 한 단위를 추가적으로 소비할 때 개별 기업(소비자)을 포함하여 사회 전체가 얻는 효용이다.

$$SMC = PMC + EC, \ SMU = PMU + EU$$

② 사회 적정 생산량의 결정

사회 적정 생산량은 소비자의 만족이 극대화되면서 생산자의 이윤이 극대화되는 지점에서 형성된다. 즉, 한계비용과 한계효용이 일치하는 지점에서 사회 적정 생산량이 결정되는데, 이를 나타내면 다음과 같다.

$$PMU = P = PMC = SMU = SMC$$

㉠ 생산과정에서 부정적 외부 효과가 발생하는 경우($SMU = PMU = P = PMC < SMC$)

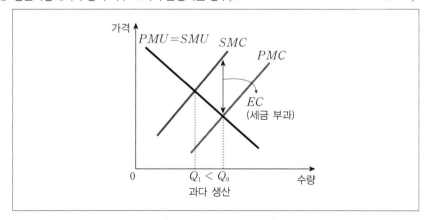

부정적 외부 효과가 발생하는 경우 $SMU = PMU$가 되고, $SMC = PMC + EC$가 된다. 완전경쟁시장에서 기업은 이윤 극대화 생산량을 결정하고자 할 때 외부 비용은 무시하고 자신이 직면하는 비용 구조만을 고려하여 최적 생산량(Q_0)을 선택한다. 따라서 사회적 비용까지 고려하여 결정된 사회적 적정 생산량(Q_1)보다 과다 생산된다.

읽는 강의

시장의 자원배분이 왜곡되는 이유는 부정적인 외부 효과와 긍정적인 외부 효과가 서로 다릅니다. 부정적 외부 효과의 경우 개인의 비용이 사회적 비용보다 낮아 과다 생산의 문제가 발생합니다. 긍정적 외부 효과의 경우 사회적 비용이 개인의 비용보다 낮아 과소 생산의 문제가 발생하여 자원배분의 왜곡이 발생합니다.

© 생산과정에서 긍정적 외부 효과가 발생하는 경우($SMU=PMU=P=PMC>SMC$)

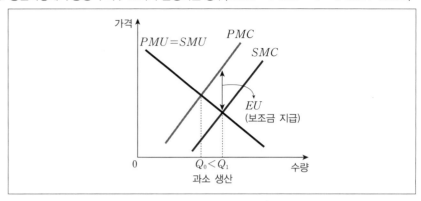

긍정적 외부 효과가 발생하는 경우 $SMU=PMU$가 되고, $PMC=SMC+EU$가 된다. 완전경쟁시장의 기업들은 자신이 직접적으로 직면하는 소비자의 효용만을 고려할 뿐 외부적으로 영향을 받는 소비자들의 효용까지 고려하여 최적 생산량을 달성하지 않는다. 따라서 긍정적 외부 효과가 존재하는 경우 실제 생산량(Q_0)은 사회적 적정 생산량(Q_1)보다 과소 생산된다.

(4) 외부 효과의 해결책

① 정부의 개입 ─ 외부 효과의 내부화

㉠ 부정적 외부 효과로 인해 사회 적정 생산량보다 많이 생산되는 경우, 외부 비용(EC) 만큼의 세금을 부과하여 기업의 한계비용을 높임으로써 사회 적정 생산량을 달성하는 방법이다. 외부 비용만큼의 세금을 부과하면 기업이 인식하는 한계비용(PMC)과 사회가 인식하는 한계비용(SMC)이 일치하여 사회 적정 생산량을 달성할 수 있다.

㉡ 긍정적 외부 효과의 경우에는 보조금을 지급하여 기업이 인식하는 한계비용(PMC) 과 사회가 인식하는 한계비용(SMC)이 일치하도록 한다.

② 사적인 해결 ─ 코즈의 정리

㉠ 경제학자 코즈(Coase)는 외부 효과로 인해 시장 실패가 존재하는 경우 몇 가지 조건이 충족되면 정부의 개입 없이도 외부 효과로 인한 시장 실패를 해결할 수 있다고 주장했다.

㉡ 전제 조건은 다음 두 가지이다.

• 자원에 대한 재산권이 명확하게 설정되어 있다.

• 거래 비용이 무시할 정도로 작다.

이 두 가지 조건을 갖추면 재산권이 누구에게 귀속되어 있는지와 무관하게 당사자 간 협상을 통해 효율적인 자원배분이 가능하다는 것을 '코즈의 정리(Coase theorem)' 라고 한다.

㉢ 현실에서는 협상 비용이 크다는 점, 외부성 측정이 어렵다는 점, 이해 당사자가 모호하다는 점, 협상 능력에 차이가 있다는 점 등의 이유로 인해 코즈의 정리로 외부 효과를 해결하기에는 한계가 있다.

③ 합병

외부 효과를 유발하는 경제주체와 외부 효과에 영향을 받는 경제주체가 합병함으로써 외부 효과를 내부화하는 방안이다. 즉, 합병을 통해 한 경제주체 내부에서 이 효과를 반영하게 만드는 것이다.

④ 직접 규제

경제주체의 선택 범위를 조정함으로써 직접적으로 경제주체의 의사결정에 영향을 미치는 방법을 직접 규제라고 한다. 환경 기준을 설정하여 기준량 이상의 오염물질 배출을 규제하는 방안이 이에 해당한다. 이러한 직접 규제 방식은 사회 전체적으로 볼 때 오염 감소를 위한 비용이 크게 소요된다.

⑤ 시장 개설(오염배출권제도)

오염을 배출할 수 있는 권리를 시장에서 매매할 수 있도록 하여, 오염배출에 따른 한계 편익이 가장 큰 기업들이 오염배출권을 구입하게 함으로써 자원배분의 효율성을 달성하는 방법이다.

기출로 확인하기

27회 기출변형

다음 빈칸 ㉠ ~ ㉤에 들어갈 용어를 바르게 짝지은 것이 아닌 것은?

구분		특징	정부 개입	사례
생산	외부 경제	㉠ : 과소 생산	보조금	
	외부 불경제	㉡ : 과다 생산	조세	
소비	외부 경제	㉢ : 과소 소비	보조금	㉤
	외부 불경제	㉣ : 과다 소비	조세	

① ㉠ – $PMC > SMC$
② ㉡ – $PMC < SMC$
③ ㉢ – $PMU < SMU$
④ ㉣ – $PMU > SMU$
⑤ ㉤ – 양봉업과 과수원

기출로 확인하기 정답 및 해설

| 해설 | 양봉업과 과수원은 생산 측면의 외부 경제에 해당하는 예이다.

① 개인의 비용이 사회적 비용보다 많으면 최적 수준보다 과소 생산된다. 생산 측면의 외부 경제는 사회적 최적 수준보다 적게 생산된다.

② 개인의 비용이 사회적 비용보다 적으면 사회적 최적 수준보다 과다 생산된다. 이 경우 개인에게 세금을 부과하여 개인의 비용을 사회적 수준으로 증가시켜 생산량을 최적 수준으로 감소시켜야 한다.

③ 개인의 만족이 사회적 만족보다 작으면 사회적 최적 수준보다 적게 소비된다. 이 경우 보조금을 지급하여 개인의 만족을 사회적 수준으로 증가시켜 최적 수준까지 소비량이 증가하도록 해야 한다.

④ 개인의 만족이 사회적 만족보다 크면 사회적 최적 수준보다 많이 소비된다. 이 경우 개인에게 세금을 부과하여 최적 수준까지 소비량이 감소하도록 해야 한다.

정답 ⑤

---

3 공공재(public goods)

(1) 재화의 성격

① 배제성(excludability)

㉠ 다른 사람들이 해당 재화를 소비하는 것을 막을 수 있는 가능성을 의미한다. 일반 재화(사적재)를 구입하기 위해서는 비용이라는 대가를 치러야 하고, 대가를 치르지 않은 사람은 사용하지 못하도록 배제할 수 있다.

㉡ 정부가 제공하거나 공동의 소유권을 가진 재화의 경우 대가 없이도 사용이 가능하다. 국방서비스(공공재)나 마을 공동의 목초지(공유자원)가 이에 해당한다.

② 경합성(rivalry)

㉠ 한 사람의 소비가 다른 사람의 소비를 제한하는 속성이다. 즉, 여러 사람이 동시에 소비할 수 없음을 의미한다. 마트에 진열된 어떤 물건은 한 사람이 구입하면 다른 사람이 구입할 수 없다.

㉡ 국가에서 제공하는 교통정보제공 서비스(공공재)는 어떤 한 사람이 해당 서비스를 받는다고 하더라도 다른 사람이 혜택을 받지 못하는 것은 아니다.

내용정리	재화의 분류

구분	경합성	비경합성
배제성	사적재	클럽재
비배제성	공유자원	공공재

(2) 공공재의 정의

공공재란 모든 사람이 공동으로 이용할 수 있는 재화 또는 서비스로, 경합성과 배제성이 모두 없는 재화이다. 즉, 공공재는 다른 사람이 소비할 때 이를 막을 수 없으며, 다른 사람의 소비에 영향을 받지 않는 속성을 가진 재화이다.

📌 국방서비스 또는 막히지 않는 무료 도로 등

(3) 공공재가 존재할 때 시장 실패가 발생하는 이유

① 소비의 한계비용이 0

공공재는 한 사람의 소비가 다른 사람에게 영향을 미치지 않기 때문에(비경합성) 한 단위 추가적인 소비로 인한 비용이 발생하지 않는다. 따라서 소비의 한계비용이 0이다. 가격을 한계비용과 일치시켜야 이윤이 극대화되는 기업의 입장에서는 가격을 0원으로 책정해야 하므로 공공재를 생산할 유인이 없다.

② 무임승차자(free-rider)의 문제

㉠ 무임승차자의 문제는 어떤 재화의 소비로 이득을 누렸음에도 불구하고 이에 대한 대가를 지급하는 것을 회피하는 현상을 의미한다. 공공재는 대가를 지급하지 않은 사람이라 하더라도 재화의 특성상 배제할 수 없기 때문에 공공재를 이용하면서도 대가를 지급하지 않으려 하는 무임승차자 문제가 발생한다. 다음의 보수 행렬에서 무임승차하는 경우가 우월전략균형임을 확인할 수 있다.

구분	생산	무임승차
생산	(3, 3)	(-8, 25)
무임승차	(25, -8)	(0, 0)

㉡ 무임승차자들의 존재로 인해 공공재의 공급을 시장에 맡겨 놓을 경우 사회 적정량의 공공재가 공급되기 어려우며, 사회 적정량보다 적게 생산되는 경향이 있다.

③ 진실한 선호를 표출하지 않음

㉠ 공공재는 모든 소비자가 동일한 수량에 직면하지만 사람마다 동일한 만족을 얻지 않는다. 소비자는 자신의 선호를 솔직하게 표출하지 않는데, 공공재의 비배제성으로 인해 자신의 선호, 즉 지불용의를 솔직하게 표현하지 않아도 공공재를 이용할 수 있기 때문이다.

㉡ 공공재에 대한 시장 전체의 수요곡선을 도출할 때에는 개별 수요곡선을 수직으로 합하여 도출한다. 일반적인 시장수요곡선이 수평으로 합하여 도출되는 것과 반대이다. 모두 동일한 수량에 직면하면서도 각기 다른 효용을 표출하기 때문이다. 이러한 이유로 공공재의 시장수요곡선을 '가상수요곡선(pseudo demand curve)'이라고도 한다.

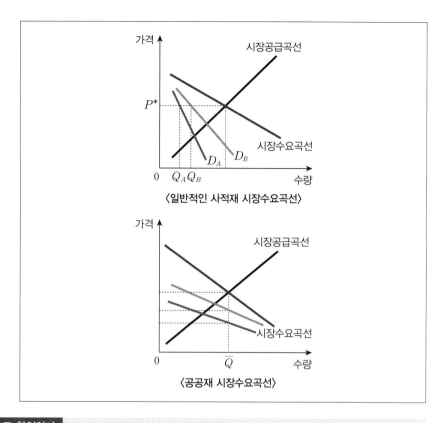

〈일반적인 사적재 시장수요곡선〉

〈공공재 시장수요곡선〉

기출로 확인하기   53회 기출

재화의 성격을 구분하는 배제성과 경합성에 대한 설명으로 옳지 않은 것은?

① 다른 사람이 재화를 소비하는 것을 막을 수 있다면 배제성이 있다.

② 일반적으로 재산권이 있는 재화들은 배제성이 있다.

③ 누군가 재화를 소비하면 다른 사람이 이 재화를 소비할 수 없게 되는 경우 경합성이 없다.

④ 배제성과 경합성이 있는 재화들은 대부분 시장의 가격기능에 의한 효율적인 자원배분이 가능하다.

⑤ 지적재산권은 배제성이 없는 새로운 지식, 기술 등에 인위적으로 배제성을 부여하는 방법이다.

기출로 확인하기 정답 및 해설

| 해설 | 경합성이란 한 사람의 소비가 다른 사람의 소비를 제약하는 특성이다.

① 배제성이란 대가를 지불하지 않은 주체를 소비에서 배제할 수 있는 특성이다.

② 일반적인 재화는 대부분 대가를 지불하고 소유권을 이전받는 것이므로 배제성이 존재한다.

④ 일반적인 사적재화는 시장에서의 수요와 공급에 의해 형성되는 균형가격 수준에서 가장 효율적인 배분이 이루어진다.

⑤ 지식재산권은 특허 등의 제도를 통해 배제성을 부여하여 소유권을 보호한다.

정답 ③

---

4 공유자원(common resource)

(1) 정의

공유자원이란 소유권이 명확히 확립되지 않아 여러 사람이 함께 소유하고 사용하는 자원을 의미한다.

⑩ 매장되어 있는 석유 등

(2) 공유자원과 시장 실패

① 남용의 문제

공유자원은 공공재와 마찬가지로 재화의 성질상 다른 사람의 소비를 배제할 수 없으므로 누구든지 사용이 가능하다. 즉, 비배제성으로 인해 남용(overuse)의 문제가 나타날 수 있다. 사람들은 사회 전체에 발생하는 비용은 고려하지 않고 자신의 한계편익이 0이 될 때까지 소비를 계속하기 때문이다.

② 공유의 비극

공유자원은 배제성은 없지만 한 사람이 공유자원을 사용함으로써 다른 사람이 사용할 수 없도록 하는 경합성이 있다. 누구든지 사용이 가능하지만, 경합성이 있으므로 공유자원은 결국 고갈되는 문제가 발생한다.

③ 사회적 한계비용(SMC) > 개인의 한계비용(PMC)

개인이 공유자원을 얼마나 소비할지에 대해서는 개인이 얻는 한계편익과 한계비용을 고려하여 최종 소비량을 결정하게 된다. 문제는 공유자원의 남용과 고갈로 인해 사회적 한계비용은 개인의 한계비용보다 크다는 것이다. 공유자원을 시장에 맡겨 놓을 경우 적정량보다 과다하게 소비되는 문제가 발생한다.

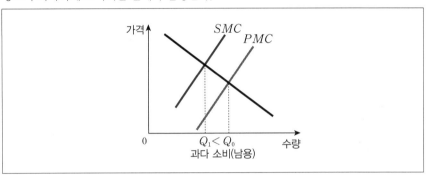

(3) 공유지의 비극(tragedy of commons)

① 공유지의 비극은 개인의 입장에서 공유자원을 아껴 쓸 유인이 없기 때문에 사회 전체의 관점에서 공유자원이 남용되어 결국 사라지는 현상이다. 마을 공동의 목초지가 존재하는 경우 소유권이 불분명하기 때문에 마을 사람이라면 누구나 자신의 송아지를 목초지에 풀어 놓고 풀을 먹일 수 있다. 마을 공동의 목초지는 공유자원이 된다. 그러나 공유자원은 경합성을 가지므로 무분별한 남용으로 인해 결국 목초지의 고갈을 초래할 수 있다.

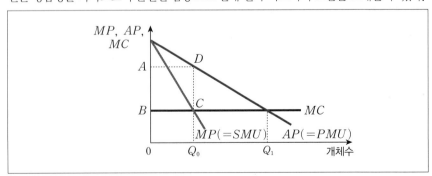

② 해석

㉠ 마을 전체의 송아지 수가 늘어날수록 평균생산(AP)과 한계생산(MP)은 하락하며, 추가적인 한 마리의 송아지는 다른 송아지의 가치를 떨어뜨리므로 송아지의 한계생 산은 평균생산보다 낮다.

㉡ 사회 최적 송아지량: 송아지 한 마리를 추가적으로 더 키울 때의 생산물과 그때의 비 용이 일치하는 지점($MP=MC$)에서 결정되며, 그때의 송아지 방목량은 Q_0이다.

㉢ 송아지 방목량 Q_0 수준에서의 총잉여는 $\square ABCD$의 면적이 된다.

㉣ 송아지 주인은 송아지 방목량이 늘었을 때 사회 전체가 느끼게 될 효용은 고려하지 않고 자신의 효용만을 고려하므로 평균생산과 한계비용이 일치할 때까지 송아지 방 목량을 늘리게 된다. 따라서 방목량은 Q_1까지 증가하여 총잉여는 0이 된다.

(4) 공유지의 비극 해결책

공유지의 비극은 공유자원의 재산권이 확립되지 않기 때문에 발생한다. 따라서 마을 공동 의 목초지가 아니라 목초지의 주인이 정해지면 남용의 문제는 발생하지 않는다. 송아지 한 마리를 추가적으로 키울 때의 비용(효용)과 사회적 관점에서 측정되는 비용(효용)이 일치하 기 때문이다.

제2절 정부 실패 중요도 중

1 정부의 시장 개입

지금까지 살펴본 외부 효과와 공공재 그리고 공유자원은 시장이 완벽하지 않음을 보여 주는 사례들이라고 할 수 있다. 정부는 시장이 자원을 효율적으로 배분하지 못할 때 직접 개입하여 문제를 해결하고자 하는데, 때로는 이러한 정부의 시장 개입이 오히려 역효과를 불러오기도 한다. 이를 '정부 실패(government failure)'라고 한다. 정부의 시장 개입의 근거가 시장 실패 이고, 정부 실패는 시장 실패를 바로잡기 위한 정부의 노력이 실패했음을 의미하므로 그 폐해 는 시장 실패보다 크다고 할 수 있다. 경제학자들이 무조건적으로 정부의 시장 개입을 반대하 는 것은 아니다. 정부가 시장에 개입할 경우 많은 규제가 발생하여 개인의 선택권이 침해받는 결과가 발생하지만, 비용−편익 분석을 통해 편익이 비용보다 크다고 판단될 때에는 정부가 시 장에 개입하여 문제를 해결해야 한다는 것이 일반적인 시각이다.

2 정부 실패의 원인

(1) 정치적 결정

정부 실패는 시장 실패를 바로 잡으려는 정책 결정이 경제적 논리가 아니라 정치적 논리에 의해 결정되기 때문에 나타난다. 정치와 경제는 밀접하게 연관되어 있으므로 경제를 이용 하여 민심을 얻으려는 행위는 정부 실패의 원인으로 작용한다.

(2) 정보의 비대칭성

정부는 시장 실패를 해결하기 위해 미래 상황에 대한 정확한 예측이 요구되나, 빠르게 변화하는 국내외 정세로 인해 불확실성이 커져 미래에 대한 예측이 점점 어려워지고 있다. 정확한 예측에 기반한 정책이 시행되더라도 경제주체의 기대와 다른 방향으로 시행된다면 효과적인 결과를 거두기가 어렵다.

(3) 이익집단의 로비

이익집단의 로비는 지대추구 행위(rent-seeking behavior)에 해당한다. 이익집단의 로비로 인해 일부 집단은 대가를 지급하지 않고 이득을 누릴 수 있으며, 그 대가는 다른 개인이나 단체가 치르게 된다.

(4) 소비자의 무관심

소비자들이 정부의 정책에 무관심할 경우 정부 사업의 비효율성이 해결되지 않아 정부 실패가 발생할 수 있다. 또한 미래의 큰 이득보다 현재의 작은 이득을 취하려고 하면 장기적으로 정부 실패가 만연해질 수 있어 소비자의 무관심이나 성향도 정부 실패의 원인이 된다.

NEWS

Why 이슈가 된 걸까?

글로벌 제약사 화이자가 북한을 비롯한 45개 빈곤국에 코로나19 백신을 원가에 제공한다는 내용으로, 긍정적인 외부효과를 파악할 수 있다. 경제학적 측면에서 백신 접종은 시장에 맡겨둘 경우 사회적으로 최적 수준의 접종률만큼 이루어지기가 어렵다. 원가에 제공하는 일종의 보조금 전략을 통해 백신 접종률을 높이려는 것으로, 세계 전체에 코로나19가 퍼지는 속도를 낮출 수 있다.

화이자, 북 포함 45개 빈곤국에 백신 '원가 공급'

글로벌 제약사 화이자가 북한을 비롯한 45개 빈곤국에 신종 코로나바이러스 감염증(코로나19) 백신 등을 '원가' 수준으로 공급한다는 계획을 밝혔다. AP · 로이터 · AFP통신 등은 화이자가 스위스 다보스에서 열린 세계경제포럼(WEF)에서 자사 제품 23종을 영리를 추구하지 않는 방식으로 빈곤국에 공급하기로 했다고 보도했다.

보도에 따르면 화이자는 일단 르완다, 가나, 말라위, 세네갈, 우간다 등 5개 아프리카 국가에 먼저 저가로 제품을 공급한 뒤 대상국을 점차 늘려갈 예정이다. 45개 대상국 대다수는 아프리카 국가이고, 북한과 시리아, 아이티, 캄보디아 등 의약품 접근성이 제한된 국가도 포함됐다. 공급 대상 제품은 총 23종으로, 암 치료제, 희소병 치료제, 염증성 질환 치료제와 감염병 대응에 필요한 각종 백신 등이 포함됐다.

화이자는 이미 일부 빈곤국을 대상으로 코로나19 백신을 원가 수준에 공급하고 있다. 미국 정부가 백신을 구매한 뒤 대상국에 무료로 배포하는 방식이다.

화이자는 빈곤국에 백신을 공급할 때 1회 접종분당 7달러(약 8,800원)를 적용하고 있으며, 이는 미국 정부 공급 가격 19.5달러(약 2만 5,000원)의 절반 이하이다.

화이자는 장기적으로는 모든 자가 제품을 빈곤국가에 이 같은 방식을 적용해 공급한다는 방침이다.

앤절라 황 화이자 바이오제약그룹 사장은 "미국 · 유럽에서 사용되는 화이자의 특허 의약품을 이제 12억 명이 사용할 수 있게 된다."면서, "일부 국가는 우리 제품을 제대로 활용하기 위해 넘어야 할 장애물이 적지 않다. 5개국에서 먼저 시행해 본 뒤 나머지 국가에 노하우를 활용할 것"이라고 말했다.

01 난이도 ■■□ [제61회 기출]

그림은 외부효과가 발생한 X재 시장을 나타낸다. 이에 대한 옳은 분석을 〈보기〉에서 고른 것은?

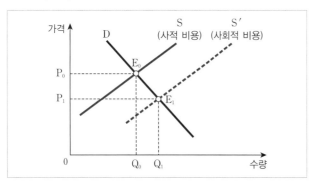

〈보기〉

㉠ 부정적인 외부효과가 발생하고 있다.
㉡ 시장 거래량이 사회적 최적거래량보다 적게 생산되고 있다.
㉢ 대표적인 사례로 독감예방접종에 따른 독감발병률 감소를 들 수 있다.
㉣ 정부는 X재 생산자에게 보조금을 주어 자원의 효율적 배분을 유도할 수 있다.

① ㉠, ㉡   ② ㉠, ㉢
③ ㉡, ㉢   ④ ㉡, ㉣
⑤ ㉢, ㉣

| 해설 | X재 시장에서는 생산 측면의 긍정적 외부효과가 발생하고 있다.
㉡ 긍정적 외부효과가 발생하면, 균형거래량이 사회적 최적 수준보다 과소 생산된다. 즉, 사회적으로 바람직한 Q_1 수준보다 더 적은 Q_0만큼이 생산된다.
㉣ X재 생산자에게 보조금을 주어 사회적 최적거래량 수준에 도달하고, 사회적 후생손실을 줄일 수 있다.

| 오답피하기 | ㉠ 사회적 비용이 사적 비용보다 적은 긍정적 외부효과의 상황이다.
㉢ 독감예방접종에 따른 독감발병률 감소는 소비 측면의 긍정적 외부효과의 사례이다.

02 난이도 ■■□

환경부는 바다의 해양오염을 줄이기 위한 정책 실시에 앞서 최적 오염 수준을 파악하려고 한다. 최적 오염 수준이 결정되는 시기로 적절한 것은?

① 해양오염에 따른 피해가 극소가 될 때
② 해양오염 감소에 따른 사적 한계비용이 극소화될 때
③ 해양오염 감소에 따른 사회적 한계비용이 극소화될 때
④ 해양오염을 한 단위 감소시킬 때의 사적 한계편익과 사적 한계비용이 일치할 때
⑤ 해양오염을 한 단위 감소시킬 때의 사회적 한계편익과 사회적 한계비용이 동일할 때

| 해설 | 해양오염은 외부 불경제로, 바다의 오염이 제3자에게 의도하지 않은 손실을 입히지만, 이에 대한 대가를 치르지 않는다. 해양오염을 줄이기 위한 최적 오염 수준은 해양오염을 한 단위 감소시킬 때 사회가 누릴 수 있는 한계편익과 이때 사회가 부담해야 할 사회적 한계비용이 일치하는 수준까지 줄이는 것이다.

| 오답피하기 | ① 해양오염에 따른 피해가 극소가 되더라도 이를 극소로 만드는 데 많은 비용이 들어간다면 최적 오염 수준이라고 할 수 없다.
② 사적 한계비용이 최소가 되더라도 사회적 한계비용과 한계편익의 일치가 보장되는 것은 아니다.
③ 해양오염 감소에 따른 사회적 한계비용이 극소가 되더라도 사회적 한계편익이 낮다면 사회적으로 바람직한 최적 수준이라고 할 수 없다.
④ 해양오염 한 단위 감소에 따른 사적 한계비용과 사적 한계편익의 일치에도 불구하고 사회적 한계비용과 한계편익은 다를 수 있으므로 사적 균형이 사회적 최적 수준을 보장하는 것은 아니다.

정답 01 ④ | 02 ⑤

03 난이도 ■■□

외부성에 대한 옳은 설명을 〈보기〉에서 모두 고르면?

─〈보기〉─
- ⊙ 외부 경제가 발생한 경우에는 재화의 과소 생산 또는 과소 소비가 이루어진다.
- ⓒ 소비에 있어 외부 경제가 발생한다는 것은 사적 한계편익보다 사회적 한계편익이 더 크다는 것을 의미한다.
- ⓒ 생산에서 외부 경제가 발생하는 경우에는 조세 부과를 통해 효율성을 회복할 수 있다.
- ⓔ 생산에서 외부 불경제가 발생한다는 것은 사적 한계비용보다 사회적 한계비용이 더 작다는 것을 의미한다.
- ⓜ 외부성의 문제를 협상을 통해 해결할 수 있다는 이론은 '코즈정리'이다.

① ⊙, ⓒ   ② ⊙, ⓔ
③ ⓒ, ⓔ   ④ ⊙, ⓒ, ⓜ
⑤ ⓒ, ⓔ, ⓜ

| **해설** | ⊙ 외부 경제는 사회에 의도하지 않은 혜택을 준 경우로서 생산 측면에서 과소 생산, 소비 측면에서 과소 소비가 나타난다.
ⓒ 소비에 있어 외부 경제가 발생한다는 것은 소비로 인해 개인이 얻는 만족보다 사회가 얻는 만족이 더 크다는 것을 의미한다. 즉, 사회적 한계편익(SMU)이 사적 한계편익(PMU)보다 크다.
ⓜ 코즈는 외부성이 존재하는 경우 정부가 개입하지 않더라도 소유권이 명확하고 협상에 거래 비용이 발생하지 않는다면, 민간의 자발적인 협력에 의해 해결할 수 있음을 증명하였다.

| **오답피하기** | ⓒ 생산과정에서 외부 경제가 발생할 경우 개인이 직면하는 한계비용이 사회 전체적인 수준보다 높기 때문에 과소 생산이 발생한다. 이는 보조금을 지급하여 비용을 사회적 수준으로 낮춰줌으로써 사회 최적 생산량을 달성할 수 있다.
ⓔ 생산에서 외부 불경제가 발생하는 경우 과다 생산의 문제가 발생한다. 개인이 얻는 혜택(PMU)이 사회가 지불하는 비용($SMC = PMC$)보다 크기 때문이다. 이 경우 세금을 통해 최적 수준으로 생산을 줄여야 한다.

04 난이도 ■■□

다음 신문기사를 통해 알 수 있는 사실이 아닌 것은?

호주 보건 관련 주요 단체가 흡연보다 비만이 더 큰 위협이 되고 있다며 설탕세 부과 등 대책 마련을 강력히 촉구했다고 호주 일간 시드니모닝헤럴드가 전했다. 34개 단체가 참여하는 보건단체연합회는 연방정부에 비만 대책 마련을 요구하는 캠페인에 착수했다. 보도에 따르면 호주 성인 63%, 어린이 27%가 비만 혹은 과체중(overweight)이다. 연합회 측은 비만 대책으로 가당 음료에 20% 세금 부과를 요구했다. 소프트음료와 에너지음료, 스포츠음료처럼 설탕이 첨가된 모든 비알코올음료에 적용된다. 100% 과일주스와 우유는 제외한다.

① 외부성은 시장 실패를 유발한다.
② 설탕세는 외부 불경제의 비효율성을 시정하기 위해 도입하려는 것이다.
③ 설탕 함유 음료의 사적 한계편익이 사회적 한계편익보다 작을 것으로 판단된다.
④ 호주 보건 관련 주요 단체는 설탕이 들어간 음료가 소비의 외부 불경제를 발생시킨다고 생각한다.
⑤ 외부성이 문제가 되는 것은 시장기구를 통하지 않고 다른 경제주체에게 의도하지 않은 손실 혹은 혜택을 발생시키기 때문이다.

| **해설** | 호주에서는 설탕세 도입을 통해 설탕 함유 음료가 지금보다 덜 소비되도록 유도해야 한다는 주장이 나타났다. 이러한 주장에는 설탕 함유 음료가 일종의 외부 불경제를 야기하는 상품으로서, 사적 한계편익이 사회적 한계편익보다 크다는 인식에 바탕을 두고 있다. 즉, 의도하지 않은 손실을 사회에 미치면서도 아무런 대가를 치르지 않는 외부 불경제의 상황인 것이다.

| **오답피하기** | ① 외부성, 공공재, 정보 비대칭, 독점 등은 시장 실패를 야기하는 요인들이다.
② 어떤 경제주체의 의도하지 않은 행동으로 제3자에게 영향을 미쳐 사회적 비용이 사적 비용보다 높은 비효율적 상태를 외부 불경제라고 한다.
④ 세금을 부과한다는 것을 통해 설탕이 들어간 음료 소비가 야기하는 사회적 비용이 사적 비용보다 큼을 알 수 있다. 세금의 부과를 통해 사적 비용을 사회적 비용 수준으로 높여 사회적 최적 수준을 달성하려는 것이다.
⑤ 외부성이 문제가 되는 것은 외부의 개입 없이 시장의 힘에 맡겼는데도 불구하고 최적 수준을 달성하지 못하기 때문이다.

05 난이도 ■■■

외부성에 관한 코즈의 정리에 대한 설명으로 옳지 않은 것은?

① 기본적으로 거래 비용의 중요성을 강조한다.
② 외부성의 발생원인을 소유권이 확정되어 있지 않기 때문이라고 판단한다.
③ 시장 실패를 교정하기 위해 정부가 반드시 개입할 필요가 없음을 시사한다.
④ 소유권만 설정해 준다면 당사자 간에 자발적 협상을 통해 외부성을 해결할 수 있다고 본다.
⑤ 거래 비용이 없다면 재산권을 누구에게 귀속시키는가에 따라 자원배분의 효율성이 달라진다.

| 해설 | 코즈의 정리에 따르면 재산권이 명확히 설정만 되어 있다면 누구에게 귀속되는지는 경제적 효율성 측면에서 아무런 차이가 없다고 주장한다.

| 오답피하기 | ③④ 코즈는 외부 효과가 발생하더라도 반드시 정부의 개입이 필요한 것은 아니라고 주장한다. 즉, 사적 소유권이 명확하게 규정되어 있고 협상 과정에 거래 비용이 발생하지 않으면, 당사자 간에 협상을 통해 외부 효과 문제를 해결할 수 있다는 것이다.

06 난이도 ■■□

[제74회 특별 기출]

지문을 읽고 A에 대한 〈보기〉의 설명 중 옳은 것을 고르면?

> 경합성과 배제성의 유무에 따라 재화 유형을 구분할 수 있는데, 이중 A는 경합성과 배제성이 모두 없는 재화이다.

─〈보기〉─
㉠ 공공재라고 한다.
㉡ 무임승차의 문제가 발생한다.
㉢ 사회적 최적 수준에 비해 과다 생산된다.
㉣ A재화를 한 개인이 소비하면 다른 개인이 소비하지 못할 수 있다.

① ㉠, ㉡   ② ㉠, ㉢
③ ㉡, ㉣   ④ ㉡, ㉣
⑤ ㉢, ㉣

| 해설 | 재화는 경합성과 배제성의 유무에 따라 4가지로 구분할 수 있다. 경합성과 배제성이 모두 존재하는 경우를 일반재, 모두 존재하지 않는 경우를 공공재라고 한다. 경합성만 있는 경우를 공유자원, 배제성만 있는 경우는 클럽재라고 한다.
㉠ 경합성은 한 사람의 소비가 다른 사람의 소비가능성을 제한하는 성격이며, 배제성은 대가를 치르지 않은 주체를 소비에서 배제할 수 있는 특성이다. 경합성과 배제성이 모두 없는 재화를 공공재라고 한다.
㉡ 공공재는 배제성이 없으므로 무임승차의 문제가 발생한다.

| 오답피하기 | ㉢ 공공재는 사회적 최적 수준에 비해 과소 생산된다.
㉣ 공공재는 경합성이 없으므로 한 개인이 소비하더라도 다른 개인이 소비할 수 있다.

정답 **05** ⑤ | **06** ①

07 난이도 ■■■
[제54회 기출]

200명의 농부가 모여 사는 마을이 있다. 각 농부는 소를 한 마리씩 가지고 있으며 마을에는 공동목초지가 있다. 소를 공동목초지에 방목할 경우 각 농부의 수익은 100 − n이고 소를 시장에 팔면 10의 수익이 발생한다. 이 마을에서 발생할 수 있는 일로 옳지 않은 것은? (n은 방목하는 소의 숫자)

① 각 농부가 개별적으로 소를 방목할지 시장에 팔지를 결정한다면 방목 두수는 90이다.
② 마을 회의에서 마을 전체의 수익을 극대화한 후 이를 똑같이 분배하는 식으로 방목 두수를 정하기로 했다면 방목 두수는 45이다.
③ 마을의 공동목초지는 과다 이용되는 공유지의 비극현상이 발생한다.
④ 마을의 공동목초지는 경합성이 없기 때문에 농부의 개인적인 편익이 마을 전체의 편익보다 크다.
⑤ 개인적 편익과 마을 전체의 편익의 차이만큼 공동 목초지 사용료를 부과하면 효율적인 목초지 이용이 가능해진다.

| 해설 | 마을의 공동목초지는 공유지로, 배제성이 없고 경합성이 있다.

| 오답피하기 | ① 소를 시장에 팔 경우 10의 수익이 발생하고, 방목할 경우 각 농부의 수익은 100 − n으로 결정되므로 최대 90마리까지 방목하고자 할 것이다.
② 마을 전체의 수익은 $10 \times (200 - n) + n(100 - n)$이 되고, 수익을 극대화하는 방목 두수를 구하기 위해 이를 n에 대해 미분하면 $-2n + 90 = 0$이 되어 $n = 45$마리가 된다.
③ 마을 공동의 목초지는 경합성이 있고 배제성이 없는 공유자원이므로 과다 소비되는 공유지의 비극현상이 발생한다.
⑤ 공유자원의 과다 소비는 개인의 편익을 추구하는 것이 마을 전체의 편익을 고려하는 것보다 높기 때문에 발생한다. 따라서 그 차이만큼 사용료를 부과하여 개인의 편익을 낮춰주면 효율적인 목초지 이용이 가능해진다.

08 난이도 ■■■

다음 글에 나타난 문제의 해결방안을 〈보기〉에서 고르면?

> 정부의 무분별한 개입이 효율적인 자원배분에 부정적인 영향을 주는 경우가 종종 있다. 정부조직의 비대화는 예산의 낭비를 초래하며, 과중한 세금은 국민생활을 압박하기도 한다. 또한 정부는 때때로 민간 부문의 욕구나 선호를 제대로 읽지 못하여 잘못된 정책결정을 하는 경우도 있고, 부처 이기주의에 따른 횡포나 인기에 영합한 선심행정을 하는 문제를 유발하기도 한다.

〈보기〉
㉠ 시장기능의 활성화 정책이 필요하다.
㉡ 경제활동에서 정부의 개입을 늘려야 한다.
㉢ 공기업은 공익 증진을 위해 활동영역을 지속적으로 넓혀나가야 한다.
㉣ 정부 정책의 투명성 제고와 시민단체에 의한 예산 감시활동이 시급하다.

① ㉠, ㉡ 　　　　② ㉠, ㉢
③ ㉠, ㉣ 　　　　④ ㉡, ㉢
⑤ ㉢, ㉣

| 해설 | ㉠ 정부 정책으로 인한 실패는 시장기능의 활성화를 통해 해결이 가능하다.
㉣ 정부 실패를 방지할 수 있는 해결책으로 투명성의 제고를 들 수 있다. 투명한 절차와 시민단체에 의한 감시활동으로 정부 실패 방지가 가능하다.

| 오답피하기 | ㉡ 정부의 무분별한 개입은 정부 실패를 야기한다.
㉢ 공기업의 공익 증진 활동은 바람직하지만, 공기업의 활동이 정부 실패를 해결할 수 있는 것은 아니다. 공기업의 비효율성이 커지면 정부 실패의 한 요인이 될 수 있다.

관련 이론 짚어보기

정부 실패: 시장 실패를 바로잡기 위해 실시한 정부의 개입이 다시 자원배분의 왜곡을 초래하는 현상을 의미한다.

정답 07 ④ | 08 ③

09 난이도 ■■□□

다음 밑줄 친 ㉠의 원인과 ㉡의 사례로 옳은 것은?

> 교사: 시장 실패를 보완하기 위한 ㉠ 정부 개입이 오히려 비효율적인 자원배분을 초래할 수도 있습니다. 이를 극복하기 위한 대책에 대해 토론해 봅시다.
>
> 갑: 불필요한 규제가 많아요. 비능률적인 공기업들도 적지 않은 것 같아요. 규제를 완화하고 공기업을 민영화해야 한다고 생각해요.
>
> 을: 하지만 ㉡ 정부나 공기업이 경쟁원리를 도입한다는 명분으로 공공성마저 훼손해서는 안 된다고 생각해요. 그런 의미에서 정부나 공공 부문의 혁신은 업무의 능률성만이 아니라 공공서비스의 품질까지도 고려해야 할 것 같아요.

	㉠의 원인	㉡의 사례
①	부정부패	무사안일
②	이윤 동기 부족	수익성이 낮은 사업 경시
③	외부 효과 심화	관료주의의 폐단
④	공공재 공급 부족	이익단체의 압력
⑤	정부의 불완전한 지식	방만한 조직 운영

| **해설** | 밑줄 친 ㉠은 정부 실패를 의미한다. 정부 실패는 다양한 요인에 의해 발생하는데, 이윤 동기가 부족할 때 비효율적인 자원배분이 나타난다. 정부 실패를 바로잡는 명목으로 정부의 개입이 필요한 영역까지 모두 문제시해서는 안 된다. 정부나 공기업이 갖는 공공성 훼손이 대표적이다. 이들 영역을 공기업으로 운영하는 이유는 수익성 여부에 따라 기업 운영이 이루어질 경우 국민들이 입는 피해가 직접적이기 때문이다. 안정적인 운영을 위해 시장에 맡기지 않고 공기업의 형태로 국가가 운영하는 것이다.

10 난이도 ■■□□

다음 밑줄 친 현상과 관련 있는 내용으로 옳지 않은 것은?

> 시장에서 '경쟁'은 자원을 효율적으로 배분하는 중요한 원동력이다. 즉, 시장은 생산자 간, 소비자 간의 경쟁을 통해 희소한 자원을 가장 낮은 비용으로 가장 필요한 사람에게 배분한다. 그러나 시장이 항상 이렇게 바람직한 기능을 제대로 수행하는 것은 아니다. 때로는 시장의 외부적 환경 요인이나 재화의 특성 등으로 인해 <u>시장이 자원을 효율적으로 배분하지 못하는 경우</u>가 발생한다.

① ○○공장의 폐수 방류로 강물이 오염되었다.

② 이라크전쟁으로 인해 휘발유 값이 폭등하였다.

③ 무더위를 피해 계곡에 몰린 피서객들이 쓰레기를 많이 버렸다.

④ 대형 정유사들이 휘발유의 공급가격을 적정선으로 인상하는 데 합의하였다.

⑤ □□시가 가로등 설치를 주민자율에 맡기자 가로등이 충분히 설치되지 않았다.

| **해설** | 밑줄 친 현상은 시장 실패를 의미한다. 시장 실패는 시장 형태의 불완전함(독점), 공공재, 정보의 비대칭성, 외부 효과 등의 원인으로 발생한다. 이라크전쟁은 외부 요인으로, 시장에 영향을 미쳐 휘발유 값이 폭등하는 사례로, 시장 실패 현상으로 볼 수 없다.

| **오답피하기** | ① 공장의 폐수 방류로 인한 강물 오염은 외부 불경제에 해당한다.
③ 피서객들의 쓰레기 투기 현상은 외부 불경제에 해당한다.
④ 일종의 담합 행위로, 독점력을 유지하여 경쟁체제를 형성하지 않으려는 행태라고 할 수 있다.
⑤ 공공재는 시장에 맡겨둘 경우 과소 생산될 우려가 높아 정부가 직접 생산을 담당한다.

정답 09 ② | 10 ②

11 난이도 ■■□

외부 효과에 대한 설명으로 옳지 않은 것은?

① 세금을 통해 외부 효과를 줄일 수 있다.
② 오염 쿼터제도를 통해 외부 효과를 줄일 수 있다.
③ 사회적 한계비용과 사적 한계비용의 차이가 발생한다.
④ 오염에 대한 정부의 최적 정책은 오염을 근절하는 것이다.
⑤ 생산의 외부 불경제가 존재하면 사적 생산량이 사회적 최적 생산량보다 많다.

| 해설 | 외부 효과란 어떤 경제주체의 행위가 제3자에게 의도하지 않은 손실이나 혜택을 주면서도 이에 대해 대가를 지불하지도 받지도 않는 현상을 의미한다. 모든 문제를 완전히 없애버리는 것은 더 큰 비용을 야기할 수 있으므로 최적의 정책이라고 할 수 없다.

| 오답피하기 | ① 세금의 부과를 통해 사회적 한계비용과 사적 한계비용의 차이를 줄일 수 있다.
② 오염 쿼터제는 시장을 활용한 외부 불경제 해결방안이다.
③ 외부 불경제가 존재할 경우 사회적 한계비용이 사적 한계비용보다 커 정부는 세금을 부과하여 이를 해결하고자 한다.
⑤ 외부 불경제가 존재하는 경우 사회적 한계비용이 사적 한계비용보다 커 사적 생산이 사회적 수준보다 많다. 즉, 과다 생산의 문제가 발생한다.

12 난이도 ■■□

외부 효과로 인한 비효율적 자원배분을 개선하는 방법으로 적절하지 않은 것은?

① 정부가 교육기관에 보조금을 지급하거나 민간인이 교육기관에 기부금을 낸다.
② 과수원과 양봉업자의 경우에서와 같이 외부 효과를 주고받는 두 기업이 합병을 한다.
③ 정부가 오염배출권을 경매를 통해 팔고, 오염배출기업들 사이에 이를 거래할 수 있게 한다.
④ 외부 효과에 관련된 당사자가 많고 거래 비용이 클 경우에는 정부가 개입하지 않고 자발적인 협상을 하도록 한다.
⑤ 외부 경제를 초래하는 새로운 기술에 대해 특허권을 제공함으로써 기술 개발자에게 법적으로 유효한 재산권을 인정해 준다.

| 해설 | 외부 효과를 발생시키는 당사자 간에 합병이나 시장기구를 통한 배출권 거래를 통해서도 외부 효과의 해결이 가능하다. 경제학자 코즈는 소유권 확립이 명확하고 거래 비용이 거의 존재하지 않는다면, 정부의 개입 없이 외부 효과를 해결할 수 있다고 주장했다.

| 오답피하기 | ① 과소 생산이 문제가 되는 외부 경제의 경우 보조금을, 과다 생산이 문제가 되는 외부 불경제의 경우 세금을 부과한다. 교육의 경우 대표적인 외부 경제의 사례이다.
② 과수원과 양봉업자의 경우 서로 외부 경제를 발생시킨다. 두 기업이 합병할 경우 외부 효과를 내부에 흡수하여 사회적 최적 수준을 달성할 수 있다.
③ 배출권거래제는 외부 불경제의 해결 방법으로 정부의 개입 없이 기업 간 거래에 의해 해결하는 방법이다.
⑤ 외부 경제에 대해서는 지원을 통해 과소 생산의 문제를 해결해야 한다. 이는 사회적 한계편익이 사적 한계편익보다 커 발생하는 문제이다. 보조금이나 특허를 통한 지원이 이루어지면 과소 생산의 문제가 해결될 수 있다.

정답 11 ④ | 12 ④

13 난이도 ■■□

전염병에 걸린 사람은 주변 사람들에게 병을 옮길 수 있는 부정적인 영향을 미치지만, 일반적으로 주변 사람들에게 그에 대한 대가를 지불하지는 않는다. 다음 중 이와 경제학적 의미가 가까운 현상은?

① 자동차의 배기가스가 대기를 오염시킨다.
② 스마트폰의 등장으로 관련 산업이 급성장하였다.
③ 한여름 해수욕장의 파라솔 가격은 평소보다 비싸다.
④ 민간 기업이 탁 트인 공원에서 불꽃놀이를 개최한다.
⑤ 국제 유가가 하락해도 국내 휘발유 가격은 변함없다.

| **해설** | 전염병으로 인한 의도하지 않은 피해는 부정적 외부 효과(외부불경제)에 해당한다. 자동차 운행으로 인해 발생하는 배기가스는 의도하지 않게 대기를 오염시킨다. 배기가스는 의도하지 않은 피해를 주지만 이에 대해 어떠한 대가도 치르지 않는다.

14 난이도 ■□□

코즈의 정리에 대한 설명으로 옳은 것은?

① 현실에서 협상 과정의 거래 비용은 거의 발생하지 않는다.
② 현실의 대부분의 사례에서 거래 당사자는 쉽게 파악 가능하다.
③ 정부의 직접적인 규제만이 시장 실패를 바로잡을 수 있다고 본다.
④ 소유권을 명확히 하더라도 외부 효과를 바로잡을 수 없다고 본다.
⑤ 재산권이 어느 거래 당사자에게 귀속되는지는 외부성 문제 해결에 중요하지 않다.

| **해설** | 코즈의 정리에서는 재산권이 명확하면 될 뿐 누구에게 귀속되는지는 중요하지 않다. 즉, 명확한 재산권을 바탕으로 협상이 가능하면 정부의 개입 없이 자발적인 노력으로 외부 효과를 해결할 수 있다는 이론이다.

| **오답피하기** | ① 코즈의 정리가 현실에서 적용되지 않는 이유는 거래 비용이 없는 협상이란 없기 때문이다.
② 코즈의 정리가 현실에서 적용되지 않는 이유는 협상의 당사자가 현실에서는 불투명하기 때문이다. 이는 소유권이 명확하지 않다는 것과 같은 의미이다.
③ 코즈의 정리란 소유권이 명확하고 당사자 간 협상에 거래 비용이 거의 존재하지 않는다면, 정부의 개입 없이 외부성의 문제를 해결할 수 있다는 이론이다.
④ 코즈 정리의 핵심은 소유권의 명확화이다. 제3자에 대한 의도하지 않은 혜택을 주거나 손실을 입히면서도 대가를 받지도, 주지도 못하는 이유가 소유권의 불명확성에 있기 때문이다.

15 난이도 ■□□

세종시에 살고 있는 형기는 포털사이트의 방 공유 카페에서 알게 된 닉네임 핑키와 아파트를 공유하고 있다. 아이돌 지망생인 형기는 방에서 큰 소리로 노래연습을 함으로써 500원만큼의 효용을 얻고 있는 반면, 예민한 성격의 핑키는 600원만큼의 피해를 보고 있다. '코즈의 정리'가 성립할 때 나타날 수 있는 현상이 아닌 것은?

① 아파트 주인이 형기라면 형기는 노래연습을 하지 못할 수 있다.
② 아파트 주인이 형기라면 핑키로부터 형기에게로 자금 이전이 발생한다.
③ 아파트 주인이 핑키라면 형기는 노래연습을 하지 못한다.
④ 아파트 주인이 핑키라면 형기로부터 핑키에게로 자금의 이전이 발생한다.
⑤ 아파트 주인이 누구인지와 무관하게 형기는 노래연습을 할 수 없다.

| 해설 | 아파트 주인이 핑키라면 형기로부터 핑키로의 자금이전이 발생하지 않는다. 형기는 최대 500원까지 지급하고 노래연습을 하고자 하지만, 핑키는 최소 600원은 받아야 시끄러움을 참을 수 있기 때문이다.

| 오답피하기 | ①② 아파트 주인이 형기라면 핑키는 형기에게 500~600원 사이의 비용을 지급함으로써 노래연습을 중단시킬 수 있다.
③⑤ 아파트 주인이 핑키인 경우 형기의 최대 지불용의 금액(500원)과 핑키의 최소 수취금액(600원)이 일치하지 않아 형기는 노래연습을 하지 못하고, 아파트 주인이 형기인 경우 핑키가 형기에게 자금을 지급하여 형기의 노래를 멈추게 할 수 있으므로 어떤 경우에도 형기는 노래연습을 할 수 없다.

📊 S등급 고난도 문제

다음은 외부 경제가 발생하는 시장의 사적 한계효용(PMU), 사적 한계비용(PMC), 사회적 한계효용(SMU)을 나타낸다. 사회적 최적 거래량(㉠)과 이것이 사회적 최적 수준과 같아지기 위한 세금 혹은 보조금(㉡)으로 옳은 것은?

(단위: 원)

거래량	PMU	PMC	SMU
1개	2,700	600	3,400
2개	2,400	1,000	3,100
3개	2,100	1,400	2,800
4개	1,800	1,800	2,500
5개	1,500	2,200	2,200
6개	1,200	2,600	1,900

	㉠	㉡
①	5개	보조금 300원
②	5개	보조금 700원
③	4개	세금 300원
④	4개	세금 700원
⑤	4개	보조금 300원

| 해설 | 소비에 있어 외부 경제가 발생하는 경우 사회적 효용이 사적 효용보다 높다. 한편, 생산에 있어 외부 효과가 발생하지 않으므로 $PMC = SMC$가 성립한다. 그리고 사회적 한계효용은 사회적 한계비용과 일치한다. 따라서 사회적 최적 수준의 생산량은 사적 한계비용과 사회적 한계효용이 일치하는 5개에서 이루어진다. 한편, 5개의 생산량 수준에서 사적 한계효용은 1,500원으로 사회적 한계효용과 700원의 차이가 발생한다. 이를 보조금의 형태로 정부가 보조해 준다면 외부 경제 발생 없이 사회적 최적 수준만큼 생산하게 된다.

정답 **15** ④ | 고난도 정답 ②

CHAPTER 08 정보경제

제1절 정보경제이론 중요도 하

1 정보경제학의 등장 배경

미시경제학에서는 대부분의 경제주체들이 완전한 정보를 바탕으로 합리적인 의사결정을 내린다고 가정한다. 하지만 현실에서의 소비자와 생산자 누구도 '완전한' 정보를 갖기란 쉬운 일이 아니다. 그럼에도 현실의 경제주체들은 완전한 정보를 갖기 위해 노력한다. 정확한 정보를 많이 가질수록 손해를 볼 가능성이 줄어들고 이득을 볼 가능성은 커지기 때문이다. 현실에서 정보는 경제재(economic goods)이다. 정보를 얻기 위해서는 대가를 지급해야 하며, 소비하는 정보의 양이 많아질수록 정보가 주는 만족은 감소한다. 따라서 무조건 많은 정보를 얻는 것이 가능하지도 않을 뿐더러 정보가 많다고 해서 좋은 것만도 아니다. 이에 따라 현실적인 상황을 감안한 경제모형에 대한 고민이 시작되었는데, 이것이 바로 '정보경제학(economics of information)'이다. 최근의 정보경제학은 정보의 비대칭성에 주로 관심을 두고 연구를 진행하고 있다.

2 정보의 비대칭

정보의 비대칭이란 정보의 분포가 균일하지 않은 상황을 의미한다. 즉, 정보가 한쪽에만 존재하고, 다른 한쪽에는 존재하지 않는 상황을 의미한다. 이러한 상황은 중고차 시장에서 고객과 딜러 간의 거래에서 목격할 수 있으며, 보험 시장에서 보험 가입 전후의 소비자의 행동 변화에서도 목격할 수 있다. 이를 보다 일반화하면 정보의 비대칭 상황은 감추어진 특성 혹은 감추어진 행동으로 나타난다.

(1) 감추어진 특성

감추어진 특성은 어떤 특성과 관련된 정보가 비대칭적인 경우를 의미한다. 중고차 시장에서 딜러는 자동차의 특성에 대해 비교적 정확한 정보를 갖는 반면, 소비자는 그렇지 못한 경우가 대표적인 감추어진 특성에 의한 정보의 비대칭 상황이다. 감추어진 특성으로 인한 문제로는 역선택(adverse selection)이 있다.

(2) 감추어진 행동

감추어진 행동은 어떤 행동과 관련된 정보가 비대칭적인 경우이다. 보험 가입 전후의 피보험자의 성향 변화가 대표적인 감추어진 행동의 예이다. 보험 가입 전에는 보험 심사를 통과하기 위해 건강에 많은 관심을 기울이다가 가입 이후에는 건강이 나빠져도 보험금을 받을 수 있으므로 건강 관리에 신경을 쓰지 않는 것이다. 보험회사의 입장에서는 보험 가입자의 이러한 행동을 알 수 없다. 이와 같이 감추어진 행동에 의해 발생하는 정보의 비대칭 상황에는 도덕적 해이와 주인-대리인 문제 등이 있다.

개인회생제도란 법원이 강제로 개인의 채무를 재조정해 파산을 구제하는 제도이다. 개인회생제도로 인해 발생할 수 있는 현상을 추측한 것으로 적절한 것만을 〈보기〉에서 모두 고르면?

─〈보기〉─
㉠ 개인회생에 성공한 사람들이 정상적인 경제활동에 복귀함으로써 빈곤에 빠지지 않을 수 있다.
㉡ 제도가 없을 때에 비해 대출이자율이 내려갈 것이다.
㉢ 빚을 갚을 의지가 적은 사람이 더욱 빚을 얻고자 하는 역선택이 발생할 수 있다.
㉣ 금융기관들이 잠재적으로 개인회생을 신청할 가능성이 높은 사람들에 대한 대출을 더욱 꺼릴 것이다.

① ㉠, ㉡   ② ㉢, ㉣   ③ ㉠, ㉡, ㉢
④ ㉠, ㉢, ㉣   ⑤ ㉡, ㉢, ㉣

| 해설 | ㉠ 개인회생제도의 목적이다.
㉢ 은행과 대출을 하려는 사람 간에 정보가 완전하지 않기 때문에 빚을 갚을 의지가 없는 사람이 개인회생제도를 염두에 두고 더욱 빚을 얻으려고 하는 역선택이 발생할 수 있다.
㉣ 금융기관에 대해 개인회생제도의 혜택을 받는 사람들이 많아지면 손해이므로, 금융기관은 개인회생을 신청할 잠재력이 있는 사람들에게 대출을 꺼리게 될 것이다.
㉡ 개인회생제도가 생기면 탕감받는 몫은 금융기관이 해결해야 하기 때문에 제도가 없을 때보다 대출이자율을 높여 대출제도를 엄격하게 운영할 것이다.

정답 ④

제2절   역선택, 도덕적 해이, 주인 – 대리인 문제   중요도 ❸

1 역선택

(1) 정의

역선택이란 감추어진 특성으로 인해 시장의 상황이 특정 경제주체에게 불리한 방향으로 전개되는 현상을 의미한다. 즉, 감추어진 특성에 대해 비교적 잘 알고 있는 상대방과 거래를 할 경우 바람직하지 못한 거래를 할 가능성이 높아지는데, 이를 역선택이라고 한다.

(2) 예시를 통한 역선택의 문제점

① 중고차 딜러는 자동차에 대한 정보가 풍부한 반면, 소비자는 그렇지 못하다.
② 중고차 시장에서 딜러는 5만km 이하를 달린 소형차 가운데 품질이 좋은 차는 최소 1,000만 원, 나쁜 차는 최소 600만 원을 받고자 한다.
③ 소비자는 좋은 차와 나쁜 차가 반반이라고 생각한다.
④ 자동차 가격의 기댓값: 800만 원{(1,000만 원×0.5)+(600만 원×0.5)}
⑤ 소비자가 800만 원을 제시하면 딜러는 좋은 차는 팔려고 하지 않으며, 나쁜 차를 팔고자 한다.
⑥ 결국 좋은차를 가진 딜러는 중고차 시장에서 거래하지 않으려 하기 때문에 좋은 자동차는 시장에서 모두 사라지고 나쁜 자동차만 남는다.

(3) 역선택의 해결책

① 신호(signal) 발송

역선택이 발생하는 경우 좋은 자동차를 합리적인 가격에 팔고자 하는 딜러는 자신이 좋은 자동차를 갖고 있다는 것을 충분히 알리고 싶어 할 것이다. 역선택이 만연한 상황에서 소비자는 어떤 자동차가 좋은 자동차인지 판단하기가 어렵기 때문이다. 따라서 좋은 품질의 중고차 소유자는 소비자에게 신호를 발송한다. 신호(signal)란 감추어진 특성을 엿볼 수 있는 지표로서, 중고차 시장에서는 일정 기간 동안 수리 및 교환을 보증해 주겠다는 약속이 해당 중고차의 품질을 알릴 수 있는 신호의 역할을 한다. 한편, 공인된 기관에서 받은 품질보증서도 중고차 품질에 대한 신호의 역할을 할 수 있다. 최근 우리나라의 중고차 시장에 대기업들이 진출하여 많은 수익을 내고 있는 모습도 역선택의 문제를 해결하여 수요를 높였기 때문이라고 해석할 수 있다.

② 선별(screening)

선별은 정보를 갖지 못한 사람이 간접적으로나마 감추어진 특성을 알아내기 위해 노력하는 것을 의미한다. 독일 브랜드의 차량이고 주행 거리가 많지 않은 중고차라면 기본적으로 문제가 없다고 생각하는 것이 일종의 선별을 통한 중고 자동차의 판별이라 할 수 있다.

2 도덕적 해이

(1) 정의

도덕적 해이란 자신의 행동이 상대방에 의해 쉽게 파악될 수 없어 행동에 대한 정보를 가진 측이 바람직하지 않게 행동하는 경우를 의미한다. 즉, 거래 후에 정보를 가진 측의 감추어진 행동으로 인해 정보 격차가 발생하여 상대방에게 손해를 끼치는 행위를 의미한다.

(2) 도덕적 해이의 문제

보험 가입자는 보험회사보다 더 많은 정보를 가지고 있다. 생명보험의 경우 건강이 나쁜 사람이 건강한 사람보다 많이 가입한다. 보험 가입 전에는 보험 가입이 거절당하지 않도록 건강관리를 잘하기 때문에 보험회사는 보험 가입자에 대한 정보가 불충분하다. 보험 가입 이후 보험 가입자가 자신의 건강을 적절하게 관리하지 않으면 보험회사는 보험금을 지급할 수밖에 없고, 이 경우 보험회사는 평균적으로 예상했던 금액보다 더 많은 금액을 보험료로 지급하게 된다.

(3) 도덕적 해이의 해결책

보험회사의 입장에서 도덕적 해이로 인한 보험금 지급을 감소시킬 수 있는 방안으로는 보험회사가 보험금을 전액 지급하지 않고, 보험 가입자도 일부 보험금을 부담할 수 있도록 보험금을 설계하는 '공동보험제도(co-insurance)'를 들 수 있다. 이러한 장치가 있는 경우 보험 가입자는 자신의 건강에 대해 보다 적절한 주의를 기울이게 된다.

3 주인 — 대리인 문제(principal-agent model)

(1) 정의

주인 – 대리인 문제는 어떤 일을 위임한 사람과 위임받은 사람 간에 정보의 비대칭으로 인해 발생하는 비효율을 의미한다. 주인이라 함은 대리인에 의해 이익이 보호되거나 증가되어야 하는 사람을 의미한다.

(2) 특징

주인 – 대리인 문제는 회사의 대주주와 전문경영인 사이에서 발생하는 문제라고 볼 수 있다. 회사의 주인인 대주주는 전문경영인이 회사를 어떻게 운영하는지 전문경영인 본인만큼 구체적으로 알지 못한다. 정보의 비대칭이 존재하는 상황에서 전문경영인은 회사의 발전보다 개인의 이득을 위해 일을 할 유인이 발생한다. 회사의 장기적인 이득을 위해 단기적인 손실을 감내하기보다 장기적인 손실이 있더라도 자신이 전문경영인으로 재직하는 현재, 즉 단기의 기업 성과를 높이기 위해 노력한다.

(3) 주인 – 대리인 문제의 해결책

① 감시시스템의 구축

주인인 대주주가 경영에 대한 감시를 자주 실시하는 방안이다. 감시시스템의 구축은 정보의 비대칭을 줄이기 위해 고려해 볼 수 있는 방안이지만 감시 자체에도 막대한 비용이 들어 또 다른 비효율을 야기할 수 있다. 또한 주주의 경우 한 명으로 구성된 것이 아니라 하나의 집단이기 때문에 주주 한 명이 비용을 들여 감시하지 않아도 누군가 실시할 것이라는 생각으로 감시에 투입되는 비용을 서로에게 미룰 수 있다. 즉, 무임승차자의 문제가 발생할 수 있는 것이다.

② 성과급제도 도입

성과급제도는 주인 – 대리인 문제를 해결하는 효율적인 방법이다. 전문경영인은 고정급 형태의 연봉을 받기 때문에 주주와의 이해관계가 상이할 수밖에 없다. 이를 성과급제도로 변경함으로써 주주와 대리인의 이해관계를 같이 하면 정보 비대칭으로 인한 주인 – 대리인 문제를 해소할 수 있다. 기업이 임직원에게 회사 주식을 일정한 가격으로 매입할 수 있도록 권리를 부여하고 주가가 올랐을 때 임의로 처분할 수 있도록 하는 스톡옵션(stock option)제도가 대표적이다.

기출로 확인하기   35회 기출변형

다음 기사의 빈칸에 들어갈 용어로 설명할 수 있는 현상은?

> ○○은행의 미소금융 연체율(1개월 이상)이 급등하고 있다. 미소금융을 취급하는 다른 은행들도 사정은 비슷하다. 연체 및 채무불이행 사례가 늘면서 발만 동동 구르고 있다. 서민들의 빚을 탕감해 준다는 '국민행복기금' 출범을 앞두고 특히 서민금융 채무자들의 (   )이(가) 계속 확산되고 있다. 실제 미소금융 · 햇살론 · 새희망홀씨 · 바꿔드림론 등 4대 서민금융 상품 연체율은 급등하는 추세이다. 문제는 서민금융 대출 상환을 거부해도 은행 입장에서는 마땅한 대응책이 없다는 점이다. 대부분 무담보 · 무보증 소액 대출이기 때문에 연체하더라도 담보 압류나 변제 등 손실 보전 방법이 별로 없다.

① 북한의 도발로 외국자본이 빠져나간다.

② 화재보험에 가입하고 나서 불조심을 덜 한다.

③ 아파트에서 윗집 아이들이 뛰어다녀 시끄럽다.

④ 중고차 시장에 질이 좋지 않은 차가 더 많다.

⑤ 주식 가격은 드러나지 않은 정보까지 이미 반영하고 있다.

읽는 강의

감추어진 행동으로 인해 발생하는 도덕적 해이와 주인-대리인 문제를 해결하는 방법은 인센티브 체계의 재설계에 있습니다. 유인 체계를 재설계함으로써 도덕적 해이가 발생하는 것을 사전에 막는 것입니다. 대표적인 방법이 공동보험제도와 스톡옵션제도가 있습니다. 공동보험제도(co-insurance)는 사고 시 보험회사가 보험금 전액을 지급하던 기존 방식에서 벗어나 당사자가 보험금의 일부를 부담하게 함으로써 사고 확률을 높이는 도덕적 해이가 발생하지 않도록 인센티브 체계를 재설계하는 것입니다. 스톡옵션도 비슷합니다. 주주의 이해관계에 반한 결정을 대리인이 내리지 못하도록 장기 성과와 그 대가를 연동시킴으로써, 임기 내의 단기적인 의사결정이 장기적인 기업 경쟁력을 감소시키는 일이 되지 않도록 인센티브 체계를 재설계하는 것이라고 할 수 있습니다.

기출로 확인하기   정답 및 해설

| 해설 | 빈칸에 들어갈 용어는 '도덕적 해이'이다. 도덕적 해이는 감시를 강화함으로써 해결할 수 있다. 보험 가입 이후에 도덕적 해이를 보일 경우 보험 계약을 파기할 수 있다는 조항을 넣는다든지, 불이익을 주는 내용을 계약에 포함시키는 것이다. 그러나 이렇게 하면 도덕적 해이를 어느 정도 방지할 수 있지만, 완전히 막을 수는 없다.

정답 ②

새출발기금의 문제를 지적하고 있다. 새출발기금은 코로나19 확산에 따른 어려움에 빚을 갚지 못한 소상공인과 자영업자의 채무 일부를 조정해 주는 프로그램이다. 해당 프로그램은 원금 감면율이 높아 금융기관의 손실 부담이 크고, 무엇보다 도덕적 해이를 조장할 수 있다는 문제가 지적되었다. 즉, 빚을 일부러 갚지 않는 행태가 발생할 수 있다는 것이다. 이러한 지적에 제도를 보다 정교하게 설계해야 한다는 우려에 대해 금융위원회는 다양한 의견을 수렴하겠다는 계획을 밝히고 있다.

매스컴으로 보는 시사 이슈 **NEWS**

'원금 탕감' 논란 새출발기금 … 금융위, 세부 계획 발표 돌연 연기

금융위원회가 코로나19로 어려움에 처한 소상공인·자영업자를 구제하기 위해 내놓은 '새출발기금'에 대한 세부 계획 발표를 돌연 연기했다.

새출발기금은 도입 전부터 '원금 탕감' 논란을 일으킨데다, 관련 소통이 부족하다는 지적이 꾸준히 제기돼 왔다. 금융위원회는 금융권, 유관기관 등과 세부 사항을 논의하고 다시 점검한다는 계획이다.

금융위원회는 예정돼 있던 새출발기금에 대한 운영방향 발표를 연기했다. 새출발기금은 코로나19 확산에 따른 어려움에 빚을 갚지 못한 소상공인과 자영업자의 채무 일부를 조정해 주는 프로그램이다. 지원 규모는 30조 원이다. 연체 전이나 연체 90일 미만 차주에 대해 최대 20년간 장기·분할상환 대출로 전환해 주고, 대출금리를 연 3~5%대(잠정치)로 낮춰 준다. 90일 이상 빚을 갚지 못한 장기 연체자의 경우 원금의 60~90%를 감면한다는 것이 정책의 골자이다.

이를 두고 금융권 안팎에선 새출발기금의 원금 감면율이 높아 금융사의 손실 부담이 크고 '도덕적 해이'를 부추길 수 있다는 비판이 끊이지 않았다. 금융위원회는 새출발기금이 기존에 운영해온 신용회복위원회 채무 조정이나 법원 회생 절차와 크게 다르지 않다는 입장이다.

한편 금융위원회는 금융권을 대상으로 새출발기금에 대한 설명회를 개최해 업계 의견을 수렴할 예정이다.

기출동형 연습문제

PART 01

미시경제

01 난이도 ■■□
[제77회 기출]

아래 지문을 읽고 ㄱ~ㄷ에 들어갈 내용을 알맞게 짝지으면?

> 비대칭 정보의 상황에서 감추어진 특성이 문제가 되어 정보를 갖지 못한 경제 주체가 바람직하지 않은 특성을 가진 상대방과 거래할 가능성이 높아지는 것을 (ㄱ)(이)라고 한다. 이 상황에서 정보를 가진 측이 자신의 특성을 상대방에게 알리는 (ㄴ)와(과) 정보를 갖지 못한 측이 정보를 가진 측의 유형을 판별하고자 노력하는 (ㄷ)이(가) (ㄱ)의 문제를 완화시킬 수 있다.

	ㄱ	ㄴ	ㄷ
①	역선택	신호 발송	선별
②	역선택	선별	스티그마
③	역선택	유인설계	선착순
④	도덕적 해이	스티그마	선별
⑤	도덕적 해이	유인설계	신호 발송

| 해설 | 감추어진 특성이 문제가 되어 정보가 부족한 주체가 바람직하지 않은 특성의 거래를 하게 될 가능성을 '역선택'이라고 한다. 이때 정보를 가진 측이 역선택 문제에서 벗어나기 위해 상대방에게 자신의 특성을 알리는 행위를 '신호발송'이라고 하며, 반대로 정보를 가지지 못한 측이 정보를 가진 측의 유형을 판별하려는 노력을 '선별'이라고 한다.

02 난이도 ■■■

성능이 좋은 중고차 100대와 성능이 나쁜 중고차 100대를 팔려고 한다. 중고차를 팔려는 사람은 성능이 좋은 차의 경우 600만 원 이상, 성능이 나쁜 차의 경우 400만 원 이상을 받으려고 한다. 중고차를 사려는 사람은 200명인데, 이들은 성능이 좋은 차일 경우 650만 원 이하, 성능이 나쁜 차일 경우 450만 원 이하를 내려고 한다. 이때 팔려고 하는 사람은 차의 성능을 알지만, 사려고 하는 사람은 차의 성능을 모른다. 그러나 차의 성능을 제외한 모든 정보는 서로 공유하고 있다. 중고차 시장의 균형가격과 균형거래량에 대한 설명으로 옳은 것은?

① 균형가격은 600만 원과 650만 원 사이, 균형거래량은 200대이다.
② 균형가격은 600만 원과 650만 원 사이, 균형거래량은 100대이다.
③ 균형가격은 400만 원과 600만 원 사이, 균형거래량은 200대이다.
④ 균형가격은 400만 원과 450만 원 사이, 균형거래량은 200대이다.
⑤ 균형가격은 400만 원과 450만 원 사이, 균형거래량은 100대이다.

| 해설 | 소비자는 중고차에 대한 정보가 없으므로 평균적인 가격 수준에서 구매 여부를 판단한다. 성능이 좋은 차와 나쁜 차가 절반의 확률로 존재하므로 평균가격은 550만 원이다{0.5×(650만 원＋450만 원)}. 반면, 중고차 판매자는 성능이 좋은 차의 경우 600만 원 이상을 받고자 하기 때문에 결국 시장에는 성능이 나쁜 차만이 거래된다. 즉, 성능이 나쁜 중고차 100대만이 거래된다. 이렇게 될 경우 소비자는 성능이 나쁜 차에 대한 지불용의 금액인 450만 원을 상한으로 고수하고자 한다. 결국 시장에서의 거래가격은 400만 원~450만 원 사이에서 결정된다.

정답 01 ① | 02 ⑤

03 난이도 ■■□

[제60회 기출]

다음 사례에서 갑의 선택과 A국 중고차 시장 변화에 대한 추론이 옳은 것은? (단, 제시된 상황 외의 조건은 일정하다.)

A국에 거주하는 갑은 최근 중고차를 사려고 한다. A국의 중고차 시장에는 2,000만 원 가치의 좋은 차 100대와 1,000만 원 가치의 나쁜 차 100대가 있다. A국의 중고차 구매자는 어떤 차가 좋은 차인지 구별해 낼 수 없고, 좋은 차와 나쁜 차가 반반씩 있다는 것만 알고 있다.

① 갑은 1,500만 원을 초과하는 가격을 제시하지 않을 것이다.
② A국 중고차 시장과 같은 상황은 도덕적 해이의 경우이다.
③ 중고차 판매자는 1,500만 원 이하에는 판매하려고 하지 않을 것이다.
④ 시간이 지나면 A국 구매자들은 좋은 차와 나쁜 차를 구별할 수 있을 것이다.
⑤ 시간이 지나면 A국 중고차 시장의 가격은 1,500만 원 수준으로 일정해질 것이다.

| **해설** | 제시된 중고차 시장에서는 역선택이 발생한다. 역선택은 상품 특성에 대한 정보가 비대칭적으로 존재하여 발생하는 시장 실패현상이다. 좋은 차와 나쁜 차가 절반씩 존재하는 상황에서 기댓값은 1,000만 원과 2,000만 원의 중간인 1,500만 원이 된다. 따라서 최대한으로 지불할 용의가 있는 금액은 1,500만 원이 된다.

| **오답피하기** | ② 도덕적 해이는 행동에 대한 정보가 비대칭적으로 존재하여 발생하는 시장 실패현상이다. 중고차 시장의 사례는 상품 특성에 대한 정보의 비대칭 문제이므로 이는 역선택 문제에 해당한다.
③ 중고차 판매자는 상품에 대한 정보를 알고 있으므로 나쁜 차의 경우 1,500만 원 이하로도 판매에 응할 것이다.
④ 시간이 지나더라도 상품 특성에 대한 정보 비대칭성은 해결되지 않는다. 다만, 역선택 상황이 반복되어 손해를 본다면 중고차 시장에서 거래가 이루어지지 않을 것이다.
⑤ 시간이 지나더라도 좋은 차는 2,000만 원, 나쁜 차는 1,000만 원 수준에서 팔릴 것이다.

04 난이도 ■■□

기업들이 소비자들에게 제공하는 보증(warranty)에 대한 설명으로 옳은 것은?

① 비대칭 정보의 문제가 존재하는 시장에서 기업들은 보증을 제공하지 않으려고 한다.
② 생산자들은 품질이 더 좋은 상품일수록 예상수리비용이 적기 때문에 보증을 해 줄 가능성이 더 높다.
③ 보증은 소비자들이 기업들보다 소비자들의 선호에 대해 많은 정보를 갖고 있을 때 신호 수단으로서 가장 효과적이다.
④ 보증은 기업들이 소비자들보다 소비자들의 선호에 대해 많은 정보를 갖고 있을 때 신호 수단으로서 가장 효과적이다.
⑤ 보증은 소비자들이 기업들보다 제품의 질에 대해 많은 정보를 갖고 있을 때 신호(signaling) 수단으로 가장 효과적이다.

| **해설** | 생산자는 재화에 대해 소비자보다 더 많은 정보를 가지고 있다. 이런 비대칭적인 정보 상황에서 생산자가 소비자에게 정보를 주는 방법으로 보증을 사용한다. 재화의 품질이 좋을수록 문제가 발생할 확률이 낮아 예상수리비용이 낮으므로 보증을 하는 기업일수록 품질이 좋다는 신호 발송을 하는 것이다.

| **오답피하기** | ① 비대칭 정보가 문제되는 경우 기업들은 보증을 제공하여 소비자들이 역선택 상황에 직면하지 않게 한다.
③ 품질보증과 같은 보증은 제품에 대한 객관적인 증명이므로 이는 역선택을 줄이는 데 도움이 된다.
④ 보증의 효력은 소비자들이 선호와는 무관하며, 제품 특성에 대한 정보가 비대칭적인 경우에 도움이 된다.
⑤ 보증은 역선택을 피할 수 있는 수단이다. 이는 기업들이 소비자보다 많은 정보를 가지고 있을 때 정보 불균형을 해결할 수 있다.

05 난이도 ■■□

정보가 갖는 경제적 의미에 대한 설명으로 옳지 않은 것은?

① 역선택은 정보의 비대칭성으로 인해 발생한다.
② 품질보증이나 광고는 신호 발송 수단으로 이용된다.
③ 주인－대리인 문제에서 도덕적 해이 현상이 발생한다.
④ 중고차 시장에서 종종 품질이 나쁜 차가 거래되는 이유는 도덕적 해이 때문이다.
⑤ 일반적으로 역선택은 거래가 발생하기 이전, 도덕적 해이는 거래가 발생한 이후에 생기는 현상이다.

| 해설 | 중고차 시장에서 품질이 나쁜 차가 거래되는 이유는 중고차의 구매자에게 중고차에 대한 정보가 부족해서 발생하는 역선택 때문이다.

| 오답피하기 | ① 역선택은 제품 특성에 대한 정보가 비대칭적인 경우에 발생한다.
② 품질보증이나 광고는 소비자에게 제품 특성에 대한 정보를 제공하여 정보 비대칭성을 감소한다.
③ 주인－대리인 문제는 주인의 이익을 보호하고 높여줘야 할 대리인이 선임 이후 자신의 이익을 위해 행동하는 도덕적 해이의 사례이다.
⑤ 역선택은 거래 전에 특성에 대한 정보가 비대칭적이기 때문에 발생하며, 도덕적 해이는 거래 후에 행동을 바꿈으로써 발생한다.

06 난이도 ■■□

[제61회 기출]

다음 A국 정부 정책으로 우려되는 결과를 〈보기〉에서 옳게 고른 것은?

A국 정부는 대부업체가 보유 중인 장기·소액 연체채권을 사들여 소각하는 방안을 내놓기로 했다. 서민·취약계층의 재기를 돕기 위해 '빚 탕감' 범위를 민간 금융회사로까지 확대하겠다는 계획이다. 빚 탕감 대상자가 사상 최대인 100만 명에 이를 수 있다는 관측이 나온다.

〈보기〉
㉠ 공유지의 비극 확대
㉡ 레몬시장 확대
㉢ 도덕적 해이 확산
㉣ 신용시장 위축

① ㉠, ㉡   ② ㉠, ㉢
③ ㉡, ㉢   ④ ㉡, ㉣
⑤ ㉢, ㉣

| 해설 | ㉢ 도덕적 해이는 행동에 대한 정보가 비대칭적으로 존재하여 발생하는 시장 실패현상이다. 정부의 빚 탕감으로 대출 당시에는 상환에 대한 긍정적인 태도를 보이다가, 대출 이후 상환에 소극적인 태도 변화를 보일 수 있다.
㉣ 도덕적 해이가 만연해지면 금융권에서는 보다 철저하게 대출자를 선정하게 될 수 있다. 이는 대부자금 시장이 위축되는 결과로 이어질 수 있다.

| 오답피하기 | ㉠ 공유지의 비극은 경합성은 존재하지만 배제성은 없는 공유자원이 무분별하게 소비되어 결국 사라지게 되는 현상을 의미한다.
㉡ 레몬시장은 역선택이 존재하는 시장이다. 역선택은 상품 특성에 대한 정보가 비대칭적으로 존재해 발생하는 시장 실패현상을 의미한다.

정답 05 ④ | 06 ⑤

07 난이도 ■■□

도덕적 해이 문제를 해결하거나 완화시키는 방안으로 적절하지 않은 것은?

① 임금지급방식을 고정급에서 성과급으로 전환한다.
② 고용주가 근로자에게 시장균형임금보다 높은 임금을 지급한다.
③ 생명보험회사가 소정의 건강검진을 통과한 사람에게만 보험 상품을 판매한다.
④ 보험회사가 사고 시 보험 가입자에게 손실의 일부만을 보상해 주는 공동보험제도를 채택한다.
⑤ 보험회사가 손실액 중 일정 금액까지는 보험 가입자에게 부담시키는 기초공제제도를 도입한다.

| 해설 | 생명보험회사의 건강검진은 건강보험 가입 전에 보험 가입자의 건강 상태를 확인하여 역선택을 방지하려는 선별행위이다.

| 오답피하기 | ①② 시장균형임금보다 높은 임금을 제공하거나 성과에 비례하는 성과급 제도를 실시할 경우 채용 이후에 근무태만을 보이는 도덕적 해이를 줄일 수 있다. 높은 임금을 계속해서 받기 위해서는 좋은 성과와 성실한 근무태도를 유지해야 하기 때문이다.
④⑤ 도덕적 해이를 해결하는 방법은 인센티브 체계를 재설계하는 것이다. 손실의 전부가 아닌 일부만을 보전하는 공동보험제도를 통해 보험시장에서의 도덕적 해이 문제를 해결할 수 있다. 자신도 일부 부담해야 한다면 건강관리에 소홀할 수 없기 때문이다.

08 난이도 ■■□

도덕적 해이의 사례로 보기 어려운 것은?

① 건강보험 가입자가 건강관리를 게을리하는 것
② 공장 신축을 목적으로 대출을 받아 주식에 투자하는 것
③ 선출된 공무원이 공익을 돌보지 않고 사익을 추구하는 것
④ 중고차 구매자가 판매되는 차량의 사고 유무를 정확히 알 수 없는 것
⑤ 열의가 넘쳤던 취업 준비 때와는 달리 취직에 성공하자 근무 태만을 보이는 것

| 해설 | 중고차 구매자가 판매되는 차량에 대한 정보를 정확히 알 수 없는 것은 거래 전에 자동차 특성에 대한 정보가 비대칭적인 것을 의미한다. 즉, 이는 역선택의 상황이다.

| 오답피하기 | ① 건강보험 가입 이후에 건강관리를 소홀히 하는 행위는 도덕적 해이의 사례에 해당한다.
② 당초 대출 목적과 달리 대출을 받은 이후에 다른 목적에 투자하는 행동은 거래 후에 행동을 바꾸는 도덕적 해이에 해당한다.
③ 선출된 공무원이 공익을 높이기 위해 노력하지 않고, 당선 이후 개인적 이익을 추구하는 것은 도덕적 해이의 한 사례인 주인—대리인 문제이다.
⑤ 채용 전에는 회사를 위해 열심히 근무하겠다고 다짐하고 회사에 입사하지만, 이후에는 태만한 태도를 보이는 행위는 도덕적 해이에 해당한다.

09 난이도 ■■□

도덕적 해이와 관련 있는 내용이 아닌 것은?

① 자동차보험에 가입한 자는 운전 시 주의를 덜 기울인다.
② 성과급제도를 실시한 후 노동자의 근로의욕이 고취되었다.
③ 경영자가 기업의 가치를 극대화하기보다 개인적 이득을 추구한다.
④ 신입사원 채용 시 회사 측은 입사지원자에게 외부 추천서를 제출하도록 요구한다.
⑤ 병원뿐 아니라 담당의사도 의료사고책임을 지도록 해야 의료사고를 줄일 수 있다.

| **해설** | 도덕적 해이를 판단할 수 있는 기준은 거래 전, 후의 행동 변화이다. 거래 전에 알 수 없었던 행동을 거래 후에 보인다면 이는 도덕적 해이에 해당한다. 신입사원 채용 시 외부 추천서를 요구하는 것은 채용이라는 행위 이전에 일어나는 행동으로서 역선택을 방지하기 위한 행동이다. 즉, 지원자에 대한 일종의 보증을 요구하는 것으로 역선택의 방지책이다.

| **오답피하기** | ② 도덕적 해이의 방지책은 인센티브 체계의 설계에 있다. 도덕적 해이의 핵심은 거래 후 감춰 두었던 행동의 변화이다. 이러한 행동의 변화는 인센티브 체계의 설계를 통해 제어할 수 있다.

10 난이도 ■■□

도덕적 해이에 관한 옳은 설명을 〈보기〉에서 모두 고르면?

─〈보기〉─
㉠ 본인−대리인 문제는 도덕적 해이의 한 예이다.
㉡ 보험계약에서 사고피해액의 일정 비율을 가입자가 부담하면 도덕적 해이의 문제가 완화된다.
㉢ 보험계약에서 통계적으로 사고가 날 확률이 높은 집단에 속한 사람에게 비싼 보험료를 요구하는 것은 도덕적 해이의 문제를 완화시킨다.
㉣ 개인의 실적에 따라 성과급을 지급하는 것은 도덕적 해이의 문제를 완화시킨다.

① ㉠, ㉡
② ㉠, ㉢
③ ㉢, ㉣
④ ㉠, ㉡, ㉣
⑤ ㉡, ㉢, ㉣

| **해설** | ㉠ 본인−대리인 문제는 본인을 위해 일해야 할 대리인이 채용 전의 약속과 달리 채용 후에 자신의 이해관계를 위해 일하는 문제로, 이는 거래 후에 행동을 변화시키는 도덕적 해이에 해당한다.
㉡ 도덕적 해이의 방지책은 인센티브 체계의 설계에 있다. 보험 가입자에게 사고피해액의 일부를 부담하도록 하면 사고 방지를 위해 보험가입 후에도 노력하게 된다. 이로 인해 도덕적 해이의 발생이 줄어들 수 있다.
㉣ 성과급은 도덕적 해이 방지의 해결책이다. 채용 후에 동일한 임금을 지급한다면 채용 전에 열심히 일하겠다는 다짐은 뒤로한 채 근무태만을 보일 가능성이 크지만, 성과급을 제시하면 근무태만의 도덕적 해이의 모습을 나타나지 않을 것이다.

| **오답피하기** | ㉢ 보험계약 시 사고 확률이 높은 가입자에게 높은 보험금을 요구하는 것은 역선택을 방지하기 위한 것이다. 사고 확률이 높은 가입자를 계약 전에 선별함으로써 역선택의 상황에 직면하여 보험회사가 손실을 볼 가능성이 줄어든다.

11 난이도 ■■□

다음 대화에서 밑줄 친 ㉠ ~ ㉣ 중 옳지 않은 것은?

> 정희: 수업시간에 배운 도덕적 해이와 역선택이 헷갈리네.
> 태현: 나도 조금은 어렵게 느껴져. 그렇지만 ㉠ 두 가지 모두 정보의 비대칭 현상에서 비롯되는 거잖아. ㉡ 도덕적 해이는 정보를 더 많이 가진 쪽이 정보의 비대칭을 이용하는 현상이고, ㉢ 역선택은 정보를 덜 가진 쪽이 정보의 비대칭 때문에 원하는 대로 선택을 하지 못하는 것으로 이해하면 쉽잖아.
> 정희: 그럼 ㉣ 중고차를 살 때 좋지 않은 차를 팔려고 하는 사람을 만나게 되는 현상을 도덕적 해이라고 말할 수 있겠네.

① ㉡

② ㉣

③ ㉠, ㉣

④ ㉢, ㉣

⑤ ㉠, ㉡, ㉣

| 해설 | 중고차 시장에서 소비자는 중고차가 좋은지 나쁜지 모르기 때문에 평균가격 수준에서 구매 여부를 판단하여 나쁜 차가 거래되는 것은 역선택에 해당한다.

| 오답피하기 | ㉠ 정보 비대칭성은 특성에 대한 정보가 비대칭적이거나 행동에 대한 정보가 비대칭적인 경우 발생한다. 특성에 대한 정보가 비대칭적이기 때문에 발생하는 문제는 역선택, 행동에 대한 정보의 비대칭성으로 인해 발생하는 문제는 도덕적 해이이다.
㉡ 도덕적 해이는 행동에 대한 정보가 더 많은 측이 거래 이후에 자신에게 유리한 방향으로 행동을 바꾸는 것으로, 정보를 더 많이 가진 측이 정보 비대칭성을 이용하여 이득을 추구하는 행동이다.
㉢ 역선택은 특성에 대한 정보가 더 많은 측이 거래 전의 정보 비대칭성을 자신에게 유리한 방향으로 사용하는 것으로, 정보가 부족한 측은 나쁜 재화를 비싼 가격에 구매하게 된다.

12 난이도 ■■□

정보의 비대칭성과 관련된 경제적 현상에 대한 설명으로 옳지 않은 것은?

① 유인설계를 잘 할 경우 도덕적 해이 문제를 어느 정도 완화시킬 수 있다.

② 정보를 많이 가진 측의 감추어진 특성으로 인해 발생하는 문제를 역선택이라고 한다.

③ 화재가 발생했을 때 화재보험사에서 손실의 일부만을 보장해 주는 제도를 도입한 것은 도덕적 해이 문제를 완화시키기 위해서이다.

④ 정부가 자동차보험의 책임보험을 의무적으로 가입하도록 하면 역선택의 문제를 방지할 수 있지만, 이는 사고위험성이 높은 사람에게 불리한 제도이다.

⑤ 신호 발송이란 정보를 가진 쪽에서 자발적으로 자신의 특성을 알리려는 노력이고, 선별이란 불완전한 정보를 가진 쪽이 그에게 주어진 자료와 정보를 이용하여 상대방의 특성을 파악하려는 것이다.

| 해설 | 모든 사람에게 자동차보험의 의무 가입을 강제하면 사고가능성이 낮은 사람에게 불리하다.

| 오답피하기 | ① 도덕적 해이 방지의 핵심은 인센티브 체계의 설계이다. 거래 이후에 행동을 바꾸지 않도록 유인하는 제도가 필요하다.
② 특성에 대한 정보가 거래 당사자 간에 비대칭적으로 존재하여 발생하는 잘못된 선택의 문제를 역선택이라고 한다.
③ 공동보험제도는 보험 가입 후 의무를 다하지 않는 도덕적 해이 상황에 빠지지 않도록 유인하는 인센티브를 제공한다.
⑤ 역선택을 방지하기 위한 대책에는 신호 발송과 선별이 있다. 신호 발송을 통해 특성에 대한 정확한 정보를 전달할 수 있고, 선별을 통해 불완전한 정보로 인한 특성을 유추할 수 있다.

정답 11 ② | 12 ④

13 난이도 ■□□

경제주체 간 비대칭적 정보로 인해 발생하는 현상으로 옳지 않은 것은?

① 도덕적 해이가 발생할 수 있다.
② 역선택이 존재하는 경우 시장이 위축된다.
③ 정보의 비대칭성을 활용하여 이득을 얻는 사람이 발생할 수 있다.
④ 공동보험제도는 보험 가입자의 도덕적 해이를 완화시킬 수 있다.
⑤ 완전경쟁시장의 기업들은 한계비용과 시장가격이 일치하는 지점에서 생산량을 결정한다.

| 해설 | 역선택의 경우 신호와 선별의 과정을 통해 방지할 수 있다. 신호와 선별 과정이 정보의 비대칭성을 줄여 주기 때문이다. 완전경쟁시장의 이윤 극대화 생산량 결정은 정보의 비대칭성과 반대이다. 완전경쟁시장의 조건 가운데 완전한 정보라는 조건은 모든 경제주체가 동일한 정보를 갖고 있음을 의미한다.

| 오답피하기 | ① 정보의 비대칭성이란 특성이나 행동에 대한 정보가 비대칭적으로 존재하는 상황을 의미한다. 특성에 대한 정보가 비대칭적인 경우 역선택이 발생하고, 행동에 대한 정보가 비대칭적인 경우 도덕적 해이가 발생한다.
③ 정보의 비대칭성으로 인해 손해를 보는 쪽과 이득을 보는 쪽이 발생한다.
④ 도덕적 해이는 인센티브 체계의 설정을 통해 완화하거나 방지할 수 있다. 공동보험제도가 대표적이다. 사고 발생 시 보험금의 일부를 가입자가 부담하도록 함으로써 도덕적 해이의 상황을 초래할 가능성을 낮추는 것이다.

14 난이도 ■□□

도덕적 해이에 대한 설명으로 옳지 않은 것은?

① 화재보험 가입 이후에 화재방지 노력을 게을리한다.
② 자동차보험 가입 이후에 운전을 부주의하게 운전한다.
③ 성과급제도의 도입 이후 직원들의 근무태만이 감소했다.
④ 대출 이자율이 높을수록 갚을 능력이 없는 사람들이 대출을 시도한다.
⑤ 팀 발표를 준비 중인 구성원 가운데 일부가 발표 준비에 소극적이다.

| 해설 | 은행 대출 이자율 상승에 따른 고객의 변화는 역선택에 해당한다.

| 오답피하기 | ① 화재보험 가입 이후 화재사고가 나더라도 보험회사에서 비용을 부담하므로 화재방지 노력을 게을리하는 행태는 도덕적 해이의 예이다.
② 자동차보험 가입 이후에는 사고가 나더라도 보험회사에서 사고 비용을 부담하므로 부주의하게 운전하는 행동 양상은 도덕적 해이의 예이다.
③ 성과급제도의 도입은 회사 취직 이후 근무태만을 보이는 행태를 방지할 수 있는 해결방안이다.
⑤ 팀 발표를 위해 팀원을 구성할 당시에는 열심히 하고자 하지만 팀 구성 이후에 발표 준비에 소극적인 모습을 보이는 것은 거래 전후에 행동을 바꾸는 도덕적 해이이다.

15 난이도 ■□□

기업들은 정보 비대칭으로 인한 역선택 상황에서 시장이 위축되는 것을 방지하기 위해 보증제도를 활용한다. 이에 대한 설명으로 옳은 것은?

① 정보가 비대칭적인 시장에서 기업들은 보증을 꺼려한다.
② 보증은 소비자들이 기업보다 제품 특성에 대한 정보가 많을 때 효과적이다.
③ 보증은 소비자들이 기업보다 소비자 선호에 대한 정보가 많을 때 효과적이다.
④ 보증은 기업들이 소비자보다 소비자 선호에 대해 많은 정보를 갖고 있을 때 효과적이다.
⑤ 정보가 비대칭적인 시장에서 생산자들은 품질이 좋은 상품을 알리기 위해 보증제도를 활용하고자 한다.

| 해설 | 정보가 비대칭적인 시장의 경우 시장이 위축될 가능성이 크다. 정보가 적은 쪽이 역선택의 상황에 놓여 있어 손해 보는 거래가 이루어질 가능성이 높기 때문이다. 보증은 이런 상황에서 정보의 비대칭성을 줄일 수 있는 제도이다. 품질이 좋은 상품에 대한 향후 관리를 보증함으로써 상품의 질에 대한 정보를 소비자에게 전달할 수 있는 것이다. 생산자의 입장에서도 질 좋은 상품은 수리의 가능성이 낮으므로 보증을 약속하기가 어렵지 않다.

| 오답피하기 | ① 정보가 비대칭적인 시장에서 기업들은 보증을 선호한다. 역선택이 우려되는 상황에서 보증이라는 신호 발송 수단이 없다면 소비자들은 거래를 꺼리기 때문이다.
② 보증은 기업이 소비자보다 더 많은 정보를 가지고 있을 때 효과적이다.
③④ 역선택의 상황에서 선호에 대한 비대칭성은 의미가 없다.

📈 S등급 고난도 문제

다음 지혜와 보아가 말하고 있는 것과 같은 문제를 해소할 수 있는 방안을 〈보기〉에서 찾아 바르게 연결한 것은?

> 교사: 최근 정부는 상환능력은 있는데 신용이 좋지 않아 일반은행을 이용하기 어려운 사람들의 자활을 돕기 위해 무담보·무보증으로 대출을 해 주는 '미소금융제도'를 도입했어요. 오늘은 이에 대해 토론해 볼까요?
> 지혜: 우리나라에서 미소금융제도가 필요한 이유는 저신용자를 위한 대출시장이 미약하기 때문이에요. 담보와 거래실적이 부족한 저신용자의 경우, 은행이 차입자의 상환능력과 상환의지에 대한 정보를 가지고 있지 않아 차입자가 높은 이자를 부담한다고 해도 선뜻 대출을 해 줄 수 없겠죠.
> 보아: 담보나 보증이 없는 상황에서 차입자가 돈을 갚을 유인이 있을지 의문이 들어요.

〈보기〉

㉠ 기업이 임원의 보수 중 일부를 스톡옵션으로 제공한다.
㉡ 주식시장에 상장된 기업은 기업의 정보를 충분히 공시하도록 한다.
㉢ 중고차 시장에서 전문지식을 보유한 딜러가 품질보증서를 발급한다.
㉣ 자동차보험에 가입한 운전자가 교통사고를 내면 수리비의 일부를 보험가입자가 부담하게 한다.

	지혜	보아
①	㉠, ㉡	㉢, ㉣
②	㉠, ㉢	㉡, ㉣
③	㉠, ㉣	㉡, ㉢
④	㉡, ㉢	㉠, ㉣
⑤	㉡, ㉣	㉠, ㉢

| **해설** | 지혜는 선별제도를 통해 역선택을 방지하려는 은행의 노력이 저신용자들의 대출을 막고 있는 문제를 거론하고 있고, 보아는 담보나 보증이 없어 대출 이후에 도덕적 해이의 모습을 보일 가능성에 대해 우려하고 있다. 주식시장에 상장된 기업정보를 정확하고 충분히 공시하는 것(ⓒ)과 중고차 시장에서 품질보증서를 발급하는 일(ⓒ)은 모두 특성에 대한 정확한 신호를 발송한다는 점에서 역선택 방지책이 된다. 한편, 스톡옵션(㉠)과 공동보험제도(ⓔ)는 거래 이후에 행동을 바꾸는 도덕적 해이를 하지 않도록 하는 유인체계이다.

정답 **15** ⑤ | 고난도 정답 ④

PART

02

거시경제

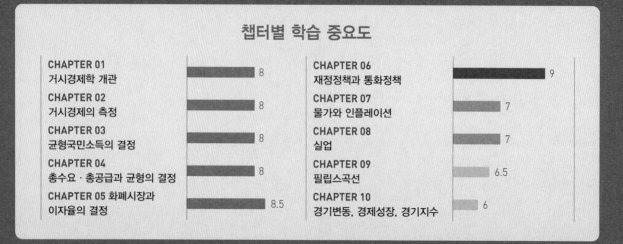

챕터별 학습 중요도

최근 5회분 기출 데이터

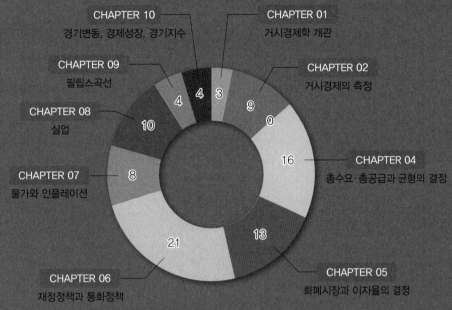

- CHAPTER 10 경기변동, 경제성장, 경기지수 — 4
- CHAPTER 09 필립스곡선 — 4
- CHAPTER 08 실업 — 10
- CHAPTER 07 물가와 인플레이션 — 8
- CHAPTER 06 재정정책과 통화정책 — 21
- CHAPTER 05 화폐시장과 이자율의 결정 — 13
- CHAPTER 04 총수요·총공급과 균형의 결정 — 16
- CHAPTER 02 거시경제의 측정 — 9
- CHAPTER 01 거시경제학 개관 — 3
- (0)

BEST 출제 키워드

구분	BEST 출제 키워드	구분	BEST 출제 키워드
CHAPTER 01 거시경제학 개관	• 거시경제학의 등장배경 • 미시경제학과 거시경제학 • 고전학파 및 케인스의 사상	CHAPTER 06 재정정책과 통화정책	• 총수요관리정책의 종류 • 재정정책과 통화정책의 정책시차
CHAPTER 02 거시경제의 측정	• 경제 순환도와 국민계정, 삼면등가의 원칙 • 국내총생산의 종류	CHAPTER 07 물가와 인플레이션	• 물가와 물가지수 • 인플레이션의 원인 및 종류
CHAPTER 03 균형국민소득의 결정	• 균형국민소득의 개념 • 고전학파의 균형국민소득 결정 • 케인스의 균형국민소득 결정, 단순모형 • 절대소득가설, 항상소득가설, 생애주기가설	CHAPTER 08 실업	• 실업의 정의와 유형 • 실업 관련 지표
CHAPTER 04 총수요 · 총공급과 균형의 결정	• 총수요와 총수요곡선 • 총공급과 총공급곡선 • 단기 · 장기 거시경제 균형	CHAPTER 09 필립스곡선	• 필립스곡선의 개념 • 단기와 장기의 필립스곡선 • 적응적 기대와 합리적 기대
CHAPTER 05 화폐시장과 이자율의 결정	• 화폐의 기능, 종류 및 통화지표 • 부분지급제도, 본원통화, 신용창조 • 고전학파, 케인스의 화폐수요이론	CHAPTER 10 경기변동, 경제성장, 경기지수	• 경기변동의 의미, 형태 및 발생원인 • 경제성장의 의미, 특징, 종류 및 발생요인 • 경기지수의 필요성 및 종류

※ 학습 중요도와 BEST 출제 키워드는 출제빈도 분석과 출제기준 자료를 바탕으로 수록했습니다.

CHAPTER 01

거시경제학 개관

제1절 거시경제학의 등장배경 중요도 **중**

1 1929년 주식시장 붕괴로 시작된 대공황(great depression)

1929년 10월 24일, 목요일이었던 이날 뉴욕증시가 폭락했다. 1920년대는 '포효하는 20년대 (roaring twenties)'라고 불릴 정도로 미국 경제는 초고속 성장기였으므로 그 충격은 컸다. 목요일에 시작된 증시 폭락은 화요일에 다시 발생했고 시가총액 300억 달러가 사라져버렸다. 1930년대 대공황이 나타났던 목요일과 화요일을 각각 '검은 목요일(black thursday)', '검은 화요일(black tuesday)'이라고 불렀다.

2 실물시장의 붕괴

주식시장 붕괴가 불러온 대공황은 그 누구도 예측하지 못했다. 붕괴 직전인 1929년 10월의 주가는 1921년 저점에 비해 4배나 높았다. 기업은 높은 이윤을 냈고, 주식배당금은 증가하였다. 노동자들은 저축보다는 주식에 투자했다. 하지만 주식시장이 붕괴하자 곧바로 실물 부문의 침체가 시작되어 소비는 사라지고, 기업투자가 위축되었다. 은행들도 부도가 나기 시작했다. 사람들은 은행에 예금해 둔 돈을 찾기 위해 은행으로 몰려들었다. 모든 예금자들이 한날한시에 은행에 몰려들어 예금 인출을 요구하는 '뱅크런(bank run)'이 발생했다. 1930년 이후 네 차례의 뱅크런이 발생했고, 1933년까지 영업하던 은행의 약 20% 가량이 폐쇄되었다. 이 과정에서 피해를 보는 주체는 노동자와 저소득층이었다. 1929년 미국의 실업률은 약 3%에 불과했지만, 1933년에는 25%로 급등하였다.

〈대공황 당시의 실업률〉

3 기존 경제학의 한계, 케인스의 등장

(1) 기존 경제학의 한계

대공황 당시는 자유방임사상이 중심이 되는 자본주의 체제였다. 즉, '보이지 않는 손 (invisible hand)'의 힘을 믿던 경제학자들은 실업률이 아무리 높아져도 별다른 처방이 필요 하지 않다고 주장했다. 실업, 즉 노동시장의 초과공급 현상은 '이기적인 개인'들의 의사결정 으로 인해 결국 균형 상태로 되돌아올 것이라 믿었기 때문이다.

(2) 케인스 경제학의 등장

① 배경

1930년대 이전까지만 해도 경제학자들은 자율조정적 경제(self-regulating economy) 를 신뢰했다. 즉, '보이지 않는 손'에 의해 균형이 회복되기 때문에 균형에서 벗어나 발 생하는 실업 등의 경제문제가 저절로 해결될 것이라고 믿었다. 이러한 믿음하에서 정부 의 개입은 자원배분의 비효율을 초래할 뿐이었다. 케인스는 과연 경제는 내버려두어도 다시 살아나는가에 질문을 던지며 등장했다. 실업자가 많으면(노동시장의 초과공급) 임 금이 하락하게 되고, 일자리가 없어 사람들은 적은 임금에도 기꺼이 일을 하고자 한다. 이런 경우 기존 경제학자의 주장이 옳다면 경제는 가만히 놓아두면 저절로 문제가 해결 된다. 하지만 현실에서 임금의 하락은 상당히 오랜 기간에 걸쳐 발생하였다. 이를 두고 케인스는 '경제가 회복되도록 기다리는 동안 우리는 모두 죽고 말 것이다.(In the long-run, we are all dead.)'라는 말을 남겼다.

② 주장

케인스에 의하면 경기침체의 원인은 경제 전체의 부족한 지출이다. 가계와 기업이 지출 을 할 수 없는 상황에 처했기 때문에 생산이 감소했고, 이는 고용의 감소와 소득의 감소 로 이어져 다시 지출이 줄어드는 악순환이 이어진다고 설명했다. 이에 대한 해결책으로 제시된 것이 정부의 개입이다. 정부의 지출을 통해 인위적으로 국가 경제의 지출을 늘려 야 다시 경제가 살아날 수 있다는 것이었다. 경제는 가만히 두었을 때 항상 균형을 회복 하는 것이 아니라 제대로 작동하지 않을 수도 있고, 고칠 수도 있다는 새로운 믿음이 시 작되었다.

제2절 　거시경제학의 등장

1 국가 경제를 분석단위로 한 경제학의 필요성

1930년대 대공황으로 인해 사람들은 기존 자유방임주의적 경제학이 항상 현실의 문제를 해결하지는 못한다는 것과 경제의 단기적인 성과와 장기적인 성과가 반드시 일치할 수 없다는 것을 알게 되었다. 즉, 장기적으로는 경제가 나아지더라도 그 과정에는 호황과 불황이 반복되어 나타날 수 있다는 것이다. 이에 따라 기존의 경제학만으로는 한계가 있어 개별 시장 혹은 산업이 아닌 국가를 분석대상으로 하는 이론적 기반이 필요해졌다.

2 구성의 오류

(1) 의미

구성의 오류(fallacy of composition)란 부분적 성립의 원리를 전체로 확대 추론함에 따라 발생하는 오류를 의미한다. 구성의 오류를 '전체는 부분의 합보다 크다.'는 표현으로 설명하기도 한다. 즉, 전체는 단순한 부분의 합이 아닌 부분들 간의 상호작용이 빚어내는 무언가가 더해지기 때문에 부분의 합보다 크다는 것이다. 전체를 대상으로 하는 별도의 이론적 근거가 필요하다는 점에서 구성의 오류와 거시경제학의 필요성이 연결된다.

(2) 절약의 역설(저축의 역설)

일반적으로 저축은 개인과 기업이 부를 축적하는 행위이다. 저축은 미래의 불확실성에 대비하기 위해 현재의 소비를 미래로 미루는 과정이다. 하지만 개인과 기업이 저축만 한다면 이는 국가 경제 전체의 소비 감소로 이어져 총수요가 줄어들고 기업은 생산량을 줄여 고용이 감소하는 경기침체로 이어질 수 있다. 개인에게는 미덕인 저축이 국가 경제 전체에는 해가 될 수 있는 것이다. 이를 절약의 역설(paradox of thrift) 또는 저축의 역설(paradox of saving)이라고 한다.

3 거시경제학의 본질

거시경제학이란 경제 전체의 움직임에 초점을 맞춘 경제학을 의미한다. 미시경제학적 질문과 거시경제학적 질문을 통해 거시경제학의 본질을 보다 직접적으로 이해할 수 있다.

【미시경제학적 질문과 거시경제학적 질문】

미시경제학적 질문	거시경제학적 질문
진학을 해야 할까? 아니면 취업을 해야 할까?	경제 전체의 취업자 수는 몇 명일까?
은행에서 신입 연봉은 어떻게 결정될까?	1년 동안 경제 전체의 근로자들에게 지급되는 총급여액을 결정하는 요인은 무엇일까?
저소득층 학생의 대학 진학 또는 취업을 위해 정부는 어떤 정책을 채택해야 할까?	경제 전체의 고용과 성장을 촉진하기 위해 정부가 채택해야 하는 정책은 무엇일까?

4 거시경제학의 연구분야

(1) 경기변동 및 경제성장

거시경제학은 단기적인 경기변동과 장기적인 경제성장을 연구하는 학문이다. 즉, 경제는 장기적으로는 성장하지만 그 과정에서 호황과 정체, 불황과 회복을 반복한다. 거시경제학은 이러한 '장기적인 경제성장을 결정하는 요인'은 무엇이며, '단기적으로 경제가 변동하는 이유'가 무엇인지에 대해 분석한다.

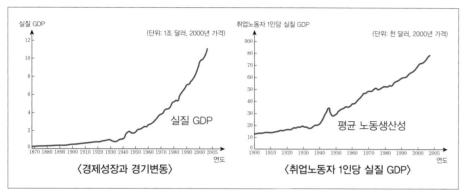

출처: Andrew B. Abel · Ben S. Bernanke · Dean Croushore, 「거시경제학 6/e」 피어슨에듀케이션

(2) 실업과 물가의 변동

경기가 변동할 때에는 실업과 물가의 변동이 나타난다. 거시경제학은 실업과 물가의 변동을 야기하는 요인과 이의 방안을 연구하는 학문이다.

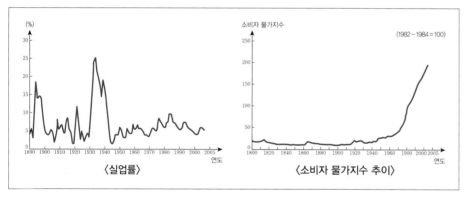

출처: Andrew B. Abel · Ben S. Bernanke · Dean Croushore, 「거시경제학 6/e」 피어슨에듀케이션

(3) 경제적 문제 해결책 모색

거시경제학의 관심사에는 한 국가의 생산량과 실업률, 물가상승률의 문제를 해결하기 위해 정부 정책이 어떻게 시행되어야 하는지에 초점이 맞춰져 있다. 경제를 진단하고 처방을 내려 개선하고자 하는 것이 거시경제학의 주요 연구분야이며 존재의 이유이다.

제3절 주요 학파의 사상 대립 중요도 상

경제학은 실증경제학과 규범경제학으로 구분할 수 있다. 거시경제학은 실증의 영역에서 의견 대립이 존재한다. 즉, 경제가 어떻게 작동하는지에 대해 다른 견해를 가진 학파가 존재한다. 실증의 문제에서 오랫동안 의견대립을 보여 온 주요 학파는 고전학파(classical approach)와 케인스파(Keynsian approach)이다.

1 고전학파의 사상

(1) 배경

고전학파 경제학자들의 사상적 뿌리는 경제학의 아버지인 애덤 스미스(Adam Smith)이다. 그는 1776년 발간된 「국부론」을 통해 '보이지 않는 손'의 개념을 제시하고, 자신의 이익을 위해 의사결정하는 경제주체들이 자신의 이익이 최대가 되도록 경제행위를 한다면 경제 전체의 이익이 달성될 것이라고 주장했다. 미시경제학에서 살펴봤던 이론이 고전학파 경제학의 근간이다.

(2) 신축적인 가격변수

'보이지 않는 손'의 원리가 제대로 작동하기 위해서는 시장에 대한 정부의 개입이 최소한으로 이루어지고 있는지가 중요하다. 자율조정적 경제에서 정부의 개입은 자원배분의 비효율을 야기하기 때문이다. 「미시경제학」에서 배운 바와 같이 수요량이 공급량을 초과했을 때에는 균형을 회복하기 위해 가격이 상승해야 하고, 공급량이 수요량을 초과했을 때에는 가격이 하락해야 균형을 회복할 수 있다. 고전학파 경제학자들에 따르면 이기적인 경제주체인 사람들은 자신의 경제적 이익을 위해 행동하고, 이로 인해 가격은 모든 시장에서 신속히 조절되고 균형을 회복한다.

(3) 공급 중시

고전학파 경제학자들은 공급이 있어야 수요가 발생한다고 보고 공급을 중시했다. 경제학자 세이는 이를 '공급이 수요를 창출한다.'라는 표현으로 정리하였다. 이를 '세이의 법칙'이라고 한다.

(4) 작은 정부 추구

고전학파 경제학자들은 정부 정책이 효과가 없거나 혹은 목표에 역행하는 결과를 초래한다고 주장한다. 대부분의 고전학파 경제학자들은 정부가 경기변동을 위해 적극적으로 노력하지 않는 작은 정부를 추구한다.

(5) 한계

'보이지 않는 손'이 해결해 줄 수 있는 것은 효율성이다. 즉, '보이지 않는 손'이 잘 작동한다는 것이 시장경제 안의 모든 사람이 부유하다는 것을 뜻하지는 않는다. 무엇보다 가진 사람과 그렇지 못한 사람 간의 불평등 문제가 완전히 해결되기 어렵다.

2 케인스의 사상

(1) 배경

케인스는 1936년 「고용, 이자 및 화폐에 관한 일반이론」을 출간하였다. 책이 출간되던 당시 미국은 물론 전 세계의 경제가 침체 상태였고 전례 없이 높은 실업률은 균형 수준으로 회복될 기미가 보이지 않았다. '보이지 않는 손'은 마비된 것처럼 보였다. 기존의 자율조정적 경제관의 한계를 확인할 수 있는 계기였다. 케인스의 경제학은 이 시기 새로운 해결책으로 등장했다.

(2) 경직적인 가격변수

케인스는 실업의 문제를 설명함에 있어 고전학파와 다르게 현실에서의 임금과 물가가 매우 느리게 조정된다고 가정하였다. 임금과 물가가 오랜 시간에 걸쳐 조정된다는 것은 시장이 상당 기간 동안 균형에서 벗어나 있음을 의미한다. 노동시장에서 임금이 매우 느린 속도로 조정된다는 것은 초과공급이 매우 더디게 줄어든다는 것을 의미하고, 이는 실업이 계속된다는 것을 의미한다.

(3) 수요 중시

임금이 신속하게 조정되지 않는 경제에서 케인스는 정부가 상품과 서비스의 구매를 늘려 생산물에 대한 수요를 증가시켜야 한다고 주장했다. 정부가 지출을 늘려 상품과 서비스를 구입하면 기업은 생산량을 늘리게 되고 그 과정에서 고용이 늘어난다고 주장한다. 또한 고용의 증가는 소득의 증가를 야기하여 더 많은 소비가 가능해지고, 이는 새로운 상품 수요를 유발하여 더 많은 생산과 고용으로 이어져 경제 선순환이 가능해진다는 것이다. 공급을 중시했던 고전학파와 달리 케인스는 '보이지 않는 손'에 대한 의심을 갖고 수요를 중요시 여겼다.

(4) 큰 정부 추구

케인스는 임금과 물가가 경직적이고 수요의 부족으로 침체가 계속되는 상황에서 민간은 수요를 늘릴 여력이 없으므로 정부가 나서서 수요를 증가시켜야 한다고 주장하였다.

기출로 확인하기　　　　　　　　　　　　　　50회 기출

다음 중 케인스학파의 입장과 가장 가까운 견해는?

① 시장은 항상 효율적인 결과를 가져온다.
② 시장에서 가격은 충분히 자유롭게 변화한다.
③ 정부정책을 통한 개입은 최소한에 머물러야 한다.
④ 항상 생산요소를 최대한 고용한 상태에서 생산이 이루어지는 것은 아니다.
⑤ 정부가 개입을 할 경우 재정정책보다 통화정책을 통해 하는 것이 바람직하다.

기출로 확인하기　정답 및 해설

| 해설 | 케인스는 노동과 같은 생산요소 역시 임금이 경직적이기 때문에 효율적인 상태에서 배분되지 못하고, 생산 역시 효율적으로 배분되지 않는다고 보았다.
① 케인스는 시장의 자생적인 회복의 힘을 믿지 않고 정부의 개입이 필요하다고 주장했다.
② 케인스는 시장에서 가격이 경직적이라고 보았다.
③ 케인스는 적극적인 정부의 개입을 강조했다.
⑤ 케인스는 유동성 함정을 이유로 재정정책이 통화정책보다 효율적이라고 주장했다.

정답 ④

Why 이슈가 된 걸까?

케인스는 단기의 총수요 관리를 통한 경기 부양을 추구하고, 슘페터는 장기의 총공급을 중시한다. 총수요는 정부지출과 통화량 조절, 즉 정부에 의한 인위적인 부양이 가능하다는 점에서 직접적이다. 하지만 점차 그 효과와 영향력이 작아지고 있다. 경제가 성숙할수록 총공급을 통한 경제활력 제고가 필요하다. 제2차 세계대전 이후 총수요의 관리가 모든 국가의 정책 방향이었지만, 디지털 전환의 시대에 총공급 중심의 변화가 필요한 시점이다.

매스컴으로 보는 시사 이슈　　　　　**NEWS**

디지털경제 극대화하려면
장기 공급중심 구조변화 필요

제2차 세계대전 이후 케인스의 아이디어가 널리 채택된 핵심에는 '기계론적 세계관'이 자리잡고 있다. 망가진 경제는 얼마든지 고칠 수 있다는 생각이다. 그것도 정부가 재정과 통화정책을 혼합해 수요를 자극하면서 단기에 경제를 회복시킬 수 있다고 주장한다. 이런 단기 대책은 과정과 결과 모두 계량적인 수치로 보여줄 수 있어 국민의 폭넓은 지지를 이끌어낼 수 있다는 장점이 있다. 반면, 슘페터는 장기 정책수단을 중시한다. 그리고 수요가 아니라 공급 측면을 강조한다. 문제는 현실에서 장기를 고민하는 의사결정자가 많지 않다는 점이다. 공공선택이론으로 노벨경제학상을 받은 경제학자 제임스 뷰캐넌은 공공을 위해 자기 이익을 희생하는 공인은 거의 없다고 지적한다. 이들이 결코 개인적인 인성에 문제가 있거나 '영혼 없는 공무원'이어서가 아니다. 그저 우리와 똑같은 인간이기 때문이다.

공급을 중시한 슘페터는 혁신이 나타날 환경 조성에 초점을 맞춘다. 기업가가 생산요소를 자유롭고 새로운 방식으로 결합해 이전에 없던 가치를 창출할 수 있도록 환경을 마련해주자는 것이다. 케인스와 슘페터 모두 재화에 대한 수요는 반드시 포화된다는 명제를 인정했다. 다만, 대책은 달랐다. 케인스는 유효수요의 부족을 원인으로 진단하고 정부 주도의 수요 진작을 주장한 반면, 슘페터는 포화된 상품을 대체할 새로운 재화와 서비스의 창출을 주장했다.

1970년대 미국의 구조 전환은 슘페터식 사고로의 전환을 살펴볼 수 있는 좋은 사례이다. 오일쇼크로 공급 충격이 발생하면서 물가가 급등했다. 이 같은 상황에서 케인스식의 적극적인 금융정책은 펼치기 어려웠다. 공급 위축은 실질 GDP의 감소도 초래했기에 재정적자가 확대돼 적극적인 재정정책의 활용도 어려웠다. 즉, 수요 측면의 정책 처방이 요원해진 것이다. 수요 측 제약 속에서는 오일쇼크로 위축된 공급을 다시 확대할 수밖에 없었다. 이를 위해 1980년대 중반 경제 구조개혁이 시작됐다. 공급 능력을 확충하기 위한 개혁은 단기적으로 성공할 수 있는 성격이 아니었다. 기존 제조업 중심에서 소프트웨어를 비롯한 고부가가치 서비스업으로의 구조 전환이 대표적이다. 10년이 지난 1990년대에 들어 성과가 나타나기 시작했다. 기존 산업에서의 일자리는 감소했지만, 신산업 부문에서의 일자리는 폭발적으로 증가했다.

생산성의 폭발적인 상승을 통한 성장을 목표로 삼는 디지털 전환전략의 핵심에 공급 측면의 노력이 필요한 이유이다. 정부가 정책을 설계해 직접 자원을 배분할 것이 아니라 기업가가 혁신을 위한 유연성을 발휘할 수 있도록 유인을 설계해줘야 한다. 정부는 그 과정에서 발생하는 사회갈등의 조정 및 관리자 역할을 담당해야 한다. 노동 부문의 유연화는 무엇보다 중요하다. 디지털 시대에는 생산요소의 양적 투입보다 혁신을 야기할 인력과 자본의 새로운 결합이 중요하기 때문이다. 디지털경제 시대, 선진국을 중심으로 산업정책의 귀환이 다시 거론되고 있다. 불확실성과 복잡성의 시대에 대응하기 위해 민간의 단순 조력자 역할에서 혁신생태계 조성자의 역할로 변모하기 위함이다. 장기적인 구조개혁의 중요성이 그 어느 때보다 커지고 있음을 알 수 있는 대목이다. 명확한 방향 설정과 유연한 정책 설계로 새로운 방식의 성장을 고민해야 할 시점이다.

01 난이도 ■□□

거시경제학에 대한 설명으로 옳지 않은 것은?

① 환율은 서로 다른 통화 간의 교환비율이다.
② 이자율은 다양한 경제변수들과 연관을 맺는다.
③ 경기변동은 장기에, 경제성장은 단기에 발생한다.
④ 경기변동의 과정에서 실업과 인플레이션이 발생한다.
⑤ 경제성장이란 일정 기간 동안 발생한 국가 전체의 GDP의 증가를 의미한다.

| 해설 | 거시경제학은 경제 전반을 분석의 대상을 삼는 분야로 단기적인 경기변동과 장기적인 경제성장을 연구하는 학문이다.

| 오답피하기 | ② 이자율은 은행에 예금을 하거나 채권에 투자를 할 경우 얻게 되는 수익률을 의미한다. 거시경제학에서 이자율은 다양한 경제변수들과 밀접한 연관을 맺고 있기 때문에 중요한 변수이다.
④ 거시경제학은 경제 전반에 걸친 재화와 서비스의 가격, 즉 물가를 연구하는 학문이다. 거시경제학에서 인플레이션을 다루는 이유는 인플레이션이 화폐의 구매력 감소와 연관되어 있기 때문이다.

02 난이도 ■■□

[제61회 기출]

영국의 경제학자 토머스 맬서스는 인구 증가로 인해 인류는 총체적 빈곤 상태에 빠질 것이라고 예측했다. 하지만 이러한 예상은 잘못된 것으로 밝혀졌다. 맬서스가 간과한 것은 무엇인가?

① 기술의 진보
② 정부의 개입
③ 시장 실패
④ 인구의 자동조절기능
⑤ 인구 증가로 인한 노동력 증가

| 해설 | 토머스 맬서스는 식량은 산술급수적으로 증가하는데, 인구는 기하급수적으로 증가하여 결국 인류는 굶어죽게 된다고 예측했다. 하지만 오늘날까지 인류는 계속 존재하고 있다. 이는 맬서스가 기술의 진보를 간과하였기 때문이다. 기술이란 생산요소를 조합하는 방식이다. 즉, 부존자원의 물리적 증가 없이 이들 조합 방법을 개선하여 생산활동에 투입함으로써 더 많은 생산량을 얻을 수 있는 것이다. 이를 자원의 효율적 활용이라고 표현한다.

| 오답피하기 | ② 정부의 개입은 자원배분의 비효율성을 초래할 수 있다.
③ 시장 실패란 시장에 의한 자유로운 자원배분기능이 시장 스스로 실패하는 현상을 의미한다.
④ 인구의 자동조절기능은 인류가 언제나 균형 상태에 머무는 요인은 될 수 있지만 인류의 존속을 예견하지 못한 근본적인 원인에 해당하지 않는다.
⑤ 맬서스는 인구는 기하급수적으로 증가한다고 밝히면서 이들 노동력이 유지될 식량 자원의 부족을 이유로 들었다. 즉, 노동력에도 식량 생산이 인구 증가 속도를 따라잡지 못할 것으로 예측했다.

PART 02

거시경제

정답 01 ③ | 02 ①

03 난이도 ■□□

고전학파의 사상에 부합하지 않는 것을 〈보기〉에서 모두 고르면?

─〈보기〉─
㉠ 모든 가격변수는 완전 경직적이다.
㉡ 공급이 수요를 창출한다.
㉢ 국민소득의 결정에 있어 중요한 것은 총수요이다.
㉣ 정부의 적극적 시장개입을 주장한다.

① ㉠, ㉡
② ㉠, ㉢
③ ㉡, ㉢
④ ㉠, ㉢, ㉣
⑤ ㉡, ㉢, ㉣

| **해설** | ㉠ 고전학파는 균형을 벗어난 왜곡 요인이 발생했을 때 경제는 자기조정기능이 있어 스스로 균형을 회복한다고 주장했다. 이는 가격변수가 신축적인 상황에서 가능한 것이다.
㉢ 고전학파는 세이의 법칙을 신뢰했다. 즉, 공급이 수요를 창출한다는 것이다. 따라서 국민소득의 결정에 있어 중요한 것은 총공급이라고 주장했다.
㉣ 고전학파는 정부가 시장의 자기조절적 기능에 개입할 경우 자원배분의 비효율이 발생한다고 주장하며, 작은 정부를 추구했다.

| **오답피하기** | ㉡ 고전학파는 공급이 수요를 창출한다는 '세이의 법칙'을 신뢰하였다.

04 난이도 ■□□　　　　　　　　　　　　　　　[제77회 기출]

절약의 역설에 대한 설명 중 옳지 않은 것은?

① 경제학자인 케인스가 강조하였다.
② 경제의 장기적인 관점에서 유효한 현상이다.
③ 국내총생산의 결정에 있어 총수요의 중요성을 강조한다.
④ 경기 불황에는 오히려 소비를 늘리는 것이 도움이 된다.
⑤ 개인에게 도움이 되는 행동이 경제 전체로는 해가 될 수 있다.

| **해설** | 절약은 미래에 있을 불확실성에 대응하기 위해 현재의 소비를 미루는 행위로서 개인의 입장에서는 바람직한 행위이다. 하지만 국가의 모든 사람들이 절약을 하면 국가 전체의 총소비 감소로 인해 총수요가 감소하여 국가 전체의 총생산 및 총소득 감소로 이어져 결국 총소비 및 총저축이 감소한다.

| **오답피하기** | ① 1930년대 대공황 시기를 총수요의 부족으로 설명한 경제학자 케인스가 강조한 내용이다.
③ 케인스는 단기 경제적 관점에서 총수요를 활용한 경제 활성화를 주장했다.
④ 소비는 총수요의 가장 큰 비중을 차지한다. 소비를 증가시켜 총수요를 자극하면 소득의 증가로 이어지고 이는 다시 소비의 원천이 되어 경제가 활성화된다.
⑤ 절약의 역설은 구성의 오류의 예시다. 즉 개인에게 합리적인 행위가 사회 전체적으로는 그렇지 않을 수 있음을 의미한다.

정답 03 ④ | 04 ②

05 난이도 ■□□ [제48회 기출]

다음 중 케인스가 말하는 '저축의 역설' 현상에 대한 설명으로 부합하지 않는 것은?

① 경제가 불황일수록 저축보다는 소비가 중요하다.

② 저축의 역설 이론에 따르면 소비는 미덕, 저축은 악덕이다.

③ 사람들이 저축을 늘리려고 시도하면 결과적으로 저축이 오히려 줄어들 수 있다.

④ 저축은 투자와 항상 일치하므로 저축의 증가는 투자의 증가 그리고 소득의 증가로 이어진다.

⑤ 저축의 증가는 소비지출의 감소를 의미하고 결국 총수요의 감소로 이어지므로 국민소득이 감소한다.

| 해설 | 저축의 역설은 개인이 저축을 통해 부를 축적하는 행위가 국가 경제 전체적으로는 해가 되는 현상을 의미한다. 저축이 투자와 항상 일치한다는 주장은 고전학파의 주장이다. 케인스의 주장은 단기의 상황을 가정하기 때문에 모든 것이 균형 상태에 놓이는 장기의 상태와 무관하다.

| 오답피하기 | ① 경제가 불황일수록 소비를 통한 총수요 증가가 필요하다.
② 저축의 역설은 소비의 감소가 국민소득의 감소를 초래하므로 소비는 미덕, 저축은 악덕이라고 표현할 수 있다.
③ 사람들이 저축을 늘리면 총수요의 감소가 총생산의 감소, 고용의 감소를 초래하여 국가 경제 전체의 총소득을 감소시키므로 저축이 오히려 감소할 수 있다.
⑤ 소득은 저축과 소비로 구성된다. 저축의 증가는 소비의 감소로 총수요의 감소를 의미하므로 국민소득이 감소한다.

06 난이도 ■■□ [제47회 기출]

다음 기사는 어느 경제학자의 주장을 가장 잘 반영하고 있는가?

> 미국을 대표하는 싱크탱크인 헤리티지재단의 테리 밀러 국제무역경제센터 소장은 '한국 기업에 대한 미국의 보호무역 정책은 미국 동종 산업의 이익을 위하였지만, 그 이면을 보면 미국 소비자의 이익을 낮추는 결정'이라고 말했다. 그는 '미국 소비자들이 오히려 더 비싼 세탁기를 사야 하는 불이익을 놓고 미 정치권에서 토론이 벌어지고 있다.'고 말했다.
>
> ○○ 경제신문

① 프레데릭 바스티아: 깨진 유리창의 보이는 것과 보이지 않는 것

② 존 메이너드 케인스: 장기적으로 우리는 모두 죽는다.

③ 밀턴 프리드먼: 언제 어디서나 인플레이션은 화폐적 환상이다.

④ 애덤 스미스: 우리가 저녁 식사를 할 수 있는 것은 푸주갓 주인, 양조업자, 빵 굽는 사람들이 자신의 이익을 추구하기 때문이다.

⑤ 조지프 슘페터: 자본주의의 역동성은 창조적 파괴를 가져오는 기업가의 기술혁신에서 나온다.

| 해설 | 제시된 기사는 깨진 유리창의 보이는 것과 보이지 않는 것에 대한 내용을 반영하고 있다. 아이가 유리창을 깨자 사람들은 유리세공이 돈을 벌 기회가 생겼다고 생각했지만, 사실은 아이의 아버지가 유리창에 돈을 써야 하기 때문에 구두를 살 여유나, 와이셔츠를 살 여유가 사라진다는 것이다. 즉, 하나의 경제현상의 이면에는 보이지 않는 현상이 놓여 있다는 것이다.

| 오답피하기 | ② 케인스는 단기의 상황을 주장하며, 장기는 현실에 없는 관념적인 기간이라는 비판의 의미로 '장기적으로 우리는 모두 죽는다.'라고 표현했다.
③ 통화론자인 밀턴 프리드먼은 인플레이션은 결국 화폐 발행을 통한 구매력 감소의 문제라고 주장하였다.
④ 애덤 스미스는 이기적인 개인이란 자신의 이익을 극대화하기 위해 효율적인 의사결정을 하는 경제주체를 의미하고, 이러한 이기적인 개인들의 효율적인 의사결정이 모여 국가경제 전체의 효율성이 높아진다고 주장하였다.
⑤ 슘페터는 '창조적 파괴'라는 표현으로 기술혁신과 시장을 결합한 혁신을 강조했다.

정답 05 ④ | 06 ①

07 난이도 ■□□   [제45회 기출]

다음 〈보기〉 중에서 케인스의 견해를 모두 고르면?

─〈보기〉─

㉠ 경기변동의 원인은 총수요의 변화 때문이다.
㉡ 재정정책보다 통화정책의 효과가 뛰어나다.
㉢ 정부가 적절히 개입하여 경기변동을 축소할 수 있다.
㉣ 시장에서 가격은 즉각적으로 조정되어 균형을 이룬다.

① ㉠, ㉡   ② ㉠, ㉢
③ ㉠, ㉡, ㉢   ④ ㉡, ㉢, ㉣
⑤ ㉢

| 해설 | ㉠ 케인스는 세이의 법칙을 부정했다. 즉, 공급이 수요를 창출하는 게 아니라 수요가 공급을 창출한다고 보고, 총수요의 부족으로 인해 경기변동이 발생한다고 주장했다. 따라서 정부가 적극적으로 개입하여 인위적인 총수요 관리가 필요하다고 주장했다.
㉢ 케인스는 정부의 적극적인 개입을 통한 총수요 관리로 경기변동의 진폭을 줄여 경제주체가 감내해야 하는 고통을 줄일 수 있다고 주장했다.

| 오답피하기 | ㉡ 케인스는 통화정책이 유동성 함정(확장적 통화정책이 아무런 효과를 발휘하지 못하는 현상)의 존재로 인해 재정정책보다 효과적이지 않다고 주장했다.
㉣ 케인스는 균형에서 벗어나더라도 가격변수가 경직적이기 때문에 즉각적으로 균형이 회복될 수 없다고 보았다. 신축적인 가격변수를 바탕으로 즉각적인 균형 회복을 주장한 경제학자들은 고전학파이다.

08 난이도 ■□□   [제18회 기출]

미시경제학과 거시경제학에 대한 설명으로 적합하지 않은 것은?

① 미시경제학은 개별 경제주체에 초점을 맞춘다.
② 미시경제학의 관심사는 총고용량, 물가 수준이다.
③ 거시경제학은 경제 전반의 움직임에 관심을 갖는다.
④ 미시 이론과 거시 이론의 통합이 논의되기도 한다.
⑤ 미시경제학과 거시경제학의 구분에 대한 논의는 구성의 오류와 관련이 있다.

| 해설 | 미시경제학은 개별 시장을 분석대상으로 삼는 반면, 거시경제학의 관심 대상은 국가 경제 전체이다. 국가 경제 전체라는 의미는 총량변수를 다룬다는 의미이다. 거시경제학의 관심사는 국가 전체의 총고용량, 물가 수준, 경제전체의 생산량 등이다.

| 오답피하기 | ① 미시경제학의 관심사는 개별 경제주체들의 의사결정과 이로 인한 개별 시장의 균형이다.
③ 거시경제학의 목표는 단기적인 경기변동과 장기적인 경제성장이다.
④ 거시경제학은 총량 변수를 다루지만, 개별 경제주체들의 합이 거시변수를 형성한다. 따라서 미시적 논의들이 거시경제학에서 구체적으로 이루어진다.
⑤ 거시경제학의 시작은 전체는 부분의 합보다 크다는 구성의 오류를 의미한다. 부분을 분석할 경우의 시사점과 전체를 분석할 경우 부분들의 연쇄작용으로 인한 전체를 분석할 경우의 시사점은 다르게 형성될 수 있다.

정답 07 ② | 08 ②

09 난이도 ■□□

다음 글에서 박제가가 말하고자 하는 내용과 관련이 깊은 것은?

대저, 딴 나라는 사치 때문에 망하기도 하였거니와 우리나라는 검소함으로써 쇠해졌습니다. … (중략) … 물이 새어드는 배를 타고 먹감기지 않은 말을 타며, 비뚤어진 그릇에 밥을 담아 먹고, 먼지가 푸석거리는 방에 거처하므로 공장과 목축과 질그릇 장수의 일이 망하였습니다. 따라서 농삿일도 거칠어져서 제 시기를 놓치고, 장사도 이윤이 박하여서 업을 잃게 되었습니다.
― 박제가, 「북학의」

① 기회비용
② 비교열위
③ 공공 부조
④ 규모의 경제
⑤ 절약의 역설

| **해설** | 박제가는 적절한 소비를 통해 경제가 원활히 운용되어야 함을 주장하고 있다. 즉, 과소비는 안 되지만 적절한 소비는 필요하다고 보고 있다. '절약의 역설'은 적절한 소비를 강조하는 것으로, '구성의 오류'라고 할 수 있다. 구성의 오류는 부분의 합이 전체의 합과 같지 않음을 말한다. 절약의 역설은 개인이 절약을 하여 저축을 늘리면 총수요가 감소하여 국민소득이 감소하고, 그 결과 국민경제 전체적으로 총저축이 증가하지 않거나 오히려 감소하는 현상을 말한다.

| **오답피하기** | ① 기회비용: 포기한 선택지 가운데 가장 높은 가치를 갖는 선택지의 가치이다.
② 비교열위: 다른 국가에 비해 해당 상품을 상대적으로 비싸게 생산하는 경우를 의미한다.
③ 공공 부조: 사회적으로 보호가 필요한 사람을 사회에 복귀시키기 위해 빈곤을 최소한으로 감소시키려는 목적을 갖는 정부의 활동이다.
④ 규모의 경제: 생산규모가 증가할 때 장기 평균비용이 감소하는 현상을 의미한다.

10 난이도 ■□□

[제20회 기출]

다음은 경제학 발전 과정에 지대한 영향을 미친 학자들의 생각을 단적으로 표현한 문장이다. 〈보기〉에서 A와 B를 말한 사람을 순서대로 바르게 짝지은 것은?

─〈보기〉─
A. In the long run, we are all dead.
B. Inflation is always and everywhere a monetary phenomenon.

	A	B
①	A. Smith	J. M. Keynes
②	J. M. Keynes	I. Fisher
③	I. Fisher	A. Smith
④	J. M. Keynes	M. Friedman
⑤	A. Smith	M. Friedman

| **해설** | 케인스는 가격변수가 경직적이고, 실질 GDP가 잠재 GDP에 미치지 못하는 단기의 상황을 가정했다. 케인스는 장기에 모든 변수가 신축적이고, 잠재 GDP에서 균형이 형성된다는 것을 인정했지만 이는 관념적인 개념이라는 의미로 '장기적으로 우리는 모두 죽는다.'는 표현으로 비판했다. 한편, 통화론자인 프리드먼은 '인플레이션은 언제, 어디서나 화폐적 현상이다.'라는 표현으로 통화량과 물가의 관계를 표현했다.

11 난이도 ■□□ [제17회 기출]

다음 중 케인스 경제학의 주요 내용에 속하는 것은?

① 가격은 상하로 신축적이다.
② 세이의 법칙이 성립한다.
③ 유휴시설 상태를 탈피하려면 총수요를 늘려야 한다.
④ 생산된 것은 모두 팔리며, 따라서 수요 부족 상태가 장기적으로 지속될 가능성은 없다.
⑤ 인플레이션의 원인은 통화량의 급격한 증가에 있으며, 통화량을 적절히 조절하면 인플레이션을 막을 수 있다.

| 해설 | 유휴시설이란 생산여력이 존재하는 생산설비를 의미한다. 유휴설비의 존재는 총수요의 부족을 의미한다. 케인스는 총수요의 증가를 통해 유휴시설 상태를 탈피해야 한다고 주장했다.

| 오답피하기 | ① 케인스는 가격이 경직적인 단기의 상황을 주장했다.
② 케인스는 세이의 법칙을 부정하고 수요가 공급을 창출한다고 주장했다.
④ 생산된 것이 모두 팔린다는 주장은 고전학파의 세이의 법칙이다.
⑤ 인플레이션이 통화량의 문제로 인해 나타난다고 주장한 사람은 통화론자들이다.

12 난이도 ■□□ [제12회 기출]

'장기적으로 우리 모두 죽는다.'는 다음 중 누가 또는 어느 단체가 어떤 신념을 강조하기 위해 사용한 문장인가?

① 케인스(J. M. Keynes) – 경제정책을 고려할 때 장기적인 균형도 중요하지만 단기적 경제변동을 제어하는 것이 더 중요하다.
② 마르크스(Karl Marx) – 끝없이 확대하는 자본축적이 가져오는 폐해로 인해 결국 자본가적 생산양식은 차례로 붕괴될 것이다.
③ 토마스 아퀴나스(Thomas Aquinas) – 향락, 생식과 같은 육신의 행복보다 금욕을 통해 영원한 영적인 구제를 추구하는 것이 중요하다.
④ 로마 클럽의 'The Limits to Growth' – 산업화, 식량과 천연자원의 고갈, 환경오염, 개발도상국의 인구폭발 등으로 지속 가능한 성장 유지의 해결책을 강구하지 않으면 인류는 멸망한다.
⑤ 맬서스(T. R. Malthus) – 인구의 기하급수적 증대와 이에 따르지 못하는 지구의 식량공급 능력 때문에 적극적 인구 대책이 없으면 인구는 멸망할 것이다.

| 해설 | 케인스는 단기의 경직적인 물가와 잠재 GDP에 미치지 못하는 실질 GDP를 설명하였다. 케인스는 단기의 총수요 증가를 통해 경기변동을 완화하는 것이 경제 전체의 고통을 줄이는 일로 우선되어야 한다고 주장했다.

13 난이도 ■□□

고전학파 경제학자들은 거시경제학에서 한 나라의 생산이 일정하다고 가정하였다. 이러한 가정의 근거로 적절한 것은?

① 생산요소가 완전고용되었기 때문이다.
② 가격변수가 경직적이라고 보았기 때문이다.
③ 분석대상이 생산량이 변할 수 없는 초단기이기 때문이다.
④ 생산량을 증가시킬 만큼 자본이 충분하지 않았기 때문이다.
⑤ 고전학파가 주류경제학이던 당시 인구가 거의 일정하게 유지되었기 때문이다.

| 해설 | 고전학파는 세이의 법칙을 신봉하고, '보이지 않는 손'을 신뢰했다. 이들은 신축적인 가격변수를 가정하고 총공급이 잠재 GDP 수준에서 일정하다고 가정했다. 이는 생산요소의 완전고용을 전제로 한 것이다. 생산요소가 정상적인 범위 내에서 완전고용된 장기의 상태에서는 생산량을 더 이상 증가시킬 수 없다.

| 오답피하기 | ②③ 고전학파는 모든 가격변수가 신축적이며, 모든 시장이 균형을 형성하는 장기의 상황을 가정한다.
④ 장기의 균형은 완전고용산출량에서 형성된다. 이는 모든 생산자원이 정상적인 범위 내에서 최대한으로 활용되고 있음을 의미한다. 즉, 생산요소(노동과 자본)가 부족함 없이 최대한으로 생산되고 있는 상태이다.
⑤ 고전학파는 주류 경제학이던 당시 인구가 지속적으로 증가했기 때문에 한 나라의 생산이 완전고용산출량(잠재 GDP) 수준에서 유지된다고 설명할 수 있었다.

정답 13 ①

CHAPTER 02

거시경제의 측정

제1절 거시경제 측정의 중요성   중요도 **중**

성과를 측정하는 일은 어느 조직이나 사회에서 매우 중요하다. 성과는 노력의 결과를 보여 주고, 때로는 반성의 계기가 된다. 거시경제를 측정한다는 것도 이와 같다. 거시경제의 측정은 한 국가 경제의 성과를 측정한다는 의미이다. 측정된 성과는 정부가 어떠한 방향의 정책을 수립해야 하는지의 기준이 된다. 저조한 성과라면 이를 끌어올릴 수 있는 정책이 시행되고, 예상보다 빠른 속도로 성과가 나타나고 있다면 완만한 성장이 이루어질 수 있는 정책이 시행된다. 다시 말해, 거시경제 정책 수립의 기준이 된다.

제2절 거시경제의 측정, 국민총생산   중요도 **중**

1 전반적인 경제상황의 판단 기준

오늘날 거의 모든 국가들은 국민소득 및 생산계정(national income and product accounts)을 계산하여 보고한다. 이를 국민계정(national income)이라고 줄여 말하기도 한다. 국민계정은 소비자의 지출, 생산자의 매출, 기업의 투자지출, 정부의 물품 구매를 비롯한 경제의 다양한 부문에서 발생한 화폐의 흐름을 측정하는 것이다.

2 경제순환도와 국민계정

한 국가에 존재하는 다양한 경제 부문에서 발생하는 화폐 흐름을 측정하기 위해서는, 즉 국민계정을 계산하기 위해서는 경제순환도를 살펴봐야 한다. 경제순환도를 통해 가계와 기업 간에 발생하는 화폐, 재화와 서비스, 생산요소 등이 경제 내에서 순환하는 모습을 알 수 있다. 하지만 현실에는 가계와 기업 외에도 다른 경제주체가 존재한다. 바로 정부와 해외 부문이다. 즉, 화폐는 가계, 기업, 정부, 해외라는 경제의 네 부문이 시장을 통해 순환된다.

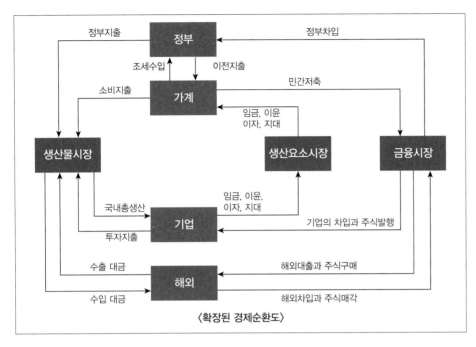

Figure labels:
- 정부지출 / 정부 / 정부차입
- 조세수입 / 이전지출
- 소비지출 / 가계 / 민간저축
- 임금, 이윤 이자, 지대
- 생산물시장 / 생산요소시장 / 금융시장
- 국내총생산 / 임금, 이윤, 이자, 지대
- 투자지출 / 기업 / 기업의 차입과 주식발행
- 수출 대금 / 해외대출과 주식구매
- 수입 대금 / 해외 / 해외차입과 주식매각
- 〈확장된 경제순환도〉

(1) 경제순환도와 화폐의 흐름

자금은 생산요소시장을 통해 임금, 이자, 지대 등의 형태로 가계에 유입된다. 이렇게 가계에 유입된 자금 가운데 일부는 정부에 납부하는 세금의 형태로 유출된다. 하지만 정부로부터 유입되는 자금도 존재한다. 바로 이전지출이다. 가계는 임금, 이자, 지대 등의 형태로 벌어들인 소득과 정부로부터 받은 이전지출에서 세금으로 납부하고 남은 소득(가처분소득)을 소비하거나 저축한다. 이를 각각 민간저축과 민간소비라고 한다. 민간저축과 해외로부터의 대출과 주식거래를 통해 유입된 자금은 금융시장을 통해 기업의 투자지출, 정부차입, 해외 대출, 대외주식거래 등을 위한 재원이 된다. 한편, 정부와 가계로부터 유출되는 자금은 재화와 서비스 구매를 위한 대금으로 지급된다. 또한 해외로 수출하는 경우 수출대금의 형태로 들어와 국민경제의 자금유입이 발생하고, 반대로 해외로부터 수입하는 경우 국민경제의 자금유출이 발생한다. 재화와 서비스에 대한 가계의 소비지출, 기업의 투자지출, 정부의 재화와 서비스 구매, 수출 등을 모두 합한 다음 수입을 뺀 금액은 한 국민경제에서 생산하는 최종 생산물에 대한 총지출과 일치한다. 총지출은 국민경제에서 생산되는 재화와 서비스의 최종 생산물의 가치인 국내총생산과 일치한다.

(2) 가계와 기업의 관계

① 기업으로부터 유입되는 가계의 소득

가계는 생산물시장에서 국내기업과 외국기업이 만든 재화와 서비스를 구입하는 역할을 한다. 이를 소비지출이라고 한다. 또한 가계는 노동, 자본, 토지와 같은 생산요소를 보유한다. 이를 기업에 제공하고 그 대가로 임금, 이자, 지대를 받는다. 이 중 임금은 가계의 주요 소득원이다. 따라서 가계는 생산요소시장을 통해 임금, 이자, 지대 등의 형태로 소득을 얻는다.

이전지출

정부가 개인들에게 지급하는 지불금으로, 사회보장기금이나 실업보험 등의 형태로 지급됨

가처분소득

소득과 이전지출을 더한 금액에서 조세를 뺀 소득으로, 가계가 벌어들인 전체 소득 중 실제로 저축과 소비에 사용할 수 있는 소득을 의미함

민간저축

가처분소득에서 소비지출을 뺀 값으로 가처분 소득 중 소비되지 않은 금액(가처분 소득－민간저축＝민간소비)임

정부차입

정부가 금융시장(은행, 주식시장, 채권시장)으로부터 조달하는 자금

최종 생산물

최종 사용자에게 판매되는 재화와 서비스

② 단순모형과 다른 가정, 소득은 모두 소비되지 않는다.

가계와 기업, 생산물시장과 생산요소시장만이 존재하는 경제순환도를 단순모형이라고 한다. 단순모형에서는 가계가 벌어들인 모든 소득은 재화와 서비스 구매를 위해 사용된다고 가정하였다. 하지만 현실에서 가계는 모든 소득을 소비에만 쓰지 않는다. 정부에 세금을 내야 하기도 하고, 정부로부터 이전지출을 받기도 한다. 기업으로부터 받은 소득과 정부로부터 받은 이전지출의 합계에서 세금을 뺀 나머지 값은 실제 소비와 저축에 쓸 수 있는 소득이라는 의미로 가처분소득이라고 한다. 가처분소득 역시 모두 재화와 서비스 구입을 위해 사용되지 않는다. 일부는 미래에 있을 불확실성에 대비하기 위해 사용하지 않고 남겨두는데, 가계가 사용하지 않고 남겨두는 가처분소득을 민간저축이라고 한다. 저축은 일반적으로 금융기관에 보관된다. 즉, 민간저축은 금융기관을 통해 금융시장에 자금을 공급하는 것이다. 그리고 금융기관은 이렇게 모인 자금을 자금이 필요한 정부, 기업, 해외 부문에 제공하는 역할을 수행한다.

③ 유출되는 화폐의 총합＝유입되는 화폐의 총합

경제순환도에서는 유출되는 화폐와 유입되는 화폐의 총합이 같아야 한다. 가계에서 유출되는 화폐 흐름인 소비지출, 민간저축, 조세의 총합은 가계로 유입되는 화폐 흐름인 임금, 이자, 지대, 정부 이전지출의 합과 같아야 한다. 다른 주체나 시장도 마찬가지이다. 순환이 성립하기 위해서는 유출되는 화폐의 총합과 유입되는 화폐의 총합이 일치해야 한다.

(3) 정부와 해외 부문 간의 관계

① 정부 부문

정부의 수입은 가계로부터 거두어들인 조세수입과 금융기관으로부터 빌린 정부차입으로 구성된다. 정부의 수입 중 일부는 이전지출의 형태로 가계에 되돌아가지만, 대부분은 재화와 서비스를 구매하기 위한 자금으로 사용된다. 이를 정부지출이라고 한다.

② 해외 부문

우리나라의 상품을 해외에 판매하는 활동이 수출(export)이고, 반대로 해외의 상품을 구입하는 활동을 수입(import)이라고 한다. 수출을 하면 해외로부터 우리나라로 수출대금이 들어오기 때문에 자금 유입이 발생한다. 수입을 하면 해외에 대금을 지급해야 하므로 우리나라로부터 해외로의 자금 유출이 발생한다. 수출과 수입 외에도 자금의 유출과 유입은 발생할 수 있다. 해외의 금융시장을 활용하는 경우가 이에 해당한다. 외국인이 우리나라 사람이나 기업에게 자금을 빌려주거나, 외국인이 우리나라 기업의 주식을 구입하는 경우 해외로부터 우리나라로의 자금 유입이 발생한다. 반대로 외국인이 우리나라 금융시장에서 자금을 빌리거나, 우리나라 사람이 해외기업의 주식을 구입하는 경우 우리나라로부터 해외로의 자금 유출이 발생한다.

(4) 생산물시장

단순모형에서 생산물시장은 가계에 의해서만 재화와 서비스의 구매가 발생하였다. 하지만 정부와 해외 부문이 더해진 확장된 모형에서는 가계 외에도 정부지출 그리고 해외 부문으로의 수출 및 수입의 형태로도 재화와 서비스가 구매된다. 한편, 단순모형에서 기업은 생산의 주체였지만, 확장된 모형에서는 생산물시장에서의 구매주체가 될 수 있다. 우리나라의 반도체 제조기업이 중국의 추격에 대비하기 위해 공장을 증설하려면 기계 및 로봇 등과 같

정부지출
정부가 무기를 구매하거나 공무원 임금 등을 지급하기 위해 재화와 서비스에 지출한 금액

은 장비들을 다른 기업으로부터 구입해야 한다. 이렇게 기계구입, 로봇구입, 건물신축, 재고의 증가와 같이 생산적인 실물자본을 마련하기 위해 발생하는 지출활동이나 미래 매출 증가에 기여하는 실물자본을 구입하는 기업의 지출활동을 투자지출이라고 한다. 재고 역시 투자지출에 포함된다.

재고

기업의 원활한 운영을 위해 보유하는 재화와 원자재의 저장량으로, 기업의 미래 매출에 기여할 수 있다는 측면에서 기계구입과 같은 실물자본의 증가로 간주하여 투자지출에 포함됨

(5) 경제순환과 국내총생산

경제순환을 살펴보면 한 국가 경제에서 생산되는 재화와 서비스의 총 시장가치를 확인할 수 있다. 재화와 서비스에 대한 가계의 소비지출, 기업의 투자지출, 정부의 지출, 해외 부문의 지출인 수출액을 모두 더한 다음 여기에 우리나라의 해외상품 지출인 수입액을 빼면 이는 우리나라 경제가 생산하는 모든 재화와 서비스의 시장가치의 총합이 된다. 경제 내에 존재하는 경제주체들이 지출한 총합은 곧 경제 전체의 생산량이기 때문이다. 이러한 시장가치의 총합을 국내총생산이라고 한다.

3 국내총생산(GDP: Gross Domestic Product)

(1) 의미

국내총생산이란 일정 기간 동안 한 국가 내에서 새롭게 생산된 최종 재화와 서비스의 시장가치로 정의된다.

① 일정 기간 동안

GDP는 유량(flow) 변수이다. GDP는 일 년, 분기, 반기 등과 같이 일정 기간이 정의되어야 명확하게 정보 전달이 가능한 변수이다.

② 한 국가 내에서

국내총생산은 '한 국가 내에서'의 활동을 기록한다. 우리나라 영토 내에서 우리나라 거주자(외국인 포함)가 생산한 최종 생산물의 가치를 국내총생산으로 계산한다.

③ 새롭게 생산된

국내총생산은 정의된 기간에 새롭게 생산된 최종 상품의 가치를 반영한다. 작년에 출시된 제품을 중고거래할 경우 이는 올해의 GDP에 포함되지 않는다. 이미 중고품이 신품이었던 작년의 GDP에 반영되었기 때문이다.

④ 최종 재화와 서비스

국내총생산은 최종 생산물(재화와 서비스)의 가치만을 고려한다. 최종 생산물이란 최종 사용자에게 판매되는 재화와 서비스를 의미한다. 반면, 중간 투입물이란 다른 생산물을 투입하기 위해 투입되는 재화와 서비스를 의미한다. 기업이 농부로부터 밀을 구입하여 밀가루를 만들어 베이커리에 팔고, 해당 베이커리가 이 밀가루를 이용하여 빵을 만들어 판매한 경우 빵은 최종 사용자에게 판매되는 최종 생산물인 반면, 밀이나 밀가루는 중간 투입물이다. 중간 투입물을 구매하는 기업은 해당 생산물의 최종 사용자가 아니다.

⑤ 시장가치

국내총생산은 최종 생산물이 시장에서의 수요와 공급에 의해 형성된 가격을 기준으로 산정한다. 이는 국내총생산이 화폐 단위로 계산된다는 것을 의미함과 동시에 시장에서 거래되지 않는 상품의 가치는 국내총생산에 반영되지 않음을 의미한다. 마약, 매춘, 밀수 등과 같이 암시장에서 생산되고 거래되는 상품들은 국내총생산에 반영되지 않는다.

(2) 경제순환과 국민소득 삼면등가의 원칙

국민소득 삼면등가의 원칙이란 국내총생산을 생산, 분배, 지출의 세 가지 측면에서 측정할 때 측정된 값이 모두 같다는 원칙이다. 한 나라에서 일정 기간 동안 생산된 재화와 서비스는 가계의 소비와 기업의 투자 그리고 정부와 해외 부문의 지출을 통해 모두 구입된다. 국가 경제에서 생산되는 상품의 총가치를 생산 GDP라고 하며, 경제주체들이 구입하여 사용한 총지출을 지출 GDP라고 한다. 생산된 상품은 모두 누군가에 의해 구입되었으므로 생산 GDP와 지출 GDP는 크기가 같다. 한편, 생산활동에 참여한 생산요소는 그 대가를 분배받는데 한 국가 경제의 모든 생산요소들이 분배받은 총대가를 분배 GDP라고 한다. 생산활동에 참여하여 창출된 부가가치는 노동, 자본, 토지 등 생산요소를 제공한 주체들에게 모두 분배되므로 생산 GDP와 분배 GDP는 같게 된다. 이는 결국 경제순환도를 생산 GDP와 지출 GDP, 분배 GDP라는 이름으로 표현한 것에 불과하다.

(3) 국내총생산의 계산 예시

(단위: 만 원)

구분	P회사 (철광석)	H제철 (철강)	H모터스 (자동차)	총요소소득
매출액(A)	1,400	3,100	7,400	
중간 투입물(B)	–	1,400	3,100	
임금(C)	600	1,010	3,000	4,610
이자(D)	400	340	500	1,240
지대(E)	400	350	800	1,550
기업의 총지출 (B+C+D+E)	1,400	3,100	7,400	
기업의 부가가치 (A–B)	1,400	1,700	4,300	

① 생산 측면에서의 GDP 계산 – 최종 생산물

생산 측면에서의 GDP 계산은 국내총생산의 정의와 같이 최종 생산물의 가치만 고려하는 방법이 대표적이다. 즉, H모터스가 만든 최종 생산물인 자동차의 가치 7,400만 원을 국내총생산으로 계산한다. 물론 중간 투입물인 철광석과 철강 역시 한 국가의 생산량 증가에 기여한다. 하지만 중간 투입물의 가치를 모두 반영하면 최종 생산물의 가치에 이르는 과정에서 중복 계산된다. 철강의 가치에는 철광석의 가치가 반영되어 있고, 자동차에는 철강의 가치가 반영되어 있기 때문이다. 중복 계산을 방지하기 위해 최종 생산물의 가치만 국내총생산의 측정에 반영한다.

② 생산 측면에서의 GDP 계산 – 부가가치

국내총생산의 측정 과정에서 중간 투입물의 가치는 중복 계산되는 것을 방지하기 위해 고려하지 않지만 부가가치는 국내총생산에 포함시킨다. 부가가치란 매출액에서 최종 생산물을 만들기 위해 다른 생산자에게서 구입한 중간 투입물의 가치를 차감하여 계산한다. 즉, 중간 투입물을 활용하여 얼마만큼의 가치를 창출해 냈는지 계산하는 것이다. 철광석은 1,400만 원(1,400만 원－0), 철강은 1,700만 원(3,100만 원－1,400만 원), 자동차는 4,300만 원(7,400만 원－3,100만 원)만큼의 부가가치를 창출해 낸다. 이를 합하면 최종 생산물의 가치와 동일한 7,400만 원(1,400만 원＋1,700만 원＋4,300만 원)이 도출된다.

③ 지출 측면에서의 GDP 계산 – 기본원리

지출로 GDP를 계산하는 것도 같은 방식이다. 즉, 국내에서 생산된 최종 생산물을 구입하기 위해 지출된 금액을 모두 합하여 계산한다. 지출 측면에서의 GDP도 중복 계산을 방지해야 하므로 중간 투입물에 대한 지출이 아닌 최종 구매자의 지출만을 반영하여 계산한다. 최종 구매자는 소비자, 기업, 정부 그리고 해외 부문을 의미한다. 따라서 H모터스에서 생산한 최종 생산물에 대한 지출 7,400만 원이 지출 측면에서의 GDP가 된다.

④ 지출 측면에서의 GDP 계산 – 중간 투입물에 대한 지출과 투자지출의 구분

지출 측면에서도 중복 계산을 방지하기 위해 중간 투입물에 대한 지출은 반영되지 않는다. 자동차 제조회사인 H모터스가 철강을 구입하는 지출은 국내총생산 계산에 포함되지 않는다. 하지만 H모터스가 공장 가동을 위해 새 기계를 구입하는 것은 최종 생산물에 대한 지출로 간주한다. 즉, 중간 투입물(철강)에 대한 지출은 국내총생산에 포함되지 않는 반면, **자본재**(기계, 장비 등)에 대한 지출은 투자지출로 간주되어 국내총생산에 포함된다. 국민계정은 자본재에 대한 지출은 투자지출로 간주하여 국내총생산에 반영하는 반면, 중간 투입물에 대한 지출은 중복 계산으로 간주하여 국내총생산에 포함하지 않는다.

⑤ 지출 측면에서의 GDP 계산 – 경제주체별

한 국가의 총생산물을 구입하는 주체는 가계와 기업, 정부, 해외 부문이다. 재화와 서비스를 위해 가계가 한 지출을 민간소비(C), 자본재를 구입하기 위해 기업이 한 지출을 투자지출(I), 정부가 재화와 서비스를 구입하기 위해 한 지출은 정부지출(G), 외국인이 우리나라 상품을 구입하기 위해 한 지출을 수출(X)이라고 한다. 수입품에 대한 지출(M)은 국내에서 생산된 재화나 서비스에 대한 지출이 아니므로 지출 측면에서 GDP를 구할 때 제외되어야 한다. 즉, 순수출(NX)만 포함되어야 한다. 따라서 지출 측면에서의 국내총생산은 민간소비(C), 투자지출(I), 정부지출(G), 수출－수입(NX)을 더해 구해진다.

$$GDP=C+I+G+(X-M)=C+I+G+NX$$

> **자본재(capital goods)**
> 여러 해에 걸쳐 서서히 소모되는 특성을 갖고 있어 오랜 기간에 걸쳐 생산에 기여할 수 있는 기계나 장비 등

기출로 확인하기   61회 기출

다음 자료에 대한 설명으로 옳지 않은 것은?

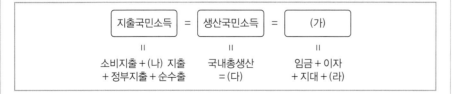

① 국민소득 3면 등가의 법칙을 나타낸다.
② (가)는 분배국민소득이다.
③ (나)는 기업이 재고를 보유하는 행위를 포함한다.
④ (다)에는 중간재가 포함된다.
⑤ (라)는 기업가가 위험을 무릅쓰고 경영을 한 대가이다.

기출로 확인하기 **정답 및 해설**

| **해설** | 생산 측면의 국민소득은 GDP로 대표되며, 중복 계상을 방지하기 위해 최종 생산물의 가치만을 측정 대상으로 삼는다.

① ② 자료는 국민소득 3면 등가의 원칙을 보여 준다. 따라서 (가)는 분배국민소득이 된다.

③ 지출국민소득은 소비 및 투자, 정부지출 그리고 순수출로 이루어진다. 재고는 투자에 포함된다.

⑤ 분배 측면에서는 임금, 이자, 지대 외에 기업가 본인에게 분배되는 이윤이 있다. 이는 위험을 감수한 대가라 할 수 있다.

정답 ④

⑥ 분배 측면에서의 GDP 계산

기업으로 유입된 화폐 흐름, 즉 매출은 생산에 기여한 생산요소 제공자들에게 모두 분배된다. 노동을 제공한 사람에게는 임금의 형태로, 자본을 제공한 사람에게는 이자의 형태로, 토지를 제공한 사람에게는 지대의 형태로 제공된다. 이러한 요소소득을 모두 합하면 총생산의 가치와 일치한다. 기업의 수입은 모두 요소 제공자들에게 분배되어야 하기 때문이다. H모터스의 자동차 생산과정에서 발생한 임금(4,610만 원), 이자(1,240만 원), 지대(1,550만 원)를 합하면 총생산물의 가치인 7,400만 원과 일치한다.

제3절 | 국내총생산의 종류 중요도 중

1 명목 GDP와 실질 GDP

(1) 경제성장의 기준이 GDP인 이유

경제성장은 실질 GDP의 증가를 의미한다. 한 나라의 경제성장률이 2.1%라면 이는 해당 국의 실질 GDP가 전년에 비해 2.1% 증가했음을 의미한다. 한 국가의 총생산을 나타내는 GDP가 한 국가 경제의 성장을 대표하는 이유는 생산의 증가가 곧 생산활동에 참여한 요소 제공자들의 소득 증가를 의미하고, 이는 소비의 증가로 이어져 다시 생산이 증가하는 경제의 선순환을 의미하기 때문이다.

(2) 명목 GDP와 실질 GDP의 개념과 계산

명목 GDP는 물가 변화가 반영되지 않은 GDP, 실질 GDP는 물가 변화를 반영한 GDP이다. 국내총생산(GDP)은 최종 생산물의 시장가치를 기준으로 하므로 모든 재화를 생산량×재화의 가격으로 계산하여 합한 값이다. 예를 들어, 스마트폰과 태블릿 PC 두 재화만을 생산하는 국가의 경우를 가정해 보자. 2023년과 2024년의 가격과 생산량은 다음과 같다.

구분	2023년		2024년	
	가격(만 원)	생산량(개)	가격(만 원)	생산량(개)
스마트폰	100	10	120	10
태블릿 PC	150	20	200	20

① 명목 GDP의 계산

명목 GDP는 물가 변화를 고려하지 않기 때문에 그 해의 생산량으로 계산한다. 따라서 2023년과 2024년의 명목 GDP는 각각 4,000만 원과 5,200만 원이 된다.

> 명목 GDP의 도출=당해 연도 가격×당해 연도 생산량
> • 2023년 명목 GDP: (100만 원×10개)+(150만 원×20개)=4,000만 원
> • 2024년 명목 GDP: (120만 원×10개)+(200만 원×20개)=5,200만 원

② 실질 GDP의 계산

실질 GDP는 물가 변화를 고려하므로 그 해의 가격을 사용하지 않고, 기준연도의 가격을 사용한다. 기준연도가 2023년이라면, 2023년과 2024년의 실질 GDP는 4,000만 원으로 동일하다. 한편, 기준연도에는 실질 GDP와 명목 GDP가 같다.

실질 GDP의 도출＝기준연도 가격×당해 연도 생산량
- 2023년 실질 GDP: (100만 원×10개)+(150만 원×20개)＝4,000만 원
- 2024년 실질 GDP: (100만 원×10개)+(150만 원×20개)＝4,000만 원

(3) 명목 GDP와 실질 GDP 구분의 필요성

GDP를 경제성장 지표로 사용하는 이유는 생산량의 증가가 국민의 생활 수준을 향상시키기 때문이다. 하지만 명목 GDP만 존재한다면 명목 GDP의 증가가 과연 물가 상승으로 인한 결과인지 실질적인 생산량의 증가로 인한 결과인지 파악하기 어렵다. 그러나 실질 GDP는 기준연도의 가격을 사용하기 때문에 생산량의 증가가 없다면 GDP의 크기도 변하지 않는다.

(4) GDP 디플레이터의 도출

GDP 디플레이터(GDP deflator)는 명목 GDP를 실질 GDP로 나누어 100을 곱하여 구한다. 즉, 분자의 명목 GDP는 당해 연도 가격×당해 연도 생산량이고, 분모의 실질 GDP는 기준연도 가격×당해 연도 생산량이므로 공통 요인인 당해 연도 생산량은 사라지고 분자의 당해 연도 가격과 분모의 기준연도 가격만 남는다. 이를 활용하면 기준연도 대비 당해 연도의 물가가 얼마나 상승했는지 살펴볼 수 있는 지표로서 역할을 할 수 있다.

GDP 디플레이터의 도출
$$GDP\ deflator = \frac{\text{명목 } GDP}{\text{실질 } GDP} \times 100 = \frac{\Sigma(\text{당해 연도 가격} \times \text{당해 연도 생산량})}{\Sigma(\text{기준연도 가격} \times \text{당해 연도 생산량})} \times 100$$
$$= \frac{\text{당해 연도 가격}}{\text{기준연도 가격}} \times 100$$

① 계산

앞의 예시에서 2023년의 명목 GDP와 실질 GDP가 각각 4,000만 원이므로 GDP 디플레이터는 100이다. 기준연도에는 당해 연도 가격과 기준연도 가격이 동일하므로 명목 GDP와 실질 GDP가 같아 GDP 디플레이터의 값이 100이 된다. 한편, 2024년의 명목 GDP는 5,200만 원이고, 실질 GDP는 4,000만 원이므로 GDP 디플레이터는 130이다. 이는 2024년 물가가 2023년에 비해 약 30% 상승했음을 의미한다.

GDP 디플레이터의 계산
$$GDP\ deflator_{2023} = \frac{\text{명목 } GDP_{2023}}{\text{실질 } GDP_{2023}} \times 100 = \frac{4,000\text{만 원}}{4,000\text{만 원}} \times 100 = 100$$
$$GDP\ deflator_{2024} = \frac{\text{명목 } GDP_{2024}}{\text{실질 } GDP_{2024}} \times 100 = \frac{5,200\text{만 원}}{4,000\text{만 원}} \times 100 = 130$$

② 특징

GDP 디플레이터를 통해 물가 수준의 변화를 알 수 있다. GDP 디플레이터는 GDP의 개념을 기반으로 물가 변화를 살펴보는 지표이므로 소비뿐만 아니라 투자, 수출입 등과 관련된 모든 물가 수준을 알 수 있다. 또한 생산 측면에서 GDP 디플레이터는 부가가치(매출액−중간 투입물 가격) 관점에서 측정되기 때문에 국내에서 생산되는 최종 생산물 가격과 생산에 투입된 중간재 가격이 반영되어 산출된다.

읽는 강의

물가 수준은 소비자물가지수를 통해서도 살펴볼 수 있습니다. 소비자물가지수는 소비자가 구입하는 최종적인 재화 및 서비스의 물가 수준을 표현한 지표입니다.

| 해설 | *GDP* 디플레이터는 *GDP*의 정의를 활용한 물가지수이다. 즉, 명목 *GDP*를 실질 *GDP*로 나누어 기준연도 대비 당해 연도의 물가 변화를 살펴보는 것이다. 2024년의 명목 *GDP*와 실질 *GDP*는 다음과 같다.

- 명목 *GDP*: (4개×30원)+(6개×15원)
  =210원
- 실질 *GDP*: (4개×10원)+(6개×10원)
  =100원
- *GDP* 디플레이터: (210원/100원)×100
  =210

정답 ①

기출로 확인하기

어느 경제의 2024년 국내총생산이 딸기 4개와 청포도 6개로 이루어졌다. 당시 딸기와 청포도의 가격은 각각 30원과 15원이고, 기준연도(2020년)에는 두 과일 모두 10원이었다. 2024년의 *GDP* 디플레이터로 옳은 것은?

① 210 ② 410 ③ 71
④ 70 ⑤ 0.8

2 잠재 GDP와 GDP 갭

(1) 잠재 GDP

한 나라가 단기적 호황 및 불황에 관계없이 주어진 자원을 정상적인 범위 내에서 최대한 활용하였을 때 달성할 수 있는 *GDP*를 의미한다. 즉, 한 국가 경제가 정상적인 범위 내에서 달성할 수 있는 최대치이다. 한 국가의 모든 자원이 생산에 투입된 상태를 완전고용(full-employment)이라고 하고, 이때의 생산량 수준이라는 의미로 잠재 *GDP*를 완전고용산출량(full-employment output)이라고도 한다.

(2) GDP 갭(GDP gap)

실제 *GDP*와 잠재 *GDP*의 차이를 의미한다. 실제 *GDP*란 측정 시점에서 목격되는 *GDP* 수준을 의미한다. 실제 *GDP*가 잠재 *GDP*보다 높다면 한 국가 경제가 달성할 수 있는 최대 수준보다 높은 생산량 수준이므로 생산요소가 정상 수준을 넘어 과잉으로 사용되고 있음을 의미한다. 즉, 경기가 호황인 상태이다. 반대로 실제 *GDP*가 잠재 *GDP*에 미치지 못하면, 생산요소가 정상적인 수준 미만으로 사용되고 있음을 의미하므로 경기가 침체되었음을 알 수 있다. 이처럼 *GDP* 갭은 수요 측면에서 매우 중요한 거시경제지표이다.

- *GDP* 갭=실제 *GDP*−잠재 *GDP*
- *GDP* 갭>0: 경기 호황
- *GDP* 갭<0: 경기 불황

3 국민소득 주요 지표

(1) 국민소득 지표의 중요성

해외 부문과 교류가 없는 폐쇄경제라면 국민소득 삼면등가의 원칙에 의해 총생산=총소득이어야 한다. 하지만 많은 국가들은 해외 부문과 수출 및 수입 활동을 하는 개방경제이고, 이로 인해 생산의 가치로 표현되지 않는 특정한 유형의 소득이 존재한다. 국민소득 지표는 특정한 유형의 소득을 포함하거나 배제한다는 점에서 *GDP*와 다른 개념이다. 따라서 총생산=총소득이 성립하기 위해서는 생산에 추가적인 소득이 반영되어야 한다. 일반적으로 UN, IMF 등과 같은 국제기구는 생산지표로는 실질 *GDP*를 이용하고, 소득지표로는 실질 *GNI*의 편제를 권고한다. 우리나라는 한국은행이 1999년부터 *GNI*를 편제·발표하고 있다.

(2) 국민소득 지표의 대표, 국민총소득(GNI)

국민총소득(GNI: Gross National Income)이란 한 나라의 국민이 일정 기간 동안 벌어들인 임금, 이자, 배당 등의 소득을 모두 합한 것이다. GDP가 국내 영토(domestic) 중심의 개념이라면, GNI는 국민(national)의 개념이다. 어느 나라에서 소득을 창출했는지와 무관하게 우리나라 국민이 벌어들인 소득은 모두 국민총소득에 포함된다. 즉, 생산요소의 국가 간 이동을 전제로 우리나라 국민들의 소득을 측정하는 개념이 국민총소득이다.

① 명목 GNI

명목 GNI란 명목 GDP에서 우리나라 국민이 외국에서 벌어들인 소득을 더하고, 외국인이 우리나라에서 벌어간 소득을 뺀 금액(명목 국외순수취요소소득)이다. 우리나라 국민이 외국에서 벌어들인 소득을 국외수취요소소득이라고 하고, 외국인이 우리나라에서 벌어간 소득을 국외지급요소소득이라고 한다.

> 명목 GNI＝명목 GDP＋명목 국외순수취요소소득(＝국외수취요소소득－국외지급요소소득)

② 실질 GNI

명목 GNI가 명목 GDP에서 도출되었듯이 실질 GNI는 실질 GDP로부터 도출된다. 실질 GNI는 실질 GDP에 **교역조건** 변화에 따른 실질 무역손익과 실질 국외순수취요소소득을 더해 구해진다. 해외로 수출하는 한국 자동차의 가격이 3,000만 원이고, 해외에서 수입하는 스마트폰의 가격이 100만 원인 상황에서 원/달러 환율의 상승으로 한국 자동차 한 대 수출로 벌어들일 수 있는 수입이 2,000만 원으로 감소하고, 스마트폰의 가격이 200만 원으로 상승했다면, 교역조건은 스마트폰 30대에서 10대로 감소한 것이다. 즉, 소비나 투자에 필요한 재화의 수입량이 줄어든 것으로, 국가 전체의 **실질소득**이 감소했음을 의미한다. 이와 같이 교역조건의 변화는 실질소득에 영향을 미치기 때문에 실질 GNI의 계산에는 **교역조건 변화에 따른 실질 무역손익**이 반영되어야 한다.

> 실질 GNI＝실질 GDP＋교역조건 변화에 따른 실질 무역손익＋실질 국외순수취요소소득

교역조건(terms of trade)
자국 상품 한 단위 수출로 몇 단위의 해외 상품을 수입할 수 있는지를 나타내는 개념

실질소득(real income)
물가의 변화가 반영된 소득으로, 실질적인 구매력을 나타냄

교역조건 변화에 따른 실질 무역손익
교역조건의 변화로 인해 발생하는 실질소득의 국외 유출 또는 국외로부터의 유입

【우리나라의 총산출(gross output)과 국내총생산(GDP), 국민총소득(GNI)(2017년 잠정치)】

(단위: 조 원)

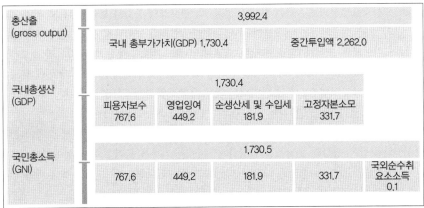

출처: 한국은행(2019), 알기 쉬운 경제 지표해설

4 국내총생산과 국민총생산

(1) 개념

국내총생산이란 국내 영토 중심의 개념으로 자국민이든, 외국인이든 우리나라 영토 내에서 생산한 최종 재화 및 서비스의 가치를 계산한다. 반면, 국민총생산(GNP : Gross National Product)은 국민 중심의 개념으로, 외국에서든 자국 내에서든 우리나라 국민이 생산한 최종 재화 및 서비스의 가치를 반영한다. 즉, 국민총생산이란 일정 기간 동안 한 나라의 국민이 새롭게 생산한 최종 재화와 서비스의 시장가치의 합을 의미한다.

(2) 국내총생산과 국민총생산의 비교

국내총생산(GDP)과 국민총생산(GNP)은 상이한 개념이지만, 자국민이 자국 내에서 생산한 최종 생산물의 가치는 모두 자국의 GDP와 GNP에 반영된다(ⓒ). 한편, 외국인이 국내에서 생산한 최종 생산물은 GDP에만(㉠), 자국민이 해외에서 생산한 최종 생산물은 GNP에만(ⓒ) 기록된다.

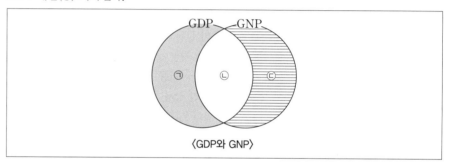

〈GDP와 GNP〉

(3) 국내총생산 지표의 한계

① 일관성 결여

동일한 서비스이지만 시장에서 거래가 가능한지에 따라 GDP의 반영 여부가 결정된다. 가사도우미의 청소서비스는 GDP에 반영되지만, 가정주부가 본인의 집을 청소한 경우에는 GDP에 반영되지 않는다.

② 삶의 질 측정 불가능

생산지표로서의 GDP는 경제의 성장, 즉 생산량의 증가를 보여 준다. 하지만 얼마나 삶의 질이 개선되었는지를 보여 주지 못한다. 소득이 늘어나자 문화생활을 영위하였는데, 모차르트의 오페라 「마술피리」를 보고 이전에 느껴보지 못한 벅찬 감동과 새로운 상상력을 자극받았고 이러한 주관적인 만족을 화폐가치로 환산하면 몇 백만 원에 해당하지만, 생산지표로서의 GDP에 반영되는 것은 오페라의 티켓값 10만 원이다.

③ 생산의 부작용 반영 불가능

GDP는 생산의 결과물만을 반영한다. 생산으로 인해 발생하는 환경 오염이나 건강 악화와 같은 생산의 부작용을 반영하지 못한다. 직장을 옮겨 소득이 높아지더라도 새로운 직장의 유해한 환경으로 상당한 병원비가 발생한다면 소득의 증가가 무의미해진다. 하지만 생산지표인 GDP를 통해서는 높아진 소득만을 확인할 수 있다.

④ 기술의 발전 반영 불가능

최고급 사양의 TV는 15년 전에도 500만 원이고 오늘날에도 비슷하다. GDP에 반영되는 생산의 가치가 15년 전이나 오늘날이나 모두 500만 원이라는 의미이다. 15년 전과 후의 기술 차이는 큰데도 불구하고, GDP는 이러한 기술적 발전을 반영하지 못한다.

기출로 확인하기

다음은 국내총생산(GDP)에 대한 정의이다. ㉠ ~ ㉤에 대한 설명이 옳은 것은?

> 국내총생산(GDP)은 ㉠한 국가의 국경 안에서 ㉡일정 기간 생산된 ㉢최종 생산물의 가치를 ㉣시장가격으로 계산하여 모두 더한 것이다. ㉤인구가 많은 국가는 국내 총생산도 커지는 경향이 있다.

① ㉠ - 한 국가의 국경 안에서 자국민이 생산한 것만 포함한다.

② ㉡ - 작년에 생산한 중고품은 올해 거래하더라도 올해 GDP에 포함하지 않는다.

③ ㉢ - 서비스는 제외하고 유형의 재화만 포함한다.

④ ㉣ - 집에서 길러 먹는 채소도 시장가격으로 계산해서 포함한다.

⑤ ㉤ - 인구가 많은 국가일수록 평균적 소득 수준이 크다.

기출로 확인하기 정답 및 해설

| **해설** | 국내총생산(GDP)란 일정 기간 동안 한 국가 내에서 새롭게 생산된 재화와 서비스의 시장가치의 합이다. 중고품은 생산된 해의 GDP에 포함되지만, 거래된 해의 GDP와는 무관하다.

㉠ 국내총생산은 한 국가 내에서의 새롭게 생산한 상품과 서비스라면 내국인이든 외국인이든 무관하다.

㉢ 최종생산물은 유형의 재화뿐만 아니라 무형의 재화인 서비스도 포함된다.

㉣ 시장에서 거래되지 않는 재화나 서비스는 국내총생산에 포함되지 않는다.

㉤ 인구가 많은 국가일수록 평균적인 소득 수준이 크다고 단정할 수 없다.

정답 ②

Why 이슈가 된 걸까?

국내총생산(GDP)은 생산 측면에서 경제를 측정하는 도구이다. 정해진 기간 내에 얼마나 새로운 최종 생산물이 많이 만들어졌는지를 통해 경제의 활력을 살펴보는 것이다. 기사에서는 세계적인 한국인 클래식 음악가들이 1인당 GDP가 1만 달러 늘어날 때마다 등장했다고 소개하고 있다. GDP는 생산지표이지만, 생산은 국민들의 삶의 질과 직결되는 많은 것들을 발전시키기 때문에 의미 있는 기사이다.

매스컴으로 보는 시사 이슈   **NEWS**

1인당 GDP 1만불 늘 때마다 …
한국서 클래식 천재들이 등장했다

1974년 7월, 21세 한국인 피아니스트 정명훈이 세계적 권위의 차이콥스키 콩쿠르에서 공동 2위를 차지했다. 1위와 다른 공동 2위, 3위 수상자는 모두 클래식 강국이자 주최국인 러시아인이었다. 이들 사이에서 세계 음악계의 '변방' 한국에서 온 피아니스트의 입상은 대단한 사건이었다. 정명훈은 러시아에서 귀국하자마자 서울 시내에서 '카퍼레이드'를 했고, 박정희 대통령으로부터 '국위를 선양했다'며 훈장을 받았다. 그해 한국의 1인당 국내총생산(GDP)은 불과 563달러였다.

1인당 GDP가 수백달러에 머물던 시기에 'K클래식'의 토대를 만든 한국의 1세대 연주자들은 대부분 개인의 천재성에 의존했다. 어릴 때부터 '신동'으로 불린 이들은 대부분 일찌감치 미국으로 건너가 음악을 배웠다. 국내에서는 음악을 제대로 배울 수 있는 교육시스템이 전무하다시피 했다. 1967년 레벤트리트 콩쿠르에서 우승한 바이올리니스트 정경화, 1971년 제네바 콩쿠르에서 우승한 첼리스트 정명화와 정명훈을 일컫는 '정 트리오' 남매가 대표적이다.

정명훈의 역사적인 '귀국 카퍼레이드' 이후 20년이 흐른 1994년 1인당 GDP가 처음으로 1만 달러대에 진입했다. 1990년대 자녀에게 피아노를 비롯한 악기를 가르치는 부모가 늘어나면서 클래식 꿈나무들이 부쩍 많아졌다. 해외에서 활동하던 1세대 연주자들이 귀국해 국내 대학에 자리를 잡으면서 2세대 제자들을 길러냈다. 1인당 GDP 2만 달러를 찍은 2006년(2만 1,727달러) 한예종 3학년에 다니던 피아니스트 김선욱이

세계적 권위의 영국 리즈 콩쿠르에서 아시아 최초이자 최연소 우승 기록을 세웠다. 한예종 동문인 피아니스트 손열음도 2009년 밴 클라이번 콩쿠르와 2011년 차이콥스키 콩쿠르에서 각각 2위를 차지하면서 국제무대에 이름을 날렸다.

2017년(3만 1,605달러) 이후 1인당 GDP가 3만 달러가 넘는 '선진국'으로 자리 잡은 이후 세계 무대에서 K클래식의 깃발을 꽂은 3세대들이 맹활약하고 있다. 경제력의 뒷받침으로 국내 공공 · 민간의 예술 교육 수준이 무르익으면서 예술 영재들을 조기에 발굴하고 키우는 시스템이 활성화하고 공연장 인프라 등이 갖춰지면서이다.

3만 달러를 향해 달려가던 2015년 피아니스트 조성진이 세계 최고 권위를 자랑하는 쇼팽 콩쿠르에서 우승하면서 파란을 일으켰고, 2017년 피아니스트 선우예권은 밴 클라이번 콩쿠르에서 한국인 최초로 우승을 차지했다. 5년 뒤 임윤찬이 같은 대회에서 최연소 우승 기록을 세우면서 두 대회 연속 한국 피아니스트가 우승을 차지하는 진기록을 낳았다. 유학 경험 없이 국내 음악교육만으로 부조니 콩쿠르에서 우승을 이뤄낸 피아니스트 문지영(2015년)을 비롯해 바이올리니스트 임지영과 양인모, 피아니스트 박재홍, 첼리스트 최하영 등 K클래식을 이끄는 젊은 연주자들의 활약상은 일일이 거론하기 어려울 정도이다.

01 난이도 ■□□

A국의 명목 GDP가 2021년 440억 원에서 2022년 480억 원으로 증가했고 같은 기간 중 GDP 디플레이터가 110에서 120으로 상승하였다고 할 때, 실질 GDP의 변화로 적절한 것은?

① 변화 없음
② 4억 원 증가
③ 4억 원 감소
④ 40억 원 증가
⑤ 40억 원 감소

| 해설 | GDP 디플레이터는 다음과 같이 구할 수 있다.

• GDP 디플레이터 $= \dfrac{\text{명목 } GDP}{\text{실질 } GDP} \times 100$

→ 실질 $GDP = \dfrac{\text{명목 } GDP}{GDP \text{ 디플레이터}} \times 100$

• 실질 $GDP_{2021} = \dfrac{440\text{억 원}}{110} \times 100 = 400\text{억 원}$

• 실질 $GDP_{2022} = \dfrac{480\text{억 원}}{120} \times 100 = 400\text{억 원}$

2021년의 실질 GDP는 400억 원이고, 2022년의 실질 GDP도 400억 원이다. 따라서 실질 GDP는 변화가 없다.

02 난이도 ■□□

올해 국내총생산(GDP)의 추계에 포함되는 것은?

① L전자 주식을 매각한 돈 1억 원
② 기존 주택을 매각한 대금 6억 원
③ 집안을 청소한 가정주부의 노동가치 7만 원
④ 유선방송에서 최신 영화를 보기 위해 지불한 1만 원
⑤ 떡을 만들어 팔려고 재료용으로 구입한 작년에 생산된 쌀 5만 원

| 해설 | 국내총생산은 일정 기간 동안 한 국가 내에서 생산된 모든 최종 재화와 서비스의 시장가치의 합이다. 최신 영화를 보기 위해 지불한 금액은 국내총생산에 포함된다.

| 오답피하기 | ① 주식거래는 GDP와 관련 없다.
② 기존 주택은 해당 주택이 처음 건설되던 해의 GDP에 포함된다. 이후의 거래에서 발생하는 주택 가격은 GDP와 관련 없다.
③ 가정주부의 가사노동은 시장에서 거래되지 않으므로 GDP에 포함되지 않는다.
⑤ 재료용으로 구입한 쌀은 중간재로, GDP에 포함되지 않는다.

03 난이도 ■□□

명목 GDP와 실질 GDP에 대한 설명으로 옳지 않은 것은?

① 경제성장률은 실질 GDP 증가율로 계산된다.
② 명목 GDP 증가율이 실질 GDP 증가율보다 높으면 GDP 디플레이터는 상승한다.
③ 실질 GDP는 해당 연도의 가격을 사용하지 않고 기준연도의 가격을 이용하여 계산한다.
④ 명목 GDP의 증가율은 경제성장률에 GDP 디플레이터 상승률을 더하여 산출할 수 있다.
⑤ 생산량이 증가하면서 생산되는 모든 재화와 서비스의 가격이 하락한다면 명목 GDP는 감소한다.

| 해설 | 명목 GDP는 '당해 연도 가격×당해 연도 생산량'으로 구하고, 실질 GDP는 '기준연도 가격×당해 연도 생산량'으로 구한다. 즉, 명목 GDP는 물가가 반영된 GDP이고, 실질 GDP는 물가가 통제된 GDP이다. 물가가 하락하면서 생산량이 증가한다면 명목 GDP는 물가의 하락 및 생산량의 증가폭에 따라 증가할 수도 있고 감소할 수도 있다.

| 오답피하기 | ① 경제성장률은 실질 GDP 증가율을 의미한다. 명목 GDP는 실질 생산의 변화가 없더라도 물가의 변화만으로 그 값이 증가할 수 있으므로 경제성장의 지표로 사용하지 않는다.
②④ GDP 디플레이터 증가율은 명목 GDP 증가율에서 실질 GDP 증가율을 뺀 수치이다. 따라서 명목 GDP 증가율은 GDP 디플레이터에 실질 GDP 증가율을 더한 수치로 표현할 수 있다. 명목 GDP 증가율이 실질 GDP 증가율보다 크다면 GDP 디플레이터 증가율은 양(+)의 값이다.
③ 실질 GDP는 '기준연도 가격×당해 연도 생산량'으로 구할 수 있다.

04 난이도 ■■□

국민계정상 금년 중 재고에 대한 설명으로 옳지 않은 것은?

① 재고상품을 판매하면 GDP가 증가한다.
② 재고가 늘어나면 투자가 늘어난다.
③ 재고상품을 판매하면 투자가 감소한다.
④ 재고상품을 판매하면 소비가 증가한다.
⑤ 일반적으로 경기가 좋지 않으면 재고가 늘어난다.

| 해설 | 국민계정상 재고는 투자에 해당한다. 당해에 재고로 남은 재화는 그 해의 GDP로 계산된다. 하지만 재고가 판매된 경우 이를 계산하면 중복되므로 이는 GDP 계산에 포함하지 않는다.

05 난이도 ■□□

투자지출에 포함되지 않는 것은?

① 주택 건설
② 상품재고의 증가
③ 기업의 부동산 매입
④ 새로운 공장의 건설
⑤ 기계, 공구 등의 설비 구입

| 해설 | 기업의 부동산 매입은 GDP 증가에 기여하지 않으므로 투자에 포함되지 않는다.

| 오답피하기 | ① GDP 항목 중 투자에는 고정설비, 주택, 재고투자가 포함된다. 신규 주택의 건설은 당해 연도의 투자지출에 포함된다.
② 상품재고는 투자지출에 포함된다.
④⑤ 새로운 공장의 건설, 기계, 공구 등의 설비 구입 등은 생산을 위한 지출로, 투자지출에 해당한다.

정답 **03** ⑤ | **04** ① | **05** ③

06 난이도 ■■□

A사는 배터리 40개를 생산하여 400만 원에 판매하였고, B사는 액정 20개를 생산하여 300만 원에 판매하였다. C사는 A사의 배터리 B사의 액정을 구입하여 스마트폰을 20개 생산한 다음 이들 중 10대를 1,000만 원에 판매하고 나머지 10대는 1,000만 원어치 재고로 가지고 있다. C사가 판매대금 1,000만 원 중 400만 원을 임금으로 지급하였다면, 이때 GDP로 계산되는 금액으로 옳은 것은?

① 1,530만 원   ② 1,600만 원

③ 2,000만 원   ④ 2,400만 원

⑤ 2,470만 원

l 해설 l GDP는 최종 재화만을 대상으로 한다. A사의 배터리와 B사의 액정은 중간재에 해당한다. 최종재는 스마트폰인데, 이를 20대 생산하여 1,000만 원어치는 팔고 1,000만 원어치는 재고로 가지고 있으므로 생산된 2,000만 원은 GDP에 해당한다.

07 난이도 ■□□

다음 대화는 가사노동의 국민소득통계 포함 여부에 관한 것이다. 다음 중 잘못 말하고 있는 사람은?

> 정미: 전업주부의 가사노동이 GDP에 포함되지 않는 이유는 가사노동이 다른 경제 부문에 거의 영향을 주지 않는 독립적인 활동이기 때문이야.
> 형기: 전업주부의 가사노동이 GDP에 포함되지 않는 이유는 시장판매를 위해 서비스가 생산되는 것이 아니기 때문이야.
> 민철: 전업주부의 가사노동이 국민소득통계에 반영한다면 모든 전업주부들이 취업자로 분류되기 때문에 고용통계에 문제를 야기할 수 있어.
> 청연: 우리 집에 아이 돌보러 오시는 분이 받은 돈은 GDP에 포함되지 않아.
> 영호: 타인이 대신 수행할 수 없는 기본적인 수면이나 운동 등은 GDP에 포함되지 않아.

① 정미   ② 형기

③ 민철   ④ 청연

⑤ 영호

l 해설 l 가사도우미가 받은 임금은 서비스 제공(생산)에 대한 대가로서 당해 연도의 GDP에 포함된다.

l 오답피하기 l 정미. 전업주부의 가사노동은 시장가치가 형성되지 않은 행위이므로 다른 경제 부문에 영향을 줄 수 없는 독립적인 활동이다.
형기. 전업주부의 가사노동이 GDP에 포함되지 않는 이유는 시장을 통해 거래되는 서비스가 아니기 때문이다. 시장을 통해 거래되는 가사도우미 서비스는 GDP에 포함된다.
민철. 전업주부의 가사노동은 시장을 통해 거래되는 서비스가 아니므로 국민소득통계에 반영되지 않지만, 만약 반영된다면 주부 역시 취업자로 분류되어야 한다.
영호. 시장을 통해 거래되지 않는 생산물은 GDP에 포함되지 않는다.

정답 06 ③ l 07 ④

08 난이도 ■□□

국내총생산(GDP) 계산에 포함되는 것을 〈보기〉에서 모두 고르면?

〈보기〉
○ 국내에 신설된 반도체 공장
○ 학생이 구입한 교과서
○ 국내기업이 해외에 건설한 주택
○ 해외기업이 국내에서 생산한 제품
○ 암시장에서 거래된 밀수입품
○ 로또복권의 당첨금
○ 그 해 생산되었으나 판매되지 않은 자동차

① ㉠, ㉢, ㉣
② ㉡, ㉢, ㉤
③ ㉠, ㉡, ㉣, ㉥
④ ㉡, ㉢, ㉥, ㉦
⑤ ㉢, ㉣, ㉥, ㉦

| 해설 | ㉠ 우리나라 영토 내에 신설된 공장은 건설된 해의 GDP에 포함된다.
㉡ 학생이 구입한 교과서는 구입한 해의 GDP에 포함된다.
㉣ 국내에서 생산되었다면 해외기업이든 국내기업이든 상관없이 모두 GDP에 포함된다.
㉦ 생산된 해에 판매되지 않은 자동차는 재고투자 항목으로 GDP에 포함된다.

| 오답피하기 | ㉢ 국내기업이 해외에 건설한 주택은 해외국가의 GDP에 포함된다.
㉤ 암시장은 불법적인 거래가 행해지는 곳이므로 암시장에서 거래된 밀수입품은 GDP의 계산에 포함되지 않는다.
㉥ 상속, 증여, 뇌물, 절도, 횡령, 복권 당첨금, 사례금 등은 부가가치를 창출한 경제행위가 아니므로 GDP에 포함되지 않는다.

관련 이론 짚어보기

국내총생산: '일정 기간 동안 한 국가 내에서 생산된 재화와 서비스의 시장가치의 합'으로 정의된다. 한 국가의 영토 밖에서 생산되었거나, 한 국가 내에서 생산되었더라도 시장가치가 부여되지 않는 재화와 서비스는 GDP에 포함되지 않는다.

09 난이도 ■■□

다음 글이 공통적으로 지적하고 있는 GDP의 한계로 적절한 것은?

• 지난 해 우리나라는 경제활동으로 발생한 환경 오염을 완화시키기 위해 GDP의 1.7%를 지출했다.
• 중화학공업 제품의 생산뿐만 아니라 그로 인해 발생하는 직업병 치료비도 GDP에 포함된다.
• 수돗물이 오염되어 생수가 많이 팔릴수록 GDP는 증가한다.

① 개방화 시대에 적합한 지표가 아니다.
② 자국민의 총생산규모를 알려주지 못한다.
③ 지하경제의 거래규모를 알려주지 못한다.
④ 공평한 소득분배에 대한 정보를 제공해 주지 못한다.
⑤ 국민생활과 복지 수준에 대한 정확한 정보를 제공해 주지 못한다.

| 해설 | GDP는 한 나라 안에서 자국민과 외국인이 1년 동안 새로이 생산한 재화와 서비스의 부가가치의 합이다. 그러나 GDP는 한계점을 갖는다. 시장에서 거래되지 않는 생산활동 제외, 복지 수준 반영 불가능, 소득분배의 불평등 정도 파악 곤란, 지하경제 규모 파악 곤란 등이 그 한계로 지적된다.

| 오답피하기 | ① GDP는 개방화 시대를 맞아 새롭게 부각된 지표이다. 그 이전에는 자국민의 경제활동만을 측정하는 GNP를 활용했으나 개방화 시대를 맞아 국가 영토로 한정하는 GDP의 개념이 경제성장의 측정 기준이 되었다. 글로벌 경쟁력 확보를 위해 생산활동이 더 이상 자국 내에서 이루어지지 않고 생산비가 저렴한 해외에서 생산되기 때문이다.
② GDP는 자국민의 총생산규모를 알 수 없다. 하지만 이는 제시문에서 공통적으로 지적하는 한계에 해당하지 않는다.
③ GDP는 시장가치를 기준으로 하기 때문에 시장에서 거래되지 않는 재화와 서비스의 가치는 집계하지 못한다. 하지만 이는 제시문에서 공통적으로 지적하는 한계에 해당하지 않는다.
④ GDP는 국가 전체의 생산 총량을 보여 주는 생산지표이지만 공평한 소득분배에 대한 정보는 제공해 주지 못한다. 하지만 이는 제시문에서 공통적으로 지적하는 한계에 해당하지 않는다.

정답 08 ③ | 09 ⑤

10 난이도 ■■□

다음은 국내총생산(GDP)과 국민총생산(GNP)의 차이를 비교한 것이다. GDP와 GNP의 관계로 옳은 것은?

구분	한국인이	외국인이
국내에서 생산한 것	A	C
해외에서 생산한 것	B	D

① $GNP = GDP + B$

② $GNP = GDP + C$

③ $GNP = GDP + D$

④ $GNP = GDP + B - C$

⑤ $GNP = GDP - B + C$

| **해설** | GNP는 일정 기간 동안 한 국가의 국민이 생산한 최종 재화와 서비스의 시장가치이고, GDP는 일정 기간 동안 한 국가 내에서 생산된 최종 재화와 서비스의 시장가치이다. GNP를 도출하기 위해서는 GDP에 한국인이 해외에서 생산한 가치는 더하고, 외국인이 국내에서 생산한 가치는 빼주어야 한다. $GNP = A + B$이고, $GDP = A + C$이므로 $GNP = GDP + B - C$이다.

11 난이도 ■□□

GDP와 GNI에 대한 옳은 설명을 〈보기〉에서 고르면?

─〈보기〉─

㉠ 폐쇄경제에서는 명목 GDP와 명목 GNI가 일치한다.

㉡ 한국인이 해외에서 벌어들인 요소소득이 외국인이 한국에서 벌어들인 요소소득보다 더 큰 경우 명목 GDP가 명목 GNI보다 더 크다.

㉢ 외국인이 한국에서 벌어들인 근로소득은 한국의 GDP에 포함된다.

㉣ 한국인이 해외에서 벌어들인 이자수입은 한국의 GDP에 포함된다.

① ㉠, ㉡

② ㉠, ㉢

③ ㉡, ㉢

④ ㉡, ㉣

⑤ ㉢, ㉣

| **해설** | ㉠ 폐쇄경제에서는 교역 부문이 존재하지 않아 상품도, 노동력도 국경을 넘을 수 없으므로 GDP와 GNI가 일치한다.
㉢ 외국인이 한국에서 벌어들인 근로소득은 한국의 GDP에 포함된다.

| **오답피하기** | ㉡ 국외순수취요소소득은 한국인이 해외에서 벌어들인 소득에서 외국인이 한국에서 벌어들인 소득을 차감하여 계산한다. 따라서 국외순수취요소소득이 양(+)의 값이면 명목 GNI가 명목 GDP보다 크다.
㉣ 한국인이 해외에서 벌어들인 이자수입은 한국의 GDP에 포함되지 않는다.

12 난이도 ■□□□
[제74회 특별 기출]

국내총생산(GDP)은 한 나라의 영역 내에서 가계, 기업, 정부 등 모든 경제주체가 일정 기간 동안 생산된 모든 최종생산물의 시장가치를 합한 것이다. 올해 GDP를 계산할 때 실제로 포함되는 것은?

① 기업 주식을 매각한 돈 1억 원
② 살던 아파트를 매각한 대금 4억 원
③ OTT에서 최신 영화를 보기 위해 지불한 1만 원
④ 남편이 출근한 뒤 집 안을 청소한 가정주부의 노동가치 10만 원
⑤ 떡 가게에서 떡을 빚기 위해 구매한 지난해 생산된 쌀값 5만 원

| 해설 | 국내총생산에 계상되는 최종생산물에는 재화와 서비스 모두 포함된다. OTT에 지불한 1만 원은 그 해에 생산한 서비스의 가치를 반영하므로 올해 GDP에 포함된다.

| 오답피하기 | ① 주식의 가치는 국내총생산에 반영되지 않는다. 시장에서 거래된 최종생산물의 가치만 반영된다.
② 아파트는 건설된 해에 국내총생산에 이미 반영되었다.
④ 국내총생산은 시장에서 거래되어야 반영이 가능하므로 가정주부의 노동가치는 반영되지 않는다.
⑤ 지난해 생산된 쌀은 올해가 아닌 지난해 국내총생산에 이미 반영되었다.

13 난이도 ■□□□

프랑스인 르메르 씨는 최근 프랑스에서 생산한 한국 기업의 옷을 구입하였다. 이러한 행위로 인한 GDP와 GNP의 변화에 대한 설명으로 옳은 것은?

① 한국의 GDP와 프랑스의 GDP가 증가한다.
② 한국의 GNP와 프랑스의 GDP가 증가한다.
③ 한국의 GDP와 프랑스의 GNP가 증가한다.
④ 한국의 GNP와 프랑스의 GNP가 증가한다.
⑤ 한국의 GDP와 프랑스의 GDP가 불변이다.

| 해설 | 르메르 씨가 구입한 옷은 한국에서 생산된 것이 아니므로 한국의 GDP는 변화가 없고, 프랑스에서 생산한 것이므로 프랑스의 GDP에 포함된다. 한국 기업이 프랑스에서 생산한 옷이므로 이는 한국의 GNP에 포함되지만, 프랑스의 GNP에는 포함되지 않으므로 프랑스의 GNP는 불변이다.

14 난이도 ■■□□

다음은 국내총생산의 지출 구성 항목을 나타낸 것이다. 이에 대한 옳은 설명을 〈보기〉에서 모두 고르면?

$$GDP = 소비 + (A) + 정부지출 + 순수출$$

〈보기〉
㉠ (A)는 투자이다.
㉡ (A)의 규모는 이자율과 상관이 없다.
㉢ 투자에는 재고투자도 포함된다.
㉣ 우리나라의 경우 순수출은 GDP에서 가장 큰 비중을 차지한다.

① ㉠, ㉡   ② ㉠, ㉢
③ ㉡, ㉢   ④ ㉡, ㉣
⑤ ㉢, ㉣

| 해설 | ㉠ 국내총생산은 소비, 투자, 정부지출, 순수출로 구성된다.
㉢ 재고는 투자에 포함된다. 미래 판매를 위해 현재의 판매를 미루는 것이므로 재고는 투자로 간주된다.

| 오답피하기 | ㉡ 투자는 경제주체 가운데 기업이 행하는 경제행위로서, 자금의 차입을 통해 이루어지기 때문에 이자율과 밀접한 연관을 맺는다.
㉣ GDP에서 가장 큰 비중을 차지하는 항목은 소비이다.

15 난이도 ■■□□
[제61회 기출]

아래 자료를 통해 알 수 있는 갑국의 2019년도 경제성장률은?

〈갑국의 명목 GDP와 GDP 디플레이터〉

구분	명목 GDP	GDP 디플레이터
2018년	200억 달러	100
2019년	250억 달러	125

① 0%   ② 2.5%
③ 5%   ④ 7.5%
⑤ 10%

| 해설 | 경제성장률은 실질 GDP의 증가률을 의미하고, GDP 디플레이터는 명목 GDP를 실질 GDP로 나눈 값이다. 2018년 실질 GDP는 200억 달러이고, 2019년의 실질 GDP는 200억 달러이다. 따라서 경제성장률은 0%이다.

정답 **12** ③ | **13** ② | **14** ② | **15** ①

16 난이도 ■■□

GDP 개념과 관련하여 옳지 않은 설명은 모두 몇 개인가?

ⓐ GDP는 일정 기간 동안 측정되므로 저량(stock) 변수이다.
ⓑ 자가주택으로부터 발생하는 귀속임대료는 시장에서 거래되지는 않지만 GDP에 포함된다.
ⓒ 주식 매매차익으로 10억 원을 벌었다면 이는 GDP에 포함된다.
ⓓ GDP는 일정 기간 동안 한 나라 국민이 생산한 최종 생산물의 시장 가치의 합이다.
ⓔ 농가에서 생산한 농산물 중에서 직접 소비하는 자가소비농산물은 GDP에 포함된다.

① 1
② 2
③ 3
④ 4
⑤ 5

| 해설 | ⓐ GDP는 유량(flow) 변수이다.
ⓒ 주식투자 매매차익은 단지 소유권의 이전에 불과하기 때문에 GDP에 포함되지 않는다.
ⓓ GDP는 일정 기간 동안 한 국가 내에서 새롭게 생산된 최종 재화와 서비스의 시장 가치로 정의된다.

| 오답피하기 | ⓑⓔ 자가주택에서 발생한 귀속임대료. 농가에서 소비해서 직접 소비하는 자가소비농산물은 시장을 통해 거래되지 않지만 GDP에 포함된다.

다음 자료에 대한 옳은 설명을 〈보기〉에서 고르면?

다음 그림에서 (가) 영역은 한 국가 내에서 일정 기간 동안 실제로 이루어진 모든 생산활동을 의미한다. (나)는 GDP에 포함되는 생산물을 생산하는 활동이고, (다)는 국민들의 복지(삶) 수준 향상에 기여하는 생산물을 생산하는 활동이다.

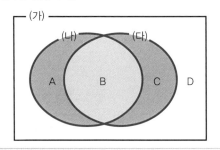

〈보기〉

ⓐ A에는 의사들의 무료 봉사활동이 포함된다.
ⓑ B에는 국립의료원 의료진의 진료활동이 포함된다.
ⓒ C에는 주부들의 가사활동이 포함된다.
ⓓ D에는 여가활동이 포함된다.

① ⓐ, ⓑ
② ⓐ, ⓓ
③ ⓑ, ⓒ
④ ⓑ, ⓓ
⑤ ⓒ, ⓓ

| 해설 | A는 복지와 무관한 생산활동이고, B는 GDP 대상이 되는 복지 수준 향상에 기여하는 생산활동이 포함되며, C는 GDP에는 포함되지 않지만 복지 수준 향상에 기여하는 생산활동이다.
ⓑ 국립의료원 의료진의 진료활동은 복지 수준 향상과 GDP 모두에 포함되는 활동이다. 이들의 진료활동은 시장에서 정당한 대가를 받고 공급되며, 이러한 서비스가 국민들의 삶의 질적 수준 향상에도 기여하기 때문에 B 영역에 포함될 수 있다.
ⓒ 주부의 가사활동은 GDP에 포함되지 않지만 삶의 수준을 높여주는 활동이기 때문에 C 영역에 포함된다.

| 오답피하기 | ⓐ 의사들의 무료 봉사활동은 시장에서 거래되는 서비스가 아니므로 GDP에 포함되지 않지만, 복지 수준 향상에는 기여하므로 C 영역에 포함된다.
ⓓ 여가활동은 생산활동이 아니므로 (가) 영역 밖의 활동이다.

정답 **16** ③ | 고난도 정답 ③

PART 02

거시경제

CHAPTER 03

균형국민소득의 결정

제1절 균형국민소득 결정 과정의 이해 중요도 ⓒ

1 경제순환모형과 균형국민소득

경제순환모형을 통해 생산, 지출, 분배 측면에서의 국민소득이 총계적 측면에서 일치함을 알 수 있다. 이처럼 경제순환모형은 소득의 순환과정을 설명해 준다. 하지만 순환이 이루어지고 있는 소득 자체가 어떻게 결정되었는지는 설명하지 못하므로 균형국민소득이 어떻게 결정되는지를 알아야 한다.

2 균형국민소득의 개념

균형(equilibrium)은 변할 유인이 없는 안정적인 상태를 의미한다. 균형국민소득이란 총공급과 총수요가 일치할 때의 국가 경제 전체의 경제활동 규모를 의미한다. 미시경제학에서 개별 시장의 수요와 공급이 일치할 때 균형거래량과 균형가격이 형성되었듯이, 거시경제학에서는 한 국가 경제 전체의 총수요와 총공급이 일치할 때 균형국민소득과 물가가 결정된다. 균형은 경제 전체의 생산이 이에 대한 지출과 일치하는 상태를 의미하므로 생산활동이 더 증가하거나 감소하지 않고 유지된다. 한편, 균형국민소득이 어떻게 결정되는지에 대해서는 고전학파와 케인스의 의견이 다르다. 공급을 중시하는 고전학파는 한 국가의 생산요소가 완전히 고용되는 수준에서 결정되는 것이 균형국민소득이라고 보았다. 반면, 케인스는 한 국가의 경제가 항상 완전히 고용될 수 없으므로 총공급이 아닌 총수요의 크기가 균형국민소득을 결정하는 핵심 요인이라고 보았다.

(1) 균형국민소득과 총공급

경제 전체의 재화 및 서비스의 공급이 이에 대한 지출과 같아질 때 결정되는 균형국민소득 수준에서는 생산활동이 더 증가되거나 혹은 감소하지 않고 그대로 유지된다. 국민소득의 순환에서 살펴본 바와 같이 한 국가 경제의 생산의 가치(생산 GDP)는 생산에 참여한 대가로 분배되는 소득(분배 GDP)과 일치한다. 물가가 1로 고정되어 있다면 총공급은 재화 및 서비스의 총산출량과 일치한다. 하지만 총수요는 반드시 실질국민소득과 반드시 일치한다는 보장이 없다.

(2) 균형국민소득과 총수요

지출 측면의 GDP는 개별 경제주체(가계, 기업, 정부, 해외 부문)들의 모든 지출을 합한 것이다. 이 값이 곧 총수요이다. 고전학파는 '공급이 수요를 창출한다.'라는 세이의 법칙을 신봉했기 때문에 고전학파의 세계에서 총공급은 언제나 총수요와 일치한다. 하지만 수요가 공급을 창출한다는 케인스의 세계관에서 총수요가 반드시 실질국민소득과 일치한다는 보장은 없다. 개별 경제주체는 국가의 생산량을 고려하면서 지출하는 것이 아니라 각자의 사정에 맞게 지출하기 때문에 이들 전체의 구매량이 반드시 현실 세계에서 국가 전체의 지출 규모가 기업 전체의 생산량과 반드시 일치하리라는 보장이 없다. 가계의 소득이 줄거나 기업의 수입이 감소하여 소비와 투자 여력이 감소하면 생산량보다 적은 지출이 이루어질 수도 있다. 케인스는 총수요와 총공급이 반드시 일치하지 않고, 두 변수가 일치하지 않을 때 생산활동의 수준이 변화한다고 보았다. 즉, 경제 전체에서 구매하고자 하는 생산물의 양이 기업이 생산한 양보다 작을 경우 기업들은 생산량을 줄이고, 그 반대의 경우에는 생산량을 늘린다고 설명했다. 총수요가 총공급보다 작을 경우 기업들이 팔지 못한 재고가 창고에 쌓이게 되고, 재고가 계속되면 결국 기업들은 생산을 줄인다는 것이다. 반대로 총수요가 총공급보다 크면 현재 생산량 수준으로는 수요량을 모두 소화할 수 없기 때문에 창고에 있던 재고부터 내다 팔지만, 이마저도 부족하면 결국 생산을 늘릴 수밖에 없다. 결국 경제 전체의 총생산이 증가하거나 감소하지 않고 그대로 유지되려면 총공급과 총수요가 같아져야 한다. 총공급과 총수요가 같을 때 재고가 증가하거나 감소하지 않고 원하는 수준에서 유지된다. 경제 전체의 생산이 변화하지 않으므로 소득도 그대로이다. 즉, 균형 수준에서 총생산＝총지출＝총소득이 형성된다.

제2절 | 고전학파의 균형국민소득 결정   중요도 중

1 세이의 법칙: 공급이 수요를 창출한다

(1) 세이의 법칙

케인스가 등장하기 이전 19세기 초의 주류경제학자들은 세이의 법칙을 믿었다. 공급이 수요를 창출한다는 것이다. 총수요는 총생산의 크기에 저절로 맞춰지기 때문에, 즉 만들기만 하면 모두 팔리기 때문에 국민소득은 최대한으로 생산가능한 재화 및 서비스의 가치와 동일하다고 보았다. 고전학파 경제학자들이 세이의 법칙을 믿은 이면에는 신축적인 가격변수를 믿었기 때문이다. 그들은 임금이나 이자율 등의 가격변수가 신축적이라고 보았다. 이런 상황에서 총수요는 언제나 총공급과 같게 마련이다. 수요가 공급보다 작아 초과공급이 발생하는 경우 가격이 하락하면 수요가 다시 살아나 균형이 회복된다. 반대로 수요가 공급보다 커 초과수요가 발생하는 경우 가격이 상승하면 수요가 감소하여 균형이 회복된다.

(2) 신축적인 물가와 총수요, 총공급

개별 시장이 아닌 국가 전체의 물가가 신축적인 경우 균형이 회복되는 과정은 조금 더 연쇄적이다. 소비재에 대한 수요가 공급보다 작아 초과공급이 발생하는 경우 소비자는 소비를 줄인 대가로 저축을 증가시킨다. 저축이란 쓰지 않고 남은 돈을 의미한다. 일반적으로 저축은 은행에 예금된다. 소비자들이 소비를 줄인 대가로 저축을 늘린다면 이는 은행의 예금 증가로 이어지고, 이는 기업들이 투자를 위해 빌려갈 돈이 많아진다는 것을 의미한다. 즉, 돈을 빌려주고 빌려가는 대부자금시장에서 돈(대부자금)의 초과공급이 발생하는 것이다. 돈의 가격은 이자율이다. 돈의 초과공급은 이자율을 낮추고, 낮은 이자율은 기업으로 하여금 더 적은 대가로 투자자금을 빌려올 수 있음을 의미하므로 자본재에 대한 투자지출이 늘어난다. 이는 자본재 시장에서 자본재의 초과수요를 야기한다. 더 많은 자본재를 구입할 경우

기업의 소비재 공급은 증가하고, 이는 소비재 가격의 하락으로 이어져 소비재 시장에서의 수요가 증가하여 소비재 시장에서의 수요와 공급이 일치한다. 한편, 가격이 신축적인 고전학파 세계에서는 자본재에 대한 수요 증가가 자본재 가격 상승으로 이어져 자본재의 수요와 공급이 일치하게 된다. 결국 경제 전체의 총수요와 총공급은 일치하게 된다.

2 균형에서의 총공급 결정

고전학파의 세계관에서 경제는 언제나 균형이다. 즉, 모든 시장의 수요와 공급이 일치한 상태로 유지된다. 이 경우 총공급은 한 국가 경제가 최대한으로 동원할 수 있는 자원의 양 및 기술 수준에 의해 결정된다. 얼마만큼의 생산요소와 기술을 확보할 수 있느냐가 관건인 것이다. 대표적인 생산요소인 노동의 경우 언제나 완전고용이 달성된다. 노동의 수요와 공급이 언제나 일치하기 때문이다. 즉, 고전학파 세계관에서 일하고자 하는 사람의 수는 언제나 일자리의 수와 일치한다. 즉, 항상 완전고용 상태에 있다. 자발적으로 일을 하지 않는 사람을 제외하면 일자리를 구하지 못하는 사람은 없는 셈이다. 따라서 생산물의 가치는 항상 지출액과 일치하며, 원하지 않는 재고의 증가 혹은 감소란 존재하지 않는다.

(1) 총공급
① 생산함수와 생산곡선
고전학파의 세계관에서 균형국민소득의 크기는 확보할 수 있는 생산요소와 기술 수준에 의해 결정되므로 생산요소와 기술과 생산량 간의 관계를 나타내는 생산함수로부터 논의가 시작되어야 한다. 논의를 단순화하기 위해 단기의 상황을 가정한다. 자본이 고정생산요소라고 가정하고, 일정 수준의 자본량($\overline{K}$)이 주어질 경우 노동 투입량(L)에 비해 얼마만큼의 생산량이 도출되는지 보여 준다. 생산곡선은 **수확체감의 법칙**을 반영하여 노동의 투입량이 증가할수록 산출량의 증가 정도가 점차 감소한다.

수확체감의 법칙
자본이 고정되어 있을 때 노동의 투입량이 증가할수록 생산량의 증가분이 작아지는 현상

$$Q = F(L, \overline{K})$$

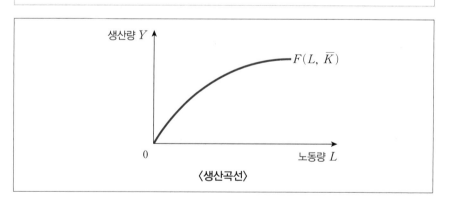

〈생산곡선〉

② 노동 투입의 결정

생산함수 $Q=F(L, \overline{K})$에 들어가는 노동 투입량 L은 노동시장에서의 수요와 공급에 의해 결정된다. 노동시장에서 기업들의 노동 수요와 근로자의 노동 공급이 일치할 때 노동의 가격인 균형실질임금이 결정된다. 기업들은 노동의 가격, 즉 임금이 높을수록 지급하는 대가가 많아지므로 노동 수요를 줄이고자 하고, 근로자들은 임금이 높을수록 더 많은 대가를 받을 수 있으므로 노동 공급을 늘리고자 한다. 따라서 노동 수요는 실질임금의 감소함수이며, 노동 공급은 실질임금의 증가함수이다.

> • 노동 수요: $L^d=\left(\dfrac{W}{P}\right)^-$
>
> • 노동 공급: $L^s=\left(\dfrac{W}{P}\right)^+$
>
> *W: 임금, P: 물가

노동의 수요와 공급이 일치하는 점에서 균형임금과 균형고용량이 결정된다. 실질임금 $\left(\dfrac{W}{P}\right)$이 균형 수준보다 높은 경우 노동의 초과공급이 발생하므로 실질임금은 하락한다. 반대로 실질임금이 균형 수준보다 낮으면 노동의 초과수요가 발생하므로 실질임금은 상승한다. 균형에서는 균형고용량이 결정되고, 이를 완전고용(full employment)이라고 하고, 이때 도출되는 생산량(Y_f)을 완전고용생산량(full employment output), 잠재생산량(potential gross national product)이라고 한다.

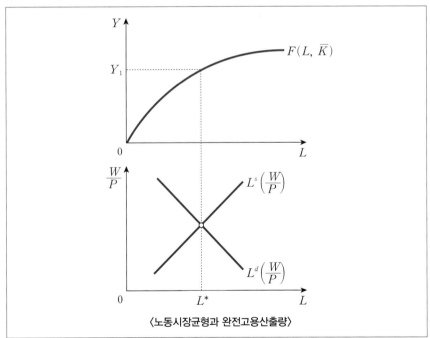

〈노동시장균형과 완전고용산출량〉

(2) 세이의 법칙과 이자율

세이의 법칙은 공급이 수요를 창출하기 때문에 재화시장은 언제나 균형을 이룬다고 전제한다. 이는 물물교환 시장과 같다. 물물교환 시장에서의 거래는 생산한 물건을 다른 사람이 생산한 물건과의 교환으로 이루어지기 때문에 한 시장에서의 초과공급은 다른 시장에서의 초과수요를 의미하여 경제 전체적인 시각에서 총수요와 총공급은 언제나 일치한다. 세이의 법칙이 자본주의 경제에서도 성립하기 위해서는 총생산물의 가치가 생산에 투입한 대가로 분배되는 요소소득의 총합과 같아야 하고, 요소소득은 총수요, 즉 총지출과 동일해야 한다. 그리고 총공급이 총수요와 일치하기 위해서는 대부자금시장에서의 총저축(대부자금의 공급)과 총투자(대부자금의 수요)가 일치해야 한다. 고전학파 모형에서는 이자율이 신축적이므로 총저축과 총투자가 항상 균형을 형성한다.

① 고전학파의 단순순환모형

가계와 기업만이 존재하는 단순순환모형에서 총공급은 총소득과 일치하고, 신축적인 이자율로 언제나 대부자금시장에서 총저축＝총투자이므로 총소득이 총수요와 일치하여 총공급＝총수요가 언제나 성립한다.

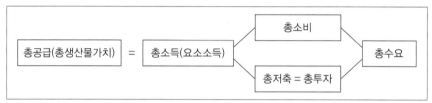

② 고전학파의 이자율 결정

고전학파는 이자율이 **대부자금시장**에서의 수요와 공급에 의해 결정된다고 주장한다. 대부자금의 공급은 저축이고, 대부자금의 수요는 투자가 된다. 주로 투자를 위해 자금 차입이 발생한다고 가정하기 때문이다. 대부자금–이자율 평면에서 대부자금 수요곡선(투자)은 우하향한다. 즉, 이자율과 음(–)의 상관관계를 갖는다. 이는 대부자금시장에서 돈을 빌려 투자하는 기업들은 이자율이 곧 자금 차입의 비용이기 때문이다. 이자율이 증가하면 기업들의 이자부담이 증가하는 것이므로 투자가 감소한다. 즉, 대부자금의 수요량이 감소한다. 한편, 대부자금의 공급곡선(저축)은 우상향한다. 가계는 소득 가운데 소비하지 않고 남은 잉여자금인 저축을 일정한 이자지급을 조건으로 투자자들에게 빌려준다. 가계 입장에서 이자율은 저축으로 인한 편익이므로 이자율이 높을수록 저축을 증가시킨다.

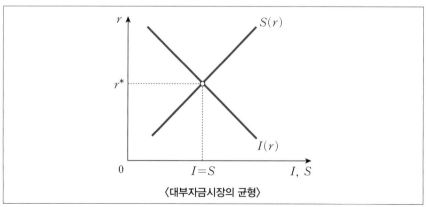

〈대부자금시장의 균형〉

제3절 | 케인스의 균형국민소득 결정   중요도 **상**

1 수요가 공급을 결정한다, 경직적인 세상

고전학파가 세이의 법칙을 신봉하는 이면에는 물가와 임금, 이자율 등의 가격변수가 신축적이라는 가정이 깔려 있다. 하지만 1930년대 대공황을 겪으면서 현실의 경제는 자율조정적으로 균형을 회복하지 못한다는 것을 확인한 케인스는 물가와 임금, 이자율 등이 고정되어 있다고 보았다. 이는 총수요와 총공급이 자동적으로 일치하는 시장 메커니즘이 작동하지 않음을 의미했다. 케인스는 균형은 자동적으로 달성되는 것이 아니라 주어진 총수요에 맞추어 총공급과 고용이 결정된다고 주장했다. 총공급이 총수요보다 큰 경우 기업은 재고가 증가하여 생산을 줄이게 된다. 이 경우 총수요에 맞춰 총공급이 움직이므로 총수요와 총공급이 만나는 균형이 형성된다. 생산이 줄었으므로 생산에 참여한 생산요소들에게 분배되는 몫도 줄어들게 된다. 균형에서 형성되는 균형국민소득이 감소함을 의미한다. 중요한 점은 케인스가 이야기하는 균형국민소득은 고전학파의 가정과 달리 항상 완전고용 수준에서의 생산량이 아니라는 점이다. 균형국민소득은 총수요의 크기에 달려 있기 때문에 경기불황 시 총수요가 감소하면 총공급 역시 이에 맞춰 감소한다. 이는 곧 국민소득의 감소를 의미하기 때문에 완전고용 수준에 미달함을 나타낸다. 한편으로 경기가 침체되어 실업이 존재하는 경제에서는 총수요가 증가하더라도 임금이나 물가에 별다른 영향을 미치지 않고도 총공급을 증가시킬 수 있음을 의미하기도 한다.

2 총수요의 결정

케인스는 물가가 경직적이기 때문에 총수요 수준에 총공급이 맞춰 균형이 달성된다고 보았으므로 케인스의 균형국민소득 형성의 핵심은 총수요이다. 총수요는 경제주체인 가계의 소비, 기업의 투자, 정부의 지출, 해외 부문의 지출로 구성된다. 케인스는 논의를 단순화하기 위해 이 가운데 소비와 투자만이 존재하는 단순모형으로 자신의 논리를 설명했다.

(1) 소비함수

① 정의

미시경제학에서 소비는 소득 중의 일부를 활용하여 만족을 얻기 위해 재화와 서비스를 구입하는 행위이다. 소득 가운데 소비되지 않은 나머지를 저축이라고 한다. 케인스는 일정 기간 동안의 소비지출은 해당 기간의 가처분소득에 의존하여 결정된다고 보았다. 가처분소득(DI: Disposable Income)이란 소득에서 세금을 제외한 금액으로, 소비에 사용할 수 있는 금액을 의미한다. 소비는 가처분소득의 크기에 비례한다고 설명한다.

> - 가처분소득(Y^d)=소득−조세=$Y-T$
> - 소비함수(C)=$C(Y^d)$=$C(Y-T)$
> - 소비함수의 특징
>   - 소비는 소득의 증가함수이다.
>   - 소비는 기본적인 생활을 영위하기 위해 소득 수준과 무관하게 이루어지는 기초소비지출(C_0)과 소득에 비례하여 이루어지는 소비지출로 구성된다.
> $$C=C_0+C_1(Y-T),\ C_0>0,\ 0<C_1<1$$
>   - 소비는 소득 증가에 비례하지만, 소비의 증가분은 소득의 증가분보다 작다. ($0<C_1<1$)

② 소비함수와 한계소비성향, 평균소비성향

소비는 세금(T)이 일정하다고 가정할 때 소득(Y)의 증가에 따라 일정한 비율로 증가한다. 소비함수에서 C_0는 기초소비지출로, 소득과 무관하게 기본적인 생활을 위해 필요한 소비가 얼마만큼인지 나타내며, C_1은 소득의 증가가 얼마만큼의 소비를 증가시키는지를 나타낸다. 소득이 100만큼 증가했고, C_1의 크기가 0.7이라면 소비는 70만큼 늘어났음을 알 수 있다. 이때 C_1을 한계소비성향(MPC: Marginal Propensity of Consume)이라고 한다. 한계소비성향은 소득 증가분(ΔY)에 대한 소비 증가분(ΔC)의 비율을 의미한다. 소득과 소비의 절대치를 고려하는 개념은 평균소비성향(APC: Average Propensity of Consume)이다.

> • 한계소비성향(MPC)$=\dfrac{\text{소비 증가분}}{\text{가처분소득 증가분}}=\dfrac{\Delta C}{\Delta Y^d}$
>
> • 평균소비성향(APC)$=\dfrac{\text{소비}}{\text{가처분소득}}=\dfrac{C}{Y^d}$

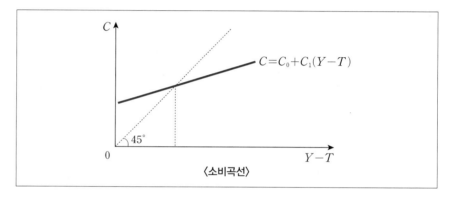

〈소비곡선〉

(2) 저축

① 정의

저축은 가처분소득 가운데 소비하지 않고 남은 금액을 의미한다. 저축 역시 소비와 같이 가처분소득에 비례한다. 저축 역시 평균저축성향과 한계저축성향을 표현할 수 있다. 평균저축성향은 가처분소득 가운데 저축이 차지하는 비중이며, 한계저축성향은 가처분소득이 한 단위 증가할 때마다 저축이 얼마나 증가하는지를 나타내는 개념이다.

> • 저축(S)$=Y^d-C$
>
> • 저축(S)$=S(Y^d)=S(Y-T)$
>
> • 평균저축성향$=\dfrac{\text{저축}}{\text{가처분소득}}=\dfrac{S}{Y^d}$
>
> • 한계저축성향$=\dfrac{\text{저축 증가분}}{\text{가처분소득 증가분}}=\dfrac{\Delta S}{\Delta Y^d}$

② 특징

소득은 소비와 저축의 합으로 정의되고, 소비되거나 저축된다. 따라서 한계소비성향과 한계저축성향의 합은 1이다.

$$\cdot\ Y = C + S$$

$\Delta Y = \Delta C + \Delta S$ (양변을 ΔY로 나누면)

$$\frac{\Delta Y}{\Delta Y} = \frac{\Delta C}{\Delta Y} + \frac{\Delta S}{\Delta Y} \rightarrow 1 = \frac{\Delta C}{\Delta Y} + \frac{\Delta S}{\Delta Y} = MPC + MPS$$

$\cdot\ Y = C + S$ (양변을 Y로 나누면)

$$1 = \frac{C}{Y} + \frac{S}{Y} = APC + APS$$

(3) 투자

① 정의

투자란 경제 전체의 실물자본(공장설비, 주택건설 구입 등)의 증가를 의미한다. 재고도 투자에 포함된다. 경제학에서 투자는 생산활동 증진에 도움이 되는 지출을 의미하기 때문에 생산활동과 무관한 금융자산 및 실물자산의 거래는 투자에 포함되지 않는다.

② 사전적 투자와 사후적 투자

케인스는 투자를 사전적 투자와 사후적 투자로 구분한다. 두 개념을 구분하는 이유는 재고가 투자에 포함되기 때문이다. 사전적(계획된) 투자(ex-ante or planned invetstment)는 일정 기간에 투자재 구입을 위해 계획된 지출이고, 사후적(실현된) 투자(ex-post or realized investment)란 일정 기간에 실제로 투자재 구입을 위해 행해진 지출이다. 사전적 투자에는 사전에 예상한 만큼의 투자지출이 포함된다. 하지만 실제 재고가 얼마만큼인지는 사후에나 알 수 있다. 따라서 계획되지 않은 재고변동은 사후적 투자에 포함된다. 따라서 재고의 변동은 사후적 투자와 사전적 투자의 차이라고 할 수 있다.

> 사후적 투자 = 사전적 투자 + 재고변동

사전적 투자는 일정 기간 동안의 기업활동 계획이고, 사후적 투자는 해당 기간의 기업활동 결과를 의미한다. 사후적 투자는 사전적 투자에 재고변동이 반영하여 결정된다. 사전적 투자는 투자에 필요한 자금조달비용(이자율)과, 예상되는 수익의 크기(자본의 한계효율)에 의해 결정된다. 자금조달비용(이자율)이 높아지면 투자는 감소하고, 예상되는 수익(자본의 한계효율)이 높다면 투자 규모는 커진다.

49회 기출

기출로 확인하기

거시경제의 투자와 관련된 설명으로 옳지 않은 것은?

① 금융시장에서의 불확실성 증가는 투자를 저해한다.

② 투자세액공제는 기업의 투자를 촉진시키는 효과가 있다.

③ 투자는 변동성이 심해 경기변동을 초래하는 중요한 요인으로 간주된다.

④ 재고의 변화는 자본스톡에는 영향을 주지 못하기 때문에 투자로 간주되지 않는다.

⑤ 투자지출은 소비지출에 비해 상대적으로 GDP에서 차지하는 비중이 대체로 낮다.

읽는 강의

일반적으로 기업들은 투자를 금융기관 차입에 의존합니다. 더 큰 투자가 가능하기 때문입니다. 따라서 투자는 이자율이 높을수록 감소하고, 낮을수록 증가합니다.

기출로 확인하기 | 정답 및 해설

| 해설 | 투자는 건설투자와 재고투자로 구분된다. 따라서 재고의 변화는 투자로 간주된다.

① 금융시장에서의 높아진 불확실성은 낮은 수익성에 직면할 수 있는 확률을 의미하므로 투자 저해로 이어진다.

② 투자세액공제는 투자금액에 비례하여 세액을 감면해 주는 제도이므로 기업 투자를 촉진시켜 주는 인센티브로 작동한다.

③⑤ 총수요에 가장 많은 비중을 차지하는 항목은 소비이며, 경기변동과 무관하게 안정적인 변수이다. 반면, 투자는 불확실성이 높은 변수이다.

정답 ④

PART 02 거시경제

3 균형국민소득의 결정, 케인스의 단순모형

(1) 총수요와 총공급의 결정

균형국민소득이란 총수요와 총공급이 일치하는 경우의 국민소득을 의미하고, 케인스는 총 공급이 총수요에 맞춰 움직인다고 설명한다. 국민소득 삼면등가의 원칙에서 총수요는 재화 와 서비스에 대한 한 국가 전체의 총지출과 일치한다. 한편, 총공급은 재화와 서비스의 총 생산으로서 이는 생산에 참여한 생산요소에게 배분된 요소소득의 총합이므로 국민총생산 과 일치한다. 따라서 총수요는 총지출(E)과 일치하고, 총공급은 국민소득(Y)과 일치하므로 균형국민소득은 다음과 같이 나타낼 수 있다.

$$Y = E$$

(2) 총공급과 총수요의 일치

① 총수요(총지출)

케인스의 단순모형에서 총수요는 소비(C), 투자(I), 정부지출(G)의 합으로 이루어진다. 이 가운데 투자와 정부지출은 소득과 무관하므로 총지출곡선의 기울기는 소비함수의 기 울기와 일치한다.

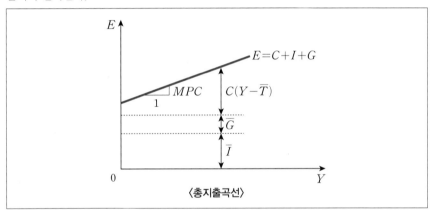

〈총지출곡선〉

② 총공급

총공급은 항상 국민소득과 일치하므로 총공급을 국민소득의 함수로 표현하면 원점을 지 나는 45°선과 일치한다.

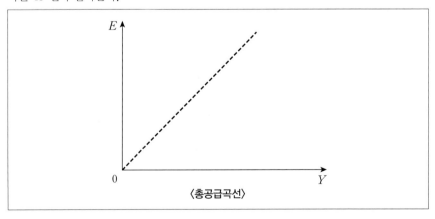

〈총공급곡선〉

③ 총수요와 총공급의 일치

케인스의 모형에서 총공급은 총수요와 일치한다. 총공급은 45°선의 직선을, 총수요는 총지출곡선이 된다. 균형국민소득은 45°선과 총지출곡선이 만나는 점에서 결정된다. 즉, A점에서의 Y^e가 곧 균형국민소득이 된다. 하지만 케인스 모형에서 언제나 균형국민소득이 달성된다는 보장은 없다. 즉, 총수요는 언제나 총공급과 일치한다고 볼 수 없다.

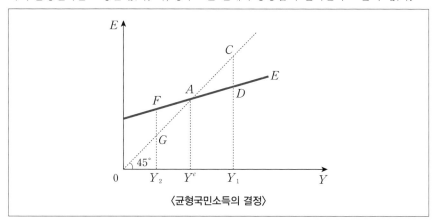

〈균형국민소득의 결정〉

㉠ C점: 실제 생산이 균형국민소득보다 큰 지점이다. 실제 생산이 균형국민소득보다 크다면, 즉 국민소득이 Y_1에서 형성된다면 총수요곡선이 총공급곡선보다 아래쪽에 위치한다. 총공급곡선이 총수요곡선보다 크다면, 즉 총공급이 총수요를 초과하는 만큼 재고가 증가한다. $\overline{CD}$는 재고의 증가를 의미하고, 재고가 증가하면 기업은 생산을 줄인다. 생산의 감소는 소득의 감소를 의미하므로 균형국민소득은 Y_1에서 Y^e로 이동한다.

㉡ F점: 실제 생산이 균형국민소득보다 작은 지점이다. 균형국민소득이 실제 생산보다 크다면, 즉 국민소득이 Y_2에서 형성된다면 총수요곡선이 총공급곡선보다 위쪽에 위치한다. 총수요곡선이 총공급곡선보다 크다면, 즉 총수요가 총공급을 초과하는 만큼 재고가 감소한다. $\overline{FG}$는 재고의 감소를 의미하고, 재고가 감소하면 기업은 생산을 늘린다. 생산의 증가는 소득의 증가를 의미하므로 균형국민소득은 Y_2에서 Y^e로 증가한다.

4 인플레이션 갭과 디플레이션 갭

(1) 완전고용국민소득의 개념

케인스는 총공급의 크기를 결정하는 것은 총수요라고 주장했다. 최대 100개를 만들 수 있는 공장이 30개를 만들고 있는 상황에서 수요가 증가하면 공급이 늘어날 수 있다. 만들 수 있는 최대치만큼 생산하고 있는 상황이라면 수요가 늘어난다 하더라도 공급은 늘어날 수 없다. 이처럼 남는 생산설비를 유휴생산설비라고 한다. 총수요가 아무리 증가한다 하더라도 한 국가가 생산해 낼 수 있는 최대한을 넘어 생산하는 것은 불가능하다. 이처럼 한 국가 경제가 생산할 수 있는 최대 수준을 완전고용생산량, 또는 잠재생산량이라고 하고, 이때의 국민소득을 완전고용국민소득이라고 한다.

(2) 인플레이션 갭

총수요가 증가하다가 완전고용생산량 수준을 넘어서면 물가 상승 압력이 발생한다. 이때 총수요가 완전고용생산량을 넘는 정도를 인플레이션이라고 한다. 그림에서 Y_i 수준에 해당한다. 하지만 이는 개념으로만 가능하다. 총수요가 증가하더라도 완전고용산출량을 넘어설 수 없기 때문이다. 따라서 실제 산출량은 완전고용생산량(Y_f)에서 결정되고, 총수요곡선과 총공급곡선 간의 수직거리를 인플레이션 갭(inflation gap)이라고 한다.

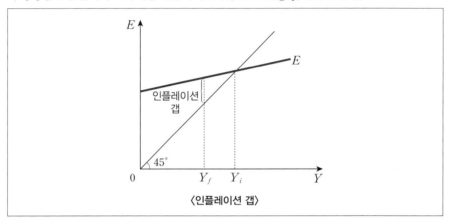

〈인플레이션 갭〉

(3) 디플레이션 갭

총수요가 완전고용생산량 수준에 미치지 못하면 물가 하락 압력이 발생한다. 이때 균형은 Y_u에서 결정된다. 한 국가 경제가 생산할 수 있는 수준에 미치지 못하여 생산이 이루어지고 있는 것이다. 따라서 균형국민소득(Y_u)은 완전고용국민소득(Y_f)보다 작다. 이때 완전고용국민소득에 대응하는 총공급곡선과 총수요곡선 간의 수직거리가 디플레이션 갭(deflation gap)이다. 디플레이션 갭이 존재하는 경우 $\overline{Y_u Y_f}$에 상응하는 유휴설비와 실업이 발생한다. 따라서 총수요의 증가가 필요하다. 즉, 기업의 투자나 정부지출, 조세 감면으로 총수요를 증가시켜야 한다. 이러한 총수요의 증가는 총수요곡선을 우측으로 이동시켜 디플레이션 갭을 줄여나갈 수 있다.

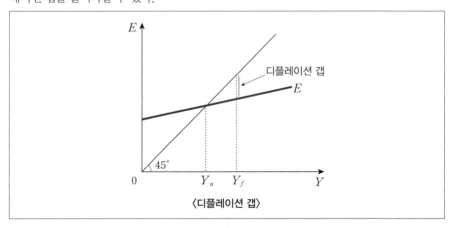

〈디플레이션 갭〉

1　소비에 관해 알려진 일반적인 사실

총수요의 구성항목 중 소비는 가장 높은 비중을 차지한다. 대부분의 국가에서 소비는 GDP의 $50 \sim 70\%$를 차지하는 변수이고, GDP 대비 $60 \sim 70\%$의 변동성을 가진 매우 안정적인 변수이다. 총수요의 구성항목 중 투자는 GDP의 20% 가량을 차지하지만, 변동성은 GDP의 약 400%이다. 소비는 경기변동 과정에서 경기순행적이며 경기동행적이다. 즉, 경기가 침체하면 소비가 감소한다는 의미이다.

2　케인스의 소비이론, 절대소득가설

(1) 케인스의 기본 가정

케인스는 소비성향이 단기적으로 소득의 크기에 의존한다고 주장했다. 현실에서 소비는 사회제도나 교육 수준, 생활 수준 등의 사회적인 요인에 영향을 받지만, 단기적으로 이들 요인들은 모두 일정하다고 가정하였다.

① 소비는 소득의 함수

케인스는 소비는 소득의 함수이며, 이자율은 크게 중요하지 않다고 보았다. 이는 이자율이 상승하면 저축이 증가하고 소비가 감소한다는 고전학파의 주장과 반대이다. 케인스는 경험상 이자율의 변동이 단기적으로 소비에 큰 영향을 주지 못한다고 보았다.

② 0보다 크고 1보다 작은 한계소비성향

한계소비성향(MPC)이 0과 1 사이에 위치한다는 의미는 소득이 증가하면 저축과 소비가 모두 증가한다는 것을 의미한다. 소득은 소비와 저축의 합으로 구성되므로 한계소비성향과 한계저축성향의 합은 1이다. 따라서 한계소비성향이 0에서 1 사이의 값을 갖는다는 것은 한계저축성향 역시 0에서 1 사이의 값을 갖는다는 것을 의미한다.

③ 소득이 증가할수록 감소하는 평균소비성향

평균소비성향(APC)은 소득 중에서 소비가 차지하는 비중을 말한다. 소득이 증가할 때 소비가 차지하는 비중이 점차 감소하는 이유는 고소득자들이 저소득자들보다 더 많은 저축을 하려는 성향을 갖기 때문이다.

(2) 케인스의 소비함수와 평균소비성향

① 소비함수

케인스에 의하면 소비는 현재 가처분소득의 크기에 따라 결정되며, 이자율의 영향은 크게 중요하지 않다.

$$C = a + bY$$
Y: 가처분소득, a: 기초소비, b: 한계소비성향, $0 < b < 1$

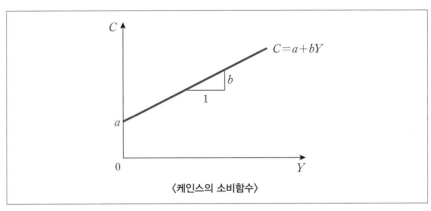

〈케인스의 소비함수〉

② 평균소비성향

평균소비성향은 가처분소득(Y) 중에서 소비(C)가 차지하는 비중을 말한다. 가처분소득(Y)이 증가할 때 $\frac{a}{Y}$가 감소하므로 평균소비성향은 가처분소득이 증가할수록 감소한다.

$$APC = \frac{C}{Y} = \frac{a}{Y} + b$$

(3) 쿠즈네츠의 분석

① 실증분석 결과

쿠즈네츠는 1869 ~ 1929년 미국의 소득 및 소비 자료를 분석한 결과 장기적으로 소득이 증가함에도 불구하고 미국의 평균소비성향은 0.86으로 매우 일정하다는 것을 확인할 수 있었다. 1896 ~ 1949년 기간을 분석한 골드스미스의 연구 역시 평균소비성향이 0.88로 매우 안정적임을 확인하였다. 이는 가처분소득이 증가할수록 평균소비성향이 감소한다는 케인스의 주장과 다른 결과이다.

② 단기소비성향과 장기소비성향의 괴리

케인스의 소비이론은 단기적으로는 평균소비성향을 설명할 수 있지만, 쿠즈네츠와 골드스미스의 연구에서 살펴본 바와 같이 장기적인 추세는 반영하지 못한다. 케인스의 이론을 지지하는 학자들은 이러한 괴리를 단기소비함수의 이동으로 설명한다. 보다 구체적으로 소득이 장기적으로 증가하면 부가 축적되고 이는 소비를 증가시킨다. 또한 도시임금소득자의 소비성향이 농촌보다 높고, 농촌인구는 계속해서 도시로 이동했기 때문에 소비함수는 상향으로 이동한다. 한편, 장기적으로 새로운 소비재가 개발되고, 이러한 소비재가 필수품으로 자리잡으면서 소비함수는 상향으로 이동한다. 즉, 국민소득 수준이 Y_1일 때 소비는 AY_1이다. 국민소득이 Y_2로 증가하면 소비는 BY_2가 아니라 CY_2로 증가한다. 따라서 장기소비성향은 일정하게 유지된다.

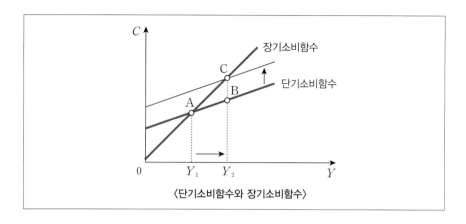

〈단기소비함수와 장기소비함수〉

3 프리드만의 소비이론, 항상소득가설

(1) 항상소득과 임시소득

프리드만의 항상소득가설은 소득(Y_m)이 항상 일정한 부분(Y_p)과 임시적인 부분(Y_T)으로 나누어진다는 이론이다. 즉, 실제소득은 항상소득과 임시소득의 합이다. 그리고 소비(C)는 주로 항상소득에 비례하여 결정된다고 보았다. 임시소득은 한꺼번에 모두 소비되기보다 여러 기간에 나누어 소비되기 때문이다. 따라서 앞으로 살아갈 기간이 매우 길다면 임시소득이 현재 소비에 미치는 영향은 크지 않을 것이라고 주장한다.

$$Y_m = Y_p + Y_T$$
$$C = kY_p (0 < k < 1)$$

(2) 항상소득가설의 특징

어떤 소비자의 항상소득이 Y_0이라면 소비는 BY_0에서 결정된다. 이 사람이 복권에 당첨되어 임시소득이 발생하면 실제소득은 Y_2로 증가한다. 실제소득의 증가가 항상소득이 증가한 결과라면 소비의 크기가 CY_2가 되겠지만, 임시소득의 증가로 인한 실제소득의 증가이므로 소비는 증가하지 않고 여전히 B점에 머문다. 일시소득의 증가가 바로 소비된다하더라도 소비는 D점에 미치지 못한다. 임시소득이 항상소득보다 작다면 D점에 미치지 못하고 C점까지만 증가한다. 반대로 임시소득이 감소한다면 실제소득은 Y_1으로 감소한다. 이 경우 소비는 A점에서 결정되고 소비의 크기는 AY_1이 된다. 소비가 임시소득에 전혀 영향을 받지 않고 항상소득에만 영향을 받는다면 소비의 크기는 여전히 BY_0가 된다. 한편, 임시소득이 증가한 경우 실제소비와 소득의 관계는 $\overline{ABC}$로 주어진다. 단기적으로 소득이 변함에 따라 $MPC < APC$ 관계가 성립하지만 장기에는 임시소득에 영향을 받지 않고 항상소득에만 영향을 받기 때문에 소비는 항상소득에만 비례하여 $MPC = APC$가 된다.

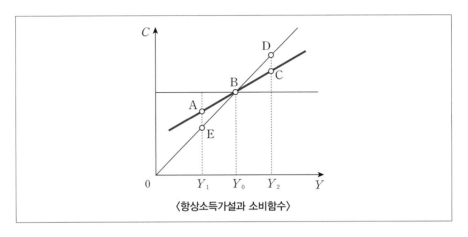

〈항상소득가설과 소비함수〉

| 해설 | 항상소득가설이란 소득이 항상 일정한 부분과 임시적인 부분으로 나누어 진다는 이론이다. 즉, 실제소득은 항상소득과 임시소득의 합이다. 그리고 소비는 주로 항상소득에 비례하여 결정된다고 본다. 직장에서 과장으로 승진하여 월급이 증가한 것은 일시적인 소득 증가가 아닌 항상소득의 증가이므로 소비에 미치는 영향이 가장 큰 소득의 변화라 할 수 있다.

② 로또 당첨은 일시적인 현상이다. 따라서 항상소득가설에 의하면 당첨금이 소비 증가로 이어지지 않는다.

③ 감기는 일시적인 병환이다. 따라서 항상소득가설에 의하면 급여가 잠시 감소하여도 소비는 변하지 않는다.

④ 일시적인 초과 근무로 인해 수당을 더받아도 이는 지속적인 소득이 아니므로 소비로 이어지지 않는다.

⑤ 미사용 연차휴가 수당도 정기적으로 받는 소득이 아닌 남은 휴가 수에 따라 달라지는 일시적인 소득이다. 따라서 소비에 영향을 미치지 않는다.

정답 ①

기출로 확인하기   51회 기출

다음 중 항상소득가설에 따라 소비에 미치는 영향이 가장 큰 소득의 변화는 무엇인가?

① 직장에서 과장으로 승진하여 월급이 올랐다.

② 로또에서 3등으로 당첨되어 당첨금을 받았다.

③ 감기로 인한 결근으로 급여가 일시적으로 감소하였다.

④ 일시적인 수요 증가로 초과 근무가 늘어나고 초과 수당이 증가하였다.

⑤ 휴가를 최대한 사용하여 미사용 연차휴가 수당이 감소하였다.

4 생애주기가설

(1) 정의

생애주기가설은 한 사람의 일생에서 소득은 규칙적으로 변화하며, 소비자들은 저축을 통해 소득이 높을 때와 소득이 낮을 때의 소비를 일정하게 유지할 수 있다는 이론이다. 항상소득가설이나 생애주기가설은 소비자들이 미래를 내다보면서 합리적으로 행동한다는 면에서 유사하다.

(2) 생애주기가설에서의 소득과 소비, 저축

① 소비는 자산과 근로소득의 함수

전 생애를 통해 예상되는 소득이 클수록 소비는 증가할 것이다. 현실에서의 소득은 근로소득뿐만 아니라 자산소득까지 포함된다. 따라서 한 소비자의 소득은 유산으로 받은 자산(W)과 직장에 다니는 기간(R) 동안 벌어들인 근로소득($R \times Y$)의 합으로 정의할 수 있다. 이렇게 볼 때 현재소비는 전 생애에 걸쳐 예상되는 소득을 예상수명(T)으로 나눈 것과 같다. 즉, 현재소비는 자산과 근로소득의 함수이다. 자산(W)이 평생 일정하다고 가정할 때 소비는 근로소득(Y)의 함수가 된다. 생애—소비, 소득, 자산 평면에서 소비 곡선의 기울기는 한계소비성향(β)을, 그리고 절편은 자산에 근거한 소비(aW)를 나타낸다.

$$C = \frac{W + RY}{T} = \alpha W + \beta Y$$

② 일생에 따른 소득, 소비, 저축

어떤 개인은 일하는 동안 번 돈을 저축하고 은퇴하고 나면 저축했던 돈을 소비한다. 전체 기대수명기간(T) 동안 R 시점까지는 근로소득을 벌고, 그 이후의 남은 시기는 저축한 것을 소비한다. 은퇴 전까지는 소득이 소비 수준보다 높으므로 저축이 가능하고 부가 축적된다. 은퇴 이후에는 소득이 없고 축적한 부를 소비하게 되어 수명이 다하면 부의 크기는 0이 된다. 왼쪽의 사각형은 일생 동안 저축한 크기이고, 오른쪽 사각형은 은퇴 이후 죽을 때까지의 소비의 크기이며, 두 사각형 넓이는 동일하다.

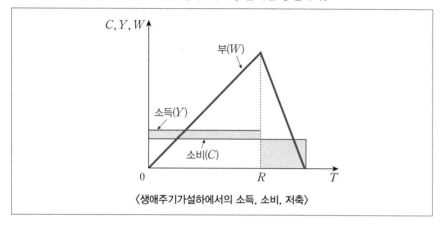

〈생애주기가설하에서의 소득, 소비, 저축〉

금리 인상에 대한 상반된 의견이 나타나 있다. 중앙은행은 금리를 변경할 때 실질 GDP의 상황과 물가, 환율 등 다양한 요인을 고민한다. 무엇보다 현 경기 상태가 침체 인지 아닌지에 따라 그 정책 방향이 달라진다. 물가는 오르면서 경제가 침체하는 오늘날, 중앙은행의 금리 결정이 매우 어려운 현실임을 보여 주고 있다. 재정정책에 비해 통화정책은 그 영향력의 범위가 넓고 효과가 발생하는 정책시차가 길어 금리 결정이 매우 어렵다.

매스컴으로 보는 시사 이슈 **NEWS**

국내서도 커지는 R의 공포 …
"경기침체 진입" vs "침체 아닌 둔화"

금융투자협회에 따르면 서울 채권시장에서 3년 만기 국채 금리는 전날 대비 0.111%포인트 내린 연 3.439%로 거래를 마감했다. 지난달 연 3.745%까지 올랐다가 상승세가 꺾인 것이다. 시장에선 경기 침체 우려가 불거진 결과라는 분석이 나온다.

지금 당장은 한국은행이 고물가 때문에 금리 인상에 속도를 내고 있지만 길게 보면 경기 둔화 때문에 금리를 계속 올리기 어렵다는 우려가 시장에 반영되고 있다는 것이다.

미국의 경우 통상 2분기 연속 경제성장률이 마이너스면 경기 침체라는 진단이 내려진다. 미국은 2022년 1분기 성장률이 연환산 기준 −1.6%(전분기 대비)를 기록했고, 2분기도 마이너스 가능성이 대두되고 있다. 이와 달리 한국의 1분기 경제성장률은 전분기 대비 0.6%였다. 2분기 성장률도 플러스일 것으로 전망된다. '지금은 경기 침체가 아니라 둔화 상황'이라는 진단이 나오는 이유이다. 김태기 단국대 경제학과 명예교수는 "경기 침체라고 단정할 수는 없다."며, "경기 후퇴나 침체라고 하면 성장이 연속적으로 마이너스 후퇴가 계속돼야 한다."고 했다. 하준경 한양대 경제학부 교수 역시 "침체라고 이야기하려면 기술적으로 2분기 정도 마이너스 성장이 돼야 하는데 지금은 숫자상으로 나온 건 아니다."라며, "슬로우 다운, 즉 둔화 정도로 이름을 붙이는 게 적절할 것 같다."고 했다. 그러면서 "앞으로 침체로 가지 말라는 법은 없지만, 지금은 경기가 예상보다 둔화하는 상황"이라고 덧붙였다.

경기 침체론자들의 시각은 다르다. 경제성장률이 비록 플러스이긴 해도 잠재성장률(물가 급등 없이 달성할 수 있는 최대 성장률)을 간신히 유지하거나 밑도는 수준이란 것이다. 잠재성장률은 한 나라가 안정적인 물가 수준을 유지하면서 달성할 수 있는 최대 수준의 성장률을 의미한다. 현재 한국의 잠재성장률은 2% 수준으로 알려져 있다.

김상봉 한성대 경제학과 교수는 "정부 지출을 제외하면 한국의 경제성장률은 코로나19 사태 전부터 2% 내외였고, 현재 장기 저성장 국면"이라고 말했다. 기획재정부는 2022년 한국의 경제성장률 전망치를 3.1%에서 2.6%로 하향 조정했다. 신세돈 숙명여대 경제학과 교수는 "2023년에는 연간 1% 이하 성장 가능성도 있다."고 전망했다. 성태윤 연세대 경제학과 교수는 "한국은 코로나 사태가 발생하기 전에는 3~4% 성장하던 나라"라며, "경제성장률이 이보다 훨씬 현저하게 떨어지고 있어 기본적으로 경기 부진 상황에 놓여 있다고 봐야 한다."고 말했다. 강성진 고려대 경제학과 교수는 "경기 침체라고 봐야 한다."며, "2021년에 예측한 2022년 경제지표를 2022년에 들어와서 다 낮췄다. 결국은 경기가 생각보다 침체라는 것을 의미한다."고 했다.

PART 02 거시경제

01 난이도 ■□□ [제15회 기출]

중앙은행이 화폐공급을 늘렸다. '장기적으로 우리는 모두 죽는다.'는 말로 압축할 수 있는 케인스 학파 이론에 따르면 이때 경제에는 어떤 현상이 일어나는가?

> ㉠ 단기적으로 이자율이 하락한다.
> ㉡ 장기적으로 이자율이 하락한다.
> ㉢ 단기적으로 GDP가 증가한다.
> ㉣ 장기적으로 GDP가 증가한다.
> ㉤ 장기적으로 물가가 상승한다.

① ㉠, ㉣
② ㉡, ㉣
③ ㉠, ㉢, ㉤
④ ㉡, ㉣, ㉤
⑤ ㉡, ㉢, ㉤

| 해설 | 케인스는 물가가 경직적이고, 실질 GDP가 잠재 GDP에 미치지 못하는 단기를 다룬다.
㉠ 중앙은행이 화폐공급을 늘릴 경우 이자율이 하락하고 투자가 증가하여 총수요가 증가할 수 있다.
㉢ 단기적으로 총수요 증가 정책은 실질 GDP를 증가시킨다.
㉤ 총수요 증가를 통한 실질 GDP의 증가는 물가 상승을 야기할 수 있다. 케인스는 공급은 실질변수에 영향을 미치지 못하고 수요만이 실질 GDP를 정하는 요인이라고 주장했다. 즉, 장기의 상황에서 총수요의 증가는 물가의 상승으로 이어진다.

| 오답피하기 | ㉡ 이자율은 가격변수이다. 가격변수가 신축적인 장기에는 이자율 역시 신축적이며, 이자율은 균형에 머무른다.
㉣ 장기에 GDP는 잠재 GDP를 달성하기 때문에 총수요만으로 잠재 GDP를 늘릴 수 없다.

02 난이도 ■□□ [제10회 기출]

거시경제학에서는 저축은 소득 중 소비되지 않은 부분을 의미한다. 이러한 저축의 거시경제적 효과와 의미에 대한 다음 평가 중 가장 적절한 것은?

① 거시경제적으로는 소비가 미덕이므로 저축을 항상 0으로 하는 것이 가장 바람직하다.
② 경제가 완전고용 상태에 있는 경우, 저축성향이 줄어들면 디플레이션이 유발될 수 있다.
③ 불황에 빠진 경제에서는 이에 대응해 사람들이 저축을 줄이고 소비를 늘리면서 경제가 더욱 침체된다.
④ 금융기관이 발달하여 저축이 투자로 바로 이어지는 경우에도 저축은 소비를 줄인다는 면에서 결코 바람직하지 못하다.
⑤ 폐쇄경제에서 저축이 없으면 투자가 있을 수 없으므로 저축은 장기적으로 생산 및 소득 수준을 높이기 위해서 바람직하다.

| 해설 | 저축은 대부자금의 공급이고 투자는 대부자금의 수요이므로 저축 없이는 투자가 증가할 수 없다. 고전학파는 저축을 장기적으로 생산 및 소득 수준을 높이기 위해 바람직한 것으로 보았다.

| 오답피하기 | ① 케인스의 입장에서 소비는 미덕이지만, 저축이 존재하지 않으면 투자의 원천이 사라지므로 저축이 0이 되는 것은 바람직하지 않다.
② 경제가 장기균형을 형성한 경우 저축성향이 감소하면, 즉 소비성향이 증가하면 인플레이션이 발생할 수 있다.
③ 경제의 불황은 실질 GDP가 잠재 GDP에 미치지 못하는 상황을 의미한다. 이런 상황에서 저축을 줄이고 소비를 늘릴 경우 실질 GDP는 잠재 GDP 수준으로 증가할 수 있다.
④ 금융기관이 발달하여 저축이 투자로 이어질 수 있다면 경제 전체의 투자를 증가시킬 수 있다는 점에서 바람직하다.

정답 01 ③ | 02 ⑤

03 난이도 ■■□ [제61회 기출]

총노동 수요를 증가시키는 요인은 다양하게 존재한다. 아래 〈보기〉에서 증가 요인을 모두 고른 것은 무엇인가?

─〈보기〉─
㉠ 1인당 자본량의 증가
㉡ 가계의 선호도 변화
㉢ 새로운 기업 창업
㉣ 한계노동생산성 하락

① ㉠, ㉢　　　　　　　② ㉡, ㉣
③ ㉠, ㉡, ㉢　　　　　④ ㉡, ㉢, ㉣
⑤ ㉠, ㉡, ㉢, ㉣

ㅣ해설ㅣ ㉠ 1인당 자본량의 증가는 노동의 한계노동생산성 증가를 야기할 수 있다. 즉, 노동 한 단위 추가 투입으로 인한 총생산의 증가분이 높아질 수 있는 것이다. 이는 생산성의 증가를 의미하므로 총노동 수요 증가로 이어질 수 있다.
㉢ 새로운 기업의 창업은 총노동 수요 증가 요인이다.

ㅣ오답피하기ㅣ ㉡ 가계의 선호도 변화는 노동 공급과 관련 있다.
㉣ 한계노동생산성 하락은 총노동 수요 감소 요인이다.

04 난이도 ■□□ [제13회 기출]

어떤 나라의 국민소득 관련 상황은 아래와 같다. 국민소득 관련 방정식 $Y = C + I + G + NX$, $Y = C + S + T$를 이용해서 민간 부문 저축과 정부 저축의 합인 국민저축을 구하면? (정부 저축은 세입과 세출의 차이이다.)

• 소비지출 6,000억 원, 투자지출 2,000억 원
• 정부지출 1,000억 원, 조세수입 800억 원
• 수출 4,000억 원, 수입 3,000억 원

① 2,600억 원　　　　　② 2,800억 원
③ 3,000억 원　　　　　④ 3,200억 원
⑤ 3,400억 원

ㅣ해설ㅣ 국민소득은 소비지출(6,000억 원), 투자지출(2,000억 원), 정부지출(1,000억 원), 순수출(1,000억 원)의 합이므로 1조 원이다. 민간저축은 국민소득(1조 원)에서 소비지출과 조세수입의 합(6,000+800억 원)을 뺀 금액이므로 3,200억 원이다. 한편, 정부저축은 조세수입(800억 원)에서 정부지출(1,000억 원)을 뺀 수치이므로 −200억 원이다. 따라서 저축은 민간저축(3,200억 원)과 정부저축(−200억 원)의 합인 3,000억 원이다.

05 난이도 ■□□ [제47회 기출]

다음 소비함수를 보고 옳게 해석한 것은? (단, 가처분소득이 소비보다 작으면 정부 보조금으로 생활한다.)

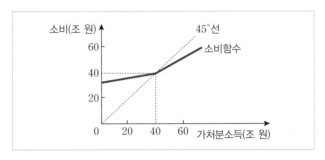

① 가처분소득이 20조 원일 때 양(＋)의 저축을 한다.
② 가처분소득이 증가할 때 평균소비성향은 계속 감소한다.
③ 가처분소득이 40조 원에 이를 때까지는 한계저축성향이 음(−)이다.
④ 가처분소득이 40조 원보다 작을 때보다 클 때 한계소비성향이 작다.
⑤ 가처분소득이 40조 원을 넘어서면 한계저축성향이 지속적으로 증가한다.

ㅣ해설ㅣ 가처분소득이 40조 원 미만일 때에는 소비의 증가가 둔한 반면, 40조 원을 넘으면 소비의 증가폭이 커진다. 평균소비성향은 가처분소득 중 소비지출이 차지하는 비중을 의미한다. 이는 원점에서 소비곡선에 그은 직선의 기울기와 같다. 가처분소득이 증가할수록 해당 기울기가 작아지고 있으므로 평균소비성향은 지속적으로 감소하고 있다.

ㅣ오답피하기ㅣ ① 가처분소득이 20조 원일 때 소비는 20조 원을 넘으므로 음(−)의 저축이 발생한다.
③ 한계소비성향은 소득 1원 증가 시 소비의 증가분이 얼마큼인지를 나타낸다. 기하학적으로는 소비곡선의 접선의 기울기로 나타난다. 따라서 소비함수가 직선인 경우 한계소비성향은 소비곡선 기울기와 동일하다. 문제에서 직선의 소비함수는 가처분소득 40조 원을 기점으로 한번 꺾인다. 이는 40조 원 이전에는 한계소비성향이 동일하고, 40조 원 도달 이후에 한 번 변하면서 다시 일정하다는 것을 의미한다.
④ 소비함수의 접선의 기울기로 정의되는 한계소비성향은 가처분소득이 40조 원보다 클 때 가파르다. 따라서 40조 원보다 클 때가 작을 때보다 한계소비성향이 크다.
⑤ 한계저축성향은 '1-한계소비성향'으로 정의된다. 한계소비성향이 1을 넘을 수 없으므로 한계저축성향이 음수일 수 없으며, 한계소비성향이 계속 일정하므로 한계저축성향 역시 계속 일정하다.

정답 **03** ① ┃ **04** ③ ┃ **05** ②

06 난이도 ■□□ [제21회 기출]

어떤 국가의 민간 부문 소비지출과 투자지출이 각각 600과 200이며, 정부지출과 조세수입이 각각 100과 80, 수출과 수입이 400과 300이다. 다음 중 옳지 않은 것은?

① 이 국가의 지출국민소득은 1,000이다.
② 이 국가의 재정수지는 20만큼 적자이다.
③ 이 국가의 민간 부문 저축은 320이다.
④ 이 국가의 경상수지는 100만큼 흑자이다.
⑤ 이 국가의 민간 부문과 정부 부문 저축의 합계는 340이다.

| 해설 | 민간저축은 국민소득(1,000)에서 소비지출과 조세수입의 합(600＋80)을 뺀 것이므로 320이다. 정부저축은 정부수입에서 정부지출을 뺀 수치이다. 정부수입은 80이고 정부지출은 100이므로 정부저축은 －20이다. 따라서 민간 부문과 정부 부문 저축의 합계는 300이다.

| 오답피하기 | ① 국민소득은 소비지출(600)과 투자지출(200) 그리고 정부지출(100)과 순수출(100)의 합이다. 따라서 국민소득은 1,000이다.
② 재정수지란 조세수입과 정부지출의 차이이다. 조세수입이 80이고 정부지출이 100이므로 재정수지는 20만큼 적자이다.
③ 국민소득(1,000)은 소비지출(600)과 조세수입(80) 그리고 민간저축의 합이므로 민간저축은 320이다.
④ 경상수지는 수출과 수입의 차이이므로 100만큼 흑자이다.

07 난이도 ■□□ [제21회 기출]

다음 중 국민 경제에서 소비지출을 증가시키는 예로 적절하지 않은 것은?

① 물가의 상승
② 이자율의 하락
③ 현재 소득의 증가
④ 부의 증가
⑤ 미래 소득의 증가 예상

| 해설 | 물가의 상승은 화폐의 구매력을 하락시키므로 다른 모든 조건이 일정할 때 소비지출이 감소한다.

| 오답피하기 | ② 이자율의 하락은 기업의 입장에서 자금 차입의 비용이 감소하므로 투자지출의 증가 요인이다.
③ 현재 소득의 증가는 소비지출에 영향을 미칠 수 있다.
④ 부의 증가는 소비의 증가 요인이다.
⑤ 사람들은 미래 소득이 증가할 것으로 예상하면 소비를 증가시킨다.

08 난이도 ■□□ [제21회 기출]

다음 중 총수요의 구성요소에 포함되지 않는 것은?

① 정부지출
② 건설투자
③ 내구재 소비
④ 서비스 수출
⑤ 기존 부동산 매입

| 해설 | 총수요는 소비지출, 투자지출, 정부지출, 순수출로 구성된다. 기존 부동산의 매입은 소유권의 이전에 불과하므로 총수요의 구성 요인에 포함되지 않는다.

| 오답피하기 | ① 정부지출은 총수요의 구성 요인이다.
② 투자지출은 설비투자와 건설투자, 재고투자로 구성된다.
③ 내구재 소비는 소비지출의 항목이다.
④ 서비스 수출은 수출에 포함되므로 순수출의 증가 요인이다.

09 난이도 ■□□ [제22회 기출]

다음은 국내총생산(GDP)의 지출 구성 항목을 나타낸 식이다. 이에 대한 옳은 설명을 〈보기〉에서 모두 고르면?

$$GDP = 소비 + 투자 + 정부지출 + (A)$$

〈보기〉
㉠ (A)는 수출이다.
㉡ (A)의 크기가 0이라는 것은 폐쇄경제를 의미한다.
㉢ 소비에는 수입 소비재를 구입한 내용도 포함된다.
㉣ 재고는 투자에 포함되어 국내총생산의 일부가 된다.

① ㉠, ㉡
② ㉠, ㉢
③ ㉡, ㉢
④ ㉡, ㉣
⑤ ㉢, ㉣

| 해설 | ㉢ 소비에는 국산품과 수입품 소비재가 모두 포함된다. 수입소비재에 대한 수요는 순수출 항목에서 제외된다.
㉣ 투자는 설비투자와 건설투자 그리고 재고투자로 구성된다.

| 오답피하기 | ㉠ 총수요는 소비지출과 투자지출 그리고 정부지출과 순수출의 합이다.
㉡ 폐쇄경제는 수출과 수입이 존재하지 않는 경제이므로 순수출이 0이 될 수 있지만 수출과 수입이 존재하는 개방경제에서도 수출과 수입의 수치가 일치하면 0이 될 수 있다. 따라서 순수출이 0이라는 것만으로 폐쇄경제라고 단정할 수 없다.

정답 06 ⑤ | 07 ① | 08 ⑤ | 09 ⑤

10 난이도 ■□□

케인스 단순모형에 대한 설명으로 옳지 않은 것은?

① 계획되지 않은 재고 변화는 유효수요에 포함되지 않는다.

② 계획된 지출이 생산액보다 크면 이후에 생산이 감소한다.

③ 생산물시장의 초과수요가 존재해도 물가는 변하지 않는다.

④ 대규모 실업이 존재하는 경우에도 임금은 크게 변화하지 않는다.

⑤ 총공급이 균형국민소득 결정에 관여하지 못하는 것은 유휴설비 때문이다.

| 해설 | 케인스는 물가가 신축적이지 않고 경직된 것으로 간주하여, 계획된 지출이 생산액보다 큰 경우 초과수요로 인해 재고가 감소하고, 이후 생산이 증가하여 국민소득이 증가하게 된다고 주장했다.

| 오답피하기 | 케인스는 고전학파와 달리 가격변수가 고정되어 있다고 보았다. 가격변수가 신축적이라면 노동시장에서의 초과공급인 실업이 빠르게 사라져야 하지만, 실제로는 그렇지 않았기 때문이다. 한편, 유효수요에는 계획된 투자와 재고 증가만이 포함된다고 주장했다. 케인스는 계획된 총수요를 유효수요라고 하였다.

11 난이도 ■□□

가계의 소비수요와 투자, 정부지출이 다음과 같을 때 균형국민소득은 얼마인가?

- 가계의 소비: $C = 250 + 0.6Y$
- 투자: $I = 600$
- 정부지출: $G = 150$

① 1,500 ② 2,000
③ 2,500 ④ 3,000
⑤ 3,500

| 해설 | 케인스의 단순모형에서 살펴본 바와 같이 균형국민소득은 경제주체의 수요의 크기로 결정된다. 균형국민소득을 결정하는 것은 소비수요와 투자수요 그리고 정부지출수요의 합이다. 따라서 다음과 같이 균형국민소득을 도출할 수 있다.

총수요: $Y^D = 250 + 0.6Y + 600 + 150 = 0.6Y + 1,000$

균형조건: $Y = Y^D \Rightarrow Y = 0.6Y + 1,000 \Rightarrow 0.4Y = 1,000$
$\Rightarrow Y = 2,500$

| 오답피하기 | 케인스의 단순모형에서 형성되는 균형 상태에서는 국내총생산(Y)과 총수요(Y^D)가 일치한다. 따라서 각 경제주체의 수요가 주어졌을 때 이를 합하여 도출할 수 있다.

12 난이도 ■□□

다음의 식을 토대로 계산한 균형국민소득은?

- 가계의 소비: $C = 400 + 0.4(Y - T)$
- 투자: $I = 300$
- 정부지출: $G = 200$
- 순수출: $NX = 100$
- 세금: $T = 1,000$

① 600 ② 800
③ 1,000 ④ 1,200
⑤ 1,400

| 해설 | 케인스는 균형국민소득을 결정하는 것은 총공급이 아니라 총수요라고 주장했다. 총공급은 충분한데 총수요가 부족하기 때문에 균형을 형성하지 못한다고 설명했다. 케인스의 단순모형에서는 국내총생산이 총수요 수준에 맞추게 된다. 따라서 균형 상태에서 $Y = Y^D$가 성립한다. 균형 상태에서의 국내총생산 수준은 다음과 같이 계산되어 도출된다.

총수요: $Y^D = C + I + G + NX$
$= 400 + 0.4Y - 0.4T + 300 + 200 + 100$
$= 400 + 0.4Y - 400 + 300 + 200 + 100$
$= 0.4Y + 600$

균형조건: $Y = Y^D \Rightarrow Y = 0.4Y + 600 \Rightarrow 0.6Y = 600 \Rightarrow Y = 1,000$

13 난이도 ■□□ [제35회 기출]

A국의 경제는 언제나 완전고용 수준으로 유지한다고 한다. A국의 정부는 물가를 안정시키기 위해 정부지출을 증가할 계획이 없고 세금만 1,000만 원을 더 징수하기로 했다. 만약 이 나라 국민들의 한계소비성향이 0.7이라면 세금의 추가징수가 이 나라의 저축과 투자에 어떤 영향을 미칠까?

	민간저축	총저축	투자
①	300 증가	300 증가	300 증가
②	300 감소	700 증가	700 증가
③	300 감소	700 감소	300 증가
④	700 감소	700 감소	700 증가
⑤	700 증가	300 감소	300 감소

| **해설** | 세금이 1,000만 원 증가했다는 것은 가처분소득이 1,000만 원 감소했다는 의미이다. 한계소비성향이 0.7이므로 소비가 700만큼 감소했음을 의미한다. 이는 민간저축이 300만 원만큼 감소했다는 것과 같은 의미이다. 한편, 세금이 1,000만 원 증가했으므로 정부저축은 1,000만 원 증가했다. 따라서 총저축(민간저축＋정부저축)은 700만 원만큼 증가한다. 한편, 균형 수준에서 저축＝투자이므로 투자 역시 700만 원만큼 증가한다.

14 난이도 ■□□ [제18회 기출]

다음 그림은 생애주기곡선을 나타낸 것이다. 이에 대한 분석 및 추론으로 옳지 않은 것은?

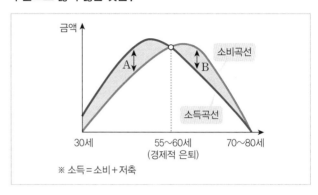

① A에서는 소득이 소비보다 크다.
② 소비곡선과 소득곡선의 교차점에서 '소비＝0'이다.
③ A는 (＋)의 저축, B는 (－)의 저축으로 볼 수 있다.
④ 경제적 은퇴 이후 국민연금 수혜 규모가 커지면 B가 작아질 수 있다.
⑤ 경제적 은퇴 이전의 A가 은퇴 이후의 B를 대체할 수 있어야 바람직하다.

| **해설** | 55～60세까지는 근로소득을 얻으므로 소득이 소비보다 많아 저축을 할 수 있는 시기이다. 55～60세 이후에는 소비가 소득보다 많은 시기로 저축을 통해 모아둔 자금을 소비하는 시기이다. 소비곡선과 소득곡선의 교차점에서는 소비가 0이 될 수 없다. 다만, 교차점을 시작으로 소득보다 소비가 많은 시기에 접어들게 된다.

| **오답피하기** | ① 은퇴 이전에는 소득이 소비보다 많으므로 저축이 가능하다.
③ A는 저축이고, B는 소비, 즉 음(-)의 저축이라 할 수 있다.
④ 경제적 은퇴 이후에 저축한 자산 이외의 재원이 주어진다면 B의 크기가 작아질 수 있다.
⑤ 소득이 소비보다 많던 시기의 저축이 은퇴 이후의 예상 소비액을 대체할 수 있어야 평안한 노후를 보낼 수 있다.

제1절   총수요와 총수요곡선   중요도 중

1 총수요와 총수요곡선의 의미

(1) 총수요(AD: Aggregated Demand)

한 국가 경제 전체의 재화 및 서비스에 대한 수요를 의미한다. 보다 구체적으로는 가계의 소비지출과 기업의 투자지출, 정부의 지출, 해외 부문의 지출을 모두 합한 것이 총수요이다.

> 총수요＝소비지출(C)＋투자지출(I)＋정부지출(G)＋순수출(NX)
>
> ※ 순수출(NX)은 '수출－수입'을 의미함

(2) 총수요곡선(aggregate demand curve)

물가와 가계 및 기업, 정부 그리고 해외 부문 등에 의한 총수요량 간의 관계를 보여 주는 곡선이다.

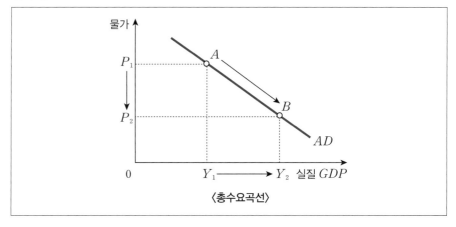

〈총수요곡선〉

2 총수요곡선이 우하향하는 이유

(1) 총수요곡선의 형태

총수요곡선은 실질 GDP − 물가 평면에서 우하향하는 모양을 갖는다. 이는 물가와 총수요가 음(−)의 상관관계를 갖는다는 것을 의미한다. 즉, 총수요를 구성하는 소비, 투자, 정부지출, 순수출이 물가와 음(−)의 상관관계를 갖는다는 것이다. 미시경제학에서 수요곡선은 수요법칙을 반영하여 수요량 − 가격 평면에서 우하향하는 반면, 거시경제학은 소비뿐만 아니라 다양한 주체들의 지출이 반영되기 때문에 수요법칙이 총수요곡선의 우하향 이유가 아니다. 총수요곡선의 우하향하는 이유는 자산효과와 이자율효과로 설명할 수 있다.

(2) 자산효과와 이자율효과

① 자산효과(wealth effect) = 실질잔고효과

물가 변화로 인해 소비자가 보유한 자산의 구매력 변화로 소비지출이 달라지는 현상을 의미한다. 2,000만 원을 가지고 있는 사람은 100만 원짜리 스마트폰을 20개 구입할 수 있었지만, 물가 100% 상승하여 스마트폰이 200만 원으로 상승하면 스마트폰을 10개밖에 구매하지 못한다. 물가가 상승하자 자산의 구매력이 감소하여 소비지출이 감소한 것이다. 이러한 이유로 물가의 상승은 총수요의 감소로 이어져 우하향하는 형태를 갖는다.

② 이자율효과(interest rate effect)

물가 변화로 인해 화폐의 구매력이 변화하여 소비와 투자가 감소하는 효과를 의미한다. 2,000만 원을 가지고 있는 사람은 100만 원짜리 스마트폰을 20개 구입할 수 있었지만, 스마트폰 가격이 200만 원으로 오른 이후에는 10개밖에 구입하지 못한다. 물가의 상승으로 화폐의 구매력이 감소한 것이다. 이전과 동일한 20개를 구입하고자 한다면 2,000만 원을 추가로 구해야 하는데, 일반적인 방법은 은행에서 차입을 하거나 채권과 같은 보유 자산을 매각하는 것이다. 차입은 대부자금에 대한 수요 증가를 의미하므로 대부자금시장에서 초과수요가 발생하고, 이는 대부자금의 가격인 이자율을 상승시킨다. 이자율이 높아지면 기업은 투자에 필요한 자금의 조달비용이 증가하므로 투자를 줄인다. 이러한 이유로 물가가 상승하면 낮아진 화폐의 구매력으로 인해 자금차입이 증가하는데, 이는 이자율을 상승시켜 투자와 소비의 감소를 불러와 총수요를 감소시킨다.

(3) 케인스의 단순모형과 총수요곡선

케인스의 단순모형과 자산효과 및 이자율효과를 결합하면 실질 GDP − 물가 평면에서 우하향하는 총수요곡선을 도출할 수 있다. 최초의 균형이 E_1에서 형성된 상황에서 물가가 하락한 경우($P_1 \rightarrow P_2$) 자산효과와 이자율효과에 의해 총수요가 증가한다. 즉, 소비와 투자가 증가한다. 이는 총지출곡선이 E_{P_1}에서 E_{P_2}로 증가함을 의미한다. 총공급은 총수요의 증가에 맞춰 증가하므로 새로운 균형은 E_2에서 형성되며 이때의 생산량은 Y_2가 된다. 이러한 결과를 실질 GDP − 물가 평면에 옮겨 그리면 총수요곡선이 도출된다.

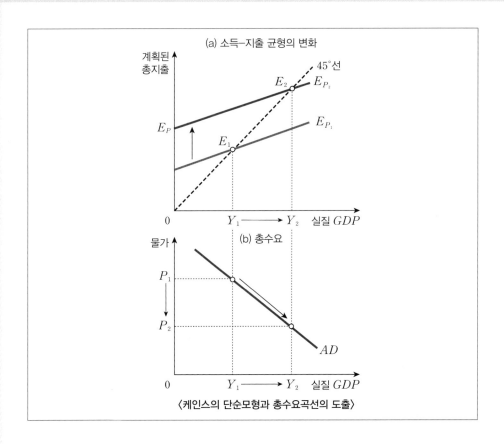

〈케인스의 단순모형과 총수요곡선의 도출〉

3 총수요곡선의 이동

(1) 곡선상의 이동과 곡선의 이동

내생변수의 변화는 곡선상의 이동으로 나타나고, 외생변수의 변화는 곡선의 이동으로 나타난다. 내생변수란 모형 안에 있는 변수로서, 거래량－가격 평면에서는 가격이, 실질 GDP－물가 평면에서는 물가가 내생변수가 된다. 즉, 내생변수인 물가가 변하는 경우 총수요곡선상의 이동이 나타나고, 외생변수인 물가 이외의 요인이 변했을 때에는 총수요곡선의 이동이 나타난다.

(2) 총수요곡선의 이동 요인

① 미래 경기에 대한 기대 변화

가계의 소비지출과 기업들의 투자지출은 대부분 미래 경기상황에 대한 기대가 반영되어 있다. 낙관적인 기대가 형성되는 경우 소비와 투자가 증가하고, 반대의 경우 감소한다.

② 자산가치의 변화

소비지출은 부분적으로 가계가 보유한 자산의 가치에 영향을 받는다. 자산의 실질가치가 상승하면 소비의 증가로 이어진다. 주가가 오르고 내림에 따라 소비가 감소하고 증가하는 현상이 대표적이다. 주의할 점은 앞서 배운 자산효과와 다르다는 점이다. 자산효과는 물가의 변화가 자산의 가치 변화를 야기하는 경우이고, 총수요곡선의 이동에서의 자산가치 변화는 물가와 무관한 자산가치의 변화를 의미한다.

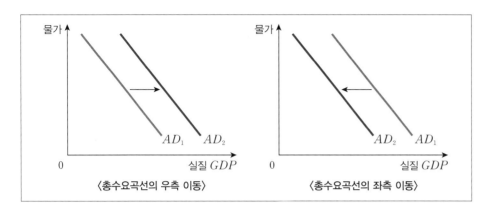

〈총수요곡선의 우측 이동〉　　　〈총수요곡선의 좌측 이동〉

(3) 재정정책과 통화정책

재정정책은 정부지출(G)을 변화시켜 총수요곡선의 이동을 야기하는 정책이고, 통화정책은 이자율을 변화시켜 총수요곡선의 이동을 야기하는 정책이다.

재정정책(fiscal policy)

경제를 안정시키기 위해 정부지출이나 조세를 사용하는 정책

통화정책(monetary policy)

경제를 안정시키기 위해 통화량이나 이자율을 변화시키는 정책

기출로 확인하기　　　50회 기출

다음 중 폐쇄경제하에서 총지출($C+I+G=E=Y$)에 관한 설명으로 옳지 않은 것은? (C: 소비, I: 투자, G: 정부지출, E: 총지출, Y: 총소득)

① 민간소비는 가처분소득의 함수로 나타나며, 소비함수의 절편은 독립소비(C_0)와 조세(T)에 의해 결정된다.
② 독립소비는 가처분 소득에 영향을 받는다.
③ 기업이 올해 생산했으나 판매하지 못한 물량은 재고로 분류되며, 재고투자라는 이름으로 투자에 포함된다.
④ 정부의 사회간접자본에 대한 투자는 정부지출로 분류된다.
⑤ 정부의 이전지출은 정부지출에 포함되지 않는다.

기출로 확인하기　　정답 및 해설

| 해설 | 폐쇄경제에서는 해외 부문이 고려되지 않으므로 수출과 수입의 차인 순수출은 고려되지 않는다. 또한 독립소비는 어떤 변수에도 영향을 받지 않는다.

① 민간소비는 가처분소득($Y-T$)에 비례하며, 소비함수는 독립소비(C_0)와 소득(Y)의 영향을 받는다.
③ 투자는 건설투자와 재고투자로 구분된다. 재고는 올해 생산되었으나 판매되지 못한 물량으로 재고투자라는 항목으로 투자에 분류된다.
④ 정부의 사회간접자본에 대한 투자는 정부지출로 분류된다.
⑤ 정부의 이전지출은 승수효과에 기여하지 않는 단순한 소유권의 이전에 불과하기 때문에 정부지출에 포함되지 않는다.

정답 ②

제2절　총공급과 총공급곡선　　중요도 하

1　총공급과 총공급곡선의 의미

(1) 총공급(AS: Aggregated Supply)

한 국가 경제 전체의 재화 및 서비스 생산을 의미한다.

(2) 총공급곡선(aggregate supply curve)

한 국가 경제의 물가와 생산자들이 공급하고자 하는 재화와 서비스의 최종 생산물의 공급량 간의 관계를 보여 준다. 총공급곡선은 물가 변수의 신축성 여부에 따라 우상향의 단기 총공급곡선과 수직의 장기 총공급곡선으로 구분된다.

2 거시경제학에서의 단기와 장기

미시경제학에서의 단기와 장기는 고정생산요소의 유무(생산자이론)로 구분되거나, 시장으로의 진입과 퇴출이 자유로운 정도(시장이론)로 구분했다. 거시경제학에서의 단기와 장기는 가격변수의 신축성 여부로 결정된다. 임금, 이자, 물가 등의 변수가 경직적인 기간은 단기로, 모두 신축적으로 변화하는 기간은 장기로 구분한다.

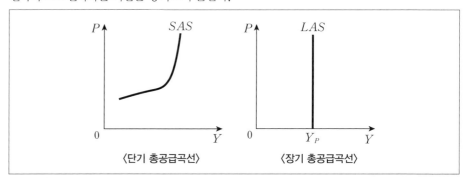

〈단기 총공급곡선〉   〈장기 총공급곡선〉

3 단기 총공급곡선이 우상향하는 이유

(1) 단기 총공급곡선의 형태

단기 총공급곡선은 실질 GDP - 물가 평면에서 우상향하는 모양을 갖는다. 이는 물가와 생산량이 양(+)의 상관관계를 갖는다는 것을 의미한다. 즉, 다른 조건이 일정한 경우 물가의 상승은 총생산물의 공급량을 증가시키고, 물가의 하락은 총생산물의 공급량을 감소시킨다.

(2) 단기 총공급곡선 우상향의 원인, 화폐환상

거시경제학에서 다루는 변수는 집계된 총량이므로 물가가 상승할 때 한 국가 전체의 생산량이 증가한다는 것은 물가의 상승이 국가 경제 전체의 생산 여력을 높여준 것이다. 즉, 단기적으로 경제에 유휴생산설비가 존재하고, 물가의 상승이 이를 실제 생산으로 구현될 수 있도록 자극한다는 것이다. 이를 설명할 수 있는 개념이 화폐환상(money illusion)이다.

① 화폐환상의 의미

화폐환상이란 실질임금이나 실질소득은 변하지 않았음에도 명목가치가 상승한 경우 임금이나 소득이 증가했다고 착각하는 현상을 의미한다. 예를 들어, 물가가 10% 상승하고 임금이 5% 증가했다면 사실상 실질임금은 감소한 것임에도 불구하고 임금 5% 상승만을 생각하여 임금이 상승했다고 착각하는 것이다. 물가가 상승할 때 이러한 화폐환상은 노동의 공급자인 근로자와 노동의 수요자인 고용주에게 영향을 미쳐 생산을 증가시킬 수 있다.

② 노동자의 화폐환상

노동자들은 명목임금(W)에 기반하여 노동의 공급을 결정한다. 내년 물가가 10% 상승할 것으로 예상된다면 고용주와의 근로계약을 체결할 때 최소 10%의 임금인상을 요구해야 실질임금$\left(\dfrac{W}{P}\right)$이 같은 것이다. 따라서 노동자들에게는 내년에 물가가 몇 % 상승할지 정확히 예측하는 것이 중요하다.

(3) 고용주의 화폐환상

고용주들은 실질임금$\left(\dfrac{W}{P}\right)$에 기반하여 노동의 수요를 결정한다. 노동자들이 내년 물가상 승률을 10%로 예상해 임금인상을 요구하여 명목임금(W)을 10% 높여 주었지만, 실질적인 물가상승률이 15%라면 실질임금은 하락하게 된다. 즉, 노동의 대가로 지급해야 하는 금액 이 줄어든 것이므로 추가 고용의 여력이 생겨 생산을 늘릴 수 있게 된다. 반면, 실제 물가상 승률이 5%라면 실질임금은 상승하게 된다. 고용주 입장에서는 노동의 대가로 지급해야 하는 금액이 예상보다 높아진 것이므로 고용 여력이 감소하여 고용을 줄이게 되어 생산이 감소한 다. 따라서 화폐환상이 존재하는 경제에서는 총공급량이 물가와 같은 방향으로 움직인다.

4 단기 총공급곡선의 이동

(1) 총공급곡선의 이동

물가가 변하지 않더라도 물가 이외의 요인들이 변하면 총공급곡선이 이동할 수 있다. 기본 적으로 생산자들은 생산물 단위당 이윤에 근거하여 생산 결정을 하므로 총공급이 변화한 다. 단기는 가격변수가 경직적인 기간이므로 생산비용은 단기에 고정되어 있어 물가의 변 화는 생산물 단위당 이윤을 변화시킨다. 재료값은 1만 원으로 고정되어 있는데, 물가의 상 승으로 최종 생산물의 가격이 10만 원에서 11만 원으로 상승한다면 이윤은 9만 원에서 10만 원으로 증가한다. 하지만 물가가 변하지 않더라도 이윤에 영향을 미칠 수 있다. 원자 재의 가격 상승, 명목임금의 변화, 생산성의 변화 등이 대표적인 요인이다.

(2) 단기 총공급곡선의 이동 요인, 생산비용

① 원자재의 가격 변화

원유와 같은 원자재의 가격 변화는 생산비용에 직접적인 영향을 미친다. 즉, 물가의 변 화 없이도 생산물 단위당 이윤을 감소시킨다. 원자재의 가격 상승은 생산비용을 증가시 키므로 이윤 감소로 총공급을 감소시키고, 원자재의 가격 하락은 생산비용을 감소시키 므로 이윤 증가로 총공급을 증가시킨다. 따라서 원자재의 가격이 상승할 경우 총공급곡 선을 좌측으로, 원자재의 가격이 하락할 경우 총공급곡선은 우측으로 이동한다.

② 명목임금의 변화

물가가 변하지 않아도 명목임금이 달라질 수 있다. 4대 보험이 증가한 경우를 예를 들 면, 고용주가 50%를 지불해야 하는 의료보험료가 상승한 경우 고용주의 입장에서는 명 목임금이 증가한 것이다. 명목임금이 상승하면 이윤이 감소하므로 총공급이 감소하여 총공급곡선은 좌측으로 이동한다. 반면, 명목임금이 하락하면 이윤이 증가하므로 총공 급이 증가하여 총공급곡선은 우측으로 이동한다.

③ 생산성의 변화

생산성이란 동일한 양의 중간 투입물을 활용하여 얼마나 많은 생산량을 달성할 수 있는 지를 의미한다. 동일한 양의 중간 투입물로 이전보다 더 많이 만들어 내는 경우 이는 생 산성이 향상되었음을 의미한다. 생산성의 향상은 동일한 양을 더 적은 비용으로 공급할 수 있음을 의미하므로 총공급이 증가하여 총공급곡선은 우측으로 이동한다. 반면, 생산 성의 감소는 동일한 양을 더 많은 비용으로 공급한다는 것을 의미하므로 총공급이 감소 하여 총공급곡선은 좌측으로 이동한다.

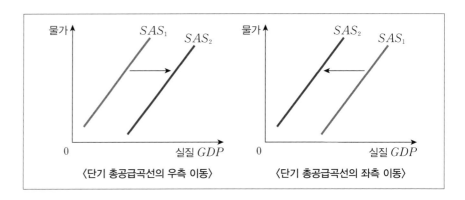

〈단기 총공급곡선의 우측 이동〉   〈단기 총공급곡선의 좌측 이동〉

5 장기 총공급곡선

(1) 화폐환상이 존재하지 않는 장기

장기에는 모든 가격변수가 신축적이다. 고전학파가 경제는 자율조정적 기능이 있다고 주장한 그 상황이다. 이러한 상황은 한 국가 경제의 생산량이 완전고용산출량(잠재 GDP) 수준에 도달했을 때 가능해진다. 즉, 한 국가가 보유한 자원으로 생산할 수 있는 최대한의 생산량을 달성했을 때 모든 가격변수가 신축적으로 변화할 수 있다. 이는 장기에는 화폐환상이 존재하지 않음을 의미한다. 임금변수는 신축적으로 변화할 수 있기 때문에 물가가 10% 상승할 것으로 예상되면 노동자는 10%의 임금 인상을 요구할 것이고, 실제 물가가 10% 상승하면 실질임금은 변화하지 않는다. 즉, 이윤에 변화가 없으므로 고용량은 늘지도, 줄지도 않고 그대로 유지된다. 이는 생산량에 변화가 없음을 의미하고, 결국 완전고용생산량 수준에서 총공급량은 변하지 않는다.

(2) 장기 총공급곡선의 이동

장기 총공급곡선의 이동 요인은 단기 총공급곡선의 이동 요인과 다르지 않다. 이윤에 영향을 미치는 요인들이라면 장기 총공급곡선 역시 이동한다. 하지만 다른 점은 단기 총공급곡선은 단기에 목격되는 총공급을 증가시키지만, 장기 총공급곡선이 변화시키는 것은 완전고용산출량, 즉 잠재 GDP라는 점이다. 장기 총공급곡선이 우측으로 이동한다는 것은 잠재 GDP를 증가시킨다는 것을 의미하고, 이는 한 국가 경제가 정상적인 범위에서 달성할 수 있는 최대치를 넘어선다는 것을 의미한다. 일반적으로 경제는 시간이 흐름에 따라 장기적으로 성장한다고 보므로 장기 총공급곡선은 시간이 흐름에 따라 우측으로 이동한다.

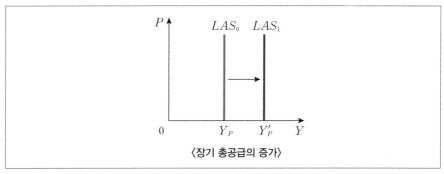

〈장기 총공급의 증가〉

제3절 　총수요-총공급 모형, 균형국민소득의 결정　　중요도 중

1 총수요-총공급 모형

총수요–총공급 모형은 경기변동을 분석하기 위한 수단이다. 단기 총공급곡선과 총수요곡선이 일치할 때 경제는 단기 거시경제 균형 상태에 놓이게 된다. 단기 거시경제 균형에서는 단기 균형물가와 단기 균형산출량이 결정된다. 한편, 장기 총공급곡선과 총수요곡선이 일치할 때 경제는 장기 거시경제 균형 상태에 놓이게 된다. 장기균형에서의 산출량은 완전고용산출량(잠재 GDP)이다.

2 단기 거시경제 균형

(1) 수요충격과 단기균형 변화

수요충격(demand shock)은 총수요곡선을 이동시키는 사건이나 요인을 의미한다. 케인스는 1930년대의 대공황이 1929년의 주가폭락과 이어지는 은행파산에 의한 자산가치 하락과 수요자 소비 감소에 따른 수요 감소에 있었다고 진단했다. 따라서 인위적인 총수요 증가를 대안으로 제안했고, 정부지출의 증가라는 총수요 증가로 해결할 수 있었다. 총수요곡선의 좌측 이동으로 형성되는 단기균형에서 실질 GDP는 감소하고, 물가는 하락한다. 반면, 총수요곡선의 우측 이동으로 형성되는 단기균형에서 실질 GDP는 증가하고, 물가는 상승한다.

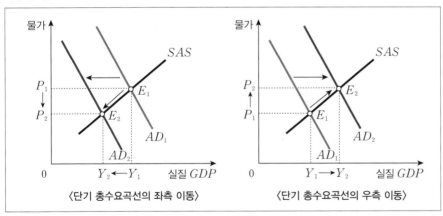

〈단기 총수요곡선의 좌측 이동〉　　〈단기 총수요곡선의 우측 이동〉

(2) 공급충격과 단기균형 변화

공급충격(supply shock)은 원자재 가격, 명목임금, 생산성의 변화와 같이 이윤에 영향을 미쳐 단기 총공급곡선을 이동시키는 사건이나 요인을 의미한다. 생산비용이 증가하여 이윤이 감소하는 경우 단기 총공급곡선은 좌측으로 이동하고, 생산비용이 감소하여 이윤이 증가하는 경우 단기 총공급곡선은 우측으로 이동한다. 단기 총공급곡선의 좌측 이동으로 형성되는 단기균형에서 실질 GDP는 감소하고 물가는 상승한다. 반면, 단기 총공급곡선의 우측 이동으로 형성되는 단기균형에서 실질 GDP는 증가하고 물가는 하락한다.

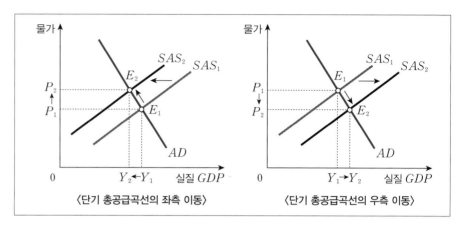

〈단기 총공급곡선의 좌측 이동〉　　　〈단기 총공급곡선의 우측 이동〉

⑶ 단기 총공급곡선의 좌측 이동과 스태그플레이션

단기 총공급곡선이 좌측으로 이동하면 실질 GDP는 감소하고 물가는 상승한다. 실질 GDP의 감소는 경기침체를 의미하고, 물가의 상승은 인플레이션을 의미한다. 이러한 현상을 두고 경기침체(stagnation)와 인플레이션(inflation)의 합성어인 스태그플레이션(stagflation)이라고 한다. 스태그플레이션의 발생은 국가 경제에 큰 악재이다. 실업의 증가를 의미하는 실질 GDP의 감소와 구매력의 감소를 의미하는 물가의 상승이 동시에 나타나기 때문이다.

3 장기 거시경제 균형

⑴ 장기 거시경제 균형의 달성

장기 거시경제 균형에서는 총수요곡선과 단기 총공급곡선, 장기 총공급곡선이 모두 한 점에서 만난다. 즉, 장기의 균형에서는 단기의 균형과 일치한다. 따라서 단기균형에서의 총생산은 완전고용생산량(잠재 GDP)과 일치한다. 경제는 A에서 장기균형이 달성된다.

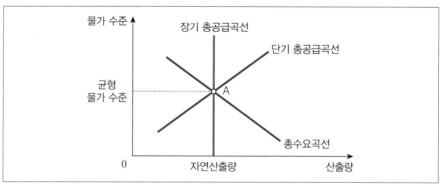

⑵ 총수요곡선의 이동에 따른 장·단기 효과

장기는 고전학파의 주장과 같이 경제가 자율조정기능을 갖는다. 총수요 충격이 발생하더라도 다시 장기균형을 회복한다는 의미이다.

① 총수요곡선의 좌측 이동과 장단기균형 변화

장기균형(E_1)에서 총수요곡선이 좌측으로 이동할 경우 단기균형은 E_1에서 E_2로 이동한다. 새로운 균형 E_2에서는 실질 GDP가 감소하고, 물가가 하락한다. 물가 하락은 명목임금의 하락으로 이어진다. 이는 기업가의 이윤 증가로 이어져 생산량이 증가하고, 그 결과 단기 총공급곡선이 우측으로 이동($SAS_1 \rightarrow SAS_2$)한다. 따라서 새로운 장기균형은 E_3에서 형성된다.

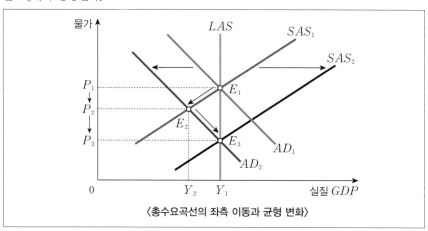

〈총수요곡선의 좌측 이동과 균형 변화〉

② 총수요곡선의 우측 이동과 장단기균형 변화

장기균형(E_1)에서 총수요곡선이 우측으로 이동할 경우 단기균형은 E_1에서 E_2로 이동한다. 새로운 균형 E_2에서는 실질 GDP가 증가하고, 물가가 상승한다. 물가 상승은 명목임금의 상승으로 이어진다. 이는 기업가의 이윤 감소로 이어져 생산량이 감소하고, 그 결과 단기 총공급곡선이 좌측으로 이동($SAS_1 \rightarrow SAS_2$)한다. 따라서 새로운 장기균형은 E_3에서 형성된다.

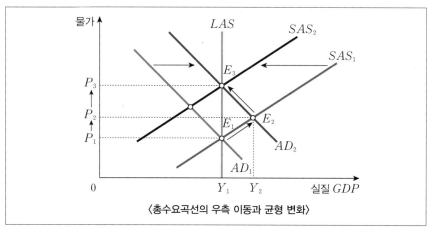

〈총수요곡선의 우측 이동과 균형 변화〉

경기에 대한 진단이 전문가마다, 국가마다 상이하다. 경기가 침체하거나 회복되는 것은 총수요 및 공급 요인 모두에 의해 발생한다. 그 결과는 GDP에 의해 판단할 수 있지만, 문제는 해당 연도나 분기로부터 2~3개월 뒤에 나온다는 점이다. 따라서 구리 가격과 같은 실물변수로 파악하기도 하고, 쓰레기 배출량을 통해 살펴보기도 한다. 경기란 것이 결국 개별 경제주체들의 행동이 만들어 낸 결과이므로 이러한 지표도 의미를 갖는다.

매스컴으로 보는 시사 이슈   **NEWS**

경기침체냐, 아니냐 …
쓰레기 배출량 · 구리값으로도 알 수 있죠

경기(景氣) 논쟁이 뜨겁다. 미국만 그런 것은 아니다. 지구촌 전체가 그렇다. 우리나라도 예외는 아니다. 한국경제학회가 실시한 설문조사에 따르면, 응답자의 59%가 '복합불황, 즉 스태그플레이션이 진행 중이다' 혹은 '스태그플레이션 초기 단계에 들었다'고 봤다. 41%는 '인플레이션은 있지만 경기 부진은 아니다'고 했다. 크게 보면 비관론과 낙관론이 부딪친다. 경제 주체들은 불안할수록 경기변동론에 의지하려 한다.

경기란 국민경제의 총체적 활동 수준과 분위기를 말한다. 이것은 시간이 흐름에 따라 변한다. '경기변동'이다. 이것을 경제학적으로 이론화하면 경기변동론이 된다. 경기변동을 모델화하면 물결 모양의 곡선이 그려진다. 경기순환 곡선이다. 국내총생산(GDP)이 장기 추세선을 따라 오르고 내리기를 반복하는 현상으로 정의할 수 있다.

경기변동을 일으키는 원인은 크게 두 가지이다. 하나는 총수요의 변동. 가계는 소비를 줄이고, 기업은 투자를 줄인다면 총수요가 감소한다. 수출이 줄어드는 것도 총수요 감소 현상의 하나다. 총수요를 위축시키는 요인으로는 통화량 감소, 전쟁, 정치 · 사회적 불안, 주가 급락 등이 있다. 총수요 감소는 생산 감소로 이어져 불경기를 불러온다. 반대로 정부가 세율을 인하하거나 주요국 경제가 회복되는 등 경제에 긍정적인 변화가 생기면 소비 · 투자 · 수출이 살아난다. 이렇게 되면 총수요가 증가해 경기는 상승 국면으로 전환한다.

다른 하나는 총공급의 변화이다. 국제 유가 급등, 대규모 노사 분규, 기업에 대한 정부 규제 강화 등은 경제의 총공급을 감소시키는 요인이다. 이런 변수가 발생하면 생산이 감소하면서 물가도 상승하는 스태그플레이션이 나타날 수 있다. 반면, 신기술 개발로 기업의 생산성이 높아지거나 원자재 가격이 하락해 생산 비용이 줄어들면 총공급이 증가하면서 경기가 살아난다.

경기 판단과 예측에 활용할 수 있는 가장 기본적인 경제 지표는 GDP 등 국민소득 통계이다. 그러나 국민소득 통계는 해당 연도나 분기로부터 2~3개월이 지나야 나온다는 단점이 있다. 산업 활동 동향과 수출입 동향은 국민소득 통계보다 시차가 짧다. 경기선행지수와 경기동행지수는 여러 경제 지표를 합성해 산출한 것으로 경기 흐름을 종합적으로 파악하는 데 도움이 된다.

시장 가격으로도 경기를 판단할 수 있다. 대표적인 것이 구리 가격이다. 산업 소재로 많이 활용되는 구리에 대한 수요 변화가 곧 실물 경기를 반영한다고 보는 것이다. 그런 의미에서 구리 가격을 '닥터 코퍼(Dr. Copper)'라고도 한다.

생활 속 경기 지표도 있다. 앨런 그린스펀 전 미국 중앙은행(Fed) 의장은 기준금리를 결정하기 전 쓰레기 배출량을 살폈다고 한다. 티머시 가이트너 전 미국 재무장관은 매일 아침 60가지 항목을 점검했는데, 그중에는 주가 금리 외에 스타인웨이 피아노 판매 대수도 있었다. 백화점 남성복 판매량과 지하철 이용객 수도 체감 지표로 많이 거론된다.

01 난이도 ■■□

원자재 가격의 급등으로 인해 우리나라의 단기 총공급곡선이 이동하였다고 하자. 이런 상황 변화에서 물가 및 GDP와 관련된 정책목표 달성을 위한 한국은행의 대응과 그 결과의 변화를 설명한 내용으로 옳은 것은?

① 물가 안정의 달성을 위해 한국은행은 통화 공급을 늘려야 한다.

② GDP 증가를 위해서는 한국은행은 통화 공급을 줄여야 한다.

③ 한국은행이 물가 안정을 달성한다면 GDP는 더 감소할 것이다.

④ 한국은행이 GDP 증가를 달성한다면 물가는 더 하락할 것이다.

⑤ 한국은행은 단기에 물가 안정과 GDP 증가를 동시에 항상 달성할 수 있다.

| 해설 | 원자재 가격이 급등하면 단기 총공급곡선은 왼쪽으로 이동한다. 이에 따라 물가는 상승하고 GDP는 감소한다. 한국은행이 물가 안정을 목표로 세운다면 통화 공급을 줄여 인플레이션을 막아야 한다. 하지만 통화 공급을 줄이면 GDP는 감소한다.

| 오답피하기 | ① 물가 안정의 달성을 위해 한국은행은 통화 공급을 줄여야 한다.
② GDP 증가를 위해 한국은행은 통화 공급을 늘려야 한다.
④ 한국은행이 GDP 증가를 달성한다면 물가는 더욱 더 상승하게 된다.
⑤ 항상 물가 안정과 GDP 증가를 동시에 달성할 수 있다고 단정할 수 없다.

02 난이도 ■■□

[제60회 기출]

다음은 어느 국가의 경제상황을 나타낸다. 이에 대한 설명으로 옳은 것을 〈보기〉에서 고르면?

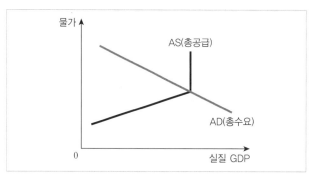

〈보기〉
㉠ 소비가 증가하면 경제가 성장한다.
㉡ 총수요가 변동하면 물가가 항상 변한다.
㉢ 생산성이 향상되면 물가는 하락하고 국내총생산이 증가한다.
㉣ AD와 AS가 만나는 점에서 '총생산＝소비＋투자＋정부지출＋수출' 균형이 성립한다.

① ㉠, ㉡　　　　　　　② ㉠, ㉢
③ ㉡, ㉢　　　　　　　④ ㉡, ㉣
⑤ ㉢, ㉣

| 해설 | ㉡ 총공급곡선이 우상향하는 단기에는 총수요 변동이 물가 및 실질 GDP의 변화를 초래하지만, 장기에는 실질 GDP에 영향을 미치지 못하고 물가 변동만 나타낸다. 따라서 총수요 변화는 항상 물가 변화를 야기한다.
㉢ 생산성의 향상은 총공급의 우측 이동 요인이다. 더 적은 생산요소의 투입으로 더 많은 총공급이 가능한 것이다. 이는 물가 하락과 실질 GDP의 증가 요인이 된다.

| 오답피하기 | ㉠ 소비의 증가는 총수요의 우측 이동 요인이다. 경제성장은 잠재 GDP 수준이 높아짐을 의미한다. 단기의 총수요 증가는 실질 GDP의 증가 요인이지만, 장기에는 아무런 영향을 미치지 못한다.
㉣ 총수요는 소비 및 투자, 정부지출 그리고 순수출의 합이다. 순수출은 수출에서 수입을 뺀 값이다.

정답 01 ③ | 02 ③

03 난이도 ■■□

거시경제의 투자와 관련된 설명으로 옳지 않은 것은?

① 금융시장 불확실성 증가는 투자를 저해한다.
② 법인세 인하는 기업의 투자를 촉진시키는 효과가 있다.
③ 투자는 변동성이 심해 경기변동을 초래하는 중요한 요인으로 간주된다.
④ 토빈의 q가 1보다 작은 기업은 설비투자를 늘리게 된다.
⑤ 투자지출은 소비지출에 비해 상대적으로 GDP에서 차지하는 비중이 대체로 낮다.

| 해설 | 토빈의 q는 얼마나 효율적으로 자산을 운영했는지를 나타낸다. 1보다 작다는 것은 비효율적인 설비운용을 의미하므로 더 이상 설비투자를 늘릴 필요가 없다.

| 오답피하기 | ① 투자는 금융시장에서의 자금차입을 통해 이루어진다. 따라서 금융시장의 불확실성 증가는 투자 감소를 야기할 수 있다.
② 법인세 인하는 기업의 생산비용 감소를 의미한다. 생산비용의 여력이 생긴 만큼 투자를 늘릴 수 있다.
③⑤ 소비는 총수요의 가장 큰 비중을 차지하는 항목인 반면, 투자는 가장 변동성이 심한 요인이다.

04 난이도 ■■□

다음 밑줄 친 (가), (나)에 대한 옳은 설명을 〈보기〉에서 고르면?

한 나라의 경제성장은 수요 측면에서 또는 공급 측면에서의 문제로 어려움을 겪는다. 기업이 생산을 증가시켜 이윤을 낼 수 있을 정도로 충분한 수요가 없다면, 이 나라 경제성장은 어려움에 처하게 된다. 이를 (가) 수요제약형 성장이라고 한다. 한편, 충분한 수요가 있는 경제에서 설비, 자원, 기술 등이 부족하다면 이 나라의 경제성장은 생산공급능력에 의해 제약을 받는다. 이를 (나) 공급제약형 성장이라고 한다.

─〈보기〉─
㉠ (가)는 절약의 역설이 적용될 수 있는 상황이다.
㉡ (가)와 같은 상황에서는 인플레이션이 발생할 수 있다.
㉢ (나)의 상황을 타개하기 위해서는 저축의 증가가 도움이 된다.
㉣ (가)는 후진국에서, (나)는 선진국에서 주로 나타난다.

① ㉠, ㉡ ② ㉠, ㉢
③ ㉠, ㉣ ④ ㉡, ㉢
⑤ ㉢, ㉣

| 해설 | 수요제약형 성장은 '총수요<총공급'의 경우이고, 공급제약형 성장은 '총수요>총공급'의 경우이다. 절약의 역설은 너무 아껴서 소비가 축소되어 오히려 경제성장이 저해되는 경우를 의미한다. 이는 수요제약형 성장에 해당한다(㉠). 공급제약형 성장을 해결하기 위해 저축을 늘린다면 기업이 투자 재원을 마련하는 데 도움이 된다(㉢).

| 오답피하기 | ㉡ 수요제약형 성장 상황에서는 총수요가 총공급에 미치지 못하는 상황이므로 물가의 하락이 나타날 가능성이 크다.
㉣ 수요제약형 성장은 선진국에서, 공급제약형 성장은 후진국에서 주로 나타난다.

정답 03 ④ | 04 ②

05 난이도 ■□□

한국은행이 콜금리를 인상한다고 발표하였다. 이러한 금리 인상의 효과에 대해 틀리게 말한 사람은?

> 은주: 금리 인상은 투자 감소를 가져올 것이다.
> 진주: 금리 상승은 주가 하락을 초래할 수 있다.
> 용석: 금리 인상은 총수요를 증가시켜 국민소득을 증가시킬 것이다.
> 동현: 금리 인상은 자금 차입 비용을 증가시키기 때문에 부동산 가격을 하락시킬 것이다.
> 정하: 금리 인상은 자본의 유입을 초래할 것이기 때문에 환율이 하락할 것이다.

① 은주 ② 진주
③ 용석 ④ 동현
⑤ 정하

I 해설 I 금리의 인상은 투자에 영향을 미쳐 총수요를 감소시킨다. 이자율은 투자의 기회비용이기 때문이다. 이에 따라 국민소득이 감소한다.

I 오답피하기 I 은주. 금리 인상은 투자의 감소로 이어진다. 대출에 대한 이자지출이 증가하면 대출을 줄이고, 이는 투자의 축소로 이어지기 때문이다.
진주. 금리 상승으로 인한 투자의 축소는 기업활동의 감소로 이어져 주가하락을 초래할 수 있다.
동현. 이자율은 부동산 구입을 위한 차입에도 영향을 미친다. 금리 인상으로 부동산 수요가 감소하고, 이는 부동산 가격 하락에 영향을 미친다.
정하. 금리 인상은 해외 자본의 유입을 야기한다. 해외 자본의 입장에서 수익률이 높은 국가에 투자하는 것이 합리적이기 때문에 우리나라로 자본 유입이 증가하여 이는 환율 하락을 야기한다.

관련 이론 짚어보기

콜금리: 금융기관 간에 이루어지는 거액의 단기 대차에 적용되는 금리를 일컫는다.

06 난이도 ■■□ [제77회 기출]

정부가 경기진작을 위해 소득세를 감면하고 정부 부채를 증가시켰다고 할 때, 이런 정책의 효과가 커질 수 있는 조건이 아닌 것은?

① 소득에 대한 한계소비성향이 높다.
② 정부 부채 증가가 이자율 상승을 초래하지 않는다.
③ 소비자들이 먼 미래를 생각하지 않고 현재 중심으로 소비를 한다.
④ 신용제약에 걸려 은행으로부터 차입하기 어려운 소비자들이 존재한다.
⑤ 소비자들이 정부 부채 증가가 가까운 미래에 조세 증가로 이어질 것으로 예상한다.

I 해설 I 경제주체가 오늘의 재정적자가 미래의 세금 증가로 이어질 것으로 예상한다면 정부지출 증가로 인한 소득 증가에도 불구하고 소비를 늘리지 않는다. 즉, 미래에 있을 세금 증가를 위해 증가된 소득을 아껴둬야 하기 때문에 총수요 증가를 통한 경기부양의 효과가 크지 않다.

I 오답피하기 I ① 한계소비성향은 소득 1원 증가로 인해 소비가 얼마나 증가하는지를 보여준다. 한계소비성향이 클수록 저축보다 소비에 큰 비중을 둔다는 것으로, 총수요 확대효과가 존재한다.
② 정부 부채의 증가가 이자율 상승을 초래하지 않는다면, 총수요는 더 크게 증가할 수 있다.
③ 현재 소득의 증가가 현재 소비 증가로 이어질 수 있다면 총수요는 크게 증가한다.
④ 차입을 통한 소비 증가가 어려운 상황에서 정부지출 증가로 인한 소득이 증가한다면 총수요 증가 효과가 클 수 있다.

07 난이도 ■□□

07 난이도 ■□□

그림은 A국의 총수요곡선(AD)과 총공급곡선(AS)을 나타낸 것이다. 이에 대한 설명으로 옳지 않은 것은?

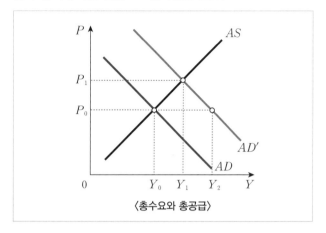

〈총수요와 총공급〉

① 물가가 상승하면 총수요곡선이 AD에서 AD'로 이동한다.
② 원자재 가격이 하락하면 총공급곡선이 우측으로 이동한다.
③ 정부가 재정지출을 확대할 경우 총수요곡선은 우측으로 이동한다.
④ 총수요곡선이 AD에서 AD'로 이동하면 국민소득은 증가하고 물가는 오른다.
⑤ 총공급곡선은 일정 기간 동안 각 물가 수준에서 기업들이 생산, 판매하려는 재화와 서비스의 총량을 나타낸다.

| 해설 | 물가 상승은 곡선상의 이동을 야기한다. 곡선의 이동은 물가 이외의 요인으로 인해 가능하다.

| 오답피하기 | ② 원자재 가격 하락으로 인해 기업들은 더 많은 생산이 가능하므로 총공급곡선은 우측으로 이동한다.
③ 재정지출(G)은 총수요의 구성 요인이다. 재정지출이 확대되면 총수요곡선은 우측으로 이동한다.
④ 총수요곡선의 우측 이동 결과 실질 $GDP(Y)$는 증가하고 물가(P)는 모두 상승한다.
⑤ 총공급곡선은 유량으로서, 국가 내 모든 기업들이 생산하여 판매하려는 재화와 서비스의 총량이다.

08 난이도 ■■□

그림의 국민 경제 균형점 A를 B로 이동시킬 수 있는 원인과 그 결과로 가장 적절한 것은?

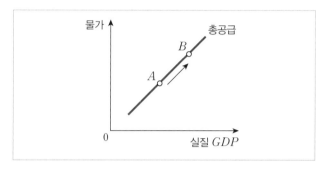

	원인	결과
①	수출 증가	고용 증가
②	기술 혁신	인플레이션 발생
③	민간 소비 증가	실업률 증가
④	공장 해외 이전	경상 수지 개선
⑤	국제 원유가 하락	디플레이션 발생

| 해설 | 국민 경제 균형점이 A에서 B로 이동하기 위해서는 총수요곡선이 우측으로 이동해야 한다. 수출이 증가하는 경우 순수출의 증가로 인해 총수요곡선은 우측으로 이동한다. 총수요곡선이 우측으로 이동하면 실질 GDP가 증가하여 이는 실업의 감소를 가져온다. 즉, 고용이 증가한다.

| 오답피하기 | ② 기술 혁신은 총공급곡선을 우측으로 이동시킨다.
③ 민간 소비의 증가는 총수요곡선을 우측으로 이동시킨다. 이에 따라 실질 GDP가 증가하여 실업이 감소한다.
④ 공장의 해외 이전은 총공급의 감소 요인이다.
⑤ 국제 원유가가 하락할 경우 총공급곡선이 우측으로 이동하며, 물가가 하락하는 디플레이션이 발생할 수 있다.

정답 07 ① | 08 ①

09 난이도 ■■□

다음 중 총수요곡선의 이동 방향이 나머지와 다른 것은?

① 미국이 기준금리를 인상했다.
② 내년 예상 경제성장률은 매우 높다.
③ 중앙은행이 기준금리 인하를 단행했다.
④ 큰 폭의 법인세 인하 정책이 시행되었다.
⑤ 미국의 보호무역 조치의 확대로 미국으로의 철강 및 가전제품 수출이 중단되었다.

| 해설 | 미국의 보호무역 조치는 수출을 감소시켜 총수요곡선이 좌측으로 이동하는 요인으로 작용한다.

| 오답피하기 | ① 미국의 기준금리 인상은 우리나라의 명목환율 상승을 야기하여 수출경쟁력을 높여 총수요를 증가시킨다.
② 향후 경제가 호황으로 예측될 경우 투자를 증가시켜 현재의 총수요가 증가한다.
③④ 중앙은행의 기준금리 인하, 법인세 인하는 기업 투자를 증가시키는 요인이다.

10 난이도 ■■□

폐쇄경제의 총수요-총공급 모형을 이용하여 신용경색과 부동산가격 하락이 단기적으로 거시경제에 미치는 영향을 분석한 것으로 옳지 않은 것은? (단, 총수요곡선은 우하향하고, 단기 총공급곡선은 우상향한다.)

① 소비가 감소한다.
② 고용이 감소한다.
③ 물가 수준이 상승한다.
④ 기업 대출이 감소한다.
⑤ 국민소득이 감소한다.

| 해설 | 부동산가격의 하락은 가계의 입장에서 자산가격의 하락이므로 소비를 줄이는 요인으로 작용한다. 즉, 총수요곡선의 좌측 이동 요인이다. 한편, 신용경색으로 은행들의 신용대출이 감소하면 기업들의 투자가 감소한다. 이는 총수요곡선의 좌측 이동 요인이다. 총수요곡선이 좌측으로 이동하면 물가가 하락하고 실질 GDP가 감소한다.

| 오답피하기 | ① 자산가치의 감소와 신용경색은 소비와 투자의 감소를 야기한다.
② 소비와 투자의 감소는 총수요곡선을 좌측으로 이동시키고, 그 결과 실질 GDP가 감소하므로 고용이 감소한다.
④ 신용경색으로 인해 기업대출이 막히게 되면 투자 역시 위축된다. 기업은 투자를 차입에 의존하기 때문이다.
⑤ 총수요곡선의 좌측 이동은 국민소득의 감소를 야기한다.

11 난이도 ■□□
[제18회 기출]

다음 중 경제정책과 거시경제에 대한 설명으로 옳은 것은?

① 유동성 함정에 빠지면 재정정책이 무력해지고 통화정책이 의미를 갖는다.
② 성장, 물가, 국제수지 등 세 가지 거시경제 운용 목표는 상충관계를 보이기도 한다.
③ 중앙은행이 지급준비율을 내리면 금융회사 대출여력이 줄어드는 효과가 나타난다.
④ 국민소득은 소비, 투자, 수출입 차이를 더해서 구하며 정부지출은 포함하지 않는다.
⑤ 글로벌 금융위기 이후 추진된 규제개혁의 주요 과제는 경기순응성을 강화하는 것이었다.

| 해설 | 총수요 증가를 위해 이자율을 낮추면 외환공급이 감소하여 환율이 상승한다. 환율의 상승은 총수요를 증가시켜 실질 GDP를 증가시키지만 물가 상승을 유발하여 각각의 목표가 상충관계를 보이게 된다.

| 오답피하기 | ① 유동성 함정은 이자율을 극단적으로 낮추더라도 소비와 투자가 증가하지 않는 현상을 의미한다. 이 경우 재정정책이 의미를 갖는다.
③ 중앙은행이 지급준비율을 낮추면 신용창조 규모가 늘어나 통화량이 증가한다. 이는 금융기관의 대출여력이 늘어남을 의미한다.
④ 국민소득은 가계소비와 투자지출, 정부지출 그리고 순수출의 합이다.
⑤ 글로벌 금융위기 이후 추진된 규제개혁의 주요 과제는 금융의 경기순응성을 줄여 문제가 발생했을 때 브레이크의 역할을 하도록 만드는 것이었다.

정답 09 ⑤ **| 10** ③ **| 11** ②

12 난이도 ▪▪▪

[제54회 기출]

총수요곡선이 우하향하는 이유를 케인스 이론에 따라 제대로 설명한 것은?

① 물가가 하락하면 경쟁을 촉발하여 총생산이 증가

② 물가가 하락하면 이자율이 하락하여 투자가 증가하고 이는 총수요를 증가시킴

③ 물가가 하락하면 상대가격에 변화가 생겨 이를 혼동한 생산자의 공급 증가

④ 물가가 하락하면 기대 물가상승률이 하락하여 총수요가 증가

⑤ 물가가 하락하면 실질임금이 올라 노동공급이 증가함에 따라 총생산이 증가

| 해설 | 물가가 하락하면 화폐의 구매력이 높아지고, 이로 인해 대부자금 수요가 감소하여 이자율이 감소하고 투자가 증가한다. 이는 총수요의 증가로 이어지고 물가와 총수요가 반대로 움직여 총수요곡선이 우하향한다.

| 오답피하기 | ① 케인스는 공급보다 수요의 중요성을 강조했다. 경기침체는 총수요의 부족에서 비롯되었다고 판단했기 때문이다. 경쟁의 촉발로 인한 총생산 증가는 고전학파의 시각이다.
③ 물가 변화로 인한 착각으로 생산자의 공급이 변화하는 것은 공급곡선이 우상향하는 이유를 설명하는 요인이다.
④ 기대 인플레이션의 개념은 고전학파에서 발전한 시카고학파의 개념이다.
⑤ 물가 하락으로 인한 임금과 총생산의 변화는 공급곡선을 설명하는 요인이다.

📈 S등급 고난도 문제

다음 그림에서 점 A는 어떤 나라의 2023년 경제예상을 나타내고, 점 B는 경제 실제를 나타낸 것이다. 실제가 예상과 달리 나타나게 된 원인으로 적절한 것은?

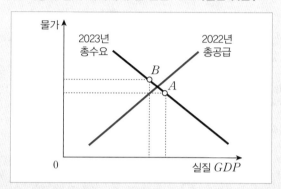

① 수출 증가

② 유가 상승

③ 이자율 하락

④ 가계의 소비 증가

⑤ 기업의 설비투자 증가

| 해설 | 경제가 예상했던 A점을 달성하지 못하고 B점에서 균형을 형성한 원인은 총공급의 감소에 있다. 총공급$_{2022}$이 A점을 달성할 만큼 증가하여 총공급$_{2023}$를 달성할 것으로 예상했지만, 오히려 감소하여 B점에서 균형이 형성된 것이다. 총공급에 영향을 미치는 요인은 유가이다. 유가는 생산요소에 직접적인 영향을 미쳐 생산규모에 영향을 준다. 유가의 상승은 총공급 감소 요인이다.

| 오답피하기 | ①③④⑤ 총수요에 영향을 미치는 요인들이다.

정답 **12** ② | 고난도 정답 ②

꿈을 계속 간직하고 있으면
반드시 실현할 때가 온다.

– 괴테(Johann Wolfgang von Goethe)

CHAPTER 05

화폐시장과 이자율의 결정

제1절 화폐의 기능과 종류 중요도 중

1 화폐의 기능

(1) 교환의 매개수단

화폐를 보유하고 있으면 원하는 재화와 서비스로 교환할 수 있다. 교도소에서는 담배가 화폐처럼 사용되기도 하고, 전쟁 중에는 금, 다이아몬드와 같은 실물자산이 교환 과정에 사용되지만, 안정적인 현대의 경제에서 화폐는 모든 거래에서 교환의 매개수단이 된다.

(2) 가치의 저장수단

화폐를 매개로 다양한 재화와 서비스를 얻을 수 있는 것은 화폐에 구매력이 있기 때문이다. 이 구매력은 사회 구성원 모두가 합의한 결과물이다. 즉, 5만 원짜리 지폐로 5만 원 상당의 재화와 서비스를 구매할 수 있는 것은 해당 지폐에 5만 원의 가치가 있음을 사회 구성원이 합의한 결과이다.

(3) 가치의 척도

화폐는 모든 재화와 서비스의 가치를 정하는 기준이 된다. 이는 거래를 보다 명확하게 만들어 준다. 재화와 서비스를 제공하고 원하는 대가가 '방 2시간 청소해 주기', '주말에 밥 3번 해 주기' 등으로 정해진다면 대가가 과한 것인지, 부족한 것인지에 대한 판단이 어려워진다. 하지만 공통된 기준으로 '원' 혹은 '달러'로 표현된다면 가치의 계산이 수월하다.

기출로 확인하기 정답 및 해설

| 해설 | ㉠ 물물교환 시절에는 거래 상대방이 원하는 재화를 직접 들고 다녀야 했으며, 욕망의 불일치가 존재해 거래도 쉽지 않았다. 하지만 화폐가 등장하면서 물리적 비용도 적게 발생하고, 거래 상대방을 찾기도 용이해졌다.
㉢ 화폐의 등장으로 분업이 촉진되었다.
㉡ 거래비용의 감소는 더 많은 거래상대방과의 보다 다양한 물품의 거래로 이어졌다. 즉, 교역이 증가했다.
㉣ 화폐의 등장으로 거래비용이 감소하고, 이로 인한 생산성 증가가 나타났다.

정답 ②

기출로 확인하기 61회 기출

화폐는 사람들이 교환활동을 하는 과정에서 생겨난 자생적 질서의 결과이다. 〈보기〉 중에서 화폐의 출현이 경제에 끼친 영향으로 옳게 묶인 것은?

〈보기〉
㉠ 거래절차의 간소화
㉡ 교역의 감소
㉢ 분업의 촉진
㉣ 거래비용 상승에 따른 생산성 하락

① ㉠, ㉡
② ㉠, ㉢
③ ㉡, ㉢
④ ㉡, ㉣
⑤ ㉢, ㉣

2 화폐의 종류

(1) 다양한 화폐의 형태

화폐의 종류는 다양한 기준으로 구분할 수 있다. 인류 역사에서 가장 오랜 기간 사용된 화폐는 상품화폐이다. 금이나 은과 같이 그 자체로 가치를 가진 상품들이 교환의 매개수단으로 거래에 활용되었다. 이후 오늘날과 같은 종이화폐가 등장했지만, 이 역시 오늘날의 지폐와는 달랐다. 즉, 종이화폐 그 자체로는 가치가 없었지만 종이화폐는 원할 경우 언제든지 가치가 있는 금이나 은으로 바꿔준다는 약속을 전제로 거래에 사용되었다. 오늘날과 같은 형태의 지폐는 법정화폐(fiat money)라고 한다. 이는 금이나 은과 같은 가치를 가진 상품의 교환을 전제로 성립하는 것이 아니라 정부가 법으로 정한 화폐임을 의미한다.

(2) 통화지표와 유동성

일반적으로 각국의 중앙은행은 IMF가 제시하는 기준에 따라 화폐를 분류하고 있다. 우리나라 역시 1951년부터 한국은행이 IMF의 '통화금융통계매뉴얼'에 따라 화폐를 협의통화($M1$)와 광의통화($M2$), 금융기관유동성(Lf), 광의유동성(L)으로 구분하며, 협의통화에서 광의유동성으로 갈수록 유동성은 낮다.

① 유동성의 의미

유동성(liquidity)이란 가치의 손실 없이 현금화할 수 있는 안정화 정도를 의미한다. 협의통화에서 광의유동성으로 갈수록 유동성이 낮아진다. 즉, 현금화하기 위해서는 가치의 손실이 발생하는 정도가 점차 커진다는 의미이다.

② 통화지표-협의통화($M1$)와 광의통화($M2$)

협의통화와 광의통화는 통화지표 가운데 포괄범위가 좁은 유동성 지표로, 교환의 매개수단으로서의 역할이 강조되는 지표이다.

⊙ 협의통화($M1$): 화폐의 지급결제수단으로서의 기능이 강조된 지표로서 시중에 유통되는 현금에 예금취급기관의 결제성예금을 더한 것이다. 협의통화는 유동성이 매우 높은 결제성 단기금융상품으로 구성되어 있어 단기금융시장의 유동성 수준을 파악하는 데 적합한 지표이다.

ⓛ 광의통화($M2$): 협의통화($M1$)보다 넓은 의미의 통화지표이다. 협의통화에 예금취급기관의 각종 저축성예금, 시장형 금융상품, 실적배당형 금융상품, 금융채, 거주자외화예금 등을 더한 지표이다. 다만, 유동성이 낮은 만기 2년 이상의 장기 금융상품은 제외된다. 협의통화보다 유동성은 떨어지지만, 약간의 이자소득만 포기하면 언제든지 현금화가 가능한 통화이다.

③ 유동성지표 – 금융기관유동성(Lf), 광의유동성(L)

금융기관유동성과 광의유동성은 통화지표 가운데 범위가 넓은 유동성 지표로서, 화폐의 저장기능을 중시한 지표이다.

⊙ 금융기관유동성(Lf): 광의통화($M2$)에 예금취급기관의 만기 2년 이상 정기예적금, 금융채, 금전신탁, 생명보험회사의 보험계약준비금, 증권금융회사의 예수금 등 유동성이 상대적으로 낮은 금융상품까지 포함한 것이다.

ⓛ 광의유동성(L): 금융기관유동성에 기업 및 정부 등이 발행하는 기업어음, 회사채, 국공채 등 유가증권이 포함된다.

제2절 | **화폐의 공급** 중요도 **중**

1 금융중개기관과 부분지급제도

(1) 의미

① 금융중개기관(financial intermediary)

저축자의 자금을 받아서 이를 필요로 하는 경제주체에게 공급하는 역할을 담당한다. 이를 대출이라고 한다. 은행은 누군가의 예금액을 다른 사람에게 빌려주는 역할을 하지만, 모든 예금액을 대출하지는 않는다. 예금자들이 필요에 따라 자신의 예금액 중 일부를 찾으러 오기 때문이다. 예금자의 인출 요구에 대응할 만큼의 예금액은 남겨두고 나머지 금액을 대출한다.

② 부분지급준비제도

시중은행들은 예금의 일부를 예치금 형태로 은행금고나 중앙은행 계좌에 보관하여 갑작스럽게 고객이 인출을 요구해도 언제든지 지급할 수 있도록 의무화한 제도이다.

(2) 지급준비금과 지급준비율

① 지급준비금

은행이 예금액 가운데 대출 활동에 사용하지 않고 남긴 금액을 의미한다. 지급준비금은 은행금고나 중앙은행 계좌에 보관한다. 은행금고에 보관하는 금액을 시재금(vault money)이라고 하고, 중앙은행 계좌에 보관하는 금액을 중앙은행 지급준비예치금이라고 한다. 지급준비금은 거래의 매개수단으로 활용할 수 없는 돈이므로 유통 중인 현금으로 간주하지 않는다.

② 지급준비율

전체 예금액 가운데 대출에 사용하지 않고 최소한으로 남겨둬야 하는 예금액의 비율을 의미한다. 중앙은행이 정하기 때문에 이를 법정지급준비율이라고도 한다. 예금액이 10억 원이고 지급준비율이 10%라면, 지급준비금은 1억 원이다.

2 중앙은행에 의한 화폐공급, 본원통화

최초에 중앙은행이 발행한 화폐를 본원통화(monetary base)라고 한다. 즉, 본원통화란 중앙은행 창구를 통해 밖으로 나온 현금을 의미한다. 중앙은행 밖으로 나온 현금은 민간이 보유하거나 지급준비금의 형태로 은행에 보관된다.

> 본원통화(MB)＝현금통화＋지급준비금
> ＝현금통화＋(시재금＋중앙은행 지급준비예치금)
> ＝화폐발행액＋중앙은행 지급준비예치금

본원통화를 증가시키는 경우를 모두 고른 것은?

> 가. 중앙은행이 외환시장에서 외환을 매입하는 경우
> 나. 중앙은행이 통화안정증권을 매입하는 경우
> 다. 중앙은행이 시중은행에 대출을 하는 경우
> 라. 중앙은행이 법정지급준비율을 인하시키는 경우

① 가, 나   ② 나, 라   ③ 가, 나, 다
④ 가, 다, 라   ⑤ 나, 다, 라

| **해설** | 가. 중앙은행이 외환을 매입하는 경우 그 대가만큼 화폐 발행을 증가시키므로 본원통화가 증가한다.
나. 통화안정증권을 매입하는 경우 그 대가로 원화를 지급하므로 시중 본원통화가 증가한다.
다. 중앙은행의 시중 대출이 증가할 경우 화폐 발행이 증가하므로 본원통화가 증가한다.
라. 법정지급준비율의 인하는 본원통화가 아닌 신용창조를 통한 시중 통화량을 증가시킨다.

정답 ③

3 시중은행에 의한 화폐창출, 신용창조

(1) 시중은행의 작동 방식

화폐의 발행은 중앙은행만이 가능하다. 하지만 시중에 유통 중인 화폐의 양은 중앙은행이 발행한 화폐의 양보다 많다. 이는 중앙은행 외에도 시중은행이 쓸 돈을 창출하기 때문이다. 즉, 지급준비율이 10%이고, 최초 예금이 100만 원이라면 10만 원의 지급준비금만을 남기고 90만 원은 다른 사람에게 대출하게 된다. 이 경우 중앙은행이 발행한 화폐의 양은 100만 원이지만, 시중에 쓸 수 있는 돈은 190만 원이 된다. 이처럼 시중은행에 의한 화폐공급을 신용창조(credit creation)라고 한다.

(2) 신용창조 방식

① 의미

지급준비율이 10%이고, 중앙은행이 최초로 발행한 화폐의 양이 100억 원이라고 한다면 이 경우 10억 원만 남기고 90억 원은 다른 사람에게 대출된다. 대출자금은 은행 창구에서 직접 수령할 수 있지만, 모든 대출금은 은행이 대출한 사람의 통장에 해당 금액을 예금해 주는 방식으로 이루어진다고 가정한다면 이 경우 90억 원의 신규 예금이 발생하고, 이 중 9억 원을 제외하고 81억 원은 다시 다른 사람에게 대출된다. 즉, 81억 원의 새로운 예금이 발생하고, 이 중 8억 1천만 원은 지급준비금으로, 72억 9천만 원은 다시 다른 사람에게 대출된다. 이러한 방식은 더 이상 대출할 수 없을 때까지 계속된다.

② 신용창조 규모의 계산

위와 같은 예로 은행의 신용창조 과정을 거치면 시중에서 사용할 수 있는 돈은 90억 원, 81억 원, 72억 9천만 원 등을 모두 합한 금액만큼 사용할 수 있는 돈이 생겨난다. 이는 공비가 0.9, 초항이 100억 원인 무한등비급수의 계산과 같다. 즉, 신용창조 과정을 거쳐 쓸 수 있는 돈은 1,000억 원만큼 발생하는 것이다.

> 신용창조 규모 = 100억 원 + (100억 원 × 0.9) + (100억 원 × 0.9²) + (100억 원 × 0.9³) + …
> = 100억 원 × $\frac{1}{1-0.9}$ = 1,000억 원

③ 통화승수(money multiplier)

중앙은행이 발행한 화폐 대비 신용창조를 통해 창출된 화폐가 몇 배인지를 나타내는 개념이다. 즉, 현금과 예금의 합인 통화량을 중앙은행이 공급하는 현금통화인 본원통화로 나눈 값으로 본원통화의 통화 창출능력을 알 수 있다. 통화승수는 법정지급준비율의 역수로 정의된다.

$$통화승수 = \frac{1}{법정지급준비율} = \frac{1}{R}$$

기출로 확인하기   15회 기출변형

A 은행의 계정은 다음과 같다. 법정지급준비율은 10%이고, A 은행 외에 다른 은행들은 초과지급준비금을 보유하지 않는다. A 은행이 지급준비금을 법정지급준비금 수준까지 줄인다면 최대 창출 가능한 통화량은?

자산		부채	
지급준비금	1,000억 원	예금	4,000억 원
대출	3,000억 원		

① 600억 원   ② 1,000억 원   ③ 4,000억 원
④ 6,000억 원   ⑤ 1조 원

기출로 확인하기   **정답 및 해설**

| **해설** | 법정지급준비금은 400억 원(4,000억 원×10%)이다. 따라서 A 은행이 보유한 초과지급준비금은 600억 원(1,000억 원−400억 원)이다. 600억 원 모두를 대출한다면 총신용창조액은 6,000억 원(600억 원×$\frac{1}{0.1}$)이 된다.

정답 ④

제3절 화폐의 수요   중요도 **상**

1 고전학파의 화폐수요이론, 화폐수량설

(1) 화폐수량설과 교환방정식

고전학파의 화폐수요이론을 가장 단적으로 보여 주는 이론은 피셔의 화폐수량설이다. 이는 화폐의 기능 가운데 교환의 매개수단으로서의 역할을 강조한 화폐수요이론으로 재화나 서비스를 구입할 때에는 반드시 화폐가 필요하므로, 일정 기간 동안 거래된 재화 및 서비스의 총가치는 이를 구입하기 위해 사용된 화폐의 가치와 동일하다는 것을 의미한다. 이를 반영한 항등식이 교환방정식(equation of exchange)이다. 교환방정식은 일정 기간 동안 생산된 총가치(PY)는 한 국가가 보유하고 있는 통화량(M)이 몇 번 회전(V)해야 모두 거래해 낼 수 있는지를 의미한다. 총명목가치가 100억 원이고 한 국가 경제가 보유한 통화량이 20억 원이라면 화폐가 5번 회전해야 100억 원을 모두 거래해 낼 수 있다.

$$M \times V = P \times Y$$

(2) 교환방정식의 해석

① 실질 GDP

실질 $GDP(Y)$는 단기간에 크게 변화하는 변수가 아니다. 소폭 증가하여 긴 시간을 대상 기간으로 삼을 경우 실질 GDP는 증가하지만, 일반적으로 거의 고정되어 있다.

② 화폐유통속도 $\left(V = \dfrac{PY}{M}\right)$

화폐유통속도는 한 국가의 생산물을 주어진 화폐량으로 거래해 내기 위해 몇 번 유통되어야 하는지를 나타낸다. 교환방정식을 고안한 피셔는 화폐의 유통속도가 거래관습이나 문화, 제도적 특성에 의해 결정된다고 보고, 매우 천천히 변화하는 개념이므로 단기적으로는 일정하다고 보았다. 반면, 케인스는 화폐유통속도가 안정적이지 않고 변동이 심하다고 보았다.

③ 이자율과 무관한 화폐수요

실질 GDP와 화폐유통속도가 일정하다고 간주하면 통화량과 물가 사이에는 $1:1$의 관계가 성립한다. 화폐수량설에 따르면 통화량은 실물적 생산활동에 영향을 주지 않고 물가만 변화시킬 뿐이다.

$$M \times \overline{V} = P \times \overline{Y}$$

한편, 화폐시장이 균형에 있는 경우 사람들이 보유하는 화폐량(M)은 화폐수요량(M^d)과 일치하게 된다. 화폐시장의 균형은 화폐공급(M^s)과 화폐수요(M^d)가 일치할 때 형성되고, 화폐수요는 전적으로 명목소득(PY)에 의해 결정되므로 이자율은 화폐수요에 아무런 영향을 미치지 못한다. 이처럼 통화량의 변화가 실질변수에 아무런 영향을 미치지 못하는 현상을 화폐의 중립성이라고 한다.

$$M^s = M^d = \frac{1}{V}PY \rightarrow M^d = kPY$$
$$단,\ k = \frac{1}{V}$$

📖 읽는 강의

PY가 명목소득인 이유는 국민소득 삼면 등가의 원칙에 의해 생산=소득이므로 생산된 총가치는 총소득이 되기 때문입니다.

기출로 확인하기   53회 기출

통화량증가율, 실질경제성장률, 실질이자율이 각각 7%, 4%, 0%일 때, 화폐수량설과 피셔효과를 이용하여 도출한 내용이다. 다음 중 옳은 것은? (단, 화폐유통속도는 일정하다고 가정한다.)

① 인플레이션율과 명목이자율은 모두 7%이다.
② 인플레이션율은 4%이고, 명목이자율은 11%이다.
③ 인플레이션율과 명목이자율은 모두 5%이다.
④ 인플레이션율은 3%이고, 명목이자율은 7%이다.
⑤ 인플레이션율과 명목이자율은 모두 3%이다.

기출로 확인하기   정답 및 해설

| 해설 | 고전학파의 화폐수요이론은 화폐수량설이다. 이는 교환방정식으로 표현되는데 다음과 같다.

$$M \times V = P \times Y$$
(M: 통화량, V: 화폐유통속도,
P: 물가, Y: 실질 GDP)

실질경제성장률이 4%, 통화량증가율이 7%이고 화폐유통속도가 일정하므로 변화율은 0%이다. 이를 통해 인플레이션율은 3%임을 알 수 있다.

$$M \times V = P \times Y \rightarrow \dot{M} + \dot{V} = \dot{P} + \dot{Y}$$
($\dot{M}$: 통화량 변화율, $\dot{V}$: 화폐유통속도 변화율,
$\dot{P}$: 인플레이션율, $\dot{Y}$: 실질 GDP 증가율)

피셔방정식에 따르면 명목이자율은 실질이자율과 인플레이션율의 합계로 정해진다. 실질이자율은 0%이고, 인플레이션율이 3%이므로 명목이자율은 3%이다.

정답 ⑤

---

2 케인스의 유동성선호 이론

케인스는 사람들이 화폐를 수요하는 이유를 유동성선호 때문이라고 설명했다. 유동성이란 가치의 손실 없이 현금화할 수 있는 가능성을 말하며, 현금은 그 자체로 가장 유동성이 높은 자산이다. 한편, 사람들이 유동성을 선호하는 이유에 대해서는 거래적, 예비적, 투기적 동기를 들었다.

(1) 거래적 동기(transactions motive)

거래를 위해 화폐 형태로 현금을 보유한다는 것이다. 개인이 소득을 얻으면 이를 거래에 사용하기 위해 소득의 일부를 화폐 형태로 보관하는데, 이는 거래적 동기에 해당한다.

(2) 예비적 동기(precautionary motive)

케인스는 사람들이 예상하지 못한 지출에 대응하기 위해 소득의 일부를 화폐 형태로 보유한다고 설명했다. 갑자기 아프거나 사고가 발생한 경우 돈이 필요하므로 유동성이 높은 현금을 보유하는 것은 예비적 동기에 해당한다.

(3) 투기적 동기(speculative motive)

유동성선호 이론의 핵심이다. 사람들은 더 나은 투자 기회를 놓치지 않기 위해 투자자금의 일부를 화폐로 보유한다고 설명한다. 현금은 유동성은 높지만, 수익성이 존재하지 않는 반면, 채권은 현금에 비해 유동성은 낮지만 수익성이 존재한다. 따라서 사람들은 수익성이 없는 현금으로 수익성이 존재하는 채권을 구입하기 위해 화폐를 보유하는데, 이는 투기적 동기에 해당한다.

(4) 소득 수준과 비례, 이자율과 반비례

거래적 동기와 예비적 동기에 의한 화폐수요는 소득이 많을수록 증가한다. 한편, 투기적 동기에 의한 화폐수요는 이자율의 영향을 받는다. 채권의 가격(P_B)이 이자율과 음(−)의 관계를 형성하기 때문이다. 채권이란 현재 얼마를 빌려주면 미래에 이자를 더해 얼마의 금액으로 상환하겠다는 약속증서이다. 이자율 10%를 얹어서 1년 뒤에 100만 원을 갚겠다는 약속증서의 가격은 약 91만 원이 된다. 이자율이 높을수록 채권의 가격은 낮아지고, 이자율이 낮을수록 채권의 가격은 높아진다.

$$P_B+(P_B \times r)=P_B(1+r)=\text{미래에 상환하기로 한 금액}$$
$$* \, r \text{은 이자율}$$
$$\therefore P_B = \frac{\text{미래에 상환하기로 한 금액}}{1+r} = \frac{100\text{만 원}}{1.1} = 90.9\text{만 원}$$

(5) 케인스의 화폐수요이론

케인스의 주장에 따르면 소득이 증가하거나 이자율이 하락하면 화폐수요가 증가한다. 다른 조건이 같다면($\overline{P}$, $\overline{Y}$) 화폐수요는 통화량(M)−이자율(r) 평면에서 우하향하는 모양의 화폐수요곡선이 도출된다. 여기서 이자율이란 화폐를 제외한 기타 금융자산의 평균수익률이라고 할 수 있다. 이자율이 상승하는 경우 화폐를 보유하고 있으면 이자를 받지 못하기 때문에 채권을 구입했을 때에 비해 손해가 커져 화폐보유를 줄이게 된다. 반대로 이자율이 하락하는 경우에는 화폐를 채권 구입에 사용하게 되면 얻을 수 있는 이자가 크지 않으므로 화폐로 보유하는 편이 유리해 화폐보유가 증가한다. 케인스는 기준이 되는 이자율 수준이 존재하고, 이자율이 그 이하로 떨어지면 사람들은 앞으로 이자율이 상승할 것이라고 예상한다고 보았다. 따라서 이자율이 하락하면 나중에 이자율이 다시 올라갔을 때 채권을 사는 것이 바람직하므로 화폐보유가 증가할 것이다. 투기적 화폐보유가 이자율과 음(−)의 관계를 갖는 이유이다.

- $M^d = P \times L(r, Y)$ (명목화폐수요)
- $\dfrac{M^d}{P} = L(r^-, Y^+)$ (실질화폐수요)

(6) 균형이자율의 결정

케인스는 이자율은 화폐시장에서의 화폐수요와 공급에 의해 결정된다고 주장했다. 화폐수요는 유동성선호 이론을 통해 소득에 비례하고, 이자율에 반비례하는 반면, 화폐공급은 이자율과 무관하게 중앙은행이 적절하다고 판단하는 수준에서 독자적으로 결정한다. 따라서 화폐공급곡선은 특정 통화량 수준에서 수직이다. 그 결과 균형이자율(r^*)은 우하향의 화폐수요곡선과 수직의 화폐공급곡선이 만나는 점에서 결정된다.

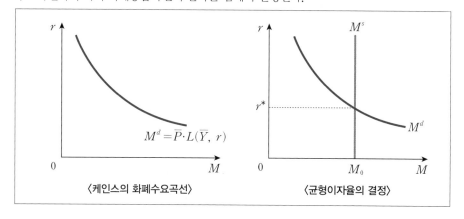

〈케인스의 화폐수요곡선〉　　　〈균형이자율의 결정〉

금리는 돈의 가격이다. 화폐공급이 많아질수록 금리가 낮아지고, 수요가 많아질수록 금리가 높아진다. 시장금리가 높아지면서 돈의 수요가 감소하고 있는데, 이는 높은 금리를 감당하면서 차입할 수 있는 여력이 남은 기업들이 많지 않은 것이다. 돈을 확보하지 못하다보니 만기가 도래하는 빚의 상환 압력도 높아지고 있다. 일부 기업들은 일단 단기 부채를 상환해 리스크를 줄이고 있다. 금리가 기업활동에 직접적인 영향을 미치는 요인임을 확인할 수 있는 기사이다.

매스컴으로 보는 시사 이슈 | **NEWS**

고금리에 현금 짜내 회사채 상환도 … 기업 유동성, 5개월새 11조 급감

최정우 포스코그룹 회장은 그룹경영회의를 열고 '현금 확보'에 총력을 기울일 것을 사장단과 전 임원에게 지시했다. 경기 하강 속도가 빨라질 것에 대비해 현금을 비축하라는 주문이다.

시장금리가 치솟으면서 기업의 '돈가뭄'이 심해지고 있다. 기업이 보유한 유동성은 올 들어서만 10조 원 넘게 감소했다. 자금줄이 말라붙으면서 재무구조가 취약한 일부 기업의 신용 리스크도 커지고 있다.

한국은행에 따르면 2022년 5월 말 기업(예금취급기관 제외)이 보유한 통화량(M2)은 1,075조 564억 원으로 2021년 말보다 10조 9,104억 원 줄었다. 2021년 1~5월 기업의 통화량이 2020년 말 대비 42조 3,182억 원 늘어난 것과는 대조적인 흐름이다. M2는 현금과 요구불예금, 수시입출금식 예금에 2년 미만 정기 예·적금 같은 단기 금융상품까지 포괄하는 넓은 의미의 통화지표이다.

기업 유동성이 급감한 것은 자금시장 경색 흐름과 맞물린다. 금융투자협회에 따르면 2022년 7월 25일까지 회사채 발행액은 53조 4,292억 원으로 2021년 같은 기간(72조 8,323억 원)에 비해 26.6% 줄었다. 역대 회사채 발행액 기준으로도 2018년(47조 8,642억 원) 이후 4년 만에 가장 적었다.

치솟는 금리에 기업들의 자금 사정도 팍팍해지고 있다. 만기 도래하는 회사채를 차환하지 못해 '현금 곳간'을 헐어 상환하는 기업도 늘고 있

다. GS건설은 만기가 도래한 회사채 3,000억 원을 현금으로 갚았다. 포스코건설도 만기가 도래한 1억 달러(약 1,300억 원) 규모의 외화채권을 모두 상환했다. 현대로템(1,000억 원), 무림페이퍼(150억 원)도 각각 만기일에 공모와 사모 회사채를 상환했다. 이들 기업은 회사채를 인수할 투자자를 구하지 못했거나 치솟는 금리에 부담을 느껴 빚을 갚은 것이다. 기업 내 현금 등 유동성은 줄어들 수밖에 없다.

부채비율이 1,000% 안팎으로 치솟은 저비용항공사(LCC)는 '울며 겨자 먹기'로 고금리로 자금을 빌려 근근이 버티고 있다. 2022년 3월 말 부채비율이 925%에 달한 제주항공은 5월 채권형 신종자본증권(영구채) 630억 원어치를 발행했다. 이 영구채 금리는 연 7.4%로 결정됐다. 발행 후 1년 뒤인 2023년 5월부터는 금리가 연 12.4%로 껑충 뛴다. 3월 말 부채비율이 1431.5%인 에어부산도 사모 영구 전환사채(CB) 100억 원어치를 연 5.9~8.9%에 발행했다.

기출동형 연습문제

01 난이도 ■■□

빈칸 ㉠ ~ ㉣에 들어갈 말로 알맞은 것은?

> 케인스는 화폐수요를 거래적 동기, 예비적 동기 그리고 투기적 동기로 분류하면서 거래적 동기 및 예비적 동기는 (㉠)에 의존하고, 투기적 동기는 (㉡)에 의존한다고 주장했다. 특히, (㉡)이 낮을 때 채권가격이 (㉢), 이로 인해 향후 (㉡)이 상승할 것으로 예상하는 투자자들이 많아져 투기적 동기에 따른 화폐수요가 (㉣)고 하였다.

	㉠	㉡	㉢	㉣
①	소득	이자율	높고	크다
②	소득	이자율	높고	작다
③	이자율	소득	높고	크다
④	이자율	소득	낮고	작다
⑤	이자율	소득	낮고	크다

| 해설 | 케인스는 사람들이 화폐를 수요하는 이유가 유동성을 선호하기 때문이라고 설명하면서, 유동성을 선호하는 이유로 거래적 및 예비적 동기 그리고 투기적 동기를 들었다. 거래적 동기는 재화 및 서비스를 화폐와 교환하기 위한 동기를 의미하고, 예비적 동기는 예기하지 못한 지출에 대응하기 위한 목적에서 화폐를 보유하는 것을 의미한다. 거래적 동기와 예비적 동기에 의한 화폐보유는 소득에 비례한다. 소득(㉠)이 많을수록 거래적 목적과 예비적 목적의 화폐수요가 증가하는 것이다. 한편, 투기적 동기는 이자율(㉡)과 연관되어 있다. 화폐는 유동성은 높지만 수익성이 없기 때문에 수익성이 존재하는 자산인 채권을 구입하기 위해 화폐를 보유한다는 것이 투기적 동기이다. 이자율과 채권가격은 반비례하므로 이자율이 낮을 때에는 채권가격이 상승(㉢)한다. 이때 투자자들은 이자율이 무한정 낮아질 수 없다는 것을 알기 때문에 곧 이자율이 상승할 것으로 기대한다. 이자율이 상승하면 채권가격이 하락하므로 이때를 대비해 투자자들은 화폐수요를 늘린다(㉣).

관련 이론 짚어보기

- 이자율이 낮을 때(=채권의 가격이 높을 때): 투기적 동기에 의한 화폐수요가 증가한다.
- 이자율이 높을 때(=채권의 가격이 낮을 때): 투기적 동기에 의한 화폐수요가 감소한다.

02 난이도 ■□□

본원통화에 대한 설명으로 옳지 않은 것은?

① 본원통화는 화폐발행액과 일치한다.
② 국제수지가 적자이면 본원통화가 줄어든다.
③ 통화량은 본원통화에 통화승수를 곱해야 한다.
④ 중앙은행이 예금은행에 대한 대출을 늘리면 본원통화가 증가한다.
⑤ 중앙은행이 공개시장에서 국공채를 매각하면 본원통화가 감소한다.

| 해설 | 본원통화는 화폐발행액과 시중은행의 지급준비예치금을 합한 금액을 의미한다. 본원통화는 중앙은행에 보관되어 있던 현금이 시중으로 흘러나간 화폐를 의미하는데, 이 화폐가 시중은행으로 유입되면 시중은행은 그 중 지급준비율만큼을 다시 한국은행에 보관하게 된다.

| 오답피하기 | ② 국제수지의 적자는 수입이 수출보다 크다는 것을 의미한다. 즉, 해외에 지급해야 하는 외화가 많음을 의미한다. 외환시장에서 외화를 확보하기 위해 원화를 외화로 환전해야 하므로 본원통화가 줄어든다.
③ 통화승수는 현금통화+예금통화를 본원통화로 나눈 값으로, 본원통화가 1단위 공급되었을 때 통화량이 얼마나 증가하는지를 보여 준다. 본원통화에 통화승수를 곱하면 통화량이 된다.
④ 중앙은행이 대출을 늘리면 본원통화가 증가한다.
⑤ 중앙은행이 공개시장에 국공채를 매각하면, 시장에서는 국공채를 매입하면서 그 대가로 통화를 중앙은행에 지급하므로 시중의 본원통화는 감소한다.

관련 이론 짚어보기

- **본원통화**: 화폐발행액+시중은행의 지급준비예치금
- **통화량**: 본원통화×통화승수
- **통화승수**: 최초의 본원통화 대비 몇 배의 신용창조가 발생했는지를 나타내는 개념이다.

정답 01 ① | 02 ①

03 난이도 ■□□

[제60회 기출]

한국은행의 역할에 해당하지 않는 것은?

① 기준금리를 결정한다.
② 은행이나 정부의 예금을 받는다.
③ 지폐와 동전을 발행한다.
④ 통화량이 적정한 수준이 되도록 관리한다.
⑤ 정부의 재정건전성을 관리한다.

| **해설** | 재정건전성을 관리해야 할 주체는 정부로, 우리나라에서는 기획재정부가 재정 관련 기능을 수행한다.

| **오답피하기** | ① 중앙은행은 금융통화위원회를 개최해 기준금리 수준을 결정하며, 이를 통해 경기를 조절한다.
② 한국은행은 시중은행의 은행 역할을 수행하며, 정부의 예금을 관리하는 금융기관의 역할도 수행한다.
③ 법정화폐를 발권하는 유일한 기관이다.
④ 통화량이 적정 수준을 유지해 물가가 안정적인 범위에서 유지될 수 있도록 한다.

04 난이도 ■□□

통화 및 통화정책과 관련된 설명으로 옳지 않은 것은?

① 협의통화는 주로 지급결제기능을 중요시하는 통화지표이다.
② 광의통화는 지급결제기능뿐만 아니라 가치저장수단의 기능까지 포함하고 있는 통화지표이다.
③ 통화량을 중간목표로 한 금융정책이 효과적이려면 통화량과 실물 부문의 관계가 안정적이어야 한다.
④ 신용카드는 지급을 결제시점까지 연기할 뿐만 아니라 지급수단의 기능을 하기 때문에 통화량에 포함된다.
⑤ 한국은행이 발행한 현금을 본원통화라고 하는데, 본원통화의 일부는 민간이 보유하고, 일부는 은행이 보유한다.

| **해설** | 신용카드는 지급수단이 아니라 지급을 결제시점까지 연기하는 수단이므로 신용카드 사용액은 통화량에 포함되지 않는다.

05 난이도 ■□□

다음은 어느 학생이 1980년대 연방준비은행장이었던 볼커가 취한 긴축적 금융정책에 대해 발표한 내용의 일부이다. 빈칸에 들어갈 용어로 적절한 것은?

> 1980년대 연방준비은행장 볼커는 강한 긴축적 금융정책을 실행하였다. 이러한 정책의 효과를 학파별 이론에 근거하여 예측하면 다음과 같다. 케인스학파의 (   )에 의하면 이자율은 상승해야 한다. 하지만 고전학파 이론에 따르면 인플레이션이 감소할 때 이자율은 하락해야 한다. 그렇다면 실증 자료는 어느 학파를 지지할 것인가?

① 피셔효과
② 생애소득가설
③ 항상소득가설
④ 토빈의 q이론
⑤ 유동성선호설

| **해설** | 실증 자료에 따르면 통화긴축으로 인해 단기적으로는 금리가 상승하였지만, 장기적으로는 금리가 하락하였다. 이를 통해 케인스학파의 이론은 단기의 거시경제를 잘 설명하고, 고전학파의 이론은 장기의 거시경제를 잘 설명한다고 할 수 있다. 유동성선호설이란 이자율의 결정에 대한 이론으로 화폐의 공급과 수요가 이자율을 결정짓는다는 이론이다.

| **오답피하기** | ① 피셔효과는 인플레이션과 명목이자율 간의 장기적인 관계를 나타내는 것으로, 실물시장에서 실질이자율이 결정되면 화폐시장에서 결정된 인플레이션율에 의해 명목이자율이 결정된다는 것이다.
② 생애소득가설은 소득은 생애주기에 따라 체계적으로 변화하며, 사람들은 평준화된 소비를 이루어 내기 위해 일정 기간에는 저축을 한다는 소비이론이다.
③ 항상소득가설은 일시적인 소득보다 자신이 장기적으로 벌어들일 것으로 예상하는 소득(항상소득)에 근거하여 소비를 결정한다는 소비이론이다.
④ q이론은 실물투자와 주식시장의 상관관계를 강조하는 이론으로, 주식시장에서 평가된 기업의 시장가치를 기업의 실물자본 대체비용으로 나눈 값으로 나타나며, 1보다 클 때 투자를 하는 것으로 판단하는 지표이다.

정답 03 ⑤ | 04 ④ | 05 ⑤

06 난이도 ■■□

다음의 조치를 취했을 때 나타날 수 있는 통화량에 미치는 효과가 나머지와 다른 것은?

① 한국은행이 기준금리를 인하했다.
② 중앙은행이 은행에 대한 지급준비율을 인상했다.
③ 원화가치의 안정을 위해 달러화의 매도 개입을 시도하였다.
④ 신용보증기금과 기술보증기금이 보증한도를 줄이기로 했다.
⑤ 저축은행 등에서 돈을 빌려 대출하는 대부업체들의 조달금리를 올렸다.

Ⅰ 해설 Ⅰ 한국은행(중앙은행)이 기준금리를 인하하면 은행들은 금리를 내린다. 시중금리가 하락하면 저축이 감소하고 대출이 늘어나 통화량이 증가한다.

Ⅰ 오답피하기 Ⅰ ② 지급준비금은 은행들이 예금인출에 대비해 은행예금의 일정 비율에 해당하는 금액을 중앙은행에 예치하는 돈이다. 중앙은행이 은행들의 지급준비율을 인상하면 은행들이 더 많은 돈을 중앙은행에 예치해야 하므로 시중 통화량이 감소한다.
③ 중앙은행이 보유하고 있는 외환보유액으로 달러화를 매도하는 것은 달러화를 원화로 바꾸는 것이므로 시중 통화량이 감소한다.
④ 신용보증기금과 기술보증기금은 은행들의 중소. 벤처기업 대출에 대해 보증을 하는 역할을 한다. 보통 전체 대출액의 85%에 대해 보증을 해 준다. 한 기업에 대한 보증한도를 줄이면 그만큼 은행들이 대출할 수 있는 여력이 줄어들어 시중 통화량이 감소한다.
⑤ 저축은행 등에서 돈을 빌려 대출하는 대부업체들의 조달 금리를 올리면 대출여력이 감소하여 시중 통화량은 감소한다.

07 난이도 ■■□

[제54회 기출]

정책당국이 내년의 실질경제성장률을 6%, 화폐유통속도 증가율은 2% 수준으로 예상하고 있다고 가정한다. 정책당국이 내년 물가상승률을 3%로 억제하려면 내년도의 적정 통화증가율은?

① 5%　　　　　② 6%
③ 7%　　　　　④ 8%
⑤ 9%

Ⅰ 해설 Ⅰ 고전학파의 화폐수요이론은 화폐수량설이다. 화폐수량설은 $MV = PY$로 정의된다. 즉, 한 국가의 총생산의 가치(PY)는 그 국가에 존재하는 화폐(M)가 유통한 횟수(V)와 같다. 이를 변화율로 바꾸면 다음과 같다.

$$\dot{M} + \dot{V} = \dot{P} + \dot{Y} \text{ (각각은 변화율을 의미)}$$

실질경제성장률($\dot{Y}$)이 6%, 화폐유통속도 증가율($\dot{V}$)이 2%, 물가상승률($\dot{P}$)이 3%이므로 통화증가율($\dot{M}$)은 7%이다. 즉, $\dot{M} + 2 = 3 + 6 \rightarrow \dot{M} = 7\%$이다.

08 난이도 ■■□

다음은 피셔의 화폐수량설 및 케임브리지학파의 현금잔고수량설을 설명한 내용이다. 빈칸 A, B에 들어갈 용어로 적절한 것은?

> 피셔의 화폐수량설은 화폐의 기능 중 (A)을/를 중시하는 데 비해, 케임브리지학파의 현금잔고수량설은 화폐의 (B)을/를 중요시한다.

	A	B
①	회계의 수단	가치의 척도
②	가치저장수단	가치의 척도
③	가치저장수단	교환의 매개수단
④	교환의 매개수단	회계의 단위
⑤	교환의 매개수단	가치의 저장수단

Ⅰ 해설 Ⅰ 교환의 매개수단이란 교환 과정에서 원하는 재화나 서비스를 얻기 위해 화폐를 제시할 수 있음을 의미하고, 가치의 저장수단은 화폐에 기입된 가치에 해당하는 재화와 서비스를 언제든지 교환할 수 있음을 의미한다. 피셔의 화폐수량설은 일정 기간 동안 생산된 총가치(PY)와 일정 기간 동안의 총지출액(MV)은 항상 일치한다는 항등식을 의미한다.

$$MV = PY$$

위의 교환방정식을 다시 정리하면 다음과 같이 나타낼 수 있다.

$$M = \frac{1}{V}PY$$

이 식은 PY만큼의 거래를 성립시키기 위해서는 명목국민소득의 일정 비율$\left(\frac{1}{V}\right)$만큼의 화폐가 필요함을 보여 준다. 따라서 교환방정식에서 중요시되는 화폐의 기능은 교환의 매개수단으로서의 기능이다.

반면, 케임브리지학파는 개인들이 화폐를 수요하는 이유는 수입의 획득시점과 지불시점이 일치하지 않기 때문이라고 본다. 개인들은 대체로 명목국민소득의 일정 비율(k)만큼 화폐를 보유(가치의 저장수단)하려고 하므로 화폐수요는 다음과 같이 나타낼 수 있다.

$$M^d = kPY$$

정답 **06** ① Ⅰ **07** ③ Ⅰ **08** ⑤

09 난이도 ■□□ [제77회 기출]

금리와 예금·주식·채권의 관계에 대한 설명 중 옳지 않은 것은?

① 금리가 인상되면, 주식시장에는 악재 요인이다.
② 금리가 인상되면, 채권 금리 상승으로 채권 가격이 상승할 것이다.
③ 금리가 인상되면, 예금을 꾸준히 하는 사람이 상대적으로 유리해진다.
④ 금리 인하 시기에는 예금보다는 주식 또는 채권 시장이 유망하다.
⑤ 금리가 인하되면, 수익성 측면에서 예금보다 주식이 상대적으로 유리해진다.

| 해설 | 금리가 인상될 경우 채권의 가격은 하락한다. 채권 가격과 채권 이자율 간에는 음(−)의 상관관계가 존재하므로 채권 이자율은 상승한다.

| 오답피하기 | ① 금리가 인상될 경우 차입금의 기회비용이 커지므로 주식시장의 거래 규모가 감소할 수 있다.
③ 금리가 인상될 경우 예금자는 유리하다.
④ 금리가 인하될 경우 채권의 가격이 상승하고, 주식 거래량 증가로 주가 상승을 견인할 수 있다.
⑤ 금리가 인하될 경우 예금보다 주식의 수익성이 상대적으로 높아진다.

10 난이도 ■□□

통화량의 감소하는 경우로 적절한 것은?

① 중앙은행이 재할인율을 인하하였다.
② 가계가 예금을 줄이고 현금보유를 늘렸다.
③ 중앙은행이 법정지급준비율을 인하하였다.
④ 국내은행이 국제금융시장에서 자금을 차입하였다.
⑤ 중앙은행이 공개시장조작을 통해 국공채를 매입하였다.

| 해설 | 가계가 예금을 줄이고 현금보유를 늘리면 은행의 신용창조가 감소하여 통화량이 감소한다.

| 오답피하기 | ①③⑤ 재할인율 인하, 법정지급준비율 인하, 공개시장조작을 통한 국공채 매입 등은 중앙은행의 확대 통화정책과 관련 있다.
④ 국제시장에서 자금의 차입은 통화량의 증가 요인이다.

11 난이도 ■□□

본원통화를 증가시키는 경우로 적절하지 않은 것은?

① 수출의 증가
② 법정지급준비율의 인하
③ 중앙은행의 통화안정증권 매입
④ 중앙은행의 외환시장에서 외환의 매입
⑤ 중앙은행의 시중은행에 대한 대출 증가

| 해설 | 법정지급준비율의 인하는 본원통화의 증감과 관련 없다. 다만, 법정지급준비율의 인하로 인해 통화승수가 증가하여 통화량이 증가한다.

| 오답피하기 | ① 수출이 증가하면 외환유입이 증가하여 본원통화가 증가한다.
③ 통화안정증권의 매입은 시중은행들이 증권을 한국은행에 판매하는 것으로 나타나므로 본원통화가 증가한다.
④ 외환시장에서 외환을 매입할 경우 본원통화는 증가한다.
⑤ 시중은행에 대한 대출이 증가할 경우 신용창조 규모가 증가하여 본원통화가 증가한다.

정답 **09** ② | **10** ② | **11** ②

12 난이도 ■□□

다음은 금융·자본시장에 대한 설명이다. 빈칸 ㉠ ~ ㉢에 들어갈 개념으로 적절한 것은?

> A: 일반은행이 한국은행으로부터 차입할 때 지불하는 이자율을 (㉠)(이)라고 한다.
> B: 은행과 은행 간의 초단기 대출거래가 일어나는 시장을 (㉡)(이)라고 한다.
> C: 시중에 유통 중인 현금과 지급준비금을 합한 것을 (㉢)(이)라고 한다.

	㉠	㉡	㉢
①	재할인율	콜시장	본원통화
②	재할인율	콜시장	화폐발행액
③	재할인율	공개시장	지급준비예치금
④	채권이자율	콜시장	시재금
⑤	채권이자율	공개시장	재할인율

| 해설 | ㉠ 한국은행이 일반은행에 대출해 줄 경우에 적용되는 금리를 재할인율이라고 한다.
㉡ 금융기관 간에 일시적인 초단기 대출거래가 일어나는 시장을 콜시장이라고 한다.
㉢ 본원통화는 현금통화＋지급준비금＝현금통화＋(시재금＋중앙은행 지급준비예치금)＝화폐발행액＋중앙은행 지급준비예치금이다.

13 난이도 ■□□

화폐공급을 증가시키는 경우를 〈보기〉에서 모두 고르면?

> 〈보기〉
> ㉠ 중앙은행의 통화안정증권의 발행
> ㉡ 비은행 민간 경제주체들의 현금/예금 비율 감소
> ㉢ 지급준비비율 감소
> ㉣ 외환시장에서 중앙은행의 달러화 매입

① ㉠, ㉡ 　　　　　② ㉢, ㉣
③ ㉠, ㉢, ㉣　　　　④ ㉡, ㉢, ㉣
⑤ ㉠, ㉡, ㉢, ㉣

| 해설 | ㉡ 비은행 민간 경제주체들의 현금/예금 비율 감소는 화폐공급을 증가시킨다. 이는 현금 보유보다 예금이 많음을 의미하고, 신용창조 규모가 크게 나타난다.
㉢ 지급준비비율의 감소는 시중은행들의 대출여력을 높여 신용창조의 규모를 증가시킬 수 있으므로 시중의 화폐공급이 증가한다.
㉣ 중앙은행이 외환시장에서 달러화를 매입할 경우 중앙은행은 달러화를 갖는 한편 화폐를 지급하기 때문에 화폐공급이 증가한다.

| 오답피하기 | ㉠ 통화안정증권의 발행은 공개시장조작에 해당한다. 즉, 통화안정증권 발행을 통해 시중의 통화량을 중앙은행이 흡수하면 시중의 통화량은 감소한다.

14 난이도 ■■□

은행의 지급준비비율이 20%일 때, 신규예금 1억 원으로 신용창출 과정을 통해 만들어질 수 있는 최대 예금통화의 양으로 옳은 것은? (단, 신규예금을 포함한다.)

① 1억 원　　　　　　② 2억 원
③ 5억 원　　　　　　④ 10억 원
⑤ 20억 원

| 해설 | 예금의 일부만을 지급준비금으로 보유하는 경우, 은행은 대출과정을 통해 통화를 창출한다. 민간이 현금을 보유하지 않고 전부 예금한다고 가정할 때, 통화량은 다음과 같은 공식에 의해 결정된다.

$$D^G = S \times \frac{1}{r}$$

D^G: 총예금창조액, S: 최초예금(본원적 예금), r: 법정지급준비비율

따라서 1억 원 $\times \dfrac{1}{0.2}$ ＝5억 원이므로 총예금창조액은 5억 원이다.

15 난이도 ■□□

통화량 증가율, 실질경제성장률, 실질이자율이 각각 20%, 10%, 0%일 때, 화폐수량설과 피셔효과를 이용하여 도출한 내용으로 옳은 것은? (단, 화폐유통속도는 일정하다.)

① 인플레이션율과 명목이자율은 모두 2%이다.
② 인플레이션율과 명목이자율은 모두 10%이다.
③ 인플레이션과 명목이자율은 모두 20%이다.
④ 인플레이션율은 2%이고, 명목이자율은 5%이다.
⑤ 인플레이션율은 10%이고, 명목이자율은 30%이다.

| 해설 | 고전학파의 화폐수량설은 $MV=PY$이다. 이를 증가율로 나타내면 '통화량 증가율+화폐유통속도 증가율=인플레이션율+실질경제성장률'이다. 20%+0%=인플레이션율+10%이므로 인플레이션율은 10%가 된다. 한편, 피셔효과는 '명목이자율=실질이자율+인플레이션율'이다. 따라서 '명목이자율=0%+10%'로, 10%가 된다.

16 난이도 ■■□

화폐의 중립성에 대한 설명으로 옳지 않은 것은?

① 가격이 경직적인 단기에는 성립하지 않는다.
② 고전학파의 세계에서 성립하는 화폐의 특성이다.
③ 많은 경제학자들이 장기적으로 화폐의 중립성을 지지한다.
④ 단기에 화폐의 중립성이 성립하지 않는다는 점에는 고전학파와 케인스학파 모두 동의한다.
⑤ 화폐의 중립성이란 통화량의 변화는 명목변수에만 영향을 미치고 실질변수는 변화시키지 못한다는 것을 의미한다.

| 해설 | 케인스학파는 화폐의 중립성에 대해 가격변수가 경직적인 단기에는 동의할 수 없지만 장기에는 동의한다는 입장을 취하고 있다. 한편, 고전학파는 단기에도 가격변수는 신축적이기 때문에 단기와 장기 구분없이 화폐의 중립성을 주장한다.

| 오답피하기 | ① 케인스는 가격이 경직적인 단기에는 화폐의 중립성이 성립할 수 없다고 주장하였다. 물가 수준이 신축적으로 변하지 않아 실물의 가치가 변하기 때문이다.
② 화폐의 중립성은 가격변수의 신축적인 움직임을 전제로 하는 고전학파의 주장이다.
③ 장기에는 학파의 구분과 무관하게 고전학파의 주장에 동의한다. 즉, 장기에 화폐의 중립성이 성립한다는 점에 대해서는 경제학자들 간의 이견이 없다.
⑤ 화폐의 중립성이란 통화량의 변화가 실질변수에 영향을 미치지 못하는 것을 의미한다.

📈 S등급 고난도 문제

영철이는 다음의 경우에 해당하는 거래적 동기에 따른 화폐수요가 어떻게 결정되는지를 발표하기 위해 그림을 작성하였다. 다음 그림과 관련하여 영철이가 발표한 진술로 옳지 않은 것은?

> 매월 말일에 급여를 통장으로 받는 사람이 다음 달 첫날 은행에 가서 월급의 일부를 찾아 가지고 있다가 매일 동일한 현금을 지출하고, 가지고 있는 돈을 다 쓰면 다시 은행에 가서 돈을 더 찾아온다. …… 말일에는 가지고 있던 월급이 모두 소진된다.

① 은행방문 횟수를 늘리면 거래적 화폐수요가 증가한다.
② 월급여액이 증가하면 거래적 화폐수요가 증가한다.
③ 이자율이 높아지면 거래적 동기의 화폐수요가 감소한다.
④ 은행방문 비용이 높아지면 거래적 화폐수요가 증가한다.
⑤ 거래적 화폐수요와 관련된 비용 항목으로는 총은행방문 비용과 포기된 이자수입이 있다.

| 해설 | 거래적 화폐수요란 거래적 동기에 의한 화폐수요로, 일상적인 거래를 위해 화폐를 보유하는 것을 의미한다. 예금자가 은행방문 횟수를 늘리면 평소 준비해 두어야 할 화폐수요는 감소한다.

| 오답피하기 | ② 소득이 증가하면 소비가 증가하므로 거래적 화폐수요가 증가한다.
③ 이자율이 높아지면 이자수입을 위해 은행에 돈을 더 맡겨 두고자 하므로 거래적 동기의 화폐수요는 감소한다.
④ 은행을 방문하는 데 드는 비용이 많아지면 예금자에게는 돈을 찾기 위해 은행에 가는 비용이 증가하기 때문에 매일 쓸 돈을 미리 많이 찾아 두어야 한다. 즉, 거래적 동기의 화폐수요는 증가한다.
⑤ 거래적 화폐수요와 관련하여 발생하는 비용은 은행방문 시 발생하는 거래비용과 예금 상태였다면 얻을 수 있었던 이자수입이 있다.

정답 **15** ② | **16** ④ | 고난도 정답 ①

재정정책과 통화정책

제1절 총수요관리정책 중요도 하

1 고장난 경제를 고칠 수 있다는 믿음

총수요관리정책(aggregate demand management policy)이란 경제상황에 맞게 지출을 조절하는 정책을 의미한다. 이는 '고장난 경제를 고칠 수 있다.'는 기계론적 세계관에 입각한 정책이다. 한편, 총수요관리정책은 단기에 유용한 수단이다. 즉, 케인스의 시각에서 효과가 있다. 단기에는 생산능력이 크게 변하기 어렵기 때문에 일정 수준에 고정되어 있다고 간주할 수 있다. 하지만 생산에 대한 지출은 생산능력을 초과할 수도, 미치지 못할 수도 있다. 따라서 경기가 과열되거나 침체되었을 때 경제 전체의 총수요를 조절하여 경제를 안정화시킬 필요가 있다. 이러한 이유로 총수요관리정책을 경기안정화정책(stabilization policy)이라고 표현하기도 한다.

2 재정정책과 통화정책

한 국가 경제의 총수요는 재정정책과 통화정책을 통해 조절할 수 있다. 재정정책은 정부가 실시하는 총수요관리정책으로, 정부지출이나 세율을 통해 경제의 총수요를 관리하는 정책이며, 통화정책은 중앙은행이 이자율과 통화량을 조절하여 경제 전체의 총수요에 영향을 미치는 정책이다.

3 총수요관리정책은 단기의 정책

총수요관리정책(재정정책과 통화정책)을 이해함에 있어 중요한 점은 단기의 정책이라는 점이다. 이는 한 국가 경제가 완전고용산출량(잠재 GDP)을 달성하지 못하는 상황에서 유용한 정책이라는 의미이다. 한 국가의 균형이 완전고용산출량을 달성했다면, 이때는 아무리 총수요를 증가시켜도 실질 GDP는 증가하지 않고 물가 수준만 높아질 뿐이다. 완전고용산출량의 달성은 단기가 아닌 장기의 상황에 도래했음을 의미하고, 이때 직면하는 총공급곡선은 수직의 형태이기 때문이다.

제2절 **재정정책** 중요도 **중**

1 의미

총수요는 소비지출(C)과 투자지출(I), 정부지출(G) 그리고 해외 부문의 지출(NX)로 구성된다. 정부는 이 중 정부지출인 정부에 의한 재화와 서비스 구입을 직접적으로 통제할 수 있다. 물론 정부는 세금을 징수하는 주체이므로 간접적으로는 소비지출과 투자지출에도 영향을 미칠 수 있다. 즉, 세율을 변화하여 소비와 투자에 영향을 미칠 수 있다. 뿐만 아니라 징수한 세금을 이전지출의 형태로 지출하므로 이전지출의 규모를 달리함으로써 간접적으로 소비에 영향을 미칠 수도 있다. 이처럼 조세수입과 공공지출 규모에 대한 정부의 결정을 재정정책(fiscal policy)이라고 한다.

(1) 정부지출(G)의 변화

정부지출(G)의 변화는 정부가 총수요를 조절할 수 있는 가장 직접적인 방식이다. 총수요의 구성요소 중 하나인 정부에 의한 재화와 서비스 구입을 늘리고 줄임으로써 총수요에 직접적으로 영향을 미친다.

(2) 조세(T)정책의 변화

조세의 증가 혹은 감소는 가계와 기업의 지출에 영향을 미친다. 가계소비의 원천은 가처분소득이다. 즉, 소득에서 세금을 제외하고 남은 금액이 소비의 규모를 결정한다. 따라서 정부가 납부해야 할 세금을 줄여준다면 소비지출(C)이 증가하여 총수요의 증가를 유도할 수 있다. 반대로 세금이 증가한다면 가처분소득의 감소로 소비지출이 감소하여 총수요는 감소한다.

2 경기대응적 재정정책

총수요를 관리한다는 의미는 경제상황에 맞춰 총수요를 늘리고 줄임으로써 경기의 변동을 최소화하겠다는 의도가 담겨 있다. 즉, 불황이 너무 깊지 않도록, 호황이 너무 과열되지 않도록 조절하여 경기변동의 진폭을 완화하는 데 목적이 있다. 이를 경기대응적 재정정책이라고 한다.

(1) 자율조정적 균형 회복

경기변동의 진폭을 완화시킨다는 의미는 경제주체들이 감당해야 할 고통의 시간을 줄여준다는 의미를 내포한다. 고전학파 경제학자들이 주장하는 바와 같이 아주 오랜 시간이 흐른다면 경제는 스스로 균형을 회복한다. 글로벌 금융위기로 인한 총수요의 감소는 총수요곡선을 좌측으로 이동시킨다($AD_1 \rightarrow AD_2$). 그 결과 실질 GDP는 완전고용산출량 이하로 감소($Y_1 \rightarrow Y_2$)하고 실업이 증가한다. 이때 정부의 개입이 없어도 아주 오랜 시간이 지나면 경제는 균형을 회복한다. 실업의 증가는 임금의 하락을 초래하고 이는 생산비용의 하락으로 이어진다. 이는 단기 총공급곡선의 우측 이동($SAS_1 \rightarrow SAS_2$) 요인으로 작용하여 경제는 서서히 균형을 회복할 수 있다. 하지만 아주 오랜 시간이 필요하고, 그 과정에서 경제주체들의 고통은 매우 크기 때문에 정부의 인위적인 개입을 통한 총수요 관리가 의미를 갖는다.

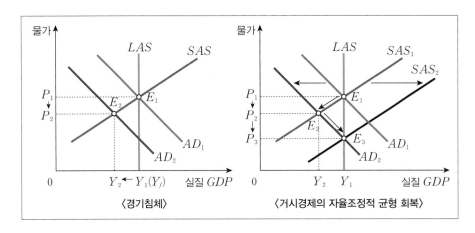

〈경기침체〉 　　　　　〈거시경제의 자율조정적 균형 회복〉

(2) 확장적 재정정책과 긴축적 재정정책

① 확장적 재정정책

경기가 침체되었을 때 재정지출과 조세의 정책효과가 총수요를 증가시키는 경우를 의미한다. 정부지출의 증가와 세금 인하는 모두 총수요를 증가시켜 총수요곡선을 우측으로 이동시킨다.

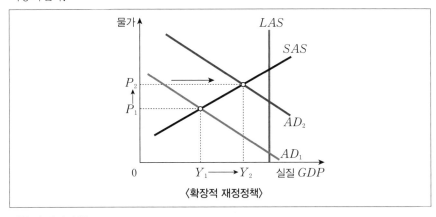

〈확장적 재정정책〉

② 긴축적 재정정책

경기 과열 시 재정지출과 조세의 정책효과가 총수요를 감소시키는 경우를 의미한다. 정부지출의 감소와 세금 인상은 모두 총수요를 감소시켜 총수요곡선을 좌측으로 이동시킨다.

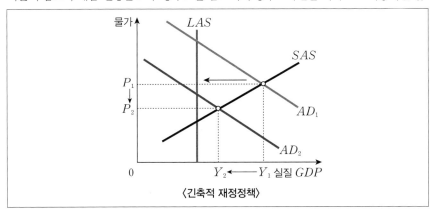

〈긴축적 재정정책〉

3 재정정책의 핵심, 승수효과

(1) 승수와 승수효과

한국은행이 발간한 '새로운 재정지출 식별 방법을 이용한 우리나라의 정부지출 승수효과 추정' 보고서에 따르면, 정부가 돈 1조 원을 풀면 GDP가 1.27조 원 늘어나는 효과가 있다. 총수요의 구성 요인 중 하나인 정부지출(G)을 1조 원 늘리면 항등식에 의해 총수요는 1조 원 증가하여 실질 GDP가 1조 원만큼 증가해야 할 듯하지만, 실제로는 더 크게 증가하는 것이다. 이처럼 정부지출의 증가분을 상회하여 실질 GDP가 증가하는 현상을 승수효과라고 한다. 즉, 승수효과(multiplier effect)란 국민소득의 변화를 야기할 수 있는 외생적인 요인이 변했을 때 그 최초의 변화분을 상회하는 수준으로 국민소득이 변화하는 효과를 의미한다. 그리고 최초 변화분의 몇 배에 해당하는 국민소득이 변화했는지를 나타내는 개념이 승수(multiplier)이다.

(2) 승수효과의 핵심, 소비지출과 한계소비성향

① 승수효과의 발생원인

승수효과가 발생하는 이유는 정부의 재화와 서비스 구매 증가로 인한 정부지출의 증가가 총수요를 증가시켜 총생산과 총소득을 증가시키고, 이는 소비지출을 증가시키기 때문이다. 소비지출의 증가는 총수요, 총생산, 총소득의 증가로 이어져 소비지출이 다시 또 증가한다. 그리고 이러한 소비지출은 다시 총수요와 총생산, 총소득을 증가시켜 연쇄효과가 반복된다. 이로 인해 최초의 정부지출 혹은 조세 감소분을 상회하는 크기의 실질 GDP가 증가한다.

② 승수효과의 결정 요인

승수효과의 크기를 결정하는 것은 한계소비성향(MPC: Marginal Propensity to Consume)이다. 한계소비성향이란 소득이 1원 증가했을 때 이 가운데 얼마만큼을 소비에 사용하는지에 관한 비율을 의미한다. 정부지출 증가로 인해 총소득이 증가했을 때 한계소비성향이 크다면 더 많은 소비지출의 증가가 이루어져 연쇄효과의 크기를 높인다는 의미이므로 결국 승수효과의 크기를 크게 하는 결과로 이어진다.

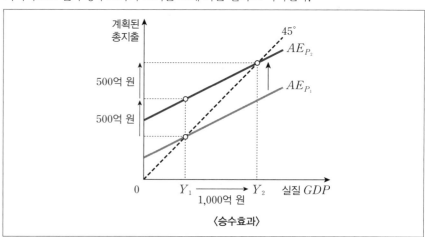

〈승수효과〉

(3) 승수의 크기

재정정책은 정부지출의 증가를 통해 수행되기도 하지만, 조세의 감면을 통해 발생하기도한다. 따라서 승수효과의 크기도 정부지출과 조세 감면 등 재정정책의 수단에 따라 효과가달라진다.

① 정부(투자)지출 승수

경제 전체의 한계소비성향이 0.8이고, 정부가 최초의 정부지출 50억 원을 증가시켰다고한다면, 이는 총수요 50억 원만큼의 증가로 이어져, 총생산 및 총소득을 50억 원만큼씩증가시킨다. 한계소비성향이 0.8이고 소득이 증가하면 소비가 증가하므로 소비는 40억원(50억 원×0.8)만큼 증가한다. 소비의 증가는 다시 총수요를 40억 원만큼 증가시켜 총소득을 40억 원만큼 증가시키고, 이는 소비를 32억 원(40억 원×0.8)만큼 다시 증가시킨다. 소비의 증가는 다시 총수요를 32억 원만큼 증가시키고 총소득을 32억 원만큼 증가시켜 다시 소비가 증가한다. 이러한 연쇄작용은 무한히 계속된다. 이는 초항이 50억원이고, 공비가 0.8인 무한등비급수와 같다. 따라서 승수효과의 크기를 계산하면 250억원$\left(50억 원 \times \frac{1}{1-0.8}\right)$의 실질 GDP 증가가 발생한다. 여기에서 승수는 $\frac{1}{1-MPC}$이고, 승수효과의 크기는 $\frac{1}{1-MPC} \times \Delta G_0 (\Delta I)$가 된다.

$$\Delta Y = \Delta G_0 + MPC \Delta G_0 + MPC^2 \Delta G_0 + MPC^3 \Delta G_0 + \cdots$$
$$= (1 + MPC + MPC^2 + MPC^3 + \cdots) \Delta G_0$$
$$= \frac{1}{1-MPC} \Delta G_0 \ (MPC: 한계소비성향, 0 < MPC < 1)$$

② 조세(정액세) 승수

정액세란 소득 수준과 무관하게 일정한 액수를 징수하는 세금이다. 정부지출 승수와 달리 최초의 정부지출 증가분이 존재하지 않고 세금 감면을 통한 가처분소득의 증가가바로 나타난다. 즉, 가처분소득의 증가로 인한 소비의 증가가 총수요, 총소득을 증가시키고, 이는 다시 소비를 증가시키는 연쇄효과가 발생하는 것이다. 정액세 감면 시 승수는 $\frac{MPC}{1-MPC}$이고, 승수효과의 크기는 $\frac{MPC}{1-MPC} \times \Delta T$가 된다.

$$\Delta Y = MPC \ \Delta T + MPC^2 \Delta T + MPC^3 \Delta T + \cdots$$
$$= (MPC + MPC^2 + MPC^3 + \cdots) \Delta T$$
$$= \frac{MPC}{1-MPC} \Delta T \ (MPC: 한계소비성향, 0 < MPC < 1)$$

4 재정정책의 방해 요인, 구축효과

(1) 조세저항을 피하기 위한 국채 발행

구축효과는 정부지출 증가를 위한 재원조달을 국채 발행을 통해 하는 경우에 발생한다. 정부는 정부지출을 늘리기 위해 정부수입을 늘려야 한다. 정부의 수입은 곧 세수이므로 추가적인 조세 징수를 늘릴 경우 국민들의 저항에 직면한다. 따라서 정부는 국채를 발행하여 필요한 자금을 충당한다. 즉, 정부가 지금 돈을 빌려주면 10년 혹은 30년 뒤에 이자를 포함한 얼마의 돈을 갚겠다는 약속 증서를 발행하여 자금을 모은다.

(2) 국채의 초과공급, 이자율 상승

정부지출 증가를 위한 재원마련을 위해 정부가 국채를 발행하면 국채시장에서의 국채공급이 증가한다. 이는 국채시장의 초과공급을 야기하여 국채가격의 하락으로 이어진다. 국채의 가격과 이자율은 음(−)의 상관관계를 갖는다. 즉, 정부의 국채 발행이 국채가격 하락을 야기하고 이는 이자율의 상승으로 이어진다. 이자율의 상승은 투자의 감소로 나타난다. 투자 감소는 총수요를 감소시킨다. 즉, 정부지출(G)을 늘려 총수요를 증가시키려는 국채 발행이 이자율 상승으로 투자지출(I)의 감소를 초래하여 정부지출 증가로 인한 승수효과의 일부가 상쇄되는 것이다. 이를 구축효과(crowding-out effect)라고 한다.

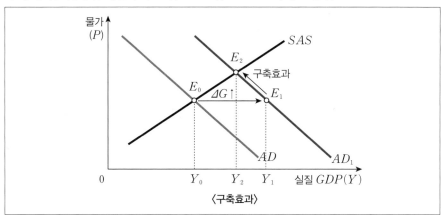

〈구축효과〉

기출로 확인하기   49회 기출

총수요 부족으로 경기침체를 겪고 있는 어떤 나라 정부가 재정정책의 일환으로 정부구매를 2,000억 원을 늘린다고 하자. 투자지출은 고정되어 있고 한계소비성향은 3/4일 경우 총수요는 얼마나 증가 또는 감소하는가?

① 6,000억 원 감소   ② 8,000억 원 증가

③ 1조 원 증가   ④ 1조 2,000억 원 감소

⑤ 1조 4,000억 원 증가

제3절 통화정책 중요도 ❸

1 의미

통화정책이란 화폐의 독점적 발권력을 가진 중앙은행이 통화량이나 이자율에 영향을 미쳐 총수요를 관리하는 정책이다. 총수요의 구성항목 중 투자지출은 이자율에 민감하게 반응한다. 기업 입장에서 이자율은 투자지출을 위한 비용이다. 따라서 이자율이 높아지면 투자를 줄여 총수요가 감소하고, 이자율이 낮아지면 투자가 증가하여 총수요가 증가한다.

2 유동성선호 모형을 활용한 이자율의 결정

통화정책은 이자율을 통해 총수요를 관리한다. 이자율의 변화가 통화정책의 핵심인 것이다. 케인스는 화폐수요이론인 유동성선호설을 통해 이자율은 투기적 동기에 의한 화폐수요와 중앙은행이 공급하는 화폐공급에 의해 결정되는 변수라고 설명했다.

(1) 화폐수요

케인스의 유동성선호설에 의하면 화폐수요는 거래적 동기와 예비적 동기, 그리고 투기적 동기에 의해 결정된다. 거래적 동기와 예비적 동기에 의한 화폐수요는 실질소득에 비례하고, 투기적 동기에 의한 화폐수요는 이자율에 반비례한다. 즉, 이자율이 높을 때 화폐수요가 낮아지고, 이자율이 낮을 때 화폐수요가 높아진다. 한편, 화폐수요곡선은 화폐량(화폐수요량)-이자율 평면에 그려지기 때문에 외생변수인 실질소득의 증가는 화폐수요곡선의 우측 이동을 야기하고, 내생변수인 이자율의 증가는 화폐수요곡선상의 이동을 야기한다.

> 📐 **읽는 강의**
>
> 신용카드의 증가, ATM 기기의 증가는 필요한 화폐가 줄어드는 셈이므로 화폐수요가 감소합니다.

(2) 화폐공급

화폐공급은 중앙은행에 의해 결정된다. 화폐공급 역시 화폐량(화폐공급량)-이자율 평면에 그려진다. 하지만 중앙은행의 화폐공급은 이자율과 무관하게 결정되기 때문에 중앙은행이 판단한 공급량 수준에서 수직이다. 한편, 화폐공급을 변화시키는 방식에는 공개시장조작과 재할인율 정책 그리고 지급준비율 정책이 대표적이다.

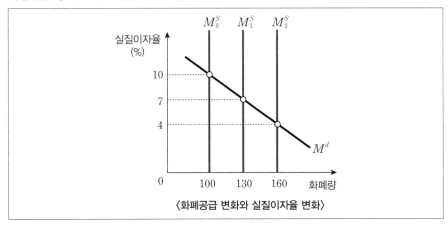

〈화폐공급 변화와 실질이자율 변화〉

① 공개시장조작(open-market operation)

공개시장조작은 중앙은행이 직접 시중은행을 상대로 채권을 매도하거나 매입함으로써 화폐공급량을 조절하는 방식이다. 중앙은행이 채권을 시중은행에 매각하면 시중은행은 채권을 매입한 대가로 화폐를 제공한다. 즉, 시중의 화폐공급이 감소하고, 이는 화폐공급곡선을 좌측($M_1^S \to M_0^S$)으로 이동시킨다. 반면, 중앙은행이 채권을 시중은행으로부터 매입하면 그 대가로 중앙은행은 시중은행에 화폐를 공급한다. 따라서 시중에 화폐공급이 증가한다. 화폐공급의 증가는 화폐공급곡선을 우측($M_1^S \to M_2^S$)으로 이동시킨다.

② 지급준비율 정책(reserve requirement policy)

지급준비율 정책이란 지급준비율을 수단으로 통화량을 조절하는 정책을 의미한다. 지급준비율은 예금액 가운데 얼마만큼을 지불준비금으로 남겨둬야 하는지를 의미한다. 지급준비율은 중앙은행에 의해 결정되기 때문에 지급준비율을 조정하여 시중의 화폐공급을 조절할 수 있다. 중앙은행이 지급준비율을 높이면 신용창조에 활용하지 못하는 금액이 높아지는 것이므로 신용창조 규모가 축소되어 시중의 통화량이 감소한다. 반대로 지급준비율을 낮추면 신용창조에 활용할 수 있는 자금의 규모가 확대되어 시중의 통화량이 증가한다. 따라서 지급준비율의 인상은 화폐공급곡선을 좌측($M_1^S \to M_0^S$)으로, 지급준비율의 인하는 화폐공급곡선을 우측($M_1^S \to M_2^S$)으로 이동시킨다.

기출로 확인하기 　　　　　　　　　　　53회 기출

다음 지문을 읽고 중앙은행의 대응으로 예상되는 정책은?

서울 내 거주하는 30세 이상 남녀 5,000명을 대상으로 설문조사를 한 결과, 지난 1분기 동안 체감물가가 상승했다는 응답이 65%에 달했다. T경제연구소에 따르면 같은 기간 동안 소비자물가지수가 이전 분기 대비 20% 가까이 상승했다고 밝혔다. 실제로 3분기 연속 소비자물가지수는 가파른 상승세를 유지하고 있다.

① 시중은행의 법정지급준비율을 인하한다.
② 공개시장조작을 통해 국채를 매각한다.
③ 외환시장에서 외환을 매입한다.
④ 5만 원짜리 신권 발행량을 늘린다.
⑤ 중앙은행의 재할인율을 인하한다.

③ 재할인율 정책

재할인율은 시중은행이 중앙은행에서 자금을 차입할 때 적용받는 이자율이다. 높은 재할인율은 시중은행의 자금차입 비용을 높여 자금차입의 규모를 감소시키고, 낮은 재할인율은 자금차입 비용을 낮춰 자금차입의 규모를 증가시킨다. 확보 가능한 자금 규모의 감소는 신용창조 규모의 감소를 의미하고, 확보 가능한 자금 규모의 증가는 신용창조 규모의 증가로 이어진다. 따라서 재할인율 인상은 화폐공급곡선을 좌측($M_1^S \to M_0^S$)으로, 재할인율 인하는 화폐공급곡선을 우측($M_1^S \to M_2^S$)으로 이동시킨다.

다음 중 총수요를 증가시키는 요인으로 보기 어려운 경우는?

① 정부가 예산을 조기 집행하였다.

② 미국에서 한국산 휴대폰 수요가 증가했다.

③ 한국은행이 정책금리(기준금리)를 인하했다.

④ 해외를 방문하는 한국의 여행객들이 급증했다.

⑤ 한국산 부품을 사용하는 중국산 완제품의 해외 수출이 증가했다.

| 해설 | 소비나 투자, 정부지출 혹은 순수출이 증가하면 총수요는 증가한다. 해외를 방문하는 한국 여행객이 급증할 경우 국내 외환시장에서 외환수요 증가로 인해 원/달러 환율이 상승한다. 이는 해외시장에서 수출 가격 인하로 이어져 순수출이 작아짐으로써 총수요 감소로 이어질 수 있다.

① 정부가 예산을 조기 집행하는 경우 정부지출 증가를 통한 총수요 확대가 나타난다.

② 미국에서 한국산 휴대폰 수요가 증가할 경우, 수출이 증가하여 순수출 증가로 이어져 총수요가 확대될 수 있다.

③ 한국은행이 기준금리를 인하할 경우 투자가 증가하고, 이는 총수요 증가로 이어질 수 있다.

⑤ 한국산 부품을 사용하는 중국산 완제품의 해외 수출 증가는 중국시장에서 한국산 부품 수요 증가로 이어져 수출이 증가한다. 이는 순수출 증가 요인으로 총수요가 확대될 수 있다.

정답 ④

(3) 실질이자율의 결정

'통화량─이자율' 평면에서 실질이자율은 화폐수요와 화폐공급이 만나는 점에서 결정된다. 화폐공급이 증가하면 화폐공급곡선이 우측으로 이동하여 실질이자율이 하락하고, 화폐공급이 감소하면 화폐공급곡선이 좌측으로 이동하여 실질이자율이 상승한다.

3 이자율 변화와 총수요곡선의 이동

투자지출과 실질이자율은 음(─)의 상관관계를 갖는다. 이자율이 상승하면 투자지출이 감소하고, 이자율이 하락하면 투자지출이 증가한다. 즉, 이자율의 상승은 총수요의 감소를, 이자율의 하락은 총수요의 증가를 야기한다. 총수요의 감소는 물가의 하락과 실질 GDP의 감소를 초래하고, 총수요의 증가는 물가의 상승과 실질 GDP의 증가를 초래한다.

4 통화정책의 방해 요인, 유동성 함정

(1) 유동성 함정의 발생원인

① 지나치게 침체된 경제상황

경제침체가 심화되면 경제주체들의 미래 경기에 대한 기대가 악화된다. 현재의 상태가 좋지 않기 때문에 미래의 경기 역시 낙관할 수 없는 것이다. 경제침체 정도가 매우 심해지면 어떠한 경기부양책이 동원되더라도 경제가 살아나지 않는다. 즉, 총수요가 증가하지 않는다. 현재뿐만 아니라 미래에도 이 불황이 계속될 것으로 예상하기 때문에 가계는 소비지출을 줄이고, 기업은 수익률의 악화를 예상하여 투자를 감소시킨다. 이자율 하락이 총수요를 증가시키는 것은 낮아진 이자율이 차입의 비용을 낮춰 소비와 투자가 증가하기 때문이지만 미래에 대한 기대가 악화되면 아무리 이자율을 낮춰도 소비의 증가로 이어지지 않고, 투자가 발생하지 않는다.

② 유동성 함정, 소비와 투자로 이어지지 않는 이자율 하락

중앙은행이 이자율을 낮출 수 있는 최저 수준은 이자율 0%이다. 이자율이 0%까지 낮아져도 미래 경기에 대한 부정적 기대는 소비의 증가와 투자의 증가를 가져오지 못한다. 한편, 케인스는 이자율이 0%일 때 채권의 가격이 최대가 된다는 점에 주목한다. 사람들이 화폐를 보유하는 이유는 채권을 구입하기 위해서이고, 채권의 가격이 낮을 때 구입하여 높을 때 판매하여 차익을 실현하고 싶어한다고 설명한다. 하지만 이자율과 채권의 가격은 반비례하므로 이자율이 최소가 되면 채권의 가격이 최대가 되어 사람들은 화폐를 사용하지 않고 그저 보유하고 있다. 그 결과 총수요의 증가가 발생하지 않아 경기는 침체 상태를 벗어나지 못한다. 이를 두고 유동성이 함정에 빠져 밖으로 나오지 못한다는 의미로 유동성 함정(liquidity trap)이라고 한다.

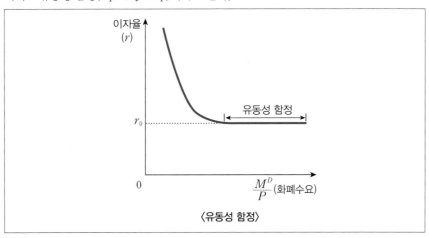

〈유동성 함정〉

(2) 유동성 함정의 해결책

유동성 함정은 이자율의 하락이 소비와 투자의 증가로 이어지지 않아 총수요가 증가하지 않아 나타나는 현상이지만, 그 원인은 미래 경제상황에 대한 부정적인 기대 때문이다. 현실에서 미래 경제상황에 대한 모든 사람들의 기대를 변화시킬 수는 없다. 따라서 유동성 함정이 발생하는 경우의 해결책으로는 재정정책을 통한 총수요 증가가 적절하다.

기출로 확인하기   51회 기출

'유동성 함정'에 대한 설명 중 옳지 않은 것은 무엇인가?

① 중앙은행이 통화량을 늘려도 이자율이 하락하지 않아 통화정책의 효과가 나타나지 않는 상태이다.

② 정부지출이 증가해도 이자율이 상승하지 않기 때문에 재정정책의 효과가 극대화된다.

③ 화폐수요가 이자율에 대해 무한탄력적인 상태이다.

④ 물가 상승에 대한 압력이 크게 나타난다.

⑤ 대표적인 사례로 1930년대 미국의 대공황기를 꼽을 수 있다.

| 제4절 | 재정정책과 통화정책의 정책시차 | 중요도 **하** |

1 내부시차와 외부시차

내부시차(inside lag)란 경제에 발생한 충격을 인식하고 이를 해결하기 위한 정책이 시행되기 전까지의 기간을 의미하고, 외부시차(outside lag)란 정책이 시행되고 난 이후에 실제 정책의 효과가 발생할 때까지의 기간을 의미한다.

2 재정정책과 통화정책의 시차

(1) 내부시차: 재정정책 > 통화정책

내부시차는 재정정책이 통화정책에 비해 길다. 즉, 재정정책은 문제를 인식하고 정책이 실행되기 전까지의 기간이 길다.

① 재정정책의 내부시차

재정정책을 위해서는 정부가 세율을 감소하거나 정부지출을 증가시켜야 한다. 이는 행정부가 독자적으로 시행할 수 있는 것이 아니라 입법부인 국회의 동의가 필요하며, 6개월 이상의 시간이 걸린다. 추경예산안을 확정하기 위해 국회의원들의 동의가 필요한 것들이 이에 해당한다.

② 통화정책의 내부시차

통화량을 증가시키거나 이자율을 낮추는 결정인 통화정책은 중앙은행의 독자적인 활동이기 때문에 의사결정이 빠르다. 한국은행의 정책결정기구인 금융통화위원회에서 결정하면 그대로 통화량이나 이자율의 결정이 이루어진다.

(2) 외부시차: 재정정책 < 통화정책

외부시차는 통화정책이 재정정책에 비해 길다. 즉, 정책이 실현되고 나면 재정정책은 정책의 효과가 바로 나타나는 반면, 통화정책은 그 효과를 확인하는 데 오랜 시간이 소요된다.

① 재정정책의 외부시차

재정정책의 외부시차는 짧다. 재정정책은 정책의 시행까지의 시간은 길지만, 정책의 효과가 직접적이고 신속하다.

② 통화정책의 외부시차

통화정책은 정책의 시행까지의 시간은 짧지만, 중앙은행의 이자율 하락 결정만으로 총수요가 바로 증가할 수는 없다. 이자율의 하락이 투자의 증가로 연결되어야 총수요의 증가가 발생하기 때문이다. 한편, 이자율의 하락과 기업의 투자지출 사이에는 기업의 투자의사결정이라는 시차가 발생하므로 정책의 시행 이후 소요되는 시간이 재정정책보다 길다.

제5절 경기안정화 정책을 둘러싼 학파 간 비교   중요도 **하**

1 고전학파, 케인스, 통화론자의 비교

경제학자 케인스가 1930년대 대공황을 경험하며 이전까지의 주류 이론이었던 경제학에 반기를 들고 나오면서 거시경제학이 형성되었다. 케인스 이전인 고전학파는 수요와 공급이 일치하는 점에서 균형가격과 균형거래량이 결정되고 가격기구에 의해 시장 스스로 균형을 달성하여 최적의 자원배분을 달성할 수 있다고 믿었다. 케인스는 경제학의 이러한 믿음에 반기를 들고 등장했으며, 이후 통화론자들의 비판에 의해 거시경제학이 발전했다. 따라서 거시경제학을 이해하기 위해서는 큰 틀에서 고전학파와 케인스, 통화론자의 생각을 비교해 보는 것이 중요하다.

2 학파별 주요 특징

1960년대 중반 스태그플레이션을 배경으로 대두된 통화론자는 케인스식의 개입이 단기적으로 실업을 감소시킬 수 있지만, 장기적으로는 인플레이션을 가속화시키는 사태를 초래한다고 지적한다. 통화론자는 인플레이션을 억제하고 완전고용 수준을 달성하기 위해서는 통화량을 실질경제성장률과 일치하도록 증가시켜야 한다고 주장한다.

(1) 케인스학파와 통화론자

케인스학파가 비자발적 실업이 없다는 고전학파의 이론을 공격한 것을 케인스 혁명이라고 한다. 한편, 통화론자가 케인스적 처방은 단기적으로는 유효할 수 있지만, 장기적으로는 인플레이션의 상승을 가져온다고 케인스학파의 인플레이션 이론을 공격한 것은 통화론자 반혁명이라고 한다.

(2) 고전학파와 통화론자

정부의 적극적 개입을 반대하는 고전학파와 통화론자는 비슷한 철학을 가졌다고 볼 수 있다. 두 학파는 가격기구를 신봉하는 점에서 동일한 태도를 유지하지만, 고전학파는 고전적 이분법에 따라 실물 부문은 화폐 부문의 영향을 전혀 받지 않고 가격의 신축성과 정보의 이용가능성이 완전하다면 최적의 자원배분과 완전고용을 달성할 수 있다고 주장한다. 반면, 통화론자는 고전학파가 주장하는 최적의 자원배분과 완전고용을 달성하기 위해서는 전제조건으로 화폐에 대한 수요와 공급이 균형이어야 한다는 점을 지적한다. 고전학파가 가격을 가장 중요한 변수로 본다면, 케인스학파는 국민소득을, 통화론자는 총통화량을 가장 중요한 변수로 생각하는 것이다.

3 경기안정화정책에 대한 의견

(1) 불황의 원인과 해결방안

구분	불황의 원인	해결방안
고전학파	시장기능의 실패	시장기능의 회복(노동조합의 부당한 행동에 대한 규제 등)
케인스학파	유효수요의 부족	정부의 재량적 개입(discretionary policy)
통화론자	화폐에 대한 수요와 공급의 괴리	화폐의 공급량을 실질경제성장률과 일치시키는 준칙 (rule)

(2) 경기안정화정책

경기안정화정책은 정부가 완전고용과 물가안정을 달성하기 위해 총수요와 총공급을 조정하는 정책이다. 이 중 총수요관리정책은 정부지출과 세율을 조정하는 재정정책과 통화량과 이자율을 조절하는 통화정책으로 구분된다. 총공급관리정책은 총공급의 증가를 통해 총공급곡선을 우측으로 이동시킴으로써 국민소득의 증가와 물가의 하락을 가져오기 위한 정책이다.

(3) 고전학파, 케인스학파, 통화론자의 비교

구분	등장배경	주창자	핵심 주장	발표저서
고전학파	산업혁명	애덤 스미스	보이지 않는 손	「국부론」(1776)
케인스학파	대공황	케인스	재량적 개입	「일반이론」(1936)
통화론자	스태그플레이션	프리드만	준칙	「금융정책의 역할」(1968)

Why 이슈가 된 걸까?

물가가 높아지고, 실업률이 가장 낮은 경기 호황의 상황이다. 이런 경제상황은 금리를 인상해야 한다는 주장에 힘이 실리기 좋다. 미국의 금리가 높아지는 상황에서 우리의 경제상황이 여력이 있다면 물가와 경제 안정을 위한 금리 인상이 이루어질 수 있다. 이처럼 총수요 확장은 경기의 상황을 다양한 지표로 점검하면서 이루어진다.

매스컴으로 보는 시사 이슈 **NEWS**

물가는 역대급, 실업률은 최저 ⋯ 한은 금리인상 속도 빨라지나

2022년 소비자물가 상승률이 외환위기 이후 24년 만에 가장 높은 수준으로 치솟은 가운데 실업률은 23년 만에 최저치를 기록한 것으로 집계됐다. 취업자 수는 1년 사이 80만 명 넘게 늘었고 고용률은 사상 최고 수준으로 올랐다. '역대급' 물가 상승세와 '역대급' 고용 호조세가 동시에 나타나면서 한국은행의 기준금리 인상 속도가 기존에 예고했던 것보다 빨라질 수 있다는 전망이 나온다.

통계청이 발표한 '7월 고용동향'에 따르면 2022년 7월 15세 이상 취업자 수는 2,847만 5,000명으로 전년 동월 대비 82만 6,000명 증가했다. 취업자 증가폭은 5월 93만 5,000명, 6월 84만 1,000명에 비하면 적지만, 코로나19 사태가 발생하기 전까지 연간 30만 명 안팎 취업자가 증가한 점에 비춰보면 강력한 고용 회복이 이어지고 있다는 평가이다. 취업자 증가세는 17개월 연속 이어졌다.

연령별로 나눠보면 60세 이상 취업자가 전년 동월 대비 47만 9,000명 증가했다. 전체 취업자 증가분의 58%가 60세 이상인 셈이다. 같은 기간 15~29세 청년층 취업자는 9만 2,000명 늘었고, 30대는 6만 2,000명, 50대는 19만 4,000명 증가했다. 40대 취업자는 1,000명 감소했다.

고용률은 40대를 포함해 모든 연령층에서 증가했다. 60세 이상 고용률은 44.4%에서 46.2%로 1.8%포인트 오른 가운데 15~29세 고용률은 45.5%에서 47.7%로 2.2%포인트 올랐다. 30대 고용률도 75.3%에서 77.5%로 2.2%포인

트 상승했다. 15세 이상 전체 연령층의 고용률은 62.9%로 전년 동월 대비 1.6%포인트 오르며 1982년 월간 고용률 통계 작성을 시작한 이래 7월 기준 최고치를 기록했다.

고용의 질도 직접일자리에 의존한 이전 정부 시기보다 좋아지고 있다는 평가가 나온다. 정부가 주도해 만든 일자리로 꼽히는 '공공행정, 국방 및 사회보장 행정' 취업자는 6만 8,000명, '보건업 및 사회복지서비스업'은 13만 명 증가했는데, 전체 취업자 증가 규모에서 이들이 차지하는 비중은 23.9%로 지난 4월 37%에 비해 13.1%포인트 낮아졌다.

반면 상대적으로 양질의 일자리로 꼽히는 '제조업' 분야에서는 취업자가 17만 6,000명 늘었다. 제조업 취업자는 2021년 11월부터 9개월 연속 증가세가 이어졌다. 정보통신업(9만 5,000명), 숙박 및 음식점업(5만 4,000명) 취업자도 늘었다. 다만, '도매 및 소매업' 취업자는 1만 명 감소했다.

인플레이션 압력이 고조되고 있는 상황에서 고용 호조는 한국은행의 기준금리 인상 속도를 부채질할 수 있다는 분석이 나온다. 기준금리 인상은 경제성장을 둔화시키고 고용에 악영향을 미치는 요인으로 작동하는데, 고용 시장에 문제가 없다면 한은이 다른 요인보다 물가 지표에만 집중해 부담 없이 기준금리를 올릴 수 있기 때문이다.

01 난이도 ■□□

금융정책의 수단에 관한 설명으로 옳지 않은 것은?

① 선별적 정책수단으로 대출한도제, 이자율규제 등이 있다.
② 공개시장조작은 선진국보다 후진국에서 많이 사용하고 있다.
③ 중앙은행이 재할인율을 높일 경우 시중의 통화량은 감소한다.
④ 금리인하정책은 다른 수단에 비해 즉각적인 효과를 기대할 수 있다.
⑤ 일반적인 정책수단으로 공개시장조작 정책, 지급준비율 정책, 재할인율 정책 등이 있다.

| **해설** | 일반적인 정책수단인 공개시장조작은 선진국에서 선호되는 통화정책수단이다. 일반적인 정책수단은 간접적 규제수단으로서 금융선진국에서 많이 사용하는 반면, 선별적 정책수단은 금융후진국에서 많이 사용한다.

| **오답피하기** | ③ 재할인율은 시중은행이 중앙은행에서 대출할 때 적용받는 이자율이다. 재할인율이 높아지면 시중은행의 중앙은행에서의 차입이 감소하여 시중 통화량이 감소한다.

02 난이도 ■□□

중앙은행이 기준금리 인하를 통해 기대할 수 있는 정책 효과로 적절하지 않은 것은?

① 시장금리가 하락하여 기업투자가 증가한다.
② 주식시장으로 자금이 유입되어 주가가 상승한다.
③ 경기가 호전될 것으로 전망되어 소비 및 투자가 증가한다.
④ 자본이 해외에서 유입되면서 환율이 낮아져 물가가 하락한다.
⑤ 부동산가격이 상승하여 기업의 담보능력이 높아지면서 대출이 증가하여 투자가 늘어난다.

| **해설** | 기준금리 인하는 투자자본의 입장에서는 수익률의 감소이다. 따라서 해외자본이 우리나라를 빠져나가 외환시장에서 외환공급의 감소로 나타나 이에 따라 환율이 상승한다. 환율 상승으로 해외시장에서 우리나라 상품의 가격경쟁력이 높아져 수출이 증가하여 순수출(수출−수입)이 증가한다. 따라서 총수요가 증가하여 물가가 상승한다.

| **오답피하기** | ① 금리의 하락은 차입비용을 낮춰 기업투자의 증가로 이어진다.
② 금리 인하 시 기업투자가 증가하고 이는 주식시장의 활성화에 도움이 된다.
③ 기준금리 인하는 경기 둔화에 대한 대응책으로 향후 경기의 개선 전망으로 이어져 소비 및 투자가 증가할 수 있다.
⑤ 기준금리 인하는 자산에 대한 수요를 증가시켜 이는 부동산가격 상승으로 이어질 수 있다. 이에 따라 부동산을 소유한 기업의 담보능력 상승으로 대출 및 투자가 증가할 수 있다.

정답 **01** ② | **02** ④

03 난이도 ■□□

완전고용을 달성한 국가에서 지속적인 경제성장을 추구하기 위해 실시할 수 있는 정책을 〈보기〉에서 모두 고르면?

〈보기〉

㉠ 흑자재정
㉡ 통화량 감소
㉢ 정부의 국채 발행
㉣ 이자소득에 대한 세금 인하
㉤ 재할인율 인상
㉥ 원화가치 하락을 통한 수출 증가 유도
㉦ 인적 투자에 대한 세액공제

① ㉠, ㉡
② ㉣, ㉦
③ ㉡, ㉢, ㉤
④ ㉠, ㉡, ㉢, ㉤
⑤ ㉡, ㉢, ㉣, ㉤

| **해설** | 잠재 GDP를 달성하기 이전인 단기의 경기부양 정책이 총수요곡선과 관련 있다면, 장기의 경제성장은 총공급과 연관되어 있다.
㉣ 이자소득에 대한 세금 인하는 궁극적으로 자본재 투자를 증가시켜 공급의 증가로 이어지고, 이는 경제성장으로 이어질 수 있다.
㉦ 기업의 인적 투자에 대한 세액공제로 인해 더 많은 고용이 가능해지고 생산성이 높아져 공급이 증가하고, 이를 바탕으로 경제성장을 이룰 수 있다.

| **오답피하기** | ㉠ 흑자재정은 정부수입 대비 정부지출을 더 적게 사용하는 총수요 요인이다.
㉡ 통화량 감소를 통한 이자율 상승으로 투자를 감소시키는 것은 총수요 요인이다.
㉢ 정부의 국채 발행은 정부지출을 늘리기 위한 것으로 총수요 요인이다.
㉤ 중앙은행이 재할인율을 인상할 경우 신용창조 규모가 감소하고 이는 통화량 감소로 이어져 이자율이 상승한다. 이자율의 상승은 투자를 위축시켜 총수요 감소로 이어진다.
㉥ 환율이 상승할 경우 해외 시장에서 우리나라 상품의 가격이 저렴해져 수출이 증가하므로 이는 총수요 증가 요인이다.

04 난이도 ■□□

어느 나라에서 오랜 기간 위축된 총수요로 인해 실질 GDP가 지속적으로 감소하였다. 이를 거시경제정책을 통해 해결하고자 할 때 알맞은 정책은?

① 증세정책
② 흑자예산 편성
③ 재할인율 인상
④ 지급준비율 인상
⑤ 공개시장에서 채권 매입

| **해설** | 총수요 감소로 인한 실질 GDP 감소가 지속된 경우 확장적 총수요 정책이 필요하다. 즉, 민간소비 증가, 투자 증가, 정부지출 증가, 순수출 증가가 필요하다. 공개시장에서 채권을 매입할 경우 시중에 통화량이 증가하여 이자율이 감소하고 이로 인해 투자가 증가한다. 투자의 증가는 총수요를 증가시키므로 실질 GDP가 증가한다.

| **오답피하기** | ① 증세는 경제주체의 실질소득을 감소시켜 소비와 투자를 감소시킨다.
② 흑자예산은 세입 대비 세출이 작은 상태이므로 정부지출의 감소를 의미한다.
③ 재할인율을 인상하면 시중은행이 중앙은행으로부터의 대출 규모를 줄이므로 신용창조 규모가 감소하여 통화량이 감소한다. 통화량의 감소는 이자율 상승으로 이어져 투자와 소비가 위축된다.
④ 지급준비율을 인상하면 대출에 활용하지 못하는 예금액이 늘어난다. 이는 신용창조 규모의 축소로 이어져 이자율이 상승하고 이는 투자와 소비의 위축으로 이어진다.

정답 03 ② | 04 ⑤

05

다음 빈칸 A, B에 들어갈 개념으로 적절한 것은?

> 통화정책당국이 경제상황을 진단한 후 적절한 대책을 마련하면 그 정책이 효과를 나타내기까지는 상당한 기간이 경과되어야 한다. 정책의 필요성이 발생한 시점과 당국이 정책을 입안, 확정하기까지의 시차를 (A)라고 하고, 그러한 정책이 시행되어 경제에 효과를 미치는 데 걸리는 시간을 (B)라고 한다.

	A	B
①	내부시차	외부시차
②	인식시차	실행시차
③	인식시차	외부시차
④	실행시차	외부시차
⑤	인식시차	내부시차

| **해설** | 내부시차는 인식시차와 실행시차로 구분된다. 인식시차는 정책당국이 경제 상태를 인식하는 데 걸리는 시간을 말하고, 실행시차는 경제 상태를 인식한 후 정책을 마련, 집행할 때까지 걸리는 시차를 말한다. 외부시차는 정책당국이 실행한 정책이 실제로 효과를 나타낼 때까지 걸리는 시차를 말한다.

내부시차	재정정책이 통화정책보다 길다.
외부시차	통화정책이 재정정책보다 길다.

06

다음 신문기사를 통해 알 수 있는 한국은행의 정책 목표로 가장 적절한 것은?

> 한국은행 총재는 '중기적 시계에서 물가가 목표 수준에 근접하도록 통화정책을 운용하고 있다.'며, '단기·일시적으로 목표를 이탈한다고 해서 통화정책으로 대응하진 않을 것'이라고 설명했다. 이어 '물가의 하방 리스크가 커지면 목표 이탈 정도를 줄여나가도록 노력할 것'이라며, '반대로 상방 리스크가 현재화되더라도 경기회복세가 미흡하다고 판단되면 통화정책 기조를 조정하는 데 신중을 기할 것'이라고 강조했다.

① 환율목표제
② 통화량목표제
③ 물가안정목표제
④ 중간목표관리제
⑤ 명목 GDP 목표제

| **해설** | 물가가 불안정하면 안정적인 소비가 이루어지지 못해 경제 전체가 불안정해지고, 자원이 효율적으로 배분되지 못하기 때문에 중앙은행의 제1목표는 물가안정이다. 우리나라 중앙은행도 '물가안정목표제'를 정책 목표로 두고 있다. 이는 중간목표 없이 최종목표로 물가안정을 세우고 다양한 정책수단을 동원하는 통화정책의 목표를 의미한다.

| **오답피하기** | ① 환율목표제: 명목기준지표로 환율을 활용하고 이를 달성하는 방식이다.
② 통화량목표제: 통화지표의 증가율을 중간목표로 설정하고 이를 달성하는 방식이다.
④ 중간목표관리제: 최종목표인 물가안정을 달성하기 위해 환율, 통화량, 인플레이션율과 같은 중간목표를 설정하고 이를 달성하는 방식을 의미한다.
⑤ 명목 GDP 목표제: 중앙은행이 통화정책 목표를 실질경제성장률에 물가상승률을 더한 명목 GDP 성장률의 안정으로 삼는 것을 의미한다.

정답 **05** ① | **06** ③

07 난이도 ■■■□

정부가 재정 확충을 위해 국민들에게 세금을 더 부과하거나 국채를 발행하려고 한다. 세금을 걷는 방식과 비교하여 국채를 발행했을 때의 경제적 효과를 예측한 것으로 적절한 것을 〈보기〉에서 모두 고른 것은?

⟨보기⟩

㉠ 국채는 원리금의 상환의무가 있으므로 재정부담을 가중시킨다.
㉡ 국채는 세금징수보다 민간소비를 더 많이 위축시킨다.
㉢ 국채는 민간 부문의 저항이 크다.
㉣ 국채는 유사시 대규모 긴급 자금 동원능력이 크다.

① ㉠, ㉡   ② ㉠, ㉣
③ ㉡, ㉢   ④ ㉠, ㉢, ㉣
⑤ ㉡, ㉢, ㉣

┃해설┃ 국채는 단기에 정부재정을 확보할 수 있다는 장점이 있으나, 원리금상환의무가 있으므로 만기에 재정부담을 가중시킨다.

┃오답피하기┃ ㉡ 국채 발행은 국채가 자산으로 인식될 수 있기 때문에 세금징수액만큼 소비가 줄어들지 않는다.
㉢ 국채는 조세에 비해 민간의 저항이 작다.

08 난이도 ■■■□

한국은행이 공개시장에서 채권을 매도했을 때 초래할 수 있는 현상으로 적절하지 않은 것은?

① 금리가 상승 압력을 받는다.
② 시중에 본원통화가 감소한다.
③ 국가 전체의 통화량 변화는 없다.
④ 은행들의 신용창출 여력이 감소한다.
⑤ 은행들이 지급준비금 확보가 수월해진다.

┃해설┃ 공개시장에서 채권을 매도하는 것은 중앙은행이 시중에 통화안정증권을 팔고 그 대가로 통화를 받는 과정으로 나타난다. 시중에 본원통화가 중앙은행으로 흡수되었기 때문에 시중은행들은 지급준비금 확보가 이전에 비해 어려워진다.

┃오답피하기┃ ① 시중 통화량의 감소로 인해 금리는 상승 압력을 받는다.
② 중앙은행이 통화를 흡수하므로 시중 본원통화는 감소한다.
③ 공개시장조작은 통화의 소유 주체만 바꿀 뿐 국가 전체적으로 통화량 변화는 없다.
④ 시중 통화량의 감소로 대출에 활용할 통화의 규모가 줄어들어 은행들의 신용창조 여력이 감소한다.

[09-10] 다음 글을 읽고 물음에 답하시오.

한국은행 금융통화위원회는 다음 통화정책 방향을 결정할 때까지 콜금리 목표를 연 3.5%에서 3.75%로 상향 조정하기로 의결하였다.

09 난이도 ■□□

위와 같은 통화정책이 시행될 때 예상되는 변화를 〈보기〉에서 모두 고르면?

─ 〈보기〉 ─
㉠ 원화가치의 상승
㉡ 물가상승률의 증가
㉢ 경제성장률의 둔화
㉣ 통화증가율의 하락
㉤ 부동산가격의 상승

① ㉠, ㉢, ㉣
② ㉠, ㉢, ㉤
③ ㉡, ㉢, ㉤
④ ㉡, ㉣, ㉤
⑤ ㉢, ㉣, ㉤

| 해설 | 중앙은행이 콜금리를 인상하면 시장이자율이 상승한다. 시장이자율이 상승하면 단기적으로 경제성장률이 둔화되고 물가상승률이 하락한다(㉢). 또한 화폐보유비용의 증가와 경제성장 둔화로 인해 통화증가율도 하락한다(㉣). 한편 원화 표시 자산의 수익률이 높아지므로 원화가치가 상승한다(㉠).

| 오답피하기 | ㉡ 기준금리가 상승하면 투자와 소비가 위축된다. 이는 총수요곡선의 좌측 이동으로 나타나 물가가 하락하고 실질 GDP는 감소한다.
㉤ 기준금리의 상승은 자금차입에 대한 대가가 커지므로 자산수요의 위축으로 이어진다. 즉, 부동산 수요가 위축되어 부동산 가격이 하락한다.

10 난이도 ■□□

위와 같은 통화정책이 시행될 때 채권 및 주식시장에서 발생할 가능성이 가장 높은 것은?

① 채권가격은 상승하고 주식가격은 하락할 것이다.
② 채권가격은 하락하고 주식가격은 상승할 것이다.
③ 기존에 보유하고 있던 채권의 자산가치가 하락할 것이다.
④ 시장금리가 계속 상승할 것으로 예상될 경우 채권 수요가 증가할 것이다.
⑤ 시장금리가 계속 상승할 것으로 예상될 경우 기업들은 계획됐던 채권 발행을 연기할 것이다.

| 해설 | 콜금리의 인상은 채권가격 또는 채권의 자산가치를 하락시킨다.

| 오답피하기 | ①② 기준금리 인상 시 채권가격은 하락하고, 기업 투자가 위축되며, 차입자금의 대가가 커져 주식시장 수요가 감소하여 주식가격이 낮아진다.
④ 시장금리가 계속 상승할 것으로 예상될 경우 향후 채권가격이 계속 낮아져 채권 수요는 감소한다.
⑤ 시장금리가 계속 상승할 것으로 예상될 경우 기업의 입장에서는 채권 판매로 조달할 수 있는 금액이 감소하므로 채권 발행을 서두를 것이다.

정답 09 ① | 10 ③

11 난이도 ■■□ [제61회 기출]

한국은행이 경기회복을 위해 확장적 통화정책을 쓰기로 했다. 다음 중 확장적 통화정책으로 인식할 수 있는 것은?

① $M1$을 80조 원에서 60조 원으로 축소
② 1.5%인 기준금리를 1.75%로 인상
③ 공개시장 운영을 통해 한국은행이 정부채권을 민간에 매도
④ 재할인율 인하
⑤ 지급준비율을 3.25%에서 3.5%로 인상

| 해설 | 재할인율은 시중은행이 중앙은행으로부터 대출할 때 적용받는 이자율이다. 재할인율의 인하는 시중은행의 차입규모 증가로 이어지고, 이는 시중은행의 신용창조 규모를 높일 수 있다.

| 오답피하기 | ① 협의통화($M1$)를 축소하는 전략은 긴축적 통화정책에 해당한다.
② 기준금리 인상은 대출비용을 높여 투자를 감소시키는 요인으로 작용한다.
③ 공개시장에서 채권을 매도할 경우 시중 통화량이 중앙은행으로 흡수된다. 즉, 긴축적인 통화정책을 시행할 때 사용하는 방법이다.
⑤ 지급준비율의 인상은 신용창조 규모의 축소로 이어진다.

12 난이도 ■■□ [제61회 기출]

2008년 글로벌 금융위기 이후 많은 국가들은 제로금리를 시행했다. 이 때문에 이 나라들이 유동성 함정에 빠지는 것이 아닌가 하는 우려가 생겼다. 유동성 함정에서 가장 발생하기 쉬운 상황은?

① 유동성이 풍부한 반면 채권투자 수익률이 낮으므로 은행예금이 풍부해진다.
② 재정정책의 승수가 줄어들어 재정정책의 효과가 감소한다.
③ 제로금리의 실현이 지속되면 자금에 대한 수요가 감소한다.
④ 통화량을 늘려도 통화수요 증가로 흡수되어 통화정책의 효과가 사라진다.
⑤ 통화량이 늘어나므로 물가는 하락한다.

| 해설 | 유동성 함정에서는 통화공급을 늘려도 통화수요로 흡수될 경우 시중에 소비와 투자가 증가하지 않는다. 총수요 증가가 발생하지 않으므로 통화정책의 효과가 발생하지 않는다.

| 오답피하기 | ① 유동성 함정에서는 이자율이 0%에 가까워지고, 이는 채권의 가격이 높아지는 결과로 이어진다. 그 결과 채권 가격이 떨어질 때까지 현금을 보유하는 성향이 나타난다.
② 재정정책의 승수는 한계소비성향과 관련 있다.
③ 제로금리가 지속될 경우 채권가격이 극대화되기 때문에 자금수요가 증가한다. 미래 채권구입에 대비하기 위해 자금을 쓰지 않고 보유하려는 성향만 증가한다.
⑤ 통화량 증가가 물가 증가로 이어지는 것은 총수요가 증가하기 때문이다. 하지만 소비와 투자가 증가하지 않으므로 총수요 확대가 발생하지 않아 물가 변화가 발생하지 않는다.

13 난이도 ■□□

통화정책의 수행과 관련하여, 다음 자료가 의미하는 바로 가장 적절한 것은?

> 처음 물을 틀면 샤워꼭지를 온수에 맞춰도 찬물이 나오기 마련이다. 조금 기다리면 뜨거운 물이 나올 텐데도 바보는 가장 뜨거운 물이 나오도록 샤워꼭지를 돌린다. 그러다 너무 뜨거운 물이 나오면 다시 샤워꼭지를 가장 찬물이 나오도록 돌린다. 이런 식으로 바보는 끊임없이 샤워꼭지를 돌리게 된다. 이와 같은 현상은 '샤워실의 바보(fool in the shower room)'로 알려져 있다.

① 경제 안정을 위해서는 재정정책이 통화정책보다 효과적일 수 있다.
② 통화정책은 정책의 수립과 집행 과정이 투명하게 시장에 공개되어야 한다.
③ 단기적 정보에 의존하여 급격히 통화정책을 바꾸는 것은 바람직하지 않다.
④ 통화정책의 변화는 사전에 예상할 수 있을 때 경제 안정에 더 기여할 수 있다.
⑤ 통화정책을 바꾸더라도 초기에는 바람직하지 않은 결과가 나타나는 경우가 많다.

| 해설 | 당장 느끼는 수온에 의존하여 반대 방향으로 급격히 샤워꼭지를 돌리는 것을 통화정책에 비유하자면 단기적 정보에 의존하여 급격히 통화정책을 바꾸는 것이 될 것이다.

| 오답피하기 | ① '샤워실의 바보'는 안정적인 통화정책을 강조하는 것으로, 재정정책이 통화정책보다 효과적이라고 표현한 것은 아니다.
② '샤워실의 바보'는 통화정책의 투명성과 관련 없다.
④ 통화정책을 미리 예상할 경우 시장의 경제주체들은 예상을 반영하여 행동하므로 시장 왜곡이 발생할 수 있다.
⑤ 통화정책 외부시차가 길어 초기에는 반응이 크지 않을 수 있지만 이것이 바람직하지 않은 결과로 이어지는 경우가 많음을 의미하지는 않는다.

14 난이도 ■□□

경기가 지나치게 과열된 경우 정부나 중앙은행이 활용할 수 있는 수단으로 적절하지 않은 것은?

① 기준금리 인상
② 흑자재정 확대
③ 추가경정예산 편성
④ 부가가치세율 인상
⑤ 공개시장에서 채권 매도

| 해설 | 추가경정예산은 국회 예산의 실행 단계에서 부득이하게 발생한 경비를 의미한다. 즉, 예산안이 국회를 통과하여 확정된 후에 생긴 사유로 인해 예산을 추가 편성하는 예산을 의미한다. 예산이 추가로 편성되는 경우 정부는 추가적인 지출을 할 수 있어 총수요 확장정책을 수행할 수 있다. 이는 경기가 위축된 경우에 활용할 수 있는 정책수단이다.

| 오답피하기 | ① 경기가 과열된 경우 기준금리 인상을 통해 투자지출을 줄여 총수요를 감소시킨다.
② 흑자재정은 재정수입보다 재정지출이 작은 상태이므로, 정부지출을 줄여 총수요를 감소시킨다.
④ 세율 인상은 실질소득을 줄여 소비를 위축시킨다. 이는 총수요를 감소시킨다.
⑤ 공개시장에서 채권을 매도할 경우 시중 통화량을 흡수하므로 이자율이 상승하여 투자와 소비가 감소한다.

15 난이도 ▪▪☐

[제61회 기출]

갑국이 시행해야 할 적절한 경제 안정화 정책을 〈보기〉에서 고른 것은?

> 신종 코로나바이러스 감염증(코로나19)의 확산으로 세계경기침체가 깊어지고 있다. 이에 갑국의 국내 소비와 투자가 크게 위축되었다. 이로 인해 갑국 정부와 중앙은행은 경기 활성화 정책을 추진하기로 하였다.

〈보기〉
㉠ 법인세 최고세율을 인상한다.
㉡ 정부 재정지출을 확대한다.
㉢ 중앙은행이 국공채를 매입한다.
㉣ 소득공제 범위를 축소한다.

① ㉠, ㉡   ② ㉠, ㉢
③ ㉡, ㉢   ④ ㉡, ㉣
⑤ ㉢, ㉣

| 해설 | 제시문에는 팬데믹으로 인한 세계 경제 침체 상황이 나타나 있다. 이 경우 갑국은 총수요를 확대하는 정책을 활용하여 경제를 안정화시켜야 한다.
㉡ 정부지출의 증가는 직접적인 총수요 증가를 견인할 수 있으므로 확장적인 재정정책의 방법이다.
㉢ 중앙은행이 국공채를 매입할 경우 시중에 매입대금이 공급되므로 시중 통화량이 증가한다. 이는 시중은행의 신용창조 규모 증가로 이어져 확장적인 총수요 정책의 기반이 된다.

| 오답피하기 | ㉠ 법인세 최고세율의 인상은 기업의 생산비용 증가를 의미한다. 따라서 투자 여력이 감소하여 총수요의 위축이 나타날 수 있다.
㉣ 소득공제 범위의 축소는 가처분소득의 감소 및 소비지출 위축으로 이어진다.

⚗ S등급 고난도 문제

A국의 경제상황은 다음과 같다. 청년실업률이 지금까지의 추세로 계속해서 이어질 것이 예상되는 경우, 이러한 상황을 극복하기 위한 정책 수단을 〈보기〉에서 고른 것은?

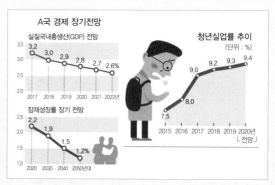

〈보기〉
㉠ 법인세를 인하한다.
㉡ 기준금리를 인상한다.
㉢ 공공투자 지출을 증대한다.
㉣ 흑자재정정책을 실시한다.

① ㉠, ㉡   ② ㉠, ㉢
③ ㉡, ㉢   ④ ㉡, ㉣
⑤ ㉢, ㉣

| 해설 | A국의 경제전망이 좋지 않고 청년실업률이 계속해서 상승하고 있으므로 총수요 확장 정책이 필요함을 알 수 있다.
㉠ 법인세의 인하는 기업 부문의 투자여력을 증가시켜 총수요를 증가시킨다.
㉢ 공공투자 지출의 증대는 총수요 확장정책에 해당한다.

| 오답피하기 | ㉡ 기준금리를 인상하면 기업투자가 위축되어 총수요가 감소한다.
㉣ 흑자재정정책은 세입이 세출보다 많은 상태이므로, 경기부양에 도움이 되지 않는다. 경기침체 시 정부지출을 늘려 총수요를 증가시켜야 생산이 늘고, 일자리의 증가가 발생한다.

정답 **15** ③ | 고난도 정답 ②

CHAPTER 07 | 물가와 인플레이션

제1절 | 물가와 물가지수 중요도 하

1 물가

거시경제학에는 미시경제학에서 학습한 개별 상품과 서비스의 가격을 모두 종합하여 전반적인 가격동향을 살펴보는 개념이 존재하는데, 이것이 바로 **물가**이다. 이러한 물가의 변화를 측정하기 위해서는 수단이 필요한데, 이때 활용되는 것이 바로 물가지수이다.

> **물가**
> 상품과 서비스들의 개별가격을 종합·평균한 것

2 물가지수

(1) 개념

① 물가지수는 경제의 전반적인 가격 수준인 물가를 측정하는 도구이다. 물가지수는 경제에 존재하는 수많은 상품과 서비스의 가격들을 일정한 방식으로 평균하여 작성한 지표로서, 기준시점의 물가를 100으로 놓고 비교시점의 물가를 이와 비교하는 방식으로 물가를 나타내는 지수이다.

② 비교시점의 물가지수가 105라면 기준연도보다 물가가 상승했음을 알 수 있고, 비교시점의 물가지수가 90이라면 기준연도보다 물가가 하락했음을 알 수 있다.

(2) 종류

우리나라에서 자주 사용하는 물가지수는 크게 생산자물가지수, 소비자물가지수(근원, 생활), GDP 디플레이터로 살펴볼 수 있다.

① 생산자물가지수

ㄱ 생산자물가지수는 국내에서 생산하여 국내시장에 출하되는 모든 재화와 서비스 요금의 변동을 측정하기 위해 작성되는 지수이다. 상품 부문 781개, 서비스 부문 103개가 포함되어 총 884개의 품목을 조사하여 작성된다. 한편 2020년을 기준(2020=100)으로 하여 측정되는 지수이며, 재화와 서비스 요금을 측정할 때 부가가치세를 제외한 공장도가격을 기준으로 한다.

ㄴ 생산자물가지수는 가격의 변동 추이를 측정하는 것이 목적이므로 가격의 절대 수준을 나타내지 않으며, 소비자물가지수와 지수 수준의 비교는 가능하나 생산자 판매단계와 소매단계의 마진을 측정하기 위한 정보로 활용될 수 없다.

PART 02 거시경제

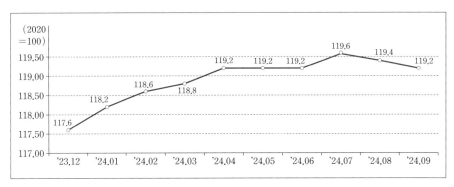

② 소비자물가지수

    ⊙ 소비자물가지수는 도시가계가 일상생활을 영위하기 위해 구입하는 상품 가격과 서비스 요금의 변동을 종합적으로 측정하기 위해 작성되는 지수이다. 2020년을 기준연도로 하여 가계소비지출에서 차지하는 비중이 1/10,000 이상인 품목 458개를 대상으로 작성된다.

    ⓛ 소비자물가지수는 물가 변동이 도시가구의 소비생활에 미치는 영향을 보여 주는 지표로, 어느 특정 가구나 계층을 대상으로 측정한 것이 아니고 전체 도시가구의 평균적인 영향을 나타내는 지수이다. 한편, 일반 소비자들이 느끼는 체감물가는 일상생활에서 자주 구입하는 품목들의 가격 변동으로 인해 느끼는 것이므로 개인별 또는 가구별로 차이가 발생할 수 있다.

③ 근원물가지수

    ⊙ 근원물가지수는 소비자물가 조사품목 중 곡물 이외의 농산물, 석유류(도시가스 포함)와 같이 외부충격에 취약한 품목들을 제외하고 산정한 물가지수이다.

    ⓛ 일시적인 충격에 영향을 많이 받는 품목들은 제외하고 산정하여 순수한 물가 변동의 추이를 분석하는 데 유용한 지표이다.

④ 생활물가지수

생활물가지수는 소득과 무관하게 반드시 구입하여 사용하여 기본생필품을 대상으로 작성한 물가지수로, 생필품 141개의 품목으로 구성되어 있다.

⑤ *GDP* 디플레이터

    ⊙ *GDP* 디플레이터는 명목 *GDP*와 실질 *GDP*를 비교하여 가격의 변화를 파악하는 물가지수이다. 실질 *GDP*는 기준연도의 가격을 사용하고, 명목 *GDP*는 비교연도의 가격을 사용하므로 이 두 개념을 비교하면 물가의 변화를 파악할 수 있다.

    ⓛ *GDP* 디플레이터는 다음과 같이 계산된다.

$$GDP \text{ 디플레이터} = \frac{\text{명목 } GDP}{\text{실질 } GDP} \times 100$$

내용정리	생산자물가지수와 소비자물가지수

구분	생산자물가지수	소비자물가지수
정의	생산자가 판매하는 재화나 서비스의 가격 변동을 나타내는 지수	소비자가 구입하는 재화와 서비스의 가격 변동을 나타내는 지수
산정 방법	2020년을 기준연도(2020 = 100)로 하여 재화와 서비스 요금(부가가치세를 제외한 공장도 가격)을 산정	2020년을 기준연도(2020 = 100)로 하여 개별 상품 가격에 가중치를 적용하여 산정
가격조사 방법	상품의 공장도가격 조사	통계청 담당직원의 면접조사
지수산정 대상품목	상품 부문 781개, 서비스 부문 103개가 포함된 총 884개의 품목	가계소비지출에서 차지하는 비중이 1/10,000 이상인 458개 품목
공표주기	매월	매월
조사기관	한국은행	통계청

⑶ 체감물가와 차이가 발생하는 이유

① 개인별 소비품목의 차이

정부에서 발표하는 물가지수와 체감물가가 다른 이유는 개인별로 소비하는 재화와 서비스가 다르기 때문이다. 물가지수는 다양한 상품묶음을 대상으로 일정한 기준을 적용하여 최대한 객관적으로 산출하는 평균 물가인데 반해, 체감물가는 개인의 생활패턴에 맞춰 주관적으로 구입하는 재화의 가격에 의해 결정되기 때문에 물가지수와 차이가 발생한다.

② 상황으로 인한 착각

일반적으로 소득이 증가할수록 소비는 커지는 경향이 있다. 보유한 자산의 가치가 올랐거나 소득의 증가로 생활 수준이 향상된 경우 소비를 증가시키는데, 이때 지출 증가를 물가 상승으로 오해하여 체감물가와 물가지수를 다르게 느끼기도 한다. 한편, 가족구성원이 늘어 지출이 증가한 것을 물가 상승으로 오인하여 체감물가가 실제 물가지수보다 높다고 착각하기도 하며, 개인의 소득이 감소하여 가처분소득이 감소한 경우를 물가의 상승으로 오해하기도 한다.

③ 통계집계상의 한계

물가지수 산정 과정에서 통계적인 오차도 물가지수와 체감물가의 차이를 가져오는 원인으로 작용할 수 있다. 현행 물가지수는 5년을 주기로 가중치와 대상 품목을 조정하고 있는데, 이러한 주기는 현실을 제대로 반영하지 못할 가능성이 있다. 급변하는 경제환경을 반영하기에는 5년이라는 주기가 너무 길 수 있기 때문이다.

기출로 확인하기 정답 및 해설

| 해설 | GDP 디플레이터는 GDP를 활용하여 물가의 변화를 살펴보는 지표이다. GDP는 일정 기간 동안 한 국가 내에서 생산된 최종 재화와 서비스의 시장가치의 합으로, 수입품은 GDP 산출 시 제외된다. 수입품은 해외에서 생산되어 우리나라에 들어오는 상품이기 때문이다. 따라서 수입품은 소비자물가지수에 영향을 미치지만, GDP 디플레이터와는 관련이 없다.

정답 ②

📖 읽는 강의

인플레이션은 거시경제학에서 매우 중요한 경제현상입니다. 인플레이션은 화폐의 가치 혹은 구매력의 하락을 의미합니다. 과거 10만 원으로 10개를 구입할 수 있었던 1만 원짜리 햄버거 세트가 2만 원으로 오르면 5개밖에 구매할 수 없습니다. 물가 상승으로 인해 10만 원이라는 화폐의 구매력이 하락한 것입니다. 똑같은 돈을 벌어도 구입 가능한 물건이 적어진다는 것은 소득이 감소한 것과 마찬가지입니다.

기출로 확인하기 35회 기출변형

소비자물가지수와 GDP 디플레이터에 대한 설명으로 옳지 않은 것은?

① 소비자물가지수는 소비자들이 상대적으로 가격이 높아진 재화 대신 가격이 낮아진 재화를 구입할 수 있다는 사실을 감안하지 않는다.
② 수입품은 GDP 디플레이터에 영향을 미치지만 소비자물가지수에는 영향을 미치지 못한다.
③ 소비자물가지수는 새로운 상품의 도입으로 인한 화폐의 구매력 변화를 고려하지 않는다.
④ 소비자물가지수는 재화와 서비스의 질적 변화로 인해 왜곡될 수 있다.
⑤ 소비자물가지수는 기준연도 구입량을 가중치로 사용하므로 물가 변화를 과대평가하는 반면, GDP 디플레이터는 비교연도 거래량을 가중치로 사용하므로 물가 변화를 과소평가하는 경향이 있다.

제2절 인플레이션(inflation) 중요도 중

1 인플레이션의 의미

인플레이션이란 일반적인 물가가 지속적으로 상승하는 현상을 의미한다. 미시경제학에서는 개별적인 상품의 가격이, 거시경제학에서는 전반적인 가격 수준인 물가가 중요하게 다루어진다. 그래프상에서는 총수요곡선과 총공급곡선의 이동으로 그 교차점이 이전의 균형보다 높아지는 상태로 표시된다.

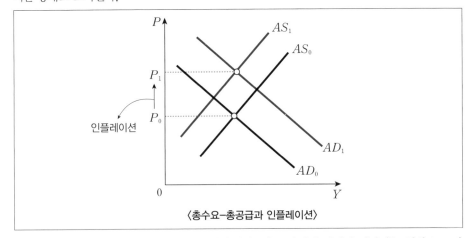

〈총수요-총공급과 인플레이션〉

인플레이션은 물가의 지속적인 상승을 의미하지만, 이는 화폐의 가치가 하락하는 현상으로 정의되기도 한다. 예전에는 10,000원으로 1,000원짜리 볼펜 10자루를 구입할 수 있었는데, 인플레이션으로 인해 볼펜 가격이 1,200원으로 오른다면 8자루밖에 구입할 수 없다. 동일한 화폐 금액으로 구입할 수 있는 볼펜의 수가 줄어든 것이다. 이를 '화폐의 구매력이 감소했다.'라고 표현한다.

☑ 인플레이션의 원인

인플레이션은 생산물에 대한 총수요나 총공급이 변함으로써 발생한다. 경제학에서는 수요 측 요인에 의해 발생하는 인플레이션을 수요견인 인플레이션이라고 하고, 공급 측 요인에 의해 발생하는 인플레이션을 비용인상 인플레이션이라고 한다. 한편, 총수요와 총공급이 함께 변함으로써 물가가 인상되기도 하는데, 이를 혼합형 인플레이션(mixed inflation)이라고 한다.

(1) 수요견인 인플레이션(demand-pull inflation)

① 의미

총수요가 증가하여 물가가 상승하는 현상을 의미한다. 이를 총수요-총공급 그래프로 설명하면 총수요곡선이 오른쪽으로 이동하여 발생하는 인플레이션을 의미한다. 수요견인 인플레이션은 물가가 상승함과 동시에 실질 GDP가 증가한다. 따라서 수요견인 인플레이션은 총수요곡선을 우측으로 이동시키는 요인들에 의해 발생한다.

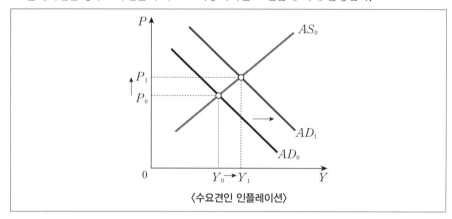

〈수요견인 인플레이션〉

② 발생 요인

수요견인 인플레이션의 원인에 대해서는 두 가지 주장이 있다. 그중 하나는 총수요가 소비(C), 투자(I), 정부지출(G), 순수출(NX)의 요인들로 구성되어 있으므로 정부의 확장적 재정정책($G\uparrow$)이나 새로운 산업의 급격한 발달로 투자가 급증($I\uparrow$)하는 경우, 그리고 과소비 풍조가 만연한 경우($C\uparrow$) 등의 실물적 요인의 확대로 인해 물가가 상승한다는 것이다. 한편, 통화량의 급격한 증가가 총수요곡선을 우측으로 이동시킨다는 주장도 있다. 통화량이 증가하면 이자율이 하락하여 투자가 증가한다. 이로 인해 총수요곡선이 우측으로 이동하여 물가가 상승한다는 것이다. 궁극적으로는 두 주장 모두 인플레이션이 수요 측 요인에 의해 발생한다고 본다.

기출로 확인하기
20회 기출변형

수요견인 인플레이션이 발생되는 경우로 옳은 것은?

① 수입 자본재 가격의 상승 ② 임금 삭감

③ 정부지출 증가 ④ 환경오염 증가

⑤ 국제 원자재 가격의 상승

기출로 확인하기 정답 및 해설

| 해설 | 수요견인 인플레이션은 총수요곡선의 우측 이동으로 인해 발생하는 인플레이션이다. 수요견인 인플레이션을 야기하기 위해서는 총수요곡선을 이동시키는 요인이어야 한다. 정부지출이 증가하면 총수요가 증가하여 총수요곡선이 우측으로 이동한다.

정답 ③

CHAPTER 07 | 물가와 인플레이션

(2) 비용인상 인플레이션(cost-push inflation)

① 의미

총공급곡선은 기업의 생산요소비용과 밀접한 관계를 갖는 곡선이다. 생산요소비용의 증가는 기업들의 생산비용을 증가시킨다. 이를 총수요-총공급 그래프로 설명하면 총공급곡선이 왼쪽으로 이동하여 발생하는 인플레이션을 의미한다.

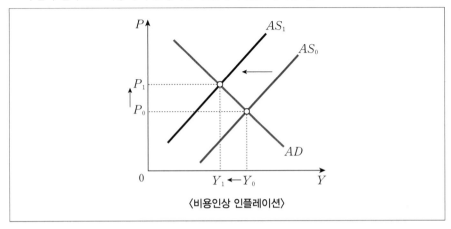

〈비용인상 인플레이션〉

② 발생 요인

㉠ **원자재의 가격 상승**: 대표적인 비용인상 요인은 석유와 같은 원재료의 가격 상승이다. 과거 석유파동으로 인해 석유 가격이 무려 10배나 치솟았다. 그 결과 기업들의 생산비용이 크게 증가했고, 이는 총공급곡선의 좌측 이동을 야기하여 비용인상 인플레이션이 발생하였다.

㉡ **태업 및 파업**: 노사분규로 인한 태업이나 파업은 기업들의 비용인상 요인이다. 이는 노동자들의 생산성을 하락시킴으로써 제품 1개를 생산하기 위해 투입되는 노동비용을 증가시키고 전반적인 생산비용의 증가를 야기한다. 생산비용의 증가는 총공급곡선을 좌측으로 이동시켜 인플레이션이 발생한다.

③ 스태그플레이션(stagflation)

㉠ **개념**: 비용인상 인플레이션은 수요견인 인플레이션과 달리 물가의 상승과 더불어 실질 GDP의 감소가 동시에 일어난다. 기업들의 생산량 감소는 노동자들의 감소시켜 기업들로 하여금 신규채용을 축소시킬 뿐만 아니라 기존의 노동자를 해고하는 실업이 발생하는 원인으로 작용한다. 즉, 비용인상 인플레이션이 지속될 경우 인플레이션과 실업이 동시에 발생하게 된다. 이처럼 물가 상승과 경기불황이 동시에 일어나는 현상을 스태그플레이션이라고 한다.

㉡ **대책**: 스태그플레이션이 경제에 해로운 이유는 물가 상승과 실업을 해결하기 위한 대책이 마땅하지 않기 때문이다. 물가 상승을 억제하기 위해 긴축정책을 시행하여 총수요곡선을 좌측으로 이동시키면 생산량은 더욱 감소하여 실업이 급증하게 된다. 반면, 실업 문제를 해결하기 위해 확장정책을 시행하여 총수요곡선을 우측으로 이동시키면 물가는 더욱 더 높아지게 된다.

📐 읽는 강의

미시경제학과 거시경제학 모두에서 공급곡선은 기업의 비용구조와 밀접한 연관을 갖습니다. 거시경제학에서의 총공급곡선도 개별 시장이 아닌 국가 전체를 대상으로 한다는 점만 다를 뿐 기업의 생산비용과 직접적인 연관을 갖습니다. 다른 모든 조건이 일정하다면 생산비용이 증가하는 경우 더 적은 양을 생산할 수밖에 없고, 이러한 제약은 기술 개발로 극복할 수 있습니다. 기술은 동일한 생산요소로 더 많은 생산을 가능하게 하기 때문에 생산비용이 감소한 것과 동일한 결과를 가져옵니다. 그리고 이때 총공급곡선은 우측으로 이동하게 됩니다.

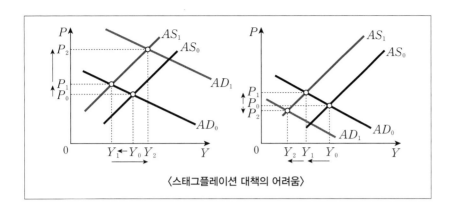

〈스태그플레이션 대책의 어려움〉

제3절 | 인플레이션의 영향   중요도 **중**

인플레이션은 생활 수준을 떨어뜨린다. 일반적으로 급여(명목임금)는 당분간 변하지 않고 일정하기 때문에 물가의 상승은 실질소득 수준을 감소시킨다. 하지만 인플레이션이 계속되면 임금도 인플레이션을 반영하여 상승한다. 이때 임금 상승률이 인플레이션율보다 높으면 실질소득이 증가하여 생활 수준이 향상되는 반면, 그렇지 못하면 생활 수준이 하락한다. 인플레이션은 예상하지 못하는 인플레이션과 예상할 수 있는 인플레이션으로 구분할 수 있는데, 그 영향은 각각 다르다.

1 예상하지 못한 인플레이션의 영향

(1) 소득의 재분배(부의 재분배)

① 경제주체들이 예상하지 못한 물가 상승이 발생하는 경우 채권자와 채무자 사이에 소득이 재분배된다. 인플레이션은 화폐가치의 하락을 의미하기 때문에 현금, 채권 등의 금융자산을 가진 사람과 채권자는 손해를 보는 반면, 실물자산을 가진 사람과 채무자는 이득을 본다.

② 10년 전에 2억 원을 빌리고, 현재 시점에서 갚는다고 할 때 이 기간 동안의 인플레이션이 10%였다면 최소한 2억 2천만 원으로 되돌려받아야 동일한 가치를 되돌려받는 것이다. 그러나 일반적으로 액면기준으로 갚기 때문에 채권자는 손해를 보고, 채무자는 이득을 보는 것이다. 이처럼 화폐가치의 하락은 화폐 소유자에게는 실질비용이 된다. 이를 인플레이션 조세(inflation tax)라고 한다.

③ 부동산과 같은 실물자산을 가진 사람은 이득을 본다. 실물자산은 최소한 물가 상승만큼 가격이 상승하기 때문이다.

인플레이션 조세
화폐 보유의 실질비용을 의미하는 용어로, 인플레이션으로 인한 화폐의 구매력 하락이 마치 화폐에 대해 부과된 세금과 같다고 하여 '조세'라는 명칭을 사용함

(2) 생산과 고용의 변화

① 예상하지 못한 인플레이션은 단기에는 생산과 고용을 증가시킬 수 있다. 경제학에서 단기는 상품의 가격은 자유롭게 변동하는 반면 생산요소의 가격은 변하기 어려운 기간이다. 반면, 장기는 상품과 생산요소 모두 가격이 자유롭게 변할 수 있는 기간이다. 단기에 물가가 상승했다면 단기에 생산요소의 가격인 임금은 고정되어 있으므로 기업들의 입장

에서는 실질적인 임금 부담이 줄어든 것이 된다. **명목임금**은 그대로이지만 화폐의 실질가치가 하락했기 때문이다. 따라서 기업들은 노동의 수요를 늘린다. 인플레이션으로 인해 줄어든 실질임금$\left(\dfrac{W}{P}\right)$만큼 명목임금$(W)$을 올려 실질임금 감소분을 보전해 주어야 하지만, 임금이 경직적인 단기에는 명목임금이 변하지 않으므로 실질임금이 감소하여 사업주들은 실질적인 이득을 누리는 것이다.

② 근로자들의 입장에서 물가의 상승은 생산요소의 가격이 변할 수 있는 장기에 임금의 상승을 기대할 수 있는 요인이 되므로 노동의 공급이 증가한다. 이로 인해 고용량이 증가하고, 이는 생산의 증가로 연결된다.

(3) 경제 전체의 효율성 저하

예상하지 못한 인플레이션이 지속될 경우 미래의 물가 상승에 대한 예측가능성이 낮아져 경제주체들은 소비와 투자계획을 세우지 못하게 된다. 이러한 불확실성은 결국 경제 전체의 비효율을 높이는 결과를 초래한다.

2 예상된 인플레이션의 영향

(1) 소득의 재분배가 발생하지 않음

예상된 인플레이션하에서는 채권자와 채무자 간의 부의 재분배가 일어나지 않는다. 채무자에게 돈을 되돌려받을 때 화폐가치 하락만큼 높게 돌려받는 계약을 체결하여 손실을 보전받을 수 있다. 이처럼 경제주체에게 중요한 것은 명목이자율이 아니라 실질이자율이다. 이를 보여 주는 개념이 피셔효과(fisher effect)이다. 피셔효과에 의하면 채권자는 채무자에게 실질이자율에 예상 인플레이션만큼을 합한 이자를 요구함으로써 물가 상승에 대한 손실을 보전받을 수 있다.

> 명목이자율＝실질이자율＋예상 인플레이션율

(2) 거래비용의 발생

① 구두창비용(shoe leather cost)

구두창비용은 인플레이션으로 인해 발생하는 거래비용의 증가를 나타난다. 인플레이션이 발생하는 경우 화폐가치가 떨어지므로 사람들은 화폐자산이 아닌 부동산과 같은 실물자산을 더 선호하게 된다. 즉, 화폐가치 하락으로 현금을 적게 보유하게 된다. 현금을 적게 보유하고 있으면 그만큼 예금과 출금을 위해 자주 은행을 방문하게 되므로 이로 인해 생기는 사회적 비용을 말한다. 금융회사를 자주 방문할수록 구두창이 더 빨리 닳는다고 해서 붙여진 표현이다.

② 메뉴비용(menu cost)

물가가 상승하면 가격이 변하므로 식당의 메뉴판을 모두 교체해야 한다. 식당주인 입장에서는 물가가 상승할 때마다 메뉴판을 교체하는 것도 비용이 된다. 이처럼 기업이 가격 변화로 인해 부담해야 하는 비용을 메뉴비용이라고 한다.

인플레이션 비용에 대한 설명으로 옳지 않은 것은?

① 예상과 다른 인플레이션이 발생하면 채무자가 느끼는 부채에 대한 실질적 부담이 감소하여 효율성이 증가한다.

② 인플레이션으로 인해 현금보유를 줄이고 은행 예금이 증가하는 현상으로 인해 거래비용이 증가한다.

③ 인플레이션으로 인한 명목비용 상승이 즉각적으로 가격에 반영되지 못함으로써 상대가격의 왜곡이 발생한다.

④ 누진소득세 체제에서는 인플레이션으로 인해 기존과 동일한 실질소득을 얻더라도 세후 실질소득이 하락할 수 있다.

⑤ 화폐의 중립성이 성립하면 인플레이션으로 인한 실질적인 구매력의 변화는 발생하지 않는다.

| **해설** | 예상하지 못한 인플레이션의 발생은 채권자로부터 채무자로의 부의 재분배가 발생한다. 즉, 채무자가 가진 부채의 실질가치가 하락하므로 부채에 대한 부담이 감소한다. 하지만 채권자로부터 채무자로의 부의 재분배로 인해 사회적 비용이 발생하고 효율성은 감소한다.

정답 ①

제4절 인플레이션의 종류

중요도 **중**

하이퍼인플레이션 (hyper inflation)	• 급격하게 발생한 인플레이션을 의미함 • 정부나 중앙은행의 통제에서 벗어나 1년에 수백 % 이상으로 물가 상승이 일어나는 경우를 지칭함 • 물가 상승으로 인한 거래비용 증가를 극대화시켜 실물경제에 극심한 타격을 미칠 수 있음
피시플레이션 (fishflation)	• 수산물(fisheries)＋인플레이션(inflation)의 합성어 • 환경적인 요인으로 인해 수산자원이 부족해지자 수산물의 가격이 상승하는 현상을 지칭함 • 남획과 지구온난화로 인해 해양수산자원이 고갈되면서 피시플레이션의 우려가 지속적으로 제기됨 • ㈜ 농업(agriculture)＋인플레이션(inflation)＝애그플레이션(agflation)
에코플레이션 (ecoflation)	• 환경(ecology)＋인플레이션(inflation)의 합성어 • 환경적 요인으로 인해 발생하는 인플레이션 • 환경 기준의 강화나 기후 변화로 인해 기업의 생산비용이 증가하여 상품의 가격이 증가함으로써 발생하는 인플레이션을 지칭함
보틀넥 인플레이션 (bottleneck inflation)	• 노동, 토지, 자본 등과 같은 생산요소가 부족하여 발생하는 인플레이션 • 투자의 급속한 확대가 없는 저성장경제하에서는 투자 부진으로 인해 보틀넥 현상이 발생하고, 이로 인한 인플레이션 발생이 긴축과 불황을 야기하여 다시 투자 부진으로 연결되는 악순환이 발생함 • 경제의 생산과정에 문제가 생겼다고 해서 '애로 인플레이션'이라고도 부름
차이나플레이션 (chinaflation)	• 중국(China)＋인플레이션(inflation)의 합성어 • 중국은 그동안 저렴한 노동력을 바탕으로 값싼 제품을 대량생산하여 세계의 물가 안정에 기여해 왔으나, 중국의 저임금시대가 서서히 막을 내려가면서 상품의 가격이 올라 물가 상승을 이끄는 현상을 의미함

NEWS

인플레로 소비 침체 …
철옹성 같던 글로벌 명품도 '흔들'

인플레이션(지속적 물가 상승)으로 인한 소비 둔화에 글로벌 명품업계가 흔들리고 있다. 2022년에 들어 주식과 암호화폐 가치가 급락하며 명품 수요가 덩달아 급감하는 모양새이다. 마지막 보루로 여겼던 중국 시장마저 당국의 봉쇄 조치에 발목이 잡혔다.

가장 타격이 큰 곳은 명품 시계 업체들이다. 명품 시계는 신규 제품을 수령하는 데 2년 이상 걸린다. 중고 가격이 잠재 수요가 얼마나 되는지를 판단하는 척도로 쓰인다.

블룸버그에 따르면 스위스 명품 시계 브랜드 파텍필립의 대표 제품인 '노틸러스'의 가격은 2022년 3월 이후 지금까지 18% 이상 떨어졌다. 롤렉스 데이토나, 오데마 피게 등 다른 명품 시계도 비슷했다. 거래가격이 3월 최고점을 찍은 뒤 25%씩 감소한 제품도 나타났다. 블룸버그는 "세 브랜드를 비롯해 까르띠에 · 오메가 등 다른 브랜드들도 초과 공급 사태가 빚어졌다."며, "명품 시계의 전성시대가 끝나가는 분위기"라고 보도했다.

점포를 찾는 소비자도 감소세이다. 미국의 명품 소매지수(LRI)에 따르면 5월 명품 점포 내 유동인구는 2019년에 비해 3.4% 줄었다. 2월 17.1% 증가하며 보복 소비 조짐을 나타냈던 지표이다. 4월(8.3%)까지 증가하던 추세가 5월을 기점으로 꺾이기 시작했다.

경영 환경이 악화하자 회사를 매각하는 사례도 나타났다. 명품 브랜드 톰 포드는 투자은행(IB) 골드만삭스를 매각 주관사로 선정하고 기업 매각을 추진하는 것으로 알려졌다. 장기적으로 수익성이 악화할 것이란 판단에서다. 인플레이션과 에너지 비용 급등으로 인해 제조와 물류비용이 치솟고 있다는 점도 감안한 것으로 전해졌다.

시진핑 중국 국가주석이 강조하는 '공동부유(共同富裕 · 다 같이 번영하자)' 정책도 명품업계의 위험요소 중 하나로 꼽힌다. '공동부유'는 부의 재분배를 강조하는 캠페인으로 2021년에 시작됐다. 중국 지도부는 특히 MZ세대(밀레니얼+Z세대)가 빚을 지며 사치하는 경향이 뚜렷하고 해외 명품 브랜드가 과소비를 조장한다고 보고 있다.

관련 업계에서도 '중국 올인' 전략을 버려야 한다는 목소리가 나온다. 컨설팅업체 베인앤드컴퍼니의 글로벌 패션 부문 파트너인 클라우디아 다르피지오는 "명품 브랜드가 단일 시장에 너무 의존하는 건 위험하다."며, "최근 2년간의 중국 내 명품 열풍이 지속될 것이라는 보장이 없다."고 설명했다.

명품업계가 내놓은 대안은 비고객이던 MZ세대다. 메타버스 등 온라인 플랫폼에 진출하는 동시에 MZ세대의 주요 관심사인 환경 문제 등을 거론하는 업체가 부쩍 늘었다. 디지털 소비와 가치 소비를 지향하는 MZ세대를 공략하겠다는 취지이다. 발렌시아가가 지난해 메타버스 게임인 '포트나이트'와 협업한 것이 대표적인 사례이다. 프라다는 해양 생태계 보전을 위해 나일론을 재활용한 명품 컬렉션을 선보였다. FT는 "2025년까지 MZ세대가 명품 소비의 75%를 차지할 것"이라고 전망했다.

---

01 난이도 ■□□

역사상 관찰되는 초인플레이션은 대부분 동일한 원인을 갖고 있고 경과도 비슷하게 진행된다. 이에 대한 설명으로 옳지 않은 것은?

① 초인플레이션하에서는 화폐의 가치저장기능이 사라지고 화폐의 다른 기능도 서서히 그 기능이 사라져, 사람들은 더 이상 화폐제도의 이득을 볼 수 없게 되며 물물교환이나 외국화폐에 의존해 살아가게 된다.

② 이러한 경제하에서는 자원이 비생산적으로 사용되며, 비화폐거래로 인해 지하경제가 확대되고, 세수의 감소로 인한 재정상의 강한 제약을 받게 된다.

③ 초인플레이션의 가장 큰 문제는 사람들이 향후 오랜 기간 통화 발행이 이어질 수밖에 없다고 생각하고 있다는 것이다.

④ 정부재정의 건전성과 신뢰성을 회복하지 못하는 한 초인플레이션을 통제할 수는 없다.

⑤ 초인플레이션의 해결책은 화폐발행을 중지시키는 것이다.

| 해설 | 이론적으로 초인플레이션은 화폐 발행을 중지시키면 해결될 것 같지만 실제로는 인플레이션이 진행되고 있는 상황에서 통화 발행을 멈추기란 쉽지 않다. 화폐 발행을 중단한다면 정부는 경기침체와 실질 조세 수입 감소라는 강한 제약을 받게 되기 때문이다. 초인플레이션의 해결책은 통화긴축보다 재정개혁을 통해 신뢰성을 회복하는 것이다.

| 오답피하기 | ① 초인플레이션은 물가의 엄청난 급등 현상을 말한다. 즉, 화폐가치의 급격한 하락을 의미한다. 이는 화폐의 가치저장기능이 사라진다는 것을 의미한다. 따라서 화폐가 더 이상 거래에 사용될 수 없기 때문에 물물교환을 하거나 가치가 안정적인 외국화폐에 의존하게 된다.

② 물물교환과 같은 비화폐거래가 이루어질 경우 불법적인 거래가 활발해진다. 이에 따라 조세징수의 대상이 되지 않는 거래가 많아지므로 세수가 감소하여 재정상의 강한 제약이 발생한다.

③ 초인플레이션의 가장 큰 문제는 화폐가치에 대한 사람들의 향후 기대가 매우 부정적이라는 점이다. 경제의 악순환이 시작되는 이유이다.

④ 정부재정에 대한 신뢰성을 회복하지 못할 경우 초인플레이션 상황을 벗어나는 것은 쉽지 않다.

관련 이론 짚어보기

초(超)인플레이션: 통제 상황을 벗어나 1년에 수백 % 이상으로 물가 상승이 일어나는 경우를 말한다. 일반적으로 정부나 중앙은행이 과도하게 통화량을 증대시킬 경우에 발생할 수 있다.

02 난이도 ■□□

정부에서 발표하는 물가지수와 가정에서 느끼는 체감물가에 차이가 나는 이유에 대해 학생들이 발표한 내용이다. 옳지 않은 내용을 발표한 학생은?

> 원태: 소비 과정에서 가격이 오른 재화만 고려하는 경향 때문이다.
> 명윤: 소득 수준에 따라 체감이 다르기 때문이다.
> 영복: 개인적인 소비 행태나 취향에 따라 물가 변동에 대해 느끼는 감각이 다를 수 있기 때문이다.
> 규술: 정부에서 발표하는 물가는 단순물가지수이기 때문이다.

① 원태
② 명윤
③ 영복
④ 규술
⑤ 명윤, 영복

| 해설 | 정부에서 발표하는 물가는 가중평균된 물가이다. 실제 가정에서 구입하는 품목과 물가 측정대상 품목이 다르기 때문에 실제물가와 체감물가에 차이를 느끼는 것이다.

| 오답피하기 | 원태. 가격이 오른 재화가 가격이 낮아진 재화보다 크게 느껴지기 때문에 실제물가와 체감물가가 다르게 느껴진다.

명윤. 소득 수준에 따라 물가의 상승이 체감되는 정도가 다르다.

영복. 개인적인 소비 행태에 따라 구매하는 물품이 다르기 때문에 상품 전반의 평균가격을 의미하는 실제물가와 체감물가는 차이가 발생할 수밖에 없다.

정답 01 ⑤ | 02 ④

03 난이도 ■■□

다음은 인플레이션의 비용에 대해 발표한 내용이다. 성격이 다른 비용에 대해 발표한 사람은?

> 재호: 인플레이션에 직면한 경제주체들은 현금보유를 줄이는 과정에서 은행을 더 자주 방문해야 하는 등의 노력에 대해 시간을 투자하고 불편을 감수해야 한다. 이러한 과정에서 시간과 노력의 낭비, 그리고 자원배분의 왜곡을 구두창비용이라고 한다.
>
> 태호: 인플레이션율이 높을수록 가격표와 가격목록 등을 더 자주 변동시켜야 하는데, 이러한 과정에서 다양한 비용이 발생하며 자원의 생산적인 활용을 가로막는다. 이와 같은 과정에서 발생하는 다양한 비용들을 메뉴비용이라고 한다.
>
> 태경: 메뉴비용에 직면한 기업들은 가격 변화의 횟수를 감소시키게 되는데, 이로 인해 인플레이션은 상대가격을 왜곡시킨다. 상대가격의 왜곡으로 소비자들의 결정이 왜곡되고, 시장이 자원을 최선의 용도에 배분할 수 없게 된다.
>
> 신기: 인플레이션은 자본이득을 과다평가하고 부당하게 과다한 세금을 부과한다. 인플레이션은 저축에서 발생하는 소득에 대한 세금 부담을 증가시킨다. 이로 인해 세후 실질이자율이 하락하면 저축이 감소하고 이는 장기 성장잠재력을 하락시킨다.
>
> 동욱: 인플레이션이 나타나는 경우 채권의 실질가치 하락에 대한 충분한 보상이 이루어지지 못하여, 채무의 실질가치를 하락시켜 채권자로부터 채무자에게로 사람들의 능력, 필요, 의사와는 무관하게 부를 자의적으로 재분배한다.

① 재호
② 태호
③ 태경
④ 신기
⑤ 동욱

| 해설 | 인플레이션을 예상한 경우 메뉴비용 및 구두창 비용 등의 거래비용이 발생하고, 자의적인 부의 재분배가 일어나지 않는다. 동욱의 설명은 인플레이션을 예상하지 못한 경우이다. 이 경우 채권자가 상환받을 때 추가적인 이자율은 요청하지 않기 때문에 돈을 돌려받을 때의 명목금액 가치는 돈을 빌려줄 때의 가치보다 낮다.

04 난이도 ■■□

다음 경제현상의 발생 원인과 결과를 옳게 짝지은 것을 〈보기〉에서 고르면?

> • 물가가 지속적으로 하락하는 현상을 말한다.
> • 수요 측면에서 발생하기도 하고, 공급 측면에서 발생하기도 한다.
> • '경제의 저혈압'이라고도 한다.

〈보기〉

원인	결과
㉠ 생산성 향상	실질임금 상승
㉡ 소비 감소	기업과 금융기관의 부실화
㉢ 석유파동	투기 성행
㉣ 통화량 감소	기업의 이윤 및 투자의욕 증대
㉤ 수출 감소	부채의 실질가치 감소

① ㉠, ㉡
② ㉡, ㉢
③ ㉡, ㉣
④ ㉢, ㉤
⑤ ㉣, ㉤

| 해설 | 물가가 지속적으로 하락하는 현상을 디플레이션이라고 한다. 디플레이션은 공급 요인에 의해 생산성이 향상됨에 따라 발생할 수 있으며, 이때 명목임금이 고정된 상태에서 물가가 하락하게 되므로 실질임금은 오히려 상승하는 효과를 가져온다(㉠). 디플레이션은 소비 감소에 의해 발생하기도 한다. 소비 감소에 의해 발생하는 경우 재고 증가에 따른 기업활동 침체 및 금융기관의 부실화를 초래할 수 있다(㉡).

| 오답피하기 | ㉢ 석유파동은 석유가격의 상승을 의미한다. 이는 총공급곡선의 좌측 이동으로 나타나 물가가 상승하고 실질 GDP가 감소한다.
㉣ 통화량이 감소하는 경우 이자율이 상승한다. 이자율의 상승은 기업의 이윤 및 투자의욕의 저하로 이어진다.
㉤ 수출의 감소는 순수출의 감소를 야기하여 총수요가 감소한다. 그 결과 물가는 하락하고 실질 GDP는 감소한다. 디플레이션으로 인해 부채의 실질가치는 증가한다.

05 난이도 ■■□ [제60회 기출]

근원인플레이션에 대한 다음의 설명 중 옳지 않은 것은?

① 근원인플레이션율은 석유류 및 농산물 가격을 제외하고 있다.
② 소비자물가상승률에 비해 근원인플레이션의 변동폭이 크다.
③ 미국 등 선진국에서도 물가안정을 위해 통화정책을 수행하는 지표로도 사용한다.
④ 핵심물가(core inflation)라고도 한다.
⑤ 근원인플레이션은 장기적인 물가상승률을 나타낸다.

| 해설 | 근원인플레이션율은 변동이 큰 상품을 제외하고 측정하므로 소비자물가상승률에 비해 물가변동폭이 크지 않다.

| 오답피하기 | ① 근원인플레이션율은 석유류 및 농산물 가격을 제외함으로써 대외적인 요인을 제거한 보다 정확한 물가의 변화를 측정할 수 있다.
③ 미국 등 선진국에서는 확장적 통화정책을 활용할지 여부를 결정함에 있어 근원인플레이션율을 기준으로 삼는다.
④ 근원인플레이션의 영문명은 core inflation으로, 핵심물가라고도 한다.
⑤ 근원인플레이션은 단기적인 변동 요인을 제거함으로써 장기적인 물가 정보를 담는다.

06 난이도 ■■□ [제54회 기출]

소비자물가지수와 GDP 디플레이터에 관한 설명으로 옳지 않은 것은?

① 소비자물가지수는 소비자들이 상대적으로 가격이 높아진 재화 대신 가격이 낮아진 재화를 구입할 수 있다는 점을 감안하지 않는다.
② 수입품은 GDP 디플레이터에는 영향을 미치지만 소비자물가지수에는 영향을 미치지 않는다.
③ 소비자물가지수는 새로운 상품의 도입으로 인한 화폐의 구매력 변화를 고려하지 않는다.
④ 소비자물가지수는 재화와 서비스의 질적 변화로 인해 왜곡될 수 있다.
⑤ 소비자물가지수는 기준연도 구입량을 가중치로 사용하므로 물가 변화를 과대평가하는 반면, GDP 디플레이터는 비교연도 거래량을 가중치로 사용하므로 물가 변화를 과소평가하는 경향이 있다.

| 해설 | 소비자물가지수는 일반적으로 많이 활용하는 재화와 서비스가 대상이므로 수입품이 포함되지만, GDP 디플레이터는 GDP를 기준으로 도출되므로 수입품은 집계 대상에서 제외된다.

07 난이도 ■■□

다음은 인플레이션에 관한 수업 내용의 일부이다. 교수의 질문에 대한 학생의 답변으로 적절하지 않은 것은?

> 교수: 일반적으로 예상된 인플레이션의 경우에는 이에 따른 사회적 비용이 비교적 작다고 알려져 있어요. 경제주체들이 앞으로 일어날 인플레이션에 대해 나름대로 대비를 할 수 있기 때문이죠. 그러나 인플레이션의 강도가 워낙 심한 경우에는 엄청난 사회적 비용이 발생하게 됩니다. 예를 들어, 한 해 동안 물가가 1,000%나 오를 것이라고 확실하게 예상된다고 합시다. 어떤 현상이 일어날까요?
>
> 학생: _____.

① 상연: 1인당 실질국민소득이 줄어들게 됩니다.
② 윤혜: 수출기업의 국제경쟁력이 약화될 것입니다.
③ 유정: 현금 보유자들이 부동산을 사려고 할 것입니다.
④ 동건: 정부가 통화량 증대 조치를 적극 시행할 것입니다.
⑤ 효정: 채권자들이 채무자에게 빚 상환을 독촉하는 현상이 증가할 것입니다.

| 해설 | 물가가 급등하는 상황에서 통화량 증대 조치는 더 큰 인플레이션을 야기할 수 있다. 확장적 통화정책은 총수요를 증가시켜 총수요곡선을 우측으로 이동시키고 이는 더 큰 물가 상승을 야기한다.

| 오답피하기 | ①②③⑤ 인플레이션은 화폐의 가치가 하락하여 발생하는 현상이다. 물가가 한 해 동안 1,000%나 오른다는 것은 화폐의 가치가 그만큼 하락했음을 의미한다. 물가의 상승은 명목소득의 가치를 감소시키기 때문에 1인당 실질국민소득이 감소하게 된다. 또한 자국 생산물의 가격이 급등하여 해외 시장에서 자국 상품의 가격경쟁력이 약화된다. 이런 하이퍼인플레이션 상황이라면 현금 보유자들은 가치가 고정된 부동산, 귀금속 등을 구입하고자 한다. 한편, 인플레이션이 발생하면 채권자들이 채무자에게 상환을 독촉하게 될 것이다.

정답 05 ② | 06 ② | 07 ④

08 난이도 ■□□

[제74회 특별 기출]

인플레이션이 초래하는 현상이 아닌 것은?

① 고정된 연금 소득을 받는 사람은 불리해진다.

② 기업의 이윤을 정확히 파악하는 데 도움이 된다.

③ 실물 자산을 보유한 자가 현금 자산을 보유한 자보다 유리해진다.

④ 기업들로 하여금 재화의 가격을 조정하는 데 드는 비용을 발생시킨다.

⑤ 예상하지 못한 인플레이션이 발생했다면 돈을 빌려준 사람이 불리해진다.

| 해설 | 인플레이션의 영향은 예상한 경우와 예상하지 못한 경우로 구분하여 살펴봐야 한다. 예상하지 못한 경우 채무자와 채권자 간의 부의 재분배가 발생하며, 예상한 경우 거래비용이 발생한다.

인플레이션이 발생한 경우 수입과 매출의 실질적인 상대적 가치 변화가 발생해 기업의 이윤을 정확히 파악하기 어렵다.

| 오답피하기 | ① 고정된 연금 소득자는 인플레이션이 발생할 경우 실질적인 가치가 하락하므로 불리해진다.

③ 실물자산은 인플레이션으로 인한 화폐가치 하락 위험을 줄이거나 방지할 수 있으므로 화폐자산 보유자보다 유리하다.

④ 예상한 인플레이션은 재화 가격을 조정시키는 거래비용을 발생시킨다.

⑤ 예상하지 못한 인플레이션은 채무자와 채권자 간의 부를 재분배한다.

09 난이도 ■□□

물가와 임금이 동일한 비율로 하락할 때 나타나는 현상으로 옳은 것은?

① 화폐가치 하락

② 부의 재분배 현상 발생

③ 인플레이션 조세 발생

④ 임금소득자의 구매력 불변

⑤ 생산 의사결정의 왜곡

| 해설 | 물가와 명목임금이 동일한 비율로 하락하면 임금소득자의 구매력은 이전과 달라지지 않는다.

| 오답피하기 | ① 실질임금은 명목임금을 물가로 나누어 구한다. 물가와 임금이 동일한 비율로 하락할 경우 실질임금은 변함이 없다. 따라서 화폐의 구매력도 하락하지 않는다.

② 화폐 구매력이 변하지 않을 경우 부의 재분배 현상도 발생하지 않는다.

③ 인플레이션 조세란 인플레이션으로 인해 발생하는 화폐가치의 하락을 의미한다. 물가와 임금이 동일한 비율로 변할 때 화폐가치의 하락 현상은 발생하지 않는다.

⑤ 물가와 임금이 동일한 비율로 하락할 경우 실질임금의 변화가 발생하지 않으므로 생산 의사결정 역시 달라지지 않는다.

정답 08 ② **| 09** ④

10 난이도 ■■□

다음 자료에 대한 설명으로 옳지 않은 것은?

> 글로벌 금융위기 이전에 금리가 2% 수준이던 국가는 미국과 스위스뿐이었지만 그 이후에는 신흥국들의 금리도 미국과 비슷한 수준으로 떨어졌다. 일각에서는 선진국과 신흥국의 금리 하락의 원인에는 차이가 있다고 지적한다. 선진국에서는 최근 경기가 더디게 회복되면서 디플레이션에 대한 우려가 높아지고 있기 때문이라고 보지만, 신흥국에서는 인플레이션에 대한 우려가 커지고 있음에도 불구하고 환율 변화에 따른 수익을 노려 돈이 몰리기 때문이라는 것이다.

① 선진국에서 물가 변화는 채무자보다 채권자에게 유리하다.
② 선진국에서 물가 변화는 국채에 대한 수요를 증가시키는 요인이다.
③ 환율 변화에 대한 예상은 신흥국 채권에 대한 수요를 증가시키는 요인이다.
④ 신흥국에 투자하는 사람들은 신흥국의 통화가 절하될 것으로 예상하고 있다.
⑤ 신흥국에서 물가 변화는 임금소득에 의존하는 사람보다 실물자산을 보유한 사람에게 유리하다.

Ⅰ 해설 Ⅰ 신흥국에 투자하는 사람들은 인플레이션이 발생하더라도 신흥국 통화의 가치가 향후 높아질 것으로 예상한다.

Ⅰ 오답피하기 Ⅰ ① 선진국에서 발생한 디플레이션 현상은 채권자에게 유리하다.
② 디플레이션은 실물자산보다 국채와 같은 자산 수요를 증가시킨다.
③ 신흥국의 통화로 표시된 자산의 가치가 높아지게 되어 신흥국 채권에 대한 수요가 증가한다.
⑤ 신흥국에서 발생하는 인플레이션은 임금소득에 의존하는 사람보다 실물자산을 보유한 사람에게 유리하다.

11 난이도 ■■□

인플레이션과 관련한 설명으로 옳지 않은 것은?

① 중앙은행은 인플레이션을 진정시키기 위해 국공채를 사들이기도 한다.
② 인플레이션은 사회구성원 사이에 소득이나 부(富)를 재분배하기도 한다.
③ 인플레이션이 예상되면 개인들은 필요한 내구재를 미리 사두는 경향이 있다.
④ 인플레이션이 예상되거나 발생되었을 때 개인들이 미리 사두면 인플레이션은 더욱 심화된다.
⑤ 폐쇄경제에서 완전고용 상태일 때 총수요가 총공급을 초과하면 초과수요는 전부 인플레이션으로 나타난다.

Ⅰ 해설 Ⅰ 인플레이션이 발생하면 중앙은행은 국공채를 매각하는 공개시장조작 정책을 통해 시중의 통화량을 감소시켜 물가를 낮출 수 있다.

Ⅰ 오답피하기 Ⅰ ② 인플레이션이 예상되지 못한 경우 채권자에게서 채무자로 부가 재분배된다.
③ 인플레이션이 예상될 경우 향후 내구재의 가격 상승이 예상되므로 미리 구매하는 경향이 있다.
④ 인플레이션 예상으로 인해 현재 수요가 늘어나면 총수요 증가로 인해 물가는 더욱 상승한다.
⑤ 폐쇄경제라면 순수출이 존재하지 않기 때문에 총공급을 넘어서는 총수요 전부가 인플레이션에 반영된다.

정답 **10** ④ Ⅰ **11** ①

12 난이도 ■□□

인플레이션의 영향에 대한 설명으로 옳지 않은 것은?

① 국제수지에 악영향을 준다.
② 가계의 실질구매력을 감소시킨다.
③ 개인의 현금 보유의 기회비용을 감소시킨다.
④ 완만한 인플레이션은 경기가 활성화되는 데 도움을 줄 수 있다.
⑤ 채무자에게 유리하고 채권자에게는 불리하게 소득분배가 이루어진다.

| 해설 | 인플레이션은 화폐의 가치를 하락시켜 현금보유의 기회비용을 증가시킨다. 현금을 보유하지 않고 은행에 예금했을 경우 얻을 수 있는 이자수익은 대표적인 현금보유의 기회비용이다. 인플레이션이 발생하면 더 많은 화폐가 필요해지므로 포기해야 하는 이자수익이 증가한다. 이를 현금 보유 비용이 증가한다고 표현할 수 있다.

| 오답피하기 | ① 인플레이션의 발생으로 인해 국내 물가가 국제 물가에 비해 상대적으로 비싸져 수출이 감소한다. 이는 국제수지에 악영향을 준다.
② 인플레이션은 화폐가치의 하락을 의미한다. 이는 가계의 실질구매력 감소를 의미한다.
④ 인플레이션과 실업은 음(−)의 상관관계를 갖는다. 완만한 인플레이션은 실질구매력의 하락폭이 크지 않음을 의미한다. 실질 GDP를 증가시키면서도 그 대가인 실질구매력 하락이 크지 않으므로 경기활성화에 도움이 된다.
⑤ 예상하지 못한 인플레이션은 채무자에게 유리하고, 채권자에게는 불리하게 소득분배가 이루어진다.

13 난이도 ■□□

인플레이션 요인 중 성격이 다른 것은?

① 기업이 대규모 해외자본을 유치하여 투자를 확대하였다.
② 사회간접자본 확충을 위한 통신망 구축사업이 시행되었다.
③ 중국과 인도 등의 경제성장으로 우리나라의 수출이 크게 증가하였다.
④ 세계경제의 성장으로 세계 원자재에 대한 수요가 크게 증가하고 있다.
⑤ 경기침체를 해소하기 위한 경기부양책으로 통화공급량을 대폭 증대시켰다.

| 해설 | 원자재의 수요 증가는 원자재의 가격 인상에 따른 생산비용의 상승으로 총생산을 감소시켜 물가를 상승시키는 비용인상 인플레이션의 요인이다.

| 오답피하기 | ①②③⑤ 통화공급량 증가, 사회간접자본에 대한 정부지출의 증가, 민간투자의 확대, 수출의 증가는 총수요의 증가로 물가를 상승시키는 수요견인 인플레이션의 요인이다.

14 난이도 ■□□

다음 각국에 공통적으로 일어났을 것으로 추측되는 현상으로 가장 적절한 것은?

> • 16세기 에스파냐에는 아메리카 대륙으로부터 금, 은이 대량으로 유입되었다.
> • 조선 후기에는 경복궁 중건을 위해 당백전이 남발되었다.
> • 1980년대 초반 아르헨티나는 페소화의 발행을 대폭 늘렸다.

① 물가의 상승
② 환율의 하락
③ 수입의 감소
④ 총수요의 감소
⑤ 실질이자율의 상승

| 해설 | 통화량이 증가하면 화폐가치가 하락하여 물가가 상승한다.

| 오답피하기 | ② 통화량 증가에 따른 물가의 상승은 화폐가치 하락을 야기하여 환율이 상승한다.
③ 국내 물가가 해외 물가보다 높아지면 수입품에 대한 수요가 증가하여 수입이 증가한다. 이는 환율의 상승 요인으로 작용한다.
④ 통화량 증가에 따른 이자율 하락은 투자를 증가시켜 총수요를 증가시킨다.
⑤ 통화량 상승에 따른 인플레이션은 피셔방정식($i=r+\pi^e$)에 의해 실질이자율을 감소시킨다.

정답 **12** ③ | **13** ④ | **14** ①

15 난이도 ■□□□

예상하지 못한 인플레이션이 유발하는 비용이 아닌 것은?

① 단기적으로 생산이 증가한다.

② 경제 전체의 효율성이 떨어진다.

③ 단기적으로 고용의 변화가 없다.

④ 소비와 투자 계획 수립이 어렵다.

⑤ 채권자와 채무자 사이의 소득의 재분배를 발생시킨다.

| 해설 | 예상하지 못한 인플레이션이 발생하면 실질임금이 낮아져 고용이 늘어난다.

| 오답피하기 | ①②④⑤ 예상하지 못한 인플레이션이 발생하면 화폐가치의 변화를 경제 행위의 과정에 반영하지 못하여 다양한 비용이 유발된다. 대표적인 비용이 채권자와 채무자 사이의 소득재분배이다. 인플레이션으로 인해 채무자의 실질 부담이 작아져 채권자에게서 채무자로 소득의 재분배가 발생한다. 한편, 기업들은 예상하지 못한 인플레이션으로 인해 실질임금이 낮아져 고용을 늘리고, 생산을 증가시킬 수 있다. 하지만 예상하지 못한 인플레이션의 존재는 경제의 불확실성을 높여 소비와 투자 계획을 세우지 못하게 하고 경제 전체의 효율성이 떨어지는 결과를 낳는다.

16 난이도 ■□□□

인플레이션에 대한 설명으로 옳은 것은?

① 중앙은행은 인플레이션을 진정시키기 위해 국공채를 매입한다.

② 피셔방정식에 따르면 예상된 인플레이션은 실질금리에 반영된다.

③ 화폐수량설이 성립하면 인플레이션은 반드시 통화량 증가와 함께 나타난다.

④ 예상된 인플레이션이 예상치 못한 인플레이션에 비해 보다 큰 부의 재분배를 야기한다.

⑤ 화폐유통속도가 불안정하더라도 통화량 증가율의 상승은 동일한 정도의 물가상승률 증가로 연결된다.

| 해설 | 고전학파의 화폐수량설($MV=PY$)에 따르면 화폐유통속도가 일정하고 실제 GDP가 완전고용 수준에서 불변일 때, 통화량의 증가는 물가만 상승시킨다. 따라서 인플레이션은 통화량에 의해서만 발생한다.

| 오답피하기 | ① 인플레이션을 진정시키기 위해 중앙은행은 국공채를 매각해야 한다.

② 피셔방정식($i=r+\pi^e$)에 따르면 예상 인플레이션율만큼 명목이자율이 상승하므로 실질이자율의 변화는 없다.

④ 예상된 인플레이션의 경우 화폐가치의 하락분을 반영하게 되므로 부의 재분배가 발생하지 않는다.

⑤ 화폐유통속도가 불안정한 경우 통화량 증가율이 물가상승률과 비례하여 변하지 않는다.

📊 S등급 고난도 문제

다음과 같은 물가 폭등 현상은 대부분 동일한 원인을 갖고 있고 경과도 비슷하게 진행된다. 이에 대한 설명으로 옳지 않은 것은?

> 짐바브웨에서는 계란 3개를 사려면 1,000억 짐바브웨달러가 필요하다. 맥주 한 잔을 마시려면 2,000만 짐바브웨달러 지폐 1,000장 3묶음을 내놓아야 한다. 빵덩어리를 사려면 아예 부피 큰 돈자루가 필요하다. 아마 이 가격표는 이 문제를 푸는 지금도 계속 바뀌고 있을 것이다. 무가베 대통령이 2000년 지배층인 백인들에게서 농지를 무상으로 빼앗아 무상 분배하는 것으로 개혁정책이 막을 올리면서 이 같은 결과는 예견되기도 했다.

① 정부재정의 신뢰성 회복이 초인플레이션의 해결책이다.

② 지속적인 통화 발행에 대한 기대가 초인플레이션 문제의 원인이다.

③ 초인플레이션 상황에서 화폐 발행을 멈추는 것이 가장 손쉬운 해결책이다.

④ 초인플레이션 상황에서는 비화폐적 거래의 증가로 지하경제가 확대되어 세수가 감소된다.

⑤ 초인플레이션 상황에서는 화폐의 경제적 기능이 서서히 사라져 화폐경제를 영위할 수 없다.

| 해설 | 초인플레이션은 과도한 화폐 발행으로 인해 발생하기 때문에 화폐 발행만 중지한다면 간단히 해결될 것처럼 보인다. 하지만 인플레이션이 계속해서 진행되는 상황에서 통화 발행을 멈추기란 쉽지 않다. 화폐 발행을 중단한다면 정부는 경기침체와 실질 조세수입 감소라는 제약에 직면하기 때문이다. 따라서 초인플레이션의 경우 재정개혁을 통해 문제를 해결한다. 재정개혁을 통해 정부재정의 건전성에 대한 신뢰를 회복한 이후에 통화 발행을 줄여나감으로써 문제를 해결할 수 있는 것이다.

정답 **15** ③ | **16** ③ | 고난도 정답 ③

CHAPTER 08 | 실업

제1절 실업의 정의와 유형 중요도 중

1 실업의 정의

자발적 실업
일할 능력과 의사가 있음에도 불구하고 현재의 조건에 불만족하여 스스로 실업에 놓인 상태

비자발적 실업
일할 능력과 의사가 있음에도 불구하고 일자리를 구하지 못해 실업에 놓인 상태

실업이란 인플레이션과 함께 경기변동 과정에서 발생하는 문제이다. 경제학에서 실업은 일할 의사와 능력을 가진 사람이 일자리를 구하지 못한 상태로 정의된다. 이러한 실업은 **자발적 실업**과 **비자발적 실업**으로 구분된다. 자발적 실업은 일할 능력은 있지만 현재 임금 수준 등 기타 조건하에서는 일할 의사가 없는 상태를 의미하며, 비자발적 실업은 일할 능력은 있지만 일자리를 구하지 못해 실업에 놓인 상태를 의미한다. 한편, 자발적 실업에는 마찰적 실업이 있고, 비자발적 실업에는 구조적 실업과 경기적 실업이 있다.

2 실업의 유형

(1) **마찰적 실업(frictional unemployment)**

① 개념

일반적으로 직장을 찾기 위해서는 일정 기간 실직 상태에 머물게 된다. 구직자의 입장에서는 새로운 직장의 급여도 살펴봐야 하고 복지 수준, 미래의 지속가능성 등을 종합적으로 살펴봐야 하기 때문이다. 이런 기간을 탐색기간(search period)이라고 한다. 직원을 채용하는 기업의 입장에서도 마찬가지이다. 맘에 드는 직원을 구하기 위해서는 서류전형, 인터뷰 전형 등을 거쳐야 하는데, 이 시기 동안 지원자는 실직 상태에 머물게 된다. 이처럼 구인과 구직과정에서 지원자와 기업에 대한 완전한 정보를 얻기가 어려워 채용이 될 때까지 기다리면서 발생하는 실업을 마찰적 실업이라고 한다.

② 대책

마찰적 실업을 줄이기 위해서는 구인, 구직 정보를 얻는 데 들어가는 경제적, 시간적 비용을 줄여야 한다. 마찰적 실업은 정보의 불완전성 때문에 발생하는 실업이다. 즉, 어느 기업에서 어떤 지원자를 원하는지부터 어떤 조건으로 채용하는지에 대한 정보가 부족하기 때문에 발생하는 실업인 것이다. 따라서 마찰적 실업을 감소시키기 위해서는 구인, 구직 정보를 적은 비용으로 어디서든 찾아볼 수 있는 제도적 장치를 마련하는 것이 필요하다.

③ 특징

마찰적 실업은 완전고용 상태에서도 존재하는 실업이다. 완전한 구인, 구직 정보를 전달할 수 없기 때문에 완전고용 상태라 하더라도 마찰적 실업은 존재한다. 마찰적 실업만이 존재하는 상태를 완전고용 상태(full-employment)라고 정의하기도 한다.

(2) 구조적 실업(structural unemployment)

① 개념

구조적 실업이란 특정한 분야에 대한 노동 수요가 감소하여 발생하는 실업을 의미한다. 기술의 발달로 저숙련 노동자들에 대한 수요가 감소하는 경우, 관습이나 편견에 의해 여성 인력에 대한 수요가 적은 경우 등이 이에 해당한다.

② 대책

구조적 실업을 감소시키기 위해서는 교육 및 지원이 필요하다. 구조적 실업은 일자리가 부족해서 발생하는 실업이 아니라 그보다는 기업이 원하는 특성을 근로자가 갖지 못해 발생하는 실업이다. 따라서 직업훈련기회를 늘리거나 기술훈련을 도와주는 제도의 도입, 지역 및 여성 차별을 없애기 위한 조치 등을 통해 감소시킬 수 있다.

(3) 경기적 실업(cyclical unemployment)

① 개념

경기적 실업은 총수요의 부족으로 인해 발생하는 실업이다. 수요의 부족은 기업들의 입장에서는 재고의 증가를 의미하고 이는 곧 실업으로 연결된다. 이때의 실업을 가리켜 경기적 실업이라고 한다. 일반적으로 실업이라고 하면 경기적 실업을 의미한다.

② 대책

경기적 실업은 경기침체기에 발생하는 실업을 의미한다. 이는 총수요가 확장되어 경기가 좋아지면 경기적 실업에서 벗어날 수 있다는 것을 의미한다. 실업보험제도나 고용보험제도는 경기침체로 인한 실업자에게 보험금을 지급하여 실업 상태에서 벗어날 수 있도록 도와주므로 경기적 실업의 대책에 해당한다.

기출로 확인하기   51회 기출

실업과 관련된 설명 중 옳은 것을 모두 고르면?

> A. 자연실업률은 경기적 실업이 0인 상태를 의미한다.
> B. 1주일에 2시간씩 일하고 경제적 대가를 받는 사람은 실업자가 아니다.
> C. 직장을 구하다가 구직활동을 포기한 사람이 많아지면 실업률은 높아진다.
> D. 새로운 직장에 곧 취업할 사람은 경제활동인구에 포함된다.
> E. 아르바이트를 그만두고 군 입대를 하는 청년이 많아지면 실업률은 낮아진다.

① A, B, C   ② A, B, D
③ B, C, D   ④ B, C, E
⑤ C, D, E

기출로 확인하기   정답 및 해설

| 해설 | A. 자연실업률은 마찰적 실업과 구조적 실업만 존재하는 경우를 의미한다. 즉, 경기적 실업이 0인 상태를 의미한다.
B. 취업자는 조사기간 중 일주일 동안 1시간 이상 대가를 받고 일한 경제활동인구를 의미한다.
D. 경제활동인구는 일할 의사와 일할 능력이 있는 사람을 기준으로 한다. 곧 취업할 사람은 의사와 능력이 모두 있는 사람으로 간주할 수 있다.
C. 실망실업자가 많아지면 경제활동인구가 감소하므로 실업률이 과소 추정된다.
E. 아르바이트를 하는 사람은 경제활동인구이면서 취업자이다. 입대를 하면 비경제활동인구가 되어 경제활동인구만 감소하고, 실업자 수는 그대로이다. 따라서 실업률은 증가한다.

정답 ②

제2절 **실업 관련 지표** 중요도 **중**

실업 관련 지표들은 현재의 실업상태를 파악할 수 있다. 실업이 미치는 악영향은 일시적이지 않고 많은 경제주체들에게 영향을 미치기 때문에 현재의 실업 수준을 파악하여 대책을 마련하는 일은 매우 중요하다. 대표적인 실업 관련 지표로는 경제활동참가율, 고용률, 실업률이 있다. 각각의 지표를 정확히 이해하기 위해서는 우리나라의 경제활동인구에 대한 이해가 선행되어야 한다.

1 경제활동인구의 구분

우리나라의 경제활동인구는 통계청에서 매월 작성하여 발표하고 있다. 전체 인구는 15세 이상 인구와 15세 미만 인구로 나뉜다. 「근로기준법」에서는 15세 미만은 노동력 제공이 불가능한 연령으로 규정하고 있기 때문이다. 따라서 생산가능인구란 15세 이상 인구를 지칭한다. 생산가능인구는 다시 경제활동인구와 비경제활동인구로 구분된다. 비경제활동인구는 주부, 학생, 심신장애자, 구직단념자 등이 포함된다. 경제활동인구는 다시 취업자와 실업자로 나뉜다.

내용정리 경제활동인구의 구분

전체 인구	15세 이상 인구	생산가능인구	경제활동인구	취업자	• 수입을 목적으로 주 1시간 이상 일한 자 • 주당 18시간 이상 일한 무급가족종사자 • 일시 휴직자
				실업자	15일을 포함한 지난 1주 동안 수입을 목적으로 1시간도 일하지 않고 지난 4주간 일자리를 찾아 적극적으로 구직활동을 하였던 사람으로서 일이 주어지면 곧바로 취업할 수 있는 자
			비경제활동인구		주부, 학생, 진학준비자, 취업준비생, 연로자, 심신장애자, 구직단념자(실망실업자) 등
		군인·재소자·의무경찰			
	15세 미만 인구	「근로기준법」상의 노동력 제공이 불가능한 연령			

2 실업 관련 지표

(1) 경제활동참가율

경제활동참가율은 생산가능인구 가운데 경제활동인구가 차지하는 비율을 의미한다.

$$L = \frac{경제활동인구}{생산가능인구} \times 100$$

(2) 실업률

① 정의

실업률은 경제활동인구에서 실업자가 차지하는 비율을 의미한다.

$$U = \frac{실업자}{경제활동인구} \times 100$$

② 문제점

⊙ **고용의 질을 반영하지 못함**: 실업자와 취업자로 구분되는 경제활동인구는 주당 1시간만 대가를 받는 일에 종사한 사람이면 비정규직, 아르바이트, 정규직 구분 없이 모두 취업자로 간주한다. 따라서 실업률 지표는 고용의 질을 반영하지 못한다.

ⓒ **실제보다 낮게 측정됨**: 경제활동인구는 기본적으로 구직활동을 실제로 하는 사람들만이 포함된다. 구직활동을 실제로 하지 않는 진학준비자, 취업준비생, 심신장애자, 구직단념자 등은 포함되지 않는다. 특히 최근 들어 오랜 구직활동 끝에 구직을 단념하는 사람들이 늘어나고 있는데, 이들이 비경제활동인구로 분류됨으로써 아예 실업률 통계에서 빠지고 있어 실업률이 실제보다 낮게 측정되는 경향이 있다.

③ 자연실업률

마찰적 실업과 구조적 실업만 존재하는 경우를 의미한다. 즉, 경기적 실업이 없는 상태가 자연실업률이다. 자연실업률은 완전고용생산량 수준에서의 실업률로서, 실제 실업률의 상승 및 하락을 평가하는 기준이 된다.

(3) 고용률(취업률)

생산가능인구에서 취업자가 차지하는 비율을 의미한다. 고용률은 한 경제의 실질적인 고용창출능력을 나타내는 지표이다. 이는 최근 실업률 통계를 보완할 수 있는 지표로도 활용되고 있다.

$$E = \frac{취업자}{생산가능인구} \times 100$$

기출로 확인하기

53회 기출

다음 〈보기〉의 고용 통계에 대한 설명으로 옳은 것을 모두 고르면?

〈보기〉

⊙ 실업률은 경제활동인구에서 실업자가 차지하는 비율이다.
ⓒ 경제활동참가율이 높아지면 실업률이 높아진다.
ⓒ 구직단념자가 많아져도 고용률은 변하지 않는다.
ⓔ 고용률이 증가하면 실업률은 하락한다.

① ⊙, ⓒ   ② ⊙, ⓒ   ③ ⓒ, ⓒ
④ ⓒ, ⓔ   ⑤ ⓒ, ⓔ

기출로 확인하기   정답 및 해설

| **해설** | ⊙ 실업률은 경제활동인구에서 실업자가 차지하는 비율로 구할 수 있다.
ⓒ 구직단념자가 영향을 미치는 것은 경제활동인구이다. 구직단념자와 고용률은 관련이 없다.
ⓒ 경제활동참가율이 높아지면 실업률이 높아진다고 단정할 수 없다.
ⓔ 고용률이 증가하더라도 실업률이 변하지 않을 수 있다.

정답 ②

고강도 긴축정책을 펼치는 미국에서 고용시장 약화 징후가 농후해졌다는 기사이다. 고용시장의 약화는 기업활동의 위축으로 이어져 경제 전반의 활력을 낮춘다는 점에서 중요한 문제이다. 기준금리 인상으로 인한 악영향에 고용시장마저 위축된다면 경기가 회복할 수 있는 힘이 약화되어 보다 더 어려운 상황에 직면할 수도 있다. 경제정책은 이처럼 사회의 다양한 면에 영향을 미치는 탓에 세밀한 접근과 투명한 피드백이 필수적으로 뒷받침되어야 한다.

매스컴으로 보는 시사 이슈 **NEWS**

Fed "노동시장 악화 징후"···
강력하다던 美 고용 흔들리나

미 중앙은행(Fed)이 미국 노동시장의 악화 징후가 보인다고 밝혔다. 강력한 노동시장에 대한 Fed의 확신이 흔들리고 있는 것 아니냐는 분석이 나온다. Fed는 그동안 "고강도 긴축에도 노동시장이 강력해 미국은 경기침체를 겪지 않을 것"이라고 주장해왔다.

Fed가 공개한 7월 연방공개시장위원회(FOMC) 정례회의 회의록에 따르면 회의 참석자들이 "향후 미국 노동시장에 대한 전망이 약화될 것이라는 징후가 보인다."고 언급했다.

참석자들은 주간 신규 실업수당 청구건수가 증가하고 빈 일자리가 감소하는 현상을 대표적 사례로 꼽았다. 이어 일부 부문의 고용이 줄고 2022년 초보다 급여 상승률이 둔화되는 점도 노동시장 전망 변화 배경으로 들었다. 실제 미국의 명목임금 상승률은 하향 조짐을 보이고 있다.

다만, 대부분의 참석자들은 "여전히 미국 노동시장이 강세를 유지하고 있다."고 판단했다. 그들은 실업률이 매우 낮고 기업들의 구인이 역사적으로 높은 수준이며 명목임금 상승률이 높다는 점을 그 이유로 제시했다.

이밖에도 회의록에는 금리인상 속도에 대해서도 상반된 견해가 포함됐다.

참석자들은 회의록에서 "물가상승률이 계속 목표치(2%)를 상회하고 있어 긴축 정책으로 가는 것이 최대 고용과 물가 안정이라는 위원회의 의

무를 달성하는 데 반드시 필요하다."고 설명했다. 또 "기준금리가 충분히 긴축적인 수준에 도달한다면, 물가상승률이 2%로 확실히 되돌아오는 경로에 접어들 때까지 당분간 그 정도의 금리를 유지하는 것이 적절하다."며, 고금리 지속의 필요성을 강조했다.

반면, 일부 참석자들은 "누적된 통화정책 조정이 경제활동과 인플레이션에 미치는 영향을 평가하는 동안 일정 시점에는 기준금리 인상의 속도를 늦추는 것이 적절할 것 같다."고 지적했다. 이어 "위원회가 물가 안정을 복원하기 위해 필요한 것 이상으로 통화정책을 긴축 기조로 가져갈 위험이 있다."고 덧붙였다.

이날 뉴욕증시도 복합적 의미의 FOMC 회의록 때문에 상승과 하락을 반복했다. 회의록이 공개되자 약세를 보이던 증시는 강세로 전환하며 하락폭을 대폭 만회했다. 금리 선물시장에서도 2022년 9월 FOMC에서 75bp(1bp=0.01%포인트)를 인상할 가능성이 60%에서 40%로 떨어졌다.

하지만 회의록 곳곳에 매파적인 발언이 있다는 사실이 알려지자 뉴욕증시의 하락폭이 커졌다. 이날 다우지수는 0.5% 떨어지며 5거래일 연속 상승에 마침표를 찍었다. S&P500 지수는 0.72% 떨어졌고 나스닥도 1.25% 하락으로 마감했다.

CHAPTER 08 | 실업

기출동형 연습문제

01 난이도 ■□□

실업자의 범위에 포함되는 것은?

① 민희의 어머니는 전업주부이다.
② 수민이의 옆집 형은 취직을 포기했다.
③ 석원이는 대학입학시험을 준비하는 고등학교 3학년 학생이다.
④ 강호네 첫째 형은 대학졸업을 앞두고 여러 기업에 입사지원서를 넣고 있다.
⑤ 정현이네 큰 누나는 다니던 회사를 그만두고 더 나은 직장을 알아보고 있다.

| 해설 | 다니던 회사를 스스로 그만두어 실업인 상태에 있는 것은 마찰적 실업에 해당한다.

| 오답피하기 | ① 전업주부는 일할 의사가 없기 때문에 비경제활동인구에 해당한다.
② 취직을 포기한 수민이의 옆집 형은 구직단념자이기 때문에 비경제활동인구에 해당한다.
③ 학생은 일할 의사가 없다고 간주되어 비경제활동인구에 포함된다.
④ 아직 대학 졸업을 하지 않은 강호네 첫째 형은 학생이므로 비경제활동인구로 분류된다.

02 난이도 ■□□

전체 인구 중에서 15세 이상의 인구가 150만 명, 경제활동인구가 110만 명, 취업자가 98만 명이면, 실업률은 약 몇 %인가?

① 약 11%
② 약 15%
③ 약 18%
④ 약 21%
⑤ 약 22%

| 해설 | 실업률은 경제활동인구에서 실업자가 차지하는 비율을 의미한다. 경제활동인구는 취업자와 실업자로 구분된다. 경제활동인구는 110만 명이고, 취업자가 98만 명이므로 실업자는 12만 명이다. 따라서

$$실업률 = \frac{실업자 \ 수}{경제활동인구} \times 100 = \frac{경제활동인구 - 취업자 \ 수}{경제활동인구} \times 100$$
$$= \frac{110만 \ 명 - 98만 \ 명}{110만 \ 명} \times 100 = 약 \ 11\%이다.$$

03 난이도 ■□□

다음 빈칸 A, B에 해당하는 사람을 〈보기〉에서 모두 고르면?

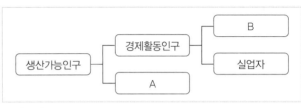

〈보기〉
㉠ 실직 뒤에 구직 노력을 포기한 삼촌
㉡ 교통사고를 당해 휴직을 하고 있는 고모부
㉢ 아빠 가게에서 하루 4시간씩 무보수로 경리를 보고 있는 누나
㉣ 일거리가 적어 일주일에 하루만 일하는 이웃집 아저씨

	A	B
①	㉠	㉡, ㉢, ㉣
②	㉠, ㉢	㉡, ㉣
③	㉡, ㉢	㉠, ㉣
④	㉡, ㉣	㉠, ㉢
⑤	㉠, ㉡, ㉢	㉣

| 해설 | A는 비경제활동인구, B는 취업자이다. ㉠은 실직 뒤에 구직 노력을 포기하였으므로 비경제활동인구에 속한다. ㉡은 일시 휴직자, ㉢은 무급가족종사자, ㉣은 수입 목적으로 주 1시간 이상 일한 자이므로 취업자에 속한다.

04 난이도 ■□□

A국의 실업자 수는 200만 명, 취업자 수는 3,800만 명이고, 경제활동참가율이 80%이다. A국의 고용률은?

① 50% ② 65%
③ 72% ④ 76%
⑤ 78%

ㅣ해설ㅣ 경제활동인구는 실업자와 취업자의 합이므로 경제활동인구는 4,000만 명이다. 경제활동참가율이 80%이므로 생산가능인구는 5,000만 명이다. 고용률은 생산가능인구에서 취업자가 차지하는 비율이므로 (3,800만 명/5,000만 명)×100 = 76%이다.

05 난이도 ■■□

청년실업이 최악의 상황인 요즘 정환이는 일자리를 열심히 찾았으나 결국 실패하여 일자리 찾기를 포기하였다. 구직을 포기한 정환이의 행동이 가져올 결과로 적절한 것은?

① 실업률이 감소한다.
② 실업자 수가 증가한다.
③ 실업률은 영향을 받지 않는다.
④ 경제활동인구는 영향을 받지 않는다.
⑤ 비경제활동인구는 영향을 받지 않는다.

ㅣ해설ㅣ 구직활동에 지쳐 직장을 찾는 것을 포기한 노동자를 구직단념자(실망실업자)라고 한다. 이러한 구직단념자는 경제활동인구가 아니라 비경제활동인구에 포함된다. 정환이가 구직활동을 포기하면 경제활동인구에 포함되는 실업자의 수가 감소하므로 실업률은 낮아진다.

ㅣ오답피하기ㅣ ② 구직을 포기하는 경우 비경제활동인구로 분류되기 때문에 실업자 수는 감소한다.
③ 실업률은 경제활동인구에서 실업자가 차지하는 비율이므로 경제활동인구와 실업자 수의 감소는 실업률에 영향을 미친다.
④ 일할 의사가 없는 경우 경제활동인구에서 비경제활동인구로 분류되기 때문에 경제활동인구는 감소한다.
⑤ 일할 의사가 없는 사람이 증가하면 비경제활동인구는 증가한다.

06 난이도 ■□□

우리나라의 실업률은 대체로 유럽국가의 실업률에 비해 낮다. 예를 들어, 1990년대 독일의 평균실업률은 9.4%였으나 우리나라는 3.2%였다. 독일에 비해 우리나라의 실업률이 낮은 이유를 추론한 것으로 적절하지 않은 것은?

① 우리나라의 사회보장제도가 독일에 비해 뒤떨어져 있다.
② 우리나라의 근로자는 실직했을 때 구직활동을 더 오래 한다.
③ 우리나라의 근로자는 한 직장에서 상대적으로 장기간 근무한다.
④ 우리나라는 스스로 고용을 만들어 내는 자영업자가 상대적으로 많다.
⑤ 우리나라는 실업 가능성이 낮은 농업 부문의 취업자가 상대적으로 많다.

ㅣ해설ㅣ 근로자가 실직했을 때 구직기간을 오래 하는 것은 마찰적 실업 기간을 늘려 실업률을 높인다. 우리나라의 경우 체감실업률에 비해 실제 실업률은 매우 낮게 나타난다. 이는 통계 측정상의 문제에서도 찾을 수 있지만, 우리나라 고용구조의 특징에 기인한다. 즉, 구직을 포기한 구직단념자들이 많아 실업률 통계 자체에 포함되지 않는 인력이 많다. 한편, 높은 자영업자 비율과 무급가족종사자 비율도 실업률 통계가 현실을 반영하지 못하는 이유이다.

ㅣ오답피하기ㅣ ① 사회보장제도가 발달된 경우 실업자에 머무를 가능성이 높으므로 실업률이 높다.
③ 한 직장에서 장기간 근무하는 문화일 경우 실업률이 낮다.
④ 자영업자가 많은 경우 취업자로 분류되는 사람들이 많기 때문에 실업률이 낮다.
⑤ 농업 부문 취업자도 취업자로 분류되기 때문에 실업률이 낮다.

정답 04 ④ ㅣ 05 ① ㅣ 06 ②

07 난이도 ■□□

정부 정책 중 장기적으로 실업률을 낮추는 데 도움이 되는 것을 〈보기〉에서 고르면?

─〈보기〉─
- ㉠ 실업보험 혜택을 늘린다.
- ㉡ 최저임금 수준을 높인다.
- ㉢ 정부가 직업훈련 프로그램을 운영한다.
- ㉣ 장래 유망 직종에 대한 정보를 제공한다.

① ㉠, ㉡
② ㉠, ㉢
③ ㉡, ㉢
④ ㉡, ㉣
⑤ ㉢, ㉣

| **해설** | 실업률은 경제활동인구에서 실업자가 차지하는 비율이므로 경제활동인구가 증가하거나 실업자가 감소할 경우 실업률이 감소한다.
㉢ 직업훈련 프로그램을 운영할 경우 더 많은 사람들이 일자리를 찾을 수 있어 실업이 감소할 수 있다.
㉣ 장래 유망 직종에 대한 정보를 제공할 경우 구직단념자(실망실업자)가 줄고 보다 체계적인 준비가 가능하여 실업이 감소할 수 있다.

| **오답피하기** | ㉠ 실업보험 혜택이 늘어날 경우 실업 상태에 있고자 하는 사람이 많아져 실업률이 높아질 수 있다.
㉡ 최저임금 수준을 높이면 노동시장에서 초과공급 현상이 심화되어 실업자 규모가 증가한다.

08 난이도 ■■□

대학졸업 후 일자리를 찾고 있던 20대 후반의 철수는 당분간 구직활동을 포기하고 집에서 쉬기로 하였다. 철수와 같은 사람이 많아질 때 실업률과 고용률에 생기는 변화로 적절한 것은?

① 실업률 상승, 고용률 불변
② 실업률 상승, 고용률 하락
③ 실업률 하락, 고용률 불변
④ 실업률 하락, 고용률 하락
⑤ 실업률 불변, 고용률 불변

| **해설** | 실업자였던 철수가 비경제활동인구로 바뀌었다. 실업자와 경제활동인구가 같은 수만큼 감소하였으므로 실업률은 하락한다. 취업자와 생산활동가능인구에 아무런 변화가 없었으므로 고용률은 변화하지 않는다.

09 난이도 ■■□

정부가 마찰적 실업을 감소시키기 위해 실시할 수 있는 대책으로 적절한 것은?

① 직업훈련을 강화한다.
② 기업의 투자를 장려한다.
③ 정부의 연구개발비를 증가시킨다.
④ 노동생산성 이하로 임금 수준을 유지한다.
⑤ 취업 및 고용에 관한 노동시장 정보를 활발히 공유할 수 있는 인터넷 사이트를 만든다.

| **해설** | 마찰적 실업은 구직활동 과정에서 필연적으로 발생하는 실업이다. 정부가 기업의 채용 정보 또는 구직자에 대한 정보를 활발하게 교류시킬 수 있는 사이트를 만들 경우, 구인구직에 투입되는 시간을 줄일 수 있으므로 마찰적 실업을 감소시킬 수 있다.

| **오답피하기** | ① 직업훈련 강화는 구조적 실업의 해결방안이다.
② 기업의 투자 장려는 일자리를 늘릴 수 있지만 마찰적 실업의 대책과 관련 없다.
③ 정부의 연구개발비와 마찰적 실업은 관련 없다.
④ 노동생산성 이하로 임금 수준이 설정될 경우 마찰적 실업은 해결되지 않는다. 더 나은 수준의 직장이 많을 때 마찰적 실업은 해소될 수 있다.

정답 **07** ⑤ | **08** ③ | **09** ⑤

10 난이도 ■□□

실업에 관한 옳은 설명을 〈보기〉에서 모두 고르면?

〈보기〉

㉠ 새로운 직장에 곧 취업하게 될 사람은 실업자가 아니다.
㉡ 1주일에 한 시간씩 일하고 그 대가를 받는 사람은 실업자가 아니다.
㉢ 직장을 구하다 구직활동을 포기한 사람이 많아지면 실업률은 높아진다.
㉣ 자연실업률은 경기적 실업이 0인 상태를 말한다.
㉤ 아르바이트를 그만두고 학업에 전념하는 대학생이 많아지면 실업률은 낮아진다.

① ㉠, ㉤   ② ㉡, ㉣
③ ㉡, ㉢, ㉣   ④ ㉠, ㉡, ㉢, ㉤
⑤ ㉠, ㉡, ㉢, ㉣, ㉤

| 해설 | ㉡ 고용통계에서 취업자는 주당 한 시간 이상 일하고 대가를 받는 사람으로 정의된다.
㉣ 자연실업률은 경기적 실업이 0인 상태를 의미한다.

| 오답피하기 | ㉠ 새로운 직장에 취업이 예정되어 있더라도 현재 상태에서 주당 1시간 이상 대가를 받고 일하지 않는다면 실업자로 분류된다.
㉢ 직장을 구하다가 포기하는 사람들, 즉 구직단념자들은 비경제활동인구로 분류되어 실업률이 낮아지는 요인으로 작용한다.
㉤ 아르바이트를 할 때에는 취업자로, 대학생 신분으로 돌아가면 비경제활동인구로 분류된다. 따라서 실업률은 높아진다.

11 난이도 ■□□

그림은 A국의 연령대별 경제활동참가율, 고용률 및 실업률을 나타낸 것이다. 이에 대한 옳은 설명을 한 사람을 〈보기〉에서 고르면?

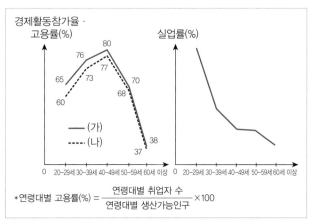

$$*연령대별\ 고용률(\%) = \frac{연령대별\ 취업자\ 수}{연령대별\ 생산가능인구} \times 100$$

〈보기〉

갑 : (가)는 고용률을, (나)는 경제활동참가율을 보여 주는군.
을 : 20대의 생산가능인구가 100만 명이라면 실업자 수는 5만 명일 거야.
병 : 20대의 생산가능인구가 100만 명이라면 20대의 실업률은 5%겠네.
정 : 40대 이후 실업률이 하락하는 이유는 경제활동참가율이 고용률보다 더 급격히 하락하기 때문이야.

① 갑, 을   ② 갑, 병   ③ 을, 병
④ 을, 정   ⑤ 병, 정

| 해설 | 을. 20대의 경제활동참가율은 65%이다. 생산가능인구가 100만 명이라면 경제활동인구는 65만 명이다. 20대의 고용이 60%이므로 취업자는 60만 명이다. 따라서 실업자는 5만 명이다.
정. 경제활동참가율은 고용률보다 높다. 40대 이후 고용률이 감소하고 있음에도 불구하고 실업률 역시 감소하는 것은 경제활동참가율이 더욱 급격히 감소하고 있기 때문이다. 즉, 고용률보다 경제활동참가율이 더욱 빨리 감소하면 실업률이 감소한다.

| 오답피하기 | 갑. 경제활동참가율은 생산가능인구에서 경제활동인구가 차지하는 비율이고, 고용률은 생산가능인구에서 취업자가 차지하는 비율이다. 경제활동인구는 취업자와 실업자의 합으로 구성되므로 경제활동참가율이 고용률보다 높다.
병. 실업률은 경제활동인구에서 실업자가 차지하는 비율이다. 즉, 65만 명 가운데 5만 명의 비율이므로 실업률은 약 7%이다.

정답 **10** ② | **11** ④

12 난이도 ■■□ [제54회 기출]

우리나라의 실업통계에서 실업률이 높아지는 경우는?

① 취업자가 퇴직하여 전업주부가 되는 경우
② 취업을 알아보던 해직자가 구직을 단념하는 경우
③ 직장인이 업무상 재해로 병원에 입원해 있는 경우
④ 대학생이 군복무 후 복학한 경우
⑤ 공부만 하던 대학생이 편의점에서 주당 10시간 아르바이트를 시작하는 경우

| 해설 | 취업자가 퇴직하여 전업주부가 된다면, 취업자 수는 감소하고 비경제활동인구가 증가한다. 따라서 경제활동인구가 감소하여 실업률이 상승한다.

| 오답피하기 | ② 실업자가 비경제활동인구가 된 것이므로 실업률은 하락한다.
③ 직장인이 업무상 재해로 입원을 하더라도 취업자에 해당하므로 실업률에는 변화가 없다.
④ 대학생과 의무복무 중인 군인은 모두 경제활동인구에 포함되지 않으므로 실업률에는 변화가 없다.
⑤ 대학생이 아르바이트를 할 경우 취업자에 해당하므로 실업률은 하락한다.

13 난이도 ■■□ [제61회 기출]

실업에 대한 다음 설명 중 옳지 않은 것을 고르시오.

① 자연실업률을 벗어난 실업을 경기적 실업이라고 하며, 경기변동과 밀접한 관련이 있다.
② 마찰적 실업은 경제 내에 오랜 기간 지속되는 실업을 설명할 수 있다.
③ 구조적 실업은 노동공급이 노동수요를 초과하기 때문에 발생하며, 노동조합, 최저임금제, 효율성 임금 등이 대표적인 원인이다.
④ 경기침체로 인해 발생한 실업이 심각해지면 소비도 감소한다.
⑤ 정부가 일자리에 대한 정보를 제공함으로써 마찰적 실업을 줄일 수 있다.

| 해설 | 마찰적 실업은 직장을 옮기기 위해 새로운 직장을 알아보는 탐색 기간에 일시적으로 발생하는 실업이다.

| 오답피하기 | ① 자연실업률은 완전고용실업률이라고도 한다. 이는 잠재 GDP 수준에서의 실업률을 의미한다. 완전고용 상태라 하더라도 자발적 실업은 여전히 존재하므로 0%가 될 수 없다. 다만, 경기적 요인에 의한 실업이 없는 상태이다.
③ 구조적 실업은 산업구조 변화에 따라 발생하는 실업이다. 이 경우 기존 인력에 대한 노동수요가 감소하여 공급이 수요를 초과한다. 노동조합이나 최저임금제, 효율성 임금과 같은 환경 변화에 의한 실업도 구조적 실업의 하나이다.
④ 경기침체로 인한 실업이 발생하는 경우 근로자의 가처분소득의 감소로 인해 소비 감소가 나타난다.
⑤ 마찰적 실업은 구인 및 구직에 대한 정보가 비대칭적이어서 발생하는 실업이다. 이 경우 구인 및 구직 정보를 제공하는 경우 마찰적 실업을 해결할 수 있다.

정답 **12** ① **| 13** ②

14 ^{난이도} ■■□

다음 빈칸 ㉠ ~ ㉣에 들어갈 용어를 바르게 짝지은 것은?

> (㉠) – 경기침체로 유효수요가 부족하여 발생하는 실업을 의미한다.
> (㉡) – 실업률과 국민생산손실(GDP 갭)은 양(+)의 관계이다.
> (㉢) – 실업률이 높은 수준으로 올라가고 나면 경기확장정책을 쓰더라도 다시 내려오지 않는 경향이다.
> (㉣) – 직장을 옮기는 과정에서 일시적으로 실업 상태에 놓이는 것을 의미한다.

	㉠	㉡	㉢	㉣
①	이력현상	오쿤의 법칙	경기적 실업	마찰적 실업
②	마찰적 실업	경기적 실업	오쿤의 법칙	이력현상
③	마찰적 실업	이력현상	오쿤의 법칙	경기적 실업
④	경기적 실업	오쿤의 법칙	이력현상	마찰적 실업
⑤	오쿤의 법칙	이력현상	마찰적 실업	경기적 실업

| 해설 | ㉠ 경기적 실업 : 경기적 실업은 총수요의 부족으로 인해 발생하는 실업이다. 총수요의 부족은 기업에게는 재고의 증가를 의미하므로 지속될 경우 실업으로 이어진다.
㉡ 오쿤의 법칙: 실질 GDP가 증가하면 실업이 감소하고, 실질 GDP가 감소하면 실업이 증가한다는 것을 나타낸다. 국민생산손실(GDP 갭)은 실제 GDP와 잠재 GDP의 차이를 말하는데, 잠재 GDP가 더 크다는 것은 현재 경기침체 상황임을 의미한다. 즉, 실질 GDP가 낮아지는 상황이다. 이 경우 실업률이 증가한다. 따라서 GDP 갭이 커질수록 실업률이 높아지므로 양(+)의 상관관계를 갖는다.
㉢ 이력현상 : 경기침체로 인해 한번 높아진 실업률은 일정 기간이 지난 이후에 경기가 회복되더라도 낮아지지 않고 계속 일정한 수준을 유지하는 현상을 의미한다.
㉣ 마찰적 실업 : 마찰적 실업이란 구직활동 과정에서 일시적으로 발생하는 실업으로, 자발적 실업이라고 한다.

15 ^{난이도} ■□□

한 경제의 취업자 수는 90만 명이고, 이 경제의 실업률은 10%, 생산가능인구는 200만 명이라고 한다. 이 경제의 경제활동참가율은?

① 33.3% ② 50%
③ 66.7% ④ 85%
⑤ 90%

| 해설 | '경제활동인구＝취업자＋실업자'이고, '실업률＝$\frac{실업자 수}{경제활동인구} \times 100$' 이다. 실업률 10%＝$\frac{실업자 수}{(90＋실업자 수)} \times 100$이므로 실업자 수는 10만 명이고, 경제활동인구는 실업자 수 10만 명＋취업자 수 90만 명이므로 100만 명이다. 따라서 경제활동참가율＝$\frac{경제활동인구}{생산가능인구} \times 100＝\frac{100}{200} \times 100＝50\%$이다.

16 ^{난이도} ■□□

자연실업률에 관한 옳은 설명을 〈보기〉에서 모두 고르면?

> 〈보기〉
> ㉠ 자연실업은 구조적 실업과 경기적 실업의 합계를 의미한다.
> ㉡ 자연실업률은 실제 실업률이 상승·하락하는 기준이 되는 정상적인 실업률이다.
> ㉢ 마찰적 실업의 증가는 자연실업률을 증가시킨다.

① ㉠ ② ㉡
③ ㉢ ④ ㉠, ㉡
⑤ ㉡, ㉢

| 해설 | ㉡ 자연실업률은 완전고용생산량 수준에서의 실업률로서, 실제 실업률의 상승 및 하락을 평가하는 기준이 된다.
㉢ 마찰적 실업의 증가는 자연실업률의 증가로 이어진다.

| 오답피하기 | ㉠ 자연실업률은 마찰적 실업과 구조적 실업만 존재하는 경우를 의미한다. 즉, 경기적 실업이 없는 상태가 자연실업률이다.

정답 **14** ④ | **15** ② | **16** ⑤

17 난이도 ■□□ [제60회 기출]

아래 설명 자료를 활용하여 갑국의 경제활동참가율을 계산하면?

〈갑국의 통계 조사표〉

고용률	76%	실업률	5%
실업자(명)	100명		

① 75%
② 75.6%
③ 78%
④ 80%
⑤ 83%

ㅣ해설ㅣ 실업자가 100명이고, 실업률이 5%이므로 경제활동인구는 2,000명이다. 따라서 취업자는 1,900명이 된다. 취업자가 1,900명이고, 고용률이 76%이므로 생산가능인구는 2,500명이다. 따라서 경제활동참가율은 80%이다.

18 난이도 ■□□ [제77회 기출]

아래 실업 유형과 관련한 설명 중 옳지 않은 것은?

근로자들이 이직하는 과정에서 발생하는 실업

① 완전고용 상태에서도 이러한 실업은 나타난다.
② 이러한 실업은 경제의 윤활유 같은 역할을 한다.
③ 일자리 정보 확충을 통해 이러한 실업을 줄일 수 있다.
④ 일반적으로 실업보험급여 수급기간 확대는 이러한 실업을 늘린다.
⑤ 산업구조 개편 등 경제구조의 변화가 이러한 실업을 늘린다.

ㅣ해설ㅣ 근로자들이 더 나은 직장을 구하기 위한 과정에서 일시적으로 발생하는 실업은 마찰적 실업이다. 이는 자발적 실업으로 경제가 좋은 상황이어도 존재하는 실업이다. 산업구조 개편으로 인해 발생하는 실업은 특정 산업에서 수요가 있는 기술이 다른 산업에서 불필요해져 발생하는 경우로, 이는 구조적 실업이다.

ㅣ오답피하기ㅣ ① 마찰적 실업은 자발적 실업으로, 완전고용 상태에서도 나타난다.
② 더 나은 직장을 찾는 과정은 노동자원의 효율적 배분 과정으로, 경제성장을 촉진하는 윤활유 역할을 한다.
③ 일자리 정보의 확충은 마찰적 실업을 줄일 수 있는 대책이다.
④ 실업보험급여 수급기간이 확대될 경우 보다 적극적인 직장 탐색의 여유가 생기므로 마찰적 실업이 증가할 수 있다.

📈 S등급 고난도 문제

다음 그림과 기사를 참고할 때, 생산가능인구의 감소와 관련된 옳은 설명을 〈보기〉에서 고르면?

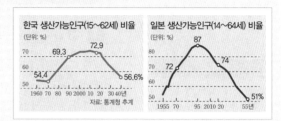

한국의 집값이 서울은 내리고 지방은 오르는 현상은 일본의 버블 직전과 유사하다. 일본의 경우 1980년대 도쿄 땅값이 급등하자 전국의 땅값이 올랐다. 1987~88년에 도쿄의 땅값이 내려가자 지방이 올랐고, 다시 도쿄 땅값이 오르려 하자 버블이 붕괴됐다. 당시에는 수요 부족을 원인으로 꼽았지만 최근 니시무라 BOJ 부총재는 인구구조 변화 등 경제 구조와 관련이 있다는 분석 결과를 내놓았다. 한국의 부동산 정책도 염두해야 할 내용이다.

─〈보기〉─
㉠ 생산가능인구가 감소하면 경제활동참가율도 감소한다.
㉡ 국내 총인구의 감소와 생산가능인구의 감소는 밀접한 연관을 맺는다.
㉢ 노동 공급 감소는 경제성장률 하락을 야기할 수 있다.
㉣ 생산가능인구와 부동산 가격은 상관관계가 존재하지 않는다.

① ㉠, ㉡
② ㉠, ㉣
③ ㉡, ㉢
④ ㉡, ㉣
⑤ ㉢, ㉣

ㅣ오답피하기ㅣ ㉠ 경제활동참가율 $= \dfrac{경제활동인구}{생산가능인구} \times 100$ 으로 구한다. 다른 모든 조건이 일정할 때 생산가능인구가 감소하면 경제활동참가율은 증가한다.
㉣ 부동산 가격의 하락 현상은 생산가능인구의 감소에서 비롯된다. 즉, 부동산 가격의 문제는 단순히 수요 부족의 문제가 아니라 경제구조와 연관된 근본적인 문제이다.

정답 **17** ④ ㅣ **18** ⑤ ㅣ 고난도 정답 ③

CHAPTER 09

필립스곡선

제1절   필립스곡선의 개념   중요도 **하**

1 필립스곡선의 정의

필립스곡선은 1950년대 말 영국의 경제학자 필립스가 약 90년 동안의 영국의 실업률과 인플레이션 자료를 분석한 결과 이들 간의 역(−)의 상관관계가 존재한다는 것을 밝혀내면서 등장하였다. 이후에 미국을 비롯한 다른 국가의 자료를 사용하여 분석한 결과도 실업률과 인플레이션율 간의 안정적인 역(−)의 관계가 존재함을 뒷받침해 주었다.

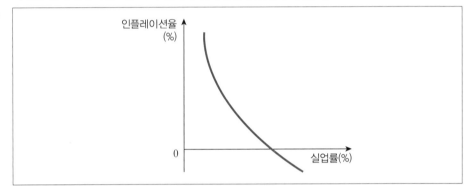

2 정책적 시사점

필립스곡선은 정책결정자들에게 중요한 정책적 시사점을 전달해 준다. 이는 인플레이션율과 실업률을 동시에 달성할 수 없다는 점이다. 필립스곡선이 보여 주는 실업률과 물가상승률 간의 역(−)의 상관관계는 높은 실업률은 물가상승률의 감소를 야기하고, 낮은 실업률은 물가상승률의 증가를 야기한다는 것이다. 하지만 이러한 관계는 단기에만 성립된다. 장기에는 필립스곡선이 자연실업률 수준에서 수직이 되기 때문이다.

제2절   단기와 장기의 필립스곡선   중요도 **중**

1 단기 필립스곡선

(1) 단기 필립스곡선과 단기 총공급곡선

단기 필립스곡선은 단기 총공급곡선으로부터 도출된다. 총공급곡선은 단기와 장기로 구분되어 단기 총공급곡선은 우상향하는 반면, 장기 총공급곡선은 완전고용생산량 수준에서 수직의 형태를 갖는다. 필립스곡선은 총공급곡선의 형태에 따라 단기와 장기의 형태가 달라진다.

(2) 단기 필립스곡선의 도출

단기 필립스곡선은 단기 총공급곡선으로부터 도출된다. 단기 총공급곡선이 존재하는 경우 총수요 증가로 총수요곡선이 우측으로 이동하면 생산량이 증가($Y_0 \rightarrow Y_1$)하고 물가가 상승($P_0 \rightarrow P_1$)한다. 생산량의 증가로 인해 기업은 고용규모를 늘리므로 실업률이 감소한다. 따라서 인플레이션율은 상승하지만 실업률은 감소하는 우하향하는 모습의 필립스곡선이 도출된다.

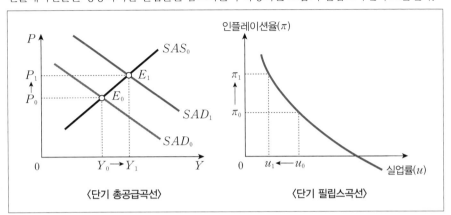

〈단기 총공급곡선〉　　　　〈단기 필립스곡선〉

📐 읽는 강의

총수요–총공급 곡선과 필립스곡선을 연결해 주는 개념은 오쿤의 법칙(Okun's law)입니다. 실업률과 산출량 간의 상관관계를 나타내는 이 법칙은 산출량이 증가할 때마다 실업률이 감소한다는 것으로, 구체적으로는 실업이 1% 상승할 때마다 산출량이 약 2.5% 감소한다고 알려져 있습니다. 오쿤의 법칙은 다음과 같이 도출됩니다.

$$\frac{Y^*-Y}{Y^*}=\alpha(u-u_n),\ (\alpha>0)$$

(Y^*: 실제실업률과 잠재실업률이 일치할 때의 산출량)

(3) 스태그플레이션과 단기 필립스곡선

실업률과 인플레이션율 간의 안정적이라고 생각했던 상충관계는 스태그플레이션으로 인해 그 관계가 약화되었다. 스태그플레이션은 총공급곡선의 좌측 이동으로 인해 생산량 감소와 물가 상승이 동시에 일어나는 현상을 의미한다. 이는 실업률과 물가가 동시에 증가한다는 것을 의미하므로, 단기 필립스곡선이 나타내는 실업률과 인플레이션율 간의 안정적인 상충관계가 존재한다는 기존의 통념을 무너뜨렸다.

기출로 확인하기　　　　　　　　　　　　　　34회 기출변형

스태그플레이션 발생 시 원상회복을 위한 정책으로 적절한 것은?

① 조세 증가　　　　　　　　　② 정부지출 증가
③ 통화량 증가　　　　　　　　④ 최저임금 인상
⑤ 기업의 R&D 투자에 대한 지원

기출로 확인하기　　정답 및 해설

| 해설 | 스태그플레이션 상태에 빠지면 총수요곡선을 이동시키는 정책은 모두 문제를 발생시킨다. 총수요곡선을 우측으로 이동시킬 경우 실업은 줄일 수 있으나 물가가 폭등하고, 좌측으로 이동시킬 경우 물가는 안정시킬 수 있으나 실업이 급증한다. 따라서 총공급곡선을 다시 우측으로 이동시키는 정책이 이상적이다. 기업의 R&D 투자에 대한 지원은 총공급곡선의 우측 이동을 야기할 수 있는 요인이다. 이는 동일한 생산요소를 활용하여 더 많이 생산할 수 있는 기반이 되므로 스태그플레이션을 극복할 수 있는 대안이라고 할 수 있다.

정답 ⑤

2 장기 필립스곡선

(1) 장기 총공급곡선과 장기 필립스곡선

장기 필립스곡선은 장기 총공급곡선으로부터 도출된다. 완전고용산출량 수준에서 수직인 장기 총공급곡선으로부터는 자연실업률 수준에서 수직인 장기 필립스곡선이 도출된다.

(2) 장기 필립스곡선의 도출

완전고용산출량 수준에서 장기 총공급곡선이 존재하는 경우 총수요가 증가하여 총수요곡선이 우측으로 이동하여도 생산량은 변하지 않고 물가만 상승($P_0 \rightarrow P_1$)한다. 산출량의 변화가 없으므로 기업들의 고용규모가 변하지 않아 실업률이 변하지 않고, 인플레이션율만 상승한다. 따라서 자연실업률 수준에서 수직인 장기 필립스곡선이 도출된다.

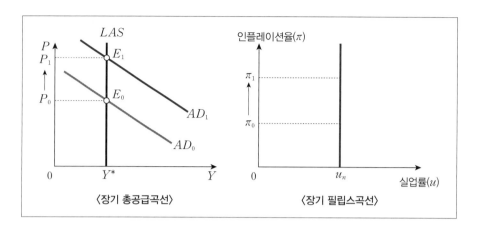

〈장기 총공급곡선〉 〈장기 필립스곡선〉

3 단기 필립스곡선과 장기 필립스곡선

(1) 스태그플레이션과 기대인플레이션의 변화

① 스태그플레이션의 발생

1970년대 중반 실업률과 인플레이션율이 동시에 상승하는 현상이 나타났다. 1960년대 초 중동국가들이 석유수출국기구(OPEC)를 설립하면서 1973년 말 석유가격을 급격히 인상시킨 탓이다. 1974년 1월 1일의 석유가격은 배럴당 11.65달러로 고시되었고, 이는 1973년 10월의 4배에 달하는 수치였다. 이는 기업의 입장에서 급격한 생산비용의 증가 였고, 이로 인해 국가 경제 전체의 총공급은 좌측으로 이동하여 물가가 상승하면서 실질 GDP는 감소하는 현상이 나타났다. 즉, 인플레이션율과 실업률이 동시에 상승한 것이다.

② 안정적인 상충관계의 붕괴

㉠ 필립스곡선의 이동: 스태그플레이션은 1950년대와 1960년대까지 안정적으로 유지되 던 실업률과 인플레이션율 간의 안정적인 상충관계를 붕괴시키는 결과를 초래했다. 일부 경제학자들은 이를 두고 더 이상 필립스곡선의 시사점이 성립하지 않는다고 말 했다. 하지만 경제학자들은 이를 두고 필립스곡선의 안정적인 상충관계가 붕괴된 것 이 아니라 필립스곡선 자체가 이동한 결과라고 설명하였다.

㉡ 기대인플레이션: 단기 필립스곡선이 이동하는 요인은 미래 인플레이션에 대한 사람 들의 기대이다. 기대되는 미래의 인플레이션을 기대인플레이션(expected inflation) 이라고 한다. 일반적으로 사람들은 현재의 물가 상승이 내년에도 계속된다고 생각한 다. 올해 10%의 인플레이션이 있었다면 경제에 큰 변수가 없는 한 내년에도 10%의 인플레이션이 지속될 것으로 예상할 수 있고, 이는 실제로 가격에 반영되어 나타난다. 올해의 인플레이션 예상이 실제 내년의 물가를 상승시키는 것이다.

(2) 단기 필립스곡선의 이동

스태그플레이션으로 인해 물가가 상승하고, 실질 GDP가 감소하는 상황에서 정부는 실질 GDP 증가를 위해 확장적 총수요정책을 활용할 수 있다. 최초의 균형은 A점(인플레이션 율 3%와 실업률 4%)에서 단기와 장기의 균형이 일치되어 있었다.

① 확장적 총수요정책의 실시

확장적 총수요정책을 통해 A점에서 실업률을 1%p(4% → 3%) 낮추기 위해서는 인플레이션율 4%를 감당해야 한다. 경제는 A점에서 장기균형을 유지하고 있었으므로, 즉 완전고용산출량 수준이었으므로 확장적 재정정책을 통해 완전고용산출량 이상의 총수요가 발생하면 물가가 증가한다. 그 결과 실질 GDP는 증가하지만, 인플레이션율은 4%로 높아지게 된다. 이는 필립스곡선상에서 단기균형(B점)이 실업률 3%, 인플레이션율 4%에서 형성됨을 의미한다.

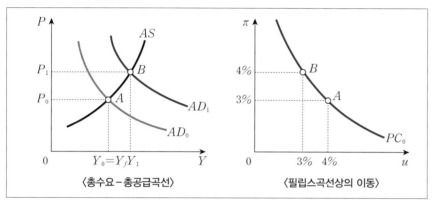

〈총수요-총공급곡선〉　　〈필립스곡선상의 이동〉

② 단기 총공급곡선의 이동과 필립스곡선의 이동

단기적으로 물가의 상승은 향후 인플레이션에 대한 기대를 상승시킨다. 확장적 재정정책으로 인해 높아진 4%의 인플레이션율은 미래에도 4%의 인플레이션이 발생할 것이라는 기대를 형성하게 되는 것이다. 한편, 노동자들은 명목임금(W)을 기준으로 노동의 공급을 결정한다. 내년의 예상 인플레이션이 4%이므로 실질임금$\left(\dfrac{W}{P}\right)$을 유지하기 위해서는 명목임금의 4% 인상을 요구해야 한다. 명목임금의 인상은 곧 생산비용의 증가이므로 총공급곡선이 좌측으로 이동한다. 총공급곡선의 좌측 이동은 실질 GDP가 완전고용산출량 수준으로 낮아질 때까지 계속된다. 그 결과 새로운 장기균형점에서는 실질 GDP는 완전고용산출량 수준으로 회귀하고, 물가만 상승한다. 이는 곧 장기균형이 실업률 4%와 인플레이션율 4%에서 형성됨을 의미한다. 단기 필립스곡선은 우측으로 이동하여 C점에서 단기와 장기의 균형이 일치함을 의미한다.

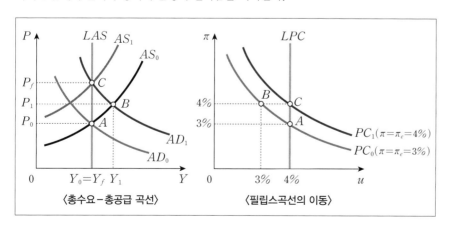

〈총수요-총공급 곡선〉　　〈필립스곡선의 이동〉

4 자연실업률 가설(natural rate of unemployment hypothesis)

(1) 개념

정부가 확장적인 통화정책으로 총수요를 증가시킨 경우 단기에는 실업률을 자연실업률 수준 이하로 낮출 수 있다. 이는 근로자들이 인플레이션을 완전하게 예상하지 못했기 때문이다. 그러나 인플레이션을 완전하게 예상하는 경우, 실업률은 자연실업률 수준으로 돌아와 결과적으로는 물가만 상승하게 된다. 이처럼 장기적으로 실업률이 자연실업률 수준으로 되돌아간다는 주장이 자연실업률 가설이다.

(2) 자연실업률 가설의 시사점

① 장기에는 실업률-인플레이션율 간의 상충관계가 성립하지 않음

단기에 성립하던 실업률과 인플레이션율 간의 상충관계는 근로자들이 기대 인플레이션율을 조정해 감에 따라 장기에는 결국 실업률이 자연실업률로 회복된다. 결국 물가만 상승하는 결과를 초래하여 상충관계가 성립하지 않게 된다.

② 장기적인 총수요확장정책의 무력성

단기적으로 실업률을 감소시키려는 총수요확장정책들이 장기적으로 실업률이 자연실업률 수준으로 되돌아가고 물가만 상승시킨다. 자연실업률 가설은 장기적으로 총수요 확장정책이 무력하다는 것을 알려준다.

기출로 확인하기 53회 기출

다음은 필립스곡선을 나타내는 그래프이다. 이에 대한 설명으로 옳지 않은 것은?

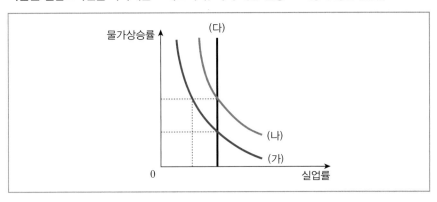

① (가)와 (나)를 단기 필립스곡선이라고 한다.
② (가)와 (나)는 인플레이션과 실업률 간의 상충관계를 보여 준다.
③ 통화량 증가는 장기적으로 물가상승률의 상승을 초래한다.
④ (다)는 장기 필립스곡선이며, 자연실업률 수준에서 수직이다.
⑤ 필립스곡선이 (가)일 때 통화량이 증가하면 단기적으로 (나)로 이동한다.

제3절 | 적응적 기대와 합리적 기대 중요도 하

1 적응적 기대(adaptive expectation)

노동자들이 올해의 인플레이션율을 예측할 때 작년의 인플레이션율 3%가 올해도 계속될 것이라고 추정하는 것이 적응적 기대이다. 단순히 과거를 기준으로 두었기 때문에 노동자들은 3%에서 6%로 상승한 실제 인플레이션의 변화를 뒤늦게 깨달았던 것이다. 즉, 적응적 기대란 과거의 자료를 바탕으로 예상오차를 조금씩 수정하여 미래를 예측하는 것을 의미한다.

2 합리적 기대(rational expectation)

(1) 개념

합리적 기대는 적응적 기대의 문제점을 지적하며 등장한 개념이다. 합리적 기대는 경제주체들이 미래를 예측함에 있어 사용 가능한 모든 정보를 활용한다. 미래의 인플레이션을 예측할 때 과거의 인플레이션율이 3%였다고 해서 다음 해도 단순히 3%라고 예상하는 것이 아니라 다른 경제지표, 원자재 가격상황 등 이용 가능한 모든 정보를 활용하여 인플레이션율을 예측하는 것을 합리적 기대라고 한다.

(2) 시사점

① 항상 정확한 예측을 하는 것은 아님

이용 가능한 모든 정보를 활용하더라도 미래를 정확히 예측할 수 있는 것은 아니다. 따라서 적응적 기대와 마찬가지로 예측오차는 발생하나, 적응적 기대와 같이 일정 기간 동안 지속적으로 실제보다 높게 혹은 낮게 미래를 예측하는 오류에서는 벗어날 수 있다.

② 합리적 기대하에서도 예상하지 못한 정책은 단기에 효과를 발휘할 수 있음

국민들이 예상하지 못하는 갑작스런 정책은 합리적 기대하에서는 효과를 발휘할 수 있다. 정부가 실업률을 낮추기 위한 확장적 재정정책을 국민들이 예상하지 못하도록 갑자기 시행한다면 단기적으로는 정책이 효과를 볼 수 있다. 근로자들은 갑작스런 총수요 확장정책으로 물가가 상승한 것을 알지 못하고 이로 인해 적응적 기대를 한 경우와 마찬가지로 예측오차가 발생하기 때문이다. 하지만 근로자들이 인플레이션율의 상승을 알아차리는 순간 실업률은 자연실업률 수준으로 돌아가고 인플레이션율만 상승하게 된다. 따라서 예상하지 못한 정책은 단기적으로 영향을 미칠 수 있다.

◀┈ **합리적 기대**
이용 가능한 모든 정보를 활용하여 미래를 예측하는 것

기출로 확인하기 35회 기출변형

필립스곡선에 대한 설명으로 옳지 않은 것은?

① 실업률과 물가상승률 간 상충관계를 나타낸다.

② 자연실업률 가설에 의하면 장기적으로 정책당국이 실업률을 통제할 수 없다.

③ 예상물가상승률이 낮아지면 필립스곡선은 아래로 이동한다.

④ 합리적 기대하에서 예상치 못한 통화팽창은 단기적으로 실업률에 영향을 미칠 수 없다.

⑤ 1970년대 스태그플레이션은 필립스곡선의 불안정성을 입증하였다.

기출로 확인하기 | 정답 및 해설

| 해설 | 합리적 기대는 사용 가능한 모든 정보를 활용하여 예측하는 것을 의미한다. 따라서 적응적 기대와 달리 체계적 오차를 유발하지 않지만, 합리적 기대하에서도 예상치 못한 정책은 효과를 발휘할 수 있다. 예상하지 못한 정보는 사용 가능한 모든 정보의 범위에 들어오지 않기 때문에 이를 알아차리기 전까지 단기적으로 영향을 미칠 수 있다.

정답 ④

Why 이슈가 된 걸까?

필립스곡선에 대한 내용이다. 물가상승과 실질 GDP 간의 음(−)의 상관관계를 규정하는 필립스곡선은 최근 들어 기존 이론과 맞지 않는다는 비판에 직면해 있다. 이유는 스태그플레이션이다. 물가는 상승하면서 경기가 침체하는 상황이 나타나면서 필립스곡선의 함의가 맞지 않는다는 것이다. 물가와 고용이라는 두 마리 토끼를 잡아야 하는 상황이 계속되면서 이에 관한 해법을 어떻게 찾을 수 있을지 귀추가 주목된다.

매스컴으로 보는 시사 이슈 **NEWS**

물가 폭등에 고용 악화까지 …
'최악 조합' 스태그플레이션

세계 경제가 스태그플레이션(Stagflation) 함정에 빠졌다는 경고가 잇달아 나오고 있다. 한국도 예외가 아니다. 정부와 중앙은행은 쉽게 대응하기 어렵다. 경기를 살리자니 물가를 더 자극할 것 같고, 물가를 잡자니 경기가 더 침체하는 정책 딜레마 때문이다.

블룸버그통신은 경제협력개발기구(OECD) 38개 회원국의 2022년 4월 소비자물가 상승률이 평균 9.2%로 치솟았다고 보도했다. 1998년 9월(9.3%) 이후 최고치이다. G7(주요 7개국) 회원국 중 일본을 제외한 6개 나라의 물가상승률은 1980년대~1990년대 초 이후 가장 높다.

이런 가운데 최근 세계은행(WB)은 2022년의 세계 경제성장률(GDP 증가율) 전망치를 당초 4.1%에서 2.9%로 낮췄다. OECD도 4.5%에서 3.0%로 하향 조정했다. OECD는 한국도 예외가 아니라고 했다. OECD가 전망한 2022년 한국의 물가상승률은 4.8%, 경제성장률은 2.7%이다. 저성장과 고물가가 겹치는 최악의 조합, 스태그플레이션이다.

스태그플레이션은 경제학적으로 '단기적으로는 물가 상승과 실업 사이에 상충관계가 있다'는 말이 성립하지 않음을 보여줬다. 즉, '필립스곡선(Phillips curve)'이 성립하지 않는다는 것이다. 필립스곡선은 영국에서 활동한 뉴질랜드 출신 경제학자 윌리엄 필립스의 이름에서 왔다. 1958년 필립스 교수는 '1861~1957년 영국의 실업률과 명목임금 변화율'이라는 논문에서 실업률과 명목임금 상승률 사이에 반비례 관계가

있다고 했다. 이후 명목임금 상승률 대신 물가상승률을 넣어도 비슷한 관계가 성립한다는 연구 결과가 잇달아 나왔다.

프리드먼은 필립스곡선에 이의를 제기했다. 물가상승률과 실업률 간에 반비례 관계가 성립하지 않고 필립스곡선은 수직이 된다고 했다. 장기적으로 물가상승률이 얼마가 되든, 실업률은 노동 수요와 공급이 균형을 이루는 자연실업률로 수렴하기 때문이라는 것이다.

스태그플레이션은 물가와 고용이라는 두 토끼를 잡을 수 있느냐는 근본적인 질문을 정부와 중앙은행에 던진다. 물가가 더 뛰면 과거 20%에 달했던 미국 물가를 고금리라는 극약 처방으로 잡은 '제2의 폴 볼커가 등장할까? 급격한 금리 인상 처방엔 반응들이 엇갈린다. 하지만 러시아 · 우크라이나 전쟁으로 촉발된 국제 원자재 가격부터 안정시켜야 한다는 점에선 이견이 없는 듯하다.

기출동형 연습문제

01 난이도 ■□□

다음 필립스곡선에 대해 발표한 내용으로 옳지 않은 것은?

> ㉠ 필립스곡선은 실업률과 물가상승률 사이의 관계를 나타낸다.
> ㉡ 필립스곡선은 원래 경험적인 관계에서 도출된 것으로 이론적 기반이 견고하지 않다.
> ㉢ 1970년대 스태그플레이션은 필립스곡선이 제시한 물가상승률과 실업률 간의 상충관계를 잘 입증했다.
> ㉣ 최근 필립스곡선이 나타내는 관계가 안정적이지 않다는 것이 많은 실증적 연구에 의해 밝혀졌다.
> ㉤ 일반대중의 예상 물가상승률이 높아지면 필립스곡선은 위로 이동한다.

① ㉠
② ㉡
③ ㉢
④ ㉣
⑤ ㉤

| **해설** | 1970년대 스태그플레이션으로 인해 물가상승률과 실업률 간의 상충관계가 나타나지 않았다. 총공급곡선이 좌측으로 이동하여 물가가 상승하고, 실업률이 증가했기 때문이다.

| **오답피하기** | ㉠ 필립스곡선은 실업률과 물가상승률 사이의 음(−)의 상관관계를 나타낸다.
㉡ 필립스곡선은 오랜 기간의 데이터 분석을 통해 발견한 사실이다.
㉣ 최근 실업률이 감소하면서 인플레이션율이 낮아지는 현상이 나타나면서 필립스곡선의 안정적인 상관관계가 깨지고 있다.
㉤ 예상 인플레이션율의 상승은 필립스곡선을 우상향으로 이동시킨다.

02 난이도 ■□□

일반적인 필립스곡선에 나타나는 실업률과 인플레이션의 관계에 대한 설명으로 옳지 않은 것은?

① 폴 사뮤엘슨이 필립스커브를 자신의 「경제학원론」에 소개함으로써 전 세계적으로 유명해졌다.
② 초기 케인스학파는 필립스곡선의 실업과 인플레이션의 상충관계가 안정적이라고 판단하였다.
③ 우하향하는 필립스곡선은 물가안정과 완전고용의 달성은 불가능하지만, 정책당국이 주어진 필립스곡선상의 점을 선택하는 미세조정을 할 수 있다는 희망적인 전망을 제공하였다.
④ 안정적인 필립스곡선의 존재는 재량적인 안정화정책을 지지하는 근거로 사용하였다.
⑤ 장기 필립스곡선도 단기 필립스곡선과 마찬가지로 우하향한다.

| **해설** | 경제학자 필립스는 1861~1957년 영국에서 발생한 실업률과 명목임금 상승률이 역(−)의 관계를 가지고 있음을 보였다. 이후 다른 학자들이 명목임금 상승률 대신 물가상승률을 대입하여 현재까지 사용하고 있다. 장기적으로는 총공급곡선이 자연산출량 수준에서 수직이 되므로 총수요가 증가한다고 하여 산출량이 변하지 않는다. 다만, 물가만이 상승할 뿐이다. 따라서 장기 필립스곡선은 수직이 되어 장기적으로는 실업과 인플레이션 간에 상충관계가 존재하지 않는다.

정답 01 ③ | 02 ⑤

03 난이도 ■■■□

노동생산성의 향상이 단기 필립스곡선과 장기 필립스곡선에 미치는 영향으로 옳은 것은?

① 단기 필립스곡선 : 좌측 이동, 장기 필립스곡선 : 좌측 이동
② 단기 필립스곡선 : 우측 이동, 장기 필립스곡선 : 우측 이동
③ 단기 필립스곡선 : 불변, 장기 필립스곡선 : 좌측 이동
④ 단기 필립스곡선 : 좌측 이동, 장기 필립스곡선 : 불변
⑤ 단기 필립스곡선 : 불변, 장기 필립스곡선 : 우측 이동

| 해설 | 노동생산성이 향상되면 노동의 한계생산이 커져 기업의 노동 수요가 증가하여 총생산이 증가한다. 그 결과 인플레이션율과 실업률이 모두 낮아지므로 단기 필립스곡선은 좌측으로 이동한다. 영구적인 생산성 향상은 실질변수이므로 자연실업률을 낮춰 장기 필립스곡선도 좌측으로 이동한다.

04 난이도 ■■■□

필립스곡선 및 자연실업률 가설에 대한 설명으로 옳은 것은?

① 필립스곡선은 명목임금 상승률과 실업률 간의 관계를 나타내는 우상향의 곡선이다.
② 원유가격 인상 등 공급 측면의 교란 요인이 발생하더라도 필립스곡선은 변동이 없다.
③ 필립스곡선은 단기 총공급곡선을 나타내며 기대인플레이션율이 상승하면 아래쪽으로 이동한다.
④ 자연실업률 가설에 따르면 정부가 총수요확대정책을 실시할 경우에 단기적으로 기업과 노동자가 이를 정확하게 인식하지 못하기 때문에 실업률을 낮출 수 있다.
⑤ 자연실업률 가설에 따르면 장기적으로 필립스곡선은 수직이며, 이 경우 총수요확대정책은 자연실업률보다 낮은 실업률을 달성한다.

| 오답피하기 | ① 필립스곡선은 인플레이션율과 실업률 간의 음(-)의 상관관계를 나타낸다.
② 원유가격이 인상될 경우 총공급곡선의 좌측 이동이 발생하여 물가가 상승한다. 이는 향후에도 인플레이션이 지속될 것이라는 예상을 불러일으켜 필리스곡선은 우측으로 이동한다.
③ 기대인플레이션의 상승은 필립스곡선의 우측 이동을 야기한다.
⑤ 자연실업률 가설에 따르면 장기적으로 필립스곡선은 수직이며, 장기에 총수요확대정책은 실업률에 아무런 영향을 미치지 못한다.

05 난이도 ■■■□

그림은 국민경제에서 총수요곡선과 총공급곡선을 나타낸다. 균형점이 a에서 b로 이동한다. 상황에 대해 옳게 추론한 것은?

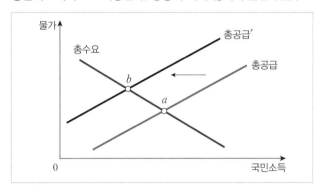

① 필립스곡선은 이와 같은 상황을 잘 설명한다.
② 급격한 환율 인하로 인한 수입원자재 가격이 하락할 때 가능하다.
③ 케인스의 총수요관리정책으로 문제 상황을 충분히 해결할 수 있다.
④ 정부의 강력한 긴축재정정책이 시행된다면 경제적 안정을 이룰 수 있다.
⑤ 인플레이션은 국민경제가 완전고용 수준에 도달할 때에만 일어나는 현상이 아니라는 것을 입증한다.

| 오답피하기 | ① 총공급곡선의 좌측 이동은 실질 GDP의 감소와 물가 상승을 야기하므로 필립스곡선이 나타내는 물가상승률과 실업률 간의 상충관계를 설명하지 못한다.
② 환율 인하는 수입원자재 가격을 낮춘다. 이는 총공급곡선의 우측 이동을 야기한다.
③ 총공급곡선의 좌측 이동으로 야기된 상황에서 총수요확장정책은 물가의 폭등을 야기한다. 반면, 총수요곡선의 좌측 이동은 물가의 안정은 가져오지만 실업의 급증을 야기한다.
④ 현 상황에서 총수요곡선의 좌측 이동은 물가는 안정시킬 수 있지만 실질 GDP의 감소를 가져와 실업의 급증을 야기한다.

정답 **03** ① | **04** ④ | **05** ⑤

06 난이도 ■■□

필립스곡선의 형태에 대한 옳은 설명을 〈보기〉에서 모두 고르면?

── 〈보기〉──

㉠ 우상향하는 총공급곡선상에서 총수요가 변하면 필립스곡선은 우하향한다.

㉡ 수직의 총공급곡선상에서 총수요가 변하면 필립스곡선은 수직이다.

㉢ 우하향하는 총수요곡선상에서 총공급이 변하면 필립스곡선은 우상향한다.

① ㉠
② ㉡
③ ㉢
④ ㉠, ㉡
⑤ ㉠, ㉡, ㉢

| 해설 | ㉠ 우상향하는 총공급곡선상에서 총수요가 변하면 물가와 국민소득이 비례한다. 국민소득과 실업률은 반비례하므로 인플레이션율과 실업률은 반비례하여 필립스곡선은 우하향한다.
㉡ 자연산출량 수준에서 수직인 총공급곡선상에서 총수요가 변하면 자연산출량은 불변이고 물가만 변한다. 자연산출량 수준의 실업률을 의미하는 자연실업률도 인플레이션율과 무관하여 필립스곡선은 수직이다.
㉢ 우하향하는 총수요곡선상에서 총공급이 변하면 물가와 국민소득이 반비례한다. 국민소득과 실업률은 반비례하므로 인플레이션율과 실업률은 비례하여 필립스곡선은 우상향한다.

07 난이도 ■■□

단기에 있어서 정책당국이 더 유리한 인플레이션율과 실업률의 조합을 선택하게 되는 요인이 아닌 것은?

① 생산성의 증대
② 석유가격의 하락
③ 화폐수요의 증대
④ 기업 생산비용의 하락
⑤ 기대물가상승률의 하락

| 해설 | 화폐수요의 증대는 이자율을 상승시켜 총수요의 감소를 야기한다. 따라서 이는 우하향의 단기 필립스곡선상에서 실업률을 높이거나 인플레이션율을 낮추게 된다.

| 오답피하기 | ①②④⑤ 기대물가상승률의 하락, 석유가격의 하락, 생산성의 증대, 기업 생산비용의 하락은 모두 공급 측 요인으로서 인플레이션율과 실업률을 낮춘다.

08 난이도 ■□□ [제77회 기출]

필립스곡선과 관련한 설명 중 옳은 것은?

① 단기 필립스곡선이 장기 필립스곡선보다 가파르다.
② 자연 실업률이 증가하면 필립스곡선은 왼쪽으로 이동한다.
③ 자연 실업률 가설에 따르면 장기 필립스곡선은 수평선이 된다.
④ 단기 필립스곡선은 실업률과 물가 상승률 간의 상충관계를 보여준다.
⑤ 1970년대 스태그플레이션으로 실업률과 물가 상승률 간의 상충관계가 더욱 명확하다는 것이 입증되었다.

| 해설 | 필립스곡선은 단기에 실업률과 인플레이션율 간의 상충관계를 나타내는 곡선이다. 이는 실업률과 인플레이션율을 동시에 낮출 수 없음을 의미한다.

| 오답피하기 | ① 단기 필립스곡선은 우하향의 형태인데 반해 장기 필립스곡선은 수직의 형태이다.
② 자연실업률이 증가할 경우 필립스곡선은 우측으로 이동한다.
③ 필립스곡선은 총공급곡선과 오쿤의 법칙의 결합으로 도출된다. 따라서 장기 필립스곡선은 잠재GDP 수준에서의 실업률인 자연실업률 수준에서 수직이다.
⑤ 1970년대 스태그플레이션은 실질GDP 감소와 물가 상승이 함께 나타나면서 실업률 증가와 인플레이션율 상승이 동시에 나타나 상충관계가 약화되었다.

정답 **06** ⑤ ┃ **07** ③ ┃ **08** ④

09 난이도 ■□□

필립스에 따르면 인플레이션율과 실업률 사이에 음(−)의 상관관계 또는 상충관계가 존재한다. 그러나 최근의 자료를 보면 장기적으로 두 변수 사이에 음(−)의 상관관계가 명확히 존재하지 않는 것처럼 보인다. 그 원인에 대한 설명으로 옳지 않은 것은?

① 이력현상이 발생하여 자연실업률이 변할 수 있다.
② 통화량의 변화에 따라 자연실업률이 변할 수 있다.
③ 사람들의 인플레이션율에 대한 기대가 변할 수 있다.
④ 노동시장의 구조 변화에 따라 자연실업률이 변할 수 있다.
⑤ 석유가격 등 공급 요인의 변화로 필립스곡선이 이동할 수 있다.

| 해설 | 통화량의 변화는 자연실업률과 관련 없다.

| 오답피하기 | ①③④⑤ 음(−)의 공급충격이나 기대인플레이션율의 상승은 인플레이션율과 실업률을 높인다. 그리고 노동시장의 구조 변화나 이력현상은 인플레이션율과 무관하게 자연실업률을 변화시킨다.

10 난이도 ■□□

필립스곡선에 대한 설명으로 옳은 것은?

① 단기 필립스곡선이 장기 필립스곡선보다 가파르다.
② 자연실업률이 증가하면 필립스곡선은 왼쪽으로 이동한다.
③ 자연실업률 가설에 의하면 장기 필립스곡선은 수평선이 된다.
④ 기대물가상승률이 상승하면 필립스곡선은 왼쪽으로 이동한다.
⑤ 필립스곡선은 실업률과 물가상승률 간의 상충관계를 보여준다.

| 오답피하기 | ① 단기 필립스곡선은 우하향하는 형태이고, 장기 필립스곡선은 수직의 형태이므로 장기 필립스곡선이 더 가파르다.
② 자연실업률이 증가하면 장·단기 필립스곡선은 우측으로 이동한다.
③ 자연실업률 가설에 의하면 장기 필립스곡선은 수직선이 된다.
④ 기대물가상승률이 상승하면 필립스곡선은 우측으로 이동한다.

11 난이도 ■□□

합리적 기대와 적응적 기대에 대한 설명으로 옳지 않은 것은?

① 미래의 변수값에 대한 합리적 기대를 형성하면 예측오차가 발생하지 않는다.
② 합리적 기대란 경제주체들이 어떤 변수를 예측할 때 현재 이용 가능한 모든 정보를 활용하는 것을 말한다.
③ 경제주체들이 현재의 정부 정책에 관한 정보를 기대 형성에 활용하는 것은 합리적 기대의 한 예가 될 수 있다.
④ 노동자들이 올해의 인플레이션율이 작년과 동일할 것이라고 예상하는 것은 적응적 기대의 한 예가 될 수 있다.
⑤ 적응적 기대란 경제주체들이 어떤 변수를 예측할 때 과거에 실현된 변수값을 근거로 기대를 형성하는 것을 말한다.

| 해설 | 합리적 기대를 형성하면 예측오차가 있을 수 있으나 체계적 오차는 없다.

| 오답피하기 | ② 합리적 기대란 경제주체들이 활용 가능한 모든 정보를 활용하여 예측하는 것을 의미한다.
③ 경제주체들이 현재의 정부 정책에 관한 정보를 기대 형성에 활용하는 것은 합리적 기대의 한 예이다.
④ 올해의 인플레이션율이 작년과 동일한 것이라고 예상하는 것은 적응적 기대의 한 예이다.
⑤ 적응적 기대란 과거를 바탕으로 미래를 예측하는 방법이다. 이러한 예측 방식은 체계적 오차를 발생시킨다.

12 난이도 ■□□

적응적 기대가설에 기초한 필립스곡선에 관한 설명으로 옳지 않은 것은?

① 예상 인플레이션율이 더 높을수록 단기 필립스곡선은 더 높은 곳에 위치한다.

② 프리드먼(M. Friedman)에 의하면 장기적으로는 실업률과 인플레이션율 사이에 상충관계가 성립하지 않는다.

③ 정부지출이 증가하면 단기적으로 경제의 균형은 필립스곡선에 따라 실업률은 더 낮고 인플레이션율은 더 높은 점으로 옮겨간다.

④ 통화량이 증가하면 장기적으로 경제의 균형은 필립스곡선을 따라 실업률은 변하지 않고 인플레이션율만 더 높은 점으로 옮겨간다.

⑤ 유가 상승과 같은 공급충격은 단기적으로 필립스곡선을 왼쪽으로 이동시켜 실업률과 인플레이션율이 모두 낮은 점으로 경제의 균형이 옮겨간다.

| **해설** | 예상 인플레이션율이나 부의 공급충격(유가 상승)이 발생하면 단기 필립스곡선은 오른쪽으로 이동하여 인플레이션율과 실업률이 동시에 높아진다.

| **오답피하기** | ①②③④ 프리드먼의 적응적 기대가설에 따르면 장기에 필립스곡선이 수직이므로 인플레이션율과 실업률은 관련이 없다. 따라서 재정·금융정책은 장기적으로 인플레이션율만 높일 뿐이다. 그러나 단기적으로는 재정·금융정책이 단기 필립스곡선을 따라 인플레이션율과 실업률의 상충관계를 보인다.

13 난이도 ■■□

합리적 기대이론에 대한 설명으로 옳지 않은 것은?

① 총수요관리정책의 장·단기적인 무력성을 주장한다.

② 정부와 민간 사이에는 정보의 비대칭성이 존재한다.

③ 예상하지 못한 정책만이 실질변수의 변화를 초래한다.

④ 정부의 정책은 경제주체들이 이에 대하여 미리 반응하기 때문에 효과가 없다.

⑤ 재화와 노동시장은 가격과 명목임금의 조정에 의해 즉각적·연속적으로 청산된다.

| **해설** | 합리적 기대이론은 미래를 예측함에 있어 사용 가능한 모든 정보를 활용하는 방식을 의미한다. 합리적 기대하에서는 단기적으로 예상하지 못한 기습 정책은 사용 가능한 정보의 범위에 있지 않은 정보이기 때문에 기대가 형성되기 전까지 정책의 효과를 기대할 수 있다.

정답 **12** ⑤ | **13** ①

14 난이도 ■□□

인플레이션율과 실업에 대한 설명으로 옳은 것은?

① 총공급 충격은 스태그플레이션을 초래할 수 없다.
② 필립스곡선은 인플레이션율과 실업률 간의 양(+)의 관계를 보여 준다.
③ 스태그플레이션은 인플레이션율이 상승하면서 실업률이 감소하는 현상이다.
④ 인플레이션율과 실업률이 동시에 상승하는 현상은 필립스곡선의 이동으로 설명될 수 있다.
⑤ 합리적 기대이론에 따르면 인플레이션율과 실업률은 장기적으로 양(+)의 관계에 있지만, 단기적으로 음(−)의 관계에 있다.

| 해설 | 인플레이션율과 실업률이 동시에 상승하는 현상은 필립스곡선의 이동 결과이다. 이는 필립스곡선이 나타내는 인플레이션율과 실업률 간의 안정적인 상충관계는 필립스곡선이 이동할 경우 성립하지 않음을 의미한다. 필립스곡선은 경제주체들의 향후 물가에 대한 예상이 상승할 경우 우측으로 이동하고, 하락할 경우 좌측으로 이동한다. 우측으로 이동할 경우 실업률과 인플레이션율이 동시에 증가하고, 좌측으로 이동할 경우 실업률과 인플레이션율이 동시에 감소한다.

| 오답피하기 | ①③ 스태그플레이션은 총공급 충격, 즉 총공급곡선의 좌측 이동으로 인해 발생한다. 그 결과 인플레이션율과 실업률이 동시에 상승한다.
② 필립스곡선은 인플레이션율과 실업률 간의 음(−)의 관계를 보여 준다.
⑤ 합리적 기대이론에 따르면 실업률은 장기적으로 인플레이션율과 무관하다.

15 난이도 ■□□

적응적 기대를 통해 경제주체들이 물가 예상을 할 때 그 방법으로 적절한 것은?

① 경제학자의 자문을 구한다.
② 과거의 물가자료를 이용한다.
③ 랜덤방식의 무작위 추정을 한다.
④ 화폐수량설과 같은 경제모형을 사용한다.
⑤ 현재 이용 가능한 모든 정보를 가장 합리적으로 이용한다.

| 해설 | 적응적 기대란 미래를 예측하는 데 있어 과거가 그대로 반복될 것이라고 가정하는 방식이다. 과거의 결과인 물가 자료를 바탕으로 미래의 물가를 예측하는 것은 적응적 기대를 형성하고 있는 것이다.

16 난이도 ■□□

자연실업률 가설에 대한 설명으로 적절하지 않은 것은?

① 기대물가상승률을 고려한다.

② 경제안정화정책이 매우 효과적이다.

③ 장기에 필립스곡선은 자연실업률 수준에서 수직이 된다.

④ 단기에는 화폐환상이 존재할 수 있지만, 장기에는 존재하지 않는다.

⑤ 단기적으로 실업률과 물가상승률 사이에 상충관계가 나타날 수 있지만, 장기에는 나타나지 않는다.

| 해설 | 자연실업률 가설에 따르면 경제안정화정책의 효과는 일시적이다. 장기에 자연실업률 수준에서 필립스곡선은 수직이 되기 때문에 예상하지 못한 인플레이션이 발생했을 때 잠시 효과를 발휘할 뿐 다시 자연실업률 수준으로 회귀한다.

| 오답피하기 | ①④ 프리드먼은 화폐공급의 예기치 못한 증가는 단기적으로는 예상 인플레이션율과 현실적 인플레이션율의 괴리를 야기시키지만, 장기적으로는 예상 인플레이션율이 현실적 인플레이션율과 합치하도록 조정되므로 실업률은 자연실업률에 수렴된다.
③ 장기의 필립스곡선은 자연실업률 수준에서 수직이다.
⑤ 자연실업률 수준에서 수직인 장기 필립스곡선에서는 단기에 나타나는 실업률과 물가상승률 사이의 상충관계가 나타나지 않는다.

📈 S등급 고난도 문제

다음 필립스곡선(Philips curve)에 대한 설명으로 옳은 것은?

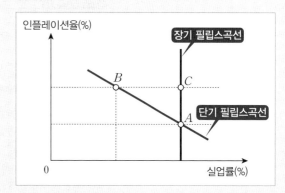

① 기대 인플레이션율의 상승은 단기 필립스곡선을 왼쪽으로 이동시킨다.

② 경제가 B에 있는 경우 기대 인플레이션율은 실제 인플레이션율과 같다.

③ 1970년대 스태그플레이션은 단기 필립스곡선상의 움직임으로 나타낼 수 있다.

④ 경제가 A에 있는 경우 적응적 기대하에서 확장적 통화정책은 단기적으로 경제를 A에서 B로 이동시킨다.

⑤ 경제가 A에 있는 경우 합리적 기대하에서 예상하지 못한 확장적 통화정책은 단기적으로 경제를 A에서 C로 이동시킨다.

| 해설 | 확장적 통화정책은 단기적으로는 실효성이 있다. 합리적 기대하에서라도 예상하지 못한 정책을 펼치면 단기적으로는 A에서 B로 옮겨 실업률을 낮출 수 있다. 반면, 적응적 기대는 단순히 과거의 일이 현재도 반복될 것이라는 가정하에 예상오차를 조금씩 수정하며 미래를 예측하는 것으로, 적응적 기대하에서는 확장적인 통화정책으로 인해 경제를 A에서 B로 이동시킬 수 있다.

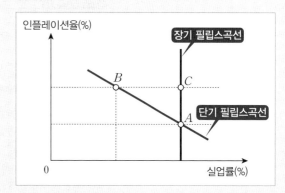

정답 **16** ② | 고난도 정답 ④

제1절 경기변동 중요도 하

1 경기변동의 의미

한 국가의 경제는 항상 호황 상태에 머무르지 못한다. 그렇다고 항상 불경기만 겪는 것은 아니다. 오르막길이 있으면 내리막길이 있듯 한 국가의 경제도 호황과 불황이 반복해서 나타낸다. 경기변동이란 이처럼 경제의 호황과 불황이 반복되어 나타나는 현상을 의미한다. 이러한 경기변동은 제2차 세계대전 이전에는 매우 뚜렷한 형태로 나타났기 때문에 경기순환은 경기변동의 동의어로 사용되었다. 하지만 케인스의 총수요관리정책에 의해 1960년대 중반까지는 유례없는 안정적인 고도성장을 지속하여 경기의 변동은 존재했지만, 경기의 순환성은 약화되었다. 이후부터 경기변동은 경기순환을 포괄하는 의미로 사용되기 시작하였다.

2 경기변동의 형태

슘페터는 경기변동을 4가지 국면으로 구분하였다. 호황국면, 후퇴국면, 불황국면, 회복국면의 4가지 국면이다. 다음 그림에서 A점, C점, E점은 각각의 국면에서 갖는 균형점을 의미한다.

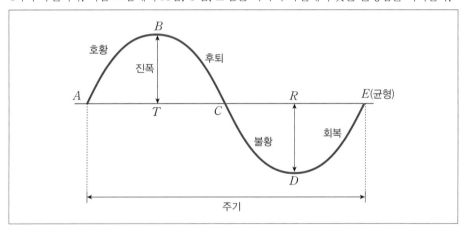

(1) 호황국면(prosperity phase)

호황국면은 균형점 A점에서 B점까지의 구간을 의미한다. 이 구간은 평균 수준보다 높은 수준으로 경제성장을 보이는 시기이다. 하지만 정점인 B점에 다다르면 경제는 이내 그 성장률이 감소한다.

(2) 후퇴국면(recession phase)

후퇴국면은 정점 B점에서 균형점 C점까지의 구간을 의미한다. 경제가 언제나 급격한 성장을 지속할 수는 없으므로 시간이 지나면 점차 성장속도가 느려진다. 후퇴국면은 이처럼 성장속도가 감속하는 구간이다.

⑶ 불황국면(depression phase)

불황국면은 균형점 C점에서 저점 D점까지의 구간을 의미한다. 성장률이 감소하던 경제는 점차 성장률이 0이 되고, 나중에는 마이너스(−) 성장을 하게 된다. 이 구간에 있을 때 한 경제가 불황에 빠졌다고 한다.

⑷ 회복국면(recovery phase)

회복국면은 저점 D점에서 균형점 E점까지의 구간을 의미한다. 어떤 경제라도 계속 급격한 성장을 할 수도 없고, 계속해서 불황 상태에 머물러 있지도 않는다. 점차 경제는 처음 수준으로 회복되는데, 이를 표현한 구간이 회복국면이다.

⑸ 주기(cycle)

한 국가의 경제는 호황국면, 후퇴국면, 불황국면, 회복국면을 반복하는데, 호황국면에서 시작해 회복국면으로 끝나는 과정을 주기(cycle)라고 한다.

⑹ 진폭(amplitude)

한 경제의 경기변동 과정에서 정점과 저점의 차이가 클수록 경기변동이 심하다고 할 수 있다. 경기변동 과정에서는 진폭(amplitude)이라는 개념으로 경기변동의 심화 정도를 나타낸다.

3 경기변동의 특징

⑴ 반복성, 비주기성

경기변동은 회복국면과 호황국면 그리고 후퇴국면과 불황국면이 번갈아가며 나타나 반복적인 특징을 갖지만, 그 주기와 진폭은 경기변동의 원인과 종류마다 다르다는 점에서 비주기적인 특징도 함께 갖는다.

⑵ 지속성

경기변동은 관성적인 성격을 갖는다는 점에서 지속적이다. 한번 경기가 나빠지기 시작하면 상당 기간 경기는 계속해서 나빠지고, 어느 시점에서 회복되기 시작하면 상당 기간 경기는 좋아진다는 점에서 관성적인 지속성을 갖는다.

⑶ 비대칭성

일반적으로 경기는 후퇴 및 불황국면이 진행되는 기간보다 회복과 호황국면으로 진행되는 기간이 더 길다. 따라서 경기변동은 대칭적이지 않다.

⑷ 공행성

경제에는 다양한 경제변수들이 있다. 주가지수, 채권의 수익률 등 각 분야를 대표하는 다양한 지표들이 있는데, 이들 변수들은 경기변동과 함께 움직이는 경향이 있다. 이를 공행(comovement)이라고 한다.

4 경기변동의 종류

(1) 키친 파동

키친 파동은 주글라 파동보다 짧은 40개월 주기를 갖는 단기순환이다. 이는 도매물가와 이자율에 대한 통계자료를 분석하여 발견하였고, 주로 상품재고의 변동으로 인해 발생하여 재고순환이라고도 부른다.

(2) 주글라 파동

주글라는 이자율, 물가 및 은행대출 등의 금융자료를 분석한 결과 설비투자의 변동으로 발생하는 약 10년의 주기를 가지는 투자순환을 발견했다. 이는 기업의 설비투자 증가 → 생산의 증가 → 과잉생산 → 기업의 설비투자 감소로 이어지는 경기순환을 의미한다. 주글라 파동은 설비투자순환이라고도 한다.

(3) 쿠즈네츠 파동

쿠즈네츠는 국민소득통계를 사용하여 경제성장률이 약 20년의 주기를 갖고 순환한다는 것을 발견하여 쿠즈네츠 파동이라고 명명하였다.

(4) 콘트라티에프 파동

콘트라티에프는 약 100년에 걸친 영국, 미국, 독일, 프랑스의 물가, 임금과 같은 가격자료와 석탄, 철강 및 비철금속의 소비, 생산과 같은 물량자료를 연구한 결과 약 40년 내지 60년의 장기순환을 발견하였다. 이러한 장기파동은 자본주의 경제체제가 시작된 이래 계속되어 왔지만 이를 체계적으로 연구한 학자는 콘트라티에프였다. 그에 의하면 제1차 장기파동은 섬유와 직물을 중심으로 한 산업혁명에 의해, 제2차 장기파동은 증기기관과 철강에 의한 철도건설에 의해, 제3차 장기파동은 전기, 자동차, 화학공업에 의한 산업발전에 의해, 그리고 제4차 장기파동은 반도체, 컴퓨터, 생명공학, 신소재에 의해 주도되었다.

5 경기변동의 발생원인 - 새 고전학파와 새 케인스학파

(1) 실물적 경기변동이론 - 새 고전학파

① 새 고전학파 경제학자들은 기술혁신, 경영혁신, 석유파동, 기후 등과 같은 생산물의 총공급곡선에 영향을 미치는 요인들이 경기변동의 주요 원인이라고 주장했다. 이를 실물적 경기변동이론(real business cycle theory)이라고 한다. 이러한 실물적 경기변동이론은 고전학파가 주장한 수직의 총공급곡선을 받아들인다. 총수요 측면은 경기변동을 일으키는 원인이 아니라고 보는 것이다.

② 기업이 생산 부문에서 기술혁신을 달성했다고 하자. 이는 주어진 고용 수준에서 노동의 한계생산물이 증가하므로 노동의 수요곡선이 우측으로 이동한다. 이에 따라 실질임금이 상승하고 고용량이 증가한다. 고용량의 증가는 총생산의 증가로 이어지고, 이는 가계의 총소비와 총저축을 증가시킨다. 또한 총저축의 증가는 총투자의 증가로 이어진다. 결과적으로 고용, 소비, 저축, 투자, 실질임금이 경기순응적으로 움직이는 것을 볼 수 있다.

(2) 새 케인스학파의 경기변동이론

새 케인스학파의 이론은 케인스학파의 전통을 이어받아 경기변동이 총수요 측면에 있다는 주장과, 총수요 측면 및 총공급 측면 모두에 의해 경기변동이 발생할 수 있다는 의견으로 나누어진다.

① 경기변동의 원인은 총수요 측면에 있다.

이는 케인스학파의 전통을 이어받아 경기변동은 민간소비(C), 투자지출(I), 순수출 (NX) 등 총수요 측면에서 충격이 발생하여 경기변동이 발생한다는 주장이다. 기업의 투자 증가로 총수요곡선이 우측으로 이동하였다고 한다면 케인스학파는 우상향의 공급 곡선을 가정하므로 이 경우 생산량이 증가하고 물가가 상승한다. 생산량의 증가는 실업의 감소, 소비, 저축, 투자의 증가로 이어진다.

② 경기변동의 원인은 총공급 측면일 수도, 총수요 측면일 수도 있다.

경기변동의 주기마다 그 원인이 새 고전학파가 주장하는 총공급 측면일 수도, 새 케인스학파가 주장하는 총수요 측면일 수도 있다는 주장이다. 경기변동의 원인을 총수요 측면에만 한정하는 입장보다 더 실용적인 입장이라고 할 수 있다.

6 경기변동의 기타 원인들

(1) 외생이론

외생이론은 경기변동의 주된 원인이 경제체제 외부에 있다는 주장이다. 제본스(W. S. Jevons)는 19세기 말 영국의 경기변동이 태양흑점의 주기인 11년과 일치하는 것을 발견하였다. 태양흑점의 변화가 기상의 변화를 야기하고 이는 농업 산출량에 영향을 미쳐 그 영향이 기타 산업으로 파급효과를 가져와 경기순환이 발생한다고 주장하였다.

(2) 과소소비설

과소소비설은 소비지출의 수준이 생산에 미치지 못하기 때문에 상품이 시장에 남게 되고, 이로 인해 가격이 하락하게 된다는 주장이다. 맬서스(T. R. Malthus)는 저축 자체가 유효수요의 부족을 의미하므로 저축이 불황의 직접적인 원인이 된다고 하였지만, 홉슨(J. A. Hobson)은 경제성장의 관점에서 투자를 초과하는 초과저축이 불황의 원인이라고 주장하였다.

(3) 순환폐적 이론

호트리(R. G. Hawtrey)는 경기순환의 주된 원인은 화폐적 요인에 의하여 야기된다고 주장했다. 화폐공급의 변화는 은행 대출의 변화를 의미하고, 이는 기업이 보유한 가용자금의 규모를 변화시킴으로써 상인들의 재고활동에 대한 수요의 변화를 가져와 경기순환이 된다는 주장이다.

(4) 화폐적 과잉투자이론

화폐적 과잉투자이론은 화폐공급의 변화가 기업의 재고 변화가 아닌 기업의 시설투자의 변화를 야기하고, 이에 따라 경기순환이 발생한다는 주장이다.

(5) 실물적 투자이론

실물적 투자이론은 투자의 변화에 의해 경기순환이 발생한다는 점에서는 화폐적 과잉투자 이론과 같지만, 투자 변화를 가져오는 근본 요인이 실물 측면에 있다고 주장하는 점에서 다르다.

(6) 혁신이론

슘페터(J. A. Schumpeter)는 기업의 혁신활동이 경제에 파급되고 경제가 이러한 혁신에 적응하는 과정에서 발생하는 것이 경기순환이라고 보았다. 슘페터의 이론 역시 기술혁신이라는 실물적 요인에 의해 경기변동이 야기된다는 점에서 실물적 투자이론에 포함시킬 수 있다. 하지만 적정한 크기의 투자가 이루어진다 해도 투자활동이 종료되면 유효수요가 감소하여 경기가 하강국면으로 반전된다고 설명한 점에서 실물적 투자이론과 차이가 있다.

제2절 　경제성장　　　　　　　　　　중요도 하

1 경제성장의 의미와 중요성

(1) 의미

경제성장은 일정 기간 동안 발생한 실질 GDP의 증가분을 의미하기도 하고, 혹은 일정 기간에 걸쳐 발생한 1인당 실질 GDP의 증가분을 의미하기도 한다. 경제 전체의 규모나 정치적 역량을 측정하는 경우 전자의 정의가 적합한 반면, 생활 수준을 비교하기 위해서는 후자의 정의가 더 적합하다.

(2) 중요성

경제성장은 전체 규모이든 1인당이든 실질 GDP가 증가하는 것을 의미한다. 주어진 고용 수준에서 산출량의 증가율이 의미하는 것은 다른 사람의 복지 수준을 감소시키지 않고 사람들의 복지 수준을 개선시킬 수 있음을 의미한다. 자본주의 사회는 단기적으로는 경기변동을 경험하면서 지속적인 경제성장을 달성해 왔다.

2 경제성장의 특징

경제성장에 대한 연구로 노벨경제학상을 수상한 미국의 경제학자 쿠즈네츠는 지난 2세기 동안 선진국에서 일어난 경제성장을 분석한 결과 다음의 여섯 가지 특징을 발견하였다.

① 1인당 실질 GDP와 인구의 증가율이 높다.
② 노동생산성의 증가율이 높다.
③ 경제구조의 전환율이 높다. 농업에서 비농업 부문으로, 소규모 개인기업에서 대규모 회사기업으로, 농촌에서 도시로 경제의 구조적 변동이 일어난다.
④ 사회, 경제, 이념상의 전환이 빠르다. 전통적 관행 대신 합리적 활동이 주를 이루고, 기회, 소득 측면에서 평등이 촉진되며, 이로 인해 사회제도와 개인의 행태가 개선된다.

⑤ 시장과 원자재 확보를 위한 대외진출성향이 강하다.

⑥ 경제성장의 성과는 전 세계적으로 확산되는 것이 아니라 제한적으로 세계인구의 1/3에만 한정되어 있다.

3 경제성장의 종류와 요인

경제성장이론은 장기적인 성격을 가진 이론이다. 즉, 시간의 경과에 따라 경제의 생산능력이 어떻게 증가하는지를 연구하기 때문에 노동, 자본, 기술진보와 같은 공급 측면을 중점적으로 분석한다.

(1) 경제성장의 종류

① 외연적 성장

경제성장은 기본적으로 인구의 증가와 관련 있다. 인구의 증가는 노동의 양적 증가를 의미하고 이는 노동가능인구 혹은 노동시간의 증가로 이어져 잠재적 산출량을 증가시킬 수 있는 것이다. 이를 외연적 성장(extensive growth)이라고 한다.

② 내연적 성장

경제성장은 양적인 변화만을 의미하지는 않는다. 기술변화와 같은 질적인 변화도 포함한다. 경제의 양적 성장을 의미하는 외연적 성장은 노동의 양적인 증가에 의해 이루어졌다. 하지만 직장 내 교육훈련 등을 활용한 노동의 질적 성장을 통해 경제성장을 달성할 수도 있다. 이를 내연적 성장(intensive growth)이라고 한다. 슘페터는 교육투자의 증가, 노동자 1인당 자본장비율(資本裝備率)의 제고를 통한 노동생산성의 증가가 경제발전에 기여한다고 강조하였다.

(2) 경제성장의 요인

① 투자

총수요의 증가는 국민소득을 증가시키는 효과가 있다. 경제성장이론에서도 투자의 역할이 중요하다. 하지만 경제성장이론에서 투자는 단순히 총수요를 증가시키는 측면만이 아니라 생산능력의 증가를 가져와 총공급을 증가시키는 측면이 강조된다.

② 저축

경제성장이 효과적으로 진행되기 위해서는 생산시설의 확장을 통한 투자가 요구되고, 주어진 산출량에 대한 지출 중에서 투자를 증가시키기 위해서는 저축의 증가를 통해 소비지출을 감소시켜야 한다. 소비지출이 감소하면 총수요가 줄어들지만, 이를 기업의 투자수요로 보전할 수 있다면 총수요의 감소 없이 한 경제가 성장할 수 있다.

③ 기술진보

기술진보가 발생하면 동일한 노동량과 노동시간이 투입되어도 생산이 증가할 수 있다. 기술혁신도 결국 투자의 하나이다. 혁신적으로 기술이 진보되려면 기업은 연구개발(R&D)이라는 투자를 해야 하고 이 연구개발에 대한 투자 결과는 기술의 개발로 이어져 경제를 성장시킬 수 있다.

읽는 강의

경제학자 슘페터는 경제발전의 원동력이 기업가의 혁신(innovation)에 있다고 강조하였습니다. 그는 기존의 자원들을 새로운 방법으로 생산하는 것은 경제발전에 포함시켰지만, 인구의 증가 혹은 부의 증가와 같은 양적 성장은 경제발전에서 제외시켰습니다.

제3절 경기지수 중요도 **하**

1 경기지수의 필요성

경기지수는 실제 경기 상태를 진단하기 위한 수단이다. 경기지수는 현재의 경기 상태를 수치로 나타내어 객관적으로 표현하기 위한 것이다. 이 수치가 전월에 비해 낮아지면 경기가 악화된 것으로, 높아지면 경기가 개선된 것으로 파악할 수 있는 것이다.

2 우리나라의 대표 경기지수

경기지수로 사용되는 지수들은 매우 다양하다. 그중 대표적인 경기지수로는 경기종합지수(CI), 기업경기실사지수(BSI), 소비자동향지수(CSI) 등이 있다.

(1) 경기종합지수(CI : Composition Index)

① 의미

경기종합지수는 국민경제 전체의 경기동향을 쉽게 파악하고 예측하기 위해 경제 부문별(생산, 투자, 고용, 소비 등)로 경기에 민감하게 반응하는 주요 경제지표들을 선정한 후 이 지표들의 전월 대비 증감률을 합성하여 작성한다. 지수의 구성과 작성은 통계청이 담당하며, 매월 작성하여 산업활동동향을 통해 공표한다.

② 지수의 구성

경기종합지수는 선행종합지수와 동행종합지수 그리고 후행종합지수로 구성된다.

㉠ **선행종합지수**: 앞으로 경기동향을 예측하기 위한 지표로, 장래 경제현상을 가늠해 볼 수 있는 7개의 지표들의 움직임을 종합하여 작성한다.

경제 부문	지표명	내용	작성기관
생산	재고순환지표	생산자제품제조업출하 전년 동월비 – 생산자제품제조업재고 전년 동월비	통계청
소비	경제심리지수	• 기업과 소비자 모두를 포함한 인간의 경제상황에 대한 심리를 종합적으로 파악하기 위해 기업경기실사지수(BSI)와 소비자동향지수(CSI)를 합성한 지표 • BSI(32개), CSI(17개) 중 경기대응성이 높은 7개 항목의 가중평균	한국은행
투자	기계류내수출하지수	설비용기계류에 해당하는 69개 품목(선박 제외)	통계청
	건설수주액(실질)	종합건설업체의 국내건설공사 수주액	통계청
대외	수출입물가비율	수출물가지수÷수입물가지수×100	한국은행
금융	코스피지수	월평균 주가지수	한국거래소
	장단기금리차	국고채유통수익률(5년, 월평균) – 무담보콜금리(1일물, 중개거래, 월평균)	한국은행

출처: 통계청 보도자료, 제10차 경기종합지수 개편 결과 및 기준순환일 설정

ⓛ **동행종합지수**: 현재의 경기 상태를 나타내는 지표로, 국민경제 전체의 경기변동과 유사한 방향으로 움직이는 7개의 지표로 구성된다.

경제 부문	지표명	내용	작성기관
고용	비농림어업취업자수	취업자 수－농림어업 취업자 수	통계청
생산	광공업생산지수	광업, 제조업, 전기·가스업(대표품목 485개)	통계청
	서비스업생산지수	도소매업 제외	통계청
소비	소매판매액지수	소매업, 자동차판매 중 승용차	통계청
	내수출하지수	광업, 제조업, 전기·가스업(내수용)	통계청
투자	건설기성액(실질)	건설업체에서 시공한 공사액	통계청
대외	수입액(실질)	수입액(CIF)÷수입물가지수	관세청

출처: 통계청 보도자료, 제10차 경기종합지수 개편 및 기준순환일 설정

ⓒ **후행종합지수**: 경기의 변동을 사후에 확인하는 지표로, 5개의 지표를 활용하여 작성된다.

경제 부문	지표명	내용	작성기관
고용	취업자 수	경제활동인구 중 취업자 수	통계청
생산	생산자제품재고지수	광업·제조업(대표품목 417개)	통계청
소비	소비자물가지수변화율 (서비스)	서비스 152개 품목 물가지수의 전년 동월 대비 변화율	통계청
투자	소비재수입액(실질)	소비재수입액÷소비재수입물가지수	관세청
금융	회사채(CP)유통수익률	CP(Commercial Paper) 91일물의 단순평균 수익률	금융투자협회

출처: 통계청 보도자료, 제10차 경기종합지수 개편 및 기준순환일 설정

③ 특징

경기종합지수를 활용하면 전월 대비 얼마나 변동했는지(%, %p)를 알 수 있어 경기의 상승 및 하락 추세뿐만 아니라 경기변동의 진폭도 확인할 수 있다. 또 경기변동의 방향, 국면 및 전환점은 물론이고 속도까지도 동시에 분석할 수 있다.

기출로 확인하기   15회 기출변형

경기후행지수에 포함되는 경제변수가 아닌 것은?

① 취업자 수
② 생산자제품재고지수
③ 소비자물가지수변화율
④ 건설수주액
⑤ 회사채유통수익률

기출로 확인하기   정답 및 해설

| 해설 | 경기후행지수란 경기순환이 이루어진 후 나타나는 지표를 의미한다. 대표적으로 취업자 수, 생산자제품재고지수, 소비자물가지수변화율, 소비재수입액, 회사채유통수익률 등 5개 지표로 구성되어 있다. 건설수주액은 선행지수로서, 경기순환에 앞서 미리 나타나는 지표이다.

정답 ④

(2) 기업경기실사지수(BSI : Business Survey Index)

① 의미

기업경기실사지수는 기업들의 설문조사를 통해 작성된다. 기업활동실적 및 계획, 향후 경기전망에 대한 기업가들의 의견을 직접 조사하여 이를 바탕으로 지수화한다. 한국은행, 전국경제인연합회, 산업은행, 대한상공회의소 등에서 작성하고 있다.

② 지수계산 방법

기업경기실사지수는 각 설문에 대해 긍정적으로 응답한 수에서 부정적으로 응답한 수를 차감한 후 이를 전체 응답자 수로 나누어 계산한다. 업종별로도 계산하며, 업종별 가중치를 활용하여 전산업, 제조업 및 비제조업, 서비스업으로 계산하기도 한다.

$$BSI = \frac{\text{긍정 응답업체 수} - \text{부정 응답업체 수}}{\text{전체 응답업체 수}} \times 100 + 100$$

③ 지수의 해석

기업경기실사지수는 0부터 200까지의 값을 갖는데, 100을 기준으로 한다. 100을 초과하는 경우 경기를 긍정적으로 보는 업체가 더 많다는 것을 의미하고, 100 미만인 경우는 부정적으로 보는 업체가 더 많다는 것을 의미한다. 하지만 이 수치는 기업가들의 설문을 바탕으로 한 것이기 때문에 분석할 때 조사자의 주관적인 판단이 개입될 여지가 많다는 점을 감안해야 한다.

(3) 소비자동향지수(CSI : Consumer Survey Index)

① 의미

소비자동향지수는 장차 소비자들의 소비지출계획이나 경기전망에 대한 설문조사를 진행하여 이 결과를 지수로 환산한 지표이다. 과거 통계청에서 작성했으나, 2008년 이후 한국은행에서 소비자동향조사로 작성하여 공표하고 있다.

② 지수계산 방법

소비자동향지수도 기업경기실사지수와 마찬가지로 설문의 결과를 바탕으로 지수화한다. 현재생활형편, 생활형편전망, 가계수입전망, 소비지출전망, 현재경기판단, 향후경기전망에 대한 내용이 주를 이룬다. 지수의 계산은 매우 좋음, 약간 좋음, 비슷, 다소 부정, 매우 부정에 가중치를 부여하여 긍정에서 부정을 뺀 수치를 전체 응답가구 수로 나누어 계산한다.

$$CSI = \frac{\text{매우 긍정} \times 1.0 + \text{다소 긍정} \times 0.5 + \text{비슷} \times 0.0 - \text{다소 부정} \times 0.5 - \text{매우 부정} \times 1.0}{\text{전체 응답가구 수}} \times 100 + 100$$

③ 지수의 해석

소비자동향지수는 0부터 200까지의 값을 갖는다. 100을 초과하는 경우 경기에 대해 긍정적으로 답변한 소비자가 부정적인 소비자보다 많다고 판단하고, 100 미만인 경우에는 그와 반대로 판단한다.

경기동향을 나타내는 기업경기실사지수(BSI)와 소비자동향지수(CSI)에 대한 설명으로 옳지 않은 것은?

① BSI는 기업활동의 실적, 계획, 경기동향 등에 대한 기업가들의 의견을 직접 조사하여 이를 지수화한 지표이다.

② BSI는 다른 경기지표와는 달리 기업가의 주관적이고 심리적인 요소까지 조사가 가능하고, 정부 정책의 파급효과를 분석하는 데 활용되기도 한다.

③ CSI는 50을 기준으로 50을 초과하는 경우 앞으로 생활형편이 좋아질 것이라고 응답한 가구가 나빠질 것이라고 응답한 가구보다 많다는 것을 의미한다.

④ BSI는 비교적 쉽게 조사되고 작성될 수 있지만, 조사 응답자의 주관적인 판단이 개입될 가능성이 있다.

⑤ BSI는 기업경영자를 대상으로, CSI는 가계를 대상으로 조사한다.

| 해설 | 기업경기실사지수와 소비자동향지수는 모두 설문조사로 진행되며, BSI는 기업경영자를 대상으로, CSI는 가계를 대상으로 한다. CSI는 100을 기준으로 하며 이보다 클 경우 향후 경기가 좋아질 것으로 예측하고, 100보다 낮을 경우 향후 경기가 나빠질 것으로 예측하는 지표이다.

정답 ③

Why 이슈가 된 걸까?

기업경기실사지수(BSI)에 대한 기사이다. BSI가 직전 달보다 하락했고, 2021년 2월 이후 최저치를 기록했다. 이는 기업인들이 경제상황을 부정적으로 인식하고 있음을 의미한다. 제조 및 비제조 분야로 구분한 경우도 마찬가지이다. 소비자도 경기상황을 부정적으로 인식한다. 경제에 대한 심리가 부정적일수록 경기 회복이 어렵다는 점에서 우려할 만한 수치라 할 수 있다.

매스컴으로 보는 시사 이슈

NEWS

한국은행 BSI는 엉터리다

기업의 체감 경기를 나타내는 기업경기실사지수(BSI)가 두 달 연속 하락했다. 높은 인플레이션이 지속되는 가운데 우크라이나 사태 장기화, 주요국 금리 인상에 따른 경기 둔화 우려 등이 반영되면서이다.

한국은행이 발표한 2022년 7월 BSI 결과를 보면 전 산업 업황 실적 BSI는 80으로 전달보다 2포인트 하락했다. 이는 2021년 2월(76) 이후 최저치이다. 전 산업 BSI는 2022년 4월과 5월 두 달 연속 최고치를 기록한 뒤 하락세를 이어가고 있다.

제조업 업황 BSI는 80으로 전월보다 3포인트 하락했다. 지난 2020년 10월(79) 이후 가장 낮은 수준이다. 업종별로는 1차금속이 22포인트나 하락했다. 경기둔화 우려 확산에 따른 수요 감소가 반영된 영향이다. 전자 영상 통신장비도 9포인트 내렸다. 이는 반도체 가격 하락세가 지속되고 전자기기 수요가 둔화된 데 따른 것이다. 화학물질·제품은 화학제품 스프레드 축소로 8포인트 하락했다.

비제조업의 업황 BSI는 전달보다 2포인트 내린 80을 기록했다. 2021년 9월(79) 이후 가장 낮은 수준이다. 업종별로는 전문 과학 기술이 5포인트 내렸는데, 이는 토목 설계·감리, 엔지니어링 등 수주가 감소한 영향이다. 도소매업과 건설업도 각각 3포인트, 2포인트 하락했다. 도소매업의 경우 경기둔화 우려로 소비심리가 위축되고, 환율 및 물류비 부담이 가중된 데 따른 결과이다.

기업 형태별로는 수출기업 BSI는 전달보다 5포인트 하락한 85를 기록했다. 2020년 10월(82) 이후 최저치이다. 내수기업 BSI는 1포인트 하락한 77로, 2021년 2월(74) 이후 가장 낮았다. 기업 규모별로는 대기업 BSI는 6포인트 하락한 84로, 2020년 10월(81) 이후 가장 낮았다. 중소기업 BSI는 전달과 같은 75로, 2021년 2월(69) 이후 최저치를 기록했다.

기업들은 2022년 8월에도 경영환경이 악화될 것으로 전망했다. 8월 전산업 업황 전망 BSI는 79로 전월 대비 3포인트 하락했다. 제조업 업황 전망 BSI는 5포인트 하락한 78을, 비제조업 업황 전망 BSI는 1포인트 내린 80을 각각 나타냈다.

소비자·기업을 아우르는 심리지표인 경제심리지수(ESI) 순환변동치는 101.4로 전달보다 0.7포인트 하락했다. 이는 2021년 4월(101.3) 이후 가장 낮은 수준이다.

01 난이도 ■□□

다음 밑줄 친 부분에 해당하는 내용을 〈보기〉에서 고르면?

> 미국의 경제학자인 ○○교수는 동아시아의 경제기적은 오래가지 못할 것이라고 주장하였다. 그 이유로 동아시아 지역 신흥공업국의 고도성장은 생산성 증가에 기인한 것이라기보다 주로 노동과 자본의 투입 증대에 기인하였다는 점을 들었다.

─〈보기〉─
⊙ 자동차공장 증설
⊙ 기업의 경영혁신
⊙ 여성 취업자의 증가
⊙ 공무원의 부정부패 감소

① ⊙, ⊙
② ⊙, ⊙
③ ⊙, ⊙
④ ⊙, ⊙
⑤ ⊙, ⊙

| 해설 | 미국의 경제학자 폴 크루그먼은 한국을 비롯한 동아시아 국가의 양적 성장 중심의 경제성장 방식이 한계에 도달했다고 지적했다. 노동과 자본 투입을 통한 양적 증대로 할 수 있는 최대한의 성장을 이루어냈다는 것이다. 양적 성장에 의존하던 개발도상국들이 어느 시점을 지나 성장세가 둔화되는 지점을 루이스 전환점이라고 한다.
⊙ 자동차공장의 증설은 기술 개발이 아닌 규모의 확장을 통한 생산의 증가이다. 즉, 이는 자본의 투입 증가를 의미한다.
⊙ 여성 취업자의 증가는 노동의 투입 증가를 의미한다. 질적 성장이 되기 위해서는 취업자 수의 증가가 아닌 취업자의 생산성 증가가 나타나야 한다.

| 오답피하기 | ⊙ 기업의 경영혁신은 기업생산성을 높이는 질적 성장 방식이다. 경영혁신을 통해 동일한 노동과 자본의 투입으로 더 많은 생산량을 달성할 수 있다.
⊙ 공무원의 부정부패 감소를 통해 자원 활용의 효율성을 높여 경제성장을 달성할 수 있다. 자원의 효율성 개선으로 동일한 노동과 자본의 투입으로 더 많은 생산량을 달성할 수 있기 때문이다.

02 난이도 ■■□

경기변동의 원인에 대한 설명으로 옳지 않은 것은?

① 케인스-투자 지출의 변화
② 프리드만-통화량 변화와 같은 화폐적 충격
③ 루카스-불완전정보로 인한 경제변수들에 대한 예측 오류
④ 슘페터-소비패턴의 변화와 같은 수요 측면의 변화
⑤ 사무엘슨-승수가속도 모형

| 해설 | 슘페터는 경기변동의 원인을 기업가의 혁신에서 찾았다. 즉, 기업가정신이라고 부르는 혁신에 대한 기업가의 의지가 경기변동을 일으켰다고 주장했다. 이는 수요 측면이 아닌 공급 측면에서 경기변동의 원인을 찾는 주장이다.

| 오답피하기 | ① 케인스는 총수요의 변화가 경기변동을 야기한다고 보았다. 특히, 소비와 투자 지출이 주요 요인이라고 주장했다.
② 프리드만은 통화량 변화가 경기변동의 원인이라고 주장했다. 따라서 정확한 기준과 원칙을 세우고 통화량을 관리해야 한다고 주장했다.
③ 루카스는 예상치 못한 통화정책이 시행되면 민간이 가진 정보가 불완전해 이로 인해 경기변수에 대한 예측 오류가 발생하여 경기변동이 발생한다고 주장했다.
⑤ 승수가속도 모형은 케인스의 승수이론에 가속도원리가 결합된 모형으로, 사무엘슨은 이 모형으로 경기변동을 설명하였다.

관련 이론 짚어보기

승수가속도 모형: 케인스학파가 주장하는 경기변동이론으로서, 독립투자의 변화와 같은 총수요충격이 소득 변화에 미치는 영향을 설명하는 승수이론과 소득 변동이 다시 투자를 유발시킨다는 가속도원리가 결합한 모형이다.

정답 01 ② | 02 ④

PART 02

거시경제

03 난이도 ■□□

경기변동과 관련한 설명으로 옳지 않은 것은?

① 소비자동향지수는 경기선행지표이다.

② 경기가 호황이면 장단기 금리 차이가 커지게 된다.

③ 저축보다 투자가 많을 때 경제는 호황 상태가 된다.

④ 수출이 감소하면 내수가 진작되어 경기 호황이 온다.

⑤ 소비와 투자 모두 경기변동에 민감하지만, 일반적으로 투자가 소비보다 더욱 민감하게 반응한다.

| 해설 | 경기변동이란 호황과 불황이 반복되는 현상을 의미한다. 경기변동은 경기선행지표, 경기동행지표, 후행지표를 통해 살펴볼 수 있으며, 불황시에는 정부가 개입하여 총수요 확장을, 호황 시에는 경기가 지나치게 과열되지 않도록 조절한다.
④ 수출이 감소하면 순수출이 감소하여 총수요가 감소한다. 총수요가 감소하면 경기가 둔화된다.

| 오답피하기 | ① 소비자동향지수는 현재와 비교하여 6개월 후의 경기 및 생활형편, 소비지출 등에 대한 소비자들의 기대심리를 나타내는 지수이다. 100을 기준으로 이보다 크면 향후 경기가 좋을 것으로, 100보다 작으면 향후 경기가 나쁠 것으로 소비자들이 기대한다는 것을 의미한다.
② 경기가 호황인 경우 장기 금리가 상승한다. 금리는 돈을 빌리는 입장에서는 비용이지만 투자하는 입장에서는 수익률이다. 장기 대출금리가 상승한다는 것은 장기적으로 경기가 상승할 것으로 예상한다는 것을 의미한다. 따라서 경기가 호황일 것으로 예상하는 경우 장기 대출이 증가하고, 장기 대출 수요의 증가로 인해 장기 대출금리가 상승하여 장단기 금리 차이가 커지게 된다.
③ 경제의 균형은 저축과 투자가 일치할 때 형성된다. 자본재는 투자에 의해 증가하고, 투자는 저축에 의해 증가한다. 한편, 투자가 저축보다 많다는 것은 자본재 증가에 의한 생산이 증가하고 있음을 의미한다. 따라서 투자＞저축일 때 경제가 호황 상태임을 알 수 있다.
⑤ 총수요 중 소비가 가장 많은 비중을 차지하지만, 경기변동에 민감하게 반응하는 변수는 투자이다.

04 난이도 ■□□

다음 빈칸에 들어갈 적합한 내용으로 짝지어진 것은?

산출량의 변동은 실물적 경기변동이론에 의하면 (   )의 변화 때문이고, 새 케인스학파 이론에 의하면 (   )의 변화 때문이다.

① 총수요, 재고투자

② 총수요, 정부수요

③ 재고투자, 총수요

④ 자연산출량, 총수요

⑤ 자연산출량, 재고투자

| 해설 | 새 고전학파의 실물적 경기변동이론에 따르면 생산성 변화 등과 같은 공급 측 요인에 의해 경기변동이 발생한다. 실물적 경기변동을 주장하는 학자들은 유리한 공급충격으로 생산성 향상이 이루어지면 고용량이 증가하므로 자연산출량 자체가 변한다고 본다. 이에 비해 새 케인스학파는 주로 총수요 측 교란 요인에 의해 경기변동이 일어나는 것으로 보고, 경기변동은 자연산출량이 변하는 것이 아니라 실제산출량이 자연산출량에서 이탈하는 현상이라고 주장한다.

05 난이도 ■□□

실물적 경기변동이론의 내용으로 적절하지 않은 것은?

① 기술이나 선호의 변동이 경기를 변동시킨다.
② 경기변동은 실제실업률과 자연실업률 사이의 괴리에 의해 발생한다.
③ 경기변동은 경제주체들의 합리적 행위의 결과로 나타나는 시장균형현상이다.
④ 경기변동일 때에는 소비의 변동성보다는 투자의 변동성이 훨씬 클 것으로 본다.
⑤ 생산성 향상으로 현재의 실질임금이 상승하면 소비자는 현재의 여가를 줄이는 대신 미래의 여가를 더 늘린다.

| 해설 | 실물적 경기변동이론에 따르면 경기변동은 생산성의 향상, 새로운 기술의 개발, 사람들의 선호 변화 등에 의해 발생한다.

| 오답피하기 | ① 기술이나 선호의 변동은 실질 GDP를 변동시키는 요인이다.
③ 새 고전학파는 경기변동이란 외부충격에 대한 경제주체들의 최적화 행위의 결과로서, 경기변동이 발생하더라도 사회적인 후생 감소가 발생하는 것은 아니므로 경기변동을 인위적으로 변화시키기 위한 정부의 개입은 불필요하다고 주장한다.
④ 소비는 GDP에서 가장 큰 비중을 차지하지만, 변동성은 투자가 소비보다 크다.
⑤ 실질임금은 여가의 가격이다. 실질임금이 높아지면 여가의 소비를 줄이고 미래의 여가를 늘린다.

06 난이도 ■□□

경기종합지수에서 동행종합지수를 구성하는 변수가 아닌 것은?

① 수입액
② 기계수주액
③ 전력 사용량
④ 시멘트 소비량
⑤ 비농가취업자 수

| 해설 | 동행종합지수는 비농림어업취업자수, 광공업생산지수, 서비스업생산지수, 소매판매액지수, 내수출하지수, 건설기성액, 수입액의 7가지 지표로 구성되어 있다. 기계수주액이 많아질수록 앞으로 경기가 좋아질 것이 예상되므로 기계수주액은 선행종합지수이다.

| 오답피하기 | ③④ 시멘트 소비량, 전력 사용량 등은 동행종합지수를 구성하는 광공업생산지수 혹은 건설기성액 등에 반영되어 동행종합지수의 구성요소가 된다.

관련 이론 짚어보기

경기종합지수: 경기동향을 쉽게 파악하고 예측하기 위해 경제 부문별로 주요 경제지표를 선정하고 이들 지표의 전월 대비 증감률을 합산하여 파악하는 지수이다. 통계청이 산업활동동향을 통해 발표한다.

07 난이도 ■□□

경기종합지수 중 선행종합지수에 속하지 않는 것은?

① 코스피지수
② 경제심리지수
③ 재고순환지표
④ 수출입물가비율
⑤ 광공업생산지수

| 해설 | 선행종합지수는 재고순환지표, 경제심리지수, 기계류내수출하지수, 건설수주액, 수출입물가비율, 코스피지수, 장단기금리차의 7가지 지표로 구성되어 있다. 광공업생산지수는 경기가 좋아지면 제조공장의 가동률이 높아지므로 동행종합지수이다.

정답 05 ② | 06 ② | 07 ⑤

08 난이도 ■□□

경기변동이론에 관한 설명으로 옳지 않은 것은?

① 케인스는 경기변동의 원인으로 투자의 변동을 들었고, 슘페터는 혁신의 수행을 들었다.
② 새 케인스학파의 경기변동이론은 완전경쟁적 시장구조와 신축적 가격을 가정하여 경기변동을 설명한다.
③ 화폐적 균형경기변동이론에서는 개별 경제주체의 상대가격 구조에 대한 잘못된 인식이 경기변동의 주원인이라고 본다.
④ 루카스 등이 주장하는 화폐적 균형경기변동이론의 함의는 예측 가능한 금융정책은 실물경제에 영향을 미칠 수 없다는 것이다.
⑤ 프레스콧 등이 주장하는 실물적 균형경기변동이론에서는 기술 변화와 재정지출의 변화 등을 경기변동의 주된 요인으로 보고 있다.

│해설│ 새 케인스학파는 불완전경쟁과 가격경직성으로 합리적 기대를 사용해도 수요충격에 의해 경기변동이 발생한다고 본다.

09 난이도 ■■□

[제61회 기출]

경제성장을 추구하는 정부 정책이 아닌 것은?

① 기술진보를 위하여 민간 부문의 연구개발활동을 장려하는 정책을 시행한다.
② 안정적인 경제활동을 위하여 재산권에 대한 위협요소를 낮추는 정책을 실시한다.
③ 교육은 인적자본에 대한 투자이기 때문에 좋은 학교를 만들고 국민들이 학교 교육을 받도록 장려한다.
④ 다른 조건이 같다면 건강한 근로자들이 생산성이 높기 때문에 국민건강 증진을 위한 정책을 시행한다.
⑤ 해외자본의 투자는 이익을 본국으로 회수해가므로 해외자본의 유입을 제한하는 정책을 시행한다.

│해설│ 국내에 투자된 해외자본은 국내에서의 생산활동 증진에 기여하고, 그 대가로 이익을 가져가므로 원-윈이라 할 수 있다. 따라서 해외자본의 유입을 제한해서는 안 된다.

│오답피하기│ ① 기술은 생산요소를 재조합하여 생산하는 방식이다. 따라서 기술진보는 공급을 증가시킬 수 있는 요인이므로 연구개발활동을 장려하는 일은 경제성장에 중요하다.
② 재산권에 대한 보호는 다양한 아이디어들이 등장할 수 있는 기초적인 전제조건이다. 사익의 추구가 사회 전체적인 이익으로 연결되기 위해서는 재산권에 대한 보호가 선행되어야 한다.
③ 교육은 생산요소의 질적 개선을 가져올 수 있는 노력이다. 인적자본의 생산성 향상은 공급의 증가 요인이다.
④ 건강은 생산성 유지 및 향상에 기본적인 조건이다. 국민건강 증진을 위한 노력은 생산성 향상에 중요하다.

10 난이도 ■□□

내생적 경제성장이론에 대한 설명으로 옳지 않은 것은?

① 자본의 한계생산은 체감한다고 가정한다.
② 저축률이 상승하면 경제성장률이 높아질 수 있다.
③ 인적자본은 경제성장을 결정하는 중요한 요인이다.
④ 정부의 개입이 경제성장에 중요한 역할을 할 수 있다.
⑤ 선진국과 후진국 사이의 소득격차가 줄어들지 않는다.

| 해설 | 폴 로머는 내생적 경제성장이론을 통해 기존 이론을 반박했다. 한계생산성 체감과 외생적 기술진보를 가정한 기존이론에 따르면 후진국은 선진국을 따라잡아야 하는데, 현실은 다르기 때문이다. 그는 경제성장을 이끄는 것은 경제 시스템 내부에서 일어난 기술 변화이고, 이 기술 변화로 인해 노동이나 자본 등의 한계생산성은 체감되지 않는다고 설명한다. 로머에 따르면 기술 변화는 시장 밖에서 주어지는 것이 아니라 연구개발(R&D)처럼 시장경제 안에서 의도적으로 이루어진 결과이다.

| 오답피하기 | ② 저축률의 상승은 지속적인 경제성장의 원동력이 된다.
③ 내생적 성장이론은 인적자본의 중요성을 강조한다.
④ 사회적 활동으로서의 인적자본 축적이 대부분 외부효과이므로 로머는 정부가 시장에 개입하여 외부효과를 내부화하는 정책이 필요하다고 본다.
⑤ 내생적 성장이론에 따르면 국가 간 성장격차가 좁혀지지 않는 것은 기술 경계선이 있기 때문이다. 신흥국이나 개발도상국이 처음에는 시장 개방이나 경제 시스템 변화를 통해 선진국을 따라잡기가 어느 정도 가능하지만 선진국이 주도하는 기술 경계선 안으로 들어오지 못하면 성장이 둔화된 상태에서 또 다른 후발 국가의 추격을 받아 경쟁력을 잃고 구조적 저성장의 늪으로 빠져들게 된다는 점을 꿰뚫어봤다.

11 난이도 ■□□

경기변동에 대한 설명으로 옳지 않은 것은?

① 경기변동은 통화정책과 관련이 없다.
② 경기변동의 폭과 길이는 시대에 따라 달라져 왔다.
③ 우리나라에서는 경기변동이 수입재 물가에 영향을 받기도 한다.
④ 경제현상에 대한 경제주체들의 예상으로도 경기변동이 발생할 수 있다.
⑤ 민간소비, 투자, 정부지출, 순수출이 변동하면 경기변동이 발생할 수 있다.

| 해설 | 경기변동과 통화·재정정책은 밀접한 연관을 맺는다. 경기가 침체될 경우 확장적 총수요관리정책을 활용하여 경기를 부양시키려 하고, 경기가 과열되었을 경우 긴축적 총수요관리정책을 활용하여 경기를 안정시키려고 노력한다. 경기변동에 따라 총수요관리정책의 방향이 변동하기 때문에 경기변동은 통화정책과 밀접한 연관을 맺는다.

12 난이도 ■□□

경기순환 과정에서 나타나는 일반적인 경제현상으로 옳은 것은?

① 수축기에는 기업파산이 줄어들고 금융기관의 부실자산이 감소한다.
② 확장기에는 경기에 대한 비관론이, 수축기에는 경기에 대한 낙관론이 확산된다.
③ 확장기에는 기업의 수익성과 현금 흐름이 악화되어 파산위험이 크게 증가한다.
④ 후퇴기에는 기업의 수익성 악화로 투자를 위한 자금수요가 점차 감소하는 시기이다.
⑤ 회복기에는 판매 감소로 기업 수익성이 악화되고 설비투자를 위한 자금수요가 증가한다.

| 해설 | 후퇴기에는 기업의 수익성이 점차 악화되면서 투자를 위한 자금수요가 감소한다. 확장기만큼의 수익을 얻을 수 없기 때문이다.

| 오답피하기 | ① 수축기에는 기업파산이 늘어나고 금융기관의 부실자산이 증가한다.
② 수축기에는 경기에 대한 비관론이, 확장기에는 경기에 대한 낙관론이 확산된다.
③ 확장기에는 파산위험이 감소한다.
⑤ 회복기에는 판매의 증가세로 기업 수익성이 증가하고, 소비 증가에 대비한 설비투자 증가를 위한 자금수요가 증가한다.

정답 **10** ① **11** ① **12** ④

13 난이도 ■■□

[제60회 기출]

'*BSI*, *CSI* 지수가 3분기 연속 100을 넘었다.'는 신문기사가 나왔다. 이에 따른 경제현상을 바르게 설명한 것은?

① 고용이 증가한다.
② 기업의 투자가 줄어든다.
③ 소비자의 소비심리가 위축되었다.
④ 한국은행이 기준금리를 인하할 것이다.
⑤ 경제상황을 부정적으로 보는 기업들이 더 많다.

| 해설 | BSI, CSI가 모두 100을 넘은 것은 향후 경기를 긍정적으로 보는 기업인이 많아짐을 의미한다. 이로 인해 기업의 투자는 늘어나고, 이에 수반되는 고용이 증가할 수 있다.

| 오답피하기 | ② 경기를 긍정적으로 볼수록 투자를 통한 수익을 얻을 가능성이 높아지므로 투자가 늘어날 가능성이 높다.
③ 향후 경기를 긍정적으로 보는 소비자가 많을수록 소비심리가 되살아난다.
④ 기업가와 소비자 모두 경기를 긍정적으로 평가할수록 경기과열에 대비해 기준금리를 올릴 수 있다.
⑤ 경제상황을 긍정적으로 보는 기업이 많을수록 *BSI* 지수가 높게 나타난다.

📈 S등급 고난도 문제

다음 그림의 (가)와 (나) 국면에 대한 옳은 설명을 〈보기〉에서 고르면?

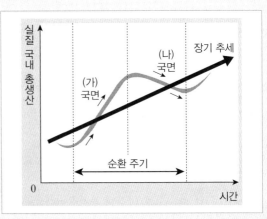

〈보기〉

㉠ (가) 국면에서는 소비와 투자가 감소할 것이다.
㉡ (나) 국면에서는 이자율이 하락하고 생산과 고용이 증대될 것이다.
㉢ (가) 국면에서는 물가는 오르고 실업률은 하락할 것이다.
㉣ (가) 국면에서 총수요가 감소하면 (나) 국면으로 변화할 수 있다.

① ㉠, ㉡   ② ㉠, ㉢
③ ㉡, ㉢   ④ ㉡, ㉣
⑤ ㉢, ㉣

| 해설 | (가)는 경기가 회복하고 상승하는 국면이며, (나)는 후퇴하고 침체되는 상황이다. 경기가 회복될 때 일반적으로 소비와 투자가 증가하고 실질 GDP가 증가하며, 이자율 상승과 물가 상승이 동반된다. 한편, 경기하강 국면에서는 소비와 투자가 위축되고, 이자율이 하락하며, 실업률이 상승하여 경제가 전반적으로 활력을 잃게 된다.

정답 **13** ① | 고난도 정답 ⑤

한계는 없다.
도전을 즐겨라.

– 칼리 피오리나(Carly Fiorina)

국제경제

최근 5회분 기출 데이터

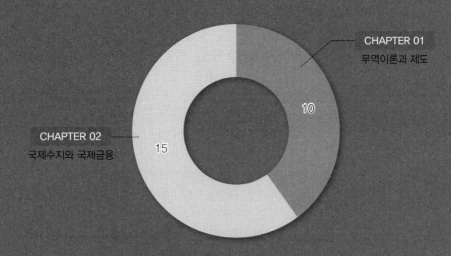

CHAPTER 01
무역이론과 제도

10

CHAPTER 02
국제수지와 국제금융

15

BEST 출제 키워드

구분	BEST 출제 키워드	구분	BEST 출제 키워드
CHAPTER 01 무역이론과 제도	• 무역이론의 배경 • 헥셔–올린 이론과 레온티예프 역설 • 보호무역정책의 경제적 효과	**CHAPTER 05** 시장이론	• 국제금융거래의 구분 • 국제수지표의 구성 • 통화가치와 환율의 개념 • 환율의 결정 • 구매력평가설 • 환율과 국제수지 • 환율제도의 종류

※ 학습 중요도와 BEST 출제 키워드는 출제빈도 분석과 출제기준 자료를 바탕으로 수록했습니다.

무역이론과 제도

제1절 | 무역이론 중요도 **상**

1 고전학파 이전의 무역이론

(1) 중상주의

① 주장

중상주의는 15 ~ 18세기를 지배했던 무역이론이다. 이 기간에는 국가의 안보를 위해 정치적으로 강력한 왕정 체제를 수립하고 경제적으로는 국가의 간섭이 필요하다고 주장했다.

② 특징

㉠ **수출 장려, 수입 억제**: 중상주의는 수입과 수출을 합한 무역의 거래량보다 자국의 이익을 최우선시하여 수출만을 중요시하며 대외무역을 통제하였다. 따라서 수출을 장려하고 수입을 억제하는 무역정책을 펼쳤다.

㉡ **국부의 원천은 금(金)**: 중상주의 시기의 정부는 국부의 원천은 오로지 금을 비롯한 귀금속이라고 생각했다. 따라서 국가는 무역을 통해 얻은 무역흑자를 귀금속의 형태로 보유하여 필요에 따라 이를 무기나 용병을 구입하는 데 사용하여 국력을 강화했다.

㉢ **행정적 규제의 심화**: 중상주의는 개인의 이익보다 국가의 이익을 중요시하였다. 따라서 경제주체의 경제활동은 사익을 위해 할 수 없었고 오직 국익을 위해서만 할 수 있었기 때문에 허가받은 사람만이 경제활동을 할 수 있었다. 이 시기에는 정부로부터 인증받은 해적의 활동이 두드러졌는데, 이 역시 국가의 이익이라는 명분하에 약탈 행위를 정부가 승인해 주었기에 가능한 일이었다. 이를 '행정적 규제(administrative fiat)'라고 한다.

(2) 중농주의

① 주장

중농주의는 경제학자이자 의사였던 케네(F. Quesnay)가 주장한 이론이다. 중농주의자들은 금과 같은 귀금속은 교환의 매개체에 불과하다며 부의 척도가 될 수 없다고 보았다. 이들은 오직 농업만이 부가가치를 창출할 수 있는 유일한 산업이라고 주장했다.

② 특징

중농주의자들은 국가의 경제활동 개입을 반대하였다. 농업이 활성화되기 위해서는 실질적으로 농사를 짓는 소작농들에게 토지가 있어야 하고, 이를 위해서는 토지의 매매가 자유로워야 하는데, 국가의 개입은 이를 방해하기 때문이다.

2 고전학파 무역이론

애덤 스미스로 시작되는 고전학파는 국가의 개입이 없어도 시장에서 팔고자 하는 힘과 사고자 하는 힘의 조절로 인해 결정되는 가격이 자원을 저절로 효율적으로 배분시킬 수 있다고 주장했다. 이를 '보이지 않는 손'이라고 한다. 고전학파의 무역이론도 국가의 개입을 배제하고 전개된다.

(1) 무역이론의 기본 가정, 노동가치설

전통적인 무역이론인 절대 우위론과 비교 우위론의 기본 가정은 노동가치설(labor theory of value)이다. 노동가치설이란 상품의 가치는 해당 상품을 생산한 노동이 형성하고, 가치의 크기는 그 상품을 생산하는 데 필요한 노동 시간이 결정한다는 이론이다. 노동가치설은 각 재화의 생산에는 노동만이 유일한 생산요소이고, 모든 노동의 질은 동일하다고 가정한다. 또한 재화 1단위를 생산하는 데 필요한 노동의 투입량은 재화의 생산량과 관계없이 일정하다. 즉, 재화의 생산함수는 규모의 대한 수익 불변의 특징을 갖는다.

① 절대생산비설(theory of absolute cost)

    ⊙ 개념: 절대생산비설은 한 국가가 다른 국가보다 더 적은 비용으로 생산이 가능할 때 무역이 이루어진다는 이론이다. 이를 절대 우위에 있는 경우에 무역이 이루어진다고 표현하기도 한다. 절대 우위(absolute advantage)란 한 경제주체가 다른 경제주체에 비해 더 적은 비용으로 생산 가능한 경우를 의미하며, 그렇지 못한 경제주체를 절대 열위(absolute disadvantage)에 있다고 한다.

> 〈애덤 스미스가 말하는 절대 우위〉
>
> 만약 어떤 가정의 가장(家長)이 현명하다면 그는 어떤 물건을 밖에서 사는 것보다 집에서 만드는 것이 더 비싼 경우 결코 그것을 집에서 만들려고 하지 않을 것이다. 양복 재단사는 자신의 신발을 직접 만들지 않고 신발 제조업자로부터 사는 게 더 나을 것이다. 농부는 양복이나 신발을 직접 만들지 않고 양복 재단사나 신발 제조업자로부터 그것들을 사는 게 더 나을 것이다.
> (중략)
> 보통 가계들에서 이루어지는 이러한 현명한 행위는 국가들에도 그대로 적용된다. 만약 어느 외국이 어떤 상품을 우리가 만드는 것보다 더 싸게 공급할 수 있다면 그것을 직접 만드는 대신에 우리가 더 싸게 생산할 수 있는 어떤 제품을 만들어 그 외국 제품과 교환하는 것이 나을 것이다.
> – Adam Smith, 「The Wealth of Nations」, New York: Modern Library, 1937, p.424

    ⊙ 절대 우위의 사례: 농업 국가인 프랑스와 공업 국가인 영국의 사례를 통해 알아보도록 한다.

구분	섬유	포도주
영국의 노동 투입 시간(단위당)	10시간	8시간
프랑스의 노동 투입 시간(단위당)	18시간	7시간

표에서 볼 수 있는 바와 같이 영국은 섬유 생산에 절대 우위가 있고, 프랑스는 포도주 생산에 절대 우위가 있다. 영국은 섬유를 생산하여 프랑스에 수출하고, 프랑스는 포도주를 생산하여 영국에 수출하면 무역 이전에 비해 생산량과 소비량이 늘어나 경제적인 후생이 증가한다.

② 비교생산비설(theory of comparative cost)

　㉠ 개념: 비교 우위는 상대적인 투입 비용에 초점을 맞추고 있다. 리카도(D. Ricardo)는 한 국가가 다른 국가에 비해 두 가지 재화의 생산 모두에 절대 열위에 있더라도 어떤 한 재화를 상대적으로 다른 국가에 비해 저렴하게 생산할 수 있다면 이 재화 생산에 특화함으로써 국가 간의 생산량 합계가 무역 이전에 비해 증가한다고 주장했다. 즉, 상대적으로 낮은 비용으로 생산하는 제품은 수출하고, 상대적으로 높은 비용으로 생산하는 제품은 수입하면 모두가 무역으로부터 이득을 보게 된다는 것이다. 이처럼 상대적으로 낮은 비용으로 생산할 수 있는 것을 '비교 우위'라고 한다. 비교 우위는 더 낮은 기회비용으로 생산할 수 있는 품목을 수출하면 이득을 볼 수 있음을 의미한다.

　㉡ 비교 우위의 사례: 다음은 영국과 프랑스의 사례이다. 프랑스가 모든 상황에서 절대 열위에 있는 상황을 가정하였다.

구분	섬유	포도주
영국(E)의 노동 투입 시간(단위당)	10시간	6시간
프랑스(F)의 노동 투입 시간(단위당)	18시간	7시간

절대생산비설에 의하면 영국은 수출만 하고, 프랑스는 수입만 해야 한다. 그러나 비교생산비설에 의하면 프랑스는 포도주를 수출하고, 영국은 섬유를 수출한다. 프랑스가 섬유와 포도주 생산 모두에 절대 열위에 있지만 포도주 생산에 비교 우위가 있기 때문이다.

　㉢ 비교 우위의 계산: 영국의 경우 섬유 1단위 생산에는 10시간, 포도주 1단위 생산에는 6시간이 필요하다. 즉, '섬유$_E$: 포도주$_E$ = 10 : 6'이므로 포도주$_E$ = 0.6섬유$_E$이다. 이는 영국에서 포도주 1단위의 가치가 섬유 0.6단위와 동일하다는 것을 의미한다. 즉, 영국에서 포도주 1단위를 생산하기 위해서는 섬유 0.6단위의 생산을 포기해야 한다는 것을 의미한다. 한편, 프랑스에서는 섬유 1단위 생산에는 18시간, 포도주 1단위 생산에는 7시간이 필요하다. 즉, '섬유$_F$: 포도주$_F$ = 18 : 7'이므로 프랑스에서 포도주 1단위의 가치는 섬유 약 0.39단위이다. 즉, 프랑스에서 포도주 1단위를 생산하기 위해서는 섬유 0.39단위의 생산을 포기해야 한다. 따라서 영국은 포도주 1단위 생산을 위해 0.6단위의 섬유를 포기해야 하고, 프랑스는 0.39단위의 섬유를 포기해야 하므로 프랑스가 포도주 생산에 비교 우위가 있고, 영국은 섬유 생산에 비교 우위가 있다.

기출로 확인하기 　정답 및 해설

| 해설 | 직물과 자동차의 생산비는 A국의 경우 '직물 : 자동차 = 25 : 10'이고, B국의 경우 '직물 : 자동차 = 30 : 40'이다. 따라서 A국의 경우 자동차 = 0.4직물, B국의 경우 자동차 = 1.3직물이므로 A국은 자동차 생산에, B국은 직물 생산에 비교 우위가 있다. 비교 우위는 기회비용이 반영된 개념으로 모든 재화 생산에 비교 우위가 있을 수 없다. 또한 아무리 모든 생산에서 절대 열위에 있는 국가도 하나 이상의 산업에서는 비교 우위를 갖는다.

정답 ②

기출로 확인하기　　　　　　　　46회 기출

다음 표에 관한 설명으로 옳은 것은?

[표] 단위당 노동 투입량　　　　　　(단위: 시간)

구분	직물(m²)	자동차(대)
A국	25	10
B국	30	40

*단위당 노동 투입량은 각 재화를 한 단위 생산하기 위해 투입하는 노동 시간

① A국은 직물 생산에 비교 우위가 있다.　② A국은 자동차 생산에 비교 우위가 있다.

③ A국은 두 재화 모두에 비교 우위가 있다.　④ B국은 자동차 생산에 비교 우위가 있다.

⑤ 어느 국가도 비교 우위를 갖지 않는다.

⑵ 비교생산비설을 통한 교역의 이득

① 생산가능곡선을 통한 생산과 소비

생산가능곡선의 X축은 섬유를, Y축은 포도주를 의미한다. 각국의 생산가능곡선의 기울기는 섬유 가격으로 나눈 포도주의 상대가격을 의미한다. 영국의 생산가능곡선의 기울기는 약 $0.8\left(\dfrac{10}{12}\right)$이다. 이는 섬유 1단위를 생산하기 위해서는 포도주 0.8단위를 포기해야 함을 의미한다. 한편 프랑스에서 생산가능곡선의 기울기는 약 $1.1\left(\dfrac{9}{8}\right)$이다. 이는 섬유 1단위 생산을 위해서는 포도주 1.1단위를 포기해야 함을 의미한다. 영국은 섬유 생산에, 프랑스는 포도주 생산에 비교 우위를 갖는다. 한편, 무역이 이루어지기 전에는 생산한 만큼만 소비할 수 있다. 따라서 양국에서 섬유와 포도주의 생산은 A_E와 A_F에서 이루어진다.

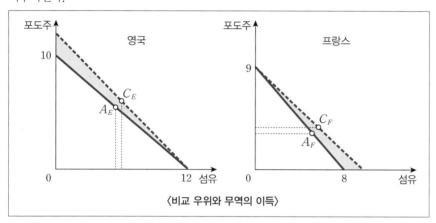

〈비교 우위와 무역의 이득〉

② 생산가능곡선과 교역의 이득

교역이 이루어지면 두 재화의 상대가격은 1이 된다고 가정하자. 이 경우 영국은 섬유를, 프랑스는 포도주를 서로 수출하여 교환한다. 점선과 실선 사이의 면적은 양국이 교역으로 인해 더 많이 소비할 수 있게 된 영역을 의미한다. 양국의 두 재화의 상대가격이 1이라는 것은 양국이 수출하고 수입하려는 포도주와 섬유의 양이 일치한다는 것을 의미한다. 이러한 조건이 만족되는 점은 C_E와 C_F로 표시된다. 무역이 이루어지면 교역 전보다 소비 수준이 증가하고 이는 양국 국민의 만족이 증가함을 의미한다. 즉, 사회후생이 증가한다. 한편, 비교 우위에 입각한 수출 및 수입은 한정된 노동력을 보다 양국이 모두 효율적으로 사용하게 됨을 의미한다. 동일한 노력을 투입하더라도 더 많은 산출량을 달성할 수 있다는 의미이다. 이는 노동자들의 실질소득 증가로 이어지고, 실질소득의 증가는 구매력의 증가로 이어진다. 즉, 교역을 통해 양국 모두 노동자들의 실질소득이 증가한다. 이처럼 비교 우위론에 따르면 각국은 상대적으로 저렴하게 생산할 수 있는, 즉 기회비용이 작은 상품 생산에 특화하여 수출할 경우 양국 모두가 교역 전에 비해 높은 실질임금과 소득을 누릴 수 있다.

3 근현대의 무역이론

(1) 헥셔-올린 이론

비교생산비설은 비교 우위의 원인이 생산비의 상대적 차이에서 발생한다고 설명한다. 하지만 비교 우위론은 이러한 생산비의 차이가 왜 발생하는지에 대해 설명하지 못한다. 이를 설명하는 것이 헥셔-올린 이론(Heckscher-Ohlin theorem)이다. 헥셔-올린 이론은 생산함수가 같더라도 생산요소의 부존량이 다르면 상품 생산에 투입된 자본과 노동의 비율에 차이가 생기기 때문에 생산비의 차이가 발생한다고 보는 이론이다.

① 기본 가정

헥셔-올린 이론은 2-2-2 model을 가정하고 있다. 이는 두 나라, 두 개의 재화, 두 개의 생산요소만이 존재하고, 이들 국가는 서로 무역을 하는 개방경제라고 가정한다. 두 개의 생산요소는 자본과 노동이며, 이러한 생산요소의 부존량은 일정하고, 두 나라 간에 생산요소의 이동은 없다고 가정한다. 또한 생산 기술이 두 국가 간에 동일하고 두 재화에 대한 생산함수도 동일하여 규모에 대한 수익이 불변이라고 가정한다.

② 제1정리: 요소부존도 이론(factor endowment theorem)

헥셔-올린 이론은 무역이 발생하는 원인을 요소부존도의 차이라고 설명한다. 요소부존도의 차이로 인해 교역이 발생하는 이유는 생산가능곡선을 통해 살펴볼 수 있다.

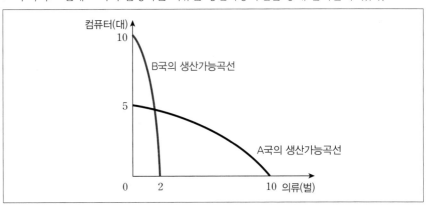

ㄱ 생산가능곡선은 한 국가가 가진 생산요소를 가지고 최고의 기술을 활용하여 만들 수 있는 상품의 조합을 연결한 선이다.

ㄴ 헥셔-올린 제1정리인 요소부존도 이론에 의하면 각국은 상대적으로 풍부한 생산요소를 지닌 상품 생산에 특화하여 생산한다. 자본이 풍부한 B국은 컴퓨터 생산에, 노동이 풍부한 A국은 의류 생산에 특화하여 생산하는 것이다.

ㄷ 비교 우위가 결정되면 각국은 비교 우위에 있는 재화는 수출하고 비교 열위에 있는 재화는 수입한다. 이처럼 요소부존량의 차이 때문에 비교 우위가 발생하고 이로 인해 무역이 발생한다는 것이 '요소부존도 이론'이다.

> **규모에 대한 수익 불변**
> 생산요소를 n배로 투입했을 때 산출량도 n배만큼 커지는 현상으로, 생산규모가 커지더라도 평균생산비용이 변하지 않는 경우를 의미함

③ 제2정리: 생산요소 가격 균등화(factor price equalization)

    ㉠ 헥셔−올린 이론은 재화의 무역은 자유롭지만 생산요소의 이동은 불가능하다고 가정한다. 따라서 요소부존도 이론에 의해 비교 우위가 발생하고 비교 우위에 있는 상품들의 교역이 A국과 B국 사이에 자유롭게 이루어지면 결국 양국의 제품 가격과 생산요소의 가격이 같아진다.

    ㉡ A국은 컴퓨터 생산에 사용하던 노동과 자본을 의류에 전용한다. 이렇게 전용된 노동과 자본 중 의류를 생산하기 위해서는 자본보다 노동을 더 많이 필요로 한다. 이에 따라 노동의 수요가 증가하여 노동의 가격이 상승하고, 자본의 수요가 감소하여 자본의 가격은 하락한다. B국에서는 이와 반대 현상이 나타난다. 이런 과정을 거쳐 두 국가 간 생산요소의 가격이 같아진다는 것이 '생산요소 가격 균등화'이다.

④ 헥셔−올린 이론의 한계: 레온티예프 역설(Leontief paradox)

    ㉠ 헥셔−올린 이론에 의하면 가격이 높은 생산요소가 요소 집약도가 높아야 한다. 즉, 자본의 집약도가 높은 국가는 자본의 수요가 증가하여 자본의 가격이 상승하고, 노동의 가격이 하락하는 현상을 의미한다. 하지만 자본의 집약도가 높은데 노동의 가격도 높다면 이는 헥셔−올린 이론의 주장과 배치된다.

    ㉡ 미국의 경제학자 레온티예프는 미국의 자료를 분석한 결과 헥셔−올린 이론의 주장과 반대되는 사례를 발견했다. 미국에서 노동이 자본 집약적 산업으로 분류되는 현상을 발견한 것이다. 즉, 다른 국가에 비해 자본이 풍부한 국가인 미국이 자본 집약적 상품을 수입하고 노동 집약적 상품을 수출한다는 결론이 나온 것이다. 이를 '레온티예프 역설'이라고 한다.

(2) 대체적 무역이론

① 헥셔−올린 이론으로 대표되는 정통적 무역이론의 가정은 제2차 세계대전 이후에 대두된 대체적 무역이론에서 바뀌게 된다. 대체적 무역이론은 기존 무역이론과 기본 가정에서 차이가 존재한다. 정통적 무역이론이 완전경쟁시장을 가정한 반면, 근대 이후의 대체적 무역 이론은 독점적 경쟁시장을 가정하고, 국가마다 동일한 생산 기술을 가정했던 것에서 탈피해 국가마다 상이한 생산 기술을 가정한다.

구분	정통적 무역이론	대체적 무역이론
가정 1	완전경쟁시장	독점적 경쟁시장
가정 2	국가마다 동일한 생산 기술	국가마다 상이한 생산 기술

② 기술격차 이론과 제품수명주기 이론

    대체적 무역이론에는 기술격차 이론과 제품수명주기 이론이 있다.

    ㉠ 기술격차 이론(technology gap theory): 헥셔−올린 이론은 기술 또는 생산함수가 동일하다고 가정하는 반면, 기술격차 이론은 기술 수준의 차이로 비교 우위가 발생한다고 주장한다. 포스너(Posner)와 후프바우어(Hufbaur)는 제2차 세계대전 이후 인조섬유의 비교 우위 요소를 검토한 결과 연구 개발이 앞선 국가가 비교 우위를 갖게 됨을 발견했다.

    ㉡ 제품수명주기 이론(product life cycle theory): 제품수명주기 이론은 제품의 수명주기를 개발, 성장, 성숙(표준화), 쇠퇴의 4단계로 구분한다.

읽는 강의

일반적으로 자본의 집약도가 높은 국가에서는 자본의 수요가 높기 때문에 자본의 가격이 높습니다. 생산요소가 노동과 자본 두 가지만 있는 경우를 가정하면 자본의 가격이 높을 경우 상대적으로 노동의 가격은 낮아지게 됩니다. 하지만 자본의 수요가 높은 국가에서 노동의 가격이 높은 현상이 목격되었는데, 이를 '요소집약도 역전(factor intensive reversal)'이라고 합니다.

읽는 강의

연구 집약도는 기술격차 이론을 설명하는 핵심 개념입니다. 연구 집약도란 연구개발비를 매출액 혹은 GDP로 나눈 비율입니다. 기업인 경우 매출액을, 국가인 경우 GDP를 분모로 사용합니다. 기술격차 이론은 기술의 차이가 제품 차별화를 결정하고 비교 우위가 결정되기 때문에 연구 집약도의 크기를 기술 우위를 위한 노력으로 간주합니다.

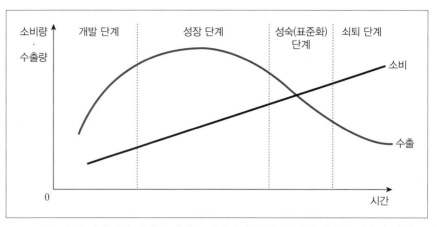

- A국은 개발 단계에서 신제품 생산을 시작한다. 처음 개발된 제품은 기술이 앞선 국가가 비교 우위를 갖게 되고, 생산능력이 증가함에 따라 국내 소비보다 생산량이 많아져 외국으로 수출이 시작된다. 표준화 단계에 이르면 생산 기술보다 저렴하게 생산할 수 있는 국가가 비교 우위를 갖는다. 따라서 개발도상국인 B국에서도 생산이 가능해져 A국과 B국의 경쟁이 치열해진다. 제품이 표준화되면 노동력이 풍부한 B국이 비교 우위를 확보하여 A국은 B국으로부터 수입을 하게 된다.
- 제품수명주기 이론은 최첨단 산업의 무역 형태는 잘 설명할 수 있지만, 세계무역총량에서 첨단산업이 차지하는 비중이 적어 무역에 관한 일반이론으로는 설득력이 부족하다는 의견이 지배적이다.

제2절 무역정책 중요도 **하**

1 자유무역론(free trade movements)

자유무역론은 국가가 수출입을 통제하지 않고 자유롭게 두었을 때 모두가 이득이 된다는 이론이다. 무역을 자유롭게 두면 각국은 비교 우위에 있는 상품을 교역하기 때문에 자원의 효율적인 배분을 달성할 수 있다.

2 보호무역론(protectionism)

보호무역론은 자국의 산업을 육성하기 위해 국가 주도로 수입을 규제하려는 무역정책이다.

(1) 보호무역정책의 시행 이유

① 유치산업의 보호

유치산업이란 시작된 지 얼마 되지 않아 다른 국가와 경쟁 상대가 되기에는 역부족인 상태의 산업을 의미한다. 비교 우위론에 의하면 향후 국가 발전에 도움을 줄 수 있는 산업이라도 초기 상태에서는 비교 열위에 있어 수출할 수 없기 때문에 성장하기가 어렵다. 따라서 유치산업을 성장시키기 위해 국가가 해당 산업과 관련된 상품의 수입을 막는 것이다.

② 고용의 안정

자유무역을 허용하면 국내가격이 하락하고 국내생산이 줄어들어 경제침체가 발생하고, 동시에 실업이 증가하여 경제 안정을 달성하기가 어렵기 때문에 고용의 안정을 위해 보호무역정책을 펴야 한다는 것이다.

③ 국가안보

국방 산업과 같이 국가안보와 직결되는 상품의 경우 수입 의존도가 높아지면 향후에 수입이 어려워질 경우 국가안보에 심각한 위협이 될 수 있기 때문에 보호무역정책을 펼쳐야 한다는 것이다.

(2) 보호무역을 위한 정책수단

① 관세장벽

관세장벽이란 수입 억제를 위해 높은 관세를 부과하는 것을 의미한다. 관세장벽에는 반덤핑관세, 상계관세, 보복관세 등이 있다.

ㄱ 반덤핑관세(anti-dumping duty): 수입국 정부는 덤핑 수입으로 인해 실질적 피해를 입었거나 입을 우려가 있는 경우 국내산업을 보호하기 위해 덤핑 차액 이하에 상당하는 관세를 부과하는데, 이를 '반덤핑관세'라고 한다.

ㄴ 상계관세(countervailing duty): 상계관세는 상대국의 보조금 지급으로 인한 자국의 피해를 막기 위해 부과할 수 있는 합법적인 조치이다. 상계관세는 생산물의 제조, 생산 혹은 수출에 직·간접적으로 부여된 보조금을 상쇄할 목적으로 부과되는 특별관세이다.

ㄷ 보복관세(retaliatory duty): 자국 상품에 대해 불리한 대우를 하는 나라의 상품에 대한 보복의 성격을 가진 관세이다. 우리나라 제품에 대해 부당 또는 차별적인 조치를 취함으로써 손실이 발생하였다고 판단되는 경우, 피해액의 범위 내에서 관세를 부과할 수 있다.

② 비관세장벽

ㄱ 수입허가제: 수입허가제는 재화를 수입함에 있어 정부의 허가를 받도록 하는 제도이다. 전체 수입 품목 수에서 자동승인 품목 수가 차지하는 비율을 수입 자유화율이라고 하는데, 우리나라의 경우 99.9%로 거의 모든 상품에서 수입 자유화가 이루어졌다.

ㄴ 수입할당제: 수입 가능한 상품의 수량을 정해 놓고 그 범위 안에서만 수입을 허가하는 수량제한제도이다. 즉, 수입 상품의 양을 할당하여 일정 기간 동안 수입 물량을 제한하는 조치로서 수입을 억제하여 국내산업을 육성하기 위한 제도이다.

ㄷ 협정무역: 무역 당사자 간에 무역 상품과 수량을 정해 놓고 그 범위 안에서만 교역을 진행하는 것을 의미한다. 이는 무역 당사국 상호 간에 수출입의 균형을 도모하기 위한 방법이다.

ㄹ 수출자율규제: 수출국이 자율적으로 수출 물량을 일정 수준 이하로 억제하는 제도이다.

덤핑(dumping)
수출국의 수출업자가 자국 내에서 통상적으로 거래되는 정상가격보다 낮은 가격으로 수출하는 경우를 의미함

PART 03

국제경제

| 해설 | 국내 시계 소비자들은 국내 가격이 국제 가격 수준으로 상승하였기 때문에 수요량을 Q_1까지 줄인다(ⓒ). 자유무역으로 인해 국내 가격이 국제 가격으로 상승하므로 국내 시계 생산자들은 Q_2까지 생산량을 늘린다(ⓔ). 이러한 자유무역으로 인해 국내 시계 소비자들은 이전보다 비싼 가격에 시계를 구입해야 하므로 불리해진다.

정답 ④

기출로 확인하기　　　　　　　　　　34회 기출변형

다음은 A국 시계 시장의 자유무역 후 변화를 나타낸다. 이에 대한 옳은 분석을 〈보기〉에서 고른 것은? (단, A국은 세계 시계 시장에서 가격 수용자로 행동하고, 주어진 국제 가격으로 얼마든지 시계를 수출하거나 수입할 수 있다.)

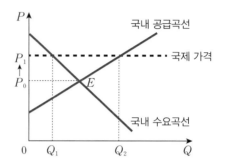

〈보기〉
ㄱ. 자유무역은 자국민 모두에게 이득을 준다.
ㄴ. 자유무역 후 국내 수요자들의 시계 수요량은 Q_1이다.
ㄷ. 자유무역으로 인해 A국은 시계를 수입하게 된다.
ㄹ. 자유무역 후 국내 시계 생산자들은 자유무역 이전보다 이득을 얻을 수 있다.

① ㄱ, ㄴ　　　　② ㄱ, ㄹ　　　　③ ㄴ, ㄷ
④ ㄴ, ㄹ　　　　⑤ ㄷ, ㄹ

---

3 보호무역정책의 경제적 효과

(1) 관세

① 개념

관세는 수입품에 부과하는 세금으로서 대표적인 보호무역의 수단이자, 한 국가의 중요한 재정수입원이다. 하지만 관세 부과의 목적은 재정수입의 확충보다 국내산업의 보호에 있다. 관세는 수입품의 가격을 높임으로써 국내 생산자가 해외의 경쟁자보다 유리한 위치에 있도록 지원한다. 반면, 국내 소비자들은 같은 상품을 높은 가격에 소비하게 된다.

② 경제적 효과

수입품의 국제 가격(P^w)이 고정되어 있는 소규모 개방경제를 가정해 보도록 한다. 자유무역하에서는 국제 가격에서 얼마든지 수입할 수 있으므로 국내 생산자들도 자국 상품을 같은 가격에 공급하게 되어 국내가격은 국제가격과 일치한다. 이때 국내 생산량과 국내 수요량은 각각 S^w와 D^w가 된다. 그리고 수입량은 수요량과 공급량의 차이, 즉 $D^w - S^w$만큼이 된다. 정부가 일률적으로 t만큼의 관세를 부과한 경우 국내 가격(P^d)은 국제가격보다 관세만큼 상승한다. 국내 가격이 상승하므로 공급량은 S^d로 증가하고, 수요량은 D^d로 감소한다. 따라서 관세 부과로 인해 수입량이 $D^d - S^d$로 감소한다.

㉠ 소비자잉여의 변화: 관세 부과에 따라 가격이 상승($P^w \rightarrow P^d$)하고 수요량이 감소하므로 소비자잉여는 감소한다. 소비자잉여의 감소분은 □BCJF만큼이다.

ⓛ **생산자잉여의 변화**: 관세 부과에 따라 생산자잉여는 △ABE에서 △ACI로 증가하여 생산자잉여의 증가분은 □BCIE만큼이다.

ⓒ **관세수입의 변화**: 일반적인 거래의 경우 관세수입이 존재하지 않지만, 관세를 부가한 경우 재정수입이 증가하므로 경제주체로서 정부가 얻는 잉여도 고려되어야 한다. 정부는 관세 부과 시 수입량이 $D^d - S^d$ 만큼이므로 □GIJH만큼의 재정수입이 발생한다.

ⓔ **총잉여의 변화**: 총잉여는 소비자잉여와 생산자잉여의 합이다. 따라서 각 변화분을 모두 더하면 총잉여의 변화분이 된다. 즉, -□BCJF + □BCIE + □GIJH는 -(△EIG + △HJF)만큼의 총잉여가 감소한다. 이처럼 사회적 효율성이 상실되는 측면으로부터 관세의 부과는 이로 인해 높은 가격에 구입해야 하는 소비자의 희생을 발판으로 생산자를 보호하기 위한 정책임을 알 수 있다.

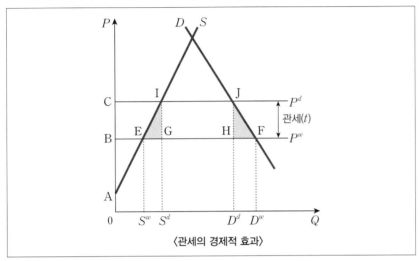

〈관세의 경제적 효과〉

(2) 수입할당제

① **개념**

수입할당제(quota)는 정부가 직접 수입량을 규제하는 무역정책이다. 관세가 가격을 변화시킨다면 수입할당제는 수량에 영향을 미친다. 일반적으로 수입업자에게 인증을 발행하는 방식으로 수입 물량을 조절한다. 수입할당은 수량에 영향을 미치지만, 수량을 제한할 경우 수입품의 국내 가격이 국제 가격보다 상승하여 국내 생산자들은 이득을 보게 되어 관세와 유사한 효과를 갖는다.

② **경제적 효과**

정부는 수입을 인위적으로 $\overline{IJ}$ 만큼 통제했다. 수입할당 전에 국제가격(P^w)에서 수요하고 공급하고 있던 상황에서 수입량은 $\overline{EF}$ 였다. 수입할당으로 인해 구하고자 하는 수입 물량($\overline{EF}$)에 미치는 못하는 양($\overline{IJ}$)이 수입되므로 수입품에 대한 초과수요가 발생하여 가격은 상승($P^w \rightarrow P^d$)한다.

⑦ **소비자잉여와 생산자잉여의 변화**: 수입할당으로 인해 소비자잉여의 감소분은 □BCJF 만큼이고, 생산자잉여의 증가분은 □BCIE + □GIJH만큼이다. 수입할당이 관세 부과와 다른 점은 정부의 재정수입이 존재하지 않는다는 점이다. 수입가격과 국내 판매가격의 차이에 다른 이득(□GIJH)은 정부가 아닌 수입업자에게 귀속된다. 이는 정부의 인위적인 수량 제한으로 인해 발생하여 지대(rent)의 성격을 갖기 때문에 '수량할당지대(quota rents)'라고도 한다.

ⓒ 총잉여의 변화: 총잉여는 소비자잉여와 생산자잉여의 합이므로 총잉여의 변화는 소
비자잉여의 변화분과 생산자잉여의 변화분의 합으로 나타난다. 즉, $-\square$BCJF $+$
($\square$BCIE $+ \square$GIJH)이다. 결국 총잉여는 $\triangle$EIG $+ \triangle$HJF만큼 감소한다.

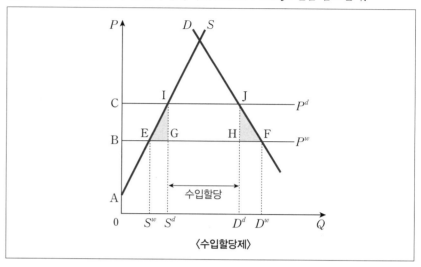

〈수입할당제〉

(3) 수출자율규제

① 개념

수출자율규제(VER: Voluntary Export Restriction)는 수입하는 나라의 정부가 수출하
는 국가의 정보 혹은 기업에게 압력을 가해 자율적으로 수출 물량을 줄이도록 유도하는
정책이다. 국제기관의 간섭을 피할 수 있기 때문에 미국과 같은 선진국이 주로 사용한
다. 수출자율규제의 경제적 효과는 수입할당제와 동일하다.

② 경제적 효과

수출자율규제는 경제적 효과 측면에서 수입할당제와 동일하다. 다만, 수입할당과 달리
수출자율규제는 외국에서 수출량을 줄이는 대신에 가격을 올려 받을 수 있기 때문에 수
입할당제하에서 자국 기업에게 귀속되었던 부분, 즉 $\square$GIJH만큼의 수량할당지대가 외
국의 수출업자에게 귀속된다. 따라서 다른 효과가 동일하다면 수출자율규제는 수입할당
제보다 불리하다. 하지만 선진국의 경우 국제기구의 간섭없이 자신들이 의도한 바를 시
행할 수 있기 때문에 수출자율규제를 자주 사용한다.

NEWS

농산물은 대표적으로 국가 간에 비교 우위에 따른 교역이 이루어지는 분야이다. 문제는 식량 가격이 전반적으로 상승했을 때이다. 각국이 비교 우위가 있는 농산물에 특화하여 교역을 통해 이득을 얻는 상황은 농산물 공급의 지역 편재를 의미하기도 한다. 따라서 공급의 부족으로 농산물 가격이 오르게 되면 식량의 무기화 가능성도 배제할 수 없게 된다. 비교 우위는 기본적으로 양국 모두의 이익에 필요하지만, 시장 외의 다른 요인이 결부될 경우 경제적 장점이 퇴색되기도 한다.

'스벅 부담인데 인스턴트 마실까' …
커피값 상승 원인 알고보니

먹거리 물가가 꾸준히 우상향하면서 소비자들의 시름이 커지고 있다. 물류비 상승과 인건비 부담 등이 커지면서 복합적으로 물가를 끌어올린 와중에 '이상 기후'란 복병이 작용했다는 분석이 나온다.

유엔 식량농업기구(FAO)가 발표한 2022년 1월 세계식량가격지수는 전월보다 1.1% 오른 135.7포인트로 집계됐다. 뉴욕타임스(NYT)에 따르면 이는 식량 가격 상승이 도화선이 돼 북아프리카 튀니지부터 예멘까지 확대된 민주화 운동 '아랍의 봄' 사태가 일어난 2011년 이후 최고치이다.

지수 산출 주요 품목 중 설탕을 제외한 모든 품목의 가격지수가 상승했다. 특히, 2022년 1월 식물성 기름의 경우 전월보다 7.4포인트 상승해 1990년 집계 이후 최고치를 찍었다.

옥수수와 밀 등 주요 농산물 생산국인 미국과 아르헨티나, 브라질, 러시아, 우크라이나 등에서 2021년 가뭄 등 이상 기후 현상이 이어지면서 이 같은 가격 상승에 일조했다는 게 한국농촌경제연구원의 분석이다. 2021년부터 남미의 라니냐(적도 지역에서 저수온 현상이 5개월 이상 일어난 데 따른 이상 현상) 발생 여파로 콩, 옥수수 등 곡물 가격 상승 요인이 발생했다. 일례로 커피 원두의 경우 브라질에 2021년 7월 서리가 내린 탓에 아라비카 원두 가격이 76% 치솟았다. 큰 홍수가 발생한 벨기에산 감자 가격이 180% 뛰었고, 이상 고온 현상이 나타난 캐나다산 완두콩 가격도 85% 상승했다.

스웨덴 스톡홀름 환경연구소는 보고서에서 단기적으로 나타난 이상 기후 현상과 장기적인 기후변화 흐름이 농업에 악영향을 미칠 영향을 우려했다. 연구소는 "기회보다 리스크가 몇 배는 더 큰 상황"이라고 진단했다.

일각에서는 최근 식량 가격 급등 속 무기화 가능성을 배제할 수 없는 만큼 식량 안보 전쟁을 고민해야 하는 시점이 됐다는 지적도 나온다. 원자재 가격이 계속 상승하면 치우쳐 분포하는 편재성을 기반으로 원자재를 무기화해 국가의 이해관계를 다투는 데 필요한 위력으로 활용할 가능성이 있다는 진단이다.

01 난이도 ■□□□

A국과 B국에서 컴퓨터와 유리컵을 1단위 생산하는 데 소요되는 노동력이 다음과 같다고 하자. B국은 어떤 재화의 생산에 비교 우위가 있는가?

구분	A국	B국
컴퓨터(단위당)	60명	300명
유리컵(단위당)	40명	80명

① 컴퓨터
② 유리컵
③ 컴퓨터와 유리컵
④ 두 재화 모두 비교 우위에 있지 않다.
⑤ 위 자료로 알 수 없다.

| 해설 | 컴퓨터 1단위 생산의 기회비용은 A국의 경우 유리컵 $\frac{60}{40}$단위이고, B국의 경우 유리컵 $\frac{300}{80}$단위이다. 유리컵 1단위 생산의 기회비용은 A국의 경우 컴퓨터 $\frac{40}{60}$단위이고, B국의 경우 컴퓨터 $\frac{80}{300}$단위이다. 따라서 A국은 컴퓨터 생산에, B국은 유리컵 생산에 비교 우위가 있다.

관련 이론 짚어보기

- **비교 우위**: 어떤 한 재화를 다른 국가에 비해 상대적으로 저렴하게 생산할 수 있는 경우를 의미한다.
- **절대 우위**: 상대적 투입비용이 아닌 절대적 투입비용으로 우위 여부를 판단한다.

02 난이도 ■■■□

[제60회 기출]

다음 자료에 관한 보기의 설명 중 옳은 것은? (단, 단위당 노동 투입량은 각 재화를 한 단위 생산하기 위해 투입하는 노동시간이다.)

단위당 노동 투입량(시간)

구분	직물(m²)	자동차(대)
A국	25	10
B국	30	40

① A국은 직물 생산에 비교 우위가 있다.
② A국은 자동차 생산에 비교 우위가 있다.
③ B국은 두 재화 모두에 비교 우위가 있다.
④ B국은 자동차 생산에 비교 우위가 있다.
⑤ 어느 국가도 비교 우위를 갖지 않는다.

| 해설 | • 직물$_A$: 자동차$_A$ = 25 : 10 → 25자동차$_A$ = 10직물$_A$
→ 자동차$_A$ = $\frac{2}{5}$직물$_A$

• 직물$_B$: 자동차$_B$ = 30 : 40 → 30자동차$_B$ = 40직물$_B$ → 자동차$_B$ = $\frac{4}{3}$직물$_B$

자동차 한 대 생산을 위해 포기해야 하는 직물의 양은 A국이 B국보다 적다. 따라서 A국은 자동차 생산에 비교 우위가 있고, B국은 직물 생산에 비교 우위가 있다.

정답 **01** ② | **02** ②

03
난이도 ■□□

남편은 식사를 준비하는 데 3시간이 걸리고 설거지를 하는 데 1시간이 걸린다. 부인은 식사를 준비하는 데 1시간이 걸리고 설거지를 하는 데 30분이 걸린다. 이에 대한 옳은 설명을 〈보기〉에서 고르면?

─〈보기〉─
㉠ 남편은 설거지를 하는 데 비교 우위가 있다.
㉡ 남편은 설거지를 하는 데 절대 우위가 있다.
㉢ 부인은 설거지를 하는 데 비교 우위가 있다.
㉣ 부인은 설거지를 하는 데 절대 우위가 있다.
㉤ 남편은 식사를 준비하고 부인은 설거지를 하는 것이 효율적이다.

① ㉠, ㉡
② ㉠, ㉢
③ ㉠, ㉣
④ ㉢, ㉣
⑤ ㉢, ㉤

| **해설** | 부인과 남편이 식사준비에 걸리는 시간비는 1 : 3이고, 설거지에 투입되는 시간비는 0.5 : 1이므로 부인은 식사준비와 설거지 모두에서 절대 우위를 갖는다(㉣). 부인은 남편에 비해 1/3배의 시간으로 식사준비를 할 수 있는 반면, 설거지는 0.5배의 시간이 소요된다. 따라서 부인은 식사준비에 비교 우위를, 남편은 설거지에 비교 우위를 갖기 때문에 각자 비교 우위에 있는 작업을 하는 것이 효율적이다(㉠).

| **오답피하기** | ㉡ 남편은 설거지하는 데 부인보다 30분이 더 걸리기 때문에 설거지에 절대 열위가 있다.
㉢ 남편의 경우 '식사 : 설거지 = 3 : 1', 부인의 경우 '식사 : 설거지 = 1 : 0.5'이다. 즉, 남편의 경우 식사준비는 설거지의 3배가 걸리고, 부인의 경우 식사준비는 설거지의 2배가 걸린다. 따라서 부인은 식사준비에 비교 우위가, 남편은 설거지에 비교 우위가 있다.
㉤ 비교 우위에 맞게 서비스를 생산하여 교환하는 것이 모두에게 이득이 된다. 남편은 설거지를, 부인은 식사준비를 하는 것이 효율적이다.

04
난이도 ■■□

[제61회 기출]

리카도의 비교 우위론에 대한 다음 설명 중 옳지 않은 것을 고르시오.

① 비교 우위론에 따르면 국가 간 무역은 생산요소의 상대가격이 완전히 동일해질 때까지 계속 이루어진다.
② 비교 우위론에 의하면 어떤 산업에 특화가 이루어지면서 국가 간 무역이 발생하게 된다.
③ 비교 우위론에서는 비교 우위의 원인이 되는 노동생산성 차이가 발생하는 원인을 설명할 수 없다.
④ 같은 재화를 다른 경제주체에 비해 더 적은 기회비용으로 생산할 수 있는 능력이 있으면 해당 재화 생산에 비교 우위가 있다고 한다.
⑤ 비교 우위에 따라 각각 상품에 특화하여 교환하면 경제주체들 모두가 분업 이전보다 더 많거나 같은 수준만큼 소비할 수 있다.

| **해설** | '헥셔–올린 이론'은 리카도의 비교 우위론에 생산요소 변수를 추가한 이론으로 국가마다 자원부존량이 달라 자본이 풍부한 국가는 자본집약재를, 노동이 풍부한 국가는 노동집약재를 수출한다는 이론이다. 이러한 교역은 생산요소의 상대가격이 동일할 때까지 이어진다고 설명한다.

| **오답피하기** | ② 비교 우위가 존재하는 산업에 특화하여 양국이 교역할 경우 두 국가 모두의 이익이 높아진다는 이론이 비교 우위론이다.
③ 비교 우위론은 노동가치설에 기반한다. 노동가치설은 생산요소는 노동이 유일하며 노동의 질은 모두 동일하다고 가정한다. 따라서 상품의 가치에 영향을 미치는 요인은 노동의 투입 규모가 된다.
④ 비교 우위의 개념은 더 적은 기회비용을 의미한다. 즉 더 적은 대가로 생산하는 경우를 비교 우위에 있다고 한다.
⑤ 비교 우위가 존재하는 산업 생산에 특화할 경우 자원배분의 효율성을 높여 분업 이전보다 더 많은 생산량을 경험할 수 있다.

PART 03
국제경제

05 난이도 ■□□

다음은 갑국과 을국의 생산가능곡선을 나타낸 것이다. 이에 대한 옳은 설명을 〈보기〉에서 모두 고르면? (단, 생산요소는 노동 하나뿐이고, 양국에서 투입 가능한 노동의 양은 동일하다고 가정한다.)

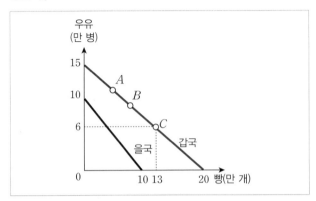

〈보기〉

㉠ 갑국은 을국에 비해 두 재화 모두 생산비가 저렴하다.
㉡ 갑국이 을국보다 우유 한 병에 대한 기회비용이 크다.
㉢ 갑국은 양국 간의 교역조건이 빵 5개에 우유 4병일 경우에는 무역에 응하지 않을 것이다.
㉣ 갑국이 생산조합을 A점에서 B점으로 이동하는 경우, 빵 1개 추가 생산에 따른 기회비용은 일정하다.

① ㉠, ㉡
② ㉢, ㉣
③ ㉠, ㉡, ㉢
④ ㉠, ㉡, ㉣
⑤ ㉡, ㉢, ㉣

| 오답피하기 | ㉢ 빵 1개 생산의 기회비용은 갑국의 경우 우유 $\frac{15}{20}$병이고, 을국의 경우 우유 1병이다. 교역을 통해 양국이 모두 이득을 누려야 하므로 교역조건은 양국의 기회비용 사이에 위치해야 한다. 즉, '우유 $\frac{15}{20}$병＜빵 1개＜우유 1병'에서 거래될 때 양국은 모두 이득을 얻을 수 있다. 교역조건이 빵 5개에 우유 4병인 경우 빵 1개 생산에 우유 $\frac{4}{5}$병의 기회비용이 발생한 것으로 양국은 모두 교역에 응할 것이다.

관련 이론 짚어보기

생산가능곡선: 한 국가 내에 존재하는 모든 자원을 최대한으로 사용하여 달성할 수 있는 생산량을 의미한다.

06 난이도 ■□□

유일한 생산요소인 노동 90단위를 가지고 있는 국가를 가정해 보자. 이 국가는 치즈와 포도주를 생산할 수 있는데, 1kg의 치즈와 1리터의 포도주를 생산하기 위해 각각 2단위와 3단위의 노동량이 필요하다. 이와 관련한 설명으로 옳지 않은 것은?

① 치즈의 최대 생산가능량은 45kg이다.
② 치즈로 표시한 포도주의 기회비용은 3/2이다.
③ 생산가능곡선은 우하향하는 직선의 형태로 나타난다.
④ 노동의 부존량이 변화하더라도 이 국가가 비교 우위를 갖는 재화는 바뀌지 않는다.
⑤ 세계시장에서 치즈로 표시한 포도주의 상대가격이 2/3라면, 이 국가는 포도주의 생산에 완전 특화한다.

| 해설 | 노동 90단위를 가지고 만들 수 있는 최대 치즈량은 45kg이고, 최대 포도주량은 30리터이다. 따라서 치즈로 표시한 포도주의 기회비용은 3/2(45/30)가 된다. 만약 세계시장에서 치즈로 표시한 포도주의 상대가격이 2/3라면 이 국가는 치즈에 비교 우위가 있는 것이므로 치즈 생산에 특화하여 치즈를 수출하고 포도주를 수입한다. 한편, 비교 우위는 재화 간 상대가격이므로 노동부존량과 무관하다.

07 난이도 ■□□

[제77회 기출]

무역을 허용하지 않았던 국가가 외국과의 무역을 개방함에 따라 예상되는 결과가 아닌 것은?

① 무역을 통해 얻는 이익은 모든 경제주체에게 돌아간다.
② 국가 간 생산성에 크게 차이가 나더라도 무역이 이루어질 수 있다.
③ 경쟁력을 갖추지 못한 기업이나 산업은 해당 시장에서 퇴출당할 수 있다.
④ 국내 독과점기업이 지니는 문제를 해외 무역으로 개선할 수도 있다.
⑤ 비교 열위에 있는 상품을 덜 생산하는 대신 비교 우위에 있는 상품을 더 생산해 수출함으로써 자원이 더 효율적으로 사용된다.

| 해설 | 무역은 각국이 비교 우위에 있는 상품 생산에 특화해 주고받음으로써 경제적 효율성을 극대화할 수 있다. 무역을 통해 얻은 이익이 모든 경제주체에게 돌아가는 것은 아니다.

| 오답피하기 | ② 생산성의 차이에도 불구하고 비교 우위를 통해 무역이 이루어질 수 있다.
③ 무역을 통한 경쟁은 경쟁력이 부족한 기업의 퇴출로 이어질 수 있다.
④ 독과점의 문제를 무역을 통한 경쟁 촉진으로 해결할 수 있다.
⑤ 비교 우위가 있는 상품 생산에 특화하여 양국 모두가 이득을 얻을 수 있으므로 자원배분에 효율적이다.

08 난이도 ■□□

A국은 B국에 비해 대규모의 무역수지 흑자를 기록하고 있다. A국은 무역수지 흑자폭을 줄여 무역수지 개선압력에서 벗어나고자 한다. 무역수지 흑자폭을 줄일 수 있는 방법으로 적절하지 않은 것은?

① B국에 공장을 설립하여 현지 생산하여 판매한다.
② 정부조달 물품을 무역상대국으로부터 대량 구입한다.
③ 무역수지 흑자를 이용하여 상대국의 부동산을 대량으로 구입한다.
④ B국에 대한 수출은 자제하는 대신 C국에 대한 수출을 증대시킨다.
⑤ C국에서 수입하던 원자재 대신 B국에서 생산되는 원자재 수입으로 대체한다.

| 해설 | A국의 무역수지 흑자폭을 줄이기 위해서는 환율의 하락이 동반되어야 한다. 환율이 하락해야 B국에서 팔리는 A국 상품의 가격이 높아져 무역수지가 감소할 수 있다. A국이 B국의 부동산을 대량으로 구입할 경우 외환수요가 증가한다. 이 경우 외환수요곡선이 우측으로 이동하므로 환율이 상승한다. 환율의 상승으로 수출의 가격경쟁력이 높아진다.

| 오답피하기 | ① B국에 공장을 설립할 경우 A국에서 B국으로의 수출이 발생하지 않으므로 무역수지 흑자폭을 줄일 수 있다.
② 정부조달 물품을 상대국으로부터 대량 구입할 경우 수입이 증가하여 무역수지 흑자폭이 감소한다.
④ B국 수출을 C국으로 대체할 경우 수출이 감소하여 B국과의 무역수지 흑자폭이 감소한다.
⑤ B국으로부터의 원자재 수입 증가는 수출의 크기를 상쇄시키므로 무역수지 흑자폭이 감소한다.

09 난이도 ■□□

한국과 미국 간에 자유무역협정이 체결되어 무역자유화가 크게 확대되었다고 가정하자. 미국은 한국보다 자본이 풍부한 반면, 한국은 미국보다 노동이 풍부하다. 이와 같은 무역자유화가 한국의 자본가와 노동자 간의 소득분배에 미치는 영향으로 옳은 것을 〈보기〉에서 모두 고르면?

〈보기〉
㉠ 자유무역이 이루어지면 각국의 요소부존량에 관계없이 요소소득이 증가한다.
㉡ 한국과 미국의 자유무역으로 인해 한국 내에서 노동자와 자본가의 소득격차는 감소한다.
㉢ 한국과 미국의 자유무역으로 인해 미국 내에서 노동자와 자본가의 소득격차는 증가한다.

① ㉠
② ㉡
③ ㉠, ㉡
④ ㉡, ㉢
⑤ ㉠, ㉢

| 해설 | 자유무역이 이루어지면 각국에서는 자유무역이 이루어지지 않을 때에 비해 풍부한 요소의 소득은 증가하고, 희소한 요소의 소득은 감소한다.
㉡ 노동이 풍부한 한국에서 노동소득은 증가하고 자본소득은 감소하여 이전에 비해 소득격차가 감소한다.
㉢ 자본이 풍부한 미국에서 자본소득은 증가하고 노동소득은 감소하여 이전에 비해 소득격차가 증가한다.

| 오답피하기 | ㉠ 무역이 이루어진 이후에는 요소부존량에 따라 요소소득이 높아진다. 무역으로 얻은 풍부한 요소를 활용하여 상품을 생산하는 사람은 실질소득이 증가하고, 부족한 요소를 활용하여 생산하는 사람은 실질소득이 감소하는 현상을 '스톨퍼-새뮤얼슨 정리'라고 한다.

10 난이도 ■■□

A국과 B국이 소고기와 포도주를 생산하는 데 들어가는 단위당 노동투입량이 다음과 같다. 양국이 교역을 할 때 일어나는 교역 현상으로 옳은 것을 〈보기〉에서 고르면?

(단위: 명)

구분	소고기	포도주
A국	5	10
B국	20	30

〈보기〉
㉠ A국은 소고기를 수출하고, B국은 포도주를 수출한다.
㉡ A국은 포도주를 수출하고, B국은 소고기를 수출한다.
㉢ 대외교역조건은 소고기 1단위당 포도주 $\frac{1}{2}$단위와 $\frac{2}{3}$단위 사이에서 결정된다.
㉣ 대외교역조건은 소고기 1단위당 포도주 $\frac{3}{2}$단위와 2단위 사이에서 결정된다.

① ㉠, ㉡
② ㉠, ㉢
③ ㉠, ㉣
④ ㉡, ㉢
⑤ ㉡, ㉣

| 해설 | 소고기 1단위 생산의 기회비용은 A국의 경우 포도주 $\frac{5}{10}$단위이고, B국의 경우 포도주 $\frac{20}{30}$단위이다. 포도주 1단위 생산의 기회비용은 A국의 경우 소고기 2단위이고, B국의 경우 소고기 $\frac{30}{20}$단위이다. 따라서 A국은 소고기 생산에, B국은 포도주 생산에 비교 우위가 있으므로 A국은 소고기를 수출하고, B국은 포도주를 수출한다. A국과 B국은 '포도주 $\frac{5}{10}$단위<소고기 1단위<포도주 $\frac{20}{30}$단위'의 교역조건으로 모두 이득을 얻을 수 있다.

11 난이도 ■□□

우리나라에서 보호무역주의 기조의 부활로 A국에서 수입하던 포도의 관세를 높이기 시작했다고 가정할 때, 이러한 상황에 대한 설명으로 옳은 것은?

① 국산 포도의 공급 감소
② 국내 포도농가의 이윤 감소
③ 국내 포도농가의 생산자잉여의 감소
④ 국내 포도 판매량 증가와 가격 하락
⑤ 포도가격 상승과 소비자잉여의 감소

| 해설 | 자유무역협정의 체결로 A국의 포도를 수입하고 있었다는 점은 포도 생산의 비교 우위가 A국에 있었음을 의미한다. 이후 A국 포도에 부과했던 관세가 높아지면 우리나라에 A국 포도의 가격은 상승하고 우리나라 포도의 경쟁력이 높아지게 된다. 따라서 전반적인 포도가격은 상승하고, 이로 인한 소비자잉여가 감소하게 된다.

| 오답피하기 | ① 우리나라 포도의 경쟁력 상승은 국산 포도의 공급 증가를 야기한다.
② A국 포도에 대한 관세 부과로 인해 국내 포도농가의 이윤은 증가한다.
③ A국 포도의 관세 부과로 인해 우리나라 포도의 경쟁력이 높아졌으므로 국내 포도농가의 생산자잉여는 증가한다.
④ 국내 포도 판매량은 증가하고 가격은 상승한다.

12 난이도 ■□□

교역조건에 대한 설명으로 옳지 않은 것은?

① 자국의 화폐가 평가절하되면 교역조건은 악화된다.
② 교역조건이 악화되면 반드시 국제수지가 악화된다.
③ 교역조건이란 한 단위의 수출상품과 수입상품이 교환되는 비율을 의미한다.
④ 이론적으로 교역조건은 상품의 수출입뿐만 아니라 서비스 거래까지 포함한다.
⑤ 한 국가의 수출상품 1단위와 교환될 수 있는 수입품의 양이 증가하면 교역조건은 개선된 것이다.

| 해설 | 교역조건이란 수입품 1원당 교환되는 수출품의 비율을 의미한다 $\left(\dfrac{P_X}{P_M}\right)$. 이 경우 교역조건이 악화되었다고 해서 반드시 국제수지가 악화되는 것은 아니다. 교역조건이 악화되어도 수입이 탄력적으로 감소하고 수출이 탄력적으로 증가될 경우 국제수지는 개선된다.

| 오답피하기 | ① 자국화폐의 평가절하는 명목환율의 상승이다. 이로 인해 수출 가격은 낮아지고 수입 가격은 높아진다. 교역조건은 수출가격을 수입가격으로 나누어 도출되므로 이 경우 교역조건은 악화된다.
③ 교역조건은 수출물가를 수입물가로 나누어 계산한다.
④ 교역조건의 대상은 재화와 서비스 모두를 포함한다.
⑤ 교역조건이 개선된다는 의미는 수출상품 1단위와 교환될 수 있는 수입품의 양이 증가한다는 것을 의미한다.

정답 11 ⑤ **| 12** ②

13 난이도 ■□□

다음 자료는 X재와 Y재 1개 생산에 필요한 노동력을 나타낸다. 이에 대한 옳은 분석을 〈보기〉에서 고르면?

(단위: 명)

구분	갑국	을국
X재(개당)	5	3
Y재(개당)	8	4

〈보기〉

㉠ 갑국은 X재 생산에 비교 우위를 가진다.
㉡ 교역 전 갑국에서는 X재 5개와 Y재 8개가 교환되었다.
㉢ X재와 Y재의 교환비율이 4 : 3이면 갑국만 이익을 얻는다.
㉣ 교역조건이 1 : 1이면 양국 모두 이익을 얻는다.

① ㉠, ㉡
② ㉠, ㉢
③ ㉡, ㉢
④ ㉡, ㉣
⑤ ㉢, ㉣

| 해설 | 갑국의 경우 X재 1개 생산에 따른 기회비용은 Y재 $\frac{5}{8}$개이다.

을국의 경우 X재 1개 생산에 따른 기회비용은 Y재 $\frac{3}{4}$개이다. 따라서 갑국은 X재 생산에, 을국은 Y재 생산에 비교 우위가 있음을 알 수 있다(㉠). 한편, X재와 Y재의 4 : 3 교환비율은 교역이 발생하기 전 을국 내에서 이루어지던 교환비율이다. 갑국의 경우 국내 교환비율이 4 : 2.5이므로 교역조건이 4 : 3이면 갑국만 이익이 발생한다(㉢).

| 오답피하기 | ㉡ 교역 전 갑국에서는 Y재 생산이 X재 생산에 비해 1.6배가 더 들었다. 따라서 X재 8개와 Y재 5개가 교환되었다.

㉣ 양국이 모두 이득을 얻는 교환은 X재 1개와 Y재 $\frac{5}{8}$개～$\frac{3}{4}$개가 교환될 때이다. X재 1개와 교환되는 비율이 갑국에서는 Y재 $\frac{5}{8}$개이고, 을국에서는 Y재 $\frac{3}{4}$개이기 때문이다.

14 난이도 ■■■

A국은 자국의 노동력을 활용하여 X재 또는 Y재를 각각 최대 100단위와 50단위 생산할 수 있으며, B국은 자국의 노동력을 활용해 최대 60단위의 X재 또는 100단위의 Y재를 생산할 수 있다. 두 나라가 각각 비교 우위에 있는 상품에 특화에 생산한 후 교역한 이후 A국은 X재 60단위와 Y재 40단위를 소비하게 되었다. 이때 교역 후 B국의 X재와 Y재의 소비량은 각각 얼마인가? (두 나라는 모두 재화 한 단위 생산하는 데 필요한 노동력은 모든 생산량 수준에서 일정하다.)

① 32, 70
② 40, 60
③ 50, 50
④ 60, 40
⑤ 70, 30

| 해설 | 비교 우위론의 기본가정은 노동가치설이므로, 상품의 가격은 투입된 노동투입량에 비례한다. 따라서 A국과 B국의 X재와 Y재의 상대가격비는 각각 $\left(\frac{P_X}{P_Y}\right)_A = \frac{1}{2}$, $\left(\frac{P_X}{P_Y}\right)_B = \frac{5}{3}$임을 알 수 있다. 따라서 A국은 X재 생산에, B국은 Y재 생산에 비교 우위가 있다. A국이 X재 생산에 특화하여 100단위를 생산하고, B국이 Y재 생산에 특화하여 100단위를 생산하여 서로 교역하면 양국의 이익이 증진된다. 교역 결과 A국이 X재 60단위, Y재 40단위를 소비하게 되었으므로 B국은 X재와 Y재를 각각 40단위(100 − 60)와 60(100 − 40)단위를 소비함을 알 수 있다.

15 난이도 ▪▪▪ [53회 기출]

아래의 표를 설명한 다음 보기 중 틀린 것을 고르면?

구분	시간당 파이 생산량	시간당 피자 생산량
수잔	3개	4판
톰	4개	5판

① 수잔이 파이를 1개 생산하는 데에 대한 기회비용은 피자 $\frac{3}{4}$ 판이다.

② 톰이 파이 생산과 피자 생산 모두에 절대 우위를 갖는다.

③ 수잔이 피자 생산에, 톰이 파이 생산에 비교 우위를 갖는다.

④ 톰이 피자를 1판 생산하는 데에 대한 기회비용은 파이 $\frac{4}{5}$ 개이다.

⑤ 각자 비교 우위가 있는 것만을 시간제약을 두고 생산할 경우, 수잔과 톰이 각자 파이와 피자를 모두 생산할 경우에 비해 더 많은 파이와 피자가 생산된다.

| 해설 | 제시된 자료를 통해 수잔과 톰의 파이 1개와 피자 1판당 노동투입량을 나타내면 다음과 같다.

구분	파이 1개당 노동투입량	피자 1판당 노동투입량
수잔	$\frac{1}{3}$명	$\frac{1}{4}$명
톰	$\frac{1}{4}$명	$\frac{1}{5}$명

수잔의 경우 파이:피자 $= \frac{1}{3} : \frac{1}{4}$의 생산비를 갖는다. 즉, $\frac{1}{3}$피자 $= \frac{1}{4}$파이이 므로 파이 1개 생산의 기회비용은 피자 $\frac{4}{3}$판이다.

| 오답피하기 | ② 톰은 수잔보다 파이와 피자 모두를 저렴하게 생산할 수 있으므로 파이와 피자 생산 모두에 절대 우위를 갖는다.

③ 수잔의 경우 파이 1개 생산의 기회비용은 피자 $\frac{4}{3}$판이다. 톰의 경우 생산비는 파이 : 피자 $= \frac{1}{4} : \frac{1}{5}$이므로 $\frac{1}{4}$피자 $= \frac{1}{5}$파이이다. 이는 파이 1개의 기회비용이 피자 $\frac{5}{4}$판임을 의미한다. 따라서 수잔이 피자 생산에 비교 우위가, 톰은 파이 생산에 비교 우위가 있다.

④ 톰의 경우 피자 1판 생산의 기회비용은 파이 $\frac{4}{5}$개이다.

⑤ 각각 비교 우위가 있는 상품 생산에 특화하여 교환하면 더 많은 생산이 가능하다.

📈 S등급 고난도 문제

다음은 A국과 B국의 생산가능곡선이다. 이에 대한 분석으로 옳지 않은 것은? (단, 양국의 생산요소 투입량은 동일하다.)

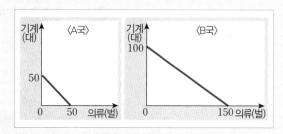

① B국은 A국에 비해 노동생산성이 높다.

② A국은 기계 생산에 비교 우위가 있다.

③ B국에서는 의류 1벌 생산의 기회비용이 기계 2/3대이다.

④ 양국 간 기계와 의류의 교환비율은 1 : 1 ~ 1 : 1.5 사이에서 결정된다.

⑤ B국의 최대 생산 가능한 의류가 120벌이라면 비교 우위 상품은 바뀔 것이다.

| 해설 | A국에서는 기계와 의류가 1:1로 교환되고 있으며, B국에서는 기계와 의류가 1:1.5로 교환되고 있다. 즉, A국에서는 기계 1대 생산의 기회비용이 의류 1벌인 반면, B국에서는 의류 1.5벌이다. B국의 최대 생산 가능 의류가 120벌인 경우 B국의 기계 생산에 대한 기회비용은 의류 1.2벌로, A국은 기계 생산에 비교 우위가 있다. 따라서 비교 우위 상품은 바뀌지 않는다.

| 오답피하기 | ① 노동생산성은 노동 1인당 생산량을 의미한다. 생산가능곡선에서 알 수 있듯이 동일한 노동투입에도 더 많은 생산이 B국에서 이루어지고 있으므로 노동생산성은 B국이 높다.

② A국은 기계 생산에, B국은 의류 생산에 비교 우위가 있다.

③ 의류 1벌 생산의 기회비용은 A국의 경우 기계 1대이며, B국의 경우 기계 $\frac{2}{3}$대이다.

④ 양국의 교환 시 비율은 교역 전 국내 교환 비율 사이에서 결정된다. 따라서 기계와 의류의 교환비율은 1 : 1~1 : 1.5 범위에서 결정된다.

정답 **15** ① | 고난도 정답 ⑤

CHAPTER 02 국제수지와 국제금융

제1절 국제수지 중요도 중

1 국제금융거래

국제금융거래는 국제무역과 국제자산거래로 구분할 수 있다.

(1) 국제무역

국가 간에 재화와 서비스를 수입하고 수출하는 것을 의미한다. 우리나라가 유럽에 핸드폰을 수출하거나, 항공사의 콜센터 업무를 위해 외국의 인력을 고용하는 것 등을 예로 들 수 있다.

(2) 국제자산거래

① 한 나라의 국민이 다른 나라의 국민과 실물 혹은 금융자산을 사고파는 것과 관련 있다. 우리나라 사람이 미국의 주식을 취득하거나, 우리나라 사람이 외국인에게 건물을 파는 행위들이 국제자산의 거래이다.

② 이 두 경우 모두 매개수단은 바로 '돈'이다. 따라서 국제무역과 국제자산거래는 조금 더 상세히 표현하자면, 우리나라의 재화와 서비스를 외국의 돈과 교환하는 거래 그리고 우리나라 국민들이 가지고 있는 실물 및 금융자산을 외국의 돈과 교환하는 거래를 각각 국제무역과 국제자산거래라고 할 수 있다. 따라서 이 두 가지를 국제금융거래라고 한다.

2 국제수지표(balance of payments statement)

국제수지는 우리나라의 거주자들과 외국의 거주자들 사이에 일어나는 모든 금융거래를 합한 것을 의미한다. 즉, 국제무역과 국제자산거래를 합한 것이다. 하지만 국제수지는 국제무역과 국제자산거래에 포함되지 않는 부분도 포함하고 있다. 바로 여행을 하면서 지출한 금액, 해외에 있는 가족들에게 송금한 금액, 해외의 주식취득으로 인해 받은 이자 혹은 배당금 등이다. 이러한 국제수지를 살펴보기 쉽게 기록한 표를 '국제수지표'라고 한다. 국제수지표는 국제수지의 명세서라고 이해하면 쉽다.

3 국제수지표의 구성

경상계정
국가 간의 재화와 서비스 거래를 표기한 계정

자본 및 금융계정
외국에 돈을 빌려주거나 외국으로부터 빚을 얻는 등 국가 간의 자금 이동을 기록한 계정

국제수지표는 크게 경상계정과 자본 및 금융계정으로 구분된다. 이 외에도 '오차 및 누락'이라는 항목이 있다. 이는 단순한 통계상의 불일치를 조정해 주는 역할을 담당한다. 우리나라의 경우 국제수지표를 한국은행에서 작성하며, 그 주기는 월 단위이다.

(1) 경상수지(계정)

경상수지 (경상계정)	상품수지	수출	상품의 수출입 수지
		수입	
	서비스수지	운송	승무원을 포함한 운송장비의 임대차
		여행	여행자가 해외 체류기간 동안 취득한 재화와 서비스(유학, 연수, 일반 여행 포함)
		통신서비스	전화 등 통신 서비스와 우편 및 배달 서비스
		보험서비스	수출입 상품에 대한 보험
		지식재산권 등	무형자산의 사용료
		사업서비스	상품 및 서비스 거래와 관련한 중개수수료, 승무원을 포함하지 않은 수송장비의 임대차
		정부서비스	정부와 비거주자 간의 서비스 거래
		기타	금융서비스, 컴퓨터 및 정보서비스, 오락서비스, 건설서비스 등
	본원소득수지	급료 및 임금	자국민이 해외에 단기(1년)로 취업하여 비거주자로부터 받은 보수와 국내에 단기(1년)로 취업한 외국인이 거주자로부터 받은 보수의 차이
		투자소득	직접투자소득: 경영 참여 등 영속적인 이해관계를 목적으로 한 주식 및 채권투자(주식 및 채권투자의 배당과 이자)
			증권투자소득: 투자자본의 가치 증가, 이윤 획득을 목적으로 한 주식 및 채권투자(주식 및 채권투자의 배당과 이자)
			기타투자소득: 직접투자와 증권투자에 속하지 않는 대출/차입, 무역신용 등에 대한 이자의 수취 및 지급
	이전소득수지		대외송금, 식량 등 무상원조, 국제기구 출연금

① 상품수지

상품수지는 재화의 수출액과 수입액의 차이를 의미한다. 재화의 수출액을 '+'로, 수입액을 '−'로 표기하므로 상품수지가 양(+)의 값을 갖는 경우 수출이 수입보다 많다는 것을 나타낸다. 상품수지가 양(+)의 값인 경우 상품수지 흑자라고 하고, 상품수지가 음(−)의 값인 경우 상품수지 적자라고 한다.

② 서비스수지

서비스수지는 서비스의 수출로 인해 수취한 금액과 수입으로 인해 지급한 금액의 차이를 의미한다. 한국은행의 국제수지표에는 서비스수출을 '서비스수입'이라고 표기하고, 서비스수입을 '서비스지급'이라고 표현한다.

③ 본원소득수지

본원소득수지는 국내 거주자와 비거주자 간에 급료 및 임금 또는 투자의 대가로 받은 배당금이나 이자소득의 차액을 의미한다. 노동에 대한 대가와 자본투자에 대한 대가이기 때문에 서비스수지에 포함되어야 한다고 생각할 수도 있으나, 소득의 발생이라는 관점에서 본원소득수지에 기록한다.

④ 이전소득수지

이전소득수지란 거주자와 비거주자 간에 아무런 대가 없이 주고받은 거래의 차이를 의미한다. 이는 엄격한 의미에서 경제적 거래는 아니지만, 돈이 국경을 넘나들었다는 점에서 경상수지의 한 항목으로 기록한다. 국제기구 출연금, 대외송금, 식량 등 무상원조 등이 이에 해당한다.

(2) 자본 및 금융계정

자본수지 (자본계정)	자본이전	해외 이주비나 채무면제
	비생산·비금융자산	토지, 지하자원 등 비생산 유형자산 취득 및 처분
금융계정	직접투자	• 경영 참여 등 영속적인 이익을 위한 대외투자 • 해외 부동산 취득(별장, 주택) • 주식 구입이나 자금 대여
	증권투자	투자자본의 가치 증가 또는 이윤 획득만을 목적으로 한 대외투자
	파생금융상품	파생금융상품 거래에서 발생한 손익
	기타투자	현금 거래, 무역신용 등
	준비자산	중앙은행의 대외자산

① 자본수지(자본계정)

자본수지는 자본이전과 비생산·비금융자산으로 구분된다.

㉠ **자본이전**: 해외 이주비, 채무면제가 포함된다.

㉡ **비생산·비금융자산**: 토지, 지하자원 등 비생산 유형자산을 취득하고 처분한 것이 포함된다.

② 금융계정

금융계정은 직접투자, 증권투자, 파생금융상품, 기타투자 및 준비자산으로 구성된다.

㉠ **직접투자**: 이윤을 얻기 위해 다른 나라에서 직접 생산활동을 수행하는 것을 의미한다.

㉡ **증권투자**: 투자수익을 얻기 위한 목적으로 우리나라 사람이 외국의 주식이나 채권에 투자하는 것을 의미한다. 우리나라 사람이 외국의 금융자산을 취득한 금액에서 외국인이 우리나라 금융자산을 취득한 금액의 차이로 계산된다.

㉢ **파생금융상품**: 파생금융상품의 거래로 인해 발생한 손익을 의미한다.

㉣ **기타투자**: 대출 및 차입, 현금 및 예금 등의 금융거래를 의미한다.

㉤ **준비자산**: 국제수지의 불균형이 발생한 경우 중앙은행이 이를 조정하기 위해 사용할 수 있는 대외자산의 증감을 의미한다.

4 국제수지표의 세부 구성 항목

Ⅰ. 경상수지	Ⅱ. 자본수지	Ⅳ. 오차 및 누락

Ⅰ. 경상수지

1. 상품수지
   - 일반상품
   - 중계무역순수출
   - 비화폐용금

2. 서비스수지
   - 가공서비스
   - 운송
   - 여행
   - 건설
   - 보험서비스
   - 금융서비스
   - 통신, 컴퓨터, 정보서비스
   - 지식재산권사용료
   - 유지보수서비스
   - 기타사업서비스
     - 연구개발서비스
     - 전문, 경영컨설팅서비스
     - 기술, 무역, 기타사업서비스
   - 개인, 문화, 여가서비스
   - 정부서비스

3. 본원소득수지
   - 급료 및 임금
   - 투자소득
     - 직접투자소득
     - 증권투자소득
     - 기타투자소득

4. 이전소득수지
   - 일반정부
   - 기타부문
     - 개인이전
     - 기타경상이전

Ⅱ. 자본수지

1. 자본이전

2. 비생산·비금융자산

Ⅲ. 금융계정

1. 직접투자
   - 직접투자(자산)
     - 주식
     - 수익재투자
     - 채무상품
   - 직접투자(부채)
     - 주식
     - 수익재투자
     - 채무상품

2. 증권투자
   - 증권투자(자산)
     - 주식
     - 부채성증권
   - 증권투자(부채)
     - 주식
     - 부채성증권

3. 파생금융상품
   - 파생금융상품(자산)
   - 파생금융상품(부채)

4. 기타투자
   - 기타투자(자산)
     - 무역신용
     - 대출
     - 현금 및 예금
     - 기타자산
     - 기타지분
   - 기타투자(부채)
     - 무역신용
     - 차입

5. 준비자산

Ⅳ. 오차 및 누락

기출로 확인하기 정답 및 해설

| 해설 | 경상수지는 상품수지, 서비스수지, 본원소득수지, 이전소득수지로 구성되어 있다. 해외 유학의 증가, 중국 기업으로부터의 특허료, 주식투자에 대한 배당금은 경상수지와 관련 있다. 이 중 해외 유학의 증가와 외국인에게 지급한 배당금의 증가는 경상수지의 악화 요인이다. 우리 기업이 받은 특허료는 경상수지의 흑자 요인이다. 주식의 매입과 자동차 공장 건설은 자본수지와 관련 있다.

정답 ④

기출로 확인하기   36회 기출변형

우리나라의 경상수지를 증가시키는 사례로 옳은 것은?

① 외국인이 우리나라 기업의 주식을 매입하였다.

② 우리나라 학생의 해외 유학이 증가하였다.

③ 미국 기업이 우리나라에 자동차 공장을 건설하였다.

④ 우리나라 기업이 중국 기업으로부터 특허료를 지급받았다.

⑤ 우리나라 기업이 외국인에게 주식투자에 대한 배당금을 지급하였다.

제2절 국제금융   중요도 상

1 환율(exchange rate)

(1) 개념

환율이란 국가 간 화폐의 교환비율을 의미한다. 즉, 외화에 대한 가격이라고 할 수 있다. 상품과 화폐를 교환하는 비율을 가격이라고 하듯이 외화 1단위를 얻기 위해 필요한 자국 화폐의 양이 바로 환율이다.

(2) 통화가치와 환율

① 개념

　㉠ 환율은 외화 1단위를 구입하기 위해 지불해야 하는 자국 화폐의 양이다. 따라서 자국 화폐의 가치가 하락하면 외화 1단위를 구입하기 위해 더 많은 자국 화폐가 필요하다.

　㉡ 연필 1개를 1,000원이면 구입할 수 있었는데, 인플레이션으로 인해 1,200원이 필요하다면 1원당 가치는 연필 $\frac{1}{1,000}$개에서 $\frac{1}{1,200}$개로 하락한 것과 같은 이치이다. 따라서 환율이 상승했다는 것은 우리나라 화폐의 가치가 하락했다는 의미이다. 1달러에 1,000원이었던 환율이 1,200원으로 증가한다면 이는 미국 화폐 1단위를 구입하기 위해 이전에는 1,000원이면 되었지만 이제는 1,200원이 필요하다는 것을 의미한다. 이는 원화 1원의 가치가 $\frac{1}{1,000}$달러에서 $\frac{1}{1,200}$달러로 하락했음을 의미한다. 따라서 원화의 화폐가치가 하락했음을 알 수 있다.

② 평가절상과 평가절하

　㉠ 평가절상(appreciation): 자국 통화 가치가 상승한 것을 의미한다. 이를 원화 1원의 가치가 $\frac{1}{1,200}$달러에서 $\frac{1}{1,000}$달러로 상승함을 의미한다. 이를 명목환율로 나타내면 1달러에 1,200원에서 1,000원으로 감소한 것으로 나타난다. 즉, 원/달러 환율의 하락은 원화 가치의 상승을 의미한다.

📝 **읽는 강의**

명목환율과 통화 가치는 반대로 움직입니다. 명목환율이 상승하는 경우 자국 통화 가치는 하락합니다. 이를 '평가절하'라고 합니다. 반면, 명목환율이 하락하는 경우 자국 통화 가치는 상승합니다. 이를 '평가절상'이라고 합니다.

ⓒ 평가절하(depreciation): 자국 통화 가치가 하락한 것을 의미한다. 원/달러 환율의 상
 승은 원화 가치의 하락을 의미한다.

2 환율의 결정

환율은 외환의 가격이다. 상품의 가격이 시장에서 수요와 공급에 의해 결정되듯이 환율 역시
외환시장에서 수요와 공급에 의해 결정된다.

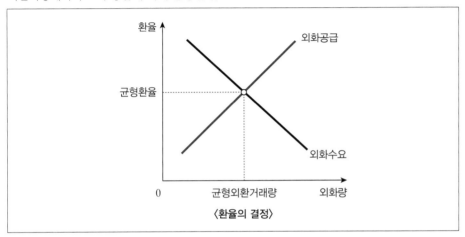

〈환율의 결정〉

(1) 외화의 수요와 공급

① 외화의 수요곡선

경제학에서 모든 수요곡선은 우하향의 형태를 갖는다. 외화의 수요곡선도 예외는 아니
다. 즉, 명목환율이 내려갈수록 달러화에 대한 수요를 늘린다는 의미이다. 1달러에
1,200원이었던 환율이 1,000원으로 하락한 경우 이전에는 원화 1,200원이 있어야 1달
러짜리 상품을 구입할 수 있었는데, 이제는 원화 1,000원만 있어도 1달러짜리 상품을
구입할 수 있게 되었다. 이에 따라 사람들은 더 많은 달러화를 보유하고자 한다. 따라서
환율이 낮아질수록 달러화에 대한 수요량이 증가하고, 이는 우하향하는 외화의 수요곡
선으로 나타난다.

② 외화의 공급곡선

경제학에서 많은 공급곡선은 우상향한다. 외환시장에서 공급곡선 역시 우상향의 형태를
갖는다. 1달러에 1,000원이었던 환율이 1,200원으로 상승한 경우 한국으로 여행하고자
하는 미국인 관광객은 이전에는 1달러로 1,000원짜리 상품을 구입할 수 있었는데, 이제
는 1달러로 1,200원짜리 상품을 구입할 수 있게 되었다. 이에 따라 더 많은 미국인 관광
객이 한국을 방문하고자 한다. 그러기 위해서는 미국인들은 원화가 필요하므로 외환시
장에는 달러화를 제공하고 원화를 가져가려는 사람들이 많아진다. 따라서 명목환율이
상승하면 우리나라 외환시장에서 달러화의 공급이 증가한다.

| **해설 |** ⓒ 자녀에게 학비 5,000달러를 송금하기 위해서는 외화를 구입해야 한다. 이에 따라 외화의 수요가 증가하여 환율이 상승한다.

ⓒ 외국으로부터 판매 대금 200만 달러가 유입되면 외화의 공급이 증가하여 환율이 하락한다.

⊙ 중국인 관광객의 1,000만 달러 지출로 인해 외화의 공급이 증가하여 환율이 하락한다.

ⓔ 외국인들의 주식 처분으로 인해 외화의 수요가 증가하여 환율이 상승한다.

정답 ③

다음 국제거래가 원/달러 환율에 미친 영향으로 옳은 것을 〈보기〉에서 고르면?

> A: 중국인 관광객이 제주도에서 1,000만 달러를 지출했다.
> B: 내국인이 외국에서 유학하고 있는 자녀에게 학비 5,000달러를 송금했다.
> C: 국내 기업이 외국 기업으로부터 특허권 판매 대금 200만 달러를 받았다.
> D: 외국인들의 국내 주식시장에서 1,000억 원어치의 주식을 처분하고 본국으로 철수했다.

┌─〈보기〉─────────────
│ ⊙ A-환율 상승　　　　　　　　ⓒ B-환율 상승
│ ⓒ C-환율 하락　　　　　　　　ⓔ D-환율 하락

① ⊙, ⓒ　　　　　　② ⊙, ⓒ　　　　　　③ ⓒ, ⓒ
④ ⓒ, ⓔ　　　　　　⑤ ⓒ, ⓔ

(2) 환율의 변동 요인

환율은 외환시장에서 수요와 공급에 의해 결정되므로 외화의 수요 혹은 외화의 공급에 영향을 미치는 요인들에 의해 환율은 변동한다.

① 선호의 변화

다른 조건의 변화 없이 외국산 제품에 대한 국내 소비자들의 선호도가 변화하면 해당 국가의 통화에 대한 선호도가 변하여 환율이 변동한다. 삼성의 갤럭시 핸드폰에 대한 유럽의 수요가 급증하면 유럽으로의 갤럭시 핸드폰 수출이 증가할 것이다. 이에 따라 우리나라 외환시장에서 외화의 공급이 증가하여 환율은 하락한다. 이는 원화 가치의 상승을 의미한다.

② 국가 간 상대 소득의 변화

일반적으로 소비는 소득에 비례하여 증가한다. 따라서 어느 국가의 소득이 다른 국가에 비해 빠른 속도로 증가한다면 자국의 상품뿐만 아니라 수입품에 대한 소비 역시 급증할 것이다. 우리나라의 소득이 미국의 소득에 비해 훨씬 빠르게 증가했다면 우리나라에서 미국산 제품에 대한 수요가 증가할 것이다. 미국산 제품의 수요가 증가하면 미국산 제품 수입이 증가할 것이다. 이에 따라 우리나라 외환시장에서 외화의 수요가 증가하여 환율은 상승한다. 이는 원화 가치의 하락을 의미한다.

③ 국가 간 상대 인플레이션율의 변화

인플레이션은 한 국가 경제의 물가 수준이 지속적으로 상승하는 현상으로 이는 상품 가격의 상승으로 나타난다. 인플레이션은 화폐 가치의 하락을 의미한다. 따라서 인플레이션율이 더 높은 국가의 경우 화폐 가치가 더 많이 하락했고, 이는 환율에도 영향을 미친다. 우리나라의 인플레이션율이 10%이고, 미국의 인플레이션율이 0%라면 우리나라의 소비자들은 상대적으로 가격이 저렴해진 미국의 제품을 구입하고자 할 것이다. 이에 따라 외환시장에서 외화의 수요가 증가하여 환율은 상승한다. 이는 원화 가치의 하락을 의미한다.

④ 국가 간 상대 이자율의 변화

국가 간 상대적인 이자율의 변화도 환율 변화를 가져온다. 우리나라의 이자율이 상승하고, 미국의 이자율은 변동이 없다면 미국인들은 한국에 대한 투자를 증가시킬 것이다. 이에 따라 한국의 주식이나 채권을 구입하기 위해 외환시장에서 외화의 공급이 증가하여 환율은 하락한다. 이는 원화 가치의 상승을 의미한다.

3 구매력평가설

구매력평가설은 환율이 국가 간 화폐 구매력이 같아지도록 만드는 역할을 담당한다는 이론이다. 즉, 국가 간 통화 가치가 다를 경우 동일해지도록 환율이 변화한다는 것이다. 우리나라의 인플레이션율이 10%이고, 미국의 인플레이션율이 0%라면, 이는 우리나라에서 맥도널드의 빅맥 햄버거가 이전에는 3,000원에 팔렸으나 이제는 3,300원에 팔리게 됨을 의미한다. 반면, 미국에서는 이전에 3달러에 팔리던 빅맥 햄버거의 가격은 그대로 유지될 것이다. 구매력평가설에 의하면 두 국가의 화폐가 동일한 구매력을 가질 수 있도록 환율이 결정되어야 하므로 환율이 '3,000원=3달러'에서 '3,300원=3달러'로 변해야 한다. 즉, 1달러에 1,000원에서 1달러에 1,100원으로 환율이 상승한다는 것이다. 구매력평가설은 일물일가의 법칙에 근거하기 때문에 현실적으로는 한계가 있으나, 변동하는 물가에 의한 장기적인 환율의 변화 추세를 잘 반영하는 것으로 평가받고 있다.

기출로 확인하기   35회 기출변형

구매력평가설에 대한 설명으로 옳지 않은 것은?

① 환율 변화율은 양국의 물가상승률 차이로 나타날 수 있다고 설명한다.
② 단기적인 환율의 움직임을 잘 나타내고 있다는 평가를 받는다.
③ 두 나라의 화폐 간 명목환율은 두 나라의 물가 수준에 의해 결정된다고 설명한다.
④ 일물일가의 법칙을 국제시장에 적용한 것이다.
⑤ 양국의 화폐 구매력과 환율이 밀접하게 연관되어 있다고 설명한다.

기출로 확인하기   정답 및 해설

| 해설 | 구매력평가설은 단기 환율의 움직임은 잘 나타내지 못하지만 장기적인 환율의 변화 추세를 잘 반영하는 것으로 평가받고 있다. 구매력평가설은 환율이 국가 간 화폐의 구매력이 같아지도록 변화한다는 환율결정이론이다.

정답 ②

4 환율과 국제수지

환율의 변화는 외국시장에서 우리나라의 상품 가격과 우리나라 시장에서 팔리는 수입품의 가격에 영향을 미치기 때문에 수출액과 수입액의 차이로 계산되는 국제수지에 영향을 미친다.

(1) 환율이 상승하는 경우

환율의 상승은 자국 통화 가치의 하락(평가절하)을 의미한다. 1달러에 1,000원이었던 환율이 1달러에 1,200원으로 상승한 상황을 살펴보도록 한다.

① 자국 상품 및 수입품의 가격 변화와 국제수지 변화

환율이 상승하는 경우 자국 상품은 외국시장에서 가격이 낮아져 가격경쟁력이 높아지는 반면, 우리나라 시장에서는 수입품의 가격이 높아져 가격경쟁력이 약화된다. 그 결과 수출액과 수입액의 차이로 계산되는 국제수지는 흑자를 기록하게 된다.

ⓐ **외국시장에서 자국 상품의 가격 변화**: 이전에는 1,000원짜리 상품이 미국시장에서는 1달러의 가격표를 붙이고 마트에 진열되어 있었지만 이제는 1,000원짜리 상품이 약 0.8달러의 가격표를 달고 마트에 진열된다. 따라서 외국시장에서 우리나라 제품의 가격경쟁력이 높아진다.

ⓑ **우리나라 시장에서 수입품의 가격 변화**: 우리나라 시장에서 이전에는 1달러짜리 미국 상품이 1,000원의 가격표를 붙이고 마트에 진열되어 있었지만 이제는 1달러짜리 미국 상품이 1,200원의 가격표를 달고 마트에 진열된다. 따라서 한국시장에서 미국 수입품은 가격경쟁력이 약화된다.

② **우리나라 관광객과 외국인 관광객 수의 변화**

환율이 상승하는 경우 동일한 외화를 얻기 위해 더 많은 원화가 필요하기 때문에 해외여행이 감소하는 반면, 외국인은 동일한 자국 화폐로 더 많은 원화를 얻을 수 있으므로 한국으로의 여행이 증가한다. 따라서 다른 요인이 일정하면 서비스수지의 개선으로 국제수지는 흑자가 된다.

ⓐ **환율 상승과 우리나라 관광객**: 1달러당 1,000원에서 1,200원으로 환율이 상승하는 경우 우리나라 관광객은 이전에는 1,000원이 있으면 미국에 나가서 1달러짜리 상품을 구입할 수 있었지만 환율의 상승으로 이제는 1,200원이 있어야 미국에 가서 1달러짜리 상품을 구입할 수 있게 되었다. 동일한 상품 구입을 위해 달러당 200원이 더 필요하게 된 것이다. 따라서 미국으로 여행을 가는 우리나라 관광객 수는 감소할 것이다.

ⓑ **환율 상승과 외국인 관광객**: 미국인은 이전에는 1달러로 우리나라에서 1,000원짜리 상품을 구입할 수 있었지만, 이제는 1달러로 1,200원짜리 상품을 구입할 수 있게 되었다. 따라서 한국으로 여행을 오는 미국인은 증가할 것이다.

③ **유학생**

환율이 상승하는 경우 우리나라 유학생은 부담이 증가하여 한국에서 외국으로 나가는 한국인 유학생의 수가 감소할 것이고, 반대로 한국으로 오는 외국인 유학생의 수는 증가할 것이다. 따라서 다른 조건이 일정하다면 국제수지는 흑자가 된다.

ⓐ **환율 상승과 우리나라 유학생**: 환율이 1달러 1,000원에서 1,200원으로 상승하면 유학생에게 학비를 보내는 한국 부모의 부담이 증가한다. 이전에는 부모님이 1,000원만 보내주면 1달러의 학비를 댈 수 있었지만, 이제는 1달러의 학비를 내기 위해서는 1,200원이 필요하기 때문이다. 따라서 한국인 유학생의 수는 감소할 것이다.

ⓑ **환율 상승과 외국인 유학생**: 우리나라의 학비 1,000원을 내기 위해 이전에는 1달러가 필요했지만 이제는 0.8달러만 있으면 동일한 학비를 낼 수 있기 때문이다. 따라서 한국으로 유학을 오려는 유학생이 증가할 것이다.

(2) 환율이 하락하는 경우

환율의 하락은 자국 통화 가치의 상승(평가절상)을 의미한다. 1달러에 1,200원이었던 환율이 1달러에 1,000원으로 하락한 상황을 살펴보도록 한다.

① 국제수지의 변화

환율이 하락하는 경우 우리나라 시장에서 수입품의 가격이 저렴해지고, 외국시장에서 우리나라 상품은 비싸진다. 이전에는 1달러짜리 상품을 구입하기 위해서는 1,200원이 필요했지만, 이제는 1,000원만 있으면 되기 때문이다. 따라서 수출이 감소하고 수입이 증가하여 국제수지는 악화된다.

② 관광객 수의 변화

환율이 하락하면 해외여행을 가려는 우리나라 사람은 늘어나는 반면, 한국에 여행을 오려는 외국인 관광객은 줄어든다. 우리나라 관광객인 경우 미국에서 1달러를 쓰기 위해 이전에는 1,200원이 필요했지만 이제는 1,000원만 있으면 되기 때문이다. 따라서 한국인의 해외여행은 늘고, 외국인의 국내여행은 감소한다.

③ 유학생 수의 변화

환율의 하락은 유학생에게 학비를 보내는 한국 부모의 부담이 감소한다. 이전에는 1달러의 학비를 내기 위해 1,200원이 필요했지만 이제는 1,000원이면 되기 때문이다. 따라서 외국으로 나가는 한국인 유학생은 증가하고, 한국으로 오는 외국인 유학생은 감소한다.

기출로 확인하기   34회 기출변형

다음과 같은 환율 추이가 지속될 때, 이에 대해 잘못 설명한 사람은?

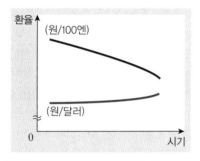

미정: 미국 여행은 빠를수록 유리하다.
서우: 엔화 표시 외채 상환은 늦출수록 유리하다.
서주: 판매 대금으로 받은 달러화는 빨리 환전할수록 유리하다.
우진: 일본에서 수입하던 부품을 미국산으로 바꾸는 것이 유리하다.

① 미정, 서우   ② 미정, 서주   ③ 서우, 서주
④ 서우, 우진   ⑤ 서주, 우진

기출로 확인하기   정답 및 해설

| **해설** | 원/100엔 환율은 하락하고 있고, 원/달러 환율은 상승하고 있다. 즉, 원화 대비 엔화의 가치는 하락하며, 원화 대비 달러화 가치는 상승하고 있다.

서주. 판매 대금으로 받은 달러화는 최대한 늦게 바꾸는 것이 좋다. 1달러를 벌었을 때 이전에는 환전하면 1,000원을 받았는데 이제는 1,200원을 받을 수 있기 때문이다. 이런 추이가 계속된다면 환전을 미루는 것이 유리하다.

우진. 일본산 부품을 이전에는 1,200원이 있어야 100엔짜리를 구입할 수 있었는데, 이제 1,000원만 있으면 구입이 가능하다. 따라서 가능하면 일본산 부품의 비중을 늘려야 한다.

미정. 원/달러 환율 상승으로 인해 미국 여행의 비용이 증가하고 있다. 이런 상황에서 미국 여행은 빠를수록 좋다.

서우. 엔화 표시 외채가 있는 경우 상환은 늦출수록 좋다. 1,200원이 있어야 100엔을 갚을 수 있었는데 이제 1,000원만 있어도 100엔을 갚을 수 있기 때문이다.

정답 ⑤

5 환율제도

환율제도는 크게 변동환율제도와 고정환율제도로 구분된다. 변동환율제도는 외환시장에서 환율이 결정되는 반면, 고정환율제도는 환율을 일정 수준으로 정해 놓고 변하지 않도록 운영하는 환율제도이다.

⑴ **고정환율제도**

고정환율제도는 일정 수준에서 환율을 고정하여 운영하는 환율제도로, 외화의 수요와 공급에 의해 환율이 결정되는 것을 정부가 개입하여 통제하는 환율제도이다.

⑵ **변동환율제도**

① 개념

변동환율제도는 외환시장에서 외화의 수요와 공급에 의해 환율이 결정되는 제도이다. 이는 시장에서 수요와 공급이 만나 가격이 결정되는 것과 유사하다. 수요와 공급에 어떠한 제약이 가해질 경우 효율적인 자원배분이 어려워지기 때문에 외환시장에 정부가 개입하지 않는 방식이다. 시장기능에 맡겼을 경우 초과공급 혹은 초과수요가 발생하였을 때 시장이 이를 조절하여 균형으로 돌아온다. 마찬가지로 변동환율제도에서 외화의 불균형이 발생하면 자동적으로 이를 조정하여 균형으로 되돌아오게 된다.

② 단점

㉠ **불확실성의 증가**: 변동환율제도에서는 환율이 수시로 변동하기 때문에 불확실성이 높아진다. 우리나라의 가구회사가 이탈리아로부터 개당 3,000유로에 고급가구 10개를 수입하기로 했다면 현재 환율이 1유로당 1,300원인 경우 우리나라 수입업자는 3,900만 원(3,000유로×10개×1,300원)을 준비할 것이다. 하지만 가구가 제작되고 우리나라에 배송되는 사이, 환율이 1유로당 1,500원으로 상승했다면 이제는 동일한 가구를 구입하기 위해 4,500만 원이 필요하다. 우리나라 수입업자는 환율 변동으로 인해 수익손실을 경험하게 된 것이다. 수입업자의 입장에서는 환율이 언제 어떻게 변할지 모르기 때문에 영업활동에서 항상 불확실성을 갖게 된다.

㉡ **교역조건의 변화**: 교역조건이란 한 나라의 상품과 다른 나라의 상품이 교환되는 비율로, 수출단가를 수입단가로 나누어 계산한다.

$$교역조건 = \frac{수출단가지수}{수입단가지수} \times 100$$

교역조건은 우리나라 상품 1단위 수출로 얼마만큼의 외국 상품을 수입할 수 있는지를 나타낸다. 환율이 1달러당 1,000원에서 1,200원으로 상승한 경우 이는 원화의 가치가 달러화에 비해 하락했음을 의미한다(평가절하). 이 경우 우리나라 상품을 수출해서 벌어들인 달러화로 더 적은 물량을 수입하게 된다. 따라서 교역조건이 악화된다.

㉢ **국내 경제의 불안정 초래**: 변동환율제도하에서 급격한 환율 변동은 국내 경제의 불안정을 초래할 수 있다. 급격하게 환율이 상승하는 경우 순수출을 크게 증가시켜 총수요 증가에 기여하지만, 이는 국내의 인플레이션을 초래한다. 반대로 급격하게 환율이 하락하는 경우 국내 수출 상품의 가격경쟁력이 약화되어 순수출이 감소하고, 이는 총수요의 감소를 가져와 국내 경기의 침체와 실업의 증가 등의 문제를 초래할 수 있다.

(3) 관리변동환율제도

관리변동환율제도는 변동환율제도와 고정환율제도를 결합한 제도를 의미한다. 즉, 환율의 결정은 정부의 개입 없이 외환시장에서 수요와 공급에 의해 결정되도록 두지만, 환율이 지나치게 높거나 혹은 낮게 결정되는 경우 간헐적으로 외환시장에 개입하여 수요 혹은 공급 측면에 충격을 가하여 환율을 조절하는 제도이다. 대부분의 국가들이 관리변동환율제를 채택하고 있다.

내용정리	고정환율제도와 변동환율제도	
구분	고정환율제도	변동환율제도
국제수지 불균형	조정되지 않음	환율 변동을 통해 자동 조정
환위험	작음	큼(환투기 발생 가능성)
해외교란 요인의 파급 여부	국내로 쉽게 전파	국내로 쉽게 전파되지 않음
금융정책의 자율성 여부	자율성 상실	자율성 유지
국제무역과 투자	환율이 안정적이기 때문에 국제무역과 투자가 활발히 일어남	환위험이 크기 때문에 국제무역과 투자가 저해됨

〈국제통화제의 역사〉

- 19세기: 1816년 영국, 금본위제의 법제화 → 1871년 독일, 금본위제 채택 → 1873년 네덜란드 등으로 금본위제 본격 확산
- 20세기: 1914년 금본위제 소멸, 각국별 자체 태환제도 수립 → 1929년 각국 평가절하 경쟁, 국제금융시장 혼란 → 1944년 미국 달러화 기준 브레튼우즈 체제 설립 → 1971년 미국, 달러화 금태환정지 선언, 브레튼우즈 해제 → 1976년 변동환율제도 인정한 킹스턴 체제 출범

기출로 확인하기 34회 기출변형

소규모 완전개방경제인 국가가 있다. 신용카드와 같은 대체결제수단의 급격한 발전으로 화폐에 대한 수요가 감소하였다고 하자. 단기에 GDP에 미치는 효과로 옳은 것은?

① 고정환율제도인 경우에만 GDP가 증가한다.
② 고정환율제도인 경우에만 GDP가 감소한다.
③ 변동환율제도인 경우에만 GDP가 증가한다.
④ 변동환율제도인 경우에만 GDP가 감소한다.
⑤ 환율제도와 관계없이 GDP에 영향을 미치지 않는다.

기출로 확인하기 정답 및 해설

| 해설 | 변동환율제도는 외환의 수요와 공급에 의해 환율이 계속해서 변하는 제도를 의미하며, 고정환율제도는 정부가 원하는 환율 수준이 고정되어 있고, 변하지 않는 제도이다. 화폐에 대한 수요가 감소하면 화폐의 가격인 이자율이 하락하고, 이자율의 하락은 투자를 증가시킨다. 이는 총수요의 증가 요인이므로, 총수요곡선이 우측으로 이동하여 물가가 상승한다. 물가의 상승은 원화의 구매력 하락, 즉 원화가치의 하락이므로 환율의 상승을 야기한다. 변동환율제도는 환율의 상승을 용인하지만, 고정환율제도는 환율의 변화를 용인하지 않는다. 따라서 변동환율제도에서는 환율의 상승으로 수출이 증가하게 되어 GDP가 증가하지만, 고정환율제도에서는 이러한 변화가 나타나지 않는다.

정답 ③

경상수지가 악화되고 있다는 내용이다. 우크라이나 전쟁으로 인한 원자재 가격 급등과 대중국 수출 부진이 겹치면서 재료 가격의 인상과 판매부진의 악영향이 동시에 작용한 결과이다. 경상수지 중 상품수지와 서비스수지 모두 문제이다. 디지털 전환 시대에 경쟁 우위를 위해서는 서비스수지의 개선이 보다 중요하다. 경상수지의 경우 대외 요인에 취약할 수밖에 없는 측면이 크지만, 서비스수지는 혁신이 동반될 때 개선이 가능하다.

매스컴으로 보는 시사 이슈　　　　　　　　　　　**NEWS**

상반기 경상수지 흑자 '반토막'

2022년 상반기 경상수지 흑자가 250억 달러에도 미치지 못하며 1년 전 대비 절반 수준에 그쳤다. 우크라이나 전쟁으로 인한 원자재 가격 급등과 대(對)중국 수출 부진 등이 겹친 결과이다.

한국은행이 발표한 국제수지 잠정 통계에 따르면 2022년 상반기 경상수지는 247억 8,000만 달러 흑자로 집계됐다. 2021년 상반기(417억 6,000만 달러)보다 169억 7,000만 달러 줄었다. 상반기 기준으로 2017년(-230억 2,000만 달러)에 이어 역대 두 번째로 큰 감소 폭이다.

상품수지 흑자는 2021년 상반기 384억 3,000만 달러에서 2022년 상반기 200억 1,000만 달러로 반토막 났다. 원자재 수입액이 급증했기 때문이다. 통관 기준으로 상반기 원자재 수입은 석탄이 173.0%, 가스 90.8%, 원유 71.4%, 석유제품이 45.7% 늘었다. 국가별 수출 증가율은 동남아시아가 21.5%, 미국 18.2%, 일본 11.9%, 유럽연합(EU)이 7.9%인 데 비해 중국은 6.9%에 그쳤다. 서비스수지는 같은 기간 37억 5,000만 달러 적자에서 5억 달러 흑자로 전환했다. 수출화물 운임 강세에 힘입어 운송수지가 반기 기준 역대 최고치인 106억 4,000만 달러 흑자를 기록한 영향이다.

2022년 6월 경상수지는 56억 1,000만 달러 흑자를 기록했다. 경상수지는 전월에 이어 2개월 연속 흑자였지만 대(對)중국 수출 부진 등으로 흑자 규모는 1년 전보다 32억 2,000만 달러 감소했다.

한국은행의 국제수지 잠정통계에 따르면 경상수지는 4월 원자재 가격 급등 여파 등으로 2년 만에 적자를 기록했다가 5월 흑자 전환에 성공한 뒤 두 달 연속 흑자 기조를 이어갔다. 6월 경상수지를 항목별로 보면 상품수지가 35억 9,000만 달러 흑자로, 1년 전보다 39억 6,000만 달러 줄었다. 수입이 18.9%(89억 1,000만 달러) 늘어나 수출 증가폭(9.1% · 49억 5,000만 달러)의 두 배 수준에 달했기 때문이다. 원자재 수입액은 통관 기준으로 2021년 같은 달보다 28.9% 늘어났다. 석탄(189.0%), 원유(53.1%), 석유제품(27.7%), 가스(27.4%) 등의 수입액 증가폭이 컸다. 반도체(37.0%), 반도체 제조장비(6.8%) 등 자본재 수입액도 13.7% 증가했다.

서비스수지는 4억 9,000만 달러 적자를 기록했다. 5월에 이어 2개월 연속 적자이지만, 적자폭은 1년 전보다 5억 3,000만 달러 줄었다. 서비스수지 가운데 운송수지 흑자 규모가 1년 사이 11억 2,000만 달러에서 16억 5,000만 달러로 5억 3,000만 달러 늘어난 영향이 컸다. 6월 선박 컨테이너운임지수(CCFI)가 1년 전보다 30.0%나 오르는 등 수출화물 운임이 높은 수준을 유지했기 때문이다. 하지만 방역 완화 등의 영향으로 여행수지 적자액(6억 9,000만 달러)은 2021년 6월(4억 9,000만 달러)보다 2억 달러 늘었다.

01 난이도 ■■□

어느 국가에서 대규모로 자본이 유출됨에 따라 환율 및 통화량의 안정을 도모하고자 한다. 이 경우에 정부에서 취할 수 있는 정책으로 적절한 것은?

① 외환의 매입과 국채의 매입
② 외환의 매입과 국채의 매출
③ 외환의 매출과 국채의 매입
④ 외환의 매출과 국채의 매출
⑤ 외환의 매출과 금융시장의 불개입

| 해설 | 대규모로 자본이 유출되는 경우에 외환시장 안정화를 위해 정부는 외환을 공급해야 한다. 자본이 유출되면 이를 자국의 화폐로 바꾸기 위해 외환시장에서 수요가 증가하게 되고, 원래의 환율 수준을 유지하기 위해서는 정부가 개입하여 공급을 늘려야 하기 때문이다. 이를 위해 보유하고 있던 외환을 시장에 팔아야 하며(외환의 매출), 그 결과 시중의 통화량이 감소하게 된다. 감소된 통화량은 정부가 국채를 매입하여 증가시킬 수 있다.

관련 이론 짚어보기

이자율: 대출의 기회비용이자 투자의 수익률이다. 글로벌 자본은 이자율이 높은 국가로 몰리게 된다. 해외 이자율이 높아질 경우 우리나라 시장에서 자본이 빠져나가는 이유이다.

02 난이도 ■□□

다음 빈칸에 들어갈 내용으로 가장 적절한 것은?

고정환율제도를 채택하고 있는 나라가 통화가치의 상승 압력이 있는 상황에서 환율을 일정하게 유지하려고 한다면, (   )

① 국내통화만을 사들여야 한다.
② 외환보유고를 감소시켜야 한다.
③ 외환보유고를 변화시키지 말아야 한다.
④ 국내통화를 사고 외국통화를 팔아야 한다.
⑤ 국내통화를 팔고 외국통화를 사들여야 한다.

| 해설 | 국내통화가치가 절상 압력을 받는 것은 국내통화에 대한 수요가 많거나(외화수요곡선의 좌측 이동 요인) 외국통화의 공급이 많다(외화공급곡선의 우측 이동 요인)는 것을 의미한다. 따라서 환율을 일정하게 유지시키기 위해서는 국내통화를 공급하고, 외국통화를 사들이면 된다.

03 난이도 ■□□

경상거래에 속하지 않는 것은?

① 우리나라 H기업의 자동차 수출
② 우리나라 국적을 가진 K군이 미국 D회사에서 받은 임금
③ 미국 국적을 가진 Aaron이 우리나라 Z기업에서 받은 임금
④ 스웨덴 국적을 가진 Daniel이 우리나라 주식에 투자한 금액
⑤ 우리나라 국적을 가진 M군이 중국 주식에 투자하여 얻은 배당금

| 해설 | 주식에 투자한 금액은 자본수지에 포함된다.

| 오답피하기 | ① 재화 및 서비스 수출은 경상거래 중 상품수지에 속한다.
② 우리나라 사람이 해외에서 벌어들인 소득은 경상거래 중 본원소득수지에 속한다.
③ 미국 국적을 가진 Aaron이 우리나라 기업에서 받은 임금은 경상수지 중 본원소득수지에 속한다.
⑤ 주식에 투자하여 얻은 배당금은 경상수지 항목 중 본원소득에 해당한다.

정답 01 ③ | 02 ⑤ | 03 ④

04 난이도 ■■□ [제61회 기출]

자료를 분석하여 작성한 아래 제시문 A ~ C에 들어갈 내용을 올바르게 나열한 것은? (단, 갑국의 경상수지는 상품수지와 서비스수지로만 구성된다고 가정한다.)

〈2019년 갑국의 경상수지〉

• 경상수지 적자 규모: 60억 달러
○ 상품수지 (㉠) 규모: (㉡)
  – 상품 수출 총액: 70억 달러
  – 상품 수입 총액: 50억 달러
○ 서비스수지 (㉢) 규모: (㉣)
  – 서비스 수출 총액: 50억 달러
  – 서비스 수입 총액: (㉤)

자료를 분석하면 ㉠은 (A), ㉢은 (B)임을 짐작할 수 있고, ㉡, ㉣, ㉤에 들어갈 금액을 모두 합하면 (C) 달러임을 알 수 있다.

	A	B	C
①	흑자	적자	180억
②	적자	적자	210억
③	흑자	적자	230억
④	적자	흑자	250억
⑤	흑자	적자	270억

| 해설 | 수출이 수입보다 많으므로 상품수지는 20억 달러 흑자이고, 경상수지가 60억 달러 적자이므로 서비스수지는 80억 달러 적자이다. 서비스 수출 총액이 50억 달러이므로 서비스 수입의 총액은 130억 달러 적자이다. 따라서 흑자(㉠), 20억 달러(㉡), 적자(㉢), 80억 달러(㉣), 130억 달러(㉤)가 된다.

05 난이도 ■□□

두 국가 간 상품 가격(혹은 물가)과 환율의 관계를 설명하는 구매력평가설이 가장 유효한 경우는?

① 비교역재가 많은 경우
② FTA 등으로 인해 관세가 인하된 경우
③ 일물일가의 법칙이 성립하지 않는 경우
④ 유가 상승으로 운송비 등이 높아진 경우
⑤ 물가지수 산출에 포함되는 재화가 서로 상이한 경우

| 해설 | 관세가 인하된 경우 일물일가의 법칙이 성립할 가능성이 높아지므로 구매력평가설 역시 환율을 잘 반영할 가능성이 높아진다.

| 오답피하기 | ① 구매력평가설은 일물일가의 법칙에 기반한 것으로, 비교역재가 많다는 것은 환율과 무관한 상품이 많음을 의미하므로 구매력평가설 성립이 어렵다.
③ 일물일가의 법칙이 성립하지 않으면 구매력평가설은 그 개념 자체의 성립이 어렵다.
④ 운송비, 관세 등의 가격 왜곡 요인으로 인해 일물일가의 법칙 평가가 어렵다.
⑤ 물가지수 산출에 포함되는 재화가 서로 다르다면 구매력평가설의 검증이 어렵다.

06 난이도 ■■□

영국의 경제주간지 「Economist」지는 각국 환율의 적정 수준 여부를 판단할 목적으로 빅맥구매력 평가지수를 발표하고 있다. 표는 2009년 11월 30일 미국, 이스라엘 그리고 말레이시아의 자국통화표시 빅맥가격과 대미환율을 나타내고 있다. 이를 토대로 두 국가의 환율에 대한 적정성 여부에 대해 평가한 내용으로 옳은 것은?

국가명	빅맥의 자국통화표시 가격	대미환율
미국	$ 2.42	
이스라엘	Shekel 11.5	3.38 Shekel/$
말레이시아	M$ 3.87	2.50 M$/$

① 이스라엘 통화와 말레이시아 통화 모두 과소평가되어 있다.
② 이스라엘 통화와 말레이시아 통화 모두 과대평가되어 있다.
③ 이스라엘 통화와 말레이시아 통화 모두 적정한 평가를 받고 있다.
④ 이스라엘 통화는 과대평가되어 있는 반면, 말레이시아 통화는 과소평가되어 있다.
⑤ 이스라엘 통화는 과소평가되어 있는 반면, 말레이시아 통화는 과대평가되어 있다.

| 해설 | 구매력평가설은 양국 화폐의 실질가치가 동일해지도록 환율이 변동한다는 내용을 골자로 하는 환율이론이다. 빅맥가격이 미국에서는 2.42$이고, 이스라엘에서는 11.5Shekel이므로 구매력으로 보면 환율은 1$=4.75Shekel이 되어야 한다. 현재 환율이 1$=3.38Shekel이므로 이스라엘 통화는 과대평가되어 있다. 빅맥가격이 미국에서는 2.42$이고, 말레이시아에서는 3.87M$이므로 구매력으로 보면 환율은 1$=1.6M$가 되어야 한다. 그런데 현재 환율이 1$=2.5M$이므로 말레이시아 통화는 과소평가되어 있음을 알 수 있다.

관련 이론 짚어보기

최근에는 빅맥지수뿐만 아니라 스타벅스 라떼지수, 아이폰지수 등 구매력평가지수가 다양해지고 있다. 즉, 각국의 빅맥 및 스타벅스 라떼, 아이폰 가격을 비교하여 현재 환율이 고평가되었는지, 저평가되었는지 여부를 판단한다.

07 난이도 ■□□

고정환율제도와 변동환율제도에 대한 설명으로 옳은 것은?

① 고정환율제도에서는 환위험이 적기 때문에 투자와 국제무역이 확대될 수 있다.
② 변동환율제도에서는 환율 변화를 통해 국제수지 불균형이 자동적으로 조정된다.
③ 변동환율제도에서는 대내균형을 달성하기 위해 독립적으로 경제정책을 운용할 수 있다.
④ 고정환율제도에서는 만성적인 수급불균형으로 현재의 환율이 유지되기 어려운 경우 환율이 조정된다.
⑤ 변동환율제도에서는 해외의 교란 요인이 국내에 쉽게 전파되므로 외부적인 요인에 의해 국내경제가 불안정적으로 변할 수 있다.

| 오답피하기 | ① 고정환율제도에서는 환율 변동이 적기 때문에 투자가 확대될 수 있지만, 환율이 변하지 않아 국제무역에서는 불리하게 작용할 수 있다.
③ 변동환율제도에서는 독립적인 경제정책 운용이 어렵다.
④ 고정환율제도에서는 환율이 항상 유지된다.
⑤ 변동환율제도는 고정환율제도에 비해 해외 교란 요인이 쉽게 국내경제로 파급되지 못하게 하는 역할을 한다. 해외시장의 교란 요인을 외환시장의 수요·공급의 힘으로 인해 흡수해 버리기 때문이다.

구분	고정환율제도	변동환율제도
국제수지 불균형	조정되지 않음	환율 변동을 통해 자동 조정
환위험성	작음	큼(환투기 발생 가능성)
해외 교란 요인의 파급 여부	국내로 쉽게 전파	국내로 쉽게 전파되지 않음
금융정책의 자율성 여부	자율성 상실	자율성 유지
국제무역과 투자	환율이 안정적이기 때문에 국제무역과 투자가 활발히 일어남	환위험이 크기 때문에 국제무역과 투자가 저해됨

정답 06 ④ | 07 ②

PART 03

국제경제

08 난이도 ■■□

다음 그래프처럼 환율(원/달러)이 상승 추세일 때 손해를 보게 될 경제주체는?

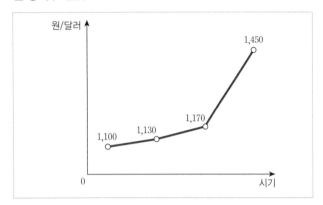

① 미국에 자동차를 수입하여 국내에 판매하는 한국 기업
② 달러화 부채를 적게 가진 한국 정부
③ 해외로 전통차를 수출하는 한국 기업
④ 1박 2일 한국 여행을 계획 중인 외국인
⑤ 한국에서 미국으로 물품을 수입하는 미국 기업

| 해설 | 원달러 환율이 급격하게 높아지고 있다. 이는 1달러 구입에 1,100원이 필요하던 상황에서 이제는 1,450원이 필요함을 의미한다. 즉, 달러 가치는 높아지고, 원화 가치는 낮아진 것이다.
명목환율이 높아지면 해외시장에서 한국 상품의 가격은 낮아지고, 한국 시장에서 수입품의 가격은 높아진다. 따라서 미국산 자동차를 수입하는 한국 기업은 손해가 크다.

| 오답피하기 | ② 과거에는 1달러 상환에 1,100원이 필요했지만, 이제는 1,450원이 필요하다. 따라서 달러 표시 부채를 적게 갖고 있는 기업이 유리하다.
③ 해외로 수출하는 기업은 가격경쟁력이 생겨 유리하다. 과거에는 1,100원짜리 상품을 1달러에 판매해야 했지만, 이제는 1,450원짜리 상품이 1달러가 되므로 1,100원짜리 상품은 훨씬 저렴해진다.
④ 외국인 관광객은 유리하다. 과거에는 1달러를 들고 한국에 오면 1,100원만 쓸 수 있었지만, 이제는 1,450원을 쓸 수 있다.
⑤ 한국에서 미국 물품을 수입하는 미국 기업의 경우 달러로 거래하므로 큰 영향이 없다.

09 난이도 ■■□

변동환율제도하에서 다음과 같은 국제거래가 발생하였다. 그 결과에 대해 옳게 추론한 것을 〈보기〉에서 고른 것은?

A: 자동차를 5백만 달러어치 수출했다.
B: 신혼부부들이 해외로 여행을 가서 10달러를 지출했다.
C: 외채에 대한 이자로 외국에 1백만 달러를 지급했다.
D: 국내 주식시장에서 외국인이 2백만 달러어치의 주식을 구입했다.

〈보기〉
㉠ A → 환율 하락   ㉡ B → 환율 하락
㉢ C → 환율 상승   ㉣ D → 환율 상승

① ㉠, ㉡   ② ㉠, ㉢
③ ㉡, ㉢   ④ ㉡, ㉣
⑤ ㉢, ㉣

| 해설 | ㉠ 우리나라 자동차를 수출하고 외화로 대금을 받으므로 외화공급의 증가 요인이다. 외화공급의 증가는 외화공급곡선을 우측으로 이동시키므로 환율이 하락한다.
㉢ 외국에 이자를 지급하기 위해서는 원화를 가지고 외환시장에 가서 외화로 교환해야 한다. 따라서 외화수요가 늘어나 환율은 상승한다.

| 오답피하기 | ㉡ 해외여행을 가서 10달러를 쓰기 위해서는 외환시장에 가서 원화를 가지고 외화 10달러를 구입해야 한다. 따라서 이는 외화수요의 증가 요인으로, 외화수요곡선을 우측으로 이동시키므로 환율이 상승한다.
㉣ 외국인이 우리나라 주식시장에서 주식을 구입하고 그 대가로 외화를 지급하기 때문에 이는 외화공급의 증가 요인으로 환율이 하락한다.

10 난이도 ■□□

변동환율제도에서 명목환율의 변화에 따른 반응으로 옳은 것은?

① 국내통화량이 증가하면 환율은 상승한다.
② 다른 상황이 불변이고 환율이 상승하면 교역조건은 개선된다.
③ 환율이 하락하면 해외에서 국내제품에 대한 수요량이 증가한다.
④ 환율이 하락하면 국내에서 외국제품에 대한 수요량이 감소한다.
⑤ 다른 상황이 불변이고 환율 상승이 예상되면 자본의 해외 순유출이 작아진다.

| **해설** | 국내통화량이 증가하면 이자율이 하락하고 해외로 자본유출이 되어 외화의 수요가 증가하므로 환율이 상승한다.

| **오답피하기** | ② 실질환율과 교역조건은 반비례하므로 명목환율이 상승하면 실질환율이 높아져 교역조건은 악화된다.
③④ 환율이 하락하면 수출이 감소하고 수입이 증가한다.
⑤ 환율 상승이 예상되면 국내통화가치의 하락이 예상되어 해외로 순자본 유출이 증가한다.

11 난이도 ■□□

자유변동환율제도(free floating exchange rate system)에 관한 설명으로 옳지 않은 것은?

① 각국의 이자율 수준이 환율 결정에 영향을 미친다.
② 환율 변동에 따른 교역당사자의 환위험부담이 있다.
③ 각국의 정책당국들이 경쟁적으로 평가절상정책을 실시한다.
④ 고정환율제도에 비해 상대적으로 통화정책의 자주성을 확보할 수 있다.
⑤ 환율의 신속한 시장수급 조절기능은 대외균형을 유지하는 데 도움이 된다.

| **해설** | 자유변동환율제도하에서는 국가의 경쟁적인 평가절상이 존재하지 않는다. 정부의 인위적인 개입을 완전히 배제하는 제도이기 때문에 이론상 경쟁적인 평가절상이 나타날 수 없다.

| **오답피하기** | ②⑤ 자유변동환율제도는 환율이 외환시장에서의 수요와 공급에 의해 결정되도록 하는 환율제도이다. 정부의 인위적인 개입이 없으므로 환율 변동에 따른 환리스크가 존재하지만, 국제수지의 불균형이 자동 조절된다는 장점이 있다.

12 난이도 ■□□

변동환율제도의 장점을 〈보기〉에서 모두 고르면?

―〈보기〉――
㉠ 중앙은행은 환율을 일정하게 유지하기 위해 외환시장에 개입하지 않아도 되므로 통화정책을 독립적으로 사용하여 거시경제의 안정을 도모할 수 있다.
㉡ 통화정책을 적극적으로 실행하지 않더라도 시장에서 환율이 신속하게 조정되어 대내외균형이 유지될 수 있다.
㉢ 환율 변동에 따른 환위험을 최소화할 수 있다.

① ㉢　　　　　　　　　② ㉠, ㉡
③ ㉠, ㉢　　　　　　　④ ㉡, ㉢
⑤ ㉠, ㉡, ㉢

| **해설** | ㉠ 변동환율제도는 시장의 수요, 공급에 균형 환율의 결정을 맡기기 때문에 중앙은행이 특별히 개입할 여지가 없다. 또한 균형이 저절로 회복되기 때문에 독립적인 통화정책의 활용이 가능하여 거시경제의 안정을 도모할 수 있다.
㉡ 변동환율제도에서는 별다른 조정 없이도 시장의 수요, 공급에 의해 균형을 회복한다.

| **오답피하기** | ㉢ 변동환율제도에서는 외부변화를 중앙은행이 통제할 수 없기 때문에 환율 변동에 따른 환위험 발생이 가능하다.

정답 **10** ① | **11** ③ | **12** ②

13

난이도 ■□□

다음의 상황으로 미루어 보았을 때 개방경제인 갑국에서 일어 날 수 있는 현상을 바르게 추론한 것은?

> • 갑국의 국내 이자율이 다른 국가보다 낮다.
> • 갑국에 있던 해외 기업들이 외국으로 빠져나가고 있다.

① 환율이 하락할 것이다.
② 외채상환 부담이 작다.
③ 수출이 큰 폭으로 감소할 것이다.
④ 해외 여행자들의 경제적 부담이 증가한다.
⑤ 실업이 큰 폭으로 감소하고 물가도 감소한다.

┃해설┃ 환율이 상승하여 해외 여행 시 1달러 소비를 위해 더 많은 원화가 필요해지므로 해외 여행자들의 경제적 부담이 증가한다.

┃오답피하기┃ ① 이자율이 다른 국가보다 낮은 경우 외환이 해외로 빠져 나간다. 이에 따라 외환공급곡선이 좌측으로 이동하며 환율이 상승한다.
② 환율 상승을 예로 들면 달러당 1,000원에서 1,200원이 되는 것이다. 외 채가 있을 경우 1,000원이면 충분하던 상황에서 1,200원이 있어야 갚을 수 있는 상황이 되었으므로 상환 부담이 커진다.
③ 환율 상승은 해외에서 우리나라 상품의 가격경쟁력이 높아졌음을 의미 하기 때문에 수출이 증가한다.
⑤ 이자율의 감소로 인한 투자의 증가, 총수요의 증가는 실질 GDP를 증가 시킨다. 이로 인해 실업은 감소하지만, 물가는 상승한다.

14

난이도 ■□□

[제77회 기출]

환율과 관련한 설명 중 옳지 않은 것은?(환율은 달러화 대비 원 화 환율이다.)

① 환율이 상승하면, 한국 정부의 대외 부채 부담이 늘어난다.
② 환율이 하락하면, 국내 생산 기업의 수출 가격 경쟁력이 악 화된다.
③ 미국인의 주식 투자 자금이 국내에 유입되면 환율은 상승한다.
④ 환율이 하락하면, 미국에 유학생을 둔 부모의 학비 송금 부 담이 줄어든다.
⑤ 환율 상승은 원화 가치가 미국 달러화 가치보다 상대적으로 하락함을 의미한다.

┃해설┃ 미국인의 주식 투자 자금의 국내 유입은 우리나라 외환시장에서 달러화의 공급 증가 요인이다. 달러화의 공급이 증가하면 원/달러 환율은 하락한다.

┃오답피하기┃ ① 환율이 상승할 경우 대외 부채 부담이 증가한다.
② 환율이 하락할 경우 해외시장에서 우리나라 상품의 가격이 비싸지고, 우리 나라 시장에서 수입품의 가격에 하락한다. 따라서 환율이 하락하면, 우리 나라 기업의 수출 가격 경쟁력은 떨어진다.
④ 환율이 하락하면 달러화 대비 원화의 가치가 상승하므로 미국에 유학생 을 둔 부모의 학비 송금 부담이 감소한다.
⑤ 환율 상승은 달러화 대비 원화 가치가 하락한 것을 의미한다.

15 난이도 ■□□

다음 주요 신문기사의 제목을 읽고 추론한 경제상황으로 옳지 않은 것은?

> • 가파른 엔고에도 침묵하는 일본 … 통상마찰 우려 미국 눈치보기?
> • ECB도 양적완화 조기종료 시사 … 글로벌 긴축 확산
> • 중국 '긴축' 시사 … '올해 6.5% 성장'
> • '환율 칼자루'까지 휘두르는 미국 … 트럼프 정부의 므누신 재무장관 '달러 약세 좋다'

① 미국 달러화 가치는 앞으로 약세를 띨 가능성이 있다.
② 일본을 찾는 한국 관광객들은 감소할 가능성이 높다.
③ 유로존 국가 국채의 CDS 프리미엄은 증가할 가능성이 크다.
④ 중국의 긴축 정책은 미국의 기준금리 인상 움직임과 무관하지 않다.
⑤ 수출을 늘려 경기회복을 꾀하려는 아베노믹스의 목표가 순조롭게 실행되고 있다.

| 해설 | 엔화 가치를 낮춰 국제 시장에서 일본 상품의 가격경쟁력을 확보하여 수출을 늘리려는 아베노믹스는 미국의 눈치보기로 순조롭지 못하다.

| 오답피하기 | ① 미국은 달러화 가치 약세를 통해 수출가격경쟁력을 지속적으로 높이고자 할 것이다.
② 가파른 엔고는 엔화의 가치가 높다는 것을 의미한다. 이는 원화의 가치가 낮은 상황을 의미한다. 즉, 원/엔 환율의 상승을 의미한다. 예를 들어 100엔당 1,000원에서 1,200원이 된 상황이므로, 일본 관광비용이 높아져 일본을 찾는 한국관광객은 줄어들 가능성이 높다.
③ 유럽은행의 양적완화 종료로 인한 글로벌 긴축은 유럽 경제의 둔화를 가져와 위험프리미엄이 높아질 가능성이 크다.
④ 중국의 긴축은 미국의 기준금리 인상에 대비한 조치이다. 미국의 금리 인상으로 인해 중국에 대한 투자금이 미국으로 이동할 수 있기 때문에 긴축을 통해 금리 인상을 표방하는 것이다.

관련 이론 짚어보기

CDS: 채권 발생 기관(국가)이 부도가 날 경우 원금을 돌려받을 수 있도록 한 금융파생상품이다. 즉, 부도 위험을 사고파는 파생상품이다. 한편 CDS 프리미엄은 일종의 보험료를 의미한다. 위험이 높을 경우 CDS 프리미엄은 높아지고, 반대의 경우 낮아진다.

16 난이도 ■□□

다음은 원/달러 외환시장을 나타낸다. 그래프와 같이 외화수요가 감소하는 요인으로 적절한 것은?

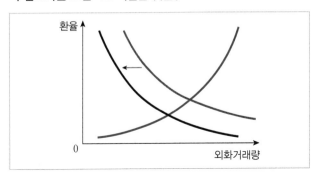

① 해외 유학이 증가하고 있다.
② 삼성 스마트폰에 대한 외국인 수요가 감소했다.
③ 해외 명품의 중국생산 소식이 알려져 해외 명품 수입이 감소했다.
④ 국가 간 외교 분쟁으로 인해 우리나라를 찾는 외국 관광객이 감소했다.
⑤ 국내 금융시장의 이자율 하락으로 해외 자본이 우리나라를 떠나고 있다.

| 해설 | 해외 명품의 중국생산으로 인해 그 수요가 감소하면 그만큼 외화수요도 감소한다. 따라서 제시된 그래프와 같이 외화수요곡선이 좌측으로 이동할 수 있다.

| 오답피하기 | ① 해외 유학의 증가는 외화수요의 증가요인이다. 해외 유학을 위해서는 외화가 필요하기 때문이다.
② 삼성 스마트폰에 대한 외국인 수요의 감소는 외화공급의 감소 요인이다. 즉, 삼성 스마트폰 수출이 줄어들었음을 의미하고, 이는 외국으로부터 외화유입이 줄었다는 것을 의미한다.
④ 우리나라를 찾는 관광객의 감소는 외화공급의 감소 요인이다.
⑤ 해외 자본은 이자율이 높아야 높은 수익을 창출할 수 있으므로 국내 금융시장의 이자율보다 높은 국가로 이동한다. 따라서 이는 외화공급의 감소 요인이다.

정답 15 ⑤ | 16 ③

17 난이도 ■□□

다음은 일본 경제가 시행한 아베노믹스에 대한 기사이다. 이러한 상황이 한국과 일본 경제에 미칠 영향으로 옳은 것을 〈보기〉에서 고른 것은?

제2차 세계대전 이후 '최장기 경기회복'에 도전하고 있는 일본 경제는 올해에도 완만한 회복세를 이어갈 것으로 전망됐다. 설비투자의 선행지표인 '선박·전력을 제외한 민간수요' 통계는 지난해 10월에 전월 대비 5.0% 증가하며 2개월 만에 플러스로 돌아섰다. 11월 말 국토교통성이 발표한 건축착공통계도 10월 비거주용 건축면적이 전년 동월 대비 15.9% 증가하는 등 설비투자 관련 지표 움직임은 호조를 보였다. 이에 따라 일본의 시설투자는 2017년 전년 대비 3.6% 증가하고, 2018년에도 2.9% 성장이 기대된다. 수출도 엔저기조와 미국과 유럽 경기회복에 힘입어 호조세가 이어질 전망이다. 2017년 수출액은 전년 대비 5.5%, 2018년에는 3.4% 증가할 것으로 점쳐졌다. 아베노믹스의 '마지막 과제'로 불렸던 소비도 회복 궤도에 오를 전망이다. 내각부 조사에 따르면 지난해 11월까지 소비자태도지수는 3개월 연속 상승했다. 실업률이 사실상 완전고용 수준까지 떨어지고, 임금 인상도 지속적으로 진행되는 점이 영향을 미쳤다는 분석이다. 이에 따라 2017년도 소비는 전년 대비 1.2% 증가하고, 2018년에도 0.9% 증가하는 안정적인 회복세가 자리잡을 것으로 예상된다.　　　　　 – 한국경제신문, 2018년 1월 1일 –

〈보기〉
㉠ 일본의 민간 소비가 축소되어 과열된 경기가 진정될 수 있다.
㉡ 엔화 가치가 하락하여 일본과 수출품목이 겹치는 한국의 수출산업은 가격경쟁력이 약화되어 수출이 감소할 수 있다.
㉢ 일본의 물가가 하락하여 인플레이션을 극복할 수 있을 것으로 기대된다.
㉣ 엔화 가치가 하락하여 외국인들이 일본 관광을 하는 비용부담이 줄어들어 외국인의 일본 관광이 많아질 수 있다.

① ㉠, ㉡　　　　② ㉠, ㉢　　　　③ ㉡, ㉢
④ ㉡, ㉣　　　　⑤ ㉢, ㉣

| 해설 | ㉡ 엔저기조는 상대적으로 원화의 가치를 높여 해외 시장에서 한국 상품의 가격경쟁력이 하락하여 수출에서 밀릴 수 있다.
㉣ 엔저기조는 더 적은 비용으로 일본 관광을 할 수 있으므로 관광객 유치에 도움이 된다.

| 오답피하기 | ㉠ 경기부양책이 성공할 경우 일본의 민간 소비가 확대되어 침체된 경기가 살아날 수 있다.
㉢ 총수요확장정책의 성공은 물가의 상승으로 이어진다. 따라서 디플레이션을 극복할 수 있다.

18 난이도 ■□□

다음은 세계적으로 벌어지고 있는 무역전쟁에 대한 기사이다. 무역전쟁과 관련한 내용 중 옳은 것을 〈보기〉에서 고르면?

미국 달러화 가치가 3년 만에 최저 수준으로 떨어졌다. 도널드 트럼프 미국 행정부의 세탁기 등에 대한 세이프가드(긴급수입제한조치) 발동으로 보호주의 확산에 대한 우려가 커졌기 때문이다. 트럼프 대통령이 원하는 무역적자 해소를 위해서는 달러화 가치가 10%는 더 떨어져야 한다는 분석까지 나온다. 국제금융협회(IIF)는 달러화가 장기간 약세를 보이지만 아직도 과대평가돼 있다고 22일 분석했다. 미국을 상대로 가장 큰 무역흑자를 내는 중국 등 아시아 국가 통화에 대해 미국 달러화가 크게 고평가돼 있다는 것이다. IIF의 로빈 브룩스 수석이코노미스트는 "미국의 무역적자를 완전히 해소하려면 10% 추가 절하가 필요하다."고 주장했다. IIF는 이어 무역 긴장도가 높아지거나 무역전쟁이 발발하면 달러화 가치는 추가로 떨어질 것으로 전망했다.
　　　　　　　　　　 – 한국경제신문, 2018년 1월 25일 –

〈보기〉
㉠ 트럼프 정부 출범 이후 보호무역주의 기조가 우세해지고 있다.
㉡ 무역전쟁은 환율전쟁으로 번질 수 있다.
㉢ 보호무역주의로 인해 국제 사회에서 환율조작 이슈는 강조되지 않을 것이다.
㉣ 무역전쟁의 결과 미국의 무역적자는 심화될 것이다.

① ㉠, ㉡　　　　② ㉠, ㉢　　　　③ ㉡, ㉢
④ ㉡, ㉣　　　　⑤ ㉢, ㉣

| 해설 | ㉠ 미국은 무역적자 해소와 자국우선주의를 위해 보호무역조치를 취하는 한편 달러화 약세를 용인하고 있다. 달러화 가치의 하락은 해외 시장에서 미국 상품의 가격경쟁력을 높여 더 많은 수출을 할 수 있기 때문이다.
㉡ 자국 중심의 정책은 다른 국가들 모두 자국을 우선시하도록 만들어 환율전쟁으로 번질 수 있다. 모두 자국의 통화가치를 낮추려고 할 것이기 때문이다.

| 오답피하기 | ㉢ 보호무역주의 이슈가 등장한다고 해도 환율조작 관련 이슈가 사라질 것이라고 단정할 수 없다.
㉣ 무역전쟁의 결과 미국의 무역적자는 많이 해소될 것이다. 현재의 보호무역 역시 무역적자를 해소하기 위한 노력이다.

정답 17 ④ | 18 ①

📈 S등급 고난도 문제

다음 자료에 대해 옳게 말한 사람을 〈보기〉에서 고르면?

〈자료 1〉

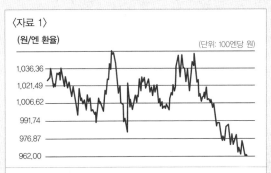

(원/엔 환율)   (단위: 100엔당 원)

1,036.36
1,021.49
1,006.62
991.74
976.87
962.00

〈자료 2〉

달러화 약세에 원화 강세가 더해지면서 원/달러 환율이 1,100원을 하회하는 흐름이 계속되고 있다. 전문가들은 대체로 내년 상반기까지는 이런 국면이 지속될 것으로 본다. 환율은 국내 증시뿐 아니라 해외 자산가격에도 상당한 영향을 미치는 만큼 투자 전략을 꼼꼼히 세울 필요가 있다는 지적이다.

〈보기〉

서영: 달러화 약세 현상은 유럽의 경기회복에 따른 점진적인 긴축정책과 관련 있을 거야.

소현: 지금과 같이 환율 추이가 계속된다면 일본 회사와 경쟁하는 우리나라 수출업체는 굉장히 힘들어질 거야.

경민: 우리 아버지는 미국에서 상품을 수입해서 판매하시는데 사업이 힘들어질 거 같아 걱정이야.

현진: 일본 여행을 계획 중인데 현재와 같은 환율 추이가 계속된다면 여행을 미뤄야겠어.

승주: 미국에 자녀를 유학 보낸 부모들의 부담이 줄어들고, 일본에 자녀를 유학 보낸 부모들의 학비 부담은 점차 커질 것 같아.

① 서영, 소현 ② 서영, 경민
③ 경민, 현진 ④ 경민, 승주
⑤ 현진, 승주

| 해설 | 원/엔 환율은 전반적으로 하락 추세를 보이고 있으며, 내년 달러화 역시 약세 가능성이 예상되고 있다. 즉, 원화 대비 엔화와 달러화 모두 약세를 보이고 있음을 알 수 있다. 이는 우리나라의 입장에서 원화의 강세로 환율이 모두 하락함을 의미한다.

서영. 미국의 달러화 약세 현상은 미국 자체보다 유럽의 경기회복과 밀접한 연관을 갖는다. 유럽의 경기 선행지표가 강세를 이어가고 있고, 유럽중앙은행 총재가 점진적인 긴축신호를 강조하여 유로화가 달러화 대비 강세를 보이고 있기 때문이다.

소현. 일본의 엔저 기조는 일본 상품의 해외시장 가격경쟁력을 높이므로, 상대적으로 우리나라 상품의 경쟁력이 약화된다.

| 오답피하기 | 경민. 미국에서 상품을 수입하는 경우 이전보다 저렴하게 구입할 수 있다. 예를 들어 이전에는 1,200원을 줘야 1달러짜리 상품을 살 수 있었지만, 이제는 1,000원만 있으면 동일 제품을 구입할 수 있다.

현진. 엔저로 인해 일본을 보다 저렴하게 여행할 수 있다. 예를 들어 과거에는 1,200원이 있어야 100엔만큼의 여행경비를 충당할 수 있었지만, 이제 1,000원만 있으면 100엔 정도를 쓸 수 있는 것이다.

승주. 미국이나 일본으로 유학을 보낸 자녀의 학비부담은 감소한다. 환율의 감소로 이전보다 적은 원화로 달러화 및 엔화를 구입할 수 있기 때문이다.

고난도 정답 ①

PART 03 국제경제

04

금융 · 경영 · 시사상식

챕터별 학습 중요도

최근 5회분 기출 데이터

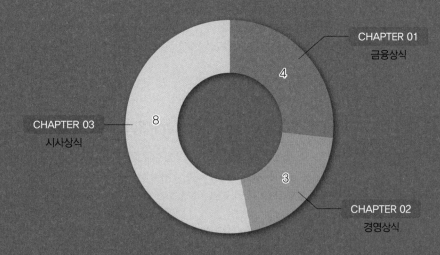

CHAPTER 01
금융상식
4

CHAPTER 02
경영상식
3

CHAPTER 03
시사상식
8

BEST 출제 키워드

구분	BEST 출제 키워드	구분	BEST 출제 키워드
CHAPTER 01 **금융상식**	• 자본시장 관련 법 규정 • 분산투자, 포트폴리오 • 주식 정보 읽는 법(PER 등) • 금융시장의 기능	**CHAPTER 03** **시사상식**	• 시사경제 상식 • 최신 이슈
CHAPTER 02 **경영상식**	• 주식회사의 작동 원리 • 경영비율(부채비율 등) • 회계의 기본 원리		

※ 학습 중요도와 BEST 출제 키워드는 출제빈도 분석과 출제기준 자료를 바탕으로 수록했습니다.

TIP 한 번 읽을 때마다 ☑하여 회독체크를 완성해보세요!

☑ 회독체크
☐ ☐ ☐

1 5%룰(5% Rule)

개인이나 기관 중 상장기업 주식을 5% 이상 보유할 시, 지분 변동이 1% 이상 일어날 때 보유상황과 변동내역, 보유목적 등을 금융감독원에 5일 이내에 보고해야 하는 제도이다. 상장기업의 경영권 안정과 공정성을 위해 「자본시장법」 제147조에 명시되어 있다.

☐ ☐ ☐

2 BIS(Bank for International Settlements)

국제결제은행이라고 불리며, 헤이그협정에 의거하여 설립된 중앙은행 간 협력기구로 현존하는 국제금융기구 중 가장 오래된 기구이다. 바젤합의를 통해 은행 시스템의 건전성 확보와 국제적 감독 기준 마련을 목적으로 하는 'BIS 기준'이라는 자기자본규제안을 발표하였다.

☐ ☐ ☐

3 BIS 자기자본비율(BIS Capital Adequacy Ratio)

국제결제은행(BIS)이 정하는 은행의 자기자본비율이다. BIS 자기자본비율은 위험가중자산에 대한 자기자본비율을 의미한다.

☐ ☐ ☐

4 BTL(Build Transfer Lease)

민간 사업자가 도로나 항만 등 사회기반시설을 건설하여 정부·지방자치단체 등에 기부채납(정부·지방자치단체가 무상으로 재산을 받아들이는 것)하는 대신, 일정 기간 사업을 위탁 관리하며 투자금을 회수하는 방식이다.

☐ ☐ ☐

5 CDS 프리미엄

CDS(Credit Default Swap)는 채권을 발행한 기업이나 국가에 부도가 날 경우 원금을 돌려받을 수 있는 금융파생상품이다. CDS 프리미엄은 부도 위험을 회피하는 데 들어가는 보험료 성격의 수수료를 말한다. 이는 해당 채권의 부도 확률이 높으면 오르고, 낮으면 떨어진다.

6 DLS(파생결합증권: Derivatives-Linked Securities) □ □ □

기초 자산인 금리, 원자재, 환율 등의 가격에 연동되어 투자 수익이 결정되는 유가증권으로, 유가증권과 파생금융상품이 결합된 형태이다. 금이나 원유, 구리, 철강, 곡물, 부동산 등의 실물 자산 역시 기초 자산이 된다. 자산의 가치 변동에 따라 일정 수익을 얻을 수 있게 설계되어 자산 가격에 큰 변동이 없으면 약속한 수익률을 보장받지만, 미리 정해둔 원금 손실 구간에 들어가면 원금 전액을 손실할 수 있다.

7 EBITDA(Earning Before Interest, Taxes, Depreciation and Amortization) □ □ □

법인세·이자·감가상각비 차감 전 영업이익이다. 기업이 영업활동으로 얼마나 현금을 벌어들였는지를 나타내는 지표, 즉 수익성을 나타내는 지표이다.

8 ESG(Environment, Social and Governance) 투자 □ □ □

장기적 관점에서 기업 가치와 지속가능성에 영향을 주는 환경·사회·지배구조 등의 비재무적 요소를 충분히 반영하여 평가하는 투자방식을 가리킨다.

9 ETF(Exchange-traded Fund) □ □ □

지수펀드를 거래소에 상장시켜 투자자들이 주식처럼 편리하게 거래할 수 있도록 만든 상품이다. 2002년 우리나라에 처음으로 도입된 ETF는 인덱스 펀드와 달리 거래소에 상장되어 일반 주식처럼 자유롭게 사고팔 수 있다.

10 IFRS(International Financial Reporting Standards) □ □ □

국제회계기준위원회가 기업의 회계처리와 재무제표의 통일성을 높이기 위해 공표하는 회계기준을 말한다.

11 IR(Investor Relations) □ □ □

기업이 자본시장에서 정당한 평가를 얻기 위해 주식, 채권 등 투자자를 대상으로 실시하는 일련의 정보 제공·홍보활동으로 기업설명활동이라고도 한다.

12 ISA(Individual Savings Account) □ □ □

ISA(개인종합자산관리계좌)는 하나의 통장으로 예금이나 적금은 물론 주식·펀드·파생 상품 등에 투자가 가능한 '바구니 통장(통합계좌)'이다. 이 계좌를 통해 얻은 수익에 대해서는 일정 한도까지 세금이 없거나 세율이 낮다.

☐☐☐

13 IRP(Individual Retirement Pension)

IRP(개인형 퇴직연금제도)는 근로자가 이직 또는 조기 퇴직 시 수령한 퇴직급여를 은퇴할 때까지 보관·운용할 수 있도록 한 제도이다. 소득 범위가 아닌, 세금 자체를 돌려주는 세액공제여서 환급 규모가 크며, 복리 효과를 볼 수 있다는 것도 장점이다.

☐☐☐

14 ITC(International Trade Commission)

ITC(국제무역위원회)는 미국에 수출된 외국 상품이 정부 보조금을 받거나 덤핑으로 미국 업계에 피해를 주었는지를 판정하는 미국 정부기구이다. USTR(미국무역대표부)과 함께 국제통상문제를 담당하는 중요한 기구이다.

☐☐☐

15 LTV(Loan To Value ratio)와 DTI(Debt To Income)

LTV(주택담보대출인정비율)는 담보인정비율로 집값 대비 대출받을 수 있는 한도이고, DTI(총부채상환비율)는 소득 대비 대출 한도이다. LTV와 DTI 한도를 높이면 가계부채가 늘어난다.

☐☐☐

16 MMF(Money Market Fund)

자산운용사가 고객의 돈을 모아 펀드를 만들어 단기금융상품에 집중 투자해 수익을 얻는 초단기공사채형 상품이다. CP(기업어음), CD(양도성예금증서), 콜등 단기 실세금리의 등락이 펀드수익률에 빠르게 반영되어 고수익을 노릴 수 있다는 것이 특징이다.

☐☐☐

17 NDB와 AIIB

중국 주도로 창설된 국제 금융기구이다. NDB(New Development Bank: 신개발은행)는 브릭스(브라질, 러시아, 인도, 중국, 남아프리카공화국) 국가들이 미국 주도의 국제통화기금(IMF)에 대항하여 설립한 것으로, 개발도상국의 인프라와 지속가능한 개발에 필요한 자금을 지원하는 역할을 한다. AIIB(Asian Infrastructure Investment Bank: 아시아인프라투자은행)는 아시아 개도국들이 사회간접자본을 건설할 수 있도록 자금 등을 지원한다.

☐☐☐

18 P2P(Peer to Peer) 금융

인터넷을 통한 개인 간의 직접적인 금융거래로 개인이 다른 개인에게 자금을 대출해 주는 방식이다. 투자자(돈을 빌려주는 사람)와 대출자(돈을 빌리는 사람)를 직접 연결시킨다는 점에서 은행권과 다르다.

19 SDR(Special Drawing Rights)

SDR(특별인출권)은 IMF 가맹국이 국제수지가 악화됐을 때 IMF로부터 외화를 인출할 수 있는 권리이며, 가맹국은 출자 비율에 따라 SDR를 배분받아 위기일 때 사용할 수 있다. SDR는 달러화·유로화·파운드화·엔화·위안화로 구성되어 있다.

20 VIX지수

Volatility Index의 약자로, 시카고 옵션거래소(CBOE)에서 거래되는 S&P 500 주가지수 옵션의 향후 30일간 변동성을 나타내는 지표이다. 투자 심리가 불안할 때 치솟아 증시의 '공포지수'라고 불리기도 한다.

21 가산금리(Spread)

은행 등 금융회사가 채권이나 대출 금리를 정할 때 기준금리에 덧붙이는 금리를 말한다. 변동금리의 산정은 은행 간 금리(LIBOR: London InterBank Offered Rate)를 바탕으로 조정하며, 이에 프리미엄(Spread)을 더하는 식으로 적용된다.

22 가치주(Value Stock)

기업 가치가 저평가되어 실적이나 자산에 비해 낮은 가격에 거래되는 주식을 말한다. 최근에는 인식의 변화로, 비록 고성장은 아닐지라도 안정적인 성장세를 유지하면서 고배당을 실시하여 주주를 중시하는 기업의 주식을 가리키는 용어로 개념이 확대되고 있는 추세이다.

23 간접금융시장

은행, 보험회사처럼 금융기관이 자금을 중개하는 시장이다. 금융기관이 자금의 수요자와 공급자 사이에 들어가 중개하고 수수료를 받는다. 간접금융시장에는 은행, 보험회사 등이 있다.

24 감자

회사 분할, 합병, 사업 보전, 구조조정 등의 목적으로 자본 총액을 줄이는 '자본금의 감소'를 말한다. 감자의 방법으로는 주식의 액면 금액을 감액하는 방법, 주식 소각이나 주식 병합을 통해 주식 수를 줄이는 방법, 그리고 이 두 방법을 혼용하여 사용하는 방법 등이 있다. 반대로 자본금의 증가는 증자라고 한다.

25 경제적 부가가치(EVA: Economic Value Added)

당기순이익에서 자기자본비용을 차감한 것으로, 현금 지출이 없는 자기자본에 대한 비용(암묵적 비용)까지 비용으로 차감하기 때문에 경제적 이윤의 개념이다. 기업 내부의 자체 평가용으로 사용된다.

☐☐☐

26 골든크로스(Golden Cross)

주가의 단기 평균선이 중기 혹은 장기 평균선을 아래에서 위로 뚫고 올라가는 현상을 말한다. 골든크로스의 반대는 데드크로스로, 이는 주가 등 시계열 변수의 단기평균선이 중기 혹은 장기 평균선을 위에서 아래로 뚫고 내려가는 현상이다.

☐☐☐

27 공매도(Short Stock Selling)

특정 종목의 주가가 하락할 것으로 예상되면 해당 종목의 주식을 빌려서 매도한 뒤 실제로 주가가 하락할 시 싼값에 되사들여 빌린 주식을 갚음으로써 차익을 얻는 투자 기법이다.

☐☐☐

28 국부펀드(Sovereign Wealth Fund)

정부가 출자하여 만든 펀드로, 출자 자금은 주로 외환 보유액이나 원유를 수출하여 벌어들인 오일달러가 활용된다. 외환 보유액이 늘어나면 국내 통화량이 증가하여 물가 상승의 요인이 된다. 따라서 외환 보유액이 많은 국가들은 국내 자금을 외국으로 내보내기 위한 수단으로 국부펀드를 활용한다. 즉, 국부펀드를 조성하여 해외 투자에 활용함으로써 국내 통화 안정과 투자 수익을 추구하는 것이다.

☐☐☐

29 국책은행

정부가 특별법을 통해 특정 목적을 위해 설립한 은행이다. 산업은행, 중소기업은행, 수출입은행 등이 이에 해당한다. 국가 경제를 위해 필요하지만 일반은행이 자금을 공급하기 어렵거나 유인이 없는 경우 국책은행이 대신하여 이를 수행한다.

☐☐☐

30 금융회사의 종류

일반은행과 특수은행, 비은행예금취급기관(종합금융회사, 상호저축은행, 신용협동조합, 새마을금고, 우체국, 보험회사, 증권회사), 기타금융기관(여신전문금융회사, 증권금융회사, 선물회사, 투자전문회사), 금융보조기관(신용보증기관, 신용평가회사, 예금보호공사, 한국자산관리공사, 한국수출보험공사)으로 구분된다.

☐☐☐

31 그레이 캐피털리즘(Gray Capitalism)

정부 통제력이 강한 기존의 중국식 자본주의에서 통제를 풀고 시장을 확대하는 과정에 있는 중간적 형태의 자본주의를 의미한다.

☐☐☐

32 그린북

기획재정부가 발간하는 경제 동향에 관련된 녹색 표지의 보고서이다. 미국 연방준비제도 이사회(Fed)가 발표하는 경제 동향 보고서인 베이지북(Beige Book)에 빗대어 표지가 초록색이어서 그린북이라고 부른다.

33 그린펀드(Green Fund)

국제통화기금이 조성한 펀드로, 탄소배출권 감소와 지구온난화 방지에 대한 국제적 합의를 바탕으로 조성한 펀드이다. 지구온난화로 가뭄, 홍수, 질병 등의 문제에 직면한 저개발 국가의 지원을 목적으로 한다.

34 그린필드(Greenfield)형 투자

해외 자본이 국내에 사업시설(생산시설, 영업망 등)을 만들어 직접 경영을 하는 것을 의미한다. 반면, M&A형 투자는 지분을 취득하여 경영권을 확보하는 것으로, 국내 기업의 소유주만 바뀔 뿐이다. 따라서 같은 해외 자본 투자라도 우리나라 경제에 대한 기여도는 M&A형 투자보다 그린필드형 투자가 더 크다고 할 수 있다.

35 금산 분리

금융 자본(은행)과 산업 자본(기업) 간의 결합을 제한하는 것을 말한다. 금융의 특성상 자기자본비율이 낮고 대부분 고객과 채권자의 자금으로 영업을 한다는 점을 감안하여 기업이 은행의 주식을, 또는 은행 등 금융회사가 기업의 주식을 일정 한도 이상 보유하는 것을 금지하는 것이다.

36 금융투자상품

원금 손실 가능성이 있는 투자성 금융상품을 말한다. 「자본시장과 금융투자업에 관한 법률」 제3조 제1항에는 '이익을 얻거나 손실을 회피할 목적으로 현재 또는 장래의 특정 시점에 금전, 그 밖의 재산적 가치가 있는 것을 지급하기로 약정함으로써 취득하는 권리로서, 그 권리의 취득을 위하여 지급하였거나 지급하여야 할 금전 등의 총액이 그 권리로부터 회수하였거나 회수할 수 있는 금전 등의 총액을 초과하게 될 위험이 있는 것'으로 정의되어 있다.

37 기업어음(CP: Commercial Paper)

기업이 은행을 지급과 결제의 매개자로 발행하는 어음이다. 기업이 CP를 발행하면 금융기관이 이를 매입한 뒤 다른 금융기관이나 투자자에게 판매하여 유통한다. CP 수익률은 콜금리, CD(양도성예금증서) 수익률과 함께 단기 금리의 대표적인 지표로 활용된다.

38 긴축발작(Taper Tantrum)

테이퍼링(Tapering)의 과정에서 기준금리 인상을 우려한 투자자들이 자금을 회수함으로써 신흥국들의 통화 가치, 증시 등이 급락하는 사태를 말한다.

□□□ ### 39 내부자거래(Insider's Trading)

임직원과 주요 주주 등 한 기업에 영향력이 있는 사람이 자신의 지위와 직무를 통해 얻은 정보를 이용하여 주식매매를 하는 불공정한 행위를 말한다.

□□□ ### 40 다우존스지수

미국의 다우존스가 만든 지수로서, 가장 오래된 주가지수이다. 대표적인 주식 종목 30개를 대상으로 산술 평균한 지수이며, 미국 증권시장 동향과 시세를 알려준다. 대상 종목의 주가 합계를 종목 수로 나누어 산출한다.

□□□ ### 41 닥터 둠(Dr. Doom)

미국의 투자전략가 마크 파버가 뉴욕 증시 대폭락과 아시아 외환 위기를 예견하면서 붙은 별칭이다. 국제금융계에서 비관론을 펴는 경제학자를 부르는 용어로 쓰인다. 최근에는 미국 뉴욕대 누리엘 루비니 교수가 2008년 금융위기를 예측하여 주목을 받았으며 비관적인 경제 예측으로 '닥터 둠(Dr. Doom)'으로 불리고 있다.

□□□ ### 42 달러 인덱스(U.S. Dollar Index)

유로(EUR), 엔(JPY), 파운드(GBP), 캐나다 달러(CAD), 스웨덴 크로네(SEK), 스위스 프랑(CHF) 등 경제 규모가 크거나 통화 가치가 안정적인 6개국 통화를 기준으로 산정한 미 달러화 가치를 지수화한 것이다. 각 통화의 비중은 그 국가의 경제 규모에 따라 결정됐다. 즉, 유로 57.6%, 엔 13.6%, 영국 파운드 11.9%, 캐나다 달러 9.1%, 스웨덴 크로네 4.2%, 스위스 프랑 3.6%로 비중이 정해져 있다. 1973년 3월을 기준점인 100으로 하여 미국 연방준비제도이사회(FRB)에서 변화 추이를 작성·발표한다.

□□□ ### 43 달러 캐리트레이드(Dollar Carry Trade)

금리가 싼 달러화를 대출받아 금리가 높은 국가에 투자하는 것을 말한다. 달러화를 대출받아 다른 곳에 투자하면 달러화 공급이 늘어나는 효과가 있어 달러화 약세 요인으로 작용한다.

□□□ ### 44 데드 캣 바운스(Dead Cat Bounce)

주가가 급락한 후 임시로 소폭 회복되는 현상이다. 전체 시장이 하락장인 상황에서 일시적인 소폭 상승에 속아 주식을 살 경우 손해를 보게 되는 현상을 의미하기도 한다.

45 동행종합지수(Coincident Composite Index)

현재 경기 상태를 판단하거나 앞으로 경기 상태를 예측하기 위한 대표적인 지표로, 각종 경제지표들의 전월 또는 전년과 같은 기간 대비 증감률을 합성하여 작성한다. 산업생산지수, 제조업가동률지수, 생산자출하지수, 도소매판매액지수, 비내구소비재 출하지수, 수입액, 시멘트소비량, 노동투입량, 전력사용량, 수출액 등의 지표로 구성되어 있다.

46 디스인플레이션(Disinflation)

인플레이션 상태를 벗어나기 위해 통화가 증발하는 것을 막고 재정과 금융의 긴축을 중심축으로 하는 경제조정정책을 말한다. 점차적으로 통화를 수축시키면 시간이 흐를수록 물가상승률은 낮아지게 되는데 물가를 일정 수준으로 유지시키는 것이 목표이다.

47 디파이(De-Fi: Decentralized Finance)

탈중앙화된 금융 시스템을 일컫는 개념이다. 이를 통해 중앙기관의 통제 없이 인터넷 연결만 할 수 있다면 블록체인 기술로 다양한 금융 서비스를 제공받을 수 있다.

48 래퍼곡선(Laffer Curve)

미국의 경제학자 아더 래퍼(Arthur B. Laffer)가 제안한 이론으로, 세율과 세수의 관계를 곡선을 통해 설명한 이론이다. 일반적으로 세율이 높아질수록 세수가 많아지나, 래퍼곡선에서는 최적조세점을 넘어서는 세율에서는 세수가 줄어드는 현상을 보인다고 설명한다. 이는 근로의욕 감소 등이 원인이 되기 때문이라고 한다.

49 랩 어카운트(Wrap Account)

주식·채권·펀드·파생 상품 등 여러 상품을 한 곳에 모아 고객의 기호에 따라 관리하는 자산관리계좌이다. 증권사가 고객이 예탁한 재산에 대해 자산 구성에서부터 운용 및 투자 자문까지 통합적으로 관리해 주는 종합금융서비스라고 할 수 있다.

50 로보어드바이저(Robo Advisor)

로봇을 뜻하는 Robo와 투자자문사를 뜻하는 Advisor를 합한 말이다. 빅데이터를 활용하여 투자자의 성향을 분석하고 자산운용에 대해 자문하고 관리하는 서비스를 제공한다.

51 롤오버(Roll-over)

금융기관이 상환 만기가 된 부채의 상환을 연장해 주는 조치로, 채권의 경우 새 채권을 발행하여 만기를 연장하는 형태를 취한다. 개인의 대출 기간을 연장하는 조치도 이에 포함된다. 롤오버 비율이 80%라는 것은 만기가 되었을 때 상환해야 할 금액의 80%에 대해 상환을 연기해 주었다는 의미이다.

☐☐☐

52 롱쇼트 전략

장기적으로 본질 가치보다 싼 주식은 사고, 단기적으로 비싼 주식은 팔아 수익을 추구하는 것이다.

☐☐☐

53 리디노미네이션(Redenomination)

화폐의 액면가를 동일한 비율의 낮은 숫자로 변경하는 작업이다. 보통 인플레이션 진전에 따라 경제량을 화폐적으로 표현하는 숫자가 커져 문제가 발생할 때 실시된다.

☐☐☐

54 리보금리(LIBOR: London Inter-Bank Offered Rates)

국제금융시장의 중심지인 영국 런던에서 우량 은행끼리 단기 자금을 거래할 때 적용하는 금리를 말한다. 리보금리는 세계 각국의 국제금융 거래에 기준금리로 사용되어 세계금융 시장의 상태를 판단할 수 있다.

☐☐☐

55 리브라(Libra)

페이스북(현 명칭 메타)이 2020년 발행을 목표로 했던 디지털 암호화폐의 명칭이다. 2021년 12월에 '디엠(diem)'으로 명칭을 바꾸었다.

☐☐☐

56 리츠(REITs: Real Estate Investment Trusts)

부동산투자신탁으로, 소액의 투자자들을 모아 부동산에 투자하여 발생한 수익을 배당으로 지급한다. 부동산개발사업임대, 주택저당채권 등에 투자하며, 만기는 3년 이상이다. 소액으로 누구나 참여가 가능하며, 실물 자산인 부동산에 투자하여 가격이 안정적이다.

☐☐☐

57 마이크로 크레디트(Micro-Credit)

제도권 금융회사와 거래하기 힘든 저소득층에 생계형 창업이나 자활을 도울 수 있도록 담보 없이 대출해 주는 제도를 말한다. 소액을 빌려준다고 해서 '마이크로'라는 말이 붙었다. 우리나라 정부는 '미소(美少)금융'이라는 마이크로 크레디트 사업을 진행하고 있다.

☐☐☐

58 마이크로파이낸스(Microfinance)

저소득층을 대상으로 하는 금융서비스를 소액규모로 제공하는 사업을 의미한다. 저소득층에게 목돈 마련의 기회를 제공하는 것이 목적이다.

59 마일스톤 징크스(Milestone Jinx)

큰 단위 지수가 바뀌는 것에 대한 두려움으로 분기점 도달을 앞두고 증시 상승세가 꺾이는 현상을 의미한다. 코스피나 코스닥지수가 특정 분기점(이정표)에 도달하면 투자자들의 차익 실현 매물이 급증하여 하락하곤 한다.

60 마진머니(Margin Money)

외국환 은행은 수입신용장 개설 시 수입상으로부터 일정한 보증금을 받는데, 이때의 보증금을 '마진머니'라고 한다.

61 마진 콜(Margin Call)

선물계약(Futures Trading)의 예치금이나 펀드의 투자 원금의 손실이 발생한 경우 이를 보전하라는 요구를 의미한다.

62 매몰비용(Sunk Cost)

한 번 지불하고 나면 선택을 번복해도 회수될 수 없는 금액을 말한다. '함몰비용'이라고도 부른다. 당초에 선택을 번복해도 회수할 수 없다는 점에서 기회비용과 다르다.

63 매파와 비둘기파

경제정책과 관련하여 매파는 물가 안정을 중시해 금리를 올리고 통화량을 줄이자는 주장을 하며, 비둘기파는 경제성장을 위해 금리를 낮추고 통화량을 늘리는 정책을 도모한다.

64 메자닌 펀드(Mezzanine Fund)

메자닌은 건물 1층과 2층 사이에 있는 라운지 공간을 의미하는 이탈리아어이다. 메자닌 펀드는 채권과 주식의 중간 위험 단계에 있는 상품에 투자하는 펀드를 말한다. 안전 자산인 선순위대출과 위험 자산인 보통주 사이의 중간 단계에 있는 후순위채권, 전환사채, 신주인수권부사채, 교환사채, 상환전환우선주식 등 주식 관련 채권에 투자한다.

65 모기지론(Mortgage Loan)

부동산을 담보로 주택저당증권(MBS: Mortgage Backed Securities)을 발행하여 장기주택자금을 대출해 주는 제도이다. 자금 수요자가 금융기관에서 장기저이자금을 빌리면 은행은 주택을 담보로 주택저당증권을 발행하고 이를 중개기관에 팔아 대출 자금을 회수한다. 중개기관은 주택저당증권을 다시 투자자에게 판매하고 그 대금을 금융기관에 지급한다.

☐☐☐
66 물적 분할

기업 분할 시 새로 신설되는 회사의 주식을 기존 회사의 주주들에게 분배하지 않고 기존 회사가 소유하는 경우를 말한다. 물적 분할을 하게 되면 신설 회사는 기존 회사의 100% 자회사 형태가 된다. 상장 회사는 대부분 인적 분할을 한다.

☐☐☐
67 민스키 모멘트(Minsky Moment)

누적된 부채가 과도해짐에 따라 자산 가치 붕괴와 경제위기를 일으키는 순간을 의미한다. 지나친 부채 확대에 기대 금융시장의 호황이 이어지다가 호황이 끝나면 채무자들의 부채 상환 능력이 나빠지고, 결국 건전한 자산까지 팔아 빚을 갚으면서 금융시스템이 붕괴되고 금융위기까지 초래하는 시점을 말한다.

☐☐☐
68 바이백(Buy-back)

주식시장에서는 기업의 자사주 매입을, 채권시장에서는 국채 조기 상환을 의미한다. 자사주 매입은 주주환원정책 중 하나로 유통주식 수를 줄여 주가를 상승시키지만 과도한 자사주 매입은 기업의 투자 여력을 감소시킬 수 있다는 단점이 있다.

☐☐☐
69 박스권

주가가 일정한 폭 안에서 등락을 거듭할 때의 그 일정 범위를 말한다.

☐☐☐
70 발생주의

회계 기준은 발생주의를 적용하고 있다. 현금 수입이 있을 때 수익을 인식하고 현금 지출이 있을 때 비용을 인식하는 현금기준회계(Cash Basis Accounting)와 달리 발생주의 회계(Accrual Basis Accounting)는 현금 유출입과 관계없이 수익 및 비용을 인식하는 회계 절차이다. 발생주의 회계하에서 기업은 고객에게 재화를 인도하거나 용역을 제공하고, 그 대가로 현금이나 현금청구권을 받았을 때 수익을 인식한다.

☐☐☐
71 배드 뱅크(Bad Bank)

금융기관의 방만한 운영으로 발생한 부실자산이나 채권만을 사들여 전문적으로 관리 · 처리하는 구조조정 전문기관이다.

☐☐☐
72 뱅크런(Bankrun)

경제 악화로 금융시장에 위기감이 조성되면서 은행의 예금 지급 상태에 불안감을 느낀 고객들이 대규모로 예금을 인출하는 상황을 말한다. 은행의 부도를 두려워한 예금자들이 예금을 찾기 위해 달려간다는 데에서 유래되었다.

73 법정최고금리 ☐☐☐

법으로 정한 가장 높은 금리로, 예금이 아닌 대출에만 적용된다. 금융회사, 대부업체의 폭리를 막기 위함을 목적으로 한다.

74 베이시스(Basis) ☐☐☐

선물가격(Futures Price)과 현물가격(Spot Price)의 차이를 말한다. 기본 단위는 베이시스 포인트(Basis Point)이며, 보통 'bp'로 표현한다. 만분율에 해당하며 100분의 1%를 뜻한다. 1bp는 0.01%가 된다.

75 베이지북(Beige Book) ☐☐☐

미국의 경제동향 종합보고서로, 미국의 중앙은행이 연간 8차례에 걸쳐 발표한다. 해당 보고서의 표지가 베이지색인 점에서 유래했다. 연방준비제도이사회(FRB) 산하 12개 지역 연방준비은행이 기업인과 경제학자, 시장 전문가 등의 견해를 담아내며, 각 지역의 산업 생산활동·소비 동향·물가·노동시장 상황 등 모든 경기 지표들을 분석한 자료도 포함된 종합보고서이다.

76 병목 인플레이션(Bottle-neck Inflation) ☐☐☐

생산능력의 증가 속도가 수요의 증가 속도를 따라가지 못하여 발생하는 병목 현상으로 물가가 상승하는 것을 말한다. '애로 인플레이션'이라고도 부른다. 장기간 지속되면 물가 상승 → 긴축정책 → 불황 → 투자 부진의 악순환이 일어날 수 있다.

77 볼커룰(Volcker Rule) ☐☐☐

2008년 글로벌 금융위기 이후 미국 연방준비제도 이사회 의장인 볼커(Volcker)에 의해 시행된 규제책으로, 미국 대형은행이 자기자본으로 위험한 투자를 하지 못하도록 하는 내용을 담고 있다. 자기자본이나 빌린 돈으로 주식, 채권, 파생상품 등에 투자하지 못하도록 하는 내용이 주를 이루고 있다.

78 부채 ☐☐☐

유동부채와 비유동부채로 구분하여 표시한다. 이는 상환의무기간이 1년 이상인지 이하인지에 따라 구분된다. 유동부채는 기업의 정상적 영업주기 내 또는 재무보고기간 말로부터 1년 이내에 결제(지급)되어야 하는 부채와 단기 매매 목적으로 보유하는 부채이다. 비유동부채는 유동부채에 속하지 않는 부채를 말하며, 장기차입부채, 장기충당부채 등을 포함한다.

☐☐☐

79 불황형 흑자

수입이 수출보다 더 줄어 무역 흑자가 나는 현상이다. 국내 투자나 소비가 침체될 경우에도 수입이 줄어 수출에서 수입을 차감한 수지가 양(+)의 값을 기록할 수 있다.

☐☐☐

80 브레튼우즈 체제(Bretton Woods System)

제2차 세계대전 말 전후 세계자본주의 질서의 재편을 위해 44국 지도자들이 미국 뉴햄프셔 주의 브레튼 우즈에 모여 만든 국제통화체제를 말한다. 금태환제(금 1온스와 미화 35불 고정)의 도입, 국제통화기금(IMF)과 국제부흥개발은행(IBRD) 창설 등이 핵심 내용이다.

☐☐☐

81 브리지 론(Bridge loan)

일시적인 자금난에 대응하기 위해 일시적으로 자금을 연결하는 다리가 되는 대출로, 임시방편 자금 대출의 성격을 갖는다.

☐☐☐

82 블록딜(Block Deal)

주식거래소 시작 전후에 대량의 주식을 보유한 매도자와 이를 인수하는 매수자 간에 거래를 체결시켜 주는 제도를 말한다. 대량의 거래가 시장에 영향을 미치지 않도록 매도자는 매수자를 구한 뒤 장이 끝난 이후 지분을 넘긴다.

☐☐☐

83 블록 세일(Block Sale)

가격과 물량을 미리 정해 놓고 특정 주체에게 일정 지분을 묶어 일괄매각하는 방식이다. 주식시장에서 대량의 지분을 매각할 경우 가격 변동과 물량 부담에 따른 불확실성이 생길 수 있다. 블록 세일은 이러한 부담을 줄이기 위해 정규매매 거래 시간 이전 또는 이후의 시간외 거래나 장외 거래로 이루어진다.

☐☐☐

84 블랙머니(Black Money)

정당하지 못한 돈을 의미하며, 뇌물, 절도, 횡령 등의 수단으로 벌어들였거나 탈세를 목적으로 신고하지 않은 불법적 성격의 돈을 의미한다.

☐☐☐

85 블랙 스완(Black Swan)

도저히 일어날 것 같지 않은 일이 일어나는 것을 뜻하는 말로, 월가에서 투자분석가로 활동했던 나심 니콜라스 탈레브가 2007년 출간한 「검은 백조(The Black Swan)」라는 책에 소개된 개념이다. '실제로는 존재하지 않는 어떤 것' 또는 '고정관념과는 전혀 다른 어떤 상상'이라는 은유적 표현으로 서양 고전에서 사용된 용어였으나, 17세기 한 생태학자가 실제로 호주에 살고 있는 흑조를 발견함으로써 '불가능하다고 인식된 상황이 실제 발생하는 것'이라는 의미로 바뀌었다.

86 비례세

소득 수준에 관계없이 누구에게나 같은 비율로 부과하여 징수하는 세금이다. 부가가치세가 대표적이며, 간접세는 대체로 비례세의 형태이다.

87 빅맥지수

세계 각국에서 팔리고 있는 맥도널드의 햄버거 '빅맥'의 가격을 달러화로 환산한 뒤 미국 내 가격과 비교한 지수이다. 영국 경제지 「이코노미스트」에서 1986년 처음 사용되었다. 빅맥의 나라별 가격을 비교하여 각국의 구매력과 적정 환율을 평가한다.

88 사모펀드(Private Equity Fund)

소수의 투자자로부터 사모방식으로 자금을 조성하여 투자대상, 투자비중 등에 제한이 없어 주식, 채권, 부동산, 원자재 등에 자유롭게 투자하는 펀드를 말한다.

89 사이드카(Sidecar)

선물가격이 전일 종가 대비 5% 이상의 등락가가 1분 이상 지속될 경우, 현물시장에 대한 영향을 최소화하기 위해 주식시장의 선물 및 현물 매매를 5분간 중단시키는 제도를 말한다.

90 산타 랠리(Santa Rally)

매년 크리스마스 부근을 전후로 한 기간에 주가가 상승하는 현상을 일컫는다. 연말 보너스 지급, 가족과 친지를 위한 선물 구입 등 내수촉진과 기업의 매출신장으로 인해 일어난다.

91 상계관세(Countervailing Duty)

수출업자가 보조금을 받고 있을 경우 그 상품에 대하여 부과되는 관세이다. 상계관세의 중요한 목적은 보조금을 받고 있는 수출의 특별한 이익을 막고 그것을 다른 수입품이나 국내 생산물과 동일한 입장에 두는 것이다.

92 상장지수증권(ETN: Exchange-traded Note)

원자재나 주가지수 등 기초 자산의 가격 변동에 따라 수익을 얻을 수 있도록 설계한 채권 형태의 상품이다. 증권사가 자기신용으로 발행하고 상장지수펀드(ETF)처럼 거래소에 상장되기 때문에 시장에서 ETN을 자유롭게 사고팔 수 있다. ETF와 비슷하지만 발행 주체가 증권사이며, 만기가 있다는 점이 다르다.

□□□ ### 93 섀도 뱅킹(Shadow Banking)

은행과 비슷한 기능을 하면서도 은행과 달리 엄격한 규제를 받지 않는 금융기관과 그러한 금융기관들 사이의 거래를 이르는 말이다. 일반적인 금융시장과 달리 손익이 투명하게 드러나지 않는다는 점에서 '그림자 금융'이라는 별칭이 붙었다.

□□□ ### 94 서브프라임 모기지(Subprime Mortgage)

비우량주택담보대출, 즉 저신용자들에게 고금리로 대출한 주택담보대출을 말한다. 세계 경제에 '100년 만에 위기'를 몰고 온 원흉으로 지목되고 있다.

□□□ ### 95 서킷 브레이커(Circuit Breakers)

주가가 급등 또는 급락할 경우 주식 매매를 일정 시간 중단하는 제도로, 일종의 증시 안전판으로 볼 수 있다. 중국이 이를 도입했다가 연초 증시 폭락으로 시행을 중단한 바 있다.

□□□ ### 96 선강퉁과 후강퉁

선강퉁은 중국 선전증시와 홍콩증시의 교차거래를, 후강퉁은 중국 상하이증시와 홍콩증시의 교차거래를 의미한다. 후강퉁의 핵심은 중국 본토 주식을 개인 투자자도 자유로이 사고 팔 수 있게 된다는 점이다. 두 제도가 시행되면서 한국 투자자들도 중국 주식시장에 투자할 수 있는 기회가 확대되었다.

□□□ ### 97 선물

미래의 일정한 시기에 현물을 받거나 넘겨준다는 조건으로 현재 계약을 하는 거래를 의미한다. 선물 거래 중 달러화를 대상으로 하는 거래는 선물환 거래라고 한다. 즉, 미래의 일정한 시기에 달러화를 받거나 넘겨준다는 조건으로 현재 계약을 하는 거래이다. 미래에 받을 달러화를 현재 정한 환율로 거래할 수 있으므로 환율 변동의 위험을 제거할 수 있다.

□□□ ### 98 세계 3대 신용평가회사

영국의 피치(Fitch), 미국의 무디스(Moody's), 스탠더드 앤드 푸어스(S&P)를 지칭하며, 세계 금융시장을 좌지우지할 만큼 막강하다.

□□□ ### 99 소득 크레바스(Income Crevasse)

직장에서 은퇴한 뒤 국민연금을 받을 때까지 소득이 없는 기간을 말한다. '은퇴 크레바스, '연금 크레바스'라고도 부른다.

100 수익증권(Beneficiary Certificate) □□□

금전신탁계약에 의한 수익권이 표시된 증권, 투자신탁의 수익권을 표시한 증권, 그 밖에 이와 유사한 것으로서 신탁의 수익권이 표시된 것을 의미한다.

101 스무딩 오퍼레이션(Smoothing Operation) □□□

환율이 급변할 때 중앙은행이 시장에 개입하여 외화를 매수하거나 매도하여 그 폭을 둔화시키는 환율 안정화 조치로, '미세 조정'이라고도 부른다.

102 스크루플레이션(Screwflation) □□□

스크루(Screw)는 쥐어짜기라는 뜻으로 물가 상승을 의미하는 인플레이션(Inflation)이 합쳐져 생긴 단어이다. 일상생활이 어려워지면서 체감 물가가 올라가는 상태를 의미하며, 이 현상이 나타나면 증시는 물론 전반적인 사회·경제적 상황이 악화된다.

103 스트레스 테스트(Stress Test) □□□

금융회사가 얼마나 외부 충격에 견뎌내는지 진단하는 내성 테스트이다. 환율이나 금리와 같은 변수를 최악의 상황까지 가정하여 은행 수익성과 건전성을 진단하는 방법이다.

104 시가총액식 주가지수 □□□

미국 S&P가 작성하기 시작한 지수로서, 주가에 상장주식수를 가중하여 현재 시점과 일정 시점의 시가총액을 비교한 지수이다.

105 시뇨리지(Seigniorage) □□□

국가가 화폐 발행으로 얻게 되는 이득으로, 화폐의 액면 가치와 실제로 만들어지는 데 들어간 비용의 차액을 말한다. 화폐 주조 차익이라고 부르기도 한다.

106 시드머니(Seed money) □□□

종잣돈, 즉 투자나 비즈니스 초창기에 집행하는 돈을 의미한다.

107 시퀘스터(Sequester) □□□

미국 연방정부의 예산자동삭감조치를 의미한다. Sequester는 '격리시키다'는 뜻으로, 글로벌 금융위기 이후 미국의 재정 적자가 심각해지자 연간 1,100억 달러씩 10년간 총 1조 2,000억 달러의 미 연방정부 지출을 자동 삭감하기로 한 조치를 의미한다.

☐☐☐ **108** **신주인수권부사채(Bond with subscription Warrant)**

일정 기간이 지나면 미리 정해진 가격으로 회사 주식을 청구할 수 있는 권리가 부여된 사채이다. 사채권자는 보통사채와 마찬가지로 일정한 이자를 받고 만기에 사채 금액을 상환받을 수 있으며, 동시에 신주인수권을 가지고 주식의 사장가격이 발행가액보다 높은 경우 회사 측에 신주 발행을 청구할 수 있다.

☐☐☐ **109** **실효세율**

세법상 정해진 법정세율에서 각종 공제와 감면 등을 제외하고 실제로 납세자가 부담하는 세금의 비율이다. 예를 들어, 1,000만 원의 소득이 있는 사람이 각종 공제로 500만 원의 과세표준에 10% 소득세율로 50만 원의 세금을 냈다면 법정세율은 10%이지만, 실효세율은 5%이다. 실효세율은 세금 부담 크기를 국제적으로 비교할 때에나 정부의 정책 수립 시 활용된다.

☐☐☐ **110** **아리랑본드(Arirang Bond)와 김치본드(Kimchi Bond)**

외국 기업이 국내에서 발행하는 채권을 의미한다. 한국 원화로 발행하면 아리랑본드, 원화 이외의 통화로 발행하면 김치본드이다. 이처럼 외국에서 발행하는 채권을 국제채라고 한다.

☐☐☐ **111** **안정공황**

인플레이션 안정기에 나타나는 공황이다. 인플레이션을 안정시키기 위해서는 통화 유통량을 제한하게 되는데 그 과정에서 정부 재정이나 기업의 금융 투자가 줄어든다. 이로 인해 생산이 감소하고 기업이 파산하며, 실업자가 증가하는 등의 문제가 발생하며 결국 공황 상태에 빠지게 되는 것이다.

☐☐☐ **112** **액면분할(Stock Split)**

주식의 액면가액을 일정한 분할 비율로 나눔으로써 주식 수를 증가시키는 일을 의미한다. 일반적으로 어떤 주식의 시장가격이 과도하게 높게 형성되어 주식 거래가 부진하거나 신주 발행이 어려운 경우 등에 이루어진다. 액면분할을 함으로써 주당 가격을 낮추어 주식 거래를 촉진할 수 있으며, 이에 따라 자본 이득이 발생하는 심리적 효과를 얻을 수 있다.

☐☐☐ **113** **엔캐리 트레이드(N-Carry Trade)**

금리가 상대적으로 낮은 일본의 엔화 자금을 빌려 금리가 높은 다른 국가의 통화나 자산 등에 투자하여 이익을 얻는 금융기법이다. 금리 차이로 수익을 얻을 수 있으나 엔화를 빌릴 때보다 갚을 때 환율이 높으면 손해가 발생할 수 있다. 달러화를 빌려 투자를 하면 달러 캐리 트레이드라고 한다.

114 양도성예금증서(CD: Certificate of Deposit)

양도가 가능한 정기예금증서이다. 은행은 자금 조달을 위해 CD를 발행하고, 투자자는 투자 목적으로 CD를 매입한다. CD는 예금자보호법의 적용을 받지 않는다.

115 역모기지론(Reverse Mortgage Loan)

특별한 소득원이 없는 만 55세 이상 고령자들이 보유하고 있는 주택을 담보로 제공하고 금융기관에서 매월 일정액을 연금 형식으로 받는 대출상품을 말한다. '주택연금(주택담보 노후연금제)'이라고도 한다.

116 연말정산

1년 동안 간이세액표에 따라 국세청에 납부한 근로소득세를 연말에 다시 따져보는 절차로, 실소득보다 많은 세금을 냈으면 그만큼을 돌려 받고 적게 냈으면 더 내게 된다.

117 연방공개시장위원회(FOMC: Federal Open Market Committee)

미국 연방준비제도이사회(FRB) 산하에 있는 위원회로, 통화·금리정책을 결정하는 기구로서 공개시장운영 정책을 수립하는 곳이다. 통화·금리정책을 결정하는 기구라는 점에서 한국은행의 금융통화위원회와 비슷한 역할을 한다고 할 수 있다.

118 영업용 순자본 비율(NCR: Net Capital Ratio)

금융투자회사의 영업용 순자본(자기자본에 비유동성 자산 등을 차감)을 총위험액(보유자산의 손실예상액)으로 나눈 값을 백분율로 표시한 것이다. 은행의 BIS 비율과 같이 증권회사의 재무건전성을 나타내는 지표로, 부담하고 있는 위험의 규모가 해당 증권회사에 적합한지를 판단하는 지표이다.

119 예금자보호제도

은행의 부분지급준비제도로 인해 한꺼번에 많은 예금자들이 예금을 찾으러 몰려올 경우 대처하기 위해 마련한 제도로, 은행별로 원금과 이자를 합쳐 5,000만 원까지 예금보험기관이 대신 지급해 준다. 다만, 원금 손실이 날 수 있는 금융투자상품은 예금자보호 대상이 아니다.

120 오버슈팅(Overshooting)

상품이나 금융자산의 시장가격이 일시적으로 폭등 또는 폭락하였다가 장기균형수준으로 수렴해 가는 현상을 말한다.

☐☐☐

121 오퍼레이션 트위스트(Operation Twist)

중앙은행이 장기국채를 매입하고 단기국채를 매도하여 경제를 활성화하려는 공개시장운영 방식이다. 단기국채를 매도함과 동시에 장기국채를 매입함으로써 증가한 통화량에 대한 억제 효과를 가지게 된다.

☐☐☐

122 옵션

미래 일정한 기한 내에 특정 상품을 정해진 가격에 사거나 팔 수 있는 권리이다. 콜옵션(Call Option)은 특정 자산을 일정한 가격에 매수할 수 있는 권리이며, 풋옵션(Put Option)은 매도할 수 있는 권리로서 기초 자산의 가격 하락으로 인한 손실 위험을 제거할 수 있다.

☐☐☐

123 와타나베 부인(Mrs. Watanabe)

저금리 엔화로 고금리 국가의 금융상품에 투자하여 재테크하는 주부들을 가리키는 말로, 외환 거래에 나서는 일본 투자자들을 총칭한다.

☐☐☐

124 외환보유액

한 나라가 비상사태에 대비하여 비축하고 있는 외화자금을 의미한다. 국가의 비상자금으로서 안전판 역할을 할 뿐만 아니라, 환율을 안정시키고 국가신인도를 높이는 데 기여한다. 긴급사태 발생으로 금융회사 등 경제주체가 해외에서 외화를 빌리지 못해 대외결제가 어려워질 경우에 대비하는 최후의 보루(Last Resort) 기능을 한다.

☐☐☐

125 윔블던 효과(Wimbldon Effect)

윔블던 테니스대회가 영국 런던에서 열리지만, 우승자는 영국 선수보다 외국 선수가 더 많데서 유래된 단어로, 영국이 다국적 금융사에 거래 장소만 제공한다는 뜻으로 사용된다. 과거 영국은 은행의 구조조정과 함께 금융시장을 외국자본에 개방하고 규제를 대폭 철폐하고 나서 금융거래를 활성화시켰다. 하지만 영국 금융회사들이 외국 금융회사에 흡수·합병됨으로써 금융시장이 외국 자본의 영향력하에 놓이는 결과를 낳았다. 이처럼 윔블던 효과는 국부유출, 적대적 M&A로 인한 경영권 위협, 국내 경제정책의 무력화 문제 등을 야기할 수 있다.

☐☐☐

126 이슬람 금융(Islamic Banking)

돈을 빌려주고 이자를 받는 행위를 금지하는 이슬람법(샤리아)에 근거한 금융행위이다. 융자나 채권 발행 등으로 이자 대신 투자 수익을 배분하는 금융기법을 말한다.

127 이지머니(Easy Money)

미국·유럽 등 선진국들이 금융위기 극복을 위해 막대한 유동성을 풀면서 조달비용이 낮아진 자금을 의미한다. 금융의 완화를 나타내는 상태로, 자금의 공급이 수요에 비해 원활해져 자금조달이 용이한 상태를 말한다. 타이트머니(Tight Money)의 상대어이다.

128 인덱스 펀드(Index Fund)

목표 지수인 인덱스를 선정하여 이 지수와 동일한 수익률을 올릴 수 있도록 운용하는 펀드로, 주가 지수에 영향력이 큰 종목들 위주로 펀드에 편입하여 펀드 수익률이 주가 지수를 따라가도록 하는 상품이다. 주가 지수의 흐름에 가장 가까운 대표적 종목들을 편입하여 운용되며, 위험 회피를 중시하는 보수적인 투자 방법의 하나이다.

129 인적 분할

기업 분할 시 존속 회사 주주들이 지분율대로 신설 법인의 주식을 나눠 갖는 것을 의미한다. 신설 회사와 존속 회사의 주주가 분할 초기에는 동일하지만 주식 거래 등을 통해 지분 구조가 달라지므로 독립된 형태를 갖는다.

130 인컴펀드(Income Fund)

채권, 리츠, 주식의 배당, 분배금 등 다양한 인컴을 투자 대상으로 하는 펀드이다. 자산가격 자체보다 인컴 수익에 초점을 맞춰 운용한다. 중수익, 중위험 상품으로 분류된다.

131 자기자본이익률(ROE: Return On Equity)

자기자본이익률은 투자한 자본에 대비하여 어느 정도의 이익을 올리고 있는지를 나타내는 지표, 즉 기업의 이익 창출 능력을 보여 주는 지표이다. 기업의 당기순이익을 자기자본으로 나누어 계산한다.

$$ROE = \frac{당기순이익}{자기자본}$$

132 자본잠식(Impaired Capital)

기업 자본은 납입자본금과 잉여금으로 구성되나 영업 부진으로 회사의 적자폭이 커져 잉여금이 바닥나고 납입자본금까지 잠식되기 시작한 상태를 말한다.

133 자본자산 가격결정 모형(CAPM: Capital Asset Pricing Model)

시장이 균형 상태에 있을 때 주식이나 채권 등의 자본자산의 균형가격을 기대수익률과 위험의 관계를 도출하여 가격이 어떻게 설정되는지를 나타내는 모형이다.

☐☐☐
134 자산디플레이션(Asset Deflation)

실물 자산 및 금융 자산의 가치가 동반 하락하는 현상으로, 1990년대 일본의 실물 경제 침체의 원인으로 지목되었다. 자산 가치의 하락으로 인해 금융시장이 얼어붙고, 소비와 투자가 위축되어 경기가 침체되면, 이는 기업 도산 증가와 실업 증가, 자산 디플레이션 심화, 장기적 복합 불황으로 이어진다.

☐☐☐
135 전환사채(CB: Convertible Bond)

일정한 조건에 따라 회사 주식으로 전환할 수 있는 권리가 부여된 사채로, 사채와 주식의 중간 형태인 채권이다. 전환 전에는 사채로서 기능하여 확정이자를 받을 수 있고, 전환 후에는 주식처럼 기능하여 배당금을 받을 수 있다.

☐☐☐
136 점도표(Dot Plot)

3개월마다 연방공개시장위원회(FOMC) 직후 발표하는 미국 중앙은행(Fed) 위원 18명 각각의 금리 인상 전망을 분포도로 정리한 표를 말한다. 이를 통해 가까운 미래의 금리 인상 시점과 횟수 등을 전망할 수 있다.

☐☐☐
137 정크본드(Junk Bond)

위험도가 상대적으로 크기 때문에 신용도가 낮은 기업들이 자금 조달을 목적으로 발행한 채권으로, 고수익, 고위험의 특성을 갖는다. 하이일드본드(High Yield Bond)로 불리기도 하며, 높은 신용등급의 회사채보다 가산금리(spread)를 더해 이자를 지급한다.

☐☐☐
138 주가수익비율(PER: Price Earning Ratio)

주가가 그 회사 1주당 수익의 몇 배가 되는지를 나타내는 지표이며, 주가를 주당 순이익(EPS)으로 나누어 계산한다.

☐☐☐
$PBR=\dfrac{주가}{BPS}$
139 주가순자산비율(PBR: Price on Book value Ratio)

주가가 순자산에 비해 얼마나 높게 거래되고 있는지를 나타내는 지표이며, 주가를 주당 순자산(BPS)으로 나누어 계산한다.

☐☐☐
140 주가연계파생결합사채(ELB: Equity-Linked Bond)

2013년 9월 자본시장통합법 개정안이 시행됨에 따라 기존 주가연계증권이 은행에서 판매될 수 있게 됨에 따라 주가연계파생결합사채로 명칭이 변경되었다. 원금보장형으로 리스크가 낮고, 약정 조건에 따라 추가 수익을 올릴 수 있다. 만기가 1년 이상인 경우가 대부분이며 장기투자에 적합하다.

141 주가지수연동예금(ELD: Equity-Linked Deposit)

주가지수의 변동과 연계하여 수익이 결정되는 은행 판매 예금이다. 투자 원금을 정기예금 등 안전자산에 투자하고 발생하는 이자의 일부 혹은 전부를 주가지수 움직임에 연동한 파생 상품에 투자하는 구조이다. 원금이 보장되지 않는 증권사의 주가연계증권(ELS)에 비해 수익률이 다소 높고 안정성도 높은 편이다.

142 주식워런트 증권(ELW: Equity-Linked Warrant)

특정 주식이나 주가지수를 미리 정한 조건에 따라 미래에 사거나 팔 수 있는 권리가 붙은 상품이다. 옵션과 비슷한 파생상품이지만 증시에 상장되어 거래되는 점이 다르다. 살 권리인 '콜 워런트'는 기초 자산 가격이 오를 때 수익이 나고, 팔 권리인 '풋 워런트'는 주가가 내릴 때 수익이 난다.

143 중립금리

인플레이션이나 디플레이션을 유발하지 않는 잠재성장률 수준으로 경제를 회복할 수 있도록 하는 이론적 금리 수준을 뜻한다.

144 중앙은행 디지털화폐(CBDC: Central Bank Digital Currency)

중앙은행이 블록체인 등 분산원장기술을 활용하여 전자식으로 발행하는 화폐를 의미한다. 암호화폐와 달리 각국 중앙은행이 발행하며 현금처럼 가치 변동이 거의 없다는 특징을 지닌다. 실물을 발행할 필요가 없어 비용을 줄일 수 있고, 자금의 흐름을 쉽게 파악할 수 있다.

145 증권

'내국인 또는 외국인이 발행한 금융투자상품으로서 투자자가 취득과 동시에 지급한 금전 외에 어떠한 명목으로든지 추가로 지급 의무(투자자가 기초 자산에 대한 매매를 성립시킬 수 있는 권리를 행사하게 됨으로써 부담하게 되는 지급 의무를 제외)를 부담하지 아니하는 것'(자본시장과 금융투자업에 관한 법률 제4조 제1항)을 의미하고, 채무증권, 지분증권, 수익증권, 투자계약증권, 파생결합증권, 증권예탁증권으로 구분된다(자본시장과 금융투자업에 관한 법률 제4조 제2항).

146 지분증권

주권, 신주인수권이 표시된 증권, 법률에 의해 직접 설립된 법인이 발행한 출자증권, 상법에 따른 합자회사 · 유한책임회사 · 유한회사 · 합자조합 · 익명조합의 출자지분, 그 밖에 이와 유사한 것으로서의 출자지분 또는 출자지분을 취득할 권리가 표시된 것을 의미한다.

□□□

147 직접금융시장

자금 공급자와 수요자가 직접 자금을 주고받는 시장을 의미한다. 즉, 자금 수요자인 기업이 주식이나 채권을 발행하여 자금을 조달하는 시장으로, 증권시장이 대표적이다.

□□□

148 차이니스 월(Chinese Wall)

금융투자상품의 매매 정보 등이 유통되어 고객이 피해를 보는 것을 방지하기 위해 금융회사의 부서 간 또는 계열사 간 정보 교류를 차단하는 장치를 말한다. 「자본시장과 금융투자업에 관한 법률」은 '정보교류 차단의 원칙'으로 차이니스 월을 요구하고 있다.

□□□

149 청산가치(Liquidation Value)

파산이나 해산 등의 이유로 기업이 모든 영업활동을 정지하고 청산할 경우, 현재 시점에서 회수할 수 있는 금액의 가치이다. 현재 시점에서 청산을 가정하고 자산가치를 장부가와 대비했을 때 회수 가능한 금액을 평가한다.

□□□

150 채무증권

국채증권, 지방채증권, 특수채증권, 사채권, 기업어음증권, 그 밖에 이와 유사한 것으로서 지급청구권이 표시된 증권을 의미한다.

□□□

151 총부채원리금상환비율(DSR)

차입자의 총금융부채의 원리금 상환액을 연소득으로 나눈 비율을 말한다. 가계가 연소득 중 주택담보대출, 신용대출과 같은 기타대출의 원금과 이자를 갚는 데 얼마만큼 지출하는지를 보여 준다.

□□□

$ROA = \dfrac{당기순이익}{자산\ 총액}$

152 총자산수익률(ROA: Return On Asset)

기업의 총자산 가운데 당기순이익이 얼마나 올랐는지 가늠하는 지표이다. 당기순이익을 자산 총액으로 나누어 계산한다.

□□□

153 출자 전환

채권자인 금융기관이 기업에 빌려준 대출금을 그 회사 주식으로 맞바꾸는 것을 말한다. 과거 GM은 27억 달러 규모의 차입금에 대한 출자 전환을 포함한 신규 투자 계획안을 정부에 보낸 바 있다.

154 최종대부자(Lender of Last Resort)

중앙은행을 가리키는 말로, 금융시장에 위기가 발생했을 때 최종적으로 자금을 공급해 주는 기관이다. 금융위기가 발발하면 시장에 충분한 유동성을 공급하기 위해 독점적인 발권력을 가지고 있는 중앙은행이 최종대부자의 책임을 맡게 된다.

155 코넥스(KONEX: Korea New Exchange)

2013년 7월 초기 중소기업 지원 강화를 위해 개설된 중소기업 전용 주식시장을 말한다. 중소기업은 주식발행으로 인한 자금조달이 용이하지 않기 때문에 대출 이외에도 다양한 방법으로 자금을 조달할 수 있게 하기 위해 해당 시장이 만들어졌다.

156 코코본드 · 커버드본드 · 정크본드

코코본드는 은행이 부실해질 때 강제로 주식으로 전환하거나 상각되는 채권이다. 커버드본드는 우량 자산을 담보로 발행하는 담보부채권이며, 정크본드는 신용도가 낮은 기업이나 국가가 발행하는 투기등급채권이다.

157 코픽스(COFIX: Cost of Fund Index)

은행연합회가 매달 15일 국내 8개 은행의 정기 예금과 적금, 상호부금, 주택부금, 양도성예금증서, 환매조건부채권 금리 등을 가중평균하여 만들어 내는 금리이다.

158 크라우드 펀딩(Crowd Funding)

자금이 필요한 상황에서 수요자가 온라인 플랫폼 등을 통해 불특정 다수에게 자금을 모으는 행위이다. 그 형태로는 후원형, 기부형, 대출형, 증권형이 있다.

159 탄소펀드(Carbon Fund)

교토의정서 발효 이후 선진 각국의 주요 정책 과제가 된 청정에너지개발체제(CDM)를 금융투자 방식으로 해결하는 상품이다. 투자자로부터 자금을 조달하여 펀드를 만든 뒤, 이 투자금을 온실가스 저감사업에 투자하고 여기서 발생하는 수익을 투자자들에게 돌려주는 것이다. 온실가스 저감사업 결과 발생한 탄소배출권 거래를 통해 수익을 올린다.

160 테마주

주식시장에 큰 영향을 주는 새로운 사건이나 현상이 발생할 경우 투자자들의 관심을 이끌어 그에 따라 가격이 움직이게 되는 종목군을 말한다.

161 테이퍼링(Tapering)

'끝이 뾰족해진다.'는 뜻으로, 금리 인상과 자산 매입 규모의 축소를 의미한다. 벤 버냉키가 미 연방준비제도 의장으로 있을 때 양적완화정책의 규모를 점진적으로 축소해 나가는 출구전략에서 비롯되었다. 테이퍼링이 본격적으로 시행되면 신흥국에서 달러화 자금이 빠져나가 일부 국가의 경우 긴축 발작(Taper Tantrum)에 빠질 가능성이 있다.

162 토빈세(Tobin Tax)

국제 투기 자본의 무분별한 자본시장 왜곡을 막기 위해 단기 외환 거래에 부과하는 세금을 의미한다. 토빈세는 이를 제안했던 노벨경제학상 수상자 제임스 토빈의 이름에서 유래하였다.

163 통합재정수지

중앙정부가 집행하는 모든 수입과 지출을 합한 재정의 규모를 통합재정이라고 하며, 그 수입과 지출의 차이를 통합재정수지라고 한다. 일반·특별회계뿐만 아니라 공공기금 등 각종 기금의 수입과 지출이 모두 포함된다. 철도, 조달, 양곡, 통신 등 4개 공기업의 지출도 포함된다.

164 통화스와프(Currency Swap)

둘 이상의 거래기관이 미리 약정된 환율에 따라 다른 통화로 서로 교환하는 외환거래를 말하며, 환시세의 안정 도모를 목적으로 한다. 국가 간의 통화스와프 협정 체결은 만일의 위기에 대비한 외화유동성 안전망 확보를 위해서이다.

165 투자계약증권

특정 투자자가 그 투자자와 타인(다른 투자자를 포함) 간의 공동 사업에 금전 등을 투자하고 주로 타인이 수행한 공동 사업의 결과에 따른 손익을 귀속받는 계약상의 권리가 표시된 것을 의미한다.

166 트리플 위칭데이(Triple Witching Day)

주가지수선물, 주가지수옵션, 개별주식옵션의 만기가 동시에 겹치는 날이다. 미국 월가에서 만들어진 용어로, 주가지수선물과 주가지수옵션, 개별주식옵션의 세 가지 파생금융상품의 만기가 3개월마다 한 번씩 겹치는 날을 일컫는다.

167 티저레터(Teaser Letter)

매물에 관심을 보일 법한 잠재적 투자자에게 매각물에 대한 정보를 제공하기 위해 발송하는 투자유인서 또는 투자안내문을 말한다. 투자가치를 판단하여 투자에 참여할 의사가 있는 경우 매각주관사에 투자안내서를 요청하게 된다.

168 파생결합증권

기초 자산의 가격·이자율·지표·단위 또는 이를 기초로 하는 지수 등의 변동과 연계하여 미리 정해진 방법에 따라 지급하거나 회수하는 금전 등이 결정되는 권리가 표시된 것을 의미한다.

169 팻 핑거(Fat Finger)

'굵은 손가락'이라는 의미로, 증권을 매매하는 트레이더들이 주문을 잘못 입력하여 일어나는 오류를 말한다. 인간이 일으키는 오류(Human Error) 중 하나이다.

170 페그제(Peg System)

자국 통화의 환율을 기축통화인 미국 달러화 등에 고정시키는 환율 제도이다. 페그제를 시행하면 환율 불확실성이 사라져 교역과 자본 이동이 활성화된다.

171 페어펀드(Fair Fund)

투자자를 보호하기 위한 조치 중 하나로, '공정배상기금'으로 표현되기도 한다. 이는 위법행위를 한 행위자들에게 과징금을 부과하여 자금을 모으고, 이를 통해 피해자들을 돕는다는 아이디어이다. 소액 다수 피해자의 경우 피해를 입더라도 정보의 부족, 비용 부담 등의 문제로 소송을 제기하기 어렵기 때문에 이를 보호할 수 있으며, 금융권의 위법행위를 방지하는 효과가 있다. 라임자산운용 사태 등의 이슈 이후에 국내에서 도입 검토 중이다.

172 포워드 가이던스(Forward Guidance)

중앙은행이 향후 금리 방향에 대해 시장에 미리 신호를 주는 수단이다. 경제상황에 대한 평가를 토대로 미래의 통화정책 방향을 예고하는 새로운 통화정책 수단이다.

173 포치(破七)

금융시장에서는 '위안화의 가치가 달러당 7위안으로 떨어지는 것'을 의미하며, 중국 경제 분야에서는 '경제성장률 7% 붕괴'를 뜻하는 말로도 사용된다. 이는 중국 정부가 최선을 다해 지키고자 하는 수치이다.

☐☐☐

174 포트폴리오(Portfolio)

다양한 투자 대상에 자금 투입을 분산하여 운용하는 것을 말한다. 구체적으로는 하나의 주식에 투자할 때의 위험과 기대수익률, 다양한 주식에 투자할 때의 위험과 기대수익률을 비교하는 것을 의미한다.

☐☐☐

175 폰지 사기(Ponzi Scheme)

허황한 고수익을 제시하며 투자자를 끌어모은 다음, 나중에 투자하는 사람의 원금으로 앞 사람의 이자를 챙겨주다 끝내는 사기 수법을 말한다. 대공황 4년 전인 1925년, 이탈리아 이민자인 찰스 폰지가 미국 플로리다에서 '90일 후 수익 두 배'를 내세우며 벌인 사기극에서 유래하였다.

☐☐☐

176 하드머니(Hard Money)

우리나라의 '사채'의 개념이다. 은행이 아닌 개인 혹은 융자회사에서 빌리는 돈이며, 신용의 제약을 받지 않는 돈이다.

☐☐☐

177 하이브리드채권

채권처럼 매년 확정 이자를 받을 수 있으면서도 주식처럼 거래할 수 있는 신종자기자본 증권이다. 만기가 30년 이상이고 일정한 조건하에서 기업은 만기 연장이 가능하여 총기본 자본의 15% 내에서 자기자본에 포함된다. BIS 비율을 높이고자 하는 은행들 사이에서 인기가 높다. 한편, 하이브리드채권은 후순위채권이다.

☐☐☐

178 항셍지수와 H지수

항셍지수는 홍콩증권거래소에 상장된 우량 종목을 대상으로 산출한 주가지수이다. H지수는 회사의 등록지는 중국이지만 홍콩에 상장한 기업을 대상으로 산출한 주가지수이다.

☐☐☐

179 황소장(Bull Market)

강세장을 의미한다. 주가가 밑에서 위로 올라가는 시장 상황을 의미한다. 반대의 경우는 '곰장(Bear Market)'이라고 한다.

☐☐☐

180 헤지펀드(Hedge Furd)

시장 방향성에 상관없이 일정 수준의 수익(절대 수익)을 추구하는 펀드이다. 한국에도 헤지 펀드가 허용되어 있다. 헤지펀드가 자주 사용하는 투자 기법은 공매도와 롱쇼트전략이다.

181 현금성 자산

큰 거래비용 없이 쉽게 현금화할 수 있는 유동성이 높은 자산을 말한다. 현금이나 수표, 통화대용증권, 당좌·보통예금, 만기 3개월 이내 단기금융상품 등이 이에 해당한다.

182 후순위채권(Subordinated Debt)

채권 발행 기업이 도산하는 등 신용위기가 발생할 경우, 사채의 변제순위에 있어 담보부사채나 무담보사채, 기타 은행대출채권 등의 일반사채보다 뒤지나 우선주나 보통주보다 우선하는 채권을 말한다. 부채비율 상승에 따른 신용평가 및 기채 조건의 악화를 기피할 수 있다는 점 때문에 발행을 선호하고 있다.

☑ 회독체크
☐ ☐ ☐

1 3% 룰(3% Rule)

상장사의 감사를 선임할 때 해당 회사의 지배주주가 의결권 주식의 최대 3%만 행사할 수 있도록 제한한 규정이다. 이는 대주주의 지나친 영향력 행사를 막기 위한 것이다.

☐ ☐ ☐

2 AEC(아세안경제공동체)

2015년 12월 말에 출범한 아세안(동남아국가연합) 10개국의 경제공동체로, 싱가포르, 필리핀, 태국, 말레이시아, 미얀마, 인도네시아, 베트남, 캄보디아, 라오스, 브루나이 등 동남아국가연합(아세안) 10개 회원국이 결성하였다.

☐ ☐ ☐

3 BSI · CSI · PMI · ISM지수

경기를 손쉽게 알아볼 수 있게 해 주는 지표이다. 기업경기실사지수(BSI), 소비자심리지수(CSI)는 경제주체인 기업인과 가계를 대상으로 향후 경기를 어떻게 보는지를 물어 이를 지수화한 것으로 100이 기준이다. 기업을 대상으로 설문조사하는 구매관리자지수(PMI)와 ISM지수는 50을 기준으로 경기를 판단한다.

☐ ☐ ☐

4 CRB지수

국제 원자재 및 선물 조사회사인 CRB(Commodity Research Bureau)가 발표하는 국제 원자재 가격지수이다. 곡물, 원유(WTI), 천연가스, 산업용 원자재, 귀금속 등 주요 원자재 가격이 대상이다. CRB지수가 상승하면 인플레이션을 예고한다고 해서 '인플레이션지수'라고도 한다.

☐ ☐ ☐

5 CSR(Corporate Social Responsibility)

기업의 사회적 책임을 의미한다. 기업이 생산 및 영업활동을 할 때 사회 전체의 이익을 동시에 추구하며, 그에 따라 의사결정 및 활동을 하는 것이다. 취약 계층에 일자리, 사회서비스를 제공하거나 기업이 창출한 이익을 지역 공동체에 투자하여 사회적 목적으로 사용하는 것 등이 이에 해당한다.

6 MRO(Maintenance, Repair and Operation) □□□

기업에서 제품 생산과 직접 관련된 원자재를 제외한 소모성 자재를 이르는 용어이다.

7 ODM(Original Development Manufacturing) □□□

개발력을 갖춘 제조업체가 판매망을 갖춘 유통업체에 상품 또는 재화를 제공하는 생산 방식을 의미한다.

8 OEM(Original Equipment Manufacturing) □□□

주문자위탁생산 또는 주문자상표부착생산이라고 한다. 주문자가 요구하는 제품과 상표명으로 완제품을 생산하는 것을 의미한다.

9 OTT(Over The Top) □□□

인터넷을 통해 TV를 볼 수 있는 동영상 서비스로 최근에는 PC나 스마트폰 등을 통해 제공되는 동영상 서비스를 총칭하기도 한다. 초고속 인터넷의 발달과 보급으로 인해 동영상 서비스를 불편함 없이 즐길 수 있게 되어 유행하게 되었다. 유튜브, 넷플릭스 등이 이로 인해 성장한 대표적인 업체이다.

10 BAT(Baidu, Alibaba, Tencent) □□□

2010년 이후 중국의 신흥 IT 강자로 떠오른 세 회사, 즉 바이두, 알리바바, 텐센트를 말하는 용어이다.

11 PB(Private Brand) □□□

제조업자가 설정하는 NB와는 다른 개념으로, '자체상표'라고도 부른다. 대규모 제조업자에 대비하여 광고비용, 판촉비용, 로열티비용 등이 높지 않기 때문에 원가 절감과 더불어 고객의 성향에 맞는 제품 및 서비스 제공이 가능하다.

12 SPA(Speciality retailer of Private label Apparel) □□□

1986년 미국 브랜드 'GAP'이 선보인 사업모델로, 한 업체가 옷을 기획, 디자인, 생산하고 직접 판매까지 하는 방식의 매장 형태를 의미한다. 모든 과정을 하나의 업체가 수행함으로써 비용을 절감하여 가격을 낮추고 신속한 공급을 할 수 있는 특징을 지닌다. 시장 상황에 신속하게 대응하는 특징으로 인해 '패스트 패션'이라고도 부른다.

금융 · 경영 · 시사상식

CHAPTER 02 · 경영상식 **471**

□□□
13 T-commerce

텔레비전(Television)과 커머스(Commerce)를 결합한 단어로, 텔레비전 시청 중 전용 리모컨을 사용하여 상품 정보를 확인, 구매까지 한 번에 마칠 수 있는 양방향 서비스를 말한다. 텔레비전이 디지털통신망에 연결되면서 홈쇼핑과 홈뱅킹, 증권투자 등의 금융업무와 각종 부가서비스가 가능해진 것이다.

□□□
14 구글세(Google Tax)

구글, 애플, 아마존 등과 같은 다국적 기업이 세율이 높은 국가에서 얻은 수익을 지식재산권사용료, 이자 등의 명목으로 세율이 낮은 국가의 자회사로 넘겨 세금을 회피하는 것을 막을 목적으로 부과하는 세금으로, 정식 명칭은 디지털 세(Digital Service Taxe)이다. IT 기업이 물리적 사업장을 시장 소재지에 두지 않기 때문에 해달 지역에서 발생한 매출에 법인세를 제대로 과세할 수 없다는 지적에서 나온 세금이다. 영국은 2015년 4월부터 '우회이익세'를 도입하여 구글세를 처음 법제화했다. 이는 글로벌 기업이 자국 내에서 얻은 이익을 국외로 이전할 때 수익의 15%를 세금을 매기는 제도로, 2017년 영국은 우회이익세를 활용하여 구글에 약 1,585억 원을 추징했다.

□□□
15 경기동행지수(CCI: Coincident Composite Index)

현재 경기 상태를 확인하고 미래의 경기 상태를 예측하는 대표적인 지표이다. 각종 경제 지표들의 전월·전년 기간 대비 증감률을 합성하여 작성한다. 산업생산지수, 제조업가동률지수, 생산자출하지수, 도소매판매액지수, 비내구소비재출하지수, 수입액, 시멘트소비량, 노동투입량, 전력사용량, 수출액 등의 지표로 구성되어 있다.

□□□
16 경영판단의 원칙(Business Judgement Rule)

기업에 손해가 발생했어도 임원 등의 경영자가 기업의 이익을 위해 신중하게 판단한 사항이라면 이를 배임죄로 처벌할 수 없다는 원칙이다.

□□□
17 경제고통지수(Economic Misery Index)

경제학자 오쿤(Arthur Okun)에 의해 만들어진 지수로, 국민이 실제로 느끼는 경제적인 삶의 질을 수치화하였다. 지수 수치가 높다는 것은 실업률이나 물가의 상승이 높아져 국민이 느끼는 경제적 어려움이 크다는 것을 의미한다.

□□□
18 골디락스 경제(Goldilocks Economy)

높은 경제성장에도 불구하고 물가 상승 압력(Inflationary Pressure)이 없는 상태를 의미한다. 영국의 전래동화 '골디락스와 세 마리 곰'의 내용 중 너무 뜨겁지도, 너무 차갑지도 않은 적당한 온도의 수프를 먹고 기뻐했다는 데에서 유래되었다.

19 공유경제(Sharing Economy)

□□□

잉여 자원을 IT 기술을 활용하여 다양한 사람들과 공유하여 사용하는 소비를 기본으로 하는 경제를 의미한다. 부동산, 자동차, 사무실 등의 잉여 공간을 다른 사람들과 공유함으로써 자원 활용을 극대화하는 경제활동이다. 우버, 에어비앤비 등이 대표적이다.

20 구조화 효과(Framing Effect)

□□□

'틀짜기 효과'라고도 한다. 어떤 사안을 제시하는 경우, 동일한 사안이라고 해도 이를 제시하는 방법에 따라 받아들이는 사람들의 해석이나 의사결정이 달라지는 현상을 가리키는 말이다. 이 효과는 마케팅 분야에 접목되어 널리 사용되고 있다.

21 규제 샌드박스

□□□

안전하고 자유로운 모래 놀이터처럼 기업이 규제 없는 경영환경에서 혁신 사업을 해 보라는 취지로 도입되었다. 이에 따라 해당 기업이 신제품이나 신서비스를 출시할 때 일정 기간 기존 규제를 면제받거나 유예될 수 있다. 규제자유특구 및 「지역특화발전특구에 관한 규제특례법」, 「산업융합 촉진법」, 「정보통신 진흥 및 융합 활성화 등에 관한 특별법」이 '규제 샌드박스 3법'이라고 불린다.

22 그레이 스타트업(Gray Startup)

□□□

통신과 모바일 기술의 발전을 기반으로 탄생한 스타트업 가운데, 기존 법·제도 체계로는 규정되지 않거나 사각지대에서 사업이나 서비스를 영위하는 기업을 일컫는다. 보통 혁신적인 기술과 아이디어를 보유하고 있으나 자금력이 부족한 경우가 많으며, 기술과 인터넷 기반의 회사로 고위험·고수익·고성장 가능성을 지니고 있다.

23 그린메일

□□□

보유 주식이 부족하여 경영권이 취약한 대주주에게 경영권 위협을 가해 주식을 비싼 가격으로 팔기 위해 보내는 편지를 의미한다. 대주주에게 편지를 보낼 때 초록색인 미국 달러화를 요구한다는 점에서 그린메일이라는 이름이 붙여졌다.

24 글로벌 가치사슬(Global Value Chain)

□□□

생산 과정을 비교 우위에 따라 특화하여 전 세계가 분업하는 시스템을 의미한다. IT 기술의 발달로 지식의 거래 비용이 낮아짐에 따라 글로벌 가치사슬이 형성되어 상품과 서비스의 설계·생산·유통·사용·폐기 등 전 범위에 이르는 활동이 글로벌화되고 있다.

25 글로컬리제이션(Glocalization)

Globalization(세계화)와 Localization(지역화)의 합성어로, 세계화와 현지화(지역화)를 동시에 추구하는 경영전략을 일컫는 말이다. 글로컬리제이션 전략의 목적은 현지 적응력을 바탕으로 현지 기업과 경쟁하면서 국가별 또는 지역별 이익을 극대화하여 세계시장에서의 이윤을 극대화하는 것이다.

26 기간산업(Key Industry)

'기초산업'이라고도 부르며, 한 나라가 경제활동을 원활히 하는 데 필수적인 중요한 산업이다. 대표적인 예로 철강·목재·금속 등 다른 산업의 원자재로 널리 사용되는 물자를 생산하는 산업과 석탄·석유·전력 등 경제활동에 필요한 에너지를 공급하는 산업이 있다.

27 기업공개(IPO: Initial Public Offering)

기업이 발행한 주식이 증권시장에서 매매될 수 있도록 증권거래소에 등록하는 행위를 말한다.

28 투자·상생 협력촉진세제

투자·상생 협력촉진세제는 투자, 임금 증가 등으로 지출되지 않은 기업소득에 추가 과세함으로써 기업소득이 가계소득으로 환류할 수 있도록 촉진하는 제도이다. 다만 투자 증대에 효과가 없다는 의견이 존재한다.

29 기업인수목적회사(SPAC)

기업인수합병(M&A)을 유일한 목적으로 하여 투자자로부터 일정 규모 이상의 자금을 공모 방식으로 모집하여 설립하는 일종의 페이퍼 컴퍼니를 말한다.

30 긱 이코노미(Gig Economy)

산업 현장에서 필요에 따라 관련 있는 사람과 임시로 계약을 맺고 일을 맡기는 경제 형태를 말한다. 일반적으로 디지털 플랫폼 등을 통해 단기로 계약을 맺고 일회성 노동이 이루어진다.

31 네트워크 효과(Network Effect)

특정 재화에 대한 다수의 수요가 다른 사람이 느끼는 재화의 가치에 영향을 주는 효과이다. 어떤 상품의 수요가 늘어나면 그 상품을 이용하는 사람들이 느끼는 상품의 가치도 상승하는 것이다. 페이스북, 카카오톡 등이 네트워크 효과를 기반으로 성장했으며, 디지털 경제의 많은 플랫폼 기업이 네트워크 효과로 경쟁 우위를 창출한다. 네트워크 효과는 록인효과를 유발하여 독점 우위를 가질 수 있다.

32 긴급조정권

공공적인 성격이 강하거나 국민 경제에 커다란 영향력이 있는 사업장에 노동쟁의 행위가 발생할 경우, 노동부 장관이 중앙노동위원회 위원장의 의견을 들어 파업을 강제로 중단시키는 제도이다. 파업이 진행 중인 노사 관계에 정부가 개입할 수 있는 최후의 법적 수단으로 파업을 사전에 차단하는 직권 중재와 달리 사후에 노동자의 파업권을 제한한다.

33 대차대조표 불황(Balace Sheet Recession)

가계와 기업이 부채를 줄이는 데 집중하면서 나타나는 경기불황을 말한다. 이는 자산의 하락으로 기업이나 가계의 부채 부담이 커졌을 경우 경제주체가 차입금을 최우선적으로 상환하기 때문에 발생한다.

34 데스 밸리(Death Valley)

창업한 기업들이 3년쯤 지나면 자금난에 빠지는 현상을 일컫는다. 벤처 기업들이 생존을 위해 견뎌야 할 가장 힘든 오르막길을 표현한다. 창업 기업들은 사업화 과정에서 자금 조달, 시장 진입 등 어려움을 겪게 되는데, 통상 3 ~ 7년차 기간에 주저앉는 경우가 많다. 이를 '데스 밸리'라고 한다.

35 데카콘(Decacorn)

미국의 경제통신사 블룸버그가 유니콘의 10배 이상의 가치를 지닌 기업을 이르는 말로 처음 사용하였다. 참고로, 기업가치가 10억 달러 이상인 비상장 신생기업을 유니콘이라고 칭한다.

36 디커플링(Decoupling)

국가와 국가 또는 한 국가와 세계의 경기 등이 같은 흐름을 보이지 않고 탈동조화되는 현상을 말한다. 넓게는 경제 분야에서 사용되며, 좁게는 환율이나 주가 등의 움직임을 설명하는 데에도 자주 사용된다. 최근 통화정책 정상화를 이어가는 미국과 달리 유럽과 일본은 양적 완화 정책, 중국 등 일부 신흥국은 확장적 통화정책을 펴는 디커플링 현상이 나타나고 있다.

37 라이브 커머스(Live Commerce)

실시간 스트리밍 방송을 통해 소비자에게 상품을 소개하는 플랫폼이다. 방송이 진행되는 동안 이용자들은 채팅을 통해 진행자 및 다른 구매자와 실시간으로 소통할 수 있다.

☐☐☐

38 러스트 벨트(Rust Belt)

미국 북동부 5대호 주변의 쇠락한 공장지대를 가리킨다. 쇠락하여 공장 설비에 녹이 슬었다는 의미에서 붙여진 이름이다. 본래는 1870년대 이후 100년간 미국 산업을 주도하며 '팩토리 벨트'로 불렸으나 1970년대 이후 제조업이 쇠퇴하면서 인구가 줄어드는 등 불황을 맞이하였다.

☐☐☐

39 레버리지 효과(Leverage Effect)

은행 차입금 등의 타인 자본을 가지고 투자를 하여 이익을 발생시키는 것을 말한다.

☐☐☐

40 록인 효과(Lock-in Effect)

소비자가 특정 재화나 서비스를 이용하기 시작하면 다른 재화나 서비스로 이전하기 어려워져 기존의 것을 계속 이용하는 효과이다. 플랫폼 기업들은 네트워크 효과를 바탕으로 락인 효과를 유발하여 자신의 플랫폼에 수요자를 가두기 위해 다양한 전략을 구사한다.

☐☐☐

41 롱테일(Long Tail) 법칙

파레토 법칙과 반대로, 80%의 '사소한 다수'가 20%의 '핵심 소수'보다 뛰어난 가치를 창출한다는 이론이다.

☐☐☐

42 리쇼어링(Reshoring)

각종 비용 절감을 위해 해외로 생산기지를 옮겼던 자국 기업이 다시 국내에 돌아오는 현상을 말한다. 제조업이 일자리 창출을 일으켜 국가 경제에 긍정적인 작용을 한다는 점에서 리쇼어링은 요즘 세계 각국 정부의 화두가 되고 있다.

☐☐☐

43 메기 효과

강력한 경쟁자의 존재로 좀처럼 변화가 없던 성숙한 산업군에서 새로운 변화가 시작되는 현상을 의미한다. 우리나라 가구 시장에 이케아가 진입하거나, 비디오 대여 시장에 넷플릭스가 등장한 경우가 대표적이다.

☐☐☐

44 메세나(Mecenat)

사회 공헌과 국가 경쟁력에 이바지하는 일원으로 기업들이 문화 예술을 적극 지원하는 활동을 의미한다. 로마제국 시기 아우구스투스 황제가 당대 예술가들과 친교를 두텁게 하면서 그들의 예술·창작 활동을 적극적으로 후원하며 예술부국을 이끈 데에서 유래한 말이다.

45 메르코수르(Mercosur)

남미 국가 간 무역 장벽을 없애기 위해 1995년 창설된 경제 공동체이다. 남미 국가인 브라질, 아르헨티나, 우루과이, 파라과이로 구성되어 있다.

46 메타내셔널(Metanational)

국적에 구애받지 않거나 국적과 관계없는 것. 기업 경영 분야에서는 생산성을 극대화할 수 있다면 제품 생산을 비롯하여 연구 개발 등 본사의 핵심 기능까지도 해외 지사로 이전한다는 경영 전략을 의미한다.

47 미들마켓(Middle Market)

중산층 소비자가 주요 수요자인 시장으로, 중급 품질에 적당한 가격의 제품들이 경쟁력을 확보하고 있다. 중국·인도·중동·아프리카 등 신흥국 중산층이 급속하게 늘어남에 따라 이들 지역의 미들마켓에 세계 기업들이 몰려들고 있다.

48 법정관리

부도를 내고 파산 위기에 처한 기업이 회생 가능성이 보이는 경우에 법원의 결정에 따라 법원에서 지정한 제3자가 자금을 비롯한 기업 활동 전반을 대신 관리하는 제도이다. 법정관리를 신청하여 법원의 결정에 따라 법정관리 기업으로 결정되면, 부도를 낸 기업주의 민사상 책임이 면제되고 모든 채무가 동결되어 채권자는 그만큼 채권 행사의 기회를 제약받는다.

49 베넷-해치-카퍼(BHC)법

미국의 늘어나는 경상수지 적자를 줄이기 위해 제정된 법안이다. 미국을 상대로 200억 달러 이상의 무역 흑자를 내고 있고, 국내총생산(GDP) 대비 경상수지 흑자 비율이 3% 이상인 나라를 환율 조작국으로 분류하여 미국 정부가 제재를 가할 수 있도록 하고 있다. 환율 저평가, 지나친 무역 흑자를 시정하여 미국의 무역 적자 문제를 해결한다는 취지로 마련된 법이다.

50 보복소비(Revenge Spending)

질병이나 재난 등의 외부 요인에 의해 위축됐던 소비가 한꺼번에 분출되는 현상을 말한다.

51 보통주

보통주는 보통 일반회사가 발생하는 주식으로, 특별한 권리 내용이 정해지지 않은 일반 주식을 의미한다.

□ □ □

52 부(負)의 소득세(Negative Income Tax)

일정 소득 수준 이하의 계층에게 보조금을 차등적으로 지급하는 방식이다. 세금 면제만으로는 구제할 수 없는 저소득층을 대상으로 한 일종의 소득보장 대책이다.

□ □ □

53 분식회계(Window-dressing Settlement)

회사의 실적이 실제보다 좋아 보이도록 회계장부를 조작하는 것이다. 예를 들어 비용을 누락시키는 등의 방법으로 사실과 다른 재무제표를 만드는 것이다.

□ □ □

54 뷰카(VUCA)

변동성(Volatility) · 불확실성(Uncertainty) · 복잡성(Complexity) · 모호성(Ambiguity)의 영문 앞글자를 따서 만든 용어이다. 기업이 뷰카 상황을 극복하기 위해서는 경영혁신, 구조조정 등이 필수적이다.

□ □ □

55 블록경제(Bloc Economy)

정치 · 경제적으로 관련이 깊은 국가가 결합하여 형성된 경제권이다. 역내의 경제적 교류는 촉진하는 반면 역외 국가에 대해서는 차별적인 대우를 취함으로써 폐쇄적이고 유리한 경제관계를 맺는다.

□ □ □

56 빅배스(Big Bath)

새로운 CEO가 취임했을 때 많이 일어나는 현상이다. 과오를 이전 CEO에게 모두 돌리고 향후 실적 향상 등의 긍정적인 요소는 자기의 공으로 돌리는 것이다. 자산처리항목의 비용처리, 감가상각 가정 변경, 재고산출 가정 변경 등의 방법이 있다.

□ □ □

57 사내유보(Retained Earnings)

이익잉여금과 자본잉여금의 합을 사내유보금이라고 한다. 이익잉여금은 기업이 벌어들인 이익에서 배당 등을 하고 남은 것이고, 자본잉여금은 액면가 초과 주식 발행 등 자본거래에서 생긴 차익이다. 현금이라는 인식이 강하지만 현금 외 항목도 많다.

□ □ □

58 산별 노조와 기업별 노조

산별 노조는 동일 산업에 종사하는 모든 노동자를 하나의 노동조합으로 조직한 것이고, 기업별 노조는 기업 단위로 결성한 노동조합이다.

59 생활임금

□ □ □

생활임금은 근로자가 여유 있는 생활을 할 수 있도록 최저 임금보다 높은 수준의 임금을 지급하도록 하는 제도이다. 즉, 근로자들의 주거비, 교육비, 문화비 등을 종합적으로 고려하여 최소한의 인간다운 삶을 유지할 수 있을 정도의 임금 수준으로 노동자의 생계를 실질적으로 보장하려는 정책적 대안이다.

60 섀도보팅(Shadow Voting)

□ □ □

주주가 주주총회에 참석하지 않아도 의결권을 행사한 것으로 간주하여 다른 주주들의 투표 비율에 따라 의결권을 분산시키는 제도이다.

61 서브스크립션 커머스(Subscription Commerce)

□ □ □

잡지 구독처럼 소비자가 일정한 금액을 부담하면 상품이나 서비스 등을 정기적으로 제공해 주는 유통 서비스이다. 신선식품을 중심으로 활발히 시행되고 있다.

62 서킷 브레이커(Circuit Braker)

□ □ □

주식시장이나 선물시장에서 주식이나 선물가격의 변동이 지나치게 심할 경우 시장참여자들이 냉정한 투자판단 시간을 가질 수 있도록 일시적으로 매매 거래를 중단하는 것을 의미한다.

63 세일 앤드 리스백(Sale and Lease-back)

□ □ □

기업이 소유하던 자산을 금융회사나 다른 기업에 매각하고, 리스계약을 맺어 다시 이용하는 방법이다. 보유자산을 활용하여 현금을 운용할 수 있는 자산유동화 기법이다.

64 스톡옵션(Stock Option)

□ □ □

기업이 임직원에게 일정 수량의 주식을 일정 기간이 지난 후에 일정 가격에 살 수 있는 권한을 부여하는 제도이다. 이 제도로 인해 영업 이익 증가나 IPO 등 주식 가격이 상승하면 그 차익을 얻을 수 있다. 벤처 기업들이 인재를 모을 때 많이 사용하는 제도이다.

65 스튜어드십 코드(Stewardship Code)

□ □ □

연기금과 자산운용사 등 기관투자자들의 의결권 행사를 유도하는 행동지침이다. 기관투자자들이 투자한 기업의 의사결정에 적극 참여하여 기업의 성장, 투명한 경영, 주주와 기업의 이익 추구 등을 이끌어내도록 한다.

□□□ **66 스핀오프(Spin-off)**

경영과 자본이 모회사에서 완전히 분리되는 회사 분할의 한 방법을 말한다. 국책연구기관이 개발한 기술을 민간용으로 전용하는 경우에도 스핀오프라고 하며, 이전에 출간되었던 책의 등장인물이나 상황에 기초하는 소설 혹은 많은 인기를 끌었던 프로그램의 등장인물에 근거하여 새로 만들어 내는 라디오나 텔레비전 프로그램을 뜻하는 용어로도 쓰인다.

□□□ **67 승자의 저주(Winner's Curse)**

M&A 과정에서 너무 높은 가격에 인수함으로써 인수 주체의 발목을 잡는 현상을 이야기할 때 종종 사용된다. 우연적 요소를 포함하여 최고가를 제시한 참여자가 경매의 승자가 되지만 경매의 승자는 곧 손해를 보는 것이 일반적이라는 것이다. 이는 1950년대 미국 텍사스 주의 해양 석유채굴권 경매에서 과도하게 달아오른 경매 분위기로 인해 낙찰가가 실제 가치보다 과도하게 결정된 사례를 두고 나왔던 말이다.

□□□ **68 어닝 서프라이즈(Earning Surprise)**

영업 실적은 곧 해당 기업의 주가와 직결되어 투자자들은 이에 민감할 수밖에 없는데, 기업이 발표한 영업 실적이 시장의 예상치보다 훨씬 높은 경우를 말한다. 우리나라에서는 '깜짝 실적'이라고도 부른다.

□□□ **69 오프쇼어링(Offshoring)**

아웃소싱의 한 형태로, 기업들이 경비를 절감하기 위해 생산, 용역, 일자리 등을 해외로 내보내는 현상이다. 기업이 생산비 절감, 신시장 개척 등을 위해 생산기지를 국외로 이전하는 것을 오프쇼어링이라고 한다.

□□□ **70 오쿤의 법칙(Okun's Law)**

미국의 경제학자 오쿤이 발견한 현상으로, 실질 GDP와 실업률 간의 상관관계를 의미한다. 구체적으로 실업률이 1% 늘어날 때마다 국민총생산이 2.5%의 비율로 줄어드는 현상을 의미한다.

□□□ **71 오퍼레이션 트위스트(Operation Twist)**

중앙은행이 장기 국채를 사고 단기 국채를 팔아 장기적으로 금리 인하를 유도하는 통화정책의 하나이다. 장단기 채권에 대해 각기 다른 대응을 취하는 것이 트위스트 춤과 닮았다는 점에서 유래한 용어이다.

72 오픈 이노베이션(Open Innovation)

2003년에 미국 버클리 대학의 헨리 체스브로 교수가 제시한 개념으로, 기업이 내부에서뿐만 아니라 외부와의 기술, 아이디어 공유를 통해 기술을 발전시킬 수 있다는 이론이다.

73 우선주

배당이나 잔여 재산이 존재할 때 우선적으로 분배받을 수 있는 주식을 의미한다.

74 우회상장(Back-Door Listing)

비상장기업이 공모주청약 등의 정식 절차를 밟지 않고 우회적인 방법을 통해 증권시장에 진입하는 것을 말한다.

75 워크아웃(Work Out)

부도로 쓰러질 위기에 처해 있는 기업 중에서 회생시킬 가치가 있는 기업을 살려내는 작업이다. 원래는 계약 불이행이 발생하였을 때 도산 등을 피하기 위해 채무자와 채권자가 해결 방법을 모색하는 행위를 말한다.

76 워크아웃 기업의 재무구조

개선 작업을 의미하며, 한국에서는 1997년 말부터 시작된 국제통화기금(IMF) 관리체제의 경제 위기 속에서 언론에 자주 오르내리는 용어 중 하나로 등장하였다.

77 웹루밍(Webrooming)

상품에 대한 정보를 온라인에서 습득하고 실제 구매는 온라인보다 저렴한 오프라인 매장을 찾아서 하는 소비 형태를 의미한다.

78 유한회사

최소한 2인 이상의 사원이 출자액에 한해서만 책임을 지는 회사로, 물적 회사와 인적 회사의 요소가 가미된 중간 형태의 회사이다.

79 의견 거절(Disclaimer of Opinion)

재무제표를 결산할 때 공인회계사의 감사의견 중 하나로, 회계원칙에 중대한 결함이 발견된 가장 심각한 상태를 말한다.

☐☐☐ **80 의결권 신탁**

다수 주주가 의결권을 1인 혹은 다수에게 양도하고, 권한을 양도받은 자는 주주의 이익을 위해 의결권을 행사하는 제도이다.

☐☐☐ **81 이스털린의 역설(Easterlin Paradox)**

일정 수준의 소득을 넘어 기본 욕구가 충족되면 소득이 느는 만큼 행복이 증가하지 않는다는 개념으로, 미국 경제사학자 리처드 이스털린이 1974년에 주장했다.

☐☐☐ **82 이익미실현특례상장제도(성장성 특례상장)**

이익미실현특례상장제도의 원조는 테슬라이다. 2010년 미국 주식시장(나스닥)에서는 적자를 벗어나지 못하는 전기차 기업 테슬라의 상장을 허용하였다. 한국 역시 2017년부터 적자를 보는 기업이더라도 상장할 수 있는 이익미실현특례상장제도를 운영 중이다(코스닥시장상장규정 제6조 제1항 제6호).

☐☐☐ **83 이자보상배율(Interest Coverage Ratio)**

기업이 한 해 동안 벌어들인 돈이 그 해에 갚아야 할 이자에 비해 얼마나 많은지를 나타내는 지표로, 영업이익을 금융비용으로 나눈 것이다. 이자보상배율이 1 미만이면 영업활동에서 창출한 이익으로 금융비용조차 지불할 수 없기 때문에 잠재적 부실기업으로 볼 수 있다.

☐☐☐ **84 재고자산회전율(Inventory Turnover)**

연간 매출을 평균 재고자산으로 나눈 비율이다. 재고자산회전율이 높으면 재고가 창고에 보관되는 기간이 짧고, 낮으면 재고가 창고에 오래 쌓이는 것을 의미한다.

☐☐☐ **85 재무적 투자자(Financial Investor)**

경영에는 참여하지 않고 수익만을 목적으로 사업 투자자금을 조달해 주는 투자자이다.

☐☐☐ **86 저압경제(Low-pressure Economy)**

의도한 투자가 의도한 저축에 미치는 못하는 경제 상태를 의미한다. 저압 경제 상태에서는 투자나 소비활동이 활발하지 못해 경제성장률이 둔화되며, 기업의 수익시장이 어렵게 된다.

☐☐☐ **87 전략적 투자자(Strategic Investor)**

기업 M&A 또는 대형 개발사업 등을 할 때 부족한 자금을 조달해 주는 투자자로, 배당금 또는 원리금의 형태로 수익을 취한다. 수익뿐만 아니라 경영권 확보에도 목적이 있다.

88 제론 테크놀로지(Geron Technology)

노년학과 과학기술의 합성어로, 노인의 일상생활 기능을 보완해 주는 기술을 말한다. 노년층의 독립적인 생활과 사회적 참여를 위해 다양한 영역에서 예방적이고 보완적인 기술과 디자인을 제시한다.

89 주식분할

자본금의 증자없이 기존 주식의 액면가를 떨어뜨려서 총 주식수를 늘리는 것을 의미한다.

90 주식회사

주주가 주식의 인수가액만큼만 출자 의무를 질 뿐 회사의 채무에 대해 아무런 책임을 지지 않는 회사를 의미한다. 많은 사람들의 자본을 모으는 데 가장 용이한 기업 형태이다.

91 주주친화경영

'주주 가치'를 높이는 경영 활동을 의미한다. 주주 가치는 주주들이 주식을 가짐으로써 얻을 수 있는 대가이다. 자사주 매입이나 소각, 배당 확대, 소액 주주의 경영 참여 기회 확대 등을 주주친화경영으로 볼 수 있다.

92 주주행동주의

주주들이 기업의 의사결정에 적극적으로 영향력을 행사하여 자신들의 이익을 추구하는 행위를 말한다. 배당금이나 시세차익에만 주력하던 관행에서 벗어나 부실 책임 추궁, 구조조정, 경영 투명성 제고 등 경영에 적극 개입하여 주주 가치를 높이는 행위 등이 이에 해당한다. 주주행동주의자(Shareholder Activist)들은 이를 실천하는 사람들을 말한다.

93 차등의결권제도(Dual Class Stock System)

보통주보다 의결권이 더 많은 주식 발행을 허용하는 제도이다. 이 제도의 도입으로 한 주만으로도 주주총회 의결 사항에 대해 적대적 거부가 가능한 황금주를 발행할 수 있다. 창업주가 자신의 지분율 희생 없이 외부 자금을 끌어들일 수 있다는 장점이 있으나, 평등권을 지나치게 해친다는 단점이 있다.

94 최저 임금제

국가가 저임금 근로자의 생활 안정을 위해 고용주가 근로자에게 일정 수준 이상의 임금을 지급하도록 법으로 강제한 제도이다.

☐☐☐

95 치킨게임(Chicken Game)

어느 한쪽이 무너질 때까지 경쟁을 하는 경우를 일컫는다. 시장에서는 가격이 폭락하더라도 오히려 제품을 양산하여 상대가 무너질 때까지 경쟁을 지속하는 상황을 예로 들 수 있다.

☐☐☐

96 카니발리제이션(Cannibalization)

기업의 신제품이 그 기업의 기존 주력 제품의 시장을 장악하는 현상을 말한다. 기능이나 디자인이 탁월한 후속 제품을 출시하여 비슷한 선제품의 시장을 깎아먹는 경우나, 해외의 값싼 노동력으로 제작한 저가 제품이 국내의 고가 제품을 밀어내는 상황이 일어나는 경우이다.

☐☐☐

97 카피캣(Copycat)

남을 모방하는 사람이나 기업 및 제품을 일컫는다. 애플의 최고경영자였던 스티브 잡스가 삼성전자, 구글, 모토로라를 '카피캣'이라고 부른 것이 계기가 되어 알려진 용어이다.

☐☐☐

98 카피타이거(Copytiger)

유니콘(기업가치가 10억 달러 이상인 비상장 신생기업)의 사업모델을 벤치마킹한 후, 자사만의 비즈니스모델을 접목시켜 성장하는 기업을 말한다.

☐☐☐

99 테크래시(Techlash)

기술(Technology)과 반발(Backlash)의 합성어로, IT 기업에 대한 반발심을 나타내는 용어이다. 거대 IT 기업들이 성장하면서 사회가 불안정해지고 희생자들이 발생하자 테크래시가 확산되고 있다.

☐☐☐

100 타임오프제(Time-off)

회사 업무가 아닌 노조와 관련된 일만 담당하는 노조 전임자에게 회사 측의 임금 지급을 금지하는 제도이다. 대신 노사 공통의 이해가 걸린 활동에 종사한 시간을 근무로 인정하여 이에 대한 임금을 준다.

☐☐☐

101 테크핀(Techfin)

금융계가 주도하여 정보기술을 접목하여 만든 서비스를 핀테크(Fintech)라고 한다면, 테크핀(Techfin)은 정보기술업체가 주도하는 기술에 금융을 융합한 것이다. 이 개념은 중국이 현금 없는 사회가 될 것이라고 예측한 중국 전자상거래업체인 알리바바의 마윈 회장에 의해 거론되었다.

102 통상임금

근로자에게 정기적이고 일률적으로 소정(所定) 근로 또는 총근로에 대해 지급하기로 정한 시간급 금액, 일급 금액, 주급 금액, 월급 금액 또는 도급 금액을 말한다. 통상임금은 연장 근로와 야간근로, 휴일근로에 대한 가산금과 유급 휴가 시에 지급될 임금을 산출하는 기준 이다.

103 트리클 다운(Trickle Down)

대기업의 성장이 촉진되면 덩달아 중소기업과 소비자에게도 혜택이 돌아가 총체적으로 경기 가 활성화된다는 경제 이론으로, '적하정책(滴下政策)'으로 번역된다.

104 트리핀의 딜레마

기축 통화가 국제 경제에 원활히 쓰이기 위해 많이 풀리면 기축 통화 발생국의 적자가 늘 어나고, 반대로 기축 통화 발행국이 무역 흑자를 보면 돈이 덜 풀려 국제 경제가 원활해지 지 못하는 역설이다. 1950년대 미 경상 수지 적자 때문에 처음 이 개념이 등장했으며, 미 예일대 교수였던 로버트 트리핀의 이름에서 따 왔다.

105 특허괴물(Patent Troll)

특허기술을 사들여 로열티 수입을 얻는 회사를 일컫는다. 주로 생산 활동은 하지 않고 특허 를 매입하며, 특허를 침해한 기업을 상대로 소송합의금 등으로 수익을 얻는 회사를 가리킨다.

106 파킨슨의 법칙(Parkinson's Law)

경영학자 파킨슨(Northcote Parkinson)이 일의 유무나 경중에 상관없이 상급으로 출세 하기 위해 부하직원을 늘리는 것을 비판한 이론이다. 업무량과 공무원 수의 증가는 서로 아무런 관련이 없으며, 공무원 수는 일의 분량과 관계없이 증가하고 있음을 통계적으로 밝혀낸 것이다.

107 팩맨(Pac-Man)

비디오게임 중 하나인 팩맨의 게임 속 주인공은 두려워하던 유령을 잡아먹으면서 오히려 강해진다. 팩맨은 이러한 게임 방식에서 유래하여 적대적 M&A에 대한 방어 전략을 뜻한 다. 적대적 인수기업이 공개 매수를 해 올 때, 여기에 맞선 매수대상기업이 역으로 적대적 인수기업의 주식을 매수하는 적극적 매수방어책인 것이다.

☐☐☐
108 팹리스(Fabless)

반도체를 생산하는 공장(Fab) 없이 반도체 설계와 기술 개발만을 전문으로 하는 회사를 말한다. 설계 데이터를 바탕으로 반도체 생산만을 전문으로 하는 파운드리에 위탁하여 반도체를 생산한다. 세계 스마트폰의 90%에 자사가 설계한 애플리케이션 프로세서(AP)를 공급하는 영국의 ARM이 대표 기업이다.

☐☐☐
109 퍼플오션(Purple Ocean)

블루오션(Blue Ocean)과 레드오션(Red Ocean)의 중간에 해당하는 말이다. 발상의 전환을 통해 현재의 레드오션을 뛰어넘는 새로운 가치 시장을 만드는 경영전략이다.

☐☐☐
110 페이고(Paygo)

'번 만큼 쓴다.'는 뜻의 'pay as you go.'의 줄임말이다. 재정 지출 총량은 동결하되 지출 내역에 있어 부양 효과가 적은 쪽은 삭감하고 그 삭감분을 부양 효과가 큰 쪽으로 밀어주면, 경기가 회복되고 재정 적자도 축소될 수 있다는 준칙을 의미한다.

☐☐☐
111 포괄적 경제 동반자 협정(CEPA)

상품·서비스 교역, 투자, 경제협력 등 국가 간 경제관계 전반을 포괄하는 협정을 말한다. 관세 철폐·인하 등 실질적으로 자유무역협정(FTA)과 효력이 같다. 우리나라와 인도 간에 CEPA(Comprehensive Economic Partnership Agreement)가 정식 체결되었다.

☐☐☐
112 포이즌 필(Poison Pill)

적대적 M&A나 경영권 침해 시도가 발생하는 경우에 기존 주주들에게 시가보다 훨씬 싼 가격에 지분을 매입할 수 있도록 미리 권리를 부여하는 것을 말한다. 콜옵션을 사용한 플립오버 필이나 플립인 필, 전환옵션이나 상환옵션을 가진 백엔드 필도 이에 해당한다.

☐☐☐
113 프롭테크(Proptech)

부동산 자산(Property)과 기술(Technology)의 합성어로, 정보 기술을 결합한 부동산 서비스 산업을 말한다. 프롭테크의 영역에는 부동산 관리, 중개 및 임대, 투자 등이 있다.

☐☐☐
114 좀비기업(Zombie Companies, 한계기업)

시장 원리에 따르면 회생 가능성이 크지 않으므로 퇴출되어야 할 기업이지만, 정부 등에게 지원금을 받아 연명하는 기업을 말한다.

115 합명회사

무한책임사원으로만 구성되는 회사로, 사원 전체가 회사 채무에 직접 무한책임을 지고 모든 사원이 업무 진행의 권리를 갖는 회사 형태를 의미한다.

116 합자회사

무한책임사원과 유한책임사원 각각 1인 이상으로 구성되는 형태의 회사로, 무한책임사원은 경영에 참여하고, 유한책임사원은 자본적 참가를 하는 형식이다.

117 혼류생산

하나의 라인에서 여러 개의 모델이 생산되는 시스템이다. 재고를 최소화하고 자동화 비율을 높여 불량률을 낮추는 것이 관건이다. 일본 도요타 자동차가 최초로 도입했으며, 국내 가전업계와 자동차 회사에서도 활용되고 있다.

118 황금낙하산(Golden Parachute)

인수대상 기업의 이사가 임기 전에 물러나게 될 경우 거액의 이득을 주도록 하는 시도로 적대적 M&A에 방어하는 목적에서 사용된다. 최고경영자가 적대적 M&A에 대비하여 다소 높게 책정해 놓은 거액의 퇴직금, 스톡옵션, 명예퇴직 등을 전제로 한다.

119 황금주

보유하고 있는 주식의 종류와 수량과 무관하게 기업의 주요 사안에 대해 거부권을 행사할 수 있는 권리가 있는 주식이다. 극단적으로 단 1주만 있어도 권리를 행사할 수 있는 주식을 의미한다.

120 효율임금

근로자들의 생산성을 높이기 위해 시장균형 임금보다 높은 수준에서 지급되는 임금이다. 생산성이 임금을 결정하는 것이 아니라 임금이 생산성을 결정한다고 본다. 근로자에게 높은 임금을 지급하면 이직률이 낮아지고, 근로 열의가 높아지며, 우수한 근로자를 채용할 수 있다는 이론이다.

121 후배주

보통주보다 이익 배당이나 잔여 재산이 존재할 때 열후적 지위에 있는 주식을 의미한다.

TIP 한 번 읽을 때마다 ☑하여 회독체크를 완성해 보세요!

☑ 회독체크
☐ ☐ ☐

1 700유로 세대

확실한 일자리와 안정된 수입이 없이 비정규인생을 사는 유럽의 젊은이들을 가리키는 신조어이다. 유럽판 '88만 원 세대'라고 할 수 있다.

2 BOP(Bottom Of Pyramid)

피라미드의 밑바닥, 최하위 소득 계층을 뜻하는 말이다. 연간 3,000달러 미만으로 사는 BOP 계층은 세계 인구의 70%를 차지하며, 소비 시장 크기가 5조 달러에 이를 정도로 잠재력이 풍부하다. 최근 글로벌 기업들은 BOP 계층을 '넥스트 볼륨 존'으로 기대하고 BOP 비지니스에 뛰어들고 있다.

3 CES(Consumer Electronics Show)

CES는 국제전자제품박람회로 매년 미국 라스베이거스에서 열리는 세계 최대 IT 및 가전 제품 전시회이다. 글로벌 기업들이 최신 기술을 공개하는 자리로 많은 주목을 받고 있다.

4 ESI(Economic Sentiment Index)

경제심리지수를 의미한다. 민간(기업과 소비자)의 경제상황에 대한 심리 상태를 종합적으로 파악하기 위해 기업경기실사지수(BSI)와 소비자심리지수(CSI)를 결합한 지표로, 체감지표와 유사한 개념이다.

5 ESS(Energy Storage System)

에너지 저장 시스템을 의미한다. 전기공급이 수요보다 많은 시간에 남는 전기를 저장하여 가장 필요한 시기에 공급해 전반적인 에너지 효율을 높이는 시스템이다.

6 IDM(Integrated Device Manufacturers)

종합반도체회사를 의미한다. 삼성전자, 하이닉스, 인텔 등이 대표적이며, 설계부터 생산, 유통, 판매 전반을 담당하는 반도체 기업을 의미한다.

7 J커브 효과

정부가 무역수지 개선을 위해 환율 상승(원화 평가 절하)을 유도하지만 초기에는 무역수지가 오히려 악화되다가 상당한 기간이 지난 다음에야 개선되는 현상을 말한다. 환율 변동에 따른 수출입 가격 변동과 수출입 물량 조정 간에 시차가 존재하므로 발생하는 현상이다.

8 MWC

모바일 월드 콩그레스(Mobile World Congress)로, 매년 스페인 바르셀로나에서 열리는 세계 최대 이동통신 산업 전시회이다.

9 MZ세대

1980년대 초~2000년대 초에 출생한 '밀레니얼(M) 세대'와 1990년대 중반~2000년대 초반에 출생한 'Z세대'를 아우르는 말이다. 디지털 환경에 익숙하고, 최신 트렌드와 남과 다른 이색적인 경험을 추구하는 특징을 보인다.

10 R의 공포

R의 공포에서 R은 경기 침체를 의미하는 'recession'의 약자이다. 경기침체시 실업률이 증가하고 소비와 생산이 줄어드는 등 경제적 위기 상황에 직면하게 된다.

11 가상현실

실제로는 일어나지 않는 일을 컴퓨터를 이용하여 마치 현실처럼 표현해 주는 최첨단 기술을 말한다. 시각이나 청각, 운동 감각에 어필하는 인공적인 공간을 컴퓨터로 만들어 내고 인간이 마치 그 환경에 속해 있는 것처럼 기계와 대화할 수 있도록 만들어 내는 것이다.

12 갈라파고스 규제

기존 생태계와 단절되어 독특한 동·식물 구성을 이룬 갈라파고스 제도를 빗대어 특정 지역에만 있는 동떨어진 규제로, 변화하는 국제 정세와 맞지 않음을 의미한다.

13 경제통합(Economic Integration)

국경을 초월하여 경제를 하나로 통합하는 것으로, 역내 관세철폐, 생산요소의 자유로운 이동 등이 특징이다. 오늘날 유럽연합(EU)이 경제통합의 사례에 해당한다. 1950년 유럽 6개국의 유럽석탄철강공동체(ECSC)로 시작된 경제통합은 유럽연합으로 발전했다. 이 외에도 중앙아메리카, 동남아시아, 아랍 지역 등에서 경제통합 시도가 이어졌지만 실현되지는 못했다. 한편, 영국의 유럽연합 탈퇴(Brexit)와 같이 경제통합의 반대 시도도 발생했다.

금융·경영·시사상식

CHAPTER 03 · 시사상식 **489**

☐☐☐

14 구독경제

소유할 필요 없이 일정 금액을 지불하면 약속된 기간 동안 해당 서비스를 제공하는 유형의 서비스이다. 미국 주오라(Zoura)의 창립자 티엔 추오가 반복적인 매출 창출을 위해 고객을 구매자에게 구독자로 전환하는 산업 변화를 처음으로 정의하면서 등장한 용어이다.

☐☐☐

15 국가채무비율

GDP 대비 국가채무의 비율을 의미하며, 국가채무란 재정적자를 상쇄하기 위해 국내외에서 돈을 빌려 생긴 빚을 의미한다.

☐☐☐

16 국민부담률(Total Tax Revenue / Gross Domestic Product)

국민이 1년간 부담한 조세와 각종 사회보장기금이 국내총생산(GDP)에서 차지하는 비중을 말한다. 사회보장기금에는 국민연금, 산재보험, 건강보험 등이 있다.

☐☐☐

17 국민총소득(GNI: Gross National Income)

일정 기간 동안 한 나라 국민이 소유하고 있는 생산요소를 국내외에 제공한 대가로 벌어들이는 소득의 합계를 말한다. 국민총소득은 국내총생산(GDP)에서 교역조건 변화에 따른 실질무역손익과 국외순수취요소소득의 합이라고 할 수 있다.

☐☐☐

18 그린에너지

석유·석탄 등 화석 연료를 대체할 수 있는 바이오연료·태양광·풍력·조력·지열 등 재생 가능 에너지와 에너지 효율을 높이는 기술을 의미한다. 그린에너지는 초기 투자 비용이 높고, 효율이 낮다. 그러나 화석 연료 고갈과 지구 온난화 문제를 극복할 수 있는 대안으로 떠오르면서 전 세계적으로 활발히 연구되고 있다.

☐☐☐

19 그린슈트(Green Shoots)

침체된 경기가 회복될 조짐을 보이는 현상이다. 겨울 내내 얼어붙었던 땅에 봄이 되면 새싹이 올라오듯이 침체된 경기가 회복 국면을 맞이한 상황을 빗대어 표현한 것이다.

☐☐☐

20 금융비용 부담률

일정 기간 동안의 총금융비용을 총매출액으로 나눈 비율을 의미한다. 이는 자금차입에 따른 기업의 부담이 어느 정도인지를 나타내는 지표이다.

21 기저효과(Base Effect)

경제지표 평가 시 기준시점과 비교시점의 상대적인 수치에 따라 결과가 위축되거나 부풀려지는 등 실제와 큰 차이가 나타나는 현상을 말한다.

22 넛지 효과(Nudge Effect)

넛지의 사전적 의미는 옆구리를 팔꿈치로 슬쩍 건드리는 것을 말한다. 타인의 선택을 부드러운 개입으로 선택을 유도하는 방법을 넛지 효과라고 한다. 리처드 탈러 시카고대 교수와 캐스 선스타인 하버드대 로스쿨 교수의 공저 「Nudge」에 소개된 이후 알려진 용어이다.

23 네덜란드병(Dutch Disease)

국가 경제를 천연자원에 지나치게 의존하여 산업 경쟁력을 잃어 국민 삶의 질도 하락하는 현상을 의미한다. '자원의 저주'라고 불리기도 한다. 1959년 유전을 발견한 네덜란드는 유가 상승으로 호황을 누리다가 석유제품을 제외한 제조업의 경쟁력을 잃고 극심한 경제적 침체를 맞았다.

24 뉴노멀(New Normal)

2008년 글로벌 금융위기 이후 저성장, 저소비, 고실업, 고위험, 규제 강화 등으로 대표되는 세계경제상황을 표현하는 용어이다. 새로운 기준이나 표준이 보편화된 현상을 가리키는 말로 사용되기도 한다.

25 뉴트로(Newtro)

새로움(New)과 복고(Retro)를 합쳐 만든 신조어로, 과거 유행했던 복고 제품을 새롭게 즐기는 것을 의미한다. 뉴트로는 과거의 제품을 직접 접해 본 적 없는 젊은 층에 신상품과 비슷한 새로움을 준다.

26 니트족(NEET: Not in Education, Employment or Training)

교육과정을 이수하는 중이 아니면서 일하지 않고 일할 의지도 없는 미혼 청년 무직자를 의미한다. 취업에 대한 의욕이 전혀 없다는 면에서 일할 의지는 있지만 일자리를 구하지 못하는 실업자나 아르바이트로 생활하는 프리터족과 그 의미가 다르다.

27 님비(NIMBY: Not In My Back Yard)

'내 집 뒷마당은 안 된다(Not In My Back Yard.)'는 뜻으로, 시설이 들어섰을 때 발생할 수 있는 위해적인 요소로 인해 자신의 지역에 들어서는 것을 반대하는 현상을 말한다.

□□□ ## 28 님트(NIMT: Not In My Term)

지방자치제도가 도입된 이후 지방자치단체장들이 자신의 임기 동안에는 환경 오염 시설물 설치나 혐오 시설의 입지 등 주민들에게 지지를 받을 수 없는 일을 하지 않으려는 현상이다.

□□□ ## 29 대체 불가능 토큰(NFT: Non-Fungible Token)

희소성을 지니는 디지털 자산을 대표하는 토큰을 말한다. 대체 불가능 토큰은 블록체인 기술을 활용하지만, 기존의 가상자산과 달리 각 토큰마다 고유한 인식 값을 가지고 있어 상호 대체가 불가능하다는 특징이 있다.

□□□ ## 30 더블 딥(Double Dip)

경기가 잠깐 회복세를 보였다가 다시 침체로 들어서는 것을 의미한다.

□□□ ## 31 데이비드 리카도(David Ricardo)

영국의 대표적 고전학파 경제학자로, 1772년 런던에서 출생했다. 주식중개업을 하는 사업가로 활동하다가 경제학 연구를 시작하였는데, 비교우위론, 노동가치설, 차액지대론 등을 주장하며 경제학 발전에 기여하였다.

□□□ ## 32 동학개미운동

2020년 코로나19 사태로 외국인 투자자가 삼성전자와 같은 한국 주식을 매도하며 급락세가 이어지자, 이에 맞서 개인투자자들이 적극 매수하는 트렌드를 말한다.

□□□ ## 33 로그롤링(Logrolling)

투표거래나 투표담합을 의미하는 용어로, 자신의 선호와 무관한 대안에 투표하거나 암묵적 동의를 하는 의사결정 행태를 의미한다.

□□□ ## 34 리걸테크(Legaltech)

법률과 기술이 결합한 형태의 법률 서비스를 말한다. 온라인 법률상담 소프트웨어, 온라인 법률마켓 등이 있다.

□□□ ## 35 리디노미네이션

화폐의 액면을 동일한 비율로 변경하는 조치로, 경제 상황에 따라 기존 화폐의 가치를 재조정하는 조치를 의미한다.

36 리세션(Recession)

자본주의 경제에 있어 특별한 현상인 경기 순환 중 하나로, 경기가 최고 호황기에서 최저 침체기에 이르기까지의 과정을 말한다. 우리나라에서는 실질 GDP 증가율이 연속해서 두 분기 동안 감소할 경우 경기침체의 신호로 여긴다.

37 마가(MAGA)

'마이크로소프트(M)', '애플(A)', '구글(G)', '아마존(A)'의 첫 글자를 따서 만든 용어이다. 미국 IT 산업을 이끌던 팡(FAANG: 페이스북, 아마존, 애플, 넷플릭스, 구글)을 대신할 신조어이다.

38 마이데이터

다양한 기관 등에 존재하는 개인정보를 직접 관리하고 활용함을 의미한다. 은행 계좌와 거래내역 등 금융데이터의 주인이 금융회사가 아닌 개인이 되는 개념이다. 자신의 정보를 스스로 통제·관리, 해당 정보들이 본인의 의사에 맞춰 활용될 수 있도록 개인의 정보 권리를 보장하는 것이 목적이다.

39 마태 효과(Matthew Effect)

이른바 '부익부 빈익빈'의 현상으로 부유한 사람은 점점 부유해지고, 가난한 사람은 점점 더 가난해지는 상황을 의미한다. 기독교의 신약성경 마태복음에는 다음과 같은 구절이 있다. '무릇 있는 자는 받아 넉넉하게 되되 없는 자는 그 있는 것도 빼앗기리라.' 이는 부유한 자와 가난한 자의 격차가 점점 더 벌어짐을 함축적으로 표현한 것이다.

40 메타버스(Metaverse)

3차원 가상세계를 뜻하며, 현실세계를 의미하는 'Universe'와 추상을 의미하는 'Meta'의 합성어이다. 가상현실, 증강현실, 라이프로깅 등을 포괄하는 광범위한 개념이다.

41 밀키트(Meal Kit)

손질된 식재료와 정량의 양념, 알맞은 조리법까지 한번에 제공하는 제품이다. 데우기만 하면 완성되는 간편식보다 손이 좀 더 가지만 일일이 장을 보는 것에 비해 경제적이면서 요리하는 즐거움까지 느낄 수 있다는 점이 특징이다.

42 브렉시트(Brexit)

영국을 뜻하는 단어 'Britain'과 이탈을 뜻하는 'Exit'를 합성하여 만들었다. 영국의 유럽 연합(EU) 탈퇴는 2016년 국민투표로 결정되었으며, 2020년 1월 31일 유럽경제공동체 (ECC)에 합류한 지 47년 만에 공식적으로 이루어졌다.

PART 04

금융 · 경영 · 시사상식

43 브렌튼우즈 시스템

제2차 세계대전 이후 달러를 기축통화로 하는 금본위제를 기반으로 하는 국제 통화 체제이다. 브렌튼우즈 체제가 붕괴 된 이후 오일 달러 시스템이 등장했으며, 미국달러가 기축통화로 자리 잡는 중요한 역할을 담당했다.

44 배출전망치(BAU: Business As Usual)

특별한 조치를 취하지 않으면 현재 추세에 따라 나타날 것으로 예상되는 온실가스 배출량의 미래 전망치를 가리킨다.

45 블루 라운드(Blue Round)

근로자의 열악한 근로 조건을 이용하여 낮은 가격의 상품을 생산함으로써 국제무역상의 경쟁력을 갖추고자 하는 국가 또는 개인 등을 규제하는 것이다.

46 블루슈머(Bluesumer)

경쟁이 없는 시장인 '블루오션'과 소비자 집단인 '컨슈머'의 합성어로, 경쟁이 없는 시장의 새로운 소비자를 의미한다. 소비자의 라이프 스타일 변화에 따라 새로운 시장이 형성될 때 새로운 시장에서 소비를 주도하는 계층을 지칭하기 위한 신조어이다.

47 사회보장부담률

4대 연금 및 건강보험, 고용보험, 산재보상보험 징수액이 국내총생산에서 차지하는 비율을 의미한다.

48 사회적 안전망

국민이 최소한의 인간다운 생활을 할 수 있도록 실업, 빈곤, 재해, 노령, 질병 등의 사회적 위험으로부터 보호하기 위한 제도적 장치를 의미한다. 건강보험, 국민연금, 실업보험, 산재보험, 기초연금, 기초생활보장제도 등이 해당한다.

49 서학개미

국내 주식을 사 모으는 동학개미처럼, 미국, 유럽 등 해외 주식에 직접 투자하는 개인투자자를 일컫는 말이다.

50 셧다운(Shutdown)

미국 연방정부의 업무를 일시 정지하는 제도를 말한다. 미국 의회에서 예산안 합의에 실패하면 미국 연방정부는 셧다운 상태에 돌입한다. 발동되면 핵심 업무에 종사하는 필수 인력을 제외하고 연방 공무원 80만 명 ~ 120만 명이 강제 무급휴가를 가야 한다.

51 쇼루밍(Showrooming)

소비자들이 오프라인 매장에서 제품을 자세히 살펴본 후 실제 구입은 더 저렴한 온라인 쇼핑몰 등을 이용하는 쇼핑 행태를 말한다.

52 슈퍼사이클

20년 이상의 장기적인 가격 상승 추세를 의미한다.

53 스파게티볼 효과

여러 나라와 동시에 자유무역협정(FTA)을 체결하면 각 나라마다 다른 원산지 규정, 통관 절차, 표준 등을 확인하는 데 시간과 인력이 더 들어 거래 비용 절감이 애초 기대 효과보다 반감되는 현상이다. 대상국별 혹은 지역별로 다른 규정이 적용되어 서로 얽히는 부작용이 발생하게 되는데, 이와 같은 현상이 마치 스파게티 접시 속 국수가락과 닮았다는 뜻으로 사용되었다.

54 신기후변화협약

세계 196개국이 파리에서 열린 제21차 UN 기후변화협약 당사국총회(COP21)에서 채택한 국제협약으로, '파리협약(Paris agreement)'이라고 부른다. 2021년 1월부터 적용되었으며 지구 온난화 주범인 온실가스를 선진국과 개발도상국이 함께 참여하여 자발적으로 줄이는 내용을 담고 있다.

55 싱크탱크(Think Tank)

각 분야의 전문가들을 모아 여러 주제에 대해 연구하거나 이에 대한 견해를 표명하는 집단을 말한다. 제2차 세계대전 당시 전문가 집단들이 전쟁 조직에 대거 편입되며 생겨난 용어이다.

56 쌍둥이 적자(Twin Deficit)

경상수지와 재정수지 모두 적자를 기록하는 현상이다.

☐☐☐ **57 아이언플레이션(Ironflation)**

철강(Iron)과 물가 상승(Inflation)의 합성어로, 철강 가격이 오르는 현상을 말한다.

☐☐☐ **58 알파걸(Alpha Girl)**

남성을 앞질러 질주하는 우수한 능력의 엘리트집단 여성을 지칭하는 새로운 용어이다. 그리스어의 첫째 자모 알파(a)에서 따온 말로, 첫째가는 여성을 뜻한다.

☐☐☐ **59 애그플레이션(Agflation)**

농업(Agriculture)과 인플레이션(Inflation)의 합성어로, 농산물 가격이 오르면 물가도 오르는 현상을 말한다.

☐☐☐ **60 애드슈머(Adsumer)**

광고(Advertising)와 소비자(Consumer)의 합성어로, 광고 제작 과정에 직접 참여하고 의견을 제안하는 소비자를 말한다. 소비자가 직접 제작한 UCC가 광고로 채택되거나, 광고에 시청자의 의견이나 아이디어를 반영하여 제작하는 형태가 있다.

☐☐☐ **61 에코플레이션(Ecoflation)**

생태학(Ecology)과 인플레이션(Inflation)의 합성어로, 환경적 요인에 의해 발생한 인플레이션을 의미한다. 이는 기후변화로 인한 가뭄, 산불, 열대성 태풍 등의 잦은 발생으로 기업의 제조원가가 상승함으로써 결과적으로 소비재 가격이 인상되는 것을 말한다.

☐☐☐ **62 엠커브현상**

상당수 여성이 20대 초반에 노동시장에 참여하다가 20대 후반에서 30대 중후반 사이에 임신·출산·육아로 인해 경제 활동 참가율이 급격히 떨어지고, 자녀 양육 시기 이후 다시 노동시장에 참여하려는 현상을 가리키는 말이다.

☐☐☐ **63 엥겔지수(Engel's Coefficient)**

가계의 소비지출 중 식료품비의 비중을 나타낸 것이다. 보통 가계 소득이 높을수록 식료품비 비중이 감소하는 경향을 보인다.

64 예비타당성조사 ☐ ☐ ☐

사업의 정책적·경제적 타당성을 사전에 검증·평가하기 위한 제도로, 1999년 김대중 정부 때 도입되었다. 총 사업비 500억 원 이상, 국고 지원이 300억 원을 넘는 정부 재정이 대규모로 투입되는 사업을 대상으로 한다.

65 웨저(Weisure) 시대 ☐ ☐ ☐

일(Work)과 레저(Leisure)를 합성한 용어로, 일과 여가의 경계가 무너지는 것을 의미한다. 돌턴 콘리 뉴욕대 사회학과 교수가 발표한 저서 「미국 어디서나」에서 처음 언급한 용어이다. 이에 따르면 웨저 시대에는 무선기술의 발달로 하루 24시간 여가와 일을 동시에 처리할 수 있다는 장점이 있는 반면, 일과 휴식의 경계가 모호해져 업무 효율이 떨어질 것이라는 단점도 제기된다.

66 유기발광다이오드(OLED: Organic Light Emitting Diodes) ☐ ☐ ☐

기존 디스플레이와 달리 빛을 내는 층이 유기 화합물로 되어 있는 자체 발광다이오드로, LCD(액정디스플레이)를 대체할 차세대 평판 디스플레이를 말한다. 기존 LCD는 액정 위에 영상을 표현하기 위해 백라이트유닛(BLU)이라는 별도의 광원장치가 필요하지만, OLED는 스스로 빛을 내는 형광물질을 사용하므로 별도의 광원장치가 필요 없고, LCD에 비해 1,000배 이상 빠른 응답 속도로 잔상의 문제도 없다.

67 유리천장 ☐ ☐ ☐

여성의 승진이 어려운 현상을 지칭하는 용어로, 이는 여성이 기업의 핵심 업무에서 배제되는 현상을 의미한다.

68 인구 데드크로스 ☐ ☐ ☐

인구가 자연적으로 감소하는 현상으로 사망자가 출생자보다 많아지면서 발생한다. 이 외에도 데드크로스는 주식시장에서 주가의 단기이동평균선이 중장기이동평균선 아래로 떨어질 때 사용되기도 한다.

69 인포데믹스(Infodemics) 효과 ☐ ☐ ☐

정보(Information)와 전염병(Epidemics)의 합성어로, 부정확한 정보 확산으로 인해 사회, 경제, 정치 등이 치명적인 피해를 보는 현상을 일컫는 용어이다.

70 재정부담률

국민총생산(GNP) 혹은 국내총생산(GDP) 중 재정지출 규모의 비중을 나타내는 지표이다.

71 재정준칙

국민으로부터 거두어들인 세금을 정부가 지출하기 위한 하나의 원칙으로, 필요에 따라 유연하게 적용될 수 있다. 우리나라의 재정준칙은 국가채무비율과 통합재정수지비율을 근거로 관리된다.

72 저비용항공사(LCC: Low Cost Carrier)

서비스의 최소화, 영업과 운송 방식의 단순화 등을 통해 항공권 가격을 획기적으로 낮춘 항공사를 말한다.

73 제로 레이팅(Zero-rating)

통신사와 콘텐츠 사업자가 제휴를 맺어 특정 콘텐츠를 소비할 때 발생하는 데이터 이용료를 면제해 주거나 할인해 주는 제도이다. 이 제도를 통해 통신사와 콘텐츠 제공자는 더 많은 고객을 유치할 수 있고, 소비자는 데이터 요금을 아낄 수 있다. 처음에는 자사 콘텐츠 중심으로 제로 레이팅을 도입했으나, 최근에는 외부 콘텐츠까지 범위를 넓히고 있다.

74 제로 웨이스트(Zero Waste)

플라스틱과 같이 잘 썩지 않는 재질을 사용하지 않고 재활용이 가능한 제품으로 개발하여 쓰레기로 버려지지 않도록 하는 원칙을 말한다.

75 조세부담률

GDP 대비 조세총액을 의미한다.

76 조세피난처

법인 소득의 상당 부분에 대해 과세하지 않는 국가나 지역을 의미한다. 대신에 이들 국가나 지역은 계좌유지수수료나 법인설립수수료를 받는다.

77 준조세(Quasi-tax)

실질적으로 조세와 같은 성질인 공과금 또는 기부금, 성금 등을 말한다. 정부로서는 조세보다 조성 및 운영이 쉽다는 장점이 있지만, 기업에는 불필요한 경제적 부담을 주고 제품 원가 상승 요인이 되는 등 부작용이 크다.

78 중위투표자 정리와 콩도르세의 역설

다수결 투표제에서는 극단적 성향보다 중간 성향의 정책이 선택될 가능성이 높다. 이를 중위투표자 정리라고 한다. 또한 다수결 투표제에서는 투표가 사회적 선호를 정확하게 반영하지 못하는 콩도르세의 역설이 나타날 수 있다. A를 B보다 좋아하고 B를 C보다 좋아하면 A를 C보다 좋아해야 하지만 반드시 이런 결과가 나타나지 않는다는 것이다. 이는 민주주의의 다수결 투표제도가 항상 좋은 결과를 내놓는 것은 아니라는 내용을 담고 있다.

☐ ☐ ☐

79 중진국의 함정

개발도상국의 경우 발전 초기에는 성장세가 순조롭다가 중진국 수준에 와서 성장 속도가 급격히 감소하여 오랜 기간 정체 상태에 머무는 것을 의미한다.

☐ ☐ ☐

80 지대추구(Rent-seeking)

경제주체들이 자신의 이익을 위해 비생산적인 활동에 경쟁적으로 자원을 낭비하는 현상을 말한다. 공급량이 제한된 재화나 서비스를 독과점하는 방식으로 쉽게 이익을 얻으려고 하면서 일어난다.

☐ ☐ ☐

81 지하경제(Underground Economy)

정부의 규제를 피하기 위해 합법적·비합법적 수단을 동원하여 겉으로 드러나지 않는 경제 활동을 말한다. 도박과 같은 위법행위가 포함되며, 지하경제의 규모를 정확히 추산하는 것은 불가능하다.

☐ ☐ ☐

82 최고재무관리자(Chief Financial Officer)

기업 내 재무와 회계를 담당하는 책임자를 말한다. 투자 전략의 중요성이 높아지며 투자, 인수합병, 인사, 마케팅 등의 전략 기획으로 역할이 확대되고 있다.

☐ ☐ ☐

83 쿼드(Quad, QSD)

미국, 일본, 인도, 호주의 4각 연합협력체로, 중국을 견제하기 위해 재활성화되었다. 2007년 미국, 일본, 인도, 호주가 처음 연 '4자 안보 대화(Quadrilateral Security Dialogue)'의 첫 번째 영문을 따서 만든 말이다.

☐ ☐ ☐

84 최후통첩게임

1982년 이스라엘 심리학자이자 노벨상 수상자 대니얼 카너먼이 제안한 것으로 인간의 상호성을 보여 주는 실험이다. A에게 돈을 주며 B와 나누어가지라고 하고 A가 얼마의 돈을 B에게 제안하는지를 관찰한다. B가 제안을 받아들이면 둘 다 돈을 갖지만, B가 거절하면 모두 받지 못한다. 여러 번에 걸친 실험에서 A는 40 ~ 50%에 해당하는 금액을 B에게 제안하였으며, B는 A가 제안한 금액이 30% 미만일 경우에는 대부분 이를 거절하였다. B는 최소 금액이라도 수락하는 것이 경제적으로 이득이지만, 불공정하다고 생각될 경우 경제적 이익을 포기하는 것이다. 이 최후통첩게임은 인간이 이익만이 아닌 공정성을 염두에 둔다는 것을 시사한다.

85 추가경정예산

정부가 예산 성립 후에 생긴 사유로 인해 이미 성립한 예산을 변경할 필요가 있을 때 편성하는 예산을 말한다(헌법 제56조). 본예산에 대비되는 용어이며, 보정(補正)예산이라고도 한다. 이론상 추가예산과 경정예산을 구분하기도 한다. 추가예산은 이미 성립한 본예산의 부족을 보충하기 위해 편성하는 것이며, 경정예산은 본예산의 세출을 삭감하거나 세출 금액 범위 내에서 조정하기 위해 편성하는 것을 말한다.

86 출구전략

경제 위기에서 취해진 비상조치들을 정상 수준으로 복귀시키는 조치를 말한다.

87 킹스턴 시스템

1976년 국제통화기금(IMF)에서 브레튼우즈 체제를 대체하기 위해 도입된 국제 통화 제도이다. 미국 달러화를 기축통화로 하여 금 1온스를 35달러에 고정시켜 통화 가치 안정을 추구한 환율체제이다.

88 탄소포인트제

온실가스 배출을 줄이기 위해 전기, 가스, 수돗물 사용을 절약하면 그에 비례하여 현금이나 상품권 등으로 보상받는 제도이다. 절약량 계산은 과거 2년간 해당 월평균 사용량을 기준으로 이번 달 얼마나 절약했는지를 따져 계산한다.

89 투키디데스 함정(Thucydides Trap)

기존 지배국가와 빠르게 부상하는 신흥 강대국이 결국은 부딪치게 된다는 상황을 의미한다. 그레이엄 앨리슨(Graham T. Allison)이 아테네와 스파르타의 구조적 긴장을 저서에 기술하면서 알려지게 되었다.

90 토머스 맬서스의 인구론 ☐☐☐

맬서스는 인구가 늘어남에 따라 식량 부족은 피할 수 없으며 그로 인해 빈곤과 죄악이 발생할 것이라고 주장하였다.

91 티핑포인트(Tipping Point) ☐☐☐

'갑자기 뒤집히는 점'이라는 뜻으로, 어떠한 현상이 서서히 진행되다가 작은 요인으로 한순간 폭발하는 것을 말한다. 사회 현상의 연구에서 쓰이던 용어였으나, 현재는 새로운 유행, 알려지지 않던 책이 베스트셀러가 되는 극적 전환 등에 사용되기도 한다.

92 파랑새 증후군 ☐☐☐

규제 완화를 요구하는 상황에서 오히려 규제를 담당하는 공무원이 늘어나거나 규제 업무가 복잡해지는 현상을 말한다. 이상적으로 보이는 목표를 추구하면서 오히려 상황이 더 악화되는 경우를 설명할 때 사용된다.

93 파운드리(Foundry) ☐☐☐

반도체 제조를 전담하는 생산 전문 기업을 말한다. 반도체의 설계 디자인을 전문으로 하는 기업으로부터 제조를 위탁받아 반도체를 생산하는 기업을 의미한다. 설계 기술 없이 가공 기술만 확보하면 제품을 생산할 수 있다.

94 파이어족(FIRE: Financial Independence, Retire Early) ☐☐☐

'경제적 자립(Financial Independence)'을 바탕으로 자발적 '조기 은퇴(Retire Early)'를 계획하는 사람들을 일컫는 용어이다. 늦어도 40대 초반까지 은퇴를 하겠다는 목표로, 20대부터 소비를 극단적으로 줄이며 은퇴 자금을 마련하는 경우이다.

95 패닉 바잉(Panic Buying) ☐☐☐

사회·환경 변화 등으로 발생한 심리적 불안 때문에 물품을 사들이는 것을 의미한다. 이로 인해 물량 확보를 위한 거래량은 급격히 늘어나고 가격은 치솟는 현상이 나타난다. 주로 군중 심리 때문에 초래되며, 시장에 더욱 혼란을 주는 원인이 되기도 한다.

96 퍼네이션(Funation) ☐☐☐

재미(Fun)와 기부(Donation)의 합성어이다. 일반 대중이 직접 기부에 참여할 수 있는 문화를 조성하기 위해 생활 속에서 나눔을 실천하자는 취지로 형성되었다. 대표적인 예로 카드 수수료나 포인트 기부, 콘서트 수익금 일부 기부, 스마트폰을 활용한 기부 등이 있다. 단순히 기부가 필요한 사람이나 단체에 돈을 투자하는 것을 넘어 흥미롭게 기부활동을 할 수 있다.

□□□ **97 퍼스트 펭귄**

선구자 혹은 도전자의 의미로 사용되는 관용어로 생존을 위해 천적에 대한 두려움을 떨치고 바다에 들어가는 펭귄에 빗댄 용어이다.

□□□ **98 퍼펙트 스톰(Perfect Storm)**

두 종류 이상의 태풍이 충돌하여 피해가 폭발적으로 커지는 현상을 말하는데, 그 의미가 확장되어 경제·사회적 측면에도 적용되었다. 경제·사회적으로 두 가지 이상의 악재가 동시에 발생하여 그 영향력이 더욱 커지는 현상을 지칭한다.

□□□ **99 포모 증후군**

포모(FOMO)는 'Fear Of Missing Out'의 약자로, 뒤처지거나 소외되는 것에 두려움을 가지는 증상을 말한다. 예를 들어, 주식시장의 주가가 급등하는 상황에서 주식을 하지 않으면 본인만 돈을 못 벌까봐 불안해하는 증상이 있다.

□□□ **100 포지티브 규제**

법률이나 정책에서 허용되는 것들을 제외하고 나머지는 불허하는 규제 방식을 말한다. 예를 들어, 「자동차관리법」에서 자동차는 승용차, 승합차, 화물차, 특수차, 이륜차로 분류하며, 이 중 하나에 해당하지 않으면 자동차가 아닌 것으로 본다.

□□□ **101 풍선 효과(Balloon Effect)**

한 쪽에서 문제를 해결하면 또 다른 쪽에서 새로운 문제가 발생하는 상황을 의미한다. 풍선의 한 부분을 누르면 다른 부분이 튀어나오는 현상에 빗댄 용어이다.

□□□ **102 프레너미(Frienemy)**

친구(Friend)와 적(Enemy)을 합친 말로, 서로 협력하는 동시에 다른 한편으로는 경쟁하는 관계를 말한다.

□□□ **103 프레이밍 효과(Framing Effect)**

질문이나 문제 제시 방법에 따라 사람들의 판단이나 선택이 달라지는 현상을 말한다.

104 프로슈머(Prosumer)

생산자(Producer)와 소비자(Consumer)의 합성어로, 생산활동에 직접 참여하는 소비자이다. 미래학자 앨빈 토플러가 「제3의 물결」에서 처음 사용한 용어이다. 인터넷의 발달로 정보력을 갖춘 소비자들이 생산활동까지 참여하는 현상이 줄을 이으면서 '프로슈머 마케팅'이라는 말도 등장하고 있다.

105 프리터족(Freeters)

1990년대 초반 일본에서 경제 불황으로 인해 직장 없이 갖가지 아르바이트로 생활하는 청년층에게 붙여진 명칭이다. 프리(Free)와 아르바이터(Arbeiter)를 합성한 말로, 자유로운 노동자를 의미한다.

106 플래시몹(Flashmob)

특정 웹사이트에 갑자기 사람들이 몰리는 현상을 뜻하는 '플래시크라우드'와 동일한 생각을 가지고 행동하는 집단인 '스마트몹'의 합성어이다. 서로 모르는 불특정 다수가 인터넷과 이메일, 휴대전화 등의 연락을 통해 약속된 시간에, 약속된 장소에 모여 짧은 시간 동안 주어진 놀이나 활동을 취하고는 금세 제각기 흩어지는 것을 말한다.

107 핀셋 규제

특정 분야 및 지역만을 특정하여 규제하는 정책을 의미한다. 최근에는 부동산 대책에서 일부 특정 과열 지역만을 투기과열지구 등으로 지정하여 수요를 억제하는 규제를 의미한다.

108 핌피현상(PIMFY Syndrome)

'Please in my front yard.'의 약자로, 수익성 있는 사업을 내 지역에 유치하겠다는 지역주의 현상 중 하나이다. 님비현상과 반대 의미이다.

109 하얀 코끼리(White Elephant)

올림픽이나 월드컵 등의 대형 스포츠 이벤트 이후 막대한 유지비가 들어가지만 활용도가 떨어지는 시설물을 의미한다. 고대 동남아시아에서 하얀 코끼리가 신성한 존재였지만, 키우는 데 많은 비용이 들어갔다는 설화에서 유래한 용어이다.

110 하인리히 법칙

대형사고가 발생하기 전에 그와 관련된 수많은 경미한 사고와 징후들이 반드시 존재한다는 것을 밝힌 법칙이다. 1931년 허버트 윌리엄 하인리히가 펴낸 「산업재해 예방: 과학적 접근」이라는 책에서 소개된 법칙이다.

111 합계출산율(Total Fertility Rate)

한 여성이 일생 동안 가임 기간에 낳을 것으로 예상되는 평균 자녀의 수를 말한다. 출산력을 나타내는 대표적인 지표로, 합계출산율이 높을수록 한 여성이 출산하는 자녀수가 많다는 것을 의미하며, 국가별 출산력 수준을 비교할 때 주로 이용된다.

112 현대화폐이론(MMT: Modern Money Theory)

정부가 계속 화폐를 발행하더라도 인플레이션이 나타나지 않는다는 이론이다. 정부가 무제한으로 돈을 풀어 기업생산성이 올라가면 경제가 살아나 부정적인 효과보다 긍정적인 결과가 더 클 것이라는 점이 논지의 핵심이다.

113 화이트존(White Zone)

민간 자본을 활용하여 다용도 융복합 개발이 가능하도록 지정한 구역을 의미한다. 싱가포르의 마리나베이나 일본 롯폰기힐스가 대표적이다.

114 회색코뿔소

2013년 다보스 포럼에서 당시 세계정책연구소의 소장인 미셸 부커가 언급한 용어로, 지속적인 경고로 위험 요인을 충분히 예상할 수 있음에도 쉽게 간과하는 것을 말한다. 코뿔소가 다가오는 것을 멀리서도 확인할 수 있지만, 정작 두려움 때문에 아무것도 못하거나 대처 방법을 몰라 무시하는 것을 비유하는 말이다.

115 휴먼뉴딜

인적 자원 투자를 통해 위기에 대한 대항력을 키우고, 우리 사회의 성장 잠재력을 높여 미래 중산층을 두텁게 하는 정책을 말한다.

01 난이도 ■□□

다음은 금융 분야에서 각광받는 보안기술이다. 이것이 의미하는 바는?

○○○○은 모든 거래자가 장부를 공유하고 대조하여 거래의 신뢰를 형성하는 보안기술이다. 거래가 기록된 블록이 네트워크 참여자들에게 유효한 것으로 인정될 경우 블록들은 원장의 마지막 부분에 연결되는데 기다란 사슬처럼 순차적으로 연결된다.

① 재테크
② 핀테크
③ 블록체인
④ 비트코인
⑤ 바이오헬스

| 해설 | 블록체인에 대한 설명이다. 글로벌 금융위기 이후 중앙은행에 의한 독점적 통화발권 시스템을 비판하며 탈중앙화된 화폐인 비트코인을 위해 등장한 기술이지만, 오늘날 비트코인과는 독자적으로 산업 각 분야에서 활용도를 높이고 있다.

02 난이도 ■□□

2022년과 2023년의 최저임금은 각각 얼마인가?

	2022년	2023년
①	9,160	9,620
②	8,720	9,160
③	8,590	8,720
④	8,350	8,550
⑤	7,530	8,350

| 해설 | 최저임금이란 국가가 임금의 최저 수준을 정하고, 사용자에게 이 수준 이상의 임금을 지급하도록 강제함으로써 저임금 근로자를 보호하는 제도이다. 위반 시 3년 이하의 징역 또는 2천만 원 이하의 벌금 부과가 가능하다. 한편, 2022년 최저 임금은 2021년 대비 5% 인상한 9,160원이었고, 2023년에는 2022년 대비 6% 인상한 9,620원으로 결정되었다.

03 난이도 ■□□

간접세에 해당하는 세금은?

① 소득세
② 상속세
③ 법인세
④ 취득세
⑤ 부가가치세

| 해설 | 간접세는 납세자와 담세자가 일치하지 않는 세금이다. 납세자는 세금의 납부 주체, 담세자란 세금의 실질적 부담 주체이다. 부가가치세·개별소비세·주세·인지세·증권거래세 등이 주요 간접세이다. 반면, 직접세는 납세자와 담세자가 일치하는 세금이다. 국세 중 소득세·법인세·상속세·등록세·자산재평가세·부당이득세, 지방세 중 주민세·취득세·자동차세·도시계획세·공동시설세·재산세·농지세 등이 직접세에 속한다. 국세 중 직접세가 약 30 ~ 40%의 비중을 차지하는데, 직접세가 과중하면 근로의욕이나 저축의욕이 감소되고 조세저항이 커진다.

04 난이도 ■□□

다음에서 설명하는 금융 용어는?

서류상 회사로 비상장기업 인수합병을 목적으로 한다. 공모로 액면가에 신주를 발행하여 다수의 개인투자자금을 모은 후 상장한 후 3년 내에 비상장 우량기업을 합병해야 한다.

① CRC
② SPC
③ SFC
④ SPAC
⑤ MMIF

| 해설 | SPAC은 Special Purpose Acquisitions Company의 약자로, 기업 인수를 목적으로 하는 회사를 의미한다. 일반투자자들로서는 SPAC 주식 매매를 통해 기업 인수에 간접적으로 참여하고, 피인수기업으로는 SPAC에 인수되는 것만으로 증시에 상장하는 효과가 발생한다. 우회상장과 유사하지만 SPAC은 실제 사업이 없고, 상장만을 위해 존재하는 페이퍼컴퍼니라는 점이 다르다.

정답 01 ③ | 02 ① | 03 ⑤ | 04 ④

05 난이도 ■□□

다음에서 설명하는 제도는?

> 넓은 뜻에서는 '의결권 없는 주식'이나 '의결권 제한'도 여기에 포함되지만, 일반적으로 '1주(株) 1의결권' 원칙의 예외를 인정하여 경영권을 보유한 대주주의 주식에 대해 보통주보다 더 많은 의결권을 부여하는 제도를 말한다. 이로써 일부 주주의 지배권을 강화하여 적대적 M&A로부터 경영권을 방어하는 수단으로 이용된다.

① 섀도보팅   ② 옵션보팅
③ 전자투표   ④ 차등의결권
⑤ 특별의결권

| 해설 | 적대적 M&A(인수합병)에 대한 기업의 경영권 방어수단 중 하나로서 일부 주식에 특별히 많은 수의 의결권을 부여하여 일부 주주의 지배권을 강화하는 차등의결권제도에 대한 설명이다. 미국과 유럽 등지에서 도입하고 있는데, 미국의 포드자동차의 경우에 창업주인 포드 집안이 소유한 지분은 7%이지만 차등의결권에 따라 40%의 의결권을 행사할 수 있다. 또 스웨덴의 발렌베리 집안은 발렌베리그룹의 지주회사인 인베스트사의 지분 19%를 보유하고 있을 뿐이지만 41%의 의결권을 행사할 수 있다. 프랑스에서는 주식을 2년 이상 보유하면 1주에 2개의 의결권을 부여하는 방식으로 차등의결권을 채택하고 있다.

06 난이도 ■□□

우버와 같은 플랫폼 모델은 수요자가 공급자의 규모에, 공급자는 수요자 규모에 영향을 받으며 플랫폼 기업은 생산자와 소비자 모두를 고객으로 생각한다. 이처럼 수요자와 공급자 모두가 참여하면서 확장되는 시장을 무엇이라고 하는가?

① 양면시장
② 사이버시장
③ 네트워크시장
④ 정보비대칭시장
⑤ 인터넷 오픈시장

| 해설 | 한 집단이 다른 집단의 크기에 대해 선호를 갖고, 또 자기 집단의 크기에 대해서도 선호를 갖는 경우 외부 경제가 발생하는데, 이를 양면시장이라고 한다. 오늘날 많은 플랫폼 기업들은 이러한 양면시장의 속성을 활용하여 수익을 창출한다.

07 난이도 ■□□

다음에서 설명하는 용어는?

> 신임 경영자가 전임자 재직기간에 쌓인 손실과 잠재적 부실요소를 회계장부에 한꺼번에 반영하여 털어버리는 행위

① 핀테크   ② 볼커룰
③ 빅배스   ④ 클린 뱅크
⑤ 배드 뱅크

| 해설 | 부실자산을 한 회계연도에 모두 반영하여 위험 요인을 일시에 제거하는 회계기법을 빅배스라고 한다. '목욕을 철저히 해서 더러운 것을 씻어낸다.'는 사전적 의미에서 유래된 것으로 부실자산을 한 회계연도에 모두 반영하여 위험 요인을 일시에 제거하는 회계기법을 말한다. 통상적으로 경영진 교체시기 혹은 마지막 분기에 많이 이루어진다.

정답 05 ④ | 06 ① | 07 ③

08 난이도 ■□□

다음의 기사에서 설명하는 용어는?

> 중소벤처기업부 장관이 '스마트공장 도입기업에서 생산성이 30%, 고용도 평균 3명 증가하는 결과가 나타나고 있다.'며, '해외로 나갔던 중소기업이나 대기업을 다시 한국으로 돌아오게 할 수 있는 매개체가 될 것'이라고 밝혔다. 스마트공장의 확산으로 생산성 향상과 고용 창출 효과가 달성되면 해외로 눈을 돌렸던 국내 기업이 본국으로 귀환하는 '○○○○' 현상이 가속화할 것이라는 기대감을 나타낸 것이다.

① 이전거래   ② 리쇼어링
③ 리커플링   ④ 오프쇼어링
⑤ 글로벌 가치사슬

| **해설** | 리쇼어링은 해외에 나가 있는 자국 기업들을 각종 세제 혜택과 규제 완화 등을 통해 자국으로 불러들이는 정책을 말한다. 싼 인건비나 판매시장을 찾아 해외로 생산기지를 옮기는 오프쇼어링의 반대 개념이다.

09 난이도 ■□□

다음에서 설명하는 용어는?

> 온라인 금융이나 가상화폐 거래에서 해킹을 막는 기술을 말한다. 기존 금융회사들은 중앙 서버에 거래기록을 보관하지만 이것은 거래에 관여한 모든 컴퓨터가 동시에 기록을 보유한다. 추가적인 거래가 일어나면 각 참여자의 승인을 받도록 했다. 거래 내역을 고치려면 네트워크상의 모든 컴퓨터가 기록을 바꿔야 해 사실상 해킹이 불가능하다.

① 핀테크   ② 블록체인
③ 비트코인   ④ 이더리움
⑤ 가상화폐

| **해설** | 블록체인 기술은 4차 산업혁명 시대에 금융뿐만 아니라 산업 전반에 사용될 기술로 빠르게 부상하고 있는 기술이다. 블록체인은 '공공 거래장부'라고도 한다. 거래장부는 금융 거래의 핵심인데 블록체인 기술은 거래장부를 은행과 같은 중앙기구에 보관하지 않아도 각각의 거래자 PC에 저장하도록 함으로써 보안을 강화하는 기술이다. 즉, 모든 사용자가 함께 거래장부를 관리하는 기술이 블록체인 기술이다.

10 난이도 ■□□

다음에서 설명하는 용어는?

> 이것은 은행의 총여신 대비 부실채권의 비율을 의미한다. 최근 중국은행들의 이 비율이 낮아져 세계의 이목이 집중되고 있다.

① BIS 비율   ② NCR 비율
③ NIN 비율   ④ NPL 비율
⑤ RBC 비율

| **해설** | 글로벌 금융위기 이후 각국의 은행들은 총여신 대비 부실채권의 비율인 NPL 비율을 중요시하고 있다. NPL(Non-Performing Loan) 비율이란 은행의 총여신 중 고정이하여신(3개월 이상 연체된 대출)이 차지하는 비중을 뜻한다. 여신은 건전성에 따라 정상, 요주의, 고정, 회수의문, 추정손실 등의 5단계로 분류하는데, 고정, 회수의문, 추정손실에 해당하는 것이 부실채권이다.

| **오답피하기** | ① BIS 비율: 국제결제은행(BIS) 기준에 따라 일반적으로 총자산 중에서 자기자본이 차지하는 비중을 나타내는 지표를 말한다. 기업의 채무상환능력을 나타내는 안정성 비율로, 1년 이내에 만기가 도래하는 유동부채를 갚을 수 있는 능력이 확보되지 않으면 기업은 부도사태에 직면할 수 있다. 자기자본비율은 안정성 비율의 대표적인 비율이다.
② NCR 비율: 영업용순자본비율(Net Capital Ratio)은 금융투자회사의 영업용 순자본(자기자본에 비유동성 자산 등을 차감)을 총위험액(보유자산의 손실예상액)으로 나눈 값을 백분율로 표시한 것이다. 증권사의 재무 건전성을 파악하는 기준이 되는 대표적인 지표로, 은행의 BIS 비율과 비슷한 개념이다.
⑤ RBC 비율: RBC 비율(Risk-based Capital Ratio)은 은행의 BIS(국제결제은행) 자기자본비율처럼 보험 계약자가 일시에 보험금을 요청했을 때 보험사가 보험금을 제때 지급할 수 있는 능력을 수치화한 지표이다. 요구자본에서 가용자본이 차지하는 비중으로, 보험회사의 자본건전성을 측정하는 대표적인 지표이다.

11 난이도 ■□□

다음 설명을 통해 말하고자 하는 제도로 적절한 것은?

기업가치 제고를 위한 경영권 방어 수단 중 하나인 이것은 기업이 기업가치를 파괴하는 기업인수 시도가 있을 때 공격자를 제외한 나머지 주주들에게 저가로 신주를 발행하게 된다. 그러면 공격자가 취득해야 할 주식수가 늘어나게 되고, 공격자는 기업을 인수하는 데 더 많은 비용이 소요된다. 공격자에게 더 많은 비용을 부담시킴으로써 공격의지를 꺾어 경영권을 방어하는 메커니즘이다.

① 흑기사
② 독약조항
③ 백기사 전략
④ 자사주 매입
⑤ 황금낙하산 제도

| **해설** | 유사시 기존 주주에게 신주매입할인권을 부여하는 방안을 독약 조항(포이즌 필)이라고 한다. 포이즌 필 도입을 주장하는 측에서는 국내 M&A 시장의 건전성을 높일 수 있으며 적극적인 투자환경이 조성될 수 있다는 점 등을 들어 도입에 찬성한다. 반대하는 측에서는 적대적 M&A를 통한 경영진 견제가 불가능해지며 외국인 투자나 M&A시장 위축을 초래할 수 있다며 도입에 부정적이다.

| **오답피하기** | ③ 백기사 전략: 우호적인 제3자에게 지분을 넘기는 전략이다.
④ 자사주 매입: 유통 주식수 감소를 통해 공격자의 주식 확보를 방해하는 전략이다.

12 난이도 ■□□

다음 글이 설명하는 인수·합병(M&A) 용어는?

보통주보다 의결권이 더 많은 주식 발행을 허용하는 제도이다. 이 제도의 도입으로 한 주만으로도 주주총의 의결사항에 대해 적대적 거부가 가능한 황금주를 발생할 수 있다.

① 곰의 포옹(Bear's Hug)
② 그린메일(Green Mail)
③ 포이즌 필(Poison Pill)
④ 황금낙하산(Golden Parachate)
⑤ 차등의결권제도(Dual Class Stock)

| **해설** | 차등의결권제도의 도입으로 한 주만으로도 주주총의 의결사항에 대해 절대적 거부권을 행사할 수 있는 황금주를 발행할 수 있다. 창업주가 자신의 지분율을 희생하지 않고도 외부 자금을 끌어들일 수 있는 게 장점인 반면, 평등권을 지나치게 해친다는 단점이 있다.

| **오답피하기** | ① 곰의 포옹: 사전예고 없이 경영진에 매수를 제의하고 빠른 의사결정을 요구하는 기법을 말한다. 매수자 측에서 곰이 포옹하는 것처럼 공포 분위기 속에 인수 의사를 대상 기업 경영자에게 전달하거나 혹은 목표 기업 경영자에게 시간적 여유가 없는 주말에 인수 의사를 전달하여 수용 여부를 빨리 결정하도록 요구하는 것이다.
② 그린메일: 경영권을 담보로 보유주식을 시가보다 비싸게 되파는 행위를 말한다. 경영권이 취약한 대주주에게 보유주식을 높은 가격에 팔아 프리미엄을 챙기는 투자자를 그린메일러(Green Mailer)라고 하며, 보유주식의 매입을 제안하기 위해 대주주에게 보내는 편지 봉투 색깔이 초록색이어서 그린메일이라는 명칭이 붙었다.
③ 포이즌 필: 기업의 경영권 방어수단의 하나로, 적대적 M&A나 경영권 침해 시도가 발생하는 경우에 기존 주주들에게 시가보다 훨씬 싼 가격에 지분을 매입할 수 있도록 미리 권리를 부여하는 제도를 의미한다.
④ 황금낙하산: 적대적 M&A를 방어하는 대표적인 전략의 하나로, 인수 대상 기업의 CEO가 인수로 인해 임기 전에 사임하게 될 경우를 대비하여 거액의 퇴직금, 일정 기간 동안의 보수와 보너스 등을 받을 권리를 사전에 고용계약에 기재하여 안정성을 확보하고 동시에 기업의 인수 비용을 높이는 방법이다.

13 난이도 ■□□

주식회사의 특징으로 옳지 않은 것은?

① 자본의 증권화
② 주주의 유한책임
③ 대규모 자본조달 가능
④ 소유와 경영의 분리 가능
⑤ 주식의 소유권 이전의 어려움

| 해설 | 주식은 매매와 양도가 자유로운 유가증권의 성격을 갖는다.

| 오답피하기 | ① 자본의 증권화는 주식회사의 큰 특징으로서 자본을 모두 주식이라는 형태로 증권화하여 자본을 출자하고 회수하는 과정을 편리하게 만들었다는 점에 의의가 있다. '1주당 6,000원'과 같이 출자 단위를 소액 균등화하여 자신이 원하는 만큼만 출자할 수 있고, 불특정 다수가 투자자로 나설 수 있게 되어 철도, 철강, 석유화학 등과 같은 대규모 투자(자본 조달)를 필요로 하는 사업이 발전할 수 있었다.
②③④ 주식의 발행으로 성립되는 주식회사는 출자자의 유한책임, 소유와 경영의 분리, 자본의 증권화라는 특징을 갖는다. 이러한 특징으로 인해 기업이 많은 돈을 가지고 있지 않아도 대규모의 자본 조달을 통해 기업 활동을 영위할 수 있는 기반이 되었다. 출자자와 기업가 모두에게 유리한 기업 형태라고 할 수 있다.

14 난이도 ■□□

다음 기사는 금융위기 이후 강화되었던 금융규제가 트럼프 정부 출범 이후 완화되는 상황을 나타내고 있다. 빈칸에 들어갈 용어로 적절한 것은?

> 미국 하원이 버락 오바마 정부 당시 도입한 대표적 금융규제법인 '도드·프랭크법'을 폐기하고 이를 대체할 '금융선택법안'을 찬성 233표, 반대 186표로 통과시켰다. 도널드 트럼프 정부는 금융규제를 대폭 풀어 경기를 살리기 위해 도드·프랭크법 폐기를 추진하고 있다. 이 법이 폐기되면 과도한 금융감독이 없어지고, 자본건전성 요건도 낮아져 은행들이 기업과 가계에 대출을 늘릴 수 있을 것으로 기대한다. 금융선택법안은 상업은행의 대출기능을 활성화하는 데 초점이 맞춰졌다. 건전성이 높은 금융회사에 규제를 대폭 줄여주고, 매년 시행하던 금융회사에 대한 건전성 심사인 (   )을(를) 2년에 한 번으로 줄여주도록 했다.
>
> – 한국경제신문, 2017년 6월 9일 –

① 키코
② 카르텔
③ 토빈세
④ 신용부도스와프
⑤ 스트레스 테스트

| 해설 | 스트레스 테스트는 '금융시스템 스트레스 테스트'의 줄임말이다. 예외적이지만 실현가능성이 있는 사건에 대해 금융시스템의 잠재적 취약성을 측정하여 금융시스템의 안정성을 평가하는 것으로, 외부 거시 변수에 얼마나 안정적인지 측정해 보는 것이다. 금융위기 직후 금융기관의 스트레스 테스트가 강조되다가, 트럼프 정부 출범 이후 금융규제 완화와 함께 스트레스 테스트 주기도 늘어나고 있다.

PART 04

금융·경영·시사상식

15 난이도 ■□□

다음 빈칸에 들어갈 내용으로 적절한 것은?

> 채권을 사면 만기까지 들고 있어야 원리금을 받을 수 있다. 만기 이전에 디폴트가 나면 원리금을 챙기기 힘들어질 수 있다. 이런 위험을 피하기 위해 채권 만기에 원리금을 확실하게 보장받기 위해 수수료(프리미엄)를 주고 보험 계약을 맺는데, 이런 계약을 (   )(이)라고 한다. 한편, 디폴트 위험이 커질수록 프리미엄이 높아진다.

① BIS 비율
② 리보금리
③ 신용부도스와프
④ 스트레스 테스트
⑤ 마이크로 크레디트

| 오답피하기 | ① BIS 비율: 국제결제은행(BIS)이 정한 자기자본비율로, 은행, 종합금융사, 신용금고 등 일반금융회사의 건전성과 안정성을 판단하는 국제기준으로 통한다.
② 리보금리: 국제금융시장의 중심지인 영국 런던에서 우량은행끼리 단기 자금을 거래할 때 적용하는 금리를 말한다.
④ 스트레스 테스트: 금융회사가 얼마나 외부 충격에 견뎌내는지 진단하는 내성 테스트이다. 환율이나 금리 같은 변수를 최악의 상황까지 가정해서 은행 수익성과 건전성을 진단하는 방법이다.
⑤ 마이크로 크레디트: 제도권 금융회사와 거래하기 힘든 저소득층에 생계형 창업이나 자활을 도울 수 있도록 담보 없이 대출해 주는 제도를 말한다.

16 난이도 ■□□

다음 빈칸 ㉠ ~ ㉢에 들어갈 용어를 바르게 연결한 것은?

> - (㉠): 현물(주식)과 반대되는 선물거래를 통해 주가 변동위험을 상쇄시키는 전략
> - (㉡): 선물가격이 일시적으로 고평가되었을 때에는 선물을 팔고 상대적으로 저렴한 주식을 사서 이익을 얻는 전략
> - (㉢): 주식선물의 위탁증거금률만큼의 투자 금액만으로 100% 투자 효과를 누리는 전략

	㉠	㉡	㉢
①	헤지거래	차익거래	레버리지 투자
②	헤지거래	레버리지 투자	차익거래
③	차익거래	헤지거래	레버리지 투자
④	레버리지 투자	차익거래	헤지거래
⑤	레버리지 투자	헤지거래	차익거래

| 해설 | ㉠ 헤지거래를 통해 주식을 사둔 (매수)투자자라면 주식선물 '매도' 포지션을 취해 주가변동 위험성을 줄일 수 있다.
㉡ 차익거래는 언제나 수익을 발생시키는 것이 아니다. 선물가격이 고평가 혹은 저평가된 상황이더라도 수수료를 제외한 범위 이상으로 차이가 발생해야만 실제 이익이 난다.
㉢ 레버리지 투자는 주식투자원금보다 많게는 몇 배의 수익을 창출하는 투자를 의미한다. 주식선물의 경우 위탁증거금률이 18%이고, 이를 통해 100% 투자효과를 가져온다. 예를 들어, 8월 17일 현대차 주식과 주식선물을 샀다가 일주일 후 팔았을 경우를 비교해 보자. 17일 현대차 주식은 89,600원이었고, 24일 주가는 107,500원이었다. 같은 기간에 현대차 주식선물은 89,400원과 107,500원이었다. 200만 원으로 투자를 시작한다고 가정하면 주식투자로는 22주만 살 수 있지만 주식선물 투자로는 주식 120주에 해당하는 12계약을 살 수 있다. 수수료와 세금까지 빼고 나면 주식수익률은 19.4%인 반면 주식선물로는 112.4%의 수익률이 나게 된다. 이러한 투자를 가리켜 레버리지 투자라고 한다.

17 난이도 ■□□

다음은 중소기업과 은행 간에 맺었던 어느 계약에 대한 기본구조를 설명한 것이다. 빈칸 A ~ C에 들어갈 개념을 바르게 연결한 것은?

> (A)은(는) 기업과 은행이 각각 옵션을 갖는 상품이다. 우선 기업은 원화 값이 일정 범위 안에서 움직이면 약정 환율로 외화를 은행에 팔 수 있는 권리인 (B)을(를) 갖고, 은행은 원화값이 계약 범위 밑으로 떨어지면 계약 금액의 두 배 외화를 기업으로부터 살 수 있는 권리인 (C)을(를) 가진다. 즉, 원화 값이 오를 때에는 기업이, 떨어질 때에는 은행이 이익을 얻는 구조이다.

	A	B	C
①	키코	풋옵션	콜옵션
②	키코	콜옵션	풋옵션
③	풋옵션	키코	콜옵션
④	풋옵션	콜옵션	키코
⑤	콜옵션	키코	풋옵션

| **해설** | 제시문은 통화옵션 상품인 키코(KIKO)의 기본구조를 설명한 것이다. B는 풋옵션, C에는 콜옵션이 들어가야 한다. 상품에 가입했다 큰 피해를 본 중소기업들과 해당 업체에 키코를 판매한 은행이 노벨경제학상 수상자인 로버트 엥글 미국 뉴욕대 교수를 증인으로 출석시켜 법정에서 공방을 벌여 화제가 된 바 있다.

18 난이도 ■□□

다음은 신문기사를 참고할 때 다주택자의 양도소득세를 바로 시행하지 않고 2018년 4월부터 시행한 이유로 적절한 것은?

> • 주택 양도소득세 중과세＝2주택 보유자가 내년 4월 1일부터 서울·세종시 등 조정대상 지역 내 주택을 양도하면 기본세율에 10% 포인트(3주택 이상이면 20% 포인트)를 가산한다. 양도소득세가 중과되는 주택을 양도하는 경우 장기보유특별공제도 받을 수 없다. 분양권을 전매할 때에는 보유 기간과 관계없이 50%의 양도소득세율을 적용한다.
> 　－ 한국경제신문, "[새해 이렇게 달라집니다] 병장 월급 40만 5700원…다주택자 양도세 4월부터 중과", 2017.12.29.
>
> • B공인 관계자는 "4월에 다주택자 양도소득세 중과가 시행될 예정이지만 집주인들이 팔 생각을 하지 않고 있다."고 "매물이 부족해 실거래가가 더 오를 수 있다."고 전망했다.
> 　－ 한국경제신문, "[얼마집] 서울에서 가장 비싼 전용 84m² 가격은 25억 원", 2018.1.11.

① 구축효과
② 동결효과
③ 조세부담의 역진성
④ 유동성 함정 극복
⑤ 세수 추계의 정확성 제고

| **해설** | 부동산 판매에 따른 자본이득과세에 해당하는 양도소득세가 시행될 경우 납세에 대한 저항으로 부동산을 아예 매도하지 않는 현상이 발생할 수 있다. 판매에 따른 차액이 양도소득세의 세금 납부 대상액이기 때문이다. 이처럼 부동산의 양도소득에 대해 과세를 하게 되면 납세에 대한 저항으로 부동산을 매도하지 않고 그에 따라 부동산 거래가 동결되는 효과를 동결효과라고 한다. 지가 상승에 대한 기대가 퍼져 있는 상황에서 부동산 소유자에게 부담이 많이 가도록 양도소득세가 매겨져 동결효과가 발생하면 부동산 공급이 감소하게 되고 지가가 상승한다.

| **오답피하기** | ③ 조세부담의 역진성은 세금이 소득분배를 개선하기보다 악화시키는 현상을 의미한다. 부가가치세와 같은 간접세가 갖는 특징이다. ⑤ 세수 추계의 정확성 제고와 제도 시행의 연기는 관련이 없다.

19 난이도 ■□□

다음 신문기사 내용을 통해 예측할 수 없는 것은?

> 중국 정부는 그간 급격한 위안화 가치 하락을 막기 위해 전례 없는 노력을 기울였다. 해외로의 자본 유출을 엄격히 감시하고, 위안화 절하에 베팅하는 비용을 높였다. 지난 몇 년 동안 환율 방어를 위해 외환보유액 1조 달러를 쏟아부었다. 하지만 위안화 가치가 급등하자 환율은 다시 당국의 골칫거리가 됐다. 지나친 위안화 강세는 중국 경제에 부담으로 작용한다. 위안화 가치가 올라가면 수출이 줄고 수입은 늘어나기 때문이다. 지난달 중국의 수출은 작년 같은 기간보다 5.5% 증가하는 데 그쳤다. 시장 예상치(6.0%)를 밑돌았을 뿐 아니라 지난 2월 이후 가장 낮은 증가율을 기록했다. 반면, 수입은 작년 동기 대비 13.3% 늘어 예상치(10.0%)를 웃돌았다. 판하이슝 상하이국제운송 대표는 "위안화 강세로 주문이 크게 줄어 많은 수출 기업이 부담을 느끼고 있다."고 전했다.
>
> – 한국경제신문, 2017년 9월 12일 –

① 중국 경제의 펀더멘탈이 강해지고 있음을 알 수 있다.
② 위안화 가치 하락도 문제지만 너무 높아져도 문제이다.
③ 세계 경기의 회복으로 인한 자산시장 안정도 위안화 가치 상승의 요인이다.
④ 중국 정부의 환율 개입이 아직은 시장의 힘보다 강하다는 것을 알 수 있다.
⑤ 위안화 가치 하락을 막기 위해 취했던 규제 조치들은 하나씩 폐지할 것임을 예측할 수 있다.

| 해설 | 주어진 내용만으로 시장의 힘보다 우월한지 여부를 판단하기는 어렵다. 같은 조건에서 시장 중심의 환율정책이 주는 효과가 추가로 제시되어야 판단할 수 있는 내용이다.

| 오답피하기 | 위안화 가치 하락을 위해 환율 시장에 개입하던 중국 정부가 위안화 가치가 상승하자 기존 조치들을 하나씩 줄여나가고 있다(⑤). 앞으로 이러한 추세는 계속될 것으로 보인다. 위안화 가치 상승에는 여러 이유들이 거론된다. 세계 경기회복에 의한 자산 시장의 안정으로 인해 수익성이 높은 통화를 선호하는데 위안화가 그 대상이라는 것이다(③). 한편, 중국 경제의 펀더멘탈이 강해졌음을 의미하기도 한다(②). 이러한 위안화 가치의 변화로부터 중국이 다른 국가 간 경제 교류가 깊어지면서 위안화가 시장의 힘에 종속되고 있다는 것을 알 수 있다.

20 난이도 ■□□

두바이월드의 모라토리엄(채무상환 유예)에서 촉발된 각국의 재정적자 우려가 갈수록 심화되고 있다. 각국이 잇따라 재정적자 감축 대책을 내놓고 있는 가운데, 수년 내 국채 디폴트(부도) 사태가 벌어질 수 있다는 경고도 나오고 있다. 이러한 상황을 전제할 때, 시장 상황에 대해 잘못 예측한 것은?

① 국채물량이 과도하게 늘어날 경우 국채가격이 급락할 수 있다.
② 국채가격의 급락은 이자부담을 눈덩이처럼 불리기 때문에 세계 경제 회복에 치명적인 타격을 줄 수 있다.
③ 미국, 독일과 같은 큰 나라들이 돈을 빌리기 위해 시장에 몰린다고 하더라도 동유럽 우크라이나나 남미 등의 나라에는 큰 영향을 주지 않을 것이다.
④ 최근의 국채 증가 현상은 미국의 서브프라임 모기지 사태에서 비롯된 금융위기 발생 이후, 각국이 금융구제와 경기부양을 위해 국채를 발행하였기 때문이다.
⑤ 지금 상황에서 디폴트 문제가 발생하면 IMF나 미국, 독일 등이 문제 해결을 도모하겠지만, 향후 몇 년간 각국의 부채가 폭발적으로 늘어나면 문제 해결이 쉽지 않을 것이다.

| 해설 | 자금시장 규모는 일정한데, 큰 나라들이 돈을 빌리기 위해 시장에 몰려들면 동유럽이나 남미 등과 같은 소국들의 자금 조달이 어렵게 되어 이들 국정 운영에 차질을 가져올 수 있다.

| 오답피하기 | ② 채권가격과 이자율의 관계는 반비례 관계에 있다. 즉, 채권가격이 급락하면 이자율은 급등하게 된다. 따라서 채권의 일종인 국채가격이 급락하면 이자율은 급등하게 되어 시장에 부정적인 영향을 주게 될 것이다.

21 난이도 ■□□

다음은 근로시간 단축에 따른 후속 대책에 관한 기사이다. 이에 대한 설명으로 옳지 않은 것은?

> 정부가 근로시간 단축에 따른 후속 대책으로 근로자의 임금 감소분과 신규 채용 인건비를 직접 지원하는 방안을 추진한다. 최저 임금 인상분을 보전하기 위해 재정 3조 원을 들여 직접 지원한 데 이어 또 대규모 재정 투입이 예상된다. 고용노동부는 주당 최대 근로시간을 68시간에서 52시간으로 줄이는 근로시간 단축이 산업 현장에 안착하도록 기업의 신규 채용 인건비와 근로자 임금 감소분 보전 대책을 마련하겠다고 발표했다. 이 제도는 근로시간을 주 평균 두 시간 이상 줄이고 한 명 이상 새로 채용한 사업주에게 월 최대 80만 원을 지원하는 것이다. 중소기업은 신규 채용한 근로자 1인당 월 80만 원, 대기업은 1인당 월 40만 원을 지원한다.

① 보조금의 투입으로 기업들은 고용을 늘릴 수 있다.
② 탄력적 시간근로제의 도입이 함께 고려될 필요가 있다.
③ 재정투입이 고용보험기금에서 이루어질 경우 고용보험료 인상이 불가피하다.
④ 최저 임금 인상과 함께 근로시간 단축제도는 기업활동의 위축을 가져올 수 있다.
⑤ 최저 임금 인상분 보전을 위한 재정지원에 더해 추가 재정투입이라는 비판이 있을 수 있다.

| 해설 | 최저 임금제도와 근로시간 단축 모두 기업들의 입장에서는 생산비용의 증가로 인식되어 기업활동이 위축될 가능성이 높다. 노동시간 단축을 의무화함으로써 생산성 하락이 예상되기 때문이다. 이러한 상황에서 재정 투입(보조금의 투입)을 통해 일부 보전이 되더라도 고용을 늘릴 가능성은 낮다.

22 난이도 ■□□

회계처리(분개)의 대상이 아닌 것은?

① 현금배당　　　　② 주식배당
③ 주식분할　　　　④ 무상증자
⑤ 자기주식의 취득

| 해설 | 주식분할은 기존 주주의 지분비율대로 주식을 지급하는 것이므로 주주들의 경제적 가치도 변화가 없고 총자본의 변동을 수반하지도 않으며 분개도 필요하지 않다.

| 오답피하기 | ② 주식배당과 주식분할은 신주를 발행하고 총자본을 변화시키지 않는다는 공통점이 있으나, 주식배당은 현금 등을 사외로 유출시키지 않고 주식을 지급함으로써 주주들의 배당욕구를 충족시키면서 이익잉여금의 영구적 자본화를 시키는 방식이다.

23 난이도 ■□□

'수익의 인식을 외상대금회수 시점이 아니라 상품판매 시점으로 본다.'는 것은 주요 회계원칙 중 무엇에 해당하는가?

① 현금주의
② 발생주의
③ 계속성의 원칙
④ 완전공시의 원칙
⑤ 역사적 원가주의

| **해설** | 회계기준은 발생주의를 적용하고 있다. 현금수입이 있을 때 수익을 인식하고 현금지출이 있을 때 비용을 인식하는 현금기준회계(cash basis accounting)와 달리, 발생주의회계(accrual basis accounting)는 현금유출입과 관계없이 수익 및 비용을 인식하는 회계절차이다. 발생주의회계하에서 기업은 고객에게 재화를 인도하거나 용역을 제공하고 그 대가로 현금이나 현금청구권을 받았을 때 수익을 인식한다.

| **오답피하기** | ③ 계속성의 원칙: 기업회계에서 동일한 처리의 원칙 및 절차를 매기(每期) 계속하여 적용하고 함부로 변경하는 것을 인정하지 않는 원칙이다.
④ 완전공시의 원칙: 모든 정보를 빠짐없이 공시해야 한다는 원칙이다. 공시란 회계정보를 정보이용자가 오도되지 않도록 정보 이용자에게 전달하는 것이다.
⑤ 역사적 원가주의: 자산은 취득의 대가로 취득 당시에 지급한 현금 또는 현금성자산이나 그 밖의 대가의 공정 가치로 기록하고, 부채는 부담하는 의무의 대가로 수취한 금액으로 기록하는 방식이 원칙이다.

24 난이도 ■□□

재무상태표 등식으로 옳은 것은?

① 자산 = 부채 + 자본
② 자산 = 부채 − 자본
③ 자산 = 부채 + 자산
④ 자산 + 부채 = 수익 + 비용
⑤ 자산 + 비용 = 부채 + 수익

| **해설** | 재무상태표는 일정 시점에 현재 기업이 보유하고 있는 재무상태를 나타내는 재무보고서이다. 여기서 일정 시점이란 일반적으로 회계기간을 의미한다. 재무상태표는 자산, 부채, 자본으로 구성되는데, 자산의 총액은 항상 부채 총액과 자본 총액의 합이 일치해야 한다. 따라서 재무상태표 등식은 '자산＝부채＋자본'이다.

25 난이도 ■□□

재무제표의 구성요소에 관한 설명으로 옳지 않은 것은?

① 부채에는 외상매입금이나 차입금 등이 포함된다.

② 이익 또는 손실은 수익에서 비용을 차감하여 구한다.

③ 자산은 기업이 소유하고 있는 토지, 건물, 기계, 채권 등과 같은 경제적 자원을 말한다.

④ 부채는 상환될 때까지 지급할 금액을 기준으로 유동부채와 비유동부채로 분류된다.

⑤ 수익은 자산의 유입이나 증가 또는 부채의 감소에 따라 자본의 증가를 초래하는 특정 회계기간 동안에 발생한 경제적 효익의 증가이다.

| 해설 | 부채는 상환의무기간이 1년 이상인지 이하인지에 따라 유동부채와 비유동부채로 구분하여 표시한다.

관련 이론 짚어보기

- **재무제표(financial statements):** 기업경영에 수반되는 재무상황을 기록·계산·정리하여 경리내용을 명확히 하고 이해관계자들에게 보고하기 위해 기업이 작성하는 각종 계산표를 의미한다. 재무제표는 재무상태표와 포괄손익계산서, 현금흐름표, 자본변동표, 주석으로 구성된다.
- **유동부채:** 기업의 정상적 영업주기 내 또는 재무보고기간 말로부터 1년 이내에 결제(지급)되어야 하는 부채와 단기매매 목적으로 보유하는 부채이다.
- **비유동부채:** 유동부채에 속하지 않는 부채이다. 장기차입부채, 장기충당부채 등을 포함한다.

📈 S등급 고난도 문제

다음은 기업공개를 앞두고 있는 △△아카데미의 요약 재무제표 중 일부이다. 다음의 정보를 참고로 할 때 주당 가격으로 옳은 것은?

□ 보통주자본금(액면가 주당 100원)	5,000,000원
□ 당기순이익	6,250,000원
□ 주가수익비율(PER)	12

① 900원   ② 1,200원

③ 1,500원   ④ 2,400원

⑤ 3,000원

| 해설 | 주가수익비율이란 주가가 1주당 수익의 몇 배가 되는지를 나타내는 지표로, 다음과 같이 구할 수 있다.

$$PER = \frac{주가}{주당순이익(EPS)}$$

주당순이익을 구하기 위해서는 전체 주식 발행수와 이익에 대한 정보가 필요하다. 주어진 정보를 바탕으로 주당순이익은 다음과 같이 구해진다.

$$EPS = \frac{순이익}{총발행주식 수} = \frac{6,250,000}{5,000,000/100} = 125$$

PER의 값이 12이므로 주가는 $PER \times EPS$로 구한다. 따라서 주가는 1,500원(12×125)이다.

삶의 순간순간이
아름다운 마무리이며
새로운 시작이어야 한다.

– 법정 스님

여러분의 작은 소리
에듀윌은 크게 듣겠습니다.

본 교재에 대한 여러분의 목소리를 들려주세요.
공부하시면서 어려웠던 점, 궁금한 점,
칭찬하고 싶은 점, 개선할 점, 어떤 것이라도 좋습니다.

에듀윌은 여러분께서 나누어 주신 의견을
통해 끊임없이 발전하고 있습니다.

에듀윌 도서몰 book.eduwill.net
• 부가학습자료 및 정오표: 에듀윌 도서몰 → 도서자료실
• 교재 문의: 에듀윌 도서몰 → 문의하기 → 교재(내용, 출간) / 주문 및 배송

2025 에듀윌 TESAT 실제 기출로 한권끝장

발 행 일	2025년 1월 5일 초판
편 저 자	David Kim
펴 낸 이	양형남
개 발	정상욱, 신은빈
펴 낸 곳	(주)에듀윌
등록번호	제25100-2002-000052호
주 소	08378 서울특별시 구로구 디지털로34길 55 코오롱싸이언스밸리 2차 3층
I S B N	979-11-360-3494-6(13320)

www.eduwill.net
대표전화 1600-6700